Ostia, port et porte
de la Rome antique

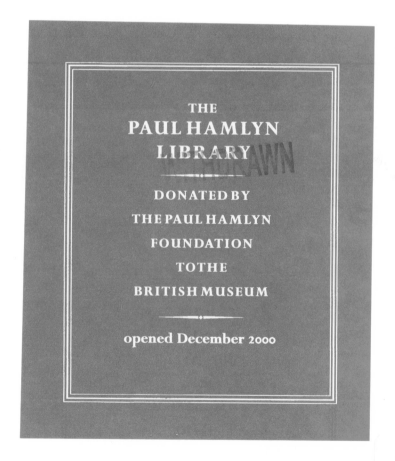

Catalogue de l'exposition *Ostia. Port de la Rome antique*,
Genève, Musée Rath, 23 février – 22 juillet 2001

Commissariat: Jacques Chamay et Jean-Paul Descœudres

Musées
D'ART ET D'HISTOIRE
GENÈVE

Ville de Genève
Département des affaires culturelles

Ministero per i Beni
e le Attività Culturali
Soprintendenza Archeologica
di Ostia

UNIVERSITÉ DE GENÈVE

Ostia

port et porte
de la Rome antique

Sous la direction de
Jean-Paul Descœudres

musée
Rath

Genève

georg
ÉDITEUR

Musées
D'ART ET D'HISTOIRE
GENÈVE

Ville de Genève
Département des affaires culturelles

© Copyright 2001

Musées d'art et d'histoire, Genève, et
Georg Editeur, M&H Département livre
46, chemin de la Mousse, CH – 1225 Chêne-Bourg/Genève
1, rue du Dragon, F-75006 Paris
Tous droits de reproduction y compris par la photocopie,
de traduction et d'adaptation réservés pour tous les pays

ISBN 2-8306-0190-4 (Musées d'art et d'histoire)
ISBN 2-8257-0728-7 (Georg Editeur)

Patronage

L'exposition est placée sous le haut patronage de M. Moritz Leuenberger, président de la Confédération helvétique, et de M. Carlo Azeglio Ciampi, président de la République italienne, ainsi que sous le patronage de M. Alain Vaissade, maire de la Ville de Genève, du Ministère des affaires étrangères et du Ministère pour les biens et les activités culturels de la République italienne.

La gratitude des organisateurs va à l'UBS – qui, depuis six ans, soutient fidèlement les efforts des Musées d'art et d'histoire –, à la Fondation Juan March, à la Radio suisse romande Espace 2, à la revue L'Œil et à la Tribune de Genève, sans le soutien desquelles ils n'auraient pu donner l'éclat souhaitable à cet événement.

Crédits

A Genève

Direction du projet
Cäsar Menz, directeur des Musées d'art et d'histoire,
assisté de Danièle Fischer Huelin

Conception
Jacques Chamay et Jean-Paul Descœudres (à Genève)
Anna Gallina Zevi, Surintendant d'Ostie,
et Angelo Pellegrino (à Ostie)

Commissariat
Jacques Chamay et Jean-Paul Descœudres,
assistés de Chantal Courtois et de Manuela Wullschleger,
et avec la contribution de Matteo Campagnolo et
de Claude Ritschard

Coordination
Manuela Wullschleger

Comité scientifique
Patrizia Birchler Emery
Brenno Bottini
Eliane Brigger
Philippe Broillet
Evelyne Broillet Ramjoué
Jacques Chamay
Laurent Chrzanovski
Xavier Coquoz
Fabia Curt
Jean-Paul Descœudres
Giuseppe De Spirito
Adalberto Giovannini
Alain-Christian Hernández
Clemens Krause
Pierre Sanchez
Gabrielle Schneebeli
Frederike Van der Wielen
Marzia Vinci
David Wavelet
Manuela Wullschleger
avec la collaboration de Matteo Campagnolo

et Chantal Courtois,
et assisté de Angela Arfaras, Sophie Bernardis,
Nadia Conti, Claire Delaloye, Anne De Weck,
Laetitia Phialon, Myriam Rordorf Duvaux,
Corinne Sandoz, Rachel Yardeni.

Collaboration internationale
J. Rasmus Brandt, Francesco Buranelli,
Michael Heinzelmann, Valentin Kockel,
Eugenio La Rocca, Fausto Zevi

Administration et régie des œuvres
Danielle Junod-Sugnaux,
avec la collaboration d'Ursula Ramseier

Muséographie
Daniel Perrottet,
en collaboration avec Jean Pfirter
et Jean-Pierre Dérippe
L'atelier d'architecture du Musée d'art et d'histoire,
sous la direction de Jérôme Szeemann,
les ateliers techniques du Musée d'art et d'histoire
et du Musée Rath

Textes des panneaux
Le comité scientifique, avec la participation
de Giulia Boetto, Michael Heinzelmann
et Claudia Valeri

Bornes interactives
Angelo Coccettini, Francesca Severini et Marzia Vinci,
avec l'assistance du comité scientifique

Photographie
Viviane Siffert et Daniel Perrottet
Graphisme de l'exposition
Daniel Galasso

Accueil des publics
Nadia Keckeis, Marie-Christine Micheli-Queloz
et leurs collaborateurs,
sous la direction de Jeanne Pont

Préface

Cäsar Menz
Directeur des Musées d'art et d'histoire

La Ville d'Ostia, le port de la Rome antique, n'avait encore jamais fait l'objet d'une exposition, ni d'une publication scientifique en langue française de cette ampleur.

C'est à présent chose faite, grâce à Jean-Paul Descœudres, professeur ordinaire d'archéologie classique de l'Université de Genève qui nous a proposé ce sujet fascinant, et à Anna Gallina Zevi, responsable de la Surintendance archéologique d'Ostie, qui, dès le début, a favorisé ce projet. C'est avec la complicité déterminante de Jacques Chamay, conservateur du Département d'archéologie du Musée d'art et d'histoire, que les grands travaux en vue de la préparation et de la réalisation de cette exposition ont pu être engagés. Cette manifestation est donc le fruit d'une étroite et fructueuse collaboration entre trois partenaires: la Surintendance archéologique d'Ostie, l'Unité d'archéologie classique de l'Université de Genève – qui a pu compter sur un groupe de chercheurs éclairés – et le Musée d'art et d'histoire.

Articulée autour de quatre cents objets, eux-mêmes regroupés en six thèmes, l'exposition offre un parcours captivant à la découverte d'une cité antique créée selon la légende par Ancus Martius, quatrième roi de Rome, et appelée à devenir quelques siècles plus tard le port de la capitale, assurant notamment son ravitaillement en blé. Ce sont les empereurs Claude et Trajan qui permirent ensuite son expansion grâce aux chantiers entrepris en vue de l'aménagement d'un nouveau port, accessible aux grands vaisseaux. Le site d'Ostie, qui a fait l'objet de fouilles dès 1801, est l'un des plus importants en Italie et compte parmi les plus visités et les plus évocateurs. Des archéologues genevois sont engagés au demeurant depuis quelque temps dans les fouilles menées sur le site.

Pour permettre la réalisation de cette exposition, le Musée d'art et d'histoire a contribué largement, grâce à la générosité d'un mécène, au financement de la restauration des peintures de la Maison des Hiérodules, ainsi qu'à celui de la confection des deux maquettes de grandes dimensions, de la ville et du port, appelées, après leur présentation à Genève, à prendre place au Musée d'Ostie, qui a récemment rouvert ses portes.

La présente publication – éditée par le Musée d'art et d'histoire et la maison d'édition Georg à Genève et placée sous la direction de Jean-Paul Descœudres en étroite collaboration avec le co-commissaire de cette exposition, Jacques Chamay – dépasse largement par son contenu et son ampleur le cadre d'un simple catalogue d'exposition. Elle constitue un ouvrage de référence, où Ostie est traitée sous tous ses aspects, histoire, vie publique, privée et religieuse, urbanisme et architecture. Elle va assurément conserver son intérêt au-delà de la présente exposition en devenant un manuel indispensable aux chercheurs dont les études se concentrent sur Ostie ainsi que l'histoire de la culture et de la civilisation de la Rome antique.

C'est l'étroite et fructueuse collaboration instaurée avec nos homologues romains qui a rendu l'aventure possible. Je remercie ici très sincèrement les autorités italiennes, et plus particulièrement le Ministère pour les biens et les activités culturelles ainsi que la Surintendance archéologique d'Ostie, placée sous la direction d'Anna Gallina Zevi, de la confiance et de l'esprit exemplaires dont elles ont fait preuve en acceptant de se séparer de leur inestimable patrimoine le temps de cette exposition.

Ces remerciements s'adressent également au professeur Jean-Paul Descœudres, co-commissaire enthousiaste, remarquablement assisté de Manuela Wullschleger, engagée pour ce projet par le Musée d'art et d'histoire, et à son comité scientifique qui a préparé l'exposition. Un large groupe de chercheurs – archéologues de renom spécialistes d'Ostie – a accepté de contribuer à cette publication.

L'exposition a bénéficié, en outre, des contributions scientifiques de diverses institutions. Je voudrais remercier en particulier le laboratoire du Museum für antike Schiffahrt, à Mayence, et sa directrice, Barbara Pferdehirt, le Musée de la civilisation romaine, à Rome, et sa directrice, Annamaria Liberati, les Musées du Vatican, leur directeur, Francesco Buranelli, et le conservateur, Paolo Liverani.

Ma reconnaissance va à Jacques Chamay qui a pris en main avec passion et total engagement le commissariat de cette exposition, secondé efficacement par ses collaboratrices Danielle Junod-Sugnaux et Chantal Courtois, ainsi que par Daniel Perrottet, scénographe.

Enfin, que le graphiste Daniel Galasso, Georg Editeur et Médecine et Hygiène, représentés par Henri Weissenbach et Joseph Cecconi, trouvent ici l'expression de mes sincères remerciements pour la qualité de la publication qu'ils ont réalisée.

Avant-propos

Jean-Paul Descœudres

Lorsque Cäsar Menz, directeur des Musées d'art et d'histoire de Genève, et Jacques Chamay, conservateur du Département d'archéologie de cette même institution, me demandèrent, il y a bientôt trois ans de cela, si je serais d'accord, à l'occasion du nouveau millénaire, de collaborer à une grande exposition et si, le cas échéant, j'aurais une proposition à leur faire quant à un éventuel sujet, il ne m'a fallu que quelques instants pour dire oui à la première question et une nuit pour répondre à la seconde!

En tant qu'initiateur, il y a quelques années, de l'étape australienne du tour du monde de l'exposition *Pompei Rediscovered,* j'avais été impressionné par l'immense succès qu'elle connut auprès du grand public, mais aussi par son effet stimulant sur la recherche. Et, comme il n'est guère possible de parler de Pompéi sans penser à Ostie, puisque c'est là que l'on observe le plus aisément, tant sur le plan urbanistique qu'artistique, la suite de l'évolution qui fut si soudainement interrompue à Pompéi le 24 août 79, le choix n'a pas été difficile. Les arguments en faveur d'Ostie sont nombreux, mais le plus important est en même temps le plus surprenant. En effet, malgré son importance historique et archéologique, malgré son état de conservation exceptionnel, qui permet de se faire une idée de tant d'aspects de la civilisation romaine qui nous échappent ailleurs, même à Rome, Ostie n'a jamais fait l'objet d'une exposition. Il est vrai qu'elle a failli, en 1942, devenir la vedette de l'*Esposizione Universale.* Cette exposition mondiale n'eut pas lieu, pour les raisons que l'on connaît, mais la rapidité avec laquelle les ruines furent dégagées entre 1938 et 1942, en vue précisément du rôle que le régime fasciste lui avait assigné, ont valu à Ostie de tomber en disgrâce après la guerre, de sorte qu'elle a mis longtemps à retrouver, sur le plan scientifique, la place qu'elle mérite. Aujourd'hui, le dynamisme des recherches ostiennes, effectuées par nos collègues italiens et par des équipes provenant de nombreux pays (dont la Suisse), se manifeste très clairement aussi bien par le nombre croissant de publications consacrées à ses origines, à son développement, à son évolution urbanistique et à son artisanat, que par les colloques organisés chaque année à Rome pour y présenter les nouvelles découvertes, sans compter la création d'un site sur le web, régulièrement mis à jour par notre collègue Jan Theo Bakker: http://www.ncl.ac.uk/ostia/

Comme argument en faveur d'une exposition sur Ostie organisée à Genève, il y avait en outre la possibilité de réunir deux portraits impériaux qui comptent parmi les plus belles œuvres d'art romain: le fameux Trajan d'Ostie et la Plotine du Musée d'art et d'histoire de Genève. En effet, les deux portraits, monumentaux et presque certainement posthumes, ont été créés par un grand sculpteur dont nous ignorons malheureusement le nom. Le couple semble avoir été séparé dans l'Antiquité déjà: alors que Plotine fut très probablement découverte dans les Thermes de la Porte Marine entre 1831 et 1835 (voir les articles ci-dessous par Filippo Marini Recchia, Daniela Pacchiani et Francesca Panico et par Claudia Valeri), son époux a été trouvé, en 1913, dans une *taberna* du Théâtre. Entretemps, Plotine avait quitté depuis longtemps Ostie et l'Italie et, après avoir passé presqu'un siècle dans une grande collection viennoise, fut acquise par le Musée d'art et d'histoire en 1954.

Toutefois, je me hâte de préciser qu'il ne fut jamais question de présenter dans cette exposition que des chefs-d'œuvre, qu'il s'agisse de portraits romains, dont le Musée d'Ostie possède pourtant une splendide collection, de peintures, de sarcophages ou de mosaïques. Dès la première réunion de travail que nous avons eue, Jacques Chamay et moi-même à Ostie, avec la Surintendante, Anna Gallina Zevi, et le directeur des fouilles, Angelo Pellegrino, nous avons envisagé de brosser de cette ville un tableau d'ensemble, de ses origines jusqu'à l'époque tardo-antique, en nous fondant aussi bien sur des objets qui, à nos yeux d'hommes modernes, sont de grande valeur artistique, que sur ceux qui n'ont d'autre mérite que documentaire. Le but premier serait de mettre en évidence le caractère très particulier d'Ostie, qu'elle doit au rapport d'interdépendance qui l'unit à Rome, d'où le titre de l'exposition, «Ostia, port de la Rome antique», que nous avons quelque peu modifié pour le catalogue, par allusion à l'expression romaine, *Ostia portus et porta Romae.*

C'est donc tout d'abord à Cäsar Menz et à Jacques Chamay que j'exprime ici ma profonde gratitude pour avoir pris cette initiative, et à nos collègues ostiens pour avoir approuvé l'idée sans hésitation et pour l'avoir réalisée avec nous: à Anna Gallina Zevi, à Angelo Pellegrino et à Elizabeth Jane Shepherd.

A Michael Heinzelmann de l'Institut archéologique allemand à Rome, qui m'a conseillé dès le début et qui m'a fait bénéficier de ses connaissances et de son expérience tout au long de cette aventure, ainsi qu'à Valentin Kockel pour ses nombreuses suggestions, j'adresse mes remerciements très sincères, auxquels viennent s'ajouter, au nom de mon collègue Giuseppe De Spirito, qui a bien voulu prendre en charge la section tardo-antique de l'exposition, ceux à Philippe Pergola, recteur du Pontificio Istituto di Archeologia Cristiana de Rome, et ceux à Annalisa Gobbi, Letizia Pani Ermini et Francesca Severini.

Deux comités scientifiques furent formés, un à Ostie, l'autre à Genève, pour constituer le dossier scientifique à la base de cette exposition et pour rédiger les divers textes destinés au public. C'est grâce à l'enthousiasme et à l'énergie des membres de ces deux équipes que nous avons réussi à mener à bien un projet qui, au fil des mois, s'est révélé infiniment plus difficile et complexe que nous l'avions imaginé. En commençant par la coordinatrice du projet, Manuela Wullschleger, qui, avec autant de diplomatie que d'efficacité, a assuré la liaison et la bonne entente, non seulement entre l'Italie et la Suisse, mais aussi entre toutes les institutions concernées, et dont l'engagement personnel pour le projet a été exemplaire, je tiens à remercier ici individuellement tous les collaborateurs:

A Genève, Patrizia Birchler Emery (responsable de la section présentant le monde funéraire), Brenno Bottini et Adalberto Giovannini (Ostie républicaine), Eliane Brigger (vie privée), Philippe Broillet et Xavier Coquoz (port et navigation), Evelyne Broillet Ramjoué (peintures de la Maison des Hiérodules), Laurent Chrzanovski (fouilles de la Schola del Traiano), Fabia Curti et Gabrielle Schneebeli (vie publique), Giuseppe De Spirito (section tardo-antique), Alain-Christian Hernández et Clemens Krause (urbanisme), Pierre Sánchez (épigraphie), Frederike Van der Wielen (sculpture), Marzia Vinci (vie religieuse), David Wavelet (commerce); à Ostie, sous la direction d'Anna Gallina Zevi, Margherita Bedello, Giulia Boetto, Paola Germoni, Alfredo Marinucci, Cinzia Morelli, Paola Olivanti, Flora Panariti, Lidia Paroli, Angelo Pellegrino, Elizabeth Jane Shepherd et Claudia Valeri.

Les travaux préliminaires ont rapidement révélé que pour présenter une image d'Ostie cohérente, nous aurions besoin du soutien et de la collaboration d'autres musées et d'autres institutions. En effet, un bon nombre de témoins importants concernant en particulier l'époque tardo-antique d'Ostie, sont conservés aux Musées du Vatican, et nous remercions très vivement son directeur, Francesco Buranelli, et le conservateur, Paolo Liverani, pour nous les avoir généreusement mis à disposition. Quant au Musée de la Civilisation Romaine, c'est lui qui possède les moulages de plusieurs pièces qui ne pouvaient pas être transportées à Genève, pour des raisons techniques ou autres. Il nous ont été prêtés sans hésitation par sa directrice, Anna Maria Liberati. Nous lui en sommes très reconnaissants, comme nous le sommes aussi au directeur de l'Institut norvégien, J. Rasmus Brandt, pour le prêt de la maquette de la hutte C de Ficana (voir ci-dessous, p. 396, n° III.2), et à Barbara Pferdehirt et son équipe du Museum für Antike Schiffahrt de Mayence, non seulement pour nous avoir permis d'être les premiers à exposer la splendide maquette de l'épave *Fiumicino 1* (voir p. 407, n° VI.7), mais pour avoir réorganisé le programme de travail de son laboratoire,

afin que le bateau puisse arriver à bon port (!) le 22 février 2001, jour de l'ouverture de l'exposition au Musée Rath.

Il a déjà été dit que l'exposition genevoise était l'occasion de réunir les deux magnifiques portraits de Trajan et de Plotine (voir pp. 426-427, n°s XII.12 et 13 et la couverture de ce volume). Grâce à la générosité de la Banca d'Italia, de son directeur Antonio Fazio, de son responsable administratif, Anna Lombardo, et d'Eugenio Gubitosi, ainsi qu'à l'obligeance de la Surintendance archéologique de Rome, et en particulier de Daniela Candilio, il a été possible aussi de procéder à une seconde réunification, plus importante encore que la première du point de vue scientifique. Il s'agit de la table d'autel paléochrétienne, dont trois fragments se trouvaient murés dans la cour du Palais Antonelli au Largo Magnanapoli à Rome, où ils furent découverts lors de fouilles effectuées de 1876 à 1877, alors que quatre autres fragments, mis au jour en 1939 près de la Via della Foce à Ostie, étaient conservés au Musée d'Ostie (voir p. 437, n° XV.4).

Parmi les points forts de l'exposition, on notera encore dans la section consacrée à l'époque républicaine, la reproduction à l'échelle réelle de la double inscription monumentale provenant de la Porta Romana. Nous devons à Fausto Zevi la reconstitution de ce texte, qui permet d'attribuer à nul autre que Cicéron la construction de l'enceinte de la ville et qui constitue donc une page importante de l'histoire ostienne.

Un résultat permanent de cette exposition temporaire concerne les deux fameuses maquettes créées sous la direction d'Italo Gismondi pour la *Mostra Augustea della Romanità* en 1937: l'une de la ville d'Ostie, l'autre du port de Trajan. Les deux appartiennent au Musée de la Civilisation Romaine, et nombreux ont été les visiteurs du Musée d'Ostie à regretter qu'il n'en existât pas de répliques à Ostie même. Désormais, cette lacune est comblée, car, grâce à Eugenio La Rocca, Sovraintendente ai Beni Culturali del Comune di Roma, et à Anna Maria Liberati, directrice du Musée de la Civilisation Romaine, il a été possible d'en faire exécuter des copies. Dues à la patience et à l'habileté de Giuseppina Naitana, les deux répliques rejoindront le Musée d'Ostie après avoir fait l'admiration du public genevois.

Parmi les nombreux autres résultats secondaires de l'exposition de Genève, je mentionnerai en outre les deux grands moulages qui ont été créés à cette occasion par les soins de Stefano Antonelli et Alfredo Valenti, l'un de la statue de C. Cartilius Poplicola (p. 404, n° V.3), l'autre du fameux Mithra tauroctone (n° XIV.13). Ces moulages remplaceront désormais les copies en ciment qui avaient été placées en son temps sur les lieux de trouvailles à Ostie.

Il n'est peut-être pas inutile de rappeler aussi que la plupart des quelque 400 objets transportés à Genève ont été restaurés spécialement pour l'occasion, et que beaucoup d'entre eux ont quitté les dépôts ostiens pour la première fois. Ces restaurations ont souvent conduit à d'importantes découvertes, au sens propre du mot! Il suffira, pour s'en rendre compte, de comparer la peinture des Trois Grâces provenant de l'Isola Sacra (n° XVI.4) avec la photo qu'en a publiée M. Borda, *La pittura romana* (1958) p. 36, ou de contempler, sur le magnifique support en bronze en forme d'herme (n° XIII.7), le riche damasquinage en argent, dont on devinait à peine l'existence auparavant (voir R. Calza-M. Floriani Squarciapino, *Museo Ostiense* [1962] fig. 51). Pour l'énorme travail de nettoyage et de remise en état qui a été accompli, nous sommes reconnaissants aussi bien aux restauratrices de la Surintendance archéologique d'Ostie, Clelia Miraglia, Laura Spada et Antonella Duranti, qu'à Donatella Cecchin, Simona Gagliardi, Anna Maria Galiano, Ingrid Reindell et Sergio Salvati, au consorzio CONART de Rome et à Silvia Berselli de Milan.

Ceux qui ont connu le sarcophage de Malia Titia, couvert de mousse et d'incrustations dans le jardin du Musée d'Ostie, auront de la peine à croire qu'il s'agit de la même pièce que celle qui se trouve exposée dans la dernière salle du Musée Rath. Sa beauté et l'excellence de sa technique sautent aux yeux désormais, comme le montrent les photos prises après restauration (voir p. 309, figs 1-2). Ces nouvelles illustrations, comme pratiquement toutes les autres photos reproduites dans ce volume, nous les devons à Viviane Siffert, photographe de la Faculté des lettres de l'Université de Genève. Je lui suis profondément reconnaissant autant pour son efficacité professionnelle que pour son enthousiasme et son dévouement, et c'est avec émotion que j'exprime aussi ma gratitude à Pierre Tomasetti, qui l'a assistée pendant toute l'astreignante campagne photographique de septembre 2000.

Le travail de Viviane Siffert a été complété par celui de ses collègues italiens, notamment Mario Letizia, Franco Mapelli et Lorenzo Scaramella; et c'est à Lorenzo De Masi que nous devons les reproductions photographiques et le montage sur panneaux du décor de la salle 4 de la Maison des Hiérodules (voir pp. 346-360). Cette salle, entièrement reconstruite au Musée Rath (trois parois avec leurs peintures sur enduit ont été transportées d'Ostie à Genève, alors que la quatrième, ainsi que la mosaïque au sol et une partie du plafond, ont été remplacés par des reproductions photographiques à l'échelle réelle), constitue sans aucun doute le point culminant de l'exposition et sa contribution majeure à l'archéologie ostienne. La maison fut mise au jour à la fin des années 1960 par Maria Luisa Veloccia Rinaldi, peu avant que celle-ci ne soit appelée à la direction de la Surintendance archéologique du Latium et, plus tard, au Ministère des affaires culturelles. Ces changements de poste expliquent pourquoi cet ensemble, qui est d'une importance exceptionnelle pour la connaissance du décor romain, puisqu'il s'agit d'un des cas rarissimes où tous les éléments qui le constituent nous sont parvenus intacts et dans leur intégralité, des mosaïques recouvrant les sols jusqu'aux peintures pariétales et aux plafonds peints, resta inédit et ignoré même des spécialistes pendant un tiers de siècle! Grâce à l'initiative d'Angelo Pellegrino, qui fut immédiatement encouragé par Maria Luisa Veloccia Rinaldi, et avec le financement mis à disposition par le Ministero per i Beni e le Attività Culturali d'une part et plusieurs institutions genevoises

de l'autre, notamment le Musée d'art et d'histoire, la Faculté des lettres de notre Université et la Société académique, un programme de restauration et d'analyse des enduits peints a pu être lancé l'an dernier, suivi par une campagne de relevés graphiques et photographiques. Ce programme a déjà permis de rendre à la salle 4 sa splendeur originale, mais il vise, à long terme, à restaurer la Maison des Hiérodules dans son ensemble. Nous tenons à remercier tous ceux qui ont rendu cette opération possible, et en particulier Maria Luisa Veloccia Rinaldi, notre collègue André Hurst, président de la Société académique de Genève, les étudiants de l'Unité d'archéologie classique qui ont participé à une campagne de nettoyage sous la supervision d'Eliane Brigger et de Marcello Tranchida (Ditta RES), ainsi que, pour les relevés et les photographies, Evelyne Broillet Ramjoué, son assistante Veronica Provenzale et l'équipe d'Emmebici.

La première étape de notre projet, qui ressemblait de plus en plus à une course contre le temps, fut achevée en septembre de l'an dernier avec la remise du dossier scientifique à l'équipe du Musée d'art et d'histoire dirigée par mon co-commissaire, Jacques Chamay. Le décorateur-architecte responsable de la mise en scène, Daniel Perrottet, a compris d'emblée notre concept et a su l'inscrire dans l'espace avec une imagination et une originalité admirables. Tout en donnant priorité à l'objet et à l'évocation du site, dont la beauté frappe tous les visiteurs, il a réussi à conserver le caractère foncièrement didactique de l'exposition, auquel nous tenions beaucoup. Les résultats du travail accompli par le comité scientifique sont communiqués au visiteur sur quatre niveaux, sans que ces messages, en forme de textes et d'images, détournent l'attention des pièces exposées.

Tout d'abord, le visiteur aperçoit une grande inscription en rouge, peinte en caractères romains sur la partie supérieure des parois:

Moi, Plotine, je vous souhaite la bienvenue à Ostie, la ville qui doit tant à mon époux Trajan. Les archéologues, qui l'ont ressuscitée, vous feront découvrir son aspect et son histoire, puis la vie publique, privée, religieuse de ses habitants, enfin le monde des morts d'où je reviens… etc.

Ce «fil rouge» accompagne le visiteur à travers toute l'exposition et résume l'essentiel du concept, salle par salle. Nous l'avons formulé comme s'il s'agissait de paroles prononcées par Plotine elle-même, pour rappeler le lien particulier entre Ostie et Genève.

Le second niveau est représenté par une cinquantaine de panneaux explicatifs, rédigés par les membres du comité scientifique. Ces panneaux fournissent le cadre historique et archéologique nécessaire à la compréhension des objets eux-mêmes, dont les cartels individuels, rédigés par Chantal Courtois sur la base des notices qui lui ont été fournies par l'équipe italienne, constituent le troisième niveau didactique. Finalement, les bornes interactives mettent à disposition une multitude d'informations supplémentaires, en forme de textes, d'images d'objets réels, mais aussi de reconstitutions graphiques et virtuelles.

Nous exprimons notre gratitude toute particulière à Marzia Vinci et Angelo Coccettini pour la réalisation de ce quatrième niveau didactique.

En quelque sorte, les bornes équivalent, au sein même de l'exposition, au présent volume, dont les chapitres correspondent aux sections de celle-ci. Il se propose de faire le bilan de nos connaissances sur Ostie dans la forme d'une mosaïque, ce qui semble parfaitement approprié en l'occurrence! C'est donc avec plaisir que j'adresse mes remerciements très sincères aux nombreux collègues et amis qui ont accepté de contribuer à cet *opus* et qui y ont apporté leurs pierres ou tesselles – tout en étant profondément attristé par la nouvelle qu'Ilaria Bignamini a succombé à sa grave maladie, avant que ne paraisse le volume qu'elle s'était tant réjouie de voir.

Pour leur travail ingrat, dont seuls ceux qui ont déjà eu l'occasion d'en accomplir un semblable connaissent l'immense difficulté, je suis redevable aux traducteurs et traductrices des textes qui nous ont été soumis en une langue autre que le français, et j'adresse mes remerciements réitérés à tous les auteurs qui ont bien voulu soigneusement vérifier ces traductions.

Un chaleureux merci finalement à Paola Olivanti et à Manuela Wullschleger pour avoir pris en charge la coordination du catalogue à proprement parler, et à tous ceux qui ont participé à sa rédaction, les auteurs des notices comme les traducteurs.

Je termine en me félicitant de constater que l'amitié qui me lie à Jacques Chamay depuis plus d'un tiers de siècle a non seulement survécu à une entreprise dont j'avais sous-estimé, et de beaucoup, l'ampleur au départ, mais s'en est trouvée encore renforcée.

Genève, fin avril 2001

Introduction

Anna Gallina Zevi
Soprintendente archeologo, Ostia Antica

Da un'idea sviluppatasi a seguito di collaborazioni scientifiche e di studio è nato (ed ha preso corpo nel corso di due anni di serrata attività culturale), il progetto di presentare una mostra di ampio respiro – accompagnata da un catalogo appositamente elaborato – su Ostia, nelle sue caratteristiche di porto e porta della città di Roma. Non è certo la prima volta che un sito importante illustra ed espone la propria fisionomia storica, i propri costumi e le manifestazioni d'arte che ne hanno connotato il passato, ma è la prima volta che gli studiosi che lavorano ad Ostia e su si sono trovati a cimentarsi in questo campo.

Ovvio il richiamo alle numerose esposizioni dedicate alle città vesuviane, a Pompei in particolare, ovvero a quelle che hanno avuto a spunto temi di scultura, pittura, ritualità, manifestazioni della vita quotidiana che, specie negli ultimi 30 anni, hanno visto grandi capolavori del passato delle più svariate epoche e provenienze, fare il giro del mondo e arrivare nelle sale di musei e palazzi di ogni continente. Ma i motivi e le implicazioni sottese a questa che (quale che ne sarà il giudizio degli studiosi e del pubblico), rappresenta una realizzazione impegnativa, sono molteplici e travalicano forse i pur amplissimi confini di una occasione culturale.

La scelta «ostiense» da parte della Svizzera, paese che ha avanzato la richiesta di curare la mostra e sta pertanto ospitando i materiali restituiti dagli scavi di Ostia, implica di per sé una riflessione, che spieghi i motivi di alcune scelte e di alcuni temi. Il momento storico e storico-culturale nel quale viviamo e la specifica temperie in cui si svolgono i nostri studi archeologici, tesa come è fra il dotto specialismo di uno scavo puntigliosamente condotto e documentato e la vigile attenzione alle singole manifestazioni di cultura materiale, ma che assiste anche ad un risvegliato interesse per la cultura artistica, per il «bello», per le questioni di «stile» e di «scuola», tende finalmente ad una globale (non competitiva!) ricomposizione di tutta la materia che può definirsi archeologica in senso lato, nel tessuto storico, connettivo di ogni ricerca che riguarda il passato.

Per offrirsi al pubblico colto e curioso di una città dalle raffinate tradizioni accademiche nel campo degli studi di storia dell'arte e di problemi di stile – riferiti ad oggetti portatori di intrinseci valori di bellezza e unicità – e nella quale musei e collezioni raccolgono opere uniche ed importanti di varia provenienza, note nel mondo per il loro splendore, Ostia è «sbarcata», come è stato detto efficacemente, con tutto il suo bagaglio di vicende storiche, dalle testimonianze del Lazio primitivo all'Alto Medioevo, – in uno spaccato che ne evidenzia le forme di vita politica, commerciale, religiosa, le manifestazioni talora seriali di vita e di cultura: con una mostra, quindi, di contesto.

E questa non è stata una sorta di scommessa provocatoria ma, grazie alle mature fasi di preparazione e di studio da parte di tutti i colleghi coinvolti nell'evento, è divenuta l'occasione di raccogliere, rimeditandole, le testimonianze molteplici della lunga vita della prima colonia di Roma. Nella scelta oculata dei pezzi da esporre, il gruppo di lavoro italo-elvetico, ha prestato una particolare attenzione a questo aspetto e, tanto più solidale su questo piano, è stata l'amplissima squadra internazionale, impegnata nella stesura del catalogo. Quasi in parallelo con la sua millenaria funzione di porto di arrivo, di redistribuzione, di scambio nel catalogo che accompagna la mostra. Ostia appare come una vicenda raccontata a più voci, in tanti modi e con più di una chiave di lettura, per offrire al dibattito degli studiosi, insieme ai temi tradizionali della ricerca, numerosi frutti di indagini ancora in corso, di nuove ipotesi interpretative, numerosi inediti.

Nonostante il tentativo di coprire, quanto è più possibile, e di mostrare tutti gli aspetti salienti del contesto ostiense, mostra e catalogo presentano, comunque, discontinuità e squilibri, poiché riflettono le incongruenze e le difficoltà di una scienza archeologica in continuo movimento e progresso, di una ricerca, quale è quella ostiense, che, pur essendo in qualche modo privilegiata da situazioni storiche e ambientali, ha lamentato e lamenta dispersioni e smembramenti nei secoli: dalle raccolte vaticane ma anche da un'antica acquisizione dei musei di Ginevra sono venute a ricomporsi, in mostra, con efficacia, realtà archeologiche da tempo allontanate da Ostia.

Forse un auspicio ed una «morale» che il visitatore (scienziato o curioso che sia), potrà trarre da questa finestra aperta sulla città di Ostia e dalla lettura delle pagine del catalogo, risiedono proprio nella responsabile presa di coscienza del fatto che il fenomeno archeologico è un complesso di conoscenza globale.

L'intento di chi ha lavorato alla mostra e al catalogo, tutti singolarmente da apprezzare e da ringraziare per il loro impegno e la loro fatica, è di avere offerto un vero servizio culturale, punto di partenza pedana di lancio per le idee, le nuove interpretazioni e programmi, che non mancheranno di seguire in futuro.

Avertissement

Les titres des périodiques et des séries sont abrégés selon la convention établie par l'Institut archéologique allemand (voir, par exemple, *Archäologischer Anzeiger* 1997, pp. 611-628, ou la banque de données bibliographiques DYABOLA). En outre, les abréviations suivantes ont été utilisées :

Calza–Squarciapino	R. Calza – M. Floriani Squarciapino, *Museo Ostiense* (1962)
ICCD	Istituto Centrale per il Catalogo e la Documentazione
MAH	Musée d'art et d'histoire, Genève
Meiggs, *Ostia*	R. Meiggs, *Roman Ostia* (2ᵉ éd., 1975)
SAO	Soprintendenza Archeologica, Ostia
SdO	*Scavi di Ostia*, vols. I-XIII (1953–2000)

Catalogue des œuvres

Coordination
Paola Olivanti et Manuela Wullschleger

Auteurs des notices

Francesca Dell'Acqua	F.D.A.
Nadia Agnoli	N.A.
Barbara Bargagli	B.B.
Giulia Boetto	G.B.
J. Rasmus Brandt	J.R.B.
Matthias Bruno	M.B.
Matteo Campagnolo	M.Ca
Andrea Carbonara	A.C.
Jacques Chamay	J.C.
Caterina Maria Coletti	C.M.C.
Monica Ceci	M.C.
Jean-Paul Descœudres	J.P.D.
Stella Falzone	S.F.
Giorgio Filippi	G.F.
Maurizio Fora	M.F.
Cristiana Grosso	C.G.
Alessandra Guiglia Guidobaldi	A.G.G.
Gabriella Greco	G.G.
Paola Germoni	P.G.
Paolo Liverani	P.L.
Archer Martin	A.M.
Maria Elena Marchese	M.E.M.
Flavia Marimpietri	F.M.
Valentino Nizzo	V.N.
Roberta Geremia Nucci	R.G.N.
Paola Olivanti	P.O.
John Osborne	J.O.
Flora Panariti	F.P.
Angelo Pellegrino	A.P.
Orazio Paoletti	O.P.
Carla Rubino	C.R.
Elizabeth Jane Shepherd	E.J.S.
Emanuela Spagnoli	E.S.
Ilaria Trovarelli	I.T.
Giandomenico De Tommaso	G.D.T.
Margherita Bedello Tata	M.B.T.
Claudia Valeri	C.V.
Rossella Zaccagnini	R.Z.

Traductions : Eliane Brigger, Jacques Chamay, Laurent Chrzanovski, Chantal Courtois, Jean-Paul Descœudres, Giuseppe De Spirito, Corinne Sandoz, Manuela Wullschleger.

Histoire de la ville et du port

Les débuts d'Ostie

Fausto Zevi

Les sources littéraires

Les anciens auteurs s'accordent sur l'attribution de la fondation d'Ostie au quatrième roi de Rome, Ancus Martius (**fig. 1**), qui régna entre 646 et 616 av. J.-C. d'après la chronologie de Varron[1].

Ils sont également quasi unanimes sur la nature de son implantation, puisque les textes définissent Ostie comme une «colonie romaine». Je mets toutefois l'expression entre guillemets, car il faut tenir compte du fait que nos sources sont postérieures de plusieurs siècles aux événements racontés, et auraient tendance à actualiser, au niveau lexical également, des phénomènes que nous-mêmes, d'ailleurs, ne sommes pas en mesure de restituer dans la forme historique spécifique à l'époque où ils se déroulaient. Pour les temps reculés où la fondation eut lieu, le terme de comparaison devrait être les «colonies albaines», ces opérations de peuplement du Latium promues par la cité-mère latine Alba Longa, à qui, selon la légende, même Rome doit son origine. Cependant, en définissant Ostie comme une «colonie», les Anciens avaient manifestement à l'esprit les *coloniae maritimae*, une forme d'occupation du littoral promue et mise en place par l'Etat romain à partir de la seconde moitié du IVe siècle av. J.-C., au moyen d'envois de petits groupes de citoyens qui érigeaient des centres fortifiés sur la côte ou s'installaient dans des communautés urbaines déjà existantes, assurant le contrôle des lieux d'accostage et une protection territoriale efficace contre les attaques maritimes. Ce n'est que chez Festus que semble transparaître la conscience implicite de la complexité du processus historique des origines d'Ostie, lorsqu'il fait la distinction entre une *urbs* plus ancienne et une colonie fondée plus tard (*quae postea condita est*), tout en laissant planer le doute quant à laquelle des deux se rapporte la fondation d'Ancus[2].

Si les sources concordent sur le fondateur et la nature de la colonie, elle divergent sur les raisons de son établissement.

La source la plus ancienne est Ennius, un des «pères» de la poésie latine: dans le second livre des *Annales* (vv. 144-145 éd. Vahlen), il affirme que le roi Ancus aménagea les lieux pour les «beaux navires» (*navibus pulchris*) et pour les navigateurs «professionnels» (*mari quaesentibus vitam*), c'est-à-dire dans une optique maritime et marchande conforme à son temps plutôt

1   Inscription de l'époque impériale avec le nom du quatrième roi de Rome, Ancus Martius (Mus. Ostie inv. 8310)

qu'à celui de la Rome très ancienne[3]. D'un tout autre ton est le récit de Tite-Live[4] : c'est comme si les réalisations du règne d'Ancus Martius formaient les étapes d'un projet organique visant au contrôle de tout le cours inférieur du Tibre, jusqu'à son embouchure. A Rome, le roi fortifie le Janicule sur la rive « étrusque » du fleuve, dont il relie les deux berges par le pont Sublicius dans l'alignement de la voie très ancienne qui parcourait le vallon au pied de l'Aventin[5]. Plus tard, une série d'opérations militaires victorieuses (*egregie res bello gestae*) dans la zone sud-ouest du Latium, entre Rome et la mer, entraîne la destruction des centres latins de Tellènes, Politorium et Ficana, dont les habitants seront transférés à Rome sur l'Aventin. Enfin, ayant arraché la forêt Maesia à la ville de Véies, il fonde la colonie d'Ostie à l'embouchure du Tibre, implantant des salines alentour (*salinae circa factae*), opération qui semble conclure la conquête, sans qu'il n'y ait de référence à des activités portuaires ou maritimes en général. Dans la vision livienne, la création des salines apparaît ainsi comme le but principal d'une campagne essentiellement vouée au contrôle du commerce du sel, et qui, en étroite cohérence avec les origines sabines du roi Ancus Martius (neveu, faut-il le rappeler, de Numa Pompilius, roi sabin par excellence), favorise les contacts entre la côte et les zones pastorales de l'intérieur montueux de la région apennine par la voie précisément appelée Salaria[6].

2   Fragment de terre cuite architecturale du *castrum*, datant probablement du Ve siècle av. J.-C. (Mus. Ostie inv. 3305).

L'évidence archéologique

Du point de vue archéologique, rappelons que jusqu'à une trentaine d'années on n'avait encore que peu de connaissances sur ce qui précédait le Latium archaïque. Mais au début des années 1970, ce cadre statique a connut d'impressionnantes impulsions avec la mise en route d'initiatives de reconnaissance et de fouilles enfin systématiques, qui ont aussi relancé la publication de recherches demeurées inédites. Les fouilles de Castel di Decima effectuées par les Surintendances d'Ostie (1971-1975) et de Rome (1973-1976) figurent sans conteste parmi les entreprises les plus importantes ; elles ont complété les connaissances sur ce site archaïque qui semble déjà pleinement constitué au VIIIe siècle av. J.-C. en tant qu'agglomération proto-urbaine[7].

Dans le programme de recherches sur les présences protohistoriques sur son propre territoire, la Surintendance d'Ostie a entrepris la fouille de Ficana depuis 1975, explorant dans un premier temps la nécropole. Elle a promu, dès l'année suivante et d'entente avec les Instituts des pays nordiques de Rome, un projet d'exploration de l'agglomération[8].

En général, les recherches sur les sites archaïques situés autour d'Ostie ont mis en évidence un peuplement étendu avec de petits centres florissants et, pour ainsi dire, précocement ouverts aux influences culturelles externes, grecques et étrusques. Quoique le moment de leur disparition définitive ne puisse être défini avec précision, ces centres semblent déjà en déclin au VIe siècle av. J.-C., ou en passe de dépérissement alors même que la Rome des Tarquins croît au rang d'une grande cité archaïque, réorganisant ses propres structures citadines selon des modèles politiques actuels et durables[9]. Ainsi, en dépit de l'absence de confirmations « événementielles », le cadre global n'apparaît pas en contradiction avec une tradition qui affirme l'extension précoce de la domination d'une puissante ville avoisinante dans ce secteur proche du littoral, où ne se constitue en fait aucun centre urbain d'une quelconque importance.

Paradoxalement toutefois, c'est précisément la documentation archéologique qui est à l'origine des doutes et des contradictions quant à la fondation d'Ostie. Elle a fini par devenir le banc d'épreuve d'une tradition historique qui paraissait particulièrement solide en raison de son ancienneté et de la compacité des témoignages. En fait, le sol d'Ostie (pas même le *castrum*, qui en constitue le premier aménagement « urbain ») n'a livré jusqu'à ce jour aucune trouvaille remontant à l'époque des rois[10].

D. Vaglieri, qui le premier a effectué des sondages stratigraphiques dans le sous-sol de la ville, en avait conclu qu'à Ostie « tous les restes [...] retrouvés ne remontent pas au-delà du IIIe siècle av. J.-C. selon la meilleure des hypothèses »[11]. Plus tard, G. Calza identifia le premier noyau urbain d'Ostie, le *castrum* ; tirant le bilan global de ses fouilles, il en résume les résultats en ces termes : « Les données topographiques et monumentales ... et les données tirées de l'analyse des terres cuites concordent parfaitement dans l'attribution au *castrum* d'Ostie d'une datation ... située entre les dernières années du IVe et le début du IIIe siècle av. J.-C. » ; et de conclure qu'il lui « semblait que face aux nouvelles découvertes il ne fallait pas hésiter à récuser la tradition »[12].

Les fouilles et les études menées depuis, tout en rehaussant l'une ou l'autre datation – on notera, en particulier, quelques terre cuites architecturales datant de la fin du VIe ou du début du Ve siècle av. J.-C. (**fig. 2**)[13] –, n'ont pas révélé l'Ostie d'Ancus Martius[14]. La confiance en la tradition a cependant suscité des hypothèses alternatives, dont l'une suppose entre autres qu'il faut rechercher ailleurs le site d'époque royale. Une proposition récente, par exemple, voudrait la localiser sur la rive droite du Tibre, c'est-à-dire sur la rive opposée à celle où, dans la continuité de l'implantation du *castrum* républicain, s'est développée la ville impériale[15]. Du reste, l'idée d'un déplacement de l'agglomération d'Ostie n'est pas nouvelle. De l'Antiquité à nos jours, en fait, le territoire d'Ostie a subi de profondes altérations, surtout à cause de l'avancement notable de la ligne côtière dû aux alluvions déposées par le Tibre : plus de trois kilomètres, de l'Antiquité à aujourd'hui, en moyenne entre 1,5 et 2 m par an. En admettant une progression identique au cours des siècles précédents, il est facile d'établir que, durant les quelque 300 ans qui séparent Ancus Martius de la construction du *castrum* républicain, la ligne côtière a pu avancer de plusieurs centaines de mètres : d'où l'idée que l'Ostie royale était située plus en amont de celles républicaine et impériale, peut-être là où ont surgi au Moyen Âge le village de Grégoriopolis et plus tard le Château.

Cette hypothèse, de prime abord rationnelle et convaincante, ne trouve pas en réalité de confirmation géologique. Par ailleurs, du point de vue archéologique, elle ne tient pas compte de l'existence d'itinéraires très anciens vers l'embouchure du fleuve, dont nous reparlerons[16] : par conséquent, il ne semble pas y avoir de raisons justifiant l'hypothèse d'un déplacement de la ville dans cette région.

Le contexte historique

Arrêtons-nous un instant sur le Latium de la vallée du Tibre et ses rapports avec la grande ennemie traditionnelle de Rome, la ville étrusque de Véies. Pour cadrer la problématique, il faut remonter au temps de la colonisation grecque en Occident et de son impact sur les populations de la région tyrrhénienne ; c'est à ce moment que remonte l'extraordinaire développement de Véies, située à moins d'une vingtaine de kilomètres au nord de Rome, non loin du Tibre. La cité étrusque était distante de la mer de quelque 40-45 km par voie de terre, et d'une quinzaine de plus encore par le fleuve. Cependant, bien que située à l'intérieur des terres, Véies se distinguait déjà par l'intensité précoce de ses contacts avec les Grecs durant cette phase antérieure à la colonisation proprement dite, considérée auparavant comme pré-coloniale. En témoignent notamment, outre la quantité et la qualité des objets d'importation certaine, les coupes en terre

cuite produites localement par des artisans grecs ou pour le moins utilisant les méthodes et les techniques grecques. En totale concordance chronologique se constituera sur l'autre rive du Tibre ce que j'ai appelé la « face tibérine » du *Latium vetus*. Il s'agit d'une série d'implantations (les légendaires « colonies albaines ») le long du fleuve, manifestement pour contrôler les passages de transit, qui connaîtront des fortunes et des perspectives diverses. La plus importante d'entre elles est sans conteste Rome même, alors que Ficana est la plus proche de la mer et sera par conséquent directement investie par l'expansion romaine qui suivra en direction du littoral, entraînant la fondation d'Ostie. L'interdépendance de ces phénomènes est manifeste, et les fouilles de Ficana ont révélé des dynamiques de peuplement soumises à des conditions du même ordre. En fait le plateau de la ville (Monte Cugno), abandonné dès l'Âge du bronze tardif[17], connaît une reprise inattendue vers 760-750 av. J.-C., se structurant immédiatement comme un établissement proto-urbain avec des cabanes, des fosses et des sépultures d'enfant, et un véritable système défensif[18]. Ici aussi, la datation est fondée sur la céramique grecque d'importation ou d'imitation : en d'autres termes, la céramique grecque accompagne les débuts mêmes de l'établissement, de sorte que l'on peut dire que Ficana naît en tant qu'agglomération permanente au moment où se manifeste la présence grecque dans la région tyrrhénienne.

C'est à la lumière de cela que doit être considéré le cas analogue de Rome, où des fragments de céramique du même genre, d'imitation ou peut-être également d'importation, ont été trouvés à S. Omobono (c'est-à-dire dans la zone sacrée liée à son port sur le Tibre)[19]. Je ne m'attarderai pas sur d'autres centres le long de ce même parcours, non moins importants peut-être à l'époque[20], ne pouvant offrir ici qu'un cadre sommaire et schématique pour des ensembles complexes et variés. Tout cela indique néanmoins une activité grecque d'empreinte essentiellement eubéenne, désormais permanente et diffuse dans tout le bassin tyrrhénien, qui trouve en Véies un de ses principaux « terminus »[21], suivi d'ultérieures étapes de redistribution dans les régions environnantes, y compris celles au nord, le long de la vallée du Tibre. Par conséquent, les lieux d'abordage du Tibre sur la rive « latine » du fleuve s'organisent depuis les débuts avec le caractère d'éléments intégrés (quoique indirectement) dans un nouveau système de relations avec le monde grec : ils se peuplent et, du moins dans le cas de Ficana et de Rome, se constituent en tant que véritables établissements fortifiés proto-urbains, précisément parce que c'est à ce moment qu'est en train de se mettre en place la voie fluviale reliant Véies à la mer et au commerce méditerranéen[22]. La tradition littéraire, tout en se complaisant à projeter en arrière, jusqu'aux origines et à Romulus, les victoires et les conquêtes de Rome, conservera néanmoins la conscience du contrôle politico-territorial qu'exerçait à l'origine la ville étrusque, et qui s'étendait non seulement sur la rive droite du fleuve (les *septem pagi*, les salines de Véies) mais aussi, tout au moins vers l'embouchure, sur la rive gauche (la forêt Maesia)[23]. L'archéologie met en évidence l'influence de Véies sur le Latium vers la fin du VIIIe siècle av. J.-C. ainsi que sa capacité à proposer (et imposer) des modèles politico-culturels aux naissantes aristocraties des villes latines en formation : les mobiliers funéraires de la première période orientalisante sont le reflet de nouveaux modes de vie, qui sont la manifestation non seulement d'habitudes, mais vraiment d'une vie politique, et qui connotent ainsi l'exercice du pouvoir dans une société qui va désormais se structurer de façon stable.

Les fouilles d'un petit « palais » de Ficana ont mis au jour un beau service de banquet en céramique[24] qui, pour la période orientalisante, confirme que les objets funéraires tels qu'on les trouve dans les tombes contemporaines, en particulier à Castel di Decima[25] et dans la Laurentine[26], avaient, outre leur valeur symbolique, une fonction pratique.

La « face maritime » de Véies

La tradition romaine conserve la mémoire d'une forte présence de Véies le long du cours inférieur du Tibre et jusqu'à la mer, puisque la conquête de la forêt Maesia avait constitué les prémisses de la fondation d'Ostie. Cette *silva Maesia* faisait évidemment partie de la forêt côtière à laquelle appartenait la forêt laurentine, qui a survécu jusqu'à l'époque impériale et existe encore partiellement aujourd'hui. Un récent courant d'interprétation voudrait même voir dans la lutte pluriséculaire entre Rome et Véies une sorte de « guerre du sel » pour le contrôle des salines et de ce fait du précieux produit indispensable à l'économie pastorale de l'intérieur[27] : la conquête du littoral et l'établissement des salines par un roi sabin rattachait l'expansion romaine aux intérêts des populations italiques de l'Apennin, soustraites ainsi de la dépendance de Véies et intégrées de façon stable dans l'orbite de Rome (voir la contribution d'A. Giovannini, ci-dessous, pp. 36-38). Mais le contrôle de l'embouchure du Tibre impliquait, entre autres, la possession d'un port d'escale maritime à l'embouchure de la plus importante voie d'eau de l'Italie péninsulaire, une donnée dont l'importance politique et commerciale ne peut passer inaperçue. Ce n'est pas un hasard si, au VIIIe et pendant une bonne partie du VIIe siècle, Véies se distingue, comme nous l'avons vu, par la présence précoce, et en quantité importante, de matériel grec de qualité, y compris la célèbre « olpé Chigi ».

Le vaisseau sarde conservé aujourd'hui à l'Ermitage pourrait fournir une preuve précieuse de la présence d'un centre de commerce archaïque aux embouchures du Tibre, à condition que c'est bien de Portus qu'elle provient[28] : toutefois, même si c'était vraiment le cas, je crois qu'elle témoignerait non pas des activités commerciales romaines (et encore moins d'une double escale de Rome sur la mer Tyrrhénienne comme com-

parable à celles des grandes cités de l'Etrurie maritime, ainsi que d'aucuns l'ont supposé[29]), mais bel et bien de celles de Véies[30]. Nous ne savons rien à propos des mouillages tyrrhéniens de la ville, mais il n'est pas impossible que, outre l'embouchure même du fleuve, les lagunes côtières aient été utilisées (comme celle mise à profit plus tard par l'empereur Claude pour la création de son port artificiel), proches des salines de Véies, appelées par la suite « salines romaines » (le *campus salinarum romanarum*) mais dont il n'y a pas lieu de remettre en cause l'appartenance d'origine à la ville étrusque.

A partir de la fin du VIIe siècle Véies connaît un repli : un net changement de ton se perçoit dans les sources et, du temps des Tarquins, son rôle par rapport à Rome passe de celui de grand antagoniste à celui de cité fondamentalement subalterne, dont le destin paraît déjà scellé. Véies, qui au VIIe siècle avait été un centre dynamique de relations avec le monde grec et notamment avec Corinthe, montre dès le début du siècle suivant des signes de récession tandis que la suprématie romaine, tant sur le plan idéologique que culturel, s'affirme indiscutablement dans toute la région. J'identifierais précisément la conquête romaine de l'embouchure du Tibre et du littoral comme charnière entre ces deux périodes opposées. Cette conquête confina définitivement Véies à un horizon territorial interne, sans plus de débouchés ni de possibilités de contacts, si ce n'est indirects, avec la Méditerranée : Véies devint l'arrière-pays de Rome qui acquiert dès lors un statut et un rôle dans les relations internationales, devenant une composante permanente dans cet équilibre des rapports entre le monde tyrrhénien et le monde grec, surtout gréco-oriental, qui, comme je l'ai démontré ailleurs, s'instaure vers 600 av. J.-C. avec la médiation de Sybaris[31]. L'importance de Rome dans le portulan du pseudo-Scylax, aujourd'hui réévaluée par la critique dans le contexte des navigations archaïques des Grecs d'Orient sur la mer Tyrrhénienne[32], s'inscrit bien dans le cadre des rapports positifs qui se nouent dès les débuts entre la cité des Tarquins et la colonie phocéenne de Marseille : il s'agit de la plus ancienne indication d'une « relation internationale » romaine qui suppose la possession du littoral à l'embouchure du fleuve. Justin raconte en fait : « au temps du roi Tarquin, la jeunesse phocéenne, voyageant depuis l'Asie, ayant fait escale à l'embouchure du Tibre, noua des liens d'amitié avec les Romains ; puis [...] elle a fondé Marseille entre les Ligures et les peuplades sauvages de la Gaule [...][33] ». Il n'y a aucune référence à Ostie, mais il est indubitable que Rome avait le contrôle de l'*ostium* du fleuve[34], où les Phocéens en transit firent escale, une forme typique de « paysage phocéen » selon l'heureuse définition de J.-P. Morel[35].

La date de la fondation de Marseille me semble d'une importance capitale pour l'histoire de l'époque archaïque en Méditerranée occidentale. En effet, elle relie divers systèmes chronologiques, qui se trouvent ainsi confirmés. Un historien bien informé comme Timée place la fondation de la colonie phocéenne 120 ans avant la bataille de Salamine, soit en 600 av. J.-C. Or, les fouilles archéologiques conduites à Marseille, qui ont connu un développement de grande envergure ces dix dernières, ont confirmé à plusieurs reprises cette date de fondation[36], qui devait donc figurer dans des sources locales parfaitement fiables, les mêmes dont devait également provenir l'indication des contacts précoces avec Rome. Le débarquement des Phocéens a lieu «au temps du roi Tarquin», ce qui correspond exactement aux dates traditionnelles du règne de Tarquin l'Ancien (616-578 av. J.-C.)[37], lequel, à son tour, par l'intermédiaire de la tradition concernant son père, le Bacchiade Démarate, est rattaché à la chronologie des Bacchiades et de la Corinthe archaïque.

Conclusions

Ainsi les informations sur l'expansion romaine vers la mer présentent un cadre général cohérent et vraisemblable. Si Rome et le Latium ne seront que marginalement impliqués dans le monde du grand commerce international, cela vient de la structure socio-politique des communautés latines et de la politique autoritaire du gouvernement romain[38]. Mais la présence sur la mer Tyrrhénienne, désormais acquise, a néanmoins déterminé l'inscription de Rome dans le contexte méditerranéen, faisant émerger la cité à la connaissance du monde grec. Elle est dès lors mentionnée dans les portulans comme dans les chroniques des métropoles occidentales, de Marseille ou de Cumes[39], avec qui elle établit un monde de relations durables. L'histoire de la Rome archaïque et de ses relations avec les Grecs d'Asie, avec les Carthaginois et naturellement avec les Étrusques, se construira entièrement à partir des événements liés à la grande navigation (les *makrai nautiliai*) des ports commerciaux (*emporia*) de la Méditerranée.

trad. Jean-Paul Descœudres et Elisabeth Fischer

Notes

1. Il semble que l'article de Stéphanus de Byzance, s.v. Ωστια, soit le fruit d'une erreur. Il renvoie à Polybe (IV ia 9) et attribue la fondation à Numa Pompilius.

2. *Breviarum rerum gestarum populi Romani* 214, 22L.

3. C'est-à-dire à l'époque de la fondation de la colonie de Puteoli (Pouzzoles) et, parallèlement à Rome, de la *Porticus Aemilia* avec son centre marchand (*emporium*) annexe le long du Tibre, reconstruit dans le cadre des activités des censeurs des années 179 et 174.

4. I 33 : 6-9.

5. Voir en dernier lieu F. Coarelli, «Il Gianicolo nell'antichità. Tra mito e storia», dans : *Ianiculum-Gianicolo, ActaInstRomFinl* 16, 1996, pp. 13-26.

6. Pline, *Hist. nat.* XXXI 89; Festus 437L. Cf. A. Giovannini, «Le sel et la fortune de Rome», *Athenaeum* 73, 1985, pp. 373-386, et ci-dessous, pp. 36-38. Dans le même sens, G. Camporeale, «Il sale e i primordi di Veio», dans : G. Bartoloni (dir.), *Le necropoli arcaiche di Veio, Giornata di Studio in memoria di Massimo Pallottino*, 1997, pp. 197-199.

7. Cf. le résumé dans le catalogue de l'exposition *Civiltà del Lazio primitivo*, 1976; cf. aussi F. Zevi, «Alcuni aspetti della necropoli di Decima», *PdP* 32, 1977, pp. 241-273. Voir aussi ci-dessous, catalogue, n° III.3.

8. Seuls les volumes I et II,1 sur ces fouilles ont déjà été publiés, dans la série *Scavi di Ficana*, sous la direction de T. Fischer-Hansen et J. Rasmus Brandt. On trouvera une synthèse dans *Ficana, una pietra miliare sulla strada per Roma*, Catalogue de l'exposition itinérante 1980-1981. Voir aussi ci-dessous, catalogue n° III.2.

9. Au début des fouilles de la nécropole de Castel di Decima, la correspondance chronologique quasi parfaite entre celle du temps d'Ancus et le moment où celle-là cessa effectivement d'être en usage (fin du VIIᵉ siècle) m'avait conduit à un rapprochement trop simpliste entre les données; en réalité, comme l'a montré G. Colonna dans son étude désormais classique («Un aspetto oscuro del Lazio arcaico : le tombe del VI-V secolo a.C .», *PdP* 32, 1977, pp. 131-165; cf. C. Ampolo, «Il lusso funerario e la città arcaica», *AION* 6, 1984, p. 92), ce qui prend fin, c'est la coutume de déposer des offrandes funéraires dans les sépultures. A Ficana divers édifices montrent qu'il y a continuité de résidence au VIᵉ siècle et les importations de céramique continuent jusqu'au Vᵉ siècle : ceci a suscité diverses hypothèses, comme celle de la réoccupation du site par les Latins, basée aussi sur Dion. Hal. 38, ou celle cherchant à colmater, au moyen de la survivance prolongée de Ficana, la lacune chronologique existant entre la date traditionnelle de fondation d'Ostie par Ancus (vers 620 av. J.-C.) et celle de la documentation archéologique la plus ancienne livrée par le sol d'Ostie, ce qui revient en un certain sens à considérer Ficana comme une proto-Ostie, dont la fonction principale était probablement la production de sel et, éventuellement, le contrôle militaire contre Véies. Cf. à ce propos E. Jarva, dans : *Ficana, une pietra miliare…, op. cit.*, p. 91.

10. De la céramique archaïque a été mise au jour non loin du Château de Jules II (M. Floriani Squarciapino, *NSc* 1961, pp. 174-177), mais elle n'a pas été conservée et, de ce fait, est difficile à évaluer. La trouvaille de céramique plus ancienne (fin de l'Age du bronze et premier Age du fer) a été signalée en d'autres points du territoire (cf. A. M. Conti, *SE* 48, 1980, pp. 534-536), mais sans documentation scientifique; un fragment sub-apennin provient d'un remblai de l'époque julio-claudienne aux Thermes de Neptune (F. Zevi, *BdA* 1968, p. 35; *Civiltà del Lazio primitivo*, cit. (n. 7), pp. 67, 251, pl. IIIB).

11. Préface à L. Paschetto, *Ostia colonia romana*, 1912, p. XII.

12. «Il Castrum», dans : *SdO* I, surtout pp. 76 *sq.*

13. P. Mingazzini, «Esisteva un abitato ostiense anteriore alla colonia romana?», *RendPontAc* 23-24, 1947-1949, pp. 75-83; j'ai moi-même (*Museo Ostiense, Nuove immissioni*, 1971, p. 30, n. 4) ajouté aux vestiges déjà connus un fragment de sculpture architecturale en terre cuite, proposant de la dater au Vᵉ siècle, datation acceptée par A. Andrèn, «Un gruppo di antefisse fittili etrusco-laziali e la questione dell'esistenza di un abitato ostiense anteriore alla colonia romana», *SE* 48, 1980, pp. 93-99, et par G. Bartoloni, «I Latini ed il Tevere», dans S. Quilici Gigli (dir.), *Il Tevere e le altre vie d'acqua del Lazio antico, Archeologia laziale* VII/2, 1986, pp. 98-110, surtout pp. 108 *sq.*

14. B. Adembri, «Le ceramiche figurate più antiche di Ostia», dans : A. Gallina Zevi – A. Claridge (dir.), *'Roman Ostia' Revisited. Archaeological and Historical Papers in Memory of Russell Meiggs*, 1996, pp. 39-67.

15. F. Coarelli, «I santuari, il fiume, gli empori», dans : *Storia di Roma*, I, 1988, pp. 127-151 (cf. *id., op. cit.* (n. 5), p. 17: *sembra cosi confermata la tradizione che attribuisce a Anco Marcio l'occupazione definitiva della riva destra fino alle foci*),

considère que l'implantation de l'époque royale devait se situer non pas sur la berge méridionale du Tibre, mais sur la rive nord, entre l'anse que forme le fleuve immédiatement en amont de l'Ostie impériale. Il invoque à l'appui de sa proposition le passage de Dion. Hal. III 44: 4, selon lequel la ville serait située «au coude», ἐν δὲ τῷ ἀγκῶνι, expression qui indiquerait précisément l'anse du fleuve. En fait, le passage de Denys d'Halicarnasse sonne différemment: ἐν δὲ τῷ μεταξὺ τοῦ τε ποταμοῦ καὶ τῆς θαλάττης ἀγκῶνι πόλιν ὁ βασιλεὺς ἐντείχισας, ἣν ἀπὸ τοῦ συμβεβηκότος Ὠστίαν ὠνόμασεν, ὡς δ᾽ ἂν ἡμεῖς εἴποιμεν θύραν..., c'est-à-dire «le roi (Ancus) ayant fondé dans le coude entre le fleuve et la mer la ville que pour cette raison il appela Ostie, comme si nous disions «la porte» […]». Chez les auteurs latins apparaît le même concept «d'embouchure du fleuve»: ad exitum Tiberis in mare fluentis (Fest. 214L); in exitu Tiberis (Liv. XV 1: 56); in ore Tiberis (Liv. I 33: 9); in ipso maris fluminisque confinio (Flor. I 4). L'hypothèse de Coarelli est indubitablement novatrice, mais elle n'est appuyée ni par les sources ni, pour l'heure, par la documentation archéologique. Soit dit en passant, j'ai déjà souligné que l'expression utilisée par l'historien grec: ἐν δὲ τῷ ἀγκῶνι πόλιν ὁ βασιλεὺς ἐντείχισας etc., dérive probablement d'une assimilation phonétique et peut-être d'une pseudo-étymologie entre le nom d'Ancus (Martius) et ἀγκών (voir F. Zevi, «Sulle fase più antiche di Ostia», dans: Gallina Zevi – Claridge [dir.], op. cit., p. 83).

16 L'idée est déjà exprimée graphiquement depuis le plan de Canina de 1829, qui indique, en progression depuis le Borgo jusqu'à la mer, les trois sites d'Ostie: la royale, la républicaine et l'Ostie impériale (SdO I, p. 52, fig. 13). Pour la contribution la plus récente à ce sujet, voir C. Pavolini, La vita quotidiana a Ostia, 1986, p. 5. G. Becatti, SdO I, p. 94, a identifié avec subtilité le très ancien itinéraire (dans le tissu urbain actuel représenté par la Via Laurentina au sud-est et par la Via della Foce au nord-ouest du castrum) qui du sud se dirigeait vers l'embouchure du fleuve, qui précède, dirait-on, l'établissement du castrum. Géologiquement, A. Arnoldus, pédologue aux connaissances particulièrement approfondies sur la région d'Ostie et que je remercie vivement ici, m'a confirmé que la route en question suit la crête d'une dune côtière très ancienne. Ainsi, entre l'époque archaïque et l'Empire, il ne semble pas y avoir eu un important avancement de l'embouchure du Tibre, du moins pas au point de bouleverser la ligne côtière.

17 Le phénomène ne concerne pas seulement Ficana, mais presque toute la basse vallée du Tibre, quand «la vie du Tibre semble se déplacer sur l'Aniene» (Bartoloni, art. cit., p. 103).

18 Cf. J. Rasmus Brandt, Scavi di Ficana II/1: Il periodo protostorico e arcaico, le zone di scavo 3b-c, 1996, et récemment J. R. Brandt – E. Jarva – T. Fischer-Hansen, «Ceramiche di origine e d'imitazione greca a Ficana nell'VIII sec. a. C.», dans: Bartoloni (dir.), op. cit. (n. 6), pp. 219-232.

19 E. La Rocca, «Due tombe dall'Esquilino: alcune novità sul commercio euboico in Italia centrale nell'VIII secolo a. C.», DdA 8, 1974-1975, pp. 86-103; id., «Ceramica d'importazione greca dell'VIII secolo a S. Omobono: un aspetto delle origini di Roma», dans: Cahiers Centre J. Bérard 3, 1982, pp. 46-56. N. Coldstream, «Prospectors and Pioneers: Pithecoussai, Kyme and Central Italy», dans: G. R. Tsetskhladze – F. De Angelis (dir.), The Archaeology of Greek Colonisation. Essays Dedicated to Sir John Boardman, 1994, p. 49; J.-P. Descœudres – R. Kearsley: «Greek Pottery at Veii: Another Look», BSA 78, 1983, p. 42 n. 107; D. Ridgway, «L'Eubea e l'Occidente: nuovi spunti sulla rotta dei metalli», dans: M. Bats – B. D'Agostino (dir.), Euboica. L'Eubea e la presenza euboica in Calcidica e in Occidente, Atti Conv. Int. Napoli 1996, 1998, pp. 311-322.
Plusieurs études ont relevé que l'apparition des coupes de type grec dans des contextes indigènes devait signifier aussi l'adoption du vin et, avec lui, la coutume grecque du symposium (en plus du banquet) par les élites locales. En dernier lieu, A. Peserico, «Griechische Tongefässe im mittelityrrhenischen Italien», AA 1995, pp. 425-439.

20 Par exemple le Torrino, A. Bedini, «Scavi al Torrino», Archeologia Laziale VI, 1984, pp. 84-90; «Tre corredi protostorici dal Torrino», Archeologia Laziale VII, 1985, pp. 44-63; aussi id., «Un compitum di origine protostorica a Tor de' Cenci», Archeologia Laziale X, 1990, pp. 121-133.

21 Descœudres – Kearsley, loc. cit.; G. Bartoloni et al., «Veio tra IX e VI secolo», ArchCl 46, 1994, pp. 1-46; J. Toms, «La prima ceramica geometrica a Veio», dans: Bartoloni (dir.), op. cit. (n. 4), pp. 85-88; également F. Buranelli – L. Drago – L. Paolini, «La necropoli di Casale del Fosso», ibid., pp. 63-83; A. Berardinetti – L. Drago, «La necropoli di Grotta Gramiccia», ibid., pp. 39-61.

22 Cf. les articles cités à la note précédente et G. Bartoloni, «Veio e il Tevere», DdA 1-2, 1991, pp. 35-48.

23 Les «sept districts» auraient été pris à Véies du temps de Romulus déjà selon Dion. Hal. II 55, qui, parmi les richesses de la ville étrusque, relève «les

embarcations fluviales chargées de nombreuses marchandises»; quant aux salines de Véies, l'étude de R. Lanciani reste un classique, «Il campus salinarum romanarum», BCom 3, 1888, pp. 83-91; cf. J. Scheid, «Notes sur la via Campana», MEFR 88, 1976, pp. 639-668; Meiggs, Ostia, pp. 19-20; Coarelli, art. cit. (n. 5), avec une reconstruction historique différente. En revanche, la conquête de la forêt Maesia est située par Tite-Live (I 33: 9) au temps d'Ancus Martius, comme prémisses à la fondation d'Ostie.

24 Voir les comparaisons proposées par G. Bartoloni, «Riti funerari dell'aristocrazia in Etruria e nel Lazio», Opus 3, 1984, p. 16 et ead. (dir.), op. cit. (n. 3), p. 107; en particulier les affinités indubitables entre les tombes de guerriers 871 et 1036 de Véies-Casale del Fosso et la tombe 21 de Castel di Decima; ead., «Veio nell'VIII secolo e le prime relazioni con l'ambiente greco», dans: Atti II Congr. Int. Etrusco, Firenze 1985, 1988, pp. 117-128. A. Rathje, dans: O. Murray (dir.), Sympotica. A Symposium on the Symposion, 1990, pp. 279-288. Datable avant le deuxième quart du VIIᵉ siècle av. J.-C., le service a été rendu impropre à l'usage par un incendie.

25 G. Bartoloni – M. Cataldi Dini – F. Zevi, «Castel di Decima, Roma – La necropoli arcaica», NSc 29, 1975, pp. 233-367; id., «Aspetti della ideologia funeraria nella necropoli di Castel Di Decima», dans: R. Gnoli – J.-P. Vernant (dir.), La mort, les morts dans la société ancienne, 1982, pp. 256-273; F. Zevi, dans: Civiltà del Lazio primitivo (cit. n. 7), pp. 252 sq.; id., «Alcuni aspetti della necropoli di Castel di Decima», PdP 32, 1977, pp. 241-273.

26 A. Bedini, «Struttura … delle tombe principesche del Lazio», Opus 3, 1984, pp. 377-382; id., «Abitato protostorico in loc. Acqua Acetosa laurentina», dans: R. Di Mino – M. Bertinetti (dir.), Archeologia a Roma, 1990, pp. 48-64; id., «La cultura dei principi nel Lazio», dans: A. La Regina (dir.), Roma-Mille anni di civiltà, 1992, pp. 83-96.

27 Giovannini, art. cit. (n. 6) et Camporeale, art. cit. (n. 6).

28 L'objet est à Saint-Pétersbourg depuis 1932, sans indication de provenance. Il a été présenté par F. Jurgeit, dans: J. Thimme (dir.), Kunst und Kultur Sardiniens, 1980, p. 406 n. 190, qui la première a émis l'hypothèse d'une provenance de la région étrusque ou du Latium. Puis G. Colonna, «Quali Etruschi a Roma», dans: Gli Etruschi a Roma. Incontro di Studio in onore di M. Pallottino, Roma 1979, 1981, p. 171 («La barchetta nuragica di Porto ritrovata») l'a identifiée avec celui appartenant à Castellani depuis 1868 au moins, et publié par Wylie comme trouvée à Porto, dans les terrains de Torlonia. L'authenticité de cette information, défendue par Colonna, reste douteuse à mes yeux: Colonna lui-même a pu rassembler divers cas où il était démontré que Castellani altérait sciemment la provenance des objets en sa possession, afin de leur conférer une plus grande valeur marchande. («Di Augusto Castellani e del cosiddetto calice a cariatidi prenestino», dans: Miscellanea achaeologica Tobias Dohrn dedicata, 1982, pp. 33-44).

29 Colonna, loc. cit.

30 Cf. F. Zevi, «Una nota su Pithecusa, Veio e il Lazio», dans: Bartoloni (dir.), op. cit. (n. 6), pp. 179-183.

31 F. Zevi, «I Greci, gli Etruschi, il Sele», dans: aa.vv, I culti della Campania antica, Atti Conv. Studi in ricordo di N. Valenza Mele, Napoli 1995, 1998, pp. 1-25.

32 Le pseudo-Scylax, récemment reconsidéré dans un passage, fera de Rome le terme méridional du long parcours «tyrrhénien» qui dans la route de navigation le long des côtes italiennes, suivait celui «marseillais», débutant à (Antion)-Antinopolis (cf. M. Buonamici, StEtr 61, 1995, 3-43) et Rome, faut-il le préciser, signifiait l'embouchure du Tibre, que ce soit lieu d'escale sûr ou repère géographique essentiel pour la navigation côtière. Sur la datation du pseudo-Scylax, cf. A. Peretti, Il periplo di Scilace, 1979, pp. 84 sq., 485 sq., dont les thèses sont aujourd'hui acceptées à quelques réserves près.

33 Iust. XLIII 3: 4: Temporibus Tarquinii regis, ex Asia Phocaeensium iuventus ostio Tiberis invecta, amicitiam cum Romanis iunxit, inde in ultimos Galliae sinus navibus profecta, Massiliam inter Ligures et feras gentes Gallorum condidit magnasque res […] gesserunt. Namque Phocaeenses exiguitate ac macie terrae coacti studiosius mare quam terram exercuere; piscando mercandoque plerumque etiam latrocinio maris quod illis temporibus gloriae habebatur vitam tolerabant. Il ne me semble pas que l'on puisse inférer du contexte, comme bon nombre l'admettent, un décalage chronologique entre l'arrivée à Rome et la fondation de Marseille, au point d'en déduire que les relations entre les deux remonteraient à une époque antérieure à la fondation de Marseille. Il faut au contraire comprendre que la iuventus phocéenne fit escale à l'embouchure du Tibre alors qu'elle était en route vers la Gaule.

34 Cela suppose que quelconque forme de «présence» sur place, ne serait-ce que pour lier amitié ou vérifier les conditions d'amitié dont parle Justin dans le passage cité. En dépit de l'affirmation du même auteur (XLIII 5: 3) que les Marseillais ab initio conditae urbis foedus [avec Rome] summa fide

custodierunt, on pourrait conclure qu'une alliance a été stipulée (ou renouvelée) plus tard de Just. XLIII 5 : 10, qui rapporte qu'en 386 Rome reçut de Marseille l'aide financière nécessaire pour le paiement de la rançon aux Gaulois qui l'occupaient : *ob quod meritum et immunitas illis decreta et locus spectaculorum in senatu datus et foedus aequo iure percussum*. Toutefois les liens avec Marseille avaient aussi été renouvelés sur le plan religieux auparavant déjà, quand le vase d'or dédié par Camille comme dîme du butin de Véies fut déposé à Delphes dans le trésor des Marseillais.

35   J.-P. Morel, «Les Phocéens dans la mer Tyrrhénienne», dans: *Flottes et commerce grecs, carthaginois et étrusques, Actes Conv. Ravello 1987, PACT 20*, 1993, p. 440 : les «paysages phocéens» sont ceux des centres de redistribution, lagunes et étangs, estuaires ou delta fluviaux ; pour des exemples au Latium, cf. entre autres M. Torelli, «Riflessioni a margine dell'emporia di Gravisca», *ibid.*, pp. 181-188.

36   Voir en dernier lieu A. Hesnard *et al.*, *Parcours de villes. Marseille : 10 ans d'archéologie, 2600 ans d'histoire*, 1999, pp. 15 *sqq.*

37   Le fait que la mention des relations très anciennes entre Marseille et Rome est généralement acceptée sans discussion par les historiens de la Grèce ancienne, constitue un cas particulier illustrant l'absence de communication interdisciplinaire. En effet, ceux-ci ne rendent pas attentif au fait que la mention en question implique, au moins en ce qui concerne les Tarquins, une confirmation des dates fournies par la tradition «annalistique» romaine, et ce malgré le fait que ces dates ne seront fixées avec précision que beau-coup plus tard, par les philologues de la fin de la République, dans un effort de coordonner la chronologie romaine et les systèmes grecs. Voir à ce propos O. De Cazanove, «La chronologie des Bacchiades et celle des rois étrusques de Rome», *MEFRA* 100, 1998, pp. 615-648.

38   Il n'est pas impossible qu'un lien conceptuel existe avec le singulier phénomène de la disparition du mobilier funéraire dans les tombes. Celle-ci pourrait être le résultat d'une réglementation concernant le luxe qui faisait valoir des principes d'éthique politique opposés à l'ostentation d'empreinte orientale typique de certaines villes qui – comme d'aucuns l'ont fait remarquer – formaient une sorte de «club international» des excès luxurieux. Cf. C. Ampolo «La città degli eccessi: per la storia di Sibari fino al 510 a. C.», dans: *Sibari e la Sibaritide, Atti Conv. Studi Magna Grecia 32, Taranto 1992*, 1994, pp. 213-254.

39   Il s'agit donc d'un moment (peut-être unique) de l'histoire romaine archaïque qui ne nous a jamais été transmis par une source contemporaine. Comme j'ai eu l'occasion de le montrer («Demarato e i re «corinzi» di Roma», dans: *aa.vv., L'incidenza dell'antico, Scritti in memoria di E. Lepore*, I, 1996, pp. 291-314), l'histoire de Démaratus et des Tarquins a été écrite (ou plutôt transcrite) à Cumes, tout de suite après la bataille du lac de Régille, en tant que préface du testament dans lequel Tarquin le Superbe désignait Aristodème pour son héritier. Cette préface fut ensuite exhibée dans le «procès» contre les Romains qui, en 492 av. J.C., s'étaient rendus à Cumes pour faire commerce du blé ; de là, il passa dans la (ou une) Chronique de Cumes.

Ostie sous la République[*]

Fausto Zevi

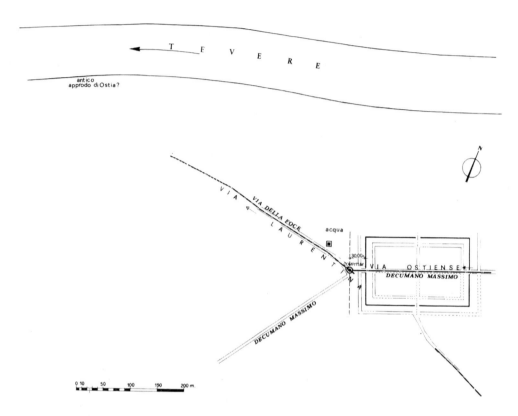

Il est certain que la conquête romaine du littoral ainsi que l'exploitation des salines ont impliqué une forme d'implantation permanente depuis l'époque des rois. A Ostie toutefois, la documentation archéologique la plus ancienne se rapporte en premier lieu à la forteresse médio-républicaine, dont l'appellation *castrum* souligne la fonction militaire. Il s'agit d'un rectangle régulier (194 × 125,7 m), délimité par une enceinte en blocs de tuf sans mortier [voir ci-dessous, p. 84, fig. 6 et p. 92, fig. 2], large de 1,65 m (on suppose toutefois qu'une structure de bois interne en augmentait l'épaisseur et rendait ainsi la déambulation sur les murs plus aisée)[1]. L'espace intérieur est divisé en quatre par le croisement orthogonal des deux rues principales (dites respectivement *cardo* et *decumanus*), dans l'alignement desquelles s'ouvraient quatre portes à double chambre de structure identique (celle au nord fut totalement détruite par le *Capitole* du IIe siècle ap. J.-C.). Outre ces deux axes majeurs, le système de ruelles interne se composait d'un quadrilatère de rues, parallèle à l'enceinte (rues pomériales intérieures), remplissant une fonction avant tout défensive (**fig. 1**). Un circuit ana-logue, également à fonction défensive, se développe à l'extérieur (rues pomériales externes).

Les sondages effectués par G. Calza dans le Forum, menés jusqu'aux couches les plus anciennes[2], ont montré que la première Ostie n'avait pas de forum; l'«espace politique» faisait défaut, car une colonie de citoyens romains n'était pas politiquement autonome par rapport à la ville-mère. Il est cependant difficile de ne pas reconnaître une valeur publique au moins à l'édifice A[3]. Placée au croisement entre le *cardo* et le *decumanus*, face aux temples de la ville, cette salle a une superficie de quelques 200 m[2]. Des piliers internes soutiennent sa toiture. Il pourrait s'agir d'un *atrium publicum* ou d'une curie.

Expression de fonctionnalité et de clarté, le plan du *castrum* a été considéré comme le «type ostien» de la ville romaine «carrée» (dans le sens de quadrangulaire et quadripartite), avec

---

1   Le castrum érigé à la jonction de la Via Laurentina et de la Via Ostiense, cette dernière formant son axe principal, le Decumanus Maximus.

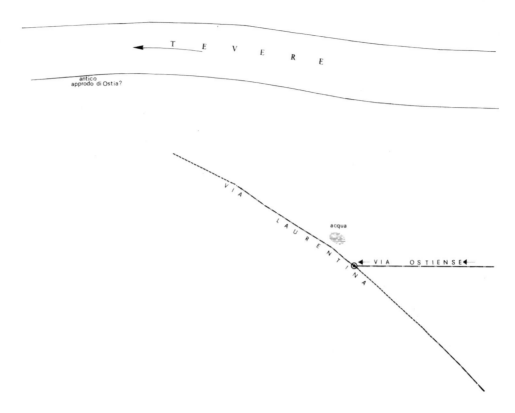

une tendance explicite à la polarisation centrale qui se distinguait de l'équilibre distributif du système hippodaméen réticulaire, mais excluant aussi une «traduction mécanique du schéma des campements militaires»[4]. On retrouve à Minturnae, à Sinuessa (296 av. J.-C.) et à Pyrgi[5] un plan similaire, qui devient une constante formelle des *coloniae maritimae* même les plus récentes. L'alignement de ces colonies sur le littoral (quasiment des petites images de l'*Urbs*[6]) créait une «façade maritime» qui projetait à l'extérieur une image d'ordre rationnel, fondement du pouvoir de Rome. Cependant, encore récemment une interprétation militaire de la forteresse d'Ostie a été réaffirmée[7]. Ainsi la question de la chronologie du *castrum* revient au premier plan.

En premier lieu, il faut observer la relation du *castrum* avec le réseau routier des alentours (**fig. 2**). Un coup d'œil sur la cartographie suffit à mettre en évidence son rapport organique avec la Via Ostiense: à son arrivée en ville, la voie forme une ligne droite qui rase le coude du Tibre et longe son cours jusqu'au *castrum* qui en constitue, pour ainsi dire, le terminus. La Via Ostiense continue tout droit à l'intérieur de la ville, dont elle constitue le Decumanus Maximus et s'arrête là: en effet, à la sortie occidentale, elle devient une bifurcation de routes divergentes.

Le lien indissociable qui les relie nous pousse à supposer que la route et le *castrum* ont été construits au même moment, l'un en fonction de l'autre. Or, la Via Ostiense est structurée par

2   La Via Laurentina constitue la route la plus ancienne dont nous avons connaissance dans cette zone. Elle se dirige vers l'embouchure du Tibre, où se trouvait très probablement l'abord d'Ostie à l'époque archaïque, ainsi que le débarcadère du bac le reliant à la rive «étrusque». La source d'eau potable située près de la jonction de la Via Laurentina et de la Via Ostiense devient plus tard l'aqua Salvia de l'aire sacrée d'Hercule (dessin M. A. Ricciardi).

de longs trajets droits tracés à partir de stations espacées, c'est-à-dire selon la même technique, mais à échelle réduite, que celle appliquée à la Via Appia (312 av. J.-C.), et peut-être déjà à la Via Latina (après 338 av. J.-C.)[8]. La Via Ostiense se situe plus ou moins à la même époque, ce qui donne plus de poids à la datation du *castrum* établie par d'autres moyens. Mais il est tout aussi important de noter que l'ensemble si régulier du *castrum* et de la Via Ostiense se superpose, sans en tenir compte et sans essayer de s'y rapporter, à un parcellaire irrégulier, qui constitue le départ de parcours orientés diversement et qui semble donc plus ancien[9]. C'est à G. Becatti que nous devons une observation, riche de conséquences, selon laquelle la voie qui sort du *castrum* en direction du sud (soit la Via Laurentina) et celle qui part vers l'ancienne embouchure du fleuve depuis la porte occidentale (soit la Via della Foce) sont deux tronçons d'un seul itinéraire, antérieur au *castrum* qui se l'est approprié en l'intégrant et en le rectifiant afin de l'amener à coïncider avec ses rues principales (**fig. 2**). C'est à cette ancienne orientation routière, oblique par rapport au *castrum*, qu'ont tendance à se conformer les terrains hors les murs. Ainsi le parcours droit final de la Via Ostiense fut amené à rencontrer la voie préexistante sud-est/nord-ouest (Via Laurentina et Via della Foce) en un point précis, à partir duquel a été planifié le *castrum* d'Ostie. Les deux voies divergentes qui sortaient de la porte occidentale donnaient lieu à un *compitum*, près duquel s'étendait l'aire sacrée d'Hercule, où j'ai supposé l'existence d'une source d'eau potable, un élément indispensable à une escale portuaire. En outre, dans la zone occupée plus tard par le *castrum*, il devait exister un petit temple (*sacellum*) archaïque.

Si ce parcours routier est antérieur au *castrum*, il en résulte que, à l'époque medio-républicaine, la ligne côtière et le débouché du Tibre dans la mer se trouvaient plus en aval du *castrum* même, ce qui rend caduque l'idée d'un avancement du littoral et donc d'une implantation primitive d'Ostie plus en amont que celle de l'Ostie républicaine et impériale. Si l'on suppose que la route sud-est/nord-ouest menait au port d'escale fluvial près de l'embouchure du fleuve, en suivant son parcours on arrive plus ou moins à la hauteur du dit Palais Impérial ou immédiatement après, précisément là où L. Canina et P. Rosa identifiaient un bassin d'accostage semi-circulaire sur le fleuve, entouré de bâtiments monumentaux (voir ci-dessous p. 55, n. 46) et où des prospections récentes semblent confirmer l'existence d'un bassin.

Quant à la chronologie du *castrum*, D. Vaglieri et Calza considèrent que les vestiges découverts dans les couches les plus anciennes ne sont pas antérieurs à la fin du IVe siècle av. J.-C.[10] Cependant, on ne pouvait laisser de côté la tradition bien établie qui fait d'Ostie la première colonie romaine[11], donc forcément antérieure, même de peu, à l'établissement d'une colonie à Antium suite à la conquête de 338 av. J.-C. C'est autour de cette date que Calza situait la fondation de la colonie et la construction de la citadelle, même si le silence des sources sur un événement d'une si grande portée pour Rome reste inexpliqué.

En réalité, parmi les trouvailles provenant du *castrum*, il y en a de plus anciennes. L'identification de fragments architecturaux en terre cuite de style archaïque[12] a suscité l'hypothèse vraisemblable d'un ancien édifice sacré, lié au port d'escale primitif[13]. De même, la céramique figurée découverte dans les fouilles du *castrum*, remarquable en qualité et en variété, a fait l'objet d'une reconsidération. Sir John Beazley a réexaminé les fragments de la production attique tardive à figures rouges et les a datés au second quart du IVe siècle[14], date confirmée par les céramiques à figures rouges de production étrusque et falisque (**fig. 3**)[15]. Cette chronologie impliquerait un scénario et un contexte historique différents pour la construction de la forteresse, c'est-à-dire l'époque de Denys le Jeune et des incursions syracusaines sur les côtes tyrrhéniennes, dont fut victime, en 384 av. J.-C., le sanctuaire de Pyrgi et dont les Romains et les Latins avaient également souffert. L'établissement du *castrum* d'Ostie marquerait alors la prise de possession définitive par les Romains du territoire autrefois contrôlé par Véies, à la suite de l'invasion gauloise, au cours des premières décennies

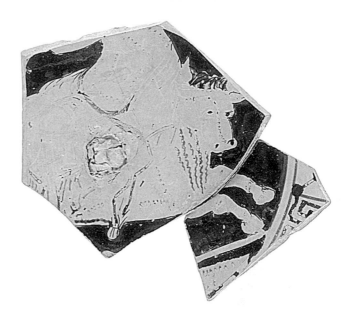

3   Fragment de kylix falisque à figures rouges, Ostie inv. 5559. Représentation de l'enlèvement d'Europe (voir catalogue n° III.18).

du IVe siècle[16]. Tout récemment pourtant, la publication d'une fouille près des murailles du *castrum* a réhabilité la datation basse, aux dernières années du IVe siècle, voire plus tard[17]. Pareille date correspond à une période d'intense activité maritime de la part de Rome (création des magistrats responsables de l'équipement d'une flotte de guerre, les *triumviri classis comparandae*, premiers raids romains en Campanie en 308 av. J.-C., relations et traités internationaux qui supposent une forte présence romaine sur les mers), mais ne concorde pas avec la chronologie des céramiques du *castrum* qui sont plus anciennes, ce qui impliquerait un décalage chronologique considérable entre une première implantation, non fortifiée (ou dont les fortifications n'auraient pas encore été retrouvées[18]) et la fondation de la forteresse en ce même endroit. De même, l'occupation du territoire des Monti di S. Paolo, qui avait appartenu à Ficana, pré-daterait la construction des murailles, puisque les premières fermes (*villae rusticae*) s'y établirent à partir de la seconde moitié du IVe siècle av. J.-C.[19]. Le *castrum* reste néanmoins le premier aménagement « urbain » datable du point de vue archéologique à Ostie, mais les incertitudes chronologiques n'encouragent pas, pour le moment, d'établir des liens avec des événements historiques précis.

A part le *castrum*, peu d'autres éléments remontent aux origines de la cité ; pourtant, dans certaines institutions religieuses d'Ostie, on a repéré des éléments de haute antiquité, et la recherche dans ce sens s'est développée durant la première moitié du XXe siècle déjà[20]. Il n'est pas aisé de reconstruire une «stratigraphie du sacré» digne de foi à Ostie, mais il est possible d'émettre quelques propositions. Le culte qui a donné lieu au plus grand nombre de spéculations est celui de Vulcain, spécifique à Ostie, qui, selon les témoignages dont nous disposons (peu nombreux à vrai dire, et tardifs) serait un véritable culte «polias», c'est-à-dire que Vulcain aurait été le dieu tutélaire d'Ostie, et l'office de son prêtre, le *Pontifex Volkani et aedium sacrarum*, correspondrait, toute proportion gardée, «par ses fonctions et son prestige au *Pontifex Maximus* de Rome»[21]. La singularité de ce culte, sans comparaison dans les colonies romaines ou latines, a suscité des interprétations hardies[22]. Mais L. Paschetto observa déjà en son temps que si Vulcain était devenu le dieu de la colonie, il s'agissait sans doute d'un culte particulièrement important à Rome au temps de la fondation de la colonie[23]. En effet, comme le déclare R. Meiggs, «*it is easier to believe that Vulcan came to Ostia from Rome, rather than to Rome from Ostia*»[24]. A Rome, F. Coarelli a démontré le lien, structural avant que d'être topographique, entre le sanctuaire de Vulcain et le Comice au cœur de la ville de Romulus agrandie, permettant ainsi de saisir pleinement le sens du culte de Vulcain, dieu d'*agora* par excellence, avec une nette connotation civique[25]. Dans le cas d'Ostie, il s'agirait de cette collectivité de *cives*, de citoyens, qui constituait la colonie fondée par Ancus Martius (ou l'*urbs* du lemme déjà cité de Festus)[26]. Ce qui importe est que le culte de Vulcain doit être compris dans le cadre d'une religiosité archaïque, que je définirais comme «pré-capitolienne»[27], à culte aniconique et se déroulant dans des enceintes sacrées et sur des autels à ciel ouvert (et c'est également ainsi qu'il faut imaginer une éventuelle aire sacrée primitive consacrée à Vulcain à Ostie)[28], c'est-à-dire la religiosité caractéristique d'un horizon culturel «pré-hellénique», et donc antérieur aux rois Tarquins. Vue sous cet angle, la tradition qui désigne comme «fondateur» d'Ostie un des très anciens rois sabins semble cohérente [voir aussi ci-dessus, p. 4].

A la différence de celui de Vulcain, le culte des Dioscures apparaît à Ostie avec des connotations hellénisantes au IVe siècle, époque de la nouvelle organisation urbaine du *castrum*[29]. En fait, si le culte de Vulcain conservera toujours un caractère purement local[30], celui des Dioscures pratiqué à Ostie est au contraire un culte public du peuple romain qui, encore au Bas-Empire, était célébré par le prêteur urbain. Dans les dédicaces épigraphiques qui nous sont parvenues, les divins Jumeaux sont associés à Neptune, confirmant ainsi qu'ils étaient vénérés comme «sauveurs» à Ostie, guides sûrs des routes maritimes, soit sous les traits typiquement grecs de protecteurs (*soteres*) de la navigation. Nous savons qu'à Ostie, sur l'Isola Sacra, on célébrait en leur honneur des jeux équestres, certainement en vue de la mer et de l'embouchure du fleuve où étaient ancrés les navires arrivés à bon port au terme de leur périple. Ainsi le culte public des Dioscures manifestait la prééminence définitive d'Ostie en tant que port sûr pour les «*beaux navires*», que chante Ennius[31]. A mes yeux, le moment historique de ce passage conceptuel remonte au temps de cet augmentation de la piraterie dans la mer tyrrhénienne dont les Grecs tenaient Rome pour responsable. Rappelons les précieux témoignages de Strabon sur les actes de piraterie perpétrés par les habitants d'Antium, contre lesquels Alexandre le Grand, puis Démétrios Poliorcète élevèrent de vives protestations. Strabon s'étend plus longuement sur ce dernier épisode[32]: les ambassadeurs de Poliorcète, tout en reconnaissant le droit des Romains à la domination de l'Italie, déploraient qu'ils pratiquassent la piraterie au détriment des Grecs, alors qu'ils rendaient un culte si fervent aux Dioscures auxquels ils avaient élevé un grand temple au forum, ces dieux qui venaient de la même terre que les Grecs. La référence au temple des Dioscures s'explique bien si les ambassadeurs parlaient du haut de la tribune réservée aux orateurs étrangers, la *grécostase*, sur le Forum, mais leur discours n'a de sens que si les Romains étaient au courant du rôle des Dioscures comme protecteurs, non seulement de la cavalerie[33], mais surtout de la navigation maritime. Alors qu'au temple du Forum aboutissait chaque année la parade des chevaliers (*equites*) romains, les jeux d'Ostie correspondaient en revanche à l'aspect nautique des frères divins. Une génération auparavant, les plaintes d'Alexandre le Grand à propos de la piraterie des habitants d'Antium (sujets de Rome qui en avait ainsi la responsabilité au niveau international[34]) accompagnées d'intimations péremptoires, avaient provoqué une intervention immédiate et drastique de la part des Romains (en 338 av. J.-C.), soit la prise de la cité volsque, la capture de sa flotte de guerre et l'interdiction perpétuelle d'en réarmer une (d'ailleurs les rostres arrachés aux navires d'Antium furent accrochés au Forum sur la tribune des orateurs du Comice qui sera dès lors précisément appelée *Rostra*), et enfin l'implantation à Antium d'une colonie de citoyens romains qui constitua la plus efficace garantie pour les conquérants[35]. Dans la brève période qui sépare Alexandre de Poliorcète, à savoir entre 338 et la fin du IVe siècle, la situation change radicalement: ce ne sont plus des sujets de Rome qui sont coupables, mais les Romains eux-mêmes auxquels l'accusation de nuire aux navigateurs grecs s'adresse. On mesure ainsi l'importance du changement survenu dans l'organisation marine de Rome, avec la fondation des colonies d'Antium et de Terracina, le pacte (*foedus*) conclu avec les Napolitains devenus les premiers alliés navals (*socii navales*), la nomination des *triumviri classis comparandae*, l'accord informel passé avec les Rhodiens dès 305 av. J.-C., le troisième traité avec Carthage, et, immédiatement après, celui avec Tarente. La construction du *castrum* d'Ostie s'insère bien dans ce contexte et n'est en soi évidemment pas identifiable avec la colonie en tant que communauté humaine, *coetus hominum*[36], que la tradition considère de loin antérieure. Il s'agissait en fait de fortifier l'établissement dans sa fonction de garnison, veillant sur l'embouchure, et de protection de la flotte de guerre[37].

L'effort requis pour se transformer de puissance territoriale en puissance maritime, capable non seulement de se défendre des attaques mais aussi d'assumer l'initiative de guerres outre-mer, caractérise comme on le sait la politique romaine entre la fin du IVe et la première moitié du IIIe siècle, qui trouve sa première grande affirmation dans la victoire sur Carthage. C'est en rapport avec ce moment historique précis qu'il faut examiner l'institution de la *quaestura ostiensis*, la questure d'Ostie. Un questeur, jeune magistrat romain investi de fonctions avant tout financières, résidait et exerçait son mandat à Ostie durant l'année de sa charge, avec une gamme de compétences sujette à de nombreuses discussions, peut-être aussi parce que les pouvoirs qui lui étaient confiés ont évolué avec le temps. Instituée, d'après nos connaissances, en 267 av. J.-C. et abolie par l'empereur Claude, la questure d'Ostie était, à l'époque de Cicéron, loin d'être convoitée par les jeunes cherchant à faire carrière, car ce poste était sans gloire mais en revanche comblée d'ennuis[38]. L'unique épisode qui nous soit connu impliquant un de ces questeurs est la mésaventure survenue à Apuleius Saturninus, fameux chef des *populares* du parti de Marius, qui fut durement accusé par ses adversaires politiques de n'avoir pas su gérer efficacement en temps de crise le transport du grain d'Ostie à Rome[39]. Toutefois le caractère annonaire de l'office du questeur devait représenter une évolution tardive, peut-être suite aux lois des Gracques; au moment de son institution, il devait s'agir d'un poste d'une autre nature si, comme je le pense, il avait initialement pour objectif l'acquittement sur place des charges financières (y compris la solde et l'achat de denrées alimentaires pour les équipages) relatives à la construction et au maintien non seulement de la flotte de guerre en préparation contre Carthage, mais aussi des transports pour les troupes qui opéraient dans les territoires éloignés. Dès le début du IIe siècle, l'organisation du ravitaillement de Rome s'élargira à un système portuaire reposant sur les deux pôles conjugués d'Ostie et Pouzzoles[40]. Je voudrais ajouter que le potentiel d'activité plus développé d'Ostie a dû susciter l'importante réfection de la Via Ostiense, soutenue dans ses fondations par un ouvrage de blocs de tuf dont une magnifique partie, avec de petits ponts pour le passage des ruisseaux, a récemment été mise au jour[41].

Des fouilles récentes ont prouvé que la prolifération de constructions en dehors du *castrum* avait déjà débuté au cours de la seconde moitié du IIIe siècle av. J.-C.[42] Cependant nous ne disposons pas à l'heure actuelle de données suffisantes pour pouvoir retracer les étapes du développement de la ville à l'époque républicaine. Les nouvelles murailles (communément dites «de Sylla», mais en réalité érigées entre 63 et 58 av. J.-C.), entouraient une superficie de 69 hectares. Leur tracé ne correspond pas aux limites atteintes par l'agglomération, et de grandes zones non occupées existaient encore à l'époque impériale. Si l'on observe le plan de la cité, l'irrégularité du tissu urbain à l'intérieur des murailles de la ville saute aux yeux: l'implantation du *castrum* n'a pas imposé, comme nous l'avons vu, son organisation à la parcellisation préexistante, qui demeure à la base de la nouvelle urbanisation apparemment non planifiée. Une exception remarquable est représentée par le vaste quartier qui s'étend sur le côté nord du Decumanus Maximus, vers le Tibre, subdivisé en grands ensembles par des rues orthogonales.

D'importants édifices publics, le théâtre érigé par Agrippa avec une place entourée de portiques, qui sera ensuite transformée en Place des Corporations, les Thermes de Neptune, la Caserne des Vigiles etc. s'élevèrent ici dès l'époque julio-claudienne. A l'époque républicaine tardive, seul le petit complexe sacré dit des Quatre Petits Temples s'élevait au centre, tandis que sous César, de grands entrepôts (des greniers à blé?) seront construits à l'extrémité du *decumanus* près de la Porta Romana, c'est-à-dire la sortie orientale de la nouvelle enceinte. Une série de bornes en travertin délimitent l'aire proche du *decumanus* et en expliquent l'histoire: on rapporte que C. Caninius, en sa qualité de préteur urbain (magistrat judiciaire romain), l'avait estimée aire publique; nous ne savons pas la date, mais la paléographie des inscriptions remonte certainement au IIe siècle av. J.-C., peut-être au temps des Gracques. Cette mesure soustrayait à la construction incontrôlée des privés ces terrains donnant sur le Tibre, probablement destinés à l'origine aux opérations portuaires [voir ci-dessous, p. 83, fig. 4]. Telle interprétation est confirmée par le fait que le complexe sacré des Quatre Petits Temples est dédié à Fortune, Vénus, Cérès et Spes, quatre déesses liées à la navigation et au ravitaillement. On daterait volontiers cet ensemble au temps du rétablissement de la paix sur les mers après l'élimination des pirates et plus particulièrement au moment où Pompée est responsable de l'annone (*cura annona*)[43]. Afin de ne pas pousser trop loin l'interprétation de ces données et d'y voir la manifestation d'une volonté de planification urbaine, il est nécessaire de préciser que la sentence du préteur a dû intervenir suite à un recours auprès du magistrat de la part d'un particulier voulant faire valoir ses droits contre autrui (dans ce cas probablement la communauté d'Ostie). La dernière des bornes vers l'ouest est flanquée d'une autre borne, plus petite et peut-être plus tardive, qui annonce la nature privée du terrain contigu, jusqu'à la berge du fleuve: *privatum ad Tiberum usque ad aquam* (**fig. 4**). De fait, l'aire délimitée par le préteur Caninius demeurera comme une sorte de précieuse réserve de terrain pour les grandes entreprises publiques, vouées à doter Ostie de services indispensables au bien-être de l'Italie impériale.

Ainsi, à l'intérieur des nouvelles murailles, outre les habitations et les greniers (*horrea*), qui annoncent la fonction annonaire désormais dominante du port d'Ostie[44], il faut surtout signaler les complexes cultuels, étudiés dans un autre article de ce volume[45]. Nous nous contenterons donc de rappeler qu'à l'époque républicaine la ville n'avait pas de forum et que les deux temples à l'intérieur du *castrum* étaient alignés sur le côté nord du Decumanus Maximus; d'après la technique de leur construction (**fig. 5**), ils peuvent être datés du deuxième quart du Ier siècle av. J.-C., mais ils doivent avoir remplacé des temples plus anciens, contemporains du *castrum* et reconstruits à l'époque de Sylla – ou, peut-être, après le sac des pirates en 67, sur lequel nous reviendrons.

A leur tour, ces deux temples furent détruits à l'époque impériale quand fut érigé le gigantesque Capitole sous Hadrien. Le plus grand des deux temples tardo-républicains serait donc son

4　Borne de Caninius flanquée d'une petite borne privée.

5　Petit temple républicain à l'intérieur du *castrum*, mur occidental.

prédécesseur, tandis qu'on ignore à quelle divinité était consacré l'autre temple. A part ces cultes officiels, le complexe sacral le plus important était sans doute celui d'Hercule hors du *castrum*, au début de la Via della Foce. Sa phase la plus ancienne est documentée par une série d'autels archaïques en tuf (IIIe-IIe siècle av. J.-C. ?), tandis que dans la seconde moitié du IIe siècle, trois édifices de culte seront érigés, d'abord celui désigné comme le Temple de l'Autel Rond, suivi par le magnifique Temple d'Hercule et par le Temple Tétrastyle, certainement dédié à Esculape et dont la statue de culte en marbre et en bronze a été conservée, œuvre d'un des artistes néo-attiques actifs à Rome au tournant du IIe et du Ier siècle av. J.-C (**fig. 6**)[46].

La nature oraculaire du culte d'Hercule, inférée de l'interprétation du relief votif de l'haruspice C. Fulvius Salvis[47] [voir ci-dessous, p. 292, fig. 2 et catalogue, n° XIV.1], apparente le sanctuaire d'Ostie à des sanctuaires du Latium autres que celui de Rome, en premier lieu à celui de Tivoli (Tibur), ville qui a joué un rôle dans la diffusion et la monumentalisation du culte lié aux entreprises commerciales des marchands locaux. D'ailleurs, le lien étroit entre Tivoli et Ostie est confirmé par l'épigraphie

dès la fin de l'époque républicaine, et il est indubitable à mes yeux que le caractère grandiose et la qualité architecturale du temple d'Ostie ainsi que la richesse des inscriptions votives placées dans l'aire sacrée, reflètent le rôle du dieu en tant que protecteur du commerce maritime contre les périls présentés par la piraterie plus que par les risques inhérents à la mer[48]. Les invocations des dits Quatre Petits Temples semblent en revanche être de nature plus étroitement liée à la navigation et au ravitaillement. Lucilius Gamala est une personnalité singulière et un représentant connu de l'épigraphie d'Ostie[49]. La datation archéologique des Quatre Petits Temples, qui ne peut être plus récente que le milieu du Ier siècle av. J.-C., contribue à situer au temps de Pompée ce ressortissant d'Ostie, qui connaissait Cicéron, époux d'une Octavie issue d'une famille sénatoriale, qui eut certainement une position éminente dans le gouvernement de la ville durant les temps troublés des guerres civiles[50].

C'est à cette époque en fait qu'Ostie retrouva toute son importance[51], parce que le contrôle du port de Rome jouait un rôle clé dans la lutte pour le pouvoir. Nous savons que Marius prit d'assaut Ostie, demeurée loyale à Sylla, la traitant particulièrement

6 Statue d'Esculape, env. 100 av. J.-C. Musée Ostie, inv. 114 (voir catalogue, n° V. 2).

7 Reconstitution graphique d'une des faces de la Porta Romana, avec inscription sur l'attique (F. Zevi, dessin de M. A. Ricciardi).

durement. On a déduit du fait que la ville fut défendue par la cavalerie qu'elle n'avait pas encore de nouvelle enceinte[52]. Vingt ans plus tard (67 av. J.-C.), se produisit un épisode non seulement grave en soi, mais de nature à compromettre la dignité et le prestige même de Rome : les redoutables pirates ciliciens, fléau de la Méditerranée, osèrent pénétrer dans le port d'Ostie, y détruisant au mouillage une escadre de navires placée sous le commandement d'un consul. Cet événement, appelé l'*incommodum ostiense* par Cicéron, fut déterminant pour la concession à Pompée des pleins pouvoirs nécessaires à l'éradication définitive de la piraterie[53]. C'est dans le contexte des événements de ce temps que s'inscrit la construction des murailles d'Ostie jusqu'ici dites de Sylla. A ce propos, le réexamen de l'inscription qui figurait sur l'attique de la Porta Romana (qui, tout en appartenant à une réfection d'époque impériale, présente l'histoire de sa construction) et la découverte de nouveaux fragments ont permis de déceler les noms des magistrats chargés de la construction des murailles (**fig. 7**). On peut lire, sans aucun doute, le nom de P. Clodius Pulcher, *tr[ibunus plebis]* (tribun de la plèbe), ennemi juré de Cicéron, qui exerça le tribunat en 58 av. J.-C. Les

très grands pouvoirs d'intervention qui lui furent concédés par les lois spéciales qu'il avait fait approuver, devaient aussi concerner Ostie en tant que port de ravitaillement de Rome. C'est non sans surprise que l'on a constaté ensuite que les lettres encore lisibles de la ligne précédente ne pouvaient s'appliquer qu'au nom de Cicéron lui-même, M. Tullius Cicero, actif à Ostie en sa qualité de consul, donc en 63 av. J.-C. Retrouver ainsi, l'un à la suite de l'autre, le nom de ces deux adversaires politiques s'explique seulement si l'ouvrage, commencé à l'initiative du premier, a été terminé par l'autre en son propre nom. En effet, Cicéron, sans pour autant spécifier de quel monument il s'agit, mentionne à plusieurs reprises, dans sa correspondance privée aussi bien que dans les discours publics, l'usurpation, tolérée par le Sénat, de «son monument» par Clodius, qui avait remplacé le nom de son adversaire par le sien, «inscrit en lettres de sang». L'hypothèse que le *monumentum* cicéronien soit précisément la muraille d'Ostie peut être discutée; reste néanmoins le fait que les «guerres des dénominations» représentaient à l'époque un phénomène somme toute habituel; par ailleurs la défense d'une cité aussi importante, et dont la vulnérabilité à toute sorte de

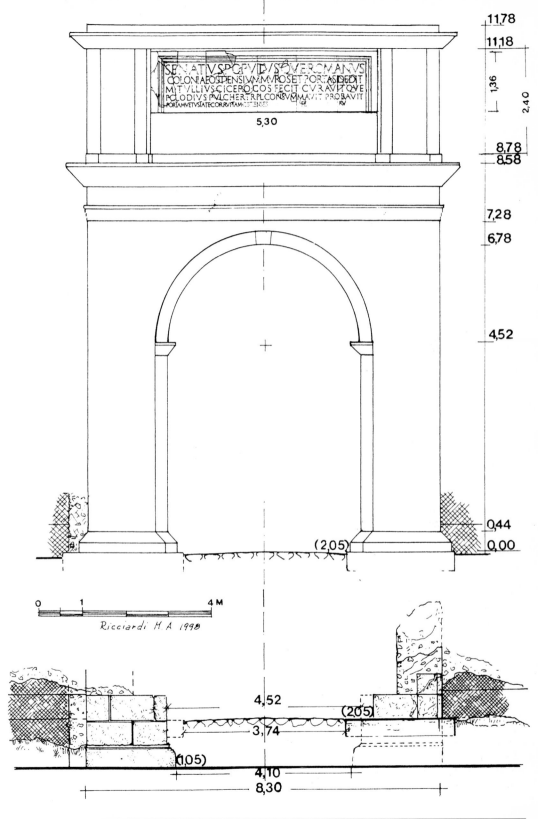

SENATVS·P·Q·P·VID·IS·VER·OM·ANVS
COLONIAE·OSTIENSIVM·MVROS·ET·PORTAS·DEDIT
M·TVLLIVS·CICERO·COS·FECIT·CVRAVIT·QVE
P·CLODIVS·PVLCHER·TR·PL·CONS·VM·MAVIT·PROBAVIT
PORTAM·VETVSTATE·CORRVPTAM·OSTIENSES

11,78
11,18
1,36
2,40
8,78
8,58
7,28
6,78
4,52
0,44
0,00

5,30

(2,05)

0 1   4 M

Ricciardi M.A 1998

4,52
(2,05)
3,74
(1,05)
4,10
8,30

7

razzia avait été révélée par le récent *incommodum*, pouvait sembler urgente alors que s'annonçaient de nouvelles guerres intestines, et que l'on ne pouvait prévoir ni la durée ni les conséquences de la conjuration de Catilina. Sicca, un ami personnel de Cicéron, plus d'une fois cité comme son *praefectus fabrum*, a dû être l'architecte de l'ouvrage[54]. Cette entreprise explique aussi comment Cicéron a pu connaître Gamala, personnalité la plus en vue de la ville en son temps.

Nous pouvons conclure ce résumé de l'histoire d'Ostie républicaine par cet événement. L'époque du second triumvirat et du début de l'époque augustéenne verront émerger une autre personnalité extraordinaire, à savoir C. Cartilius, qui recevra des habitants d'Ostie le surnom honorifique de Poplicola. Il faut reconnaître en lui un agent mis en place par Octave pour contrôler une localité d'importance stratégique comme Ostie, au moment de l'affrontement avec Sextus Pompée puis avec Marc Antoine[55]. La triple censure qu'il revêtit lui permit d'éliminer ses adversaires et d'assurer qu'Ostie, comme le reste de l'Italie, adhère au nouveau régime d'Auguste. Sa belle statue nue [voir ci-dessous, p. 156, fig. 2], de type héroïque, le pied soulevé sur une espèce de borne pour indiquer le contrôle, sûr et solide, de la terre qu'on lui avait confiée et qu'il avait su défendre, fut consacrée dans le temple d'Hercule vers 38 av. J.-C., lorsqu'il était duumvir pour la seconde fois et élu pour la troisième, et, comme le montre la frise du riche mausolée que les Ostiens lui érigèrent aux frais de la ville [voir ci-dessous, p. 157, figs 3-4], il avait réussi à sauver le port de Rome d'une attaque navale de Sextus Pompeius.

Notes

* Mes remerciements vont à Jean-Paul Descœudres et à Elisabeth Fischer pour la relecture de ma traduction française.

1 P. Cicerchia, «Ostia: considerazioni e ipotesi sul primo impianto urbano», *Xenia* 6, 1983, pp. 45-62. La planification urbaine du *castrum* a par ailleurs été réexaminée dans le contexte des *coloniae maritimae* medio-républicaines par H. v. Hesberg, «Zur Plangestaltung der römischen Coloniae maritimae», *RM* 92, 1985, pp. 129 sq.; J. R. Brandt, «Ostia, Minturno, Pyrgi. The Planning of three Roman Colonies», *ActaAArtHist* ser. II, 5, 1985, pp. 25-87. Sur toute la question de l'Ostie plus ancienne, cf. maintenant F. Zevi, «Sulle fasi più antiche di Ostia», dans: A. Gallina Zevi – A. Claridge (dir.), *'Roman Ostia' Revisited*, 1996, pp. 69-89 (désormais abrégé *Fasi*).

2 Où ressortent les nombreux puits et surtout les canalisations pour l'écoulement des eaux dans une région plate et marécageuse comme celle d'Ostie: G. Calza, «Il Castrum», dans *SdO* I, 1953, pp. 70 sq (désormais abrégé Calza).

3 Calza p. 71, fig. 21.

4 Cf. F. Castagnoli, «Sulle più antiche divisioni agrarie romane», *RendLinc* 39, 1984, pp. 1-17 (= *Topografia antica. Un metodo di studio, II*, 1993, p. 821); id., «Topografia e urbanistica di Roma nel IV secolo a.C.», *StRom* 2, 1974, pp. 425-443 (= *ibid.*, pp. 215-237).

5 Brandt *art. cit.*, pp. 53-65; v. Hesberg *art. cit.*; M. P. Guidobaldi, dans: F. Coarelli (dir.), *Minturnae*, 1989, p. 50; L. Migliorati, «Coloniae maritimae: riflessioni urbanistiche», dans: *La ciutat en el mon romà, Actas XIV Congreso Internacional de Arqueología Clásica, Tarragone 1993, II*, 1994, pp. 281-282.

6 *Quasi effigies parvae simulacraque ... quaedam* (Aul. Gell., *Noctes Atticae* XVI 13: 8-9).

7 I. Pohl, «Was Early Ostia a Colony or a Fort?», *PdP* 38, 1983, pp. 123-130.

8 F. Coarelli, «Colonizzazione romana e viabilità», *DdA* ser. III, 6/2, 1988, pp. 35-48; L. Quilici, «La posterula di Vigna Casali», dans: *L'Urbs, Espace urbain et histoire, Actes Coll. Int. Rome 1985*, CEFR 98, 1987, pp. 743 sq.; id., «Il rettifilo della Via Appia tra Roma e Terracina», dans: *La Via Appia, Quaderni del Centro di Studi per l'Archeologia Etrusco-Italica* 18, 1990, pp. 41-60.

9 Cf. surtout R. Mar, «La formazione dello spazio urbano nella città di Ostia», *RM* 98, 1991, pp. 81-109.

10 Voir ci-dessus, p. 4 avec notes 11-12.

11 Egalement réaffirmée sur l'inscription de la base de la statue érigée à Ostie en l'honneur du roi fondateur Ancus Martius, *CIL* XIV 4338, republiée avec l'adjonction d'un petit fragment par l'auteur de ces lignes: «Trajan et Ostie», dans: J. Gonzales (dir.), *Trajano emperador de Roma, Atti Conv. Séville 1998*, 2000, pp. 535 sq.

12 Voir ci-dessus, p. 5, n. 13.

13 On estime actuellement qu'une de ces terres cuites architecturales archaïques au moins provient avec certitude du *castrum*: il s'agit du fragment d'une antéfixe peinte à décor de guilloche (reproduite dans *SdO* I, p. 75, pl. XXII, figure centrale à droite), attribuée par Calza au début du IIIe siècle. Calza mentionne par ailleurs aussi une concentration de vestiges plus anciens dans une certaine zone du Forum, où les fouilles seront certainement reprises.

14 Cf. Meiggs, *Ostia*, p. 471.

15 Cf. notamment B. Adembri, «Le ceramiche figurate più antiche di Ostia», dans: Gallina Zevi – Claridge (dir.), *op. cit.* (n. 1), pp. 36-67. Voir aussi ci-dessous, catalogue n°s III.10-25.

16 Meiggs, *Ostia*, pp. 22, 471, sur la base de la céramique attique du *castrum*, avait déjà pensé à une date autour de, ou même avant, le milieu du IVe siècle av. J.-C., tandis que R. Rebuffat («Tite-Live et la forteresse d'Ostie», dans: *Mélanges de philosophie, de littérature et d'histoire ancienne offerts à P. Boyancé*, CEFR 22, 1974, pp. 631-652), considérait que sur la base d'un passage de Tite-Live on pouvait la préciser à 340 av. J.-C. En me fondant sur les mêmes données, j'ai suggéré une date plus haute, entrevoyant un lien entre le peuplement de la rive sud du fleuve, jusqu'à l'embouchure, et l'anéantissement définitif de Véies avec la conquête de Camille (dans: *Roma mediorepubblicana*, cat. d'exposition, Rome 1973; cf. *Fasi*, p. 70). Voir maintenant ci-dessus, pp. 3-6.

17 A. Martin, «Un saggio sulle mura del castrum di Ostia», dans: Gallina Zevi – Claridge (dir.), *op. cit.* (n. 1), pp. 19-38 et id., «La datazione di due sequenze stratigrafiche a Ostia», dans: L. Camilli – S. Sorda (dir.), *La moneta nei contesti archeologici, St. E.Mat. Ist. It. Numismatica* 2, 1989, pp. 111-119, sur la base de fragments de l'Atelier des Petites Estampilles présents dans les strates contemporaines à la construction des murailles du *castrum*.

18 Je me demande s'il est possible de prendre en considération, dans ce contexte, le passage de Festus (304L): *Quiritium fossae dicuntur quibus Ancus Marcius circumdedit urbem quam secundum ostium Tiberis posuit, ex quo etiam Ostiam*; cf. Meiggs, *Ostia*, p. 480.

[19] A. Pellegrino *et al.*, «La ceramica della prima età ellenistica nel territorio ostiense. Insediamento di Monti di S. Paolo (Acilia)», dans: *Δ´ Ἐπιστημονική Συνάνδοσι για την Ἑλλενιστική Κεραμική*, 1997, pp. 194-201. Voir aussi ci-dessous, catalogue, n° III.4.

[20] Outre les œuvres citées dans les notes suivantes, rappelons l'étude toujours utile de L. Ross Taylor, *The Cults of Ostia*, 1912.

[21] Meiggs, *Ostia*, p. 177

[22] Comme celle d'un très ancien culte fédéral latin imaginé par J. Carcopino dans son célèbre ouvrage *Virgile et les origines d'Ostie*, 1919, pp. 39-167.

[23] L. Paschetto, *Ostia colonia romana*, 1912, pp. 44, 48 *sq.* Ross Taylor, *op. cit.*, pp. 91 *sq.*, se situe dans la même optique, sans exclure que le culte de Vulcain puisse avoir trouvé son origine à Ficana (*ibid.*, pp. 19 *sq.*). Mais le dieu du lieu, dont le culte survit (ou est restauré) durant l'Empire, est Mars Ficanus: Meiggs, *Ostia*, pp. 343, 474. (Cf. aussi Carcopino, *op. cit.*, pp. 25 *sq.*, dont l'idée de base est discutée de façon très raisonnable par Meiggs, p. 342, qui, tout en ne rejetant pas la possibilité que Vulcain ait été «le dieu principal d'un établissement précoce vers les salines», transféré par la suite dans l'établissement du IVe siècle, refuse l'idée d'un culte fédéral et d'une divinité locale.

[24] Meiggs, *Ostia*, p. 342.

[25] F. Coarelli, *Il Foro romano, I: il periodo arcaico*, 1983, pp. 161-178.

[26] E. Simon, *Die Götter der Römer*, 1990, p. 250: «Wie es mir erscheint, haben die ersten römischen Kolonisten vom Comitium, von dem sie ausgingen, den Gott mit nach Ostia genommen»; partant d'une perspective différente, M. Torelli, «Aspetti ideologici della colonizzazione romana più antica», *DdA* ser. III 6/2, 1988, pp. 65-75, souligne de même la valeur «comitiale» (dans le sens étymologique du terme) du culte; cf. *Fasi*, pp. 85 *sq.* Pour le lemme de Festus, voir ci-dessus, p. 3, n. 2.

[27] *Fasi*, pp. 84 *sq.* Cf. déjà Meiggs, *Ostia*, p. 339 (*Before Jupiter came to dominate the Roman pantheon, tradition suggests that Vulcan had a more important place than later in Roman cult.*)

[28] L'idée de D. Manacorda ne trouve pas d'élément de soutien (qui appuierait pourtant l'interprétation proposée ici), selon laquelle le culte de Vulcain sur le Champ de Mars remonte au VIe siècle av. J.-C. («Il tempio di Vulcano in Campo Marzio», *DdA* n.ser 8, 1990, p. 47). Des propositions plus réfléchies rattachent l'érection de ce temple à la conquête de ce secteur, autour de la moitié du IIIe siècle av. J.-C. (A. Ziolkowski, *TheTemples of Mid-Republican Rome and their Historical and Topographical Context*, 1992, pp. 179-183): ce ne serait qu'à partir de ce moment qu'existerait à Rome un véritable «temple» de Vulcain, *aedes Volcani*, qui, même si l'on n'en connaît pas de vestiges, peut être imaginé comme un édifice de culte avec élévation et couverture, selon les dispositifs habituels de l'État républicain, là où le Vulcanal du Forum conservera jusqu'à la fin son très archaïque aspect d'aire sacrée, c'est-à-dire un autel dans une enceinte à ciel ouvert, où d'autres monuments pouvaient aussi trouver place.

[29] Je me suis penché récemment sur cet argument: *Fasi*, p. 78; «Prigionieri Troiani», dans: *Studi in memoria di Lucia Guerrini*, StMisc 30, 1997, pp. 115-127.

[30] Ceci rend caduque l'hypothèse de G. Wissowa (dans: Roescher, *ML* VI, pp. 357 et 362, et dans: *Religion und Kultus der Roemer*, 2e éd., 1912, p. 230) qui considère que Vulcain est présent à Ostie surtout comme protecteur des greniers (*horrea*) contre les incendies. Dans cette fonction, qui concerne de près l'*Urbs*, il aurait dû assumer la valeur d'un culte public romain. Du reste, au temps de sa construction, l'objectif de la forteresse était la protection du littoral des attaques ennemies.

[31] Voir ci-dessus, p. 3.

[32] *Geogr.* V 3:5.

[33] En tant que tels les Dioscures étaient vénérés à Rome, depuis leur apparition miraculeuse au Forum pour annoncer la victoire du lac de Régille (496 av. J.-C.). L'apparition miraculeuse s'était répétée, presque sous la même forme, au temps de la bataille de Pydna en 168 av. J.-C.

[34] Ainsi qu'en fait état la formulation des traités avec Carthage.

[35] La reconnaissance d'un rapport historique de cause à effet entre la plainte d'Alexandre et la conquête d'Antium par les Romains constitue une très importante acquisition, dont le mérite revient à M. Sordi («Alessandro Magno, i Galli e Roma», *Xenia* 9, 1985, pp. 207-214; cf. *id.* «Alessandro e i Romani», *RendIstLomb* 99, 1965, pp. 435-451); cf. Zevi, *art. cit.* (n. 29).

[36] Selon la définition bien connue de Servius, *ad Aen.* I 12: *Sane veteres colonias ita definiunt: colonia est coetus eorum hominum qui universi deducti sunt in locum certum aedificiis munitum, quem certo iure obtinerent.*

[37] Cf. Pohl, *art. cit* (n. 7).

[38] Cic. *Pro Murena* 18: *Illam (quaesturam) [...] ostiensem, non tam gratiosam et inlustrem quam negotiosam et molestam.*

[39] F. Coarelli, «Saturnino, Ostia e l'annona», dans: *Le ravitaillement en blé de Rome, Colloque International Naples 1991*, 1994, pp. 35-45.

[40] Voir ci-dessous, pp. 117-118.

[41] Pellegrino, «La necropoli della Via Ostiense ad Acilia», dans: A. Pellegrino (dir.), *Dalle necropoli di Ostia. Riti e usi funerari*, Catalogue d'exposition Ostie 1998-1999, 1999, pp. 41-45.

[42] Voir ci-dessous, p. 112.

[43] Cf. F. Zevi, «P. Lucilio Gamala senior e i Quattro tempietti di Ostia», *MEFRA* 85, 1973, pp. 555-581.

[44] Meiggs, *Ostia*, p. 124, pour les *horrea* de la Via Sabazo; pour les *horrea* d'Hortensius, cf. Coarelli, *op. cit.* (n. 35), pp. 40 *sq.*.

[45] Voir ci-dessous, pp. 247-261.

[46] Le temple de Liber Pater, selon la proposition de F. Coarelli, «Il forum vinarium di Ostia: un ipotesi di localizzazione», dans: Gallina Zevi – Claridge (dir.), *op. cit.* (n. 1), pp. 91-101.

[47] G. Beccati, «Il culto di Ercole a Ostia e un nuovo rilievo votivo», *BCom* 67, 1939, pp. 37-60; *id.*, «Nuovo documento del culto di Ercole a Ostia», *ibid.*, 70, 1942, pp. 115-125; F. Zevi, «Monumenti e aspetti culturali di Ostia repubblicana», dans: P. Zanker (dir.), *Hellenismus in Mitteitalien*, Koll. Göttingen 1974, AbhGöttingen 97, 1976, pp. 52-83.

[48] Quant à la statue de Cartilius Poplicola, si l'interprétation que j'ai donnée des événements dont il fut le protagoniste et des monuments figurés, qui le concernent, s'avère correcte (*art. cit.* à la note 45, où j'accentue la nature militaire du dieu, qui apparaît en cuirasse dans le relief cité), elle serait interprétée en ce sens, parce que la guerre de Sextus Pompée était considérée comme une sorte de guerre menée au pas de charge. On trouvera une présentation de la personnalité de Cartilius par M. Cébeillac Gervasoni ci-dessous, pp. 156-157.

[49] Cf. Cébeillac Gervasoni *ibid.*

[50] Il est notoire que la chronologie de Gamala est fondée sur l'identification d'un *bellum navale* mentionné dans *CIL* XIV 375, qui pourrait être identifié soit avec la guerre de Pompée le Grand contre les pirates (67 av. J.-C.), soit, ainsi que l'a proposé Meiggs, *Ostia*, p. 499, avec la guerre contre Sextus Pompée (les années 39-36 av. J.-C.).

[51] C'est avec la réorganisation de l'Italie suite à la guerre sociale que devait se placer la réorganisation «constitutionnelle» d'Ostie, ainsi que d'autres cités italiennes, avec l'institution du *duumvir* en tant que magistrature citadine, à la place des préteurs récemment révélé par un texte épigraphique: cf. M. Cébeillac Gervasoni, «Deux préteurs, magistrats de la colonie romaine d'Ostie avant la guerre sociale: Publius Silius et Marcus Critonius», dans: Gallina Zevi – Claridge (dir.), *op. cit.* (n. 1), pp. 91-101. Pour ces questions, voir en dernier lieu P. Sánchez, ci-dessous, pp. 145-146.

[52] Meiggs, *Ostia*, pp. 35 *sq.*

[53] Cic. *De imp. Cn. Pompei*, 33; Meiggs, *Ostia*, p. 38.

[54] Pour ce personnage, connu uniquement par la correspondance de Cicéron, voir *RE* ser. II A2 (1923) 2186 s.v. Sicca (Münzer).

[55] Cf. Cébeillac Gervasoni, ci-dessous, p. 157.

Les ports d'Ostie :
pour une relecture des sources

Raymond Chevallier

L'importance des ports d'Ostie et la proximité de Rome expliquent le grand nombre de sources disponibles sur le sujet. Il convient de les mettre en séries et de confronter les divers domaines concernés. Nous examinerons successivement :
- les textes littéraires,
- les inscriptions,
- l'iconographie antique,
- les guides et récits de voyage,
- les documents topographiques, cartes et photographies aériennes,
- les données archéologiques,

avant de tenter de donner une brève synthèse sur l'histoire et la vie des ports.

Sources littéraires

Des textes littéraires en rapport avec Ostie, qui sont très nombreux[1], nous ne retiendrons ici que ceux qui évoquent directement les ports.

L'un des premiers textes latins concernant le site, les *Annales* d'Ennius (239-169 av. J.-C.), signale les aménagements du roi Ancus : il fortifie la ville, prépare des endroits bien adaptés pour les beaux (ou hauts) navires (II fr. XXII, vv. 144-145, éd. Vahlen). Un autre vers, connu par une citation de Servius dans son commentaire de l'*Enéide* (XI 324) comporte le mot *textrinum*, traduisant le grec *naupègia*, désignant des hangars ou des loges pour les navires, dont l'existence est peut-être confirmée par l'iconographie antique.

Horace (65-8 av. J.-C.), dans l'*Art Poétique* (vv. 63-69), fait une allusion quelque peu sceptique à de grands travaux entrepris par Auguste : rectification du cours du Tibre, drainage et bonification des terres.

Ovide (43 av. J.-C.–17 ap. J.-C.) narre dans les *Fastes* (IV 291 *sq.*) l'arrivée à Ostie de la statue de Cybèle :

> la déesse a atteint l'embouchure par où le Tibre vient se perdre dans la mer et répand plus librement ses eaux. Les chevaliers et le sénat austère, mêlés avec le peuple, viennent aux bouches du fleuve toscan recevoir la déesse. Le vaisseau (halé par des hommes) reste immobile comme une île au sein de la mer. (La vestale) Claudia Quinta, accusée d'un crime imaginaire, invoque la déesse, tire la corde sans effort. C'est un prodige.

Un phénomène naturel retint un temps le navire : quand un fleuve chargé d'alluvions, comme le Tibre, se décharge dans la mer, la rencontre avec les eaux marines provoque un brusque dépôt, qui diminue en un point précis la profondeur de l'eau. C'est ce qui nécessitait à Ostie de transborder en tout ou en partie la cargaison des vaisseaux de mer sur des barques fluviales, si l'on ne voulait pas risquer un ensablement. Peut-être un remous inopiné dû à une vague plus haute venue du large vint-il au secours de la pauvre Vestale… [voir ci-dessous, p. 115].

Tite-Live (64/59 av. J.-C. – 17 ap. J.-C.) mentionne à plusieurs reprises le rôle militaire d'Ostie pour la défense des côtes ou la préparation de campagnes au cours des années 217, 216, 215, 212, 211, 208, 191 av. J.-C. et pour le ravitaillement de Rome.

Selon Denys d'Halicarnasse (Ier s. av. J.-C.),

> le Tibre … va se décharger dans la mer Tyrrhénienne en un endroit du rivage qui était alors fort incommode et où il n'y avait point de port. Quoiqu'il fût navigable jusqu'à sa source pour les gros bateaux de rivière [affirmation quelque peu excessive] et qu'il pût même porter des vaisseaux de haut bord depuis la mer jusqu'à Rome,

il n'était pas néanmoins d'une grande utilité pour cette ville, parce qu'il n'y avait aucun port à son embouchure pour recevoir les vaisseaux marchands qui montaient ou descendaient.

Ancus Marcius résolut d'y construire un port, et pour cela il se servit de l'embouchure même du fleuve. Car en se déchargeant dans la mer il s'élargit considérablement et forme une espèce de golfe aussi grand que les meilleurs ports. Mais ce qu'il y a de plus admirable, c'est que son embouchure n'est point embarrassée de barres ni de bancs de sable comme celle de plusieurs autres grands fleuves (affirmation, nous l'avons vu, critiquable, de même que la suivante). Il ne se perd pas dans les lacs ni dans les marais, et ses eaux ne s'égarent point çà et là avant d'arriver à la mer. Il est partout navigable et se décharge par une bouche que la nature a formée. Quelque fréquent et quelque impétueux que soit le vent d'ouest qui souffle à son embouchure, le Tibre brise les flots de la mer qui ne peut résister à la rapidité de son cours. Ainsi les plus grandes galères, et même les vaisseaux de charge capables de contenir 3000 tonneaux, entrent aisément par son embouchure; on peut les conduire jusqu'à Rome à force de rames et en les tirant avec des câbles. Pour les gros vaisseaux, on est obligé de les remettre à l'ancre à son embouchure, et d'en décharger les marchandises dans des bateaux propres à refouler le fleuve. Dans une espèce de coude, entre la mer et le Tibre, le roi Ancus fit bâtir une ville à laquelle il donna le nom d'Ostie à cause de sa situation; c'est comme si nous l'appelions en grec «Porte» ou «Embouchure». Par ce moyen il mit la ville de Rome en état d'avoir commerce avec les gens de mer comme avec les peuples de la terre ferme, en sorte qu'ils pouvaient jouir des biens et des richesses que produisent les provinces qui sont au-delà de la mer (III 44: 1-4).

Voici maintenant la notice du géographe grec Strabon (58 av. J.-C. – 21-25 ap. J.-C.):

Entre les villes latines du bord de la mer, citons d'abord Ostie. Elle n'a pas de port à cause des dépôts d'alluvions sans cesse croissants que provoque le Tibre gonflé de ses nombreux affluents. Les navires restent par conséquent au large et y mouillent en grande rade. Cette opération est périlleuse, il est vrai, mais l'appât du profit a raison des dangers et, en effet, les innombrables barques à rames (*lenunculi auxiliares*) qui déchargent les cargaisons et en apportent d'autres en échange permettent aux navires de repartir rapidement, sans avoir à s'exposer au courant du fleuve. Certains d'entre eux, aussi, s'allègent d'une partie de leur chargement et pénètrent ensuite dans l'embouchure du Tibre pour remonter jusqu'à Rome à 190 stades de là [35,5 km] (V 3: 5).

Il est normal de trouver chez Pline l'Ancien (23/24-79), amiral de la flotte de Misène, des renseignements précis sur le port. Nous citerons ici plusieurs passages de l'*Histoire naturelle*. Voici une fiche d'un grand intérêt topographique:

On vit même dans le port d'Ostie l'attaque d'une orque par l'empereur Claude: elle était venue, lorsqu'il faisait construire le port, attirée par le naufrage d'une cargaison de peaux importées de Gaule et, se rassasiant pendant plusieurs jours, elle s'était creusée un lit dans le fond; les flots l'avaient entourée d'un tel amas de sable qu'elle était incapable de faire demi-tour, et tandis qu'elle pourchassait la graisse que les flots poussaient à la côte, son dos émergeait bien au-dessus des eaux, semblable à une quille renversée. L'empereur fit tendre plusieurs barrages de filets dans les passes du port, et, parti lui-même avec les cohortes prétoriennes, il offrit au peuple romain ce spectacle: des coups de lance étaient portés par les soldats du haut des navires assaillants, et nous vîmes l'un d'eux sombrer, rempli d'eau par le souffle de la bête (IX 14).

Ce tableau peu connu, d'un rare pittoresque (Pline fut le témoin visuel), appelle plusieurs commentaires: présence de baleines en Méditerranée, nature des trafics avec la Gaule; topographie de la zone: le port de Claude fut installé dans une lagune aménagée, fermée par un lido en constante évolution. Il faut surtout souligner le symbolisme politico-religieux de la victoire de l'empereur sur les monstres qui incarnent les forces du mal. Ce symbolisme est bien connu dans le cadre des jeux de l'amphithéâtre où la victoire de tel empereur-gladiateur sur les fauves «représente» aux yeux du peuple la maîtrise des provinces, source de prospérité pour Rome. Il s'agit ici de triomphe marin: on sait que Claude, intéressé par la conquête de la Grande-Bretagne, rêvait de thalassocratie.

Deux autres notices de Pline l'Ancien sont d'un très grand intérêt sur la construction du port de Claude et les trafics avec l'Egypte:

On n'a certainement rien vu sur mer de plus admirable que le navire qui amena d'Egypte, par ordre de l'empereur Caligula, l'obélisque dressé dans le cirque du Vatican et les quatre dés de la même pierre destinés à le porter: 130 000 boisseaux de lentilles lui servirent de lest. Il occupait dans sa longueur une grande partie du côté gauche du port d'Ostie. Il y fut en effet coulé sous le principat de Claude avec trois môles hauts comme des tours élevés en pouzzolane au passage [à Pouzzoles] et ramenés par ce navire (XVI 201-202).

Il est aussi question du mât de ce dernier, fait d'un tronc entier de sapin:

Jamais rien d'aussi admirable n'était apparu sur mer que le navire sur lequel Caïus César (Caligula) avait fait transporter son obélisque. Après qu'il eût été conservé quelques années et qu'on y eût élevé des tours de pouzzolane à Pouzzoles, le divin Claude le fit amener à Ostie où, pour aménager le port, il le fit immerger. A la suite de cela, il fallut s'occuper aussi des navires qui remontaient le Tibre, car l'expérience fit clairement apparaître que ce fleuve n'avait pas une profondeur inférieure à celle du Nil. (XXXVI 70).

La construction d'un port artificiel à l'aide de navires coulés n'était pas inconnue des Anciens : le texte de Pline peut être mis en série avec des passages de César (*BGall.* III 39) et de Dion Cassius (XLII 12).

Tacite (55/57– env. 120) donne une indication sur la capacité minimale du *Portus* : 200 navires détruits sous Néron par la violence de la tempête (*Ann.* XV 18 : 3).

Plutarque (46/49 – env. 125) dans la *Vie de César* (58 : 10) fait état de projets concernant le port d'Ostie, tandis que Suétone (env. 70-128), complète dans la *Vie de Claude* (20) nos connaissances sur les travaux du port :

Claude créa le port d'Ostie en faisant construire deux jetées en arc de cercle à droite et à gauche, et, dans des eaux déjà profondes, un môle pour barrer l'entrée ; pour asseoir ce môle plus solidement, on commença par couler le navire qui avait amené d'Egypte le grand obélisque ; là-dessus, on construisit une foule de piliers supportant une tour très haute, destinée comme celle du Phare d'Alexandrie, à éclairer de ses feux, pendant la nuit, la route des navires.

Deux passages de Juvénal (env. 55 – env. 100) nous intéressent. Le premier (*Satire* XII 75-78) décrit le retour au port d'un navire endommagé par la tempête :

Enfin il pénètre derrière le môle jeté à travers les flots prisonniers, et sous le phare tyrrhénien, et entre les bras qui, s'allongeant, puis se repliant, vont au-devant de la haute mer et laissent loin l'Italie. Oui, les ports qu'a créés la nature méritent moins d'admiration. Mais, avec son vaisseau mutilé, le patron gagne le bassin intérieur (le port de Trajan ou du moins la darse), mouillage sûr où une chaloupe de Baïes pourrait naviguer. Là en de longs bavardages, les matelots, la tête rasée (en rite expiatoire), prennent plaisir, dans la sécurité, à faire le récit de leurs périls.

Le second (*Satire* XIV 301-302) évoque un autre naufragé réduit par la perte de son navire à mendier un as et sans autre ressource qu'une tempête en peinture (pour susciter la pitié des passants, il a suspendu à son cou un tableau représentant son naufrage).

L'historien grec Dion Cassius (env. 155 – env. 235) signale qu'à l'époque de Pompée les pirates attaquaient les navires jusque dans le port (XXXVI 40) et fournit d'utiles précisions sur les travaux de Claude (LX 11).

Une grande famine étant survenue, l'empereur avisa aux moyens d'avoir non seulement dans le présent, mais aussi toujours dans l'avenir, des vivres en abondance. Presque tout le blé, en effet, que consomment les Romains étant apporté du dehors, et le pays situé à l'embouchure du Tibre, n'offrant ni rades sûres ni ports convenables, rendait inutile aux Romains l'empire de la mer ; car, excepté celui qui arrivait dans la belle saison et qu'on portait dans les greniers, il n'en venait point l'hiver, et, si quelqu'un essayait d'en amener, la tentative réussissait mal. Claude, comprenant ces difficultés, entreprit de construire un port, sans se laisser détourner de son projet par les architectes, qui, lorsqu'il leur demanda à combien monterait la dépense, lui répondirent : « Tu ne le feras pas », tant ils espéraient, par la grandeur de la dépense, s'il en était informé à l'avance, le forcer de renoncer à son dessein [2] ; mais, bien loin de là, il crut la chose digne de la majesté et de la grandeur de Rome, et il la mena à son terme. Il creusa bien avant dans le rivage un espace qu'il garnit de quais, et y fit entrer la mer ; puis il jeta de chaque côté dans les flots des môles immenses, dont il entoura une grande portion de mer et y fit une île où il bâtit une tour portant des fanaux. Le Port, qui aujourd'hui conserve ce nom dans la langue du pays, fut alors construit par lui.

Le Chronographe de 353 note que c'est sous Auguste que le premier navire alexandrin entra « *in portu Romano* ».

Ammien Marcellin (env. 330-400) signale qu'à la date de 359, le préfet de Rome, Tertullus, dut faire face à des troubles provoqués par la pénurie des blés :

Et bientôt, par la volonté de la puissance divine qui a fait grandir Rome depuis le berceau et garantit son éternité, tandis que Tertullus offrait à Ostie un sacrifice dans le temple des Castors, une bonace calma la mer, le vent vira en une douce brise du sud, et les navires, pénétrant à pleines voiles dans le port, remplirent de blé les entrepôts.

Nous retrouvons là les Dioscures protecteurs de la navigation et le rôle d'Ostie, poumon marin et grenier à blé de Rome.

Un autre texte significatif est dû à Claudius Rutilius Namatianus, un Gaulois, haut fonctionnaire (maître des offices, préfet de la ville en 414) : il regagna son pays par mer en octobre-novembre 417, après la ruine de son domaine et écrivit son itinéraire (*De reditu suo*, « Sur son retour ») en distiques élégiaques, dans le style traditionnel des guides, mais de façon assez personnelle. On a pu reconstituer l'emploi du temps exact du poète, depuis son départ de Rome et son embarquement à Ostie, jusqu'à son débarquement à Luna, le 11 novembre, jour qui marquait l'arrêt obligatoire de la circulation maritime normale. Cette « fermeture de la mer » coïncidant avec les derniers vers de Rutilius, indiquerait la fin préméditée d'un poème qui a voulu garder l'allure d'une improvisation poursuivie au jour le jour. Le titre exact a pu être *Iter maritimum*, « Voyage par mer ». Le texte contient des allusions aux graves événements du temps et d'intéressants renseignements sur les conditions du cabotage antique. Voici le passage concernant Ostie (I 179 *sq.*) :

> Je me dirige vers les bateaux en prenant là où le Tibre se sépare en deux branches, celle qui coupe les champs à droite. On évite le bras gauche, au lit ensablé et impraticable ; il ne lui reste que la gloire d'avoir reçu Enée. (Il est tard) … Nous hésitons à nous risquer sur la mer et demeurons au port.

L'auteur voit la réverbération des lumières de la ville et croit entendre la rumeur du cirque et des théâtres. Il doit attendre quinze jours un vent favorable.

Cassiodore (v. 480-v. 575) évoque encore dans ses *Variae* (VII 9) les charmes d'un service militaire à Ostie.

Tout se gâte avec les invasions. Au VIᵉ siècle, Procope, né vers 500, dans sa *Guerre des Goths* (V 3 ; XXVI 8, 13, 16, 17 ; VI, VII 1 *sq.* ; IV 2), décrit le siège de Rome (défendu par le Byzantin Bélisaire), alors que *Portus* est tenu par les Goths, qui espèrent ainsi affamer la ville. Il note que la cité de l'embouchure du Tibre est à cette époque négligée. Voici le passage essentiel :

> Vitigis (le chef ennemi), voyant que les habitants sortaient hardiment de Rome, et y faisaient entrer des vivres par mer et par terre, résolut d'assiéger le Port, qui en est éloigné de l'espace de 126 stades … Le Tibre se sépare en deux bras à 16 stades de la mer et forme une île, que l'on appelle l'île Sacrée, et qui est plus large du côté qui regarde la mer que du côté qui regarde Rome ; de sorte qu'à l'extrémité les deux bras du Tibre sont éloignés de 15 stades, et sont tous deux capables de porter de grands vaisseaux. Celui qui est à droite se décharge dans le Port, où les Romains ont autrefois bâti une ville, à laquelle ils ont donné le même nom. L'autre bras se décharge à gauche, proche d'Ostie, qui était une ville considérable, mais qui maintenant n'a plus de murailles. Il y a du Port à Rome un chemin très commode, qui a été fait par les habitants de cette dernière ville. Il y a dans le Port une quantité de bateaux et de bœufs. Quand les marchands ont tiré leurs ballots des navires, et qu'ils les ont mis sur les bateaux (fluviaux), ils remontent à Rome, non pas à la voile, parce qu'il n'y a pas de vent, ni à force de rames, parce que le cours de l'eau est trop violent, mais grâce aux bœufs, qui tirent les embarcations de la même manière qu'ils tireraient des chariots. Le chemin qui conduit par terre d'Ostie à Rome n'est pas entretenu, il est éloigné du canal par lequel les bateaux ne remontent

point. » Les Goths s'emparent du *Portus*. « Ainsi Rome fut privée des vivres qui arrivaient habituellement par-là et il ne lui resta que la ressource d'Ostie, mais dont l'usage suppose peines et dangers. Les vaisseaux des Romains n'abordaient pas à Ostie, mais à Antium, qui en est éloignée d'une journée.

Sources épigraphiques

Ostie a livré quelque 8000 inscriptions, répertoriées dans le *CIL* XIV (1887) qui contient 2039 numéros, et ses suppléments de 1930 (nᵒˢ 4279-5411) et 1932 (indications des provenances topographiques), dans l'*Année épigraphique* (certaines années plusieurs dizaines de textes) et dans H. Thylander, *Les inscriptions du port d'Ostie* (1952), avec 394 numéros. Nous ne pouvons ici qu'évoquer par quelques exemples leur apport très varié :

Appellation des ports : *portus Au(gusti) et Trajani Felicis* (*CIL* XIV 408), *Portus Traiani Felicis* (Ib 90), *portus uterque* (p. 560), *Portus Felix Maior* (?) (Sup. 4672). On trouve aussi dans les textes : *portus Ostiensis / portus Romae*.

Indications topographiques : les cippes qui jalonnent le lit du fleuve (délimitation de 23 ap. J.C.) portent des inscriptions du type *curatores riparum et aluei Tiberis ex Senatu consulto terminauerunt sine praeiudicio publico aut priuatorum*.

Allusions à des grands travaux d'hydraulique : *fossis ductis a Tiberi operis portus caussa emissisque in mare inundationis periculo liberauit* (*CIL* XIV 85 ; sous Claude) ; autre *fossa* de Trajan (*Ib* 88), texte que l'on rapprochera de Pline le Jeune, *Ep.* VIII 17 : *quanquam fossa, quam prouidentissimus imperator fecit exhaustus (Tiberis), premit ualles, innatat campis*… *CIL* XIV 376 : 25, célèbre la réfection du *nauale* (chantier de réparation navale) par P. Lucilius Gamala.

Professions en rapport avec le port, tels que les *embaenitarii* (débardeurs), les *fabri nauales / tignuarii*, *restiones* (fabricants d'agrès), les *sacarii* (dockers), les *saburrarii* (lesteurs de sable), les *stuppatores* (calfats). Les *urinatores* sont des plongeurs chargés de récupérer des outils ou des objets tombés à l'eau. Quant aux navigateurs sur le fleuve, les canaux ou en mer, il s'agit de *codicarii, domini nauium, lenicularii* (passeurs des *traiectus*), *lyntrarii, nauclarii, nauicularii* (*maris Hadriatici*), *nauticarii, pleromarii, tabularii*. Parmi le personnel administratif, on trouve les *acceptores, calculatores, (pro)curatores, mensores* et *portitores* (douaniers).

Les relations commerciales d'Ostie sont indiquées par les inscriptions de la Place des Corporations, la nature des importations par des enseignes (amphores, boisseaux de blé, animaux), par les timbres des amphores (nature des produits transportés, poids, prix, outre le nom du propriétaire du fonds).

Notons qu'une dédicace de nauclères d'Alexandrie à Commode (*CIL* XIV 918) illustre le déplacement du grand commerce égyptien de Pouzzoles au *Portus*.

Enfin l'épigraphie (dédicaces, mention de collèges, de prêtrises) fait connaître les cultes arrivés par mer, grecs et orientaux.

Iconographie antique

Elle est représentée par des monnaies, une vignette de la *Table de Peutinger*, des mosaïques, une fresque et divers bas-reliefs.

Des monnaies de Néron (*dupondii* du Sénat, années 64-66 ap. J.-C.) sont en rapport avec l'achèvement des grands travaux de Claude. La légende est : *AUGUSTI S. PORT(us) OST(iae) C* (**fig. 1**).

Des variantes apparaissent sur les frappes des divers ateliers (Rome, Lyon et autres) quant à la représentation de la jetée

et du brise-lames, avec la présence d'autres figures (sacrifiant, assise sur un rocher), à la disposition de la légende, au nombre et au type des navires[3]. Une monnaie de Trajan (105)[4] suggère, en vue à vol d'oiseau, la forme polygonale (**fig. 2**).

Ces séries sont complétées par des émissions d'Antonin le Pieux (*Phari Restitutio*) (**fig. 3**) et de Commode (phare et navires) (**fig. 4**).

Un rapprochement s'impose avec une vignette de la « Carte de Peutinger », la *Tabula Peutingeriana* (**fig. 5**)[5]. Elle figure Rome, où trône la déesse poliade, reliée à Ostie par la *uia Ostiensis*, avec indication de la distance (16 *MP*). La colonie est indiquée par deux tours, symbole de la ville emmurée, cependant que le *Portus* a mérité plus de détails : un môle arrondi bordé d'entrepôts, un second môle artificiel, un îlot portant le phare et une tour signifiant l'existence d'une fortification. Le port de Trajan n'est pas représenté exactement, mais seulement suggéré dans un angle de celui de Claude, à moins qu'il ne s'agisse de la « darse ».

Les mosaïques de la Place des Corporations évoquent le phare, avec ses étages en retrait et son feu allumé (**fig. 6**)[6].

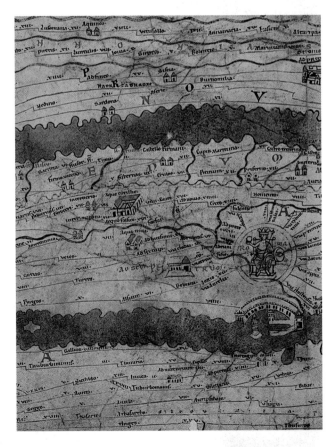

1   3

2   4

1   Dupondius de Néron (64-66), avec le port d'Ostie vu à vol d'oiseau. A gauche une jetée en forme de croissant, à droite un brise-lames en croissant. En haut, une figure tenant un sceptre (Auguste ou Claude) est dressée sur le phare. En bas, Neptune allongé tenant une rame à droite et un dauphin à gauche. Au centre des navires de types divers.

2   Monnaie de Trajan, avec la légende *PORTUS [Trai]ANI S.C.* On reconnaît des constructions (arc, colonnades) sur cinq côtés, le sixième étant ouvert. A l'intérieur, trois navires.

3   Monnaie d'Antonin le Pieux

4   Monnaie de Commode

5   *Tabula Peutingeriana*, section montrant Rome et Ostie.

D'autres mosaïques représentent les activités du port, par exemple une scène de déchargement d'amphores de la *statio* 24[7], à rapprocher d'une peinture funéraire figurant le déchargement d'un navire de mer sur un bateau fluvial plus petit, conservée à la bibliothèque du Vatican (catalogue, n° VII.1).

Parmi les bas-reliefs, nous citerons la frise du tombeau de C. Cartilius Poplicola (vers 30 av. J.-C.), qui rappelle le rôle militaire du *Portus* pour la défense des côtes, notamment contre les pirates (voir p. 157, figs 3-4) et le célèbre relief de la collection Torlonia (**fig. 7**).

6

6   Place des corporations, *statio* 46: mosaïque illustrant le phare du port de Claude, à quatre étages.

7   Relief de la collection Torlonia, Rome. Représentation du *Portus*, avec son phare allumé et un grand navire pour lequel sont indiqués plusieurs détails: agrès, voile décorée du motif répété de la louve allaitant les jumeaux, anneaux dans lesquels passent des cordages servant à les carguer. Un charpentier de marine manie une dolabre (*ascia*). A la poupe un homme et une femme, accompagnés d'un petit *camillus* sacrifient sur un autel allumé. Il semble s'agir d'un monument officiel, sans doute en l'honneur de Septime Sévère et Julia Domna. Le navire serait celui sur lequel la famille impériale fit le voyage d'Afrique en 204 ap. J.-C. Il rapportait tout un échantillon de faune africaine. Cet événement coïncidait avec les décennales, anniversaire des dix ans de règne et la célébration des jeux séculaires (voir catalogue, n° IV.3).

7

Les sources topographiques, cartes et photographies aériennes

L'essentiel de nos connaissances peut être résumé comme suit. Le Tibre qui, aux époques géologiques, se jetait dans un golfe, a fortement alluvionné (il déverse annuellement dans la mer quatre à cinq millions de mètres cubes de matériaux) et a construit un delta, dont les couvertures aériennes successives montrent l'avancée[9]. Elles révèlent aussi, grâce à des taches d'humidité résiduelles, l'ancien lit fluvial, qui décrivait, à proximité d'Ostie, un grand méandre, ce que confirment les cartes anciennes et la toponymie.

Le *Fiume Morto*, séparé du cours principal par une crue en 1557, n'a été comblé qu'au XIXe siècle. Des sondages stratigraphiques peuvent en attester l'existence. A l'époque royale, une seule bouche existait, l'actuelle Fiumara, dont l'ensablement, déjà sensible en 204 av. J.-C. lors de l'arrivée de Cybèle, est enregistré dans l'*Enéide*, par l'emploi des mots *flauus* et *arena*. En 46 ap. J.-C., on ouvrit des *fossae* du Tibre à la mer pour lutter contre les inondations. La plus méridionale correspond au Fiumicino, actif jusqu'en 1118.

Les guides et récits de voyage

Cette source a été jusqu'ici trop peu utilisée. Citons l'exemple de Montaigne, qui a fait des excursions dans la campagne romaine, notamment à Ostie. Un passage du *Journal* mérite une mention particulière :

> Il se voit là plusieurs belles et grandes ruines, qui abordent le lac de Trajan, et qui est un regorgement de la mer Tyrrhene, dans lequel se venaient rendre les navires, mais la mer n'y donne que bien peu, et encore moins à un autre lac qui est un peu au-dessus du lieu, qu'on nommait Port de Claudius.

Ce texte nous assure que le Port de Claude était encore une lagune. On peut le mettre en série avec d'autres récits de voyageurs, qui permettent de suivre l'ensablement progressif des ports. J. J. Bouchard observe en 1638 dans son *Journal* (éd. Turin, 1976-1977) que :

> le port de Trajan est tout rempli d'eau couleur de mer, mais qui est douce, en ayant moi-même tasté, celui de Claudius est tout rempli de terre et de broussailles de sorte que l'on n'y connaît presque plus rien.

Quant au port de Trajan, il est

> séparé du Tibre par deux murailles hautes et fortes. L'une extérieure avec quelques tours pour l'assurance et la fortification du port, l'autre intérieure à laquelle sont attachées les loges ou *cellae* qui règnent tout alentour du port et servaient à retirer les vaisseaux dedans à couvert… (Ces loges) sont doubles à l'endroit où le port de Trajan se joint avec le premier port de Claudius ; de sorte que l'on voit les loges qui regardent le port de Trajan et d'autres qui sont adossées à la même muraille par derrière qui regardent celui de Claudius, et semble que l'ouverture qui communiquait d'un port à l'autre ne fust pas toute droite, mais oblique et tirée par des tours.

En 1913 encore, A. Maurel (*Un mois en Italie*) pouvait écrire :

> Du plus haut point des champs sous lesquels repose le soi-disant palais de Trajan j'aperçois plus nettement le dessin du port. Les magasins arrondis se profilent très nettement en herbe autour du lac… Ce pâturage maigre, c'est le port de Claude… Voici çà et là, des proéminences qui semblent mouvements de nature au premier coup d'œil et qui, à les regarder au bout du doigt de qui les connaît, prennent figure presque vivante. Si séparés qu'ils soient par les affaissements du sol, on les relie sans peine en effet. Ils se tendent la main les uns aux autres, et forment ainsi un dessin très net de bassins, de môles, et bientôt s'allongent devant moi les grands bras protecteurs, les digues, dont la mer n'eut pas raison, mais seulement les sables et la vie.

Les sources archéologiques

Il s'agit de trouvailles, qui, même fortuites, peuvent avoir une signification historique, par exemple la découverte d'une navicelle de bronze, qui atteste une navigation à date haute ou des matériels perdus en bord de mer ou dans un canal (ancre, amphores), qui illustrent les navigations et les commerces. On s'intéresse aux trouvailles anciennes, réinterprétées à la lumière des archives. La bonification privée des princes Torlonia (1919-1924) avait conduit à des découvertes à la jonction des ports : on avait curé celui de Trajan, transformé en réservoir pour l'irrigation, grâce à l'eau du Tibre. Les recherches, supervisées par G. Lugli, avaient conduit à la publication d'un ouvrage sur le port de la Rome impériale[10]. Le port de Trajan fait, depuis, l'objet d'une longue procédure d'expropriation.

Les grands travaux de l'aéroport international «Leonardo da Vinci» (1950-1961) ont rencontré les môles du port de Claude et des épaves en place, abritées dans un Musée des navires. Le port de Claude, progressivement envasé au Moyen Age, est aujourd'hui à l'intérieur des terres. On avait bien sur le terrain plat quelques ondulations à l'emplacement des quais, baptisées Monte Giulio et Monte dell'Arena. A partir de 1950, il a été possible de reconnaître que le port, de grandes dimensions (700 × 1000 m, bassin de 80 ha, développement des quais de 2000 m), avait été creusé dans une anse naturelle aménagée. On a retrouvé un quai long de 300 m et large de 23 m, fait d'un blocage de pierres avec un parement de moellons carrés et un plan incliné se terminant par un rebord vertical, un portique à pilastres de briques usés par le vent marin chargé de sable et de sel, des soubassements de magasins. Le môle nord, de 700 m de long, était incurvé. Le phare proposait une énigme : la description de Pline l'Ancien (*Hist. Nat.* XVI 202), la monnaie de Néron, la Table de Peutinger suggéraient l'existence d'une île, alors que d'autres représentations le faisaient supposer à l'extrémité du quai méridional. On a, en fait, reconnu un îlot artificiel avec traces de caissons de bois et pieux pris dans la masse, dans le prolongement de ce môle : le navire coulé de Caligula (rappelons sa longueur : 100 m) avait fourni une partie de l'infrastructure du phare.

L'entrée du port, au nord-ouest, était large de 200 m. On ne sait s'il en existait une autre, disposition fréquente pour assurer un accès de secours en cas de vents contraires ou d'accident. Le bassin portuaire était relié au Tibre par des canaux. Ce sont eux qui ont canalisé les alluvions du fleuve. La *Fossa Augusta* est l'actuel Fiumicino. Le port de Claude n'a pu être fouillé entièrement, mais on connaît mieux la petite flotille commerciale qu'on y a découverte [voir ci-dessous, pp. 121-130].

8   Port de Trajan tel qu'il se présente aujourd'hui (photo J.-P. Descœudres).

Brève synthèse sur l'histoire et la vie des ports

C'est le dépôt d'alluvions créant un seuil à l'embouchure qui, obligeant au transbordement des navires de mer, a entraîné la création d'un premier port fluvial, mal localisé. Le port de Claude, indispensable pour assurer le ravitaillement de Rome, dont Pouzzoles était restée longtemps le poumon, fut installé dans une lagune[11] derrière un cordon dunaire, vite menacé par l'ensablement. Pourquoi avoir opté pour une zone située au nord de l'embouchure, alors que les marins et les experts connaissaient certainement l'existence d'un courant remontant dans cette direction et dont on avait pu constater qu'il entraînait avec lui une partie des alluvions du Tibre ? On peut supposer que les côtes du Latium méridional étant, comme la Campanie, constellées de grandes villas résidentielles, leurs propriétaires n'entendaient pas être dépouillés.

Les travaux, commencés en 42, durèrent douze ans, avec des milliers d'ouvriers déplaçant les déblais à l'aide de couffins et de chariots[12]. Dès la fin du Ier siècle, on observa l'envasement du port de Claude. Trajan, très soucieux du ravitaillement de la ville, fit creuser un second port à l'intérieur des terres (100-112), muni d'un système de chasse, la *Fossa Traiana*, alimentée en eau claire.

La construction d'un second port à Ostie (**fig. 8**), creusé à l'intérieur des terres, demanda à nouveau 12 ans (100-112). Le bassin, à vrai dire plus petit que celui de Claude, était de forme hexagonale (côtés de 357 m) et couvrait 32 ha, avec une profondeur atteignant 5 m. Les môles en blocage étaient munis de bornes d'amarrage et tout autour s'alignaient des entrepôts, une construction importante de type résidentiel, baptisée « Palais Impérial », probablement un bâtiment administratif, un temple de Liber Pater, un temple circulaire de Portumnus, d'autres sanctuaires, nécessaires pour satisfaire la piété des marins originaires de toutes les provinces méditerranéennes, des thermes, une caserne de vigiles, une statue colossale de Trajan. L'ensemble, qui connut de nombreuses restaurations, notamment sous Septime Sévère, qui multiplia les grands *horrea* de briques, vécut quatre siècles.

Il était fortifié par un mur, à 6 m du bord des quais. Entre le bassin et les *horrea* s'élevait un autre mur percé de portes, destiné à la défense ou plutôt à l'octroi.

On entrait dans le port de Trajan en passant par celui de Claude, relié par un canal à l'entrée duquel se dressait un deuxième phare, dont les fondations sont connues. Pour éviter un nouvel ensablement, les ingénieurs ménagèrent un système de chasse en traçant un autre canal, la *Fossa Traiana*, aboutissant à Fiumicino. La masse des alluvions empruntait le cours du Tibre, alors que le canal, moins important, était alimenté par une eau plus claire.

Selon une synthèse récente d'U. Fellmeth[13], que nous souhaitons mettre en valeur, les deux ports combinés auraient pu décharger en même temps 338 navires. Ceci représenterait, compte tenu d'une capacité moyenne des bateaux de 250 tonnes, 84 375 tonnes, déchargeables en 6 à 8 jours pendant les 210 jours de la navigation ouverte, soit un total théorique de 2 531 250 tonnes, dont seulement 400 000 à 660 000 auraient été nécessaires à Rome. Si l'on ajoute l'apport possible des ports de Pouzzoles, Antium, Terracine et Centumcellae, on doit conclure à une surcapacité considérable. Faut-il en déduire que l'administration impériale n'était pas capable de se livrer à des calculs statistiques ? Nous ne le pensons pas pour notre part. Rome ayant été à plusieurs reprises menacée par la famine, c'était une marque de grande sagesse politique de prévoir largement la sécurité des approvisionnements.

L'agglomération de *Portus* dépendait à l'origine de l'administration d'Ostie, dont elle constituait un quartier. Mais elle devint très importante, avec une nécropole propre dans l'Isola Sacra. Constantin, qui fit construire de nouveaux quais et fortifier le port, lui donna un statut municipal autonome : la ville est appelée *Ciuitas Flauia Constantiniana Portuensis* sur une inscription des environs de 340 (*CIL* XIV 4449).

Mais le même empereur, en créant une capitale orientale qui porte son nom, Constantinople, contribua au déclin de Rome. Au bas-empire, le blé d'Egypte allait directement à Constantinople, Rome se contentant de celui d'Afrique et des provinces occidentales ; mais le trafic restait important. C'est alors qu'on voit apparaître le titre de *Comes portus* (comte du port).

C'est la ville même d'Ostie qui déclinait.

Portus ne dépérit à son tour qu'à la fin du IVe siècle et au Ve, quand la population de Rome, qui avait été saccagée par Alaric, diminua. L'embouchure du Tibre vit même un raid vandale en 455. Le port souffrit d'un manque d'entretien. La jetée du port de Claude fut peu à peu détruite par la mer. En 488, Sidoine Apollinaire (*Ep.* I 10), préfet de Rome, moins optimiste que Cassiodore (*Variae* VII 9), observe que le ravitaillement de la capitale est précaire, c'est-à-dire que l'activité des ports est ralentie. En 553, Procope (texte cité *supra*) signale que les Goths ont occupé le *Portus* pour bloquer le ravitaillement de Rome. Les Byzantins qui tenaient cette dernière ont réactivé Ostie et essayé de faire remonter sur le Tibre des bateaux de Campanie (*De Bello Gothico*, I, 26, 7-13). On retrouvait ainsi la situation des origines.

Peu à peu cessèrent toutes activités. Après le bassin de Claude, celui de Trajan fut envasé.

Notes

[1] Voir notre *Ostie antique, ville et port* (1986) 11-38.

[2] Un rapprochement s'impose avec Quintilien III 8 : 16 (*de suasoria*) : «Quand on recherche, par exemple, si l'on peut assécher les Marais Pontins, ou construire un port à Ostie, ou si Alexandre va découvrir des terres au-delà de l'Océan, c'est un sujet de conjecture». L'entreprise faisait l'objet de conversations et de discussions dans les écoles de rhétorique.

[3] Cf. H. Mattingly, *Coins in the British Museum*, I (1983) pl. 48 : 2 ; pp. 63, 221, 223. Voir aussi catalogue, n° IV.2.

[4] *Op. cit.* IV (1976) pl. 28 : 2 ; p. 162. Sur les vues à vol d'oiseau, cf. G. Fuchs, *Architekturdarstellungen auf römischen Münzen der Republik und der frühen Kaiserzeit* (1969) 63.

[5] Voir, par ex., l'édition fac-similé de 1976, avec commentaire d'E. Weber : *Tabula Peutingeriana : Codex Vindobonensis* 324.

[6] Cf. G. Becatti, *SdO* IV. *I mosaici e i pavimenti marmorei* (1961) pls CLXXIV, 104 ; CXXIX, 120 ; CLXI, 45 ; CLXIV, 320.

[7] *Ibid.* pl. CLXXXI, 106 (voir ci-dessous, p. 126, fig. 7).

[8] *Le ravitaillement en blé de Rome, Actes du colloque int. Naples 1991, Collection Ecole française de Rome*, 196 (1994) frontispice. Voir ci-dessous, catalogue, n° VII.1.

[9] Voir J. Le Gall, *Le Tibre, fleuve de Rome dans l'Antiquité* (1953).

[10] O. Testuguzza, *Portus* (1970), complétant G. Lugli-G. Filibek, *Il porto di Roma imperiale e l'agro portuense* (1935) ; G. Lugli, «Il porto ostiense di Claudio», dans : *Atti Convegno di Classe, Faenza* 1961 (1962) 139-150. Voir en dernier lieu V. Scrinari, «Il porto di Claudio ed osservazioni sulla tecnica del conglomerato cementizio presso i Romani», dans : *L'industria italiana del cemento* XXXIII.7, 1963, 527-538, qui reconstitue les phases de la construction (tuf et pouzzolane) et confirme les sources littéraires.

[11] Voir ci-dessous, p. 119.

[12] Cf. les calculs (cubage, main d'œuvre, chariots nécessaires) de M. K. et R. L. Thornton, *Julio-Claudian Building Programs : a Quantitative Study in Political Management* (1989).

[13] *Die Häfen von Ostia und ihre wirtschaftliche Bedeutung für die Stadt Rom, Münstersche Beiträge zur antiken Handelsgeschichte*, X (1991) 1-32.

Ostie impériale – une révolution sociale ?

Henrik Mouritsen

Ostie n'était pas une ville romaine ordinaire. Elle était non seulement plus grande que la plupart des villes de l'empire, mais aussi, elle devait sa croissance et sa prospérité à son statut de port impérial plutôt qu'à son territoire agricole. Elle était avant tout une ville commerciale et ne dépendait pas dans la même mesure que d'autres villes romaines d'une élite foncière résidant et dépensant son surplus dans la cité. Elle profita aussi d'investissements impériaux sans parallèles dans les bassins portuaires, les entrepôts et son infrastructure en général. Ainsi, la plus grande partie des bâtiments conservés dans la ville dérive de la croissance et de l'expansion rapide du IIe siècle ap. J.-C., qui suivit le développement du port et l'injection massive de ressources qui l'accompagna. La situation et la fonction d'Ostie affectèrent l'importance et la nature de son économie. Le transport maritime était une affaire cruciale, comme on le voit aux grands *collegia* de propriétaires de bateaux, navigateurs, peseurs de grain, etc. et à la forte présence de commerçants étrangers dans la ville.

Ces éléments appellent naturellement des questions à propos de sa structure sociale – dans quelle mesure créa-t-on une société profondément différente de celle d'ailleurs ? Ce bref aperçu traitera certains de ces problèmes[1]. Il est évident qu'il ne s'agit pas ici d'une étude complète, et beaucoup d'aspects devront être laissés de côté par la force des choses. Nous nous concentrerons sur la mobilité et l'ouverture de la société ostienne, examinant en particulier l'hypothèse que la ville fit l'expérience d'une «révolution sociale» à l'époque impériale.

L'expansion rapide de la ville au IIe siècle fut liée – c'est évident – à un accroissement de la population, résultat probable d'une immigration provenant de Rome, de l'Italie et des provinces, en plus de l'importation et de l'affranchissement d'esclaves. Dans tout l'empire, des commerçants étrangers auront été attirés par les opportunités économiques offertes par cette nouvelle «ville champignon», beaucoup s'y installant pour des périodes plus ou moins longues. La population d'Ostie était donc plus internationale et moins stable que celle de beaucoup d'autres villes romaines. Le taux de renouvellement de la population était élevé, même si une bonne partie d'entre elle devait rester en marge de la société ostienne. Nous nous concentrerons ici sur les résidents permanents, qui soutenaient les institutions et l'administration locales.

Les témoignages sur la composition et le développement de la population d'Ostie proviennent en premier lieu des inscriptions. Un riche corpus épigraphique a été conservé, concernant des milliers d'habitants d'Ostie impériale : il comprend des épitaphes, des dédicaces, des inscriptions de *collegia*, des inscriptions honorifiques et des *fasti*. Toutefois, ce matériel, malgré son abondance, ne suffit pas à brosser un tableau complet ou sans équivoque de la société ostienne. Ce serait d'ailleurs une erreur d'attendre des sources épigraphiques qu'elles reflètent directement une structure sociale. Elles tendent à ignorer, par exemple, les plus démunis de la société, une catégorie qui ne laisse en général que peu de traces archéologiques ou épigraphiques et reste donc largement invisible à l'historien. A Ostie, il peut y avoir eu souvent du travail saisonnier sans présence permanente dans la ville. Chaque fois que les témoignages épigraphiques sont utilisés, nous avons affaire à une couche sociale située bien au-dessus des travailleurs manuels. Comme nous le constaterons, les sources épigraphiques impliquent également d'autres types de problèmes, mais regardons d'abord comment la société ostienne a été reconstituée par les chercheurs modernes.

L'opinion standard a été énoncée par Russell Meiggs dans son étude faisant encore autorité[2]. Il y présentait Ostie impériale comme une structure sociale ouverte et dynamique, en donnant une image dramatique de l'élite locale et des changements qu'elle subit durant l'empire. Au début de l'empire, quelques familles nobles dominaient la cité, surtout les Lucilii Gamalae, les Egrilii et les Fabii, fortement représentés dans les listes de magistrats [voir ci-dessous, pp. 154-160]. Ce gouvernement aristocratique apparemment stable fut suivi par une période de mobilité sociale accrue à la fin Ier siècle av. J.-C., quand des *outsiders* et des descendants d'affranchis gagnèrent l'accès au cercles dirigeants de *l'ordo decurionum*. A partir de l'époque flavienne, ils apparaissent de plus en plus fréquemment parmi les magistrats et les membres du conseil, s'élevant parfois à des positions d'une importance considérable. C'est à cette époque qu'on trouve des magistrats comme Cn. Sentius Felix, dont l'appartenance à la tribu Teretina indique qu'il n'était pas natif d'Ostie, qui était, elle, inscrite dans la Voturia, et que sa famille est peut-être venue d'Atina, en Italie centrale.

Selon Meiggs, ces hommes nouveaux remplacèrent graduellement l'ancienne élite, qui fut totalement éclipsée par les nouveaux venus au IIIe siècle ap. J.-C. La classe dirigeante traditionnelle avait été envahie, semble-t-il, par des groupes nouveaux, probablement des commerçants, qui avaient exploité avec succès les opportunités offertes par le développement consécutif aux investissements de Claude et de Trajan. Meiggs présente une élite dominée par des conflits internes opposant la vieille noblesse et les parvenus sociaux. De plus, la crise de l'élite ne représentait qu'un des aspects de la « révolution sociale » plus générale d'Ostie impériale, qui se manifestait aussi avec « l'ascension de la classe affranchie ». Pendant cette période, les affranchis et leurs descendants émergent comme un groupe éminent et puissant dans la société ostienne, où l'affranchissement était pratiqué à grande échelle et où les affranchis occupaient des rôles importants dans l'économie locale.

Tout ceci soulève un certain nombre de problèmes. L'image d'une « révolution sociale » chez Meiggs n'est fondée sur aucune source antique décrivant un processus de cette nature. En fait, aucune des sources conservées ne donne d'indication explicite sur d'éventuelles transformations de la société ostienne. La théorie dérive de la collation de pièces d'information épigraphique disparates, avant tout des épitaphes, des dédicaces, des inscriptions honorifiques et des listes officielles de magistrats. Quand ces témoignages sont assemblés, un modèle semble émerger, mais cela ne constitue pas en soi une histoire collective de la société ostienne, et ne révèle aucune « révolution sociale ». Pour produire cette image, Meiggs a dû placer ses résultats dans un cadre particulier d'agitation sociale et de conflit de classes, qui insiste surtout sur certains aspects du matériel et, d'une façon générale, mit en évidence son potentiel dramatique. On pourrait donc dire qu'il existe au cœur du modèle de Meiggs un conflit entre la nature non narrative des sources à disposition et le format narratif dans lequel il présente son analyse. Cette tension peut être résolue en déplaçant l'accent de l'aspect narratif vers une approche plus structurelle de l'histoire sociale.

Ainsi, si nous observons la « révolution sociale » ostienne d'un point de vue économique plus général, la logique du processus devient moins évidente. Dans les autres cités italiennes où l'on a identifié un afflux de nouveaux arrivants, on les a généralement considérés comme des groupes commerciaux dépassant l'aristocratie foncière. La dynamique du commerce et de la production urbaine aurait été capable de déranger l'ordre social stable associé aux sociétés agraires traditionnelles. Cela permettait à de nouvelles fortunes de se former indépendamment des hiérarchies sociales et économiques existantes, qui seraient renversées par l'ascension de nouveaux groupes échappant au contrôle de l'élite. Ce modèle non seulement comporte en lui-même plus d'une touche d'anachronisme, rappelant les conflits opposant l'aristocratie et la bourgeoisie à l'aube de l'époque moderne, mais la distinction très nette entre agriculture et commerce, sur lequel il repose, pourrait aussi ne pas avoir constitué un trait universel de l'empire romain. Même si l'élite romaine était encline à insister sur la supériorité morale de l'agriculture, il existait un lien naturel entre les deux types d'activité économique. La terre restait le seul investissement sûr à disposition dans l'Antiquité et les profits, quelle que soit leur origine, étaient logiquement placés en partie dans la propriété foncière. Une base solide dans le commerce ne signifiait donc pas l'absence totale d'intérêts fonciers. De la même façon, quelques membres de l'élite devaient probablement s'appuyer entièrement sur l'agriculture, celle-ci offrant une multitude d'opportunités commerciales. Ainsi, malgré la distinction idéologique entre revenu foncier et revenu commercial, les deux devaient en fait souvent être étroitement liés.

On peut difficilement douter qu'Ostie ait dû sa croissance et sa prospérité au négoce et au commerce, et tous les groupes ont été, à un niveau ou à un autre, impliqués dans ce secteur de l'économie. Il est ainsi difficile d'appliquer le modèle « terre contre commerce » traditionnel à la « révolution sociale » d'Ostie impériale. Si le modèle lui-même semble défectueux, on ne peut néanmoins l'éliminer entièrement sans laisser un blanc dans l'argumentation. En effet, si l'émergence de nouveaux groupes grâce au commerce semble plausible dans le contexte de la prospérité d'époque impériale, il nous reste à expliquer le déclin de l'ancienne élite. D'une part, les membres de celle-ci devaient probablement avoir déjà des intérêts commerciaux et étaient donc bien placés pour exploiter les nouvelles opportunités apparaissant à cette époque et, d'autre part, ils avaient probablement aussi consolidé leur position dominante à travers l'acquisition de propriétés foncières, qui assuraient un revenu stable et offraient une protection contre les risques du commerce maritime. Il n'y a aucune raison pour que l'ancienne élite n'ait pas bénéficié de la prospérité du IIe siècle autant que n'importe quel nouveau venu, et son déclin collectif ainsi que sa disparition finale restent ainsi sans explication. Certaines familles peuvent assurément avoir connu des temps difficiles, mais il est ardu d'imaginer comment un malheur économique aurait pu frapper l'élite dans son ensemble.

Un examen attentif des données suggère que le début de l'empire était probablement moins « aristocratique » que ce que suggérait Meiggs. Dans cette période on trouve déjà de nouveaux venus potentiels, peut-être même des descendants d'affranchis[3]. Chose importante, la fin de l'ancien ordre n'est pas non plus aussi abrupt, puisque beaucoup des anciennes familles continuent d'être représentées au sein de l'*ordo* tout au long du IIe siècle ap. J.-C., pendant que certains déménageaient même à Rome pour y faire carrière. Le tableau doit donc être modifié, le contraste entre les deux périodes étant moins prononcé que ce que l'aperçu de Meiggs semblait indiquer. Néanmoins, c'est un fait incontestable que les sources révèlent beaucoup plus de nouveaux arrivants dans la dernière période que dans la précédente.

La question, cependant, est de déterminer si cela signifie réellement que l'élite ostienne a changé. En d'autres termes, nous devons nous demander si les faits énoncés par les sources représentent des développements historiques authentiques. Nous avons déjà fait la remarque que les sources épigraphiques ne présentent jamais un reflet direct d'une structure sociale; non seulement parce que les plus pauvres sont laissés de côté, mais aussi parce que l'écriture gravée dans la pierre est une pratique culturelle très particulière qui est elle-même sujette à des changements historiques. R. MacMullen l'a décrite à merveille comme une «habitude» et, comme d'autres, l'habitude épigraphique n'était pas forcément adoptée de manière uniforme par toutes les communautés ou tous leurs membres au même moment ou dans la même mesure[4]. Il peut y avoir des variations dans l'usage ou le non usage d'inscriptions à l'intérieur de différents groupes et ces variations vont inévitablement affecter le tableau général donné par le matériel épigraphique. Un profil social ou démographique basé sur les inscriptions conservées ne peut donc pas représenter une donnée statistique «objective». La plupart des inscriptions sont le résultat de la volonté individuelle ou collective de se commémorer soi-même ou de commémorer d'autres individus dans des matériaux durables. Ceci ajoute un élément subjectif au genre épigraphique dans son ensemble et, avant de pouvoir en tirer une conclusion historique, nous devons évaluer toute distorsion potentielle produite par ce facteur.

Les membres de la classe dirigeante d'Ostie sont connus par différents types d'inscriptions. La plupart furent commanditées par l'individu commémoré lui-même, ou sa famille ou un groupe de gens associés avec lui, mais nous possédons aussi des fragments de la liste officielle des hauts fonctionnaires, les *fasti*[5]. Les sources se divisent ainsi naturellement en deux catégories principales: celle résultant de l'initiative individuelle (épitaphes, dédicaces et inscriptions honorifiques) et les *fasti*, plus «objectifs», qui offrent un échantillon aléatoire de magistrats.

Si nous étudions la «révolution sociale» sous cet angle, il est frappant de voir que l'arrivée apparente de nouvelles familles et nouveaux venus semble coïncider avec un changement dans la composition du matériel de référence. Avant cette époque, la plupart des décurions sont connus par les *fasti*, et quelques-uns seulement par des dédicaces ou des inscriptions honorifiques. Cela change exactement au moment où l'on identifie le bouleversement social. Les inscriptions funéraires de l'élite apparaissent à partir de l'époque flavienne et leur profil social est nettement différent de celui des *fasti* de la même période.

On compte bien plus de nouveaux venus et de personnes d'ascendance servile dans le matériel funéraire; 67 % peuvent être identifiés avec assez de certitude, bien que la proportion puisse être plus élevée, tandis qu'on ne trouve qu'un seul haut fonctionnaire d'origine locale et apparemment libre dans une épitaphe – érigée par une de ses affranchies. Les *fasti* et autres documents officiels, cependant, suggèrent une composition assez différente de l'élite, puisqu'on ne peut identifier sur 38 duovirs que cinq d'ascendance servile, dont trois étaient apparentés à des affranchis impériaux: en d'autres termes, une différence du quintuple dans la composition sociale de ces deux exemples.

Même si elle est statistiquement incontournable, il reste possible que cette discrépance soit purement un accident de conservation, la nécropole de la «noblesse» ostienne pouvant ne pas avoir été encore découverte . Mais nous devons nous demander si certaines fractions de l'élite pourraient ne pas avoir du tout érigé de monuments funéraires inscrits. Certains faits suggèrent une ligne de conduite à l'écart de l'ostentation funéraire caractéristique du début de l'empire, et un retrait de la compétition funéraire parmi certains membres de l'élite romaine et italienne. Les monuments deviennent généralement plus «introvertis» et moins conçus comme une déclaration publique[6]. L'élite assume de plus en plus une culture de retenue et de modestie dans cette sphère[7]. Il semble que pour leur commémoration personnelle, les membres des élites italiennes se soient mis à compter de plus en plus sur des monuments honorifiques et des statues prises en charge par la communauté dans son ensemble.

Ces changements de modèles ont des implications importantes. A Ostie, cela signifie que la proportion de nouveaux venus, plus avides de commémorer leur réussite, a été surestimée. Mais même si leur nombre a été exagéré, il reste clair que certains de ces nouveaux venus accédèrent à l'élite locale. Bien que trop peu nombreux pour justifier la notion d'une «révolution sociale», ils soulèvent toutefois des questions sur la nature de la mobilité sociale. Leur avancement fut-il le résultat d'un effondrement – peut-être partiel – de l'ordre social?

Pour pouvoir accéder à l'élite officielle, ces nouveaux venus devaient posséder les ressources économiques requises, remplissant les conditions pour le *census decurionalis* et capables de payer la cotisation d'entrée assez élevée. Mais ce sont les procédures spécifiques entourant leur entrée qui deviennent importantes. Traditionnellement, le renouveau continu des conseils locaux impliquait l'assemblée populaire. C'est là que tous les citoyens mâles et adultes se rassemblaient pour élire les magistrats annuels, qui seraient admis, après leur première année de fonction, dans l'*ordo decurionum*, lorsque les *duoviri* quinquennaux revoyaient la liste des membres. Ce système, toujours en vigueur à Pompéi en 79 ap. J.-C., semble avoir cessé d'exister à Ostie dès le milieu du Ier siècle[8]. A ce moment, tous les membres étaient élus dans l'ordre par cooptation, sans contribution significative de l'assemblée. C'est donc un trait frappant de l'épigraphie d'Ostie que l'entrée dans l'*ordo* soit devenue une partie fixe des carrières publiques mentionnée avant toute autre magistrature.

Cela signifiait que les nouveaux magistrats étaient mis en place par les conseillers, qui les choisissaient dans leur propre ordre, ne laissant à l'assemblée que le rôle d'organe acclamatoire.

Ce développement a d'importantes conséquences pour la «révolution sociale», en impliquant que les nouveaux arrivés devaient en fait être acceptés par l'élite au pouvoir. Il n'est donc pas question d'une nouvelle classe se frayant un chemin dans le domaine d'une ancienne aristocratie. Leur entrée ne pouvait survenir que par une intégration consensuelle dans les structures de pouvoir existantes. Les nouvelles procédures ont pu aussi apparaître pour faciliter une expansion de l'*ordo*. N'étant plus liée aux élections et à la fonction exercée, la qualité de membre pouvait être étendue par la cooptation de plus d'*adlecti*, dont quelques-uns auraient été promus plus tard au statut magistérial. En fait, cela revenait à étendre les rangs inférieurs de l'*ordo*, en laissant intacte la hiérarchie générale du conseil. Il peut y avoir eu plusieurs raisons à cette démarche, mais, surtout, cela permettait d'augmenter les revenus publics en admettant plus de citoyens riches prêts à payer pour les honneurs locaux.

Dans cette perspective, il est intéressant de noter que beaucoup des nouveaux venus n'atteignaient que les échelons les plus bas de l'*ordo*. La moitié, presque, des «upstarts» documentés dans les inscriptions funéraires, n'y figurent que comme *adlecti* et n'ont jamais exercé de magistrature. Certains d'entre eux sont morts jeunes; toutefois, cela fait entrevoir la possibilité que la divergence entre les *fasti* et d'autres types d'inscriptions pourrait être due au statut social, les *fasti* documentant l'extrémité supérieure de l'*ordo* et les autres inscriptions les échelons inférieurs.

Avec la croissance d'Ostie à l'époque impériale, les hommes d'affaires s'installèrent dans la ville et s'établirent comme des partenaires locaux, mais pour gagner l'accès à l'*ordo*, ils devaient d'abord être intégrés dans les réseaux existants. Aucune élite ne pourra jamais être complètement stable. Le système comprenait un taux naturel de renouvellement, causé en grande partie par la mortalité importante et la coutume romaine de la succession divisée. Comme cela arrivait ailleurs, certaines familles allaient déménager à Rome, d'autres s'éteindre naturellement ou disparaître à cause de la diminution de leur puissance, des fortunes se retrouvant peut-être morcelées par des héritages. La plupart des élites italiennes qui peuvent être étudiées en détail ont apparemment connu un renouvellement considérable de familles. Mais, alors que beaucoup des nouvelles familles ne restaient que brièvement, un noyau de familles maintenait généralement son influence sur de longues périodes.

Ce serait une erreur que de percevoir ce processus comme un «conflit de classe». Les élites romaines avaient l'esprit de compétition, mais il n'y a aucune preuve d'une rivalité collective en leur sein entre des groupes définis économiquement ou socialement – l'antagonisme entre «ancien» et «nouveau» est une invention fondamentalement moderne. Nous avons plutôt affaire à un processus réglé grâce auquel des familles ou des individus qui montent sont admis dans l'élite officielle et sont invités à partager le fardeau financier de la fonction publique.

Quelques descendants d'affranchis réussirent même à intégrer l'*ordo*, mais eux aussi ont dû avoir besoin de l'approbation de sections internes à l'élite établie.

Cette conclusion nous mène à la question plus vaste des affranchis dans la société ostienne; leur ascension est devenue un des traits centraux de la «révolution sociale». Les affranchis – membres d'une classe commerciale peu prise en considération dont le nombre, la prospérité et l'influence augmentèrent à partir de la fin du Ier siècle – ont été considérés comme l'archétype des arrivistes dans la société romaine. Pour beaucoup d'historiens, l'«ascension des affranchis» représente la preuve la plus évidente du caractère fluide et dynamique de la société urbaine dans l'Italie impériale. Les origines de cette vision exaltée de leur importance sont évidentes: la grande majorité des Ostiens que nous connaissons semblent avoir été des affranchis, des affranchies ou leurs enfants, dont quelques-uns réussirent visiblement à accumuler une grande richesse. Les épitaphes, en particulier, semblent avoir commémoré presque exclusivement des membres de ce groupe. Dans certaines nécropoles ostiennes, pratiquement tous les personnages mentionnés dans les inscriptions ont des origines serviles[9].

Face à cette situation, nous devons nous demander si la population avait véritablement ce profil étonnant. Au premier abord, il semble évident qu'il ne peut s'agir d'un reflet fidèle de la composition démographique de la ville. La proportion d'affranchis est mise en doute sur la simple base de la probabilité historique, puisqu'il est inconcevable qu'une société soit constituée presque entièrement d'esclaves affranchis et de leurs enfants. Cela implique non seulement une population d'esclaves au nombre improbable, mais aussi un taux d'affranchissement très élevé. Nos sources documentaires et littéraires, toutefois, suggèrent que l'affranchissement était loin d'être universel dans le monde romain[10]. Ce ne sont pas tous les esclaves, même dans les villes, qui pouvaient espérer gagner leur liberté. Les documents montrent que l'affranchissement était sélectif, très attendu et souvent conditionnel[11]. L'affranchissement à grande échelle de toute une maisonnée était rare et l'élite romaine s'en défiait. Elle restait hostile à la libération sans discrimination d'esclaves, et cette attitude fut ancrée dans la législation d'Auguste, qui empêchait l'affranchissement par voie testamentaire de maisonnées entières.

L'affranchissement à l'échelle suggérée par les inscriptions funéraires pose aussi la question du remplacement des esclaves. Soit il existait une importation continue à grande échelle de main-d'œuvre servile, soit les stocks étaient refournis par les esclaves nés dans la maison. Ce dernier scénario implique que les affranchis se soient reproduits avant leur affranchissement et qu'ils aient abandonné leurs enfants, les laissant en esclavage. Il est certain que les inscriptions existantes mentionnent fréquemment des rejetons nés libres, ce qui, à son tour, pose encore un autre problème. En effet, qu'arrivait-il aux descendants – nés libres – d'affranchis? Ces derniers ont laissé peu de traces dans les épitaphes, qui restent entièrement dominées par leurs ancêtres «serviles».

La question de l'invisibilité épigraphique est mise en évidence par une autre source importante concernant la population d'Ostie, les inscriptions de *collegia*. Ce matériel consiste en de longues listes de membres d'associations professionnelles et/ou confessionnelles, mentionnant leurs officiels élus et leurs patrons[12]. Des centaines d'individus sont inscrits, et à en juger par le matériel onomastique, les affranchis et leurs fils constituent à peu près cinquante pour cent du tout. Non seulement cette proportion est considérablement inférieure à celle qu'on trouve dans le matériel funéraire, mais ce témoignage plus « objectif », qui n'est pas le résultat d'individus se commémorant eux-mêmes, suggère également l'existence d'un groupe substantiel d'Ostiens de naissance libre, possédant probablement une certaine fortune, qui restent absents des épitaphes.

Malgré cette modification, les affranchis formaient sans doute un groupe important dans l'Ostie impériale. Mais quelle était leur position dans la société ? Constituaient-ils, comme beaucoup de chercheurs l'ont supposé, une classe sociale séparée, ayant ses propres intérêts économiques – dans le commerce – et une culture ainsi qu'une identité sociale distinctes ? Traditionnellement, on a considéré les affranchis comme des parvenus pleins d'énergie, s'engageant dans le sordide commerce, auquel l'élite aristocratique, ainsi que les citoyens nés libres et respectables qui aspiraient à la rejoindre, n'allaient pas toucher, pour des raisons purement idéologiques. Ce modèle ne peut plus être défendu comme vision générale de l'économie romaine et n'est certainement pas applicable à Ostie, dont le sort était globalement inséparable de celui du négoce et du commerce. Cette théorie est malgré tout étayée par une gamme variée de sources anciennes, qui suggèrent l'engagement extensif d'affranchis dans le commerce. Nous avons déjà vu comment, à Ostie, les affranchis composent une part considérable des *collegia* dont leurs membres étaient des propriétaires et des gérants de négoces. En tant que tels, ils représentent une section particulière de l'économie urbaine : des professionnels talentueux d'un certain niveau social et économique.

En revanche, la notion de « classe » est problématique, étant donné que le statut d'affranchi était uniquement personnel et qu'on ne le gardait que pour une génération. Les affranchis et les affranchies ne se définissaient que par leur transition de l'état non-libre à l'état libre, qui les plaçait dans une catégorie légale particulière et, fait tout aussi important, dans une relation sociale spéciale – celle d'un ex-esclave avec son ancien maître. Leur ancien maître devenait leur patron ; ils prenaient son nom et restaient légalement obligés de lui rendre des services et de lui montrer leur respect. Ainsi, les affranchis constituaient la catégorie de la société romaine sujette au contrôle social le plus strict et le mieux défini, et ces liens uniques peuvent aussi expliquer le rôle que ceux-ci jouèrent dans l'économie.

On ne peut douter que de vastes sections de l'élite romaine profitaient d'activités commerciales de type divers et, à Ostie, ceci a dû être presque universel. Cependant, des facteurs idéologiques, légaux et pratiques ont fait que leur engagement était

indirect et qu'il s'exerçait par l'intermédiaire d'agents fiduciaires et de gérants. En effet, si le revenu dû au commerce a pu être acceptable pour l'élite, ces opérations commerciales devaient se faire à grande échelle et se dérouler sans l'impliquer directement. Il était également avantageux du point de vue légal de rester à l'écart des activités commerciales, puisque cela réduisait le risque de l'investisseur de pouvoir désigner des intermédiaires. La décentralisation était au cœur même de l'économie romaine, et c'est justement là que les affranchis devinrent utiles[13].

Il n'y avait pas à Rome de marché ouvert de l'emploi, exception faite de celui des travailleurs manuels. On devait donc trouver à l'intérieur même de la maisonnée des employés de confiance dignes d'occuper des positions responsables. On leur permettait souvent de garder un *peculium*, une fiction légale grâce à laquelle les esclaves pouvaient *de facto* avoir des propriétés. En cas de succès, le *peculium* pouvait croître et représenter la preuve tangible pour le maître du bon travail de l'esclave. Cela pouvait augmenter les chances d'être choisi pour l'affranchissement, auquel cas le *peculium* retournait le plus souvent au maître comme compensation pour sa perte de propriété. Ainsi, la logique de leur emploi était d'utiliser la perspective de la liberté comme une incitation à un travail appliqué et au dévouement.

Après l'affranchissement, la plupart des affranchis continuaient probablement de travailler pour leur patron, qui continuait ainsi à tirer profit de leur labeur. Comme ils commençaient leur vie de citoyens libres sans aucun fonds, ils n'avaient pas beaucoup d'autres options. Les initiatives commerciales précédentes s'étaient appuyées sur les ressources et les investissements du maître ; si cela leur avait été retiré, les affranchis n'auraient pas connu de meilleures conditions que la plupart des citoyens libres pauvres. Economiquement, ils devaient donc rester dépendants du soutien continu de leur patron. La présence massive d'affranchis parmi les *collegiati* peut ainsi être comprise plus justement, comme une manifestation des liens très forts unissant les ex-esclaves à leur ancien maître, et suggère de ce fait que les classes sociales possédant des esclaves s'engageaient intensivement dans les affaires. En résumé, on peut considérer que les affranchis se situaient à un niveau de gestionnaires dans l'économie urbaine, et leur position prédominante dans ce domaine suggère la présence de structures financières complexes sous la surface de l'auto-représentation de l'élite.

Quant à la place qu'ils occupaient dans la société, elle est ambiguë. D'un côté, ils représentaient une catégorie légale à part, de bas rang et portant les stigmates de la servitude, de l'autre, beaucoup d'entre eux appartenaient à des *familiae* riches et influentes, ce qui, dans un certain sens, leur donnait un statut d'initiés et les privilégiait par rapport à nombre de citoyens libres, mais pauvres.

Ostie impériale était remarquablement ouverte aux nouveaux arrivants et offrait de grandes opportunités économiques, mais ne constituait pas une société en mouvement constant. Les hiérarchies traditionnelles de pouvoir et de statut furent maintenues et, si l'expansion du IIe siècle ap. J.-C. eut effectivement d'importantes répercussions sociales, la «révolution sociale» reste un mirage. Même si la prospérité a attiré, et cela ne fait aucun doute, des commerçants et des immigrants des autres régions de l'Italie et des provinces, ce sont ceux qui contrôlaient déjà les ressources locales qui ont pu l'exploiter au mieux. Les nouveaux venus – ainsi que leurs affranchis – furent graduellement absorbés dans les structures sociales et les institutions existantes, dont certaines ont pu être élargies afin de les accueillir.

trad. Patrizia Birchler Emery

Notes

[1] Ce survol résume mes deux articles: «Mobility and Social Change in the Towns of Imperial Italy», dans: H. Parkins (dir.), *Roman Urbanism. Beyond the Consumer City*, 1997, pp. 59-82, et «The Album from Canusium and the Town Councils of Roman Italy», dans: *Chiron* 28, 1998, pp. 229-254, auxquels je renvoie les lecteurs pour un développement plus complet et pour la documentation.

[2] Meiggs, *Ostia*, ch. 10-11, développant une thèse avancée pour la première fois par F. H. Wilson, «Studies in the Social and Economic History of Ostia», *BSR* 13, 1935, pp. 41-68.

[3] Ainsi, ni les Suellii, ni les Avianii, Bucii, Caecilii ou Otacilii n'apparaissent plus d'une fois et ils ne révèlent aucun lien avec le noyau des familles dirigeantes. Le *cognomen* du duovir N. Naevius Opt[atus] pourrait bien dénoter une origine servile.

[4] «The Epigraphic Habit in the Roman Empire», *AJPh* 103, 1982, pp. 233-246.

[5] L. Vidman, *Fasti Ostienses*, 1982

[6] P. Zanker, «Bürgerliche Selbstdarstellung am Grab im römischen Kaiserreich», dans: *Die römische Stadt im 2. Jahrhundert*, 1992, pp. 339-358; H. von Hesberg, *Römische Grabbauten*, 1992, p. 41.

[7] Cf. par exemple Pline le Jeune IX 19: 1, rappelant le sénateur en fonction interdisant l'érection d'un monument pour lui-même, ou 6: 10, mentionnant la tombe d'un sénateur dans sa propriété de campagne.

[8] H. Mouritsen, «Elections, Magistrates and Municipal Elite. Studies in Pompeian Epigraphy», *ARID* Suppl. 15, 1988. Voir aussi ci-dessous, p. 147 avec n. 24.

[9] Pour les nécropoles d'Ostie, voir D. Boschung, «Die republikanischen und frühkaiserzeitlichen Nekropolen vor den Toren Ostias», dans: *Römische Gräberstrassen*, 1987, pp. 111-124; I. Baldassarre, «La necropoli dell'Isola Sacra (Porto)», *ibid.*, pp. 125-138; M. Heinzelmann, «Überlegungen zur Entwicklung der Nekropolen Ostias von der späten Republik bis in severische Zeit», dans: *Nécropoles et pouvoir*, 1998, pp. 141-153. Voir ci-dessous, pp. 373-392.

[10] T. E. J. Wiedemann, «The Regularity of Manumission at Rome», *CQ*, 35, 1985, pp. 162-175.

[11] G. Fabre, *Libertus*, 1981, pp. 278-282; E. Champlin, *Final Judgments*, 1991, pp. 130-142.

[12] Cf. Meiggs, *Ostia*, ch. 14; G. Hermansen, *Ostia: Aspects of Roman City Life*, 1982, pp. 55-89, 239-241.

[13] Pour le rôle économique des affranchis, voir K. Hopkins, *Conquerors and Slaves*, 1978, pp. 115-132.

Les salines d'Ostie[*]

Adalberto Giovannini

L'embouchure du Tibre n'est pas favorable au commerce maritime, d'abord parce que les alluvions que charrie ce fleuve ensablent en peu de temps les installations portuaires que l'on pourrait y construire, ensuite parce que les courants et tourbillons rendent l'accès difficile et même dangereux aux navires de haute mer[1]. C'est pour cette raison que jusqu'à la fin de la République, c'est Pouzzoles qui a servi de port à la capitale de l'Empire et qu'il a fallu attendre le règne de Claude pour qu'un véritable port soit aménagé à Ostie, port qui fut du reste bientôt ensablé et qui dut être entièrement refait soixante ans plus tard par Trajan.

Ostie a pourtant joué un rôle tout à fait déterminant dans le destin de Rome, mais pour une raison totalement différente : à l'embouchure du Tibre s'étendaient de très importantes salines et ce sont ces salines qui sont à l'origine de la grandeur de Rome. Car le sel a été dans les économies d'autrefois et est encore dans certaines régions du monde d'une importance comparable à celle du pétrole dans le monde actuel. Le sel est indispensable aux êtres vivants, hommes et animaux, et en quantités considérables : si l'homme se contente de 2 kg de sel par an, un ovin en consomme plus de 6 kg et une vache plus de 30 kg. Par ailleurs, le sel a été jusqu'à l'invention du réfrigérateur le seul moyen de conservation de certains aliments, principalement la viande, le poisson, les produits de l'élevage comme le beurre et le fromage, ainsi que différents légumes, si bien qu'une population dont l'alimentation dépendait de l'élevage ou de la pêche était condamnée à la famine si elle était privée de sel. Comme le disait Cassiodore au VIe siècle ap. J.-C., l'homme peut se passer d'or, mais il n'est personne qui ne cherche à se procurer du sel[2].

Contrairement à ce qu'on pourrait penser, ce sel également nécessaire à tous, riches et pauvres, a été jusqu'au début du XIXe siècle une denrée relativement rare et surtout très inégalement répartie dans le monde. Le sel marin ne peut être extrait que dans des conditions climatiques et topographiques bien définies, en général à l'estuaire des grands fleuves. Quant au sel gemme, peu de pays ont eu la chance d'en posséder en quantités suffisantes. Aussi le sel a-t-il fait de tout temps l'objet d'âpres

convoitises ; il a donné lieu à d'innombrables conflits et à toutes sortes de spéculations. Le commerce du sel a fait la fortune de nombreux peuples, cités ou souverains ; il a souvent été utilisé comme moyen de pression politique ou économique. C'est ainsi que la richesse de Venise au Bas Moyen Age tient pour une bonne part au monopole qu'elle a exercé sur le commerce du sel méditerranéen[3]. C'est ainsi également que, jusqu'à la découverte et la mise en exploitation des salines de Rheinfelden dans la première moitié du XIXe siècle, le commerce du sel a joué un rôle très important voire déterminant dans les relations des cantons suisse avec les pays voisins, plus particulièrement avec la France[4] et l'Autriche.

Les salines d'Ostie, qui ont encore été exploitées à l'époque moderne jusqu'à la seconde moitié du XIXe siècle, étaient de très loin les plus importantes d'Italie centrale : elles s'étendaient sur plus de 500 ha[5], c'est-à-dire qu'elles avaient une surface comparable à celle qu'avaient au début du XXe siècle les salines de Margherita di Savoia-Barletta, qui sont actuellement les plus importantes d'Italie. Du fait que les populations d'Italie centrale vivaient principalement, et pour certaines d'entre elles exclusivement de l'élevage, les salines d'Ostie représentaient, pour ceux qui les possédaient, une source de revenus considérable et inépuisable, en même temps qu'elles pouvaient servir de moyen de pression économique et politique sur ces mêmes populations.

Les salines d'Ostie s'étendaient des deux côtés de l'embouchure du Tibre, celles de la rive droite étant sensiblement plus importantes que celles de la rive gauche. Au moment de la naissance de Rome, vers le milieu du VIIIe siècle, ces salines étaient entièrement en la possession de la ville étrusque de Véies, qui se trouvait à quelques kilomètres au nord de Rome. Grâce aux revenus de ces salines, Véies a connu une prospérité considérable pendant plusieurs siècles. Selon Denys d'Halicarnasse, elle aurait été aussi grande qu'Athènes, ce qui est sans doute un peu excessif. Néanmoins, les fouilles archéologiques ont révélé que Véies a été à l'époque de sa puissance la cité la plus importante de l'Italie centrale[6].

La lutte acharnée que Rome a menée contre Véies durant les premiers siècles de son histoire a eu pour enjeu principal la conquête des salines d'Ostie et a été une des plus importantes «guerres du sel» connues. D'après la tradition antique, cette guerre commença déjà sous le règne de Romulus, qui aurait enlevé à la cité étrusque une partie de son territoire. Plus tard, sous le règne d'Ancus Marcius, une nouvelle guerre aurait permis aux Romains de prendre possession de la *Silvia Maesia*, d'étendre leur territoire jusqu'à la mer, de fonder la colonie d'Ostie et d'établir des salines autour de cette colonie[7]. La tradition antique peut se tromper sur la date et les circonstances de la mise en exploitation de ces salines, mais elle ne saurait avoir inventé le fait que les Romains ont exploité des salines sur la rive gauche du Tibre dès l'époque royale. Ce sel d'Ostie était exporté par les Romains vers le pays sabin par la *Via salaria* qui fut, selon Pline l'Ancien (*Hist. Nat.* XXXI 89), la plus ancienne voie romaine.

La suite de la guerre entre Rome et Véies est bien connue. Selon la tradition, il ne se passait pratiquement pas une année sans qu'il y ait des affrontements entre les deux voisines. Finalement, après un long siège qui aurait duré dix ans comme la guerre de Troie, Rome finit par prendre Véies en 395 av. J.-C. Elle rasa la ville et s'empara des marais salants de la rive droite. Les Étrusques tentèrent une première fois de les reprendre en 390, mais en vain. Ils firent deux autres tentatives en 356 et en 353, mais furent à nouveau et cette fois défi-nitivement repoussés par les Romains[8]. C'est dans ce contexte que se situe la construction ou la reconstruction de la colonie militaire d'Ostie, avec son enceinte en *saxum quadratum*.

Comme cela semble avoir été généralement le cas dans l'Antiquité, les salines d'Ostie appartenaient à l'Etat romain, c'est-à-dire que les bénéfices de leur exploitation revenaient à l'*aerarium*. C'est aussi l'Etat romain qui déterminait le prix de vente du sel qui y était produit. Selon Tite-Live (II 9 : 6), l'ex-ploitation des salines et la vente du sel d'Ostie avaient dans un premier temps été confiées à des privés, mais comme ceux-ci en demandaient un prix excessif, la vente du sel (mais non pas, semble-t-il, l'exploitation des salines) fut désormais prise en charge par l'Etat. Tite-Live nous apprend par ailleurs qu'en 204, donc vers la fin de la 2e guerre punique, les censeurs accrurent les revenus de l'Etat en augmentant le prix du sel : alors que précédemment le sel avait été vendu dans toute l'Italie au prix uniforme de un sextans la livre, soit un denier les 20 kg, ils impo-sèrent des prix différenciés selon le lieu, le prix de vente en ville de Rome restant le même que précédemment[9].

Cette information de Tite-Live est de la plus haute impor-tance, car elle nous permet de calculer la valeur de la produc-tion des salines d'Ostie. Compte tenu du fait que la superficie de ces salines était de 500 ha au moins au début du XIXe siècle, on peut estimer la production de ces salines, comparées à celle de salines de dimensions semblables à l'époque médiévale, à 15 000 à 20 000 tonnes[10]. Si l'on retient l'estimation la plus basse, la vente du sel d'Ostie rapportait, à 20 kg pour un denier, 750 000 deniers, soit 120 talents ou 3 tonnes d'argent par an. La quantité

de blé correspondant à cette somme permettait de nourrir 30 000 hommes adultes pendant une année, ou de payer la solde de 10 000 légionnaires pendant la même durée. A titre de compa-raison, les Romains ont exigé des Carthaginois après la 1re guerre punique une indemnité de 3200 talents dont 1000 devaient être versés immédiatement et 2200 en dix annuités de 220 talents. La cité de Rhodes, qui était avec Alexandrie le port le plus impor-tant de la Méditerranée orientale, percevait chaque année 170 talents de taxes douanières. Ces quelques chiffres montrent que pour un Etat antique d'une certaine importance, 120 talents repré-sentaient une somme considérable. Pour la Rome des premiers siècles, c'était tout simplement énorme.

On ne sera donc pas surpris que la prise de Véies en 395 et la conquête des salines d'Ostie qui s'en est ensuivie aient marqué un tournant décisif dans l'histoire de Rome. Ce chan-gement se traduit d'abord dans le développement de la ville de Rome elle-même. Déjà en 395, Camillus restaure le temple de Mater Matuta au Forum Boarium (Liv. V 19 : 6). Le même Camillus inaugure trois ans plus tard un temple à Iuno Regina dont il avait promis la construction en 396 (Liv. V 31 : 3). Deux ans après la catastrophe gauloise de 390, on élargit l'aire du Capitole par la construction d'importantes infrastructures en *saxum quadratum* encore admirées à l'époque impériale (Liv. VI 6 : 12 ; cf. Plin., *Hist. Nat.* XXXVI 104). La même année, un temple est dédié à Mars sur la Via Appia (Liv. VI 5 : 8). Un peu plus tard, en 377, commence la construction de la vaste enceinte en *saxum quadratum*, faussement appelée muraille servienne[11]. Outre plu-sieurs temples édifiés dans la seconde moitié du IVe siècle, Rome se dote encore d'un premier aqueduc en 312, année où est construite la première grande voie romaine après la Via Salaria, la Via Appia (Liv. IX 29 : 6). En un siècle, Rome est devenue ce qu'avait été Véies au Ve siècle : la cité la plus grande et la plus riche d'Italie centrale.

Mais ce qui est le plus impressionnant, c'est l'expansion de l'empire romain au cours du IVe siècle. Tout au long du Ve siècle, Rome s'était battue contre ses voisins immédiats, dont Véies, sans résultats notables et son territoire, qui était d'environ 1000 km² à la fin de l'époque royale, était resté sensiblement le même à la fin du Ve siècle. Au IVe siècle, tout au contraire, les annexions et les intégrations de territoires se succèdent. A la conquête de Véies et l'annexion de son territoire en 395 succè-dent, après l'épisode de l'invasion gauloise de 390, la fondation en 385 de la colonie de Satricum à 60 km au sud de Rome, l'in-tégration en 381 de Tusculum dont les habitants reçoivent la *civi-tas* romaine, et la soumission en 377 d'Antium voisine de Satricum. Après un temps d'arrêt dont les causes nous échap-pent, l'expansion reprend avec la soumission de Tibur en 354 et celle de Caere l'année suivante. Ensuite, après une lutte achar-née de plusieurs années, Rome soumet les Latins et les Campaniens en 339, accorde la *civitas* à Lanuvium, Aricium, Nomentum, Capua, Fundae, Formii, Cumae et Suessulae, et fonde une colonie à Antium. Suivent peu après la fondation de colonies à Calles en Campanie, à Tarracina et à Fregellae en pays volsque. Dans le dernier quart du IVe siècle, Rome parvient, après des années de luttes acharnées, à imposer une alliance aux Samnites, encercle leur territoire par une série de colonies dont Arpi (320) et Venusia (291), et de cités alliées dont Canusium (318), Luceria (314) et Nuceria (308), et entreprend en 312 avec la Via Appia la construction d'un réseau routier destiné avant tout à la consolidation de son hégémonie en Italie centrale. Un peu plus tard, vers 307, elle construit la Via Valeria qui traversait les Apennins jusqu'à l'Adriatique, et fonde sur cette route les colonies d'Alba Fucens, de Carsioli et d'Hadria. Cette phase d'expansion s'achève en 295 par la victoire à Sentinum des Romains sur une coalition dont faisaient partie les Etrusques, les Gaulois, les Samnites et d'autres peuples d'Italie centrale. A ce moment, la superficie du territoire romain, de l'*ager Romanus*, est d'environ 14 000 km^2 et le nombre des citoyens romains atteint le million, ce qui veut dire qu'en l'espace d'un siècle le territoire et la population de l'Etat romain ont plus que décuplé.

Cette expansion extraordinaire, qui est une phase décisive de l'histoire de l'Empire romain, est due en grande partie aux vertus civiques des Romains et à l'exceptionnelle capacité qu'ils avaient d'intégrer progressivement dans leur corps civique les populations qu'elles avaient vaincues[12]. Mais cela n'explique pas tout, car les vertus civiques et le génie politique ne servent pas à grand chose sans les ressources financières indispensables à toute conquête. Sans les mines du Laurion, Athènes n'aurait certainement pas pu créer son empire maritime, et ce sont les mines du Mont Pangée, en Thrace, qui ont permis à Philippe II d'imposer son hégémonie à la Grèce. Les Romains n'avaient pas de mines d'or ou d'argent, mais ils avaient les salines d'Ostie, qui rapportaient sans doute moins que les mines du Laurion ou du Mont Pangée, mais qui avaient l'inestimable avantage d'être inépuisables.

Mais ce n'est pas seulement en deniers ni en talents qu'il faut raisonner. Comme je l'ai laissé entendre au début, le sel peut, du fait qu'il est d'une nécessité vitale pour les populations vivant de l'élevage, être utilisé contre ces populations comme moyen de pression. Or l'histoire de Rome n'a été, jusqu'à la fin du IVe siècle, qu'une lutte incessante contre des peuples voisins vivant principalement, voire exclusivement, de l'élevage, ce qui veut dire que la possession des salines d'Ostie, qui étaient pratiquement la seule source d'approvisionnement en sel de l'Italie centrale, a donné aux Romains la possiblité d'exercer un chantage sur ces populations, et le texte de Tite-Live relatif au prix du sel en 204 prouve qu'ils ont effectivement utilisé cette arme: maîtres de l'Italie, ils ont pu à ce moment fixer, région par région, le prix du sel, ce qui revient à dire qu'ils pouvaient par ce moyen récompenser ou punir leurs alliés fidèles ou infidèles.

Ils ont certainement recouru aussi au blocus économique pur et simple. Nous n'en avons pas d'attestation pour les premiers siècles de la République, mais nous en avons plusieurs pour l'époque où Rome dominait la Méditerranée. En 168, après la 3e guerre de Macédoine, le Sénat prit diverses mesures pour affaiblir définitivement le peuple macédonien, lui interdisant entre autres l'importation de sel ce qui signifiait, pour un peuple vivant de l'agriculture et de l'élevage, la faim et le déclin à brève échéance[13]. Bien plus tard, à l'époque de la guerre civile entre le jeune César et Marc Antoine, Antistius Verus entreprit la soumission des Salasses du Val d'Aoste en bloquant tous les accès à cette vallée: grâce à cette stratégie, il contraignit les très coriaces Salasses à la reddition parce qu'ils se trouvèrent privés du sel dont ils faisaient une grande consommation (Appien, *Ill.* 17). On signalera enfin que selon les *Digestes* de Justinien (XXXIX 4 11: 1) il était interdit sous peine de mort de vendre aux ennemis de Rome certaines denrées ou matières premières stratégiques, à savoir prinipalement les pierres à aiguiser, le fer, le blé… et le sel.

Les stratégies des puissances hégémoniques sont décidément toujours les mêmes.

Notes

Je reprends ici pour l'essentiel les résultats de recherches que j'ai publiées il y a quinze ans dans un article intitulé «Le sel et la fortune de Rome», paru dans *Athenaeum* 73, 1985, pp. 373-387. Des ouvrages et articles dont je me suis servi, il faut signaler ici surtout: C. Fea, *Storia delle saline d'Ostia*, 1831; R. Lanciani, «Il '*Campus salinarum romanarum*'», BCom. 16, 1888, pp. 83-91; J. Carcopino, *Virgile et les origines d'Ostie*, 1919; R. Meiggs, *Ostia*; Jean-François Bergier, *Une histoire du sel*, 1982.

[1]   Cf. surtout Strabon V 3: 5, C 231-232.

[2]   *Variae* XII 24: 6: *Potest aurum aliquis minus quaerere, nemo est qui salem non desideret invenire.*

[3]   Voir J.-Cl. Hocquet, *Le sel et la fortune de Venise*, 2 vols., 1978/1979.

[4]   Voir Ph. Gern, *Aspects des relations franco-suisses au temps de Louis XVI*, 1970, pp. 181-210.

[5]   Voir Carcopino, *op. cit.*, p. 470. Selon Fea, *op. cit.*, p. 10, leur superficie était alors de 3,5 milles carrés, soit près de 800 ha.

[6]   Voir J. Ward-Perkins, «Veii, The Historical Topography of the Ancient City», *BSR* 29, 1961.

[7]   Liv. I 33: 9: *silva Maesia Veientibus adempta usque ad mare imperium prolatum et in ore Tiberis Ostia urbs condita, salinae circa factae.* Cf. aussi Den. Hal. III 41 et Plin. *Hist. Nat.* XXXI 89.

[8]   Voir Liv. V 45: 8; VII 17: 6; VII 19: 8.

[9]   Liv. XXIX 37: 3: *vectigal etiam novum ex salaria annona statuerunt. sextante sal et Romae et per totam Italiam erat. Roma pretio eodem, pluris in foris et conciliabulis, et alio alibi pretio praebendum locaverunt.*

[10] Dans mon article cité à la n. 1, j'avais estimé cette production à plus de 20 000 tonnes, mais M. Jean-Claude Hocquet, à qui j'en avais envoyé un tiré à part, m'a écrit que de son point de vue cette estimation était quelque peu surfaite.

[11] Liv. VI 32: 1. Tite-Live situe cette construction dans le contexte de la lutte des classes et la présente comme un nouveau fardeau financier pour la plèbe. Il n'a pas forcément tort, mais il est évident qu'une telle réalisation n'aurait pas été possible si le peuple romain n'avait pas disposé de ressources financières d'une certaine importance. L'ouvrage ne fut pas achevé avant 353 (Liv. VII 20: 9).

[12] Il faut voir à cet égard la célèbre lettre de Philippe V à la cité thessalienne de Larissa, dans laquelle le roi de Macédoine encourage cette dernière à accorder plus généreusement son droit de cité aux étrangers, donnant les Romains en exemple (Syll.^{3} 548). La lettre date de 215, c'est-à-dire des premières années de la 2e guerre punique.

[13] Liv. XLV 29: 11: *sale invecto uti vetuit.* On remarquera qu'aux Dalmates, qui avaient pris le parti de Rome, le Sénat accorda au contraire le droit d'importer du sel (Liv. *ibid.* 13: *salis commercium dedit*).

Histoire de la découverte et de la recherche

Histoire de la découverte et de la recherche :
du Moyen Age à 1800[*]

Ilaria Bignamini (†)

Introduction

L'intention et les tentatives d'écrire une histoire moderne des fouilles d'Ostie, ainsi que, dans une moindre mesure, de Portus et de l'Isola Sacra, remontent à un siècle déjà, lorsqu'en 1902 Rodolfo Lanciani publiait le premier volume de la *Storia degli scavi di Roma*, qui comprenait diverses informations sur ces sites, mais qui, en 1912, allait s'interrompre avant sa conclusion naturelle, avec la fin du XVIᵉ siècle (les informations recueillies par l'auteur sur les trois siècles successifs furent en effet publiées par la suite)[1].

En 1912, en revanche, on assiste à la parution de deux études importantes, *Ostia colonia romana* de Ludovico Paschetto et *Recent Discoveries at Ostia* de Thomas Ashby, qui donnaient une signification historique plus accomplie aux informations recueillies par Lanciani, les intégraient et les développaient[2]. L'histoire « officielle » devint celle de Paschetto, dont les sources (C. Fea, A. Nibby et le *Corpus Inscriptionum Latinarum*)[3] étaient cependant pour la plupart secondaires, fragmentaires et imprécises, surtout en ce qui concerne la période antérieure à 1801. L'invitation d'Ashby à vérifier les faits sur la base de sources réellement primaires, comme les lettres des fouilleurs anglais actifs à Ostia et Portus en 1772-1801, resta longtemps lettre morte. C'est aujourd'hui seulement que, suite à la reprise de Lanciani et d'Ashby et de l'étude des fouilles anglaises et de la cartographie[4], l'on reprend les rênes d'une nouvelle histoire des fouilles, laquelle se développe simultanément selon trois fils conducteurs généraux :

1. historico-territorial : Ostie, Portus et Isola Sacra ne sont séparables ni d'un point de vue archéologique, ni d'un point de vue historico-documentaire. Bien des erreurs furent commises autrefois par la confusion des trouvailles effectuées sur l'un ou l'autre de ces sites ;

2. historico-documentaire : la plupart des sources jusqu'ici considérées comme primaires ne le sont pas vraiment ;

3. historico-archéologique : la macrohistoire des fouilles effectuées sur un site est une chose, la microhistoire des chantiers ainsi que des édifices et des monuments spécifiques, en est une autre.

L'adoption d'une nouvelle approche du même recueil de données a mis en évidence l'aspect central de certaines sources vraiment primaires :

1. les permis de fouilles ;

2. la correspondance des fouilleurs et des autres témoins oculaires, des commissaires aux restaurateurs ;

3. les permis d'exportation ;

4. les documents relatifs à la vente de trouvailles aux Musées du Vatican ;

5. les documents figurés, surtout les plans, les dessins placés en annexe aux lettres des fouilleurs et les moulages exécutés à l'époque, comme celui du « putéal décoré en relief avec l'histoire de Narcisse » (Musée Thorwaldsen, Copenhague) que Fagan retrouva près de Tor Boacciana en 1797 et qui remplace aujourd'hui l'original perdu.

Les informations connues ainsi que celles récemment obtenues ne sont pas encore suffisantes pour tracer un nouveau cadre général de l'ensemble des découvertes effectuées sur les territoires d'Ostie, de Portus et d'Isola depuis le Moyen Age jusqu'au début du XIXᵉ siècle. On peut seulement relever qu'ici, comme à Rome et sur d'autres sites, on remarque quatre phases principales :

1. celle de la recherche parmi les ruines de matériaux de construction (XIᵉ-XVᵉ siècles) ;

2. celle de la redécouverte des ports antiques de Claude et de Trajan et du Temple de Portunus par des architectes (XVIᵉ siècle), qui se déroule en parallèle avec la naissance de la cartographie moderne ;

3. celle des premières traces de permis de fouilles délivrés pour la recherche de matériel aussi bien de construction qu'archéologique (XVIIᵉ siècle et première moitié du XVIIIᵉ) ;

4. celle des grandes campagnes conduites par des fouilleurs italiens et étrangers durant la seconde moitié du XVIIIe siècle, qui stimule la naissance d'une véritable cartographie archéologique. Cette phase se termine en décembre 1801 avec la nomination de Giuseppe Petrini en qualité de «directeur des Carrières d'Ostie».

Le parcours n'est cependant pas si linéaire, et, par la suite, nous allons résumer les faits principaux, en les illustrant par quelques exemples dans le but de donner une idée plus contrastée de la recherche et des découvertes, de fournir une chronologie précise, d'accroître le catalogue des trouvailles et de révéler le potentiel des nouvelles recherches historico-documentaires dont les résultats concernent, jusqu'ici, seulement la seconde moitié du XVIIIe siècle. Pour cette raison, nous avons partagé cette étude en deux parties, l'une relative à la période s'étendant entre le XIe siècle et 1750, et l'autre centrée sur la seconde moitié du XVIIIe.

Du XIe siècle à 1750

Les informations sur Ostie et Portus, publiées dans le premier volume de la *Storia degli scavi* de Lanciani, commencent avec les XIe et XIIe siècles et attirent l'attention sur l'utilisation des marbres, inscriptions, sarcophages et autres fragments dans les anciennes cathédrales italiennes[5]; sur des chroniques médiévales qui décrivent certaines ruines[6], et sur la destruction d'édifices et de monuments pour la production de la chaux[7]. La recherche de matériaux de construction et l'exploitation des ruines pour produire de la chaux continua tout au long des deux siècles suivants[8], mais, au XVe siècle, des faits nouveaux apparurent: les premiers témoignages de la recherche, parmi les ruines, de documents épigraphiques et d'objets d'art qui entrèrent dans des collections importantes, surtout florentines[9]; les premières informations sur la trouvaille de vestiges en un lieu spécifique, la dénommée Maison du Sel (Casone del Sale), aujourd'hui siège du Musée et de la Surintendance d'Ostie, à une date assez précise (entre le 27 juillet 1451 et le 10 septembre 1454)[10]; et les premiers enregistrements dans les livres comptables de la *Reverenda Camera Apostolica* de paiements effectués pour retrouver et transporter depuis Ostie et Portus des marbres anciens destinés à un édifice moderne, la Fabbrica de Saint-Pierre (du 26 janvier 1463 au 28 juin 1464)[11]. L'exploitation des ruines fut telle que, le 11 août 1471, l'on ordonna au châtelain d'Ostie d'interdire l'exportation de marbres[12], ordre qui n'eut toutefois pas l'effet escompté, puisque ces marbres antiques continuèrent de contribuer à la renaissance moderne de l'architecture[13], et même des études classiques, en particulier l'épigraphie. Au début du XVIe siècle, les

inscriptions d'Ostie qui avaient été utilisées comme matériel de construction à l'époque médiévale, étaient devenues l'objet d'études, et, en tant que telles, sont documentées dans les mémoires des antiquaires[14].

Les nouveaux événements des deux décennies autour du milieu du XVIe siècle – période comprise entre le 28 décembre 1539 (début des travaux à l'embouchure du Tibre obstruée par des sèches) et septembre 1557 (inondation du fleuve qui bouleverse la morphologie d'Ostie) – furent la redécouverte des anciens ports de Claude et de Trajan ainsi que du Temple de Portunus par des architectes comme Serlio, Peruzzi, Palladio et Antonio da Sangallo le Jeune[15]; et la naissance d'une cartographie moderne, ainsi que la publications de cartes et plans de Portus et d'Ostie, qui enregistraient quelques-unes des ruines émergentes[16]. Ces activités studieuses furent accompagnées de recherches et, en parallèle, de fouilles qui mirent au jour, outre le Théâtre d'Ostie[17], le sépulcre de la Via Ostiense près du Château (1548 env.; fouillé à nouveau par Cartoni en 1825), le *Monumentum commune* (*CIL* XIV 416) et, provenant peut-être du forum de Portus, le monument honorifique, ou sépulcral, de P. Lucius Gamala (*CIL* XIV 375 et 376)[18]. Après l'inondation de 1557, Ostie devint une zone de miasmes pestilentiels causés par la stagnation des eaux dans le lit abandonné, qui prit le nom de *Fiume Morto*. Pour les travaux successifs de reconstruction et de bonification, on eut recours, évidemment, à du matériel antique local qui, par ailleurs, continua à être utilisé aussi à Rome[19]. Avec ces travaux structurels pour toile de fond, les quatre dernières décennies du XVIe siècle virent la continuation de l'étude des ports de Claude et de Trajan[20], ainsi que d'importantes découvertes, surtout de documents épigraphiques[21].

Les faits nouveaux du XVIIe siècle furent la rédaction de cartes administratives des territoires de Portus et d'Ostie toujours plus précises[22], et la concession de véritables permis de fouilles. Le 6 octobre 1621, on concédait un permis à Antonio Bernardini pour des fouilles dans les territoires d'Ostie, de Nettuno et d'Anguillara et, le 13 août 1629, à Iacopo di Poggio Alviano et Anastasio da Fermo pour des fouilles dans les territoires de Monticelli, de Formello, d'Ostie et de Valbuzzano[23]. Au cours de l'une ou l'autre de ces fouilles, on retrouva à Ostie la «base avec dédicace du préfet de l'annone Ragonius Vincentius Celsus» (*CIL* XIV, 139)[24] et, en 1696, toujours à Ostie, l'autel funéraire *CIL* XIV 409[25].

Cependant, même si l'on peut commencer à relier la concession de permis de fouilles à certaines trouvailles spécifiques, le degré d'incertitude et d'imprécision reste aujourd'hui élevé pour tout le XVIIe siècle. La même constatation vaut aussi pour la première moitié du siècle suivant, lorsque les découvertes se poursuivirent, mais souvent sans un solide «lien» documentaire. Une planche de la *Veteris Latii antiquitatum amplissima collectio* de Venanzio Monaldini (vol. II.2, Rome 1776, pl. XV) mentionne des fouilles effectuées à Ostie en 1732[26]; en 1740, on découvre le «relief avec divinités infernales[27]»; et en 1750, au cours de fouilles à la nécropole de l'Isola Sacra, le «groupe de conjoints

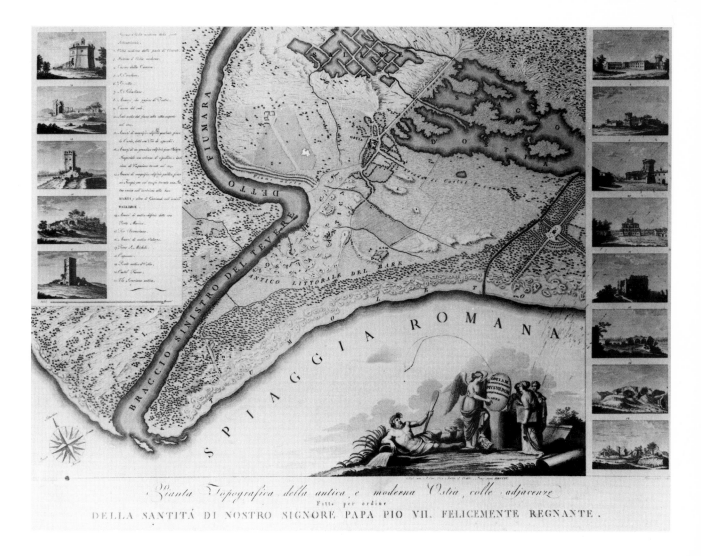

1 Plan de Giuseppe Verani, 1804.

sous l'apparence de Mars et Vénus[28] ». Ces données sont, toutefois, fragiles et pauvres en informations. Plus intéressant est le *Pianta del corso del Tevere e sue adiacenze* (1749), rédigé par les ingénieurs bolonais Andrea Chiesa et Bernardo Gambarini[29] : à Ostie, on signale la *Tor Bovacciara* et les *Fabbriche dirute presso di essa* (édifices détruits près de celle-ci), d'autres (édifices détruits) plus en amont, une *Capanna* (probablement utilisée par les fouilleurs), tandis qu'à Portus on remarque la disparition du bassin claudien, des tronçons de l'enceinte défensive constantinienne, des vestiges des *horrea* autour de la darse, des entrepôts sévériens et de quelques édifices dans la zone « du Palais Impérial ». Ces lieux sont donc ceux où l'on avait travaillé jusqu'en 1749, avant les fouilles de la seconde moitié du siècle, dont l'impact sur le territoire est documenté par les plans d'Ostie dus à Pietro Holl (1804 ; voir p. 49, fig. 1) et à Giuseppe Verani (1804 : **fig. 1**), et par celui d'Ostie et Porto de Luigi Canina (1827-1829)[30].

De 1772 à 1801

Pour les périodes examinées jusqu'ici, il manque les sources primaires qui seules peuvent remettre au jour l'histoire des fouilles. En ce qui concerne la période suivante, nous n'avions jusqu'à aujourd'hui à disposition que les données publiées par Paschetto, puisées dans les sources autrefois considérées comme primaires, par exemple Fea et Nibby, mais qui se sont révélées secondaires ou, de toute façon, imprécises. Selon Paschetto, les grandes fouilles débutèrent à Ostie en 1775, on fouilla en 1783, l'écossais Gavin Hamilton fut actif en 1788 et l'anglais Robert Fagan en 1794-1800. Sur la base des lettres des fouilleurs anglais publiées en 1889 et 1901[31], Ashby avait démontré que les fouilles Hamilton dataient de 1774-1775 (ce qui n'est vrai qu'en partie), mais il avait surtout soulevé un problème de méthode en ce qui concerne les sources et les faits à rechercher, que nous pouvons formuler à nouveau avec les questions suivantes : 1) qui fouilla ? 2) quand ? 3) où ? 4) que trouva-t-il ? 5) qu'écrivit-il de ce qu'il observa ?

Lorsque nous serons en mesure de répondre à ces questions, nous pourrons dire avoir rendu à la lumière l'histoire des fouilles d'un site donné. C'est ce à quoi nous avons abouti, même si c'est de façon encore partielle, pour Ostie et Portus concernant la période entre 1772 et 1801. Pour obtenir ce résultat, il fallut travailler sur l'interaction de sources primaires, tels les permis de fouilles, les lettres et les autres écrits des fouilleurs, les permis d'exportation, les documents relatifs aux ventes aux Musées du Vatican, les dessins et les moulages. En résumé, les résultats se présentent comme suit[32] :

– 1772 (Portus : G. Hamilton). Le 22 janvier 1772, Gavin Hamilton reçoit l'autorisation d'effectuer des fouilles à Portus (ASR, *Pres.Str., Lett.pat.*, 67, ff. 199-200), qui se termineront après environ un mois. Des vestiges, considérés, jusqu'ici comme provenant d'Ostie, viennent en fait de Portus. Par exemple, le «fragment de relief néo-attique avec Héphaïstos, Gé et l'une des filles de Cécrops» (MV, Salle Ronde 14, inv. 247) vendu par Hamilton aux Musées en 1772[33] ;

– 1774-1776 (Ostie, zone de la Porta Marina : G. Hamilton). Le 21 juin 1774, Hamilton reçoit l'autorisation d'effectuer des fouilles à Ostie (ASR, *Pres. Str., Lett.pa.,.* 67, ff. 273v-273bis), déjà commencées peu avant le 28 avril et terminées en février 1776, avec des interruptions entre une campagne et l'autre. On fouille dans la zone de la Porta Marina, d'abord aux Thermes de la Porta Marina, puis aux Thermes Maritimes et ailleurs, mais toujours dans cette zone. Du premier édifice proviennent de grandes inscriptions comme *CIL* XIV 98 (MV, Galerie Lapidaire XLIII.1, inv. 6870), une inscription «très élégante de l'époque de Trajan» que Hamilton donne à Carlo Albacini (peut-être le petit autel avec inscription vendu successivement par Albacini aux Musées du Vatican le 29 septembre 1781, non identifié)[34], sculptures d'époque hadrienne, comme la statue colossale d'Antinoüs (autrefois à Marbury Hall, inv. 20)[35], et l'Hygie de Kassel[36]. En février-mars 1775, Hamilton, s'étant rendu compte que le site avait été fouillé précédemment, commence à fouiller aux Thermes Maritimes où il trouve, entre autres, une «petite Vénus au miroir» (BM, collection Townley, GR 1805.7-3.16, Smith n° 1577). D'un chantier proche proviennent les «Travaux d'Hercule» du Musée Pio Clementino (dans l'ordre des découvertes : MV, Salle des Animaux 131, inv. 405 ; 38, inv. 492 ; 125, inv. 402 ; 42, inv. 488)[37], tandis que d'une autre encore une «grande Vénus au torse nu» (BM, collection Townley, GR 1805.7-3.15, Smith n° 1574)

et le «trépied d'Apollon» (autrefois au Pio Clementino, maintenant au Louvre) ;

– 1776-1778 (Tibre et Portus, près du canal de Fiumicino : prince Altieri et associés, parmi lesquels Thomas Jenkins). En janvier 1776, les recherches de l'Association pour les fouilles dans le Tibre, formée en 1774, débutent dans la zone de Portus. Le *Diario di Roma* (15 mai 1776) mentionne certaines trouvailles difficiles à identifier[38]. Il s'agit probablement du «relief avec trois personnes en toge à têtes non pertinentes» (MV, Cour Octogonale PS 23, inv. 1021) retrouvé «dans le Tibre en face du Fiumesino» et acquis par Jenkins en 1788[39], en cette même année où il acheta aussi la «dédicace au questeur urbain M[arcus] Acilus Canin[us]» (*CIL XIV* 153 ; MV, Musée Chiaramonti XLIV.4, inv. 1925) ; et l'inscription *CIL* XIV 16 (MV, Galerie Lapidaire XLVII.17, inv. 6768) trouvée en 1776 «dans les environs de Portus» ;

– 1778-1779 (Ostia, Porta Marina [?] : G. Hamilton et autres). En avril 1778, Hamilton reprend les fouilles à Ostie. Celles-ci se prolongeront jusqu'en mars 1779. Le *Diario di Roma* (27 février 1779) mentionne une «carrière d'antiquités que l'on fait faire à Ostie par une Société de Personnages honorables»[40]. Une trouvaille probable est le «fragment de relief avec Arkiboùkolos dansant» (MV, Loggia Découverte 20, inv. 858) vendu par F. Piranesi en 1779[41] ;

– 1779-1780 (Ostie : G. Volpato avec T. Jenkins). Le 22 mars 1779 on concède un permis pour Ostie à Giovanni Volpato (ASR, *Pres.Str., Lett.pat.* 68, f. 56)[42], qui fouille en équipe avec Jenkins. Selon Fea, peu ou rien ne fut découvert[43], mais, dans la correspondance de Jenkins, il est question d'une mosaïque, et le *Diario di Roma* (23 août 1780) mentionne deux mosaïques envoyées à Saint-Pétersbourg[44] ;

– 1783 (à trois milles d'Ostie : trouvailles fortuites, puis fouilles pour l'évêque d'Ostie, le cardinal G. F. Albani). Deux documents des Archives d'Etat de Modène (16 avril et 6 septembre 1783) se réfèrent à des trouvailles fortuites effectuées lors de travaux routiers à trois milles d'Ostie, aux recherches poursuivies en ce même site pour Albani, et aux trouvailles[45]. L'une d'elles est le «relief de sarcophage avec la création du genre humain» (MV, Salle des Bustes 53, inv. 638)[46] ;

– 1783 (Ostie, Entrepôt des Dolia : Ministre Plénipotentiaire du Portugal auprès du Saint-Siège Don Diego de Norogna avec l'abbé Montanari). Une grande partie des trouvailles furent envoyées à Lisbonne, quelques-unes furent données au prince Altieri, et seize *dolia* furent acquis par le prince Sigismondo Chigi pour sa résidence de Castel Fusano[47] ;

– 1788-1789 (Ostie : V. Pezolli pour la Reverenda Camera). Le 25 février 1788, Venceslao Pezolli reçoit l'autorisation de fouiller à Ostie pour le compte de la Reverenda Camera (ASR, *Cam.II, AA.BB.AA.*, bb. 25-26, fasc. 18.6), fouilles qui se terminent en février de l'année suivante[48]. On découvre des inscriptions non identifiées, mais cataloguées dans la *Nota di diversi restauri fatti [da F. Lisandroni…] da Frammenti ritrovati nelli scavi fatti in Ostia* du 26 février 1789[49] ;

- 1793 (Portus): on retrouve le grand autel Kaibel, *IG* XIV 919 (perdu)[50];
- 1794 (Port de Trajan: Giovanni Maria Cassini)[51]. On retrouve la tête colossale de Trajan (MV, Musée Chiaramonti XLV.3, inv. 1931), une tête de vieillard (Chiaramonti XLVII.11, inv. 1972), et la base avec dédicace à Septime Sévère, Caracalla et Iulia Domna *IG* XIV 917 (Chiaramonti XLIX.6, inv. 2011), ensuite acquise par Cassini en 1803[52];
- 1794 (Port de Trajan). Fea mentionne qu'en 1794 «les vestiges d'un temple d'Hercule furent retrouvés … à courte distance de l'orée du port» et que d'autres trouvailles se firent «sur le site à gauche entre le Trajanello et le Temple»[53], peut-être la villa (?) située entre la rive du port et ce qu'on appelle le Temple de Bacchus[54]. L'identité des fouilleurs est encore incertaine.
- 1794-1801 (Ostie, zone de Tor Boacciana: R. Fagan en équipe avec le prince Auguste d'Angleterre, fils de Georges III, et Lord Bristol, qui était aussi évêque de Derry). À la fin de 1793, on accorde à Fagan une autorisation générale pour des fouilles «aussi bien à Rome que dans les Etats Pontificaux», renouvelée à la fin de 1796 (ASR, *Cam.I, Div. Cam.*706, 67r). La requête (5 décembre 1801) d'un ultérieur renouvellement seulement pour Ostie eut un résultat négatif (ASR, *Cam.II, AA.BB.AA.*, b. 2, fasc. 86). La localisation des fouilles est incertaine pour la période de 1794 à 1796 (peut-être Portus et Ostie, Porta Marina au début, puis Tor Boacciana), tandis qu'il est certain que, dès 1797, Fagan se concentra sur la zone plus proche de Tor Boacciana pour se déplacer ensuite vers ce que l'on nomme le Palais Impérial (1798), puis sur les Thermes des Sept Sages (1800) et ensuite en un autre lieu proche (1801). La première campagne (1794) eut des résultats substantiellement négatifs. Au cours de la seconde (1795), on trouva, par exemple, une tête d'Hermès du Ier siècle ap. J.-C. (BM, Smith n° 1785; ancienne collection S. Rogers)[55]; au cours de la troisième (1796), un «vase présentant des corybantes» de la fin du Ier siècle av. J.-C. (MV, Galerie des Candélabres V.33, inv. 2749)[56]; au cours de la quatrième (1797, à Tor Boacciana) une statue représentant l'Abondance ou Fortuna (MV, Nouvelle Aile 79, inv. 2244)[57]; un buste de Lucius Verus et un de Septime Sévère, ou de Clodius Albinus (Royal Ontario Museum, Toronto, inv. 933.27.3 et 933.27.4; ancienne collection Hope)[58]; une tête de Commode (MV, Nouvelle Aile 118, inv. 2218)[59]; et un «putéal décoré en relief avec l'histoire de Narcisse» (perdu, mais dont il subsiste un moulage en plâtre au Musée Thorwaldsen de Copenhague)[60]. La position du puits dans les plans de Holl et Verani localiserait les chantiers parmi les ruines les plus proches de la tour, à savoir l'édifice encore visible dans une zone qui sert aujourd'hui d'îlot de séparation entre les routes qui courent à l'extérieur de l'enceinte des fouilles. S'il en est ainsi, ce puits n'a pas encore été localisé et les ruines n'ont pas été explorées récemment. D'autres trouvailles de 1797 comprennent deux statues d'époque antonine, une d'Athéna, l'autre d'Hygie (Los Angeles County Museum of Art, en prêt au Paul Getty Museum; ancienne collection Hope)[61] et les inscriptions et bases de statues *CIL* XIV 252, 68, 120, 112 et 121[62]. En 1798, en un lieu peu distant (peut-être dans le secteur du Palais Impérial), on retrouva, par exemple, une statue d'époque hadrienne représentant «Antinoüs en Silvain ou Vertumnus» (MV, Musée Gregorien profane, inv. 9805) et la tête colossale de l'empereur Antonin le Pieux (MV, Musée Chiaramonti III.14, inv. 1236)[63]. Ce fut alors que, dans un mithrée, on retrouva la «statue d'Aion avec tête de lion» portant l'inscription *CIL* XIV 65, datée du 11 août 190 ap. J.-C. (BAV, Galerie Clémentine, inv. 7899 [voir ci-dessous, catalogue, n° XIV.16]); un «relief représentant Aion avec tête de lion», peut-être avec l'inscription *CIL* XIV 66 (MV, Musée Chiaramonti XIV.3, inv. 1380) du début du IIIe siècle ap. J.-C.; et un groupe de la fin du IIe siècle, représentant Mithra sacrifiant le taureau, avec l'inscription *CIL* XIV 64 (MV, Galerie Lapidaire XXXIII.1, inv. 6982)[64]. L'inscription *CIL* XIV 66 faisait référence à une *crypta palati* concédée par Marc Aurèle au culte de Mithra. Après une année (1798-1799) d'interruption forcée à cause de l'occupation française et de la première République Romaine, Fagan reprend les fouilles et met au jour une «construction ronde, pas très grande, que l'on prétendit être un temple, avec colonnes, et avec un pavement en mosaïque blanche et noire, figurée avec de divers animaux», qui devrait correspondre aux Thermes des Sept Sages. Dans la «grande salle circulaire» (peut-être le *frigidarium*), fut retrouvée la figure d'un Achille nu avec l'inscription MARTI (*CIL* XIV 31), cédée ensuite à Pacetti (août 1801), revendue par celui-ci à Lord Bristol, illustrée par G. A. Guattani (1805) et finalement perdue. Du même endroit provient probablement aussi le «Ganymède, ou Narcisse, avec l'inscription FLIDGMOS» (MV, Galerie des Candélabres V.26, inv. 2759), du Ier siècle ap. J.-C[65]. Les dernières trouvailles (1800-1801) comprennent deux *fistulae* de plomb (n'appartenant pas à la même conduite), chacune portant une inscription (*CIL* XV 7749a et *CIL* XIV 2000), la première de l'époque de Commode et la seconde d'époque hadrienne (BAV, Musée profane, inv. 6708 et 6707), et deux statues, probablement d'impératrices divinisées, vendues au Musée par F. A. Franzoni, l'une restaurée comme Cérès (MV, Musée Chiaramonti XVI.6, inv. 1437), d'époque antonine, et une «Hygie avec tête non pertinente de Faustina Mineure» d'époque hadrienne ou antonine (MV, Musée Grégorien profane, inv. 9849)[66].

Les activités frénétiques et fructueuses de Fagan sur le territoire ostien prirent fin en décembre 1801 avec la nomination de Giuseppe Petrini au poste de «directeur des Carrières d'Ostie». Les principaux chantiers de la seconde moitié du XVIIIe siècle furent signalés sur les deux premières cartes archéologiques d'Ostie: la *Pianta topografica di tutti gli Edifici Ostiensi rinvenuti nelle Pontificie scavazioni di Antichità incominciate l'anno 1803 e proseguite nel corrente 1804 con indicazioni ancora di tutti gli altri siti adiacenti* (1804), dressée par Pietro Holl et dédiée à Pie VII, et la *Pianta topografica dell'antica, e moderna Ostia, colle adiacenze fatta per ordine della Santità di Nostro Signore Papa Pio VII felicemente regnante* (1804; **fig. 1**) sur un dessin de Giuseppe Verani, gravée par Vincenzo Feoli, à la demande du commissaire Carlo Fea[67]. Plus précis que le précédent, le plan de Verani est illustré de treize vignettes avec les vues des principaux édifices et ruines mises au jour à cette date.

trad. Laurent Chrzanovski

Notes

* Je tiens à remercier particulièrement Amanda Claridge, Giorgio Filippi, Anna Gallina Zevi, Paolo Liverani, Rita Turchetti et Fausto Zevi. Cette étude est le résultat de mes recherches sur les fouilles anglaises en Italie aux XVIIIe et XIXe siècles, menées entre 1996 et 1999 au *Department of the History of Art* de l'Université d'Oxford, grâce à une bourse de recherche du *Leverhulme Trust*.

1 L'édition consultée est R. Lanciani, *Storia degli scavi di Roma e Notizie intorno le Collezioni Romane di Antichità*, 7 vols 1989 *sq.* (abrégés: Lanciani I, II, III, etc.)

2 L. Paschetto, «Ostia colonia romana. Storia e documenti», *Dissertazioni della Pontificia Accademia Romana di Archeologia*, ser.II, X/2, 1912, (abrégé: Paschetto, *Ostia*); T. Ashby, «Recent Discoveries at Ostia», *JRS* 2, 1912, pp. 154-194 (abrégé: Ashby, *Ostia*).

3 C. Fea, *Relazione di un viaggio a Ostia e alla Villa di Plinio detta Laurentino*, 1802; A. Nibby, «Viaggio antiquario ad Ostia», *Atti dell'Accademia Romana d'Archeologia*, t. III, 1829, pp. 267-347.

4 En particulier, la publication depuis 1986 des archives photographiques de T. Ashby conservées à la British School de Rome (pour Ostia, Portus et Isola Sacra, cf. R. Turchetti dans: *Il Lazio di Thomas Ashby 1891-1930, British School at Rome Archive 4*, 1994, pp. 85-130; C. Pietrangeli, «La provenienza delle sculture dei Musei Vaticani I, II, III», *BollMonMusPont* 7, 1987, pp. 115-149; 8, 1988, pp. 139-210; 9/1, 1989, pp. 85-140, et «La raccolta epigrafica vaticana nel Settecento I, II», *BollMonMusPont* 12, 1992, pp. 21-31; 13, 1993, pp. 49-79; V. Mannucci, «Osservazioni sulla cartografia portuense», *BdA* 72, 1987, pp. 71-86, et *Atlante di Ostia Antica*, 1995; la réimpression en 1989 de la *Storia degli scavi* de Lanciani; I. Bignamini, «I marmi Fagan in Vaticano. La vendita del 1804 e altre acquisizioni», *BollMonMusPont* 16, 1996, pp. 331-394.

5 Le dôme de Pise (1063-1118), par exemple, contient des marbres de Rome et d'Ostie, et des inscriptions ostiennes comme *CIL* XIV 9 (Lanciani I, p. 27). D'Ostie également, on trouve un sarcophage au Camposanto de Pise provenant du dôme (*CIL* XIV 292), l'inscription *CIL* XIV 105 du baptistère florentin et l'inscription *CIL* XIV 430 à Amalfi (G. Calza, *SdO* I: *Topografia generale*, 1953, pp. 27-29).

6 Un chroniqueur, parvenu à Ostie en 1190 à la suite de Richard Cœur de Lion, décrivit d'imposantes ruines parmi lesquelles «une tour très belle mais abandonnée», Tor Boacciana, et une *via marmorea ad modum pavimenti jacta*, la dénommée Via Severiana (Lanciani I, p. 18; Paschetto, *Ostia* p. 102; Calza, *SdO* I, p. 29; Meiggs, *Ostia*, p. 102).

7 Dans la bulle de Célestin III du 30 mars 1190, il est fait mention d'une localité près d'Ostie *qui vocatur Calcaria* (Lanciani I, pp. 18 et 34; Paschetto, *Ostia*, pp. 102-103; Calza, *SdO* I, p. 29; Meiggs, *Ostia*, p. 102). L'un des édifices démolis par les chaufourniers est peut-être le grand temple dit de Vulcain (aire du Capitole), identifié avec l'«ancien temple» mentionné dans les Commentaires de Pie II (1458-1464): Paschetto, *Ostia*, pp. 104-6; Calza, *SdO* I, p. 29; Meiggs, *Ostia*, p. 103.

8 Des matériaux antiques furent utilisés pour la tour appelée Boacciana, reconstruite sur l'ordre de Martin V en 1420, ainsi que pour le château (Rocca di Ostia), commencé sous Sixte IV (1471-1484): voir Lanciani I, p. 99; Paschetto, *Ostia*, pp. 104 et 107-109; Calza, *SdO* I, p. 29.

9 En 1427 Poggio Bracciolini et Cosme de Médicis visitèrent Ostie et Portus, et dans une lettre au Florentin Niccolò Niccoli, se lamentèrent de l'absence de documents épigraphiques dans les trouvailles (Lanciani I, p. 55). Un Florentin qui visita Ostie en 1488 décrivit à Laurent de Médicis la multitude des statues, sarcophages et autres monuments qu'il y vit et lui envoya «trois beaux petits faunes sur une petite base de marbre, tous trois entourés par un grand serpent» (Lanciani I, p. 109; Paschetto, *Ostia*, pp. 107-108; Calza, *SdO* I, p. 29).

10 Lanciani I, p. 61.

11 Lanciani I, pp. 83-84; Paschetto, *Ostia*, pp. 105-106.

12 Paschetto, *Ostia*, p. 107.

13 En 1547 les architectes du Palais Farnèse firent provision de marbres colorés dans le port d'Ostie (Lanciani II, p. 127). Le 25 juin 1553, Jules III ordonna le paiement pour le transport de *una barca di mischi da porto a Ripa*, à utiliser pour la construction de la Villa Giulia (Lanciani II, p. 27).

14 Le livre écrit et illustré par le Florentin Battista di Pietro Zenobio de' Brunelleschi (commencé en 1509) comprenait des mémoires ostiennes, surtout des cippes et les inscriptions figurant sur les escaliers du Palazzo Vescovile (Lanciani II, p. 130, n. 1). Les mémoires du Véronais Fra' Giocondo (mort en 1515) rapportaient des informations sur des inscriptions, comme *CIL* XIV 99, 256, 401, 412 et 439 (Lanciani I, pp. 216-221). Durant le séjour romain de S. V. Pighius en 1548-1555 env., la base avec inscription *CIL* XIV 170 (Lanciani II, p. 27) fut trouvée à Portus et transférée dans les jardins Carpensi de Montecavallo.

15. Serlio inclut un dessin assez soigné du Port de Trajan dans *Il Terzo libro […] nel quale si figurano e descrivono le Antichità di Roma* (Venise, 1540); Palladio en exécuta un plan partiel (1546-1547 env.; RIBA, Londres); un architecte inconnu dessina, après les fouilles, le plan du théâtre d'Ostie «très ruiné» (Lanciani II, p. 130, n. 1), mais les monuments les plus étudiés furent le Temple de Portunus et les ports de Claude et de Trajan. Cf. O. Vasori, *I monumenti antichi in Italia nei disegni degli Uffizi (Xenia Quaderni I)*, 1981, n°⁰ˢ 36, 48, 57, 64 et 119-120; aussi Lugli et G. Filibeck, *Il porto di Roma imperiale e l'agro portuense*, 1935, pp. 44 et 48; Mannucci, «Osservazioni» (n. 4), pp. 74-75, fig. 9; p. 76, p. 78, fig. 14.

16. Le *Pianta del porto di Ostia* dessiné par di P. Ligorio, édité par M. Tramezino (1554); les ports de Claude et de Trajan dans la *Nova Regni Neapolitani Descriptio* de Ligorio, éditée par Tramezino (1557); la *Carta del territorio ostiense* de B. de' Rocchi (Offices, Arch. 4201); Vasori, *I monumenti*, pp. 186-188, n° 141 qui indique le site de *Hostia antica* et esquisse le plan d'un édifice; et trois cartes d'anonymes (*Il vero disegno del sito di Hostia e di Porto*, la *Mappa redatta sotto il pontificato di Paolo IV*, et il *Mezo di Mare Tireno*) où sont indiqués les restes antiques et le site de *ostia antica ruinata*. Cf. Mannucci «Osservazioni» et *Atlante* (n. 4).

17. Lanciani (II, p. 130, n. 1) se réfère à un architecte inconnu qui, suite à des fouilles, dessine le plan du théâtre.

18. Aujourd'hui aux Musées du Vatican, Galerie Lapidaire, inv. 6841. Voir Lanciani II, p.127; Paschetto, *Ostia*, p. 109. [Voir ci-dessous, p. 144 fig. 1, p. 151 n° 3, p. 152 n° 5, catalogue n° XII.2]

19. Le 31 mars 1562, par exemple, on paya Matteo da Como, tailleur de pierres, qui avait extrait du travertin pour la construction de la tour dite de Saint-Michel sur un dessin de Michel-Ange, complétée en 1569 (Lanciani II, p. 129; Paschetto, *Ostia*, p. 110; Calza, *SdO* I, p. 29); en 1571 on compléta la construction de la Casa del Sale en utilisant du matériel local (Paschetto, *Ostia*, p. 110; Calza, *SdO* I, p. 29); en 1579 Grégoire XIII fit construire une galerie sur l'Isola, qui lui put le nom de «Gregoriana», puis ce fut encore lui qui fit enlever les marbres de Portus, ou peut-être de Fiumicino, qui furent utilisées, selon Fea, pour les fontaines des places Colonna et Agonale (P. Testini, «La Basilica di S. Ippolito», dans: M. L. Veloccia Rinaldi – P. Testini, *Ricerche archeologiche nell'Isola Sacra. [Istituto Nazionale d'Archeologia e Storia dell'Arte. Monografie II*,1975], pp. 62-63). Par un bref daté du 23 juillet 1598, Clément VIII étendit l'autorisation de fouiller des marbres et détruire des monuments pour le compte de la Fabbrica de Saint-Pierre jusqu'à Portus et Ostie sans permis de la *Reverenda Camera* (Lanciani II, p. 266; Paschetto, *Ostia*, p. 112; Calza, *SdO* I, p. 29).

20. Le plan des ports de A. Labacco (*Libro … appartenente all'Architettura, nel quale si figurano alcune notabili Antiquità di Roma*, Roma, 1567, pl. 29) ne comprend que les édifices qu'il a pu observer parmi «tant de ruines». Citons aussi deux dessins contemporains des ports de S. Peruzzi (Offices, Arch. 639 et 641) avec mesures en cannes romaines. Cf. Lugli- Filibeck, *Il porto*, pp. 45-47 figs 27-29; Vasori, *I monumenti*, pp. 204-205, n°⁰ˢ 154-155; Mannucci «Osservazioni», pp. 76-79, fig. 16.

21. En 1579, par exemple, on trouva aux Botteghe Oscure, l'inscription *CIL* XIV 251 (Lanciani II, p. 129); en 1588, on transporta à Rome depuis Ostie, Portus ou l'Isola, le bloc de marbre africain qui forme le piédestal de la statue de Saint-Pierre sur la Colonne trajane, peut-être retrouvé dans les mêmes fouilles qui restituèrent la «statue en toge de Lucius Antonius Epitynchanus avec base» (*CIL* XIV 296) et le «sarcophage de L. Antonius Peculiaris» (*CIL* XIV 297) qui furent apportés dans l'atelier de G. B. della Porta (Lanciani II, p. 129).

22. Le plan de *La Tenuta di Porto del Capitolo di S. Pietro* de O. Torriani (1603) par exemple, ou le plan des *Strade fuori della Porta Portese* dû à un anonyme, peut-être pour le compte de la Presidenza delle Strade (1660)

23. Lanciani V, pp. 110 et 153.

24. Musées du Vatican, Salle des Muses 70, inv. 324: G. Spinola, *Il Museo Pio Clementino II*, 1999, pp. 238-240, n° 70, fig. 39, atteste que la base fut «retrouvée vers la moitié du XVII° siècle dans les ruines d'Ostie».

25. Uffizi, inv. 954: G. A. Mansuelli, *Galleria degli Uffizi. Le sculture* I, 1958, pp. 221-222, n° 235.

26. Lanciani VI, pp. 118 et 119, fig. 66.

27. Musées du Vatican, Vestibule Rond et Loggia du Belvédère 6, inv. 1137: G. Spinola, *Il Museo Pio Clementino 1*, 1996, p. 15, n° 6.

28. Musées Capitolins, Salon 34, inv. 652: R. Calza, *SdO* IX, *I ritratti*, II, 1978, pp. 18-19, n° 15, pl. X et XII.

29. Mannucci «Osservazioni» (n. 4), pp. 80 et 83, fig. 21, et *Atlante* (n. 4), p. 32, figs 25, 34 et 37.

30. Mannucci «Osservazioni», pp. 82-84, fig. 23, et *Atlante*, p. 32, figs 26, 27-28 et 33, p. 35, figs 31-32 et 37-39.

31. A. Michaelis – A. H. Smith, *A Catalogue of the Ancient Marbles at Lansdowne House Based upon the Work of Adolf Michaelis. With an Appendix Containing Original Documents Relating to the Collection Edited by A.H. Smith*, 1889; A. H. Smith, «Gavin Hamilton's Letters to Charles Townley», *JHS* 21, 1901, pp. 306-321.

32. Les données sont tirées de I. Bignamini, *Edited Correspondence of British Excavators and Art Dealers Active in Rome During the Eighteenth and Early Nineteenth Centuries. With Appendices of Excavation and Export Licences, and Sales* (projet de recherche encore inachevé). Abr.: ACS (Archives Campello, Spolète), ASMV (Archives historiques des Musées du Vatican), ASR (Archives d'État, Rome), BAV (Biblioteca Apostolica Vaticana), BM (British Museum), MV (Musées du Vatican).

33. Spinola, *Museo Pio Clementino II* (n. 24), pp. 258-59, n° 14, fig. 40.

34. ASMV, b. II, fasc. 13, 1781: «un petit autel avec inscription appartenant à l'ancienne ville d'Ostie», évalué à 8,20 écus.

35. H. Meyer, *Antinoos*, 1991, pp. 92-93, n° I.71, pl. 82, 2-4.

36. *LIMC* V, 1990, pp. 558-559, s.v. «Hygieia», n° 40 (Croissant)

37. Spinola, *Museo Pio Clementino I* (n. 27), pp. 169-170, n° 131; p. 136, n° 38; pp. 166-167, n° 125 et pp. 137-138, n° 42.

38. ACS, Ms 28, ff. 186r-v; aussi C. Pietrangeli, *Scavi e scoperte sotto il pontificato di Pio VI*, 1958, p. 114.

39. Spinola, *Museo Pio Clementino I*, pp. 63-64, n° PS23.

40. ACS, MS 30, f. 33v; aussi *Diario ordinario* (6 mars 1779) et Pietrangeli, *Scavi e scoperte*, p. 115.

41. Spinola, *Museo Pio Clementino II* (n. 24), pp. 184-186, n° 20, fig. 31c.

42. Voir aussi Lanciani VI, p. 236.

43. Fea, *Relazione* (n. 3), p. 43; Paschetto, *Ostia*, pp. 490-491.

44. ACS, MS 30, ff. 344r-v; aussi Pietrangeli, *Scavi e scoperte*, p. 115.

45. L. Borsari, «Notizie inedite intorno a scoperte di antichità in Roma e suo territorio», *BullCom* 26, 1898, pp. 35 et 36; aussi Paschetto, *Ostia*, pp. 488-489.

46. Spinola, Museo *Pio Clementino II*, p. 96, n° 53, fig. 16.

47. Fea, *Relazione*, pp. 42-43; Nibby, «Viaggio» (n. 3), p. 318; Paschetto, *Ostia*, pp. 488-489; aussi Turchetti, «Il cosidetto Magazzino dell'olio», dans *Lazio* (n. 4), pp. 119-120.

48. ASR, *Camerale II, Antichità e Belle Arti*, b. 26, fasc. 28 (*Lista spese e pagamenti fatti da G.P. Campana per proseguimento Cavo nella città di Ostia 1788-1789*); aussi U. Schadler, «Dallo Scavo al Museo. Scavi di Pio VI nella Villa dei Quintili», *BollMonMusPont* 16, 1996, pp. 292-293.

49. Pietrangeli, «La raccolta» II (n. 4), p. 73, n° 39.

50. Lanciani VI, 237; G. Sacco, *Iscrizioni greche d'Italia. Porto* (1984), p. 32, n° 14

51. Fea, *Relazione* (n. 3), pp. 35-36; G. B. Rasi, *Osservazioni sui due rami tiberini di Fiumicino e di Ostia e sui porti di Claudio e Trajano*, 1830, p. 59.

52. B. Andreae (dir.), *Museo Chiaramonti*, 1995, 22*, pl. 197; 7*, pl. 6-7 et 102*, pl. 1085.

53. Fea, *Relazione*, p. 39.

54. O. Testaguzza, *Portus*, 1970, *Planimetria generale delle rovine affioranti o rimesse in luce*, relevé par le même auteur en 1965, comme mise à jour du *Planimetria* de I. Gismondi (1933).

55. P. Moreno, *Lisippo. L'arte e la fortuna*, 1995, p. 240, n° 4.35.7.

56. Bignamini, «I marmi Fagan» (n. 4), p. 358, n° 10.

57. *Ibid.*, pp. 355-356, n° 7.1.

58. G.B. Waywell, *The Lever and Hope Sculptures. Ancient Sculptures, in the Lady Lever Art Gallery, Port Sunlight and A Catalogue of the Ancient Sculptures Formerly in the Hope Collection, London and Deepdene*, 1986, pp. 96-97, n°⁰ˢ 56 et 55, fig. 27, p. 63.2, 64-65 et 62.

59. Bignamini, «I marmi Fagan», p. 360, n° 15.

60. *Ibid.*, p. 381, n° 2; M. A. Ricciardi – V. Santa Maria Scrinari, *La civiltà dell'acqua in Ostia antica* (1996), vol. I, p. 16 et vol. II, pp. 240-241.

61. Waywell, *The Lever and Hope Sculptures*, pp. 66-68, n° 1, fig. 9, pl. 46, et pp. 68-69, n° 2, fig. 10.

62. Bignamini, «I marmi Fagan», p. 376, n° 52.9, et pp. 379-380, n°⁰ˢ 56.1-4.

63. *Ibid.*, pp. 352-353, n° 2, et p. 357 n° 9.

64. *Ibid.*, pp. 360-361, n° 16, p. 361-362, n° 17, et p. 362, n° 18.

65. *Ibid.*, pp. 339-340, n. 22, et p. 352, n° 1.

66. *Ibid.*, p. 381, n° 3, et pp. 382-383, n°⁰ˢ 5-6.

67. Calza, *SdO* I, pp. 55-58, fig. 9, et pp. 58-61, figs 10-11; Mannucci, *Atlante* (n. 4), p. 32, figs 26, 37, et p. 33 figs 27-28 et 37-3.

Les fouilles pontificales, du XIXe siècle jusqu'à Rodolfo Lanciani

Filippo Marini Recchia, Daniela Pacchiani et Francesca Panico

L'histoire des excavations archéologiques d'Ostie au XIXe siècle commence en automne 1801 avec la grande fouille de Pie VII[1]. Dirigée par Carlo Fea, commissaire aux Antiquités, et entièrement financée par le gouvernement pontifical rétabli, l'opération a été conçue comme œuvre d'utilité publique[2]. D'un point de vue idéologique, en effet, la fouille entreprise à Ostie s'insérait bien dans le climat de la réforme amorcée par Pie VII et par le cardinal Ercole Consalvi. Il y avait à l'origine la volonté de redorer l'image de la papauté à travers un acte politico-culturel correspondant à l'arrêt des autorisations de fouilles privées et la réglementation stricte des exportations d'antiquités en faveur de la défense du patrimoine artistique pontifical. Désormais, les fouilles publiques n'étaient plus une simple alternative aux fouilles effectuées par des particuliers, mais devenaient les seules légitimes. L'acquisition de collections privées d'antiquités et la promotion de grandes fouilles publiques représentaient la voie la plus rapide pour enrichir les Musées du Vatican, dramatiquement pillés par les réquisitions napoléoniennes.

Le peintre-archéologue anglais Robert Fagan fut parmi les premiers à subir les conséquences de ce nouveau *trend*. L'arrivée à Ostie, en novembre 1801, du nouveau directeur, Giuseppe Petrini, correspondit à l'abrogation de sa licence de fouilles et à la brusque interruption des recherches anglaises dans la ville. Fagan écarté, l'ambitieux projet papal prit vie. Il prévoyait non seulement le déblaiement systématique et intégral de la ville antique, mais aussi la récupération et la conservation des édifices remis au jour. Cette expérience, tout à fait originale dans l'Etat pontifical, prenait explicitement en exemple les fouilles bourboniennes d'Herculanum et de Pompéi. Ce qui avait motivé ce choix était la maturité scientifique de Fea. Le commissaire voyait en Ostie une nouvelle Pompéi, capable de susciter émerveillement et attrait pour les visiteurs étrangers et de représenter une source de nouveautés architecturales à la fois pédagogiques et archéologiques. Une approche novatrice qui inversait l'ordre des priorités habituel pour les fouilles archéologiques de l'époque : la récupération de statues et d'éléments architecturaux devenait finalement secondaire, ou plutôt complémentaire, à l'étude de l'architecture et de la topographie antique.

La fouille était financée avec les bénéfices du jeu du Loto et exécutée par une main-d'œuvre à bas prix : 200 détenus des prisons de Civitavecchia. Logés dans le château de Jules II et surveillés par une troupe de près de 500 soldats, les prisonniers recevaient une petite paie journalière (appelée *grosso)*, et bénéficiaient de primes en argent et de remises de peine pour qu'ils ne creusent pas « de force, mais avec amour ». Dans les mois les plus chauds, l'embouchure du Tibre devenait insalubre au point d'empêcher la poursuite des fouilles qui, interrompues à la mi-juin, reprenaient seulement à l'automne bien avancé.

La direction des travaux avait été confiée au jeune Petrini. Sous sa conduite, la fouille ne tint pas ses promesses innovatrices. L'idée de déblaiement intégral fut rapidement abandonnée en faveur de la méthode plus rapide et économique du *cavo* (fouilles), c'est-à-dire une recherche tournée principalement vers la découverte des œuvres antiques et terminant avec la remise en état des lieux tels qu'ils se présentaient avant l'intervention archéologique. Le dégagement des structures ne fut pratiqué que pour les édifices les plus importants. Toute l'attention pour l'architecture voulue par Fea ne se réalisa que dans la restauration sporadique de quelques colonnes et dans la rédaction d'une maigre documentation concernant la topographie. Voyant ses propres directives ignorées, le commissaire dénonça au pape les défaillances de Petrini. Cependant, celui-ci avait réussi à établir un rapport direct avec le pontife, le convainquant que sa fouille, si elle ne remettait pas au jour un nouveau Pompéi, assurait toutefois l'afflux de sculptures indispensables à la réalisation du nouveau Musée Chiaramonti.

En l'absence d'une documentation adéquate, il nous est difficile de connaître avec exactitude quels édifices furent dégagés et, surtout, quelles relations existaient entre les pièces et les structures mises au jour. Nous viennent en aide quelques

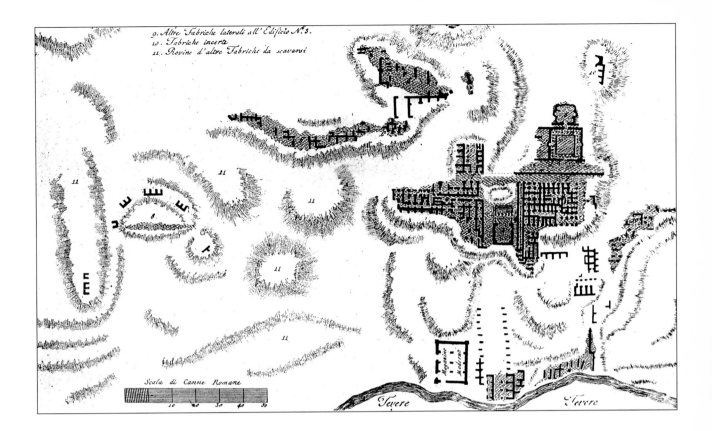

Scala di Canne Romane

9. Altre Fabriche laterali all' Edificio N.3.
10. Fabriche incerte.
11. Rovine d'altre Fabriche da scavarsi.

Magazine Moderno

Tevere   Tevere

publications de l'époque, comme le *Viaggio ad Ostia* du même Fea ou les *Monumenti Inediti* de G. A. Guattani. La succession des campagnes de fouilles est illustrée par les trois plans dessinés entre 1803 et 1805, respectivement par G. Verani, P. Holl et T. Zappati (**fig. 1**)[3].

La visite du pape sur le lieu des fouilles, le 4 octobre 1802 (**fig. 2**), marqua le véritable début des travaux. Entre l'automne 1802 et le printemps 1804, Petrini attaqua le cœur d'Ostie, fouillant d'abord le front fluvial du *cardo*, l'Insula de l'Envieux et les Thermes du Forum, puis passa à la vaste zone située autour de la masse imposante du Capitole. Le grand temple fut dégagé et on mit au jour la décoration en marbre qui était conservée encore en grande partie. Dans la chambre du temple fut retrouvé le pied colossal appartenant à un acrolithe féminin, vraisemblablement l'une des statues de culte[4]. De là, la fouille s'étendit aux édifices adjacents. A l'est furent libérés de la terre le portique oriental, l'Immeuble du Thermopolium, l'Aula du Bon Pasteur, l'édifice appelé Basilique et l'Immeuble du Pantomime Apolaustus. Sur l'autre côté du *decumanus* on effectuait des fouilles, mais seulement dans sa moitié septentrionale, l'Immeuble des Triclinia. Sur le versant occidental du Capitole, Petrini dégagea le portique soutenu par des colonnes en partie en granit et en partie en lumachelle gris[5], la Curie, la Maison Basilicale et l'Immeuble du Laraire[6]. Il libéra en outre tout le tronçon du *decu-*

1   Plan de P. Holl, 1804 (d'après Guattani, *Monumenti Inediti*, 1805).

2   Pie VII visite les fouilles d'Ostie le 4 octobre 1802, guidé par Carlo Fea.

manus en face des édifices précités et du côté opposé, une partie de la Basilique et le Temple Rond avec son péristyle[7]. Appelé *lavacro* (bain) ostien par les antiquaires de l'époque[8], le Temple Rond conservait encore, à cette époque, son sol de marbre blanc et son revêtement intérieur d'albâtre oriental, les huit grands piédestaux symétriquement disposés entre une niche et l'autre et encore les 36 colonnes, en partie de lumachelle gris et en partie de granit égyptien, qui en formaient le péristyle. Dans ces mêmes années furent explorées d'autres zones plus décentrées. Dans le plan, on reconnaît en effet les Entrepôts d'Hadrien, quelques tavernes de l'Immeuble d'Hercule et les Thermes du Forum avec les structures des pièces chauffées.

La dernière période de fouille, qui dura de l'automne 1804 à l'été 1805, représente pour nous un vrai mystère. L'absence totale de notes a conduit à la conviction, erronée mais très répandue, que les fouilles ostiennes du pape Pie VII prirent fin en 1804. Une lettre d'un caporal des *Aquilani* certifie pourtant que le directeur Petrini reçu l'ordre de suspendre les travaux le 14 novembre 1805[9].

Avant que la fouille ne touche à sa fin, Petrini fit rédiger un manuscrit où étaient décrits et évalués les objets retrouvés pendant la fouille. Après une publication partielle par L. Paschetto, ce document resta longtemps inaccessible[10]. C'est seulement depuis peu que sa redécouverte a permis de restituer à quelques sculptures «anonymes» des Musées du Vatican leur provenance. Destinés aux collections pontificales, les objets ostiens, une fois déterrés, étaient transportés en ville et emmagasinées près de l'église Santa-Francesca-Romana[11]. De là, les meilleures pièces passèrent d'abord dans la résidence papale du Quirinal, puis dans le nouveau musée construit entre 1804 et 1806 par Pie VII qui prit le nom de Chiaramonti[12]. Pourtant, cela ne semble pas avoir été la destination initialement choisie. En parfait accord avec la volonté politique de favoriser l'enrichissement des vieilles collections publiques ou la création de nouveaux espaces de musée, d'autre part en évidente harmonie avec l'exemple bourbonien, la volonté papale était d'adapter en musée local ostien l'Entrepôt du Sel. Un dessin au sépia ayant appartenu à R. Lanciani, nous restitue l'aspect de cette pinacothèque ostienne, conçue selon les spécialistes, «dans le style dorique-napoléonien qui prévaut dans les œuvres de Valadier ou du Camporese. Sur l'épistyle du portique d'entrée, on lit PIUS VII PONT MAX ANNO V FECIT»[13]. Le projet ne fut pas réalisé, vraisemblablement par manque de fonds, et par conséquent, les objets de fouilles furent placés dans les Musées du Vatican.

Après l'échec du grand projet de déblaiement rêvé par Fea, il faut attendre près de vingt ans pour que reprennent les investigations dans la ville. En automne 1824, en effet, on recommença à creuser à Ostie, de nouveau sur l'initiative de privés. Grâce à l'appui du nouvel évêque ostien Giulio Della Somaglia, les frères Pietro et Felice Cartoni, en partenariat avec Pietro Tonelli, obtinrent le droit de fouiller dans la cité antique, où ils semblent avoir effectué leurs recherches jusqu'au printemps 1829[14]. Par rapport à la fouille précédente, aucun critère cohérent d'in-

vestigation ne fut suivi, sinon celui d'explorer les zones qui garantissaient d'importantes découvertes. L'intérêt des archéologues, en somme, se limitait aux trouvailles, puisque de celles-ci dépendait leur gain.

D'après les spécialistes et les antiquaires de l'époque, comme A. Nibby et G. Melchiorri, nous savons que ces fouilles se déroulèrent surtout à l'ouest de l'Ostie moderne, à l'extérieur de la cité antique, où les recherches visèrent plus particulièrement les nombreux tombeaux[15]. Témoin de l'absence d'une planification organisée des travaux est le fait que, au cours de la première année, on fouilla aussi la zone du Forum en face du Capitole, où fut retrouvée la grande base de marbre qui à l'origine soutenait la statue équestre du chevalier Fabius Ermogenes[16]. Pour les années suivantes, les notes à disposition se font plus floues. Nous savons pourtant qu'en 1827-1828 furent déterrés à l'ouest du théâtre «quelques restes des bains qui furent découverts et détruits». Sur le plan d'Ostie, établi par l'architecte L. Canina en 1829, ce point correspond à la zone non fouillée au nord de la Maison d'Apulée, où la présence d'une structure thermale n'a pas encore été confirmée jusqu'à ce jour[17].

Les vagues indications de Canina et une brève notice de E. Gerhard en décembre 1829 sont les uniques indices qui peuvent faire penser à un prolongement de l'activité de fouille au moins jusqu'en 1828[18]. Des documents des Archives d'Etat de Rome montrent au contraire que, dès l'été 1827 déjà, les démarches d'acquisition des pièces archéologiques ostiennes de la part des Musées du Vatican étaient désormais terminées. Il est évident que les fouilles des Cartoni constituèrent un pas en arrière par rapport aux fouilles publiques de Petrini. Les fouilleurs privés agirent pour leur propre compte, une fois leur licence de fouille obtenue.

Dans ses négociations, le Vatican se limitait à exercer un droit de propriété sur une partie des pièces ou bien la primeur sur leur acquisition[19]. Au fur et à mesure que les fouilles avançaient, les membres de la Commission générale consultative des Beaux-Arts, dirigée par Filippo Aurelio Visconti, choisissaient et estimaient les pièces pour le compte des musées, jusqu'à réaliser, en mai 1827, l'acquisition de 199 inscriptions, de deux cippes, de quelques urnes cinéraires et du sarcophage de Iunius Euodus et Metilia Acte, aujourd'hui au Musée Chiaramonti[20]. En revanche, on laissa aux frères Cartoni le droit de négocier avec l'étranger toutes les sculptures qui ne présentaient pas, au sein des collections pontificales, de nouveauté typologique. On concéda, par exemple, le permis d'exportation pour l'une des pièces les plus considérables de la première année de fouille, le prestigieux sarcophage de Claudia Arria, avec le portrait de la défunte et la représentation du mythe de Sélène et Endymion. Rendu public par Cardinali peu après sa découverte, le sarcophage émigra d'abord en Angleterre, puis fut acheté par le Metropolitan Museum de New York en 1947[21].

En 1831 s'amorce une nouvelle campagne archéologique selon le désir du cardinal Bartolomeo Pacca, grand passionné d'antiquités. La direction de la fouille fut confiée à Pietro Campana.

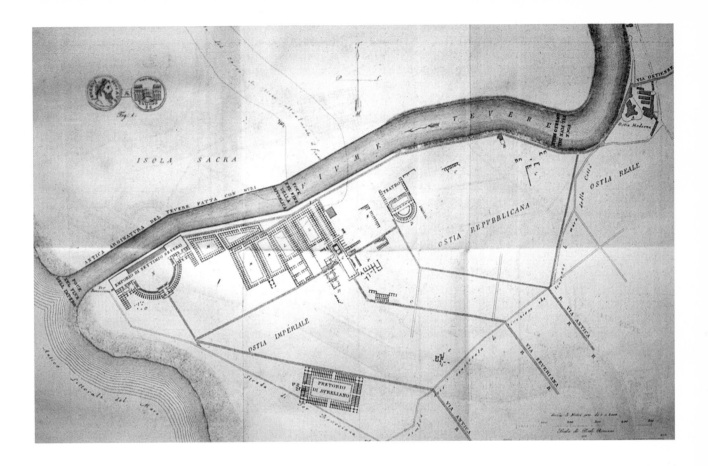

3   Plan des fouilles d'Ostie dessiné par L. Canina (1837).

Dans une lettre à Gerhard du 1er juin 1834[22], Pietro Campana fit savoir qu'il avait commencé ses premières recherches «dans les alentours de la ville antique où il supposait la présence de tombes», et trouvé «de nombreux vestiges dans les voies publiques extérieures»[23]. Puis il précisa avoir exploré «la vaste ligne des tombeaux ostiens» qui entoure «la ville des côtés opposés au rivage marin et au cours du Tibre».[24] Il dit enfin avoir donné des indications précises à l'architecte Canina pour qu'il rédige «un nouveau plan raisonné de la cité antique ostienne et de ses alentours»[25]. En effet, en 1837, Canina publiait deux nouveaux plans d'Ostie et de son territoire qui montraient «les voies publiques extérieures» mises au jour par Campana (fig. 3)[26]. Les recherches, pourtant, ne se limitèrent pas aux seuls faubourgs; durant une certaine période en effet, les archéologues se déplacèrent dans le centre de la ville, où le Capitole et les portiques avoisinants furent libérés de la terre qui s'y était accumulée après les grandes fouilles de Pie VII[27].

Mais que sont devenues les nombreuses inscriptions et sculptures récupérées durant les fouilles ? Celui qui veut répondre à cette question se trouve confronté à un paradoxe. L'homme qui a donné son nom à l'Edit de Pacca en 1820, édit qui présente une étape législative fondamentale de la tutelle des Beaux-Arts,

est le même qui avait encouragé les fouilles ostiennes et avait participé à la dispersion des objets qui y furent mis au jour. La même passion qui entraîna le cardinal à imprimer son propre sceau sur l'édit de 1820, le poussa à acquérir lui-même un noyau important de pièces ostiennes. De ce choix initial dépendra l'inévitable destin de la collection Pacca, dont la dispersion successive s'accorde mal avec les principes qui avaient inspiré les édits du cardinal.

Alors que quelques deux cent inscriptions ont été placées pour décorer l'escalier d'accès de la résidence épiscopale d'Ostie, certaines sculptures sont entrées dans le Musée Campana à Rome pour ensuite partir pour l'étranger suite aux dettes du marquis[28]. Toutefois, la plus grande partie du matériel, c'est-à-dire 250 inscriptions et de nombreuses sculptures, étaient destinées à la décoration de la villa que le cardinal possédait sur la Via Aurelia. Dans la même optique, alors qu'il était propriétaire de Sainte-Marie-du-Repos, le Cardinal Pacca créa un petit musée privé où il aimait séjourner durant les mois chauds, en accueillant régulièrement le pape Grégoire XVI[29].

A sa mort, dans le courant du mois d'avril 1844, la villa et la collection passèrent dans les mains d'un neveu homonyme, qui la conserva soigneusement en mémoire de son oncle.

Ce n'est qu'après sa mort en 1885 que la collection fut dispersée par ses héritiers. Une partie des sculptures fut acquise par des antiquaires romains qui les placèrent ultérieurement sur le marché étranger. Parmi celles-ci, certaines trouvèrent acquéreur, grâce à l'intermédiaire de W. Helbig, auprès de la Ny Carlsberg Glyptotek de Copenhague, où elles se trouvent actuellement. Une partie plus importante passa dans la collection de la famille Trau, qui était à l'époque la plus grande collection d'antiquités privée en Autriche[30]. En 1893, le Kunsthistorisches Museum de Vienne organisait une exposition temporaire en recourant aux prêts des principaux collectionneurs autrichiens. Le catalogue publié à cette occasion,[31] présente (toutefois sans les illustrer) dix sculptures ostiennes qui avaient fait partie de la collection Pacca et que P. Campana, C. L. Visconti, F. Matz et F. Duhn avaient décrites[32]. La collection Trau ne survécut pas longtemps à celui qui l'avait constituée[33] et, le 25 octobre 1954, la galerie Fischer en inaugurait à Lucerne la vente aux enchères. Dans le catalogue de vente, 112 inscriptions sont répertoriées, parmi lesquelles 31 ont été achetées par le Musée de Vienne et sont actuellement conservées dans le lapidarium[34]. Par ailleurs, on y retrouve neuf sarcophages, un autel et trois colonnes inscrites dont on ignore le sort[35]. En revanche, parmi les sculptures en marbre, un portrait de femme de la famille Ulpia acquis par le Musée de Genève est identifiable à la Plotine trouvée par Campana dans les Thermes de la Marciana [voir ci-dessous, pp. 303-306 et catalogue, n° XII.13].

En décembre 1855, les fouilles reprirent avec le soutien de Pie IX. Les travaux, qui se prolongèrent jusqu'à fin 1870, furent réalisés par des prisonniers selon la pratique déjà en vigueur sous Pie VII[36]. La direction des fouilles fut confiée à P. E. Visconti, commissaire aux Antiquités à partir de 1836, ou, à sa place, à son neveu C. Lodovico.

Les comptes rendus hebdomadaires, rédigés sous forme de lettres, et les listes de matériaux envoyés à Rome pour le Musée du Latran, constituent notre source principale de documentation. Ces lettres, conservées aujourd'hui auprès des Archives d'Etat de Rome, plus nombreuses pour la période 1860-1870 que pour le quinquennat précédent, étaient adressées au Ministère du Commerce et des Travaux Publics, duquel dépendait le Commissariat aux Antiquités[37]. Seulement certaines missives, environ un cinquième du total, ont réellement un caractère archéologique ; les autres sont plus concernées par des questions d'organisation, de finances ou d'ordre bureaucratique. De par leur imprécision, ces documents nous sont peu utiles pour l'indication des lieux dans lesquels les recherches ont été menées, mais ils ne manquent pas d'intérêt pour ce qui concerne le cadre des découvertes.

Les travaux conduits à Ostie par Visconti entre 1855 et 1870, ont permis de mettre au jour un grand nombre d'objets, et grâce à la liste des pièces envoyés à Rome pour les musées pontificaux, on peut recomposer la liste des œuvres retrouvées. La plupart des pièces décrites ont été identifiées dans l'Antiquarium Ostiense des Musées du Vatican où elles furent transférées en 1963 quand on décida le déménagement du Musée du Latran. Un nombre moins important de pièces se trouve dans d'autres secteurs des mêmes musées (Chiaramonti, Braccio Nuovo, Galleria Lapidaria, etc.). D'autres objets, ont été retrouvés à Ostie et d'autres encore sont conservés au Musée National Romain. Toutefois il n'a pas été possible d'identifier toutes les pièces indiquées par Visconti.

Au XIXe siècle, Ostie apparaît dans le Grand Tour, grâce à sa situation géographique, à quelques lieues et heures de voyage de Rome. Si le bourg moderne se révèle être un misérable village menacé par la malaria, n'offrant rien d'intéressant aux visiteurs, une grande attention est en revanche apportée au site antique. Visconti note dans ses lettres le flux journalier de Romains et d'étrangers attirés par les nouvelles découvertes, régulièrement mentionnées et médiatisées par la presse.

Les excavations de Visconti concluent l'époque des fouilles pontificales. Avec la prise de Rome en 1870 et la confiscation consécutive des propriétés territoriales du pape en faveur du Royaume d'Italie, l'Etat pontifical a perdu le droit d'effectuer des fouilles dans le territoire de Rome et de la province, Ostie comprise[38]. Les fouilles sont placées sous la direction du nouveau gouvernement et l'office de *Commissario alle Antichità* qu'avait occupé Visconti se voit remplacé par celui du *Sopraintendente per gli Scavi e la Conservazione dei Monumenti della Provincia di Roma*, qui dépend du Ministère de l'instruction publique et qui a son siège au Palatin[39]. Le nouveau directeur est Pietro Rosa, élève de Canina, déjà directeur des fouilles françaises au Palatin[40].

A Rome, devenue capitale du Royaume d'Italie, une intense activité de construction se déploie pour effectuer le transfert des ministères et pour adapter la vieille cité au rôle de capitale européenne. Les travaux effectués pour la création d'importantes artères et pour la construction de nouveaux quartiers, ne modifient pas seulement en profondeur l'aspect de la ville, mais donnent le coup d'envoi à un ambitieux programme qui vise à la mise en évidence et à la conservation du patrimoine archéologique. Parallèlement, le manque de moyens pour la sauvegarde des antiquités unit savants et politiciens dans la tentative de créer une législation comparable à celle des autres pays européens[41]. Malgré les opinions divergentes, qui sont longtemps un obstacle à l'approbation d'un projet législatif cohérent, l'effort commun reflète le désir de l'Italie de montrer à l'Europe à quel point la conservation du patrimoine historique et artistique, et avec elle la création d'un musée comparable aux Musées du Vatican et au Musée Capitolin, est une des préoccupations majeures du nouveau gouvernement.

A cette période appartient la réouverture des fouilles d'Ostie en 1871, dictée non seulement par la volonté de montrer que le changement politique n'était absolument pas un frein à la recherche archéologique, mais aussi par la nécessité de donner du travail aux nombreux chômeurs[42]. Depuis cette époque en effet, les forçats n'étaient plus sollicités pour les travaux de fouilles ; on employait des équipes d'ouvriers salariés, soumis aux ordres d'un chef, auquel était confiée la direction des travaux, sous le contrôle du Surintendant Rosa.

Rosa n'a publié les résultats que des deux premières années de travail effectué à Rome et en province dans un bref rapport complété par quelques images, mais sans l'apport d'un plan[43]. Pour la région d'Ostie, ce que nous savons des recherches des années successives, nous vient des *Relazioni Settimanali* et du *Giornale di Scavo*, rédigés par ses assistants et conservés aujourd'hui auprès des Archives centrales de l'Etat[44].

Un an donc après l'unification de l'Italie, les recherches à Ostie avaient repris, mais malgré de bonnes résolutions, la fouille manquait d'un programme cohérent. On commença avec le nettoyage et la restauration des aires découvertes par Visconti, mais en ne déblayant les sites que partiellement. Le dégagement partiel du périmètre septentrional du Palais Impérial apporta un premier résultat significatif : la découverte d'une route dallée, parallèle au fleuve, bordées par des magasins à arcades. Elle débute près des Navalia[45] et continue en direction de l'Entrepôt du Sel (l'actuel Musée d'Ostie), rencontrant dans son parcours des aménagements destinés aux opérations de chargement et de déchargement des denrées. Au cours des années suivantes, le déblaiement se concentra dans la zone située le long du littoral du Tibre[46], à l'ouest du *cardo* Maximus, dans une zone caractérisée par un type d'édifice utilitaire consacré principalement a des fonctions commerciales : le quartier des Peseurs de blé, le quartier aux Balcons à Consoles et le Petit Marché.

Toutefois, les interventions de Rosa, qui se sont prolongées jusqu'en 1874, n'ont pas réussi à compléter la fouille entreprise. Les lacunes dans les informations qui nous sont parvenues sont dues en partie à une méthode de recherche qui se concentrait trop sur le déblaiement plutôt que sur l'analyse scientifique des données archéologiques, en partie aussi à la mauvaise qualité de la documentation souvent incomplète et imprécise. Les comptes rendus, hormis quelques rares exceptions, ne fournissent pas de descriptions des découvertes et ce n'est que grâce à une recherche attentive dans les archives que l'on a pu en retrouver des traces.

L'étude des matériaux ostiens provenant des fouilles de Rosa est actuellement en cours. Les objets se trouvent aujourd'hui au Musée National Romain, mais dans la plupart des fiches d'inventaire, l'indication de l'origine est vague ou erronée ; il manque aussi souvent l'année de l'arrivée de l'objet.

Après une brève interruption, les recherches reprirent en 1877 et se poursuivirent jusqu'à la fin de 1879, sous la direction de R. Lanciani. Malgré la réorganisation du personnel attaché aux Antiquités, le vaste territoire de la province de Rome ne put être exploré de manière appropriée. L'ouverture des fouilles de la Villa Adriana, par exemple, explique le ralentissement des recherches sur le site d'Ostie[47]. Par ailleurs, entre les années 1881 et 1885, les fonds destinés à ces fouilles ont été utilisés pour l'acquisition des terrains d'Ostie, jusqu'alors dans les mains de privés, ce qui engendra un nouveau ralentissement des travaux.

Même si la documentation de Lanciani manque de la précision nécessaire à l'étude approfondie des résultats obtenus de la fouille, l'intérêt de l'archéologue pour l'élaboration de schémas et de planimétries des monuments recensés nous aide d'une certaine manière à définir les objectifs de son travail. Lanciani a su organiser un chantier de façon efficace ; il pouvait compter sur un nombre important d'ouvriers et sur le secours de charrettes et de chars pour le transport de la terre qui recouvrait les sites, utilisée par la suite pour construire un barrage prévenant les inondations du Tibre, devenues plus fréquentes après les déblaiements opérés par Rosa le long du fleuve[48]. La stratégie d'investigation choisie par Lanciani était de se consacrer principalement à la recherche de quartiers entiers, dans le but de réunir en une unique zone les aires fouillées par Visconti et par Rosa[49]. Négligeant les aires périphériques, entre 1877 et 1879, Lanciani concentra ses efforts dans le quartier situé au sud du musée : suivant le trajet des artères, il fouilla la partie septentrionale de la Via dei Balconi.

Durant l'automne 1880, on décida de s'occuper du secteur du Théâtre, dont le plan était connu aux voyageurs et visiteurs depuis plusieurs siècles, sans que personne n'en ait réellement encore effectué une fouille systématique. Outre le Théâtre, on déblaya également la Place des Corporations. Dans le Théâtre, des éléments architecturaux et des pièces de marbre furent mis au jour, ainsi que des statues, des piédestaux et des objets d'usage commun. Quant au fameux autel avec la représentation des origines de Rome, retrouvé sur la Place des Corporations, il est devenu aujourd'hui la fierté du Musée National de Rome au Palais Massimo[50]. La fouille du Théâtre et de la Place des Corporations a très largement contribué à fournir des données utiles à l'étude des deux monuments ; les travaux n'ont pourtant pas été terminés, à cause de la difficulté à enlever les débris. En effet, on a préféré déplacer l'opération de déblaiement dans le secteur accolé à la partie occidentale de l'édifice scénique, qui comprend la Maison d'Apulée et le Mithreum des Sept Sphères.

En 1888, débutait la recherche des Thermes de Neptune. C'est du *frigidarium* des Thermes que proviennent les beaux portraits de personnages impériaux aujourd'hui exposés au Musée National de Rome au Palais Massimo[51]. Dans la Caserne une quantité d'épigraphes commémoratives, impériales et militaires fut découverte. Avec la fouille de la partie occidentale de la Caserne des Vigiles, se terminent les recherches de Lanciani à Ostie. Son œuvre a réussi à attirer une fois pour toute l'attention du monde scientifique international sur la ville, suscitant comme l'avait désiré l'abbé Fea, la comparaison avec Pompéi. A Ostie s'ouvrait un nouveau panorama de recherches, dirigées vers l'étude des structures de production et du commerce, ainsi qu'à celles de la construction d'habitations privées, dont s'occupera par la suite Dante Vaglieri.

trad. A. P. Irene et Lola Sasson

Notes

1 Nous exprimons notre gratitude à Fausto Zevi, promoteur et coordinateur de l'étude présentée ici. Nos remerciements s'adressent aussi à la directrice de la Soprintendenza Archeologica di Ostia, Madame Anna Gallina Zevi, pour nous avoir généreusement donné libre accès au site aussi bien qu'aux archives et à la bibliothèque d'Ostia Antica.
Pour une discussion plus détaillée des fouilles de Pie VII, nous renvoyons à l'article de F. Marini Recchia dans la *Rivista dell'Istituto Nazionale d'Archeologia e Storia dell'Arte* 21, 1998, pp. 61-110.

2 C. Fea, *Progetto per il ristabilimento delle città di Ostia coll'intero suo Tevere* (1831).

3 C. Fea, *Relazione di un viaggio antiquario a Ostia e alla villa di Plinio detta Laurentino* (1802); G. A. Guattani, *Monumenti inediti, ovvero Notizie sulle Antichità e Belle Arti di Roma per l'anno MDCCCV* (1805). Pour les plans, voir L. Paschetto, *Ostia colonia romana. Storia e monumenti. DissPontAcc X/2* (1912), p. 228; G. Calza, *SdO* I. *Topografia generale* (1953), pp. 55-62.

4 Guattani, *op. cit.* p. CVII; G. Petrini, *Sculture disotterrate in Ostia*, (Biblioteca Angelica, ms. 2195, ff. 1-217) n° 47; G. Kaschnitz von Weinberg, *Sculture del Magazzino del Museo Vaticano* (1937), p. 162 n° 48, pl. LXVII.

5 *Lumachella* en italien; un calcaire coquillier provenant de Mégara, selon Pausanias I 44: 6 [n.d.réd.].

6 C'est d'ici que provient la margelle de puits en marbre avec la dédicace à Cérès et aux nymphes, *CIL* XIV, 2. Voir aussi M. A. Ricciardi, *La civiltà dell'acqua in Ostia Antica*, I (1996), p. 33 n° 18.

7 A. Nibby, *Viaggio antiquario ad Ostia, DissPontAcc* III (1829), p. 73.

8 Guattani, *op. cit.* (n. 3), p.L *sq.*, pl. X; Paschetto, *op. cit.* (n. 3), 300 *sq.*

9 Archives de l'Etat, Rome (dorénavant abrégé AER), Impresa Generale dei Lotti, b.613, f.10.

10 Paschetto, *op. cit.* (n. 3), pp. 509-524; R. Calza, *SdO* V. *Ritratti I. Ritratti greci e romani fino al 160 d.C. circa* (1964), p. 5. Une copie du manuscrit de Petrini est conservé à la Biblioteca Angelica (cf. n. 4).

11 A cette fin, on loua deux pièces au prix de 45 écus par an: voir AER, Impresa Generale dei Lotti, n.783 *Libro degli Utili 1804-1809*.

12 C. Pietrangeli, *I Musei Vaticani* (1986), pp. 115 *sq.*; P. Liverani, «Dal Quirinale al Vaticano», *BdA* 83, 1994, p. 11 n. 13 et p. 24; id., «Dal Pio-Clementino al Braccio Nuovo», dans: *Pio VI e Pio VII Chiaramonti. Due Pontefici cesenati nel bicentenario della Campagna d'Italia. Atti del Convegno Internazionale, Maggio 1997* (sous presse).

13 Biblioteca dell'Istituto d'Archeologia e Storia dell'Arte, ms. Lanciani n°128,1 f.15 (1800-1805).

14 L. Cardinali, *Memorie romane di antichità e di belle arti*, I (1824) sez. II *arti escavazioni*, p. 97; cf. E. Gerhard, dans: *Kunstblatt* 1826, p. 233. Pour une bibliographie sur les fouilles de Cartoni, cf. H. Dessau, *CIL* XIV, p. 2. Pour les zones fouillées, cf. Paschetto, *op. cit.* (n. 3), p. 528 *sq.*; L. Wickert, *CIL* XIV Suppl. 2, pp. 836 *sq.*; Calza, *op. cit.* (n. 3), p. 31. En dernier lieu, M. Heinzelmann, «Beobachtungen zur suburbanen Topographie Ostias», *RM* 105, 1998, pp. 176 *sq.*; F. Marini Recchia – D. Pacchiani – F. Panico, «Scavi ad Ostia nell'800: dalle escavazioni pontificie alle indagini di Rodolfo Lanciani. Ostia e Portus sotto il dominio di Roma: i rapporti fra il centro ed il porto», dans: *Acta Istituti Romani Finlandiae* (sous presse).

15 Nibby, *op. cit.* (n. 7), p. 343 n. 1; G. Melchiorri, «Lettera di un socio ordinario dell'Accademia Archeologica di Roma ad un altro socio della medesima in Firenze», dans: *Antologia Florentina* 18, Lettera III fasc. 53, pp. 114-122.

16 *CIL* XIV, 353. Elle fut détachée et se trouve actuellement au *Lapidario Profano*.

17 L. Canina, «Sulla stazione delle Navi di Ostia», *AttiPontAcc*. 8,1838, pp. 258-310, en part. p. 270 et pl. II E; toutefois, dans la légende de la pl. II Canina donne une information différente et date à 1830 la fouille de ces structures thermales.

18 E. Gerhard, *BdI* 1829, p. 216.

19 En réalité, le droit de préemption sur les trouvailles revenait à l'évêque d'Ostie qui, pour des raisons financières, le cédait aux Musées du Vatican: voir la lettre du cardinal Della Somaglia du 12 mars 1826, dans: AER, *Camerlengato II, Tit.IV*, b.156 fasc.220.

20 Gerhard, *art. cit.* (n. 14), p. 233; id., *Hyperboreisch-römische Studien*, I (1833), p. 155; Henzen, *BdI* 1849, p. 101.

21 C. Cardinali, «Un sarcofago ostiense sculto a bassorilievo», *AttiPontAcc* 8, 1838, pp. 120-145; D. H. Sichtermann, *Die antiken Sarcophagreliefs. Die mythologischen Sarcophage*, II (1992), p. 134 n° 80, pl. 68: 1,2.

22 Publiée dans le *BdI* de cette même année.

23 G. P. Campana, «Scavi di Ostia», *BdI* 1834, pp. 129-132, surtout p. 130.

24 En face du littoral et plus particulièrement en proximité du siège épiscopal, «à gauche de la route qui de Rome conduit à Ostie» (loc. cit.) dit avoir mis au jour, en mars 1834, le monument funéraire des affranchis de la famille des Naevii, la *gens* Naevia (*CIL* XIV, 1387). Outre les blocs de travertin dont le monument était construit le fouilleur mentionne une «grande inscription de marbre» et, dans les environs, une «petite herme représentant Bacchus barbu, dans un style ancien», ainsi qu'un «important bas-relief en marbre sur lequel était représentée la personnification d'Afrique accompagnée d'une figure masculine». Pour le relief, cf. celui de la Villa Belletti: M. Jatta, *Le rappresentanze figurate delle province romane* (1908), p. 31 fig. 8; J. M. C. Toynbee, *The Hadrianic School* (1934) p. 36, pl. .XXIII 1.

25 Campana, *loc. cit.*, p. 134.

26 Canina, *art. cit.* (n. 17), pp. 278 et 305 pl. I. Après s'appesantir sur les ruines des Thermes du Forum (F), du Capitole (G), des Portiques dits de Pie IX et du Temple Rond, il remarque que les grandes campagnes de fouilles des années 1832 et 1833 ont mis au jour d'importants bâtiments et des sépultures le long de rues parallèles menant vers l'est. Ces monuments, ainsi que les rues le long desquelles ils se trouvent, sont indiqués avec la lettre R sur le plan 2. La légende, où Canina a inverti, par erreur, les lettres R et Q, mentionne des «restes de diverses sépultures antiques découvertes dans les années 1833 et 1834». Au plan de Canina correspond celui de Heinzelmann, *art. cit.* (n. 14) Beilage 1, dont l'utilité réside, entre autre, dans l'indication des toponymes en rapport avec les fouilles de Campana («Escavazioni di Ostia», *AdI* 29,1857, 286 n. 1), tels que *la Torretta*, derrière le palais épiscopal, *Abbondi*, non loin du pont en bois de Castel Fusano et *Casalini* près de la tour Bovacciana.

27 G. P. Campana, *Antiche opere in plastica* (1842) p. 107 n. 2 et pl. XXVII.

28 M. H. D'Escamps, *Galerie des Marbres du Musée Campana a Rome* (1868) pp. 14, 29, 44, 76, 95. G.Kieseritzky, *Kaiserliche Ermitage. Museum antiker Skulptur* (1901) p. 79 n° 147 (Omphale), p. 179 n° 314 (Esculape); K. De Kersauson, *Catalogue des portraits romains, I. Musée du Louvre. Département des Antiquités grecques, étrusques et romaines* (1996), p. 546 n° 260 (Vitellius); Calza, *op. cit.* (n. 10), p. 12 n° 3 pl. II (Faustine Mineure); R. et E. Boehringer, *Homer. Bildnisse und Nachweise* (1939) pp. 55 *sq.*, n° G, pl. 20b (Homère).

29 *Dizionario di erudizione storico-ecclesiastica* (1840-1869),vol. 49, p. 87 s.v. Pacca Bartolomeo (Moroni).

30 La collection fut initiée par Carl Trau (1811-1887), qui fit fortune comme commerçant de thé et qui commença à acquérir divers objets d'art tels que des porcelaines, des ameublements d'église, etc. La collection s'enrichit grâce à son fils Franz (1842-1905), qui s'intéressait à l'art classique et surtout à la numismatique. Franz Trau jr. (1881-1931) finalement, qui partageait la passion de son grand-père et de son père, agrandit la collection par l'acquisition de terres cuites et de céramique attique et italiote (voir R. Sunkowsky, *Antikensammlung Nachlass Franz Trau* [1954], p. 7).

31 *K. K Österreiches Museum für Kunst und Industrie, Katalog der Archaeologischen Ausstellung* (1893) en part. pp. 131 *sq.*, n°s 1562-1570.

32 C. L. Visconti, *Dichiarazione di un sarcofago di Ostia donato al Cristiano Museo Lateranense, DissPontAccArcheologia* XV, (1864), pp. 161 *sqq.*; F. Matz – F. von Duhn, *Antike Bildwerke in Rom* (1881) n°s 903, 2231, 2287, 2362, 2404, 2450, 2515, 2574, 2744, 2750, 2941, 2964, 2968, 2991, 2994, 3010, 3267, 3317, 3353, 3914, 3958, 3959, 3969, 3974, 3991, 3993, 3994.

33 W. Kubitschek, «Weihung an Liber» *ÖJh* 17, 1914, p. 200; id., «Aus der Sammlung Trau», *ÖJh* 29, 1935, pp. 44-53, en part. pp. 48-5; voir aussi id., «Mitteilungen aus der Sammlung Trau», *ÖJh* 30, 1937, Beiblatt pp. 123 *sq.*

34 R. Noll, *Die griechischen und lateinischen Inschriften der Wiener Antikensammlung. Kunsthistorisches Museum Wien, Katalog der Antikensammlung*, III (1986) pp. 51-55, n°s 166-196.

35 Un sarcophage avec les représentations des quatre saisons, acquis par la famille Coninx pour son propre monument funéraire, se trouve aujourd'hui à Zurich dans le cimetière de Rehalp: voir P. Kranz, *Die antiken Sarkophagreliefs*. V 4. *Jahreszeiten-Sarkophage* (1984) p. 191 n° 26 pl 4: 2; 6: 3; 7. Il correspond à Matz – Duhn, (n. 32), n° 3010 et au n° 412 de la vente Trau: voir Sunkowsky, *op. cit.* (n. 30), p. 32.

36 Voir D. Pacchiani, *Bollettino dei Musei, Monumenti e Gallerie Pontificie* 19, 1999, pp. 113-127 et Marini Recchia *et al.*, *art. cit.* (n. 14).

37 AER, *Fondo Ministero del Commercio e Lavori Pubblici*, buste 405/1 et 413/2. Aux lettres viennent s'ajouter, surtout pour les trois premières années de fouilles, des notes au crayon de la main de Visconti, aujourd'hui conservées au Fond Lanciani de l'Istituto Nazionale di Archeologia e Storia dell'Arte, ainsi que des comptes rendus publiés dans les *Atti della Pontificia Accademia Romana di Archeologia*, dans le *Giornale di Roma* et *L'Osservatore Romano*.

38 La législation de 1871, autorisait l'Etat pontifical de garder ses collections déjà acquises, mais ne lui permettait pas d'effectuer des fouilles archéologiques dans les territoires qui appartenaient dorénavant au royaume d'Italie.

39 F. Barnabei, Le «Memorie di un archeologo» (publ. par M. Barnabei et F. Delpino, 1991), p. 110.

40 Voir à son propos M. Musacchio, L'archivio della Direzione Generale di Antichità e Belle Arti, 1860-1890 (1994) pp. 46 sq.

41 En attendant l'approbation de la nouvelle loi, les mesures qu'avaient connues les divers Etats avant l'unification furent remises en vigueur, telle l'Edit Pacca de 1820 à Rome, selon lequel tout ce qui avait affaire à l'Antiquité tombait sous l'autorité de l'Etat, mais qui n'avait, en fait, jamais été respecté. La première loi ayant trait aux antiquités date de 1902. Elle fut remplacé en 1907 par une législation qui définit de façon détaillée la structure administrative des organismes responsables de sa gestion: voir G. Gatti, Archeologia. Cinquanta anni di storia italiana (1911), pp. 5 sq.

42 Cf. F. Panico, «Una foto del Fondo Lanciani e due busti ostiensi del Museo Nazionale Romano», Rivista dell'Istituto Nazionale d'Archeologia e Storia dell'Arte 21, 1998 (sous presse); Marini Recchia et al., art. cit. (n. 14).

43 P. Rosa, Sulle scoperte archeologiche della città e provincia di Roma. Relazione presentata a S. E. il Ministro di Pubblica Istruzione dalla R. Sopraintendenza degli Scavi della Provincia di Roma (1873).

44 Archives centrales de l'Etat: Ministero della Pubblica Istruzione, Direzione Generale Antichità e Belle Arti, I versamento, busta 146 parte I, fasc. 299. Les rapports sont en forme de lettres, mais offrent peu de détails en ce qui concerne les lieux de trouvaille et les objets.

45 Il s'agit probablement d'hangars à bateaux situés à l'ouest du Palais que Visconti avait déjà partiellement explorés: C. L. Visconti, «Escavazioni in Ostia dall'anno 1855 al 1858», AdI 1857, pp. 337 sq.

46 Une série de structures demi-circulaires et des escaliers conduisant à l'eau furent interprétés comme les restes d'un bassin portuaire.

47 A. M. Reggiani, La politica degli interventi nell'Agro Romano: il caso di Villa Adriana, in Roma Capitale 1870-1911. Dagli scavi al Museo (1984) pp. 103-112.

48 En effet, les fouilles effectuées par Rosa le long de la rive avaient abaissé les berges et ainsi facilité les inondations par le Tibre. Le résultat le plus dévastateur de ces fréquentes inondations des zones fouillées fut la perte des structures les plus proches de la rive. Les mesures que Lanciani lui-même proposa à plusieurs reprises pour remédier à cette situation ne furent jamais réalisées.

49 Lanciani a publié les résultats des fouilles d'Ostie dans les rapports qu'il soumettait régulièrement aux Notizie degli Scavi. D'autres informations proviennent des rapports envoyés au ministère et qui sont conservés aujourd'hui aux Archives centrales de l'Etat (Dir. Gen. aa.bb.aa., I vers. b.147; II vers. I serie b. 250). Vient s'ajouter à ces rapports le Journal de fouilles (Giornale di Scavo), conservé aux Archives historiques de la Soprintendenza Archeologica di Ostia. En revanche, nous n'avons pas pu retrouver la liste des trouvailles (Elenco dei Ritrovamenti), qui fournirait sans doute de précieuses informations.

50 R. Lanciani, BdI 1881, p. 69; R. Lanciani, NSc 1881, pp. 111-113, pl. I; P. Rendini, dans: A. Giuliano (dir.), Museo Nazionale Romano. Le sculture I, 1 (1979) n° 180.

51 Il s'agit, entre autres, des portraits de Plotine (A. A. Amadio, dans: A. Giuliano [dir.], Museo Nazionale Romano. Le sculture I, 9 [1987], n° 175), d'un prêtre (L. Martelli, ibid. n° 192) et de Septime Sévère (V. Picciotti Giornetti, dans: Giuliano [dir.], op. cit., n° 195).

Les fouilles d'Ostie de Vaglieri à nos jours

Paola Olivanti

Les années d'abandon (1890-1907)

Après la brève et profitable période d'interventions menée par Rodolfo Lanciani, les dernières années du XIXe siècle marqueront pour l'archéologie d'Ostie une phase de stagnation : seules seront réalisées des interventions de restauration et de conservation des monuments déjà fouillés, excepté quelques sondages limités, effectués par Luigi Borsari et Giuseppe Gatti entre 1892 et 1905[1].

Le projet de Borsari, qui prévoyait l'achèvement des fouilles interrompues par Lanciani dans le but « de relier entre eux les plus importants monuments découverts ces dernières années », n'a pu être exécuté en raison du manque de financement. Les interventions se limitèrent à la zone déjà partiellement fouillée par Lanciani, comprise entre la Via della Fontana et les Thermes de Neptune[2]. La fouille porta donc sur la découverte de la fontaine, qui donna le nom à la rue, mais aussi sur le dégagement d'une grande partie de la rue et de la façade des édifices qui la bordent (la partie centrale du bloc d'habitation, constituée par l'Insula au Plafond Peint, et la façade occidentale des pièces adjacentes à la palestre des Thermes de Neptune). La récolte du matériel répond, comme toujours, à des critères extrêmement sélectifs, sur la base desquels on ne retient que le matériel artistiquement valable.

Encore moins significatives, du point de vue de l'organisation et de la gestion, sont les fouilles de Gatti, à qui l'on doit la découverte de la Maison des Dolia, en mars 1903, durant des travaux effectués « pour régulariser le débit d'eau » devant le Casone del Sale (Maison du Sel), alors siège des gardiens des fouilles[3]. La découverte exceptionnelle des *dolia* encore enterrées persuada les archéologues de continuer la fouille : leur contenu restitua environ 400 matrices de terre cuite décorées de divers sujets [voir ci-dessous, catalogue n°s XI.4-12], dont A. Pasqui fournit un répertoire complet[4].

Le même esprit anima les campagnes entreprises en 1905 aux Quatre Petits Temples, alors qu'ont été découvertes quelques

conduites pendant les travaux d'entretien des structures antiques effectués entre le théâtre et le Capitole[5]. Ce furent des années difficiles pour l'administration d'Ostie : les ressources financières commençaient à manquer et les gardiens assignés aux fouilles d'Ostie devaient se battre quotidiennement contre les bergers qui menaient paître leur troupeaux au milieu des ruines encore dépourvues d'enceinte.

La Direction des fouilles (1908-1913)

Quand Dante Vaglieri obtint la direction des fouilles d'Ostie, à la fin de 1907, il possédait une longue expérience dans l'Administration nationale des Beaux-Arts depuis 1892 et, parallèlement, en tant que titulaire de la chaire d'Epigraphie romaine à l'Université de Rome depuis 1893[6]. Dès son arrivée, âgé de quarante-deux ans, il comprit la nécessité d'élaborer un projet restituant une organisation fonctionnelle aux investigations menées dans la ville antique. L'aspect novateur et important de son projet est l'élaboration d'un plan de travail précis, expliqué dans la préface du livre de Paschetto sur les fouilles d'Ostie : « Triple est mon programme et c'est sous ce triple point de vue que je considère ces fouilles : 1) compléter la fouille des édifices qui n'ont pas été mis au jour précédemment, en prenant soin de la conservation de toutes les ruines déjà fouillées ; 2) relier chaque groupe de ruines ; 3) fouiller en profondeur et examiner les plus petites particularités, éclaircir le développement de l'histoire d'Ostie »[7].

Déjà dans les premiers mois de 1907, la Société agricole de Ravenne effectua des déblaiements dans la Via della Fontana « pour la récupération des décombres » à utiliser dans les opérations d'assainissement[8]. Vaglieri fit exécuter un relief graphique et photographique de la zone, publié par la suite dans les *Notizie degli Scavi* de 1907, imposant dès le début la correspondance entre la documentation écrite et visuelle qui est une caractéristique précieuse de son travail[9].

L'activité directoriale de Vaglieri à Ostie ressort clairement d'un épisode clé dans l'histoire administrative de la Direction des fouilles : la reprise des investigations et leur suivi systématique ont été favorisés par un accord fructueux, avec le Comité *Pro Roma Marittima*, présidé par l'ingénieur Paolo Orlando, qui contribua au financement de la fouille avec le Ministère de l'instruction publique et le Ministère des travaux publics[10]. Grâce à cette convention, les investigations dans la zone archéologique d'Ostie commencèrent à bénéficier d'une distribution de fonds régulière.

L'affectation à la Direction des fouilles de l'architecte Italo Gismondi d'abord (dès 1910) et de l'archéologue Guido Calza ensuite (depuis 1912), permit à Vaglieri de mener concrètement son projet de recherche : l'activité se concentra le long du *decumanus* et dans les îlots situés au nord de celui-ci, avec l'objectif de joindre la nécropole de la Porta Romana, déjà partiellement investie par Visconti, au Capitole et au quartier situé autour du secteur septentrional du *cardo* Maximus[11]. Ainsi furent mis au jour, ou nouvellement investis et documentés, la nécropole de la Via Ostiense, qui fut explorée jusqu'à sa limite méridionale constituée par la Via dei Sepolcri ; la Caserne des Vigiles, avec les thermes attenants de Neptune ; la Via dei Vigili avec la mosaïque des Provinces et les structures qui lui sont relatives ; le Théâtre avec la Place des Corporations ; la Maison d'Apulée et les Quatre Petits Temples ; la zone du Forum avec le pavement en marbre d'époque impériale ; le Petit Marché, englobant les murs en *opus quadratum* du Castrum ; le Palais Impérial. On doit en outre à Vaglieri la découverte et la reconnaissance de la Porta Romana, faussement indiquée par Visconti dans l'ouverture secondaire au bout de la Via dei Sepolcri. C'est justement dans ce secteur de la ville, autour de la Porta Romana et de la porte de la Via dei Sepolcri, que Vaglieri effectua une série de sondages en profondeur dans le but de rechercher les traces de l'antique colonie d'Ostie à l'époque royale.

Durant ces années, une grande quantité de matériel fut mis au jour, dont quelques objets particulièrement précieux : la statue de la Minerve ailée (**fig. 1**) et la statue de Sabine en Cérès (p. 295, fig. 7)[12] qui devinrent immédiatement, dans l'imaginaire collectif, le symbole des fouilles d'Ostie.

Outre une nouvelle connaissance de la ville à l'époque impériale, les investigations de Vaglieri ont permis d'expliquer certains monuments de l'époque républicaine, que le chercheur a rapidement publiés[13], et qui apparaîtront dans son guide posthume des monuments d'Ostie[14].

Les brillants résultats obtenus durant les premiers mois d'activité valurent à Vaglieri de faire converger sur Ostie l'intérêt du monde scientifique et politique, grâce aussi à la « sympathique attention de Sa Majesté »[15] : Victor Emanuel III et Elena de Montenegro partageaient avec Vaglieri l'amour pour les antiquités. Un tel intérêt engendra une augmentation progressive du budget à disposition, qui, en quatre ans, augmenta de 3000 lires en 1907 à 70 000 lires en 1911[16], pour arriver à l'attribution d'un crédit extraordinaire de 500 000 lires, à répartir en quatre groupes de dépenses (assainissement du sous-sol, travaux d'endiguement contre l'érosion du Tibre, expropriation des terrains Aldobrandini, nouvelles fouilles). La somme à disposition permit à Vaglieri d'employer une cinquantaine d'ouvriers, divisés en équipes, dont il était le surveillant, avec la collaboration de Calza, Gismondi et du *soprastante* (contremaître) Raffaele Finelli.

La nouvelle impulsion donnée par Vaglieri aux activités d'Ostie explique sa décision d'habiter à Ostie quelques jours par semaine, logeant au Château, et la présence constante sur le chantier (aussi en l'absence du directeur) de Gismondi et Finelli, qui résidaient à Ostie. Durant ces années, une série d'améliorations ont été réalisées, dont le but était de faire de la Direction des fouilles une structure logistiquement indépendante et aussi, dans la mesure du possible, un lieu accueillant et confortable. Le bureau s'établit dans les locaux de la Maison du Sel, jadis siège des gardes, restructuré et meublé au besoin, comme il en résulte du livre des inventaires (où sont annotées toutes les acquisitions tels que lits, lampes, bureaux, bibliothèques, etc.).

La création d'un atelier de photographie[17] et l'acquisition d'une série d'équipements afin d'effectuer des prises de vue de façon autonome[18] furent fondamentales pour l'organisation du travail.

L'acquisition des équipements nécessaires à l'implantation d'un chemin de fer Decauville (**fig. 2**), salué avec un grand enthousiasme par Finelli, pour l'accélération du travail et des opérations d'évacuation de la terre de fouille[19], ainsi que d'une grande partie des équipements du chantier (échafaudages de bois, poulies, treuils), témoignent de la capacité de gestion et de l'esprit pratique de Vaglieri.

Avec la présence constante à Ostie du directeur et de ses collaborateurs, la Direction des fouilles devint, aussi, un lieu d'étude. Ainsi Vaglieri conçut la création d'une bibliothèque fournie, qui incluait les éditions principales des classiques latins et grecs, les plus importantes publications archéologiques de l'époque (avec des sujets allant de la topographie à la sculpture et à la céramique), divers manuels aussi à sujet non archéologique et tous les titres qui ont pour sujet Ostie.

La préparation de l'Antiquarium dans cinq salles du Château de Jules II, où Vaglieri venait rassembler les pièces de ses fouilles (dont l'inventaire et le catalogage étaient à la charge de Calza), était la reprise du vieux projet d'un Musée d'Ostie déjà imaginé par les archéologues pontificaux, et jamais réalisé[20].

Durant ses investigations sur le terrain, Vaglieri montre un soin particulier dans l'étude des périodes archaïques et républicaines d'Ostie, comme le prouvent l'étude soignée de la zone de la Porta Romana[21] et le long article sur les monuments républicains publié dans le *Bullettino della Commissione archeologica comunale di Roma*[22], sans omettre les aspects relatifs à l'histoire tardo-antique de la ville.

Comme G. Boni au Forum et P. Orsi en Sicile[23], Vaglieri pratiqua lui-aussi «la fouille de l'attention», qui consiste dans le soin porté à la documentation et à la description minutieuse des objets. Conscient de la nécessité d'une documentation la plus soignée et complète possible, Vaglieri décida en outre de se servir des nouvelles techniques de prises photographiques, qui aboutirent aux premières photographies aériennes à usage archéologique[24]. En mai 1911, il fit donc réaliser une prise de vue depuis un ballon des fouilles d'Ostie (**fig. 3**) et, peu de mois après, de la zone de Porto et Fiumicino[25].

L'attention portée aux questions du rapport pas toujours heureux entre les monuments antiques et la végétation, puis au problème de l'aménagement en espaces verts des zones archéologiques, suggéra à Vaglieri l'élaboration d'un projet pour l'aménagement du jardin de la Place des Corporations (**fig. 4**), rappelé aussi par Rodolfo Lanciani dans ses *Notes from Rome*[26]. Son intérêt pour ces problèmes se manifeste suite aux observations faites en marge d'une conférence donnée par Boni sur la flore du Palatin, et par d'autres considérations sur la flore méditerranéenne et exotique présente sur les zones archéologiques[27].

Vaglieri mourut subitement dans la nuit du 12 au 13 décembre 1913, assis à sa table de travail dans l'appartement dont il disposait au Château. Avec sa mort se termine une période importante pour l'histoire des fouilles d'Ostie, période qui a vu le début d'une nouvelle conception de l'archéologie, grâce à laquelle Ostie, pour la première fois, put s'insérer dans le débat scientifique international (**fig. 5**).

1   Ostie. La statue de la Minerve ailée au moment de sa découverte (SAO neg. B220).

2   Ostie. Utilisation du chemin de fer Decauville au début du XXᵉ siècle (SAO neg. B2065).

3   Vue aérienne des fouilles d'Ostie, prise d'un ballon en 1911 (SAO).

3

4 Ostie. Jardin de la Place des Corporations en 1913 (SAO neg. B2105).

5 Ostie. Plan des fouilles à la fin de 1913.

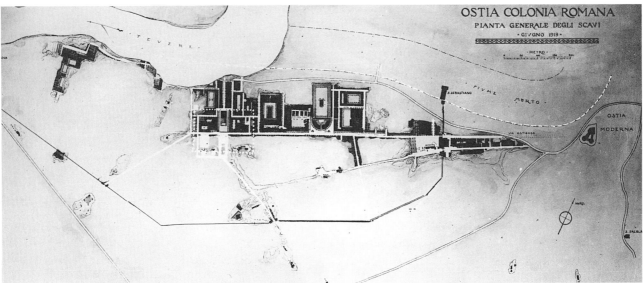

L'archéologie *della zappa e del piccone* («de la sape et de la pioche»), 1914-1937

A la mort de Vaglieri, le poste de Directeur des fouilles d'Ostia Antica est attribué d'abord à Angelo Pasqui puis, pour une dizaine d'années, à Roberto Paribeni, qui continua à se servir des travaux de Calza et de Gismondi, mais aussi du contremaître Finelli. A partir de 1918, et sur l'initiative du Comité *Pro Roma Marittima*, en la personne de l'ingénieur P. Orlando, on put utiliser pour la fouille un certain nombre de prisonniers de guerre affectés à la réalisation de la ligne ferroviaire Rome-Ostie Lido.

Malgré les difficultés causées par les événements liés à la guerre, l'activité des archéologues d'Ostie continua sans interruption, se concentrant sur le secteur situé au nord du *decumanus*, compris entre le Capitole et la Porta Romana : on compléta l'investigation sur la Place des Corporations, et on entreprit la fouille des Grands Horrea (déjà localisés par Lanciani à la fin du XIXe siècle) et de l'îlot compris entre la Via dei Dipinti et la Via dei Molini, comprenant la Maison de Diane.

L'édifice, conservé jusqu'à la moitié du premier étage, fut reconstruit par Gismondi sur la base des fragments de murs écroulés, retrouvés parmi les déblais de la route ; sur plusieurs de ces restes pèse la suspicion qu'ils n'appartiennent pas forcément au monument auquel ils ont été attribués. Quoi qu'il en soit, la fouille et la reconstitution de la Maison de Diane ont été l'occasion pour Calza de commencer l'étude d'un type d'habitation, l'*insula*, jusqu'alors absolument inconnue pour l'époque impériale [voir ci-dessous, pp. 66-67].

L'an 1917 fut déterminant pour l'histoire des fouilles d'Ostie. En effet, c'est à cette période que fut achevée l'expropriation des terrains que possédait la famille Aldobrandini, sur lesquels s'étendait une partie de la ville antique.

Dès 1924, la direction fut assurée par Calza qui, avec des fonds ordinaires minimes[28], compléta les investigations déjà menées sous la direction de Paribeni, commençant en outre la fouille des Thermes du Forum, des Horrea Epagathiana, du complexe éditaire constitué de la Maison de Sérapis et des Thermes des Sept Sages, plus loin, de la délimitation du *castrum*, et, en dehors d'Ostie, les investigations dans la nécropole de l'Isola Sacra. L'enceinte, attribuée à l'époque de Sylla et déjà fouillée par Vaglieri sur son tracé occidental en relation avec la Porta Romana, fut mise au jour sur tout son périmètre.

La documentation écrite relative aux fouilles des vingt-cinq années précédant l'Exposition Universelle est très maigre par rapport à la documentation immédiatement antérieure, alors que la documentation photographique constitue une part considérable des archives; c'est elle qui permet de comprendre le déroulement des fouilles.

A cette époque, on se dirigeait vers une position tout aussi dangereuse et qui a causé beaucoup de dégats quant aux possibilités de compréhension de l'histoire d'Ostie, comme de celle d'autres sites archéologiques importants. L'époque du positivisme et de l'archéologie «de l'attention» était révolue et on assistait, à partir du début des années 1920, à une progressive affirmation de l'archéologie de la sape et de la pioche[29]. La pratique d'une archéologie de déblaiement, attentive au matériel de fouille de nature artistique, mais totalement dépourvue d'intérêt pour les relations entre la terre et les structures, a engendré la dispersion d'une grande quantité de données très précieuses, évidemment non récupérables.

Les fouilles pour l'Exposition Universelle (1938-1942)

En 1935, le Ministre de l'Education nationale, Giuseppe Bottai, propose à Mussolini d'organiser à Rome l'Exposition Universelle de 1942. L'idée de tenir l'Exposition Universelle dans un quartier édifié tout exprès, l'EUR, répondait à la double exigence de célébrer la nouvelle condition de l'Italie comme pays impérial, au lendemain de la guerre d'Ethiopie (1936) et du 20e anniversaire de la révolution fasciste. Parmi les buts principaux de l'initiative, il y avait la réalisation de constructions stables, d'infrastructures, de services publics et d'aires de verdure, de façon à constituer, une fois l'exposition terminée, un noyau d'expansion de Rome en direction de la mer. Dans cette perspective, il est évident que la récupération d'Ostia

Antica fut d'une importance fondamentale, aussi bien pour les questions liées à l'exploitation au sens touristique, que pour les suggestions idéologiques qu'elle prônait. Comme on sait, en raison de la guerre, l'Exposition Universelle de Rome ne fut jamais réalisée.

Le *Duce*, qui s'était déjà intéressé aux projets d'Ostie, était présent à l'inauguration du Musée en 1934, et accueille favorablement la proposition, entrevoyant dans la «résurrection» de l'antique Ostie la possibilité de recréer l'image d'une prospère cité romaine d'époque impériale, selon les schémas idéologiques propres au fascisme.

En novembre 1937, Calza présenta à l'organisation pour l'Exposition Universelle le projet d'intervention sur la zone d'Ostia Antica, illustré par un plan de Gismondi (**fig. 6**). Soucieux de tous les travaux accessoires (engazonnement, aménagement de verdure, jardins), il présentait l'estimation de dépenses qui s'élevaient à 10 500 000 lires. Fidèle aux principes énoncés dans son article de 1916[30], Calza avait prévu dans son projet une somme considérable destinée à la restauration et à l'aménagement de la zone, de manière à la rendre utilisable pour les visiteurs. Le projet prévoyait aussi la publication d'une série de volumes qui rendraient compte des résultats obtenus ainsi que de la restructuration du Musée[31]. La somme demandée fut intégralement financée et les premiers fonds furent disponibles en mars 1938.

Le programme de fouille, selon Calza, «consiste à enlever l'amas de débris… et à réintégrer l'aspect de la ville au moment de son abandon»[32].

La zone destinée à la fouille, comprise entre l'axe constitué par la Via Epagathiana et son prolongement en direction du *decumanus* (Via del Pomerio) à l'est et de l'antique ligne de côte à l'ouest, fut divisée en quatre lots. La fouille de chaque lot fut attribuée par adjudication à une compagnie: ce système impliquait évidemment une intervention simultanée sur divers fronts et donc une très grande rapidité des travaux. Les journaux de fouilles conservés dans les Archives historiques de la Surintendance archéologique d'Ostie commencèrent en mars 1938, avec l'îlot immédiatement à l'ouest de la Via Epagathiana[33].

Dès septembre 1938, Calza pouvait présenter dans un bref résumé distribué aux participants du *Convegno Augusteo* organisé par l'Institut des Etudes Romaines, les premiers résultats brillants de son travail qui, comme lui même tint à le souligner, poursuit «soit les buts scientifiques et culturels que l'on attend d'une plus vaste connaissance de la ville, soit les finalités à caractère esthétique et touristique que, avec la vision presque totale d'Ostie, l'on peut atteindre dans le cadre de l'Exposition Universelle de Rome»[34].

En quatre ans, la superficie de la ville antique doubla, jusqu'à atteindre les 34 hectares sur les 50 que l'on estime avoir été occupés durant l'Antiquité. La fouille s'étendit le long du *decumanus* jusqu'à la Porta Marina; à l'ouest, le long des deux flancs de la Via della Foce; au sud, elle rejoint la Porta Laurentina.

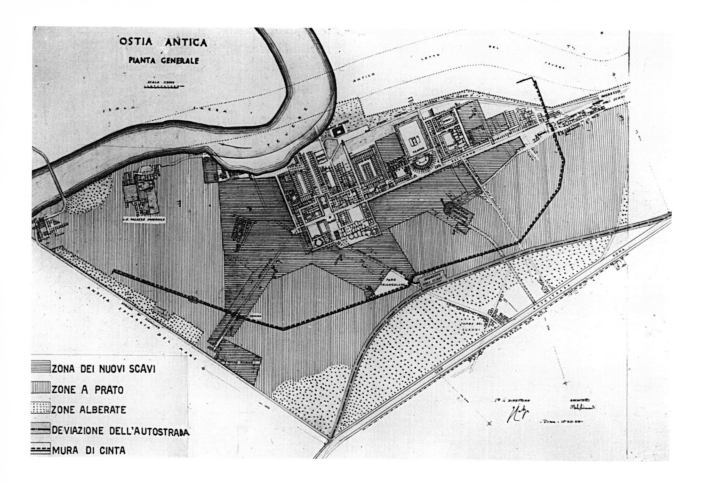

6   Ostie. Plan de Gismondi soumis à l'organisation pour l'Exposition Universelle de 1942.

Etant donné le peu de temps à disposition, les travaux ont été exécutés à un rythme très soutenu. On peut facilement imaginer quel devait être le climat de ces années, avec un effectif à peine différent de celui de 1913[35], en moyenne 150 ouvriers employés sur le chantier et un équipement qui, même accru, était semblable à celui du début du XXe siècle. On continuait à utiliser l'ancien chemin de fer Decauville[36], et aussi le système de levage des blocs et des fragments de murs, pratiquement inchangé.

L'énorme effort accompli pour porter à la lumière une cité romaine quasi complète a, en même temps, irrémédiablement compromis la possibilité de compréhension, en particulier, des phases tardo-antiques. En effet, la conviction que l'on doive fournir l'image d'une cité à son apogée artistique et économique, et qu'une telle image de perfection ne devait pas être compromise par des cloisons, des rapiéçages et des murs de basse époque, entraîna la destruction de tout ce qui était relatif aux dernières phases de la vie d'Ostie, bien souvent sans qu'une documentation adéquate en soit conservée. De plus, on a souvent procédé à des travaux de restauration et de reconstitution inexactes qui apparaissent aujourd'hui objectivement inacceptables.

L'après-guerre

La mort de Calza en 1946 fut suivie d'une pause salutaire, nécessaire pour absorber l'impact des fouilles dramatiques de 1938-1942 qui furent complétées par une série de sondages stratigraphiques et d'explorations partielles, conduites entre 1947 et 1952 sous la direction de P. Romanelli, I. Gismondi et A. L. Pietrogrande, dans le but de mettre au jour les restes des couches archéologiques plus anciennes sous les niveaux impériaux[37]. L'effort des archéologues d'Ostie se concentra surtout sur l'achèvement de ce qui avait été interrompu depuis la guerre et dans la restauration de la grande quantité de structures mises au jour au cours des quatre dernières années ; et c'est dans cette optique qu'il faut lire les premiers volumes de la série *Scavi di Ostia*, commencée en 1953 avec la *Topografia generale* et tous dédiés à des catégories monumentales. Ces publications contribueront non seulement à l'achèvement du projet E42, mais aussi serviront à faire le point après les fouilles extensives de ces années tumultueuses.

Suite à cette nouvelle attention portée aux phases plus anciennes de la ville, on assista à la fin des années 1940 à un renouveau dans le débat scientifique, portant sur la localisation de l'agglomération de l'époque royale et sa relation avec les salines, mais aussi sur l'antique cours du Tibre et le tracé de la Via Ostiense avant son entrée par la Porta Romana[38]. La discussion, alimentée par quelques fouilles conduites par G. Ricci dans la zone dite du «Fleuve Mort» en 1957[39], s'est prolongée jusqu'à aujourd'hui, sans pour autant arriver à des conclusions certaines[40].

La *quiet revolution*

L'expression de R. Meiggs dans le chapitre dédié aux nouvelles découvertes dans la seconde édition du volume *Roman Ostia*[41], exprime de façon concise ce qui arriva dans ces années à la Surintendance d'Ostie, surtout face aux nouveaux intérêts d'étude et de recherche qui se développaient.

Il était devenu désormais urgent de mettre de l'ordre dans l'immense masse de données à disposition, et on procéda donc, avec l'apport de diverses méthodes, à la classification systématique et à l'étude de certaines catégories de matériel[42] d'une part, à l'approfondissement de fouilles incomplètes, dans le but de clarifier, dans la mesure du possible, les périodes précédant l'époque impériale, d'autre part[43].

Il a donc été possible d'éclaircir quelques aspects de parties républicaines de la ville, dont certaines se situent sur la zone de l'antique Castrum et d'autres sur l'Insula de Jupiter et Ganymède[44], grâce aux fouilles actuelles des édifices que Calza avait fouillé jusqu'aux niveaux de la période impériale moyenne, considérée comme celle de la splendeur majeure de la ville. Les fouilles se déroulant dans le complexe républicain sur la Via della Foce et plus précisément à l'intérieur du temple de l'Ara Rotonda[45] ont projeté une lumière nouvelle sur l'histoire et sur le rôle d'Ostie à l'époque tardo-hellénistique[46].

Les campagnes de fouilles conduites à l'intérieur des Thermes de Neptune, rendues possibles par la déposition, en vue d'une restauration, des mosaïques d'Amphitrite et de Scylla, à côté de celle conduite dans la Caserne des Vigiles adjacente[47], ont confirmé ce qui avait déjà été révélé par Vaglieri d'abord[48], puis par Becatti[49]: l'existence d'un niveau régulateur d'époque domitienne, limité, à ce qu'il semble, à la Région II, qui aurait effacé complètement la phase claudienne précédente (de laquelle il reste les vestiges de l'emplacement thermal dit des Provinces, sous la Via dei Vigili[50]) avec un rehaussement du niveau de sol modifiant profondément l'aspect du quartier.

A Giovanni Becatti revient l'initiative d'avoir entrepris, dès 1966, une série de campagnes de fouille aux Thermes du Nageur pour éclaircir le programme éditaire de l'édifice. L'étude systématique du matériel trouvé occupe quatre volumes des *Studi Miscellanei*, publiés entre 1968 et 1977[51].

Dans ce bref compte rendu, qui n'a pas la prétention d'être complet, on ne peut pas omettre la découverte de la synagogue[52], laquelle confirme la présence à Ostie d'une communauté hébraïque; à la lumière de cette découverte, celle-ci apparaît plus florissante qu'on l'aurait imaginé.

C'est dans ces années que le Musée d'Ostie[53] est réaménagé et que l'Antiquarium est construit selon le projet de Gismondi, devenu nécessaire pour l'exposition systématique des objets, jusqu'ici entreposés dans les édifices antiques. La création de ces deux pôles d'exposition est due surtout à l'influence des recherches de Raissa Calza sur la sculpture à Ostie, dont elle était une grande connaisseuse grâce au contact direct et prolongé avec le matériel[54].

L'initiative de G. Barbieri a permis de commencer le classement du matériel épigraphique: une opération longue et complexe qui, dès le début, a porté ses fruits, comme en témoignent les nombreuses contributions éditées durant ces années par Fausto Zevi sur les divers aspects liés à la topographie et à la prosopographie.

La fin du XXe siècle

Dans la période suivant la seconde édition du volume de R. Meiggs (1973), la connaissance archéologique de la ville progressa, en l'absence de nouvelles investigations extensives, surtout au moyen d'approfondissements ponctuels et de sondages sous les niveaux pavés, ou au moyen d'études qui ont eu pour but le réexamen de complexes particuliers (*fullonica*, entrepôts, thermes privés, *insulae*, auberges et tavernes)[55].

Il est utile de souligner deux aspects, qui, en quelque sorte, constituent une nouveauté par rapport au passé. D'une part, la reprise des recherches sur les phases tardo-antiques (tant du centre urbain que des alentours) qu'on commence désormais à délimiter avec clarté. D'autre part, à côté des études sur la topographie urbaine, les investigations sur le territoire ont reçu un nouveau souffle, souvent lié à des interventions de planification urbaine, dont la construction de nouvelles habitations ou la réalisation d'infrastructures. Dès la fin des années 1960, lorsque la pose de quelques pylônes ENEL sur l'autre rive du

Tibre engendra la découverte d'un vrai quartier[56], la contribution des sondages d'urgence qui se sont par la suite transformés en campagnes de fouilles structurées et programmées a été fondamentale. «Le Trastevere d'Ostie» et toute la zone du «Fleuve Mort» ont fait l'objet de nouvelles études, relatives tant à des interventions de fouille qu'à des recherches géo-pédologiques tendant à vérifier la présence de structures antiques en dessous du niveau de la campagne, qui se sont avérées utiles pour déterminer l'antique cours du fleuve au nord de la ville[57].

L'assignation à la Surintendance archéologique, créée en 1958, de la tutelle sur toute la zone comprise entre Acilia et la mer, a mené à une expansion des recherches, qui désormais portent aussi sur le territoire d'Ostie.

La fouille a en outre permis de connaître et de comprendre un groupe de villas de type urbano-rustique éparpillées dans la campagne d'Ostie proche d'Acilia et de Dragoncello; elles témoignent d'activités agricoles, dès le milieu de l'époque républicaine jusqu'à la fin du IIe siècle de notre ère; en outre, très récemment, l'étude du tracé de la route antique d'Ostie, toujours en correspondance avec la bourgade moderne d'Acilia, a révélé la présence d'une riche nécropole avec des édifices funéraires sur les deux côtés de la route [voir ci-dessous, pp. 369-371].

trad. Christophe Goumand

Notes

1. Dans l'ensemble, les notices sur les travaux effectués dans la zone de l'antique cité durant ces années sont assez pauvres et confirment l'impression d'interventions occasionnelles et non programmées, du moment où l'activité était limitée à l'entretien des monuments déjà fouillés et à la récupération des décombres pour le comblement du «Fleuve Mort», œuvre des Ravennates. G. Marcelli-P. Casadei, «Relazione quindicinale del lavoro degli operai di Ostia, 3 marzo 1905», *SAO Archivio Storico*, fasc. R 42: *...Il Sig Armuzzi verrà a parlare con il Sig. Direttore ... per avere 3000 metri quadri di terra presi alli scavi...* Armando Armuzzi était un Ravennate arrivé à Fiumicino en 1884 à la tête de 420 Romagnoles, chargés de l'assainissement de l'étang d'Ostie. Pour l'histoire de la colonie de Ravenne envoyée à Ostie, voir G. Lattanzi – V. Lattanzi – P. Isaja, *Pane e Lavoro. Storia di una colonia cooperativa: i braccianti romagnoli e la bonifica di Ostia*, 1986.

2. L. Borsari, «Ostia. Nuove scoperte tra il teatro e la stazione dei Vigili», *NSc* 1897, pp. 519-528. Voir aussi ce qu'a déclaré le même Borsari lors d'une conférence donnée au Collège Romain le 16 avril 1904, dans le cadre d'une série d'initiatives menées par le Comité *Pro Roma Marittima* (alors à peine constitué), pour sensibiliser les organes du Gouvernement et l'opinion publique au prolongement de la Via Ostiense jusqu'à la mer et à la réalisation de la ligne ferroviaire Rome – Ostie Lido, nécessaires à la création d'une «Nouvelle Ostie» sur le port: *Accennerò infine agli scavi del 1897, con i quali, sgomberando dalle macerie e dagli enormi scarichi l'area centrale della colonia, io intendeva rintracciare le strade principali e seguirne l'andamento, per conoscere così la ripartizione delle isole o quartieri della città. Ed ebbi la sorte di scoprire una larga strada [via della Fontana]... Questo programma di scavi, connesso con l'altro relativo al generale restauro dei monumenti ostiensi, per varie ragioni non poté essere proseguito con quella attività e, soprattutto, con quei mezzi che l'importanza della sepolta colonia richiede...»* (L. Borsari, *Ostia e il Porto di Roma Antica*, 1904, pp. 30-31).

3. G. Gatti, «Ostia. Rinvenimenti di dolii frumentari», *NSc* 1903, pp. 201-202; id., «Ostia. Matrici fittili per formare pani da distribuire in pubblici spettacoli, scoperti presso il Casone», *NSc* 1906, p. 182.

4. *NSc* 1906, pp. 357-373.

5. G. Gatti, *NSc* 1905, p. 84.

6. Dante Vaglieri (Trieste, 1865 – Ostia Antica, 1913) a été le collaborateur de E. De Ruggiero et de G. Gatti au Musée National Romain, dont il devint par la suite le directeur. Avant d'avoir été assigné à la direction des fouilles d'Ostia Antica, il avait dirigé les fouilles sur le Palatin. Une biographie complète se trouve dans F. Tambroni, «Dante Vaglieri», *BollAssArchRom* IV, 1, 1914, pp. 1-3.

7. D. Vaglieri, «I recenti scavi di Ostia Antica», préface à L. Paschetto, *Ostia colonia romana*, 1912, pp. V-XI. L'œuvre de Paschetto est encore aujourd'hui fondamentale pour la connaissance de l'histoire des fouilles d'Ostie avant l'arrivée de Vaglieri. Pour une synthèse sur les fouilles de la première moitié du siècle, voir aussi G. Becatti, «Commemorazione di Guido Calza», *RendPontAcc* 12, 1946, pp. 23-30.

8. D. Vaglieri, *NSc* 1907, pp. 18-19 (déblaiements à la Via della Fontana). La récupération de la terre résultant des fouilles avait débuté déjà quelques années auparavant.

9. *NSc* 1907, p. 212, figs 1-2. L'emploi de la photographie dans le déroulement et la publication de la fouille archéologique a débuté au milieu du XIXe siècle: déjà Charles Newton, autour de 1850, avait employé la photographie en tant que support à ses recherches pour le compte du British Museum, mais ensuite, dans la publication, il préféra se servir de lithographies. Le premier à publier une fouille accompagnée d'une documentation photographique a été l'Autrichien Alexander Conze qui, après la seconde mission à Samothrace, publia en 1875 une consciencieuse édition scientifique des fouilles (cf. G. Daniel, *A Hundred and Fifty Years of Archaeology*, 1975, pp. 165 *sqq.*).

10. P. Orlando, *Alla scoperta del mare di Roma*, 1940, pp. 245-257. Le projet du Comité prévoyait l'aménagement de la Via Ostiense et son prolongement jusqu'à la mer (complété en 1907), mais aussi la réalisation de la ligne ferroviaire Rome – Ostie Lido, dont les travaux débutèrent en 1918 et se terminèrent en 1924.

11. Pour les notices sur le déroulement des fouilles à Ostie, voir dans les *Notizie degli Scavi*, de décembre 1907 à décembre 1913.

12. *Aggiungo la notizia che in questi giorni è venuta alla luce, tra il resto, una bella statua, ritratto di donna (inperatrice?) in veste di Cerere, di cui manderò a V.E. [il Direttore Generale C. Ricci] la fotografia appena sia pronta. Il Direttore.* D. Vaglieri à Corrado Ricci, le 13 avril 1909.

13. D. Vaglieri, «Monumenti repubblicani di Ostia», *BullCom* 1912, pp. 225-245.

14. D. Vaglieri, *Ostia. Cenni storici e guida*, 1914.

15. G. Calza, «Recenzione a L. Paschetto, Ostia colonia romana», *BollAssArchRom* II, 1912, pp. 236-266.

16. Extrait d'un article écrit par J. Carcopino à l'Académie des inscriptions et belles-lettres, publié dans le *Notiziario* du *BollAssArchRom* 1911, pp. 206-208.

17. R. Finelli, «Relazione quindicimale del lavora degli operai di Ostia. 17 decembre 1908», *SAO, Archivio Storico*, fasc. R 42: *Il falegname è stato adibito per quanto era necessario per l'impianto di un cabinetto [sic!] fotografico e tanti altri servizii per l'Ufficio e per gli scavi.*

18. Un aspect tant inhabituel que fascinant des archives photographiques relatives aux années de Vaglieri consiste dans la présence, à côté de la traditionnelle documentation de fouille exécutée avec adresse et attention, d'un certain nombre d'images que nous pourrions définir de non-archéologiques dans un sens strict, dans la mesure où elles ne documentent pas des moments de l'activité scientifique, mais saisissent des personnages et des situations dans des moments absolument informels. Elles n'en sont pas moins précieuses, pour qui les lit intelligemment. Sans aller jusqu'aux considérations analogues faites sur les photos de Th. Ashby (C. F. Giuliani, «Attualità di Thomas Ashby, dans: aavv., *Il Lazio di Thomas Ashby 1891-1930*, 1994, p. 13), nous pouvons sans doute affirmer que pour Vaglieri la photographie est un instrument fondamental et irremplaçable de documentation et de sauvegarde (on voit par exemple la campagne photographique sur les monuments à sauver avant l'expansion éditaire, réalisée par l'Association Archéologique Romaine sous sa direction, entre 1911 et 1913). Sans doute, il manque aux photos de Vaglieri (nous regroupons sous son nom, même si nous ne sommes pas certains de la paternité, toutes les photos prises entre 1907 et 1913) le charme des paysages disparus qui nous touchent tant aujourd'hui dans les photos d'Ashby, mais il s'agit évidemment de documents de travail. Les quelques images qui ne se réfèrent pas au chantier nous transmettent une vision du Tibre qui disparaîtra peu d'années plus tard, ou de la splendeur naturelle de Porto, ressemblant presque au «grand parc archéologique monumental» imaginé par Ashby (Giuliani, *op. cit.*).

19 R. Finelli, «Relazione quindicimale al Sig. Direttore 8 giugno 1908», *SAO, Archivio Storico*, fasc. R 42.

20 En réalité, le Château avait été choisi en tant que siège du Musée d'Ostie déjà à l'époque de la reprise des fouilles par Rosa et Lanciani (1878), comme le rappelle l'inscription sur la rampe d'accès aux escaliers ; mais, en 1890, Felice Barnabei, directeur du Musée National Romain, pensa agrémenter la collection de ce musée avec les pièces d'Ostie (essentiellement des inscriptions, des sculptures et des objets de valeur), qui, depuis l'Antiquarium, déjà en partie rangées dans les salles du Château, furent transférées à Rome. Le Musée National Romain, inauguré en 1889, a été pensé et arrangé en deux sections (les antiquités urbaines aux Thermes de Dioclétien et les antiquités extra-urbaines à la Villa Giulia) pour accueillir les pièces des fouilles menées depuis 1870 à Rome et dans les faubourgs.

21 D. Vaglieri, *NSc* 1910, pp. 30-31 ; pp. 59-62, fig. 3 ; pp. 169-170, fig. 2-3 ; *NSc* 1911, pp. 89-90 ; 140-141 ; 197, fig. 6 ; pp. 207-208 ; 259 ; pp. 320-321 ; pp. 363-364 ; 403-404 ; *NSc* 1912, pp. 22-23 ; 162.

22 Vaglieri, *art. cit.* (n. 13).

23 Sur les activités de Paolo Orsi et sur l'importance de sa fouille de l'Athénaion de Syracuse, voir M. Barbanera, *L'archeologia degli Italiani*, 1998, pp. 80-82.

24 Le premier en Italie à employer la photographie aérienne à but archéologique a été G. Boni qui fit exécuter, par la Section photographique de la Brigade Spécialisée du Génie, la prise de vue en ballon du Forum et du Palatin, à l'ensemble du relief de la zone comprise entre le Colisée et le Tabularium : *NSc* 1900, pp. 220-229.

25 La photo prise depuis le ballon permettra à E. Gatti d'établir le plan joint au guide d'Ostie (D. Vaglieri, *Ostia. Cenni storici e guida*, 1914).

26 Pp. 434-435, lettre CXXXIX du 20 septembre 1913 : le jardin de la Place des Corporations fut reconstruit «par un de nos plus fameux artistes de paysage». On peut imaginer que cette épithète désigne Nicodemo Severi ou Pietro Roda. De ce dernier, Vaglieri avait acquis pour la bibliothèque des fouilles d'Ostie le *Manuale di Floricoltura : SAO Archivio Storico, Libro degli inventari anno 1912*; en outre, de la bibliothèque de la Surintendance, est encore conservé G. Arcangeli, *Compendio della flora italiana, ossia manuale per la determinazine delle piante che trovansi selvatiche od inselvatiche nell'Italia e nelle isole adiacenti*, 1894, avec différents commentaires de Vaglieri qui, évidemment, choisissait ses essences adaptées à l'aménagement floral des fouilles.

27 D. Vaglieri, *BollAssArchRom* II, 1912, pp. 67-68, 117-118.

28 La maigre attention avec laquelle étaient distribués les financements pour les fouilles d'Ostie a toujours été un souci pour Calza. Voir à ce sujet son article «Scavo e sistemazione di rovine. A proposito di un carteggio inedito di P. E. Visconti», *BullCom* 1916, pp. 161-195.

29 G. Calza, «L'archeologia della zappa e del piccone», *Rassegna Italiana* CII, novembre 1926, pp. 1-15.

30 Cité à la note 28.

31 Le projet pour le nouveau Musée, élaboré initialement par l'architecte M. Ginesi selon les directives de Gismondi, ne fut pas approuvé par le Bureau technique de l'Association, présidé par M. Piacentini, qui le trouvait trop simple. Le projet suivant, œuvre de l'architecte E. Lenzi, ne sera pas réalisé, et après la guerre, on retournera au projet initial avec quelques variations de peu d'importance.

32 *consiste nel togliere il cumulo delle macerie…e nel reintegrare l'aspetto della città al momento del suo abbandono* (dans :»Le pietre parlano», *Civiltà* 1, avril 1940, pp. 33-43).

33 Les premiers édifices à être mis au jour ont été les Thermes de Buticosus et la zone sacrée républicaine au-dessus de la Via della Foce, avec le temple d'Hercule et la statue de Cartilius Poplicola (AS SAO, GdS, vol. 22).

34 *sia gli scopi scientifici sia le finalità di carattere estetico e turistico che con la visione quasi totale di Ostia si possono raggiungere nel quadro della Esposizione Universale di Roma …* (*La resurezione di Ostia Antica per l'Esposizione Universale del Ventennale*, 1938).

35 Avec Calza et Gismondi travaillaient à Ostie Raissa Calza, Giovanni Becatti et quelques assistants, chargés aussi d'exécuter des photos et des dessins (Visca, Pascolini).

36 La vieille voie Decauville fonctionna au moins jusque dans les années 1950, comme en témoignent les photos des Archives historiques.

37 De manière très synthétique, les données tirées de ces campagnes sont regroupées dans *SdO I. Topografia generale*, 1953, principalement dans l'appendice sur les maçonneries dirigé par Gismondi.

38 P. Mingazzini, «Esisteva un abitato ostiense anteriore alla colonia romana ?», *RendPontAcc* 23-24, 1947-1948, pp. 75-83.

39 De cette fouille, demeurée inédite, il reste les notes brèves publiées dans *FA* 12, n° 5539.

40 Voir F. Zevi, «Sulle più antiche fasi di Ostia», dans: A. Gallina Zevi – A. Claridge (dir.), '*Roman Ostia' Revisited*, 1996, pp. 69-89.

41 Meiggs, *Ostia*, p. 578.

42 Les mises à jour du corpus des inscriptions d'Ostie par H. Bloch sont importantes («Ostia. Iscrizioni rinvenute fra il 1930 e il 1939», *NSc* 1953, pp. 239-306) ; voir aussi celles de G. Barbieri à propos de la collection des fistules (*NSc* 1953, pp. 151-189).

43 Pour une synthèse et une mise à jour des travaux de la décennie en question, voir M. Floriani Squarciapino, «Ostia», dans: *EAA*, suppl. 1970, et R. Meiggs, «Ostia 1960-1972: The New Evidence», dans *Ostia* 1973, (2ᵉ éd.), pp. 578-593.

44 M. Floriani Squarciapino, «Saggi di scavo nella Casa di Giove e Ganimede», *FA* 21, n° 4479.

45 F. Zevi, «Tempio dell'Ara Rotonda: scavi e scoperte», dans: *FA* 22, n° 2885 ; id., «Tre iscrizioni con firme di artisti greci», *RendPontAcc* 42, 1969-1970, pp. 95-100.

46 Une analyse globale des vestiges républicains d'Ostie a été faite par F. Zevi dans: P. Zanker (dir.), *Hellenismus in Mittelitalien* (Colloque Göttingen juin 1974), 1976, pp. 51-83.

47 F. Zevi, «Saggi di scavo alle terme di Nettuno», dans: *FA* 18-19, n° 7429 ; id., «Terme di Nettuno, saggi di scavo 1968», dans: *FA* 22, n° 5002 ; id., «Ostia (Roma). Caserna dei Vigili. Scavo sotto il mosaico del vano antistante il "Cesareo"», dans: *NSc* 1970, suppl. I, pp. 7, 42.

48 Pour les fouilles de Vaglieri aux Thermes de Neptune, voir ci-dessus, p. 57.

49 *SdO I. Topografia generale*, p. 121.

50 La fouille des structures antérieures à l'implantation de la Caserne a été conduite par Vaglieri en 1911-1912 [voir ci-dessus, p. 57].

51 aa.vv., *Ostia I-IV. Le Terme del Nuotatore. Studi Miscellanei* 13, 1968 ; 16, 1970 ; 20, 1973 ; 23, 1977. Selon Becatti (note préliminaire publiée à la fin de la première campagne de fouille : «Scavo di un edificio termale di Ostia Antica», *ArchCl* 19, 1967, pp. 170-176), scopo della campagna di scavo non era soltanto lo studio di un edificio ostiense, ma anche l'esperianza di ricerche stratigrafiche, di saggi in profondità, sotto il livello imperiale, e l'accurata classificazione di tutti i materiali rinvenuti e particolarmente delle serie di ceramiche.

52 M. Floriani Squarciapino, «La sinagoga di Ostia», *BdA* 46, 1961, pp. 326 *sqq.*

53 R. Calza – M. Floriani Squarciapino, *Museo Ostiense*, 1962.

54 Raissa Gourevic (Odessa, 1897 – Rome, 1979) arriva à Ostie dans les années 1930 et y resta en activité jusqu'au milieu des années 1960, après avoir épousé Guido Calza, peu avant sa mort. Ses études sur la sculpture d'Ostie sont réunies dans deux volumes de la série Scavi di Ostia, dédiés aux portraits (*SdO V*, 1964 et IX, 1975).

55 Pour une synthèse des principales découvertes et des informations sur l'histoire de la ville, voir *EAA Secondo Supplemento 1971-1994*, IV (1996) pp. 142-148 s. v. Ostia (Pavolini), à laquelle nous renvoyons aussi pour une bibliographie mise à jour.

56 F. Zevi, «Isola Sacra. Individuazione di un quartiere ostiense transtiberino», *FA* 22, n° 5004 ; id., «Ostia (Roma). Scoperte archeologiche effettuate casualmente nei mesi di settembre e ottobre 1968 nell'Isola Sacra, presso la sponda della Fiumara Grande tra il Ponte della Scafa e l'ansa», *NSc* 1972, pp. 404 *sqq.*

57 A. Arnoldus-Huyzenveld – L. Paroli, «Alcune considerazioni sullo sviluppo storico dell'ansa del Tevere presso Ostia», *Archeologia Laziale* XII/2, 1995, pp. 383-392.

« Il palazzo per tutti »
La découverte des immeubles locatifs de l'Antiquité
et son influence sur l'architecture de la Rome fasciste[*]

Valentin Kockel

Toute imitation archéologique est une profanation des choses antiques
(Le Corbusier, Rome 1936)

La question de savoir pourquoi un vestige archéologique a un effet direct sur l'art ou l'architecture de son époque, ou pourquoi il n'est « effectivement » découvert et apprécié à sa juste valeur que plus tard, se pose chaque fois qu'on retrace l'histoire de l'influence exercée par certains monuments importants. On a souvent l'impression que ce n'est qu'à un moment historique précis que beaucoup de ces découvertes deviennent possibles.

Dans l'article qui suit, on traitera d'un cas où, étonnamment, la découverte et la formulation du problème par le chercheur correspondent à un besoin et à l'acceptation de ce dernier. Il s'agit des immeubles de location à Ostie, du problème du logement dans la Rome des années 20 et 30 du XXe siècle et de l'intérêt que les historiens comme les architectes modernistes portèrent à de tels bâtiments utilitaires, négligés jusque-là. Il s'agit là d'un cas tout à fait concret d'histoire des influences[1].

Jusqu'au XXe siècle, les fouilles ne furent menées à Ostie que de façon sporadique et ponctuelle. Ce n'est que sous la direction de Dante Vaglieri que l'exploration systématique de la ville commença, peu après 1900, dans le but de relier les zones fouillées, mais isolées les unes des autres, situées entre la porte de la cité et le forum[2].

En 1913, après le décès prématuré de Vaglieri, Guido Calza, âgé alors de vingt-cinq ans, reprit la direction des fouilles et la conserva jusqu'à sa mort en 1946[3]. On peut lire sur un plan de 1926 l'étendue des nouvelles fouilles[4]. Le quartier nord-est avait été dégagé dans sa totalité, y compris une série de grands immeubles de location. C'est avec ces derniers bâtiments qu'Ostie, par rapport à toutes les autres fouilles, était à même de procurer de nouvelles données concernant la vie dans une ville romaine. Calza ne se laissa pas impressionner par les aménagements modestes et par le manque de trouvailles pendant ses fouilles. Au contraire, il reconnut tout de suite l'importance historique et archéologique de ce type d'architecture inconnu jusque-là et se concentra aussitôt sur son interprétation. En 1916 déjà, parut dans la revue archéologique *Monumenti Antichi* un

article de sa plume sur : « La primauté de l'*insula* dans la construction romaine »[5] qui, dans ses analyses, sinon dans ses conclusions, est encore important aujourd'hui pour la recherche sur la maison romaine.

Comme résultat de ses fouilles, Calza définit un type de maison d'habitation romaine inconnu jusqu'alors et le distingua de la *domus*, connue surtout à travers le site de Pompéi. Sa position peut être résumée comme suit. La *domus* ne comportait en principe qu'un niveau, comme le montrent les plans et reconstructions idéalisants des manuels[6].

De longs murs sans fenêtres longeaient les rues. La lumière ne pénétrait que par des cours intérieures – atriums ou péristyles – dans les pièces que cachaient ces murs. Une hiérarchie stricte, déjà décrite par Vitruve, définissait les proportions et l'utilisation de ces unités indépendantes. La *domus* servait d'unité d'habitation architecturalement autonome pour la *familia* romaine rassemblée autour du *pater familias*.

Calza distinguait fondamentalement ce type de maison des grands immeubles d'Ostie. Ces derniers, hauts de trois ou quatre étages, flanquaient la rue et possédaient parfois des cours intérieures. Le côté donnant sur la rue présentait une façade articulée par des pilastres, et surtout par des fenêtres. Des portiques, des loggias et des balcons animaient la construction. De nombreuses fenêtres éclairaient les pièces directement. Des couloirs étroits menaient de la rue aux cours intérieures parfois aménagées en jardins, ou dans des parcs annexes. Plusieurs cages d'escaliers reliaient les étages indépendants les uns aux autres, où se trouvaient des appartements de tailles diverses. Les pièces de ces appartements avaient toutes plus ou moins les mêmes dimensions et pouvaient donc être utilisées différemment selon les besoins. Calza commença par nommer ces immeubles des *insulae*, terme attesté chez Cicéron. Il était important pour lui, en ce qui concerne la typologie architecturale, que la *domus* pompéienne ne soit pas un précurseur de l'*insula*. Pour Calza, la *domus* était à l'époque impériale un anachronisme architectonique déjà dépassé, ne subsistant qu'en tant que forme d'habitation destinée à l'élite. Par contre, il constatait que l'*insula* comporte des structures modernes, adaptées aux nouvelles formes de la vie sociale, où toutes les classes de la société pouvaient trouver place. C'est Ostie qui nous renseigne à la place de Rome. Les constructions érigées par la dynamique ville portuaire permettaient même de tirer des conclusions sur ce que devait être la capitale. A la Rome des monuments, des constructions publiques représentatives, il était possible d'opposer l'Ostie de la vie populaire.

Un article archéologique pourrait s'en tenir là. Pourtant, Calza insistait déjà dans ce premier article sur deux aspects, qu'il reprit par la suite et qui sont également importants pour notre discussion. L'architecture d'Ostie serait – contrairement à la pompéienne – «purement romaine», créée par les Romains sur sol romain, et non hellénistique ou influencée par l'Orient. De plus, ces maisons – là aussi contrairement à celles de Pompéi – ressemblaient tellement à l'architecture d'habitat moderne, que cette dernière, dans sa conception comme dans beaucoup de ses éléments, devait dériver de l'Antiquité romaine[7]. Les palais de la Renaissance eux aussi, tout comme les gratte-ciel américains[8], ne pouvaient être concevables sans les modèles romains nouvellement mis au jour, même si les voies de cette transmission restaient encore obscures. La *romanità* avait créé une nouvelle unité architecturale en faisant la somme de différents habitats et avait ainsi résolu un problème de construction domestique qui devait être nouveau à l'époque : *fare della casa del singolo il palazzo per tutti* («faire de la maison individuelle le palais pour tous»). On avait résolu, selon Calza, de façon typiquement romaine, un problème architectonique, et satisfait en même temps à un besoin social[9]. «Les origines plébéiennes de la maison comme du locataire qui l'occupait y étaient ingénieusement cachées»[10]. L'intérêt de la communauté était donc placé au-dessus de celui de l'individu.

Romanità et *modernità*, ainsi que l'adaptation réussie de la construction urbaine et domestique à la nouvelle réalité sociale de l'époque impériale, tels sont les thèmes que Calza ne cessa de reprendre par la suite. Le progrès des fouilles élargit encore la base des connaissances archéologiques et l'on fut en mesure de distinguer plus précisément la typologie et les différentes formes des maisons à cour de celles des véritables *insulae*, relativement étroites[11].

Nous ne discuterons pas ici de la valeur scientifique du travail de Calza, mais de son impact. Un impact pour lequel il a personnellement beaucoup œuvré. En effet, il divulgua ses découvertes et ses thèses dans des publications de tout niveau : dans des revues scientifiques, dans des magazines pour intellectuels, dans des revues d'art de vulgarisation, en Italie comme à l'étranger, et dans la monumentale *Enciclopedia Italiana ;* mais aussi dans l'organe du Club automobile italien ou dans la presse quotidienne[12]. Pourtant, ses articles n'auraient pas eu autant d'influence sur les masses, s'il ne s'était assuré la collaboration de l'architecte et chercheur Italo Gismondi, dont les reconstitutions

1   I. Gismondi, reconstitution du grand portique sur le *decumanus* d'Ostie (avant 1916). D'après Calza 1916, pl. 6.

graphiques, dans leur grande force de suggestion, avaient déjà à l'époque fasciné les architectes comme le public, et déterminent encore aujourd'hui l'image que nous nous faisons d'Ostie. Gismondi, d'un an l'aîné de Calza, avait commencé à travailler à Ostie en 1909 déjà, sous la direction de Vaglieri. C'est là qu'il dut acquérir rapidement les connaissances et capacités qui lui permirent plus tard non seulement de documenter graphiquement toute la ville d'Ostie, mais aussi de s'occuper, en tant qu'architecte et historien de l'architecture, de presque toutes les grandes entreprises archéologiques dans la Rome de Mussolini[13].

Si l'on suit le travail de Gismondi à Ostie, on peut constater un changement stylistique dans son mode de représentation, qui a des conséquences non seulement sur la forme, mais aussi sur le contenu, et se superpose aux idées changeantes de Calza. Tout d'abord, c'est encore la formation académico-historique qui domine dans des dessins qui représentent des architectures à colonnes associées à des éléments de paysage – des nuages, par exemple – et ne renie pas sa proximité formelle avec l'art nouveau (**fig. 1**).

2   3

Entre 1919 et 1921, Gismondi opère un complet changement de style qu'on observe sur les dessins montrant le même bâtiment, mais datant de différentes époques[14]. Ainsi, en 1916, la Maison du Thermopolium est reconstituée dans un dessin au trait fin, et montrant deux et trois étages (**fig. 2**). La façade est couverte d'un enduit qui s'effrite, des plantes ornementales placées dans des bacs décorent les balcons et de gros nuages pansus forment un arrière-plan dramatique.

La **figure 3** montre le même angle de vue dans un dessin de 1922, qui, pour son élévation, repose de façon évidente sur le dessin plus ancien. Mais la construction a acquis un étage supplémentaire, les briques sont dessinées comme des structures visibles, ce qui fait ressortir les linteaux des fenêtres et les arcs de décharge comme des ornements. Les bacs à plantes sont déplacés au dernier étage et des ombres portées noires soulignent la solidité de la construction. A la place de la dégradation visible sur le premier dessin apparaît un bâtiment parfaitement exécuté, qui semble à peine terminé. On trouve les mêmes transformations sur les dessins correspondants de la Maison de Diane. Ici aussi, la feuille de 1916 montre une certaine dégradation et une retenue prudente dans la vision générale, alors que le dessin de 1922 (**fig. 4**) développe une façade somptueuse, ornée de loggias et de petits frontons plats à l'étage supérieur[15].

Une comparaison avec le monument tel qu'il a été trouvé [voir ci-dessous, pp. 230-244] montre comment, d'étage en étage – d'une façon inversement proportionnelle à ce qui est conservé, pourrait-on dire – la décoration s'enrichit.

Le changement de style et de contenu des reconstructions de Gismondi reflète les nouvelles idées de Calza. Si ce dernier avait d'abord imaginé que l'architecture de brique était

entièrement recouverte d'enduit et ne devait être éventuellement visible que dans l'ornementation des entrées[16], il fut ensuite persuadé que la brique, en tant qu'élément typique de la *romanità*, devait être fièrement exhibée[17]. Son idée quant à la hauteur des bâtiments avait aussi changé. En se fondant sur les sources, il pensait pouvoir conclure à l'existence de quatre, voire cinq étages.

Les façades, toujours d'après Calza, avaient été conçues avec des balcons dans un but urbanistique – opinion qui également se retrouve dans les dessins de Gismondi. Pourtant, les transformations que nous avons constatées ne peuvent s'expliquer uniquement par les nouvelles connaissances archéologiques. Elles révèlent aussi un changement d'attitude de la part des archéologues et des historiens de l'architecture. Les premières reconstitutions s'en tenaient aux résultats et forgeaient une Antiquité pittoresque déjà rendue à son abandon. Les nouvelles reconstitutions, en revanche, sont parfaitement travaillées jusqu'au chéneau, d'une manière peu vérifiable d'ailleurs. On a l'impression d'y entendre déjà le langage énergique du régime en train de se mettre en place, une cadence et un vocabulaire dont Calza se servira par la suite d'une façon de plus en plus perceptible. Le caractère lisse et intemporel de ces images leur ôte leur qualité de référence et en fait des modèles idéaux, fonction pour laquelle on les a ensuite aussi mises à contribution.

Il faut insérer ici une réflexion sur la fidélité des reconstitutions. L'historien de l'architecture Armin von Gerkan critique en 1940 l'aspect des étages supérieurs et surtout «l'utilisation du motif du balcon comme simple enrichissement de l'appartement … comme le montre la reconstitution d'une autre maison» (à savoir, la Maison de Diane)[18]. Dans sa réplique,

2 I. Gismondi, reconstitution de la Maison du Thermopolium à Ostie (avant 1916). D'après Calza 1916, p. 561 fig. 9.

3 I. Gismondi, reconstitution de la Maison du Thermopolium à Ostie (1922). D'après Calza 1923, p. 58 fig. 33.

4 I. Gismondi, reconstitution de la Maison de Diane à Ostie (vers 1922). D'après Calza 1923, p. 11 fig. 9.

5 V. Ballio Morpurgo, immeuble locatif de Via Sannio à Rome, 1921-1922 (photo de l'auteur).

Gismondi défendit ses reconstitutions en arguant que tous les éléments et motifs qu'il avait utilisés étaient attestés[19]. Cela ne contredit pas von Gerkan si l'on admet que sa critique ne portait pas sur l'existence d'un motif, mais sur la façon dont Gismondi le manipulait dans ses reconstitutions. Là où Gismondi avait le champ libre, dans les étages supérieurs entièrement perdus, il laissa libre cours à son esthétique et cette esthétique était, elle, fortement influencée par l'apparence des façades des immeubles des années 1920. La répartition pittoresque et asymétrique des balcons, loggias, groupes de fenêtres, etc., était soumise au même goût de l'époque, lequel allait être influencé à son tour par ces dessins pris comme des témoins pseudo-authentiques. L'effet des dessins, comme on va le montrer par la suite, reposait sur le cercle vicieux qui touche les dessins de reconstitution particulièrement bien exécutés : plus le dessin va à la rencontre du goût de sa propre époque, plus ce prétendu document aura d'effet[20] !

La majorité des dessins de Gismondi, en particulier les copies retouchées d'anciennes feuilles, furent conçus pour un article publié en deux parties en 1923, sous le titre *Le origini latine dell'abitazione moderna*, dans la revue *Architettura e Arti decorative*[21]. Calza y répète, de manière un peu modifiée et simplifiée, ses idées développées en 1916 déjà, mais cette fois pour un autre public. *Architettura* s'adressait à un public d'architectes relativement conservateurs et devint en 1927-1928 l'*Organo nazionale del sindacato nazionale (fascista) architetti*. Les éditeurs en étaient l'architecte et historien de l'architecture Gustavo Giovannoni (1873-1947)[22], très connu à l'époque, et l'architecte Marcello Piacentini (1881-1960)[23], qui commençait alors l'ascension qui allait faire de lui la figure de la scène architecturale qui décidait de tout, pour le moins à Rome.

Malgré l'accent évident mis sur l'architecture moderne, les numéros plus anciens continuaient de présenter comme des modèles des reconstitutions de bâtiments monumentaux de l'Antiquité, tandis qu'on considérait avec un certain dégoût les « expériences modernes réalisées au-delà des Alpes ». Les thèmes contemporains étaient également présentés par des esquisses à la manière antique, par exemple divers projets de

6   7

thermes, dont l'un fut concrétisé dans l'établissement de bains construit au Lido di Roma[24].

Ce n'est pourtant pas l'architecture monumentale, mais l'architecture utilitaire que Calza propagea comme source d'inspiration pour les solutions modernes. Un coup d'œil à la situation contemporaine du marché du logement montre que cette idée n'était guère aberrante. Entre 1901 et 1926, la population passa de 460 000 à 800 000 habitants et elle continua de croître à la même cadence ensuite. C'était la première fois que la cité s'approchait à nouveau de sa taille antique. En outre, la déconcentration de la vieille ville, les éventrements si critiqués, détruisirent à eux seuls, dans les années 1927 à 1931, l'espace habitable d'environ 80 000 personnes. La demande pour des habitations convenables était donc énorme et de grands immeubles de location apparurent dans toutes les banlieues. Le nouvel Etat fasciste se considérait, d'une part, comme le successeur légitime de l'Empire romain et, d'autre part, comme un Etat corporatif moderne. Il considérait parmi ses succès d'avoir procuré un logement aux populations plus pauvres, logement dont l'esthétique était supposée avoir aussi une influence éducative sur les masses[25].

Le recours à des modèles des grandes époques de Rome, à la Renaissance et au Moyen Âge, mais surtout à l'Antiquité, allait de soi. Les découvertes de Calza et les dessins suggestifs de Gismondi allaient manifestement à la rencontre de l'ambiance générale de leur époque. La pénurie de logement, dont l'archéologue pensait avoir trouvé la solution pour la Rome antique dans l'invention géniale de l'immeuble de location par les Romains, était à nouveau actuelle et nécessitait une nouvelle solution.

On trouve, en effet, toute une série d'immeubles datant des années 1920, qui font clairement référence, dans certains éléments isolés ou dans tout leur aspect extérieur, à l'architecture ostienne. Déjà en 1921-1922, on érigea près de Porta San Giovanni, dans la Via del Sannio, un grand immeuble (**fig. 5**)[26], projeté par V. Ballio Morpurgo (1890-1966).

Il semble transposer, en grande partie, dans une nouvelle réalité la vision de Calza datant de 1916. L'immeuble est recouvert d'enduit, mais les éléments essentiels sont mis en avant par l'utilisation de briques visibles, qui sont même, en partie, arrangées en *opus spicatum* à la façon antique. La porte et la mezzanine sont reliées par l'intermédiaire d'un arc. La porte d'entrée reprend des éléments de la porte antique du Panthéon et les balcons placés sur des consoles rappellent les solutions ostiennes. De la même façon, un peu plus tard, une construction nouvelle de Littoria — aujourd'hui Latina — met en avant des arcs et des ornements de brique (**fig. 6**)[27]. Elle se trouve de la sorte extraordinairement proche de la maquette d'Ostie fabriquée sous la direction de Gismondi (**fig. 7**).

Mais l'adaptation la plus poussée de l'architecture domestique ostienne se trouve dans la cité-jardin de Garbatella, construite à partir de 1919, à proximité de S. Paolo fuori le Mura[28]. Sur la Piazza B. Romano, située au centre, Innocenzo Sabbatini[29] — architecte dirigeant la société de construction Istituto di Casa Popolare —, édifia un bâtiment administratif qui devait abriter avant tout des bains publics, avec douches et baignoires (**fig. 8**). Le complexe, élevé et comprenant trois ailes, relie deux idées principales en un collage audacieux : le rez-de-chaussée copie les fenêtres et les portes en arc «romains» et, au-dessus, le balcon de la Maison de Diane à Ostie (**fig. 9**). Un détail montre avec quelle exactitude la forme même du revêtement de briques correspond au modèle (**fig. 10**).

La structure du toit répète tout aussi précisément la série de fenêtres surplombant le *frigidarium* des Thermes de Dioclétien, sans toutefois qu'un espace aussi grand y soit dissimulé. Sabbatini a fusionné ainsi le luxe exemplaire des thermes impériaux romains, qui étaient accessibles à l'ensemble de la population, avec l'immeuble de location également moderne et exemplaire, tel qu'on le trouvait à Ostie. «Il palazzo per tutti» était redevenu une réalité, sur le plan fonctionnel comme sur le plan représentatif.

8

6　　Latina (Littoria), immeuble locatif (photo MacDonald).

7　　Ostie, Horrea I viii 1. Maquette de I. Gismondi. D'après C. Pavolini, *La vita quotidiana a Ostia*, 1988, fig. 36.

8　　I. Sabbatini, bâtiment administratif avec bains publics. Toit avec fenêtres inspirées par celles des thermes (photo de l'auteur).

Sabbatini appartenait, comme il le disait lui-même, aux traditionalistes. Il est toutefois étonnant que les architectes «modernes» d'Italie, les rationalistes gravitant autour du «Gruppo 7», aient eux aussi ressenti une forte affinité avec l'Antiquité, et précisément avec les formes de construction non structurées d'Ostie. Des nombreuses opinions, souvent contradictoires, sur le fait de savoir ce qui est en réalité moderne dans

l'architecture romaine antique, seul un témoignage mérite d'être mentionné ici[30]. Dans la revue phare des «modernes», *Casabella*, l'architecte Giuseppe Pagano publia en 1931 un article intitulé «Architecture moderne d'il y a vingt siècles»[31]. Il y reprend l'analyse de Calza (mentionné comme personnalité manifestement très connue) traitant de la nature de la maison ostienne en comparaison avec celle de la maison pompéienne. Il relève la rationalité de l'organisation de la première, tournée vers l'extérieur, tandis que l'autre l'est vers l'intérieur. Sans vouloir aucunement créer une dépendance entre les deux époques, il sent cependant une affinité interne: «Chaque fois que je marchais à Pompéi le long du Vicolo del Balcone Pensile ou dans les rues suggestives entourant les entrepôts d'Ostie, croissait en moi le désir étrange de compléter ces ruines célèbres de façon moderne. J'avais l'impression qu'il s'agissait de bâtiments qu'un Le Corbusier ou un Mies van der Rohe, qui n'auraient pas encore connu l'acier ou le béton précontraint, venaient de laisser telles

9   10

quelles ». L'article est illustré de vues de maisons pompéiennes, auxquelles il juxtapose des photos comparables de constructions modernes.

L'actualité de l'architecture domestique antique et particulièrement de celle d'Ostie est donc ressentie aussi bien par les architectes traditionalistes que par les rationalistes, même sous des augures différents. Les thèses de Calza sont connues, leur accent est juste, et elles suscitent des réactions. Les dessins de Gismondi fascinent justement autant, parce qu'ils présentent comme documents prétendument fidèles une Antiquité qui correspond à l'esprit du temps[32]. Pour un court instant, l'architecture d'Ostie nouvellement découverte fut effectivement un facteur important dans la discussion contemporaine. Mais son effet ne resta que symbolique et superficiel. Les besoins des familles de travailleurs dans l'Etat corporatif fasciste ne pouvaient être comparés sans autres avec ceux des couches sociales inférieures de l'époque impériale, comme Calza l'avait suggéré. On ne pouvait transposer plus que des matériaux, des motifs ou des façades, car les plans au sol suivaient de toutes autres lois.

trad. Patrizia Birchler Emery

9   Ostie, Maison de Diane. Balcon sur la Via dei Balconi (photo de l'auteur).

10   I. Sabbatini, bâtiment administratif avec bains publics. Façade à balcon (photo de l'auteur).

Notes

* L'idée première de cet article se développa au cours de promenades à travers les quartiers de Rome ayant vu le jour durant les quarante premières années du XXe siècle. Une étude plus approfondie du sujet montra que W. L. MacDonald et C. Cresti, surtout, avaient développé des idées assez proches, mais sans entrer dans les détails ou avoir recours aux mêmes monuments dans leur argumentation. Ce n'est qu'après la publication d'une première version de cet article dans les *Nürnberger Blätter zur Archäologie* 11, 1994-1995, pp. 23-36, que je suis tombé sur deux publications concernant ce thème: la première est un article d'Alessandra Muntoni, «Italo Gismondi e la lezione di Ostia Antica», paru dans *Rassegna* 15, cahier 55, sept. 1993, pp. 74-81. Muntoni interprète les dessins de Gismondi comme des projets architectoniques et leur prête un caractère hyperréaliste semblable à celui que l'on peut trouver dans le cinéma. Elle sous-estime leur influence sur l'architecture contemporaine et ne mentionne pas les réalisations de Sabbatini.

En revanche, le mémoire de licence de Mario Ietto, *Gli Scavi di Ostia Antica e l'attività di Guido Calza e Italo Gismondi nella formazione del dibattito culturale ed architettonico contemporaneo* (http://www.liberliber.it/biblioteca/tesi/architettura/index.htm) traite de manière intensive aussi bien le côté archéologique que le côté architectonique du thème, en utilisant également des textes d'archives. Nos résultats concordent sur de nombreux points. Il me semble pourtant, qu'il suit souvent et de manière peu critique, la rhétorique des protagonistes des années 1920 et 1930 et qu'il surestime l'influence d'Ostie. Pour l'aide qu'ils m'ont apportée à tous les niveaux, je remercie surtout E. Neudecker et K. Simons.

Abréviations:
Calza 1916
G. Calza, «La preminenza dell'"insula" nell'edilizia romana», *MonAnt* 23,2, 1916, pp. 541-608
Calza 1923
G. Calza, «Le origini latine dell'abitazione moderna», dans: *Architettura e arti decorative* 3, 1923, pp. 3-18 et 49-63

[1] W. L. MacDonald, «Excavation, Restoration, and Italian Architecture of the 1930s», dans: H. Searing (dir.), *In Search of Modern Architecture. A Tribute to Henry-Russell Hitchcock*, 1982, pp 298-320; C. Cresti, *Architettura e fascismo*, 1986, surtout pp. 95*sq*.

[2] Situation en 1912 chez: L. Paschetto, *Ostia. Colonia romana. storia e monumenti*, 1912, plan [voir aussi ci-dessus, p. 60, fig. 5].

[3] Aucune biographie de Guido Calza, dans laquelle on présenterait ses rapports avec le régime, n'a paru à ce jour. Article nécrologique par G. Becatti, *RendPontAcc* 22, 1946/7 (1948), pp. 23-30. *Diz. biografico degli Italiani* 17, 1974, pp. 45-47.

[4] G. Calza, G. Becatti, I. Gismondi *et al.*, SdO I. *Topografia generale*, 1953, p. 64 fig. 17.

[5] Calza 1916.

[6] Cp. par exemple E. Brödner, *Wohnen in der Antike*, 1993, p. 51 fig. 12b (d'après un modèle plus ancien).

[7] Calza 1916, pp. 546, 603*sq*. et 608.

[8] G.Calza, *MonAnt* 26, 1920, p. 353: «Les Américains n'en seraient peut-être jamais venus à construire des gratte-ciel, si le monde antique ne nous avait légué que la *domus* à atrium.»

[9] G. Calza, *Palladio* 5, 1941, pp. 26 et 31.

[10] *Id.*, *MonAnt* 26, 1920, p. 353.

[11] *Id.*, *Palladio* 5, 1941, pp. 1-33.

[12] En sus des articles déjà mentionnés, au choix: *Nuova Antologia*, mai 1916, pp. 151-165; *Art and Archaeology* 12, 1921, pp. 211-217; *Ostia. Guida storico-monumentale*, 1925 (nombreuses rééditions aussi dans d'autres langues). Une recension positive du publiciste très influent Ugo Ojetti dans la revue *Dedalo* 6, 1925/6, p. 410, mentionne particulièrement l'architecture domestique comme source de l'architecture moderne); *Capitolium* 5, 1929, pp. 521-531; *Antiquity* 7, 1933, pp. 405-409; *Enciclopedia Italiana*, vol. 19, 1933 et vol. 25, 1935, s. vv. «Insula» et «Ostia»; *Palladio* 5, 1941, pp. 1-33.

[13] I. Gismondi (1887-1977). Ses écrits, pour la plupart inédits, se trouvent auprès des autorités archéologiques responsables. Voir, par exemple le jeu de plans pour l'ensemble du forum d'Auguste, de 1930-1931, qui n'a été publié que récemment (*BullCom* 90, 1985, pp. 341-361).

[14] C'est au même moment que Gismondi change sa signature, passant d'un modeste «GI» à «I – Gismondi».

[15] Pour les données archéologiques particulièrement pauvres, dans ce cas, voir *NSc* 1915, p. 326 fig. 2.

[16] Calza 1916, pp. 577*sq*.

[17] Calza 1923.

[18] *RM* 55, 1940, pp. 160-162.

[19] *BullCom* 69, 1941 (1943), pp. 157-159.

[20] Il n'est pas possible ici de prouver cela dans le détail. Mais on peut se rappeler, par exemple, le bâtiment principal de la Piazza Brin à Garbatella (1920, par I. Sabbatini), qui, bien qu'il reprenne dans le détail des formes médiévales, montre une compréhension très semblable de la façade. Représentations de qualité chez I. de Guttry, *Guida di Roma moderna*, 1978, p. 68 fig.1.

[21] Calza 1923.

[22] G. Giovannoni a beaucoup contribué, avec sa *Tecnica dalla costruzione presso i romani*, paru en 1925, à l'estime portée par les Romains à l'architecture de brique et de ciment.

[23] M. Lupano, *Marcello Piacentini*, 1991.

[24] Voir Cresti, *op. cit*. (n. 1), pp. 98*sq*.

[25] Cf. par exemple l'écrit publié par le Governatorato de Rome: *Roma nel presente e nell'avvenire nel Natale di Roma*, 1928, *VI E(ra) F(ascista)*, notamment pp. 76-89, où il traite du problème du logement.

[26] Pour les informations concernant ce bâtiment, je remercie E. Neudecker.

[27] D'après MacDonald, *art. cit*. (n. 1), p. 310 fig. 20.

[28] Sur le développement de ce quartier et ses différentes phases de construction, voir C. Cocconi et M. De Grassi, *La casa popolare a Roma*, 1984, *passim*; V. Fraticelli, *Roma 1914-1929. La città e gli architetti tra la guerra e il fascismo*, 1982, pp. 191*sq*.

[29] B. Regni et M. Sennato, *Innocenzo Sabbatini. Architettura tra tradizione e rinnovamento*, 1982. Sur le rapport avec Giovannoni, voir p.14. Sur la construction des Bagni, voir pp. 36*sq*., avec la même appréciation. – Je n'ai pas eu accès au travail de M. A. Perkowski, *Garbatella: Low Income Housing and the Work of Innocenzo Sabbatini*. Thèse de doctorat de l'Université du Washington (manuscrit dactylographié).

[30] Pour un traitement détaillé de ce thème et des concepts de *romanità* ou *mediterraneità*, ainsi qu'une comparaison entre l'architecture insulaire et les cubes du Bauhaus ou de Le Corbusier et la nécessité de s'en démarquer en Italie, voir Cresti, *op.cit*. (n.1).

[31] G. Pagano-Pogatschnig, *Casabella* 47, nov. 1931, p. 14: *Ogni volta che io ho percorso il pompeiano vicolo del balcone pensile o quei suggestivi meandri che circondano i granai di Ostia, mi si è presentato uno strano desiderio di completare modernamente quelle illustri rovine, come se fossero cose lasciate momentaneamente incomplete da un Le Corbusier o da un Mies van der Rohe che non avessero ancora conosciuto né il ferro né il cemento armato.*

[32] Il m'apparaît symptomatique que, pour cette assimilation, un graphiste, ne se doutant visiblement de rien, ait précisément choisi pour illustrer la jaquette d'un ouvrage de V. Fraticelli sur l'architecture de Rome dans les années 1920 (publié en 1982), la reconstitution par I. Gismondi d'un bloc d'immeubles ostien, tirée de l'article de Calza paru en 1923.

Les nouvelles fouilles de la Schola del Traiano : premiers résultats

Laurent Chrzanovski, Clemens Krause et Angelo Pellegrino

L'édifice monumental connu sous le nom de Schola del Traiano, suite à la découverte de la fameuse statue de marbre de l'empereur, est situé sur le Decumanus Maximus, entre le croisement avec la Via della Foce et la Porta Marina. Construit durant la seconde moitié du IIe siècle ap. J.-C., il s'agissait vraisemblablement du siège (*schola*) de la puissante corporation des *fabri navales*, les constructeurs de navires[1]. Le complexe fut dégagé en toute hâte durant l'automne 1938 dans le cadre du vaste programme de fouilles intensives[2] décrété par le gouvernement comme partie intégrante du grand projet de l'exposition universelle de 1942[3] (**fig. 1**).

Le but de ces grands travaux était d'atteindre et de révéler, dans toute la ville, les niveaux d'époque hadrienne. Cependant les travaux mirent aussi au jour quelques vestiges antérieurs. Aussi, les archéologues ont-ils pu constater que la Schola occupait l'aire où se dressaient précédemment deux grandes maisons privées, dont on ignore encore presque tout[4]. Commencées en 1997 par une équipe genevoise[5] en collaboration avec la Surintendance Archéologique d'Ostie, les nouvelles recherches menées dans le périmètre de l'édifice ont-elles pour but de mieux comprendre les différentes phases de l'occupation du site, depuis l'apparition des premières structures habitables jusqu'à leur destruction complète pour la construction de l'imposant édifice de la Schola.

L'attention des premières recherches s'est concentrée sur la *domus* qui occupe toute la partie orientale de la Schola (**fig. 2**). On en connaissait déjà le péristyle[6], dont un côté a été partiellement reconstruit. Son sol est orné d'une simple mosaïque noire et blanche bordée d'une bande à décoration végétale[7]. Sur le côté nord de la cour, on trouve un long bassin, ponctué en son centre d'une niche semi-circulaire[8], et dont le fond est constitué de briques disposées en arrêtes de poisson. Le péristyle est également doté de deux puits. Le premier, situé dans l'angle

1 La Schola del Traiano à la fin des fouilles intensives. Le cliché a été pris le 7 février 1939 (SAO, Serie A, N. 2155).

sud-est de la cour, fut surmonté par le portique lors de la dernière phase de la *domus*. On aménagea alors une petite salle souterraine, à laquelle on accédait par une rampe d'escalier depuis le côté oriental du portique. Toute la structure sera définitivement oblitérée par la construction de la Schola, ce qui n'est pas le cas du second puits, situé à l'angle nord-ouest du bassin du péristyle[9], qui fut réhaussé et doté d'une margelle en marbre (aujourd'hui disparue) lors de l'édification de l'immeuble corporatif. Avant les nouvelles fouilles déjà, on pouvait aussi observer quatre salles représentatives, trois au nord du péristyle (A1, A2 et A3), dont la présence était révélée par par les murs délimitant leur périmètre, qui émergeaient du niveau de sol moderne, ainsi qu'une salle au sud, aux murs massivement reconstruits, et dont le sol est orné d'une mosaïque noire et blanche au décor géométrique ponctué de fleurs et d'étoiles à six branches[10].

La chronologie de cette *domus*, considérée comme augustéenne par G. Becatti[11], s'est en fait avérée bien plus complexe. En effet, les fouilles, concentrées sur la partie de la *domus* située entre le péristyle et le *decumanus* (A1, A2, A3, Aα, Aβ, Aβ', A10, A11 et S 3) ont révélé une multiplicité de phases de construction s'étendant de la première moitié du Ier siècle av. J.-C. au moins jusqu'au début du IIe siècle ap. J.-C., ainsi que différents éléments appartenant à la construction de la Schola.

Le sondage effectué dans l'aile nord du portique du péristyle (secteur 3) est sans doute celui qui nous a livré le plus d'informations sur les premières phases d'évolution de la *domus*. Le niveau le plus ancien retrouvé jusqu'ici est un beau pavement intact en *cocciopesto* rouge orné d'éclats polychromes et de tesselles de mosaïques blanches et noires, datable de la première moitié du Ier siècle av. J.-C.[12]. Suite à un incendie, qui a probablement ravagé une grande partie de la *domus*, le pavement fut recouvert par plus d'un mètre et demi de remblais, principalement composé de vestiges, quelquefois calcinés, de la maison détruite : de nombreux fragments d'enduits peints (**fig. 3**), des stucs et des colonnes de brique, ainsi qu'un fragment de mosaïque noire et blanche comportant un motif géométrique [voir ci-dessous, catalogue, n°s II.1-2].

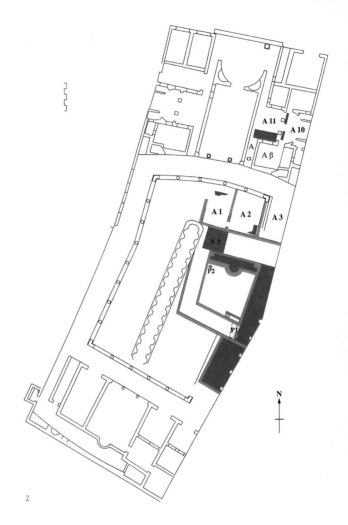

2

3

2   Plan de la Schola del Traiano avec situation des vestiges de la *domus* et des zones fouillées par l'équipe genevoise. Les structures murales sont rendues en rouge, et les pavements conservés en bleu (plan R. Trezzini ; élaboration graphique L. Chrzanovski).

3   Fragments d'enduits peints provenant du remblai recouvrant le *cocciopesto* : frise de bucranes.

Tous ces éléments, aujourd'hui en cours d'étude et de restauration, permettent d'apprécier la richesse de la phase pré-augustéenne de la *domus*. Le niveau fortement rehaussé ainsi constitué et dûment nivelé servira de base pour construire une nouvelle *domus*, celle précisément que Becatti désigne comme augustéenne, et à laquelle appartiennent le côté reconstitué du portique, le bassin de la cour, ainsi que la belle mosaïque n° 385.

Le sondage a aussi permis de constater que cette «nouvelle» *domus* témoigne d'une grande vitalité, que l'on peut observer à travers les divers changements des pavements. De nombreuses restaurations et transformations se sont succédées jusqu'à la destruction définitive du bâtiment. On observe les vestiges d'un pavement en terre battue, parsemé sur toute son étendue de petits trous qui serviront de support à un nouveau pavement[13], aujourd'hui perdu, lui-même prédécesseur du pavement en mosaïque, aussi disparu dans ce secteur, mais restauré et bien visible dans le côté reconstruit du portique.

Les sondages effectués dans les secteurs A1, A2, A3, A10 et A11 ont eux aussi révélé des niveaux de sol, moins bien conservés, mais toujours correspondant à cette phase augustéenne. Cependant, la principale caractéristique de ces secteurs (à l'exception toutefois du secteur A3) réside dans la découverte de nombreuses canalisations liées à l'édification de la Schola, et dont la construction a considérablement ravagé les niveaux de sol de la *domus*.

La salle A1

Toute la partie occidentale de la salle A1 a été entièrement détruite, afin de favoriser le passage de l'un des grands égoûts de la Schola. Construit en briques et recouvert de tuiles disposées en capucine, cet égout semble traverser toute la cour de la Schola en direction du *decumanus*, où il devait vraisemblablement se jeter dans le grand collecteur public. Par endroits, il utilise comme paroi une partie du mur déterminant le périmètre en *opus reticulatum* de la salle de la *domus*. Deux de ses puits de contrôle ont été retrouvés, l'un dans le secteur 3, accosté au bassin central de la Schola, et l'autre dans l'angle occidental de ce même secteur A1. Toujours dans ce secteur, trois petites canalisations, de section triangulaire ou rectangulaire, destinées à recueillir l'eau de pluie du portique de la Schola, entaillent profondément le dernier niveau de pavement de la salle de la *domus*, avant de se jeter dans le grand égout. Il est en outre intéressant de signaler que l'étude des estampilles retrouvées sur les grandes tuiles qui composent ces canalisations, a permis de conforter la datation de la construction de la Schola au milieu du IIe siècle ap. J.-C. (**fig. 4**) [voir aussi ci-dessous, catalogue, n°s II.3-4].

Quant au pavement de la *domus*, caractérisé par une mosaïque monochrome blanche, il est encore visible de part et d'autre de l'une des canalisations, et plusieurs de ses fragments ont été remployés dans le mortier recouvrant l'ouvrage hydraulique (**fig. 5**).

4   Estampilles des tuiles de la canalisation. La n° 1 est datable du règne d'Hadrien (= *CIL* XV 617), la n° 2 de 145 ap. J.-C. (= *CIL* XV 1071 a/b) et la n° 3 du milieu du IIe siècle (= *CIL* XV 375) (dessins E. Brigger).

5   Canalisation de section triangulaire, se jetant dans le grand égoût, dont on distingue, au fond, l'un des puits de contrôle. On remarque, à gauche de la canalisation, des fragments encore *in situ* d'une mosaïque blanche coupée par la canalisation (photo C. Goumand).

4   5

La salle A2

Elle aussi considérablement perturbée, dans sa partie septentrionale, par le passage de l'une des canalisations, la salle A2 a néanmoins livré le *statumen* de l'un des premiers niveaux de sol de la *domus* dite augustéenne, constitué de nombreux fragments de céramiques aujourd'hui à l'étude, ainsi qu'une petite partie du dernier niveau de sol, constitué d'une mosaïque monochrome blanche semblable à celle retrouvée dans la salle A1, et bordée à proximité du mur de deux bandes parallèles de tesselles noires.

La salle A3

Cette salle a été épargnée par les canalisations de la Schola. En effet, les fondations externes du portique de la Schola remploient et renforcent le mur qui séparait les salles A2 et A3, et la salle A3 fut recouverte par le déambulatoire du portique, qui ne comporte à cet endroit aucun ouvrage hydraulique. Ici encore, le strate de préparation du dernier niveau de sol de la *domus* augustéenne a été retrouvé. Cette fois-ci, cependant, il ne semble pas s'agir d'un sol orné de mosaïques, mais bien d'une composition en *opus sectile* constituée de parallélépipèdes de marbre.

6   Vue des salles A10 et A11. Au premier plan, on distingue le grand égoût de la salle A10, ainsi que les vestiges des mosaïques de la *domus*. A l'arrière-plan, on observe la fontaine carrée centrale ainsi qu'une partie du bassin de la *domus*, derrière la colonne de gauche (photo C. Goumand).

Les salles Aα, Aβ, Aβ'

Les interventions dans ces salles n'ont pas permis d'atteindre les niveaux antérieurs à la construction de la Schola. En effet, la salle Aα est toute entière traversée par une canalisation provenant du portique de la Schola, elle-même recouverte d'un épais mortier servant de strate de préparation à un pavement de marbre en *opus sectile*, dont on peut encore observer distinctement les négatifs des lastres. La salle Aβ, quant à elle, est recouverte d'une épaisse dalle de béton moderne, dans laquelle furent insérés plusieurs fragments de marbre, reconstituant ainsi par endroits le pavement en *opus sectile*. Enfin, la salle Aβ' présentait, sous un niveau de remblais hétérogène, une préparation de sol similaire à celle retrouvée dans Aα.

La salle A 11

Le sondage, qui a concerné toute la moitié méridionale de la salle, a permis de dégager une partie d'un grand bassin, recouvert d'enduit hydraulique noir, appartenant à la phase 'augustéenne' de la *domus*, et peut-être à considérer comme l'*impluvium* de l'*atrium* de celle-ci.

Le reste de la salle n'a pour l'instant livré que des éléments en rapport avec la Schola (**fig. 6**). On y remarquera la continuation de la canalisation déjà mentionnée dans la salle Aa, et qui traverse la salle A11 du sud au nord, longeant son mur de périmètre occidental, mais surtout, au centre de la salle, les fondations d'une grande fontaine[14]. Une autre canalisation, perpendiculaire et liée à la première, traverse la salle d'ouest en est, passant sous la fontaine. Enfin, toute la salle présente des traces assez mal conservées du strate de préparation du sol, qui devait être revêtu, très probablement, d'un nouveau pavement en *opus sectile*.

La salle A10

Ici encore, le sondage a mis en évidence un nouvel égoût de taille considérable, traversant toute la partie occidentale de la salle du nord au sud. Au milieu de celui-ci, se jette la canalisation qui passe sous la fontaine de la salle A11.

Comme dans les salles au nord du péristyle, l'égout entaille profondément les niveaux de la *domus*. Cependant, une fois encore, des vestiges importants de la dernière phase de celle-ci subsistent. Il s'agit de deux longs fragments de mosaïque monochrome noire, qui courent entre le mur occidental de la salle et l'égoût, et séparés entre eux par l'arrivée de la petite canalisation.

Conclusion et perspectives

L'altitude du pavement en *cocciopesto* rouge du Secteur 3, oscillant entre 0,76 m et 0,92 m au-dessus du niveau actuel de la mer, permet de suggérer, sur la base des données issues des autres fouilles urbaines proches, la présence possible de niveaux antérieurs, oblitérés par ce même pavement. Les sondages futurs nous permettront sans doute d'en savoir plus, et d'établir alors le cadre chronologique complet de la *domus*, depuis sa fondation jusqu'à sa destruction.

Bibliographie

ARENA TADDEI 1977
M.S. Arena Taddei, Ostia repubblicana. Breve cenno di guida alla visita dei monumenti (Itinerari ostiensi I), 1977

BECATTI 1961
G. Becatti, Mosaici e pavimenti marmorei (SdO IV), 1961

CALZA 1953
G. Calza (dir.), Topografia generale (SdO I), 1953

CALZA et NASH 1953
R. Calza et E. Nash, Ostia, 1959

CHRZANOVSKI, KRAUSE, PELLEGRINO 1999
L. Chrzanovski, C. Krause, A. Pellegrino, «Nuove indagini nella Schola del Traiano ad Ostia», dans: R. F. Docter et E. M. Moormann (dir.), Proceedings of the XVth International Congress of Classical Archaeology, Amsterdam, 1998. Classical Archaeology towards the Third Millennium: Reflections and Perspectives, 1999, pp. 117-118

DAVID 2000
M. David, «La successione dei livelli pavimentali nel perimetro della Schola del Traiano (IV, v, 15)», MededRom 58, 1999 (2000), pp. 66-70

PAVOLINI 1986
C. Pavolini, La vita quotidiana a Ostia, 1986

PAVOLINI 1989
C. Pavolini, Ostia (Guide archeologiche Laterza), 1989

PELLEGRINO 1992
A. Pellegrino, «Ostia. Schola del Traiano», dans: M. L. Veloccia Rinaldi *et al.*, Architetture di Roma antica I, 1992, pp. 62-77

PENSABENE 1996
P. Pensabene, «Committenza pubblica e committenza privata a Ostia», dans: A. Gallina Zevi et A. Claridge (dir.), *'Roman Ostia' Revisited*, 1996, pp. 185-222

RICCIARDI 1996
M. A. Ricciardi, La civiltà dell'acqua in Ostia antica, 2 vols, 1996

SANTA MARIA SCRINARI 1987
V. Santa Maria Scrinari, «Gli scavi di Ostia e l'E 42», dans: M. Calvese *et al.* (dir.), E42. Utopia e scenario del regime. II. Urbanistica, architettura, arte e decorazione, 1987, pp. 179-188

Notes

[1] Cf. CALZA et NASH 1959, p. 52; PAVOLINI 1986, pp. 137-138; PAVOLINI 1989, pp. 182-183; PELLEGRINO 1992, p. 64; PENSABENE 1996, p. 217.

[2] Cf. CALZA 1953, pp. 146, 168 et 226; DAVID 2000.

[3] Cf. SANTA MARIA SCRINARI 1987.

[4] Cf. CALZA et NASH 1959, p. 22; ARENA TADDEI 1977, p. 23.

[5] Nous tenons à exprimer ici notre plus profonde reconnaissance à Mmes E. Brigger, F. Curti, S. Ferrari, et MM X. Coquoz, M. David, C. Goumand, L. Lanza, T. Morard, D. Wavelet, ainsi qu'à tous les étudiants et doctorants qui ont activement participé à la fouille.

[6] Cf. PAVOLINI 1986, p. 14.

[7] Cf. BECATTI 1961, p. 202 n° 384 et pl. XI.

[8] Considéré comme un nymphée par RICCIARDI 1996, vol. II, p. 230 n° XXIV.

[9] Cf. RICCIARDI 1996, vol. I, p. 50 n° 37 et p. 80.

[10] Cf. BECATTI 1961, pp. 202-203 n° 385 et pl. XXII.

[11] Dans CALZA 1953, p. 146.

[12] Cf. DAVID 2000, p. 69.

[13] Cf. DAVID 2000, p. 68.

[14] Cf. RICCIARDI 1996, vol. II, pp. 152-153 n° 142.

Urbanisme et techniques de construction

Ostie : images de la ville

Valentin Kockel

En comparaison de Rome, le visiteur moderne perçoit Ostie antique comme une oasis verdoyante. Les ruines pittoresques sont ombragées par des pins parasols qui parsèment le sol de leurs aiguilles, alors que la plupart des rues sont recouvertes de basalte inconfortable. Ce n'est que rarement, comme dans la Via di Diana (**fig. 1**), la Via delle Trifore ou la Via della Fortuna, que les constructions sont encore serrées aujourd'hui et revêtent un caractère urbain.

Pourtant, Ostie était, à son apogée au IIe siècle ap. J.-C., une ville densément construite en hauteur comme Rome. Ce n'est que dans les sanctuaires ou d'autres emplacements privilégiés que l'on pouvait trouver des espaces verts, et les places aménagées étaient rares. Les entrepôts et les grands immeubles occupaient presque la totalité de la surface de la ville, seuls quelques établissements comme les thermes luxueux, offraient aux habitants agrément et repos. En outre, les ruines se présentent de manière assez déconcertante au visiteur. Il est vrai que les fouilles des années 1930 ont surtout tenté de mettre en valeur l'époque impériale à l'apogée de l'Empire, à laquelle le régime fasciste faisait volontiers référence. Pourtant, les restes de la fin de l'époque républicaine, du début et de la fin de l'époque impériale ainsi que de l'Antiquité tardive sont nombreux, d'autant plus que les anciennes constructions ont continuellement été transformées et rénovées durant l'Antiquité. Ainsi, 700 ans d'histoire architecturale se fondent dans une image incohérente (**fig. 2**). Même si l'on reconstruisait toutes les ruines visibles aujourd'hui, comme Italo Gismondi l'a fait pour la maquette d'Ostie, ceci conduirait à une image fictive de la ville, qui ne correspondrait à aucun moment de son histoire. A plusieurs reprises, Ostie a complètement modifié son apparence,

1 Les entrées aux appartements et les portes de tavernes forment une bordure ininterrompue de part et d'autre de cette rue, dont les immeubles avaient, à l'origine, plusieurs étages.

2 Le Decumanus Maximus devant le Théâtre. On notera les écarts chronologiques : le pavé au centre date de d'époque sévérienne, le nymphée à gauche remonte au milieu du IIe siècle, alors que les colonnes qui s'élèvent sur un niveau plus bas à droite appartiennent à des greniers (*horrea*) du début de l'époque impériale.

1 2

toujours selon sa fonction par rapport à Rome. Mais tout n'a pas disparu définitivement. Comme dans chaque ville qui a connu une évolution historique, certaines structures y sont restées conservées durant des siècles. D'anciens sanctuaires ont été préservés en raison de leur respectabilité, les axes routiers et les parcelles ont été maintenus malgré les incendies, les rehaussements de terrain et les restaurations, ce qui permet de tirer des conclusions quant aux anciennes structures.

La présente contribution se propose d'esquisser l'état de la ville durant cinq phases chronologiques : les débuts de la ville, la fin de l'époque républicaine, l'époque julio-claudienne, le IIe siècle ap. J.-C. et l'Antiquité tardive[1]. Il s'agit de la physionomie de la ville, de sa réalité visuelle et urbanistique telle que les habitants et visiteurs la percevaient, qu'elle ait été planifiée ou résultant de facteurs divers et dépendant du hasard. Notre but est d'étudier, pour chacune des cinq phases, la qualité de la ville, aussi par rapport à celle d'autres villes. Notre regard portera principalement sur les rues et les places, ainsi que sur la distribution des constructions privées et publiques dans le réseau urbain. Pour ce faire, nous nous appuierons surtout sur le premier volume des publications d'Ostie, qui fournit les bases de la chronologie du développement urbanistique[2]. De nombreux sondages, effectués après la parution de ce volume sous les constructions impériales, ont enrichi cette image, et des travaux monographiques sur l'histoire de blocs de maison ont été menés de manière exemplaire[3]. Dans le cadre de notre étude, les recherches de M. Heinzelmann ont une importance particulière. Par de nouvelles photographies aériennes et des prospections géophysiques, ces recherches ont augmenté nos connaissances du plan de la ville au-delà des zones fouillées et ont permis de reconstituer, au moins sur le papier, de tout nouveaux quartiers (**fig. 3**). Jusqu'à présent, les résultats ne sont que partiellement publiés et leur répartition en phases chronologiques est encore à ses débuts. Ainsi, ces recherches ne seront utilisées que ponctuellement et certaines conclusions devront certainement être revues[4].

Aucune trace archéologique de la première phase d'Ostie, dont les sources prétendent qu'elle a été fondée à l'époque royale en tant que « première colonie de Rome », n'a été retrouvée[5]. Le premier établissement attesté par l'archéologie ne remonte pas au-delà du IVe siècle av. J.-C. Il est resté jusqu'à l'Antiquité tardive le centre d'Ostie, tout en subissant des modifications profondes.

Son apparence était essentiellement dictée par sa fonction militaire[6]. Le plan rectangulaire exact, les quatre portes et les rues principales se croisant à angle droit, ont conduit de manière compréhensive à introduire la désignation archéologique de *castrum* (**fig. 4**). Récemment, R. Mar et F. Zevi ont rappelé que cet établissement recoupe une ancienne route menant à l'embouchure du Tibre – les actuelles Via Laurentina et Via della Foce – et a dû être construit en même temps que la Via Ostiense provenant de Rome[7]. Cette voie qui conduit directement au *castrum*, devient son *decumanus* et débouche ensuite sur l'ancienne voie. Ce croi-

sement est par ailleurs resté un des carrefours les plus importants d'Ostie durant toute son existence (**figs 4 et 5**). Il manque toutefois la centuriation habituelle, établie en même temps et généralement orientée sur le plan de la ville, dans les régions agricoles situées au sud et à l'est du *castrum*. A Ostie, les parcelles sont encore orientées sur l'axe de l'ancienne route. La ville, implantée dans une structure préexistante, dépend comme d'un cordon ombilical de la Via Ostiense et n'a donc, dans un premier temps, pas influé sur l'organisation spatiale de son territoire[8]. Un sanctuaire important, dédié à Hercule, se trouvait proche de l'embouchure du Tibre, en dehors de ce nouvel avant-poste de Rome[9], dont l'organisation interne n'est pas complètement claire. D'après toutes les reconstitutions de son plan, il ressort que la zone du *pomerium* interne occupait proportionnellement beaucoup de place, qu'il restait peu d'espace pour des habitations et surtout qu'il n'y avait pas de forum central[10]. A sa place se trouve un petit temple avec en face un bâtiment qui n'offraient toutefois pas suffisamment de place pour des réunions importantes.

Il n'est pas précisé jusqu'à quand Ostie a gardé son caractère militaire. Déjà au IIIe siècle av. J.-C., sont attestés des murs en pierres de taille en dehors de la fortification, certainement des restes de bâtiments importants, voire de sanctuaires[11]. Au IIe siècle av. J.-C., les murs de ville perdent définitivement leur fonction défensive. Des tavernes sont construites contre le parement externe des fortifications (**fig. 6**), de grandes maisons de type à atrium et péristyle sont bâties le long des voies devant les anciennes portes de la ville. Bien qu'il s'agisse ici de constructions privées, la taille des parcelles est régulière et atteste une distribution égale du terrain en dehors du noyau urbain. Ces grandes maisons s'ouvraient avec des rangées de tavernes sur les voies les plus importantes, selon un plan observé à Pompéi et dans d'autres lieux. A la fin du IIe siècle, une grande parcelle, localisée à l'est du *castrum* entre la Via Ostiense et le Tibre, est délimitée et réservée par un fonctionnaire de la ville de Rome, le *praetor urbanus* C. Caninius (**fig. 4**)[12]. Une hypothèse séduisante est d'y voir une place de transbordement pour l'approvisionnement de Rome, occupée peut-être par des entrepôts en bois. Au Ier siècle av. J.-C., les Entrepôts Républicains y sont construits, auxquels s'ajouteront à l'époque impériale le Théâtre et les Thermes. L'intérêt direct de Rome pour Ostie comme base logistique est confirmé par les nouvelles fortifications qui englobent l'extension de la ville. Si la restitution de F. Zevi de l'inscription de Porta Romana est correcte, leur érection a débuté sous le consulat de M. Tullius Cicero et elles ont été dédiées par le tribun de la plèbe P. Clodius Pulcher en 58 av. J.-C.[13]. Durant le Ier siècle av. J.-C., on a aussi construit le groupe des Quatre Petits Temples sur la parcelle de Caninius, qu'il faut mettre en relation avec le commerce et la circulation[14]. Dans le centre, l'ancien temple est remplacé par deux nouvelles constructions et un sanctuaire de Bona Dea est construit au sud-est[15]. Finalement, des inscriptions nous renseignent sur un *macellum*, un marché alimentaire, construit durant cette période, mais dont l'emplacement n'a pas encore été localisé[16].

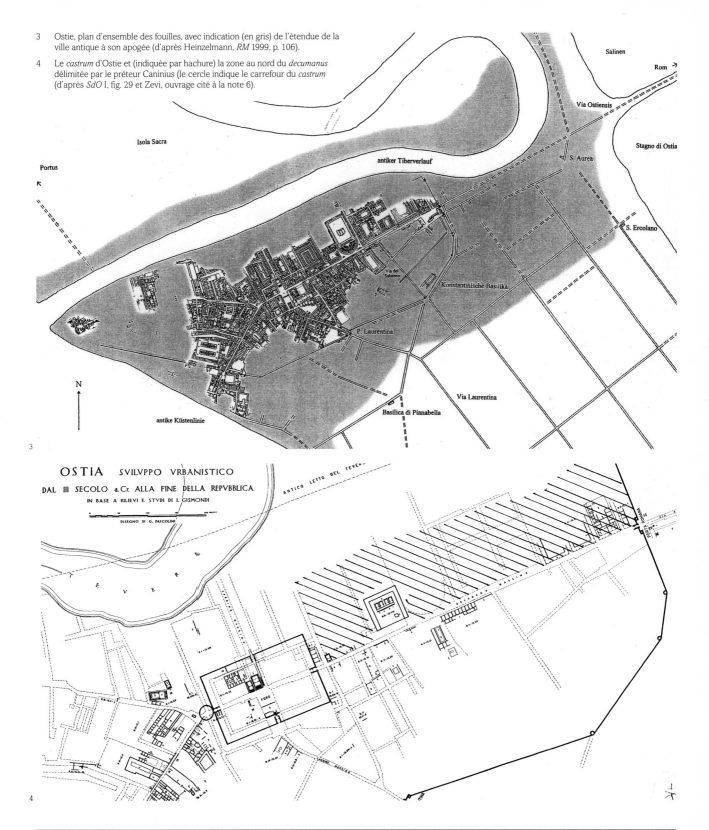

3 Ostie, plan d'ensemble des fouilles, avec indication (en gris) de l'étendue de la ville antique à son apogée (d'après Heinzelmann, *RM* 1999, p. 106).

4 Le *castrum* d'Ostie et (indiquée par hachure) la zone au nord du *decumanus* délimitée par le préteur Caninius (le cercle indique le carrefour du *castrum* (d'après *SdO* I, fig. 29 et Zevi, ouvrage cité à la note 6).

Salinen

Rom

Via Ostiensis

Stagno di Ostia

S. Aurea

Isola Sacra

antiker Tiberverlauf

S. Ercolano

Portus

Via del Sabazeo

Konstantinische Basilika

B

P. Laurentina

N

Via Laurentina

antike Küstenlinie

Basilica di Pianabella

3

OSTIA SVILVPPO VRBANISTICO
DAL III SECOLO a. Cr. ALLA FINE DELLA REPVBBLICA
IN BASE A RILIEVI E STVDI DI I. GISMONDI

DISEGNO DI G. PASCOLINI

ANTICO LETTO DEL TEVERE

TEVERE

FORO

4

5

6

5   Le carrefour du *castrum*, vu du sud-ouest. Il se développe au point où le Decumanus Maximus rejoint l'ancienne route qui mène à l'embouchure du Tibre, et gardera son importance jusqu'à la fin de l'Antiquité (photo V. Kockel).

6   Tavernes du IIe siècle av. J.-C. s'adossant au mur oriental du *castrum*, devenu obsolète (photo V. Kockel).

7   La Place des Corporations vue du Théâtre. Malgré les multiples transformations et remaniements que la place a subis au fil des temps, elle a, dans une large mesure, conservé son aspect originel de l'époque augustéenne (photo V. Kockel).

7

Il est certain que nos connaissances de l'Ostie républicaine restent rudimentaires. Chaque nouveau sondage complète ce qui est connu jusqu'à présent. Il faut cependant reconnaître qu'Ostie n'est pas, à la fin de la République, une ville normale comme les autres *coloniae* et *municipia* de l'Italie. Elle possédait, certes, une fortification avec des tours et quatre portes représentatives, mais celui qui venait de Rome était directement confronté aux entrepôts fonctionnels et relevant d'une architecture mal définie. En revanche, comme dans les autres villes, les secteurs ouest et sud étaient constitués de *domus* luxueuses avec des tavernes donnant sur la rue. Les bâtiments publics étaient peu fréquents: c'est en vain que l'on aurait cherché un forum avec une basilique, un théâtre, un amphithéâtre et de beaux thermes. Il n'existait pas non plus un approvisionnement en eau centralisé et public[17]. Dans de nombreuses villes d'Italie, ces éléments étaient depuis longtemps courants, financés par des citoyens aisés, en concurrence avec d'autres villes développées.

Ce ne sont pas les donateurs qui manquaient à Ostie, comme l'atteste par exemple les inscriptions du *macellum*[18], mais il y manquait soit le besoin de s'afficher, soit simplement le besoin de telles constructions. L'influence directe de Rome semble avoir empêché le développement d'un sentiment de fierté et le goût de la munificence. Où aurait-on érigé les statues des donateurs[19]? La construction de la ville dépendait des intérêts privés et de la capitale, non de la *colonia* elle-même en tant que communauté politique. D'un point de vue urbanistique, Ostie n'était pas vraiment indépendante, et elle manquait de bâtiments et de places pour les organes politiques.

Cet état se modifie de façon considérable encore avant la fin de l'époque julio-claudienne. L'infrastructure d'Ostie s'adapte au standard de l'époque: un théâtre est érigé au nord du *decumanus*, avec un grand portique (**fig. 7**), et, sur le côté sud du futur forum, on élève un temple à podium revêtu de marbre dédié à Rome et Auguste, au moment de la mort de ce dernier. Proche

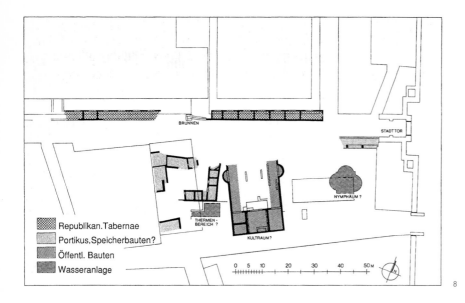

de la Porta Marina, un édifice, qui reprend certains éléments du Forum d'Auguste à Rome, était peut-être aussi dédié au culte impérial (**fig. 8**)[20]. C'est probablement également à l'époque d'Auguste qu'on pose la première conduite d'eau, à laquelle sont reliées des fontaines publiques[21]. Sur les grands espaces laissés libres au nord du *decumanus* s'édifient de grands entrepôts de blé (*horrea*) qui donnent sur le fleuve – l'artère vitale de la ville – et, à l'est du Théâtre, les thermes publics recouverts par la suite par la Via dei Vigili. La construction du premier port maritime sous Claude, en rapport étroit avec cette revalorisation, mène aussi à une plus grande densité des constructions, avec l'ajout de nombreuses tavernes, dont d'aucunes sont munies de portiques. Ainsi Ostie commence à mieux structurer ses espaces publics, manifestant sa fonction de centre commercial. Toutefois, il lui manque encore à la fin de l'époque julio-claudienne un grand forum, une basilique, un amphithéâtre, et les monuments commémoratifs semblent avoir été rares. L'apparence d'Ostie ne correspond toujours pas à son importance et ne se laisse pas comparer à d'autres grandes villes du Latium ou de la Campanie.

Pour les activités de construction de l'époque flavienne jusqu'à l'époque sévérienne dans tous les quartiers de la ville, on a souvent parlé d'une révolution architecturale ou évoqué le concept de «*boomtown*» (Heinzelmann). C'est de cette époque que date la ville que les fouilleurs des années 1930 ont voulu nous montrer : la grande ville moderne, où il était possible de retrouver des proportions d'habitat comparables à celles de Rome. Ce sont aussi ces ruines qui déterminent aujourd'hui l'impression que ressent le visiteur. Le facteur déterminant de ce changement radical de la ville, qui jusqu'alors avait un caractère provincial et hétérogène, est la décision de développer définitivement Ostie en tant que port de Rome. Le bassin intérieur construit sous Trajan et les infrastructures environnantes permettent désormais de

transborder les marchandises vers Rome et de les entreposer[22]. Par conséquent, des *horrea* sont construits à Portus et la ville elle-même devient lieu de résidence et d'entreposage. A cet effet, le niveau de la ville a été rehaussé d'un mètre ou plus[23]. Les grandes *domus* au centre ville sont démolies et remplacées par des immeubles locatifs de plusieurs étages ou des locaux de corporations ; le long de toutes les rues sont aménagées des tavernes servant d'habitation ou de locaux artisanaux (**fig. 1**). Ainsi, la ville se développe en hauteur, pour la première fois on fait face à de véritables tranchées urbaines, avec les façades des maisons présentant des rangées de fenêtres et des balcons, au-dessus des rangées de magasins. Des grands complexes polyvalents, comme les Maisons de Sérapis et des Auriges, recouvrent également d'anciens passages qui, transformés en ruelles couvertes (*viae tectae*), relient des zones privées et semi-privées (**fig. 9**).

La densité des constructions augmente considérablement, parallèlement à un changement dans la structure sociale. Les propriétaires des terrains agricoles activement exploités se sont vraisemblablement déplacés dans les zones périphériques, peut-être aussi dans les villas le long du rivage vers le sud. Un bon exemple de la transformation d'une maison résidentielle en complexe immobilier est fourni par la Maison de Diane[24]. D'autres quartiers, comme le secteur nord-ouest, sont développés *ex novo*. Dans le cas des Maisons à jardins, un mur d'enceinte est érigé, destiné à séparer par des portails les appartements luxueux de l'agitation de la ville (**fig. 10**).

La ville s'étend largement au-delà des murailles républicaines et sur l'autre rive du Tibre se développent des quartiers à fonction principalement commerciale (**fig. 3**). Les recherches susmentionnées de Heinzelmann ont révélé que les entrepôts localisés au sud du Tibre sont agrandis. Aux quinze *horrea* déjà connus s'ajoutent, selon ses calculs, dix autres entrepôts,

9   10

principalement localisés près du fleuve. Du fait que ces entrepôts sont tous de formes diverses et leur compartimentation en petites et grandes unités, il conclut, de manière convaincante, qu'il s'agissait ici de spéculation privée, contrairement à ce qui se passait à Portus. Les initiatives privées sont souvent aussi confirmées par la présence de nombreux bains, de taille moyenne et luxueux, planifiés ou insérés dans d'anciennes habitations. Les différents quartiers sont maintenant pourvus de ce service élémentaire, capital pour l'hygiène, et lieu de communication[25].

Le développement des infrastructures se déroula de manière moins uniforme. Les portiques bordant les rues se multiplièrent, mais restèrent, comme il a déjà été observé, étroitement liés aux parcelles situées à l'arrière, et ne témoignent donc pas d'une entreprise commune. Cependant, les interventions des pouvoirs publics, qu'il s'agisse de la ville d'Ostie ou de la capitale, de l'empereur et de son entourage, se manifestent plus clairement qu'autrefois dans la physionomie de la cité. Grâce aux datations des estampilles des briques, il est possible de suivre cette évolution, surtout dans les quartiers nord-est, presque à l'année près[26]. Tout d'abord, l'entrée orientale de la ville, la Porta Romana, fut recouverte d'un placage en marbre et transformée. Le quartier «de Caninius» est entièrement restructuré pour accueillir des bâtiments tant publics (thermes, Caserne des Vigiles) que privés[27]. La transformation du *cardo maximus* en voie à colonnade, date de la fin du règne de Trajan (**fig. 12**). L'unité de cette grande entreprise, qui combine d'une manière convaincante un lieu de passage aux activités artisanales, commerciales, et à l'habitation, semble résulter d'une initiative publique. La rue conduit du fleuve à l'arrière du nouveau Capitole, qui domine enfin un grand *forum*, flanqué de halles en marbre. Une analyse détaillée du Forum met en évidence son caractère artificiel et représentatif (**fig. 11**). Etant donné l'absence de tavernes pour les affaires, les halles du Forum étaient vraisemblablement prévues comme passages. Quant aux tavernes, celles-ci se trouvaient peut-être sur la Place des Corporations derrière le Théâtre. La nouvelle basilique sert de lieu de rencontre pour les hommes d'affaires. Le Forum est ainsi transformé en un «salon» de ville, ressemblant d'avantage aux *fora* impériaux de Rome programmés d'un seul jet, qu'aux places publiques des autres villes italiennes comparables[28].

Un type de bâtiment fréquent à Ostie, mais rare dans d'autres villes, vaut la peine d'être mentionné. Il s'agit de grandes salles à colonnades et à plusieurs nefs, désignées dans la littérature comme des loggia. Situées à proximité des portes de la ville et vers les portiques du *cardo*, elles offrent un abri en tout temps (**fig. 12**). En partie stuquées, elles représentent les débuts d'une forme qui sera développée par la suite en marché couvert[29].

C'est surtout dans la seconde moitié du IIe siècle que la construction publique reprend une seconde fois. De grands complexes thermaux sont réalisés, dont deux (les Thermes du Forum et de Neptune) peuvent être rattachés à l'empereur lui-même ou son entourage immédiat[30]. L'emplacement des Thermes du Forum visualise un changement de valeurs que l'on observe dans la société romaine de cette époque. Le complexe est construit en plein centre ville, sur un terrain dont une partie était peut-être restée propriété publique, puisqu'il englobe l'ancien *pomerium* de la colonie. Outre les salles d'eau ultramodernes, les thermes présentent une grande place publique et toute une série de pièces périphériques richement décorées, parmi lesquelles de magnifiques latrines. On a donc créé un vaste centre de communication et de loisirs, en concurrence directe avec le Forum voisin, mais ce qui importe aux utilisateurs de ce nouveau complexe n'est pas la vie politique, mais les soins du corps[31].

De nouveaux espaces publics sont également créés par l'érection de nymphées qui ornent les perspectives. En revanche, contrairement à d'autres villes, il n'y a qu'un arc honorifique attesté à l'intérieur de la ville. Ce double arc se trouve sur le *decumanus* près du théâtre et honore les Sévères.

Un aspect important ne peut qu'être esquissé ici, celui concernant les constructions religieuses[32]. Le Capitole fut agrandi et embelli, mais les sanctuaires mineurs de la ville, qu'il s'agisse de complexes ou de bâtiments isolés, ont connu des destins différents. Certains furent abandonnés, d'autres rénovés (par exemple le sanctuaire sur la Place des Corporations), pourvus de décors en marbre et entourés de bâtiments supplémentaires (par exemple le sanctuaire d'Hercule). Dans ces cas, il est possible, comme l'a suggéré Mar, que certaines associations religieuses disposaient de revenus obtenus par la location d'immeubles[33]. Le nombre total des sanctuaires n'augmente cependant pas considérablement[34]. Seul l'aménagement du Temple Rond à l'ouest de la Basilique, destiné au culte impérial, met un nouvel accent sur le centre ville à l'époque des Sévères. En revanche, les mithrées sont répartis, invisiblement dans l'ensemble de la ville pour donner aux petits groupes d'adeptes des espaces cultuels adéquats. L'effet des bâtiments cultuels sur la physionomie de la ville est très variable. Certains sanctuaires (Bona Dea, Sérapis, Magna Mater) sont isolés des regards par des murs. D'autres dépassent de leurs péribaoles, mais se perdent dans les constructions environnantes. Il est possible que les processions des adeptes des associations cultuelles, souvent bizarrement habillés, étaient davantage visibles et remarquables que l'architecture. Les petits laraires, les *compitalia* et autres lieux de la piété populaire étaient certes désuets, mais toujours visibles dans la ville, à l'exemple des statues de la Madone dans les rue de Naples.

Au début du IIIe siècle, Ostie est encore une ville dont la fonction reste claire: les entrepôts dominent en grande partie le territoire de la ville; au centre, dans des immeubles locatifs de qualité variée, s'entasse une population appartenant à toutes les couches sociales. Des initiatives privées permettent une meilleure répartition des services dans les différents secteurs de la ville, comme les bains et les tavernes, la distribution en eau, le revêtement des rues et la canalisation. Même si les propriétaires des maisons étaient responsables, dans une large mesure, des façades des immeubles et des trottoirs, la rue n'était pas entièrement soumise aux lois de la spéculation. Généralement, les rangées de tavernes sont bordées par la rue, de même que les portiques qui protègent de la chaleur ou des intempéries. Toutefois, le marbre est moins souvent utilisé pour le décor de l'espace public qu'on aurait pu s'y attendre dans une ville de transbordement de matériaux de construction coûteux. Les différentes fonctions, comme la représentation (Forum), le commerce (Place des Corporations), le stockage (les entrepôts) et les loisirs (le théâtre et les thermes) demeurent proportionnellement stables[35]. Ostie reste une ville qui n'est pas comme toutes les autres.

En ce qui concerne l'Ostie tardo-antique, nous nous contenterons de quelques remarques. Jusque récemment encore, on pouvait se référer à un article fondamental de G. Becatti datant

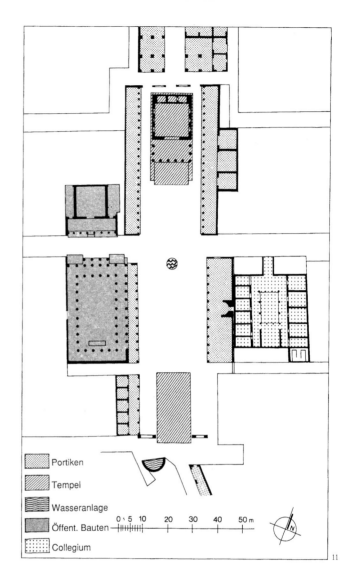

Portiken

Tempel

Wasseranlage

Öffent. Bauten   0 5 10   20   30   40   50 m

Collegium

11

11   Le Forum d'Ostie. Analyse de ses fonctions.

12   Le Cardo Maximus, peu après avoir été dégagé. Offrant une belle unité, la splendide rue mène au Tibre. A l'avant-plan, des deux côtés de la rue, une loggia (photo SAO, neg. C 1465).

12

de 1948[36], selon lequel Ostie aurait peu à peu perdu ses fonctions vitales en faveur de Portus. Dans ses immeubles locatifs se seraient implantées de magnifiques maisons décorées de nymphées et de splendides mosaïques alors que la population ouvrière se serait déplacée vers le port actif. Des études récentes ont toutefois démontré qu'Ostie était densément habitée jusqu'à une date bien plus récente que ce qu'on avait admis jusqu'à présent et qu'elle a continué d'exister – réduite à quelques îlots d'habitations – à côté de Portus jusqu'au VIe siècle. En effet, les fouilles de G. Calza ont radicalement éliminé les traces tardo-antiques et effacé des données importantes. Même les niveaux des rues qui n'avaient plus de revêtement ont été déblayés et les appartements des étages supérieurs ne sont que difficilement reconnaissables dans des constructions en brique[37]. Pour ce domaine également, les travaux de Heinzelmann ont apporté des résultats importants. La découverte de la Basilique de Constantin témoigne de la vitalité de la ville[38], de même que

la rénovation tardo-antique des murs de la ville[39]. Il n'est cependant pas certain qu'on puisse encore se faire une image cohérente de l'Ostie tardo-antique. A cette époque, la ville possède toutefois un caractère particulier, qui se distingue clairement de l'époque impériale.

trad. Eliane Brigger et Jean-Paul Descœudres

Notes

[1] Elle repose largement sur une recherche plus ancienne, où j'avais essayé de caractériser l'évolution d'Ostie sous ce point de vue: V. Kockel, «Ostia im 2. Jh. n. Chr. Beobachtungen zum Wandel eines Stadtbildes», dans: H.-J. Schalles – H. von Hesberg-P. Zanker (dir.), *Die römische Stadt im 2. Jh. n. Chr.* (1992), pp. 99-117 (dorénavant abrégé «Kockel»). Je ne citerai ici que les articles qui ont paru successivement.

[2] G. Becatti – I. Gismondi, dans: G. Calza, *SdO* I. *Topografia generale* (1953). Pour la datation des appareils, voir maintenant T. L. Heres, *Paries* (1982).

[3] J. S. Boersma, *Amoenissima Civitas* (1985).

[4] Voir provisoirement M. Heinzelmann, *RM* 104, 1997, pp. 537-548; 105, 1998, pp. 425-429; 106, 1999, pp. 289-341. Je tiens à remercier M. Heinzelmann pour la permission de reproduire son plan (ici **fig. 3**), ainsi que pour m'avoir permis de consulter le manuscrit qui devrait paraître prochainement dans les Actes du colloque sur Ostie qui s'est tenu à l'Institut finlandais, en décembre 1999: «Bauboom und urbanistische Defizite. Zur Entwicklung Ostias im 2. Jh. n. Chr.», (dorénavant abrégé Heinzelmann, Bauboom).

[5] Voir ci-dessus, pp. 4-5.

[6] Les problèmes de datation et de localisation du premier établissement ont été publiés récemment de manière exhaustive par F. Zevi, dans: A. Gallina Zevi – A. Claridge (dir.), *'Roman Ostia' Revisited* (1996), pp. 69-89.

[7] R. Mar, *RM* 98, 1991, pp. 81 *sq.*; Zevi *loc. cit.* et ci-dessus, p. 11, fig. 2.

[8] Pour l'organisation vraisemblablement plus tardive du territoire méridional agricole (l'actuelle Pianabella), voir maintenant M. Heinzelmann, *RM* 105, 1998, pp. 175 *sq.*, avec dépliant 1.

[9] Voir ci-dessous, pp. 247-249.

[10] Il faut toutefois admettre l'existence d'un *agger*, localisé à l'intérieur du mur en tuf sous les avancées de la porte, de même qu'une fosse à l'extérieur du mur. Il n'y a cependant aucune trace archéologique de ces deux éléments. P. Cicerchia, *Xenia* 6, 1983, p. 50, fig. 7; G. Brands, *Republikanische Stadttore in Italien* (1998), pp. 143 *sq.* Les fouilles publiées par A. Martin de l'intérieur du *castrum* n'ont pas démontré de traces d'*agger*, voir Gallina Zevi – Claridge (dir.), *op. cit.*, p. 19 *sq.*

[11] Sous les Thermes de l'Envieux: F. Zevi, *StEtr* 41, 1973, pp. 507-509; dans la zone du *macellum*: V. Kockel – S. Ortisi, *MededRom* 58, 1999, pp. 22-24, 71-73 et *RM* 107, 2000 (sous presse). Je dois à J. DeLaine la mention d'un autre cas non publié, sous la Maison de Ganymède.

[12] F. Zevi, *MEFRA* 85, 1973, pp. 555 *sq.* et ci-dessus, p. 14.

[13] F. Zevi, *RIA* 19/20, 1996-1997, pp. 61-112, et ci-dessus, pp. 16-18.

[14] Voir ci-dessous, pp. 251-252.

[15] Voir ci-dessus, p. 254.

[16] Les fouilles effectuées par l'Université d'Augsburg dans ce qu'on appelle le *macellum* ont démontré que l'identification du bâtiment proposée par Calza est très improbable.

[17] Voir à ce propos ci-dessous, pp. 100-101..

[18] Pour une liste des donateurs privés, voir en dernier lieu P. Pensabene, dans: Gallina Zevi – Claridge (dir.), *op. cit.* (n. 6), pp. 207 *sq.*

[19] La datation et la fonction du Monument à la République situé devant le Théâtre restent indéterminées. Voir *SdO* I, p. 234, où le monument est daté dans la première moitié du Ier siècle ap. J.-C.

[20] Kockel, pp. 105 *sq.*

[21] Voir ci-dessous, pp. 101, 109.

[22] Voir ci-dessous, pp. 119-120.

[23] Voir divers rapports à ce sujet dans les Actes du colloque sur Ostie publiées dans les *MededRome* 58, 1999, pp. 61-97.

[24] Voir ci-dessous, pp. 230-239.

[25] Voir ci-dessous, pp. 161-171.

[26] Voir à ce propos le plan des phases dans *SdO* I et J. DeLaine, dans: Gallina Zevi – Claridge (dir.), *op. cit.* (n. 6). Voir également *ead.*, ci-dessous, pp. 94-97.

[27] Les constructions antérieures ne sont que partiellement connues dans ce secteur. Il est possible que la zone ait été aménagée de la même manière à l'époque pré-flavienne.

[28] Voir Kockel, pp. 112 *sq.*

[29] Il s'agit des constructions I v 2; I vi 1; II xvi 2; IV ix 1 (Loggia de Cartilius).

[30] Voir ci-dessous, pp. 161-163.

[31] Voir R. Neudecker, *Die Pracht der Latrine* (1994).

[32] Voir ci-dessous, pp. 247 *sqq.*

[33] R. Mar, dans: Gallina Zevi – Claridge (dir), *op. cit.* (n. 6), pp. 116 *sqq.*

[34] Heinzelmann, Bauboom, exclut l'existence de sanctuaires importants dans les nouveaux secteurs explorés.

[35] Heinzelmann, Bauboom, insiste sur le développement des constructions privées, centrées sur le commerce, durant la première moitié du IIe siècle ap. J.-C. Il interprète la raison de ce développement comme le manque d'identification de la population avec sa ville. Même si ceci est en partie exact – avec cependant de nombreuses exceptions –, cette thèse reste à vérifier.

[36] G. Becatti, *BdArte* 33, 1948, pp. 117 *sq.* et plus récemment C. Pavolini, dans: A. Giardina (dir.), *Società romana e impero tardoantico*, II (1986), pp. 239 *sq.*; L. Paroli, dans: Gallina Zevi – Claridge (dir.), *op. cit.* (n. 6), pp. 249 *sq.* (avec bibliographie complète).

[37] J. DeLaine me signale une transformation tardo-antique du premier étage de l'Insula aux Peintures, qui a été presqu'entièrement enlevé par les fouilleurs. Il en va de même pour la grande pièce au sud de la cour, vers le prétendu *macellum*, qui était peut-être munie d'un premier étage habitable. A. Gering est en train de préparer une étude détaillée des restes d'habitations tardo-antiques.

[38] Voir ci-dessous, pp. 278-282.

[39] F. A. Bauer – M. Heinzelmann *et al.*, *RM* 106, 1999, pp. 289 *sq.* Comme me l'a confirmé M. Heinzelmann, la rénovation des murs de la ville est tardo-antique.

Techniques et industrie de la construction à Ostie

Janet DeLaine

Introduction

La tradition architecturale d'Ostie, comme sa vie politique, sont étroitement liées à Rome. Située sur un banc de sable stable et géologiquement ancien (pléistocène) entre la plaine marécageuse et la mer Méditerranée, la ville manque de matériaux

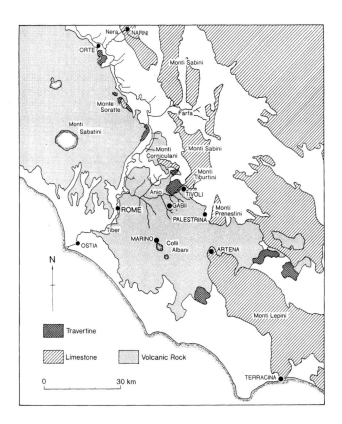

1   Carte géologique de Rome et de ses environs.

de construction. Les seules matières premières disponibles dans la région immédiate sont l'argile, le sable, les roseaux, le bois et la broussaille. Ces matières ont pu permettre aux premiers habitants de se construire des abris en briques crues, à clayonnage et couverts de roseaux, mais ne fournissaient pas (à l'exception des tuiles en terre cuite et des enduits) de matériaux durables, propres à l'édification de fortifications ou de bâtiments publics. Alors que généralement les colonies romaines reprennent les styles d'architecture et les techniques de construction de la capitale, adaptés aux conditions locales et aux matériaux disponibles, la proximité physique de Rome et le manque de pierres de construction signifie pour Ostie que sa tradition architecturale est identique à celle de Rome et montre un développement très semblable[1]. D'autre part, dès l'époque impériale, Ostie possède sa propre association de constructeurs (le *collegium* des *fabri tignarii*), apparemment importante et puissante, indépendante de Rome[2], dont les membres ont laissé leurs propres marques sur la construction de la ville.

Matériaux et techniques de construction

Rome est située dans une région géologique d'activité volcanique récente, qui a fourni le matériau de construction principal à l'ancienne ville: le tuf (**fig. 1**)[3]. Ces dépôts de cendre volcanique et de boue sont variables: en couleur, du jaune au gris foncé et brun, en passant par l'orange; en dureté, d'une masse à peine cohérente à dense et compacte; et en texture, de poreux avec des concrétions grossières, à fins et uniformes.

2 Mur du *castrum* (I i 2). Construction en pierre de taille de tuf de Fidenae (photo J. DeLaine).

3 Les Grands Horrea (II ix 7). Mur extérieur, construction en pierre de taille de tuf de Monteverde, milieu du Ier siècle ap. J.-C. (photo J. DeLaine).

4 I iv 4. Insula aux Peintures. Mur à parement en briques avec massif en tuf, IIe siècle ap. J.-C. (photo J. DeLaine).

5 Temple d'Hercule (I xv 5). Elévation latérale. De bas en haut: podium en mortier, avec parement en tuf et *opus incertum* en tuf, vers 100 av. J.-C. Restaurations plus tardives en briques, début du IIe siècle ap. J.-C. (photo J. DeLaine).

6 Tavernes d'époque républicaine (I x 1). *Opus reticulatum* avec piliers en tuf (photo J. DeLaine).

Les tufs destinés à la construction sont relativement faciles à extraire et à tailler, les plus fins d'entre eux pouvant être sculptés. Ils conviennent à la maçonnerie et à la construction en pierre de taille, et les bonnes variétés peuvent être utilisées pour des colonnes et autres éléments architecturaux. Les carrières de calcaire de travertin à Tivoli fournissaient une pierre plus dure, plus dense et plus attrayante, mais qui n'était utilisée que modérément, même dans l'architecture de prestige où elle sert de revêtement des façades de bâtiments publics. Le marbre est utilisé encore moins fréquemment, limité à des placages et aux ordres architecturaux. Le tuf est resté le matériau de construction le plus important, malgré sa couleur peu attrayante et le fait qu'il supporte mal d'être exposé aux éléments.

A Ostie, les premières structures dont il reste une trace, sont les murs de fortification du *castrum*[4], de la fin du IVe siècle ou du début du IIIe siècle av. J.-C., construits en pierre de taille d'environ 0,58-0,6 m, ou 2 pieds romains, assemblés et calés sans mortier ou crampons (**fig. 2**). A ce stade précoce, une sélection soigneuse des matériaux, constante de l'époque impériale, peut déjà être observée. Deux types de tuf sont utilisés, un type granulaire (*cappellaccio*) pour les fondations et une variété plus dure et durable, caractérisée par des inclusions de ponces sombres, pour les élévations. Cette dernière provient de la région de Fidènes au nord de Rome, ce qui indique l'importance que l'on prêtait à l'utilisation d'un matériau adéquat. D'autres tufs ont été exploités, particulièrement celui de Monteverde, uniforme et durable, provenant de la région s'étendant du Tibre au sud de la ville. Celui-ci était utilisé pour la construction en pierre de taille des murs extérieurs des Grands Horrea (**fig. 3**) au Ier siècle ap. J.-C.

Au cours des IIIe et IIe siècles av. J.-C., se développe à Rome un substitut des appareils de pierres taillées, un mélange au mortier de plusieurs matériaux rocheux, généralement désigné sous le terme de «béton». Ce matériau possède une grande résistance grâce à la qualité exceptionnelle du mortier, comparable au meilleur ciment produit actuellement. La qualité du mortier repose sur les propriétés hydrauliques des sables volcaniques indigènes (*pozzolana*) et la chaux pure et de haute qualité, produite à partir du calcaire dense provenant de la région montagneuse à l'est de Rome. Le mortier a d'abord été utilisé en tant que substitut des fondations en pierre ou comme remplissage des murs parés, mais a rapidement été utilisé comme matériau de construction en soi pour des murs indépendants. Contrairement au béton moderne dont les agrégats sont mélangés au ciment et coulés, les murs romains sont montés par couches dans des échafaudages, les parements tenant lieu de coffrage permanent à un massif de tout-venant lié au mortier (**fig. 4**).

Tandis que cette technique de base a été maintenue sur une durée d'au moins six siècles, des styles distincts de parements ont été développés, qui ont été étudiés pour leur valeur chronologique, mais qui reflètent également les réalités économiques et idéologiques de l'industrie de la construction[5]. Durant l'époque républicaine, le parement et le massif de remplissage sont généralement en tuf. Les parements étaient d'abord en moellons approximativement parallélépipédiques rejointoyés, en un système appelé *opus incertum* par l'architecte romain Vitruve (*De architectura* II 8: 1). Dans les chaînes d'angles, les ouvertures et d'autres endroits particulièrement exposés, ce système était combiné, soit avec des blocs de tuf calcaire, soit avec du mortier paré

7

8

9

10

11

12

7   Porta Romana, fortifications de la fin de l'époque républicaine. *Opus incertum / opus reticulatum* transitionnel, avec chaînage d'angles en blocs de tuf., vers 63 av. J.-C. (photo J. DeLaine).

8   Thermes Maritimes (III viii 2). Parement en briques de *bessales* coupées en triangle, vers 210 ap. J.-C. (photo J. DeLaine).

9   Tombe sur la Via Ostiense. *Opus reticulatum* en tuf et basalte gris foncé, avec chaînage d'angle et assise de nivellement, et renforcement en *block-and-brick*, IIe siècle ap. J.-C. (photo J. DeLaine).

10 Domus de Jupiter Tonnant (IV iv 3). Mur avec parement (de bas en haut) : tuiles réutilisées (certaines disposées en arête) ; des culs d'amphores ; *opus incertum* en tuf ; tuiles remployées (IIe siècle ap. J.-C.) (photo J. DeLaine).

11 Immeuble I xiii 5. Parement en briques remployées, début du IIIe siècle ap. J.-C. (photo J. DeLaine).

12 Taverne sur le Cardo Maximus (I xiii 4). Construction en *opus mixtum* de briques remployées, blocs de tuf et pièces de réticulé, IIIe-IVe siècle ap. J.-C. (photo J. DeLaine).

de blocs de tuf de la taille des briques modernes. Les éléments décoratifs, comme les colonnes, étaient également en tuf calcaire, parfois avec des bases et des chapiteaux en travertin. Ces combinaisons sont typiques du IIe siècle av. J.-C., comme en témoigne, par exemple, le Temple d'Hercule (**fig. 5**). Au cours du Ier siècle av. J.-C., l'*opus incertum* est graduellement remplacé par un parement plus régulier de moellons de tuf en forme de diamant, appelé par Vitruve *opus reticulatum*, d'après le mot latin désignant un filet ; la technique reste cependant la même (**fig. 6**). La deuxième construction des murailles de la ville, édifiées selon les dernières interprétations en 63 av. J.-C.[6], montre les étapes intermédiaires où le parement est par endroits proche de l'*opus incertum*, mais à d'autres plus proche de l'*opus reticulatum* (**fig. 7**)[7]. Puisqu'il est clair que les murs ont été construits en une seule phase, cette différence pourrait résulter du fait que les maçons travaillaient selon des traditions légèrement différentes, certains plus conservateurs que d'autres, ou refléter le besoin d'accélérer les travaux dans ce qui était manifestement un grand projet.

Le changement le plus significatif dans la construction en béton s'est produit avec l'introduction d'un nouveau matériau : la brique. Elle a été utilisée comme un parement (**fig. 8**) ou en combinaison avec l'*opus reticulatum*, alternant parfois avec des moellons de tuf (*block-and-brick*) (**fig. 9**). L'origine de ce type de parement se trouve dans le recyclage de tuiles cassées, et vers le milieu du Ier siècle ap. J.-C., des briques spécialement fabriquées sont généralement utilisées. Elles étaient fabriquées en formats standardisés, mesurant de côté soit deux tiers de pied (*bessales*), un pied

(*pedales*), un pied et demi (*sesquipedales*) ou deux pieds (*bipedales*) – c'est-à-dire 197, 295, 443 ou 590 mm. L'épaisseur était normalement d'un pouce et demi (37 mm), les briques plus grandes étant généralement plus épaisses. Les briques étaient sciées ou coupées en pièces triangulaires ou trapézoïdales, et placées avec leur côté le plus long en façade. Dès la fin du Ier siècle ap. J.-C., la brique devient le matériau de parement le plus répandu, en même temps que la pierre de taille cesse d'être utilisée. Les Grands Horrea de l'époque de Claude, avec leurs murs externes en pierres de taille solides et leurs murs internes en briques et réticulé, reflètent l'abandon du premier système et la prédominance de l'autre.

La substitution graduelle du grand appareil en tuf par le mortier avait une bonne raison économique. Pour la construction du massif de remplissage d'un mur en mortier, il n'est pas nécessaire d'utiliser de nouveaux matériaux ; le tout-venant est composé de chutes de taille et de matériaux de construction de moindre qualité ou remployés. Pour les parements externes, des moellons déjà sur place peuvent être remployés ou des matériaux de constructions de seconde main comme les tuiles et des pièces provenant des sols ou des décors muraux, ou encore des fragments grossiers de céramique (**fig. 10**). Les murs au mortier demandent ainsi moins de main-d'œuvre et un travail moins spécialisé, de telle sorte qu'un mur en tuf sans aucun décor aurait coûté trois à quatre fois plus qu'un mur identique en *opus reticulatum* ou en *opus incertum*[8]. La valeur de prestige de la pierre de taille est ainsi augmentée par ce substitut meilleur marché. En guise d'exemple, les fortifications de la ville

13 14

13   Immeuble V vi 2. Appareil en brique et réticulé, IIᵉ s. ap. J.-C. (photo J. DeLaine).

14   Maison à plan basilical (I ix 1). Arc de décharge sur une canalisation passant à
      travers les fondations (photo J. DeLaine).

plus tardives sont presque entièrement réalisées au mortier, mais la pierre de taille est utilisée pour les portes qui sont l'élément le plus visible et le plus significatif symboliquement.

La raison d'être économique de la construction au mortier est plus complexe. Les pièces individuelles d'un réticulé demandent beaucoup de travail, de telle sorte que des appareils en *opus reticulatum* sont environ un tiers plus cher qu'un parement en *opus incertum* en moellons de la même taille[9]. Ainsi, son succès dépend soit d'avantages structurels, soit de la signification symbolique atteinte par cette technique. Les briques commencent à être utilisées comme un élément mineur dans des constructions en réticulé et le remplacent entièrement vers la fin du IIᵉ siècle ap. J.-C. La brique était certainement le matériau le plus durable et le plus compatible, mais il est aussi probable qu'elle était meilleur marché. Les briques n'étaient fabriquées à Ostie qu'en quantité très réduite, car les estampilles révèlent qu'elles proviennent en grande partie des mêmes fours que ceux qui fournissaient les briques pour Rome. La plupart de ces entreprises, dont la production avait atteint des proportions industrielles, étaient localisées dans la vallée du Tibre au nord de la capitale. En comparaison, le réticulé n'était économiquement intéressant que lorsqu'on disposait de pierres de taille réutilisables pour en faire des moellons de parement sur place, évitant ainsi les frais d'extraction et de transport[10]. Les intérêts qu'avait l'élite romaine dans la fabrication des briques, et qui aboutirent finalement à la prise de possession de toutes les briqueteries par l'empereur, ont certainement joué un rôle. Au cours du temps, les remplois de briques (**fig. 11**), reconnaissables par des longueurs raccourcies, des angles endommagés et une épaisseur inégale, se sont toutefois généralisés et, à la fin de l'Empire, l'appareil mixte en *block-and-brick*, composé de matériaux remployés, remplace la brique dans toutes les structures, à l'exception des plus prestigieuses (**fig. 12**), les moellons étant souvent des pièces d'*opus reticulatum*, posées à plat.

L'industrie de la construction à Ostie au IIᵉ siècle ap. J.-C.

La quantité de structures réalisées au mortier datant du IIᵉ siècle ap. J.-C. qui ont subsisté à Ostie donne un aperçu extraordinaire et unique du travail de ce système de construction sophistiqué. Les mêmes matériaux et techniques de base sont appliqués selon différentes manières. Même si certaines différences sont chronologiques, les datations précises que fournissent les estampilles prouvent que dans de nombreux cas elles sont contemporaines. Cette variété peut s'expliquer en partie par des raisons structurelles, en partie par des raisons économiques, sans oublier les critères architecturaux et esthétiques. Des variations supplémentaires semblent être dues aux ouvriers, à leur talent et leur manière de travailler. Ainsi, un examen approfondi de ces détails permet de préciser le fonctionnement de l'industrie de construction et les choix des architectes, des clients et des entrepreneurs d'Ostie à l'époque impériale.

La variété des choix structurels se laisse observer dans les immeubles à plusieurs étages et à locaux commerciaux, construits en briques et réticulé, et constituant le type d'édifice le plus représenté à Ostie. Comme la pierre de taille et les blocs de tuf employés auparavant, les parements en briques étaient utilisés de manière sélective, aux ouvertures et aux angles où des finitions étaient exigées, et aux intersections des murs (**fig. 13**). Pour des renforcements particuliers, certaines constructions étaient pourvues de blocs de travertin, insérés dans le jambage des portes ou aux angles des immeubles. Des assises horizontales, faites d'une seule rangée de *bipedales* ou de *sesquipedales*, ou des bandes étroites de cinq ou six briques (environ 1 pied romain) sont souvent insérées dans des murs dont la stabilité est importante. Ces renforcements étaient placés au

15 Insula des Muses (III ix 22). Toit en mezzanine restauré, reposant sur une corniche en briques (photo J. DeLaine).

16 Horrea Epagathiana (I viii 3). Corniche en voûte concrète (photo J. DeLaine).

sommet des fondations ou au point de départ des voûtes pour assurer un niveau de base, et sur la hauteur du mur, à des intervalles réguliers de 3 à 5 pieds romains. Des briques larges, des *bipedales* ou des *sesquipedales* selon l'épaisseur du mur, étaient choisies pour les arcs surmontant les portes et les fenêtres, et pour les arcs de décharge au-dessus des vides, comme les égouts ou les structures antérieures au niveau des fondations (**fig. 14**).

Les différentes propriétés du mortier, de la pierre et du bois sont toutes soigneusement exploitées pour faciliter la pose des sols et des toits de ces structures à plusieurs étages[11]. Les pièces du rez-de-chaussée sont couvertes de voûtes hautes en berceau ou d'arête. Il n'y a malheureusement pas d'exemples conservés permettant de savoir si les étages supérieurs étaient aussi voûtés ou s'ils étaient en bois. Les mezzanines insérées entre le rez-de-chaussée et le premier étage sont habituellement en bois, supportées par des rangées de trois à cinq grandes briques, posées en encorbellement et formant une corniche (**fig. 15**) ou sur des consoles en travertin insérées dans les murs liés au mortier. Ceci permettait d'installer les cintres supportant les voûtes à édifier et de les enlever au moment où les planchers étaient posés.

Les encorbellements, les voûtes et le bois sont également utilisés pour les balcons et les portiques le long des façades des *insulae* (**fig. 16**). Les toits sont généralement en tuiles de terre cuite, posées sur une charpente en bois, mais l'existence de voûtes en béton couvertes de tuiles ou de ciment hydraulique ne peut pas être exclue.

Les mêmes bâtiments montrent souvent des différences dans les matériaux de construction et des techniques de parement entre les murs externes et internes, qui ne s'expliquent pas par des impératifs structurels mais reflètent plutôt un souci d'économie et le désir d'afficher son standing. Généralement une technique moins onéreuse est utilisée tant pour les murs internes que pour l'extérieur, comme par exemple dans les Maisons-types de l'époque de Trajan, où l'extérieur est en *opus reticulatum* et l'intérieur en *incertum* grossier. De même, des constructions en *opus mixtum* ont leurs façades donnant sur la rue en briques, généralement mieux choisies quant à leur couleur et mieux jointoyées que celles de murs internes, reflétant un plus grand investissement en main-d'œuvre et en matériaux. Les entrées principales sont souvent marquées par un appareil en brique plus fin, avec des joints serrés jusqu'à un millimètre [voir ci-dessus, p. 87, fig. 10] et traitées comme des frontons de temples miniatures, exploitant la polychromie du matériau, et parfois avec des détails plus fins comme des chapiteaux et des bases en travertin. On assiste ainsi au développement de tout un style décoratif avec des briques spéciales et des éléments en terre cuite utilisés en tant qu'ornements architectoniques, non seulement pour les entrées, mais encore pour les niches et les sanctuaires à l'intérieur des bâtiments ou des façades de tombes (**fig. 17**)[12]. L'esthétisme et le statut sont ici importants, et pas seulement la meilleure résistance au temps.

En comparant les détails structurels et décoratifs de ces bâtiments résidentiels et commerciaux, il est possible de détecter différents groupes de constructeurs ; les estampilles de briques fournissent une information sur la provenance des matériaux de construction ainsi que sur les entrepreneurs ou les clients. Ceci est clairement démontré par les Maisons à Jardins et la Maison de Sérapis, deux complexes résidentiels presque contemporains (après 124-126 ap. J.-C.).

Les Maisons à Jardins ont des murs externes en briques uniformes rouge-saumon, avec des assises rose saumon à jaune et une assise de briques en projection le long des façades donnant sur la rue, mettant en relief les arcs des portes secondaires et des fenêtres (**fig. 18**). Les entrées principales du complexe sont encadrées par des colonnes engagées ou des pilastres en appareil fin et ont un jambage en travertin comme les supports des arcs des portes. Les murs internes sont en briques et réticulé, les briques étant davantage mélangées que sur la façade, généralement rouge-saumon, mais par endroits jaune clair.

Les briques proviennent de plusieurs briqueteries, dont les *figlinae Brutianae*, les *figlinae Ab Isis* et les *figlinae Caeponianae* qui représentent plus de 50 % du total (**fig. 20a**)[13]. La Maison de Sérapis, sur la rue en face des Maisons à Jardins, est entièrement construite en briques jaune doré à brun, sans réticulé et travertin (**fig. 19**). Les estampilles sont différentes de celles des Maisons à Jardins, mentionnant la *praedia Quintanensia*, rarement attestées dans les autres constructions, représentant 66 % de l'ensemble des briques estampillées (**fig. 20b**). Malgré leur fonction semblable, ces deux bâtiments sont conçus différemment, mettant en évidence l'intervention de deux architectes ou maîtres d'œuvre, qui utilisent une main d'œuvre et des fournisseurs différents et travaillent certainement pour des clients différents.

Un nombre important de détails de construction et les fournisseurs mentionnés sur les estampilles des briques des Maisons à Jardins (env. 120-125 ap. J.-C.) apparaissent sur d'autres grands projets de construction de l'époque d'Hadrien à Ostie. Parmi ces projets, le plus remarquable est le Petit Marché et toute la zone des Thermes de Neptune, la Caserne des Vigiles et l'*insula* résidentielle de la Via della Fontana (tous construits entre 126-130 ap. J.-C.). Bien que construits en brique, ces bâtiments possèdent la même corniche sur leurs façades que le complexe des Maisons à Jardins et présentent de nombreuses similitudes quant au plan et à la construction. Des estimations suggèrent que la construction des Maisons à Jardins a nécessité 150 personnes durant cinq ans et le Petit Marché au moins 80 personnes[14]. Bien que les évidences soient maigres, il paraît invraisemblable qu'une seule entreprise de construction ait eu cette envergure à Ostie. Nous avons probablement la preuve ici qu'un groupe de constructeurs travaillait pour un entrepreneur (*redemptor*) suffisamment riche et influent pour être chargé de contrats comme les Thermes de Neptune, fondés par l'empereur Hadrien, et qui pouvait également mener de grands projets de constructions résidentielles et commerciales, pour son propre compte ou pour un client intéressé à l'immobilier. C'est ce type d'entrepreneur qui avait de bonnes chances d'accéder à un haut poste dans l'administration ou même de devenir le patron de l'association des constructeurs (les *fabrii tignuarii*), qui comptait 350 membres à la fin du IIe siècle.

Affichage du statut social

La plupart des bâtiments érigés à Ostie entre le IIe siècle av. J.-C. et l'abandon du site, utilisent le mortier comme technique de base. Cette technique a été employée sous diverses formes, même pour des constructions publiques de haut standing comme le Théâtre d'Auguste, le Temple de Tibère dédié à Rome et Auguste, le Capitole d'Hadrien (**fig. 21**) et les gigantesques bains du Forum construits sous Antonin le Pieux [voir p. 169, fig. 9]. Dans tous les cas, la qualité des matériaux et de la construction est élevée. Pour les deux derniers bâtiments mentionnés, qui sont entièrement parés de briques, les briques semblent être des commandes spéciales, venant d'un petit nombre de briqueteries. Pour les Thermes du Forum, financées par le bras droit d'Antonin le Pieux, le préfet prétorien Gavius Maximus, 90 % des briques estampillées proviennent de briqueteries impériales ou de celles de deux propriétaires probablement liés à la famille impériale. Il est clair que, dans ce cas, il s'agit de mécénat au plus haut niveau. Le parement en brique n'était toutefois pas visible, car il était recouvert d'un placage en marbre, de stucs peints et de mosaïques en pâte de verre. Le statut social est démontré par les colonnes et les éléments architecturaux en marbre, d'une excellente qualité et provenant principalement des carrières impériales[15]. Certaines de ces pièces, comme les grandes plaques de marbre africain provenant de l'Egée qui forment le seuil d'entrée de la *cella* du Capitole, seulement surpassé par le Panthéon à Rome, sont tellement exceptionnelles qu'elles résultent sans doute de commandes spéciales sous autorisation impériale et semblent être des cadeaux impériaux. Le marbre demande un travail hautement spécialisé et les ornements architecturaux des Thermes du Forum, par exemple, sont comparables à des constructions contemporaines à Rome. Etant donné que la conception de ces bâtiments a des parallèles dans la Villa d'Hadrien à Tivoli, il est possible que l'architecte, les matériaux et la main d'œuvre spécialisée étaient tous issus de projets impériaux à Rome.

18

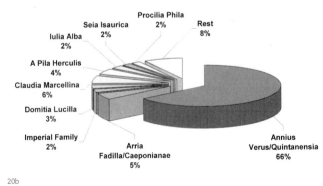

17 19

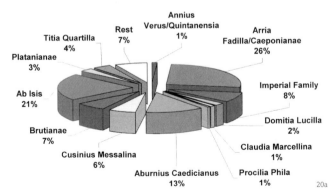

20a 20b

17 Immmeuble du Laraire (I ix 3). Cour intérieure avec niche en briques polychromes et insertions en travertin généralisées (photo J. DeLaine).

18 Maisons à Jardins (III ix). Façade de l'Insula des Muses (photo J. DeLaine).

19 Maison de Sérapis (III x 3). Cour intérieure (photo J. DeLaine).

20 Distribution des fournisseurs de briques. (a) pour le complexe des Maison à
Jardins, (b) pour la Maison de Sérapis.

Conclusion

L'examen des détails de construction a permis de contribuer à l'étude du développement de la ville et des différents clients utilisant différents entrepreneurs et architectes pour développer leur propre parcelle. L'influence de Rome est évidente dans les matériaux de base et les techniques, mais un lien direct ne peut être démontré que dans quelques grandes constructions publiques, où les patrons, les architectes ou les ouvriers provenaient de la capitale. Il y avait suffisamment de travail à Ostie et dans ses environs pour entretenir près de 350 équipes de construction, même à la fin du IIe siècle, lorsque la période de construction la plus intense était terminée. Le magnifique temple de l'association des constructeurs témoigne de la richesse commune et de l'importance de cette dernière[16]. Surtout, l'élégance et la variété de l'usage de la technique de base du mortier mettent au premier plan la vitalité de cette industrie locale primordiale.

trad. Eliane Brigger et Jean-Paul Descœudres

Notes

[1] Les ouvrages de référence pour le développement de la construction de Rome et du Latium sont M. E. Blake, *Ancient Roman Construction in Italy from the Prehistoric Period to Augustus* (1947); ead., *Roman Construction in Italy from Tiberius through the Flavians* (1959); M. E. Blake – D. T. Bishop, *Roman Construction in Italy from Nerva through the Antonines* (1973); G. Lugli, *La tecnica edilizia romana* (1957). Pour la fin de l'Empire, T. Heres, *Paries. A Proposal for a Dating System of Late-Antique Masonry Structures in Roman and Ostia* (1983). Tous ces ouvrages traitent Ostie comme si la ville était interchangeable avec celle de Rome. Pour la construction ostienne, voir I. Gismondi, «Materiali, techniche e sistemi costruttivi dell'edilizia ostiense», dans: G. Calza, *SdO* I. *Topografia generale* (1953), pp. 181-208 et le résumé dans Meiggs, *Ostia*, pp. 535-546. J.-P. Adam, *La construction romaine* (1984) fournit un catalogue utile et bien illustré ainsi qu'une discussion des méthodes et techniques de la construction romaine.

[2] Pour le collège des *fabri tignarii*, voir J. C. Anderson, Jr., *Roman Architecture and Society* (1997) et J. DeLaine, «Building the Eternal City: the Construction Industry of Imperial Rome» dans: J. Coulston – H. Dodge (dir.), *Ancient Rome: the Archaeology of the Eternal City* (à paraître).

[3] Pour une récapitulation générale des matériaux de construction de Rome, voir J. DeLaine, «The supply of building materials to the city of Rome: Some economic implications», dans: N. Christie (dir.) *Settlement and Economy in Italy 1500 BC to AD 1500. Papers of the Fifth Conference of Italian Archaeology* (1995), pp. 555-562, et pour le tuf utilisé à Ostie, G. De Angelis D'Ossat, «Nota sui materiali vulcanici litoidi da costruzione in Roma ed Ostia Antica», dans: *SdO* I, pp. 209-211.

[4] Voir ci-dessus, pp. 10-12.

[5] La dation est le point principal traité par Lugli *op. cit.* et Heres *op. cit.*; elle joue un rôle moins important pour Blake (*op. cit.*, 1947 et 1959) Blake – Bishop, *op. cit.*

[6] F. Zevi, F., «Sulle fasi più antiche di Ostia», dans: A. Gallina Zevi – A. Claridge (dir.), *'Roman Ostia' Revisited* (1996), pp. 69-89.

[7] Ce type de parement est souvent appelé *opus quasi reticulatum*, mais le terme n'est pas antique et son usage varie selon les études; ce que les uns nomment *opus quasi reticulatum*, d'autres le considèrent comme *opus reticulatum* de mauvaise qualité.

[8] J. DeLaine, «Bricks and Mortar: Exploring the Economics of Building Techniques at Rome and Ostia», dans: J. Salmon – D. Mattingly (dir.), *Economies beyond Agriculture* (2000), p. 245.

[9] *Ibid.*, p. 241 et pl. 11: 3.

[10] *Ibid.*

[11] Pour la reconstitution des systèmes de pose des sols et des toits de l'Insula aux Peintures (I iv 2-4), voir J. DeLaine, «The Insula of the Paintings: A model for the economics of construction in Hadrianic Ostia», dans: Gallina Zevi – Claridge (dir.), *op. cit.* (n. 6), pp. 169-176.

[12] Pour une discussion de ce style polychrome à Rome et à Ostie, voir H. Kammerer-Grothaus, «Der Deus rediculus im Tropion des Herodes Atticus» *RM* 81, 1974, pp. 131-252.

[13] Les données des estampilles proviennent de H. Bloch, «I bolli laterizi nella storia edilizia di Ostia», dans: *SdO* I, pp. 215-227.

[14] Ces résultats sont fondés sur le modèle de 30 hommes par jour pour un m² et travaillant 300 jours par an, à raison de 12 heures par jour. Pour la méthodologie, voir DeLaine art. cit. (n. 11). Le modèle de 1000 hommes-jour/m² mentionné à la p. 179 est une erreur typographique qui doit être corrigée en 30 hommes-jour/m².

[15] Voir P. Pensabene, «Committenza pubblica e committtenza privata a Ostia», dans: Gallina Zevi – Claridge (dir.), *op. cit.* (n. 6), pp. 185-222.

[16] *Ibid.*, pp. 218-221.

21   Le Capitole. Vue générale (photo J. DeLaine).

Le ravitaillement en eau

Andrea Schmölder

Introduction

L'approvisionnement en eau des villes romaines était basé sur l'eau de pluie, des nappes phréatiques et du réseau[1]. En règle générale, seules deux de ces ressources étaient utilisées intensivement ; l'une des deux, dans les grandes villes, était l'eau des conduites, qui provenait de sources lointaines, acheminée en ville au moyen d'aqueducs. L'utilisation d'eau de pluie ou souterraine dépendait des conditions géologiques. Si la qualité, la quantité disponible et le gisement le permettaient, on utilisait l'eau du sous-sol. La conservation d'eau de pluie coûtait beaucoup de temps, car les citernes devaient être nettoyées souvent, pour que l'eau reste potable[2].

A Ostie, comme le site a été fouillé extensivement, on connaît beaucoup des structures liées à l'approvisionnement en eau. C'est pourquoi on peut y étudier de façon paradigmatique, et comme dans aucune autre ville antique, l'utilisation des différentes ressources ainsi que le développement et les transformations de l'approvisionnement au cours de l'histoire de la cité. La documentation de base est constituée par la présentation de Maria Antonietta Ricciardi et Valnea Santa Maria Scrinari, qui ont publié toutes les structures connues destinées à l'utilisation d'eau, avec beaucoup de plans et dessins utiles[3].

Pour le présent exposé, nous avons choisi d'étudier les puits et les fontaines alimentées par de l'eau canalisée, dans les espaces publics des rues et des places, ainsi que dans les habitations. Avant la recherche sur les installations, on présentera les conditions pour l'utilisation de ressources déterminées, c'est-à-dire, les gisements d'eau souterraine, l'adduction d'eau et les systèmes de canalisations. On n'a jusqu'à présent retrouvé que peu de citernes souterraines à Ostie, où l'on recueillait l'eau de pluie[4]. Gemma Jansen suppose que la nappe phréatique, peu profonde, empêcha d'installer dans le sol de tels réservoirs[5], mais de toute manière, cela n'était pas nécessaire, étant donné qu'on disposait en quantité suffisante d'eau souterraine de qualité, dont l'utilisation était recommandée par les auteurs antiques.

L'utilisation des eaux souterraines (fig. 1)[6]

L'utilisation intensive de l'eau du sous-sol est attestée par les nombreux puits conservés à Ostie. Sa qualité était étonnamment bonne[7], malgré la proximité de la mer, et la nappe phréatique était proche de la surface, comme aujourd'hui encore[8]. Les puits pouvaient ainsi facilement être creusés et l'eau utilisée aussi bien comme eau utilitaire que comme eau potable. La plupart des puits conservés datent de l'époque républicaine[9]. Ostie ne disposait pas encore d'un système propre de canalisations et l'eau du sous-sol constituait la base indispensable de l'approvisionnement en eau. On peut localiser les puits destinés à l'utilisation de l'eau souterraine dans les maisons républicaines des régions IV et V, comme aussi dans la zone de l'ancien *castrum*. En dehors des maisons, on creusa des puits aussi dans les rues et les places, qui furent cependant tous comblés à l'époque impériale et remplacés par des fontaines alimentées par de l'eau canalisée.

Après la création d'un réseau de canalisations, on ne creusa qu'exceptionnellement de nouveaux puits. Entre le I[e] et le Ve siècle ap. J.-C., on utilisait presque exclusivement de l'eau de canalisation. Toutefois, dans certaines maisons plus petites et plus anciennes, les puits non comblés indiquent que dans ce cas l'approvisionnement en eau du sous-sol restait relativement importante.

Après l'écroulement des aqueducs au Ve siècle, l'eau de la nappe phréatique redevient la ressource principale d'Ostie. C'est pourquoi, dans le domaine public aussi, on se remit à creuser des puits. Trois d'entre eux sont encore visibles dans le Decumanus Maximus et la Semita dei Cippi, qui furent autrefois de grandes artères très fréquentées[10].

Les aqueducs

Le nombre et le tracé des aqueducs d'Ostie ne sont toujours pas bien connus, car très peu de restes archéologiques et pratiquement aucune source écrite ne sont conservés. Comme à Rome, plusieurs aqueducs acheminaient l'eau depuis les monts Albains jusqu'à un réservoir en ville, au moyen de conduites à écoulement libre. De là, à travers des conduites à pression en plomb [voir ci-dessous, pp. 108-112], elle était distribuée, jusqu'à sa destination finale, dans les rues ou les maisons[11].

L'attestation la plus ancienne à ce jour d'une canalisation à Ostie est un tuyau de plomb d'époque augustéenne, enfoui devant une rangée de tavernes à la Via del Pomerio, dans la zone du prétendu *macellum*[12]. On a pu ainsi prouver pour la première fois que, déjà à l'époque d'Auguste, la ville portuaire située aux bouches du Tibre, était pourvue d'eau courante[13].

C'est probablement à ce premier aqueduc qu'appartiennent les restes de l'une des deux canalisations retrouvées dans une dépression de terrain près d'Acilia[14]. Les structures sont datées du début de l'époque impériale, sur la base de la technique de construction et du matériel retrouvé. Un canal souterrain pourvu de deux regards, découvert au kilomètre 14 de la Via Ostiense, devait constituer un autre tronçon de la même canalisation[15]. L'aqueduc aboutissait probablement dans un réservoir situé à l'est de la ville, recouvert ensuite par les Thermes de Neptune, et qui avait une capacité d'environ 800 000 litres[16]. Le réservoir, bâti à l'origine hors sol, a été construit à l'époque d'Auguste[17] sur ce qui était autrefois l'*ager publicus*, entre le théâtre augustéen et les thermes claudiens situés sous la Via dei Vigili. De là, probablement, étaient alimentés les thermes mentionnés plus haut, le port du Tibre[18] et la grande canalisation de l'époque de Caligula qui se dirigeait au centre ville. La datation de ce tronçon est donnée par une estampille sur un tuyau de plomb qui lui est associé et qui avait été enfoui sous le Decumanus Maximus devant la Via della Fontana[19]. Sur la base de son diamètre important (de 30 cm) et de sa localisation sur la rue principale d'Ostie, on peut supposer que cette conduite alimentait le centre ville.

Le réseau de canalisations d'Ostie fut rénové et agrandi sous le règne des Flaviens. Une inscription nous informe de la construction ou de la restauration d'un aqueduc sous Vespasien[20]. En outre, son fils Domitien fit installer en 84 ap. J.-C. un tronçon sup-plémentaire, de 28 centimètres de diamètre, dont une partie a été retrouvée sous la Via dei Sepolcri, au-delà du mur d'enceinte[21]. Il doit s'agir d'une déviation de l'aqueduc, qui s'en séparait avant l'arrivée en ville. Le tracé de la conduite sous la Via dei Sepolcri ne peut malheureusement pas être suivi dans la zone de la nécropole. L'aménagement des tombes était à cette époque déjà très dense, de sorte que la canalisation en plomb, peut-être comme l'aqueduc plus tardif, passait plus au sud[22].

L'aqueduc lui-même n'est que très mal conservé, mais on peut en reconstituer le tracé juste devant la ville et le long des routes de communication menant à Rome[23]. On ne voit de nos jours que quelques piliers à proximité de la muraille, près de la Porta Romana, là où se terminait l'aqueduc (**fig. 2**). Le réservoir situé à la fin de la conduite se trouvait dans la prolongation directe de la lignée de piliers, mais à l'intérieur de l'enceinte, et servait de château d'eau[24].

Scrinari signale, dans sa description de l'aqueduc, qu'on trouva lors de la fouille des fondations des piliers près de la muraille, du matériel du Ier siècle ap. J.-C.[25]. L'aqueduc pourrait ainsi être identique à l'*aqua Traiana*, connue épigraphiquement[26]. Il doit s'agir d'une nouvelle canalisation, qui acheminait en ville l'eau supplémentaire nécessaire pour l'agrandissement de la cité et les nombreux nouveaux projets de construction. L'importance de l'activité de construction pendant cette période est attestée par la nomination, sous Trajan, d'un *curator operum publicorum et aqua-rum*[27]. Le *curator* coordonnait la transformation d'Ostie et sur-veillait l'approvisionnement en eau de conduite.

Même si l'on ne connaît pas d'aqueducs datant des siècles suivants, on peut supposer, pour l'époque postérieure à Trajan, la construction d'au moins une amenée d'eau supplémentaire, étant donné le nombre important de thermes, la transformation ininterrompue du réseau de canalisations jusqu'aux IIIe et IVe siècles ap. J.-C. et le nombre toujours croissant de fontaines et nymphées publics et privés. C'est de 400 ap. J.-C. environ que date la dernière estampille connue sur une conduite d'eau, de sorte que l'efficacité fonctionnelle des aqueducs est attestée en tout cas jusqu'à cette époque[28]. Le moment de l'effondrement des aqueducs ne peut être établi avec précision. Selon Russel Meiggs, le réseau de canalisations ne fonctionnait plus au Ve siècle, et on pourrait se demander s'il ne fut pas détruit par les Vandales en 455 ap. J.-C.[29].

Le réseau de canalisations à l'intérieur de la ville

Du réseau de canalisations à l'intérieur de la ville, il ne reste pratiquement rien, car durant les fouilles des années 1930 et 1940, l'emplacement et l'orientation des tuyaux de plomb ne fut pas

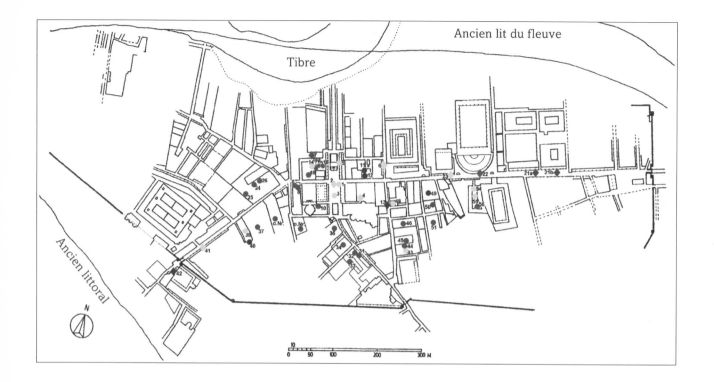

Ancien lit du fleuve

Tibre

Ancien littoral

N

1   Puits publics et privés (voir pour la numérotation Ricciardi – Scrinari I, 21 *sqq.*):
     ◇ puits publique ; ○ puits privé ; ● d'époque républicaine ou augustéenne,
     mais resté en usage postérieurement ; ● d'époque républicaine ou augustéenne,
     comblé ; ● Ier–IVe s. ap. J.-C. ; ● V^e et VIe s. ap. J.-C. (dessin de l'auteur d'après
     un plan de V. Kockel).

2   Restes des piliers de l'aqueduc près des murailles de la ville
     (photo A. Schmölder).

documenté[30]. Les tours de compensation de pression sont étonnamment peu nombreuses à l'intérieur de la ville[31], probablement
parce que les tuyaux n'étaient pas soumis à une pression trop
importante dans le terrain plat d'Ostie. Comme dans la plupart
des villes romaines, un réseau de tuyaux en plomb formait le système de distribution. Grâce au principe de la pression de l'eau
dans des tuyaux fermés, celle-ci atteignait à la fin du parcours le
même niveau qu'au point de départ, à savoir une altitude d'entre
8,5 et 9 m au-dessus du niveau de la mer, qui correspond à celle
de la fin de l'aqueduc[32]. Même si les maisons sont construites
sur différents niveaux à l'intérieur de la ville et que les étages
ne sont souvent pas conservés, il est impensable que l'on ait installé des raccordements au-dessus du deuxième étage. Comme
alternative à un réseau de canalisations souterrain, Ricciardi propose un système d'approvisionnement qui, au moyen d'une
grosse canalisation passant au-dessus du mur d'enceinte aurait
amené l'eau au deuxième grand réservoir situé à côté de la Porta
Marina[33] et qui aurait continué de là en passant au-dessus des

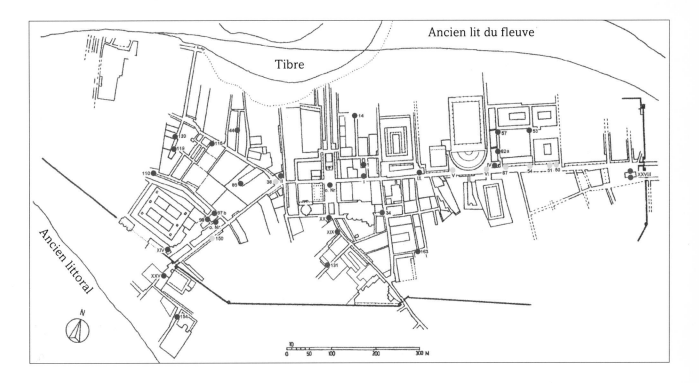

3   Fontaines et nymphées publics (voir pour la numérotation Ricciardi – Scrinari II): ● Ier s. ap. J.-C.; ● IIe s. ap. J.-C.; ● IIIe et IVe siècles (dessin de l'auteur, d'après un plan de V. Kockel).

portiques et des arcades, à la hauteur du premier étage[34]. Un tel réseau aurait eu l'avantage de ménager les tuyaux, vu le peu de pression exercée, mais le matériel archéologique ne permet malheureusement pas de prouver cette thèse, qui reste pour l'instant hypothétique.

Fontaines et nymphées publics (fig. 3)[35]

Ce sont des points d'eau publics qui servaient en premier lieu, dans les villes romaines, à pourvoir la majorité de la population en eau potable et pour l'usage courant. Au cours de l'époque impériale, on construisit beaucoup de nymphées et l'eau fut de plus en plus exploitée à des fins décoratives pour embellir la ville. A Ostie, les puits dans les rues et sur les places constituèrent le premier approvisionnement public en eau. Il est vrai que dans la région de l'ancien *castrum* on ne peut reconnaître qu'un puits public, mais il faut supposer qu'il en existait d'autres[36].

Il n'a pas (encore) été possible d'identifier avec certitude des fontaines ou nymphées alimentés avec de l'eau canalisée qui pourrait être mis en rapport avec le premier aqueduc. Seule la vasque de la Fontaine à la lampe (**fig. 4**)[37] semble avoir été construite à cette époque[38]. Vu le rehaussement du niveau dans le territoire de la ville, on ne peut que supposer l'existence d'autres vasques de fontaines de la première moitié du Ier siècle ap. J.-C.

En proximité du Théâtre et à l'est de celui-ci, près du Decumanus Maximus, se trouvent quelques fontaines et nymphées, qui doivent probablement être mis en rapport avec la rénovation flavienne des aqueducs. Les deux nymphées semi-circulaires d'époque domitienne près du Théâtre, dont les vasques sont creusées dans le sol, en font partie[39]. Les rénovations successives, par exemple à l'époque sévérienne[40], rendent une reconstitution de l'état original presque impossible. Les murs de façade atteignaient à l'origine 4,5 m de hauteur[41] et supportaient vraisemblablement des semi-coupoles, qui recouvraient les vasques. La bouche d'eau avait la forme d'une proue de bateau (**fig. 5**)[42].

Sur le Decumanus Maximus, devant le portique de Neptune, on reconnaît encore les restes de quatre fontaines de rue au-dessus du niveau de rehaussement domitien[43]. Celles-ci remplaçaient probablement d'anciennes vasques de fontaine, scellées par le rehaussement du sol. Lorsqu'avec les Thermes de Neptune, on construisit dans cette région à l'époque d'Hadrien trois fontaines publiques, les vasques domitiennes furent probablement détruites[44]. Les nouvelles fontaines de rue d'époque hadrienne

ne sont plus situées sur la rue principale, mais dans des ruelles secondaires et on ne pouvait pas les apercevoir depuis le Decumanus Maximus. Cet emplacement à l'écart des grandes artères de circulation vaut aussi pour d'autres vasques à eau courante et datant du IIe siècle, comme à la Piazza dei Lari, à la Via dei Balconi ou à la Via del Serapide[45].

En même temps apparaît une nouvelle forme de la vasque simple, qui n'est connue jusqu'à présent qu'à Ostie: la fontaine couverte (**fig. 6**). Celle-ci, comportant une très grande vasque, est recouverte d'une voûte en tonneau, qui n'offre que sur un côté une ouverture pour puiser l'eau. En plus de l'ouverture pour puiser l'eau, on trouve sous la voûte des tuyaux qui permettaient l'écoulement dans la rue.

Au IIe siècle, à côté des nombreuses vasques de fontaines plus simples, apparaissent aussi des nymphées publics à façade, dans des emplacements importants, qui contribuent à l'ornementation de la ville. Parmi ceux-ci, on trouve d'une part le nymphée à façade semi-circulaire sur le Decumanus Maximus, qui a remplacé les deux nymphées situés près du Théâtre (dont il a été question plus haut[46]), et les deux fontaines près du Forum, la vasque circulaire[47] sur le forum (**fig. 7**) ainsi que le nymphée à façade dans la partie méridionale du Forum, dont les niches devaient être occupées par de nombreuses statues[48]. On peut aussi supposer un arrangement sculptural de la même richesse pour les niches du nymphée à façade situé près du petit réservoir à côté de l'enceinte. Ce nymphée servait à embellir le mur du réservoir qui, formant façade, clôt la route longeant la muraille de la ville[49].

Les nymphées à façade dispersés dans la ville ne correspondent visiblement à aucun plan d'ensemble et ne contribuaient pas, comme les portiques, à donner aux rues un aspect unitaire[50]. De même, les fontaines simples de la même époque, contrairement à ce qu'on voit par exemple à Pompéi, ne sont pas distribuées dans la ville à intervalles réguliers. Au contraire, elles sont concentrées dans certaines parties, qui correspondent essentiellement aux nouvelles constructions du IIe siècle. La planification de nouvelles *insulae*, maisons et autres constructions, comportait aussi l'infrastructure avec canalisations et fontaines de rue, qui ne fut cependant pas étendue à l'ensemble du territoire de la ville.

Le nombre de fontaines et nymphées nouveaux aux IIIe et IVe siècles ap. J.-C., comparativement au IIe, recula de plus de la moitié, ne concernant que dix nouvelles constructions. Pour la plupart, il s'agit de fontaines ornementales[51] où l'on ne pouvait pratiquement pas puiser de l'eau, et de coûteux nymphées à façade près de la Porta Romana et du Decumanus Maximus

7   Vasque circulaire sur le Forum (photo V. Kockel).

8   Nymphée semi-circulaire sur le Decumanus Maximus, en face du Forum de la Statue héroïque (I ii 1). Photo A. Schmölder.

(fig. 8)[52]. Ces derniers formaient la phase finale dans la série plus ou moins unitaire de nymphées à façade du même type, avec lesquels on compléta, à cette époque tardive, l'ornementation du Decumanus Maximus jusqu'au carrefour du *castrum*.

Les fontaines domestiques alimentées par de l'eau canalisée

Ce n'est qu'à partir du IIe siècle ap. J.-C. qu'on trouve des éléments suffisants concernant les raccordements privés. Lors de l'érection des habitations à plusieurs étages, des *insulae*, on construisit aussi un nouveau système d'approvisionnement en eau. Dans la plupart des vingt *insulae* à cour intérieure, on plaça simplement une fontaine dans la cour, qui servait de point d'eau aux habitants des appartements voisins (**fig. 9**)[53]. Comme pour les fontaines publiques de type simple, on trouve aussi parmi ces fontaines deux types différents : celui à petite vasque ouverte et celui à grande vasque couverte.

Les riches demeures des IIIe et IVe siècles sont aussi très bien documentées à Ostie[54]. La plupart de ces maisons possèdent une cour intérieure. Revêtues de marbre, ces cours formaient, avec leurs jeux d'eau et leurs nymphées, l'arrière-plan décoratif, à la façon d'un tableau lointain, aux scènes de la vie quotidienne et aux cérémonies de réception (**fig. 10**). Le fait très connu que beaucoup de ces *domus* tardives étaient raccordées au réseau de distribution d'eau ne doit cependant pas inciter à penser que les habitants couvraient le besoin quotidien en eau de leur maison avec de l'eau courante. Les jeux d'eau et nymphées n'offraient aucune possibilité de prélever de l'eau, car les vasques

n'avaient pas la taille suffisante, leur revêtement était trop coûteux, et leur situation dans des cours presque fermées en rendaient difficile l'accès. Dans aucune *domus* on n'a retrouvé de raccordement ou de vasque simple dans les pièces secondaires.

Certains habitants utilisaient les puits domestiques comme source d'eau utilitaire[55]. La plupart de ceux-ci existaient depuis l'époque républicaine et furent utilisés jusqu'à l'Antiquité tardive. Au-dessus de la majorité d'entre eux se trouvait un putéal de marbre, ou une margelle en maçonnerie revêtue de marbre (fig. 11), afin d'adapter le puits aux autres aménagements luxueux des maisons. La seule citerne retrouvée dans une maison tardo-antique[56] devait aussi servir à l'approvisionnement en eau utilitaire.

Les habitants de toutes les autres *domus* continuèrent probablement d'utiliser les fontaines publiques. Dans certaines zones, les fontaines se trouvaient très éloignées des maisons[57], car – comme on l'a montré – celles-ci n'étaient pas réparties de façon régulière dans la ville.

trad. Patrizia Birchler Emery

9   11

10

9   Bassin sud-est des Maisons à Jardins (III ix), une de six fontaines dont était équipé le complexe. Photo A. Schmölder.

10 Bassin dans la cour de la Domus aux Colonnes (IV iii 1). Photo A. Schmölder.

11 Puits dans la Domus du Temple Rond (I xi 2), avec restes du revêtement en marbre (photo A. Schmölder).

Notes

Abréviations :
Bruun, Acquedotto
C. Bruun, «Ti. Claudius Aegialus e l'acquedotto di Ostia», *ZPE* 122, 1998, pp. 265 *sq.*
Bruun, Administration
C. Bruun, *Water Supply of Ancient Rome. A Study of Roman Imperial Administration* (1991)
Jansen, Wasserversorgung
G. C. M. Jansen, *Die Wasserversorgung und Kanalisation in Ostia Antica. Die ersten Ergebnisse, Schriftenreihe der Frontinus-Gesellschaft 19*, 1995, pp. 111 *sqq.*
Ricciardi – Scrinari I, II
M. A. Ricciardi – V. S. M. Scrinari, *La civiltà dell'acqua in Ostia antica*, I-II (1996)

[1] Les fontaines privées et publiques dans les villes de l'empire romain occidental, entre autres à Ostie, constituent le thème de la thèse de doctorat de l'auteur, dirigée par le professeur Valentin Kockel à l'Université d'Augsburg.

[2] De nombreuses sources indiquent qu'on préférait l'eau de la nappe phréatique à l'eau de pluie, cf. par exemple Vitr. VIII 6: 14.

[3] Ricciardi – Scrinari I et II.

[4] Cf. Ricciardi – Scrinari I, Cisterne n°s 10, 19, 20.

[5] Jansen, Wasserversorgung, p. 122.

[6] La numérotation des puits correspond aux numéros de catalogue de Ricciardi – Scrinari I, Pozzi pp. 21 *sqq.* Les datations se fondent essentiellement sur Ricciardi et Scrinari, pour la construction antérieure à la Domus de la Fortune Annonaire (voir J. S. Boersma, *Amoenissima Civitas. Block V.ii at Ostia: Description and Analysis of its Visible Remains* (1985), p. 156.

[7] Comme l'indique Pline dans une lettre à Gallus à propos de sa villa de campagne située non loin d'Ostie dans le Laurentinum près de la mer (Plin. *Ep.* II 17: 25).

[8] Ricciardi – Scrinari I, p. 14.

[9] La datation des puits sur la base du type de maçonnerie ou de leurs rapports avec les bâtiments est problématique. C'est pourquoi nous renonçons à une datation plus fine, telle que la proposent Ricciardi – Scrinari I, pp. 71 *sqq.*

[10] Ricciardi – Scrinari I, Pozzi n°s 13, 21a, 21b.

[11] Sur le principe des conduites à écoulement libre et à pression, cf. H. Falbusch, «Elemente griechischer und römischer Wasserversorgungsanlagen», dans: *Die Wasserversorgung antiker Städte*, II (1987), pp. 150 *sqq.*

[12] Le tuyau en plomb fut retrouvé en septembre 1999 lors d'une fouille de l'Université d'Augsburg dirigée par V. Kockel. Le matériel trouvé dans la couche qui le recouvrait appartient, selon une première estimation, à l'époque médio- et tardo-augustéenne.

[13] On n'a jusqu'à présent émis que des hypothèses quant au début de construction d'un aqueduc à l'époque de Tibère, lesquelles ne sont cependant étayées ni par le matériel archéologique, ni par les sources écrites (Bruun, Acquedotto, pp. 268 *sq.* Meiggs, *Ostia*, p. 44).

[14] M. Bedello Tata *et al.*, «Rinvenimento di un sistema di acquedotti in località Malafede-Infermeria (Acilia)», *Archeologia Laziale* XII/2, 1995, pp. 429 *sqq.*

15 Cf. Meiggs, *Ostia*, p. 113 et n. 5 et G. Gatti, *BCom* 40, 1912, p. 261. Une conduite de terre cuite, retrouvée lors d'une fouille sur la Via dei Romagnoli et située parallèlement à l'antique Via Ostiense, n'appartient pas, à mon avis, à ce premier aqueduc, vu le matériel très divers qui l'accompagnait (V. S. M. Scrinari, *Archeologia Laziale* VI, 1984, p. 359 et n. 3 ; Ricciardi – Scrinari I, p. 90, figs 126 et 127).

16 Ce chiffre se trouve chez Ricciardi – Scrinari I, Cisterne n° 8, figs 166 et 167. Pour le réservoir, voir aussi d'une façon générale : D. Vaglieri, *NSc*, 1911, pp. 262 *sq.* et 452 *sq.*, et Meiggs, *Ostia*, p. 44, qui considère le réservoir comme une citerne pour l'eau de pluie, car il estime qu'il n'existait pas encore d'aqueduc à Ostie à l'époque d'Auguste.

17 La datation est donnée par la maçonnerie (Meiggs, *Ostia*, p. 44) et les rapports avec les bâtiments alentour, comme la conduite allant aux thermes en passant sous la Via dei Vigili. Une canalisation datée vers 95-110 ap. J.-C., ferma l'accès à l'escalier nord (D. Vaglieri, *NSc* 1911, p. 263).

18 C'est Meiggs, *Ostia*, p. 44, qui a proposé que le tuyau en plomb d'un diamètre de 18 cm, qui, en partant de l'angle nord-ouest, était orienté dans la direction nord-est (D. Vaglieri, *NSc* 1911, pp. 452 *sq.*), servait à l'approvisionnement des bateaux. Pour l'estampille du tuyau et la datation, cf. Bruun, Acquedotto, pp. 265 *sqq.*

19 *CIL* XIV, 5309.9 : *(C)aius Caesar Aug(ustus) Ger(manicus)*; cf. aussi D. Vaglieri, *NSc* 1911, p. 46.

20 L'inscription n'est pas encore publiée. Elle a été retrouvée dans le secteur du sanctuaire de Sabazios (Ricciardi – Scrinari II, p. 250 et n. 27). Le texte se trouve chez M. Horster, *Bauinschriften römischer Kaiser. Untersuchungen zur Bautätigkeit in den Städten des westlichen Imperium Romanum während des Prinzipats*, thèse Univ. de Cologne (en cours d'impression) Cat. n° Ia.11.2), qui me l'a généreusement communiqué : *Imp(erator) Caesar Vespasianus [—] Aquaeductum [—] in colonia O[stiensem…]*. Il s'agit vraisemblablement d'une restauration de l'aqueduc, puisqu'on a utilisé *aquaeductus* et non *aqua* (cf. G. Bodon – I. Riera – P. Zanovello, *Utilitas necessaria. Sistemi idraulici nell'Italia romana* [1994], p. 118).

21 Les tuyaux, d'un diamètre de 28 cm, portent différentes estampilles : *Colonorum Coloniae Ostiense et Imp(eratore) Domitiano X Co(n)s(ule)* (D. Vaglieri, *NSc* 1911, p. 320 *sq.*; *CIL* XIV 5309, 4 et 6).

22 Je dois ce renseignement à Michael Heinzelmann, qui a mené des fouilles dans ce secteur de la route et n'a retrouvé aucun autre tuyau en plomb.

23 Ricciardi – Scrinari I, pp. 91, 93, figs 128-132 ; II, pp. 262 *sqq.*, figs 456-459, propose une reconstitution du tracé en se basant sur les restes conservés, ceux emmurés dans le Borgo di Ostia et ceux retrouvés lors de fouilles entre la Via dei Romagnoli et la Via della Stazione. Quelques sections étaient encore debout le long de la Via Ostiense au XVIᵉ siècle : cf. le plan d'Eufrosino de la Volpaia de 1547 (*SdO* I, p. 32, fig. 5 et Ricciardi – Scrinari I, fig. 125).

24 Ricciardi – Scrinari I, p 94 *sqq.* et figs 130, 136 *sqq.*

25 Le matériel ne semble pas encore avoir été étudié, de sorte que cette datation est à considérer comme provisoire (Ricciardi – Scrinari I, p. 92).

26 *CIL* XIV, 4326, de même que G. Calza, *NSc* 1923, p. 397 : il s'agit d'une dédicace votive à Silvanus, retrouvée à la Via dei Sepolcri. La datation de l'inscription, qui mentionne entre autre une *aqua Traiana*, est fixée entre 102 et 114 ap. J.-C. sur la base de la titulature de Trajan : *Silvano Sacrum / pro salute / Imp(eratoris) Nervae Traiani Caes(ari) / Aug(usti) Germanici Dacici / Hilarus socior(um) vect(igalis) ferr(ariarum) ser(vus) / d(onum) d(edit) aquae Traianae feliciter*.

27 *CIL* XIV, 171. Cf. M. Corbier, «La famille de Séjan à Volsinii : la dédicace des Seii, curatores aquae», *MEFRA* 95, 1983, pp. 719 *sqq.* surtout pp. 731, 733 et Bruun, Administration, pp. 286, 363, qui considère le titre *curator aquarum perpetuus* comme un titre honorifique.

28 G. Barbieri, *NSc* 1953, pp. 170 *sq.*, n° 32.

29 Meiggs, *Ostia*, p. 98. On ne sait rien d'une attaque vandale à Ostie, mais la ville pourrait avoir été détruite en même temps que Portus.

30 C'est pourquoi on ne connaît que le matériel retrouvé lors de la première campagne. T. Schioler, «An attempt to locate leadpipes in Ostia Antica», *Prospezioni archeologiche* 6, 1971, pp. 93 *sq.*, tenta la reconstitution d'une partie du réseau de canalisations par le biais de mesures électromagnétique, ce qui ne lui réussit toutefois que sur le Decumanus Maximus, où la conduite est connue aussi par les fouilles. On trouvera une liste des tuyaux de plomb trouvés *in situ* chez Ricciardi – Scrinari II, pp. 275 *sqq.* Pour les estampilles sur les tuyaux en plomb, voir ci-dessous, pp. 110-111.

31 Dans le cas de nombreuses tours d'eau, on peut seulement supposer qu'il s'agit de réservoirs publics pour la distribution d'eau : Ricciardi – Scrinari I, Cisterne n° 4 au Forum de la Statue héroïque, n° 7 près du Temple d'Hercule, n° 11 à la Via della Palestra, n° 12 au nymphée près de Porta Marina, n° 16 derrière la Domus de Jupiter Tonnant, n° 23 au Piazzale della Vittoria. Leur

32 petit nombre est étonnant, surtout si on le compare avec les nombreuses tours d'eau conservées à Pompéi, cf. J. Dybkjaer-Larsen, «The Water Towers in Pompeii», *AnalRom* 11, 1982, pp. 41 *sqq.* et H. Eschebach, «Probleme der Wasserversorgung Pompejis», *CronPomp* 5, 1979, pp. 40 *sqq.* et fig. 10.

Dans un dessin schématique, Ricciardi – Scrinari II, fig. 461, présente la juxtaposition de plusieurs bâtiments de différentes hauteurs.

33 Ricciardi – Scrinari I, Cisterne n° 18 figs 199-205. L'hypothèse d'un bras méridional passant sur le mur d'enceinte se trouve chez Ricciardi – Scrinari II, p. 270 et fig. 465.

34 Ricciardi – Scrinari II, p. 270 et figs 453, 461. Ricciardi interprète aussi les vestiges de trois piliers devant les Thermes du Forum comme un aqueduc à l'intérieur de la ville. On ne possède cependant pas d'autres éléments en faveur d'une telle interprétation. Aucun autre exemple de cette technique romaine d'approvisionnement en eau nous est connu.

35 Pour la numérotation, cf. Ricciardi – Scrinari II, Fontane pp. 9 *sq.* et Ninfei pp. 187 *sq.*

36 Comme les constructions du *castrum* n'ont pas été étudiées en détail, on ne peut être assuré de l'emplacement des puits connus jusqu'à présent, et les puits de cette première période n'ont sûrement pas tous été fouillés.

37 Ricciardi – Scrinari II, p. 150 et figs 284-288.

38 Pour la datation, voir *SdO* I, p. 234 (fin du Iᵉʳ siècle av. J.-C.), p. 236 (vers 120 ap. J.-C.).

39 *SdO* I, p. 234 ; Ricciardi – Scrinari II, Ninfei n°ˢ V et VI.

40 *SdO* I, p. 237.

41 Cette hauteur peut être reconstituée à partir des colonnes de 4, 25 m. de haut, qui furent placées sur le bord de la vasque et correspondaient sûrement à la hauteur du nymphée.

42 Une proue de navire a été retrouvée à proximité de la vasque orientale (D. Vaglieri, *NSc* 1910, pp. 169 *sq.* et fig. 3) et reconstituée pour les deux nymphées.

43 Ricciardi – Scrinari II, Fontane n°ˢ 50, 51, 54 et 67.

44 Deux arguments supplémentaires peuvent être évoqués pour cette hypothèse : d'une part, on ne connaît dans aucun autre secteur de la ville une concentration de fontaines aussi haute qu'ici, d'autre part, les vasques fermaient l'accès au portique d'Hadrien et dérangeaient dans l'aspect autrement unitaire de la rue. Pour la fontaine plus tardive, cf. Ricciardi – Scrinari II, Fontane n°ˢ 53, 57 et 62a.⁴⁵ Ricciardi – Scrinari II, Fontane n°ˢ 1, 14, 119 et 120.

46 *Ibid.*, Ninfei n° IX.

47 Etant donné que la vasque H. Bloch, «A Monument of the Lares in the Forum of Ostia», *HarvTheolR* 55, 1962, pp. 211 *sqq.* a été interprétée comme un sanctuaire des Lares, il ne se trouve pas en tant que fontaine dans le catalogue de Ricciardi et Scrinari. Le monument est effectivement une fontaine, car les blocs inscrits décrits par Bloch ne lui appartiennent sûrement pas, vu leur taille, et que sont conservés du mortier étanche à l'intérieur de la vasque et un écoulement d'eau au-dessus (voir déjà G. Calza, *Ostia. Guida storico-monumentale* [1929], p. 160).

48 Ricciardi – Scrinari II, Ninfei n° XX. Du riche décor sculpté, il ne subsiste qu'un torse de Vénus, trouvé dans la niche principale.

49 *Ibid.*, Ninfei n° XIV.

50 V. Kockel, «Ostia im 2. Jh. n. Chr. – Beobachtungen zum Wandel eines Stadtbildes», dans : H.-J. Schalles – H. v. Hesberg – P. Zanker (dir.), *Die römische Stadt im 2. Jh. n. Chr.* (1992), p 116.

51 Ricciardi – Scrinari II, Fontane n°ˢ 44, 131.

52 Ricciardi – Scrinari II, Ninfei n°ˢ I, II et XXVIII.

53 On peut citer ici les nombreuses *insulae*, la Maison d'Hercule (I ii 3) et la Maison de Diane (I iii 3), avec des fontaines couvertes (Ricciardi – Scrinari II, Fontane n°ˢ 124 et 12a), les Maisons à Jardins (III ix) et la Maison de Sérapis (III x 3) avec vasques à l'air libre (Ricciardi – Scrinari II, Fontane n°ˢ 106 a-f, reconstituées de façon peu convaincante avec couverture, n° 113). Pour les fontaines communes, voir en général Jansen, Wasserversorgung, p. 117.

54 Pour ce sujet, voir G. Becatti, «Case ostiensi del tardo impero», *BdA* 33, 1948, pp. 102 *sqq.*, 197 *sqq.* ; A. R. A. van Aken, «Some Aspects of Nymphaea in Pompeii, Herculaneum and Ostia», dans : *Studia Archaeologica. Festschrift G. van Hoorn* (1951), p. 80 *sqq.* ; C. Pavolini, «L'edilizia commerciale e l'edilizia abitativa nel contesto di Ostia tardoantica», dans : A. Giardina (dir.), *Roma. Politica, economia, paesaggio urbano. Società romana e impero tardoantico*, II (1986), pp. 239 *sqq.* ; S. L. Hansen, «The embellishment of late-antique *domus* in Ostia and Rome», dans : S. Isager – B. Poulsen (dir.), *Patron and Pavements in Late Antiquity* (1997), pp. 111 *sqq.*

55 Par exemple Ricciardi – Scrinari I, Pozzi n°ˢ 10, 34, 36 et 45.

56 *Ibid.*, n° 21.

57 Cela vaut par exemple pour les occupants de la Domus des Gorgones (I xiii 6).

Les *fistulae aquariae* inscrites d'Ostie[*]

Roberta Geremia Nucci

Les conduites en plomb, communément appelées *fistulae* dans les sources anciennes, présentent des inscriptions en relief (ou, moins souvent, gravées).

Ces «marques», qui peuvent atteindre trente centimètres de longueur et dont les lettres mesurent entre 1,5 et 3 cm, pouvaient être répétées plusieurs fois sur la conduite, mais la fragmentation et l'hétérogénéité du matériel empêchent de reconnaître dans cette pratique une règle générale à laquelle il faudrait obligatoirement se référer[1].

Frontin, dans son ouvrage *De aquae ductu urbis Romae*, notre source principale en la matière, parle seulement de la nécessité de marquer sur le *calix* (tuyau principal recevant les conduites de distribution) et sur la *fistula* qui lui est reliée, sur une longueur de cinquante pieds, la mesure de capacité de la tuyauterie[2]. L'évidence archéologique montre cependant que cette donnée numérique n'est pas fréquente, contrairement aux éléments suivants qui apparaissent associés ou isolés sur les *fistulae* et qui ne sont pas mentionnés par Frontin[3] :

1. Le nom du propriétaire de la *fistula*, concessionnaire de l'eau transportée par celle-ci, généralement au génitif.

2. Les noms relatifs aux constructeurs de la *fistula* elle-même, qui peuvent se présenter dans la formule au nominatif du *plumbarius*, accompagné par le verbe *fecit*, abrégé de façons différentes, ou bien avec l'indication *ex off(icina)* suivie du nom de l'*officinator* au génitif[4].

3. On retrouve assez fréquemment, en outre, des noms d'empereurs au génitif qui, lorsque les *fistulae* ne présentent aucun rapport avec des propriétés impériales, devraient être intégrés à la formule *ex indulgentia* et se référer à des actes d'évergétisme[5]. Dans certaines circonstances, les noms des empereurs apparaissent sur les *fistulae* en compagnie des *procuratores*[6], qui sont quelquefois explicitement mentionnés comme *procuratores patrimonii* ou *a rationibus/rationales*[7].

4. Enfin, des noms de collectivités sont attestés, au génitif et rarement au nominatif, dénotant une fois encore la propriété de la conduite, ainsi que des datations consulaires et des symboles aux significations diverses[8].

A Ostie, une cinquantaine de *domini aquae* sont documentés, ainsi qu'une quarantaine de *officinatores* et *plumbarii*. Parmi les empereurs, les plus souvent attestés, soit au moins vingt fois, sont Hadrien et les Sévères. Caligula, Néron, Domitien et Trébonien Galle sont présents chacun sur une *fistula*; Antonin le Pieux sur quatre, Marc Aurèle sur dix. Par ailleurs, deux *fistulae* mentionnent le patrimoine impérial, une autre l'église, huit les colons ostiens et deux la *res publica* ostienne.

L'histoire des recherches

Dans les fouilles du XVIIIe et du XIXe siècle, les *fistulae* n'ont pas été l'objet de l'attention qu'elles mériteraient. Le premier à les examiner, à la fin du XVIIIe s., fut G. Marini, qui, néanmoins, les considérait encore comme peu importantes[9].

A cette époque, en outre, il était d'usage de fondre les *fistulae* retrouvées dans les fouilles; cette pratique est déjà décriée par C. Fea, qui nous raconte avoir sauvé deux *fistulae* retrouvées à la tour Boacciana[10].

Ce n'est qu'à la fin du XIXe siècle qu'on assiste à la naissance d'études approfondies en la matière, ainsi qu'à la création, par la main de E. De Ruggiero, des catégories de catalogage des *fistulae*, basées sur les éléments qui apparaissent sur les estampilles, et qui sont encore valables de nos jours[11].

Le travail de R. Lanciani sur les aqueducs romains constitue une étape fondamentale de l'histoire des recherches sur les *fistulae*, qui s'y trouvent recensés; la modernité de son approche se reconnaît dans l'importance attribuée aux lieux de trouvaille des *fistulae*, grâce auxquels Lanciani fut en mesure de localiser plus de quatre-vingts *domus* de l'*Urbs*[12].

A la fin du siècle parut le recueil méticuleux de H. Dressel dans le *CIL* XV, qui comprend, parmi les *fistulae urbanae et agri*

OSTIA

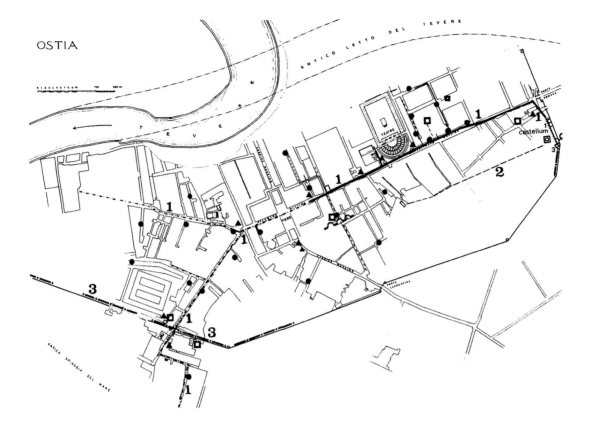

1   Tracé hypothétique du réseau hydraulique à partir du IIe siècle ap. J.-C.
    (d'après Ricciardi fig. 465).

    1   Conduites souterraines
    2   Tracé hypothétique de la conduite de Vespasien.
    3   Conduites surélevées (IIe siècle ap. J.-C.)
    □   Citernes publiques
    ▲   Nymphées publiques
    ●   Fontaines publiques

suburbani, même les exemplaires d'Ostie. Les *fistulae* retrouvées
à Ostie dans les fouilles jusqu'en 1930 ont été rassemblées par
L. Wickert dans le supplément au volume XIV du *CIL*. Les trouvailles successives, souvent dépourvues d'une documentation
adéquate concernant leur provenance, furent l'objet de l'étude
magistrale de G. Barbieri.

Depuis lors, la dernière synthèse sur les *fistulae* est celle de
Ch. Bruun, qui a étudié le problème de l'approvisionnement
en eau en partant de l'œuvre de Frontin, puis en s'occupant
de l'aspect topographique, de l'histoire des institutions et de
l'épigraphie, en incluant aussi les exemplaires d'Ostie, dans la
section relative à l'analyse des *fistulae*[13].

Enfin, en ce qui concerne Ostie, outre quelques *fistulae* localisées avec précision et reconsidérées par M. A. Ricciardi[14], quelques
exemplaires retrouvés depuis peu ont été publiés récemment[15].

Le cas d'Ostie

Ostie s'est dotée d'un aqueduc à l'époque julio-claudienne; le
terminus ante quem de sa construction est fourni par l'existence
d'une *fistula* de grande dimension (30 cm de diamètre), dont
la marque mentionne l'empereur Caligula[16]. L'eau provenant des
monts d'Acilia arrivait à 120 m au sud de la Porta Romana, près
de laquelle sont conservés quelques restes d'une structure à
arcades[17], et était recueillie dans un *castellum aquae*. De là, elle
était distribuée dans la ville par l'intermédiaire d'une conduite
principale qui suivait le parcours du Decumanus Maximus, et
de laquelle dérivaient des *fistulae* de plus petites dimensions, qui
conduisaient l'eau dans les zones périphériques[18].

C'est à cette première phase de l'aqueduc que devait appartenir un tube en plomb, avec valve centrale en bronze, retrouvé
auprès de la citerne sous-jacente à la palestre des Thermes
de Neptune, et dont l'estampille mentionne comme *plumbarius*
un affranchi de Claude, Ti. Claudius Aegialus, déjà connu par
les sources[19].

Un accroissement successif du système hydraulique d'Ostie
eut lieu sous Vespasien, comme l'atteste une inscription, encore
inédite, qui se rapporte à un aqueduc construit par cet empe-

MC·ORNELISECVNESERGIAEPAVLAE

2 *Fistula* provenant de la Maison de Diane, portant les noms de M. Cornelius Secundus et Sergia Paula (d'après Marinucci fig. 1).

reur[20]. De cette seconde phase, nous connaissons divers exemplaires de *fistulae* appartenant à la conduite principale; elles sont datables du règne de Domitien[21] et portent l'inscription *Coloniae Colonor(um) Ostiense/Ostiensis*[22], ou *Ost(iensium)*[23], indiquant que la propriété de l'eau revenait à la collectivité. A partir de cette période, l'aqueduc réussit à satisfaire les exigences de la populeuse ville d'Ostie et à alimenter nymphées, thermes aussi bien privés que publics, habitations et *fullonicae* (fig. 1).

Une inscription mentionnant une *aqua Traiana*, sur laquelle on ne possède aucune autre information[24], se réfère peut-être à une intervention ultérieure de Trajan. On a aussi pensé qu'il pouvait s'agir de l'aqueduc de Portus[25], habituellement daté du règne de Trajan[26] mais dont les découvertes récentes ont pu révéler une première phase remontant avec certitude à l'époque de Néron[27].

Bien que les *fistulae* que nous possédons soient à regrouper, pour la plupart, dans un laps de temps s'étendant du IIe au IIIe siècle, quelques exemplaires datables du IVe et de la première moitié du Ve attestent que l'approvisionnement en eau de la cité était garanti à cette époque encore[28].

En effet, c'est seulement à partir de la fin du Ve siècle que l'on assiste à la ruine de l'aqueduc, causée par le démantèlement du système d'entretien bien plus que par une catastrophe (comme l'invasion des Vandales)[29].

d'attribution des concessions[32]. A ce sujet, le haut pourcentage de noms de personnages appartenant à l'ordre sénatorial et à l'ordre équestre, ainsi que d'affranchis impériaux, sur les *fistulae* urbaines, semble indiquer que le poids politique du demandeur aux yeux de l'empereur était déterminant dans le choix des bénéficiaires de l'eau publique, puisque c'était la plus haute personnalité de l'Etat qui accordait la concession du *beneficium*[33].

Comme s'il s'agissait d'un appendice de Rome, on retrouve à Ostie un haut pourcentage de personnages appartenant à l'ordre sénatorial, à peine inférieur à celui observé dans l'*Urbs*[34]. Cette particularité doit être mise en rapport avec l'absence quasi totale de personnages d'origine locale[35], autre anomalie notoire du cas d'Ostie.

Ces caractéristiques apparaissent encore plus intéressantes si l'on considère les lieux de trouvaille des *fistulae*. Elles semblent particulièrement liées non seulement à la propriété de *domus* dans la ville, mais aussi à des formes d'investissement qui démontrent les intérêts commerciaux de l'ordre sénatorial dans la ville portuaire.

Les dénommés *domini aquarum*

On interprète habituellement les personnages qui apparaissent au génitif sur les *fistulae* comme les propriétaires de la conduite et les concessionnaires du *beneficium* de l'utilisation de l'eau publique; le génitif, en effet, indiquerait la possession et serait à compléter avec une formule du type *(aqua) illius* ou *(domus vel sim.) illius*[30].

L'étude prosopographique des personnages qui apparaissent au génitif sur les *fistulae* retrouvées à Rome a fourni d'importants résultats, utiles non seulement pour identifier des propriétaires de nombreuses *domus*[31], mais aussi pour éclaircir les critères

Les intérêts de l'ordre sénatorial à Ostie: les investissements dans les thermes

Dans une étude récente ont été réunis tous les témoignages concernant les propriétés des familles sénatoriales dans les environs de Rome, propriétés étroitement liées à la *vicinitas urbi* qui permettait aux sénateurs de continuer leurs activités publiques[36]. Ostie y figure comme l'une des zones où le nombre des familles sénatoriales est particulièrement élevé, avec une sensible augmentation durant le IIe et le IIIe siècle[37].

Il est intéressant de constater que certains personnages de l'*ordo senatorius*, qui apparaissent en tant que *domini aqua-*

3 *Fistula* provenant des Thermes du Nageur, portant les noms de Larcia Priscilla et Arria Priscilla (photo R. Geremia Nucci).

4 *Fistula* provenant des Thermes du Phare, portant les noms de Valerius Faltoninus et Anicia Italica (photo SAO, neg. C 426.)

rum sur les *fistulae* (et donc en tant que propriétaires de l'immeuble où aboutissait la conduite), sont également attestés sur des estampilles de briques en tant que propriétaires de *figlinae*; il devait donc s'agir de deux secteurs d'investissement rentables[38]. Une *fistula* retrouvée récemment dans la Maison de Diane, par exemple, porte les noms, au génitif, de deux époux propriétaires de l'immeuble: M. Cornelius Secundus et Sergia Paula (**fig. 2**)[39]. Sergia Paula, connue à Ostie par une inscription dédicatoire retrouvée au Capitole (*CIL* XIV 174), appartient à une importante famille sénatoriale[40], ce qui est surprenant puisque son mari, contrairement à elle, est un personnage inconnu et de classe vraisemblablement inférieure. Son identification avec le M. Cornelius M. f. Secundus, attesté à Ostie en qualité de *quinquennalis* du *corpus lenunculariorum tabulariorum auxiliarium ostiensium* en 152 ap. J.-C.[41], suscite encore des questions.

Néanmoins, puisque la *fistula* semblerait dater du milieu du IIe siècle ap. J.-C., on peut penser que Sergia Paula est la sœur de L. Sergius Paullus, consul pour la seconde fois en 168 ap. J.-C.[42], et peut-être identifiable avec le personnage du même nom attesté à Rome sur des *fistulae*[43] et des estampilles de briques datées de 134[44].

Dans le secteur des investissements immobiliers à Ostie, les seuls autres témoignages qui nous sont connus par les *fistulae* se réfèrent à des installations thermales de moyennes dimensions. La planimétrie de celles-ci, ne répondant à aucun standard puisque adaptée de façon évidente aux parcelles existantes, nous incite à les considérer comme des propriétés privées. Ces structures thermales, indépendantes des autres blocs d'immeubles, sont donc probablement ouvertes au public. A Ostie, elles sont contemporaines des édifices majeurs construits par les empereurs, et sont à mettre en relation avec la construction de l'aqueduc de Vespasien déjà mentionné[45].

Dans cette perspective, les Thermes du Nageur sont un cas emblématique. On y a mis au jour une conduite portant les noms de Larcia Priscilla et Arria (Plaria Vera) Priscilla (**fig. 3**), consi-

dérées comme deux cousines[46] et liées à quelques familles connues à Ostie (les Larcii, les Egrilii et les Acilii Glabriones)[47]. On a émis l'hypothèse que les deux femmes seraient les auteurs d'un acte d'évergétisme privé[48] plutôt que les propriétaires de l'immeuble. Dans ce cas, cependant, on s'attendrait à trouver un lien particulier entre le bienfaiteur et la communauté à laquelle il s'adresse, mais nous n'en possédons aucun indice[49].

Il faudrait interpréter de la même manière les *fistulae* provenant des Thermes du Phare. Elles portent les noms d'au moins trois propriétaires successifs, appartenant à l'ordre sénatorial, et peut-être d'un quatrième propriétaire, un chevalier[50]. La *fistula* la plus tardive qui y a été retrouvée mentionne les noms des derniers propriétaires, Valerius Faltonius Adelfius et Anicia Italica (**fig. 4**)[51], et indique qu'à Ostie, l'aqueduc et certains édifices thermaux sont restés en service jusqu'au milieu du Ve siècle[52]. On peut émettre l'hypothèse qu'à cette époque encore, la demande de services thermaux à Ostie n'était pas satisfaite uniquement par les thermes publics impériaux, et que les établissements de moyenne dimension continuaient à jouer un rôle important[53].

Il faut donc en déduire que posséder ou gérer des thermes était encore considéré comme un investissement et une activité rentables par l'ordre sénatorial, et ce, malgré la baisse démographique attestée. Ce phénomène nous est connu, par ailleurs, au moins jusqu'au règne de Constantin, qui a permis aux tuteurs d'investir l'argent de leurs pupilles dans les *horrea et balnea*, et non seulement dans les terrains[54].

trad. Laurent Chrzanovski

Notes

*   Je suis particulièrement reconnaissante au Professeur Fausto Zevi pour ses précieuses suggestions et ses conseils. Je remercie en outre Mme la Surintendante d'Ostie, Dr Anna Gallina Zevi, pour m'avoir permis d'étudier ce matériel, Madame J. E. Shepherd et tout le personnel de l'Office du Catalogue de la Surintendance Archéologique d'Ostie pour m'avoir offert leur aide durant les recherches d'archives.

1   Ch. Bruun, *The Water Supply of Ancient Rome. A Study of Roman Imperial Administration*, 1991, pp. 20 sq.

2   Frontinus, *Aq.* 105 et 112.

3   Bruun *op. cit.*, p. 40; sur les données numériques en particulier *ibid.*, pp. 49-51, renvoie aux hypothèses de G. Barbieri, «Ostia – fistole acquarie inedite o completate», *NSc* 1953, pp. 151-189, en particulier p. 178. Les données numériques indiqueraient dans certains cas la mesure de la conduite; dans d'autres, elles se référeraient à une séquence numérique selon laquelle devaient être placées les *fistulae*. Enfin, elles pouvaient servir à l'atelier proprement dit, afin de faciliter le décompte des exemplaires commandités aux *plumbarii*. En ce qui concerne les autres éléments qui apparaissent sur les conduites, ils dépendraient de l'*habitus* épigraphique romain (Bruun *ibid.*, pp. 59-62 et p. 371). Dans le cas du *dominus aquae*, même s'il n'existait aucune loi au sens propre en la matière, on peut aussi penser que le concessionnaire avait intérêt à attester par écrit son droit, véritable *beneficium* que l'empereur lui avait concédé.

4   Sur les *plumbarii* d'Ostie, cf. Meiggs, *Ostia*, p. 272 et Bruun, *op. cit.*, pp. 324-328: ce sont d'actifs personnages d'origine affranchie et aux noms ostiens (A. Larcius Eutyches, L. Caecilius Maximus, les Nasennii et les Ostienses), ainsi que des affranchis impériaux dont les ateliers se trouvaient vraisemblablement à Rome (Aurelii, Iulii, Flavii, Porcii, etc.).

5   Bruun *op. cit.*, pp. 30, 139, 371; pp. 298 sq., l'auteur souligne le grand nombre de *fistulae* impériales retrouvées à Ostie.

6   Ibid., pp. 31 sq.

7   Ibid., pp. 264-270 et pp. 299-303 et Ch. Bruun, «L'amministrazione imperiale di Ostia e Portus», dans: *Ostia e Portus sotto il dominio di Roma: I rapporti tra il centro e il porto, Atti del Convegno Internazionale tenutosi all'Institutum Romanum Finlandiae, Roma 1999* (sous presse). Ils étaient jusqu'alors considérés comme *procuratores aquarum* (charge attestée seulement à partir de l'époque sévérienne) et, pour Ostie, comme *procuratores portus utriusque*; il s'agirait plutôt, en revanche, de procureurs chargés de la tutelle du *patrimonium*.

8   Bruun *op. cit.* (n. 1), pp. 22 sq.

9   *…di poca importanza, e solo degne di essere da curiosi raccolte, e di vivere nella memoria de'posteri per la loro antichità, la quale anche le cose di niun conto riveste sempre di venerazione e rispetto.* Les *Iscrizioni antiche doliari*, rédigées entre 1798 et 1799 (avec des ajouts postérieurs, jusqu'en 1807, entre les interlignes ou en marge du texte), furent publiées en 1884 par G. B. de Rossi, avec des annotations de H. Dressel.

10   *Relazione di un viaggio ad Ostia*, 1802, pp. 56 sq. Il s'agit de *CIL* XV 7749a = *CIL* XIV 2000; à ce sujet, cf. Barbieri *art. cit.* (n. 3), n° 19 et *id.*, «Revisioni di epigrafi», *RendPontAc* 10, 1969-70, pp. 73-80, en particulier pp. 79 sq.

11   E. De Ruggiero, *Catalogo del Museo Kircheriano*, 1878, pp. 142-148.

12   R. Lanciani, «Topografia di Roma Antica. I Commentari di Frontino intorno le acque e gli acquedotti», *MemLinc* 4, 1881, pp. 215-616, en particulier pp. 301-306.

13   *Op. cit.* (n. 1).

14   *La civiltà dell'acqua a Ostia Antica*, 2 vols, 1996.

15   La *fistula* de Gavius Maximus retrouvée dans les Thermes du Forum, publiée par A. Marinucci et P. Cicerchia dans *SdO* XI et par Ch. Bruun, «Private munificence in Italy and the evidence from the lead pipes stamps», dans: *Acta Colloqui Epigraphici Latini Helsinki 1991*, 1995, pp. 41-58; celle de Larcia Priscilla et d'Arria (Plaria Vera) Priscilla retrouvée dans les Thermes du Nageur, publiée par A. Carandini et C. Pannella (dir.), *Ostia III, Studi Miscellanei* 21, 1973, pp. 645 sq., et récemment par Ch. Bruun, «Zwei Priscillae aus Ostia und der Stammbau der Egrilii», *ZPE* 102, 1994, pp. 215-225; pour celle de M. Cornelius Secundus et Sergia Paula, retrouvée dans la Maison de Diane, se référer à A. Marinucci, «La distribuzione dell'acqua nella cosiddetta Casa di Diana», *MededRom* 58, 1999, pp. 32-35. Deux exemplaires inédits conservés dans le dépôt sous le Capitole d'Ostie ont été publiés par R. Geremia Nucci, «Da un riesame delle *fistulae* ostiensi: dati prosopografici e storia urbana», *MededRom* 58, 1999, pp. 36-37, figs 1 et 2; *ead.*, «Le

16   terme del Faro di Ostia. Nuovi dati dallo studio delle *fistulae*», *ArchCl* 1999 (sous presse).

  CIL XIV 5309,9; Meiggs, *Ostia*, p. 44; Bruun *op. cit.* (n. 1), p. 285; Ricciardi *op. cit.* (n. 14), p. 248 (qui écrit par erreur qu'elle est citée par Visconti) et p. 277; Ch. Bruun, «Ti. Claudius Aegialus e l'acquedotto di Ostia», *ZPE* 122, 1998, pp. 265-272, en particulier p. 268.

17   Ricciardi *op. cit.*, p. 248, l'eau devait provenir de la vallée de Malafede près de Trigoria, comme l'ont proposé M. Bedello Tata, S. Falzone, S. Fogagnolo (avec un appendice de A. Harnoldus-Huyzendveld), «Rinvenimento di un sistema di aquedotti in località Malafede – Infermeria», dans: *Archeologia Laziale* 12/2, 1995, pp. 429-438, en particulier p. 432.

18   Meiggs, *Ostia*, p. 112, fig. 1 et pp. 113, 143 sq.; Bruun *op. cit.* (n. 1), p. 285; Ricciardi *op. cit.*, pp. 267-270.

19   Bruun *art. cit.* (n. 16). Voir ci-dessous, catalogue, n° IX.1.

20   Ricciardi *op. cit.*, p. 250; F. Zevi, «Traiano e Ostia», in *Congreso Internacional Trajano, imperador de Roma, Sevilla 1998* (sous presse).

21   *CIL* XIV 5309, 4-7 (à droite de la Porta Romana pour celui qui entre dans la ville), cf. Ricciardi *op. cit.*, pp. 250 et 277; la datation consulaire – Imp(eratore) Domitiano X Co(n)s(ul) – permet d'en établir la datation à l'an 84 ap. J.-C.

22   *CIL* XV 7735 a a = *CIL* XIV 1983 (divers exemplaires, retrouvés «sous le tracé de la route qui mène de la Porta Romana au Forum» et près de la Porta Romana) (n. 3), p. 181; *CIL* XIV 5309, 2, 3 (devant les Thermes de Neptune; sur le côté du croisement avec la Via dei Vigili), voir *ibid.* p. 186; Bruun *op. cit.* (n. 1), p. 325; Ricciardi *op. cit.*, pp. 251 et 277; *CIL* XIV 5309, 4-7, cf. *infra*.

23   *CIL* XV, 7736 a et b (devant le temple de la Place des Corporations; de provenance inconnue), voir Barbieri *art. cit.* (n. 3), p. 181; *CIL* XIV 5309,8 (Via della Fullonica, conduite mise au jour sur une longueur de 68m), voir Barbieri, *ibid.*, p. 186; Bruun *op. cit.* (n. 1), pp. 124, 132 et 285; Ricciardi *op. cit.* (n. 14), p. 279; une partie de cette conduite est apparue récemment (le 9 avril 1999), au cours de quelques sondages effectués par l'ACEA sur la Via della Fullonica. Je remercie Mme A. Gallina Zevi pour cette information.

24   *CIL* XIV 4326, retrouvée à la Via dei Sepolcri; G. Becatti, dans: *SdO* I, p. 123; plus récemment, voir Zevi *art. cit.* (n. 20) et ci-dessus, p. 102.

25   Bruun *op. cit.* (n. 1), p. 285; Ricciardi *op. cit.* (n. 14), p. 253.

26   Meiggs, *Ostia*, p. 592.

27   aa.vv., «Scavi a Ponte Galeria: nuove acquisizioni sull'acquedotto di Porto e sulla topografia del territorio portuense», dans: *Archeologia Laziale* 12/2, 1995, pp. 361-373, en particulier pp. 369-371; la datation a été rendue possible grâce à la découverte d'une *fistula* inscrite portant le nom d'un *procurator* de Néron.

28   Voir aussi Ricciardi *op. cit.* (n. 14), pp. 258-260.

29   Meiggs, *Ostia*, p. 98.

30   Bruun *op. cit.* (n. 1), pp. 81-95, propose de sous-entendre parfois une formule du type *sub cura* ou *ex officina*; dans d'autres cas, le gentilice indiquerait le constructeur de l'immeuble, c'est-à-dire le bénéficiaire (*ex indulgentia*): voir id., «Private munificence in Italy and the evidence from the lead pipes stamps», dans: *Acta Colloqui Epigraphici Latini Helsinki 1991*, 1995, pp. 41-58.

31   Voir *Lexicon topographicum urbis Romae*, II (1995) s.v. *domus* (Eck).

32   W. Eck, «Die *fistulae aquariae* der Stadt Rom. Zum Einfluss des sozialen Status auf administratives Handeln», dans: *Epigrafia e ordine senatorio, Atti del Coll. Int. AIEGL, Roma 1981*, vol. I, 1982, pp. 197-225.

33   Ibid. pp. 203-208.

34   Le pourcentage des personnages appartenant à l'*uterque ordo* est supérieur à 50%; les rapports ne sont donc pas bien différents de ceux de l'*Urbs*. Voir Eck *art. cit.* (n. 32), p. 203.

35   Bruun *op. cit.* (n. 1), p. 290, avec de rares exceptions comme les Egrilii (Barbieri *art. cit.* (n. 3), n°s 23-24, et *CIL* XV 7751), qui présentent en outre des *cognomina* d'origine grecque et ne semblent pas être liés à la branche sénatoriale de la famille. A ceux-ci, il faudrait ajouter L. Marius Germanus (*CIL* XV 7754), peut-être identifiable avec l'homonyme membre du *collegium* des *lenuncularii tabularii auxiliares* de 152 ap. J.-C., et les Anicii du Bas Empire, dont Meiggs, *Ostia*, pp. 212 sq., suggérait non seulement qu'ils possédaient des propriétés à Ostie, mais qu'ils y habitaient.

36   A.M. Andermahr, *Totus in praediis. Antiquitas* Reihe 3, vol. 37, 1998.

37   *Ibid.*, cette croissance dépend peut-être de la construction du port, à la suite de laquelle les sénateurs commencèrent à participer aussi à la vie des *collegia*, dont ils assumaient souvent le patronat. Cependant, cette augmentation peut être seulement apparente, dépendant en grande partie du fait

que nos documents privilégiés – les *fistulae* – remontent pour la plupart à cette période.

38 Andermahr *op. cit.*, pp. 332-336, n° 331 (Matidia Minor); p. 378, n° 399 (M. Petronius Sura Mamertinus et M. Petronius Sura Septimianus); pp. 429-430, n° 485 (Q. Servilius Pudens). Voir aussi Geremia Nucci, *MededRome* 58, 1999, p. 36.

39 Voir ci-dessous, p. 236.

40 H. Halfmann, «Die Senatoren aus den kleinasiatischen Provinzen des römischen Reiches vom 1. bis 3. Jahrhundert (Asia, Pontus-Bithynia, Lycia-Pamphylia, Galatia, Cappadocia, Cilicia», dans: *Epigrafia e ordine senatorio* (cité à la n. 32), vol. II, p. 645.

41 *CIL* XIV 250, col. II, 7-8; un personnage homonyme, sans patronyme, figure parmi la *plebs* (II, 10).

42 Halfmann *loc. cit.*

43 Eck *art. cit.* (n. 32), p. 212.

44 *CIL* XV 516 et *RE* Suppl. VI 818 s.v. Sergius, n° 35a (Westermeyer).

45 Zevi *art. cit.* (n. 20); pour certains exemples de thermes de dimensions moyennes, voir R. Mar, «*Las Termas de tipo medio de Ostia y su insercion en el espacio urbano. Estudio preliminar*», *Italica* 18, 1990, pp. 31-63

46 Ch. Bruun, «Zwei Priscillae aus Ostia und der Stammbau der Egrilii», *ZPE* 102, 1994, pp. 221-223, et arbre généalogique à la fig. 2, il s'agirait des filles de deux fils supposés (Arria Priscilla et L. Arrius Priscus) d'un tout aussi hypothétique L. Arrius Priscus.

47 C'est à un Glabrius – peut-être le consul de 91 – qu'est mariée Arria Priscilla; cette ancienne *gens* patricienne avait des propriétés à Ostie, et ses membres figurent parmi les patrons de la ville, comme l'indique l'inscription *CIL* XIV 4324, dédiée par un Glabrius, *patronus coloniae* à la *salus Caesaris Augusti*, datable à l'époque julio-claudienne (Meiggs, *Ostia*, pp. 206 et 508).

48 Bruun, *art. cit.* (n. 30), p. 216.

49 Pour Andermahr *op. cit.* (n. 36), p. 47, il s'agit d'un investissement.

50 Geremia Nucci, *ArchCl* 1999 *art. cit.* (n. 15).

51 C'est aussi la plus tardive attestée à Ostie; à Portus, on a des exemplaires aussi tardifs dans le «*xenodochium*» de Pammachius (*CIL* XV 7212 = *CIL* XIV 2010; *CIL* XV 7756 = *CIL* XIV 2009).

52 Meiggs, *Ostia*, p. 98; Geremia Nucci, *ArchCl* 1999 (*cit.* n. 15).

53 G. Becatti, *SdO* I p. 127.

54 O. Robinson, «Baths, an aspect of Roman Government Law», dans: *Sodalitas. Scritti in onore di Antonio Guarino 3*, 1984, pp. 1065-1082, en particulier p. 1067.

Ostie et son port : histoire d'un échec et de ses remèdes

Fausto Zevi

Parmi les voyageurs qui décollent de l'aéroport de Fiumicino, peu savent que la vision singulière d'un lac hexagonal, leur apparaissant obliquement sur la gauche, correspond au gigantesque bassin artificiel, encore aujourd'hui bien conservé, du port de Trajan [voir ci-dessus, p. 27, fig. 8]. Avec cette réalisation grandiose, Trajan, l'*Optimus Princeps*, mettait fin à une situation chronique de gêne et d'insuffisance, dotant enfin Rome d'un port sûr et adapté aux exigences de la capitale du monde[1].

Longtemps, notre connaissance de la marine antique a reposé sur les rares informations transmises par les auteurs anciens. Un texte fameux, le *Navigium* de Lucien de Samosate a fait l'objet de recherches répétées de la part des spécialistes[2]. Dans le dialogue, il est question de l'impression suscitée à Athènes par l'arrivée inattendue dans le port du Pirée d'un bateau marchand transportant du blé égyptien.

Ce bateau, au nom significatif d'*Isis*, dérouté par le mauvais temps et sauvé des tempêtes grâce à l'intervention des Dioscures, avait fini par rejoindre après soixante-dix jours un port sûr, même si ce n'était pas celui de destination, à savoir Rome. «Mais quel navire gigantesque!», s'exclamait un des interlocuteurs: long de 120 coudées (plus de 53 m), large de plus de 30 et d'une hauteur quasi égale du pont à la quille, il était gouverné par une véritable armée de marins. Quant à la charge, «on disait qu'il transportait assez de grains pour nourrir toute l'Attique pendant une année». Réalité ou fantaisie littéraire du rhéteur de Samosate? La discussion est ouverte. Sur la base des mesures de Lucien, on a calculé la jauge et le tonnage de l'*Isis*, évalués respectivement à 1200 et 1600 tonnes[3]. Même si l'affirmation que le grain transporté suffisait à toute l'Attique n'est qu'une hyperbole, la cargaison devait être très grande: en évaluant à un demi-kilo de céréales la ration journalière d'un individu, il est facile de calculer qu'un tel chargement pouvait nourrir pendant une année cinq à dix mille personnes. Avant l'ère industrielle, des navires d'une telle contenance constituaient d'authentiques *monstra*: comme on l'a rappelé, selon le grand historien Fernand Braudel, dans les premiers temps du Roi-Soleil

(1664), l'essentiel de la flotte marchande française consistait en environ 400 navires de plus de 100 tonneaux, parmi lesquels à peine une soixantaine dépassait les 300[4]. En fait, c'est seulement depuis le XVIIIe et le XIXe siècle que l'Europe a revu des navires qui jaugeaient plus de 1000 tonneaux.

Le développement de l'archéologie sous-marine a aujourd'hui augmenté nos connaissances des navires antiques, quant à la technique de construction, les dimensions, les charges et le remplissage.

De l'étude du grand navire d'Albenga, menée par le pionnier N. Lamboglia, on conclut qu'il devait transporter 10 000 amphores (*myriophoros*), soit l'équivalent de 500 tonnes. Les fouilles successives ont en gros confirmé les standards: si un historien comme K. Hopkins retient que, sous l'Empire, les grands navires marchands transportaient en moyenne entre 250 et 350 tonnes[5], les archéologues comme A. Tchernia et P. Pomey suggèrent plutôt entre 350 et 450 tonnes, équivalents à 50 000 boisseaux de grain, ce qui s'accorde mieux avec les informations combinées fournies par les sources littéraires et l'archéologie subaquatique[6]. Si les estimations proposées pour l'*Isis* paraissent éloignées, il faut considérer que les fouilles sous-marines ont peu appris sur les grands cargos alexandrins, pour la raison aussi que, contrairement aux navires qui transportaient des aliments liquides (les indestructibles conteneurs en céramique, *dolia* et amphores, permettent de localiser les épaves, tout en fournissant des indications précieuses sur le chargement et le tonnage), les navires céréaliers étaient entièrement périssables, tant la marchandise que les éventuels conteneurs. Mais la contribution de l'archéologie subaquatique reste déterminante, car les connaissances actuelles permettent de considérer techniquement possible l'existence dans l'Antiquité de navires plus grands que ceux qui sont documentés: les embarcations spéciales destinées au transport des obélisques égyptiens ou des gigantesques colonnes monolithiques de granit ou de porphyre pour les édifices de l'*Urbs* devaient être de peu inférieurs à l'*Isis*, voire même plus grands. Le navire qui avait transporté à Rome l'obélisque du cirque du

Vatican, commandé par Caligula, fut utilisé comme caisson pour la fondation du phare, dans le port de Claude à Ostie ; cette information fournie par Pline l'Ancien[7], bien que les vérifications manquent (le site du phare n'est pas encore reconnu avec certitude), donne au moins une idée de la monumentalité du bateau.

Lucien écrit au IIe siècle ap. J.-C., l'âge d'or des Antonins, quand les problèmes du ravitaillement de Rome pouvaient être considérés, sinon résolus (ils ne le seront jamais tout à fait), au moins organisés au mieux en fonction des connaissances et de la technique de l'époque. Mais un tel niveau optimal a été atteint lentement au cours des siècles au prix d'un engagement total dans un projet de longue haleine. Rome, distante de la mer d'environ 23 km par voie terrestre (mais de 35 par le fleuve), était liée à celle-ci par le Tibre, le plus important cours d'eau de la péninsule italienne. On comprend aisément pourquoi les Romains, dès qu'ils en ont eu la possibilité, se sont hâtés d'occuper l'embouchure du fleuve, établissant la colonie d'Ostia, que la tradition faisait remonter au roi Ancus Martius, dans la seconde moitié du VIIe siècle av. J.-C. [voir ci-dessus, pp. 3-7]. Projetant dans le passé les conditions de son temps, le poète Ennius, un des pères de la littérature latine, écrivait qu'Ancus rendit les lieux adaptés « aux beaux navires » (*navibus pulchris loca munda fecit*) et à ceux qui « dans la mer cherchent la vie » (*mari quaesentibus vitam*)[8], c'est-à-dire ceux qui naviguent et commercent : une vision essentiellement mercantile, qui reflète le nouvel engagement maritime de Rome, suite aux guerres puniques. Pourtant, deux siècles plus tard, en pleine splendeur du siècle d'Auguste, le géographe Strabon brossera d'Ostie un tableau décourageant : Ostie, dit-il, est *alimenos*, c'est-à-dire dépourvue de port, et, à pleine charge, le tirant d'eau des navires marchands leur interdit l'entrée et le mouillage dans l'embouchure du fleuve. Ils sont obligés de jeter l'ancre en mer ouverte et de transborder leurs cargaisons sur des embarcations plus petites, une opération que Strabon considère à juste titre comme dangereuse[9]. Que le géographe n'exagère pas, cela est démontré par d'autres témoignages antiques et surtout par l'effort gigantesque accompli par Claude et Trajan pour créer au nord d'Ostie un système portuaire entièrement artificiel, sans renoncer pourtant à cette indispensable voie d'eau qu'était le Tibre. Mais qu'est-ce qui est arrivé, durant les deux siècles qui séparent Ennius de Strabon ? Comment est-on passé des accueillants *loca munda* d'Ancus Martius à l'embouchure inhospitalière du début de l'Empire, laquelle obligeait les « beaux navires » à s'ancrer au large ?

Je voudrais citer en regard deux épisodes du IIIe siècle av. J.-C., les deux concernant le processus d'hellénisation qui, en transformant Rome en une grande cité méditerranéenne, mettent parallèlement en évidence les possibilités et les insuffisances. En 298 av. J.-C., les Romains décidèrent d'accueillir la médecine grecque développée à l'enseigne du culte d'Asclépios (Esculape, en latin) à Epidaure : un navire fut envoyé là-bas pour recevoir des prêtres le nécessaire à l'installation du culte, notamment, le serpent sacré, symbole et signe du dieu. Au retour, le navire s'engagea dans le Tibre et remonta jusqu'à Rome. Et là, dit-on, le serpent se jeta dans l'eau et nagea jusqu'à l'île tibérine, indiquant ainsi le lieu où le dieu voulait s'établir. En cet endroit, les Romains élevèrent le temple au dieu guérisseur, inaugurant la « tradition hospitalière » de l'île. Aucune allusion, dans le récit, à une quelconque difficulté de navigation. Mais, à la fin du siècle, quand les Romains décidèrent d'accueillir de nouveau une divinité étrangère pour le salut de la cité, les choses allèrent bien différemment.

Nous sommes en 204 av. J.-C., durant la seconde guerre punique. Les Cornelii Scipiones (qui atteignirent l'apogée de leur gloire dans la lutte contre Carthage) promurent une opération de profonde religiosité : avec l'assentiment de Pergame, qui exerçait un protectorat sur le sanctuaire de Pessinonte en Phrygie, les Romains obtinrent la pierre noire qui représentait la Grande Mère du mont Ida près de Troie, la ville d'où provenait Enée, ancêtre de Romulus, le fondateur de Rome. Ce n'était pas par hasard, s'il était prévu que la Magna Mater s'installât dans la cité de Romulus sur le Palatin, garantissant par sa présence divine ancestrale l'inviolabilité et l'éternité de l'*Urbs*. A l'annonce de son arrivée, les Romains, en habits cérémoniels, descendent à la mer, à Ostie, pour accueillir la déesse, les prêtres et les Vestales, le Sénat, les chevaliers, les matrones, le peuple, tous selon leur propre ordre, jusqu'aux enfants qui représentent l'avenir de Rome. Nous pouvons imaginer la procession joyeuse rangée sur la plage, tandis que le navire atteint l'embouchure du Tibre. Mais à ce point survient l'imprévu ; le bateau s'ensable juste devant la bouche du fleuve et, comme dit Ovide, « il se tenait immobile », majestueux au milieu de la mer. Malgré les efforts, on ne peut le libérer : l'obscure terreur que la déesse se refuse à entrer dans la cité qu'elle doit protéger se met à croître, jusqu'au moment où Claudia Quinta, une jeune matrone injustement calomniée, après avoir prié la Grande Mère de donner un signe qui la libère des soupçons pesant sur sa chasteté, toute seule, se met à tirer sur une corde, mettant le navire en mouvement. Celui-ci la suit docilement, reprenant son voyage[10]. Le miracle résout la crise, mais met en évidence l'incapacité du port d'Ostie à recevoir les grands navires transméditerranéens.

L'incident de la Grande Mère est la première attestation d'un « malaise portuaire », qui affligera Rome jusqu'à Trajan : déjà se profile la situation évoquée par Strabon d'une Ostie, où les grands navires ne peuvent se hasarder à entrer dans l'embouchure du fleuve, qu'au prix d'un grand risque. Au temps d'Ennius, l'épisode de la Grande Mère est très récent ; les « beaux embarcadères » qu'il dépeint auraient paru absurdes à ses lecteurs, s'il ne s'était agi d'un accident imprévisible. S'ils avaient pu prévoir, les Romains ne se seraient pas trouvés si peu préparés. Le « malaise portuaire » de Rome devait être à peine annoncé. Il faut donc reprendre le problème de l'insuffisance d'Ostie, en se focalisant sur les temps proches du poète.

Il est nécessaire, à ce point, de mentionner les « inventions » de l'hellénisme, spécialement celles, prodigieuses, au point de donner naissance à une vaste anecdote, de l'inventeur le plus grand et le plus fameux de tous les temps, Archimède. Sans m'aventurer dans un domaine de recherche qui ne m'est pas familier, je chercherai à expliquer son lien avec notre affaire.

L'épisode le plus fameux de la vie d'Archimède se situe à Syracuse : l'homme de science, plongé dans son bain, profère le célèbre *eurêka* («j'ai trouvé !»), qui salue la découverte du principe hydrostatique (le «principe d'Archimède»). Or, on n'a pas suffisamment tenu compte que l'*eurêka* comprenait aussi les principes scientifiques de la flottaison des corps, en d'autres mots le présupposé théorique de la réalisation des navires de grande et de très grande taille. En fait, le titre de l'œuvre qui analyse le principe hydrostatique se trouve traduit par «Traité des corps flottants», un genre de recherche qui, concrètement (passant donc, comme dirait Plutarque, «des spéculations aux besoins matériels»), pourrait difficilement se référer à autre chose qu'aux navires. Le second livre, le plus novateur selon les spécialistes, traite de la flottaison d'un segment droit d'un orthoconoïde, une figure géométrique qui, pour un profane, évoque immédiatement la section idéale d'une coque. Evidemment, l'œuvre n'est pas un manuel pour la construction d'un navire, mais bien une recherche mathématique sur les principes du comportement des corps dans l'eau : mais il semble difficile de nier un rapport entre cette recherche théorique et la réalisation de l'embarcation la plus célèbre de l'Antiquité, dite *Syrakosia*, «la dame de Syracuse», un prodige de la technique navale, insurpassé presque jusqu'à notre temps. Les merveilles de ce colosse de la mer sont décrites par Athénée dans une sorte de «catalogue des vaisseaux» les plus célèbres des âges anciens pour une raison ou l'autre[11]. Le long passage sur la *Syrakosia* commence ainsi :

> Hiéron, roi de Syracuse, qui toujours s'est montré ami des Romains se consacra non seulement à la construction de temples et de gymnases, mais fut un fervent constructeur de navires, apprêtant des navires céréaliers ; je me dispose à décrire la construction de l'un d'eux.

Donc, nonobstant les merveilles du bord, la *Syrakosia* était considérée comme un navire destiné aux céréales, un *ploïon sitégon*. En réalité, d'après la description d'Athénée, le navire apparaît comme une embarcation protéiforme et multifonctionnelle, qui fut un temps navire de guerre pourvu de tous les dispositifs et machines pour combattre, chargé de soldats en armure pesante et de cavaliers avec leurs montures respectives, pour lesquelles il y avait des écuries. Il fut aussi navire de plaisance et de représentation, à la réalisation duquel avait présidé le roi en personne. Doté de toutes les commodités alors imaginables, il était construit avec une débauche de matériaux précieux et de décorations raffinées ; enfin (et c'était là, comme on se souvient, sa fonction première, que nous retrouverons à l'épilogue de ses vicissitudes), il fut un navire de transport, non le seul, mais le principal parmi tous ceux dont Hiéron avait doté sa marine marchande. Athénée confirme qu'Archimède jouait le rôle de «surintendant» à la construction et il lui attribue directement l'extraordinaire machine de guerre installée sur le pont, le mécanisme de pompage pour vider l'eau de la sentine et, surtout, le système de cabestans et de poulies pour le lancement de l'énorme vaisseau. Ce sont des domaines où s'est exercé traditionnellement le génie d'Archimède, machines de guerre toujours différentes, propres à accroître la crainte de l'ennemi, et des machines navales ingénieuses pour multiplier la force de l'homme : récurrente est l'image d'un petit homme chétif, qui, actionnant un levier ou tirant une ficelle, réussit à tourner un énorme timon, à actionner la pompe de sentine, ou à déplacer à terre un grand navire, à pleine charge, avec tout l'équipage à bord. Cette anecdote resurgit dans le *Navigium*, où il est raconté que l'*Isis* fut sauvé de la tempête par la main sûre d'un petit homme minuscule et âgé (*mikros tis anthropiskos gheron*), qui actionnait tout seul, au moyen d'une petite barre, le gigantesque timon : Lucien s'est souvenu de l'histoire de la *Syrakosia*. Et un écho de l'«imaginaire archimèdéen» me paraît perceptible jusque dans le récit de la chaste Claudia qui déséchoua la Magna Mater avec une cordelette, même si la solution de la difficulté fut attribuée à une intervention divine, selon la mentalité romaine, plutôt qu'au talent d'un scientifique. Donc l'imitation littéraire révèle la conscience diffuse que les réalisations fondamentales de la science navale antique remontaient à l'inventivité du génial sicilien.

Mais qu'arriva-t-il à la *Syrakosia* ? La fin de ses vicissitudes n'est pas moins instructive que leur commencement. Athénée poursuit :

> Mais quand Hiéron entendit de tous les ports, que les uns n'étaient pas en mesure d'accueillir le navire et les autres présentaient beaucoup de dangers, il décida de l'envoyer en présent au roi Ptolémée à Alexandrie, parce qu'il y avait alors pénurie de blé en Egypte. Ainsi fut fait et le navire arriva à Alexandrie, où il fut retenu à quai, après avoir reçu le nouveau nom de *Alexandris*, La Dame d'Alexandrie.

Evidemment, sous cette forme, le récit d'Athénée est invraisemblable ; il n'est pas possible que les amiraux d'Hiéron II fussent à ce point pris au dépourvu pour ignorer les conditions des escales méditerranéennes. Mais il est certain qu'avec la *Syrakosia*, nous nous trouvons devant un tournant dans l'histoire de la navigation antique : le navire d'Archimède était sûrement quelque chose de jamais vu auparavant, qui a surpris le monde par les dimensions et par la nouveauté de la conception.

La réalité est que les navires comme celui que Hiéron arma dans les chantiers de Syracuse excluaient d'un coup des grands circuits maritimes la quasi totalité des ports méditerranéens, devenus inutilisables ou dangereux : ce qui est arrivé à Ostie au navire de la Magna Mater apparaît tout à fait comparable, soit la difficulté rencontrée par un vaisseau transméditerranéen dans un port insuffisant et peu sûr.

Tout cela avait pour conséquence la création d'un autre système dans les transports et dans la distribution commerciale, fondé, au niveau méditerranéen, sur un réseau de quelques lieux d'abordage équipés pour les grands navires ; et cela, c'est évident, présuppose des routes de haute mer, donc la fin de la navigation archaïque «à vue», fondée sur les points de référence sur terre, l'expérience des maîtres d'équipage et les informations des pilotes. Désormais, les voyages durent des semaines sans voir la terre et les facteurs de troubles se multiplient (on pense à l'«Isis»). Il faut donc savoir tracer sa route et la retrouver après chaque contretemps, en faisant le point sur les étoiles à l'aide d'une instrumentation nautique adaptée et d'une cartographie que la science hellénistique est désormais en mesure de préparer. Et ici, il faut souligner les appels répétés à Alexandrie jusqu'au voyage final de la *Syrakosia*, témoignant des liens entre la cité sicilienne et l'Egypte des Ptolémées: relations que je qualifierai de structurelles entre deux terres à tradition céréalière, avec les mêmes problèmes de transport du grain; deux pays unis depuis toujours par des relations politiques et, surtout, culturelles, c'est-à-dire scientifiques et artistiques.

Le transfert en Egypte du grand navire, avec toutes ses réalisations et toutes ses inventions, s'il témoigne ultérieurement des relations privilégiées entre Syracuse et Alexandrie, correspond aussi, d'une certaine manière, à l'habitude qu'avait Archimède, d'envoyer en Egypte ses œuvres pour les soumettre aux savants du pays: le rapport s'explique au niveau politico-cérémoniel entre les deux souverains, et scientifico-technique entre les chercheurs. Le navire sicilien constitua donc un précieux don de savoir-faire dans le domaine des constructions navales et de constructions de machines. Il est facile de supposer que la *Syrakosia-Alexandris* a, en réalité, représenté un modèle pour les chantiers navals de l'Egypte: cela justifie, par delà une grande période, les analogies et, je dirais, l'air de famille entre la *Syrakosia* et l'*Isis* de Lucien.

Retournons à Ostie et à Rome. Durant la première guerre punique, Hiéron II, allié fidèle, avait plusieurs fois pourvu au ravitaillement de l'armée et la flotte romaines, en envoyant de grandes quantités de céréales: Tite-Live parle de dons d'un million (quelques fois plus) de boisseaux d'orge et de froment, soit environ 8000/10 000 tonnes. Cette information «historicise» le récit d'Athénée sur le roi syracusain attentif à la construction de grands navires céréaliers et il ne serait pas absurde de penser qu'il fut stimulé (et peut-être pressé par son puissant allié romain) quand survint la guerre punique, qui se déroula en Sicile pendant plus de vingt ans: Hiéron s'était engagé à ravitailler les armées de Rome, et une flotte céréalière lui permettait de faire arriver sur le théâtre des opérations les vivres nécessaires à de gros contingents militaires. C'est donc dans les vingt années de la première guerre punique que je placerais le principal effort en matière navale de Hiéron et aussi, peut-être, la construction de la *Syrakosia*. Ainsi, les Romains se familiarisèrent avec les navires siciliens et les problèmes logistiques connexes: nous pouvons imaginer ce que signifiait l'arrivée simultanée au port de dix navires de 1000 tonnes de charge ou de vingt de 500. Mais la splendeur royale de la marine de Hiéron se révéla pleinement en 237 av. J.-C., dans cette circonstance mémorable qui vit le roi de Syracuse, désireux de solenniser l'amitié avec Rome et la victoire sur Carthage, se rendre personnellement dans l'*Urbs* pour assister aux *ludi Romani*: c'était la première visite d'un souverain grec, la première occasion pour les Romains de connaître de près le faste d'un épigone d'Alexandre le Grand et on peut être sûr que, s'il ne s'agissait pas de la *Syrakosia*, le navire sur lequel naviguait Hiéron n'avait rien à lui envier.

Donc les Romains étaient au courant des progrès de la marine hellénistique et convaincus de la nécessité de s'assurer des escales portuaires adaptées. Durant la seconde guerre punique, nous trouvons les premières mentions de Pouzzoles (Puteoli) sur le golfe de Naples, dont l'exceptionnelle potentialité maritime en fit subitement une très importante base pour les ravitaillements militaires: une magnifique expérimentation pour les navires céréaliers! En effet, quelques années après la fin de la guerre, on retourne à Pouzzoles, intégrée cette fois dans un projet de «fondations» de colonies côtières normalement destinées à la défense contre les débarquements ennemis, sans pour autant négliger son opportunité commerciale.

Décidées en 197, les colonies furent réalisées en 194 av. J.-C. Il est possible de documenter qu'il s'agissait d'un succès du «parti» des Scipions, mais ce fut aussi une victoire de l'ambition commerciale croissante de la communauté romaine.

La confirmation de cette interprétation se trouve dans les entreprises parallèles de construction publique à Rome, à partir de 193 ap. J.-C., quand devinrent édiles les deux cousins L. Aemilius Paullus et M. Aemilius Lepidus. Illustre famille, celle des Aemilii, étroitement liée à celle des Scipions (l'Africain épousa une Aemilia), sous les auspices desquels les jeunes Paullus et Lepidus commencèrent leur carrière politique qui comptent parmi les plus brillantes du siècle. Tite-Live la définira comme une *insignis aedilitas*, mais elle n'aurait pu être telle sans le soutien de ceux qui étaient au pouvoir. Donc les actions qu'ils réalisèrent devaient cadrer avec le «projet» scipionien, lequel, pour ce qui concerne l'organisation portuaire romaine, dans un court laps de temps entre 194 et 193 av. J.-C., ébauche un système avec deux pôles opérationnels distants entre eux de plus de 200 km: Pouzzoles et, à l'autre cap, Ostie, et donc Rome elle-même. Là, les édiles élevèrent la Porticus Aemilia, au pied de l'Aventin hors de la Porta Trigemina. Complété en 174 av. J.-C., l'édifice peut être identifié avec le complexe attesté dans la *Forma Urbis* (le plan de Rome d'époque sévérienne). Avec ses quasi 500 m de façade et une superficie couverte de trois hectares, il restera toujours l'une des plus grandes constructions de Rome.

Dans cet édifice utilitaire, nous reconnaîtrons un grand entrepôt public destiné principalement à conserver le grain pour la consommation de Rome. Sur le Tibre, on avait annexé un lieu de commerce réglementé juridiquement et qu'on appela, à la grecque, *emporium*[12]. En parallèle, à Pouzzoles, se constitue une encore plus grandiose structure marchande, par laquelle Rome s'ouvrait au monde hellénistique[13].

Au début du IIe siècle av. J.-C., donc, se mettait au point le système portuaire Pouzzoles-Ostie-Rome qui, malgré ses inconvénients, satisfera aux exigences de Rome pour deux siècles et demi. A Pouzzoles, les bateaux de haute mer de la Méditerranée orientale, spécialement d'Alexandrie, déchargeaient leur cargaison. L'Egypte, en plus de fournir ses produits raffinés et coûteux, verres, étoffes, parfums ou papyrus, était toujours une terre à céréales et, depuis la conquête d'Auguste, elle deviendra pour Rome, avec la Sicile, la Sardaigne et l'Afrique, une généreuse province céréalière. Conçu d'une manière grandiose, le système était destiné toutefois à se heurter à la difficulté de la gestion quotidienne, augmentée par l'accroissement de la population urbaine et par les colossales exigences de son ravitaillement. Le paramètre de référence est représenté par les arrivées de céréales, base de l'alimentation, mais il ne faut pas oublier que la nourriture de la population romaine comprenait huile, vin et sauces de poissons, importés aussi des provinces. Il faut, en outre, compter les autres choses nécessaires à la vie quotidienne et surtout les besoins des grandes entreprises éditilaires de l'*Urbs* toujours croissantes, en matériaux de construction et marbres prélevés dans toutes les parties de l'Empire. Le mouvement des navires calculé d'après les fournitures de grain doit certainement être multiplié plusieurs fois, si l'on veut obtenir un cadre réaliste de l'activité portuaire de Rome.

Quant au grain, le problème est de tirer des chiffres crédibles de l'estimation controversée de la population de la Rome impériale: combien d'habitants comptait la plus grande concentration urbaine de l'Antiquité? Moins ou plus d'un million? Un auteur nous apprend que l'Egypte, au début de l'empire, envoyait à Rome 20 000 000 boisseaux de grain (plus de 150 000 tonnes, donc au moins 400 navires de 400 tonnes), quantité peut-être accrue par la suite. Plus tard, une autre source affirmera que l'Egypte couvrait un tiers de la consommation de Rome: en combinant les deux informations, on peut retenir que les arrivages annuels à Rome se montaient à 60 millions de boisseaux, un peu moins d'un demi million de tonnes. La nature de ces arrivages est discutée: seulement du grain fiscal (la contribution obligatoire des provinces) ou tout le grain, y compris celui du libre commerce? Et, dans le premier cas, s'agissait-il du grain destiné seulement à la distribution ou aussi au marché [voir ci-dessus, pp. 183-184]? Un paramètre de calcul, en effet, est constitué par les distributions publiques de grain, instituées par les Gracques à prix taxé, puis devenues, avec le tribunat de Clodius (58 av. J.-C.), entièrement gratuites[14]. Malgré la réaction furieuse des *optimates* (tant les Gracques que Clodius furent assassinés), on n'osa pas les abroger et elles resteront, jusqu'à une époque tardive, le privilège de la plèbe romaine; tout au plus, on réduisit le nombre des ayants droit, lequel avait atteint au temps de Clodius le chiffre record de 320 000, chiffre réduit ensuite de moitié par César. Naturellement, on parle des chefs de famille, chacun d'eux devant représenter au moins quatre ou cinq personnes, femmes, vieillards, enfants, esclaves. Du mécanisme de la distribution dépendait, tout ou partie, l'entretien de peut-être un million d'individus. Le système, pense-t-on, vint à se perfectionner au fur et à mesure jusque sous l'empereur Claude, et, pour la distribution, on construisit un édifice tout exprès, la *Porticus Minucia Frumentaria*, munie de 45 guichets; chaque chef de famille, selon ce qui était écrit sur sa *tessera frumentaria*, se présentait au jour dit devant un guichet déterminé pour retirer sa ration mensuelle

de cinq boisseaux de blé, soit un peu moins de 40 kilos. En d'autres termes, à l'époque impériale, chaque jour du mois, près de 5000 personnes (et plus du double au temps de Clodius) se présentaient pour prendre livraison de leur cinq boisseaux de blé (au total 200 000 kilos environ), atteignant dans l'année quasi 10 millions de boisseaux, équivalant à 70 000 à 80 000 tonnes. Et, comme on l'a vu, ces chiffres concernent seulement du grain arrivant à Rome, au moins 60 millions de boisseaux, un demi-million de tonnes. Nous ignorons quel fut le tonnage maximal des navires qui, par halage, étaient en mesure de remonter le Tibre, de son embouchure jusqu'à Rome. Si nous admettons qu'il s'agissait de navires de 50 tonnes, cela suppose dans l'année 10 000 cargaisons: donc, chaque jour, une trentaine de navires céréaliers devaient accoster à Rome, décharger et repartir. Mais la difficulté du transport fluvial était peu de chose par rapport au transport maritime. Et, dans ce cas, les conditions étaient de deux natures. En premier lieu, dans les régions méditerranéennes, le grain se moissonne plus ou moins partout à la même saison, normalement en juin, plus précocement dans des pays comme l'Egypte où la moisson arrive en mai. Cela signifie qu'entre mai et juin, les 60 millions de boisseaux se trouvaient prêts dans de nombreux pays de la Méditerranée pour arriver tous ensemble dans les ports de Rome. D'autre part, pendant presque la moitié de l'année, les Anciens considéraient comme suspendue la navigation (*mare clausum*, du début novembre à mars) et par conséquent les transports devaient se concentrer dans les mois d'été. Cela signifie qu'au début de l'été, disons entre juin et juillet, 60 millions de boisseaux, soit un peu moins de 500 000 tonnes, partaient en même temps pour Ostie ou pour Pouzzoles. A l'arrivée, les chargements devaient être contrôlés, mesurés, débarqués et emmagasinés dans le temps le plus bref possible, non seulement pour libérer les môles en faveur des nouvelles arrivées, mais aussi pour permettre aux navires qui venaient de loin de retourner dans leur patrie avant le mauvais temps de l'automne. Avec vent favorable, un navire pouvait joindre l'Afrique en peu de jours: mais le voyage à partir d'Alexandrie vers l'Italie nécessitait, s'il n'y avait pas d'imprévu (et le récit de l'*Isis* comme le naufrage de saint Paul à Malte montrent que malheurs et incidents étaient à l'ordre du jour) un mois de navigation et autant pour le retour.

Mais il fallait encore franchir un autre obstacle, d'une valeur relative seulement en apparence: le transport de Pouzzoles à Rome, soit ces plus de deux cents kilomètres qui séparent l'*Urbs* de son port phlégréen. Le grain emmagasiné pendant l'été était extrait progressivement des *horrea*, recontrôlé et rembarqué sur une flotte de petits navires qui, le reste de l'année, effectuaient laborieusement la navette jusqu'à l'escale fluviale romaine: entre l'aller et le retour, le voyage Pouzzoles-Ostie-Rome-Ostie-Pouzzoles devait prendre 12, peut-être 15 jours. Pour transférer à Rome les 20 millions de boisseaux provenant d'Egypte, durant les sept à huit mois permis par la mer, il était nécessaire que cette route soit empruntée en même temps par une moyenne de 200 petits navires annonaires de 50 tonnes: en parcourant cette distance à vol d'oiseau, dans les premiers temps de l'Empire, on aurait pu voir une cinquantaine ou plus d'embarcations en chemin entre Pouzzoles et Ostie, et autant dans la direction opposée, une vingtaine mouillée à Pouzzoles en cours de chargement et autant en déchargement à Rome, une cinquantaine d'autres engagée dans la fastidieuse remontée du Tibre en direction de Rome et encore une vingtaine qui redescendaient le fleuve sur la voie du retour : on peut imaginer quelle immense organisation nécessitait cette opération gigantesque, quotidienne, et le passage lent, rythmé, continu des chalands le long de la côte devait constituer un élément caractéristique du paysage, pendant que sur le fleuve se déroulait la procession ininterrompue des embarcations. Mais le monde antique, nonobstant l'organisation et les prévisions, manquait d'armes pour faire face à l'imprévu : un naufrage, une tempête qui, comme il arriva à l'*Isis*, dévie un navire marchand sur des abords inattendus, des incidents qui, en somme, font un moment obstacle à l'arrivée normale des navires, provoquaient une crise qui, dans la capitale, pouvait facilement dégénérer. Deux jours de retard et 10 000 familles voyaient en danger leur grain de tout le mois, ce qui signifiait 50 000 personnes préoccupées de leur propre subsistance et prêtes à la rébellion. Une fois, l'empereur Caligula imagina un spectacle qui fut digne de lui : il fit construire un grandiose double pont de barques, long de 3600 pas, qui reliait Baies à Pouzzoles et, sur cet ouvrage, il se montra dans sa magnificence, monté sur un quadrige, précédé de princes perses et suivi de la garde à cheval, évoluant sur la mer quasi soumise à la volonté impériale et au pouvoir de Rome. Le spectacle fut mémorable, d'autant plus que le lieu choisi, le port de Pouzzoles où affluaient des gens du monde entier, constituait une exceptionnelle caisse de résonance à cette opération de propagande. Mais, pour construire son pont, Caligula avait soustrait pour quelques jours au trafic normal une partie des embarcations affectées au transport du grain : on a calculé que pour construire le pont, pas moins de 560 navires «moyens» de 150 tonnes (20 000 boisseaux) avaient été utilisés. Pendant ce temps, se produisit à Rome une disette, c'est-à-dire une diminution sensible des réserves disponibles. Le mécontentement populaire en attribua la faute à l'empereur et à des spectacles qui détournaient de leur tâche les bateaux de l'annone : en tout état de cause, c'est la dernière partie de l'acheminement qui avait échoué, le transport de Pouzzoles à Rome, qui paradoxalement semblait le plus simple et le plus sûr. Caligula fut tué peu après ; quelques années plus tard, dans un scénario de disette urbaine du même genre, les prétoriens réussirent difficilement à soustraire l'empereur Claude à la colère de la foule.

De cela découlent les projets impériaux pour résoudre définitivement un problème récurrent et dangereux pour la vie même des Césars. Potentiellement, il y avait deux voies qu'on pouvait suivre, pas nécessairement alternatives : améliorer les liaisons sur le parcours Pouzzoles-Rome ou bien créer un port artificiel à l'embouchure du Tibre, un port capable d'accueillir aussi les navires marchands plus grands et donc de remplacer, dans sa totalité ou en partie, Pouzzoles comme escale de Rome. Ce fut

cette option qu'on expérimenta d'abord. C'est à Claude, en effet, que revint l'idée de créer un énorme bassin artificiel, à environ trois kilomètres au nord de l'embouchure du fleuve : creusé pour moitié à l'intérieur de la ligne naturelle de la côte (peut-être en tirant profit d'une lagune côtière préexistante) et projeté dans la mer pour l'autre moitié, l'immense miroir d'eau, d'un diamètre d'environ 1,3 km, était bordé tout autour de deux môles très allongés, disposés en tenaille, faits de blocs de travertin. Entre les môles écartés pour l'accès au bassin même, il y avait un îlot artificiel, sur lequel on érigea le phare, une gigantesque construction à degrés, inspirée du célèbre phare d'Alexandrie. Sur la plateforme terminale, on allumait aux heures nocturnes un énorme feu qui signalait aux navires l'entrée du port.

Malgré les explorations du site, de la Renaissance à aujourd'hui, nous savons encore peu sur l'organisation du port de Claude. Sur sa configuration, il reste des interrogations fondamentales, à commencer par la position du phare et des accès (traditionnellement imaginés sur le côté ouest du bassin, c'est-à-dire en direction de la mer ouverte, mais récemment proposés au nord). On ne connaît pas assez en quoi consistaient les constructions à terre en relation avec le bassin portuaire proprement dit, d'où le risque que les reconstructions postérieures aient oblitéré les structures claudiennes engendrent des erreurs de perspective. Mais le problème majeur reste celui de la fonction du bassin de Claude. Inauguré probablement par Néron sous le nom de Portus Augusti Ostiensis (une magnifique image monétaire sur des sesterces de l'an 64 montre le port envahi de navires et bordé de monuments, voir ci-dessus, p. 24, fig. 1 et catalogue, n° IV.2), nous savons par Tacite qu'en 62 une tempête causa la perte de 200 navires au mouillage dans le port : information qui a convaincu les chercheurs modernes de l'échec substantiel du projet de Claude et à considérer le port construit par Trajan à l'intérieur du bassin préexistant comme une sorte de remède (cette fois efficace et définitif) aux insuffisances de cette première tentative mal réussie. En vérité, de telles critiques ont un fondement antique : les historiens du temps, en effet, ne se montrent pas vraiment tendres à l'égard de Claude et l'entreprise du nouveau port d'Ostie est présentée comme une opération étourdie et dispendieuse, dont les conseillers les plus avisés avaient tenté de dissuader l'empereur.

En réalité, les plus avertis parmi les chercheurs actuels ont abandonné l'idée que le bassin de Claude ait eu pour but de remplacer Pouzzoles : cela vaut tout au plus pour le port de Trajan qui, lui, visait à mettre fin à cette séculaire dépendance, en déroutant sur Ostie les navires marchands alexandrins ou orientaux. Dans le demi-siècle qui sépare le port de Claude de celui de Trajan, le problème qui concentre l'attention sera en fait celui des relations Pouzzoles-Rome. Il semble que dans les plans jamais réalisés de César figurait le creusement d'un canal navigable entre Rome et Terracina. Un projet de Néron, dû à Sévère et Céler, les architectes de la *Domus Aurea*, allait bien au-delà ; il prévoyait un canal navigable reliant le complexe portuaire de Pouzzoles au Tibre, d'une longueur de plus de 200 km et assez large pour permettre à deux quinquérèmes (vaisseau à cinq rangs de rameurs) de se croiser, en sorte que, à l'abri des pièges de la mer et du temps contraire, les navires de transport se relayeraient sans périls ni retard de leur rôle quotidien de navette pour le ravitaillement de Rome. Les sources antiques, Tacite surtout, présentent cette tentative néronienne comme une manifestation manquée (*inrita spes*) et dispendieuse (*impendiorum furor*) de la mégalomanie d'un empereur avide de choses incroyables (*incredibilium cupitor*); et Pline à son tour se lamente de constater que cette vaine entreprise a contribué à détruire les précieux vignobles du Monte Massico. Le projet, en effet, fut abandonné à la mort de Néron, en 68 ap. J.-C. Cependant, de récentes reconnaissances et recherches sur le terrain ont démontré que l'ouvrage avait été commencé et que quelques tronçons étaient même assez avancés. Ce n'était donc pas l'impossibilité de réaliser ce canal, mais seulement l'assassinat et la *damnatio memoriae* de son promoteur exécré, qui ont empêché son achèvement. Domitien tracera une nouvelle voie côtière de Pouzzoles à Sinuessa, qui certainement abrégeait et facilitait le parcours routier vers Rome, mais sans constituer une vraie solution du problème.

Nous pouvons comprendre, dans cette perspective, la finalisation des deux ports d'Ostie, ou, du moins, comment leur réalisation répondait à des desseins différents et complémentaires. Le port de Claude, très vaste bassin artificiel isolé de la mer, devait avoir représenté la solution au problème d'assurer aux navires de mer un tranquille plan d'eau, où effectuer, sans les périls déplorés par Strabon, le déchargement des marchandises ou leur transbordement sur les petites embarcations fluviales. Un sûr abri à l'arrivée était la première des prestations offertes par l'administration impériale à ceux qui acceptaient de naviguer pour l'annone aussi pendant les mois d'hiver. L'incident de 62 fut donc considéré comme une calamité imprévisible; selon une hypothèse récente il y aurait peut-être rapport entre ce désastre et le tremblement de terre auquel succombèrent, en cette même année, Pompéi et les autres cités du Golfe napolitain. Quoiqu'il en soit, l'absence ou la consistance réduite des entrepôts autour du bassin de Claude semble prouver qu'on ne prévoyait pas un important stockage sur place des denrées alimentaires, dont le transport à Rome (ou à Ostie) devait s'effectuer tout de suite après l'arrivée.

Nous savons quelle fut l'ultime mesure, la solution définitive: la construction par les soins de Trajan d'un bassin interne à celui de Claude, projet d'une grande hauteur de vue. Dans sa perfection géométrique, il exalte l'ingéniosité des constructeurs et le talent de l'architecte. Aucun témoignage antique ne l'atteste explicitement, mais une conception aussi innovante et demeurée sans postérité, ne peut remonter qu'au génie d'Apollodore de Damas, l'architecte qui fut au côté de Trajan durant toutes ses entreprises. Depuis ce moment, les deux kilomètres de quai autour du plan d'eau principal et le développement plus grand encore des longs môles transversaux construits dans le port de Claude permirent sans plus de problèmes le mouillage de tous les navires marchands, y compris ceux de la flotte céréalière d'Alexandrie.

Des greniers (*horrea*) très étendus, disposés tout autour, équipaient désormais le très élaboré complexe du port de Trajan (et sous les Sévères de nouveaux entrepôts augmentèrent encore sa capacité). En même temps, des constructions analogues et tout aussi grandioses furent élevées à Ostie, démontrant ainsi que le stockage des denrées constituait une des fonctions essentielles du nouveau complexe, destiné désormais à réunir la double fonction du bassin de Claude et du port de Pouzzoles.

Les grandes réalisations navales de la science hellénistique avaient représenté un authentique défi. Plus de trois siècles de tentatives et d'expérimentation, ainsi qu'un binôme de personnalités d'exception, comme Trajan et Apollodore, furent nécessaires pour que l'*Urbs* parvienne à trouver une solution adéquate à ses exigences portuaires. Toutefois, c'est grâce à ces navires, que l'économie méditerranéenne avait atteint des développements qui ont rendu possible l'existence millénaire d'une immense concentration urbaine, comme celle de Rome, pourtant si éloignée des régions productrices. Les textes littéraires comme les monuments figurés perpétueront l'admiration presque religieuse pour l'œuvre de l'*Optimus Princeps*, célébrant la fin des préoccupations pour les disettes périodiques et l'abondance désormais sans limite de l'annone.

trad. Jacques Chamay

Notes

1   Je renvoie pour une discussion plus détaillée du sujet traité dans cette contribution à mes articles «Le grandi navi mercantili, *Puteoli* e Roma», dans: *Le ravitaillement en blé de Rome. Colloque International Naples 1991* (1994) pp. 61-68, et «Traiano e Ostia», dans: J. Gonzales (dir.), *Trajano emperador de Roma, Actes Colloque Séville 1999* (2000), pp. 509-547. Pour les travaux de A. Tchernia, qui restent fondamentaux, voir *infra*, n. 4 et 6.

2   L. Casson, *Ships and Seamanship in the Ancient World* (1971), esp. p. 185; pour l'énorme bibliographie concernant ce passage, voir A. Tchernia – P. Pomey, «Il tonnellaggio massimo delle navi mercantili romane», dans: *Puteoli* IV-V (1980-1981), pp. 45 *sqq* (= *Archaeonautica* 2, 1978, pp. 233-251).

3   Tchernia – Pomey *art. cit.*

4   F. Braudel, *La Méditerranée*, 1976, p. 278, cité par A. Tchernia et D. Viviers dans leur article fondamental «Athènes, Rome et leurs avant-ports: "mégapoles" antiques et trafics méditerranéen», dans: *Mégapoles, CEFR*, 1999, pp. 761-797.

5   «Models, Ships and Staples», dans: P. Garnsey – C. Whittaker (dir.), *Trade and Famine in Classical Antiquity* (1983), pp. 84-109.

6   *Art. cit.* et *id. et al.*, *L'épave romaine de la Madrague de Giens, Gallia* Suppl. 34 (1978).

7   *Hist. nat.* XVI 40: 201 *sq.*; XXXVI 9:70. Voir ci-dessus, pp. 21-22

8   *Ann.* II 144-145V.

9   *Geogr.* V 3: 5 (232C).

10 Sur l'histoire de Claudia Quinta, voir F. Zevi, «Culti "claudii" a Ostia e a Roma: qualche osservazione», *ArchCl* 49, 1997, pp. 435-471.

11 Athen. *Deipnosoph.* V 206-209.

12 Liv. XXXV 10: 2.

13 Pour le système Puteoli-Ostia, mis au point au IIe s. av. J.-C., voir F. Zevi, «Il tempio dei Lari Permarini, la Roma degli Emili e il mondo greco», *RM* 104, 1997, pp. 81-115.

14 Voir à ce sujet l'ouvrage fondamental de C. Virlouvet, *Tessera Frumentaria, BEFAR* 286 (1995).

Les navires de Fiumicino

Giulia Boetto

Découverte

Pendant les travaux de construction de l'aéroport interconti-
nental Leonardo Da Vinci à Fiumicino, furent mis au jour les
embarcations actuellement conservées dans le Museo delle Navi.
Leur fouille et conservation furent l'œuvre de Valnea Santa Maria
Scrinari, l'inspectrice de la Surintendance de Rome à l'époque.

Les découvertes débutèrent en 1958 avec *Fiumicino 2* (ou
Oneraria Maggiore II). L'année suivante furent dégagées *Fiumicino 1* (*Oneraria Maggiore I*), *Fiumicino 3* (*Oneraria Minore I*)
et *Fiumicino 5* (*Barca del Pescatore*) (**fig. 1**). Deux fragments de
bordée également retrouvés n'appartenaient cependant pas à
ces vaisseaux. La dernière épave, celle de *Fiumicino 4* (*Oneraria
Minore II*), fut trouvée en 1965[1].

Dans la plupart des cas, seules subsistaient les structures du
fond qui, gorgées d'eau, étaient recouvertes de dépôts. Certaines
parties immergées non recouvertes de sable et de limons étaient
attaquées par des organismes xylophages, comme le taret marin.
Par ailleurs, produit de la carbonisation et de la réduction des
micro-organismes présents dans les couches de sédimenta-
tion, les épaves présentaient une coloration noirâtre.

Dans un premier temps, les structures ligneuses, laissées au
contact avec l'atmosphère, subirent des dégradations sensibles
dont on chercha à remédier en les protégeant avec des nattes,
du sable et des bâches. Par la suite, une tranchée fut creusée
autour du périmètre des épaves, à partir de laquelle furent aménagés des passages transversaux sous la quille. Il fut ainsi possible de construire une armature pour soutenir et récupérer
les embarcations dans leur ensemble.

Après leur transport au musée, encore en construction,
l'Institut central de restauration de Rome put effectuer les opérations nécessaires de consolidation avec un mélange de résines.
Enfin, après la fixation définitive des épaves sur des châssis, le
musée ouvrit ses portes au public le 10 novembre 1979[2].

1   Epave de *Fiumicino 5* (*Barca del Pescatore*), découverte en 1959. Le vivier au
centre de la coque est bien visible (photo SAO, nég. R 4128/10).

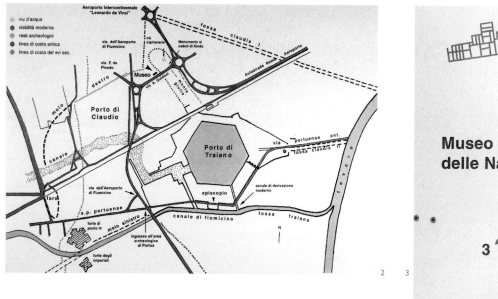

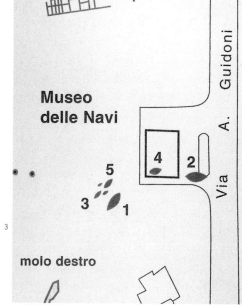

2   Zone du Port de Claude et de celui de Trajan ; les navires ont été découverts dans un espace restreint près du môle droit du Port de Claude.

3   Lieu de la découverte des navires et emplacement du Museo delle Navi.

Les navires et le port de Claude

Les embarcations ont été retrouvées dans un espace assez restreint et bien délimité. Il suit une courbe qui, partant de l'extrémité du môle droit du Port de Claude, mis au jour pendant les mêmes fouilles, finit à l'endroit où le musée fut construit[3] (**figs 2-3**).

Nous pouvons ainsi émettre l'hypothèse que la zone était un véritable « cimetière » où l'on venait abandonner les embarcations trop vieilles et/ou trop endommagées pour être utiles. L'épave *Fiumicino 1*, par exemple, présente des traces de nombreuses réparations et substitutions antiques[4].

En outre, l'absence de cargaison ou de lest sur les navires est un indice de plus d'un abandon programmé tandis que les rares pièces retrouvées peuvent être interprétées comme des déchets, des accessoires endommagés ou des éléments égarés à cause de leurs petites dimensions. *Fiumicino 4* fut très probablement débarrassée de sa pompe de cale, un élément facilement réutilisable[5].

La présence de ces épaves ne fait que confirmer les plus récentes reconstructions topographiques du Port de Claude[6]. L'hypothèse d'une embouchure portuaire située au nord, entre le môle droit et le bâtiment appelé *capitaneria,* devenue caduque, il n'est pas surprenant qu'une zone marginale du bassin, qui devait s'ensabler facilement, ait été utilisée comme dépôt, comme on le voit encore aujourd'hui dans de nombreux ports de la Méditerranée[7].

Nouvelles études d'architecture navale

L'exceptionnelle collection du musée de Fiumicino a été peu exploitée du point de vue de l'architecture navale[8], et ce n'est que récemment qu'une étude a été entreprise, qui vise la compréhension des systèmes et des méthodes de construction, à partir de l'analyse technique des structures pour arriver à la reconstruction des formes et fonctions des embarcations[9]. A ce stade, nous nous limiterons à présenter quelques résultats préliminaires de cette recherche encore en cours (pour les termes techniques utilisés, voir le glossaire à la fin de cette contribution).

De façon générale, le principe de construction adopté pour ces navires est typique de la tradition gréco-romaine et se distingue très nettement du procédé actuel. Alors que celui-ci prévoit la mise en œuvre, sur la quille, de l'ossature interne (la membrure), avant d'être revêtu des planches du bordé (« construction sur couples »), la construction navale ancienne faisait monter la coque, en assemblant les planches du bordé sur la quille, avant la membrure ; celle-ci ne jouant qu'un rôle de renfort (« construction sur bordé »).

L'assemblage des virures (planches du bordé) était assuré par des tenons, petites pièces de bois dur, insérées dans des entailles (mortaises) pratiquées dans l'épaisseur des planches. Les tenons étaient ensuite chevillés dans les mortaises. Ainsi,

4   Museo delle Navi : l'embarcation *Fiumicino 5* telle qu'elle est exposée actuellement.

5   Epave de *Fiumicino 4* (*Oneraria Minore II*), découverte en 1965 (photo SAO, neg. 4124/14).

les planches du bordé pouvaient déterminer la forme de la carène souhaitée et la coque présentait une exceptionnelle solidité grâce aux nombreux assemblages internes[10].

Fiumicino 5

L'embarcation, datée du IIe siècle ap. J.-C., conserve une bonne partie de la carène aussi bien à bâbord qu'à tribord. Elle mesure un peu plus de 5 m de longueur et 0,50 m de hauteur. La largeur maximale sur le maître-bau atteint presque 1,50 m (**fig. 4**).

La quille comporte trois éléments, dont celui du centre est une restauration moderne. L'assemblage des extrémités des pièces est assuré par des écarts à « trait de Jupiter ». En particulier, au niveau du brion de poupe, l'écart l'unissant à l'étrave est particulièrement élaboré et devait être verrouillé par une cheville ou un clou. Une autre particularité à souligner est la fixation de l'extrémité des planches du bordé au moyen de clous en cuivre.

Le bordé, épais de 2 cm, est de type simple. Il fut assemblé par tenons et mortaises. Le bois utilisé est surtout le cyprès, mais

le pin pignon et l'épicéa sont également attestés. Les bordages sont assemblés par des tenons en cyprès et en chêne vert, maintenus par des chevilles distantes les unes des autres, en moyenne, de 27,7 cm. L'embarcation conserve à l'intérieur 18 membrures en bois de genévrier, pin pignon, chêne et cyprès. Des gournables en bois d'olivier fixent les membrures sur le bordé.

La fonction de ce navire est facilement déduite de la présence, au centre de la coque, d'un petit puits pour conserver vivants les poissons, grâce à l'eau de mer qui pouvait rentrer par des trous dans le fond, munis de bouchons. Le vivier a une forme tronco-pyramidale avec une base carrée d'un mètre de côté. Les vaigres transversales, en bois d'orme, sont profilés dans leur partie inférieure pour s'adapter parfaitement à la courbe de la carène et sont fixés au bordé par des clous en cuivre enfoncés de l'extérieur. Les éléments supérieurs présentent des encoches d'angle pour fixer un couvercle (non conservé). Les bouchons ont été façonnés à partir de branches de pin pignon.

Fiumicino 4

Le navire, qui peut être daté de la fin du IIe ou IIIe siècle ap. J.-C., est conservé sur une longueur de presque 8 m pour une largeur maximale de 2,80 m et une hauteur, le long du flanc droit, d'environ 0,77 m. A bâbord, en revanche, le flanc est cassé à la hauteur du bouchain (**fig. 5**).

Des écarts classiques assemblent les brions de proue et de poupe (en bois de chêne) à la quille (en chêne vert). Digne d'intérêt est cependant l'assemblage de l'extrémité du galbord et des autres bordages aux brions. Les tenons ne sont pas chevillés dans les mortaises. En outre, des clous en fer de section carrée ont été fixés dans l'épaisseur des planches.

Le bordé, en cyprès, est de type simple et assemblé à franc-bord avec des virures d'une épaisseur d'environ 2,5 m. Leur assemblage est assuré par des tenons en chêne vert. La distance moyenne entre les chevilles, en bois de cyprès et d'olivier, mesure 27,5 cm.

Les 22 membrures sont en chêne, chêne vert et noyer. Elles ont été fixées au bordé par des gournables en bois d'olivier. La variété de bois utilisé pour la construction du vaigrage (serres, carlingots et planchers de l'intérieur de la coque) est également remarquable[11]. Placé sur l'axe de la quille, légèrement en avant vers la proue, on trouve l'emplanture du mât. Ce massif, en bois de pin pignon, présente une cavité rectangulaire dans laquelle venait se loger le pied du mât. Vers la poupe un autre encastrement accueillait une épontille.

Le profil élégant de *Fiumicino 4* le rendait apte à une navigation maritime de petit et moyen cabotage à cause aussi de ses petites dimensions (environ dix mètres). L'emplanture prouve que le navire possédait un seul mât portant une voile carrée. Une pompe pour évacuer l'eau accumulée dans la sentine était logée dans un encastrement entre les carlingots qui serraient le massif d'emplanture, tandis que le vaigrage renforçait longitudinalement la structure et protégeait la coque de la charge. De cette embarcation proviennent un réa et une poulie simple qui servaient aux manœuvres. Le navire pouvait être utilisé aussi bien pour un commerce de cabotage que pour la pêche[12].

Fiumicino 3

La datation de ce navire reste incertaine: les fouilles n'ont restitué aucun matériel archéologique associé à l'épave. Toutefois, l'époque tardive semble être confirmée par la ressemblance structurelle avec les deux épaves majeures, *Fiumicino 1* et *2*.

La structure d'origine de l'embarcation ne dépassait pas les 5,50 m de longueur et les 2,30 m de largeur. Les deux extrémités ont été restaurées avec des planches modernes.

L'élément le plus caractéristique du navire se trouve dans l'enture en «trait de Juppiter» qui unit la quille, en cyprès, avec le brion de poupe, en chêne, dont la dent interne est renforcée par des chevilles enfoncées verticalement[13]. L'assemblage est fermé par une clé horizontale en bois de cyprès. Les extrémités des planches du bordé sont fixées à la râblure au moyen de clous en fer.

Le bordé est de type simple et son assemblage à franc-bord. Toutes les planches sont en chêne, sauf une en pin d'Alep, d'une épaisseur de 2 à 3 cm. L'assemblage des virures est réalisé grâce à des tenons, en chêne vert, bloqués par des chevilles, en frêne, distantes en moyenne de 29 cm. Le nombre de membrures est de 18, fixées au bordé par des gournables en bois d'olivier. Par dessus les membrures, restaient huit fragments de serres en bois de chêne et de pin pignon. La carlingue en pin d'Alep est caractérisée par une section rectangulaire vers la poupe, carrée vers la proue. Elle est fixée à certaines varangues par des

chevilles en bois (celles en place aujourd'hui semblent être de date moderne). Il n'y avait pas de massif d'emplanture pour loger un mât ou des épontilles.

Fiumicino 3 était une embarcation fluviale, un chaland à fond plat de moyennes dimensions dont la forme peut être rapprochée de celles des navires plus grands, *Fiumicino 1* et *2*.

Fiumicino 2

L'épave du *Fiumicino 2* est conservée sur environ 14 m de longueur et 4,5 m de largeur. Le flanc droit atteint une hauteur maximale de 0,85 m, tandis qu'à bâbord, les restes ne dépassent pas la courbe du bouchain. Suite aux vicissitudes vécues par l'épave entre sa découverte, sa récupération et son installation dans le musée, le *Fiumicino 2* a subi de nombreuses restaurations modernes.

Nombre de ses caractéristiques structurelles sont semblables à celles que nous verrons pour le *Fiumicino 1*; on peut ainsi parler de deux embarcations sœurs.

La quille est formée de deux éléments unis par un écart dont le type n'est plus reconnaissable à cause des restaurations modernes. Le brion de poupe a une section rectangulaire et présente deux râblures pour l'emboîtement du galbord, qui est fixé par des clous en fer. Des broches en fer bloquaient certaines varangues sur la quille.

Le bordé, de type simple et assemblé à franc-bord, est épais d'environ 5-5,5 cm. Les joints longitudinaux entre les planches se trouvaient tous le long de la même section transversale créant ainsi une caractéristique tripartition de la coque externe. Cette subdivision est accentuée aussi par l'utilisation de pin pignon pour la partie centrale et de chêne pour les planches des extrémités. Une planche, la sixième le long du flanc droit, est plus épaisse (environ 9 cm) et forme une sorte de quille latérale. Les chevilles qui bloquaient les tenons sont très espacées (en moyenne 42,3 cm). Les bois employés sont les mêmes que pour le *Fiumicino 3*.

A l'intérieur de la coque, 35 membrures sont conservées. Elles sont fixées au bordé avec des clous en fer insérés dans des tiges en bois de saule.

Fiumicino 1

La datation au IVe–Ve siècle ap. J.-C., qui a été proposée pour cette épave sur la base du matériel associé, est confirmée par certaines particularités de la construction. Les tenons, par exemple, ont des dimensions plutôt réduites et sont très espacés. Quelques languettes ne sont pas du tout bloquées par des chevilles. Par ailleurs, l'utilisation de clous en fer est abondante pour fixer les membrures à la coque[14] (**fig. 6**).

6   Museo delle Navi: le navire *Fiumicino 1*.

L'épave est conservée sur une longueur d'environ 14 m et une largeur d'un peu plus de 4,5 m. Le long du flanc droit, elle atteignait environ 1,45 m de hauteur.

La quille est constituée de deux éléments, en bois de chêne, reliés par un écart en «trait de Jupiter», semblable à celui du *Fiumicino 3*. Des clous en fer bloquaient l'extrémité des planches sur le brion. Le bordé (épais de 4-5 cm), simple et assemblé à franc-bord, a la même tripartition de celui de *Fiumicino 2*. Trois bois ont été utilisés: du pin pignon pour les bordages centraux, du cyprès et du chêne pour les autres. L'assemblage entre les virures était assuré principalement par des tenons en chêne vert chevillés. La distance entre les chevilles, en chêne vert et cyprès, est irrégulière et mesure en moyenne 41,5 cm.

L'embarcation conserve quarante-deux membrures alternées en varangues et demi-couples, en chêne et chêne vert. L'assemblage avec le bordé est semblable à celui qu'on trouve sur *Fiumicino 2* (clous en fer insérés dans des chevilles de saule).

La carlingue, en chêne, est bloquée sur les membrures et sur la quille par deux chevilles en fer. Sur la partie supérieure, deux cavités sont présentes: l'une, rectangulaire, logeait le mât, l'autre, quadrangulaire, recevait une des épontilles de soutien du pont.

Bien que l'embarcation ait été construite selon la technique dite «sur bordé», c'est-à-dire en assemblant d'abord les virures et ensuite la membrure, on a retrouvé quelques procédés typiques de la construction «sur couples»[15]. Quelques planches, en effet, sont simplement clouées aux membrures et ne présentent pas de traces de tenons. De plus, à des intervalles réguliers, des broches en fer sont présentes entre la quille et les

varangues. Dans le premier cas, il s'agit de réparations du bordé, dans le deuxième, bien qu'on ne puisse pas exclure la pré-érection de membrure avant la finition de la coque, nous pensons qu'il s'agit plutôt d'un renfort de la structure au niveau de la quille (les broches bloquent la carlingue et obstruent, quelque fois, les anguillers)[16].

Des renforcements sont également pourvus par les clous en fer transversaux qui assemblent le galbord et la quille. Ce système d'assemblage, constitué de clous transversaux dont les têtes sont logées dans des mortaises tronco-pyramidales, est digne d'intérêt. Celui-ci, en effet, a été observé sur des embarcations fluvio-lacustres de l'Europe centro-septentrionale datables de l'époque romaine tardive[17].

Naves caudicariae

Les *naves caudicariae* constituaient une famille d'embarcations d'un type absolument particulier. De nombreux auteurs anciens nous les décrivent comme des embarcations utilisées sur le Tibre pour le transport de marchandises d'Ostie aux ports de la capitale[18].

7   Ostie, Place des Corporations : mosaïque de la *statio* 24 avec scène de transbordement (photo Mario Letizia).

8   Cathédrale de Salerne, relief illustrant le déchargement d'une embarcation fluviale (dessin Poliedro Interdisciplinarietà Consorzio coop. a.rl. Roma, 1999).

L'existence d'une corporation de bateliers affecté à ce transport est attestée par des inscriptions, selon lesquelles ces *caudicarii* ou *codicarii* étaient divisés en deux groupes : les uns opéraient entre Ostie et Rome, les autres entre Rome et les régions en amont[19].

Enfin, un bon nombre de représentations, s'étalant chronologiquement entre le IIe et le IVe siècle ap. J.-C., nous permettent d'observer la forme et les caractéristiques de ces navires. Parmi les plus importants de ces documents iconographiques sont un cippe du Musée National Romain [voir ci-dessous, catalogue, n° VI.6], la mosaïque de la *statio* 24 de la Place des Corporations d'Ostie (**fig.** 7), la fresque de l'*Isis Geminiana* [voir ci-dessous, catalogue, n° VII.1] et un relief à la cathédrale de Salerne (**fig.** 8)[20].

La poupe de ces navires était haute et très incurvée, tandis que la proue était plutôt élancée. Ils étaient équipés de rame-gouvernails latéraux et disposaient d'une cabine sur la poupe. Le mât, sans voile, se trouvait sur l'avant. Un câble était fixé à une poulie sur le haut du mât et pouvait être relié à des étais ou à un petit support sur le plat-bord. Le mât était muni de marchepieds.

Le système de propulsion de ces embarcations est typique du milieu fluvial dans lequel elles opéraient. Elles étaient halées, c'est-à-dire traînées par des troupeaux d'animaux ou encore par des hommes, le long de la rive droite du fleuve, selon une pratique encore utilisée sur le Tibre à la fin du XIXe siècle[21].

A ce propos, Procope de Césarée (*Bell. Goth.* V 26 : 9-12) fournit une belle description :

En outre, dès les origines, les Romains ont aplani et rendu sans obstacles la route qui mène de Portus à Rome. De nombreuses barques mouillent dans le port et de nombreux bœufs sont disponibles à proximité. Quand les marchands arrivent au port avec leurs navires, ils déchargent les marchandises, les rechargent sur les barques et remontent le fleuve vers Rome, sans se servir de voiles ni de rames. En effet, aucun vent ne peut pousser les navires à cet endroit, car la rivière se replie sur elle-même et ne suit pas un trajet droit ; quant aux rames, elles ne sont pas d'utilité, car le courant de l'eau emporte les navires. C'est pourquoi les marchands attachent les barques au cou des bœufs et les tirent vers Rome comme s'il s'agissait de charrettes.

L'hypothèse qui suggère que *Fiumicino 1* et *Fiumicino 2* peuvent être identifiés comme étant des *naves caudicariae* n'est pas nouvelle[22]. Il manquait, toutefois, la confirmation archéologique. Sur le degré de parenté des deux embarcations nous nous sommes déjà prononcés. Pour reconstituer la forme, en revanche, nous nous sommes servis du *Fiumicino 1*, épave mieux conservée sur les parties hautes (**figs** 9-10).

La méthode adoptée dans la reconstitution est celle communément appelée *Steffy method*. A partir d'une ou plusieurs maquettes à l'échelle, on cherche à définir le plan de construction de l'embarcation et à comprendre les procédés de construction adoptés dans l'Antiquité[23].

Pour déterminer les proportions entre les parties de la coque et suggérer l'aspect de la superstructure, on a utilisé la documentation iconographique, comme cela a déjà été expérimenté sur l'épave romaine de la Madrague de Giens[24].

La maquette réalisée pour les besoins de la recherche, construite à l'échelle 1:10, nous présente une forme de coque inédite bien adaptée au milieu fluvial et au système de propulsion du halage [voir ci-dessous, catalogue, n° VI.7].

Ces caractéristiques ainsi que l'analyse de la forme de la coque ont permis de proposer pour le *Fiumicino 1* une longueur de 17 m, une largeur de 6 m et une hauteur de 2,50 m au niveau du pont.

trad. Alain-Christian Hernández

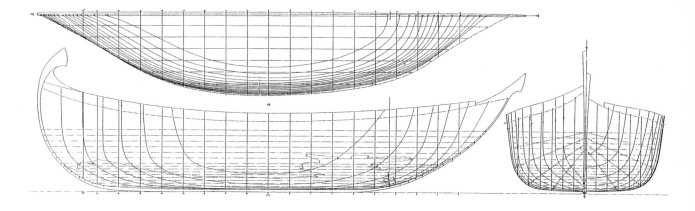

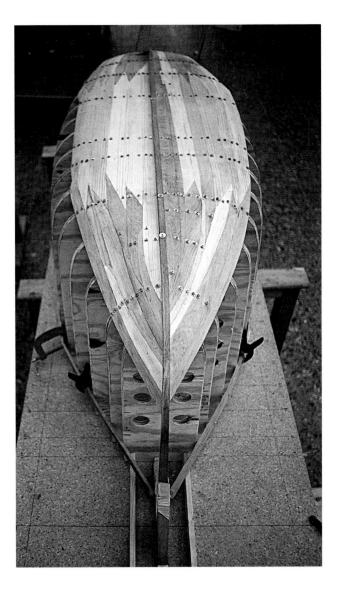

9　*Fiumicino 1*: plan de construction.

10　La maquette de *Fiumicino 1* en cours de construction au Museum für antike Schifffahrt de Mayence.

Glossaire [25]

Allonge La pièce de construction venant prolonger une autre pièce. Dans la construction navale antique les allonges de membrure ne sont géneralement pas assemblées aux membrures des fonds.

Anguillers Entaille pratiquée dans les varangues pour faire évacuer l'eau vers le puits de sentine.

Bâbord Flanc gauche de l'embarcation quand on regarde vers la proue.

Barrot Poutre transversale supportant les ponts.

Baux Poutres qui lient les deux murailles. Elles soutiennent les bordages de pont et maintiennent l'écartement des murailles Le maître-bau désigne le bau placé dans la plus grande largeur du navire

Bordé Ensemble de planches formant l'enveloppe extérieure du navire.

Bordé à franc-bord Bordé où les planches sont jointes par leur «can» (voir ci-dessous, s.v.) sans recouvrement.

Bordé de doublage Revêtement du bordé extérieur avec des planches pour servir de renfort ou de protection.

Brion Elément venant prolonger la quille vers l'étrave ou l'étambot.

Bouchain Partie de la coque faisant transition entre les fonds et la muraille sur lequel il repose quand il est en dehors de l'eau.

Cabestan Treuil vertical servant à virer les amarres.

Cabotage Navigation des navires de commerce le long de la côte.

Can Surface la plus étroite d'une pièce de bois dans sa longueur.

Carène Partie immergée de la coque d'un navire en charge.

Carlingue Pièce, posée sur la membrure, parallèle à la quille et la renforçant à l'intérieur.

Couple Pièce courbe de la charpente transversale de la coque et montant de la quille au plat-bord (*membrure*). On appelle «maitre couple» le couple situé dans la plus grande largeur du navire.

Demi-couple Dans la construction navale antique, chacune des deux pièces courbes affrontées de part et d'autre de la quille pour constituer un couple.

Ecart Jonction, assemblage à mi-bois, de forme plus ou moins complexe, entre deux pièces de charpente.

Emplanture Massif en bois présentant une cavité dans laquelle vient se loger le pied du mât. Dans la construction navale antique, la carlingue jouait souvent le rôle d'emplanture.

Epontille Pièce de construction vertical soutenant les barrots.

Etambot Pièce de charpente qui prolonge la quille ou le brion vers la poupe; peut être plus ou moins incurvé.

Etrave Prolongement de la quille ou du brion pour façonner la proue; peut affecter des formes diverses: convexe, droite ou même concave.

Galbord Virure la plus basse du bordé située contre la quille.

Gournable Longue cheville de bois utilisée, notamment, pour fixer les membrures sur le bordé.

Gréements Ensemble de ce qui est nécessaire à la propulsion des navires à voiles (*voiles, agrès, manœuvres,* etc.).

Hauban Cordages servant à maintenir les mâts latéralement.

Halage Système pour traîner les embarcations, depuis la rive d'un fleuve, avec un câble fixé au mât.

Manœuvres Cordage composant l'ensemble du gréement. *Manœuvres courantes:* câbles permettant d'orienter les vergues et de serrer les voiles. *Manœuvres dormantes:* câble servant à soutenir les mâts.

Membrure Ensemble de pièces courbes de la charpente transversale de la coque qui s'élèvent de la quille au plat-bord.

Mortaise Entaille pratiquée dans l'épaisseur d'une pièce de bois et destinée à recevoir un tenon.

Muraille Partie supérieure de la coque depuis la ligne de flottaison jusqu'au plat-bord (*œuvres mortes*).

Plat-bord Ensemble des pièces horizontales qui recouvrent les têtes des allonges de sommet de la membrure.

Pompe de cale (ou de sentine) Appareil destiné à évacuer par élévation l'eau accumulée dans les fonds du navire. Située dans la sentine, la pompe antique est le plus souvent de type «à chapelet», constituée de deux cylindres en bois verticaux dans lesquels passe un cordage muni de disques en bois. La rotation du chapelet est assuré par des galets situés entre les deux extrémités des cylindres et son entraînement s'effectue à l'aide d'une manivelle montée sur le galet supérieur.

Pont Ensemble des bordages fixés sur les barrots et les recouvrant.

Poulie Corps en bois dans lequel sont pratiquées une ou plusieurs mortaises pour recevoir autant de réas tournant autour d'un axe.

Préceinte Virure de bordé plus épaisse destinée à protéger le muraille du navire des chocs.

Quille Pièce maîtresse de la charpenterie axiale de la coque d'un navire.

Râblure Rainure longitudinale pratiquée des deux côtés de la quille pour recevoir la première file de bordages.

Réa Rouet garnissant les poulies.

Ribord Seconde virure du bordé située après le galbord.

Sentine La partie inférieure de l'intérieur de la coque où s'accumulent les eaux qu'il faut évacuer avec une pompe ou à la main.

Superstructure Tous les éléments de construction d'un navire se trouvant au dessus du pont.

Tenon Pièce de bois taillée de manière à s'introduire dans une mortaise.

Trait de Jupiter Ecart servant à réunir deux pièces de bois bout à bout utilisé généralement pour les éléments principaux comme la quille et les baux. La découpe des surfaces suivant lesquelles s'assemblent les pièces, qui évoque le foudre de Jupiter, a donnée son nom à cet assemblage. Une clef en bois dur vient le verrouiller.

Tribord Flanc droit de l'embarcation quand on regarde vers la proue.

Vaigre 1) Planche de cale d'un navire; 2) bordage recouvrant la face intérieure des membrures.

Varangue Partie centrale d'un couple placée à cheval sur la quille.

Vergue Espar supportant une voile, le plus souvent carrée. La vergue antique est souvent constituée de deux pièces assemblées par le milieu.

Virure File de bordages s'étendant sur toute la longueur du bordé de carène ou du pont.

Voile carrée Voile rectangulaire située, au repos, perpendiculairement à l'axe du navire. La voile carrée est portée par une vergue.

Abréviations bibliographiques

Arnold, B., 1992
Batellerie gallo-romaine sur le lac de Neuchâtel, 2. Archéologie neuchâteloise, 13.

Basch, L., 1973
«The Golo wreck and sidelights on other ancient ships culled from Admiral Paris 'Souvenirs de marine conservés', IntJNautA 2.2, pp. 329-344.

—.—, 1981
«Carthage and Rome: tenons and mortises», The Mariners' Mirror 67, pp. 245-250.

Basciu, E. (dir.), 1986
I porti alla foce del Tevere.

Beltrame, C., 1997
«Interpretazione della distribuzione spaziale dei reperti e riconoscimento di processi formativi nel relitto», dans: Atti del Convegno Nazionale di Archeologia Subacquea, Anzio 1996, pp. 333-340.

Boetto, G., 1998
Museo delle Navi. Porto di Claudio.

—.—, 1999
«Le navi di Fiumicino: un contributo alla ricostruzione della topografia del porto di Claudio e della geomorfologia costiera», MededRome 58, p. 41.

—.—, 2000
«New technological and historical observations on the Fiumicino 1 wreck from Portus Claudius (Fiumicino, Rome)», dans: J. Litwin (dir.), Down the River into the Sea, VIII ISBSA, Gdansk 1997, pp. 99-102.

—.—, sous presse a)
«Naves caudicariae et la navigation sur le Tibre», dans: Naviguer entre mer et rivière, Nice 2000.

—.—, sous presse b)
«The LateRoman Fiumicino 1 wreck: reconstructing the hull», dans: Boats, Ships and Shipyards, IX ISBSA, Venice 2000.

Carre, M.B., 1981
«Recensione a Valnea Santa Maria Scrinari, Le navi del porto di Claudio», ArchCl 33, pp. 397-400.

Casson, L., 1965
«Harbour and river boats of ancient Rome», JRS 55, pp. 31-39.

Castagnoli, F., 1963
«Astura», Studi Romani 11, pp. 637-644.

De Izarra, F., 1993
Hommes et fleuves en Gaule romaine.

Gassend, J.-M.et al., 1984
«L'épave 2 de l'anse des Laurons (Martigues, Bouches-du-Rhône)», Archaeonautica 4, pp. 76-105.

Gianfrotta, P.A. et Pomey, P., 1981
Archeologia Subacquea.

Giuliani, C. F., 1996,
«Note sulla topografia di Portus», dans: V. Mannucci (dir.), Il parco archeologico naturalistico del porto di Traiano. Metodo e progetto, pp. 28-44.

Le Gall J., 1953
Le Tibre. Fleuve de Rome dans l'Antiquité.

Liou, B. et Gassend, J. M., 1990
«L'épave Saint-Gervais 3 à Fos-sur-Mer (milieu du Ier siècle ap. J.-C.). Inscriptions peintes sur amphores de Bétique. Vestiges de la coque», Archaeonautica 10, pp. 157-259.

Mc Kee, E., 1983
Working Boats in Britain. Their Shape and their Purpose.

Pensabene, P., 1995
Le vie del marmo. I blocchi di cava di Roma e di Ostia: il fenomeno del marmo nella Roma antica (Itinerari Ostiensi VII).

Pomey, P., 1982
«Le navire romain de la Mandrague de Giens», CRAI 1982, pp. 133-154.

—.—, 1982b
«Recensione a Valnea Santa Maria Scrinari. Le navi del porto di Claudio», Gnomon 54, pp. 683-688.

—.—, 1988
«Principes et méthodes de construction en architecture navale antique», Cahiers d'Histoire 33, pp. 397-412.

—.—, 1997a,
«Un exemple d'évolution des techniques de construction navale antique: de l'assemblage par ligature à l'assemblage par tenons et mortaises», dans: D. Garcia et D. Meeks (dir.), Techniques et économie antiques et médiévales. Le temps de l'innovation, Colloque international (C.N.R.S.), Aix-en-Provence 1996, pp. 195-203.

—.—, (dir.),
1997b La navigation dans l'Antiquité.

—.—, 1998
«Conception et réalisation des navires dans l'Antiquité méditerranéenne», dans: E. Rieth (dir.), Concevoir et construire les navires de la trière au picoteaux, pp. 49-72.

Rieth, E., 1998
Des bateaux et des fleuves. Archéologie de la batellerie du Néolithique aux temps modernes en France.

Rival, M., 1991
La charpenterie navale romaine. Matériaux, méthodes, moyens (Travaux du Centre Camille Jullian, 4).

Scrinari, V., 1960
«Strutture portuali relative al porto di Claudio messo in luce durante i lavori per l'Areoporto Intercontinentale di Fiumicino (Roma)», dans: Rassegna dei Lavori Pubblici 3, pp. 173-190.

—.—, 1979
Le navi del porto di Claudio.

—.—, 1989
Guida al Museo delle navi del porto di Claudio a Fiumicino.

Steffy, J. R., 1994
Wooden Ship Building and the Interpretation of Shipwrecks.

Testaguzza, O., 1970 Portus.

Notes

[1] Scrinari, 1960; 1979; Testaguzza, 1970.

[2] Boetto, 1998.

[3] Testaguzza, 1970, pp. 133-134.

[4] Boetto, 2000.

[5] La même interprétation est donnée à l'absence de pompe de cale sur les épaves *Saint Gervais 3* (Liou et Gassend, 1990, p. 161) et *Laurons 2* (Gassend *et al.*, 1984, p. 103). A ce propos, voir Beltrame, 1997, p. 338.

[6] Castagnoli, 1963; Giuliani, 1996.

[7] A noter aussi la découverte en 1993 de deux nouvelles épaves, dont l'une avec une cargaison de marbre, situées un peu plus au nord par rapport au môle droit (Pensabene, 1995, p. 158; Boetto, 1999).

[8] Les publications de Scrinari (1979; 1989) ont laissé beaucoup de questions ouvertes (voir à ce propos Pomey, 1982b et Carre 1981).

[9] La recherche, commencée en 1996 grâce à une bourse de l'Université de Turin, fait l'objet d'une thèse de doctorat à l'Université de Provence (Aix-Marseille I) sous la direction de Patrice Pomey. L'étude est possible grâce à la généreuse disponibilité de la Surintendance archéologique d'Ostie. Le relevé photogrammétrique, effectué en 1976 par Manfred Döhler de l'Institut de photogrammétrie de l'Université de Karlsruhe est à la base, avec le relevé de détail de l'auteur, du travail de restitution graphique. Pour *Fiumicino 4*, une nouvelle photogrammétrie a été réalisée en 1999 par Giuseppe Ceraudo du Laboratoire de documentation graphique de l'Université de la Tuscia (Viterbe). Les analyses des bois utilisées pour la construction sont dues à Frédéric Guibal (CNRS/Institut Méditerranéen d'écologie et de paléoécologie, Marseille) et à Claus Malmros (Musée National, Danemark).

[10] Gianfrotta et Pomey, 1981, pp. 260-261.

[11] Il s'agit d'éléments très déformés qui, suite aux déplacements subis après la récupération, ne sont plus en place.

[12] A ce propos une mosaïque de Dougga de la fin du IIIe siècle ap. J.-C. est très suggestive (voir Pomey, 1997b, p. 46). Elle montre une embarcation de pêche à voile carrée, dont la forme de la coque rappelle celle de *Fiumicino 4* (voir Pomey, 1997b, p. 46).

[13] Un dispositif similaire se retrouve sur de nombreuses épaves d'époque romaine, comme par exemple celle de la Madrague de Giens: Rival, 1991, p. 165, figs 36, 1-2.

[14] Boetto, 2000.

[15] Sur les principes et les méthodes de la construction navale gréco-romaine voir Pomey 1988 et 1998.

[16] Comme sur la Madrague de Giens: Pomey, 1982a, pp. 139–140 et 1988, pp. 403, 406.

[17] En particulier, la barque *Yverdon 2* (IIIe-IVe siècle ap. J.-C.), le bachot *Pommeroeul 2* et les deux embarcations *Zwammerdam 2* et *6*: Arnold, 1992, pp. 21-45. Pour des parallèles ethnographiques, voir Basch, 1973, pp. 333-338. Voir aussi Rieth, 1998, pp. 77 *sqq*.

[18] Varron (*De Vita Populi Romani*, III, dans: Nonius Marcellus, XIII, s.v. *Caudicariae naves*) affirme que les Anciens appelaient *codices …pluris tabulas coniuctas…* et que de ce terme dérive le nom donné aux embarcations utilisées sur le Tibre, les *naves caudicariae*. Sénèque (*De brevitate vitae*, XIII) fournit la même explication. Sur la question de l'ancienneté de ce type d'embarcation, voir Basch, 1981, pp. 246-247; Pomey, 1997a, p. 201; Boetto, sous presse a).

[19] Casson, 1965, p. 36. Il s'agit notamment des inscriptions *CIL* XIV 4144, datée de 147 ap. J.-C., et *CIL* XIV 170, du IIIe siècle. Les *caudicarii* étaient connues également à Cosa, Salonae, Langrès et en Lusitanie: Le Gall, 1953, pp. 227-228.

[20] Casson, 1965, pp. 36-37.

[21] Certains reliefs d'époque romaine montrent bien cette technique de propulsion (De Izarra, 1993). La méthode n'a pas subi de changements majeurs et, encore à l'époque moderne, le câble de halage était fixé sur un mât situé à l'avant de façon à pouvoir traîner l'embarcation parallèlement à la rive sans trop devoir utiliser le gouvernail: Mc Kee, 1983, fig. 104; Rieth, 1998, pp. 106-109. Sur la survivance du halage le long du Tibre: Basciu, 1986, p. 49.

[22] Gianfrotta et Pomey, 1981, p. 276; Pomey, 1982b.

[23] Steffy, 1994; Boetto, sous presse b).

[24] Pomey, 1982a.

[25] Le glossaire est basé sur les indications de Gianfrotta et Pomey 1981, pp. 352-356 et de Pomey, 1997b, pp. 94-95

Le complexe portuaire de Rome : quelques observations

Patrizia Augusta Verduchi

La « redécouverte » de *Portus* est en cours depuis moins de vingt ans. Non pas que l'on eût jamais oublié sa valeur, mais les circonstances avaient rendu l'accès de la ville impraticable pendant trop longtemps et les connaissances à son sujet étaient désormais vieillies : pour toutes ces raisons, on s'en était désintéressé, tout en maintenant les mesures de protection, de type toutefois passif. Le passage à la phase du projet et de la réalisation mène graduellement à une redéfinition du plan de la ville,

tout en remettant en question les certitudes données pour acquises ainsi que maintes hypothèses avancées dans le passé, surtout en ce qui concerne la chronologie des principales phases de construction et les connaissances de la technologie hydraulique de l'époque impériale[1].

En raison du caractère exceptionnel du pôle portuaire – qui est, par bonheur, encore globalement intact en dépit des adversités, même si l'on n'en connaît que les grandes lignes et

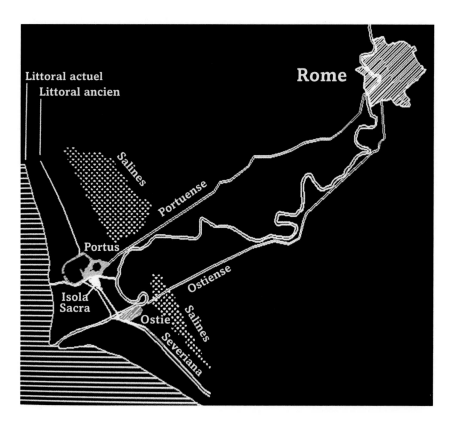

1   Le système côtier Portus-Ostie en relation avec Rome et son réseau routier (P. A. Verduchi).

2 3

quelques détails –, on risque de sous-estimer l'importance du fait qu'il appartient avec Ostie au système portuaire de Rome, un système beaucoup plus vaste dont l'élément fondamental était le Tibre, depuis toujours la voie d'accès et de communication privilégiée conduisant de la mer jusqu'aux points d'accostage de la ville (**fig. 1**). Il est difficile désormais de trouver les témoignages des points d'accostage antiques – non mercantiles et vraisemblablement liés à l'approvisionnement en sel, en bois et en matériaux de construction – qui sont distribués sur le cours du fleuve: d'une part, parce que ce système fut conservé avec toutes sortes de vicissitudes par l'Etat Pontifical jusqu'au XVIIIe siècle et que la plupart du temps les vestiges visibles appartiennent à cette période; d'autre part, en raison des altérations subies par les rives du fleuve pendant plus de mille ans.

En ce qui concerne le plan du complexe maritime de l'époque impériale, la reconstruction proposée dans la planimétrie des années trente par Italo Gismondi est toujours valable,

à l'exception de la position du bassin de l'époque de Claude[2]: les éléments de base du complexe sont très probablement ceux qui ont été fixés lors du remaniement attribué à Trajan – une soudure intelligente de vieilles structures, de toute évidence encore utilisées, avec de nouvelles constructions plus évoluées du point de vue matériel et fonctionnel, comme l'exigeaient les progrès accumulés en une soixantaine d'années – et ils furent achevés à l'époque des Antonins. C'est en effet à cette phase que l'on doit les opérations les plus importantes de restructuration des installations existantes et de complète innovation. Les restes monumentaux portent les traces évidentes des simplifications imposées par une situation générale de plus en plus instable dès la fin du IIIe siècle, et de petits indices non encore élucidés semblent révéler les traces d'interventions intermédiaires entre les constructions de Claude et celles du IIe siècle, qu'il est impossible d'attribuer précisément à une époque plutôt qu'à une autre: mais il n'est sans doute pas fortuit que ces

indices apparaissent à deux endroits-clés et plutôt controversés de l'installation portuaire : je veux parler du « Palais Impérial » et de la « Darse »[3]. Dans le cas présent, la littérature antique ne nous est d'aucune aide, mais les contretemps – que l'on trouve cités dans les sources – qui se sont produits entre 42 (année où débutèrent les travaux de Claude) et 112 ou 113 (année de l'inauguration du complexe de Trajan) laissent supposer que quelques réparations, si ce n'est même quelques variantes importantes au projet, étaient devenues nécessaires chemin faisant, d'autant plus qu'il revint à Néron d'inaugurer le premier port, quelques années après la mort de Claude. Jusqu'à aujourd'hui, on n'a pas identifié de secteurs dont on est certain qu'ils appartenaient au premier noyau portuaire, à part un long segment du quai au nord et la quasi totalité du môle de droite du grand bassin, tous deux situés à la limite de l'aéroport.

Dans l'état actuel des choses, il est impossible d'avoir une vision directe du môle gauche – alors qu'il est encore parfaitement identifiable sur les photos aériennes des années quarante et cinquante prises avant l'expansion incontrôlée des habitations au cours de ces trente dernières années – qui devrait actuellement coïncider, entièrement ou en partie, avec le franc-bord et la levée du fleuve moderne sur la rive droite du canal de Fiumicino (**fig. 2**). Pour la même raison, on ne peut pas encore apporter de réponse à une des questions les plus stimulantes parmi toutes celles que posent le port : est-il exact, comme cela semblerait être le cas, que deux des canaux ouverts à l'époque de la première phase de construction pour atteindre le Tibre avec les embarcations et pour alléger ses crues, aient survécu à la restructuration de l'époque de Trajan ? L'épigraphe commémorative[4] ne cite pas le nombre de ces canaux, ou *fossae*, mais sur de vieilles photos de la RAF il semble possible d'en repérer trois, qui sortent en éventail du coude du fleuve en direction de la mer et qui pourraient constituer un schéma, selon lequel deux *fossae* seraient extérieures aux môles et donc à l'enceinte du port, alors que la troisième, la *fossa* centrale, se trouverait à l'intérieur de celle-ci[5].

Le canal le plus au nord a presque complètement disparu sous les installations de l'aéroport et il est difficile de comprendre s'il n'a fonctionné que dans une première phase ou également par la suite, en tout cas complètement en dehors du complexe portuaire. Le problème est différent pour les autres canaux, qu'on a semble-t-il modifiés pour les adapter aux nouveaux ouvrages : le canal sud fut très probablement transformé en la *fossa Traiana*, plus large et plus facilement navigable (l'actuel canal de Fiumicino, **fig. 3**), qui devait vraisemblablement avoir à l'origine un cours un peu différent du tracé actuel, comme l'indiquerait le tracé des murs datant de la fin de l'Antiquité entre le « temple de Portunus » et la rive droite (et l'absence de matériaux archéologiques dans le triangle de terrain adjacent). D'autre part, les rives ont été déplacées en avant ou ramenées en arrière également à l'époque moderne, comme nous l'apprennent des documents d'archives et comme en témoignent les découvertes, souvent fortuites, de vestiges antiques – entrepôts, substructions ou autres – non cohérents avec le cours actuel.

Le projet sophistiqué de Trajan réduisit au minimum les risques d'envasement qui avaient été une des causes d'insuccès du premier port. Il est donc impensable qu'ait été épargnée la *fossa* centrale, qui devait précisément déboucher dans le bassin intérieur : dans ce cas aussi, toutefois, il semble qu'il faille admettre sa reconversion – peut-être seulement partielle – ou bien comme « Darse » (comme l'avait suggéré à l'époque Giuseppe Lugli) ou comme entrée à l'hexagone (**figs 4 et 5**), bien que les preuves de ces transformations hypothétiques fassent défaut, si l'on excepte des traces incertaines sur les photos aériennes et quelques impressions obtenues à l'occasion de nettoyages récents.

On est frappé par le caractère exceptionnel des édifices hautement spécialisés de ce système portuaire, mais surtout par l'intelligence des parcours et l'extension des eaux. Le bassin de Claude, désormais utilisé uniquement comme rade en raison du manque de profondeur et surtout à cause des insolubles problèmes d'envasement, s'étendait avec les deux môles et l'îlot du

6 L'extrémité est des entrepôts dits de Trajan, avec les mouillages et les escaliers permettant d'accéder aux embarcations (photo P. A. Verduchi).

phare sur une superficie non inférieure à 140 hectares, pour rester prudent dans nos estimations ; celui de Trajan mesurait presque 33 hectares et tout le reste, c'est-à-dire la « Darse » avec l'ensemble des canaux, au moins 7 autres hectares. Au total, donc, une aire de 180 hectares d'eau, exploités au mieux pour garantir les manœuvres et faciliter la circulation simultanée d'un nombre non précisé mais certainement très élevé d'embarcations de tous types. Il faut souligner à ce propos que le vaste espace s'étendant devant l'entrée du bassin remplissait la fonction de point d'embranchement de toutes les routes intérieures : c'est là que confluaient les navires arrivant de la mer, ceux qui se dirigeaient vers l'hexagone ou vers la « Darse » et ceux qui provenaient des deux bassins, pour atteindre la *fossa Traiana* par le canal de liaison, tout cela sans gêner les bateaux amarrés et en phase de chargement ou de déchargement le long des quais des entrepôts (**fig. 6**).

Quelques incertitudes en revanche pour reconstruire le tracé du môle transversal, vraisemblablement muni d'un petit phare à son extrémité ouest et dont seule une partie du côté gauche est actuellement visible. Si dès l'origine – et par analogie de construction avec l'autre môle intérieur, mieux conservé, il faudrait le dater de la phase antonienne – il avait été lié au corps des entrepôts dits « de Trajan », il aurait contraint les embarcations à entrer en suivant un parcours tortueux. Ce qui n'aurait pas été nécessaire au cas où, pour faciliter la circulation, le môle aurait été ouvert à proximité de la même construction, comme cela est évident sur le tableau d'Ignazio Danti conservé au Vatican : pour l'instant, la question doit demeurer en suspens car on ne peut pas exclure qu'une coupe ait été pratiquée dans la structure vers le milieu du XVIe siècle (pontificat de Grégoire XIII) pour permettre l'évacuation des eaux stagnantes. Incertitudes et doutes aussi quant à la profondeur des bassins et des canaux et quant à l'éventuelle « finition » de leurs fonds. Les informations à ce sujet sont souvent

contradictoires et, à l'état actuel, pour une série de raisons, il n'est pas facile de faire des vérifications : des études récentes (1998) à l'aide d'appareils électroniques dans les secteurs destinés à l'origine à la navigation intérieure ont démontré que la base du fond antique a une profondeur constante de 7 mètres sous le niveau de la mer. Bien que l'on manque de données, on serait amené à présumer une profondeur analogue pour la « Darse » et pour le bassin intérieur, malgré les informations contradictoires de Rodolfo Lanciani[6], selon qui le fond de ce bassin était dallé et incliné vers la mer, à une profondeur non supérieure à 4/5 mètres et même de seulement 1 mètre du côté nord. Mais il semble qu'une telle profondeur soit considérée comme suffisante pour le tirant des bateaux de l'époque ; quoi qu'il en soit, il reste à expliquer l'importante différence de niveau avec les canaux d'accès. La présence d'un revêtement dallé, dans le bassin comme dans la *fossa*, est motivée par la nécessité d'enlever périodiquement les alluvions amenés par le Tibre ; les sondages effectués dans les canaux n'ont pas révélé de traces de dallages sur place ni de fragments épars, et l'on pourrait même imaginer un projet différencié pour les fonds des différents secteurs d'eau, en fonction de leur usage, et donc l'emploi de systèmes de nettoyage différents (par exemple, le dragage seulement dans les canaux). Ce qui est certain, c'est que les bords conçus pour l'accostage avaient des structures particulièrement compactes et robustes pour supporter les secousses des embarcations, et correctement aménagés en talus pour supporter le ressac, qui existe aussi, comme on sait, dans les bassins fermés. Il devait exister de nombreuses possibilités d'accostage, y compris de proue, si l'on considère que les deux bassins intérieurs étaient aménagés en quais, mais aussi les bords des canaux d'accès, et en partie aussi ceux de la *fossa Traiana*, et que très probablement les petites embarcations et les bateaux de pêche utilisaient les structures encore exploitées du bassin de Claude.

S'il est assez facile de reconstruire les manœuvres à l'intérieur de la structure portuaire, il est par contre plus difficile d'imaginer le déroulement des parcours à la sortie, en direction de Rome, car bien que la remontée du Tibre fût facilitée par la position de *Portus* qui évitait la partie finale du fleuve avec le méandre d'Ostie, il s'agissait quand même d'une opération qui exigeait un certain savoir-faire : elle nécessitait la traction depuis la terre ferme avec des attelages de bœufs et de buffles et elle était surtout compliquée dans les moments de trafic intense, qui devaient être sans aucun doute fréquents entre le IIe et le IIIe siècle, à l'apogée de l'activité du pôle maritime.

Comme on l'a déjà observé[7], *Portus* semble avoir les caractéristiques d'une ville de services plutôt que d'une ville résidentielle ; ce serait donc en un certain sens l'autre face d'Ostie (à qui les nouvelles installations mercantiles avaient procuré de façon inattendue un essor économique et une forte poussée démographique, et par conséquent un exceptionnel développement de l'activité du bâtiment, à la suite duquel les constructions publiques et privées et vraisemblablement les infrastructures de la ville avaient atteint un niveau qualitatif très élevé) : jusqu'à présent – à l'exception de structures d'habitation tardives construites à l'emplacement de vieux édifices dans le secteur de la Basilique chrétienne et peut-être d'une partie du « Palais Impérial » – les vestiges de maçonnerie appartiennent tous à des entrepôts et à des dépôts (**fig. 7**). Il faut cependant tenir compte de l'inévitable présence constante de magasiniers et de main d'œuvre employés au stockage des marchandises et au gardiennage, ainsi que de fonctionnaires de l'annone et de la douane et, malgré la proximité d'Ostie, du personnel au service de toutes ces personnes et de leurs familles. Et comme il existe au moins une importante nécropole liée à la structure originaire de *Portus* (dans l'*Isola Sacra*, tout de suite après la *fossa*), il y a lieu de se demander si les habitations pouvaient se trouver aux étages supérieurs des édifices – dans ce cas elles auraient disparu – ou si elles étaient concentrées en général dans le secteur nord-est de la ville – le moins fouillé – près de la via Portuense, où il semble que des analyses sophistiquées encore en cours[8], avec des instruments électroniques, soient en train de révéler l'existence d'une trame urbaine particulière et d'édifices dont les caractéristiques typologiques les différencient du reste.

trad. Jérôme Nicolas
(Ecole française de Rome)

7   Le côté nord-est des entrepôts dits de Sévère, après restauration
    (photo P. A. Verduchi).

Notes

[1] Rappelons qu'environ la moitié du domaine de *Portus* est propriété privée et que ce n'est que dès les années 1980, après son acquisition partielle, que la Surintendance archéologique a pu lancer un projet de conservation des vestiges antiques et de valorisation de l'environnement, projet difficile qui ne se réalise que lentement.

[2] G. Lugli, «Il porto ostiense di Claudio», dans: *Convegno per lo studio della zona archeologica di Classe a mezzo della fotografia aerea*, 1961, p. 139; F. Castagnoli, «Astura», *StudRom* 11/6, 1963, p. 7; C. F. Giuliani, «Note sulla topografia di Portus», dans: V. Mannucci (dir.), *Il Parco archeologico naturalistico del Porto di Traiano*, 1992, p. 29.

[3] On appelle Palais Impérial un complexe vraisemblablement d'apparat, d'une grande élégance formelle et de haut niveau, qui occupe la charnière entre le vieux et le nouveau port et donne sur les deux bassins principaux. La «Darse» est le troisième bassin du port, de grandes dimensions (224 × 45 m), situé dans le secteur nord-est des entrepôts dits de Trajan et, compte tenu de la proximité du canal de liaison avec la *fossa*, probablement utilisé comme petit port de chargement.

[4] *CIL* XV, 85.

[5] Il ne faut cependant pas sous-estimer l'information fournie par Pline le Jeune (*Epist.* VIII 17), selon laquelle Trajan aurait lui aussi ouvert – ou réaménagé – un canal d'évacuation.

[6] R. Lanciani, «Ricerche topografiche sulla città di Porto», *MonInstCA* 8, 1868, p. 165.

[7] P. Verduchi, «Il patrimonio archeologico monumentale di Porto: osservazioni preliminari sulle strutture architettoniche», dans: Mannucci (dir.), *op. cit.*, p. 60.

[8] Menées par une équipe britannique dirigée par Simon Keay.

La monnaie d'Ostie[*]

Patrizia Calabria

Les raisons qui poussèrent Maxence à ouvrir à Ostie un nouvel atelier monétaire, si proche de Rome, furent multiples et concourent à placer cet événement entre le printemps 308 et le début de l'an 309[1].

J. Maurice fait erreur lorsqu'il soutient que la prise de pouvoir par Maxence en 306 laissa en fonction les ateliers de Rome et de Carthage, et que Maxence aurait ouvert l'atelier d'Aquilée en février 307, après la défaite de Sévère II, pour le fermer en l'an 309 en raison de sa trop grande proximité des frontières, et que cette clôture aurait été suivie par l'ouverture de l'atelier d'Ostie[2]. O. Voetter n'est pas plus dans le vrai quand il date les débuts de l'atelier d'Ostie en l'an 306[3]. Contrairement à R. A. G. Carson et J. P. C. Kent, qui la placent à la fin de l'an 308[4], C. H. V. Sutherland estime difficile d'établir une date plus précise pour l'entrée en fonction de l'atelier d'Ostie[5]. Elle observe que, sur les monnaies en bronze considérées comme les premières produites par l'atelier, on ne voit figurer ni Maximien Hercule ni Constantin, qui disparaissent des monnaies frappées par les autres ateliers de Maxence en avril 308[6]; il n'existe pas non plus d'exemplaires frappés en l'honneur de Romulus, ce fils de Maxence mort en 309, qui est abondamment commémoré sur les émissions postérieures du règne avec la légende DIVO ROMVLO. On remarque pourtant le type monétaire au buste de Maxence en habit consulaire[7] sur cette même émission, sans précision du consulat dans la légende (1er consulat de Maxence en avril 308, 2e en janvier 309). Ces indices permettent donc de fixer comme *termini* pour l'ouverture de l'atelier d'Ostie le printemps 308 et le début de l'an 309.

Maxence aurait transféré les ouvriers de l'atelier de Carthage à Ostie, parce que la révolte de son vicaire, Lucius Domitius Alexander, non seulement le privait d'une grande partie des territoires d'Afrique, qui assuraient la plus grande part de l'approvisionnement de Rome en blé, mais lui enlevait le contrôle de Carthage. Ce port commercial important était le siège d'un atelier monétaire – ouvert par Maximien en 296 ou 297[8] – qui frappait des monnaies au nom de Maxence depuis son *dies imperii*.

L'atelier de Carthage ayant été fermé dans le courant de 307, il n'existe pas, en effet, de monnaies provenant de cet atelier sur lesquelles Constantin porte le titre d'Auguste[9]. Il est donc raisonnable de penser que partie de l'atelier de Carthage fut transféré à Ostie, ce qui devait rendre plus difficile les frappes de l'usurpateur. En raison de leur style grossier, les pièces de cette dernière production de Carthage montrent qu'elles ont été réalisées par un atelier de fortune, qui n'a rien de commun avec un atelier officiel[10].

Une autre raison qui devait inciter Maxence à ouvrir le nouvel atelier est que ceux du nord de l'Italie, Ticinum et Aquilée, étaient localisés dans une zone frontière qui risquait d'échapper à son contrôle: ils produisirent de moins en moins jusqu'à leur fermeture en 309-310[11]. L'atelier d'Ostie était donc nécessaire pour mettre en circulation une quantité suffisante de monnaies; localisé comme il l'était dans le port contrôlé par Maxence, il permettait d'éviter les routes.

Il existe une ressemblance générale entre les types de l'atelier de Carthage et ceux d'Ostie en ce qui concerne le monnayage en bronze et en argent. Ostie n'est donc pas une extension de l'atelier de l'*Urbs*, ce que confirment les frappes en or. Alors que celles-ci diminuent à Rome, elles vont en augmentant à Ostie, qui est devenue la voie principale pour l'approvisionnement de l'Italie centrale, car les routes du nord ne sont plus fiables.

Dès le début, l'atelier d'Ostie est ouvert aux influences orientales aussi bien qu'occidentales, ce que montrent les lettres numérales qui différencient les quatre officines dont se compose l'atelier: elles sont tantôt grecques (A, B, Γ, Δ), tantôt latines (P, S, T, Q, pour *prima*, *secunda*, etc.), placées en exergue, à côté du sigle de l'atelier, OST. La lettre M, que l'on trouve au début de l'exergue, est l'abréviation pour *Moneta* (Hôtel de la Monnaie). La lettre P, initial de *percussa*, frappée, fut par la suite utilisée à la place du M[12].

Les émissions d'Ostie ont circulé avant tout autour de la Méditerranée. L'atelier avait ouvert à un moment difficile dans les rapports entre Rome et l'Afrique. La révolte de Domitius Alexander, matée par le préfet du prétoire Rufus Volusianus, avait duré deux ans. Maxence avait dû, entre temps, payer à Maximin Daïa les importations de blé depuis l'Égypte, qui servaient à l'approvisionnement de Rome.

Pour une description plus détaillée de l'activité de l'atelier, nous renvoyons au *Roman Imperial Coinage*, qui partage les émissions de Maxence en deux groupes. Le premier (308-309) présente des émissions dans les trois métaux, le second – émissions d'or et de bronze – est à dater des années 310 à 312.

Les premières émissions en or présentent la légende MAXENTIVS P F INV AVG, désuète pour les émissions de Rome, et, au revers, VICTORIA AETERNA AVG N entourant la Victoire debout à gauche qui offre le globe à Maxence assis sur une cuirasse; dans le champ, le casque et le bouclier[13]. Les autres *aurei* frappés à Ostie ont comme légende de l'avers MAXENTIVS P F AVG, avec le même revers, mais le portrait de l'empereur est de face, nu-tête; à la base du cou sont visibles le manteau et le départ de la cuirasse. Le portrait de face est extrêmement rare sur la monnaie romaine et il demande une habileté particulière de la part du graveur[14]. La légende reste la même, mais l'image du revers change et on y trouve une Victoire debout qui grave sur un bouclier soutenu par un cippe VOT/V ou /X; à côté, un prisonnier avec les mains liées derrière le dos; comme sur les *folles* – les pièces en bronze – les *vota* se réfèrent à la reconquête de l'Afrique ou aux *quinquennalia* de Maxence[15].

En ce qui concerne l'argent, l'on distingue trois types: tous ont le même portrait de Maxence laurée à l'avers, avec la légende MAXENTIVS P F AVG sur la droite. Les revers sont différents. Les deux premiers, très proches, portant la légende MARTI PROPAGATORI AVG N et dans l'exergue POSTΔ, présentent Mars debout, la main gauche appuyée sur un bouclier, en train d'offrir le globe surmonté de la Victoire à Maxence, qui est présenté en tenue militaire avec le sceptre dans la main gauche[16], et MARTI PROPAG IMP AVG N, avec dans l'exergue POSTΔ et MOSTB-Δ, Mars tenant le sceptre dans la main gauche et tendant la main droite à un personnage féminin debout[17] – entre eux, la louve avec les jumeaux; enfin, le troisième type présente la légende TEMPORVM FELICITAS AVG N, dans l'exergue MOSTA-B, avec la louve et les jumeaux[18]. Les indications de l'exergue permettent d'établir que la première émission est celle qui montre Mars *Propagator* et Maxence, car c'est la seule qui porte le sigle POST. L'autre possède les deux exergues, le troisième type seulement MOST.

Sutherland utilise les frappes du bronze de la première période d'émission de l'atelier pour dater l'argent et l'or[19]. Le bronze se partage donc en deux groupes; le premier est à dater de l'ouverture de l'atelier, au cours de l'an 309: il porte à l'exergue MOSTA-Δ, et ne présente pas de monnaies commémoratives. A l'avers n'apparaît que le nom de Maxence, IMP C MAXENTIVS P F AVG, avec quelques variantes du portrait associé au type AETERNITAS AVG N, qui présente les Dioscures, avec ou sans la louve, ou seulement la louve et les jumeaux (**fig. 1a-b**).

Ce type a été frappé tour à tour par les quatre officines et son poids varie entre 6 et 6,75 g. Les deux types qui présentent la Victoire, avec ou sans prisonnier, sont frappés par la troisième officine.

Le second groupe avec MOSTP-Q, frappé entre 310 et 312, comprend les émissions commémoratives des *divi* Romulus, Hercule, Constance et Galère. Le poids varie entre 5,5 et 6,75 g[20]. Pendant ces années, l'atelier frappa également des dénominations plus petites que le *follis*, que Sutherland appelle demi-*follis*[21] et D. G. Wigg des demis et des tiers[22], et qui présentent la numérotation des officines avec les lettres latines[23].

Précisons que les *folles* à Rome et à Ostie avaient un diamètre oscillant entre 23 et 25 mm et pesaient entre 6 et 6,32 g. Le demi, portant VICTORIA AETERNA, mesurait entre 18 et 19 mm et pesait entre 3 et 3,2 g[24]. Le tiers, AETERNA MEMORIAE, mesurait 16 mm et pesait entre 2 et 2,13 g[25]. Les autres émissions, ont à l'avers toujour la légende IMP C MAXENTIVS P F AVG avec une variété de types qui mettent en évidence l'espoir d'une victoire définitive sur Constantin, avec Mars lui-même remettant le globe à Maxence.

Le monnayage de l'atelier entra dans sa seconde période au lendemain de la défaite de Maxence au pont Milvius. Constantin prit le pouvoir sur toute la péninsule, assisté par Maximin et Licinius. Tous les trois continuèrent à utiliser l'atelier d'Ostie parallèlement à ceux de Rome et d'Aquilée. Pendant cette dernière période de l'activité de l'atelier d'Ostie, la typologie des monnaies reflète le caractère général des émissions de l'atelier de Rome. Les analogies sont nombreuses, tant au niveau des légendes que des thèmes représentés, avec les productions des ateliers des Gaules et de l'Espagne, que Constantin avait héritées de son père. Les quatre officines restèrent en fonction. Elles produisirent exclusivement des *aurei* et des monnaies de bronze qui continuèrent à porter dans l'exergue POST pour l'or, comme du temps de Maxence (puis l'exergue modifié en POST*) et MOSTP-Q pour le bronze.

Pour l'or, les *solidi* ont un poids moyen de 4,5 g. Les multiples sont rares, les types sont les mêmes que ceux de l'atelier de Rome, mais dans certains cas les divinités associées aux empereurs sont différentes. Il existe une pièce qui porte au revers la légende IOVI CONSERVATORI AVGG, avec Jupiter assis, tenant la foudre et le sceptre, et Licinius au droit, avec la légende LICINIVS PF AVG[26]. Un autre exemplaire portant au droit IMP LICINIVS PF AVG présente au revers la légende PRINCIPI IVVENTVTIS[27]. Des exemplaires de ces pièces proposent également COSTANTINVS P F AVG et MAXIMINVS P F AVG sur la face; au revers on voit le prince debout de face, la tête tournée vers la droite, en tenue militaire, tenant la lance et le globe[28]. Pour Constantin, il existe également une pièce dont le revers porte la légende SPQR OPTIMO PRINCIPI, et l'aigle des légions entre deux étendards, dont l'un est surmonté d'une main et l'autre d'une guirlande[29]. Ce type est semblable à celui des monnaies de bronze des ateliers de Rome et d'Ostie. A Rome, on ne le trouve pas sur les monnaies d'or. Enfin, il existe un type VICTORIA

1a-b

CONSTANTINI AVG, avec la Victoire qui s'avance vers la gauche en tenant une guirlande et un rameau de palmier[30]. Il n'y a pas de monnayage en argent.

En ce qui concerne les émissions de bronze, l'atelier continue d'utiliser la marque des émissions de Maxence, mais le poids des monnaies a considérablement baissé, entre 4,5 et 3,5 g, ainsi que le volume total de chaque émission. A Rome, durant la même période, on assiste à une inversion de cette tendance : la production augmente, ainsi que le nombre des coins[31].

Les officines furent partagées entre les empereurs. Constantin, IMP C CONSTANTINVS P F AVG, utilise comme marques d'atelier P, S, T et Q ; Maximin, IMP MAXIMINVS P F AVG, les ateliers S et T ; Licinius, IMP LICINIVS P F AVG, seulement l'atelier Q, avec des frappes peu nombreuses. Le type de revers le plus courant et abondant présente pour les trois empereurs deux variantes de l'image du Soleil, debout sur la gauche, la chlamyde attachée (rarement flottante), portant, près du corps ou soulevé, le globe qu'il tient de la main gauche, la main droite levée (**figs 2, a-b**). Le troisième type se trouve seulement sur les émissions de Constantin : là, le Soleil, avec les mêmes attributs, foule aux pieds des ennemis morts[32].

Le second type commun aux trois empereurs est le GENIVS POP ROM, où le *genius*, debout à gauche, porte un *modius* sur la tête : il est nu, avec la chlamyde rejetée sur l'épaule gauche ; dans la main droite, il tient une patère, dans la gauche une corne d'abondance[33] (**fig. 3a-b**). Ce revers est associé aux deux variantes des bustes de Maximin et de Licinius, et aux quatre variantes de Constantin. Toujours pour les trois empereurs, il existe encore les *folles* présentant la légende SPQR OPTIMO PRINCIPI avec l'aigle des légions et deux étendards, celui de gauche surmonté d'une main, celui de droite d'une guirlande[34]. L'on retrouve ce même type pour les *solidi* (**fig. 4a-b**).

2a-b

3a-b

4a-b

5a-b

1a-b Maxence, Ostie, 309 (Paris, Bibl. nat. de France, acq. H 1504). Droit : IMP MAXENTIVS P F AVG ; buste lauré, en manteau impérial, tenant le *scipio* de la main droite et une *Victoriola* sur le globe de la gauche. Revers : AETERNITAS AVG N ; Castor et Pollux debout, se faisant face, tenant chacun un sceptre long et un cheval par la bride ; entre eux, louve allaitant Romulus et Rémus, à l'exergue, MOST G.

2a-b Constantin, Ostie, 312/313 (Paris, Bibl. nat. de France, acq. 1983/566). Droit : IMP C CONSTANTINVS P F AVG, buste lauré, drapé et cuirassé à droite. Revers : SOLI INVICTO COMITI, Sol debout à gauche, la chlamyde lui recouvrant le bras gauche, la main droite tendue, tenant un globe de la gauche contre son corps ; à l'exergue, MOSTS.

3a-b Maximin, Ostie, 312/313 (Paris, Bibl. nat. de France, FG 14032). Droit : IMP MAXIMINVS P F AVG, buste lauré et cuirassé à droite. Revers : GENIO POP ROM, le Génie du peuple romain coiffé du modius debout à gauche, la chlamyde lui recouvrant le bras gauche, tenant une patère de la main droite et une corne d'abondance de la gauche ; à l'exergue, MOSTT.

4a-b Constantin, Ostie, 312/313 (Paris, Bibl. nat. de France, acq. 1995/957). Droit : IMP C CONSTANTINVS P F AVG, buste lauré, drapé et cuirassé à droite, vu de trois quarts en arrière. Revers : S P Q R OPTIMO PRINCIPI, aigle légionnaire entre deux *vexilla* ; à l'exergue, MOSTP.

5a-b Licinius, Ostie, 312/313 (Paris, Bibl. nat. de France, acq. H 1995/871). Droit : IMP LICINIVS P F AVG, buste lauré et cuirassé à droite. Revers : VICTORIA AET AVGGG NNN, Victoire debout à droite, le pied gauche posé sur une colonne (?), inscrivant VOT/X sur un bouclier posé sur une colonne ; à l'exergue, MOSTQ.

La légende RESTITVTOR ROMAE ne se trouve que pour Maximin: Rome, assise sur un bouclier, tend le globe à l'empereur de sa main droite, tandis que la gauche est appuyée sur un sceptre[35]. Le même revers avait été placé sur les *aurei* de Maxence. Pour Constantin uniquement, il existe le revers consacré à HERCVLI VICTORI, qui montre Hercule debout à droite, tenant dans la main gauche des pommes et la léonté, alors que la main droite est appuyée sur la massue[36]. Toujours et seulement pour Constantin, l'on trouve une pièce portant au revers la légende MARTI CONSERVATORI, qui montre Mars, le manteau flottant, avançant vers la droite. Il tient dans la main gauche un bouclier, dans la droite une lance ou un rameau[37]; on se souvient de l'importance attribuée à Mars sur les émissions de Maxence, car Maxence était un soldat dont le pouvoir reposait essentiellement sur la garde prétorienne. Enfin, l'on trouve encore à Ostie une élaboration de la légende simple VICTORIA AVGGG de l'atelier de Rome, avec la Victoire gravant VOT/X sur un bouclier appuyé à un tronc de palmier, et la légende VICTORIA AET AVGGG NNN[38] (**fig. 5a-b**).

Les jours de l'atelier d'Ostie étaient comptés: Constantin le ferma après la mort de Maximin Daïa, vers le milieu de l'an 313, et le transféra en Gaule, à Arles[39].

trad. Matteo Campagnolo

Notes

*   Toutes les photos sont à l'échelle 1:1 et ont été généreusement mises à disposition par la Bibliothèque nationale de France.
1   Marc Aurèle Valère Maxence, fils de Maximien, naît vers l'an 278 av. J.-C. En 305, les deux augustes Dioclétien et Maximien abdiquent. Les césars Galère et Constance Chlore prennent leur place et nomment à leur tour comme césars Sévère II et Maximin Daïa. Maxence, exclu de la succession comme Constantin, fils de Constance Chlore, fut acclamé auguste par les prétoriens le 28 octobre 306, après que Constantin eut été acclamé césar par l'armée de son père le 25 juillet 306. Alors que Constantin fut reconnu officiellement comme césar, Maxence fut considéré comme un simple usurpateur, et Sévère II se mit en campagne contre lui. Mais ses troupes passèrent à Maxence et Sévère II abdiqua en 307. Galère prit alors les armes contre Maxence, mais il fut obligé de battre en retraite. Maxence maintint son pouvoir en Italie et en Afrique jusqu'à sa défaite, suivie de sa mort, le 28 octobre 312, au pont Milvius, contre Constantin.
2   *Numismatique constantinienne*, I, 1908, p. 264.
3   *Die Münzen der römischen Kaiser, Kaiserinnen und Caesaren von Diocletianus bis Romulus. Katalog der Sammlung Paul Gerin*, 1921, p. 210.
4   «Constantinian Hoards and other Studies in the Later Roman Bronze Coinage», *Numismatic Chronicle* 1956, pp. 83 *sq.*

5   *The Roman Imperial Coinage*, VI: *From Diocletian's Reform (A.D. 294) to the Death of Maximinus (A.D. 313)*, 1973, pp. 393-394, à voir aussi pour ce qui suit. L'ouvrage est désormais cité *R.I.C.* VI.
6   Voir aussi J. P. C. Kent, «The Pattern of Bronze Coinage under Constantine I», *Numismatic Chronicle* 1957, p. 21.
7   Les monnaies qui présentent à l'avers le buste consulaire sans précision du consulat, et au revers les Dioscures, la louve et les jumeaux avec des lettres numérales grecques en exergue et la légende AETERNITAS AVG N, sont considérées comme faisant partie de la première émission de bronze. Elles ont été réitérées avec des lettres latines, et ce changement de numération du grec au latin a probablement eut lieu au mois de janvier 309, au moment où Maxence assumait le second consulat.
8   Maximien Hercule fonda l'atelier de Carthage pendant qu'il était en Afrique pour combattre les *Quinquegentiani*, tribus mauresques révoltées.
9   Kent, *loc. cit.* (n. 6): *Constantine's promotion to Augustus on 31 March 307 was recognized in the three Italian mints* [de Maxence à Rome, Aquilée et Ticinum] *(Carthage had ceased minting before thit date) [...] Towards the end of 308 the mint of Carthage reopened at Ostia.* Cf. *RIC* VI, pp. 51 et 417, qui place la fermeture de l'atelier de Carthage plus tard, vers la deuxième moitié de 307.
10 *RIC* VI, p. 419.
11 *Ibid.*, pp. 51 et 276.
12 On suppose que dès son ouverture, l'atelier d'Ostie frappait les métaux nobles, avec les lettres POST pour l'or et POST ou MOST et d'autres lettres pour l'argent. Le bronze était frappé avec les lettres soit en grec, soit en latin, ce qui confirme sa translation de Carthage.
13 La première émission en or fut peut-être frappée pour soulager les fonctionnaires et les artisans des tensions politiques à Rome. Elle était de bonne qualité, d'un poids moyen de 5,45 g et avec POST dans l'exergue.
14 *RIC* VI, p. 401, n°s 9 et 10.
15 *RIC* VI, p. 401, n°s 8 et 9.
16 *RIC* VI, p. 402, n° 12.
17 *RIC* VI, p. 402, n° 11.
18 *RIC* VI, p. 402, n° 13.
19 *RIC* VI, pp. 395-396.
20 C. E. King et J. P. Northover, «Fractional Coins at Rome, Ostia and Trier, A.D. 310-313», *NumAntCl* 20, 1991, pp. 227-238.
21 *RIC* VI, p. 406.
22 D. G. Wigg, «An Issue of Follis-fractions with Denominational Marks by Constantine I at Rome», dans: *Festschrift für Maria R. Alföldi*, 1991, pp. 407 et 416.
23 *RIC* IV, p. 406, n°s 58-64.
24 *RIC* IV, pp. 380-381, n°s 227-236 (Rome), p. 406, n°s 60-64 (Ostie).
25 *RIC* IV, pp. 379-381, n°s 226, 239-240 (Rome), p. 406, n°s 58-59 (Ostie).
26 *RIC* IV, p. 407, n° 66.
27 *RIC* IV, p. 407 n°s 67-68. Les deux types de Licinius portent l'image de l'empereur debout, coiffé de laurier ou nu-tête.
28 Le même type se trouve aussi sur le double *solidus* (*RIC* VI, p. 407, n° 65).
29 *RIC* VI, p. 407, n° 69.
30 *RIC* VI, p. 407, n° 70.
31 *RIC* VI, p. 398.
32 *RIC* VI, p. 409, n°s 83-93.
33 *RIC* VI, p. 408, n°s 73-78.
34 *RIC* VI, p. 410, n°s 94-99.
35 *RIC* VI, p. 409, n° 82.
36 *RIC* VI, p. 409, n° 79.
37 *RIC* VI, p. 409, n°s 80-81.
38 *RIC* VI, p. 390, n°s 353-354 (Rome), p. 410, n° 100 (Ostie).
39 Voir Carson et Kent, *art. cit.* (n. 4), p. 117, et aussi L. Laffranchi, «La translation de la monnaie d'Ostie à Arles», *RBelgNum* 73, 1921, pp. 7-15.

Vie publique, métiers

Les institutions de la *Colonia Ostiensis*

Pierre Sanchez

Les sources

Les auteurs classiques ne fournissent guère d'informations sur la constitution des municipes et colonies de l'Empire. Nos connaissances reposent essentiellement sur les témoignages épigraphiques et juridiques[1]. On peut classer ces témoignages en six catégories principales :

a) Les lois coloniales et municipales, gravées sur bronze, qui fixaient la constitution des cités.

b) Les *fasti*, où étaient enregistrés les magistrats annuels et les principaux événements de l'année.

c) Les décrets et décisions votés par les conseils municipaux.

d) Les *acta* des magistrats en charge (dédicaces de bâtiments, bornages, etc.).

e) Les carrières des magistrats, reproduites sur leurs épitaphes et sur les bases des statues élevées en leur honneur.

f) Les décisions impériales et les réponses des juristes adressées aux cités, conservées sur pierre ou compilées dans les recueils du Ve et du VIe siècle de notre ère (*Digestes*, *Codes Théodosien* et *Justinien*).

Les *fasti* d'Ostie

Nous possédons plusieurs fragments importants des *Fastes* d'Ostie (voir ci-dessous, catalogue, n° XII.1). Ce document, dont l'original était conservé dans les archives, a été gravé à intervalles irréguliers sur des tables de marbres, qui ont sans doute été exposées sur le forum ou dans un temple. Les premiers fragments conservés proviennent du milieu de la première colonne, et ils se rapportent aux années 49-44 av. J.-C. Les derniers fragments conservés sûrement datés concernent l'année 175 ap. J.-C. Selon toute probabilité, la rédaction des *fasti* a dû commencer

à l'occasion de la réforme de la constitution d'Ostie, au début du Ier siècle av. J.-C. (voir ci-dessous). Nous ignorons à quelle date exactement la colonie a cessé de tenir à jour son calendrier : nous savons seulement que les plaques ont été découpées et réemployées comme pavement à la fin du IVe ou au début du Ve siècle.

Chaque rubrique commence par les noms des consuls ordinaires et suffects de l'année, avec la date de leur entrée en fonction. On trouve ensuite quelques événements marquants pour la famille impériale et la ville de Rome : avènements et mort des empereurs, naissances à la cour, cérémonies religieuses et jeux, distributions d'argent à la population, dédicaces de monuments, incendies, etc. Certains fragments font allusion à des événements célèbres : la mort de Pompée à Alexandrie, l'assassinat de César, la répression de la conjuration de Séjan sous Tibère.

Viennent ensuite les informations relatives à la vie de la colonie d'Ostie proprement dite : le plus souvent, on indique seulement le nom des duumvirs en fonction pendant l'année, celui de leurs remplaçants éventuels, ainsi que l'élection des pontifes de Vulcain à la mort de leurs prédécesseurs. A partir du règne de Trajan, on trouve également de brèves indications relatives à la consécration ou à la restauration de bâtiments et de statues, ainsi qu'à la célébration de jeux. Lorsque le texte est bien conservé, ce qui est le cas pour les années 30-38, 94-96, 105 et 109-113 ap. J.-C., les *fasti* fournissent une chronologie relativement solide pour l'histoire de la cité, qui permet de dater certaines carrières municipales connues par d'autres inscriptions[2].

Les titulatures municipales

Les fouilles d'Ostie ont livré un nombre important d'inscriptions funéraires et honorifiques portant des carrières municipales (**fig. 1**). Le texte commence toujours par les noms de la personne à laquelle est consacrée l'inscription (prénom, gentilice, filiation, tribu et *cognomen*). Sont énumérés ensuite, générale-ment sous forme abrégée, les différents postes occupés par le personnage. Le plus souvent, on respecte l'ordre chronologique direct (de la première à la dernière charge), ou inverse (on commence par le dernier poste occupé, qui est généralement le plus élevé). Il arrive cependant que les fonctions de même nature soient regroupées en tête ou en fin de liste : c'est notamment

le cas pour les charges religieuses. Parfois, l'ordre n'est pas du tout respecté, et certaines fonctions sont même omises.

Dans les textes les plus détaillés figurent également les motifs de la dédicace : services rendus à la cité, dons d'argent, constructions de monuments, etc. L'inscription se termine en général par la mention du dédicateur. Il peut s'agir d'un individu, du conseil municipal ou d'une corporation[3]. On ne peut pas toujours déterminer la date exacte de ces documents, mais il est possible de les classer dans un ordre chronologique relatif, ce qui permet ensuite d'étudier l'évolution de la constitution d'Ostie, ainsi que les changements survenus dans la composition de l'aristocratie locale.

1   Inscription *CIL* XIV 376 (Musées du Vatican). Voir catalogue, n° XII.2)

Principes généraux

Les lois coloniales et municipales

La constitution des colonies et municipes de l'Empire était établie par une *lex data*, c'est-à-dire une loi dictée par un magistrat romain sur mandat du Sénat. Une copie sur bronze de ces documents, dont l'original était conservé dans les archives, était généralement affichée dans la curie ou sur le forum de la cité. On n'a pas retrouvé d'exemplaire épigraphique de la loi coloniale d'Ostie, mais on peut supposer que ce document présentait plusieurs points communs avec ceux qui ont été découverts ailleurs en Italie (Tarente et Héraclée), ainsi qu'en Espagne (Urso, Irni, Salpensa, Malaca, etc.)[4].

Ces lois comportent des clauses relatives au recrutement du corps civique ou du conseil municipal, aux conditions d'admission aux magistratures, aux devoirs et privilèges des magistrats et des fonctionnaires, ou encore aux procédures électorales et judiciaires, à la gestion des fonds publics, ainsi qu'aux distributions de vivre à la population, etc. On se gardera cependant de tirer des conclusions valables pour Ostie à partir de ces textes d'interprétation controversée, car chaque cité avait conservé ses particularités.

Conditions d'accès aux magistratures et au conseil des décurions

La constitution d'Ostie était de type oligarchique, comme celle de tous les municipes et colonies de l'Empire : conformément à la volonté de Rome, qui s'est toujours appuyée sur les aristo-craties locales pour asseoir son pouvoir, l'accès à l'*ordo decurio-num*, ou conseil municipal, ainsi qu'aux magistratures, était réservé aux notables locaux. Il fallait être citoyen mâle de plein droit de la colonie ou du municipe, il fallait être âgé de 30 ans au minimum (une limite qui fut abaissée à 22 ou 25 ans sous Auguste), et ne pas avoir été frappé d'infamie. Et surtout, il fallait disposer d'une fortune suffisante, qui servait notamment de garantie lorsque les magistrats étaient amenés à manipuler les fonds publics.

La fortune minimale exigée à Ostie n'est pas connue : à Côme, le municipe de Pline le Jeune, le cens était fixé à 100 000 sesterces. Suivant les cités, le montant exigé pouvait être nettement inférieur ou supérieur à cette somme. A titre de comparaison, il fallait disposer d'une fortune de 400 000 sesterces pour accéder à l'ordre équestre, et d'un million de sesterces pour devenir membre de l'ordre sénatorial.

Munificence et coercition

L'accès au conseil municipal et aux magistratures n'était pas gratuit, à moins de bénéficier d'un privilège particulier[5]. Les nouveaux décurions devaient s'acquitter d'un droit d'entrée, généralement fixé par la loi. Quant aux magistrats, ils étaient tenus de verser, à chaque étape de leur carrière, une contribution en argent ou en nature, appelée *summa honoraria*. Il était d'usage de se montrer plus généreux que ne le prévoyait la loi, et les notables ont souvent rivalisé de munificence, en offrant de l'argent, des jeux et des banquets à la population, en faisant construire ou restaurer des bâtiments publics, ou encore en créant une fondation pour le ravitaillement en blé ou l'éducation des enfants[6].

En fait, l'état des finances publiques dépendait essentiellement de la générosité de l'aristocratie locale. En compensation, les magistrats et les décurions avaient droit à un certain nombre de privilèges qui les plaçaient au-dessus de leurs concitoyens : marques distinctives sur leurs vêtements, places d'honneur aux spectacles, inscriptions dédicatoires portant leurs noms sur les bâtiments publics, etc. Chaque acte de générosité était dûment récompensé : le conseil votait un décret de remerciement, dans lequel figurait fréquemment la décision d'ériger une statue honorifique du bienfaiteur sur la place publique. Ces monuments avaient pour fonction de perpétuer à jamais le souvenir et la gloire des grands de la cité.

Les inscriptions honorifiques donnent une vision idéalisée de la vie municipale : si l'on en croit leurs rédacteurs, tous les magistrats auraient été des plus honnêtes, des plus compétents, et des plus généreux envers leur cité. Et il est vrai qu'il a existé, jusqu'au IIIe siècle, une réelle compétition et une réelle émulation entre les notables. Cela dit, on sait par d'autres sources, notamment par les documents juridiques de l'Antiquité tardive, que les cités ont très tôt rencontré d'énormes difficultés à gérer leurs finances.

Elles entreprenaient des constructions de prestige (théâtres, bains, portes monumentales) qu'elles n'avaient pas forcément les moyens de payer, tandis que les magistrats, nommés pour un an, ne possédaient pas toujours les compétences nécessaires à la gestion saine d'un budget, et ne résistaient pas toujours à la tentation de puiser dans la caisse de l'Etat. D'autres, afin d'être élus, promettaient des sommes importantes, qu'ils négligeaient de verser par la suite. En outre, il arrivait que certains notables tentent de se soustraire à l'obligation d'accepter les charges municipales qui leur étaient offertes, parce que celles-ci leur coûtaient trop cher.

L'Etat romain a dû intervenir : il a commencé par envoyé dans les cités des chargés de mission, souvent de rang équestre ou sénatorial, qui portaient le titre de *curator* ou *corrector civitatis*. Leur tâche essentielle consistait à assainir les finances des cités. Cette procédure a d'abord été une mesure extraordinaire, mais elle s'est généralisée dès le IIe siècle ap. J.-C. : au IVe siècle, les magistrats locaux ont disparu, et toutes les cités sont gouvernées par des *correctores* (voir ci-dessous). Il existait par ailleurs un corpus de lois destiné à contraindre les notables à accepter les charges municipales, et surtout à s'acquitter de la *summa honoraria* et des promesses qu'ils avaient faites : en cas de refus ou de négligence dans les paiements, la cité pouvait les poursuivre en justice devant les autorités romaines[7].

Les institutions d'Ostie[8]

La première constitution de la colonie

On a parfois soutenu qu'Ostie, contrairement aux autres colonies maritimes fondées au IVe siècle, n'aurait pas reçu de constitution propre avant le début du Ier siècle av. J.-C. Située aux portes de Rome, l'agglomération aurait été un simple camp militaire placé directement sous l'autorité de la capitale. A partir de 267 av. J.-C.[9], elle aurait été gouvernée par le *quaestor classicus*, qui fut renommé plus tard *quaestor Ostiensis*. De fait, ce dernier avait pour principale fonction d'assurer l'entretien de la flotte et le ravitaillement de Rome, mais il avait un tribunal sur le forum d'Ostie, et il est probable qu'il entrait aussi dans ses compétences de rendre la justice dans la colonie[10]. D'autres savants ont supposé qu'Ostie avait obtenu une certaine forme d'autonomie beaucoup plus tôt : les affaires courantes auraient été aux mains de duumvirs ou de préfets dès la fondation de la colonie, ou du moins dès le IIIe siècle[11].

Une découverte épigraphique récente a permis de préciser nos connaissances sur ce point. Nous savons désormais qu'Ostie a eu ses propres magistrats déjà avant la Guerre des Alliés (91-88 av. J.-C.), et que ceux-ci portaient le titre de préteurs (*praetores*), comme dans d'autres cités italiennes[12]. Cette inscription date du dernier tiers du IIe siècle av. J.-C., et elle porte le texte suivant : *P(ublii) Sili C(ai) f(ili), M(arci) Critoni M(arci) f(ili) pr(aetorum)*. Ce document ne permet donc pas de résoudre le problème de la date exacte de l'introduction des magistrats locaux, ni de préciser leurs compétences. Celles-ci devaient être limitées : vers la même époque, ou peu avant, c'est le *praetor urbanus*, agissant sur ordre du Sénat, et non les préteurs locaux, qui fut chargé de borner un espace public entre le Tibre et la *via Ostiensis*[13]. Par ailleurs, le *quaestor Ostiensis* a continué de jouer un rôle important jusqu'au début de l'Empire : c'est seulement sous l'empereur Claude qu'il a été remplacé par un *procurator Ostiensis* chargé du ravitaillement, au moment de la construction du port.

En revanche, cette inscription permet de confirmer ce que l'on supposait déjà, c'est-à-dire que la constitution d'Ostie a été entièrement révisée au début du Ier siècle av. J.-C. Il faut probablement replacer cette réforme dans le contexte de la révision générale du statut des cités de l'Italie après la Guerre des Alliés. Cette révision, ordonnée par le Sénat, a eu pour objectif, entre autres, de décentraliser l'administration de l'Italie en accordant une plus grande autonomie aux cités.

En ce qui concerne Ostie, les préteurs locaux ont été remplacés par des duumvirs[14] : leur titre était moins prestigieux, mais ils disposaient de pouvoirs plus étendus, notamment dans le domaine de la justice et des travaux publics. C'est sans doute dans le cadre de cette réorganisation de la constitution qu'on a commencé à rédiger les *fasti*. Quelques années plus tard, soit entre 63 et 58 av. J.-C. selon les dernière recherche de F. Zevi, le Sénat et le peuple Romains ont décidé de donner de nouveaux murs à la colonie, les murs « sullaniens »[15].

La constitution tardo-républicaine et impériale

Les magistratures

Le *cursus honorum* d'Ostie, colonie de droit romain, était calqué sur celui des sénateurs : il comprenait à la fois des fonctions civiles et des charges religieuses ; certains magistrats portaient des titres identiques à ceux de Rome (questeurs, édiles), et leurs fonctions étaient apparentées. De même, les magistrats étaient nommés pour un an, et le principe de la collégialité était respecté. Enfin, certaines charges pouvaient être exercées plusieurs fois par le même individu, comme c'était le cas à Rome. Les étapes de la carrière étaient cependant moins nombreuses, et les pouvoirs des magistrats étaient naturellement limités à la gestion des affaires locales.

Les édiles

Contrairement aux usages en vigueur à Rome, la première étape du *cursus honorum* à Ostie n'était pas la questure – qui n'existait pas à l'origine –, mais l'édilité. Les *aediles* étaient au nombre de deux. Ils avaient pour fonctions principales la surveillance des marchés (notamment la vérification des poids et mesures), la police de la cité, l'entretien et la surveillance du domaine public (voies, égouts, aqueducs, latrines).

Les duumvirs

Les premiers magistrats d'Ostie étaient les *duumviri* ou *duoviri*. Au nombre de deux également, ils donnaient leurs noms à l'année. Ils présidaient les assemblées du conseil des décurions, ils administraient les revenus de la cité, et ils assuraient la gestion financière des travaux publics. Ils disposaient également de compétences judiciaires, mais celles-ci étaient limitées aux cas simples. Lorsque le délit était grave, ou lorsque la somme en litige dépassait un certain montant, le dossier était transmis aux magistrats de Rome. En principe, les duumvirs ne pouvaient pas prononcer la peine de mort contre un citoyen romain[16].

Tous les cinq ans, les duumvirs prenaient le titre de *duoviri quinquennales censoria potestate*, c'est-à-dire « duumvirs en fonction tous les cinq ans, revêtus du pouvoir des censeurs ». Ce poste prestigieux était réservé aux notables qui avaient déjà exercé au moins une fois le duumvirat ordinaire. En plus de leurs fonctions usuelles, ces magistrats étaient chargés d'effectuer un recensement de la population et de la propriété locales. La liste, dont une copie était envoyée à Rome, servait notamment à l'établissement des impôts communaux et, dans certains cas, au recrutement. A cette occasion, les duumvirs quinquennaux révisaient l'album des décurions, inscrivant les nouveaux arrivés et supprimant les noms de ceux qui étaient décédés, ou qui avaient été exclus du conseil pour faute grave. Enfin, ils mettaient en adjudication les différents contrats publics : location des terrains communaux à des particuliers ; affermage des impôts ; attribution des contrats aux entreprises chargées des travaux.

Les questeurs

La questure ne faisait pas partie du *cursus* traditionnel d'Ostie au Ier siècle av. J.-C.. Probablement institués au début de l'Empire, les *quaestores aerarii* (ou « questeurs du trésor ») avaient pour tâche d'assister les magistrats supérieurs dans la gestion des revenus et dépenses publics. Ce poste, qui n'est jamais devenu une étape obligatoire, s'exerçait normalement entre l'édilité et le duumvirat. Cependant, lorsque la cité commença à rencontrer des difficultés financières, il fut parfois attribué à d'anciens duumvirs : au IIe siècle de notre ère, Publius Aufidius Fortis fut élu quatre fois questeur après son duumvirat[17].

Les autres magistratures

En résumé, une carrière civile de base à Ostie sous le Haut Empire comprenait les étapes suivantes : l'édilité, (la questure), le duumvirat, le duumvirat quinquennal avec pouvoir des censeurs. D'autres fonctions sont cependant attestées : certains textes, dont les *fasti*, mentionnent des *praefecti* ou *duoviri praefecti*, c'est-à-dire des remplaçants du duumvir. Deux événements pouvaient conduire à la nomination de préfets : la mort d'un duumvir quinquennal pendant l'exercice de ses fonctions, ou l'élection à titre honorifique d'un personnage de haut rang – généralement l'empereur ou un membre de sa famille – au poste de duumvir quinquennal. Dans le premier cas, il était d'usage que l'autre duumvir démissionne et qu'on élise deux préfets à la place[18]. Dans le second cas, l'empereur ne pouvait naturellement pas exercer lui-même les tâches liées à l'honneur que la cité lui avait conféré, et c'était son préfet qui les assumait[19].

Les grandes inscriptions en l'honneur des deux Publius Lucilius Gamala mentionnent aussi la fonction de *curator pecuniae publicae exigendae et adtribuendae*, soit «le responsable de la collecte et de la répartition des fonds publics». Il s'agit vraisemblablement d'une magistrature extraordinaire, à laquelle on avait recours pour prélever un impôt exceptionnel destiné à un emploi précis: le premier a été chargé d'organiser des jeux; le second a fait restaurer la chapelle du dieu Tiberinus Pater[20].

Enfin, on voit apparaître successivement au IIe et au IIIe siècle le poste de *curator tabularum et librorum*, celui de *quaestor alimentorum*, et celui de *curator operum publicorum et aquarum*. Le premier s'occupait sans doute des archives et livres de comptes de la cité; le second administrait les fondations pour l'entretien et l'éducation des enfants. Quant au troisième, il veillait au financement et à l'entretien des travaux publics et des aqueducs. Ces postes financiers ont manifestement étés créés pour décharger les magistrats ordinaires, dans le contexte du développement urbanistique à Ostie même et à Portus[21].

Les sacerdoces

Comme à Rome, les principaux sacerdoces de la cité étaient entre les mains de l'aristocratie, et ils constituaient des étapes importantes et prestigieuses dans la carrière des notables. Les prêtrises étaient tantôt annuelles, tantôt viagères, et il était possible de les assumer en même temps qu'on exerçait des charges civiles.

Le dieu tutélaire d'Ostie était Vulcain [voir ci-dessus, p. 13; ci-dessous, p. 250 et catalogue, n° XIV.2]. Son culte était assuré par un pontife nommé à vie, le *pontifex Volkani*. C'était la plus haute charge religieuse de la colonie, et elle était généralement réservée à des notables qui avaient déjà géré au moins l'édilité. Le pontife de Vulcain était assisté par trois préteurs et deux ou trois édiles *sacris Volkani faciundis*, c'est-à-dire «préposés aux sacrifices de Vulcain». Attribués pour un an, ces sacerdoces étaient destinés à des jeunes gens au début de leur carrière municipale[22].

A l'occasion de la construction du premier temple consacré au culte impérial à Ostie, au début du Ier siècle de notre ère, on institua la fonction de flamine de Rome et d'Auguste. Ce sacerdoce était viager, et il se situait juste au-dessous du pontife de Vulcain dans la hiérarchie religieuse. Plus tard, on créa d'autres postes de flamines, un pour chaque empereur divinisé, attribués pour un an à des jeunes gens.

A partir de la fin du IIe siècle, on voit apparaître de nouvelles charges religieuses: les *sodales Arulenses*, dont le rôle n'est pas clair, les *sodales Herculani*, chargés du culte d'Hercule, et enfin le *sacerdos Geni coloniae*, soit le «prêtre de l'esprit protecteur de la colonie». Les deux premiers sacerdoces étaient réservés à la jeunesse, tandis que le troisième était équivalent en dignité au flamine de Rome et d'Auguste[23].

Le conseil des décurions

Le pouvoir exécutif appartenait aux magistrats, mais ceux-ci agissaient sur mandat de l'assemblée délibérative: l'*ordo decurionum* ou conseil municipal, qui tenait ses réunions dans la curie. Les décurions d'Ostie étaient un peu plus d'une centaine, et ils étaient choisis par cooptation. En effet, contrairement aux pratiques en vigueur à Rome, ce n'était pas l'exercice de la première magistrature qui donnait automatiquement accès au conseil: il fallait être coopté (*adlectus*) par décret des décurions et s'acquitter du droit d'entrée[24]. Cette nomination pouvait intervenir soit avant, soit après l'exercice de la première magistrature. On ne connaît pas d'exemple d'anciens magistrats qui n'auraient jamais accédé à l'*ordo*, mais l'on sait que certains décurions n'ont jamais assumé de charges municipales.

En règle générale, il fallait avoir atteint l'âge légal (30, puis 25 ans) pour être éligible, mais il est arrivé que le conseil accorde le statut de décurion à des jeunes gens de moins de 20 ans, voire à des enfants en bas âge[25]. On recourait à cette entorse constitutionnelle afin d'honorer un père généreux et dévoué envers sa cité, et afin d'encourager le fils à suivre le même chemin.

L'*ordo decurionum* supervisait toutes les affaires de la cité: c'est lui qui votait le budget de la colonie, administrait les revenus et les dépenses, gérait les terrains communaux et engageait les travaux publics. Il choisissait les patrons de la cité, et il embauchait les fonctionnaires subalternes, ainsi que les médecins et les enseignants publics. Il établissait le calendrier des fêtes, nommait les prêtres et, dans certains cas, les magistrats (voir ci-dessous). Toutes les propositions faisaient l'objet d'un débat avant d'être mises aux voix. Comme au Sénat de Rome, les avis étaient exprimés dans l'ordre hiérarchique, et la décision finale donnait lieu à un décret conservé dans les archives. Ce sont les lois municipales trouvées en Italie et en Espagne qui fournissent ces informations: les documents provenant d'Ostie mentionnent surtout les honneurs et privilèges conférés aux bienfaiteurs de la cité, et les autorisations accordées à des particuliers pour l'érection d'une statue sur le domaine public (*loco dato decurionum decreto*).

Le peuple et les élections municipales

En droit constitutionnel romain, le peuple était souverain: répartis en tribus ou en curies, les citoyens de plein droit d'un municipe ou d'une colonie se réunissaient en assemblées populaires, appelées comices. Le peuple élisait les magistrats et votait les propositions qui lui étaient soumises par les autorités locales.

Dans la pratique, le pouvoir de décision du peuple était limité par le contrôle que l'aristocratie exerçait sur les magistratures et le conseil: seuls les notables pouvaient être élus, et c'était les magistrats en charge, avec l'accord des décurions, qui soumettaient aux comices la liste des candidats pour l'année suivante.

Aussi, lorsque le nombre de candidats était égal à celui des postes à repourvoir – ce qui a dû arriver fréquemment dans les petites cités, où les notables éligibles formaient une minorité –, le rôle du peuple se limitait à une simple ratification de la liste. C'est sans doute pourquoi il est arrivé de plus en plus souvent, à partir du milieu du Ier siècle ap. J.-C., que les magistrats soient élus directement par le conseil des décurions[26].

Cela dit, il serait faux de croire que le rôle des comices populaires a décliné de façon linéaire au cours du temps. Le peuple a toujours conservé la possibilité d'exercer des pressions sur l'aristocratie et les magistrats en charge, soit en exigeant la nomination d'un candidat plutôt que celle d'un autre, soit en réclamant des mesures particulières: achat de blé à bas prix, célébration de jeux, travaux d'utilité publique. Et les magistrats étaient souvent contraints de céder à la volonté populaire, afin d'éviter les désordres et les émeutes.

En outre, les documents prouvent que les comices ont continué de se réunir jusqu'au IIIe siècle dans certaines cités[27]. Nous avons peu d'informations sur l'évolution de la situation à Ostie, mais la carrière de Publius Lucilius Gamala «Iunior», dans la seconde moitié du IIe siècle, tends à confirmer les principes énoncés plus haut: ce personnage fut nommé édile par décret des décurions, mais ce sont les comices populaires qui l'ont élu curateur de la collecte et de la répartition des fonds publics[28].

Les fonctionnaires subalternes

Les magistrats annuels étaient secondés dans leurs tâches par des fonctionnaires salariés, organisés en décuries. Ces postes étaient occupés par des affranchis ou de simples citoyens. A Ostie, on rencontre des *scribae cerarii*, préposés aux archives et livres de comptes; des *scribae librarii*, ou clercs de notaire; des *viatores*, ou messagers des magistrats; des *praecones*, c'est-à-dire des crieurs publics chargés des proclamations officielles; et enfin des *lictores*: ces derniers escortaient les magistrats en portant leurs faisceaux lors des cérémonies officielles[29].

La cité employait aussi un certain nombre d'esclaves publics affectés à divers travaux de maintenance. Après plusieurs années passées au service de la colonie, un esclave pouvait obtenir son affranchissement: Publius Ostiensis Macedo, décédé en 105 alors qu'il occupait le poste de pontife de Vulcain, était sans doute le lointain descendant d'un esclave public. Conformément à la règle, celui-ci avait pris le gentilice de son ancien maître, c'est-à-dire, dans son cas, le nom de la cité[30].

Les patrons de la colonie

Ostie, comme toutes les cités de l'Empire, s'est donné un certain nombre de patrons (*patroni*). Les patrons étaient désignés par l'Ordre des décurions, sur proposition du président de l'assemblée. La décision faisait l'objet d'un décret, dont on remettait une copie au bénéficiaire. Le rôle des patrons était de défendre les intérêts de la cité devant les autorités romaines en cas de difficulté, et c'est pourquoi on les choisissait généralement parmi les dignitaires de rang équestre ou sénatorial originaires de la colonie, ou alors parmi les magistrats et fonctionnaires romains qui avaient été en contact avec la cité au cours de leur carrière.

Par exemple, Aulus Egrilius Plarianus Pater et son fils appartenaient à l'une des grandes familles d'Ostie entrées dans l'ordre sénatorial, et ils ont été tous deux patrons de la colonie[31]. Quant au chevalier et célèbre juriste Lucius Volusius Maecianus, il a très certainement été choisi comme patron d'Ostie lorsqu'il occupait le poste de préfet de l'annone à Rome. Ses fonctions l'ont sans doute conduit à rendre visite à son procurateur, qui était stationné à Ostie, et il a certainement entretenu des liens avec les autorités civiles et les corporations de la colonie, qui étaient elles aussi concernées par le problèmes du ravitaillement de la capitale. Les décurions l'ont remercié pour ses services en le choisissant comme patron, et ils l'ont honoré d'une statue lors de sa nomination au poste de préfet d'Egypte[32].

La constitution d'Ostie pendant l'Antiquité tardive

La crise du IIIe siècle a eu des conséquences pour le fonctionnement des institutions d'Ostie. Les décurions sont toujours attestés, mais l'on ne trouve plus trace des magistrats locaux dans les documents épigraphiques du IVe siècle. Les cités de l'Italie sont désormais administrées par des *correctores* nommés par le pouvoir central. Les corrrecteurs dépendent de deux vicaires (le *vicarius Italiae* et le *vicarius Urbis*), qui sont eux-mêmes subordonnés au préfet du prétoire.

Proche de Rome, et surtout principal port de la ville, Ostie constitue une exception: ses affaires, c'est-à-dire principalement la gestion de ses finances, sont entre les mains du préfet de l'annone, qui obéit aux ordres du préfet de la Ville. C'est lui qui supervise tous les travaux entrepris dans la cité[33]. Au Ve siècle enfin, le préfet de l'annone administre exclusivement la cité de Portus, qui avait été détachée d'Ostie, et qui avait reçu le statut de colonie sous Constantin, et c'est le préfet de la Ville qui gouverne Ostie, alors en plein déclin.

Notes

[1] Pour une présentation des ces différents documents, cf. F. Jacques, *Les cités de l'Occident romain* (1990), qui propose une traduction française et un commentaire de nombreux textes latins.

[2] Cf. appendice, textes 1-2. Pour les *fasti*, cf. les trois éditions successives: A. Degrassi, *Inscriptiones Italiae*, XIII (1947) pp. 173-241; L. Vidman, *Fasti Ostienses* (1957, 1982-2); B. Bargali – C. Grosso, «I Fasti Ostienses: documento della storia di Ostia», *Itinerari Ostiensi* 8 (1997).

[3] Cf. appendice, textes 3-6.

[4] Pour les lois trouvées à Tarente et à Héraclée, cf. M. H. Crawford (dir.), *Roman Statutes*, 2 vols. (1996), pp. 301-312 n° 15; pp. 355-392 n° 24, avec traduction anglaise et commentaire. Traduction française de la table d'Héraclée chez H. Legras, *La table latine d'Héraclée* (1907). Les lois d'Espagne ont été réunies par G. Fernández, *Bronces jurídicos* (1990), pp. 15-134 n°ᵒˢ 1-7 (texte latin seulement). Traduction française de la loi d'Irni dans *AE* 1986, n° 333.

[5] Cf. par exemple appendice, texte 3, l. 4-5: *d(ecurionum) d(ecreto) allecto gratis decurioni* («nommé décurion gratuitement par décret des décurions»).

[6] Cf. appendice, textes 3 et 5.

[7] Cf. F. Jacques, *Le privilège de liberté. Politique impériale et autonomie municipale dans les cités de l'Occident romain* (1984), pp. 161-244; F. Jacques – J. Scheid, *Rome et l'intégration de l'Empire, I: Les structures de l'Empire romain* (1990) XL-XLIII (bibliographie) et pp. 209-289; M. Cébeillac-Gervasoni, «L'évergetisme des magistrats du Latium et de la Campanie, des Gracques à Auguste à travers les témoignages épigraphiques», *MEFRA* 102, 1990, pp. 699-722; *ead.*, «L'élite politique d'Ostie, de la République à Néron», dans: Cébeillac-Gervasoni (dir.), *Les élites municipales de l'Italie péninsulaire, des Gracques à Néron* (1996), pp. 83-89; *ead.*, *Les magistrats des cités italiennes, de la seconde guerre punique à Auguste: le Latium et la Campanie* (1998); C. Lepelley (dir.), *Rome et l'intégration de l'Empire, II: Approches régionales du Haut Empire romain* (1998) IX-X, XIV-XV (bibliographie), pp. 1-29 (l'Italie).

[8] Cf. Meiggs, *Ostia* pp. 20-41, 83-89, 172-213, 337-354, 475-476, 493-517, 554-562, 566-567, 583-585, 595-596.

[9] Peut-être à partir de 210 seulement, selon L. Loreto, «Sull'introduzione e la competenza originaria dei secondi quattro questori (ca. 267-210 a. J.-C.)», *Historia* 42, 1993, pp. 494-504.

[10] Cf. par exemple I. Pohl, «Was Early Ostia a Colony or a Fort?», *PdP* 38, 1983, pp. 123-130, avec bibliographie antérieure p. 123 n. 3.

[11] Cf. M. Cébeillac-Gervasoni, «Deux préteurs, magistrats de la colonie romaine d'Ostie avant la guerre sociale: Publius Silius et Marcus Critonius», dans: A. Gallina Zevi, A. Claridge (dir.), *'Roman Ostia' Revisited. Archaeological and Historical Papers in Memory of Russell Meiggs* (1996), p. 93, n. 11-13 pour la bibliographie.

[12] *AE* 1983, n° 174; A. Pellegrino, «Due iscrizioni tardo-republicane dal territorio di Ostia», *Miscellanea greca e romana* 9, 1984, pp. 155-162; Cébeillac-Gervasoni, *art. cit.*, pp. 91-104; *ead.*, «I magistrati della Colonia di Ostia in età repubblicana», dans: *Epigrafia e territorio. Politica e società. Temi di antichità romane*, III (1996), pp. 7-16.

[13] *CIL* XIV suppl. 4702/4703: *C(aius) Caninius C(ai) f(ilius) / pr(aetor) ur(banus) / de sen(atus) sent(entia) / poplic(um) ioudic(auit). [P]riuatum / ad Tiberium / usque ad / aquam.*

[14] F. Zevi, «P. Lucilio Gamala Senior e i 'Quattro Tempietti' di Ostia», *MEFRA* 85, 1973, pp. 555-581, a montré de façon convaincante que la carrière de Publius Lucilius Gamala (cf. appendice, texte 3) doit être placée entre les années 90 et 60 av. notre ère, et non sous Auguste ou dans le courant du Iᵉʳ siècle, ainsi qu'on le croyait jusqu'alors. Or, ce personnage porte le titre de duumvir, et non celui de préteur.

[15] *CIL* XIV suppl. 4707, réédité par F. Zevi, «Costruttori eccellenti per le mura di Ostia. Cicerone, Clodio e l'iscrizione della Porta Romana», *RIA* ser. III vols 19-20, 1996-1997 [1998], pp. 61-112. Voir ci-dessus, pp. 16-17.

[16] Pour un état de la question sur ce problème délicat, M. Cébeillac-Gervasoni, *Les magistrats des cités italiennes, de la seconde guerre punique à Auguste: le Latium et la Campanie* (1998) 90-2.

[17] Cf. appendice, texte 6. Cf. aussi texte 5.

[18] Cf. appendice, texte 5 (à la mort d'Egrilius Rufus en 36 ap. J.-C.). En dehors des années de recensement, le duumvir décédé était simplement remplacé par un nouveau duumvir: *Fasti Ostienses*, col. C, fragment b, l. 11-17 (30 av. J.-C.): *IIuir(i) P(ublius) Paetinus Dexter II, L(ucius) Iulius Carbo. (Ante diem) IIII k(alendas) Mai(as) in locum Dext[ri] IIuir(i) A(ulus) Egrilius Rufus pontif(ex) Volkani creatu(s) et A(ulus) Host[ili]us Gratu[s] IIuir pronuntiatus.* «Duumvirs: Publius Paetinus Dexter pour la deuxième fois, Lucius Iulius Carbo. Le 4ᵉ jour avant les calendes de mai, à la place de Dexter, duumvir, Aulus Egrilius Rufus a été nommé pontife de Vulcain, et Aulus Hostilius Gratus a été élu duumvir».

[19] Cf. appendice, texte 5: Publius Lucilius Gamala «Iunior» fut préfet de Lucius César, c'est-à-dire de Commode, le fils de Marc Aurèle. Cf. A. Pellegrino, «Note su alcune iscrizioni», *Miscellanea greca e romana* 12, 1987, pp. 193-199.

[20] Cf. appendice, textes 3 et 5.

[21] Cf. appendice, textes 5 et 7.

[22] Cf. appendice, textes 1 à 5 et 7.

[23] Cf. appendice, texte 7.

[24] Cf. appendice, texte 3.

[25] Cf. appendice, texte 5.

[26] Cf. appendice, texte 4, et *CIL* XIV 412 et 415.

[27] Cf. Jacques *op. cit.* (n. 7), pp. 379-425; Jacques-Scheid (dir.) *op. cit.* (n. 7), pp. 251-253; C. Lepelley (dir.), *Rome et l'intégration de l'Empire, II: Approches régionales du Haut Empire romain* (1998), pp. 19-21.

[28] Cf. appendice, texte 5.

[29] Cf. appendice, texte 8.

[30] Cf. appendice, texte 2.

[31] Cf. H. Bloch, «Ostia. Iscrizioni rinvenuta tra il 1930 e il 1939», *NSc* ser. VIII, vol. 7, 1953, pp. 261-262 n° 27; F. Zevi, «Nuovi documenti epigrafici sugli Egrili Ostiensi», *MEFRA* 82, 1970, pp. 279-320.

[32] *CIL* XIV suppl. 5347, l. 1-4 et 13-15: *L(ucio) Volusio L(uci) f(ilio) / Maeciano / praefecto Aegypti / praef(ecto) annonae [...] patrono coloniae / decurionum / decreto publice.* «À Lucius Volusius Maecianus, fils de Lucius, préfet d'Egypte, préfet de l'annone, [...] patron de la colonie. (Cette statue a été élevée) par décret des décurions, aux frais de l'Etat».

[33] Cf. appendice, textes 9-10.

Appendice : documents épigraphiques

1) *fasti* d'Ostie, colonne C, fragment h,
l. 1–25 (années 36-37 ap. J.-C.)

[– – – – – –]
36 ap. J.-C.
[k(alendis) Iuliis C(aius) Vettius Rufus]
             M(arcus) Porcius Cato
    k(alendis) Nou(embris) pars Circi inter
uitores arsit, ad quod T[i(berius)]
Caesar ((sestertium milies)) public(e) [d(edit)].
IIvir(i) c(ensoria) p(otestate) q(uinquennales) T(itus) Sextius African(us),
                          A(ulus) Egrilius Rufus [– –]
praef(ecti) Q(uintus) Fabius Longus [II],
       A(ulus) Egrilius Rufus [f(ilius) ?].
   In locum A(uli) Egrili Rufi
   M(arcus) Naeuius Optatus pon[t(ifex)]
   Volkani creatus est (ante diem) XVI k(alendas) Au[g(ustas)].
Cn(eius) Acerronius, C(aius) Pontiu[s]

37 ap. J.-C.
   k(alendis) Iul(iis) C(aius) Caesar,
              Ti(berius) Claudius Nero Ger[m(anicus)],
    k(alendis) Sept(embris) A(ulus) Caecina Paetu[s],
              C(aius) Caninius Rebilu[s].
   (Ante diem) XVII k(alendas) Apr(iles) Ti(berius) Caesar Misen[i]
   excessit. (Ante diem) IIII k(alendas) Apr(iles) corpus
   in urbe perlatum per mili[t(es)].
   (Ante diem) III non(as) Apr(iles) f(unere) p(ublico) e(latus est). K(alendis) Mais
   Antonia diem suum obit.
   K(alendis) Iun(iis) cong(iarium d(ivisum) ((denarii)) LXXV. (Ante diem) XIIII
k(alendas)
   Aug(ustas) alteri ((denarii)) LXXV.
IIvir(i) C(aius) Caecilius Montan[us],
     Q(uintus) Fabius Longus I[II].

[– – – – – –]
(Aux calendes de juillet, entrée en charge des consuls suffects Caius Vettius Rufus), Marcus Procius Cato. Aux calendes de novembre, la partie du Cirque (située) du côté (de la rue) des fabricants de paniers a brûlé, à la suite de quoi Tibère César a offert 100 millions de sesterces au nom de l'Etat. Duumvirs quinquennaux avec pouvoirs des censeurs : Titus Sextius Africanus, Aulus Egrilius Rufus. Préfets (à la place des duumvirs) : Quintus Fabius Longus, pour la deuxième fois, Aulus Egrilius Rufus [le fils ?].
A la place d'Aulus Egrilius Rufus (le père, décédé), Marcus Naevius Optatus a été nommé pontife de Vulcain le 16e jour avant les calendes d'août.

(Aux calendes de janvier, entrée en charge des consuls ordinaires) Gneius Acerronius, Gaius Pontius.
Aux calendes de juillet, (entrée en charge des consuls suffects) Gaius César, Tiberius Claudius Nero.
Aux calendes de septembre, (entrée en charge des consuls suffects) Aulus Caecina Paetus, Gaius Caninius Rebilus.
Le 17e jour avant les calendes d'avril, Tibère César est décédé à Misène. Le 4e jour avant les calendes d'avril, son corps a été ramené à Rome par les soldats. Le 3e jour avant les nones de mai, il a été incinéré lors de funérailles publiques. Aux calendes de mai, Antonia est décédée. Aux calendes de juin, un congiaire de 75 deniers (par personne) a été distribué (au peuple). Le 14e jour avant les calendes d'août, un autre (congiaire) de 75 deniers a été distribué.
Duumvirs : Gaius Caecilius Montanus, Quintus Fabius Longus, pour la troisième fois.

2) *fasti* d'Ostie, colonne H, fragment a, l. 1-10 (année 105 ap. J.-C.)

[Ti(berius) Iulius C]andidus II, A(ulus) Iúlius Quadrátus [II],
[k(alendis) Maiis] C(aius) Iulius Bassus, Cn(eius) Afranius Dexte[r],
(Ante diem) XVI k(alendas) Aug(ustas) Q(uintus) Caecilius Hónorátus loco Dextri
k(alendis) Sept(embris) M(arcus) Vítorius Marcellus, C(aius) Cáecilius Strabo.
     Pr(idie) nón(as) Iúnias Imp(erator) Nerua Traiánus Aug(ustus) in Moesia
     profectus. (Ante diem) VIII k(alendas) Iul(ias) Afránius Dexter co(n)s(ul) in
     domó sua
     exanimis inuentus. In locum P(ublii) Ostiensis Mace-
     donis défúncti M(arcus) Acílius Príscus Egrílius Plária-
     nus, p(atronus) c(oloniae) pontif(ex) Volkáni et aedium sacrár(um) creátus est.
     IIvir(i) A(ulus) Lívius Príscus, L(ucius) Liciníus Valeriánus.

(Aux calendes de janvier, entrée en charge des consuls ordinaires) Tiberius Iulius Candidus, pour la deuxième fois, Aulus Iulius Quadratus, pour la deuxième fois.
Aux calendes de mai, (entrée en charge des consuls suffects) Gaius Iulius Bassus, Gneius Afranius Dexter.
Le 16ᵉ jour avant les calendes d'août, Quintus Caecilius Honoratus (est nommé consul) à la place de Dexter.
Aux calendes de septembre (entrée en charge des consuls suffects), Marcus Vitorius Marcellus, Gaius Caecilius Strabo.
La veille des nones de juin, l'empereur Nerva Trajan Auguste est parti pour la Mésie. Le 8ᵉ jour avant les calendes de juillet, Afranius Dexter, consul, a été retrouvé inanimé dans sa maison. A la place de Publius Ostiensis Macedo, décédé, Marcus Acilius Priscus Egrilius Plarianus, patron de la colonie, a été élu pontife de Vulcain et des temples sacrés.
Duumvirs : Aulus Livius Priscus, Lucius Licinius Valerianus.

3) *CIL* XIV 375 (début du Iᵉʳ siècle av. J.-C.)

P(ublio) Lucilio, / P(ublii) f(ilio), P(ublii) n(epoti) P(ublii)
pro/nep(oti), Gamalae / aed(ili) sacr(is) Volk(ani), / aedili,
d(ecurionum) d(ecreto) allecto // gratis decurioni, / pontifici,
IIuir(o) censo/riae pot(estatis) quinquennal(i), / in comitis
facto cura/tori pecuniae publicae exigen//dae et adtribuendae / in ludos, cum accepisset public(um) / lucar remisit et
de suo erogati/onem fecit, / idem sua pecunia uiam silice
strauit // quae est iuncta foro ab arcu ad arcum, / idem epulum trichlinis CCXVII / colonis dedit, / idem prandium sua
pecunia colonis / Ostie<n>sibus bis dedit, / idem aedem
Volcani sua pecu/nia restituit, / idem aedem Veneris sua
pecu/nia constituit, / idem aed(em) Fortunae sua pecu//nia
constituit, / idem aed(em) Cereris sua pecunia / constituit, /
idem pondera ad macellum / cum M. Turranio sua
pecu//nia fecit, / idem aedem Spei sua pecunia / constituit,
/ idem tribunal in foro mar/moreum fecit. // Huic statua
inaurata d(ecurionum) d(ecreto) / p(ecunia) p(ublica) posita
est, / item ahenea d(ecurionum) d(ecreto) / p(ecunia)
p(ublica) posita proxume tribunal quaes(tori), / propterea
quod, cum res publica // praedia sua uenderet ob pol/licita-
tionem bellis navalis / ((sestertium)) XVCC reipublicae dona-
vit. / Hunc decuriones funere pu/blico efferendum
censuerunt.

A Publius Gamala, fils de Publius, petit-fils de Publius, arrière-petit-fils de Publius, édile préposé aux sacrifices de Vulcain, édile, nommé décurion gratuitement par décret des décurions, pontife (de Vulcain), duumvir quinquennal investi du pouvoir des censeurs. Elu par les comices curateur de la collecte et de la répartition des fonds publics destinés aux jeux, alors qu'il avait reçu de l'argent de l'Etat, il a restitué la subvention et il a fait la dépense à ses frais. De même il a fait paver à ses frais la voie qui longe le forum, d'une porte à l'autre. De même, il a offert aux colons un banquet de 217 couverts. De même, il a donné deux fois à ses frais un repas aux colons d'Ostie. De même, il a fait restaurer à ses frais le temple de Vulcain, et il a fait construire les temples de la Fortune et de Cérès. De même, il a fait fabriquer à ses frais des poids pour le marché avec M. Turranius. De même, il a fait construire le temple de l'Espoir, et il a fait orner de marbre le tribunal (du questeur) sur le forum. Une statue dorée a été posée en son honneur par décret des décurions, aux frais de l'Etat, ainsi qu'une autre, de bronze, à côté du tribunal du questeur, pour la raison suivante : alors que la cité vendait ses domaines afin de s'acquitter de sa promesse pour la guerre navale, il a offert à l'Etat la somme de 15 200 sesterces. Les décurions ont décidé de lui accorder des funérailles publiques.

4) Bloch, *Notizie degli Scavi*, ser. VIII, vol. 7 (1953) p. 256 (fin du Ier siècle ap. J.-C.)

M(arcus) Acilius [M(arci) f(ilius) P]riscus / d(ecurionum) d(ecreto) d(ecurio) adle[ctus, q]uaest(or) / aer(arii) suffra[gio de]curion(um) / <aedil(is), IIuir II>, [quinqu]ennal(is), / pr[aef]ect(us) II, [praef(ectus) colleg(i) fabr(um) // Ostiens(ium) cont[inuo t]riennio, / praef(ectus) cohort[is – –] B{a}racar{a}/augustanor[um, tr]ib(unus) coh(ortis) IIX / uoluntariorum, [tribunus m]ilitum / leg(ionis) XI Claudia[e Piae F]idelis, // Flamen Roma[e et Au]gusti, / pontifex [Vol]cani. / Testamento f[ieri iuss]it per / A(ulum) Egrilium [Primi]genium.

Marcus Acilius Priscus, fils de Marcus, nommé décurion par décret des décurions, élu questeur du trésor par suffrage des décurions, <édile, duumvir deux fois>, (duumvir) quinquennal, préfet (à la place du duumvir) deux fois, préfet de la corporation des ouvriers d'Ostie durant trois ans sans interruption, préfet de la [– –] cohorte de Bracara Augusta, tribun de la VIIIe cohorte des volontaires, tribun des soldats de la XIe légion Claudienne Pieuse Fidèle, flamine de Rome et d'Auguste, pontife de Vulcain, a ordonné par testament à Aulus Egrilius Primigenius de faire (ce monument).

5) *CIL* XIV 376 (IIe siècle ap. J.-C.) (fig. 1)

P(ublio) Lucilio P(ublii) [f(ilio)] / P(ublii) n(epoti) P(ublii) pron(epoti) Gamala[e], / aed(ili) sacr(is) Volcáni, / eiusdem pr(aetori) tert(io), dec(urioni) / adlécto d(ecurionum) d(ecreto) infanti, // IIuir(o) praéfecto L(uci) Caesar(is) / Aug(usti) f(ilii) cens(oris?), q(uaestori?) a(erarii?), pontif(ici), / tabulár(um) et librorum / curátori primo constitut(o). / Hic ludós omnes quós fécit // amplificáuit impensá sua, / idem munus gladiatorium ded(it), / idem áedem Castoris et Pollucis rest(ituit), / idem curator pecuniae publicae exi/gen- dae et attribuendae in comi//tiis factus cellam patri Tiberino / restituit, / idem thermas quas Diuus Pius aedifi/cauerat ui ignis consumptas refecit, / porticum reparauit, // idem aedem Veneris impensa sua / restituit, / idem pondera ad macellum et men/suras ad forum uinar(ium) s(ua) p(ecunia) fecit, / idem navale a L(ucio) Coilio aedificatum // extru[e]ntibus fere collapsum // restituit. // Huic statua aenaea peq(unia) pub(lica) d(ecurionum) d(ecreto) posit(a) / est. /

[– – – – –]

A Publius Lucilius Gamala, fils et petit-fils de Publius, édile (préposé aux) sacrifices de Vulcain, de même troisième préteur (préposé aux sacrifices de Vulcain), nommé décurion par décret des décurions alors qu'il était encore enfant, duumvir préfet (à la place du duumvir) Lucius César, fils de l'empereur (avec pouvoirs des) censeurs?, questeur du trésor?, pontife (de Vulcain?). Il fut le premier à être nommé curateur des livres et tables de comptes? Tous les jeux qu'il a organisés, il les a célébrés avec plus de faste (que ne le prévoyait la loi) en y ajoutant une contribution personnelle. De même, il a donné un combat de gladiateurs. De même, il a restauré le temple de Castor et Pollux. De même, élu par les comices curateur de la collecte et de la répartition des fonds publics, il a restauré la chapelle (consacrée) à Tiberinus Pater. De même, il a restauré les thermes construits par le Divin (Antonin le) Pieux, qui avaient été détruits par un incendie. Il a fait remettre en état le portique, et de même il a restauré le temple de Vénus à ses frais. De même, il a fait fabriquer à ses frais des poids pour le marché et des mesures pour le forum aux vins. De même, il a restauré l'arsenal construit par Lucius Coilius, dont les super- structures étaient sur le point de s'effondrer. Une statue de bronze a été érigée en son honneur aux frais de l'Etat par décret des décurions.

[– – – – –]

6) *CIL* XIV suppl. 4620 (IIe siècle ap. J.-C.)

P(ublio) Aufidio P(ublii) f(ilio) Quirina (tribu) / Forti / [d(ecurio- num) d(ecreto)? decu]rioni adlecto, IIuiro / [quaesto]ri aerari Ostiensium IIII / [praefe]cto fabrum // [tignuariorum] Ostis, patron[o] / corporum mensorum / frumentariorum / et urina- torum, decurioni adlecto / Africae Hippone Regio // corpus mercatorum / frumentariorum / q(uin)q(uennali) perpetuo.

A Publius Aufidius Fortis, fils de Publius, de la tribu Quirina, nommé décurion par décret des décurions, duumvir, questeur du trésor quatre fois, préfet des ouvriers charpentiers d'Ostie, patron de la corporation des mesureurs de blé et des plon- geurs, nommé décurion en Afrique à Hippo Regius. La cor- poration des marchands de blé, à leur quinquennal perpétuel.

7) *CIL* XIV 373 (IIIe siècle ap. J.-C.)

L(ucio) Licinio (Luci) f(ilio) Pal(atina tribu) / Herodi / equit(i) rom(ano), decuriali / decuriae uiatoriae / equestris co(n)s(ularis), decurioni, // quinquennali, duumuiro, / sacerdoti Geni col(oniae), flam(ini) / Romae et Aug(usti), curat(ori) oper(um) publ(icorum) / quaestori aer(ari), aedili, flam(ini) / diui Seueri, sodali Arulensi, // praet(ori) prim(o) sac(ris) Volk(ani) faciu(ndis). / Ordo Augustal(ium) / optimo ciui ob merita.

A Lucius Licinius Herodes, fils de Lucius, de la tribu Palatina, chevalier romain, membre de la décurie des messagers à cheval (au service) des consuls, décurion, (duumvir) quinquennal, duumvir, prêtre du Génie de la colonie, flamine de Rome et d'Auguste, curateur des travaux publics, questeur du trésor, édile, flamine du divin Sévère, sodale Arulensis, premier préteur préposé aux sacrifices de Vulcain. L'Ordre des Augustales, à un citoyen très remarquable, pour ses mérites.

8) *CIL* XIV 409, l. 1-10 (IIe siècle ap. J.-C.)

Cn(eio) Sentio Cn(ei) fil(io) / Cn(ei) n(epoti) Ter(etina tribu) Felici, / dec(urionum) decr(eto) aedilició adl(ecto), d(ecrurionum) d(ecreto) d(ecurioni) adl(ecto), / q(uaestori) a(erarii), Ostiens(ium), IIuir(o), q(uaestori) iuuenum. / Hic primus omnium quo annó dec(urio) adl(ectus) est et // q(uaestor) a(erarii) fact(us) est, in proxim(um) annum IIuir designat(us) est. / Quinq(uennalis) curatórum navium marinar(um) grátis adléct(us) / inter navicular(ios) maris Hadriatici et ad quadrígam / fori vinari, patrónó decuriae scribár(um) cérarior(um) / et librarión(um) et lictór(um) et uiator(um, item praeconum [...]

A Gneius Sentius Felix, fils et petit-fils de Gneius, de la tribu Teretina, admis parmi les anciens édiles par décret des décurions, nommé décurion par décret des décurions, questeur du trésor à Ostie, duumvir, questeur (de l'association) des jeunes gens. Celui-ci fut le premier de tous à avoir été questeur et désigné duumvir pour l'année suivant l'année même où il fut nommé décurion. Nommé gratuitement quinquennal des curateurs de navires de haute mer au sein (de la corporation) des armateurs de la mer Adriatique et (de la corporation qui a son siège) près du quadrige sur le forum aux vins, patron de la décurie des scribes préposés aux archives, des scribes de notaires, des gardes du corps, des messagers et des crieurs publics [...]

9) *CIL* XIV suppl. 4716 (fin du IVe siècle ap. J.-C.)

Ragonius Vicentius / Celsus, u(ir) c(larissimus), praefectus / annonae Urbis romae, / Urbi eidem propria / pecunia ciuitatis / Ostiensium collocauit.

Ragonius Vicentius Celsus, homme très illustre, préfet de l'annone de la Ville de Rome, a fait placer (cette statue) de la Ville aux frais de la cité d'Ostie.

10) *L'Année épigraphique* 1968, n° 68 (fin du IVe siècle ap. J.-C.)

D(omini) n(ostri) Valens, Gratianus et Valentinia[nus Augusti] / aedem ac porticu[m] deae Isidi restitui praeceperunt / curante Sempronio Fausto u(iro) c(larissimo), praefecto annonae.

Nos Seigneurs Valens, Gratien et Valentinien Augustes ont ordonné de faire restaurer le temple et le portique de la déesse Isis par les soins de Sempronius Faustus, homme très illustre, préfet de l'annone.

Quelques familles et personnages éminents

Mireille Cébeillac-Gervasoni

Les historiens qui travaillent sur Ostie sont toujours surpris par le manque de rayonnement au delà de la ville même des familles qui ont tenu le haut du pavé dans la vie de la cité ; leurs membres ont revêtu les plus hautes magistratures municipales, dont la censure, et parfois à plusieurs reprises. Elles exhibent souvent des signes de richesse d'un niveau non négligeable par des actes d'évergétisme remarquables : constructions civiles et religieuses, dons à leurs concitoyens, financement de manifestations publiques. La reconnaissance de leurs concitoyens leur est assurée et elle s'exprime concrètement par la construction de monuments funéraires sur décret du conseil des décurions, peuvant aussi décider des funérailles publiques ou une *adlectio gratis* dans leur ordre. Leur gloire reste souvent strictement cantonnée à une réputation locale dont le hasard de la conservation des documents a gardé trace avec des inscriptions lapidaires qui en ont immortalisé le souvenir. Il y a certes quelques exceptions, comme celle des Egrilii ; grâce à une habile politique d'adoptions et de mariages et une implication dans des trafics lucratifs, au départ d'une position locale, ils ont atteint le sénat urbain et le consulat. Nous prendrons donc en considération trois de ces *gentes* parmi les plus prestigieuses, sorte de miroir très sélectif de la classe dirigeante depuis l'époque de Cicéron sous la République jusqu'au milieu du IIe siècle. On les connaît et on suit leur destin presque exclusivement grâce aux textes épigraphiques dont, heureusement, Ostie n'est pas avare.

Nous commencerons par la plus énigmatique et pourtant la plus présente des familles de l'aristocratie dirigeante.

Les Publii Lucilii Gamalae[1]

L'histoire de cette famille est complexe et d'innombrables énigmes persistent : d'abord le surnom *Gamala*, auquel pendant deux siècles et demi toutes les générations de la *gens* ont été fidèles, puis la datation du premier Gamala présent à Ostie[2], mais aussi la source de leur fortune.

L'inscription qui concerne Gamala dit *senior* est un document exceptionnel, un hapax, non seulement dans le corpus des inscriptions d'Ostie mais dans l'ensemble des textes « municipaux », comme le prouve l'intérêt que lui manifeste depuis un siècle et demi les historiens, de Mommsen à nos jours[3]. Un débat a lieu depuis deux ans à propos de la proposition avancée par J. D'Arms, qui veut faire du premier Gamala connu un Césarien ; il semble bien que la démonstration de F. Zevi qui tendait à prouver que P. Lucilius Gamala était un contemporain de Cicéron, peut-être un peu plus âgé que l'orateur, reste la seule raisonnable, parce qu'elle est ancrée dans la réalité archéologique et historique locale de la colonie[4].

Gamala dit *senior* exhibe un gentilice romain, Lucilius, tout en portant un surnom, Gamala, dont l'origine est sans doute sémitique. Il indique une filiation, *P(ublii) f(ilius) P(ublii) n(epos) P(ublii) pronep(os),* qui prouve une entrée dans la citoyenneté romaine datant d'au moins trois générations. En revanche, aucune tribu n'est mentionnée. Seule l'appartenance à une famille princière, prestigieuse, du Proche-Orient – peut-être de Palestine – peut justifier que tous les membres de la famille connus jusqu'à l'époque d'Antonin le Pieux aient avec fierté manifesté leur attachement à ce *cognomen* qui ferait plutôt penser à une origine affranchie ou même servile ; en général les affranchis nantis de surnoms non-romains, signes tangibles de leur origine servile, s'empressaient dès la deuxième génération d'adopter des surnoms latins pour leurs enfants[5]. L'inscription, dont on ne conserve malheureusement qu'une tradition manuscrite, permet de connaître sa carrière et les fastueuses évergésies offertes à la colonie. Peut-être Octavia, épouse de Gamala, issue d'une famille de rang sénatorial de *Forum Clodii*, qui finança partie d'un temple à la Bona Dea (*culina, seidelia*), était-elle, ainsi que je l'ai proposé, l'épouse du Gamala, grand évergète de l'époque de Cicéron[6].

La carrière du premier Gamala et son évergétisme

Il a été édile, décurion (*adlectus gratis*), duumvir et duumvir quinquennal et a revêtu deux prêtrises : dans sa jeunesse l'édilité du culte de Vulcain (*aed. sacr. Volk.*) et plus tard le pontificat de Vulcain (toujours revêtu à vie). Ses concitoyens ont bénéficié d'innombrables bienfaits qui répondaient à la confiance qu'ils lui manifestaient lors des élections : des jeux et peut-être un premier grand repas (*epulum*) en remerciement pour son élection à l'édilité, puis le pavement du *decumanus* ainsi que d'autres repas pour les colons d'Ostie (*epulum* de 217 *triclinia*) et *prandium* (correspondant peut-être à son *adlectio* comme décurion). C'est sans doute son pontificat qui l'amena à restaurer le temple de Vulcain et à construire *ex novo* quatre temples dédiés à Venus, Fortuna, Cérès et Spes, identifiés avec les Quatre Petits Temples républicains[7] ; la même année, avec son collègue duumvir, il offrait les poids pour le marché. En outre, il fit construire, peut-être à l'occasion de son duumvirat quinquennal, un tribunal en marbre sur le Forum, dans un matériau qui à cette époque était précieux, qu'il vînt de Grèce ou de Luni[8], ce qui lui valut de la part du conseil des décurions le don d'une statue revêtue d'or. Sa générosité mais aussi sa richesse semblent sans limite si bien qu'à l'occasion d'un *bellum navale*, que la colonie ne pouvait financer qu'en vendant des biens (*praedia*), il lui évita ce problème en donnant à la *respublica* une somme de 15 200 sesterces[9], que récompensèrent les honneurs de funérailles publiques. Ainsi que le souligna Zevi, les fastueuses libéralités du personnage envers ses concitoyens donnent l'impression qu'il devait s'agir d'un *homo novus* dans la colonie qui souhaiterait se faire accepter grâce à un déploiement de générosité.

Remarquons que nous sommes dans l'impossibilité de proposer l'identification d'un Lucilius magistrat romain que ses fonctions portèrent au Moyen-Orient au IIe siècle, qui aurait pu offrir la citoyenneté et son patronyme à un membre d'une noble famille de ces régions. Les lacunes de nos connaissances sont hélas assez vastes pour qu'un membre inconnu de la *gens Lucilia* puisse répondre à ces critères.

Tous les dons de Gamala senior sont étroitement reliés à des activités plutôt plébéiennes et mercantiles, en particulier les Quatre Petits Temples qui se situent dans la zone délimitée par le préteur Caninius pour les activités portuaires (**fig.** 1).

Pourtant, aucun membre de cette *gens*, pour laquelle nous possédons tant de témoignages, ne semble avoir eu la moindre relation, même par des affranchis, avec les milieux des corporations ou des commerçants du port. Malgré un surnom qui

1   Les Quatre Petits Temples.

laisserait supposer des liens avec l'Orient et donc avec les trafics lucratifs que l'on associe volontiers à la Méditerranée orientale[10], il faut plutôt inclure les Publii Lucilii Gamalae dans la tranche la plus oligarchique et la plus traditionnelle de la société de la colonie. Si les ressources de ces Gamalae ne dérivaient pas de bénéfices liés aux activités portuaires, elles provenaient donc exclusivement de biens fonciers, possédés en partie sur le territoire de la colonie mais sûrement aussi ailleurs, car la colonie n'avait pas une très grande superficie et une partie des terres étaient contrôlées par l'aristocratie urbaine.

Même si Gamala avait une notoriété qui dépassait le cadre d'Ostie puisqu'il était bien connu de Cicéron[11], il n'a cependant pas eu lui-même accès à des fonctions en dehors de la colonie. Aux époques postérieures, si l'on excepte le tribunat militaire d'un descendant de l'époque d'Auguste, on peut qualifier d'aristocrates locaux les membres de cette *gens*. Pendant deux siècles et demi, avec une remarquable et exceptionnelle continuité, la lignée de Gamala «senior» a revêtu des magistratures locales. Les *fasti* d'Ostie et diverses inscriptions prouvent qu'il n'y a pas eu de solution de continuité pour les membres de cette *gens* qui occupèrent duumvirat et censure, parfois avec des itérations (en 19 duumvirat bis, en 33 duumvirat quater, en 71, censure). Au milieu du IIe siècle, un parfait homonyme de Gamala «senior», connu par une inscription (*CIL* XIV 376, voir catalogue, n° XII.2 et ci-dessus, p. 144, fig. 1), source de bien de confusions pour les épigraphistes modernes, reprenait le schéma général du texte de l'inscription *CIL* XIV 375 dédiée à son glorieux ancêtre. On a ainsi la preuve que, outre le nom perpétué au long des siècles avec surnom et filiation sur trois générations, le souvenir des actes accomplis par ce personnage restait vif dans toutes les mémoires des descendants de l'illustre contemporain de Cicéron[12]. Notons que lorsqu'un nouveau venu à Ostie, Cn. Sentius Felix de la tribu Teretina, entrepreneur dynamique, lié à d'innombrables corporations[13], voulut s'implanter à Ostie, il adopta un membre de la famille gamalienne, P. Lucilius Gamala, qui, en 102, devenait duumvir sous le nom de Cn. Sentius Clodianus ; R. Meiggs, sans doute avec raison, l'identifie à Cn. Sentius Lucilius Gamala Clodianus[14].

Un cursus extraordinaire:
les huit duumvirats revêtus
par Caius Cartilius Poplicola

C'est à une autre facette de la société d'Ostie que l'on accède avec Poplicola. A la postérité, Gamala «senior» a laissé le souvenir d'un homme fastueux, dont les libéralités envers ses concitoyens ont assuré la solide implantation de ses descendants; en revanche c'est pour d'autres motifs que C. Cartilius Poplicola s'est illustré. A un moment très délicat du sort de la colonie, lorsque les guerres civiles postérieures à la mort de César déchiraient la *republica* et que Sextus Pompée et ses troupes, impunément, pouvaient parvenir jusqu'aux rivages proches d'Ostie, Poplicola a joué un rôle éminent: il évita les graves conséquences d'une défaite à ses concitoyens, avec toutes les conséquences que l'on imagine pour la population locale. Divers exemples historiques de la fin de la République prouvent quelle pouvait être la férocité des représailles envers ceux qui avaient choisi un camp différent: pensons au sac de Préneste par Sylla ou au massacre accompli à Pérouse.

L'homme et sa carrière nous sont connus grâce à un nombre important d'inscriptions[15], dont la dédicace d'une statue, hélas acéphale, que l'on peut encore admirer à Ostie, retrouvée dans l'aire sacrée proche du temple d'Hercule (**fig. 2**). Cette sculpture d'excellente facture est datée des années 40/30 av. J.-C.; il est possible qu'au moment de sa dédicace Cartilius n'ait point porté encore le surnom Poplicola; il lui aurait été décerné plus tard car, gravé en caractères de taille mineure, il semble un ajout au texte[16].

C'est la décoration du somptueux mausolée, construit à l'extérieur de Porta Marina, aux frais de la collectivité, qui permet de connaître les hauts faits de sa vie publique et sans doute d'expliciter l'attribution de ce *cognomen* laudatif, Poplicola, qui a immortalisé le souvenir de cet ami du peuple (**fig. 3**). Il faut remarquer qu'il s'agit de témoignages exceptionnellement abondants pour une époque fort mal documentée par ailleurs. Caius Cartilius Poplicola a revêtu à Ostie huit fois le duumvirat, trois fois la censure; un tel *cursus* en fait un exemple unique dans toute l'histoire municipale romaine. Grâce à divers repères, et en particulier ceux basés sur l'étude stylistique de la statue offerte entre le 2e et le 3e duumvirat, on sait que la carrière de Poplicola commença vers 45 av. J.-C. pour se poursuivre pendant une vingtaine d'années. De quels bienfaits les citoyens d'Ostie lui étaient-ils redevables pour lui avoir fait édifier sur les deniers publics l'imposant mausolée, dont on admire la façade en marbre de Luni[17]? La frise qui orne ce monument est en partie conservée et sa lecture fournit sans doute le récit des services rendus par Poplicola à la colonie[18] (**fig. 4**). Les fragments qui ont survécu permettent d'assister à une scène de combat qui met en présence des hommes à cheval et des soldats fantassins face à des trirèmes sur la droite. Un homme se détache

2   Statue de C. Cartilius Poplicola. Musée Ostie, inv. 121 (catalogue, n° V.3).

3   Mausolée de Poplicola.

4   Mausolée de Poplicola, frise.

des troupes à pied et on reconnaît volontiers en lui leur chef, c'est-à-dire Caius Cartilius qui, en tant que duumvir, affronte à la tête de ses concitoyens en armes la menaçante escadre qui s'avance. La bataille n'a pas encore commencé et, debout sur le bâteau, le lanceur de javelot se trouve sous la menace de Cartilius et de ses hommes, mais c'est une arme qu'il ne jettera jamais, effrayé avec ses compagnons par la détermination de Cartilius et de ses troupes. Après cet épisode glorieux qui lui valut sans doute le surnom de Poplicola, notre héros a encore revêtu cinq autres duumvirats dont trois fois en tant que censeur. Ainsi que l'a souligné Zevi dans sa remarquable exégèse de la décoration du mausolée, il est évident que si ce thème a été choisi pour la frise du monument funéraire de Poplicola, c'est qu'il rappelait l'action d'éclat la plus célèbre de la vie du destinataire du tombeau. Ce n'est pas en tant que tribun militaire qu'agissait Cartilius, car jamais dans les nombreuses inscriptions le concernant on ne trouve mention de cette fonction. En revanche, on sait par la *lex Ursonensis*[19] qu'en cas de danger un duumvir pouvait prendre le commandement de ses concitoyens pour défendre la cité. Par ailleurs, il est probable que Cartilius ne manquait pas d'expérience militaire car, ainsi que l'avait déjà remarqué H. Bloch[20], seule la participation active à des guerres lointaines peuvent justifier les élections *in absentia* de Poplicola, honneur considérable et donc rarissime[21]. Il est possible de savoir à quel épisode dramatique de la vie de la colonie cette frise fait référence. Au Ier siècle av. J.-C., en deux occasions, Ostie a été menacée : en 67 par les pirates, puis en 40/39 par Sextus Pompée avant que n'intervienne la paix de Misène[22]. C'est pour la seconde date qu'il faut opter, car il était un contemporain d'Octavien et d'Agrippa et a fait sa carrière à Ostie à des moments cruciaux de l'histoire de Rome : la fin de la République et les luttes qui ont porté à la naissance du principat. D'où venait-il, qui était-il ? On note que jamais sa tribu n'est indiquée, ce qui signifie qu'il n'appartenait pas à la tribu Voturia, dans laquelle étaient inscrits les colons de vieille souche[23]. Ainsi que Zevi le supposait dès 1976[24], il faut voir en Poplicola un homme-clé du régime triumviral, un partisan d'Octavien. Agrippa en avait besoin pour contrôler la colonie d'Ostie et, en conséquence, la mer, en particulier lorsqu'il prit en main pour lutter contre Sextus Pompée la *praefectura orae maritimae*. Peut-être était-ce un nouveau venu, en tout cas un Césarien présent à Ostie, comme T. Sextius Africanus[25] ou Setinus Volscus[26]. Le soutien du prince et d'Agrippa après Actium lui permit sans doute de remodeler Ostie durant ses trois censures, bénéficiant de la complaisance du créateur du nouveau régime pour pouvoir utiliser sans compter le marbre dans la colonie, avec l'ambition de l'embellir à l'image de la Rome de marbre d'Auguste ; peut-être fut-il même le mandataire d'Agrippa, le constructeur du théâtre d'Ostie.

L'émergence d'une grande famille : les Egrilii

Cette famille appartient au groupe restreint des *gentes* d'Ostie qui ont réussi à entrer dans le sénat urbain[27]. Une série imposante d'inscriptions, rassemblées et commentées de manière magistrale par Bloch[28], permet de bien connaître l'histoire des membres de la famille au IIe siècle ; ce sont les patientes recherches de Zevi[29] à partir de fragments dispersés des textes lacunaires, qui ont permis de reconstituer le destin des Egrilii au Ier siècle, et de confirmer dans plusieurs cas des hypothèses avancées par Bloch.

Au cours du Ier siècle de notre ère, une série de documents mentionnent des Egrilii qui portent tous le prénom Aulus et le surnom Rufus (ce n'est qu'à une époque postérieure, mais antérieure à Trajan, que Rufus sera remplacé par Plarianus). Tous sont inscrits dans la tribu Voturia, ce qui prouve qu'ils appartiennent au cercle étroit des familles locales installées depuis très longtemps dans la colonie, une sorte d'aristocratie coloniale. La *gens Egrilia* fournit à la cité des duumvirs (en 6, 15, 16, 17, 34, 35 et 36, dont deux, en 6 et 36, sont des censeurs) et des pontifes de Vulcain.

La famille n'appartient sans doute pas encore à l'ordre équestre mais, déjà, elle se différencie de l'autre grande lignée, les P. Lucilii Gamalae, par un intérêt précoce pour les activités portuaires de la colonie[30]. Les carences de la documentation épigraphique à Ostie ne permettent pas de suivre le détail des carrières des membres de cette *gens* entre 36 et l'époque flavienne. Grâce à une inscription datée du 3e ou du 4e quart du Ier siècle, entièrement reconstituée comme un puzzle par Zevi[31], on constate qu'un Aulus Egrilius Rufus occupe les plus hautes fonctions dans le gouvernement de la colonie, avec un *cursus* complet depuis l'édilité, la questure, le duumvirat revêtu deux fois et la censure ; il est *flamen* de Rome et Auguste, tribun militaire de la *legio V Alauda* ; cette dernière position, souvent, couronnait une brillante carrière locale et permettait peut-être un accès à la classe équestre[32]. Manifestement, Aulus Egrilius Rufus est un personnage éminent, mais sans aucun prestige en dehors de sa cité et il nous manque un anneau dans la documentation pour comprendre l'enchaînement des faits qui va propulser la *gens* à un tout autre niveau, dans le sénat urbain. Les Egrilii à partir de la fin du Ier siècle et au IIe siècle sont entrés au sénat et vont faire carrière à Rome, portant désormais le surnom Plarianus ; cependant, ils ne cessent pas de manifester leur intérêt pour leur petite patrie : ils occupent (on pourrait même dire qu'ils monopolisent) pendant des décennies le pontificat de Vulcain, reçoivent des décurions les *ornamenta* de la quinquennalité[33] et les années de censure partagent cette magistrature avec l'empereur s'il a accepté cet honneur. H. Bloch a reconstitué le scenario de cette émergence remarquable de la *gens Egrilia* et dénoué le mystère des modifications du patronyme[34]. Le sénateur Marcus Acilius Priscus Egrilius Plarianus[35], né Egrilius vers 75 et dont on peut dater la carrière entre Trajan et Hadrien, a eu pour père adoptif Marcus Acilius Priscus. Ce dernier personnage était un prestigieux aristocrate d'Ostie, chevalier (il a accompli les trois *militiae equestres* sous Néron ou Vespasien), pontife de Vulcain, *flamen* de Rome et Auguste. Entre 96 et 98, par testament, il a adopté Aulus Egrilius Plarianus qui, désormais, pour raison de *pietas* ou plutôt parce que cette condition était une contrainte du testament, porte le nom de M. Acilius Priscus Egrilius Plarianus. C'est un affranchi des Egrilii, A. Egrilius Primigenius, qui fut choisi comme exécuteur testamentaire. On ignore la motivation de cette adoption posthume d'un homme entré dans l'âge adulte (il a environ vingt-cinq ans), mais il n'est pas impossible que l'adopté ait été le gendre de M. Acilius Priscus. La faveur impériale et le don du laticlave pour lui-même et son frère permettent à M. Acilius Priscus Egrilius Plarianus l'entrée au sénat. Cependant, son ascension est relativement lente sous Trajan, peut-être parce que le personnage connu pour sa *pietas* ne possédait pas les qualités guerrières appréciées de ce prince[36]; ce n'est que sous Hadrien qu'il put enfin probablement atteindre le consulat. Il représente une étape fondamentale dans les habitudes institutionnelles d'Ostie où de nombreuses inscriptions le concernent. Il fut le premier sénateur élu au pontificat de Vulcain, occupant cette fonction jeune alors que traditionnellement c'étaient des hommes âgés, en fin de carrière, qui recevaient cet honneur. A la troisième génération, cette famille parvient au patriciat, et à partir de Marc Aurèle, elle constitue un véritable modèle de *gens* sénatoriale au service de l'empereur. Leurs liens traditionnels avec Ostie ne se sont pas relâchés puisque, encore dans la deuxième moitié du IIe siècle, un membre de la famille est patron des dendrophores[37] après qu'une nouvelle adoption, en 145, ait permis d'associer les Egrilii Plariani aux Larcii Lepidi[38].

Conclusions

Ces trois exemples représentent une sorte d'échantillonage choisi parmi les *gentes* dirigeantes d'Ostie pour illustrer des destins divers, même si tous peuvent être définis comme appartenant à l'atistocratie dirigeante de la colonie. Pourquoi si peu de familles implantées depuis toujours dans la colonie se sont-elles aussi peu tournées vers les activités commerciales et portuaires qui leur auraient permis de bénéficier des ressources importantes que le commerce et le transit pouvaient engendrer? On l'ignore, et la prosopographie permet seulement un constat: on voit une société aristocratique locale plutôt fermée aux nouveaux venus et aux initiatives. C'est ce qui explique sans doute que lorsque, avec la construction du port de Trajan, la colonie va devenir le maillon essentiel pour l'approvisionnement de Rome

et la garantie de la paix sociale dans l'*Urbs*, des hommes dynamiques, venus pour la plupart d'Afrique[39], vont mettre la main sur le contrôle du trafic tout en s'imposant aussi à la tête du gouvernement de la colonie.

On peut spéculer sur les motivations de ces oligarques et penser, par exemple, que plutôt que de briguer des honneurs avec une issue incertaine dans l'*Urbs*, ils préféraient conserver le premier rang dans leur cité. Il est cependant plutôt probable que bien d'autres facteurs soient entrés en jeu: l'exiguïté du territoire de la colonie et le frein imposé par la présence pesante et proche des autorités politiques de Rome, qui voyaient en Ostie une ville-service à leur disposition.

Notes

[1] Les pages dédiées par R. Meiggs, dans *Roman Ostia*, 2e éd., 1973, restent la meilleure synthèse écrite sur Ostie et sur ses familles dirigeantes (voir en part. Annexe V, pp. 493-510). On trouve un rappel de la bibliographie essentielle sur cette famille dans: F. Zevi, «P. Lucilio Gamala 'Senior' e i quattro tempietti di Ostia», *MEFRA* 85, 1973, pp. 555-581.

[2] F. Zevi et M. Cébeillac-Gervasoni, «Pouvoir local et pouvoir central à Ostie. Etude prosopographique», dans: Cébeillac-Gervasoni (dir.), *Les Elites municipales de l'Italie péninsulaire de la mort de César à la mort de Domitien. Entre continuité et rupture. Classes dirigeantes et pouvoir central*, 2000, pp. 5-31, ont repris la question de la chronologie de Gamala «senior», en part. pp. 12-15, en réponse à une brillante et intéressante proposition de J. D'Arms, «P. Lucilius Gamala's feasts for the Ostians and their Roman Model», *JRA* (sous presse).

[3] Voir ci-dessus, p. 151, n° 3, pour le texte. S. Panciera a récemment repris en examen l'exceptionnelle liste des actes d'évergétisme de Gamala mentionnés par cette inscription, dans: *Xe Congrès International d'Epigraphie Grecque et Latine Nîmes 1992*, 1997, pp. 249-290 et en part. p. 260.

[4] *Art. cit.*, p. 556, n.1 [voir aussi ci-dessus, p. 18].

[5] Voir Cébeillac, «Octavia, épouse de Gamala et la Bona Dea», *MEFRA* 85, 1973, pp. 517-553, en part. p. 522, n.1.

[6] Voir Cébeillac, *loc. cit.*, pour analyse du texte et propositions de liens avec Gamala du *CIL* XIV, 375.

[7] Zevi a souligné les caractères singuliers de cet ensemble sacré qui concerne quatre divinités féminines, matronales, unies étroitement dans la conception architecturale sur un podium unique avec quatre édifices de même dimension, construits en dehors du pomerium [voir aussi ci-dessus, p. 14 et ci-dessous, p. 251].

[8] Voir P. Pensabene, *Le vie del marmo. I blocchi di cava di Roma e di Ostia: il fenomeno del marmo nella Roma antica, Itinerari Ostiensi* VII, 1994, p. 278, pp. 359 *sq.*

[9] Il s'agit très probablement de la guerre contre les pirates qui, on le sait, avaient pu remonter en bateau l'embouchure du Tibre, voir Cic. *De Imperio Cn. Pompeii*, 33 et Dio XXXVI, 22. Il est très possible que Gamala ait été un partisan de Pompée; si on agrée cette hypothèse, cet épisode serait à dater de 67/66.

[10] La référence la plus vraisemblable est le rapprochement avec Gamala, nom d'une petite ville de Palestine.

[11] Voir une allusion obscure dans une lettre de Cicéron de 45: *Ad Att.* XII, 23, 3.

[12] On peut supposer une naissance vers 110 av. J.-C. et sa mort dans les années 45/40.

[13] Voir *CIL* XIV, 409.

[14] *Op. cit.*, p. 201.

[15] Huit inscriptions permettent de retracer la carrière de Poplicola, chiffre impressionnant en soi et d'autant plus si on pense à la carence des textes contemporains parvenus à ce jour. Une partie de ces inscriptions sont afférentes à des monuments d'usage public (*balneum*, transfert de *compitum*, mosaïque d'un des quatre *tempietti repubblicani*). Tous les textes épigraphiques qui concernent ce personnage ont été rassemblés par H. Bloch, dans: M. Floriani Scarciapino (dir.), *Scavi di Ostia* III. *Le necropoli*, 1958, pp. 209-219, accompagnés d'une analyse détaillée et remarquable des données épigraphiques et des informations recueillies.

[16] Pour l'inscription qui accompagne la statue de Cartilius et la bibliographie antérieure voir Cébeillac dans: *MEFRA* 83, 1971, pp. 79 *sq*. Le *cognomen* Poplicola pourrait être lui-même un élément de datation car il est susceptible d'être rattaché à la «mode», très en vogue chez les contemporains d'Auguste, d'exhumer des surnoms et même des gentilices aux réminiscences archaïques, les rattachant aux temps glorieux des débuts de la république, mode peut-être mais surtout calcul politique pour celui qui veut incarner le retour à la tradition. Voir sur ce «Langage des noms» les propos de J. Cels-Saint-Hilaire, *La République des tribus. Du droit de vote et de ses enjeux aux débuts de la République Romaine (495-300 av. J.-C.)*, 1995.

[17] Le mausolée avait la façade en marbre de Luni, les flancs en travertin et la façade postérieure en tuf. P. Pensabene a montré combien à cette date, même si désormais Rome pouvait disposer des carrières de Luni en Italie, en exploitation depuis trois décennies, l'usage de ce matériau pour la décoration d'édifices restait limité à une élite urbaine. Il fallait donc l'assentiment du nouveau maître du régime ou de son proche entourage pour disposer d'une telle profusion de marbre. Pour la reconstitution du mausolée voir I. Gismondi dans: *SdO* III, pp. 169 *sq*.

[18] Floriani Squarciapino, dans: *SdO* III, 1958, p. 191 *sq*., complété par F. Zevi, «Ostia», dans: P. Zanker (dir.), *Hellenismus in Mittelitalien, Kolloquium Göttingen 1974, AbhGöttingen* 97, II, 1976, pp. 56-60.

[19] Voir *ILS*, 6087 et «Lex Coloniae Genetivae», chap. CIII dans: M. H. Crawford (dir.), *Roman Statutes I*, 1996, pp. 409, 428 et 445. On y lit qu'un duumvir ou un préfet peut, sur décision des décurions, prendre la tête de la population (colons, *incolae* et *contributi*) appelée sous les armes pour défendre le territoire de la colonie; ce magistrat aura dans ce cas les mêmes droits et pouvoir coercitif qu'un tribun militaire du peuple romain dans une armée romaine.

[20] *Ibid.* p. 219.

[21] Sur les élections *in absentia* voir J. Fr. Rodriguez Neila, «Candidaturas 'in absentia' y magistraturas municipales romanas», *Lucentum* 5, 1986, pp. 95-117.

[22] V. Florus II, 18: «Sa (= de Sextus Pompée) flotte tenait jusqu'au centre de la mer […] Il dévasta Pouzzoles, Formies, les bords du Volturne, en un mot toute la Campanie, Ponties et Aenarie, et même l'embouchure du Tibre […] les vils esclaves qu'il avait mis à la tête de sa flotte multipliaient les raids sur tous les points du littoral».

[23] La tribu Palatina était celle dans laquelle étaient inscrits les affranchis et les pérégrins devenus citoyens. On remarque qu'en général les non-inscrits dans la tribu originelle d'Ostie, la Voturia, préféraient faire l'impasse et passer sous silence le nom de leur tribu, y compris dans le cas d'inscriptions liées à des monuments publics. Il est évident que la mention de la tribu Voturia représentait pour ceux qui pouvaient se targuer d'y être inscrits la garantie d'une ascendance libre et citoyenne.

[24] Voir Zevi, *art. cit.* (n. 18), raisonnement repris et amplifié dans: Zevi – Cébeillac-Gervasoni, *art. cit.* (n. 2), pp. 15 *sq*., n. 1.

[25] Un T. Sextius, légat de César en Gaule en 53-51, fut gouverneur de l'Africa Nova en 44 av. J.-C. et c'est sans doute un descendant, T. Sextius Africanus, qui apparaît dans les Fastes d'Ostie en 36 ap. J.-C., en tant que censeur, d'ailleurs très vite substitué par un préfet car il s'agissait d'un sénateur, peut-être identifiable à l'homonyme consul de 59. Cette famille inscrite dans la Voturia appartenait donc au groupe des anciennes *gentes* de la colonie et ses membres étaient des Césariens.

[26] Contrairement à T. Sextius Africanus, Setinus Volscus, tribun militaire dans une légion dont on ignore le nom à cause de la lacune du texte, était sans doute un nouveau venu à Ostie où il a revêtu le duumvirat en 6 ap. J.-C. Voir Cébeillac-Gervasoni, dans: *Cahiers du Centre G. Glotz* 8, 1997, pp. 311 *sq*.

[27] Voir la courte liste dans *Epigrafia e ordine senatorio. Colloquio Internazionale Rome 1981*, vol. II, 1982, pp. 35-38.

[28] Voir H. Bloch, «Iscrizioni rinvenute tra il 1930 e il 1939», *NSc*, Ser VIII, vol. 6, 1953, pp. 239-306 et pour les Egrilii, pp. 254-264. Aussi Meiggs, Ostia, pp. 502-505.

[29] F. Zevi, «Nuovi documenti epigrafici sugli Egrili Ostiensi», *MEFR* 82, 1970, pp. 279-320.

[30] Voir Meiggs, *Ostia*, pp. 196-199. Bloch, *art. cit.*, pp. 283-284.

[31] Etant donné le caractère très lacunaire des inscriptions, certaines restitutions ont posé des problèmes et amené Bloch à proposer des solutions qui restaient hypothétiques. Le remarquable travail de révision fait par Zevi du matériel épigraphique d'Ostie lui a permis de retrouver des morceaux de ces textes et il est intéressant de noter que nombre d'intuitions de Bloch ont trouvé, grâce à cette reconstruction, une éclatante confirmation.

[32] Le service militaire auprès de la *legio V Alauda* fournit un intéressant indice de datation car elle a disparu sous les Flaviens, sans doute à partir de 86.

[33] Voir *CIL* XIV, 4444.

[34] Voir détails dans Zevi, *art. cit.* (n. 29), pp. 289 *sqq*.

[35] Noter que la dénomination du personnage inventée par PIR III (1943²) 76 n. 48 est erronée; tous les documents en notre possession prouvent que le prénom Aulus ajouté entre Priscus et Egrilius est une initiative malheureuse du rédacteur de la notice. Le patronyme mentionné dans les inscriptions antiques est M. Acilius Priscus Egrilius Plarianus.

[36] Zevi, *loc. cit.*

[37] *CIL* XIV, 281.

[38] Un rapport entre ces familles se devinait dans les actes des Frères Arvales de l'année 145 où est mentionné un *puer* A. Lacius Lepidus Plarianus, voir J. Scheid, *Recherches archéologiques à la Magliana. Commentarii Fratrum Arvalium qui supersunt. Les copies épigraphiques des protocoles annuels de la confrérie arvale (21 av.-304 ap. J.-C)*, 1998, pp. 231-233, n. 78.

[39] Voir M. Cébeillac-Gervasoni, «Ostie et le blé au IIe siècle ap. J.-C.», dans: *Le ravitaillement en blé de Rome. Colloque International Naples 1991*, 1994, pp. 47-59. Aussi ead., «Gli 'Africani' ad Ostia ovvero 'Le Mani sulla città'», dans: *L'incidenza dell' antico. Studi in memoria di Ettore Lepore*, 1996, pp. 557-567.

Thermes et bains de l'Ostie antique[*]

Grégoire Poccardi

Fréquenter les bains, à l'époque impériale, était pour les Romains un acte de sociabilité des plus importants. En effet, les thermes, au-delà de leur aspect traditionnel de lieu où l'on se lave et se détend, ont fini par devenir des lieux de rencontre. Il est donc facile de s'imaginer l'importance que prit ce type d'édifice à l'intérieur même des villes romaines.

Cet aspect se retrouve naturellement à Ostie où au moins vingt-cinq établissements de ce type ont été identifiés et datés entre le milieu du Ier siècle et le début du VIe siècle ap. J.-C. Les thermes ne sont donc pas seulement des monuments intéressants à étudier sur un plan purement technique, mais aussi pour comprendre l'organisation et l'évolution de la ville d'Ostie durant toute l'époque impériale. On abordera successivement trois points: tout d'abord, les différentes catégories de bains que l'on peut trouver à Ostie, puis les aspects techniques, et enfin l'apport de l'étude de ce type de monument à une meilleure compréhension de la ville sur les plans topographique et chronologique.

1   Thermes du Forum (I xii 6): vue des pièces chaudes (*laconicum* et *caldarium*), depuis la palestre.

Typologie des thermes et des bains d'Ostie

Les vingt-cinq établissements de bains répertoriés dans la ville *intra muros* et *extra muros* ne représentent pas un groupe homogène, mais sont à répartir dans différentes catégories: grands thermes publics, bains dits de quartier, c'est-à-dire insérés dans le tissu urbain de la ville, bains privés ouverts à des groupes restreints et enfin des complexes balnéaires qui dépendent peut-être de sanctuaires[1].

Les grands thermes publics

On en compte trois à Ostie (Thermes du Forum, Thermes de Neptune et Thermes de la Marciana au-delà de la Porta Marina). Ce sont des ensembles qui occupent un îlot entier, ce qui les rend autonomes par rapport au reste de l'espace urbain. Ils sont de plus les seuls complexes possédant une vaste palestre[2]. Leur alimentation en eau était assurée bien évidemment par l'aqueduc, seule adduction suffisamment importante pour leur fournir l'eau nécessaire.

Récemment publiés, les Thermes du Forum (I xii 6) sont de loin, parmi les grands établissements thermaux d'Ostie, les mieux étudiés (**fig. 1**)[3]. Ils ont été construits au centre de la ville, juste au-dessus du côté sud du mur d'enceinte du *castrum* médio-républicain, par M. Gavius Maximus, préfet du Prétoire à la fin du règne d'Antonin le Pieux (138-161), et c'est sous son nom que ces grands thermes étaient connus à l'époque antique. La partie nord du complexe abrite un grand *frigidarium* à deux piscines donnant sur la Place de la Statue héroïque[4], alors qu'au sud, nous trouvons un alignement de six pièces chauffées, dont une *natatio* et un *caldarium* à trois piscines, ouvrant sur une grande palestre. Cette palestre

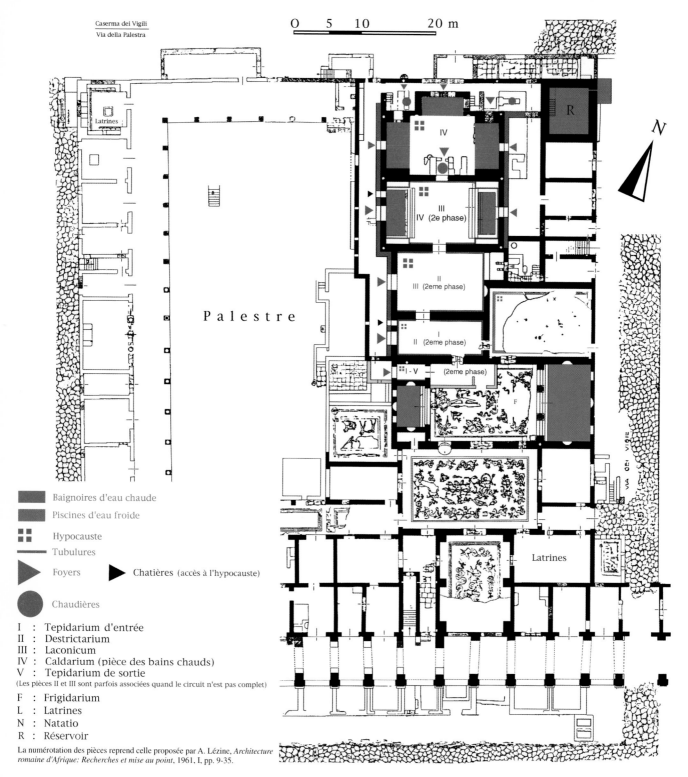

Caserma dei Vigili
Via della Palestra

O   5   10   20 m

P a l e s t r e

Latrines

IV

III
IV (2e phase)

II
III (2eme phase)

II (2eme phase)

I - V   (2eme phase)

F

Latrines

R

N

■ Baignoires d'eau chaude

■ Piscines d'eau froide

▦ Hypocauste

— Tubulures

▶ Foyers   ▶ Chatières (accès à l'hypocauste)

● Chaudières

I   : Tepidarium d'entrée
II : Destrictarium
III : Laconicum
IV : Caldarium (pièce des bains chauds)
V   : Tepidarium de sortie
(Les pièces II et III sont parfois associées quand le circuit n'est pas complet)

F   : Frigidarium
L   : Latrines
N   : Natatio
R   : Réservoir

La numérotation des pièces reprend celle proposée par A. Lézine, *Architecture romaine d'Afrique: Recherches et mise au point*, 1961, I, pp. 9-35.

2   Plan des Thermes de Neptune (d'après *NSc* 1913).

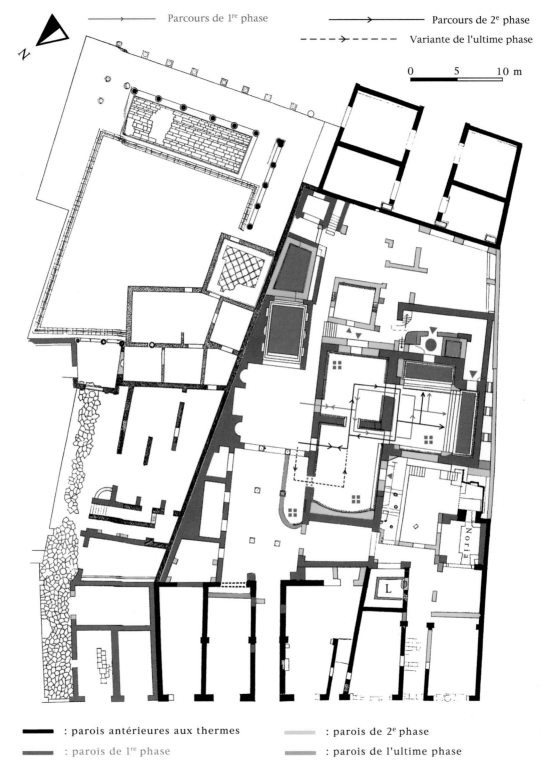

Parcours de 1ʳᵉ phase

Parcours de 2ᵉ phase

Variante de l'ultime phase

0   5   10 m

N

Noria

L

: parois antérieures aux thermes

: parois de 2ᵉ phase

: parois de 1ʳᵉ phase

: parois de l'ultime phase

3   Plan des Thermes des Six Colonnes (d'après *NSc* 1913).

et ses annexes sont limitées à l'ouest par la courbe que dessine le Cardo Maximus. En tout, cet établissement a connu trois grandes phases de développement : la construction autour de 160 ap. J.-C., un renforcement des structures à l'époque sévérienne et une importante restauration au début du IVe siècle[5].

Les Thermes de Neptune (II iv 2) sont situés plus à l'est de la ville[6]. Ils occupent un îlot bordé au sud par le Decumanus Maximus et au nord par la Caserne des Vigiles, dans un secteur entièrement réaménagé à l'époque de l'empereur Hadrien (fig. 2).

Ces grands thermes ont été construits en partie au-dessus d'un premier complexe balnéaire, daté du milieu du Ier siècle et dont une grande mosaïque, représentant les différentes provinces de l'Empire, a été mise au jour[7]. Les Thermes de Neptune sont composés d'un grand *frigidarium* à deux piscines au sud et d'une série de quatre pièces chauffées au nord, dont un *caldarium* à trois piscines (phase I). A l'ouest de l'espace proprement balnéaire, s'ouvre une vaste palestre bordée sur trois côtés par un portique. Cet établissement se caractérise d'abord par la disposition peu conventionnelle des pièces thermales : le secteur chauffé a été aménagé dans la partie nord du complexe, ce qui est contraire à la règle voulant que ce type de pièce profite de la meilleure exposition solaire possible. Cette anomalie s'explique essentiellement par le fait que les accès principaux des thermes étaient situés sur le Decumanus Maximus et surtout sur la Via dei Vigili qui permettaient d'accéder aux vestiaires. Deux grandes phases sont identifiables : une première avec quatre pièces chauffées dont le *caldarium* à trois piscines ; une seconde, datable peut-être de l'époque tétrarchique, avec l'abandon du *caldarium* et la transformation du *laconicum* en nouveau *caldarium* à deux piscines se faisant face. Or, cette modification réduisait le nombre des pièces du secteur chauffé. La solution adoptée fut donc d'installer un petit *tepidarium* à l'intérieur du *frigidarium* pour recréer une suite de quatre pièces chauffées.

Le dernier exemple est celui des Thermes de la Marciana (IV x 1). Peu étudiés [mais voir ci-dessous, pp. 303-307], ils sont situés à l'extérieur de la Porta Marina, à proximité du rivage antique. Ce sont probablement les thermes qu'évoque à la fois Minucius Felix autour de l'an 200[8] et une inscription de la seconde moitié du IVe siècle mentionnant des Thermes Maritimes[9], identifiés à tort à ceux situés plus au nord, au-dessus de l'enceinte tardo-républicaine.

Là encore, le complexe occupe un îlot entier de forme trapézoïdale, axé nord-sud, et organisé en trois secteurs : une palestre avec portiques sur trois côtés au nord, un grand *frigidarium* au centre ouvrant au sud sur un espace chauffé composé de quatre, voire de cinq pièces au IIIe-IVe siècle[10]. Au-delà du couloir de service méridional du secteur chauffé, s'ouvre un espace où furent construits tardivement de petits bains en bordure de la Via Severiana. D'après la position de l'établissement à proximité du rivage, d'après la documentation littéraire et épigraphique citée plus haut et enfin d'après certains aménagements encore visibles au sud du principal noyau thermal, il pourrait y avoir eu un ou plusieurs bassins alimentés avec de l'eau de mer.

Nous voyons donc qu'à Ostie, les trois grands établissements thermaux étaient répartis de manière homogène, à l'est, au centre et à l'ouest de la ville. Chacun d'entre eux occupait un îlot complet et possédait à la fois une grande palestre, un *frigidarium* à plusieurs piscines et un secteur chauffé d'au moins quatre pièces, dont un *caldarium* à trois piscines pour les phases de plus grand développement. De ces trois exemples, les Thermes de Neptune sont le complexe qui possède l'organisation la plus archaïque, c'est-à-dire un parcours linéaire rétrograde obligeant le baigneur à revenir sur ses pas en sortant du *caldarium*. Ce dernier devait donc traverser en sens inverse toutes les pièces du secteur chauffé pour accéder au *frigidarium*. En revanche, les Thermes du Forum, le seul établissement de plan semi-symétrique à Ostie, et les Thermes de la Marciana, dans leur dernière phase uniquement, possèdent un parcours circulaire permettant au baigneur de pouvoir rejoindre le *frigidarium* sans repasser par les pièces précédemment traversées.

Les bains de quartier

Il s'agit d'établissements de proximité ouverts au public, appartenant soit à une personne ou à un groupe privé, soit à un organisme public comme la cité. C'étaient donc des bains de proximité, insérés dans le tissu urbain et complémentaires des grands thermes publics.

A Ostie, cette notion même de bains de quartier n'est liée, en réalité, qu'à leur situation dans le tissu urbain. Ces établissements n'occupent qu'une partie d'un îlot et sont en contact direct avec d'autres constructions indépendantes du monument balnéaire. Cette catégorie, répartie de manière homogène à l'intérieur de la ville, représente environ la moitié des édifices de bains répertoriés, même si pour certains, il est difficile de déterminer leur statut véritable[11].

L'espace balnéaire y était beaucoup plus restreint (environ 1000 m²) que dans les grands ensembles publics. En effet, ils étaient dépourvus de palestre, parfois remplacée par un espace plus ou moins aménagé, lié indirectement au *frigidarium* : Thermes des Six Colonnes (IV v 11) (fig. 3), Thermes dits Byzantins (IV iv 8). Ils ont du s'adapter aux contraintes liées à l'étroitesse des surfaces et à la présence d'autres édifices.

L'interprétation des Thermes dits Maritimes (III viii 2) est plus problématique. Implantés sur l'ancien rempart tardo-républicain, ces bains se présentent comme un complexe occupant un espace relativement autonome. Leur particularité est de posséder un double secteur chauffé à quatre pièces s'organisant autour d'un *frigidarium* ; le secteur oriental possède en outre une *natatio* chauffée. Il semble que cet établissement était lié à la Maison à jardin située à proximité.

Les bains privés

On en possède au moins quatre exemples[12]. Par définition, ce sont des établissements réservés à un public restreint. Contrairement aux bains dits de quartier qui occupent une parcelle à l'intérieur d'un îlot, ces complexes occupent un espace à l'intérieur même d'une parcelle privée, c'est-à-dire qu'ils ne sont qu'un élément architectural dans un ensemble plus vaste. La tendance actuelle est de penser que ces édifices balnéaires appartenaient à des associations, comme les Thermes des *Cisiarii* (II ii 4), financés par le collège des conducteurs de charrettes, le Bain du Philosophe (V ii 7), lié à une association néoplatonicienne, ou bien encore le bain de la Maison des Dioscures (III ix 1), riche demeure privée ou siège d'une association (de la Jeunesse)[13], sans oublier ceux du «Palais Impérial», vaste construction à l'ouest de la ville, près de l'embouchure du Tibre.

A l'intérieur même de ce groupe, nous pouvons faire une distinction entre les petits complexes et les plus spacieux. Appartiennent à la première catégorie le Bain du Philosophe (environ 660 m^2), placé du côté nord de la parcelle dont il dépend (c'est-à-dire contre le mur périmétral de la Maison de la Fortune Annonaire), et le bain de la Maison des Dioscures, relégué à l'extrémité sud-ouest de l'ensemble. En revanche, les complexes plus spacieux sont représentés par les Thermes des *Cisiarii* (environ 800 m^2), occupant le centre d'une *insula*, et les Thermes du Palais Impérial.

Des thermes de sanctuaire ?

Certains complexes balnéaires semblent dépendre de sanctuaires situés juste à côté. Il s'agit des Thermes de Buticosus (I xiv 8) liés à l'aire sacrée républicaine, des Thermes de la Trinacrie (III xvi 7) avec le sanctuaire de Sérapis, et des Thermes du Phare (IV ii 1) avec le *campus* de la Magna Mater, voire des Thermes du Nageur (V x 3) avec l'un des deux sanctuaires de Bona Dea de la ville.

A vrai dire, les liens entre ces établissements et ces sanctuaires ne semblent pas toujours évidents. Si les Thermes de Buticosus, alimentés en eau par la noria installée à l'ouest du temple tétrastyle, sont bien situés à l'intérieur même du terrain dépendant du sanctuaire[14], et si les Thermes de la Trinacrie sont bien situés en face du sanctuaire de Sérapis, certains éléments tendent néanmoins à relativiser cette association entre bains et sanctuaires (**fig. 4**).

Il est certain que les fidèles avaient besoin de se purifier pour faire leurs dévotions, d'où la fréquentation probable des bains[15]. Cependant, les Thermes de Buticosus, dans leur seconde phase de développement, s'ouvraient principalement sur la Via des Horrea Epagathiana, l'accès depuis l'entrée de l'aire sacrée devenant un simple accès de service. De même, les Thermes de la Trinacrie possédaient une entrée avec vestibule-*apodyte-rium* ouvrant sur la Via delle Case tipo, et les Thermes du Phare, bien qu'accolés au sanctuaire de la Magna Mater, possédaient de leur côté leur entrée principale ouvrant sur le Cardo Maximus, sans aucun accès direct avec le sanctuaire. Cela signifie que ces trois établissements balnéaires étaient ouverts au public et non pas seulement à un petit nombre, c'est-à-dire au clergé ou aux fidèles[16]. Il faut donc rattacher ces bains, surtout ceux du Phare, à la catégorie des bains de quartier, les propriétaires n'étant pas forcément des personnes privées ou une autorité publique, mais les sanctuaires concernés.

Exemple inverse, le *mithraeum* situé dans les sous-sols de service des Thermes du Mithra (I xvii 2) n'est que l'installation d'un lieu de culte à l'intérieur d'un établissement public et profane comme aux Thermes de Caracalla à Rome. A une époque très tardive, une partie du secteur froid a même été transformée en lieu de culte chrétien, signe d'un arrêt du fonctionnement des bains.

Aspects techniques
et organisation des parcours

Sans être aussi bien conservés que ceux des sites vésuviens, les thermes d'Ostie illustrent cependant tous les problèmes techniques que pose ce type de bâtiment, depuis le chauffage jusqu'au système d'alimentation en eau. Ostie constitue aussi un excellent observatoire pour étudier l'évolution de ce type architectural, en particulier l'organisation des parcours à l'intérieur des pièces thermales chauffées, pendant toute la période impériale.

Quelques éléments techniques spécifiques aux thermes et à leur évolution

Les monuments des eaux posent, d'un point de vue pratique et juridique, des problèmes de proximité. Aux Thermes des Six Colonnes et au Bain du Philosophe, on a dédoublé les murs mitoyens avec les bâtiments adjacents afin de renforcer les appuis destinés à recevoir les voûtes, et surtout, afin d'éviter les problèmes liés à l'humidité et à la chaleur. Nous sommes donc en présence de bons exemples d'application de lois urbaines liées à ce type d'édifice[17].

L'alimentation en eau était assurée soit par un aqueduc pour un certain nombre de thermes, dont les grands établissements publics, soit par des noria (**fig. 5**), ou très rarement par des puits, permettant de capter l'eau de la nappe phréatique située à faible profondeur.

Entrée principale des thermes

N

4   Plan de la zone des Thermes de Trinacrie et du Sérapeum (d'après *SdO* I).

Autre aspect : le chauffage (**fig. 6**). A Ostie, les pièces chauffées par le sol possèdent toutes un système d'hypocauste avec *suspensura* posée sur des pilettes en *bessales* (briques d'une vingtaine de centimètres de côté environ), à l'exception des Thermes du Mithra où l'on trouve aussi des pilettes en briques circulaires. Ne sont pas présentes à Ostie les pilettes d'un seul tenant en céramique que l'on rencontre dans les plus anciens établissements balnéaires de Pompéi chauffés par hypocauste. De même, le système de chauffe par les parois se fait par l'intermédiaire de tubulures rectangulaires en céramique (**fig. 7**).

Là encore, les *tegulae mammatae* (tuiles à tenons), caractéristiques des premiers établissements thermaux avec chauffage par les parois, comme on en trouve à Pompéi, ne sont plus attestées à Ostie. Seule exception à cette règle : une pièce des Thermes des *Cisiarii*, où un système rudimentaire de chauffage par les murs a été aménagé avec des briques similaires aux *tegulae mamma-*

tae, mais qui n'assuraient probablement pas un chauffage efficace. Enfin, l'alimentation en eau chaude des baignoires des *caldaria* était assurée par des chaudières cylindrique en métal, dont un certain nombre d'emplacements ont été identifiés (**fig. 8**). Nous ne retrouvons donc pas d'éléments techniques de chauffage à Ostie antérieurs au milieu du Ier siècle de notre ère.

Inversement, les exemples les plus récents de Pompéi en matière balnéaire (Thermes du Centre, inachevés au moment de l'éruption du Vésuve en 79 ap. J.-C.) font la liaison avec les plus anciens exemples connus d'Ostie : Thermes du Nageur et Thermes de l'Envieux (V v 2), non seulement sur le plan technique mais aussi du point de vue de l'organisation interne du monument.

5   7

5   Thermes du Mithra (I xvii 2): emplacement de la noria.

6   Système de chauffage par le sol (piscine sud-ouest du *caldarium* des Thermes du Phare).

7   Thermes du Forum (I XII 6): système de chauffage par les parois, par l'intermédiaire de *tubuli* en céramique.

L'organisation des parcours

Il est possible de distinguer, à Ostie, deux grands types d'organisation des parcours: l'itinéraire rétrograde (très largement majoritaire) et l'itinéraire circulaire ou continu, certains établissements pouvant changer de catégorie au moment de travaux de réaménagement.

Le circuit retrograde

La majorité des établissements balnéaires d'Ostie ont adopté cette disposition qui implique que le baigneur revienne sur ses pas en repassant par les pièces qu'il avait traversées à l'aller depuis le *frigidarium*. Ce groupe comporte plusieurs variantes: le plan linéaire (presque la moitié des cas); le plan à bifurcation (un seul exemple, les Thermes du Nageur: l'une des salles chauf-

fées commande l'accès de plusieurs autres de façon exclusive); le plan orthogonal (cinq exemples, dont les Thermes de la Basilique chrétienne et le Bain du Philosophe: le *frigidarium* et le secteur chauffé s'articulent à angle droit). Les circuits rétrogrades sont le plus souvent imposés par l'exiguïté de l'espace disponible. Néanmoins, des établissements plus importants, comme les Thermes de la Trinacrie, les Thermes de Neptune et le secteur oriental des Thermes Maritimes, sont aussi à ranger dans cette catégorie. Dans ce dernier cas, toutefois, il existe à la fois un *tepidarium* d'entrée et un *tepidarium* de sortie, qui est en connexion avec une *natatio* chauffée; pour le secteur occidental (encore peu étudié), il semble que le baigneur pouvait rejoindre le *frigidarium* en évitant de repasser par toutes les pièces du secteur chauffé. Aux Thermes de Neptune, une pièce latérale ouvrant sur la Via dei Vigili permettait d'éviter le *frigidarium* à l'entrée.

Le circuit circulaire

Nous n'avons que trois exemples de parcours circulaires à Ostie dont un seul de plan semi-symétrique : les Thermes du Forum (**fig. 9**)[18]. Ces derniers possèdent un itinéraire circulaire dont la pièce pivot était le *frigidarium* avec dédoublement du *tepidarium*, l'un en début et l'autre en fin de parcours. Dans ce cas, la fluidité du circuit était complète.

Les deux autres complexes (Thermes de la Marciana et Thermes des Six Colonnes[19]) ont adopté ce même type d'organisation, mais à partir de la première pièce chauffée qui a la fonction de *tepidarium* d'entrée et de sortie.

Le circuit mixte

Entre ces deux catégories, il existe une forme intermédiaire où l'itinéraire balnéaire est partiellement rétrograde en début et fin de parcours et partiellement continu à l'intérieur du secteur le plus chaud. La deuxième pièce du secteur chauffé, identifiable ici à un *destrictarium*, servait de pièce pivot aux deux systèmes. A Ostie, les établissements entrant dans cette catégorie possédaient au minimum quatre salles chauffées (Thermes du Phare, deuxième phase des Thermes des *Cisiarii,* Thermes de Buticosus)[20].

Les thermes d'Ostie représentent donc de bons exemples de l'évolution de l'architecture thermale d'époque impériale en Italie. Là encore, ils semblent prendre la suite de ceux de Pompéi, et peuvent être comparés à certains établissements romains (Bains du Latran et du Baptistère, *balneum* des frères Arvales à la Magliana) et de sa région (Thermes de la Villa Hadriana à Tivoli). Il ne faut néanmoins pas oublier qu'Ostie était une ville portuaire, à la fois très liée à sa métropole et ouverte aux influences extérieures. A partir du IIe siècle, on constate que le modèle thermal africain possédait, en matière d'organisation des parcours, une avance indéniable sur celui retrouvé à Ostie. En effet, alors qu'à Ostie comme en Italie, à l'exception des grands complexes romains, la grande majorité des établissements thermaux ont adopté des plans à itinéraire rétrograde, les établissements d'Afrique du Nord orientale et surtout ceux de la province proconsulaire ont largement adopté le circuit circulaire[21]. Or, cette partie de l'empire a eu une grande influence à Ostie, comme le montre le grand nombre d'Africains qui ont fait carrière dans les plus hauts postes du commerce ou de l'administration du port, à partir du IIe siècle[22]. Il pourrait paraître étonnant que ce phé-

8   Espace de service de la piscine sud du *caldarium* des Thermes de la Trinacrie (III xviii 7) : foyer, plate-forme et massif de maçonnerie qui entourait la chaudière cylindrique (cliché 1983, EFR: OT 197, J. Scheid et H. Broise).

nomène n'ait pas eu de répercussion sur l'architecture thermale d'Ostie. Néanmoins, la rareté des circuits circulaires à Ostie pourrait aussi s'expliquer par le manque de place disponible à l'intérieur d'un tissu urbain très dense à l'époque impériale.

Contexte urbain, contexte historique

Les vingt-cinq établissements balnéaires dégagés à Ostie sont répartis dans presque toute la ville, *intra muros* ou juste à la périphérie, sauf dans un rectangle délimité par le théâtre et la Place des Corporations à l'est, le Decumanus Maximus au sud, les Horrea Epagathiana à l'ouest, enfin le Tibre au nord. Cet espace correspond à la principale zone commerciale de la ville, à proximité du port fluvial.

Les trois grands thermes publics ne sont pas tous concentrés au centre de la ville, mais se trouvent dans des lieux éloignés les uns des autres. Les Thermes du Forum sont, comme leur dénomination moderne l'indique, à proximité du centre historique et politique de la ville. En revanche, les Thermes de Neptune ont été construits à l'est, dans un quartier totalement réaménagé à l'époque de l'empereur Hadrien, et les Thermes de la Marciana ont été installés en bordure de mer, au-delà de la Porta Marina. Le développement de Portus et la construction de la Via Severiana ont dû jouer un rôle non négligeable dans l'évolution et l'activité de cet établissement, d'où des res-

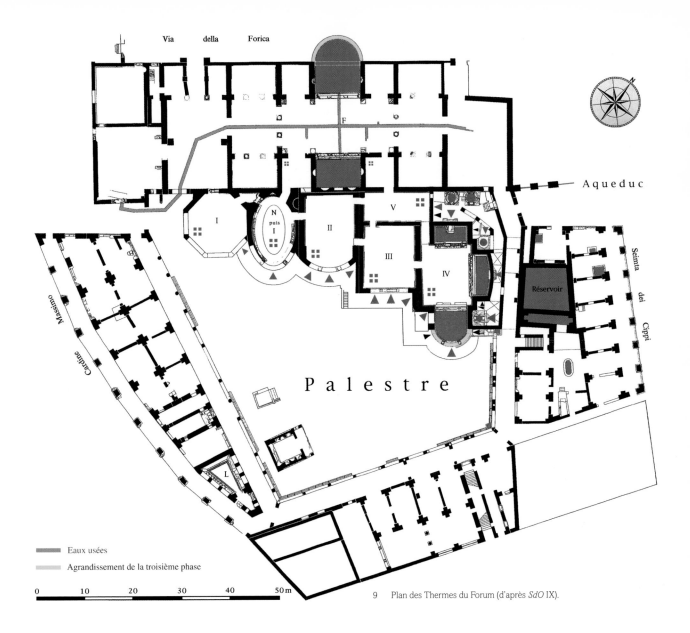

Via della Forica

F

Aqueduc

Seimita dei Cippi

V

III

IV

Réservoir

Massimo

I

N puis I

II

Cardine

L

P a l e s t r e

Eaux usées

Agrandissement de la troisième phase

| 0 | 10 | 20 | 30 | 40 | 50 m |

9   Plan des Thermes du Forum (d'après *SdO* IX).

taurations très tardives pour Ostie (à la charnière des Ve et VIe siècles, sous le règne du roi ostrogoth Théodoric).

Les autres établissements balnéaires se répartissent de manière relativement homogène à l'intérieur du tissu urbain, à l'exception naturellement de la zone déjà mentionnée. On en compte trois dans la Regio I, deux dans la R. II, cinq dans la R. III, quatre dans la R. IV et trois dans la R. V. Hors les murs, on note aussi un petit établissement tardif sur la Via Severiana, à proximité des Thermes de la Marciana, les Thermes du Palais Impérial et les Thermes dits de Persée, au delà de la Porta Laurentina.

La période tardive a vu une légère évolution de cette trame, avec la construction d'ensembles balnéaires de dimensions réduites à l'ouest de la ville, comme les petits bains à l'intérieur même de l'îlot occupé par les grands Thermes de la Marciana, ceux sur la Via Severiana ou encore ceux de la Via della Foce (I xix 5)

Du point de vue chronologique, le plus ancien établissement thermal d'Ostie peut être daté du milieu du Ier siècle ap. J.-C. Il s'agit des Thermes des Provinces, dont une mosaïque a été retrouvée sous la Caserne des Vigiles et les Thermes de Neptune. Ces thermes ont été détruits, recouverts par un mètre

Secteur balnéaire

Pièce peut-être liée aux bains

Annexes des bains

10   Plan du secteur des petits bains tardifs installés à l'intérieur d'un entrepôt,
      III xvii 1 (d'après *SdO* I).

de remblai et remplacés par un nouveau complexe au moment de l'élévation des niveaux d'occupation de la ville, intervenue sous le règne de l'empereur Domitien[23].

Deux autres édifices de bains peuvent être datés du milieu ou de la seconde partie de ce siècle. Ils se situent dans la Regio V, au sud du Decumanus Maximus. Il s'agit des Thermes de l'Envieux et des Thermes du Nageur. Si les premiers sont datés selon des critères architecturaux, les seconds l'ont été stratigraphiquement grâce à des fouilles réalisées à la fin des années 1960. La construction et l'abandon de ce complexe ont pu être fixé avec précision. Enfin, deux autres établissements ont été repérés sans avoir pu être étudiés, le premier au niveau de la Place de la Statue héroïque et le second au sud du Temple Rond.

Néanmoins, la majorité des thermes connus datent du IIe siècle, période des grands programmes de développement urbain, et en particulier, des grands complexes publics. Enfin, peu d'édifices balnéaires sont construits après cette époque, à l'excep-

tion de quelques cas remarquables comme les Thermes Byzantins situés au centre de la ville. Toutefois, le Bas Empire (fin IIIe-début Ve siècle) n'a pas été synonyme de déclin de la trame thermale de la ville; au contraire, une importante série de restaurations a été entreprise, aux Thermes du Forum[24], à ceux de la Marciana[25], et peut-être à ceux de Neptune[26]; de nombreuses mentions épigraphiques attestent l'importance de ces restaurations[27]. Enfin, pour une période plus tardive, il semble que la construction d'une série de petits complexes balnéaires ait été entreprise, souvent d'ailleurs à l'intérieur d'anciens monuments abandonnés: les Bains de la Via della Foce ont été construits dans un espace vide entre deux entrepôts, mais empiètent tout de même sur des *cellae* datées de l'époque tétrarchique des Horrea des Mensores. Plus remarquable encore: quelques *cellae* d'un entrepôt privé ont été occupées par un minuscule établissement de bains, dont l'approvisionnement en eau était assuré par le puits situé dans le couloir axial de l'entrepôt (**fig. 10**).

La crise du milieu du IIIe siècle ne semble donc pas être un moment de rupture comme cela a été dit trop souvent. Ainsi, à l'exception des Thermes du Nageur, qui semblent être abandonnés autour de 240 ap. J.-C., la crise ne semble pas avoir affecté l'activité des grands établissements balnéaires. Au contraire, ceux-ci ont été continuellement restaurés au IVe siècle, même si les Thermes de Neptune ont connu une réduction de leur espace balnéaire. Le développement des Thermes Byzantins au IIIe-IVe siècles, au centre de la ville, pouvait contrebalancer cette réduction.

Notes

[*] Je tiens a remercier tous ceux qui m'ont aidé à l'élaboration de cet article, plus particulièrement Y. Thébert pour ses nombreuses remarques, ainsi que O. De Cazanove et M. L. Haack pour les lectures successives.

[1] De nombreux vocables sont possibles pour définir ces types d'établissements (*thermae, balnea, lavacra*…). Pour simplifier, nous emploierons uniquement thermes pour les grands établissements publics et bains pour les autres catégories, sur le modèle du catalogue des Régionnaires de la Rome du IVe siècle et de la *Notitia Urbis Constantinopolitanae* pour la capitale orientale.

[2] Thermes du Forum : plus de 7000 m² (dont environ 4000 m² pour le noyau thermal), Thermes de Neptune : 4500 m² (2300 m² pour le noyau thermal), Thermes de la Marciana : 3260 m² (2080 m² pour le noyau thermal). Cf. I. Nilsen, *Thermae et Balnea* II, 1990, pp. 5-6.

[3] P. Cicerchia – A. Marinucci, *Scavi di Ostia* XI. *Le terme del Foro o di Gavio Massimo*, 1992. Pour le décor sculptural, voir ci-dessous, p. 297.

[4] Datée traditionnellement de la fin du IVe siècle, cette place semble en réalité contemporaine de la construction des Thermes du Forum (voir R. Mar, «La formazione dello spazio urbano nella città di Ostia», *RM* 98, 1991, pp. 97-103.

[5] Cicerchia – Marinucci, *op. cit.*, pp. 135-139.

[6] Ils doivent leur nom à la grande mosaïque de pavement dans la grande pièce située au sud du *frigidarium*. Pour le décor sculptural, voir ci-dessous, p. 295.

[7] Dans ce secteur, les niveaux ont été relevés de plus d'un mètre à la fin de l'époque flavienne.

[8] Minucius Felix, *Octavius*, IV, 5.

[9] *CIL* XIV 137 = Dessau *ILS* 5694.

[10] Le secteur chauffé a connu un important réaménagement à partir du IIIe siècle, le nombre de pièces passant de quatre à cinq et le *caldarium* recevant une nouvelle piscine.

[11] Thermes des Six Colonnes, de la Basilique chrétienne, de la Trinacrie, de Mithra, de Buticosus, de l'Envieux, du Nageur, du Phare ; plus tardifs, les Thermes Byzantins, puis les bains de la Via della Foce. On peut aussi y inclure les Thermes des Sept Sages, même s'il semble que cet établissement ait plutôt été réservé aux habitants des immeubles adjacents.

[12] Bains du Philosophe, des *Cisiarii*, de la Maison des Dioscures et du Palais Impérial.

[13] E. Subias Pascual, *La domus dels Dioscurs d'Ostia Antica*, 1993.

[14] R. Mar, «El Santuario de Hércules y la Urbanistica de Ostia», *AEspA* 63, 1990, pp. 137-160.

[15] Un simple nymphée semble avoir suffi aux fidèles qui fréquentaient le sanctuaire de la Bona Dea à Porta Marina. Il était situé contre le péribole, juste à droite de l'entrée du sanctuaire.

[16] Le *balneum* des Frères Arvales est un exemple de bains privés réservés seulement aux responsables d'un sanctuaire (H. Broise – J. Scheid, *Recherches Archéologiques à la Magliana : le Balneum des Frères Arvales, Roma Antica* 1, 1987).

[17] C. Saliou, *Les Lois des bâtiments*, 1994, pp. 28-30 et 60. Aux Thermes des Six Colonnes, on possède d'ailleurs l'attestation épigraphique d'une servitude liée à un mur mitoyen : H. Bloch, *NSc* 1953, p. 301.

[18] Cette organisation est un dérivé du plan symétrique impérial, la symétrie étant limitée au seul secteur froid.

[19] Lors d'une seconde phase, le sens du parcours (destrogyre) à l'intérieur du secteur chauffé a été inversé pour devenir sinistrogyre. L'ancien *tepidarium* a donc été transformé en *laconicum* et inversement. L'ajout d'une quatrième petite pièce chauffée de manière indirecte à l'intérieur du péristyle de la pièce en avant du *frigidarium* fit passer l'établissement dans la catégorie des bains à parcours mixte.

[20] Au sujet des différents types de parcours et de l'identification des différentes pièces chauffées (en particulier le *destrictarium*) : voir Y. Thébert, «Problèmes de circulation dans les thermes d'Afrique du Nord», dans : *Thermes Romains*, 1991, pp. 139-149.

[21] Y. Thébert, *Les Thermes d'Afrique du Nord*, thèse d'État de l'Université de Paris IV-Sorbonne, soutenue en décembre 1997 sous la direction du Professeur N. Duval, pp. 769-775 : voir la comparaison que fait l'auteur entre Ostie, où seulement trois thermes ont des circuits à itinéraires circulaires (sans compter le bain privé de la *domus* des Dioscures) et trois des itinéraires mixtes, et Timgad en Algérie, où le circuit à itinéraire circulaire et fortement représenté.

[22] M. Cébeillac-Gervasoni, «Ostie et le blé au IIe siècle ap. J.-C.», dans : *Le Ravitaillement en blé de Rome, Actes du colloque international de Naples, 1991*, 1994, pp. 47-59.

[23] Il semblerait que le plan de ce second établissement, détruit à son tour, ait été conservé par les Thermes de Neptune : F. Zevi, *FA* 1963-1964, pp. 524-525.

[24] C 1, C 106, C 107 et C 107 bis (Cicerchia – Marinucci, *op. cit.*, pp. 165-166 et 216-221, pl. X et XIII) : ces fragments d'inscription attestent l'activité éditilitaire de deux préfets de l'annone au IVe siècle : Fl. Octavius et Ragonius Vincentius Celsus (385-389). C'est à cette époque que des absides ont été ajoutées à la piscine nord du *frigidarium* et au bassin sud du *caldarium*, et que la *natatio* chaude de la seconde pièce du secteur chauffé fut comblée. Enfin, un dernier témoignage de travaux est attesté sous les empereurs Honorius et Théodose II au début du Ve siècle.

[25] *CIL* XIV 137 : restauration des Thermes Maritimes (en réalité, les Thermes de la Marciana) par Proculus Gregorius, préfet de l'annone sous les empereurs Valens, Gratien et Valentinien II (375-378).

[26] Ce complexe aurait subi d'importants travaux sous la tétrarchie et le règne de Constantin (fin IIIe-début IVe siècle). C'est probablement à cette époque qu'il faut dater la réduction du secteur chauffé par l'abandon du *caldarium* de première phase et l'aménagement d'un nouveau *tepidarium* à l'intérieur même du *frigidarium*.

[27] On ne peut que constater l'importance du rôle joué par les préfets de l'annone dans les travaux de restauration des monuments publics d'Ostie au Bas Empire. Or, depuis le début du règne de Constantin, Portus est devenue une cité autonome par rapport à Ostie et la réforme de 331 a fait perdre au préfet de l'annone, le contrôle direct du ravitaillement de l'*Urbs* au profit du préfet de la Ville. Malgré ces deux événements, ce magistrat a gardé une grande influence dans la vie publique d'Ostie.

Les collèges religieux et professionnels romains et leurs lieux de réunion à Ostie

Beate Bollmann

Dans la vie sociale et économique des villes romaines de l'époque impériale, les artisans et négociants aisés jouaient un rôle important. Ils jouissaient d'une force économique considérable, mais se trouvaient, en raison de leurs origines sociales (il s'agissait souvent d'affranchis ou de leurs descendants), politiquement sans droits, et même sans pouvoir. Comme ils ne pouvaient obtenir aucune reconnaissance dans la vie publique officielle, les commerçants et artisans se groupèrent en corporations privées, les *collegia*[1]. Là, ils pouvaient assumer des fonctions et obtenir une reconnaissance sociale, qui les aidait à contribuer à l'ascension de leur famille.

Les collèges privés existaient à Rome depuis le début de la République. Mais ce n'est qu'à partir de l'époque impériale que nos connaissances sur la constitution et les activités de ces associations deviennent plus précises, grâce aux inscriptions. La raison de fonder un collège pouvait être le fait d'exercer le même métier, ou de suivre le même culte ou, simplement, de rechercher de la compagnie[2]. A Ostie, par exemple, il y avait une association qui ne se réunissait que pour fêter les anniversaires de ses membres[3].

Les différentes sociétés se ressemblaient beaucoup quant à leur organisation et de leurs activités. L'association reposait sur des statuts rédigés par les membres, statuts qui s'inspiraient de l'organisation citadine. Ainsi, le collège comprenait une assemblée des membres (nommée *plebs* ou *populus*), un personnel administratif et un comité, ces deux dernières catégories formant un *ordo*, comme le conseil de la ville. N'importe quel membre pouvait remplir une fonction à l'intérieur de l'association. La condition d'admission était la capacité financière de payer la taxe d'entrée et les cotisations mensuelles, ainsi que le pouvoir d'effectuer des donations en argent et en nature aux autres membres. L'appartenance à un groupe professionnel particulier n'avait pas une importance capitale, puisque la défense d'intérêts communs n'était pas la raison d'être de ces associations.

Des réunions avaient lieu chaque mois pour prendre des décisions, pour encaisser les cotisations mensuelles ou pour élire les responsables. De plus, on se réunissait pour le culte à la divinité protectrice de l'association et à l'empereur. En outre, les membres organisaient des banquets communs dans le cadre des activités cultuelles ou pour d'autres occasions : jubilé de règne ou anniversaire de l'empereur, anniversaire de l'un des membres, anniversaire de fondation de l'association. Une remarque polémique de l'auteur chrétien Tertullien, à propos des «gueuletons et beuveries» des collèges païens, montre quelle était l'importance de l'aspect social dans la vie de l'association[4]. Les activités décrites avaient pour cadre un bâtiment érigé tout exprès, la *schola*, propriété de l'association.

L'appartenance à une corporation signifiait avant tout, pour les affranchis, une augmentation de leur prestige social. Le fait de remplir une fonction dans la hiérarchie de l'association remplaçait pour eux la carrière de fonctionnaire municipal. C'est pourquoi ils mentionnaient ces fonctions aussi dans leurs épitaphes. Dans le contexte du collège, ils pouvaient aussi se présenter en public, participer, par exemple, à des processions religieuses ou à des festivités dans le cadre du culte impérial. Les associations, de surcroît, placardaient dans les lieux publics des inscriptions communes et y érigeaient des statues en l'honneur de leurs bienfaiteurs ou des empereurs. A Ostie, on élevait de telles statues honorifiques de préférence sur la place derrière le théâtre, la Place des Corporations.

Les mentions dans les inscriptions connues à ce jour attestent pour Ostie l'existence de 60 associations différentes[5], mais leur nombre réel devait être encore plus élevé. Comme l'approvisionnement en blé de Rome se faisait par le port d'Ostie, une grande partie des associations était liée au transport maritime et au commerce du blé. Leurs membres travaillaient comme armateurs, architectes navals, propriétaires de petits bateaux de transport, fournisseurs de gréements, commerçants en blé et peseurs de blé. Mais le collège professionnel le plus important d'Ostie revenait aux entrepreneurs immobiliers, les *fabri tignarii*. Parmi les associations religieuses, qui se consacraient à un culte particulier, les disciples de la Magna Mater, les *dendrophoroi* et *cannophoroi*, jouaient aussi un rôle important.

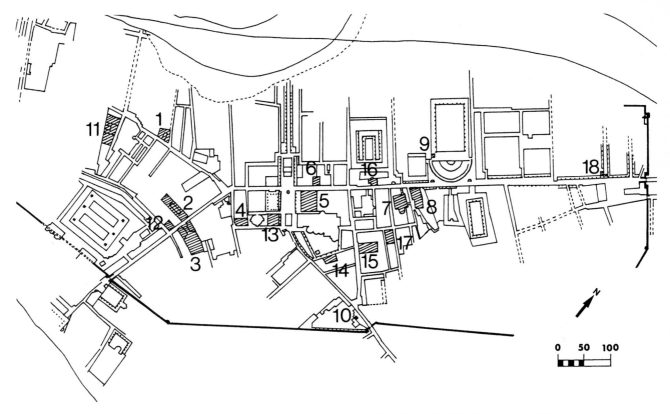

1 Emplacement des sièges d'associations à Ostie.
   Sièges d'associations identifiés avec certitude :
   1 Salle et Temple des Mensores (I xix 2-3)
   2 Temple des Fabri navales (III ii 2)
   3 Schola du Trajan (IV v 15)
   4 Temple du Collège des Stuppatores (I x 4)
   5 Immeuble des Triclinia (I xii 1)
   6 «Basilique» (I ii 3)
   7 Siège des Augustales (V vii 2)
   8 Temple du Collège (V xi 1)
   9 Sacellum de la Place des Corporations (II vii 3)
   10 Schola des Hastiferi (IV i 4)

Sièges d'associations d'identification très probable :
   11 Sérapée, Domus près du Sérapée, Immeuble de Bacchus et Ariane
      (III xvii 3-5)
   12 Domus de Mars (III ii 5)
   13 Domus du Temple Rond (I xi 2)
   14 Maison I xvii 8
   15 Temple des Thermes du Philosophe (V ii 7)
   16 Aula du Groupe de Mars et Vénus (II ix 3)
   17 Immeuble des Lutteurs (V iii 1)
   18 Sacellum et Mithrée de Porta Romana (II ii 4-5)

Conformément au grand nombre d'associations, il existe à Ostie beaucoup de bâtiments qu'on peut considérer comme sièges de ces sociétés. Ils sont répartis dans toute la ville (**fig.** 1). La plupart de ces 18 *scholae* ne se trouvent pas à proximité des centres commerciaux de la ville, où les membres exerçaient leur profession, mais sur le Decumanus Maximus, où les nombreux passants pouvaient les remarquer. Pour certaines associations, il était si important de posséder une parcelle le long de cette rue principale, qu'elles se résolurent à des mesures radicales pour l'obtenir. Le collège des entrepreneurs immobiliers, par exemple, fit démolir en partie, vers la fin du IIe siècle ap. J.-C., un immeuble locatif pour pouvoir ériger un temple sur le Decumanus Maximus.

Une situation centrale à elle seule ne suffisait pas aux associations. Afin de distinguer les *scholae* dans les alignements de maisons uniformes, les entrées et les façades reçurent un aménagement particulier. A Ostie, on aimait beaucoup encadrer les portes de pilastres en briques, qui soutenaient un fronton également en briques. Toutefois, les bordures architectoniques de marbre étaient encore plus représentatives. L'entrée du Temple du Collège était flanquée à l'origine de deux colonnes soutenant un tympan. Cet arrangement de la façade peut être reconstitué grâce aux blocs conservés de l'architrave[6] (**fig.** 2), dont l'inscription, une dédicace à l'empereur divinisé Pertinax, mentionne aussi le commanditaire, le collège des *fabri tignarii*. On peut reconstituer des entrées semblables pour d'autres sièges d'association[7]. Mais la façade la plus monumentale est sans doute celle de la Schola du Trajan (**fig. 3**): l'entrée consiste en une grande exèdre semi-circulaire revêtue de marbre. Devant l'exèdre se dressaient à l'origine quatre hautes colonnes de marbre, dont une seule est conservée.

Les entrées spacieuses conféraient aux *scholae* un caractère accueillant. D'autre part, lorsque les portes étaient ouvertes, elles permettaient au passant de jeter un large coup d'œil à l'intérieur du bâtiment, où il entrevoyait des cours et des salles ornées de statues. L'aisance financière de ces associations était ainsi bien mise en évidence.

Si l'on empruntait ces entrées pour pénétrer à l'intérieur des *scholae*, on se trouvait alors dans des bâtiments de formes très diverses. Ils pouvaient abriter des cours à portique avec un espace cultuel central, mais aussi un temple avec toutes ses annexes ou seulement une grande salle. Les associations, dont les activités n'exigeaient aucun espace spécifique, avaient seulement besoin d'une pièce fermée et couverte pour les assemblées des membres et les banquets de fête, ainsi que d'un espace pour le culte commun, avec un autel, une niche ou un podium où se dressait la statue de culte.

Tous les sièges d'association retrouvés à Ostie doivent être datés du IIe siècle ap. J.-C., mais la plupart des corporations de la cité existait sûrement déjà au Ier siècle. Le collège des *fabri tignarii*, par exemple, fut fondé en 60 ap. J.-C.[8] Ces artisans n'étaient pas de simples maçons ou charpentiers, mais des entrepreneurs aisés, qui profitèrent de l'essor économique de la ville à partir du début du IIe siècle ap. J.-C. et de l'effervescence immobilière qui s'ensuivit. Il n'est donc pas étonnant que le siège de leur association, l'Immeuble des Triclinia (I xii 1) était situé à un angle du forum, c'est-à-dire à une place très importante dans la ville. Cet édifice est souvent présenté comme le type même des sièges d'association, car il comprend tous les éléments qu'on s'attendrait à trouver dans une telle maison. Toutefois, une vue d'ensemble des *scholae* d'Ostie et d'autres villes en Italie montre que cette idée ne peut pas être maintenue.

L'Immeuble des Triclinia (**fig. 4**) était un immeuble locatif de plusieurs étages, érigé vers 120 ap. J.-C. Au rez-de-chaussée se trouvait, dès l'origine, le siège de l'association, ce qui est attesté par des inscriptions[9]. De nombreux escaliers conduisaient de la rue aux étages supérieurs, qui étaient d'ailleurs totalement séparés du siège de l'association. Dans les étages se trouvaient des appartements qui, comme les tavernes donnant sur la rue, étaient probablement loués au bénéfice de la caisse de l'association. On accède à la *schola* depuis le *decumanus* par une large entrée, située exactement dans l'axe longitudinal de la maison. De là, on arrive dans une grande cour entourée d'un portique à colonnes. En face de l'entrée, derrière le portique, s'ouvre une pièce distinguée par sa surface et sa hauteur (**fig. 5**). Dans une phase ultérieure, la pièce fut munie d'un podium le long des murs. Derrière le portique occupant les longs côtés de la cour se trouvent huit pièces, dont les quatre

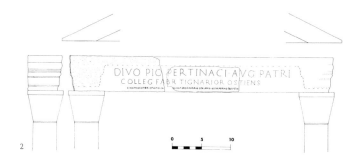

2

3

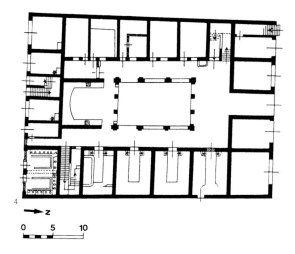

4

2   Reconstitution de la façade à l'entrée du Temple du Collège (V xi 1).

3   Entrée de la Schola du Trajan (IV v 15).

4   Plan de l'Immeuble des Triclinia (I xvii 1), d'après *SdO* I.

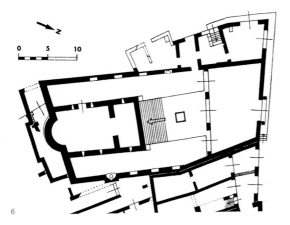

5 Immeuble des Triclinia (I xvii 1): vue de la cour et de la pièce principale s'ouvrant derrière le portique (photo B. Bollmann).

6 Plan du Temple du Collège (V xi 1), d'après *SdO* I.

7 Temple du Collège (V xi 1): tentative de reconstitution des années 1930 (SAO, nég. C 501).

situées à l'est furent réaménagées avec des *klinai* de pierre. Les membres de l'association pouvaient s'y étendre lors de leurs banquets.

Dans une des pièces secondaires devait se trouver aussi une cuisine pour la préparation des repas. De plus, à l'angle sud-est de la maison, on trouvait à une époque plus tardive, une latrine publique. Une autre latrine était située sous la rampe de l'escalier sud-est de la maison. Les cuisines et les latrines ne se trouvent en fait que dans quelques *scholae*. Il était courant d'utiliser les latrines publiques et de consommer des repas déjà préparés. Les autres pièces de l'Immeuble des Triclinia – la cour entourée de portiques et la grande pièce dans l'axe longitudinal du bâtiment – sont typiques pour de nombreux sièges d'association.

Nous pouvons reconnaître ici un plan de base composé d'une entrée, d'une cour et d'un espace de culte, en enfilade sur l'axe longitudinal de la construction. Cette disposition visait à permettre au visiteur de voir depuis l'entrée, en ligne droite à travers toutes les pièces, jusque dans la salle du culte, qui était l'espace le plus important et le plus magnifique de tout le bâtiment.

L'importance de l'apparence imposante de la *schola* pour les associations est démontrée aussi par les temples des collèges. En 194 ap. J.-C., peu après l'assassinat de l'empereur Pertinax, les *fabri tignarii* érigèrent le Temple du Collège (V xi 1) (**fig. 6**). A cause, probablement, de la pénurie de terrains constructibles au centre de la ville, le temple se trouve à quelque distance du premier siège de l'association, l'Immeuble des Triclinia, mais toujours sur le Decumanus Maximus. Il s'agit d'un grand temple, dont seuls le podium et l'escalier d'accès ont été conservés. Le temple s'élevait devant le mur de fond d'une cour, encore fermée aujourd'hui par de hauts murs. En face du temple, du côté de l'entrée, se trouvait un porche ou un vestibule. Aucun portique n'est attesté pour l'instant sur les parois latérales de la cour. L'effet de ce complexe devait être réellement impressionnant. On peut s'en faire une idée d'après une tentative de reconstitution datant des années 1930 (**fig. 7**).

Les éléments de construction cités plus haut – la cour, le temple à podium accolé à la paroi arrière de la cour et les portiques – se retrouvent dans d'autres temples d'associations, comme, par exemple, dans celui des *fabri navales* (III ii 2) (**fig. 8**), érigé à l'époque de Commode, mais aussi dans des complexes plus petits, comme le Temple de l'association des *stuppatores* (I x 4), de l'époque sévérienne tardive. D'après les inscriptions, il appartenait aux calfats, qui imperméabilisaient les coques de navire avec de la poix et de l'étoupe (**fig. 9**).

Il est donc évident que tous ces ensembles se réfèrent à un modèle commun, à savoir les complexes clos des forums impériaux de Rome, particulièrement celui d'Auguste[10]. Ce n'est pas seulement sur le plan formel, mais aussi sur le plan fonctionnel que les temples d'association représentent un modèle réduit des forums impériaux. La fonction des forums impériaux dans l'administration de l'Etat romain correspond à l'utilisation des temples

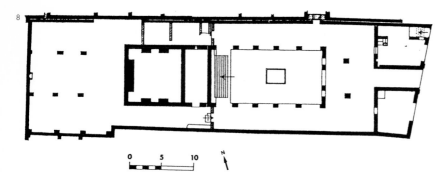

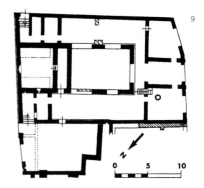

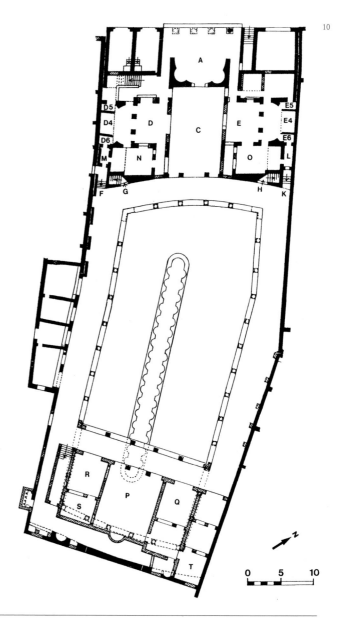

8   Plan du Temple des Fabri Navales (III ii 2), d'après *SdO* I.

9   Plan du Temple de l'association des Stuppatores (I x 4), d'après *SdO* I.

10 Plan de la Schola du Trajan (IV v 15), d'après *SdO* I.

d'association pour leurs affaires administratives, c'est-à-dire pour la gestion de leur « Etat miniature ». Le temple, comme dans les exemples impériaux plus importants, servait à un culte « d'Etat » au centre de la communauté. L'adoption de la forme architecturale correspond à l'adoption des modes de fonctionnement de l'administration publique par les statuts des associations.

La Schola du Trajan (IV v 15), construite vers 150 ap. J.-C. (**fig. 10**), offre un aspect particulièrement représentatif, mais aussi unique. Elle se situe sur le tronçon ouest du Decumanus Maximus, en face du Temple des Fabri Navales, et a été baptisée ainsi d'après une statue de l'empereur Trajan qu'on y a retrouvée[11]. On ne sait toujours pas à quelle association appartenait le bâtiment. Il s'agissait peut-être des *navicularii*, des transporteurs maritimes[12].

L'architecture de cette *schola* se distingue nettement des autres sièges d'associations à Ostie et en Italie. Les modèles ne sont pas constitués ici par des bâtiments publics, mais par les jardins des grandes villas et maisons privées, qui comprenaient aussi des salles à manger. Les membres de l'association donnèrent à leur construction le caractère d'une résidence privée exclusive. La taille de la *schola* et la façon plutôt prodigue d'utiliser le terrain sont dues au fait que la construction fut érigée au-delà du centre ville proprement dit.

La plupart des sièges d'association se présentaient beaucoup plus simplement. Ils consistaient en une seule grande pièce, qui fonctionnait à la fois pour les assemblées, les banquets et l'exercice du culte. Pour les statues de culte, on trouvait en général au fond de la salle, juste en face de l'entrée, un podium, une niche ou une abside. Ces constructions étaient en fait assez simples pour ce qui est de l'architecture, mais pouvaient être aménagées de façon somptueuse, avec un intérieur richement décoré. La Salle des Mensores (I xix 3) sur la Via della Foce, qui ne fait pas beaucoup d'effet aujourd'hui, appartenait à ce groupe de sièges d'association (**fig. 11**). Elle fut érigée en 112 ap. J.-C. par les peseurs de blé, en même temps qu'un petit temple

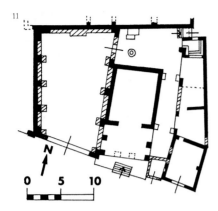

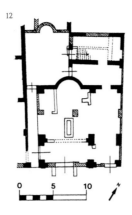

11   Plan de la Salle des Mensores (I xix 3).

12   Plan de la «Basilique» (I ii 3), d'après *SdO* I et Paribeni, *NSc* 1916.

13   Vue de la «Basilique» (I ii 3), photo B. Bollmann.

qui la flanque à l'est. Le pavement de la salle est recouvert d'une grande mosaïque à tesselles noires et blanches, qui montre cinq hommes et un garçon lors de la pesée du blé.

Un autre exemple de ce type est constitué par la dite Basilique (I ii 3), qui est située à proximité du forum, sur le tronçon est du Decumanus Maximus. La construction, datant de 120 ap. J.-C. (**fig. 12**), consiste en une seule pièce, subdivisée en trois nefs par des piliers. Au bout de la nef centrale s'ouvrait une grande abside, où se dressaient autrefois les statues de culte de l'association (**fig. 13**). De l'ancien aménagement de la salle, on n'a trouvé que les restes d'un pavement de mosaïque à tesselles blanches et un cippe de marbre avec une inscription en l'honneur de l'empereur Gordien III (238-244). L'inscription indique qu'il s'agit là de la *schola* des *lenuncularii* (passeurs), qui travaillaient au débarcadère de Lucullus. Au IIe siècle ap. J.-C., on ne comptait pas moins de cinq collèges de *lenuncularii* à Ostie, ce qui donne une indication sur l'importance de cette classe professionnelle.

Jusqu'au début du IIIe siècle ap. J.-C., les *scholae* révèlent la confiance des associations dans l'Etat et l'organisation de sa société. Ce n'est qu'avec la crise politique et économique que cette structure sociale fut ébranlée. Même s'il n'existe pratiquement pas d'attestation épigraphique concernant les collèges pour cette époque, les associations continuèrent leur activité, comme on le déduit des nombreuses transformations à l'intérieur des sièges d'associations, qui furent entreprises jusqu'au IVe siècle, par exemple, avec l'agrandissement de la Schola du Trajan.

Pourtant, le changement politique et social fondamental de la fin du IIIe et du IVe siècle ap. J.-C. peut aussi se lire dans les sièges d'associations d'Ostie. En effet, tous les travaux entrepris par les associations à cette époque, visaient à rapprocher l'architecture et l'aménagement intérieur de leurs maisons de ceux des maisons privées : un exemple typique est donné par les vasques de fontaines qu'on rajoute à cette époque. Il en résulte qu'il est très difficile de distinguer de façon certaine les *scholae* des riches demeures privées contemporaines. Le domaine public a perdu son caractère exemplaire et son attrait pour les membres d'associations. Désormais liés à leur collège et à leur profession par une législation associative plus sévère, ils se trouvaient placés devant des possibilités d'ascension sociale fortement réduites. L'autoreprésentation dans la vie publique de la ville avait de ce fait perdu tout son sens. Il n'était donc plus aussi important de distinguer sa *schola* des autres maisons de la ville. Les membres des associations cherchaient à présent un cadre de vie davantage orienté vers le plaisir, à l'écart du monde extérieur. Au cours du IVe siècle, les sources archéologiques concernant les associations d'Ostie se taisent à jamais.

trad. Patrizia Birchler Emery et Jacques Chamay

Notes

[1] La plupart des membres étaient des *tenuiores* dans le sens juridique, mais possédaient tous une fortune conséquente ; F. M. Ausbüttel, *Untersuchungen zu den Vereinen im Westen des römischen Reiches* (1982), pp. 25, 34, 42 *sq.*

[2] Les collèges des Augustales ne sont pas pris en considération dans cet article. Ils présentent cependant de nombreuses affinités avec les associations privée0s professionnelles et religieuses, raison pour laquelle l'auteur les a inclus dans son ouvrage sur les *scholae* : B. Bollmann, *Römische Vereinshäuser. Untersuchungen zu den Scholae der römischen Berufs-, Kult- und Augustalen-Kollegien in Italien* (1998).

[3] *CIL* XIV 326. Cependant, il n'existe pas beaucoup d'attestations jusqu'à présent de telles associations purement hédonistes.

[4] Tert., *Apol.* XXXIX 6 : 14 *sq.* ; Varron, *De re rust.* III 2 : 16, parle aussi des » innombrables » *cenae* des associations.

[5] Cf. G. Hermansen, *Ostia. Aspects of Roman City Life* (1981), pp. 239 *sqq.* ; R. Chevallier, *Ostie antique. Ville et port* (1986), pp. 153 *sqq.*

[6] Une mortaise dans la face inférieure de l'architrave indique la fixation sur une colonne. La reconstitution de l'inscription proposée par F. Zevi, *RendLinc* ser. viii, 26, 1971, pp. 472 *sqq.*, doit être complétée avec le mot *Patri*. La largeur de l'entrecolonnement ainsi reconstruite correspond exactement à la largeur de la porte de la *schola* : Bollmann, *op. cit.*, pp. 342 *sqq.*

[7] On a retrouvé des restes de colonnes de marbre devant la Schola des Hastiferi et le siège des Augustales. A la fin du IIe siècle ap. J.-C., on construisit devant l'entrée du Sérapée un prothyron en briques, mais plaqué de marbre (G. Becatti, *SdO* IV, *Mosaici e pavimenti marmorei* [1961], pp. 150 *sq.* ; cf. aussi R. Mar, *BA* 13-15, 1992, p. 41). De même, on a érigé après coup devant la dite Basilique un portail avec deux colonnes (R. Paribeni, *NSc* 1916, p. 410).

[8] H. L. Royden, *The Magistrates of the Roman Professional Collegia in Italy from the First to the Third Century A. D.* (1986), pp. 25 *sqq.*

[9] L'aménagement grandiose et luxueux du rez-de-chaussée contredit l'hypothèse selon laquelle la construction avait rempli d'abord d'autres fonctions. Cf. Bollmann, *op. cit.*, pp. 287 *sqq.*

[10] Suite à de nouvelles recherches dans le forum d'Auguste, il semblerait que sur le petit côté de la place, en face du temple de Mars, se trouvait un portique particulièrement profond (E. La Rocca, *RM* 105, 1998, pp. 169 *sqq.* Si cette hypothèse est fondée, cela correspondrait bien aux portiques élargis du Temple du Collège et du Temple des Fabri Navales.

[11] Voir ci-dessus, pp. 74-76 et, pour la statue de Trajan, ci-dessous, p. 297, fig. 11.

[12] G. Hermansen, *Ostia. Aspects of Roman City Life* (1981), pp. 72 *sqq.*

Les boulangeries à moulin
et les distributions de blé gratuites[*]

Jan Theo Bakker

Introduction

Chaque archéologue qui étudie Ostie est parfaitement conscient du fait que les ruines donnent une image de la ville telle qu'elle était à la fin de l'Antiquité et au début du Moyen Age. Cette image ne ressemble pas du tout à la situation du IIe siècle, époque à laquelle Ostie se développpa comme jamais elle ne le fit ni auparavant, ni après, atteignant une population d'environ 40 000.

Il est donc évident que les boulangeries qu'on peut identifier aujourd'hui sont moins nombreuses qu'elles ne l'étaient pendant cet âge d'or d'Ostie. Quand la population décrut, le nombre de boulangeries se réduisit en conséquence. Les boulangeries abandonnées furent parfois réutilisées dans d'autres affectations, et parfois abandonnées telles quelles. On devrait aussi se rappeler que deux tiers seulement de la cité ont été fouillés.

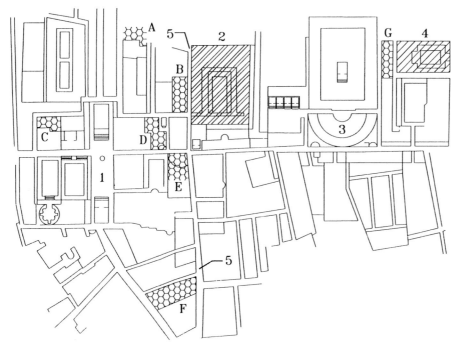

1 Les boulangeries identifiées à Ostie (dessin Bakker):

A) Boulangerie près du Musée (aujourd'hui disparue)
B) Immeuble des Moulins
C) Bâtiment I ix 2
D) Maison du Balcon en bois
E) Maison de la Citerne
F) Moulin I xiii 4
G) Maison des Fours
1) Forum
2) Grand Entrepôt
3) Théâtre
4) Caserne des Vigiles
5) Carrefour des Entrepôts (*Semita Horreorum*)

L'aspect des boulangeries à moulin

Les boulangeries romaines étaient généralement des boulangeries à moulin. Ce n'est que dans l'Antiquité tardive qu'on peut faire une distinction entre la mouture et la cuisson, grâce à l'introduction de moulins à eau, tels ceux qu'on a retrouvés sur un versant escarpé du Janicule à Rome et près d'Arles (à Barbegal). Jusqu'au milieu des années 1980, deux de ces boulangeries à moulin avaient été identifiées à Ostie : l'Immeuble des Moulins (I iii 1), à l'est de la fameuse Maison de Diane, et le moulin I xiii 4, dans la section sud de la ville.

Une équipe néerlandaise qui a étudié les boulangeries d'Ostie a réussi d'en identifier cinq ou six de plus (**fig. 1**). L'un de ces établissements, près du musée, a complètement disparu et n'est connu que par les journaux de fouilles. L'identification du bâtiment II viii 9, à l'est du Grand Entrepôt II ix 7, reste douteuse. Seule la partie sud du bâtiment a été mise au jour, et des fouilles ultérieures pourront montrer s'il s'agit réellement d'une boulangerie. Aucun doute par contre ne subsiste quant à la fonction de la Maison des Fours (II vi 7), de la maison I ix 2, de la Maison du Balcon en bois (I ii 2,6) et, enfin, de la Maison de la Citerne (I xii 4).

Toutes ces boulangeries ont de nombreux éléments communs et leurs équipements techniques furent considérables. Les ateliers sont très grands et couvrent une surface au sol allant de 640 jusqu'à 1525 m². Les boulangeries contenaient en moyenne neuf meules. Une meule comprenait deux parties (**fig 2**) : une base conique, immobile (*meta*) et, au-dessus, le bassin ayant la forme d'un sablier (*catillus*). On attachait des mules ou des chevaux à un cadre de bois placé par dessus le *catillus*. Les animaux marchaient en cercle et faisaient tourner le *catillus* sur la *meta*. Le moulage se faisait entre les deux parties, situées à une très petite distance, bien déterminée. Si la distance était trop petite, le blé était brûlé, tandis qu'en cas de distance trop grande, on aurait conservé trop de son. Des charpentiers spécialisés entretenaient les machines. On a retrouvé en fait beaucoup de leurs outils dans l'Immeuble des Moulins, où ils possédaient également un petit atelier, dont on peut toujours voir l'enseigne sur la façade orientale. On ne sait toujours pas, actuellement, ce qui se passait à l'intérieur de la meule.

On utilisait également des machines pour le pétrissage (**fig. 3**). Comme les meules, elles étaient faites en pierre volcanique poreuse. Il s'agit d'auges où la pâte était pétrie par une combinaison de lames fixes et rotatives : quelques lames étaient insérées dans les côtés du récipient et d'autres fixées à une barre verticale. Des esclaves ou des animaux faisaient tourner la barre verticale.

On construisit des halles immenses, bien aérées, pour installer la machinerie (**fig. 4**). Souvent, le premier étage faisait aussi partie de l'atelier. De là, on acheminait le blé vers les meules avec des tuyaux en bois. Les sols souffraient beaucoup, c'est pourquoi on les couvrait de blocs de basalte, où se voient encore des empreintes de sabots. On a retrouvé de nombreux bassins, car l'eau était utilisée en très grande quantité, pour le pétrissage, pour désaltérer les animaux, pour humidifier le blé avant de le moudre, etc. On cuisait le pain dans des fours immenses, consistant en une base surmontée d'une coupole, qui avait un diamètre intérieur de 3,5 à 5 mètres. On brûlait du bois à l'intérieur de la coupole, comme c'est le cas dans les fours à pizza actuels. Les fours pouvaient contenir des grilles tournantes, sur lesquelles on plaçait le pain (**fig. 5**).

Les boulangeries d'Ostie peuvent être considérées comme des usines, surtout si on les compare à celles de Pompéi. Ces dernières ne contenaient que trois ou quatre meules, très proches les unes des autres. Les boulangeries ostiennes, spacieuses, devaient être utilisées de façon beaucoup plus efficace et selon

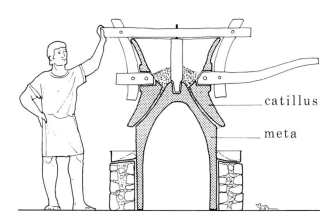

2   Reconstitution graphique d'une meule. On faisait tourner la partie supérieure, le *catillus* en forme de sablier, sur la partie inférieure conique, la *meta* (d'après Adam, *La construction romaine*).

3   Immeuble des Moulins : pièce contenant les machines à pétrir, peu après la fouille (photo SAO, neg. B 2201).

des horaires plus longs. Cependant, on n'utilisait pas la force de l'eau pour la mouture à Ostie. On a retrouvé de nombreuses roues à eau dans la ville, mais elles servaient toutes à l'approvisionnement des thermes. Il est possible de faire une estimation grossière et très provisoire de la capacité de production des meules. Une meule à Pompéi devait servir pour 90 personnes environ, s'il est vrai que la cité comptait 10 000 habitants. Une meule actionnée par l'eau pouvait servir entre 320 et 690 personnes. Une meule ostienne peut avoir produit de la farine pour environ 150 à 300 personnes. Cela signifie qu'au IIe siècle ap. J.-C, il devait y avoir approximativement 178 meules dans au minimum 20 boulangeries. Dans les boulangeries identifiées devaient se trouver 60 à 65 meules.

Le sanctuaire de Silvain

Pour l'étude du commerce des boulangers à Ostie, nous possédons de nombreuses autres sources très instructives: reliefs, inscriptions, textes de loi et, en particulier, un sanctuaire comportant des peintures murales et des graffiti. Ce sanctuaire occupe une pièce sombre et étroite à l'arrière du Immeuble des Moulins. On ne pouvait y accéder qu'en traversant toute la boulangerie.

Il a été partiellement fouillé en 1870. Cinquante statuettes de bronze et d'argent furent alors découvertes, mais malheureusement beaucoup furent dérobées pendant la fouille et nous ignorons quelles divinités elles représentaient. La boulangerie et le sanctuaire furent entièrement fouillés entre 1913 et 1916.

Il devint alors clair que la boulangerie avait été détruite par un incendie et jamais reconstruite (des monnaies et la technique de la maçonnerie suggèrent que l'incendie eut lieu à la fin du IIIe siècle.). De nombreux objets furent découverts lors de la fouille. Certains avaient un lien avec l'atelier, tels les pièces de harnachement de chevaux, les cloches qui tintaient lorsque la trémie était vide, et des éléments métalliques des cônes de dosage pour les meules. D'autres trouvailles provenaient des appartements, étonnamment riches, des étages supérieurs – revêtements de mobilier en bronze, avec parfois des incrustations d'argent, frises de marbre et de terre cuite, fragments de pavements de mosaïques (à tessalles noires et blanches) et de plafonds peints, petites colonnes, pièces de revêtement de marbre, etc.

Après les fouilles des années 1870, on ne trouva que peu d'objets dans le sanctuaire, mais sur les parois on découvrit de nombreuses peintures représentant des personnages et des divinités. La plupart de ces figures furent identifiées correctement par le fouilleur, G. Calza, mais la relation avec la boulangerie n'avait jamais, à notre grande surprise, fait l'objet d'investigations.

La divinité principale du sanctuaire était Silvain, dieu des forêts, et les fouilleurs le nommèrent donc «Sanctuaire de Silvain». Silvain était représenté à côté de l'entrée, sur la paroi extérieure. Il était aussi figuré à l'arrière de la pièce, sur la paroi de droite (**fig. 6**). Cette dernière peinture, qui se trouve à présent dans le musée d'Ostie, comprenait autrefois une légende peinte, déclarant qu'elle avait été exécutée à la suite d'une vision: Silvain était apparu en rêve à l'un des boulangers.

A côté de Silvain, on peut encore déchiffrer le graffito suivant: *Coh[orte] VII [centuria] Ost[iensis] Imp[erante] An[tonino] Co[n]s[ulibus] L[a]eto et Ceriale seba[cia]rius Calpurnius, X*

4   Immeuble des Moulins: grandes pièces contenant des meules. Noter l'immense arche (une deuxième arche s'est écroulée) et les grandes fenêtres dans la partie supérieure de la paroi de gauche (photo Bakker).

5   Immeuble des Moulins: restes du four, portant les rainures attestant l'existence des grilles rotatives sur lesquelles on plaçait le pain (photo Bakker).

6

« Calpurnius, veilleur de nuit du groupe du lieutenant ostien, de la septième cohorte, durant le règne de Caracalla et le consulat de Laetus et Cerialis [215 ap. J.-C.], X »

Calpurnius, un pompier de Rome, stationné à Ostie, patrouillait à travers la ville de nuit avec une torche. « X » signifie qu'il priait pour « dix ans de plus pour Caracalla ». Sur la paroi opposée, Calpurnius inscrivit le jour exact de sa visite au sanctuaire : 25 avril (probablement parce que étaient célébrées ce jour-là les *Robigalia*, fêtes en l'honneur du dieu Robigus, qui visaient à la prévention de la rouille du blé).

On a retrouvé des graffiti de veilleurs de nuit aussi dans des casernes de Rome, dans le Trastevere. Leur travail dans ces rues peu éclairées était très dangereux, comme on peut le déduire de textes mentionnant que « tout était tranquille », et dans lesquels apparaît le besoin de pouvoir compter sur le soutien des divins empereurs.

Une mince cloison de bois créait une antichambre. On y avait représenté quelques chevaux et les Dioscures. Dans le sanctuaire proprement dit se trouvait un autel, faisant face à des niches (**fig. 7**). Le sol était recouvert d'une mosaïque de tesselles noires et blanches figurant une personne sur le point de tuer un animal sacrificiel. On trouve des parallèles pour cette représentation dans le sanctuaire du culte impérial de la Caserne des Vigiles.

Sur la paroi de droite, à côté de Silvain, se trouvent les quelques restes d'une figure tenant une lance ou un sceptre. Sur la paroi de gauche, on voit toute une rangée de figures : Auguste, Harpocrate, Isis, Fortuna, Annona, une figure avec une *cornucopiae* (un génie ? Sérapis ?) et Alexandre le Grand. On peut déduire de l'emplacement du deuxième graffito de Calpurnius que toutes ces figures avaient été peintes avant le 25 avril de

l'an 215 av. J.-C. On peut les interpréter comme suit. Auguste et Alexandre le Grand sont là en tant qu'illustres prédécesseurs de l'empereur, Caracalla, fils de Septime Sévère. En 214 ap. J.-C., à l'âge de vingt-six ans, ce dernier partit pour l'Égypte. Pendant son voyage, il fut pris d'une alexandromanie, que nous ont décrite de nombreux historiens antiques. Il ordonna que dans tout l'Empire on fît des portraits le représentant comme un nouvel Alexandre. Les boulangers ostiens suivirent cet ordre. Ils remerciaient aussi l'empereur pour ses distributions de blé gratuites, personnifiées par Annona. Isis (associée ici, comme c'est souvent le cas, à Fortuna) et l'enfant-dieu Harpocrate font allusion aux grandes quantités de blé importées de l'Égypte, qui était une propriété personnelle de l'empereur. On vénérait les Dioscures, à Ostie, en tant que protecteurs des marins et, dans ce sanctuaire, en tant que protecteurs des flottes transportant le blé d'Alexandrie à Ostie et Portus.

Les distributions de blé gratuites

La présence d'Annona dans le sanctuaire indique-t-elle que des distributions de blé gratuites avaient lieu à Ostie, ou s'agit-il seulement d'une référence aux distributions effectuées à Rome ? Chaque mois, 150 000 à 200 000 habitants de Rome recevaient cinq mesures de blé, don de l'empereur. Il ne s'agissait pas d'un système d'assistance pour les pauvres, mais d'un moyen pour l'empereur de renforcer ses liens avec le peuple. Mais jusqu'à présent, peu d'historiens se sont demandé comment on faisait du pain avec ce blé. Il semble hors de question, en effet, que les bénéficiaires, logeant souvent dans des appartements loués, aient fait leur propre pain, vu, entre autres, les risques d'incendie. Les bénéficiaires auraient pu, assurément, conclure des arrangements personnels avec les boulangers et les autres personnes manipulant des fours, mais ceci ne semble pas avoir été le cas. Le juriste A. J. B. Sirks, membre de l'équipe néerlandaise, a montré que l'empereur concluait des contrats avec des boulangers dans ce dessein. Le pain évoqué dans la célèbre expression de Juvénal, *panem et circenses* (« du pain et des spectacles », X : 81), doit donc être pris dans son sens littéral.

A l'origine, l'empereur devait avoir des accords avec plusieurs boulangers, comme Marcus Vergilius Eurysaces, dont la tombe énigmatique est toujours visible à Rome en dehors de la Porta Maggiore. Trajan simplifia le système et fonda une corporation ou guilde (*corpus*) de boulangers à Rome, avec laquelle il traitait ses affaires. Dès lors, un seul contrat suffisait. L'appartenance à la corporation n'était pas obligatoire. L'empereur réclamait juste un nombre suffisant de membres pour subvenir à ses propres besoins : l'approvisionnement pour son personnel et ses esclaves, et pour le nombre fixe des bénéficiaires des distributions gratuites.

6   Sanctuaire de Silvain : peinture représentant Silvain, le dieu barbu de la forêt, tenant une branche et un couteau.

7   Sanctuaire de Silvain : vue en direction de la paroi orientale ; on voit un cheval et une rangée de figures sur la paroi de gauche (photo ICCD E 40770).

Le blé était acheminé vers les entrepôts appartenant à l'empereur – soit par les bénéficiaires eux-mêmes ou par des porteurs –, et c'est là que les boulangers venaient le chercher. Les bénéficiaires payaient un montant fixé à l'avance pour la mouture et la cuisson, mais rien pour le blé. En d'autres termes, ils recevaient du pain bon marché, plutôt que du blé gratuit. Il devait aussi exister des arrangements pour les esclaves impériaux et l'on sait que les pompiers impériaux recevaient aussi du blé gratuit.

Ostie est la seule ville dans la partie occidentale de l'empire, à part Rome, où une corporation des boulangers est attestée. Elle fut probablement instituée sous le règne de Trajan. Durant le règne de Commode, le préfet à l'approvisionnement en blé, résidant à Rome, accorda à Ostie des faveurs. De nombreux esclaves impériaux travaillaient dans le port, et des pompiers de Rome étaient stationnés dans la Caserne des Vigiles (Calpurnius était l'un d'eux). Il semble très probable que la corporation ostienne cuisait le pain pour ces gens, en fonction de contrats conclus avec l'empereur. Ostie bénéficiait-elle aussi de distributions de blé gratuites ? La recherche sur les boulangeries effectuée par l'équipe néerlandaise a apporté quelques réponses à cette question.

La datation et la répartition des boulangeries

Plus de la moitié des bâtiments d'Ostie furent érigés durant le règne d'Hadrien, peu après l'achèvement du port de Trajan. On a dû construire de nombreuses boulangeries à cette époque, mais, parmi celles qui ont été identifiées, il n'y en a qu'une (Moulin I xiii 4) qu'on puisse lui assigner. D'autres ateliers furent aménagés à différentes périodes entre le règne d'Antonin le Pieux et l'époque sévérienne, c'est-à-dire, durant les cent années qui suivirent. Souvent, on altéra des bâtiments de l'époque d'Hadrien dans ce but. Il s'agit là d'un développement très surprenant. Par exemple, la Maison des Fours, située à l'ouest de la Caserne des Vigiles, était vraisemblablement utilisée par les pompiers. La caserne fut édifiée sous Hadrien, mais la boulangerie y fut installée plus tard, pendant le règne de son successeur, dans des boutiques datant du règne précédent. Apparemment, le pain des pompiers était préparé à l'origine ailleurs dans la ville.

La répartition des boulangeries est tout aussi surprenante. Elles se concentrent au centre de la ville, surtout à l'est du Forum. La Maison des Fours constitue une exception, son emplacement ayant probablement été dicté par celui de la caserne, ainsi que le Moulin I xiii 4, la seule boulangerie datant du début du IIe siècle. Comment se fait-il qu'autant de boulangeries – des ateliers bruyants, où des esclaves et des criminels purgeant leur condamnation peinaient dans la poudre de farine – soient situées et tolérées près du centre monumental et représentatif de la ville ? Deux d'entre elles flanquent même le Decumanus Maximus, défiguration patente de l'artère principale d'Ostie. Il n'est pas étonnant que cette situation ait été corrigée plus tard, lorsque ces deux boulangeries furent abandonnées : une grande abside décorative et un nymphée furent installés dans les pièces situées le long du *decumanus*.

Le Grand Entrepôt

On trouve rapidement l'explication de cette répartition. Les boulangeries du centre ville se trouvent à proximité du Grand Entrepôt, l'un des plus importants lieux de stockage du blé d'Ostie. Ce qu'on croit constater ici, est une rationalisation, une simplification économique du commerce des boulangers. Apparemment, il était beaucoup plus pratique et économique d'installer les boulangeries à proximité du matériau brut qu'elles utilisaient. Ce bâtiment remonte aux règnes de Claude et de Néron. Il fut reconstruit et agrandi durant les règnes de Commode et des Sévères. Enfin, il pouvait contenir entre 5660 et 6960 tonnes de blé, assez pour nourrir au minimum quatorze mille personnes pendant une année. L'importance exceptionnelle de ce bâtiment est indiquée par le nom de la rue se trouvant à l'ouest – la seule rue d'Ostie dont le nom ancien est connu. Dans une ville remplie d'entrepôts, il est très significatif que cette rue précisément fût nommée *Semita Horreorum*, c'est-à-dire le Carrefour des Entrepôts.

La rue partait du Tibre, passait entre l'Immeuble des Moulins et le Grand Entrepôt, et continuait en direction du sud, longeant le côté oriental du Moulin I xiii 4. Cette boulangerie, vu sa date et son emplacement exceptionnel, est ainsi reliée à la concentration des autres boulangeries.

Après le règne d'Hadrien, on installa une boulangerie après l'autre à proximité du Grand Entrepôt : la Maison du Balcon en bois, la Maison de la Citerne, une boulangerie près du musée actuel, l'Immeuble des Moulins, et peut-être une boulangerie à l'est de l'entrepôt. L'entrepôt devait probablement aussi fournir le Moulin I xiii 4 et la Maison des Fours (un autre grand entrepôt, situé à proximité de cette dernière boulangerie, ne fut édifié qu'après l'installation de cette dernière). On pouvait remplir à peu près 54 meules avec le blé du Grand Entrepôt. Si notre suggestion, à savoir qu'une seule meule ostienne produisait de la farine pour environ 225 personnes, est correcte, alors la production totale était suffisante pour environ 12 000 habitants.

La taille, la qualité et la complexité du Grand Entrepôt suggérèrent à G. Rickman qu'il appartenait à l'empereur. Les recherches dans l'Immeuble des Moulins confirmèrent cette idée. Cette boulangerie – celle qui comprend le sanctuaire où l'on remerciait Caracalla – possédait une connexion directe avec l'entrepôt, grâce à une voûte qui enjambait la *Semita Horreorum*. Un argument supplémentaire est constitué par la taille gigantesque de l'entrepôt original. Au cours du premier siècle, Ostie possédait peu de constructions élevées et devait ressembler à Pompéi. Les bâtiments colossaux ont dû faire grande impression. Il semble qu'on l'ait construit exprès près du Forum, pour bien mettre en évidence la générosité de l'empereur.

Les boulangeries fournies en blé par l'entrepôt devaient appartenir à des membres de la corporation ostienne des boulangers. La date d'installation des boulangeries reflète probablement l'enrôlement de nouveaux membres au cours d'une longue période.

Les distributions présumées auraient pu commencer avec Claude, qui passa beaucoup de temps à Ostie et fut responsable du premier port à Portus, et sous le règne duquel on édifia le Grand Entrepôt.

La publication finale de l'équipe néerlandaise inclut la description et l'analyse exhaustives de trois boulangeries ostiennes. Les autres ateliers furent étudiés de manière concise. Nous espérons que d'autres reprendront notre travail, rédigeront des catalogues détaillés des boulangeries restantes, et vérifieront nos conclusions.

trad. Patrizia Birchler Emery

Distributions de blé gratuites à Ostie ?

On a de bonnes raison de penser que les membres de la corporation ostienne des boulangers ne cuisaient pas le pain seulement pour les esclaves et le personnel impériaux. Ils semblent aussi avoir travaillé pour les bénéficiaires de distributions de blé gratuites. L'emplacement du Grand Entrepôt et des boulangeries qui en dépendaient ne peut pas être compris si l'on suppose que ces bâtiments ne servaient qu'à l'approvisionnement des esclaves impériaux et de quelques centaines de pompiers. Les boulangeries se répandirent dans la zone située à proximité du Grand Entrepôt comme un nuage noir. Nous avons déjà mentionné la défiguration du *decumanus*. La nature de la zone entre l'Immeuble des Moulins et le Capitole changea de façon dramatique. Au nord-est du temple, on avait édifié un bloc comprenant une demeure spacieuse, plusieurs appartements à louer de grande qualité et un grand jardin (I iv). La demeure fut convertie en un lupanar-annexe d'hôtel. Dans la partie nord du jardin, on installa un entrepôt avec de grandes jarres à huile. On construisit des bars et un restaurant le long de la rue reliant le Grand Entrepôt et le temple. On peut trouver de nombreux exemples à Ostie de la profonde influence qu'ont eue les ateliers et d'autres bâtiments commerciaux sur l'aspect de la ville, mais cet impact n'est nulle part aussi évident qu'ici, où il est le résultat de l'implication de l'empereur lui-même.

Nous pouvons aussi remarquer que le Moulin I xiii 4, sur le Carrefour des Entrepôts, se trouve dans la partie sud de la ville, loin du secteur du port où travaillaient les esclaves impériaux. Enfin, le nombre supposé de personnes fournies en pain par les boulangeries (12 000 à 14 000) implique un nombre extrêmement élevé d'esclaves impériaux à Ostie. Peut-être qu'un tiers de la population d'Ostie consistait en esclaves, comme à Rome, ce qui nous donne un chiffre de 13 000. Cependant, beaucoup de ces esclaves n'appartenaient pas à l'empereur.

Note

*   Nous renvoyons aux ouvrages suivant pour plus de détails :
J. Th. Bakker (dir.), *The Mills-Bakeries of Ostia. Description and Interpretation*, 1999
J. Th. Bakker, *Living and Working with the Gods. Studies of Evidence for Private Religion and its Material Environment in the City of Ostia*, 1994, chap. 9
F. Coarelli, « Saturnino, Ostia e l'annona. Il controllo e l'organizzazione del commercio del grano tra II e I secolo a.C. », dans : *Le Ravitaillement en blé de Rome et des centres urbains des débuts de la République jusqu'au Haut Empire. Actes du colloque international de Naples 1991*, 1994
Th. L. Heres, « The Building History of the Caseggiato dei Molini (Reg. I iii 1) at Ostia : A Preliminary Study », *MededRom* 48, 1988, pp. 37-74
E. M. Moormann, « Mural Paintings in the Sacello del Silvano », dans : Bakker, 1994, pp. 262-272
G. Rickman, *Roman Granaries and Store Buildings*, 1971
A. J. B. Sirks, *Food for Rome : The Legal Structure of the Transportation and Processing of Supplies for the Imperial Distributions in Rome and Constantinople*, 1991
C. Virlouvet, *« Tessera Frumentaria ». Les procédures de distribution du blé public à Rome à la fin de la République et au début de l'Empire*, 1995
Une banque de données sur les boulangeries est disponible sur le site web d'Ostia Antica : http://www.ncl.ac.uk/ostia.

Les foulons, artisans des textiles et blanchisseurs

Claire De Ruyt

L'artisanat des textiles occupa de tout temps une place importante dans les activités économiques. Le monde romain hérita du passé la connaissance des procédés complexes, mais indispensables à la préparation des fils et des trames, ainsi qu'à leur nettoyage et apprêtage. Dans les villes surtout, mais aussi dans les campagnes, existaient divers ateliers de tisserands, de teinturiers et de foulons[1]. Les plus anciennement connus se trouvent à Pompéi, centre dynamique de l'artisanat lainier, où toutes les étapes de ce travail sont documentées par les vestiges des ateliers et par les peintures murales qui mettent en scène les artisans au travail[2].

La ville d'Ostie offre, elle aussi, un intérêt particulier dans ce domaine : elle illustre par des vestiges très parlants l'artisanat des foulons – l'*ars fullonica*, spécialisé dans les opérations multiples qu'exigeait l'apprêtage des tissus de laine ou autres textiles, neufs ou usagés[3]. Plusieurs fouleries découvertes dans les zones fouillées ont été remarquablement étudiées par A. L. Pietrogrande[4] dans un ouvrage exemplaire, qui renouvelait l'étude de cet artisanat jusqu'alors pratiquement limitée aux exemples campaniens. En effet, si les villes du Vésuve, anéanties brusquement

en 79 ap. J.-C., offrent divers exemples de fouleries installées dans d'anciennes demeures transformées tant bien que mal pour cette fonction, Ostie présente l'étape suivante de l'histoire de cet artisanat : ses foulons sont devenus au IIe siècle de véritables industriels, établissant leurs ateliers dans des édifices parfaitement adaptés aux nouveaux développements de leur rentable activité.

Six *fullonicae* ont été repérées à Ostie, dont deux tout récemment. Rappelons, par une brève description, la disposition générale des édifices étudiés précédemment, avant de nous attarder sur les nouvelles découvertes. Une grande *fullonica* se trouvait non loin des berges du Tibre, dans la zone au nord-est du Théâtre (Via della Fullonica, II ix 1). Elle comprend deux grands bâtiments ayant fonctionné longtemps ensemble. Le premier, l'atelier principal, est constitué d'une vaste pièce couverte, au centre de laquelle sont creusés trois grands bassins maçonnés (**fig. 1**) ; le long des murs et à l'intérieur de quatre petites pièces, étaient installées environ 45 jarres et cuves ; une cour en annexe, bordée dans une seconde phase d'un portique, était équipée de bancs maçonnés. Le bâtiment voisin, qui communique par une porte avec l'atelier principal, comprend un grand vestibule, une cour agrémentée d'une fontaine et divers locaux de type *taberna*. Une deuxième grande officine est installée au sud du Decumanus Maximus, le long de la Via degli Augustali (V vii 3). Ici, l'atelier s'organise à l'intérieur d'un seul corps de bâtiment ; une grande pièce est équipée de quatre grands bassins centraux et d'un quadriportique abritant 35 cuves ainsi que des bancs maçonnés ; une salle annexe, plus petite et plus dégagée, servait de vestibule et d'atelier secondaire.

Un atelier de foulons de dimensions bien plus réduites occupa une *taberna* sur le *cardo*, dans le secteur méridional de la ville (I xiii 3) (**fig. 2**) et l'un des locaux du complexe de la Via della Fullonica, précédemment décrit, fut également transformé pour cet usage en un second temps. Ces ateliers plus

1   Bassins de la grande fullonica II xi 1 (photo C. De Ruyt).

2   Equipements de la petite *fullonica* du *cardo*, I xiii 3 (photo C. De Ruyt).

3   Vue de la *fullonica* dégagée à l'arrière du temple des *Fabri Navales*, III ii 2 (photo C. De Ruyt).

3

modestes présentent un plan analogue : l'entrée donne sur un vestibule, tandis que les équipements sont installés à l'arrière et comprennent un seul bassin et quelques cuves pour le foulage. Les deux grandes officines furent aménagées à l'époque de Trajan ou d'Hadrien et connurent divers aménagements au cours des IIe et IIIe siècles. Les petits établissements ont, par contre, fonctionné seulement à partir de la fin du IIe ou du début du IIIe siècle.

Un nouvel atelier de foulons, dont l'étude est toujours en cours[5], s'ajoute aujourd'hui aux édifices étudiés par Pietrograndе. Situé dans le quartier occidental de la ville, le long du prolongement du *decumanus* (III ii 2), entre l'embouchure du fleuve et la mer, cet établissement est l'une des plus vastes fouleries que l'on connaisse à ce jour dans le monde romain. Son existence, déjà supposée par Pietrograndе, resta pratiquement ignorée jusqu'en 1993, les fouilles dans ce secteur s'étant limitées au dégagement du niveau supérieur, occupé par le temple du collège des *Fabri Navales* (les charpentiers navals). La cour antérieure et le podium du temple recouvraient une grande partie des ruines de la *fullonica*. Mais la partie arrière du terrain ne subit aucune réaffectation et livra des vestiges bien conservés de la pièce principale. Sous le podium ont également été repérées une cour rectangulaire et une série de pièces latérales. Ce sont actuellement les deux secteurs connus de cet immense officine, qui se prolongeait certainement jusqu'au Decumanus Maximus[6], la surface totale occupant toute la parcelle de terrain de 64 m sur 18 m. L'atelier connut plusieurs phases de développement aux Ier et IIe siècles de notre ère. A la lumière de cette dernière découverte, nous comprenons mieux les différents aspects du métier des foulons et l'évolution de son exercice au cours de l'histoire de la ville portuaire.

Une foulerie antique (*officina fullonia*[7]) se reconnaît immédiatement à la présence des cuves (*testae*) où était pratiqué le foulage aux pieds des tissus. Cette opération resserre la trame et feutre le tissu, grâce à l'usage des produits alcalins tel la soude (*nitrum*), l'urine humaine ou animale en guise d'ammoniaque et l'argile dégraissante appelée la terre à foulon (*creta fullonia*[8]). A l'époque de son plus grand développement, plus de cinquante cuves de deux types différents existaient dans l'atelier III ii 2 (**fig. 3**). Les premiers sont de grands pots pansus, en réalité de grosses amphores récupérées et dont le bord a été retaillé pour élargir l'ouverture ; ils servaient à contenir les produits en question. Les seconds sont des cuves de forme ovoïde avec large ouverture de 60 cm environ. Ces grands récipients aux parois épaisses pouvaient contenir un drap de dimension moyenne et supporter le poids de l'ouvrier qui le foulait. Celui-ci prenait appui sur des murets latéraux et sautillait dans la cuve – *fullonius saltus*[9]. L'ouvrier ne pouvait pas être trop lourd sous peine de provoquer la cassure du récipient, accident que les réparations antiques de certains vases de cet atelier illustrent cependant[10]. La séquence des murets d'appui et des cuves encastrées dans le sol déterminaient des séries de logettes dans lesquelles pouvaient travailler de nombreux ouvriers. Sur les lèvres plates des cuves de foulon, fabriquées tout exprès pour cet usage par les potiers, apparaissent les estampilles des grandes tuileries de la région de Rome, datables entre 123 et 137. Ces cuves n'ont pas toujours présenté la même forme : dans sa première étape du Ier siècle, la foulerie était équipée de cuves rectangulaires assez peu profondes, en maçonnerie légère revêtue d'un enduit de tuileaux concassés, récipients sans doute plus solides, mais certainement moins adaptés à l'opération de foulage aux pieds. A ces cuvettes en forme d'auges, s'adapte mieux le terme de *pila*, qui désigne les cuves de foulons à l'époque républicaine[11].

Les draps ainsi traités devaient subir ensuite un sérieux lavage à l'eau courante afin d'éliminer les produits. On le pratiquait dans les grands bassins (*lacus* ou *lacunae*), creusés à même le sol dans l'espace central de la pièce majeure de l'officine (**fig. 3**). Les quatre bassins se trouvaient à courte distance des séries de logettes des foulons, de sorte que les travailleurs n'avaient, pour y accéder, que quelques pas à faire sur le sol enduit d'un épais béton de tuileaux (*opus signinum*) parfaitement lissé. Devant les cuves, le sol était pourvu de rebords empêchant l'écoulement des produits souillés dans les bassins d'eau claire. L'eau devait couler en abondance pour remplir ces grands bassins[12] ; elle était amenée par un tuyau de plomb branché sur la grande conduite du Decumanus Maximus. Encastré dans le sol en béton, il alimentait un petit bassin de fontaine, analogue à celui de la *fullonica* de la Région II. Ensuite, l'eau pouvait gagner successivement chacun des grands bassins, grâce à des conduits qui les reliaient entre eux. Il était possible, suivant les nécessités des travaux, d'obturer ces conduits, afin de rincer les étoffes dans plusieurs eaux. Deux gros tronçons des tuyaux d'adduction d'eau, portant la marque du fabricant, ont été retrouvés en place dans notre foulerie. Un grand égout souterrain, orienté suivant l'axe du bâtiment, évacuait les eaux usées en reliant le dernier bassin au grand collecteur de la rue. La zone médiane, où se trouvaient les bassins, était certainement à ciel ouvert dans cette foulerie[13], alors que de gros piliers de briques portaient la couverture des espaces latéraux abritant les cuves. Les deux séries de piliers n'étant pas alignées, la couverture centrale de la grande pièce est exclue ; elle ne se justifie d'ailleurs aucunement, vu que la lumière ainsi que l'eau de pluie tombant des toitures des portiques devaient être plutôt bienvenues. De grosses dalles de tuf et de calcaire furent posées sur les bords des bassins, afin de permettre de presser les draps pour en évacuer rapidement la plus grande partie de l'eau de rinçage.

L'étape suivante du travail consistait à battre les tissus à l'aide de maillets en bois pour leur donner du corps. De hauts bancs maçonnés appuyés au mur de fond de la pièce facilitaient cette opération ; soumis à la pression des coups, ils durent être plusieurs fois rechargés d'enduit lisse. Ensuite, les draps devaient être pendus afin de sécher, de préférence à l'abri du soleil. Dans ce but, des bâtons étaient accrochés aux piliers du portique, comme dans la foulerie V viii 3 ; des cadres en bois étaient également dressés dans les espaces libres et probablement aussi sur les trottoirs aux alentours du bâtiment[14].

4   Reconstitution du grand atelier arrière de la *fullonica* III ii 2 (dessin Bruno Lacroix).

5   Cuves remontant à la première phase de la *fullonica* III ii 2 (photo C. De Ruyt).

Les derniers travaux d'apprêtage étaient sans doute pratiqués dans les pièces annexes, bien que peu d'éléments permettent de l'attester. Le lainage ou cardage du tissu au moyen de brosses (*aenae fulloniae*) garnies de chardons ou d'une peau de hérisson, démêlait les fibres en les peignant[15]; puis on pouvait éventuellement tondre le tissu avec de grandes cisailles pour éliminer le duvet et le soumettre à la vapeur de souffre si on voulait le blanchir[16]. L'étoffe, polie à la terre blanche ou à la craie, était ensuite légèrement aspergée d'eau crachée de la bouche d'un ouvrier[17] et mise sous presse. On pouvait alors enfin la confier aux marchands ou la rendre à son propriétaire.

La pratique du métier de foulon, peu considérée, voire même méprisée, était cependant protégée et sévèrement réglementée par des lois spéciales[18]. Les nombreux travailleurs des officines (**fig. 4**) avaient leur collège, attesté à Ostie par une inscription du IIe siècle[19]; ils se présentent comme les *Fontani*, allusion au caractère sacré de leurs associations, liées le plus souvent au culte des fontaines. Si aucun vestige certain du culte de Minerve, protectrice des foulons[20], n'est attesté à Ostie, notons cependant qu'une niche aménagée dans le mur du fond de l'atelier de la Région III peut être interprétée comme une petite « chapelle ».

A Ostie, les petits ateliers comme celui du *cardo* servaient évidemment à l'usage local du nettoyage et de la remise à neuf des vêtements usagés[21]. Par contre, les grandes officines témoignent d'une activité de plus grande envergure. On peut les considérer comme de véritables industries occupant un personnel nombreux, dont le travail était organisé pratiquement « à la chaîne » dans de vastes pièces équipées pour la succession des opérations nécessaires. L'histoire de ces grands ateliers d'Ostie n'est par pour autant linéaire et nos connaissances actuelles permettent d'en appréhender l'évolution. La *fullonica* III ii 2 semble

avoir fonctionné dès la seconde moitié du Ier siècle de notre ère, quand le terrain d'un ancien bâtiment de la fin de l'époque républicaine[22] fut rehaussé de plus d'un mètre; des murs de division interne, auxquels s'adossent les premières cuves de foulons, sont ensuite construits sur ce rehaussement spectaculaire du niveau d'occupation (**fig. 5**). L'aménagement précoce de l'atelier s'explique peut-être par l'amélioration de l'approvisionnement en eau consécutive à la construction du grand aqueduc d'Ostie. La prospérité de l'entreprise permet son agrandissement, probablement dans la première moitié du IIe siècle[23].

C'est alors que sont construites les deux autres grandes *fulloniae* précédemment connues (dans les Régions II et V). Toutes trois subissent diverses réfections et améliorations durant le IIe siècle, époque de la plus grande prospérité de ces entreprises. Les cuves se multiplient et occupent le moindre espace disponible, s'adossant même aux piliers des portiques et tous les sols et revêtements des banquettes sont refaits. Mais, alors que se poursuit au IIe siècle. l'activité des deux autres, l'officine de la Région III est abandonnée, probablement sous Marc Aurèle ou Commode au troisième quart du IIe siècle. C'est alors, en effet, qu'elle cède la place au temple du collège des *Fabri Navales*, installé sur le terrain une nouvelle fois considérablement rehaussé. Cet abandon de l'activité des foulons signifie peut-être un début de crise dans la profession : c'est la plus grande des officines qui doit fermer, faute peut-être d'une rentabilité suffisante.

Ces constats nous amènent à nous interroger sur la présence aussi remarquable de l'activité des foulons à Ostie. On l'a dit, ceux-ci s'occupaient aussi bien des tissus sortant bruts des ateliers de tissage (*vestimenta rudia*) que des vêtements usagés (*vestimenta recurata* ou *ab usu*)[24]. Au moment de la plus grande prospérité de la ville et du port, des entrepreneurs installent dans les quartiers centraux d'immenses ateliers qui, à l'évidence, ne se justifient pas pour le nettoyage des vêtements des seuls habitants de la ville. On sait, d'autre part, que le travail du tissage des draps de laine était une activité développée surtout dans les régions du nord et du sud de l'Italie[25], où se pratiquait l'élevage des moutons ; or, l'exigence du marché romain nécessitait une livraison importante de draps neufs, dont le transport était certainement assuré en grande partie par voie maritime. Arrivés au port d'Ostie, ces tissus non traités et souillés pouvaient être confiés à ces grandes industries de foulons, qui les préparaient pour l'énorme et riche clientèle romaine. La prospérité de l'artisanat et du commerce d'une ville comme Ostie dépendait à la fois des marchandises arrivant au port et du marché de Rome. Cette dernière avait bien sûr ses foulons, mais l'accroissement de la population sous l'Empire a très bien pu fournir l'occasion à des entrepreneurs d'Ostie de profiter de ce marché rentable. A peine déchargés des bateaux, les tissus bruts pouvaient être traités sur place, puis acheminés parfaitement finis jusqu'à Rome. Cette hypothèse trouve encore un argument supplémentaire dans l'existence probable d'une quatrième grande *fullonica* dans la zone dite du « Trastevere » d'Ostie, sur la rive droite du fleuve. L'édifice, repéré par A. Pellegrino, ne laisse aucun doute sur son identification, vu la présence des cuves caractéristiques de l'activité des foulons[26]. Cette situation dans les quartiers proches des rives du fleuve se retrouve, par exemple, dans les grands ateliers de foulons découverts à Florence ou à Saint-Romain-en-Gal (Vienne)[27].

Enfin, on peut se demander comment, après la fermeture de l'atelier de foulons, les charpentiers navals ont obtenu le terrain pour y bâtir leur temple collégial. En 195, ils élèvent une statue à leur patron P. Martius Philippus, un personnage dont le nom apparaît aussi sur deux conduites en plomb de Rome, où il participe à l'assignation de terrains publics à un collège. Une autre inscription, malheureusement non datée, semble indiquer que des *fullonicae* romaines appartenaient à des Philippi[28]. Des hommes d'affaires ou de riches propriétaires possédaient, en effet, de grands ateliers urbains, dont ils confiaient la gestion à leurs affranchis[29]. Peut-on supposer qu'il existait un lien entre ce Philippus des années 193-195 et les anciens foulons d'Ostie et que ce personnage aurait pu intervenir dans l'habile réaffectation du terrain au profit du puissant collège des *Fabri Navales*, dont il était le patron ?

Notes

[1] *Daremberg – Saglio* II 2 (1896) 1349-1352 s. v. Fullonica (Jacob) ; *Diz. epig.* III (1962) 316-323 s. v. Fullones (Pernier) ; R. J. Forbes, *Studies in Ancient Technology*, IV (1964) ; H. Blümner, *Technologie und Terminologie der Gewerbe und Künste bei Griechen und Römern*, I (1912 ; réimpr. 1969), pp. 110-190 ; A. Uscatescu, *« Fullonicae » y « tinctoriae » en el mundo romano* (1994).

[2] W. O. Moeller, *The Wool Trade in Ancient Pompeii* (1976), pp. 41-51 a repéré onze *fullonicae* à Pompéi, dont trois grands ateliers.

[3] Notons que, contrairement à ce que l'on lit fréquemment, les foulons se distinguent nettement des teinturiers. Ces derniers intervenaient soit avant le tissage, soit pour la remise à neuf, mais pratiquaient leur métier dans des ateliers différents, toujours équipés de fours destinés à chauffer les produits dans de grandes cuves : W. O. Moeller, « 'Infectores' and 'offectores' at Pompei », *Latomus* 32, 1973, pp. 368-369.

[4] Le fulloniche, *SdO* VIII (1976).

[5] Ces recherches, aimablement autorisées par Mme la Surintendante Anna Gallina Zevi, sont menées depuis 1992 par une équipe d'archéologues et d'étudiants des universités belges et financées par le Ministère de la Région Wallonne. Voir C. De Ruyt, « Ricerche archeologiche nel tempio dei Fabri Navales a Ostia », *Quaderni di archeologia etrusca italica* 23/4 = *Archeologia Laziale* 12, 1995, pp. 401-406 ; ead., « Un exemple de discontinuité des fonctions monumentales dans un quartier de la ville romaine d'Ostie (Reg. III, Ins. II) », *RBA* 65, 1996, pp. 5-16.

[6] Toute la partie de l'édifice située sous la cour antérieure du temple et sous les *tabernae* en façade est encore inconnue.

[7] Pline *HN*, XXXV 143, 175.

[8] Mart. *Ep.* VI 93 évoque une certaine Thaïs « qui sent plus mauvais qu'une vieille jarre de foulon » ; *urina fullonia* dans Pline *HN*, XXVIII 91 et 174. Pline *HN* XXVIII 66 indique « pour preuve que l'urine de l'homme guérit la goutte le fait que les foulons seraient épargnés par cette maladie ». Pietrograde, *op. cit.* (n. 4), p. 20 suppose qu'un demi *dolium*, encastré dans le pavement derrière une des portes du grand bâtiment annexe de l'atelier de la Région II, a pu servir à récolter l'urine. Des réserves d'argile ont été retrouvées dans un bassin peu profond, situé dans un angle de l'atelier de la Région III. La *creta fullonia* est évoquée par Pline *HN*, XVII 46 et XXV 196-198.

[9] Sen. *Ep.* 15, 4 compare les sauts des foulons à la danse sautillante des Saliens. Malgré cette attestation, Uscatescu, *op. cit.* (n. 1), p. 30 et *passim*, soutient que l'expression est moderne et la confond avec les cuves destinées au foulage.

[10] Les peintures de Pompéi montrent des adolescents au travail. Les inscriptions, et notamment celle de la corporation des foulons d'Ostie *CIL* XIV 4573, attestent que ceux-ci étaient le plus souvent des esclaves, quelquefois des affranchis. Pline *HN*, XXXIV 3 : 11-12 évoque le destin d'un esclave foulon, qui devint l'amant, puis l'héritier de sa riche patronne.

[11] Cato *Agr.*, XII 10 : 5 et XVII 14 : 2.

[12] Le plus grand des bassins de l'atelier III ii 2 mesure 4,87 m sur 3,40 m et un bon mètre de profondeur.

[13] Pietrograde, *op. cit.* (n. 4), pp. 30-31, 55-58 hésitait à restituer une couverture de l'espace central dans l'atelier de la Région V, mais la disposition particulière des piliers de la foulerie de la Région II l'amenait à proposer une charpente légère. Il excluait d'autre part la présence d'un étage.

[14] Ces bâtons étaient calés dans des dalles trouées insérées sur les côtés des piliers de la *fullonica* de la Région V. Les foulons étaient autorisés à pendre leurs draps dans les rues, pratique dont le prolongement est attesté aux époques suivantes : *CIL* II 462 ; *Dig.* 43, 10, 4.

[15] Pline *HN*, VIII 135 ; XVI 244 ; XXIV 68 ; XXVII 92.

[16] Pline *HN*, XXXV 175, 198 : *sulpuris*. Cette opération est pratiquée en étendant le drap sur un support en osier, tel qu'il est figuré sur une peinture de Pompéi provenant de la *fullonica* de Veranius Hypsaeus (VI 8,20) et conservée aujourd'hui au Musée National de Naples (inv. 9774). Voir, pour une bonne reproduction en couleur, Th. Fröhlich, *Lararien- und Fassadenbilder in den Vesuvstädten*, *RM Ergh.* 32 (1991), pl. 22 : 1. Cet usage est aussi attesté par le récit piquant des mésaventures de l'amant de la femme d'un foulon, qui faillit suffoquer en se cachant sous cette cage (*viminea cavea*) et se trahit en éternuant (Apul. *Met.*, IX 24).

[17] Sén. *QNat.*, I 3, 2.

[18] Le terme *nacca* pour *fullo*, chez Apul. *Met.* IX 22 et 31 et Festus 167 souligne ce mépris. D'après Pline *HN*, XXXV 197-8, la loi Metilia de 220 av. J.-C. réglait l'ordre d'une partie des opérations ; aussi *Dig.* 19, 2, 13 et 12, 7, 2 ; *CIL* VI 10298. Frontin *Aq.* 94,4 ; 107, 2 et 108, 1 signale les privilèges des foulons liés à l'utilisation de l'eau publique.

19   *CIL* XIV 4573 : près de 50 membres sont nommés dans cette inscription de 232, qui précise le statut légal de la corporation : *Corpus fontanorum q(uibus) ex s(enatus) c(onsulto) coire lice(t)* ; Meiggs, *Ostia*, 312 ; l'inscription *CIL* XIV 4649 fait peut-être aussi allusion au patron d'un collège de *Fontani*. A Rome, le grand collège des foulons de l'Esquilin bénéficiait de privilèges accordés déjà par Auguste et qu'il revendiquait jusqu'en plein IIe siècle : F. M. De Robertis, 'Lis fullonum (*CIL* VI, 266)', *StDocHistIur* 43, 1977, pp. 113-66 ; H. J. Loane, *Industry and Commerce of the City of Rome* (1938), pp. 69-77.

20   Ov. *Fast.*, pp. 817-821.

21   Une petite foulerie de ce type fut découverte récemment à Rome, sur le Celius : M. Vitti, «La fullonica della grande insula del settore centrale. La topografia antica della sommità del Celio», *RM* 100, 1993, pp. 470-473.

22   Les recherches futures devront préciser à la fois le plan, la fonction et la chronologie de ce bâtiment d'époque républicaine, mais il est dorénavant avéré qu'il s'intègre dans le contexte du premier développement de ce quartier. L'édifice disposait d'un puits communiquant avec une citerne.

23   Les murs en *opus mixtum* de réticulé et de briques justifient cette datation, de même que des briques et tuiles estampillées, datables entre 90 et 100, qui constituent un *terminus post quem* pour la construction.

24   Dioc. *Edict.* 54-63 ; XXII 8-15.

25   Moeller, *op. cit.* (n. 2), p. 5-10.

26   Nous remercions notre collègue de la Surintendance archéologique d'Ostie pour nous avoir signalé et fait visiter cette découverte.

27   *EAA* Suppl. II (1971-1974) pp. 667-670 s. v. Firenze (De Marinis) ; C. Laroche *et al.*, *Saint-Romain-en-Gal. Guides archéologiques de la France* 2 (1984), pp. 81-83.

28   H. Bloch, «Ostia. Iscrizioni rinvenute tra il 1930 e il 1939», *NSc* 1953, pp. 267-269, n° 31 ; *CIL* XIV 169 ; XV 7492 ; G. Molisani, «Un nuovo curator operum publicorum», *ZPE* 13, 1974, pp. 7-17.

29   Sur ces questions, voir par ex. J.-P. Morel, «Les élites municipales et la production artisanale et 'industrielle'», dans : M. Cébeillac-Gervasoni (dir.), *Les élites municipales de l'Italie péninsulaire des Gracques à Néron, Actes de la Table Ronde de Clermont-Ferrand*, 1991 (1996), pp. 179-192 ; dans le même ouvrage, p. 201, F. Coarelli suggère que le père de Cicéron fût propriétaire d'ateliers de foulons à Arpinum.

La production des lampes a huile :
l'exemple de l'atelier d'Annius Serapiodorus

Monica Ceci

Les fouilles d'Ostie ont restitué un nombre considérable de lampes à huile – la collection de l'Antiquarium en compte à elle seule plus de 3000 – mais il s'agit presque toujours d'exemplaires importés ou provenant de Rome ou de la région limitrophe. Il n'est toutefois pas à exclure que certains des principaux ateliers de la capitale aient possédé des succursales à Ostie, comme c'est le cas pour le potier arétin Sextus Annius Afer qui, au début de l'Empire, fabriquait des vases en sigillée italique dans une filiale d'Ostie, où ont été retrouvés des ratés de cuisson.

Pour le moment, nous ne disposons d'aucune donnée de fouille sur le sujet et les analyses géochimiques et pétrographiques ne permettent pas de distinguer, au stade actuel des recherches, des différences caractéristiques entre les argiles utilisées à Rome et celles d'Ostie.

A Ostie, on ne connaît aujourd'hui qu'un seul atelier de fabrication de lampes à huile : celui d'Annius Serapiodorus[1]. L'hypothèse de sa localisation ne se fonde, comme nous l'avons déjà dit, ni sur l'analyse de l'argile[2], ni sur la découverte de l'atelier

1a-b Lampe avec la représentation de Fortuna et l'estampille ANNISER (inv. 2030).

2   Lampe avec la représentation du Bon Pasteur (inv. 2018).

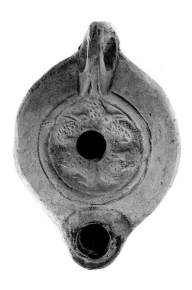

3a-b Lampe avec le motif de l'oie; sur le fond, l'estampille ANNISIR (inv. 2045).

4   Lampe avec quatre levrauts autour du trou de remplissage (inv. 2054).

5   Lampe avec quatre levrauts et décorations au stylet et au poinçon (inv. 2056).

6   Lampe à globules de type Bailey Q x (inv. 2138).

ou de déchets de fabrication mais se déduit essentiellement du nombre de pièces attestées. En effet, les lampes à huile découvertes, estampillées ANNISER, sont de loin plus nombreuses que celles produites dans les autres ateliers contemporains et, surtout, ne sont pratiquement pas attestées en dehors d'Ostie.

La production se situe à l'époque des Sévères, alors que le réseau commercial a perdu l'essentiel de son efficacité et que les ateliers de fabrication de lampes à huile en Italie centrale tendent à produire pour un marché restreint, qui pour certains types de lampe peut être identifié avec le lieu de production. C'est à cette période que se diffusent, tant en Italie qu'en Afrique, les lampes à huile à bec en forme de cœur et à épaule, souvent décorée de sarments de vigne ou de rameaux de laurier. Le disque est ample, permettant d'utiliser une vaste gamme de motifs allant des thèmes religieux et mythologiques à ceux de la vie quotidienne[3]. Parmi les lampes à représentations divines, nous trouvons, par exemple, celle de Fortuna coiffée d'un diadème, qui tient dans une main la corne d'abondance et, dans l'autre, le gouvernail, avec, dans son dos, une roue (**fig. 1a-b**). La qualité est encore soignée, même si elle s'éloigne de celle rencontrée sur les exemplaires du début de l'Empire, mais le répertoire est identique à celui des ateliers contemporains.

Une décoration singulière se retrouve, en revanche, sur le disque de quelques lampes qui présentent la figure en relief du Bon Pasteur portant l'agneau sur les épaules (**fig. 2**). Comme l'a fait remarquer à juste titre R. Lanciani, l'apparition de ce motif iconographique parmi les représentations de divinités païennes ne signifie pas nécessairement qu'Annius Serapiodorus s'est converti au christianisme; il est plus probable que le fabricant d'Ostie travaillait sur commande aussi pour une clientèle chrétienne[4].

A côté des thèmes sacrés et des représentations complexes, nous trouvons des motifs simples tirés du lexique animalier. Parmi ceux-ci, nous avons la lampe au motif de l'oie passant vers la droite (**fig. 3a-b**), exemplaire dont le fond porte la marque ANNISIR, variante épigraphique moins commune de la signature d'Annius Serapiodorus. Les deux lampes avec les quatre levrauts placés autour du trou de remplissage (**figs 4-5**) permettent de confronter deux exemplaires, certainement produits avec la même matrice, mais diversifiés par l'ajout, dans le second, de décorations au stylet et au poinçon tant sur l'épaule qu'entre le disque et le bec.

Les lampes à huile en forme de cœur ne sont pas le seul type produit par l'atelier qui signe ANNISER; la signature se rencontre aussi sur d'autres types, dont les lampes à globules du type Bailey Q x (**fig. 6**), les lampes à anse transversale et à coquillage sur le disque du type Bailey M ii (**fig. 7**), et les imitations de *Firmalampen* du type Loeschcke X (**fig. 8**). Ces dernières, en particulier, démontrent que désormais le type – créé en Italie septentrionale, mais diffusé au IIIe siècle dans toute la péninsule et dans les provinces du Rhin et du Danube – conditionne aussi les productions ostiennes.

Il faut enfin noter que l'atelier d'Annius Serapiodorus est certainement l'un des derniers en Italie à porter tant d'attention à la recherche morphologique et décorative. Le panorama est désormais destiné à s'appauvrir, se réduisant pratiquement – entre la moitié du IIIe siècle et le IVe siècle – à quelques types simples comme les lampes à globules de type Bailey R, qui laisseront la place à des produits d'Afrique[5].

trad. Christophe Goumand

7   Lampe à anse transversale, avec coquillage sur le disque (inv. 2080).

8   Lampe imitant la *Firmalampe* de type Loeschcke X (inv. 2154).

Notes

[1] D. M. Bailey, *A Catalogue of the Lamps of the British Museum*, II. *Roman Lamps made in Italy* (1980), p. 91; C. Pavolini, *La vita quotidiana ad Ostia* (1986), p. 60.

[2] Une première tentative d'analyse des lampes d'Annius Serapiodorus a été effectuée en collaboration avec l'Arbeitsgruppe Archäometrie de Berlin. Voir M. Ceci – G. Schneider, «Analisi chimiche su lucerne bollate», dans: *Epigrafia della produzione e della distribuzione, Actes de la VIIe Rencontre franco-italienne sur l'épigraphie du monde romain* (1994). Le dendrogramme (tableau 3) révèle que l'échantillon prélevé sur une lampe à huile signée ANNISER s'insère dans le groupe 2 des lampes locales, bien distinct par rapport à celui des lampes à huile de l'Italie du Nord, mais qui regroupe divers ateliers du centre de l'Italie.

[3] Pour un panorama des décors rencontrés, voir *CIL* XV/2, 6296.

[4] Voir *CIL* XV/2, 6296.

[5] L. Anselmino, «Ostia. Terme del Nuotatore, le lucerne», dans: A. Giardina (dir.), *Società Romana e Impero Tardoantico*, III: *Le merci e gli insediamenti* (1986), pp. 54-56.

Vie privée (habitat, vie quotidienne)

Habiter à Ostie: la fonction et l'histoire de l'espace «privé»[*]

Axel Gering

En se promenant à travers tout Ostie (et pas seulement jusqu'au Théâtre !), on est frappé par le nombre inhabituel d'appartements qu'on pourrait attribuer dans un premier temps à «une classe moyenne de parvenus». En effet, dans la zone explorée jusqu'à présent, il manque de grandes maisons richement décorées, comme on les connaît des petites villes de province comme Pompéi.

A l'époque du déclin de Pompéi, commencent à Ostie les transformations les plus marquantes de la ville: elle se met à grandir en hauteur. Après la construction du nouveau port de Trajan vers 110 ap. J.-C. et l'afflux de nombreux travailleurs et aventuriers, il y règne des conditions qui devaient paraître très suspectes aux couches sociales élevées de la société et que Juvénal décrit dans une satire[1]: même liberté (*aequa ibi libertas*), propriété commune (*communia pocula*), même le lit et la table ne sont pas privés (*lectus non alius cuiquam*, […]). La situation archéologique permet toutefois de nuancer Juvénal qui compare Ostie à une buvette populaire: à cette époque, il y avait bien plus d'appartements nouvellement construits que de bistrots (*popinae*). La satire contient cependant un brin de vérité: encore jusqu'à 130 et même 150-160 ap. J.-C. (date à laquelle débutent les premières grandes transformations urbanistiques), on est peu conscient de son propre statut social, ce qui se manifeste dans un manque d'«individualité chez soi». Toutefois, l'espace «privé», à savoir un espace appartenant à des familles individuelles, joue un rôle toujours plus important, dans tous les cas un rôle plus important qu'on ne l'avait soupçonné au moment des fouilles avant la Deuxième Guerre mondiale. A cette époque, on était plutôt déçu de la qualité du décor pariétal des appartements par rapport à celle de Pompéi. C'est ainsi, mais aussi sous l'influence de l'esprit de l'époque, que l'on a surestimé l'importance des institutions publiques et semi-publiques comme les associations, en tant que substituts du luxe domestique.

En revanche, les raisons de ce changement ont souvent été sous-estimées, parce que les fouilleurs, tout en reconstruisant Ostie et ses appartements, l'ont réduite à un état idéal du IIᵉ siècle, plutôt que de rendre justice à une ville active pendant de nombreux siècles.

Dans ce qui va suivre, nous tenterons de mettre en évidence la fonction et le rôle de l'espace privé à Ostie dans le contexte de son évolution historique[2], sans toutefois parler de l'époque républicaine et du début de l'époque impériale (jusque vers 70-100): d'une part parce que les appartements conservés sont peu nombreux, d'autre part parce que ces phases occupent une place à part dans l'histoire de l'architecture et ne sont pas comparables à l'apogée et la transformation tardive d'Ostie.

L'habitat durant la haute époque impériale (70/100-220/30): une ville à plusieurs étages et la nouvelle identité des Ostiens

Dès les années 70, et surtout vers le tournant du siècle, se développe la ville encore visible aujourd'hui, construite sur plusieurs étages. De la situation antérieure, nous ne savons que peu de choses, car des fouilles en profondeur sur une grande étendue sont impossibles. Le développement «explosif» ralentit seulement vers 150, lorsque toute la surface vide de la ville, jusqu'aux murs d'enceinte et au-delà, est densément recouverte de constructions à plusieurs étages. Mis à part les rues principales et les rares places publiques, soit les espaces verts, Ostie était constituée à cette époque de grandes *insulae*, pour la plupart refermées sur elles-mêmes (**fig. 1**)[3].

Les *insulae* présentent – plus qu'à Rome – des relations complexes entre les domaines de l'habitat, de l'artisanat et de la vie communautaire, surtout pour les nouveaux arrivants. Les espaces publics ne sont décorés que tardivement et sont guère comparables à ceux d'autres villes contemporaines. La

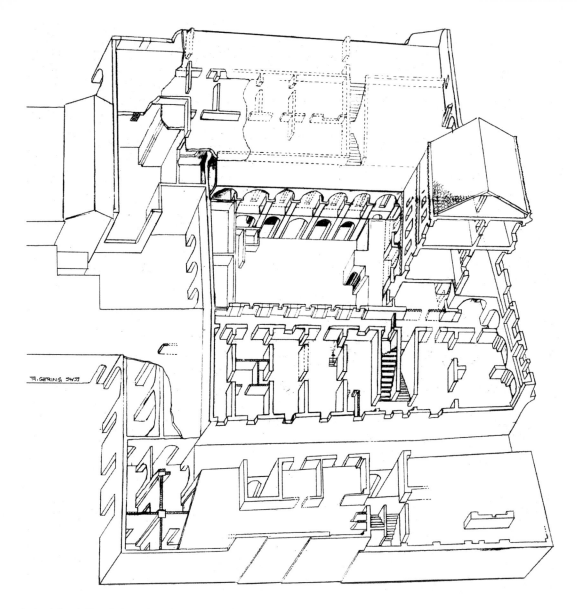

1   Reconstitution de l'*insula* III x 1 (25): premier et deuxième étages (sur la base
     des plans de I. Gismondi et de S. Packer [1971], fig. 192).

construction à usage d'habitation, révolutionnaire d'un point
de vue urbanistique par son caractère ultra-fonctionnel, contraste
fortement avec les constructions publiques discrètes. Elle «remplace» l'espace public: habiter à Ostie ne signifie pas habiter
dans des maisons contiguës standards sans espaces communs,
caractéristiques du reste de l'empire. Au contraire, chaque *insula*
forme un quartier de ville miniature autonome. L'identité des
Ostiens se manifeste donc beaucoup moins dans les espaces
publics (dans les constructions sur le Forum, par exemple, ou

sur les voies principales), que dans l'espace vital, plus ou moins
privé, qui lui est directement dévolu.

Avec les structures d'habitat et les espaces réservés aux artisans, sont aussi intégrés dans les *insulae* des thermes et des
locaux pour des associations ou des cultes. C'est dans les *insulae* que se trouvent, plus que dans l'espace public, les nouveaux
centres de communication des nombreuses et diverses associations cultuelles et professionnelles, ou des associations organisées sur la base du «voisinage». Ce n'est pas pour rien que

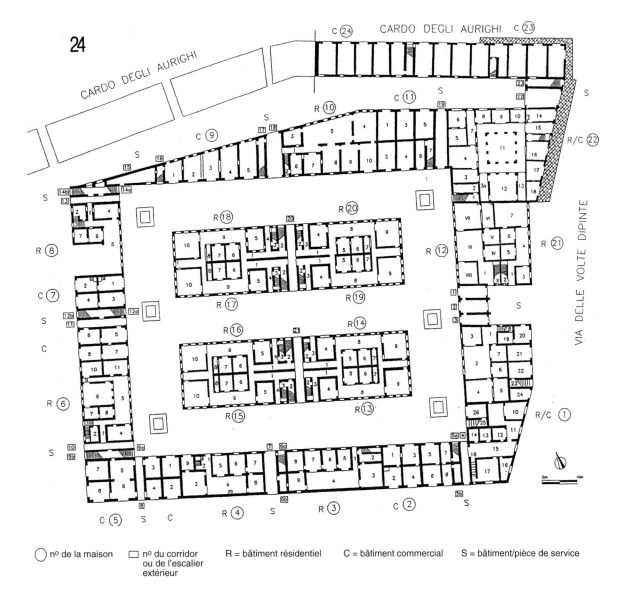

24

CARDO DEGLI AURIGHI

CARDO DEGLI AURIGHI

VIA DELLE VOLTE DIPINTE

○ nº de la maison ☐ nº du corridor ou de l'escalier extérieur   R = bâtiment résidentiel   C = bâtiment commercial   S = bâtiment/pièce de service

2   Les Maisons à Jardins (III ix 24): reconstitution des structures de base (d'après Cervi).

leur dénominateur commun est constitué par «l'architecture du banquet». L'*insula* servait également aux rencontres en dehors des activités des associations, pour entretenir des relations sociales, se divertir, mettre de l'ordre dans ses affaires et aussi – du moins informellement – pour prendre part au pouvoir commercial et politique. Ce qui distingue les *insulae* des grands immeubles modernes et anonymes est le fait que les classes sociales les plus diverses y sont mélangées presque vingt-quatre heures sur vingt-quatre[4].

Qui a conçu l'espace privé ?

Le territoire d'Ostie consiste davantage en salines et en marais qu'en terres arables. Une élite locale portée uniquement sur l'agriculture ne s'y serait jamais enrichie. L'agrandissement du port de Trajan a créé les conditions nécessaires, déjà développées à l'époque de Claude, pour des profits énormes, rendus possibles par les infrastructures du port, des canaux de raccordement, des entrepôts et de l'industrie de transformation. Ostie n'était certes pas la banlieue de Rome ; cependant, elle gère presque tous les domaines de l'approvisionnement du plus grand centre de consommation du monde antique, les denrées quotidiennes, les biens de luxe et surtout, dès le IIe siècle, le blé.

L'initiative étatique de l'agrandissement du port a stimulé les investissements dans des projets de construction privés : les entrepôts, les ateliers et les habitations pouvaient être loués à long terme ou, ce qui était particulièrement avantageux, pour la saison, ou encore à court terme. La question de savoir qui étaient les investisseurs doit rester ouverte. Il est possible qu'il s'agissait de propriétaires de villas du *suburbium* (qui, au Ier siècle, auraient peut-être habité en ville, encore idyllique à cette époque), de sénateurs ou de chevaliers romains non résidents, qui ont souvent repris le patronat d'une association. Les associations de propriétaires, qui ont certainement profité du développement de la construction à Ostie en tant que propriétaires fonciers, sont également envisageables.

La situation économique, comparable à celle des « ruées vers l'or », avec l'agrandissement du port et l'arrivée de nombreuses familles entre 50/70-110/120, a causé un changement décisif dans la mentalité et la conception de l'espace vital. Les modifications engendrées dans la production et la société ont créé un nouveau mode de vie, exprimé à travers la forme de l'« appartement » et de sa généralisation. Il a fallu plusieurs décennies aux nouveaux citoyens pour s'identifier à leur ville et développer des relations entre l'espace public et l'espace privé, qui sont fondamentalement différentes de celles existant dans toutes les autre villes romaines connues (sous réserve du fait qu'on ignore jusqu'à quel point le hasard des découvertes archéologiques est responsable de cette vision, nos connaissances des autres « grandes » villes comme Alexandrie ou Antioche n'étant pas suffisantes).

Le progrès dans l'habitat privé du IIe siècle est surtout attesté à Ostie où, dans un court laps de temps, une ville presque entière a été reconstruite. Les délimitations du terrain et la diversité des plans – signes caractéristiques d'une stratégie de location planifiée – suggèrent que la construction des appartements au IIe siècle n'a pas été voulue par l'Etat – par exemple pour y loger ses fonctionnaires. Les innovations rapides sont le résultat du concours libre des investisseurs. Le haut degré de planification dans les grands projets, comme celui des Maisons à Jardins (**fig. 2**[5]), est, à ma connaissance, sans parallèle et ne s'explique que par le fait que ces projets servaient à sauvegarder la valeur des investissements. Les appartements et les locaux pour artisans étaient conçus comme investissements à long terme : le but était d'obtenir des rendements constants même si les exigences et la composition des locataires changeaient[6].

Les transformations de l'espace d'habitation sont une conséquence logique des variations inattendues dans la demande et reflètent donc les intérêts des habitants, dont la plupart étaient locataires. Les transformations, quant à elles, ont été entreprises par les propriétaires fonciers qui, à quelques exceptions près, n'habitaient pas dans le centre ville.

Les formes et les fonctions des appartements

Les formes typiques des habitations ostiennes sont des « appartements » comportant entre 2 et 20 pièces, loués indépendamment des locaux commerciaux. Ils peuvent occuper le rez-de-chaussée d'une *insula*, mais surtout les étages supérieurs et constituent l'innovation architectonique la plus importante. Sur l'ensemble des habitations d'Ostie, 806 pièces représentent des locaux commerciaux partiellement habitables (*tabernae*) et 386 pièces ou groupes de pièces, dont le plan et la grandeur peuvent être reconstitués, sont encore conservés. Sur cet ensemble, 102 unités peuvent être classées en types réguliers et dérivés (**figs 3 et 4**). Ces unités possèdent des caractéristiques qui rappellent la quarantaine d'appartements du type *medianum*, abrégés en *mediana*, excavés jusqu'à présent. Presque tous les appartements d'Ostie ont été construits entre 70 et 150[7].

Dans le secteur du centre ville, il y a à cette époque plus d'appartements de taille moyenne d'environ 130 à 210 m^2 qu'à Pompéi dans l'état de 79, où les appartements n'étaient pas liés à des locaux commerciaux et artisanaux. Dans les villes de la région du Vésuve, les appartements locatifs (*cenacula*) ne dépassent pas les 100 m^2. A Ostie, il y a également de nombreux « grands » appartements à deux étages, dont la superficie totale de 400 à 600 m^2 correspond à celle des maisons moyennes (*domus*) de la Campanie et de la plupart des *domus* excavées à Ostie[8].

Les architectes qui ont conçu les appartements n'ont pas repris les éléments caractéristiques des maisons et villas de l'élite, comme l'atrium et le péristyle, mais ont structuré leurs façades avec des fenêtres. Les nouvelles formes d'appartements et surtout les *mediana* avaient de nombreux avantages par rapport aux *domus*, dont une grande capacité d'adaptation à différentes fonctions qui garantissait une qualité de vie stable dans un quotidien instable.

La nouvelle fonctionnalité, contrairement au principe du luxe « inutile », était surtout avantageuse pour le locataire (les appartements occupaient nettement moins de place), mais n'était pas forcément plus agréable : comparé à la *domus*, ce ne sont pas les pièces de service qui ont été réduites, mais le nombre des pièces semblables, triplées voire quadruplées, qui servaient surtout à la représentation (pour montrer aux hôtes que l'on disposait de plus de place qu'il n'était utile).

Du moins les habitants des appartements les plus luxueux (du type « *penthouse* ») pouvaient-ils – en faisant abstraction de l'espace limité qui constitue un désavantage inévitable dans une situation au centre de la ville – se sentir au sommet de la société mondaine. D'un point de vue pratique, le confort de ces appartements était supérieur à celui des anciennes *domus* d'Ostie, partiellement conservées dans le centre ville et dont la surface habitable était semblable : les surfaces inutiles ont été éliminées et remplacées par une pièce principale, possédant souvent un balcon avec vue, et planifiées de manière plus fonctionnelle. Le mode de vie en appartement est devenu, au IIe siècle, un modèle pour (presque) toutes les classes sociales d'Ostie,

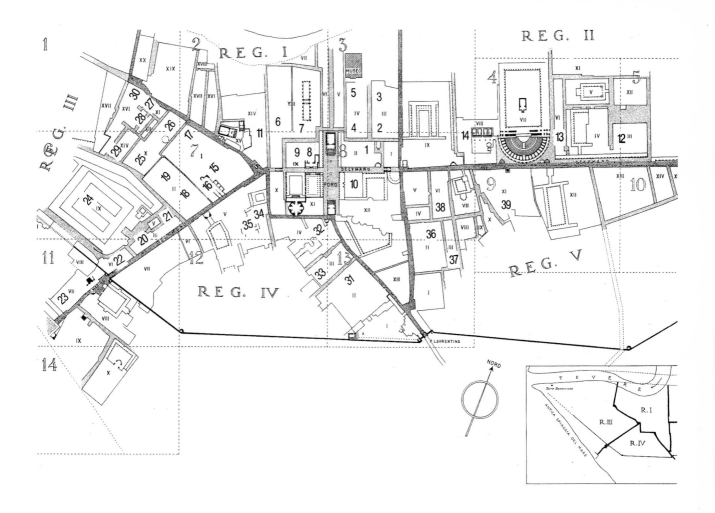

3   Plan général d'Ostie avec indication des *insulae*.

1: I ii 5 (premier étage)
2: I iii 3, 4 (rez-de-chaussée et premier étage)
3: I iii 5
4: I iv 2 (rez-de-chaussée et premier étage)
5: I iv 3, 4
6: I viii 3 (premier étage)
7: I viii 10
8: I ix 1
9: I ix 3
10: I xii 1
11: I xiv 9
12: II iii 3, 4
13: II vi 3-6
14: II viii 8
15: III i 4
16: III i 5
17: III i 9-15
18: III ii 4
19: III ii 9

20: III iii 1
21: III v 1 (rez-de-chaussée et premier étage)
22: III vi 2, 3
23: III vii 5
24: III ix 1-24 (cf. fig. 2)
25: III x 1 (rez-de-chaussée, premier et deuxième étages)
26: III x 3 (deuxième étage)
27: III xi 1
28: III xii/xiii
29: III xiv 4
30: III xvi 2
31: IV ii 6
32: IV iv 6
33: IV iv 9
34: IV v 4
35: IV v 9
36: V ii 13
37: V iii 3
38: V vi 1
39: V xi 2

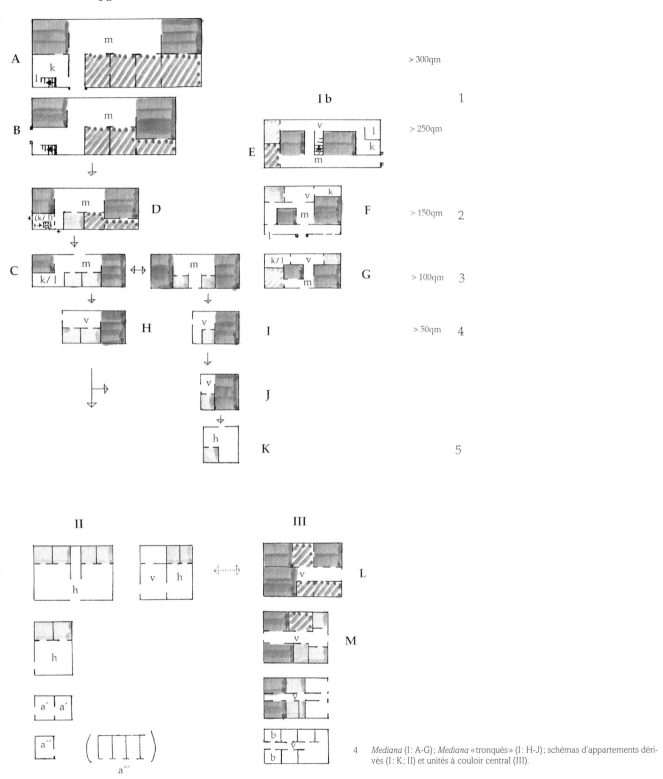

I a

A

B

D

C

H   I

J

K

I b

E   > 300qm

F   1

G   > 250qm

> 150qm   2

> 100qm   3

> 50qm   4

5

II   **III**

L

M

4   *Mediana* (I: A-G); *Mediana* «tronqués» (I: H-J); schémas d'appartements dérivés (I: K; II) et unités à couloir central (III).

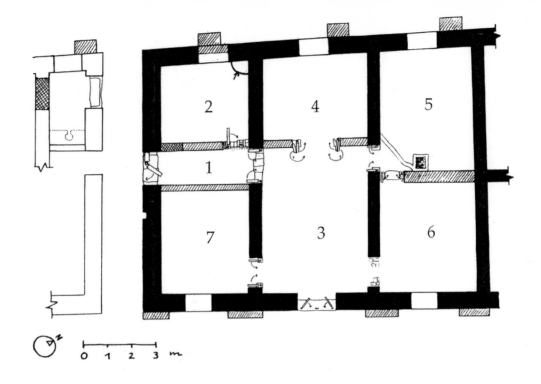

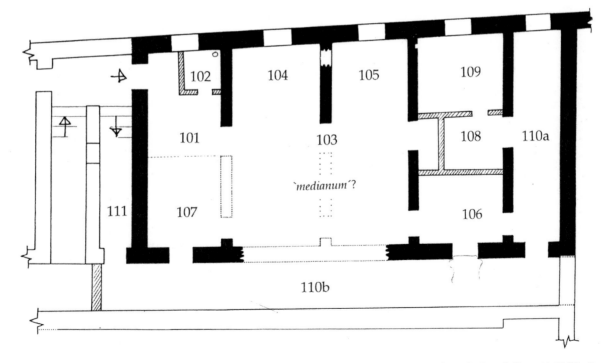

5   Plan du rez-de-chaussée et du premier étage de l'immeuble 25 (III x 1)

qui n'avaient pas nécessairement besoin de pièces de représentation. La « vie d'appartement » a même été reprise, dès le IIIe siècle, par les *domus* tardives qui possèdent une autonomie et une disposition de pièces comparables[9].

Un survol de la forme d'appartement la plus répandue à Ostie, les *mediana*, devrait permettre d'illustrer les exigences typiques et l'organisation de l'habitat, de la cellule la plus simple à l'appartement le plus luxueux (**fig. 4**: I a-b)[10]. Les *mediana* attestés à Ostie ont pu être regroupés en trois catégories selon leur surface de base, soit les grands *mediana* (210-250 m²), les *mediana* moyens (130-210 m²) et les petits *mediana* (60-120 m²).

Les grands *mediana* se composent de 15 pièces au maximum et de deux étages et occupent plus de 210 m², voire même 250 m² en surface de base et plus de 600 m² en surface totale (**fig. 4**: A, B, E[11]). Parallèlement aux grandes pièces « ouvertes » et décorées à grands frais, il existe des pièces secondaires, plus simples, comme la cuisine, les toilettes, les couloirs et des petites pièces isolées et « fermées ». Les pièces fermées, pour la plupart sans fenêtres, sont de bons indicateurs de répartition : elles apparaissent – surtout à l'étage supérieur – comme la plus petite forme d'habitation attestée jusqu'à présent ; les pièces ouvertes sont en revanche limitées aux appartement de plus de 50 m². Les pièces principales possèdent un éclairage direct, contrairement aux pièces secondaires (**fig. 4**)[12]. Les grands *mediana* possèdent une suite de deux ou trois pièces principales et annexes, ouvertes et reliées entre elles. Ce groupe de trois pièces, comme constante, se situe le plus loin de la porte d'entrée. Il possède des hauteurs de plafond différentes et le décor le plus élaboré. Dans les appartements construits en série avec un plan identique, le décor en mosaïque de ces pièces se distingue des autres pavements. Le rapport axial entre les pièces opposées, également ouvertes et richement décorées, de même que la disposition caractéristique des pièces principales et annexes, respectivement des portes de service, indiquent qu'il s'agit de salles à manger, comparables à celles des *domus* des villes campaniennes. Dans les grands *mediana*, l'ensemble des pièces ouvertes sont regroupées sur 10, 20 et 40-60 m², et les décors du groupe des (trois) pièces sont diversifiés. La fonction de ce groupe de pièces, qui constitue le point central de la maison, n'est pas clairement définie. Des asymétries dans le décor pariétal et des sols qui, comme dans les villes de la région vésuvienne, correspondent aux dimensions des lits (*klinai*) et dont la fonction de salle à manger ou de séjour est clairement identifiable, ne sont attestées qu'exceptionnellement dans les pièces ouvertes (de manière générale, elles sont peu nombreuses). Les portes ne possèdent pas un système de fermeture solide et sont conçues pour rester ouvertes. Une séparation en plusieurs appartements familiaux par sous-location, n'était pas prévue pour le rez-de-chaussée des *mediana* à deux étages – comme c'est d'ailleurs aussi le cas pour la *domus*. Les pièces fermées, ainsi que la cuisine (k) et les latrines (l) des grands *mediana* n'étaient qu'exceptionnellement intégrées dans le rez-de-chaussée (**fig. 4**: E). Dans

la plupart des cas, elles se trouvaient sur les étages supérieurs et étaient reliées par une entrée indépendante, séparées des pièces ouvertes par un étage ou un couloir.

Les *mediana* de taille moyenne avaient une superficie de base de 130-210 m² et facultativement un deuxième étage (**fig. 4**: D, F)[13]. La seconde entrée pouvait également permettre de louer l'étage supérieur comme un appartement séparé (ou le destiner à une autre utilisation). Les deux étages devaient donc présenter une disposition des pièces autonome. Les pièces fermées étaient soit prévues dès le départ au rez-de-chaussée, soit ajoutées postérieurement, lorsqu'un appartement était compartimenté, et les escaliers internes obstrués. Parfois, les escaliers internes peuvent être séparés de l'appartement par des seuils ou des entrées annexes. Les *mediana* moyens présentent ainsi un plan « flexible ». Les appartements à un ou deux étages pouvaient également – sur demande – être loués à courte échéance, sans subir de transformations[14]. De même, la division d'une pièce principale ouverte et d'une ou deux pièces annexes en deux appartements autonomes d'après le schéma des « *mediana* à tronc », est possible sans grandes adaptations ultérieures[15]. Cette surface moyenne est appropriée à une subdivision maximale, surtout aux étages supérieurs des *insulae* qui reprennent le plan du premier étage. Les étages supérieurs devaient être particulièrement flexibles quant à leur taille, car les baux ne pouvaient être qu'à court terme. En effet, les étages supérieurs qui n'ont aucun rapport au terrain – et à un appartement au rez-de-chaussée – ne pouvaient pas, selon les prescriptions juridiques, être loués à long terme comme un bien immobilier. Les textes juridiques concernant la location attestent, dès le début du IIe siècle, des *mediana* sur les étages supérieurs des *insulae*. Ils pouvaient être subdivisés en groupe de pièces avec un couloir de répartition commun. De telles (sous-)locations sont quelquefois attestées à Ostie pour les étages supérieurs d'appartements moyens (**fig. 5**)[16].

Les mêmes principes de la disposition des pièces se trouvent également chez les petits *mediana* de 60-120 m², dont la fonctionnalité est toutefois nettement plus réduite (**fig. 4**: C, G)[17]. Comme dans les cas précédents, il est possible de déterminer les pièces principales et annexes sur la base de la qualité du décor, de l'éclairage ou de la surface. Les pièces fermées sont placées au centre, directement sur le couloir de répartition et non en périphérie ou éloignées de l'entrée. Il n'était donc plus nécessaire d'avoir une séparation des couloirs d'accès, ou une seconde porte d'entrée. Les mêmes remarques sont valables pour les « *mediana* à tronc » qui dérivent de *mediana* compartimentés (**fig. 4**: H, I, J)[18]. Les portes étaient généralement à un battant et dotées d'un dispositif de fermeture. La sous-location ou la subdivision des petits *mediana* étaient possibles, surtout pour une seule pièce. Ainsi, ce type pouvait, dans de nombreux cas, servir à des locations à très court terme – comme un hôtel –, surtout pour les étages supérieurs[19].

Des pièces comme les tavernes étaient généralement habitables. Lorsqu'elles étaient louées comme une arcade, elles représentaient la cellule habitable la plus simple. Dans les cas où elles sont regroupées et reliées par plusieurs portes, les propriétaires – plus aisés – habitaient dans des appartements plus grands. Ces appartements occupent parfois les étages supérieurs. Les locaux commerciaux peuvent également comporter des pièces d'habitation plus développées, comme, par exemple, les blocs de six unités avec plusieurs magasins. Les tavernes liées à des grands appartements sont moins fréquentes : ces tavernes étaient ensuite sous-louées.

Le développement de l'espace et du marché de l'habitat

La première phase de l'établissement de nouvelles classes sociales de 70 à 110 – Plan uniforme de toute la ville : les rangées de tavernes et les appartements de 70/110 m²

Les rangées de tavernes le long des voies principales caractérisent l'image d'Ostie postérieure au rehaussement de terrain du Ier siècle. Dans les espaces libres derrières les tavernes, des blocs d'appartements d'un à deux étages ont été construits. Au centre ville, s'élèvent des *domus* avec des tavernes intégrées. Vers 70-100, des *mediana* sont érigés dans certaines parties éloignées du centre ville comme la Région III, suivant le plan modulaire des Maisons-types[20]. Des locaux commerciaux plus grands, ainsi que des habitations plus complexes du type *mediana*, ne feront leur apparition qu'à l'époque antonine, avec les *insulae* à plusieurs étages.

La deuxième phase de l'établissement des nouvelles classes sociales de 120-150 – Des *insulae* plus flexibles et un agrandissement des superficies de 250 à 880 m²

L'évolution de la nouvelle ville est caractérisée par des transformations et des destructions continuelles. On tira parti des incendies survenus entre 115 et 120 ap. J.-C. pour construire de nouveaux édifices sur des fondations plus massives, et qui, par conséquent, pouvaient soutenir non pas un maximum de trois, mais de six étages. Caractéristiques de cette époque sont les planifications de grande envergure qui englobent non seulement des locaux commerciaux et habitables, mais encore l'infrastructure nécessaire[21]. Les transformations dans l'habitat et son décor ne sont nécessitées qu'en partie par la volonté d'améliorer la qualité de vie. Même sans impondérables (tels que tremblements de terre ou incendies), des rénovations structurelles étaient nécessaires tous les vingt à trente ans. Ainsi, on profitait de celles-ci pour effectuer des transformations en fonction des nouveaux besoins. Une phase de renforcement par l'ajout de piliers et de supports, peut-être aussi en vue d'un rehaussement des bâtiments, peut être observée dans toute

6   Pilier de renforcement au mur de l'*insula* 10 (I xii 1).

la ville vers 160 (**fig. 6**)[22]. La raison principale de ces transformations est à chercher dans la demande continuellement croissante de logements au cours de la première moitié du IIe siècle, qui se poursuit – à un rythme quelque peu ralenti dès 150 ap. J.-C. – jusqu'à la fin du IIe siècle.

Entre 120 et 150, on construisit des habitations qui seront maintenues en tout cas jusque vers 220[23]. Dans le cas d'activités artisanales et commerciales, les complexes de tavernes dépendantes se multiplient, témoignant un accroissement général du niveau de vie. Les habitations suivent le même développement. Les nouveau concepts, comme les *mediana* « tronqués », permettent de diviser les appartements sur les étages supérieurs. Bien que les étages supérieurs ne puissent pas être remis comme des biens immobiliers, ce qui entraîne des fluctuations dans la demande, il existe également des appartements de luxe à l'étage. La qualité des décors, la différentiation des pièces et des tuyaux d'écoulement attestent le type de la *mediana* au deuxième étage, voire même aux autres. L'hypothèse de la diminution du standing des appartements dans les étages supérieurs, qui repose principalement sur les sources littéraires, n'est pas confirmée par l'archéologie : aux premier et deuxième étages, comme au rez-de-chaussée, toutes les tailles d'appartements sont représentées, allant de 20 à 50-70 et 100-270 mètres carrés[24].

Les *mediana* remplacent à Ostie les maisons de ville qui sont détruites dès 70. A Rome, ces maisons sont maintenues et ne présentent pas la structure de *mediana* au rez-de-chaussée. Contrairement à Rome, où les appartements d'*insulae* sont beaucoup plus petits et subalternes, les appartements des étages supérieurs à Ostie témoignent d'un changement dans l'organisation des pièces : au lieu de nombreuses pièces semblables, apparaît dans les *mediana* une différentiation des pièces[25].

Le changement dans le standing des étages supérieurs des *insulae* d'Ostie, en comparaison avec Pompéi et Herculaneum, dépend peut-être de modifications dans la législation des loyers. En tout cas, ce changement atteste une nouvelle orientation des investissements dans l'immobilier, principalement dans les rendements à long terme. Il ne valait plus la peine d'incendier des *insulae* («fire speculation»). Ceci est valable pour Ostie et Rome, cependant la location d'appartements de luxe ne semble rentable qu'à Ostie. Malgré des frais d'investissement très élevés, préférence est donnée au *mediana* par rapport aux pièces louées à court terme à des couches sociales inférieures. Il n'existait plus d'*insula* pour les pauvres[26].

Les différences entre les étages supérieurs des *insulae* d'Ostie et de Rome s'expliquent par la position exceptionnelle d'Ostie, à savoir sa structure sociale particulière de ville portuaire cosmopolite, quelques années après la première, et certainement la plus grande, vague d'arrivants. Plusieurs facteurs ont été déterminants : d'une part, vers 120, la ville devait être reconstruite intégralement. D'autre part, dans un laps de temps très court, on assiste à l'émergence de nombreuses couches sociales commerçantes. Même si le concept d'*insula* est à l'origine importé de Rome, le contexte d'Ostie permettait un meilleur développement des *mediana* qu'une ville en croissance continue comme Rome. A cause des difficultés de transport et des conditions géographiques, Ostie est densément construite ; l'évolution de la ville se fait davantage en hauteur qu'en largeur (pour ne pas séparer les habitants de leur lieu de travail). Ainsi, plus qu'ailleurs, le confort des habitation apparaît également sur les étages supérieurs.

Peu après leur construction, de nombreux appartements subissent des transformations, entreprises par les locataires :

— Les premières corrections des *insulae* dès 130-150 : la fermeture de locaux artisanaux au profit des habitations, réalisées avant l'emménagement des locataires.

— Un changement conséquent vers 160 conduit vers deux styles d'appartements : une transparence «moderne» des pièces et des intérieurs «classicisants».

— Vers 180-190, la demande atteint son apogée et les appartements sont compartimentés.

Dans de nombreux cas, les renforcements de structures que l'on peut observer ne sont pas à interpréter comme des mesures de prévention contre les tremblements de terre, mais comme une consolidation pour un rehaussement général, permettant d'augmenter l'espace habitable. La transformation des locaux commerciaux en habitations s'explique par un manque de logements à Ostie. Il n'y avait plus de terrain constructible, et la ville s'était développée en un tissu dense. Le manque d'appartements conduit, vers 150, à un changement dans la qualité de l'offre : des petits appartements, mais richement décorés dominent le marché. Pour des espaces aussi luxueux que les Maisons à Jardins, il n'y avait plus de place[27].

Les *tabernae* rapportent à cette époque moins de bénéfices. Par conséquent, dans les cas de nouvelles constructions ou des subdivisions d'appartements existants, les rangées de *tabernae* ne sont plus habitées au rez-de-chaussée, mais transformées en appartements séparés.

Les habitations plus luxueuses sont destinées vers 160 à deux générations, respectivement des groupes de locataires : d'une part les appartements reprenant les éléments de la *domus* comme le péristyle ou le *tablinum* à colonnes, maintiennent le système décoratif hadrianéen-classicisant qui se réfèrent au style du Ier siècle. D'autre part, les appartements avec un plan modulable, possédant de nombreuses portes internes et des fenêtres, développent de nouveaux systèmes décoratifs abstraits[28].

Les mesures prises pour compartimenter les appartements et pour louer séparément les appartements du second étage des *mediana* se retrouvent dans la ville entière vers 190[29]. Ces témoignages d'une «crise du logement» restent pour beaucoup d'appartements les dernières preuves d'une transformation générale des *insulae* d'Ostie, avant leur destruction, respectivement leur démolition. En effet, les *mediana* caractéristiques du IIe siècle ne sont plus rénovés par la suite et définitivement abandonnés.

L'habitat à l'époque sévérienne : l'écart social et le développement des *domus* – Subdivision des rangées de tavernes en pièce d'habitation pour les couches sociales inférieures

Dès 200, la demande en appartements qui avait conduit à une densité maximale des habitations et à une diversité dans les décors, se stabilise. Le développement de nouvelles formes dans l'architecture des appartements de location prend fin avec la diminution des demandes de transformations. Dès lors, le développement est centré – comme au Ier siècle déjà – sur la *domus* d'un, voire deux étages, habitée par ses propriétaires.

Le rapport avec l'espace urbain a également changé : le début du IIIe siècle est marqué par le phénomène de la «privatisation» d'espaces (semi-)publics[30]. Les appartements, combinant les éléments caractéristiques des *insulae* à plusieurs étages et des *domus*, comme l'éclairage, les jeux d'eau, les placages en marbre et les jardins d'agréments, sont en usage jusque vers 220. Par la suite, seront reprises les anciennes formes d'habitation de la *domus* et de la taverne, reflétant ainsi les changements sociaux du IIIe siècle et le fossé qui sépare pauvres et riches. Certains propriétaires particulièrement riches commencent à occuper, dès l'époque sévérienne, des terrains autrefois publics avec des habitations luxueuses, pourvues de *triclinia* d'été avec une pergola et des fontaines, propres aux *domus* et aux *villae*[31]. Dès 220, les appartements modernisés de la « classe moyenne » et les appartements de luxe sont abandonnés et transformés en locaux artisanaux. A l'époque de l'abandon des *insulae*, vers 240-250, les nouvelles surfaces constructibles sont peu nombreuses et ont un plan irrégulier. Vers le tournant du siècle, les *domus* à plan régulier remplacent peu à peu les *insulae*. Ce phénomène semble se généraliser à la ville entière. Pour tenter d'en préciser la datation, les constructions mériteraient un nouvel examen.

Une autre conséquence à ce phénomène est la transformation progressive des pièces représentatives en entrepôts. La plupart des *mediana* sont abandonnés dès 220 et transformées en locaux commerciaux. En une génération, on assiste à un dernier développement des maisons et leur abandon.

L'habitat durant une période de transition (250-280/290) : déclin et improvisation

De nombreux appartements construits au IIe siècle, régulièrement occupés et entretenus, se trouvent dès 250 dans un état de délabrement général, soit qu'ils se sont effondrés, soit qu'ils ont étés démolis volontairement entre 275 et 282 – les autres au milieu du IVe siècle – et abandonnés[32]. Par la suite, ces ruines seront remblayées ou reconstruites systématiquement.

Durant les crises du IIIe siècle, le marché de l'habitat connaît plusieurs développements à Ostie.

Le déclin du standing des appartements de luxe dans les rez-de-chaussée des *insulae*

Ce déclin généralisé peut s'expliquer par le déplacement du centre d'intérêt à Portus, la zone du port, et la remise en question des formes d'habitat et des tavernes du IIe siècle. L'abandon d'appartements locatifs luxueux a pu être daté dans plusieurs *insulae* sur la base de séries de monnaies datables entre 250 et 280, qui furent trouvées dans les couches de destruction mélangées au humus[33]. L'artisanat perd de son importance et les *mediana* sont abandonnés. Le départ des catégories sociales liées aux commerce et à l'artisanat, indépendantes des *patroni* locaux, semble confirmé.

La prédominance d'habitations très simples, dans des tavernes

Dans de nombreux cas, des pièces, qui avaient perdu leur fonction originel, ont été transformées en tavernes qui servaient en même temps de logements autonomes. En condamnant les portes intermédiaires dans les installations artisanales à plusieurs pièces, on crée de petites entités indépendantes. Le rapetissement des pièces d'habitation et de travail ainsi que la limitation de la production sont confirmés par le cloisonnement des voies non publiques et l'abandon de la circulation entre les différentes *insulae*.

La diminution du standing dans les étages supérieurs des *insulae*

Alors que le rez-de-chaussée des *insulae* est transformé en *domus*, les deux étages supérieurs, qui constituaient dans les phases précédentes des unités importantes, sont souvent subdivisés en pièces simples.

Les catastrophes naturelles et les facteurs externes, combinés à la crise économique et politique, ont accéléré les transformations et le déclin de la ville, aussi rapidement que sa croissance explosive durant les premières phases. La concentration de *domus* tardives à la place des *insulae* ne peut s'expliquer que par la destruction des constructions précédentes.

Ainsi, Ostie développe avant Rome une image tardo-antique de délabrement, et les ruines font désormais partie de son paysage urbain. Elles ne sont plus des exceptions, dont il faut se débarrasser le plus rapidement possible, comme on a essayé de le faire à Pompéi après le tremblement de terre de 62. Les ruines sont acceptées comme permanentes et sont inclues dans la vie quotidienne : au lieu d'adapter l'espace vital à ses besoins, on adapte les besoins aux ruines. Par ailleurs, un changement général de la fonction des constructions et du standing se laisse observer dans toute la ville, qui concerne principalement l'habitat et qui mérite d'être précisé. Avec la démolition de nombreuses *insulae* vers 275, les appartements de luxe sont transformés en locaux artisanaux. Par conséquent, les pavements en mosaïque ne sont plus restaurés, mais comblés au mortier, voir même par des pavés, les décors muraux sont simplement perforés pour des aménagements artisanaux et ceux des autres pièces qui ne sont pas utilisées comme entrepôts, sont réduit à un enduit de chaux[34]. Ces signes témoignent d'une régression des appartements de luxe du IIe siècle.

Pour faire face à l'état de ruine, certaines pièces ou *insulae* sont condamnées et remblayées. Dans certains cas, des escaliers surélevés indiquent que l'étage supérieur a été remployé comme rez-de-chaussée, avec parfois des différences de niveau considérable, de trois à neuf mètres. Il n'est pas encore clair jusqu'à quel point le passage du haut vers le bas était possible dans ces transformations. Du moins, les axes de circulation des zones restées en fonction sont soit laissés tels quels, soit remblayés sur toute leur longueur[35].

Les appartements à plusieurs étages des *insulae* cèdent la place à la *domus* qui (re)devient l'habitation luxueuse. La demande de *domus* au centre ville augmente à cette époque. Toutefois, elles ne sont que rarement insérées dans une construction préexistante, avec un plan irrégulier. D'un point de vue morphologique, elles rappellent les *mediana*. Leur système décoratif est cependant différent et les décors en *opus sectile*, encore rares au IIe siècle, supplantent peu à peu durant le IIIe siècle les décors peints.

Durant cette phase, les matériaux de construction manquent et sont souvent réutilisés : les mosaïques et les sols en *opus spicatum*, entre autres, appartenant surtout aux étages supérieurs, servent de remplissage, de telle sorte que les réparations entre 260 et 280 sont souvent considérées comme une phase de remblayage[36]. Il est à remarquer que durant cette phase intermédiaire aucune nouvelle tuile n'est utilisée et que de nombreuses reconstructions sont effectuées, parallèlement aux destructions systématiques des immeubles. Les lois de construction interdisent d'abandonner des structures délabrées. Tant que des autorités communales exercent une influence, ces structures sont démolies, reconstruites ou restaurées. L'abandon d'un bâtiment, sans mesure de remploi active – comme solution la plus économique – n'était envisageable qu'en temps de crise et comme solution provisoire[37].

C'est ainsi que l'on procède, suite aux premières mesures de consolidation qui visaient à stabiliser au moins les étages inférieurs des *insulae* dont les parties supérieures s'étaient effondrées ou avaient été démolies, à ce qui est pratiquement une reconstruction de la ville.

Dans les nouveaux quartiers riches qui se trouvent maintenant aussi au centre ville, on s'efforce d'éviter de voir les ruines. L'élite des propriétaires fonciers habite à nouveau à proximité immédiate des immeubles à fonction artisanale ou industrielle, qu'elle possède, de toute vraisemblance, mais dont elle se sépare plus strictement que cela n'avaient été le cas à l'époque des appartements de luxe au IIe siècle. Mais l'élite se protège visuellement aussi de l'habitat modeste dans les *tabernae* qui remplacent maintenant les petits appartements des étages supérieurs, devenus inutilisables, et qui avaient autrefois hébergé les ouvriers et les dockers. C'est ainsi que sont créés de nouveaux quartiers assez homogènes : les maisons sont orientées les unes par rapport aux autres, leurs fenêtres s'ouvrent soit vers l'intérieur, soit sur un espace central (une cour frontale, par exemple) ou sur la *domus* voisine, plutôt que sur les ruines des environs. Le déclin et la déchéance restaient de cette manière invisibles dans le monde des riches, qui en parlaient peut-être de temps à autre, mais à distance.

trad. Eliane Brigger et Jean-Paul Descœudres

En guise de conclusion : un regard sur l'habitat tardif

La dernière période est caractérisée par la disparition des anciennes demeures, qui sont remplacées par des villas. La ville est réduite à une agglomération à un étage mais que l'on traverse à des niveaux différents, suite aux accumulations de remblais. En effet, aussi bien dans les rues privées (beaucoup plus nombreuses maintenant que ne le sont les rues publiques) que dans les cours des *insulae* ou à l'intérieur des thermes, on stabilise les constructions délabrés et sur le point de s'effondrer en les remblayant avec le matériel disponible, à savoir les décombres d'autres bâtiments écroulés. Ce procédé aboutit à un rehaussement des niveaux à certains endroits seulement, alors qu'autrefois les rehaussements de niveaux avaient porté sur toute la surface de la ville.

Notes

[*] Le survol de l'habitat et du marché immobilier à Ostie présenté ici repose sur les conclusions de ma thèse de doctorat: *Ostia. Wohnen in der Insula*. En attendant sa publication, on consultera mon article «'Medianum-Apartments': Konzepte von Wohnen in der *insula* im 2. Jh. n. Chr.», *MededRom* 58, 1999, pp. 101-113. L'emplacement des exemples cités est indiquée sur le plan de la **fig.** 3.

[1] Iuv. VIII 177-178.

[2] Les dates, sans lesquelles il est impossible de parler d'une «histoire de l'habitat», sont dans la plupart des cas approximatives, car les estampilles des briques ne fournissent des indications exactes qu'entre 120 et 150. En ce qui concerne les datations des murs d'avant 120 et d'après 200, les points fixes chronologiques des publications de fouilles sont aujourd'hui plus que discutables (exception faite de quelques graffiti, les possibilités de dater les décors échappent complètement). L'importance de la construction claudienne du port pour le développement de nouvelles formes d'appartements a jusqu'à présent été sous-estimée, de même que le temps d'occupation de ces appartements semble souvent surestimé. Les datations utilisées jusqu'à présent pour les constructions de l'époque de Trajan et les rénovations post-sévériennes en appartements, sont systématiquement corrigées vers une datation basse (respectivement: après 70 et jusqu'au plus tard 220/230). De même, une grande partie des maisons «tardives» semble être construite à la fin du IIIe siècle. Pour une datation plus tardive, voir J. Th. Bakker, *Living and Working with the Gods. Studies of Evidence for Private Religion and ist Material Environment in the City of Ostia 100-500 A. D.* (1995), pp. 23 *sqq.* Les datations sont donc mentionnées à titre indicatif, ayant une valeur relative pour les transformations et l'évolution de la construction, qui reposent surtout sur les observations des *insulae* de la Région I et III.

[3] Voir *SdO* I, figs 31 *sqq.*

[4] La population cosmopolite d'Ostie ne semble pas avoir eu des quartiers ethniques séparés. Comme conséquence de la grande mobilité due au trafic maritime saisonnier, le statut du «nouvel Ostien» ou «Ostien partiel» n'est pas restée déterminée en priorité par les anciennes familles et traditions. Pour la population, voir Bakker, *op. cit.*, pp. 175 *sqq.* En revanche, les nouveaux contextes ont stimulé une identité commune accentuée: les maisons locatives et les maisons d'associations (dont l'espace se recoupe souvent). C'est ainsi que le schéma de l'ordre social admis jusqu'à présent, et reposait sur la grandeur de la *domus* comme résidence familiale, a perdu de sa crédibilité. C'est ce que semble confirmer Juvénal (voir n. 1).

[5] Je tiens à exprimer toute ma gratitude à R. Cervi pour l'utilisation de ce plan.

[6] L'hypothèse divergente, qu'en plus des temples, des théâtres et des thermes, il y avait également la construction de maisons qui pouvaient être «impériales», a depuis longtemps été établie, mais d'après les dernières recherches, elle serait à rejeter définitivement. Voir à ce propos J. DeLaine, «The Insula of the Paintings. A model for the economics of construction in Hadrianic Ostia», dans: A. Gallina Zevi – A. Claridge (dir.), *'Roman Ostia' Revisited. Archaeological and Historical Papers in Memory of R. Meiggs* (1996), pp. 165-184.

[7] Voir G. Hermansen, *Ostia. Aspects of Roman City Life* (1982), pp. 18 *sqq.* et 47 *sqq.*; Bakker, *op. cit.*, pp. 46 *sqq.*

[8] Pour les chiffres comparatifs des villes campaniennes, voir P. W. Foss, *Kitchens and Dining Rooms at Pompeji: The Spatial and Social Relationship of Cooking to eating in the Roman Household* (Diss. Michigan 1995), pp. 207 *sqq.*

[9] Voir Hermansen, *op. cit.*, pp. 43 *sqq.*

[10] La variante formelle Ib se distingue par le *medianum* (m) et une pièce de répartition (v) supplémentaire. II et III sont les autres formes d'appartements, avec une pièce principale (h), un hall central (v) ou comme une rangée de pièces semblables (a', a'', b).

[11] Les *mediana* entre 210 et 310 m[2] sont limités à la Région III (**fig.** 3: n°s 19, 24). Au-dessus de 250 m[2], ils sont surtout concentrés sur une planification d'ensemble (n° 24), qui constitue la suite de 17 et 19.

[12] En gris foncé: les pièces ouvertes; en gris foncé hachuré: les pièces annexes ouvertes; en gris clair: les pièces annexes fermées; en gris clair hachuré: les pièces fermées et exceptionnellement décorées.

[13] A l'exception de deux appartements, où les escaliers ont été transformés, respectivement démolis (**fig.** 3: 19 et 37), tous les exemples possèdent un escalier interne.

[14] Voir **fig.** 3, n° 24, unité 21.

[15] Voir **fig.** 4: H, I, J. Comparer 13.

[16] Voir B. W. Frier, «The Rental Market in Early Imperial Rome», *JRS* 67, 1977, pp. 29 *sqq.*

[17] Il n'y a ni escaliers internes, ni groupes de (trois) pièces. Sur le schéma C (**fig.** 4), il existe deux variantes formelles avec des dérivations, dont l'une sans cuisine et/ou latrine.

[18] Voir **fig.** 3: n°s 1, 3, 7, 11, 13, 22, 25, 29, 31, 36 et 39.

[19] Voir par exemple **fig.** 3: n° 6.

[20] Voir **fig.** 3: n°s 27, 28, avec la continuation dans 26 et 24.

[21] Voir par exemple **fig.** 3: n°s 12/13, 24 et 25/26.

[22] Voir **fig.** 3: nos 2, 4, 24, 25/26, 36 et 38.

[23] **Fig.** 3: n° 24 est une conception très coûteuse qui n'a jamais été très rentable, ni acceptée, comme l'attestent les modifications continuelles au IIe siècle et les changements dans la structure au IIIe siècle.

[24] Voir les étages supérieurs de **fig.** 3: n°s 1, 2, 4, 6, 20 et 25/26, comme de nombreux autres étages supérieurs sur des *mediana* à un seul étage.

[25] Pour Rome, voir J. E. Packer, «The Insulae of Imperial Ostia», *MemAmAc* 31, 1971, pp. 74 *sqq.*

[26] Pour un avis différent, voir B. W. Frier, *Landlords and Tenants in Imperial Rome* (1980), pp. 4 *sq.*

[27] **Fig.** 3: l'immeuble n° 24 possède un plan presque aussi grand que le *castrum* de l'époque républicaine.

[28] Voir **fig.** 3: n° 24 et les unités n°s 6, 8, 22 par opposition au n°s 13-20.

[29] Nous ne possédons, pour la datation des bâtiments, que peu de données jusqu'à présent. Pour **fig.** 2: n° 4/5, voir J. DeLaine, «The Insula of the Paintings at Ostia I, iv 2-4. Paradigm for a City in Flux», dans: T. J. Cornell – K. Lomas (dir.), *Urban Society in Roman Italy* (1995), pp. 79-106.

[30] Voir les thermes **fig.** 3: n° 25 et 26.

[31] Je dois l'indication d'un *triclinium* d'été, **fig.** 3: n° 4 – comme n° 24 et unité n° 1 – à Janet DeLaine.

[32] Voir par exemple **fig.** 3: n°s 2, 4 et 24. Cf. A. Gering, «Zur Geschichte des privaten Raums in Ostia: Entwicklung, Krisen und Wandel in den 'Case a Giardino' (III, ix) und vergleichbaren *Insulae*» (en préparation).

[33] Voir par exemple **fig.** 3: n°s 1, 2, 13 et 24.

[34] Voir **fig.** 3: n°s 2, 13, 24 (unités 3, 10, 13-20), 36 et 38.

[35] Pour des *insulae* remblayées, voir par exemple **fig.** 3: n°s 2, 4, 11, pour des pièces, n°s 34 et 38. Le raccordement de 24 est complètement transformé dès 275-280, à cause du niveau de marche qui se situe 1.50 à 3 m plus haut. Le remblayage le plus élevé, de 5 à 7 m, se trouve actuellement sous le Musée, soit au n° 3. Voir Gering, *art. cit.*

[36] Voir par exemple les réparations **fig.** 3: n°s 2, 4, 10, 24, 25/26, 34, 36 et 38.

[37] Pour les réparations tardives, voir **fig.** 3: n°s 4/5, voir DeLaine, *art. cit.* (n. 29), pp. 94 *sqq.* Pour les constructions tardo-antiques, voir Bakker, *op. cit.* (n. 2), 23 *sqq.*

La publication de la céramique commune d'Ostie : synthèse des résultats

Carlo Pavolini

Introduction

Un volume de la série *Scavi di Ostia*, récemment publié, a été consacré au catalogage et au cadre historique d'une partie de la céramique commune conservée dans l'Antiquarium de la Surintendance[1]. Cette classe céramique[2], longtemps négligée, a retenu de plus en plus l'attention depuis les années 1960 jusqu'à nos jours et sa définition propre s'est peu à peu modifiée avec le progrès de nos connaissances. D'une part, à cause de la multiplicité des fonctions auxquelles sont destinés les récipients en question dans l'Antiquité, certains chercheurs ont préféré la dénomination de « céramiques communes »[3]. D'autre part, la prise de conscience que ces mêmes objets étaient dans une certaine mesure commercialisés a conduit à un changement d'optique : autrement dit, la céramique « utilitaire » n'est plus considérée comme étant l'ensemble des vases d'usage courant, produits et distribués à une échelle locale et régionale. Il serait superflu de parcourir ici l'« histoire » récente du terme, retracée dans la monographie sur la céramique commune. En revanche, il pourrait être utile de résumer mes conclusions (même si elles sont provisoires), qui tiennent compte des formulations de T. Mannoni et d'*Ostia* III[4], ainsi que de la nécessité d'élargir le champ délimité par G. Olcese dans son importante monographie susmentionnée. En guise de synthèse, je considère comme appartenant à la classe de la céramique commune tous les récipients d'usage quotidien, principalement domestique, ayant une valeur fonctionnelle et dont l'aspect esthétique est inexistant ou secondaire.

En ce qui concerne l'importante collection de l'Antiquarium d'Ostie, il manque des indications sur l'origine de la plupart des pièces, qui proviennent certainement des campagnes de fouilles conduites dès la découverte de la cité antique, et en particulier des dégagements effectués sous la direction de G. Calza, entre 1938 et 1942.

En observant la composition des trouvailles, on peut remarquer à première vue que sont absentes des catégories entières, comprises dans la notion de « céramique commune » au sens fort du terme, tel que nous venons de le définir : il manque par exemple les diverses séries de céramique à feu[5], mais également les mortiers, pour lesquels – comme pour d'autres formes – on pourrait créer la dénomination de « céramique de cuisine, non à feu ». Ces ensembles de matériel sont caractérisés par un noyau céramique plus ou moins grossier[6] : pourtant, ce n'est certainement pas la mauvaise dépuration de la pâte qui a porté à les exclure de la collection, puisque dans le fonds de l'Antiquarium ne se trouvent ni les cuvettes ni les bassins, voire les bassines plus petites[7], un groupe de formes qui, à Ostie, se distingue par un noyau céramique généralement bien dépuré. Au contraire, on remarque que ces formes « absentes » sont attestées en proportion remarquable – parfois même énorme – dans les contextes stratigraphiques ostiens.

A ce point, il est inévitable de conclure que les fouilleurs du site ont adopté un critère de sélection rigoureux : jeter la céramique de cuisine, ou en tout cas la céramique « grossière »[8], et ne conserver que les formes en céramique commune auxquelles on peut assigner un usage précis (dont nous parlerons plus tard).

Une seconde tendance, moins nette, montre la préférence des fouilleurs pour l'aspect muséographique des vases entiers (qui, par conséquent, proviennent certainement de tombes), même si un certain nombre de pièces presque entières, d'exemplaires fragmentés et de véritables fragments (pour la plupart des embouchures) ne manquent pas.

L'état actuel des trouvailles ostiennes, pour la plupart dépourvues de leur contexte d'origine, rend seule possible une étude strictement typologique du matériel. Avant tout, ont été pris en considération les récipients en argile dépurée, sans tenir compte des rares exemples appartenant aux autres céramiques communes, qui ont échappé au grand tri[9]. Les formes présentes dans le catalogue sont donc les suivantes[10] : formes de table, comprenant les récipients pour contenir des liquides (bouteilles et cruches, cratères, vases à boire) et des denrées solides (coupes et bols, plats); les formes de stockage (amphores, pots); les formes pour les cosmétiques (flacons, *unguentaria*); les formes à usage éventuellement rituel, pour la plupart du funéraire, tel le n° 134 (**fig. 1**)[11]; formes dont la fonction antique est incertaine ou n'est plus identifiable (les *gutti*/biberons, etc., et surtout les vases miniatures, qui sont particulièrement nombreux et à propos de la fonction desquels plusieurs hypothèses ont été formulées: dons votifs, jouets, récipients pour pigments ou pour sauces, pour assaisonner les vins de haut degré[12], etc.). La séquence est complétée par les formes qui servent à couvrir et à fermer (couvercles, bouchons)[13].

1   *Patella* pour offrandes (?), n° 134 (inv. 5736).

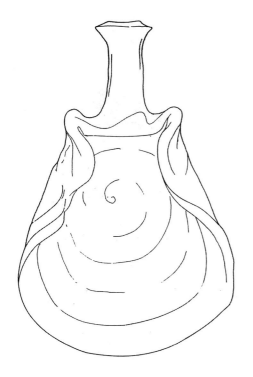

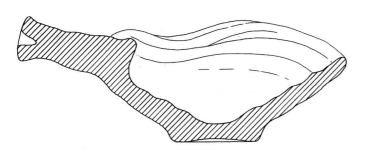

Les formes s'articulent en types, qui constituent le squelette fondamental du catalogue[14] et qui ont été identifiés sur une base empirique et non archéométrique[15]. J'ai suivi le principe selon lequel tout exemple, possédant un numéro de catalogue et documenté par une fiche ainsi qu'un dessin, «représente» un type; sur sa fiche apparaissent – mises à part la description et les données de «registre», ainsi que les références bibliographiques – les renvois aux autres pièces appartenant au même type, éventuellement présents dans le matériel ostien. D'un caractère encore plus empirique et pratique est la notion de «groupe de types»: ces groupes recouvrent deux ou plusieurs types, présentant des caractéristiques morphologiques semblables, et sont précédés de notes introductives à propos du cadre chronologique, des méthodes de production, du rôle commercial, etc.).

J'ai fait allusion à la situation hors contexte du matériel comme à l'un des traits caractéristiques de la collection de l'Antiquarium. Pour tenter de classer chronologiquement ce matériel, il est donc indispensable de se tourner vers des objets analogues, dont la datation est assurée grâce à des points de repère externes, principalement stratigraphiques. Parallèlement, de nombreuses trouvailles de fouilles – réduites, dans la plupart des cas, à des fragments minuscules – pourront être comprises (quant à la morphologie et la fonction) grâce à la comparaison avec des exemplaires de musée entiers. En somme, la signification et l'utilité d'un travail comme celui entrepris sur la céramique commune, m'ont semblé être l'intégration des deux séries de données.

J'ai dès lors cherché – et trouvé – des parallèles dans la plupart des centres et régions du monde romain, en particulier dans la Méditerranée occidentale et en Italie, et surtout à Ostie même. Parmi les nombreux sondages stratigraphiques effectués dans la ville et son territoire pendant les années 1960-1970, le plus grand dépôt de céramique est celui des Thermes du Nageur, tant de ses secteurs publiés[16] que de ceux restés inédits: dans le second cas, les trouvailles proviennent principalement de la grande décharge du secteur nord-est de l'édifice thermal, avec des dates s'échelonnant de la fin de l'époque flavienne à la fin de l'époque antonine[17]. Le matériel des Thermes du Nageur fournit des informations quasi exhaustives sur la céramique commune à Ostie, entre l'époque de Domitien et le début du Ve siècle. Il a permis d'avancer considérablement dans la recherche, même si on tient compte du fait que l'arc chronologique du matériel conservé à l'Antiquarium s'étend du milieu de l'époque républicaine au VIIe siècle.

Plus complexe est la question des centres de production auxquels assigner nos vases. Comme le souligne Morel, il importe de distinguer les analyses par «types» de celles par «classes», terme auquel il n'attribue pas le même sens qui lui est prêté par la littérature archéologique italienne (voir *ci-dessus*), mais plutôt celui de «production», à savoir un ensemble d'objets fabriqués par un atelier déterminé (ou un groupe d'ateliers). Or, les productions céramiques – mis à part quelques cas importants, mais localisés – ne sont pas faciles à définir:

pour les «isoler», on se basera sur les nombreuses analyses de laboratoire, fouilles de fours, etc.; en revanche, les types représentent une abstraction subjective, utilisée par le chercheur pour organiser le matériel, mais sont immédiatement communicables (par exemple, à travers le dessin du profil du vase).

C'est la raison pour laquelle la subdivision en types – et en groupes de types – constitue l'épine dorsale du volume dont il est question ici. En ce qui concerne cette subdivision, le peu de certitudes et les nombreuses hypothèses sur la provenance des vases ont représenté, dans l'organisation de l'ouvrage, un facteur d'interprétation non négligeable, mais toujours transversal (à tel point que j'ai fini par supposer l'existence de divers centres de fabrication pour de nombreux types et groupes).

Dans l'élaboration de telles hypothèses, la contribution principale nous est fournie par l'archéométrie, sous forme d'une campagne d'analyses minéro-pétrographiques (environ 60 échantillons), menée par G. Predieri et S. Sfrecola[18]. Les résultats de cette recherche ont été comparés à ceux de l'étude (inédite), qui avait été conduite, en son temps, avec une méthode identique par T. Mannoni sur la céramique commune de la décharge citée, localisée dans le secteur nord-est des Thermes du Nageur; l'ensemble des résultats a permis d'identifier des groupes d'argile, provenant d'aires géographiques déterminées.

Le milieu et la fin de l'époque républicaine

Durant cette période, les attestations sont peu nombreuses et s'insèrent entre le IIe et le Ier siècle av. J.-C. Du point de vue de notre matériel, Ostie semble être un centre largement ouvert aux apports extérieurs (comme l'exige, du reste, sa situation géographique et historique). Les influences typologiques proviennent de trois aires culturelles principales: la culture étrusque, (y compris son extension apennine et padane), les zones hellénisées de la péninsule et de la Sicile; et (de manière plus douteuse) le monde punique. En outre, des types hellénistiques comme certains *lagynoi*, sont aussi présents, ainsi que des formes qui semblent appartenir à une tradition locale, caractéristique du Latium.

2   Bouteille, n° 14 (inv. 36937).

3   Coupe, n° 86 (inv. 17811).

4   Bouteille, n° 16 (inv. 17782).

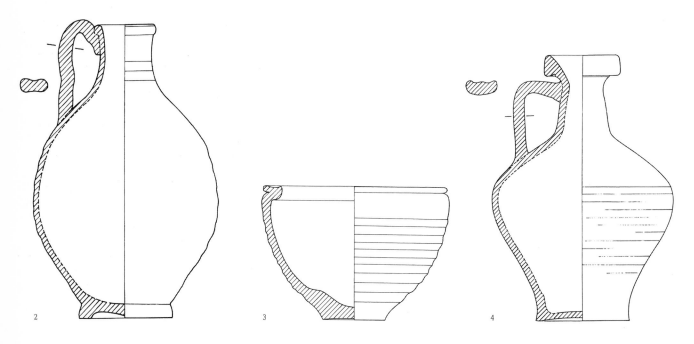

Le début de l'époque impériale

Durant la phase en question (essentiellement d'Auguste à Vespasien) les témoignages augmentent considérablement sur le plan quantitatif. En outre, c'est à cette époque qu'appartient la grande majorité des attestations que nous possédons concernant les ateliers de production des types de notre collection. Elles proviennent de plusieurs décharges d'Ostie et de celles du Janicule, des *figlinae* importantes de la Celsa, dans la banlieue nord de Rome (connues non seulement par leurs déchets de cuisson, mais également par leurs structures), ou – plus loin de l'*Urbs* – des ateliers de Sutri, Torrita di Siena et Gubbio[19].

Durant cette phase, le cadre des parallèles, des influences et des échanges devient plus riche et mieux articulé. Une série importante de vases, appartenant aux formes «fermées»[20] et attribuables à la production «locale» (peut-être romano-ostienne), s'insère de manière très générale (il n'existe pas de parallèles précis) dans un vaste répertoire dont la diffusion s'étend de la Méditerranée occidentale jusqu'à la plaine du Pô, la vallée du Haut-Rhin, le Norique et la Pannonie et dont on trouve des correspondants également en Gaule. Il ne semble pas s'agir d'un véritable commerce mais d'une transmission de modèles formels du centre de l'Empire vers des zones conquises récemment, impliquées dans un brusque changement du mode de vie, d'alimentation, etc., que subirent les provinces de substrat «celtique». Voir à ce propos surtout le groupe de bouteilles qui porte les numéros de catalogue 4-14 (**fig. 2**): une typologie fondamentalement indépendante de celle des *lagynoi* hellénistiques et qui date du début de l'époque augustéenne, durant tout le Ier siècle ap. J.-C., avec quelques survivances au IIe siècle. Quelques formes contemporaines, toujours d'origine «locale/tyrrhénienne», semblent au contraire avoir influencé le répertoire nord-africain (voir par exemple la coupe/bol n° 86, **fig. 3**; ci-dessous, catalogue, n° XIII.20).

Jusqu'à présent nous n'avons eu à faire qu'à une sorte de *koiné* typologique dans le sens «faible» du terme car, comme il a été dit, les parallèles directs sont rares. D'autres types et groupes semblent faire partie d'une seconde *koiné* contemporaine, formée par des liens morphologiques plus étroits. Géographiquement plus limitée, elle ne couvre pratiquement que l'Italie centrale tyrrhénienne. Il est possible d'y entrevoir plusieurs centres de production, regroupés en Campanie[21] et dans le Latium (peut-être aussi en Etrurie). Dans ce cas, on reconnaît les symptômes non seulement d'échanges de modèles, mais d'un véritable commerce. Encore plus remarquable est le fait que certains des types en question semblent avoir été exportés – en quantité toutefois très limitée et sans pour autant influencer outre mesure le patrimoine des formes des régions «d'arrivée». Font partie de ce second ensemble les bouteilles à panse en forme de toupie n°s 16-18 (**fig. 4**)[22], les amphorisques n°s 100-101 (**fig. 5**; ci-dessous, catalogue, n° XIII.19)[23] et les *unguentaria* à forme d'aryballe n°s 126-129 (**fig. 6**), ainsi que d'autres groupes moins significatifs.

Il y a également des productions et des modèles qui, sur la base des comparaisons et des résultats archéométriques, semblent être parvenus à Ostie depuis l'Italie interne (Ombrie) et l'Adriatique, exploitant peut-être en partie la voie fluviale tibérine. Enfin, comme à toute époque, il y a un fond constitué de types strictement locaux.

Dans l'ensemble, le stimulant panorama offert par la documentation ostienne autorise désormais à inclure la céramique dépurée parmi les classes céramiques qui attestent, pour les premières décennies de l'époque impériale, une sorte de «suprématie» de l'artisanat italique: preuve en est l'absence d'influences provinciales et le manque d'importation, confirmé par l'archéométrie[24].

5   Amphorisque, n° 100 (inv. 17763).

6   *Unguentarium*, n° 126 (inv. 18157).

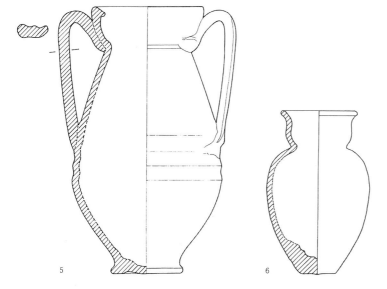

5   6

Le Moyen-Empire

La période qui s'étend de Domitien à Commode présente un net changement dans le domaine dont nous venons de parler. Les impulsions provinciales, auparavant quasi inexistantes, se font sentir dans une mesure remarquable. Les rapports avec le Nord de l'empire se poursuivent, mais non plus en sens unique : d'une part, quelques types italiques continuent à influer sur une partie de la production du Nord des Alpes ; d'autre part, sont désormais attestées des formes qui semblent apparaître dans la plaine padane avant de se manifester à Ostie.

Bien plus massive et assurée est l'évidence concernant les importations et les emprunts typologiques, dont Ostie est redevable envers deux aires géographiques : l'Afrique et la Méditerranée orientale. Parmi les présences orientales, la suprématie revient sans autre aux cruches trilobées du groupe n°s 63-65 (**figs 7-8** ; ci-dessous, catalogue, n° XIII.22) : leurs caractéristiques formelles, ainsi que d'autres aspects particuliers, tels que leur argile, l'engobe ou la glaçure externes, se retrouvent dans de nombreux parallèles provenant de l'Egée, où quelques centres de production (Clazomène, Tschandarli) ont été identifiés. Ces cruches – dont la large exportation en Occident pourrait s'expliquer par l'hypothèse d'une commercialisation non seulement pour leur forme, mais également pour leur contenu, à savoir des vins de prix – forment probablement un service de table avec les pichets à bourrelet, classés dans la classe des « parois fines ». Les trilobées – dont la morphologie évolue dans le temps, mais qui restent toujours reconnaissables – sont attestées à Ostie à partir de l'époque de Domitien, jusqu'au début du Ve siècle au moins (nous reviendrons brièvement sur les aspects quantitatifs de ce commerce).

En ce qui concerne l'Afrique septentrionale, il est intéressant de remarquer comment certains types que l'Italie lui avait « transmis » au début de l'époque impériale, sont désormais réexportés vers Ostie, même dans les cas où une production « locale/tyrrhénienne » continue à être documentée. Vu les caractéristiques morphologiques très similaires entre les deux productions, c'est seulement grâce aux analyses de laboratoire que nous réussissons à distinguer les deux séries, comme c'est le cas surtout pour le type de cruche illustrée par le n° 37 (**fig. 9**), que nous savons avoir été produite entre 180 et 190 à Uzita (Tunisie)[25]. Dans d'autres cas, les entrecroisements ne sont pas aussi complexes : nous avons des types issus directement du sol africain et exportés à Ostie. Les contacts sont plus intenses avec le Maghreb mais, par exemple, le type de la bouteille n° 25 – qui fait partie du phénomène que nous venons de décrire – est attesté sur toute la ligne côtière de la Cyrénaïque à la Mauritanie *Caesariensis*.

7   Cruche trilobée, n° 64 (inv. 18151).

8   Cruche trilobée, n° 64 (inv. 18151).

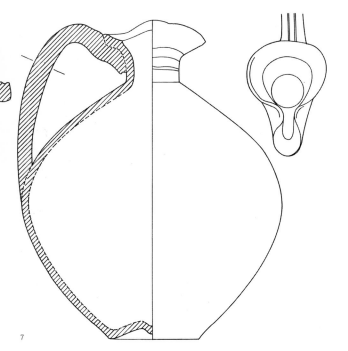

Alors que les produits provenant probablement de l'aire umbro-adriatique diminuent à Ostie, une problématique commune concerne les principaux groupes compris dans la *koiné* médio-tyrrhénienne dont il a été question plus haut : les bouteilles n°s 16-18, les amphorisques n°s 100-101 et les *unguentaria* n°s 126-129. Pour ces trois groupes, à partir de l'époque de Domitien et dans le courant du IIe siècle, les sources archéologiques se limitent presque seulement au matériel ostien des Thermes du Nageur et à celui du Latium, celui de Rome compris. L'aire de diffusion de ces productions (dont les attestations cessent à l'époque antonine, ou au plus tard à l'époque sévérienne) tend à coïncider – contrairement au passé – avec celle de fabrication, ce qui est également valable pour d'autres types «locaux» de la période.

En guise de récapitulation, la montée du rôle des provinces, en particulier des provinces africaines et orientales, les symptômes de difficulté et le début de la fermeture «autarcique» de l'artisanat italique comptent parmi les caractéristiques les plus évidentes de cette phase : ces caractéristiques étaient déjà bien connues pour les céramiques fines de table et de cuisine, les lampes, les amphores, auxquelles viennent s'ajouter maintenant la céramique commune dépurée, bien que dans ce domaine les processus soient beaucoup moins nets et quantitativement de moindre importance (voir ci-dessous).

L'antiquité tardive

Les développements déjà entrevus se précisent à partir de l'époque sévérienne, jusqu'au début du Ve siècle, où cessent les informations de la fouille des Thermes du Nageur (dès lors le cadre est plus incertain). Toutefois, à la fin de l'Empire, les impulsions typologiques provenant des provinces germaniques semblent être peu nombreuses et unilatérales (du Nord vers le Sud).

En revanche, les liens entre les centres de production orientaux et africains, d'une part, et ceux de l'Italie et Ostie, de l'autre, semblent se resserrer. Quant à l'Egée, l'importation des cruches trilobées, dont il était question plus haut, ne cesse pas, et les vases miniatures produits en Attique dès le IIe siècle, interprétés comme des «*liqueur cups*»[26], semblent être remplacés par des imitations italiques (n°s 144-148 ; **fig. 10** : les contextes stratigraphiques d'Ostie sont datables au IIIe/IVe siècle).

L'influence qu'exercent les céramiques communes africaines sur l'artisanat romano-ostien se fait sentir avec une intensité croissante. Ainsi, on observe l'apparition d'un nouveau groupe de récipients, bien représentés dans la collection de l'Antiquarium (n°s 46–52 ; **fig. 11**) et dont le commencement de la production dans les zones d'origine (d'abord l'Algérie, suivie de la Tunisie

9   Cruche, n° 37 (inv. 17845).

10   Vase miniature, n° 146 (inv. 37146).

11   Cruche, n° 49 (inv. 36917).

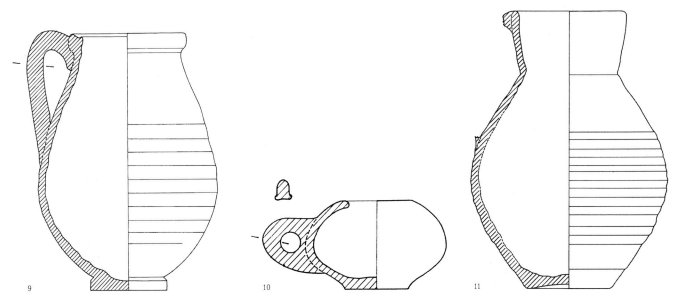

actuelle) entre la fin du Ier et le IIe siècle, précède nettement le début de l'ample diffusion dans la Méditerranée occidentale, attestée à partir de l'époque sévérienne: en particulier, ces vases constituent, dans les stratigraphies d'Ostie, une des typologies de cruches ou de carafes principalement documentées entre le IIIe et le Ve siècle (à Rome, il y a toutefois des indices de leur continuation jusqu'au VIe-VIIe siècle). Comme dans d'autres cas, les recherches en laboratoire signalent des proportions presque égales entre les exemplaires d'origine africaine et leurs «imitations». Le panorama des importations, ou des influences, maghrébines à Ostie est complété par d'autres types de cruches (à observer la décoration particulière incisée du n° 60 [ci-dessous, catalogue, n° XIII.21], **fig. 12**, probablement attribuable au Ve-VIe siècle), de bouteilles, de flacons.

Parmi les groupes d'origine «locale/tyrrhénienne», les cruches «à profil continu», représentées par les n°s 39-45 (**fig. 13**), sont remarquables et sont, avec les cruches africaines précédemment citées, les plus attestées dans les contextes de fouilles ostiens des IIIe et IVe siècles. Connues dans toute l'Italie centrale tyrrhénienne et diffusées également ailleurs, on dirait qu'elles expriment une sorte de «relance» tardo-antique de l'artisanat de la Péninsule, mais, en réalité, elles représentent un phénomène relativement isolé. Les autres types tardifs de notre collection qui ne sont pas empreints d'expériences provinciales, présentent des aires de distribution qui ne dépassent généralement pas les limites du territoire romain-ostien.

En somme, au fur et à mesure que décline Ostie et qu'elle s'approche de son abandon définitif, sa céramique «domestique» dénonce, dans une mesure toujours plus grande, un repli autarcique que nous avons déjà vu débuter au milieu de l'époque impériale. Pour le reste, même les impulsions «externes» plus tardives – les apennines et adriatiques cessent déjà au IIe siècle, les «nordiques» et liguro-narbonnaises au milieu du IIIe, les orientales vers le Ve – semblent provenir seulement de l'Afrique (des études récentes ont du reste démontré l'ampleur et la persévérance de l'hégémonie africaine, au moins jusqu'à la seconde moitié du VIIe siècle, dans d'autres secteurs plus importants de la culture matérielle centro-italique[27]).

12   Cruche, n° 60 (inv. 17839).

13   Cruche, n° 40 (inv. 37478).

12   13

Conclusions

En guise de conclusion, il serait peut-être opportun d'ajouter un avertissement général à cette étude. Dans le cadre sommairement délimité dans les pages précédentes, nous avons beaucoup insisté sur l'aspect de la circulation (non seulement des modèles typologiques, mais aussi des produits). Il s'agit là, au fond, de nouvelles perspectives – scientifiquement plus «attrayantes» – que peuvent exploiter aujourd'hui les études sur la céramique d'usage commun, qui jusqu'à peu était confinées à tort (comme il a été remarqué au début de cette étude) au domaine des catégories d'objets d'intérêt purement local. Plus que jamais, il paraît essentiel de distinguer pour notre classe céramique entre le moment de la communication et de l'échange des éléments culturels (les typologies) et celui de la véritable commercialisation des produits. Par rapport à la documentation ostienne, le premier reflète (comme nous l'avons vu) un entrecroisement large et extrêmement complexe d'expériences; le second – bien que peut-être encore plus intéressant d'un point de vue historico-économique – est résolument plus limité, en comparaison du nombre des cas connus et de la quantité globale des produits échangés.

Je citerai, à titre d'exemple, une application des données tirées du matériel inédit du secteur nord-est des Thermes ostiens du Nageur, concernant en particulier les informations archéométriques sur les provenances possibles des fragments de bords[28] (je rappelle qu'il s'agit de l'horizon chronologique compris entre les Flaviens et les Antonins). L'expérience a démontré que pour les bouteilles, les amphorisques, les pots et les couvercles, les fragments se rapportant à une argile identifiée par les analyses comme locale – respectivement «tyrrhénienne» – oscillent entre 61 et 83 %; les «campaniens», entre 1,3 et 13 %, les «africains», entre 0,6 et 10,2 %; les «orientaux», entre 0,4 et 11,4 %. De ce panorama relativement homogène, se distinguent – parmi les formes «fermées» – seulement les cruches, dont les attestations «orientales» s'élèvent à 48 % (au détriment des «tyrrhéniennes»), uniquement à cause de la présence des récipients trilobés égéens, dont j'ai déjà signalé les motivations du commerce. Quant aux formes «ouvertes», un tiers des bords de cuvettes (récipients non conservés dans l'Antiquarium, comme nous le savons) sont attribuables à des argiles non italiques, pour la plupart «africaines».

D'une part, nous avons la confirmation que les Ostiens – pour la vaisselle destinée à tant d'usages de la vie quotidienne – se sont tournés dans une mesure décisive vers la production locale et régionale. Mais il y a également une seconde confirmation: grâce à la panoplie des parallèles, la «céramique commune» s'avère être en mesure d'ajouter une tessele supplémentaire à cette mosaïque bien connue qu'est Ostie: un centre maritime ouvert, cosmopolite, à même d'assimiler et d'élaborer rapidement – dans tous les domaines – les influences qui parviennent à ses ports de tous les coins de la Méditerranée.

trad. Eliane Brigger

Notes

1. C. Pavolini, *Scavi di Ostia* XIII. *La ceramica comune. Le forme in argilla depurata dell'Antiquarium* (2000), ci-après abrégé comme *SdO* XIII.

2. Dans: *SdO* XIII, p. 13, n. 1, référence est faite à la signification – du reste largement conventionnelle et générique – généralement attribuée au terme de «classe» dans la littérature sur la culture matérielle (en particulier en Italie), et à la possibilité de l'utiliser – avec une certaine prudence – également pour l'ensemble des «vases communs».

3. Voir par exemple G. Olcese, *Le ceramiche comuni di Albintimilium* (1993).

4. T. Mannoni, dans: *III Convegno internazionale di ceramica, Albisola 1970* (1971), pp. 297 *sqq.*; *SdO* III (1973), p. 421.

5. Pour ces vases, en général et en particulier pour Ostie, voir en dernier lieu C. Coletti dans: *Les Céramiques communes de Campanie et de Narbonaise (Ier siècle av. J.-C-IIe siècle ap. J.-C.), Napoli 1994* (1996), pp. 402 *sqq.* (ci-après abrégé comme *Céramiques communes*).

6. Pour la définition de «noyau céramique» et pour d'autres termes techniques employés dans *SdO* XIII et dans le présent texte, voir surtout N. Cuomo di Caprio, *La ceramica in archeologia* (1985).

7. Tous ces récipients servaient à la lessive et à la toilette quotidienne, ainsi que, parfois, de pot de chambre.

8. A quelques exceptions près, dont un important groupe de couvercles.

9. Exception faite pour les couvercles mentionnés dans la note précédente, qui souvent ne se distinguent pas des couvercles en argile dépurée.

10. Sur le terme de «forme» comme ensemble de récipients qui ont la même fonction – ou les mêmes fonctions – développées dans l'Antiquité, voir *SdO* XIII, pp. 22 *sqq.*

11. Il s'agit d'un type de vase interprété comme des *patellae* pour les offrandes (surtout aux défunts, mais peut-être aussi aux divinités, comme par exemple dans les sanctuaires domestiques). Avant la publication de ce livre, d'autres exemples du type étaient reproduits ou cités par Liverani, comme provenant des nécropoles vaticanes: voir P. Liverani, *La topografia antica del Vaticano* (1999), p. 86, fig. 113. Il n'est pas exclu qu'ils coïncident en partie avec ceux déjà connus du Museo Sacro Vaticano et mentionnés dans *SdO* XIII, mais les indications de provenance en renforcent l'interprétation comme récipients à usage funéraire.

12. Si l'on accepte l'interprétation de «liqueur cups» qui été proposée pour quelques petits vases athéniens en tous points semblables à ceux d'Ostie par H. S. Robinson, *The Athenian Agora* V. *Pottery of the Roman Period* (1959), p. 144. Pour les vases miniatures d'Ostie, voir également l'Appendice III dans *SdO* XIII, pp. 383 *sqq.*

13. Les objets singuliers définis par convention comme des «vases ovoïdes et piriformes» et dont les fonctions sont probablement multiples – mais il y a des indices sûrs pour un usage comme cornet à dés – ont déjà été étudiés ailleurs (C. Pavolini, *MEFRA* 92, 1980, pp. 993 *sqq.*); dans *SdO* XIII sont cependant pris en considération dans un Appendice (pp. 375 *sqq.*).

14. Je me suis tenu à la définition de Morel, utile parce que simple et générale: «un ensemble d'objets ayant en commun un certain nombre de caractéristiques morphologiques»: J.-P. Morel, *Céramique campanienne: les formes* (1981), pp. 21 *sqq.* et *SdO* XIII, p. 26.

15. Voir également Morel *op. cit.*, pp. 29 *sqq.*

16. *Ostia* I-IV (1968-1977).

17. Pour les fouilles et les caractéristiques de cet ensemble céramique, voir la synthèse de C. Panella, dans: *Giornate di studio in onore di A. Adriani* (1991), pp. 283 *sqq.*

18. Laboratoire d'analyses et de recherches archéométriques (Gênes). Cf. G. Predieri – S. Screfola, dans: *SdO* XIII, pp. 45-47.

19. Pour les références bibliographiques, voir *ibid.*, pp. 335 *sqq.*

20. Pour la distinction entre formes «fermées», «semi-fermées» et «ouvertes», termes par ailleurs utilisés avec prudence dans le livre, voir *ibid.*, pp. 25 *sqq.*

21. De nombreuses informations proviennent de Pompéi (voir en dernier lieu G. Gasperetti, dans: *Céramiques communes*, pp. 19 *sqq.*) et des sites «vésuviens». Pour le Latium, une partie de la production provient par exemple des fours déjà cités de La Celsa.

22. Qui, en comparaison aux précédentes, sont plus directement issues de la tradition des *lagynoi*. Il est surprenant de les trouver attestées en certain nombre en Corinthie: voir J. M. Peppers, *Selected Roman Pottery, Isthmia Excavations, 1967-1972* (1979), fig. 120,c. Il s'agit d'un cas unique d'exportation de céramique commune dépurée italique exportée en Egée.

23. Il est inhabituel que certaines versions de cette typologie soient non seulement attestées en céramique commune, mais également en céramique glacée. Aux cas mentionnés dans *SdO* XIII, p. 202), documentés sporadiquement

sur les côtes tyrrhéniennes et en Sardaigne, il faut ajouter quelques exemplaires inédits d'Ostie même, identifiés dans l'Antiquarium au moment où la publication était déjà en cours d'impression. L'étude de ce phénomène sera approfondi dans une étude ultérieure.

[24] Exception faite pour la céramique de la Gaule du Sud – en particulier les cruches trilobées – définie comme «grise de l'époque impériale» (voir l'étude fondamentale de C. Goudineau, *RANarb* 10, 1977, pp. 153 *sqq.*). Aux attestations de cette classe à Ostie est dédié un Appendice (*SdO* XIII, pp. 379 *sqq.*). Il est par ailleurs probable que – exactement comme les trilobées «orientales», voir ci-dessous – ces cruches ont été importées pour leur contenu, soit des vins de qualité.

[25] L'analyse de l'argile du matériel issu des Thermes du Nageur a indiqué que 18,7 % des fragments de ces cruches sont de provenance «africaine», le reste de la production étant «locale/tyrrhénienne».

[26] Voir ci-dessus, n. 12.

[27] Voir entre autres L. Saguì (dir.), *Ceramica in Italia : VI-VII secolo* (1998).

[28] Voir *SdO* XIII, pp. 366-368.

Cherche : logement à Ostie

Thea L. Heres

Au visiteur d'aujourd'hui, l'antique Ostie offre un aspect surprenant par sa modernité : une large rue principale qui conduit
au centre ville et des rues transversales à angle net, flanquées
d'immeubles construits en briques. Il observera les amples ouvertures des boutiques au rez-de-chaussée et les larges escaliers
externes, en pierre, qui conduisent aux étages supérieurs. En
dehors du centre, les quartiers ont un aspect plus résidentiel et
les immeubles alternent souvent avec de grandes et luxueuses
habitations familiales. Les boutiques y sont moins nombreuses
et on y trouve aussi au rez-de-chaussée des appartements pourvus de hautes et grandes fenêtres, fréquemment disposées en
rangée de trois (**fig. 1**). En somme, un quartier de la première
moitié du XXe siècle à Rome n'offre pas un aspect très différent[1].

Ostie n'a pas toujours été aussi moderne. Si nous pouvons
admettre que les maisons du port de Rome ressemblaient à
celles de la capitale, l'histoire architecturale de Rome nous fournit quelques indices. Nous savons qu'à Rome, à la fin de la
République, soit au Ier siècle av. J.-C., existaient déjà de grands
immeubles ; à en croire les sources antiques, les plus hauts pouvaient compter pas moins de dix étages.

En revanche, l'habitation moyenne était de type familial
(*domus*) que nous connaissons bien grâce à Pompéi et à d'autres
cités provinciales de l'Italie : un type de maison qui se développe, principalement sur le rez-de-chaussée, autour d'une salle
centrale (*atrium*), tandis que sur les deux côtés s'ouvrent les
chambres à coucher et les pièces de séjour. La maison privée
possédait souvent un étage supérieur : encore aujourd'hui on
voit les marches en mortier ou les traces d'escaliers en bois, par
lesquels on montait aux pièces au-dessus de la partie antérieure
ou postérieure de la maison. La hauteur supérieure de l'*atrium*,
par rapport aux pièces attenantes, rendait impossible la construction d'un étage sur toute la maison. En tout cas, l'étage supérieur était modeste ; la vie se concentrait au rez-de-chaussée.

1   Immeuble des Fenêtres trilobées (photo T. L. Heres).

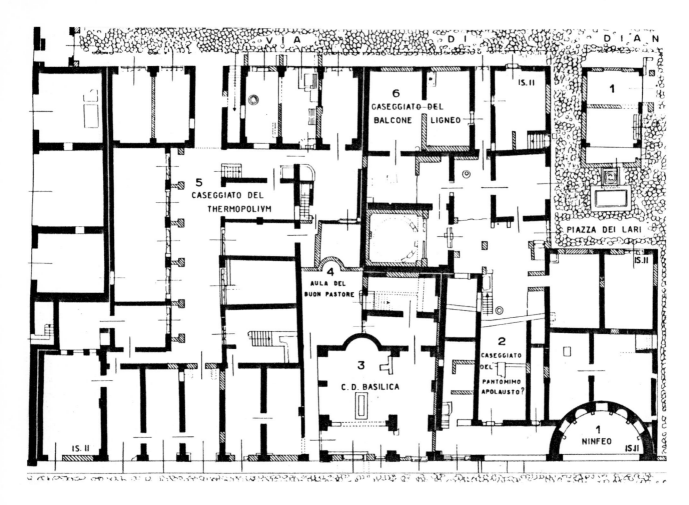

2   Plan des Immeubles du Thermopolium (5) et du Balcon en bois (6) (d'après Becatti 1953).

L'aspect et la taille de ces *domus* pouvaient également varier selon la position sociale du propriétaire. En effet, certaines *domus* ne possèdent que trois pièces, tandis que d'autres occupent toute la surface d'un bloc de maisons.

Quelles ont été les raisons qui ont mené à l'abandon de ce type de *domus* au courant du Ier siècle ap. J.-C.? Une réponse logique serait la croissance de la population générale en Italie pendant la longue période de paix et de prospérité sous Auguste et ses successeurs. Les anciennes demeures occupaient évidemment trop de place, désormais rare en ville. A Rome, le désastreux incendie survenu sous Néron en 64 ap. J.-C. a certainement accéléré la demande de maisons pour les sans-abri. La forte augmentation de la demande, en plus du développement des techniques du premier siècle de l'Empire, a encouragé la construction de maisons élevées[2].

Le matériau employé pour les bâtiments privés du Ier siècle ap. J.-C. est le béton, qui constitue le noyau du mur. La face externe du mur est recouverte des deux côtés de petits blocs de tuf disposés en rangées obliques ou – dans une phase encore plus récente – de briques. L'emploi du béton n'était pas nouveau: nous savons, en effet, de l'architecte romain Vitruve, que déjà au Ier siècle av. J.-C., les Romains disposent d'une bonne expérience de ce matériau qui réduit certainement les risques d'écroulement[3]. Les édifices construits partout en Italie à cette époque démontrent clairement cette expérience. L'usage du béton et des briques permet la construction de murs plus fiables et, par conséquent, d'édifices plus élevés, de quatre étages ou plus.

Suite à l'incendie de Rome, l'usage des briques se développe de manière toujours plus intense. Cette exploitation tardive peut étonner, parce que l'argile du Tibre et des autres plaines fluviales autour de la capitale est d'une qualité optimale; en outre la fabrication de briques n'est pas très exigeante. On ignore cependant la cause de ce retard. En tout cas, après l'incendie de 64 ap. J.-C., le manque de maisons était tel que, presque d'un

3   Insula aux Voûtes peintes (photo T. L. Heres).

coup, les constructeurs romains ont commencé à reconstruire la nouvelle ville en briques. Le palais que Néron s'est fait ériger pour lui-même, la fameuse Maison Dorée (*Domus Aurea*), est exclusivement construit en brique.

Quelle était la situation à Ostie ? La création du port sous Claude a influencé dans un sens positif le développement de la ville, et, en fait, dans les dernières décennies du Iᵉʳ siècle ap. J.-C., nous assistons à l'érection des premières maisons en briques. Les témoignages sont toutefois peu nombreux, à cause des bâtiments postérieurs, car c'est avec le IIᵉ siècle qu'arrive la grande heure de la construction ostienne. La cause principale est la création du nouveau port sous Trajan, une entreprise considérable, génératrice d'une forte augmentation d'emplois. Il est évident que les travailleurs et leurs familles se sont cherché des maisons proches de leur travail. C'est ainsi que commence l'érection des grands immeubles en briques. Certains quartiers, situés loin du centre, ont toujours su conserver un aspect plutôt résidentiel, tandis que vers le centre, la population devient plus dense.

Combien d'habitants pouvait héberger Ostie ? Nous l'ignorons[4]. Aujourd'hui les immeubles s'y présentent comme une masse de briques, conservées au maximum jusqu'au deuxième étage. Les étages supérieurs pouvaient être au nombre de deux à cinq, ou davantage. Il est certain que le matériau permettait de construire des élévations impressionnantes.

Même si nous ne disposons pas de données décisives sur le nombre d'étages des maisons ostiennes, le rapport appartements/maisons familiales est plus clair : sur le total des cinq régions, nous comptons 228 immeubles pour 22 maisons luxueuses du IIᵉ-IIIᵉ siècle. Une comparaison intéressante nous est fournie par Rome. L'inventaire du IVᵉ siècle fait état de pas moins de 46 602 immeubles pour plus de 1700 maisons familiales.[5]

A Ostie, la Région III qui s'étend entre la Via della Foce et le *decumanus*, atteint le nombre d'immeubles le plus élevé

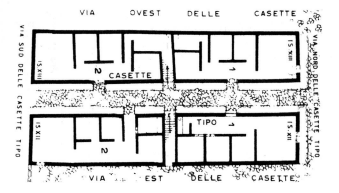

4   Plan des Maisons-types (d'après Becatti).

5   Les escaliers externes des Maisons à Jardins (photo T. L. Heres).

(77 dont seulement 4 maisons familiales). La Région II, localisée entre le Tibre et le *decumanus*, est au contraire caractérisée par un nombre élevé d'édifices publics (thermes, *horrea*, théâtre). Elle ne compte que 24 immeubles et les maisons luxueuses y sont totalement absentes.

Ostie nous pose actuellement de nombreuses questions concernant d'autres aspects :

— Comment était la répartition des appartements sur les étages supérieurs ?

— Quel était le nombre de pièces à disposition par famille ?

— Que pouvons-nous savoir de la hauteur des pièces, de la présence des pièces de service ?

— Quelle était la décoration des parois, des pavements et des plafonds ?

— Que peut-on dire du nombre et de la superficie des fenêtres ?

Sans mentionner la question du mobilier dans ces appartements… En somme, nous ignorons en grande partie la qualité de la vie domestique à Ostie. Malgré cela, nous pouvons arriver à quelques définitions du type et de la diversité des appartements et des immeubles.

Au moins, nous connaissons leur nom antique : les écrivains romains parlent de *cenacula* qui se trouvent sur les étages supérieurs des *insulae*. L'«*insula*» a été définie comme un édifice entouré sur les quatre côtés par des rues, ce qui correspond aux grands immeubles romains d'aujourd'hui, qui se développent autour d'un jardin ou d'une cour intérieure.

La superficie en mètres carrés des étages supérieurs peut être calculée ; un autre problème est d'arriver à estimer la superficie dont disposait chaque famille. Les recherches effectuées par plusieurs universités hollandaises sous la direction de l'auteur, permettent d'avancer quelques propositions. Au centre d'Ostie, sur la Via di Diana que nous avons déjà mentionnée, se trouvent l'Immeuble du Thermopolium (I ii 5) et l'Immeuble du Balcon en bois (I ii 6) (fig. 2). Le premier s'étend jusqu'au *decumanus* et dispose d'un premier étage d'environ 930m^2, articulé en quatre côtés autour d'une cour intérieure. Les étages sont accessibles par un escalier externe (directement depuis la Via di Diana) et d'au moins deux escaliers qui partent depuis la cour. Même si la subdivision du premier étage n'est pas claire, je pense que le nombre d'appartements s'élevait à 8-10 et par conséquent, chacun disposait de 100m^2. La maison adjacente, dite du Balcon en bois, était beaucoup plus modeste : elle occupait seulement la partie septentrionale qui donne sur la Via di Diana. Elle comprenait peut-être quatre étages d'une superficie de 30m^2 chacun[6]; ceux-ci sont accessibles à l'aide d'un seul escalier partant de la Place des Lares.

A Ostie, les exemples d'immeubles indépendants, c'est-à-dire entourés de quatre rues, sont rares. En pratique, les grands immeubles ne donnent sur la rue que sur deux ou trois côtés, et les exemples de constructions véritablement indépendantes sont plus modestes (figs 3 et 4). A ce propos, il est intéressant d'observer dans la Région III un complexe compact, sans voies publiques intermédiaires (c'est-à-dire III i, ii, x et xiv). La majorité des appartements se trouvent sur des étages supérieurs. Un

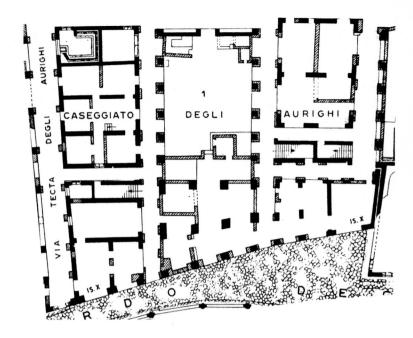

6 Dessin de la façade de la Maison de Diane (d'après Pasini 1978, fig. 52).

7 Plan de la Maison des Auriges (d'après Becatti).

escalier, large de 1,50 m ou plus, conduit du trottoir directement aux étages supérieurs; normalement, il est construit en travertin, une pierre dure et très résistante (**fig. 5**). Au haut de l'escalier, on se trouve dans l'obscurité absolue, raison pour laquelle il y a à mi-chemin une niche à lampe pour l'éclairage, tandis que d'autres immeubles présentent une petite fenêtre au niveau des marches supérieures (**fig. 6**). Dans certains grands immeubles, on a retrouvé un escalier en pierre jusqu'au troisième étage. Je suppose que dans les immeubles plus modestes et généralement pour les étages supérieurs, on utilisait aussi des escaliers en bois.

Comme on l'a déjà souligné, la plupart des immeubles sont disposés autour d'une cour, ce qui nécessite la présence d'escaliers externes sur plus d'un côté de l'édifice. Une autre possibilité est de construire des escaliers dans la cour, conservant ainsi le caractère fermé des plus grands complexes comme la Maison des Auriges (**figs 7** et **8**). La combinaison des deux systèmes est également possible, comme nous pouvons le voir dans la Maison de Diane (**figs 9** et **10**: n°s 6 et 7)[7].

Les plus simples sont les *insulae* où manque l'espace pour une cour, comme les Maisons-types (III xii-xiii, **figs 4** et **11**). Quatre appartements se trouvent au rez-de-chaussée, arrangés deux par deux. Un escalier intermédiaire mène à l'étage supérieur. Je dis «étage» au singulier, car le peu d'épaisseur des parois externes ainsi que la technique de construction plutôt déficiente font penser qu'il n'y avait pas plus d'un étage. Chaque appartement dispose d'une salle de séjour, évidemment la pièce la plus grande, tandis qu'il y a 3-4 autres pièces autour d'un vestibule/couloir. La présence de pièces de service surprend dans un appartement aussi simple: chacun dispose d'une latrine à deux places.

Peut-être qu'il est opportun d'expliquer ici que les services que nous trouvons «normaux» dans nos habitations, manquent d'ordinaire dans les appartements ostiens, même dans les demeures les plus luxueuses. Il s'agit de la baignoire, des toilettes et de la cuisine. Le bain se prenait dans les thermes, accessibles tous les jours et à un prix économique. Les toilettes communes, généralement à 10-20 places, se trouvent sous la maison ou dans le voisinage; toutefois, tout appartement dispose d'un pot de chambre. Enfin, pour manger, les gens prenaient chez eux un plat à emporter d'une des nombreuses tavernes ou *thermopolia* (l'équivalent de nos «snackbar»).

L'Insula aux Voûtes peintes (III v 1) nous offre un stade plus évolué, privée elle aussi d'une cour mais dotée d'une série de pièces, disposées de part et d'autre d'un couloir intermédiaire, qui se répètent au premier étage (**fig. 12**). J'ai de sérieux doutes quant au caractère privé du rez-de-chaussée[8]. Le premier étage, au contraire, est seulement accessible par un seul escalier externe; il possède même un modeste bassin pour l'eau ainsi qu'une latrine proche de la porte d'entrée. Il est à supposer que les deux séries de pièces étaient habitées par deux familles et que les services étaient à disposition des deux.

Comme il a été relevé, dans les régions plus résidentielles d'Ostie, les appartements se trouvent également au rez-de-chaussée. L'exemple le plus cité est certainement les Maisons à Jardins (III ix), un véritable «complexe dans la verdure». Les appartements centraux sont construits dos à dos: une grande

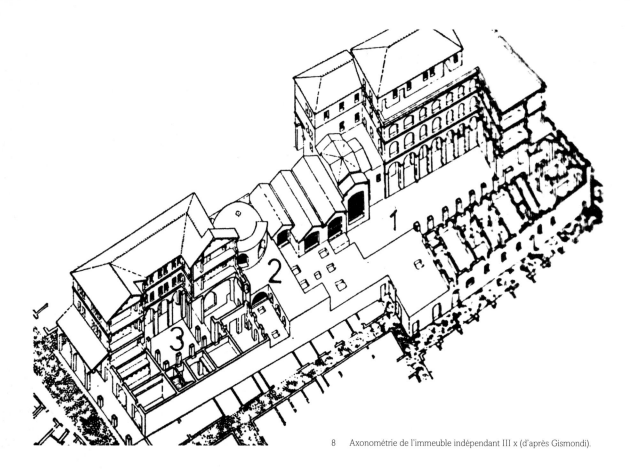

8   Axonométrie de l'immeuble indépendant III x (d'après Gismondi).

salle de séjour avec pas moins de six fenêtres, trois autres pièces, les services et un grand couloir (**figs 13** et **14**)[9].

Le type d'*insula* le plus commun est celui qui se développe autour d'une cour intérieure. Même dans ce cas, la variation de la typologie est grande. Normalement, comme nous l'avons expliqué plus haut, les appartements se trouvent sur les étages supérieurs et sont accessibles au moyen d'un escalier externe. En montant l'escalier, on arrive dans un corridor qui contourne la cour et sur lequel donnent les appartements individuels (**figs 6, 7, 9** et **10**). L'autre côté de l'appartement donne comme d'habitude sur la rue externe et dispose d'un balcon, ou au moins d'une série de deux à trois fenêtres pour l'apport d'air frais et de lumière.

Un des complexes les plus impressionnants se trouve dans la Région III x: il se compose de deux maison (celle des Auriges et celle du Sérapis), entre lesquelles se trouve les Thermes des Sept Sages (**fig. 8**, n°s 1-3), avec un total d'environ 80 pièces habitables sur les étages supérieurs[10]. Les étages de Maison du Sérapis ont à disposition une superficie d'environ 470 m[2], corridors inclus, chacun probablement pour quatre appartements.

Dans les années 1960, l'Université libre d'Amsterdam a étudié en détail le quartier V ii, localisé dans le centre d'Ostie[11]

(**figs 15** et **16**). Ce quartier est composé de 14 éléments: une série de magasins (n° 1), cinq ateliers/magasins (n°s 2, 9, 11, 12 et 14), deux *domus* (n°s 4-5 et 8), un complexe thermal (n°s 6-7) et seulement trois modestes *insulae* (n°s 3, 11 et 13). Toutefois, les appartements se trouvaient également aux étages supérieurs des deux *domus*, accessibles au moyen respectivement d'un escalier (n° 5) et de deux autres (n°s 6-7) dans la cour. En outre, quelques appartements étaient aussi aménagés au-dessus de la partie antérieure des thermes (n°s 6-7), accessibles par un escalier à la fin du couloir d'entrée. La reconstitution axonométrique (**fig. 16**) indique – en guise d'hypothèse – la présence de plus d'un étage sur tous les édifices, à l'exception des ateliers 1, 2, 9, et 14. Nous pouvons également calculer le nombre de mètres carrés à disposition:

V ii 3	110 m[2]	5 appartements?
V ii 4-5	170 m[2]	peut-être 120 m[2] pour la *domus* et 50 m[2] pour 3 appartements
V ii 6-7	195 m[2]	2 appartements?
V ii 8	65 m[2]	?
V ii 11	85 m[2]	?
V ii 13	60 m[2]	2 appartements?

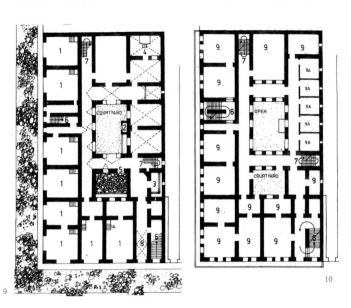

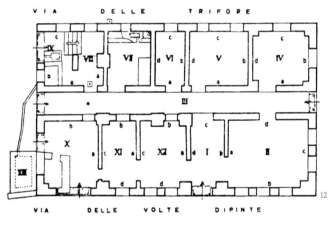

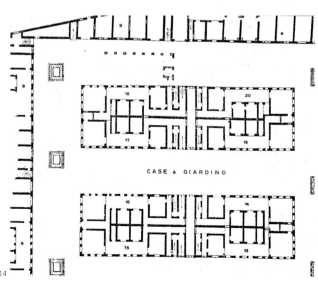

9   Plan de la Maison de Diane, rez-de-chaussée (d'après Pasini 1978, fig. 50).

10   Plan de la Maison de Diane, premier étage (d'après Pasini 1978, fig. 50).

11   Les Maisons-types (photo T. L. Heres).

12   Plan de l'Insula aux Voûtes peintes (d'après Felletti-Maj).

13   Les Maisons à Jardins (photo T. L. Heres).

14   Plan des Maisons à Jardins (d'après Becatti).

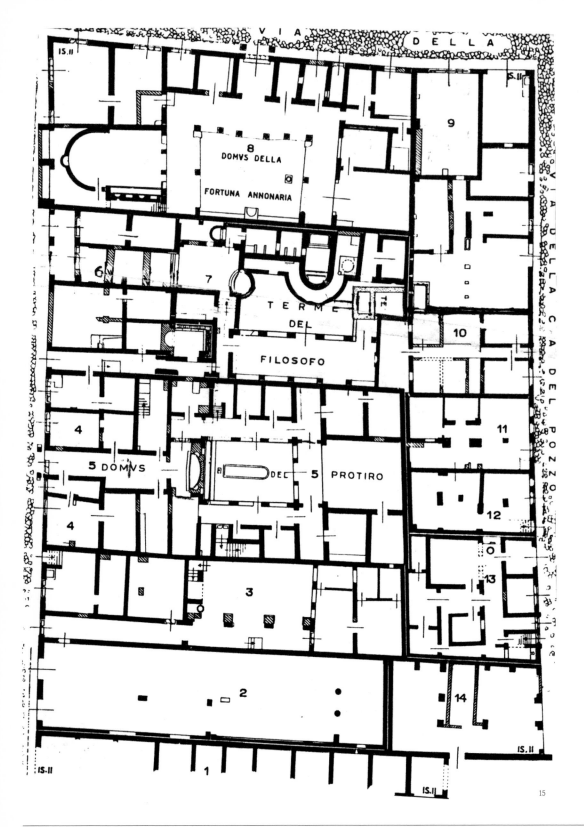

15

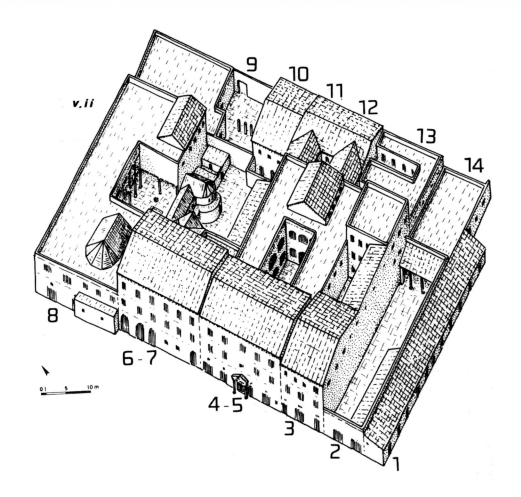

v. ii

Conclusion

Il résulte clairement que le choix d'une maison dépendait de nombreux facteurs. Il est certain que parmi ces facteurs, le coût du loyer était décisif, comme il l'est aujourd'hui. Les quartiers du centre ville n'étaient peut-être pas les plus recherchés, à cause du trafic intense, mais peut-être qu'ils l'étaient quand même, à cause de la proximité des magasins, des thermes… Le nombre de pièces des appartements est variable comme de nos jours. En somme, si on cherche une belle maison à louer, «…tu sais ce qu'il m'en coûte d'argent, d'ennuis…»[12].

trad. Eliane Brigger

Notes

[1] Voir ci-dessus, pp. 66-73 la contribution de V. Kockel [n.d.r.].
[2] Voir à ce sujet aussi ci-dessus, pp. 94-95, les observations de J. DeLaine [n.d.r.].
[3] Vitruvius, *De Architectura* X ii 8 et *passim*.
[4] Voir toutefois ci-dessus, p. 179, l'estimation de J.-Th. Bakker [n.d.r.].
[5] *Curiosum urbis Romae* Regg. XIV.
[6] *NSc* 1916, pp. 421-422.
[7] I iii 3; deux escaliers conduisent aux étages supérieurs, respectivement de la Via di Diana et la Via di Lucrezio Menandro, tandis qu'un troisième (n° 7) part du couloir interne.
[8] Les quatre entrées et les fenêtres hautes et relativement petites font plutôt penser à un type d'auberge. La présence d'une taverne à l'extérieur de la porte et sous l'escalier externe semble confirmer cette hypothèse.
[9] Voir ci-dessous, pp. 346, fig. 1 [n.d.r.].
[10] La Maison des Auriges contient au le rez-de-chaussée 35 pièces, sans compter les couloirs et les escaliers; les thermes contiennent 42 pièces et la Maison du Sérapis, 9 pièces.
[11] J. S. Boersma *et al.*, *Amoenissima civitas* (1985).
[12] Cicéron, *Ad Att.* IV ii 7 (*… scis quo sumptu, qua molestia…*).

15   Plan du quartier V ii (d'après Becatti).

16   Axonométrie du quartier V ii (d'après Harry Burgers dans Boersma 1985).

La Maison de Diane (I iii 3-4)*

Architecture et pavements
par Alfredo Marinucci

1   Vue générale de la Maison de Diane.

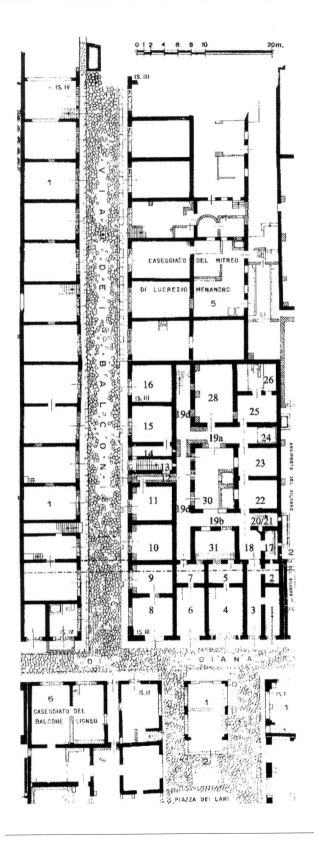

2   Maison de Diane, plan général.

Dès 1914, année de la première campagne de fouilles de la Maison de Diane (**fig. 1**), la littérature spécialisée a toujours retenu que ce complexe fut érigé au milieu du IIe siècle ap. J.-C.[1], dans un espace resté libre entre l'immeuble du Mithrée de Lucrèce Ménandre (I iii 5) au nord et celui des Moulins (I iii 1) à l'est, tous deux datés dans leur première phase de l'époque d'Hadrien (**fig. 2**). Cependant, les fouilles que j'ai pu entreprendre dans l'*insula* quatre-vingts ans plus tard, ont apporté une révision totale de la chronologie traditionnelle et l'identification de phases de construction précédemment inconnues ou, quand bien même visibles, ignorées.

Ma conviction que la chronologie nécessitait une révision et que l'état visible du complexe au moment de la fouille ne correspondait pas à la première phase de construction, a été confirmée par les recherches récentes, qui ont permis d'identifier cinq phases principales. La première phase a pu être datée, grâce aux estampilles de briques et à l'étude des pavements en mosaïque nouvellement découverts, de l'époque d'Hadrien, vers 130 ap. J.-C.; la dernière remonte au début du IVe siècle.

Contrairement aux deux constructions voisines, dont seules les façades sont en briques et les murs internes en *opus mixtum*, l'*insula* de Diane est entièrement construite en brique, avec une façade sans enduit, des arcs de décharges et des moulures en plates-bandes. Elle est bordée par un trottoir en briques sur le côté de la Via dei Balconi – interrompu par des marches correspondant aux portes des tavernes – et en blocs de tuf sur le côté de la Via di Diana. L'*insula* semble comporter un rez-de-chaussée et quatre étages – directement accessibles des deux rues par des escaliers à plusieurs rampes de marches en travertin et briques, soutenues par des voûtes en berceau inclinées. Elle atteignait probablement une hauteur de 20 m, ce qui est proche de la limite de 60 pieds imposée aux édifices par Trajan[2]. Le deuxième étage avait un *maenianum*, soit un balcon continu construit contre les deux faces libres, donnant sur les deux rues et soutenu par des pendentifs insérés dans les espaces entre les arcs de décharges au-dessus des fenêtres du premier étage et consistant en un « grand cavet à montée relevée en lunette pour développer librement le motif des fenêtres du premier étage. La voûte du cavet était recouverte d'enduit. Ainsi, la précision du cintre était obtenue avec l'enduit, qui faisait disparaître les irrégularités dans la construction du balcon[3] ».

A la fin des premières fouilles, prolongées jusqu'en 1916, l'édifice entier (**fig. 2**) s'est avéré graviter autour d'une cour intérieure bordée de trois portiques ouverts. Cette caractéristique permet de classer l'*insula* dans la vaste catégorie des maisons ostiennes avec cour à portique, entourée de couloirs qui, selon Calza, ne sont « ni une *domus*, ni une *insula*, mais plutôt un amalgame des deux types d'habitation distincts »[4] et un point de rencontre entre « la forme fermée autour d'un péristyle et la forme ouverte sur une façade à fenêtres» et «le développement horizontal et vertical»[5], créés «par les Romains sur territoire romain»[6].

Un premier recensement des édifices à cour à portique, a été présenté par G. Harsh[7]: sa liste contient, en plus de la Maison de Diane, l'Insula de Jupiter et Ganymède (I iv 2), la Domus du Temple Rond (I ix 2), l'Immeuble des Triclinia (I xii 1) et la Maison d'Apulée (II viii 5). A celles-ci, Calza a successivement ajouté les Horrea Epagathiana et Epaphrodisiana (I viii 3)[8] la Caserne des Vigiles (II v 1), l'Insula des Muses (III ix 22), la Maison des Auriges (III, x, 1) et celle du Sérapis (III x 3). Ce type d'édifice regroupe des constructions dont les fonctions sont très variées et dont la datation s'étend de l'époque de Trajan (Maison d'Apulée) à la dernière décennie du IIIe siècle ap. J.-C. (Domus du Temple Rond), avec une accumulation d'exemples à l'époque d'Hadrien (*insulae* de Diane et de Jupiter et Ganymède, l'Immeuble des Triclinia, la Caserne des Vigiles, la Maison du Sérapis, l'Insula des Muses), deux exemples de l'époque antonine (Horrea Epagathiana et la Maison des Auriges). J. E. Packer distingue parmi ce groupe, complété par d'autres exemples, deux sous-types[9]. Le premier – plus simple, avec une cour entourée de pièces – inclut la Maison des Auriges, celles de Sérapis et le Petit Marché (I viii 1), l'immeuble derrière la moitié orientale du portique de Neptune (II iii 2), tandis que le second est caractérisé par une pièce (*tablinum*) qui se distingue par ses dimensions et sa position proéminente dans la cour. Les Horrea Epagathiana, la Domus du Temple Rond, l'Immeuble des Triclinia et l'Insula des Muses appartiennent à ce groupe avec la Caserne des Vigiles et l'immeuble de la Regio I xii 1. Les trois nouveaux complexes pris en considération par Packer, tous datables à l'époque d'Hadrien, confirment la diffusion du type durant cette période.

L'avance des recherches sur la construction ostienne, surtout tardo-antique, a permis de compléter récemment le modèle de l'*insula* avec cour à portique par de nouveaux exemples[10]. Aux bâtiments déjà connus s'ajoutent la Domus aux Colonnes (IV iii 1), celles des Poissons (IV iii 2) et du Prothyron (IV ii 4-5) qui comptent parmi les premières *domus* tardo-antiques créées entre 230 et 325 ap. J.-C.[11] et implantées sur des constructions précédentes du type à cour à portique du IIe siècle.

Dans la Maison de Diane (**fig. 2**), la cour est destinée à fournir de la lumière et de l'air, tant aux pièces des côtés nord, sud et est du rez-de-chaussée, qui forment un appartement unique, qu'aux autres étages, remplissant la fonction de «centre de regroupement des parties constitutives de l'édifice»[12] et substituant «les façades externes dont il constitue, par conséquent, le complément nécessaire»[13].

Au rez-de-chaussée, la cour est entourée seulement sur trois côtés d'un portique, ouvert à l'ouest avec deux arcatures surhaussées et une grande fenêtre, qui ont été partiellement comblées plus tard. Sur les côtés nord et sud, la cour est bordée de deux grandes arcatures, réduites postérieurement à l'aide de techniques variées. Les deux arcs-boutants des parois des secteurs nord et ouest, placés exactement à leur croisement, sont parfaitement conservés. A l'intérieur de la cour, sur le pilastre

3   Maison de Diane, cour centrale: relief en terre cuite avec représentation de la déesse Diane.

entre l'arcature méridionale et centrale, un relief de Diane est inséré, sculpté dans une plaque de terre cuite de 50 x 50 cm (**fig. 3**). La déesse chasseresse, représentée de face et debout, est vêtue d'une tunique et d'un manteau court, tirant de la main droite une flèche de son carquois et saisissant son arc de la gauche; à droite, un chien accroupi et tourné vers la gauche, regarde la déesse; sur la gauche, la disposition est semblable avec une biche dans la même attitude[14].

Sur le côté est, apparemment privé d'un couloir, se trouvent deux pièces simples, symétriques (**fig. 2**, n°s 22-23) – la première dallée, la seconde actuellement privée de pavement – qui puisent la lumière dans la cour à travers deux grandes fenêtres et dont les parois présentent un schéma décoratif à panneaux colorés avec une architecture datant de l'époque de Commode.

Le pavement de la cour est en bipédales, avec des réparations en sesquipédales. Contre le mur du côté oriental est placée une fontaine en briques, avec une couverture en dos d'âne, précédée d'une vasque en moellons de tuf. Elle devait servir d'abreuvoir quand, dans une phase ultérieure, la salle 31 fut transformée en étable.

Le côté nord de la maison est occupé par quatre pièces (24, 25, 26 et 28), dont deux communicantes (25 et 26) ont été transformées en mithrée durant la dernière phase de l'édifice (fig. 12).

A l'exception de la soupente 13 de la première rampe de l'escalier donnant sur la Via dei Balconi, pourvue d'une fenêtre ébrasée, aucune pièce ne s'ouvre sur le couloir 19 d. Celui-ci est bordé des tavernes, dont la 11 s'ouvre sur la rue et possède un étroit passage conduisant au couloir 19 d, qui autrefois constituait l'entrée principale. Sur ce secteur du portique aboutissait la soupente 14, éclairée au moyen d'une fenêtre ébrasée, mais par la suite masquée par le pilastre de renforcement de ce secteur du couloir.

Sur le côté sud, donnant sur la Via di Diana, un escalier indépendant conduit aux étages supérieurs ; à côté de cet escalier est construit une entrée-vestibule (3), accessible depuis la rue par deux marches en travertin, qui mène à travers un hall (18) à l'aile est de la maison. Dans l'entrée-vestibule s'ouvrent deux pièces, une soupente d'escalier (1) et une petite pièce (2), peut-être pour l'ostiarius, communiquant par une petite fenêtre ébrasée sur la latrine (17).

A l'ouest du hall, la salle 31 est ornée de peintures (voir ci-dessous, fig. 13) avec, sur fond blanc, des édicules en perspective qui encadrent des panneaux où figurent des oiseaux, des guirlandes suspendues, des têtes de Méduse et d'Océan[15]. Le plafond est décoré de motifs géométriques. Etant donné la position particulière de cette pièce – en connexion directe avec la cour et la Via di Diana, où le passage est assuré par la succession des deux pièces méridionales –, sa fonction mérite une révision. La riche décoration antérieure à sa transformation en étable permet de l'interpréter comme une salle de réception ou tablinum, dans lequel le maître de maison concluait ses affaires, accueillait ses hôtes et recevait ses clients.

Sur le côté septentrional de la cour – soit sur l'axe principal du bâtiment et dans le prolongement de la pièce 31 –, se situe la salle 28, la plus vaste de l'insula. Son sol en mosaïque (malheureusement très mal conservé), montre un décor à motifs géométriques sur fond blanc.

La vaste pièce possède trois portes de communication avec les espaces latéraux, deux sur le côté ouest, la troisième s'ouvrant sur la pièce méridionale du mithrée (25). Toutes les ouvertures seront comblées à divers moments et avec des techniques diverses. La paroi occidentale paraît renforcée par trois pilastres en briques, disposés aux deux angles et au centre.

Les pièces 4/5 et 6/7 qui s'ouvrent sur l'entrée 3 et la taverne 8 méritent une analyse approfondie. Il s'agit de deux grandes pièces rectangulaires communiquant au nord par une porte avec deux autres plus petites de la même forme. Généralement considérées comme des tavernes (4 et 6) avec une arrière-boutique servant d'habitation (5 et 7) et d'une mezzanine accessible par

un escalier en bois dont l'amorce est en maçonnerie, ce groupe de pièces devait remplir une fonction toute autre, au moins jusqu'au IIIe siècle avancé, de par sa position par rapport à la cour et au tablinum. La pièce 4, dont une porte (comblée à une époque tardive) conduit par la pièce 5 dans la salle septentrionale et ensuite dans la cour, sert de vestibule ouvert sur la rue, l'arrière-boutique 5 remplissant la fonction de fauces. La même fonction revient à la pièce 7, débouchant sur l'aile occidentale du couloir 19. Sur la face occidentale, une série de tavernes (8-16) constitue une séparation entre la partie d'habitation de l'insula et la Via dei Balconi. La première d'entre elles, située à l'angle de la Via di Diana, avec des portes donnant sur les deux axes des rues, communique avec la pièce adjacente (9) – dont la fonction est évidemment partagée – par un passage, réduit par la suite. Les deux accès à la boutique restent donc celui de l'arrière-boutique (9) et celui de la Via di Diana, le clostrum sur la voie occidentale ayant été comblé par un bouchon en brique. La même situation apparaît dans les tavernes 14 et 15, où la 14, qui constituent la soupente de la seconde rampe de l'escalier externe, pourvue à l'origine d'une porte sur la rue et communiquant avec la suivante, perd dans une phase ultérieure son entrée indépendante et est reliée à la 15 dont elle constitue l'arrière-boutique.

Toutes les boutiques, appartenant au type des tabernae tabulatae[16] sont pourvues d'un cubiculum illuminé par une fenêtre s'ouvrant au-dessus de la porte externe et accessible par des escaliers internes en bois. Dans les tavernes et les pièces sud de l'insula, la hauteur des planchers des soupentes correspond à la hauteur des plafonds des pièces du rez-de-chaussée. Ainsi, la communication entre les cubicula et le reste du premier étage permet de démontrer que, durant la première phase de l'insula, les pièces qui seront par la suite transformées en mezzanine, étaient des pièces appartenant à un premier étage, tandis que les boutiques étaient limitées au rez-de-chaussée et privées de soupente.

Les recherches et les vérifications effectuées en 1994-1997 ont abouti à une interprétation des structures du noyau d'habitation fondamentalement nouvelle, à savoir que la construction, consistant en une seule résidence à plusieurs étages jusqu'au milieu du IIIe siècle, se révèle avoir évolué en nombreuses phases.

Durant la première phase datant de l'époque d'Hadrien (fig. 4)[17], la cour à pilastres en briques était entièrement entourée d'un portique à quatre ailes dont trois seront conservées dans les phases postérieures. La fontaine n'existait pas encore ; le sol était couvert d'une mosaïque à fond blanc, avec une bordure noire ; il y avait également des pavements à mosaïque dans le portique, dont celui à l'extrémité nord de l'aile occidentale (19d) était simplement blanc. Celui de l'aile nord (19a) était polychrome avec un motif à rosettes à huit pétales.

L'identification de la fonction de la pièce 28 est essentielle pour comprendre l'organisation de l'insula entière. Selon les dernières interventions, elle peut être interprétée comme un

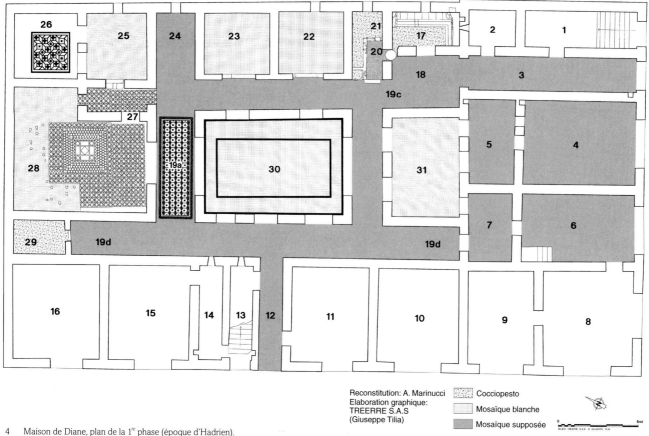

4   Maison de Diane, plan de la 1re phase (époque d'Hadrien).

triclinium, surélevé de 20 cm par rapport au couloir sur lequel elle s'ouvre et se poursuivant sur le côté occidental jusqu'à la petite pièce 27, qui communique également avec ce secteur du couloir. Le pavement en *opus sectile* (**fig. 5**), bordé sur les trois côtés d'une mosaïque blanche avec des insertions géométriques en ardoise et en marbre, correspondant aux lits du *triclinium*, a été conçu uniformément, comprenant deux parties, une grande (28), l'autre plus petite (27). Le motif principal est composé d'un carré inscrit diagonalement dans un autre ou de trois carrés décroissants et inscrits les uns dans les autres, avec les angles des plus petits qui touchent le centre et les côtés des plus grands (types Guidobaldi Q 2 et Q 3[18]). L'*emblema* central, entouré d'une bande en dents de chien et de cinq autres en étoiles à cinq points, est composé d'un carré inséré dans un plus grand, entouré de quatre rectangles et de quatre petits carrés aux angles[19]. De la pièce 27, au même niveau que la pièce 28, on accède par une marche dans l'*oecus* (25), décoré d'une mosaïque à carrés, dans lesquels sont inscrits des étoiles à quatre points et des carrés plus petits sur fond noir, des losanges et des triangles disposés de sorte à suggérer divers volumes en

perspective (**fig. 6**)[20]; l'*oecus* communique par une porte sur le côté nord avec l'arrière-pièce (26) dont le sol est en mosaïques blanches simples.

Sur le côté oriental de l'édifice, se trouve la pièce 24, à l'extrémité de l'aile nord du portique. Au sud, le long du portique oriental – éliminé dans une phase ultérieure et redécouvert récemment –, il y a deux *cubicula* (22, 23) communiquant par une porte à deux battants avec des seuils en marbre et une embrasure en maçonnerie. Ces *cubicula* sont suivis au sud par une cuisine (20) avec un puits – comptant parmi les découvertes de la campagne de 1997 –, une pièce arrière à la cuisine (21), la latrine (17) et deux pièces plus petites déjà présentées.

La période suivante (**fig. 7**), qui constitue la deuxième phase, datable vers le milieu du IIe siècle[21], est centrée sur les modifications apportées à la cour, désormais occupée par une fontaine d'un type rare et original, à «pseudo-escalier» (**fig. 8**). Le nouveau pavement de la cour est en plaques de marbre de Proconnèse et de Luni veiné, posé sur la mosaïque hadrianéenne et interrompu au centre pour faire place à la fontaine, revêtue du même marbre.

5   Maison de Diane, pavement de la pièce 28.

6   Maison de Diane, mosaïque de la pièce 25.

7   Maison de Diane, plan de la 2ᵉ phase (milieu IIᵉ du siècle ap. J.-C.).

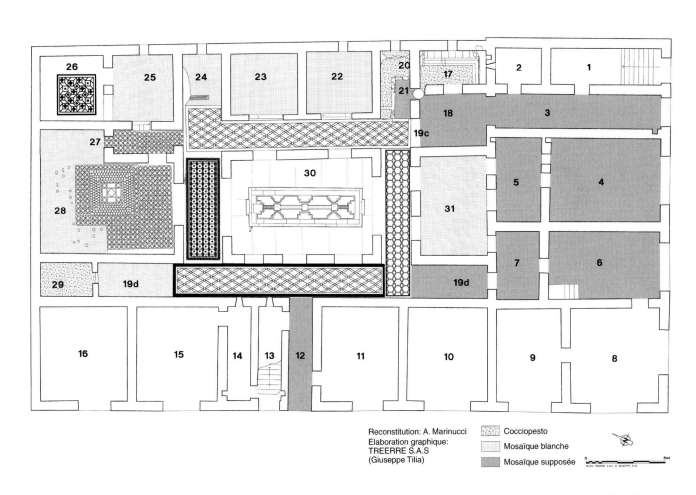

Reconstitution: A. Marinucci
Elaboration graphique:
TREERRE S.A.S
(Giuseppe Tilia)

Cocciopesto

Mosaïque blanche

Mosaïque supposée

8   Maison de Diane, cour centrale : fontaine monumentale.

Le plan de la fontaine, rectangulaire, est animé par trois niches quadrangulaires et curvilignes sur chacun des côtés longs de la partie inférieure et par des niches rectangulaires sur les côtés courts. La partie supérieure de la fontaine, mal conservée, était constituée de trois vasques quadrangulaires en marbre, disposées au centre et aux deux extrémités en correspondance avec les trois niches inférieures ; l'eau jaillissait des vasques, pourvues d'une conduite en plomb et retombait dans le bassin inférieur par des éléments superposés formant escalier. La marche centrale était décorée d'une mosaïque avec un motif en feuilles (tesselles en pâte de verre verte et jaune) ; celle du bas, recouverte de plaques de marbre et décorée de niches, était partiellement encastrée dans le bassin. Le bassin inférieur était accessible

par deux marches sur chacun des côtés courts. Une des *fistulae* de la conduite contient sur ses côtés deux inscriptions, dont l'une révèle le nom des concessionnaires du *ius aquae ducendae*, qui, dans le cas présent, correspondent aux propriétaires de la maison, du moins au moment de la construction de la fontaine[22] :

a) M • CORNELI SECVN ET SERGIAE PAVLAE
b) IIVX

Le nymphée paraît conçu comme un prolongement de la salle de banquet et du *tablinum*, disposés sur le même axe, entre lesquels il semble faire le lien, localisé dans un espace évoquant un jardin, comme le suggère le motif des feuilles de la mosaïque et son emplacement dans la cour. Il caractérise ainsi non seulement l'espace, mais amplifie également le concept de jardin, mis en évidence par la disposition des deux pièces principales de représentation et par les axes de circulation du rez-de-chaussée. La fontaine constitue l'arrière-plan monumental de ces trois axes principaux (nord, sud et ouest).

L'alimentation de la fontaine implique un passage souterrain des canalisations en plomb de la Via di Diana à la cour et, par conséquent, la destruction des mosaïques de l'époque d'Hadrien sur l'aile est du couloir, remplacées par de nouveaux motifs récemment découverts, à feuilles d'oliviers rehaussés d'une simple ligne de contour, à tesselles noires sur fond blanc[23]. Par souci de symétrie, l'aile opposée est également recouverte d'un nouveau pavement noir et blanc à hexagones[24], qui rappelle d'une certaine manière la mosaïque polychrome de l'aile septentrionale.

Durant la troisième phase, de l'époque de Commode et des Sévères (**fig. 9**)[25], d'importants travaux sont effectués sur le côté est de l'*insula*, avec notamment la suppression du couloir, désormais inclus dans les pièces 22 et 23, dont la superficie est agrandie. Les transformations dans les pièces 25 et 26 sont également remarquables. Ce groupe de pièces montrent un changement dans leur fonction d'annexes au *triclinium* comme *oeci* en simples pièces (*cubicula*), agrandies aux dépends des espaces latéraux de la salle de banquet, avec un nouveau décor pariétal et certainement des nouveaux pavements sur un niveau plus élevé que celui de l'époque d'Hadrien et des Antonins.

La décoration picturale des couloirs, à fond blanc avec des oiseaux et des guirlandes suspendues, met en évidence l'axe de circulation principal du rez-de-chaussée autour de la cour à portique et sa fontaine (voir ci-dessous). Ce nouveau décor exprime clairement la volonté d'interpréter les portiques comme les éléments d'un *hortus*, représenté en trompe-l'œil, remplis d'oiseaux et enrichi de guirlandes suspendues, au milieu duquel se trouve l'élément réel de la fontaine (voir ci-dessous, chapitre II).

La quatrième phase, au deuxième quart du IIIe siècle av. J.-C., voit la construction entière subir de profondes transformations, qui sont dues à un rehaussement des sols considérable (60 cm au-dessus du niveau hadrianéen-antonin) – sur lesquels sont posés de nouveaux pavements (**fig. 10**). Ces transformations sont certainement dues à des dégâts causés par des effondrements, aussi attestés à l'intérieur de la maison, comme le démontrent

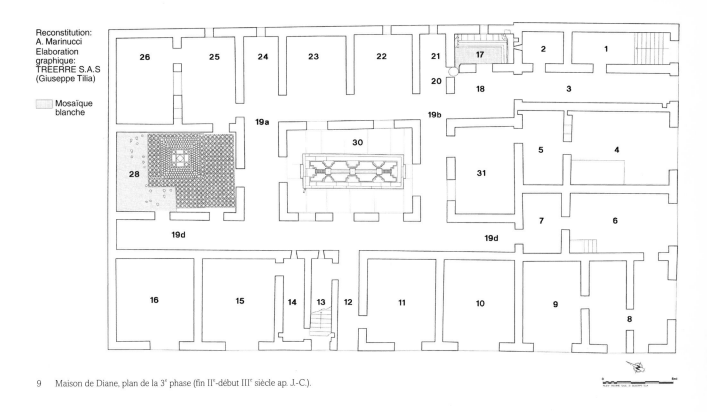

9   Maison de Diane, plan de la 3ᵉ phase (fin IIᵉ-début IIIᵉ siècle ap. J.-C.).

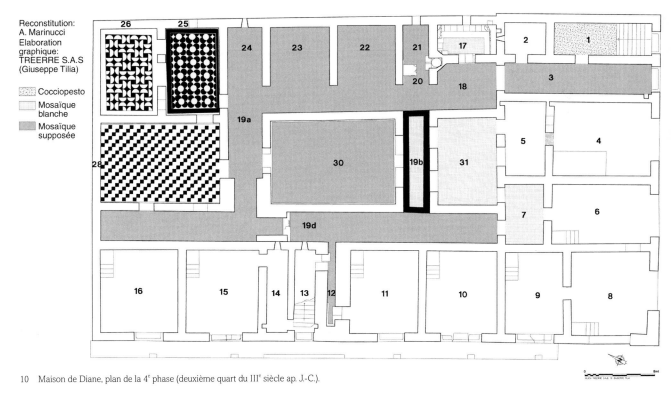

10   Maison de Diane, plan de la 4ᵉ phase (deuxième quart du IIIᵉ siècle ap. J.-C.).

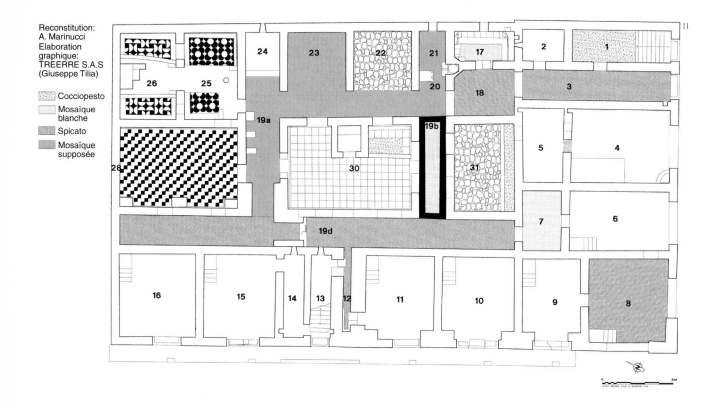

Reconstitution:
A. Marinucci
Elaboration
graphique:
TREERRE S.A.S
(Giuseppe Tilia)

- Cocciopesto
- Mosaïque blanche
- Spicato
- Mosaïque supposée

les traces d'éboulement trouvées sur le pavement antonin de la cour et l'état de délabrement de la fontaine en marbre[26]. Les conséquences ont été un renforcement généralisé des fondations qui ont été surélevées et élargies, la construction d'arcs de décharge dans les ailes occidentale et septentrionale du portique, le comblement des ouvertures occidentales de la cour, la fermeture de l'entrée donnant sur la Via dei Balconi, la construction de murs de renforcement à l'intérieur de la maison (12), le comblement de la porte occidentale de la taverne (8) et probablement la construction des arcs de décharge dans l'angiportique du Silvain pour soutenir le mur oriental de l'*insula*. La mise en place de ces structures de soutènement conduisent à un rehaussement de terrain, où les mosaïques de la phase précédente sont démolies et celles de l'époque d'Hadrien et des Antonins remblayées. De nouvelles mosaïques en noir et blanc sont posées sur le nouveau niveau. Le remplissage sur lequel elles sont posées contient du matériel datable, parmi lequel des lampes des potiers *C. Iunius Bitus* (*CIL* XV 6502) et *Annius Serapiodorus* (*CIL* XV 6226 a-b), dont l'activité s'étend de la fin du IIe siècle jusqu'à la première moitié du IIIe siècle av. J.-C.[27]. Dans le *cubiculum* 25 qui, comme la pièce arrière 26, est resté inchangé depuis la phase précédente, la mosaïque présente un décor d'éléments à trois quarts de cercle qui délimitent des zones blanches en étoile ou en cercle[28]. Dans la pièce 26, le décor consiste en une série de rectangles avec des étoiles entières

ou des moitiés d'étoiles inscrites, entourées de demi-cercles blancs[29]. Les sondages stratigraphiques réalisés ces dernières années ont démontré que ces mosaïques appartiennent à la 4e phase de construction, leur datation étant fixée par le matériel du remplissage et les décors des murs au second quart du IIIe siècle ap. J.-C.

Suite aux travaux de conservation et de transformation de la 4e phase, plusieurs interventions sont effectuées entre la seconde moitié du IIIe et le milieu du IVe siècle ap. J.-C. (**fig. 11**)[30]. Elles apportent des changements profonds à la fonction des pièces de l'immeuble, qui est transformé presque entièrement en auberge[31], avec une série de pièces de services au rez-de-chaussée (étable, abreuvoir, latrine). Ces opérations comportent le revêtement de la cour en bipédales, la création de la fontaine en briques et de l'abreuvoir ainsi que la transformation du *tablinum* en étable, recouverte de dalles – comme le *cubiculum* 22 – et équipée d'une mangeoire. De cette époque date également le pavement en briques (*opus spicatum*), conservé dans le couloir d'entrée 3, dans le hall 18 et dans l'aile occidentale du couloir 19, remplaçant les mosaïques de la phase précédente.

Déjà au début de cette phase, un mithrée est installé dans les pièces 25 et 26 (**fig. 12**)[32]. Chacune des deux pièces, dans une obscurité quasi totale, est munie de deux podiums ou *praesepia*. Sur ces bancs reposaient les couches pour les repas rituels des fidèles (*fratres*) qui se réunissaient dans la grotte, couchés de

biais avec la tête tournée vers l'image cultuelle de la tauroctonie et commémorant la consommation des viandes du taureau sacrifié par Mithra et Sol. Les podiums étaient accessibles par des gradins du niveau formé de deux mosaïques en noir et blanc de la quatrième phase. Ces mosaïques sont partiellement conservées dans les espaces entre les murs latéraux et les *praesepia*. A l'ouest du banc oriental de la première pièce, le pavement est interrompu pour faire place à un petit *dolium*, destiné à contenir l'eau soit pour le service liturgique, soit pour les purifications préliminaires et les épreuves auxquelles étaient soumis les initiés. Au centre de la paroi septentrionale de la pièce 26 se trouve un autel (*thronum*) avec une niche sur un haut piédestal (*bêma*). L'espace cultuel du fond de la grotte est précédé par un autel augustéen[33], mentionnant le bassin ou la source de l'*Aqua Salvia* sous la protection d'Hercule, par la suite consacré à l'*Aqua Salvia* et à Hercule[34]. L'autel a été apporté de son lieu d'origine, vraisemblablement le sanctuaire d'Hercule (I xv 1-6), et réutilisé – transformé au IIIe siècle en un don votif à Mithra par le *pater M. Lollianus Callinicus*[35].

L'abandon définitif de l'*insula*, à la fin d'une histoire de plus de deux cents ans, semble être survenu vers la fin de IVe siècle, bien avant que l'on dépose, sur les débris des étages supérieurs effondrés, une masse de fragments formant une couche d'aplanisssment d'une épaisseur d'environ 60 cm pour un niveau en terre battue, qui selon Pavolini peut être daté entre le VIe et le VIIIe siècle ap. J.-C.[36].

trad. Eliane Brigger

11   Maison de Diane, plan de la 5e phase (milieu du IVe siècle ap. J.-C.).
12   Maison de Diane, mithrée de la 5e phase.
13   Décor pariétal de la partie supérieure du *tablinum* 31.

La décoration pariétale
par Stella Falzone

L'analyse des peintures pariétales permet de mettre en évidence l'organisation de la maison au cours de la deuxième moitié du IIe siècle ap. J.-C. C'est à cette époque, en effet, que nous pouvons attribuer la majorité des enduits conservés. Si nous examinons en détail la décoration picturale de l'*insula*, nous pourrons constater, parallèlement à ce qui se passe dans d'autres habitations de l'époque romaine, que celle-ci constitue un indicateur privilégié pour la lecture de l'agencement des espaces, et que, à travers l'analyse stylistique et l'observation du répertoire employé, elle nous permet de saisir un reflet des choix et des possibilités des commanditaires[37].

Les peintures du *tablinum*

Comme on l'a déjà remarqué, le *tablinum* fait partie intégrante d'un système axial qui comprend les pièces de représentation de la maison, c'est-à-dire le *triclinium* 28, situé au nord, la cour centrale 30, dotée d'une riche fontaine en marbre et, enfin, le *tablinum* 31, situé au sud, accessible de la route par deux pièces (n°s 4 et 5 ; voir **fig. 2**).

En ce qui concerne les peintures de cette salle (conservées sur la partie haute des parois, où elles sont interrompues par les trous des poutres du toit)[38], on peut reconstruire un système symétrique sur les parois opposées, caractérisé par la présence de deux édicules disposés obliquement et séparant un ou plusieurs panneaux centraux. Ils sont, à leur tour, flanqués par d'autres champs rectangulaires (**fig. 13**). Les édicules sont formés de bandes jaunes et rouges disposées côte à côte et pré-

sentent des chapiteaux stylisés, exécutés avec des taches de couleur rouge. Ils sont surmontés par des compartiments plats à fond vert et bordés de rouge, avec, au centre, des fleurs réalisées schématiquement dans les mêmes couleurs. Les panneaux qui se trouvent de part et d'autre des édicules sont à fond rouge sur les parois est et ouest et à fond vert sur les autres parois. Par contre, les panneaux situés au centre sont toujours à fond rouge. Sur les parois est et ouest, les partitions internes supérieures prennent leur départ directement depuis les édicules et contrastent, par leur manque de plasticité, avec la position oblique des édicules mêmes. Sur les autres parois, l'espace entre les deux édicules est occupé par trois panneaux dont celui du centre se distingue des autres par sa forme allongée. La partie inférieure des parois, au-dessous des tableaux décrits, devait probablement être occupée par d'autres partitions semblables, comme l'indique un fragment conservé sur la paroi sud de la pièce.

Toutes les partitions examinées présentent de fins cadres internes peints en vert, des guirlandes suspendues rouges et vertes (semblables à celle que l'on verra dans le couloir), et un élément central placé symétriquement. Nous trouvons représentés : des têtes de Méduse avec dauphins et des têtes d'Océan au centre des parois, et des cygnes en vol dans les panneaux latéraux. Ces derniers motifs sont peints en brun clair ou ocre, avec les détails et des rehauts en blanc. Dans l'exécution, on observe un rendu pictural différent et le contraste avec tous les autres motifs, réalisés grâce au rapprochement du rouge et du jaune, semble assez évident. On pourrait, de cette façon, distinguer au moins deux mains différentes dans la réalisation du décor pariétal de cette pièce. A la main la plus expérimentée, on aurait confié des éléments centraux, alors qu'un deuxième peintre (peut-être le même qui s'est occupé des couloirs) se serait chargé du schéma des parois et des autres éléments accessoires[39]. Dans ces décors semblent coexister deux «manières», ou plutôt on reconnaît, à côté des motifs exécutés par la main plus

14 Pièce 25, décor pariétal : le socle à panneaux jaunes et rouges alternés.

15 Fragment du décor peint de la voûte du couloir 12.

14 15

experte, des éléments stylistiques qui sont typiques de la fin du IIe et du début du IIIe siècle ap. J.-C., tels que le rendu a deux dimensions des motifs (réalisés par la juxtaposition de couleurs contrastées et, tout en gardant l'importance de la zone centrale de la paroi, l'adoption d'un système à modules dans l'organisation de la décoration. Dans cette dernière, toujours à propos du *tablinum*, nous saisissons la volonté de suggérer une dimension spatiale, de perspective, en faisant recours aux lignes obliques, sans maintenir, cependant, une cohérence dans la structure du système décoratif et en trahissant une tendance à la linéarisation et à la géométrisation, que nous retrouvons également dans la décoration d'autres parties de l'édifice.

Les peintures des autres pièces du rez-de-chaussée de la maison

L'observation des décorations picturales conservées dans la majorité des autres pièces de l'édifice, permet de reconnaître un projet décoratif cohérent, caractérisé par la différenciation entre les pièces privées (les *cubicula*), celles d'apparat et celles de circulation et de service. Le schéma décoratif du premier groupe de salles se distingue par un système tripartite. Il peut être reconstruit en analysant les fragments conservés dans plusieurs pièces.

Dans la pièce 25, on reconnaît un socle constitué par des panneaux jaunes et rouges en alternance, remplis de feuilles lisses et mouvementées, séparés par des éléments en trompe l'œil qui doivent être considérés comme des plinthes de colonnes (**fig. 14**). Ceux-ci se poursuivaient dans la zone médiane de la paroi et en créaient la partition interne. De cette zone, il nous reste les parties inférieures des panneaux qui présentent des bandes et des cadres internes de différentes couleurs. A la recherche d'une polychromie accentuée, obtenue grâce au rapprochement de couleurs contrastées, correspond une disposition symétrique des éléments dans les parois opposées des pièces, basée sur la présence d'un panneau central plus grand. Dans les décorations qui ont subsisté, on reconnaît des effets de clair-obscur, des ombres et des détails rajoutés à sec en plusieurs couleurs, malheureusement assez endommagés. Pour la reconstitution du schéma de la partie supérieure de la paroi, nous possédons un fragment de la décoration de la pièce 22 : l'extrémité semi-circulaire de la paroi à fond jaune devait présenter un panneau central rouge, à gauche duquel on distingue à peine un élément rectangulaire suspendu d'où se détachent des guirlandes vertes et blanches et qui est flanqué d'un cygne rouge aux ailes déployées. Les maigres restes des enduits qui recouvraient les voûtes d'arête de ces salles montrent la continuation des bandes colorées des parois et laissent deviner la présence d'autres partitions[40].

Les autres décors de l'édifice sont à fond blanc : en particulier, nous trouvons un schéma organisé en panneaux délimi-tés par des bandes de couleurs dans le couloir, dans les autres pièces de circulation et dans la pièce 4, alors que le *tablinum* 31, comme nous l'avons déjà vu, présente un schéma à modules qui se compose d'édicules alternant avec des panneaux, remplis de motifs différents. Dans le couloir 19, on remarque la présence de partitions obtenues par des bandes vertes et rouges (parfois même rapprochées), à l'intérieur desquelles ont été tracés de fins cadres dans les mêmes couleurs et en jaune. On y a peint des guirlandes, des oiseaux et des motifs végétaux. Par les traces qui subsistent de ce décor, on peut deviner que celui-ci devait se poursuivre également sur les voûtes d'arête, dont la surface apparaît subdivisée en figures géométriques, bordées, elles aussi, par des bandes colorées[41]. Un schéma semblable est visible sur un fragment de la voûte du couloir 12 (conservé sous la maçonnerie qui a été ajoutée récemment aux parois pour les renforcer : **fig. 15**). Dans la pièce 4 on observe par contre une décoration (sur la partie haute des parois seulement) qui se compose de panneaux jaunes, bordés par de fines lignes rouges et vertes et occupés par des motifs exécutés dans les mêmes couleurs (figures drapées, un oiseau suspendu ?)[42].

Quant aux pièces 5 et 7, une couche d'enduit blanc est partiellement conservée (il apparaît plus récent comparé à la décoration de la pièce 4, voisine). Le décor pictural, assez mal préservé, est caractérisé par des édicules rectangulaires rendus schématiquement en rouge et pourvus d'une grille, qui séparent des panneaux contenant des guirlandes et des petits motifs centraux (un oiseau et un dauphin) (**fig. 16**). Ces peintures semblent donc constituer une adjonction postérieure (probablement de l'époque des Sévères), dans laquelle on peut reconnaître l'aboutissement de ce processus de linéarisation et de simplification qui avait déjà été observé dans le *tablinum* (**fig. 13**).

L'identification d'un projet unitaire

Exception faite de ces dernières décorations qui appartiennent à une époque postérieure, les peintures de notre *insula* semblent devoir être interprétées comme des éléments d'un seul système de décoration. En effet, la majorité des décors de l'*insula* correspond aux transformations du complexe que l'on peut attribuer à la troisième phase, datée par A. Marinucci à l'époque de Commode et des Sévères (voir ci-dessus).

L'unité du projet décoratif de l'édifice dans la dernière partie de l'époque antonine est soulignée par une relation évidente avec la présence d'une fontaine-nymphée en marbre, au centre de la cour (**fig. 8**), et par conséquent, par le choix des motifs de répertoire utilisés, liés au thème du jardin (plantes et oiseaux) et de l'eau (têtes de Méduse, têtes d'Océan, dauphins). La présence d'éléments végétaux et d'oiseaux à plusieurs endroits dans le couloir pourrait s'expliquer par la volonté de créer un agrandissement illusoire du jardin dans lequel se trouve la fontaine, décorée, elle, par des motifs végétaux en pâte de verre

colorée. On pourrait, en outre, souligner une connexion entre les motifs en rapport avec l'eau et l'image de la déesse Diane (représentée sur la plaque en terre cuite encastrée dans la paroi occidentale de la cour et qui donne son nom à l'édifice (**fig. 3**)[43].

Nous trouvons donc tous ces motifs associés à une cour interne, centre idéal de la maison, d'où les autres pièces recevaient air et lumière. Les passages et les grandes fenêtres qui s'ouvraient dans la cour même (du moins jusqu'à leur partielle fermeture au cours du IIIe siècle), permettaient d'apercevoir la fontaine depuis chacun des côtés de la cour, même si on avait une vue complète du nymphée seulement le long de l'axe *tablinum-triclinium* (voir **fig. 2**). Depuis l'intérieur du *tablinum*, on pouvait voir et la fontaine et le *triclinium* avec son précieux sol en marbres polychromes (sans compter les probables décorations pariétales non conservées). A l'inverse, nous remarquons que depuis l'extérieur de l'édifice il n'était pas possible d'avoir la même vue. Depuis la Via di Diana, on accédait aux salles 4 et 6 (et par conséquent aux petites pièces 5 et 7, situés derrière) qui, bien que disposées dans l'axe du groupe des salles principales, n'ont pas de points de passage en ligne avec le *tablinum*. Toujours grâce à l'observation de la planimétrie, nous déduisons

que la cour pouvait être vue de la Via dei Balconi, par le couloir 12 (avant la fermeture, au IIIe siècle, de la porte s'ouvrant sur la route), bien que, celui-ci n'étant pas parfaitement dans l'axe de l'ouverture dans la paroi ouest de la cour, l'angle de vue sur la fontaine en soit réduit. Il semblerait donc probable que le nymphée, bien qu'on pût l'entrevoir partiellement de l'extérieur, ait été conçu pour la jouissance depuis l'intérieur de la maison évoquant un jardin auquel on parvenait en parcourant plusieurs salles et couloirs. La présence d'un projet de décoration unitaire et l'articulation interne des différents espaces laissent supposer qu'il s'agissait d'une seule propriété (du moins pour l'étage principal, dans la deuxième moitié du IIe siècle), et que les commanditaires du projet, que l'on peut identifier avec les personnages mentionnés sur les tuyaux d'adduction de l'eau à la fontaine, appartenaient à la classe aisée.

trad. Fabia Curti

Notes

* A noter les abréviations suivantes:

Becatti 1942
G. Becatti, «Nuovo documento del culto di Ercole ad Ostia», *BCom* 62, 1942, pp. 115-125

Becatti 1954
G. Becatti, *SdO* II. *I mitrei* (1954)

Becatti 1962
G. Becatti, *SdO* IV. *Mosaici e pavimenti marmorei* (1962)

Calza 1914
G. Calza, «Ostia – Scavo presso l'edifico delle Pistrine. Scoperta di un monumento repubblicano e di un nuovo tipo di edificio privato. Tre nuove strade», *NSc* 1914, pp. 244-254

Calza 1915
G. Calza, «Ostia. Le *pergulae* e i *maeniana* delle case ostiensi. Un nuovo santuario mitriaco nella casa detta di Diana», *NSc* 1915, pp. 324-333

Calza 1916
G. Calza, «Osta – Scavi sul Piazzale delle Corporazioni, nell'isola tra il Decumano e la via della Casa di Diana», *NSc* 1916, pp. 138-148

Calza 1917
G. Calza, «Ostia – La casa detta di Diana. Un amuleto magico con l'effigie di Salomone», *NSc* 1917, pp. 312-328

Calza 1941
G. Calza, «Contributi alla storia edilizia imperiale romana. Le case ostiensi a cortile porticato», *Palladio* 5, 1941, pp. 1-33

Falzone 2000
S. Falzone, «Alcune riflessioni sulla decorazione pittorica della Casa di Diana», *MededRom* 58, 1999 (2000), pp. 149-163

Marinucci 2000
A. Marinucci, «La distribuzione dell'acqua nella c. d. Casa di Diana», *MededRom* 58, 1999 (2000), pp. 32-35

Marinucci, Pellegrino 1999
A. Marinucci – A. Pellegrino, «Pavimenti musivi della c. d. casa di Diana ad Ostia», *Atti Venezia* 1999, pp. 225-232

Packer 1971
J. E. Packer, *The Insulae of Imperial Ostia* (*MemAmAc* 31, 1971)

Pavolini 1986a
C. Pavolini, «L'edilizia commerciale e l'edilizia abitativa nel contesto di Ostia tardoantica», dans: A. Giardina (dir.), *Società Romana e impero tardoantico, II. Roma: Politica economia paesaggio urbano* (1986)

Pavolini 1986b
C. Pavolini, *La vita quotidiana a Ostia* (1986)

Wirth 1934
F. Wirth, *Römische Wandmalerei vom Untergang Pompejis bis ans Ende des dritten Jahrhunderts* (1934)

[1] Calza 1914, p. 216; Calza 1917, p. 323; Calza 1941, p. 20. A noter que D. Vaglieri, «Ostia – Scoperte varie di antichità», *NSc* 1908, p. 330, avait proposé la date de 123-125 ap. J.-C., sur la base des estampilles de briques d'une partie de la Maison de Diane effondrée sur la Via dei Balconi.

[2] Aur. Vict. *Epit. de Caes.* 13, 3.

[3] Calza 1917, p. 322.

[4] Calza 1941, p. 23.

[5] *Ibid.* p. 21.

[6] *Ibid.*, p. 26.

[7] «The Origins of the Insulae at Ostia», *MemAmAc* 12, 1935, p. 22.

[8] Calza 1941, pp. 1 *sqq.*

[9] Packer 1971, p. 17 *sq.*

[10] T. L. Heres, *Paries. A Proposal for a Dating System of Late-Antiquity Masonry Structures in Rome and Ostia* (1982), p. 166; Pavolini 1986a, p. 255; Pavolini 1986b, p. 259.

[11] Pavolini 1986b, p. 259.

[12] Calza 1941, p. 26.

[13] Calza 1917, p. 316.

[14] Calza 1914, p. 249, fig. 2; M. Floriani Squarciapino, «Piccolo *corpus* dei mattoni scolpiti ostiensi», *BCom* 76, 1956-1958, pp. 195 *sq.*, pl. 8,1; cf. Packer 1971, figs 28-29; J. T. Bakker, *Living and Working with the Gods. Studies of Evidence for Private Religion and Its Material Environment in the City of Ostia (100 – 500 A. D.)* (1994), pp. 104, 211, A 7, pl. 72.

[15] Voir Falzone 2000, pp. 155 *sqq.* et *ead.*, ci-dessous.

[16] Isid. *Etym.* XV, 2, 43.

[17] Marinucci, Pellegrino 1999, pp. 226 *sq.*

[18] F. Guidobaldi, «Pavimenti in *opus sectile* di Roma e dell'area romana: proposte per una classificazione e criteri di datazione», dans: P. Pensabene (dir.), *Marmi antichi. Problemi di impiego, di restauro e d'identificazione, Studi Miscellanei* 26 (1983), pp. 182 *sqq.*, figs 4 *sqq.*

[19] Marinucci, Pellegrino 1999, p. 227.

[20] *Ibid.*

[21] *Ibid.*

[22] Marinucci 2000, pp. 32 *sqq.*

[23] Marinucci, Pellegrino 1999, p. 228.

[24] *Ibid.*

[25] *Ibid.*

[26] Marinucci, Pellegrino 1999, p. 229.

[27] Voir M. Ceci, ci-dessus pp. 192-195 [n.d.r.].

[28] Becatti 1962, p. 12, 4; Marinucci, Pellegrino 1999, p. 229.

[29] Becatti 1962, p. 12, 5; Marinucci, Pellegrino 1999, p. 229.

[30] *Ibid.* p. 229.

[31] Becatti 1954, p. 15.

[32] Calza 1915, pp. 327 *sqq.*; Becatti 1954, pp. 9 *sq.*; M. Floriani Squarciapino, *I culti orientali ad Ostia, EPRO* 3 (1962), pp. 38 *sq.*

[33] Calza 1915, pp. 331 *sq.*, fig. 4; Becatti 1942, pp. 120 *sqq.*

[34] *CIL* XIV 4280 *pars*; Becatti 1942, pp. 120 *sqq.*

[35] *CIL* XIV 4310.

[36] Pavolini 1986b, p. 270.

[37] Cette brève contribution représente la synthèse d'une étude plus étendue sur les peintures de l'*insula* dont j'ai présenté un premier rapport au *Secondo Colloquio su Ostia* (Rome 1998): voir Falzone 2000.

[38] A ce sujet, il faut rappeler que des fragments d'enduit, que nous pouvons rattacher à un probable plafond à cannes qui se serait écroulé dans la pièce, ont été replacés *in situ*, en restituant un schéma à partitions géométriques colorées (cercles, losanges, rectangles). Cette reconstitution et le lien avec les peintures des parois ont été mis en doute. A ce propos, on rappelle que Wirth 1934, p. 121, avait émis l'hypothèse que les fragments en questions proviendraient d'une paroi d'un étage supérieur.

[39] Un cas d'atelier ostien, dans lequel on pourrait reconnaître plusieurs peintres actifs simultanément dans un seul édifice, est représenté par la Caupona du Paon: C. Gasparri, *Le pitture della Caupona del Pavone* (*Monumenti della pittura antica scoperti in Italia, Ostia* IV, 1970), p. III; J. Clarke, *The Houses of Roman Italy 100 B.C.-A.D.250. Ritual, Space and Decoration* (1991), pp. 342-343. En ce qui concerne, par contre, la possibilité d'établir l'activité d'un seul atelier dans des bâtiments différents, on souligne l'étroite analogie entre le cygne en vol représenté dans le couloir 12 de la Maison de Diane (**fig. 15**) et le même motif présent dans la décoration de l'édifice IV ii 5, que l'on peut dater également de la fin de l'époque des Antonins (C. Liedtke, *Weiße Greifenwände. Zwei Leihgaben von Wandmalereien des 2. Jahrhunderts n. Chr. aus Ostia in Berlin* [1995], p. 25, pl. 1; p. 28, pl. 4), ainsi que sur une des parois de l'Immeuble d'Annius qui n'est plus visible aujourd'hui: cf. photo du Gab.Fot.Naz. série E 40936). De plus, pour une discussion sur le plan méthodologique au sujet de la détermination des ateliers et de leur organisation interne, on renvoie à J.-P. Descœudres, *Pompei Revisited* (1994), pp. 171-174, et aux différentes contributions dans: E. M. Moormann (dir.), *Mani di pittori e botteghe pittoriche nel mondo romano, Atti della Tavola Rotonda, MededRom* 54, 1995 (voir surtout la synthèse de D. Scagliarini Corlaita).

[40] Le schéma décoratif de la paroi rappelle la décoration de la pièce principale de l'Insula au Plafond Peint, où est présent un socle très semblable, même si, dans ce cas, la décoration semble avoir été exécutée avec plus de soin dans les détails. Cette analogie avait déjà été observée par P. Baccini Leotardi, *Pitture con decorazioni vegetali dalle terme (Monumenti della pittura antica scoperti in Italia*, III, *Ostia* V, 1978), pp. 41-42, n. XI (avec proposition de datation vers la fin du IIe siècle ap. J.-C.). Les décors décrits ont été datés de l'époque des Antonins par Wirth (*op. cit.*, p. 104, fig. 47), par Becatti (1954), pp. 9-10) et par C. Van Essen, «Studio cronologico sulle pitture parietali di Ostia», *BCom* 75, 1958, pp. 155-181. L'attribution récente de la décoration de l'*insula* à l'époque de Commode (H. Joyce, *The Decoration of Walls, Ceilings and Floors in Italy in the Second and Third Centuries A.D.* [1981], pp. 31, 51; Clarke, *op. cit.*, pp. 313 *sqq.* et Liedtke, *op. cit.*, p. 50) pourrait confirmer la chronologie proposée pour nos peintures.

[41] A ce propos, en ce qui concerne le schéma, on pourrait rappeler quelques comparaisons avec des pièces qui sont caractérisées par un plan allongé, par exemple les peintures de la voûte de la pièce occidentale située sous l'abside de la Basilique de Saint-Jean au Latran, qui datent de l'époque de Commode (L. De Bruyne, «L'importanza degli scavi lateranensi per la cro-

nologia delle prime pitture catacombali», *RACr* 44, 1968, pp. 88-92, figs 5-7), ou le décor de la deuxième phase du cryptoportique de la *domus* sous le jardin du Pio Istituto Rivaldi à Rome, qui peut être daté de la première moitié du IIIe siècle (G. Pisani Sartorio, «Una domus sotto il giardino del Pio Istituto Rivaldi sulla Velia», *AnalRom*, Suppl. 10 [1983], pp. 160 *sqq.*).

[42] Cet ensemble décoratif pourrait faire partie des *Streifendekorationen* selon le classement de Wirth, et une datation vers la fin du IIe siècle semble confirmée également par la confrontation avec d'autres témoignages semblables (Wirth 1934, p. 134). En particulier, on rappelle les décors déjà mentionnés des édifices situés sous la Basilique du Latran (De Bruyne, *art. cit.*, pp. 101-102). De plus, toujours à Rome : les peintures de la salle B de la *domus* de la Via Eleniana, datées entre 195 et 205 ap. J.-C. (M. Bertinetti – M. De Spagnolis Conticello, «Via Eleniana», *BCom* 93, 1989-1990, pp. 79 *sqq.*, fig. 30) ; les peintures d'une salle du complexe qui se trouve au pied de la pente nord-est du Palatin et qui sont légèrement plus récentes (E. Hostetter *et al.*, «A Late-Roman Domus with Apsidal Hall on the NE of the Palatine : 1989-1991 Seasons», *JRA* Suppl. 11 [1994], p. 140, fig. 25) et encore les peintures de la deuxième phase de la *forica* de la Via Garibaldi, qui sont à placer entre la fin du IIe et le début du IIIe siècle ap. J.-C. (P. Chini, «Pitture rinvenute nella forica di via Garibaldi a Roma», dans : D. Scagliarini Corlaita (dir), *I temi figurativi nella pittura parietale antica (IV sec.a.C.-IV sec.d.C.). Atti del VI Convegno Internazionale sulla Pittura Parietale Antica, Bologna* 1997 [1997], pp. 189-191, 366, figs 3, 5).

[43] En ce qui concerne ces derniers éléments, cf. les observations et les parallèles proposés dans : Falzone 2000, pp. 157 *sqq.* La présence de la fontaine, associée à un sol en marbre dans un espace à ciel ouvert, nous renvoie à *l'atrium* avec fontaine à gradins de la *domus* de la Piazza dei Cinquecento : R. Paris, «Il vestibolo E5 e l'atrio E4», dans : M. Barbera – R. Paris (dir), *Antiche Stanze. Un quartiere di Roma imperiale nella zona di Termini* (Rome, catalogue d'exposition, 1996), pp. 75-76.

Vie religieuse

Les sanctuaires publics à Ostie de la République jusqu'au Haut Empire

Katharina Rieger

Toute ville romaine antique a besoin de sanctuaires et de cultes[1]. Elle est incomplète, elle n'est pas une communauté en soi, si elle ne possède pas de temples et les rites et fêtes qui s'y rapportent. Une ville et sa population n'obtiennent une identité que par la transposition de certains lieux et événements du domaine terrestre à la sphère divine. Les citadins vivent avec les dieux et prennent soin de les vénérer sous de nombreuses formes.

Les facteurs dont dépend le choix, parmi l'immense panthéon romain, des dieux vénérés dans une ville et des *numina* – les forces divines – pour lesquels sont instaurés des lieux de cultes et des fêtes, sont divers : des anciennes divinités bien établies, des mythes de fondation, des événements historiques ou des raisons économiques décident de la vénération de certains dieux. Ainsi, chaque communauté possède son propre monde divin, adapté à ses besoins, dont l'influence garantit un bon fonctionnement et une bonne cohabitation

Pour étudier la signification, le rôle et les différentes formations des divinités et des cultes à Ostie, les archéologues et les historiens disposent des temples et de leur intégration dans le réseau urbain, ainsi que d'inscriptions votives et d'offrandes comme témoignages de la vie religieuse. L'état de conservation tant des monuments isolés que de la structure globale à Ostie, les nombreuses trouvailles et les inscriptions, de même que l'état de la recherche, offrent une base solide pour retracer la topographie sacrée et la vie religieuse de la ville située à l'embouchure du Tibre. De telles considérations sur la religion et les pratiques religieuses doivent également tenir compte de la vie civile, des places publiques et de leur architecture, puisque dans une ville antique le profane – à savoir les actes et les bâtiments politiques – n'est pas séparé du sacré – à savoir les actes et bâtiments religieux. Le mélange des fonctions du domaine civil, social et religieux dans les sanctuaires se laisse bien observer dans les exemples ostiens. On peut se faire une bonne idée à Ostie de la signification de la religion pour les habitants antiques d'un point de vue non seulement pratique, mais encore spirituel, et suivre l'évolution de la religion, car la ville a été habitée de l'époque

républicaine jusqu'à l'Antiquité tardive. Elle a vécu l'intérêt croissant des Romains pour les divinités orientales, de même que la divinisation des empereurs romains et la montée du christianisme. La *colonia* possède, contrairement aux autres colonies, un statut particulier en tant que ville portuaire, consistant en une dépendance plus grande vis-à-vis de la métropole et une structure spécifique de la population, qui se montre par exemple dans les *collegia* et qui se répercute sur la vie religieuse. A cela s'ajoutent les nombreuses influences étrangères qui arrivent sur cette plaque tournante du commerce, ce qui a également des conséquences pour le monde des dieux vénérés par les Ostiens.

Formant un véritable réseau, les lieux sacrés ont différentes significations et fonctions pour la ville et sa population, d'une part à cause des divinités qui y sont vénérées comme Bona Dea, Hercule, Mithra, Magna Mater, Pater Tibérinus, Sérapis ou Vulcain, d'autre part à cause des différentes formes sous lesquelles elles apparaissent dans la physionomie de la ville. Traiter sur le même plan tous ces dieux, ces temples et ces espaces religieux, dépasserait le cadre de cette étude. C'est pourquoi nous nous limiterons à présenter, à l'aide d'exemples, les différentes influences et manifestations des dieux dans la communauté d'Ostie.

Le temple d'Hercule Victor – Un sanctuaire pour la consolidation de l'identité de la ville

Dès l'existence de la ville, Hercule Victor compte parmi les divinités les plus importantes. Peut-être qu'un lieu de culte pour ce dieu existait déjà avant la fondation de la *colonia maritima* par l'*urbs Roma* à l'embouchure du Tibre, au croisement de la Via Salaria et de la Via Laurentina (voir plan général en fin de volume)[2]. Hercule, à l'origine un héros grec, arrive dans le Latium,

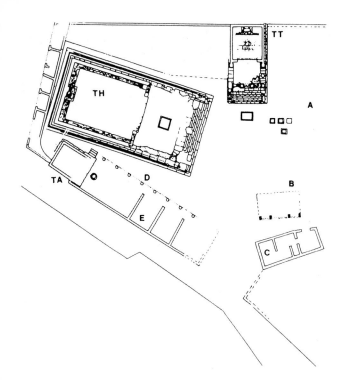

1 Sanctuaire d'Hercule Victor, phase du IIIe siècle av. J.-C: TH = Temple d'Hercule; TT = Temple tétrastyle; TA = Temple de l'autel circulaire; A = autels (d'après *ArchEspA* 63, 1990, 137 *sqq.* fig. 3).

2 Temple d'Hercule Victor avec la statue de Caius Cartilius Poplicola.

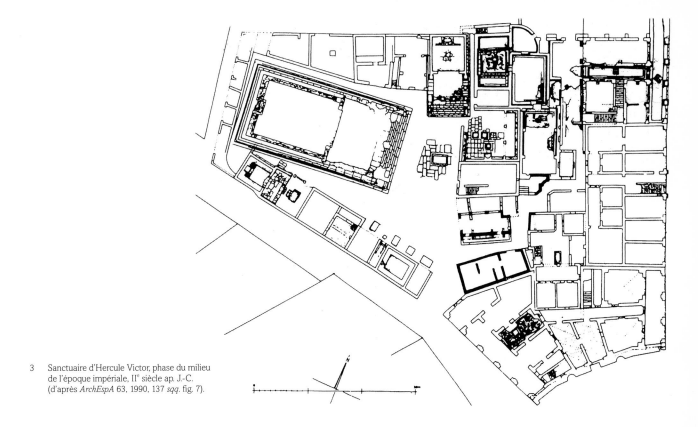

3   Sanctuaire d'Hercule Victor, phase du milieu
    de l'époque impériale, IIe siècle ap. J.-C.
    (d'après *ArchEspA* 63, 1990, 137 *sqq.* fig. 7).

le territoire des Romains, en passant par les villes grecques d'Italie du Sud[3]. C'est lui qui, dans les temps mythiques, a rendu accessible la Méditerranée par ses actes héroïques et a visité les pays étrangers où il s'est affirmé. Il représente la force civilisatrice d'un peuple. La popularité dont il jouit dans la péninsule italique, résulte de tout cela, qui le rend aussi protecteur du commerce maritime. Son sanctuaire à Ostie se situe sur une très ancienne voie commerciale entre l'embouchure du Tibre, la route côtière et l'arrière-pays: un carrefour qui est placé sous surveillance divine et où les hommes demandent la protection divine.

La première phase du sanctuaire mise en évidence par l'archéologie, contemporaine du Temple tétrastyle et du Temple de l'autel circulaire, dont les divinités ne sont pas identifiées, remonte au IIIe siècle av. J.-C. (**fig. 1**)[4]. Le grand temple d'Hercule est orienté sur les deux voies commerciales qui, malgré de nombreuses transformations, restent inchangées jusqu'à la fin de l'Antiquité. Le fait qu'on ait respecté son orientation et qu'il ne soit pas inclus dans la construction du *castrum*, restant *extra muros*, parle pour l'ancienneté du culte, son importance et la fonction de la divinité comme représentante de la ville tournée vers l'extérieur. Avec le temple sur podium, construit au Ier siècle av. J.-C., Ostie manifeste sa position sur les voies commerciales (**fig. 2**)[5]. Un étranger passant près de cet édifice, remarquable par sa position sur les principaux axes routiers, réalise ici l'identité de la ville

d'Ostie: il peut y voir des statues coûteuses de maîtres grecs, qui proviennent peut-être de butins de l'époque républicaine [voir p. ex., la statue d'Esculape, ci-dessus, p. 16, fig. 6). En même temps, la noblesse ostienne se met en vue par des statues honorifiques, comme par exemple Caius Cartilius Poplicola [voir p. 156, fig. 2], plusieurs fois *duumvir*, qui a beaucoup fait pour sa ville[6].

L'agrandissement du sanctuaire date de l'époque où Rome peut consolider son pouvoir sur la mer après la troisième guerre punique et où commence la revalorisation d'Ostie en tant que ville portuaire. C'est pourquoi il n'est pas étonnant que l'un des rares reliefs conservés du sanctuaire montre Hercule cuirassé, qui est repêché de la mer dans un filet (voir p. 292, fig. 2)[7].

L'importance du sanctuaire ne diminue pas durant l'époque impériale, mais, comme dans beaucoup d'autres endroits, celui-ci subit des transformations pour les besoins du culte impérial. Le culte impérial fait son entrée dans le sanctuaire avec une statue colossale de Domitien en Hercule; une inscription mentionne Lucius Verus et un portrait de son épouse Lucilla y a été retrouvé[8]. Bien que le sanctuaire soit réduit à l'époque impériale, les bâtiments continuent à être entretenus et des nouvelles offrandes sont érigées pour les dieux (**fig. 3**). Le culte a perduré jusqu'au IVe siècle ap. J.-C., comme l'atteste la dernière inscription du sanctuaire, mentionnant une restauration à l'époque de Théodose le Grand.[9]

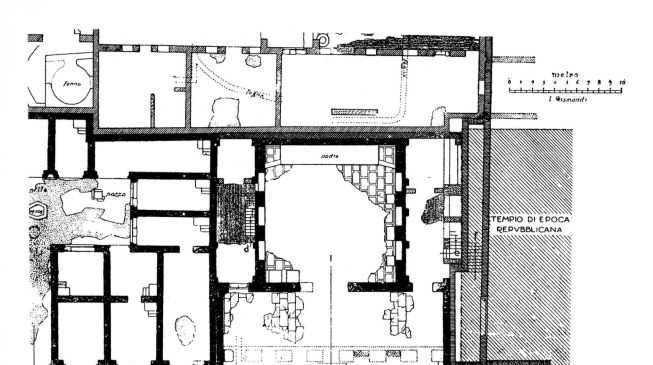

4

Le temple de Vulcain et la Curie d'Ostie – La *colonia* à l'image de Rome?

Contrairement à la divinité précédente, le dieu Vulcain, la deuxième divinité importante du panthéon ostien, vénérée dès l'existence de la ville[10], n'est pas tourné vers l'extérieur et son culte n'a pas été installé pour faire valoir la ville. Les «ressorts» de ce dieu sont en premier lieu la maîtrise du feu, la forge – et plus généralement l'artisanat. Cependant, en examinant de plus près les lieux de son culte, on s'aperçoit que les compétences de cette ancienne divinité romaine sont plus larges. Ainsi, un de ses lieux de culte les plus anciens se situe de tout temps sur le *Forum Romanum*, vers le *comitium* et la *curia*, où le peuple se réunit pour le vote[11]. Il représente l'art de la vie communautaire, la capacité de prendre des décisions et d'agir pour une société active croissante; c'est pourquoi il est vénéré à cet endroit. A Ostie, l'*aedes Vulcani*, mentionné dans les inscriptions, n'a pas encore pu être identifié[12]. Certains arguments parlent toutefois en faveur d'une localisation de l'édifice cultuel sur le forum d'Ostie, comme à Rome. Le fait que Rome et Ostie se trouvent dans un rapport plus étroit que les autres *coloniae* avec la métropole se reflète également dans les fonctions administratives publiques, de même que dans les fêtes des deux villes[13]. Ceci peut justifier qu'il faille chercher un édifice cultuel pour Vulcain parmi les édifices du Forum. Avant l'agrandissement de la place au Ier siècle ap. J.-C., il y avait au nord du Decumanus deux temples, dont le temple oriental était probablement dédié à la Triade capitoline, alors que le temple occidental peut être attribué à Vulcain. Cette hypothèse semble confirmée par le fait que ce temple se trouve sous la Curie construite au Ier siècle ap. J.-C., qui servait à la réunion des *decuriones* et qui est mentionnée dans les *fasti* d'Ostie – le calendrier et les «mémoires» de la ville (voir plan général et **fig. 4**)[14]. Ainsi, ce bâtiment fait partie de la même tradition que le sanctuaire du *comitium* à Rome.

Indépendamment de la localisation exacte du sanctuaire, la présence de Vulcain dans la ville est attestée par de nombreuses inscriptions qui mentionnent le personnel s'occupant de son culte, désigné comme *aediles*, *praetores*, *sacerdotes* ou *pontifices*. Le titre de la fonction la plus élevée est le *pontifex Volkani et aedium sacrarum*. Comme médiateurs entre les hommes et la divinité, ces personnages avaient une grande influence sur la vie religieuse, le droit sacré, la construction des temples et leurs dédicaces jusqu'à la fin de l'existence la ville. On leur a certainement demandé conseil dans les affaires sacrées et politiques de la ville. Même si aujourd'hui on ne peut que la saisir à l'aide de témoignages épigraphiques, l'importance de Vulcain, dignitaire sacré pour sa ville, était incontestable aux yeux de tout Ostien de l'Antiquité.

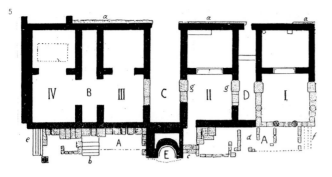

5

4   Plan de la Curie et de l'ancien temple républicain du Forum, à l'est de la Curie (d'après *NSc* 1923, 186 fig. 1).

5   Sanctuaire des Quatre Petits Temples, plan des *cellae* sur le podium (d'après Paschetto, *Ostia* fig. 106).

Les Quatre Petits Temples –
Lieux de culte et de communication

Le sanctuaire des Quatre Petits Temples est d'une importance notoire pour la ville. Situé à l'est du *castrum*, il existe certainement depuis la fin du IIe siècle av. J.-C.[15]. Même si son attribution à Vénus, Cérès, Fortune et Spès n'est pas définitivement attestée, de nombreux arguments parlent en sa faveur[16].

Elles étaient vénérées par les Ostiens à la fin de l'époque républicaine à un endroit localisé entre le Decumanus et le Tibre, par un temple particulier : sur un podium continu, se dressent quatre *cellae* contiguës [voir ci-dessus, p. 155, fig. 1 et **fig. 5**)[17]. L'unique parallèle connu se trouve dans le temple du forum de Brescia, de la fin de l'époque républicaine[18]. Dans le cas d'un bâtiment sacré, on peut seulement se poser la question de savoir si l'architecture exceptionnelle est à mettre en rapport avec les divinités et leur culte et si elle résulte de la fonction du sanctuaire. Une analyse exacte de la construction donne pour résultat que l'on pouvait accéder au podium non seulement par l'avant, où s'ouvrent les entrées des *cellae* sur le Decumanus, mais encore par l'arrière qui donne sur le Tibre. Entre chaque *cella*, il y avait des couloirs qui traversaient le podium. Que ce secteur n'était pas seulement réservé à des actes cultuels, mais que tout le monde pouvait y pénétrer, est prouvé par les innombrables graffiti dans le revêtement du mur du couloir central[19].

En considérant la localisation et la conception du sanctuaire des quatre déesses, on peut remarquer que ce péribole est situé dans un secteur entre le fleuve et la route, entre deux voies de communication, et relie la terre et l'eau (voir plan général). Le podium, que l'on peut traverser, fonctionne comme un seuil entre ces deux zones. Il marque le point de contact par lequel les

marins et les commerçants pénètrent dans la ville depuis le fleuve et rencontrent les habitants de la ville[20].

Ce sanctuaire ostien a pour parallèle à Rome celui de S. Omobono sur le Forum Boarium, temple double construit en contrebas de l'Arx à proximité du Tibre au début de l'époque républicaine[21]. Comme dans le cas des Quatre Petits Temples, il y a sur le podium commun, entre les deux *cellae*, un corridor. Comme à Ostie, le sanctuaire de S. Omobono marque la frontière entre le Capitole sur l'Arx et le port, et en même temps enrobe le point de passage. Il est fréquent que des bâtiments à caractère sacré revêtent cette fonction. Ils tentent d'apaiser par la religion et les rites la crainte des gens face aux rencontres avec l'étranger.

Les Quatre Petits Temples d'Ostie reflètent bien l'évolution d'un sanctuaire dans le temps. Les conditions des transformations politiques et sociales peuvent être partiellement reconstituées à l'aide des dédicaces et des constructions dans le sanctuaire. Les dédicants de la construction tardo-républicaine sont la famille des Lucilii Gamalae, des gens influents de la noblesse ostienne[22]. Comme beaucoup d'autres familles, ils perdent de l'importance sous le Principat, remplacés par de nouvelles couches sociales, souvent organisées en *collegia*[23]. Durant cette période, le sanctuaire des Quatre Petits Temples n'est ni agrandi ni enrichi de dédicaces, et diminue même en surface. Le seul changement est un petit sanctuaire, faussement interprété par les fouilleurs comme un nymphée, à l'est du sanctuaire. La structure, avec trois niches, est construite environ au milieu du Ier siècle ap. J.-C. Elle ne possède aucun dispositif pour des jeux d'eau. En comparaison avec des structures semblables, on peut admettre qu'on y avait érigé des statues de divinités qui, selon l'esprit de l'époque, y étaient honorées avec les surnoms d'Augustus, respectivement d'Augusta[24]. A Ostie, la date de construction et l'excellente qualité de la décoration du petit bâtiment, qui consiste en plaques de marbre avec la représentation d'un *togatus* faisant une offrande (**fig. 6**), semble confirmer la relation de la construction avec une de ces «nouvelles» divinités : on peut songer au culte de Fortuna Augusta ou de Cérès Augusta.

La surface du sanctuaire à Ostie, qui n'est réduite qu'à l'époque impériale, pose la question de sa fonction. La plupart des sanctuaires possèdent une aire qui servait à des activités plus ou moins religieuses. Dans le cas des Quatre Petits Temples, nous suggérons à titre d'hypothèse un portique sur le côté nord du sanctuaire à l'époque républicaine, tandis que du côté du Decumanus, le sanctuaire était délimité par une colonnade. Sur cette place, pouvaient se rencontrer les commerçants et les marchands, les bateliers et les marins, qui travaillaient dans les installations portuaires voisines, ayant ainsi la possibilité de faire des offrandes aux divinités qui leur étaient importantes ou de conclure des affaires. Car la sphère d'action des déesses auxquelles est dédié le sanctuaire, touche à la navigation (Vénus) et aux céréales (Cérès) (**fig. 7**) qui étaient l'un des plus importants commerces à Ostie, ainsi qu'à l'Espoir (Spes) et la Réussite (Fortuna) – tous des facteurs décisifs pour le succès du commerce maritime. C'est à ces buts et pour ces gens que servait le sanctuaire des Quatre Petits Temples.

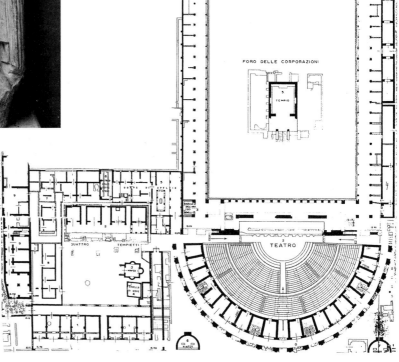

6 Sanctuaire des Quatre Petits Temples, relief d'un *togatus* faisant une offrande (Mus. Ostie, inv. 31 ; photo SAO, nég. A 1748).

7 Sanctuaire des Quatre Petits Temples : statuette en terre cuite de la décoration du temple représentant Vénus ou Cérès (photo d'après Zevi, dans : *Hellenismus in Mittelitalien*).

8 Les Quatre Petits Temples et la Place des Corporations (d'après le plan général de I. Gismondi).

9 Place des Corporations, vue du sud sur le temple central (de Pater Tibérinus ?).

9

Pater Tibérinus comme «figure de proue» des collegia de la Place des Corporations?

Le sanctuaire des Quatre Petits Temples a été en partie amputé par la construction du Théâtre et de la Place des Corporations (voir plan général et **fig. 8**). Ces nouvelles constructions publiques qui représentent des modifications profondes dans l'urbanisme d'Ostie, ont été financées par la maison impériale.

La Place des Corporations reprend certaines fonctions du sanctuaire des Quatre Petits Temples: les *stationes* des *collegia* et *corpora* représentent un centre de contacts, d'informations et d'affaires pour les commerçants et les marins dans la ville portuaire. De même que les dédicants, les Lucilii Gamalae, ont perdu de leur importance, de même le sanctuaire des Quatre Petits Temples, situé en bordure de la nouvelle place, a perdu de son importance dans la vie de la ville.

La Place des Corporations est également pourvue d'un sanctuaire. En son centre s'élève un sanctuaire, dont l'identité n'a pas encore fait l'unanimité (**fig. 9**). En guise d'alternative aux interprétations comme temple de Vulcain, de Sérapis ou de Vespasien, qui semblent improbables, il y a celle d'un temple dédié à Pater Tibérinus[25]. L'existence d'un temple pour le dieu du fleuve à Ostie est attesté par une inscription qui parle de sa restauration à l'époque antonine par un Lucilius Gamala[26]. Un passage chez Ovide, qui concerne l'introduction de Magna

Mater à Rome – à traiter avec prudence dans un contexte réel – décrit les *atria Tiberina* à Ostie[27]. L'apparence des *atria* n'est pas clairement définie dans l'architecture romaine. L'élément principal est toutefois un grand espace libre, qui pouvait être couvert ou non. La place et le portique de la Place des Corporations peuvent par ailleurs être désignées d'*atria*[28]. L'épithète *Tiberina* atteste le rapport avec le fleuve, en utilisant la même forme adjective que le dieu du fleuve à Ostie. Un argument supplémentaire peut confirmer l'hypothèse d'un temple dans ces *atria*. L'inscription de P. Lucilius Gamala junior mentionne une rénovation à l'époque antonine où de nombreuses entreprises de construction sont attestées. Quelques lignes plus bas dans la même inscription, il est question d'un financement supplémentaire de Lucilius pour le temple de Vénus du sanctuaire des Quatre Petits Temples. Ce n'est pas un hasard qu'il s'agisse du temple le plus occidental des quatre, celui qui marque l'accès à la Place des Corporations, où se dresse le nouveau temple.

L'emplacement du temple sur la place, dont la sortie nord conduit directement au Tibre, parle en faveur du dieu du fleuve. Les installations extraordinairement nombreuses pour l'approvisionnement en eau sur les côtés de l'édifice et autour de la cella, peuvent être destinées à une divinité liée à l'eau[29]. L'attribution du temple sur la Place des Corporations à Pater Tibérinus est à considérer comme une hypothèse, mais qui repose sur de nombreux indices. Peut-être que des fouilles et trouvailles ultérieures permettront d'arriver à un meilleur résultat.

Les deux sanctuaires de Bona Dea –
Un culte pour la stabilité de l'ordre social

Jusqu'à présent, les sanctuaires que nous avons présentés contribuent visiblement à l'image de la ville par leur architecture et jouent un rôle dans la vie publique. Nous nous tournons maintenant vers des sanctuaires moins apparents, en nous arrêtant sur les deux sanctuaires de Bona Dea (voir plan général et **fig. 10**). Le plus ancien des deux sanctuaires qui se trouve au sud du Decumanus dans la Région V, est certainement déjà en fonction à la fin de l'époque républicaine, comme le confirme une inscription de restauration par Octavia Gamala[30]. Le sanctuaire est caché derrière un haut mur et on y accède par un petite porte dans une ruelle étroite. En entrant, on se trouve dans une cour irrégulière au nord de laquelle se dresse le temple. En outre, le sanctuaire comporte – comme tout sanctuaire – des fontaines, des autels et des pièces annexes. A la différence des complexes décrits jusqu'à présent, ce sanctuaire n'est pas localisé le long d'une artère importante, il est difficilement reconnaissable et ne possède pas une façade visible vers l'extérieur. Les dédicaces qui se trouvaient dans le sanctuaire, proviennent toutes de femmes. La déesse, à laquelle sont apportées les offrandes, est vénérée comme un bienfaitrice guérisseuse et nourricière. Bona Dea peut apporter la santé et le bien-être aux hommes comme aux lieux[31]. Pour la société romaine, cette déesse était d'une grande importance. Les descriptions des fêtes en son honneur insistent toujours sur l'interdiction aux hommes de participer ou d'être présents. Même des représentations d'animaux mâles mettent en péril la pureté du culte[32]. Le culte de Bona Dea est ainsi destiné aux femmes dont la participation à la vie publique dans la société romaine était bien plus limitée que celle des hommes. Il est réservé aux femmes, pour lesquelles l'interdiction de se réunir la nuit est exceptionnellement suspendue[33]. Les femmes y tiennent un rôle important, les hommes en sont exclus. Une telle fête sert à maintenir l'équilibre entre les groupes sociaux – en l'occurrence entre les sexes[34]. Ainsi, nous devons nous imaginer le sanctuaire d'Ostie comme un sanctuaire qui pouvait être visité par toutes les parties de la société, mais qui était particulièrement important pour les femmes de la ville, à cause du culte. A ce propos, il n'est guère étonnant que les dédicaces connues du sanctuaire de la Région V soient toutes de femmes. Comme il a déjà été dit, Octavia Gamala finance la restauration du portique, de la cuisine et des bancs, une Terentia dédie à la déesse la vasque d'une fontaine, Valeria Hateria fait une offrande indéterminée à la *Bonae Deae Opiferae*[35].

Dans le second sanctuaire de Bona Dea vers la Porte Marine dans la Région IV, c'est un homme qui a financé le complexe (voir plan général et **fig. 10**). Le *duovir* Maecilius Turranius apparaît à plusieurs reprises dans les inscriptions[36]. Il finance le sanctuaire avec son petit temple tétrastyle au début du Ier siècle ap. J.-C. Ceci signifie que le culte de Bona Dea jouissait d'une grande

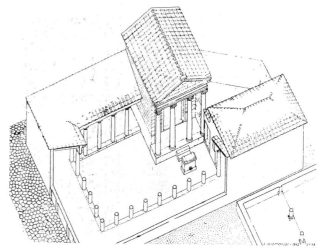

10

10 Sanctuaire de Bona Dea dans la Région IV, reconstitution graphique (d'après *NSc* 1942, 15 *sqq.*, fig. 7).

11 Le Temple Rond et la Basilique sur le Forum, plan des deux édifices (dessin de l'auteur).

popularité et qu'il était un lieu tellement fréquenté qu'un magistrat pouvait se mettre en valeur par son financement. Cette popularité se maintiendra encore longtemps, comme le montrent les dernières restaurations de la seconde moitié du IIIe siècle ap. J.-C.[37]. Comme pour le sanctuaire de la Région V, l'architecture n'est pas tournée vers l'extérieur et s'articule dans une cour intérieure. A la différence du sanctuaire d'Hercule Victor, important pour la communauté de la ville et ouvert, les adeptes du culte de Bona Dea donnent la préférence à l'isolement.

Le Temple Rond sur le Forum d'Ostie –
Un temple pour le culte impérial

Les transformations apportées par le Principat dans tous les domaines de l'Empire romain et ses différents groupes de population, sont clairement visibles dans les représentations religieuses et les pratiques cultuelles.

Le culte impérial concerne tous les domaines de la vie publique. Dans les sanctuaires des maisons privées se trouvent également des statuettes pour le culte impérial. Le *princeps* déifié est vu d'une part comme un véritable *numen*, dont on voudrait obtenir la bienveillance. D'autre part, sa vénération est vue comme un acte politique. Le culte impérial permettait à chacun d'exprimer sa loyauté envers l'empereur.

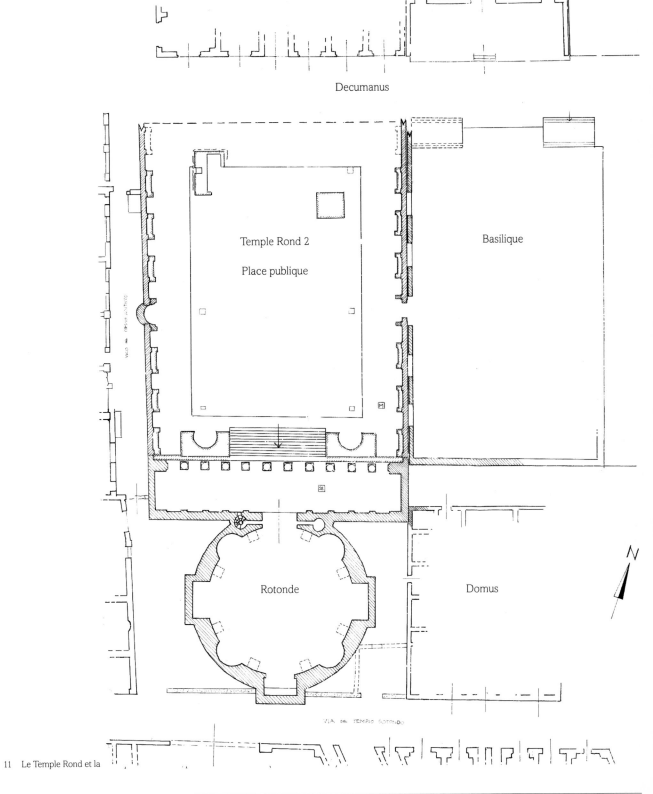

Decumanus

Temple Rond 2

Place publique

Basilique

Rotonde

Domus

N

11   Le Temple Rond et la

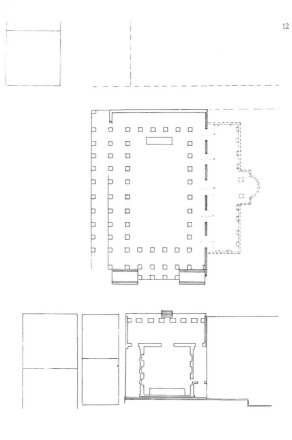

12 Essai de reconstitution graphique de la première phase du Temple Rond de la fin du Ier siècle ap. J.-C. (dessin de l'auteur).

13 Portrait de Trajan provenant du Temple Rond (Musées du Vatican, Sala Croce Greca 581; photo Musées du Vatican, neg. XXXVI.19.41/1).

14 Portrait d'Hadrien provenant du Temple Rond (Musées du Vatican, Sala Croce Greca 575; photo Musées du Vatican, neg. XXXVI.28.69/2).

15 Rusellae, basilique du forum avec annexe (dessin de l'auteur).

16 Temple Rond, vue du nord-ouest.

Comme il a déjà été remarqué pour le sanctuaire d'Hercule Victor et les Quatre Petits Temples, le nouveau dieu, c'est-à-dire l'empereur, s'insère à plusieurs niveaux dans les sanctuaires et les cultes déjà existants. Ainsi, par exemple, une statue de Domitien avec les attributs d'Hercule est placée dans la *cella* du temple qui lui est dédié ou, comme dans le sanctuaire des Quatre Petits Temples, une nouvelle chapelle est construite pour les nouveaux dieux. Dans le sanctuaire de Magna Mater (voir plan général), la famille impériale apparaît sur de nombreuses inscriptions dédicatoires et statues, à côté des dieux Attis, Magna Mater et Bellona. Dans une autre dédicace, il est non seulement question d'une prière adressée à la divinité, mais encore des vœux de santé adressés à l'empereur[38].

Une autre possibilité est celle de la construction d'un lieu de culte *ex novo* sur un emplacement important d'un point de vue urbanistique ou politique. A Ostie, un exemple de construction pour le culte impérial se trouve sur le Forum. Le forum est dans toute ville romaine le point de cristallisation de l'ordre politique. Ainsi, les changements dans le système se manifestent dans son architecture et sa structuration.

A Ostie, cette place, localisée dans le centre du *castrum*, est à l'époque républicaine un simple croisement du Decumanus et du Cardo. C'est seulement au début de l'époque impériale qu'il est transformé en place monumentale. Le temple qui s'élève

sur le côté sud de la place a été attribué par les fouilleurs à Rome et Auguste, mais sa véritable fonction n'est pas encore clairement définie[39]. Sur le côté ouest, apparaissent à l'époque flavienne la basilique et le bâtiment communément nommé la Curie (voir plan général)[40]. Une révision des structures et des trouvailles, qui ont été faites durant la première phase des fouilles au début du XIXe siècle,[41] ont permis de mieux comprendre le programme de construction du Forum au commencement de l'époque impériale[42]. Comme dans beaucoup d'autres villes contemporaines, il s'y trouve également une construction pour le culte impérial: selon certains indices, la basilique possédait une annexe occidentale, dans le secteur recouvert plus tard par le Temple Rond[43].

Des ouvertures dans le plan de la basilique du Ier siècle ap. J.-C. ont été repérées dans le mur ouest (**fig. 11**). On ne s'est jamais posé la question de savoir où elles pouvaient conduire. Or, selon la description faite par les fouilleurs du Temple Rond, un bâtiment antérieur a été retrouvé, dont leurs rapports ne permettent toutefois pas de reconstituer l'apparence exacte. Il était certainement situé sur le même niveau que la basilique contemporaine et accessible par cinq passages (**fig. 12**).

A cela s'ajoute que les descriptions mentionnent une série de statues impériales et des fragments de statues colossales qui devaient être érigées sur la place du Temple Rond (**figs 13 et 14**)[44].

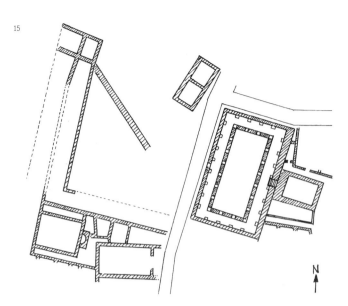

15

Sur la base de critères stylistiques, ces statues sont datées du Ier et IIe siècles ap. J.-C. Il est donc impossible qu'elles aient été érigées pour le Temple Rond de l'époque sévérienne.

D'autres cas où des bâtiments sont annexés à des basiliques, peuvent être mentionnés : à titre d'exemple, la basilique de Rusellae présente une construction annexe du début de l'époque impériale, où quelques portraits julio-claudiens ont été retrouvés (**fig. 15**).[45]

Pour la basilique de Fanum, que nous connaissons seulement par la description de Vitruve, nous savons qu'il y avait une exèdre désignée comme *Augusteum*[46]. Dans le cadre de la topographie sacrée d'Ostie, cela signifie qu'il y a eu un bâtiment spécialement érigé pour le culte impérial. Dissimulé derrière une construction publique de tradition républicaine, son apparence et sa position ne correspondent cependant pas à celles d'un sanctuaire normal. La transformation de cet *Augusteum* accolé à la basilique date de l'époque des Sévères (**figs 11 et 16**).

La construction, érigée sur initiative impériale, témoigne d'une nouvelle conception du culte impérial. Il n'est plus néces-

16

17 Portrait d'Alexandre Sévère, provenant du Temple Rond (DAI Rome, nég. 6533).

18 Portrait de Gordien III, Temple Rond (Rome, Musée National, inv. 326 ; d'après Felletti Maj).

19 Les mithrées à Ostie (d'après *SdO* II, fig. 25).

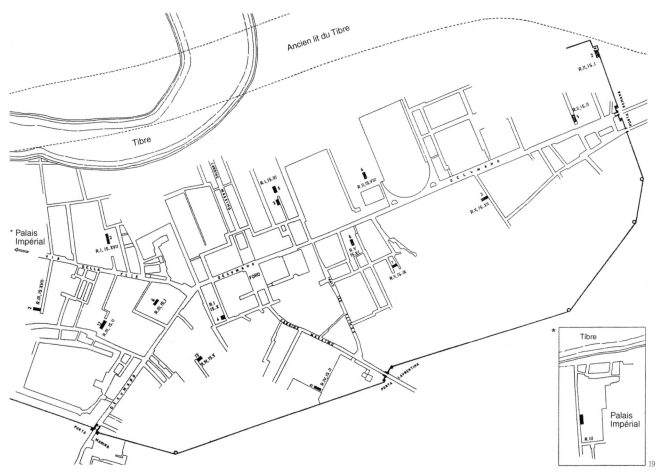

saire, comme au Ier siècle ap. J.-C., de la cacher. Au contraire, une architecture coûteuse et élaborée remplace le bâtiment précédent. Une place est créée à l'ouest de la basilique, au sud de laquelle un large escalier conduit à une grande rotonde avec sept niches où étaient placées les statues de l'empereur (**figs 11, 17 et 18**).

Les statues conservées sont celles d'Alexandre Sévère, de Gordien III et de son épouse Sabinia Tranquillina. D'autres empereurs du IIIe siècle ap. J.-C. sont mentionnés dans des inscriptions[47]. Le choix d'un temple rond rappelle d'autres constructions impériales, pour lesquelles le plan circulaire équivaut presque à un privilège. On peut penser au Panthéon ou aux mausolées impériaux pour Auguste et Hadrien à Rome. En outre, la puissance de la dynastie des Sévères est mise en évidence par les détails des ornements.

Les Mithrées d'Ostie – Un phénomène encore inexpliqué

A l'opposé d'une architecture sacrée grandiose et sophistiquée, un tout autre type de sanctuaire jouissait d'une grande popularité à Ostie : les mithrées. Le dieu Mithra, vénéré dans de petites salles, souvent souterraines, est à l'origine le dieu iranien de la lumière et de la vérité. Durant les premiers siècles de notre ère, il trouve sous une forme romanisée de nombreux adeptes. Comme le christianisme, le culte de ce dieu promet la libération et le salut, dans une période de transformations sociales et de récession économique[48]. L'initiation au culte de Mithra comprend sept grades. Cependant on ignore jusqu'à quel point les croyants avaient accès à certains rites[49].

A Ostie, nous dénombrons 16 mithrées sur la surface dégagée, un chiffre très élevé en comparaison avec d'autres villes (**fig. 19**)[50]. A la différence des grands sanctuaires présentés dans cette contribution, il est question ici de petites salles longitudinales avec, sur les côtés, des lits (*klinai*) dressés pour le banquet qui constitue la partie centrale du culte. Ces salles sont orientées sur une statue de Mithra, placée dans le fond (voir p. 296, fig. 8)[51]. Parfois, de petits autels étaient dressés devant la statue, sur lesquels on offrait aux dieux de l'encens ou des boissons. Les mosaïques sur le sol peuvent représenter par exemple les sept grades de l'initiation au culte (**fig. 20**).

Il est certain que les visiteurs et les adeptes du culte faisaient dans un *mithreum* des expériences religieuses tout autres que dans un sanctuaire comme les Quatre Petits Temples ou le Temple Rond. L'étroitesse du lieu, le manque de lumière, la représentation de Mithra tauroctone qui focalise le champ de vision, le petit nombre des participants, tout ceci témoigne – abstraction faite des rites exacts, des prières, des chants et des pratiques – d'une autre ambiance que celle qu'il pouvait y avoir sur la place devant la *cella* d'un temple. Il est toutefois difficile

20 Mithrée de Felicissimus, mosaïque avec la représentation des sept grades d'initiation.

d'expliquer le nombre si élevé des mithrées à Ostie. L'opinion commune admet généralement que la situation d'Ostie en tant que ville portuaire, exposée aux influences étrangères, a facilité l'adoption rapide du dieu oriental. Pourtant, si cette hypothèse s'avérait être la bonne, il devrait y avoir beaucoup d'autres divinités étrangères à Ostie, amenées de leur lieu d'origine par les marins. Ceci n'est pas le cas. Au moment où les premiers mithrées y sont construits, Mithra a déjà fait son entrée dans le panthéon romain. Son culte est romanisé et soutenu par des Romains – non des commerçants étrangers. Sa popularité à Ostie peut donc s'expliquer par le besoin de se réunir en petits groupes pour échapper à la pression de cette ville très active, les nombreux *collegia* répondant au même besoin. En ce sens, le culte de Mithra était idéal. Le fait qu'à Ostie les adeptes de Mithra ne se désignent jamais comme *sacrati* ou comme *consacranei*[52], montrent qu'ils avaient une autre conception du culte que dans les autres villes.

Ce coup d'œil sur les sanctuaires publics a permis de mettre en évidence la position et l'importance des lieux sacrés dans une ville antique romaine, ainsi que les effets de la religion sur le tissu social. La vie religieuse des Romains, contrairement à celle d'aujourd'hui, touche profondément les domaines de la vie privée, publique et économique. Les fêtes et les rites se renouvellent quotidiennement, mensuellement et annuellement et déterminent le mode de pensée et d'action des personnes. Les sanctuaires, en tant que lieu où se pratique la religion, sont conçus pour les fêtes, les sacrifices, les offrandes, les dédicaces et les prières. Parallèlement, ils servent de lieux ouverts dans la ville, accessibles à tous, lieux de communication sociale, où la communauté se donne en spectacle vers l'extérieur comme à l'intérieur. Les différentes divinités dont il a été question remplissent toutes une fonction précise. Hercule a une fonction représentative vers le monde extérieur, Vulcain assure la stabilité interne et les rapports avec la métropole et Bona Dea, les rapports sociaux. Chez Mithra, les Ostiens trouvent, d'une certaine manière, une sécurité. Ils se tournent vers les déesses des Quatre Petits Temples, Vénus, Cérès, Spès et Fortune, pour leurs affaires. Le nouveau *numen* de l'empereur se substitue non seulement à de nombreux cultes anciens, mais encore reçoit son propre lieu de culte sur le forum d'Ostie – le Temple Rond avec ses deux phases de construction du Ier et du IIIe siècles ap. J.-C. La diversité des fonctions que remplissent les divinités dans la communauté urbaine est reflétée dans l'architecture et le caractère de leurs sanctuaires et lieux de culte : ceux-ci peuvent être ouverts ou, au contraire, clos (comme, par exemple, ceux d'Hercule Victor ou de Bona Dea), occuper une grande surface comme le sanctuaire de Magna Mater ou être destinées à des petits groupes comme les mithrées. Selon leurs fonctions, les divinités peuvent être honorées dans des constructions volontairement orientées vers le port fluvial (les Quatre Petits Temples, et plus tard Pater Tibérinus) ou au Forum (Vulcanus ?). Il devient clair combien une ville romaine est imprégnée de la vénération des dieux. Les humains vivent avec eux, car partout et toujours, on les rencontre dans leur différentes formes d'apparition.

trad. Eliane Brigger et Jean-Paul Descœudres

Notes

[1] Cet article se fonde partiellement sur ma thèse de doctorat intitulée *Heiligtümer in Ostia. Architektur, Ausstattung und Stellung öffentlicher Heiligtümer in einer römischen Stadt*, soutenue en 1998. Elle paraîtra dans la série *Studien zur antiken Stadt* de la Commission pour la recherche des villes antiques de l'Académie bavaroise des sciences.

[2] Sur l'évolution architecturale du sanctuaire d'Hercule Victor, voir R. Mar, «El santuario de Hércules y la urbanística de Ostia», *ArchEspA* 63, 1990, pp. 137-160.

[3] Voir C. Bonnet, *Melqart : cultes et mythes de l'Héraclès tyrien en Méditerranée*, *Studia Phoenicia* VIII (1988).

[4] Les objets les plus anciens du sanctuaire sont les autels, qui datent du IIIe siècle av. J.-C. Voir *SdO* I, p. 106 ; Mar, *art. cit.*, pp. 142 *sq.*

[5] Cette datation est basée sur la technique de construction des murs et les profils du podium, dont l'argumentation ne sera pas développée ici.

[6] Pour les statues, respectivement leurs socles, voir F. Zevi, «Iscrizioni con firme di artisti greci», *RendPontAcc* 42, 1969-1970, pp. 96-116 ; Helbig[4], n° 3028 (v. Steuben) ; voir aussi ci-dessous, p. 292 et catalogue, n° V.4. Pour le personnage de C. Cartilius Poplicola, voir F. Zevi dans : P. Zanker (dir.), *Hellenismus in Mittelitalien*, I. *AbhGött*. 97/1 (1976), p. 56 et M. Cébeillac-Gervasoni, ci-dessus, pp. 156-157.

[7] Catalogue, n° XIV.1. Nous ne traiterons ici ni de la signification de l'*haruspex* mentionné dans l'inscription, ni de celle de *sors*.

[8] Voir *SdO* V, p. 47 n° 65 ; voir également G. Daltrop – U. Hausmann – M. Wegner, *Die Flavier* (1966), p. 104. Pour Lucius Verus et Lucilla, voir H. Bloch, «Ostia – Iscrizioni rinvenute tra il 1930 e il 1939», *NSc* 1953, pp. 239-306, spécialement pp. 250 *sqq*, n° 17, et *SdO* IX, pp. 17 *sq.*, n° 13.

[9] Le Temple de l'autel circulaire a été fortement restauré au Ier siècle ap. J.-C. L'autel pour Hercules Victor représente une des offrandes les plus tardives à Ostie, puisqu'il a été dédié en 393-394 par le *praefectus annonae* – voir H. Bloch, *HarvTheolRev* 38, 1945, p. 203.

[10] L'ancienneté du culte est confirmée par les désignation archaïques des fonctions dans le culte : *praetores* et *aediles*. Voir *CIL* XIV 573 et par exemple n°s 3, 47, 132, 341, 390 et 415.

[11] Voir P. Carafa, «Il comizio di Roma. Dalle origini all'età di Augusto», *BCom* Suppl. 5 (1998), spécialement pp. 101-110 ; F. Coarelli, *Il Foro Romano*, I (1993), p. 161 *sqq*.

[12] *CIL* XIV 375, l. 21-22.

[13] Il s'agit du *praetor urbanus* de Rome, qui est à Ostie la charge la plus élevée. Dans le domaine cultuel, il y a par exemple la fête en l'honneur de Castor et Pollux, qui peut seulement avoir lieu en présence de ce magistrat de la ville de Rome (cf. *CIL* XIV 1, et se déroule au *dies natalicius* du temple sur le Forum Romanum, voir *CIL* I p. 335).

[14] Pour la construction de la Curie, voir en dernier lieu J. C. Balty, *Curia Ordinis* (1991), pp. 121 *sqq*., n° 21. Pour les Fastes d'Ostie, cf. B. Bargagli – C. Grosso, *I Fasti Ostiensi. Documento della storia di Ostia*, *Itinerari Ostiensi* VIII (1997).

[15] Pour le sanctuaire, voir R. Lanciani, *NSc* 1886, pp. 162 *sq.* (premières fouilles) ; R. Paribeni, «I quattro Tempietti di Ostia», *MonAnt* 23, 1914, pp. 441-484 (dégagement intégral du sanctuaire), ainsi que F. Zevi, «P. Lucilio Gamala 'senior' e i 'Quattro Tempietti' di Ostia», *MEFRA* 85/2, 1973, pp. 555-581.

[16] L'attribution a été faite sur la base des deux inscriptions de Lucilius Gamala (*CIL* XIV 375 et 376), de même que la trouvaille d'un autel de Vénus (*in situ*, cf. *CIL* XIV 4127) à l'est du temple. Voir à propos Zevi, *art. cit.*

[17] Je ne parlerai pas du *templum* de Jupiter du secteur oriental du sanctuaire, qui est l'édifice cultuel le plus ancien.

[18] Pour le temple de Brescia et sa reconstitution, voir F. Rossi – A. Garzetti, «Nuovi dati sul santuario tardorepubblicano di Brescia», dans : G. Cavalieri Manasse – E. Roffia, *Splendida Civitas Nostra. Studi archeologici in onore di Antonio Frova* (1995), pp. 77-93.

[19] Ce mur a été détruit pour une rénovation datant du début de l'époque augustéenne et intégré en tant que remblai de destruction dans le podium. Voir *CIL* XIV 5289,1 ; D. Vaglieri, *NSc* 1912, pp. 394 *sqq*.

[20] Il est remarquable que le sanctuaire ait été construit sur un territoire appartenant à l'*urbs* Roma. Ceci se laisse également observer pour cinq cippes, qui ont été érigées sur le côté nord du Decumanus et qui déterminent le terrain jusqu'au Tibre comme territoire public, sous contrôle du praetor urbanus de Rome.

[21] Voir à ce propos F. Coarelli, *Il Foro Boario* (1988), spécialement pp. 206 *sqq*. Comme il s'agit d'un sanctuaire entre deux zones, il s'ajoute encore la question de savoir s'il est situé à l'intérieur ou l'extérieur des murailles : il est localisé sur la frontière.

22 Voir l'inscription *CIL* XIV 375 (ci-dessus, p. 151, n° 3).

23 Voir ci-dessus, pp. 172 *sqq.*

24 A titre d'exemple, il y a dans le sanctuaire d'Isis à Dion en Macédoine une construction semblable quant à ses dimensions et son emplacement, avec des niches, datant du Ier siècle ap. J.-C., et dans laquelle ont été retrouvées les statues d'Isis Augusta et de Fortuna Augusta. Voir D. Pandermalis, *AA* 1982, pp. 727-735, spécialement pp. 732 *sq.*, figs 5-9.

25 Pour des suggestions d'identification, voir R. Lanciani, *NSc* 1881, pp. 113 *sqq.*; D. Vaglieri, *Ostia* (1914), p. 76. La proposition la plus récente vient d'A. Pellegrino, *Il culto di Vulcano ad Ostia. Nuove testimonianze* (1995), pp. 95-101; *Miscellanea greca e romana* 10, 1986, pp. 289-301.

26 *CIL* XIV 376, l. 16 *sq.* Il est de nouveau question d'un membre de la famille des Lucilii Gamalae, qui a fait rénover le temple sur la place à côté de l'ancien, financé par sa famille.

27 Ov. *Fast IV*, 291 *sqq.*, spécialement 331-332.

28 Pour le concept d'atrium, voir *Thesaurus Linguae Latinae* II (1906), p. 1102, s.v. atrium § 2.

29 Voir Lanciani, *art. cit.* avec pl. 1, n°s 3, 5, 14, qui décrit un canal autour de l'édifice. De nombreuses traces de stucs sont restées conservées sur les côtés de l'édifice, comme si elles étaient destinées à des bassins de fontaines. Comme argument pour l'attribution de ce temple, on peut également mentionner les tuiles en terre cuite des portiques. Celles-ci illustrent Magna Mater trônant (voir M. J. Vermaseren, *Corpus Cultus Cybelae Attidisque*, III, *EPRO* 50 [1977], par exemple n°s 202, 203, 427), de même que les antéfixes du sanctuaire de Magna Mater. Il est possible qu'il s'agisse d'une allusion à l'importance de la place dans l'introduction du culte de Magna Mater, décrite dans le passage d'Ovide susmentionné.

30 Voir le bref rapport préliminaire de M. Floriani Squarciapino, *RendPontAcc* 32, 1959/1960, pp. 93-95. L'inscription a été publiée par M. Cébeillac, *MEFRA* 85/2, 1973, pp. 517-553.

31 A ce propos, la dédicace à Bona Dea *CIL* VI 66 est significative : *Bon(ae) Deae Restitut(ae) simulacr(um) in tut (elam) insul (ae) Bolan(i) posuit item aed(em) / iculam)*, où une *insula* est placée sous sa protection. Voir la publication de H. J. Brouwer, *Bona Dea. The Sources and a Description of the Cult*, *EPRO* 110 (1989).

32 Plut. *Cic.* 19 rapporte la fête de l'an 63-62 av. J.-C. qui a fait scandale. Voir également Cic. *Dom.* 39, 104-105, qui fait référence à l'ancienneté et les liens étroits qui lient la ville au culte.

33 Cic. *Leg.* II 9, 21 mentionne cette exception.

34 La fête des Saturnales, de par sa particularité d'inverser les rôles, a la même fonction, sauf que l'inversion se fait entre les classes et non les sexes.

35 Voir n. 31 et Brouwer, *op. cit.*, n° 60; *AE* 1961, pp. 9 *sq.*, n° 5.

36 Cf. G. Calza, *NSc* 1942, pp. 152-165; pour les inscriptions, voir Brouwer, *op. cit.*, n°s 55, 58, 59; F. Zevi, *Epigraphica* 30, 1968, pp. 83-95, spécialement p. 85; *SdO* IV, n° 392.

37 Les mosaïques du sanctuaire datent de cette époque; voir *SdO* IV, n°s 394 et 395.

38 Les inscriptions «pro salute» se multiplient. Voir par exemple *CIL* XIV 40, 41, 42, 97, 107, 116, 117, 118, 119 et 284; *CIL* XIV, Suppl. I, 4301, 4302 et 4303; *CCCA* III, n°s 389, 391, 399 et 401. Pour des portraits de Vespasien, cf. *SdO* V, pp. 45 *sq.*, n° 62; de Trajan, cf. *SdO* V, p. 56 n° 8; d'Antinous, *SdO* V, pp. 80 *sq.*, n°129; de Lucius Verus, *SdO* V, p. 96, n° 154.

39 Voir *SdO* I, pp. 115 *sq.*

40 Voir *SdO* I, p. 124. Pour la Curie, voir ci-dessus à propos du culte de Vulcain.

41 Voir ci-dessus, p. 49, fig. 1.

42 G. A. Guattani, *Monumenti antichi inediti per l'anno 1805*, avec les plans de P. Holl.

43 La forme aujourd'hui visible du Temple Rond est d'époque sévérienne, du premier quart du IIIe siècle ap. J.-C. Voir à ce propos C. C. Briggs, «The 'Pantheon' of Ostia», *MemAmAcc* 8, 1990, pp. 161-169 et K. S. Freyberger, *Die stadtrömischen Kapitelle aus der Zeit von Domitian bis Alexander Severus* (1990), pp. 127 *sq.*

44 Voir *SdO* V, p. 58, n° 87; p. 54, n° 79; pp. 61 *sq.*, n° 93; p. 75, n° 120; p. 87, n° 139; pp. 93 *sq.*, n° 149; *SdO* IX, pp. 65 *sq.*, n° 82; pp. 67 *sq.*, n° 84; L. Paschetto, *Ostia, Colonia Romana*, 1912, pp. 521 *sq.*

45 Voir Balty, *op. cit.* (n. 14) pp. 306 *sq.*, n° 6, et C. Laviosa, *StEtr* 37, 1969, pp. 57-609, spécialement pp. 548 *sq.*

46 Voir Balty, *op. cit.*, pp. 298-300, avec la bibliographie dans la note 245; Vitr. V, 1, 6 *sq.*

47 Voir *CIL* XIV, Suppl. I 4399, 4401, 4403 et 4404.

48 La littérature sur Mithra et son culte est immense et de nombreuses publications de vulgarisation et d'ouvrages ésotériques donnent trop d'importance à son côté mystique. Une introduction raisonnable et bien conçue est est celle de M. Clauss, *Mithras. Kult und Mysterien* (1990), avec littérature antérieure, et U. Bianchi, *Mysteriae Mithrae*, *EPRO* 108 (1979); voir également R. Beck, «The Mysteries of Mithras», dans: J. S. Kloppenburg – S. G. Wilson, *Voluntary Associations in the Greco-Roman World* (1996), pp. 176-185.

49 Il est certain que le culte de Mithra présente quelques éléments d'une religion à mystères. Nous ne savons toutefois presque rien sur les pratiques cultuelles, si ce n'est qu'elles semblent avoir été les mêmes dans tous les mithrées.

50 Les mithrées ont été publiés dans *SdO* II.

51 Voir ci-dessous, catalogue, n° XIV.13.

52 Voir M. J. Vermaseren, *Corpus inscriptionum et monumentorum religionis Mithriacae*, I (1956), p. 218, n° 566; p. 301, n° 876.

La christianisation d'Ostie

Beat Brenk

Le terme de christianisation pourrait suggérer au lecteur qu'une ville entière s'est convertie au christianisme et que, de ce fait, la structure païenne de la ville s'est modifiée fondamentalement en s'adaptant au christianisme. Le terme et le phénomène de la christianisation doivent donc être expliqués tout d'abord. La recherche moderne tend à démontrer la christianisation par le nombre d'églises découvertes. En raisonnant ainsi, on perd de vue le fait que, dans la plupart des villes, nous jugeons du christianisme précoce en nous fondant sur la connaissance d'un stade d'urbanisation de beaucoup postérieur, tel que nous le saisissons archéologiquement. C'est-à-dire que nous ne réussissons pas à saisir la genèse d'un peuplement chrétien ni la naissance et le développement de la construction des églises; nous jugeons donc toujours une ville selon son état archéologique le plus récent, telle qu'elle se présentait juste avant son abandon, décomposée en plusieurs noyaux d'habitation, détruite ou modifiée en un habitat fortifié, ceci sans connaissance des différentes périodes d'évolution.

Dans les régions orientales de la Méditerranée, nous constatons souvent un apogée dans la construction d'églises au VIe et au début du VIIe siècle. La coïncidence de différents facteurs sociaux et économiques ainsi que les incursions perses et arabes ont mis fin à l'existence de la plupart des villes ou ont mené à leur dépeuplement rapide et à leur décadence. Or, des fouilles stratigraphiques précises ont démontré d'une part que la construction d'églises avait diminué déjà avant l'invasion arabe, d'autre part que le peuplement chrétien n'a pas totalement cessé aux VIIe et VIIIe siècles, malgré l'invasion arabe. Mais ce qui s'est passé en détail au IVe et Ve siècles demeure généralement inconnu, du fait que seule les phases d'habitation les plus récentes ont été étudiées.

Dans le monde occidental latin, en revanche, l'activité de la construction ecclésiastique atteint un sommet au IVe et surtout au Ve siècle, tandis qu'on observe un déclin de cette activité au VIe siècle. A Rome, par exemple, les églises se multiplient au Ve siècle, sans qu'on puisse prétendre que le recul de cette

activité au VIe siècle corresponde à un déclin du christianisme. A Rome, au VIe siècle, le christianisme était la religion dominante. L'édification d'églises et la christianisation ne vont donc pas nécessairement de pair: l'édification de nombreuses églises plaide en faveur de la présence d'une grande communauté chrétienne. Cependant, la proportion entre chrétiens et non chrétiens reste largement inconnue. D'autre part, on ne peut pas conclure à un exode ou à la disparition des chrétiens lorsque le nombre d'églises construites est nul ou faible. En résumé, le nombre d'églises ne dit rien de concret sur l'intensité et la répartition de la croyance chrétienne. Le terme de christianisation ne peut être considéré sommairement comme un phénomène quantitatif et applicable à une grande surface. Il peut être appliqué à des bâtiments et à des lots de terrains qui ont été utilisés par des chrétiens; il peut être appliqué historiquement à des offices et des charges revêtus par des chrétiens; mais, ici encore, sans signification quantitative. Dans le cadre de cette introduction, la christianisation signifie: prise de possession d'un lot, d'un immeuble, d'une charge ou d'une fonction par des chrétiens[1].

Dans l'Ostie de la fin de l'Antiquité, les édifices non religieux prédominent[2]. Plus de 90 % des nouvelles constructions du Bas-Empire à Ostie sont des bâtiments utilitaires dont on ignore s'ils ont été habités ou utilisés par des païens, des juifs ou des chrétiens; en d'autres termes, même des païens, chrétiens ou juifs très religieux n'ont pas pensé à décorer leur bâtiments utilitaires avec les signes de leur religion.

Ostie est une des villes qui connaît au IVe siècle une grande activité de construction, tant profane que chrétienne. Ce IVe siècle vit surtout la construction de villas de luxe, de locaux associatifs, de thermes, de nymphées ainsi que de deux grandes églises. Constantin fit ériger près de la Porta Laurentina une grande basilique dont les restes ont été découverts récemment[3].

A la fin du IVe siècle, une grande basilique funéraire fut construite au-delà de la Porta Laurentina, près de Pianabella. A d'autres endroits, le culte chrétien était fréquemment célébré dans des villas privées, qui furent données par la suite à l'Eglise

ou ont été transformées en églises. A Ostie en revanche, à l'exception de la Domus des Tigriniani, aucun indice d'utilisation chrétienne n'a été repéré. Tout au contraire de la situation à Rome, aucune *domus* n'a été transformée en église. Les cultes païens, eux non plus, n'ont pas laissé de traces dans les *domus* privées. J. Th. Bakker a postulé l'usage cultuel des niches murales dans les locaux représentatifs de plusieurs *domus*, mais a dû avouer en même temps que *hardly anything is known about the gods worshipped in the Ostian domus*[4].

Une inscription de l'année 365, témoignant la présence d'une statue de Dionysos Liber offerte au sanctuaire d'Attis à Ostie, montre la vitalité des croyances païennes[5].

Comme le temple d'Hercule à Ostie a été restauré en l'an 392 par le préfet de l'annone, le culte gréco-romain doit avoir été encore actif[6]; les maisons d'habitation, elles, ne donnent qu'exceptionnellement des renseignements sur la croyance religieuse de leur habitants.

Dans le vestibule de la Maison des Poissons[7], qui doit être datée au IVe siècle, le visiteur aperçoit la représentation d'un calice semblant renversé, contenant un poisson et flanqué de deux autres poissons (en tesselles de porphyre, qui ne se détachent à peine du fond noir : **fig. 1**). Certains auteurs ont cru reconnaître dans ce curieux emblème un signe chrétien. L'interprétation d'un calice avec trois poissons, comme offrande eucharistique, n'est guère possible, puisqu'à l'eucharistie, on ne consomme que du pain et du vin. Le poisson n'est pas un mets eucharistique[8]; du point de vue chrétien, il n'a, *a priori*, aucune relation avec le calice. Si le visiteur devait être salué pour ainsi dire de manière chrétienne, pourquoi placer le calice à l'envers ? Somme toute, il s'agirait d'un

1   Maison des Poissons, vestibule : mosaïque avec représentation d'un calice (à l'envers) et trois poissons.

2   Thermes du Mithra : christogramme sur pilastre (photo B. Brenk).

3   Chapelle près du Théâtre (photo B. Brenk).

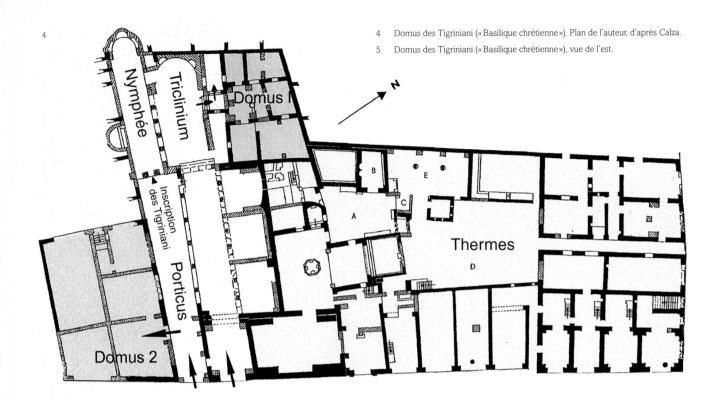

4 Domus des Tigriniani («Basilique chrétienne»). Plan de l'auteur, d'après Calza.

5 Domus des Tigriniani («Basilique chrétienne»), vue de l'est.

Labels in figure: Nymphée · Triclinium · Domus 1 · Inscription des Tigriniani · Porticus · Domus 2 · Thermes · N

motif tout à fait extérieur à l'iconographie chrétienne conventionnelle, créé *ad hoc* et équivoque. Mais même comme emblème non religieux, le calice et les trois poissons sur le seuil de la Maison des Poissons pose un problème non résolu.

Les Thermes du Mithra nous offrent d'autres indices, bien que vagues, sur l'état de la christianisation d'Ostie[9]. Ces thermes ont reçu leur nom d'un mithrée du IIe siècle qui se trouve sous les thermes. Une salle avec deux absides, construites en *opus listatum* et en briques, doit être datée au IVe siècle. Dans cette salle, quatre pilastres en marbre ont été trouvés, dont deux décorés avec l'alpha et l'oméga du christogramme (**fig. 2**)[10]. Des rainures latérales aux pilastres servaient à fixer des clôtures. Malheureusement, la situation n'a pas été décrite et documentée exactement, de sorte que la position originale des quatre pilastres n'est pas claire. Peut-être faisaient-ils partie d'une enceinte de chœur? Si les pilastres appartiennent vraiment à la salle aux deux absides, il pourrait s'agir de la christianisation d'un local thermal désaffecté. Comme la paléographie de l'alpha et de l'oméga correspond plutôt au VIe qu'au IVe siècle, cette partie des Thermes du Mithra doit avoir été occupée par des chrétiens au VIe siècle. Reste à savoir s'il s'agit d'une chapelle privée ou d'une chapelle publique qui aurait été aménagée par l'Eglise d'Ostie. La faible dimension de la pièce parle en faveur d'un établissement privé.

En arrivant à Ostie par l'ancienne route de Rome, la Via Ostiense, on rencontre juste avant le théâtre un nymphée semi-circulaire, dont le mur longeant la route est coupé par une abside du Moyen Age (**fig. 3**). Lors des fouilles, D. Vaglieri put encore reconnaître que le nymphée et la route avait été remblayés de 2 m environ et que l'abside en question, ainsi qu'un mur à 8,70 m de distance de celle-ci, se trouvaient sur ce niveau surélevé[11]. Dans cette abside, plusieurs sarcophages païens, ainsi que d'autres à l'état de fragments furent découverts, qui, selon Vaglieri, étaient destinés à être réduits en chaux. Comme le couvercle d'un sarcophage à reliefs d'Orphée porte l'inscription chrétienne *hic Quiriacus in pace* et comme, dans les *Actes des martyrs de la sainte Aurea*, il est question d'un évêque d'Ostie nommé Quiriacus, dont les fidèles – il s'agit de soldats – auraient subit le martyr *ad arcum ante theatrum*, Vaglieri en a déduit la présence d'un oratoire chrétien de Quiriacus, créé entre le VIe et le VIIIe siècles. Vaglieri pense que le sarcophage de Quiriacus n'était pas placé ici dès le début, mais qu'il devait provenir d'un cimetière extra-urbain. Cette hypothèse fut confirmée par F. Zevi et P. Pensabene, qui mirent en évidence l'arc près du Théâtre cité dans les *Actes de sainte Aurea*[12].

Toutefois, le sarcophage de Quiriacus ne peut être considéré comme celui de l'évêque-martyr d'Ostie, car l'inscription l'aurait sans doute mentionné. Si Quiriacus a reçu une chapelle funéraire, celle-ci devrait se trouver *extra muros* et aurait été bâtie de façon plus monumentale. Comment alors interpréter l'abside en question? S'agit-il d'un simple dépôt de marbre ou d'une chapelle funéraire du Moyen Age? Le complexe a été examiné récemment avec soin par L. Paroli[13]. D'une façon convaincante, elle attribue les restes de murailles, encore visibles

5

aujourd'hui, au haut Moyen Age tout en montrant que ce lieu avait servi pour des sépultures dès l'Antiquité tardive. Il n'est plus possible de savoir s'il s'agissait de sépultures païennes ou chrétiennes. Au vue du constat archéologique bien modeste, les inscriptions commémoratives du XXe siècle, qui aimeraient suggérer que saint Augustin avait rencontré sa mère Monique dans cet oratoire, paraissent déplacées.

Jusque récemment, d'aucuns[14] croyaient reconnaître la basilique constantinienne citée par le *Liber Pontificalis* dans un édifice que d'autres chercheurs interprétaient comme un hospice (*xenodochium*), comme une école pour catéchumènes, ou même comme une église des martyrs[15]. Cet édifice, à plan très particulier et typologiquement inclassable, est un amalgame de différents éléments (**figs 4-5**). Initialement, il s'agissait d'une petite *domus* du IIe siècle avec cinq chambres et un petit cortile que les propriétaires d'une époque postérieure, au Bas-Empire, recouvrirent ainsi que le *vicus* situé devant elle et une partie des thermes voisins par un long portique à colonnes qui fut ensuite connecté avec le Decumanus. Cette construction typique pour l'Antiquité tardive a été datée par T. L. Heres de la fin du IVe siècle[16]. Son caractère tardif est mis en évidence par la façon de relier et d'amalgamer différents bâtiments apparemment hors d'usage, et par la grandeur des locaux représentatifs. Le rez-de-chaussée de la *domus* d'origine comportant cinq pièces fut muré et renforcé par des murs d'appui massifs capables de supporter un étage ou une sorte de belvédère qu'on atteignait

par un large escalier. Une grande salle à absides, à ciel ouvert, venait s'y ajouter, qui donnait par deux colonnades sur un nymphée luxueux, revêtu de marbre et vraisemblablement couvert, aboutissant finalement à une abside avec une piscine en marbre. Deux colonnades de hauteur différente menaient aux deux absides. Comme les deux rangées de colonnes n'avaient pas la même hauteur, et que les colonnes n'étaient même pas disposées de façon symétrique, il ne peut pas s'agir de plusieurs nefs. Pour des raisons architecturales, il ne s'agit pas d'une basilique, et encore moins d'une basilique édifiée par Constantin, les éléments typiques de l'architecture représentative impériale faisant défaut. Il s'agit au contraire d'un raccommodage antique tardif, qui ne manque pourtant pas d'une certaine originalité.

Jusqu'à présent personne ne s'est aperçu qu'à gauche de l'entrée de l'édifice, une seconde *domus* du IIe siècle a été englobée dans le complexe. Les deux grandes entrées qui mènent du Decumanus à l'intérieur de l'édifice sont inhabituelles (**fig. 6**). Le point cardinal de ce complexe est une inscription chrétienne placée sur l'architrave au-dessus des deux colonnes à l'entrée du nymphée, dont voici le texte (**fig. 7**):

In Christo [christogramme avec chi-rhô] *Geon, Fison, Tigris, Euphrata. Tigrinianorum sumite fontes*[17].

Les Tigriniani sont une famille romaine attestée aux IVe et Ve siècles par des inscriptions et qui comprenait des chrétiens. Le nymphée est typique pour l'Antiquité tardive; il est bien situé à l'intérieur de la maison, mais peut être mis à disposition d'un plus grand cercle d'hôtes à certaines occasions, comme l'indique l'inscription qui invite à utiliser les agréments aquatiques des Tigriniani. L'inscription se réfère à l'usage profane de l'eau pour boire et se laver, mais aussi au plaisir de la voir et l'entendre couler. Le propriétaire du nymphée et de la maison était un chrétien éclairé à qui son nymphée rappelait les quatre fleuves du paradis. Il s'agit là de la christianisation d'une forme païenne d'association d'idées. A Antioche, l'historien Malalas atteste l'existence d'un nymphée que l'empereur Probus fit orner d'une mosaïque représentant la figure d'Okéanos.

Si les païens associaient Okéanos à l'eau d'un nymphée, la mentalité des chrétiens cultivés remplaçait le dieu marin par les quatre fleuves du paradis.

En conclusion, nous pouvons constater que la *domus* des Tigriniani est la seule maison d'Ostie dont les habitants étaient certainement chrétiens; en même temps, c'est une des maisons les plus récentes de la ville[18], ce que confirme aussi l'inscription placée sur une des colonnes de la maison pour annoncer qu'elle appartient au très distingué Volusianus: *VOLUSIANI VC*. Le *v(ir) c(larissimus)* dont il est question peut être identifié soit avec le *praefectus urbi* de l'année 366, C. Ceionius Rufius Volusianus Lampadius, soit avec le célèbre Volusianus, *praefectus urbi* en

417-418 et décédé en 437. La nièce de ce second Volusianus, resté païen jusqu'à sa mort, était Mélania la Jeune.

Mentionnons finalement l'Edifice à *opus sectile* hors la Porta Marina, dans lequel G. Becatti croit avoir trouvé une image du Christ (**fig. 8**)[19]. Le complexe (inachevé) est superposé à la route qui menait de la Porta Marina en direction de la mer. Comme le delta du Tibre s'avançait toujours plus dans la mer, il fallut construire un nouveau lieu de mouillage pour les bateaux. L'ancienne route reliant Ostie à la mer perdit son importance, de sorte qu'elle put être recouverte par la construction de l'Edifice à *opus sectile*. Avec son portique en forme de L et ses salles luxueuses, l'édifice était orienté vers le nouveau terrain alluvial qu'un bras du Tibre traversait peut-être à cet endroit.

Une seule pièce était magnifiquement décorée en *opus sectile*[20]. L'analyse de la fonction des locaux a présenté quelques difficultés. Becatti a refusé catégoriquement l'interprétation comme villa et a déclaré sans preuve qu'il s'agissait d'un établissement commercial exploité par des chrétiens. Toutefois, le décor luxueux de la salle rectangulaire, ouverte par trois arcades à colonnes incorporées sur le quai longeant la levée, correspond mal à un édifice commercial. L'*opus sectile*, l'ouverture grandiose des arcades ainsi que le portique en forme de L parlent

6

6   Domus des Tigriniani («Basilique chrétienne»): entrée au nymphée, avec inscription sur l'architrave (photo B. Brenk).

7   Domus des Tigriniani («Basilique chrétienne»). Détail de l'entrée au nymphée (voir fig. 6): inscription chrétienne sur l'architrave (photo B. Brenk).

8   Edifice à *opus sectile*, reconstruction axonométrique (d'après Becatti).

9   Edifice à *opus sectile*, reconstruction graphique du décor en *opus sectile* d'une des parois latérales (M. A. Ricciardi).

7

plutôt en faveur du domaine de représentation privée. Trois pièces avaient des colonnes incorporées qui empêchaient de les fermer, chose impensable pour un immeuble destiné au commerce et au dépôt de marchandises. Comme le portique et le quai communiquent, on doit admettre l'existence d'un seul propriétaire. A. Frazer n'a pas suivi l'interprétation de Becatti et voit dans cet immeuble une villa suburbaine située au bord de la mer[21], malgré l'absence de chambres privées, de *cubicula*. La salle rectangulaire à *opus sectile* serait un triclinium ou, d'une façon plus générale, une salle de séjour représentative. Becatti lui-même supposait la présence de lits et de bancs dans l'exèdre rectangulaire orientée vers le nord. L'*opus sectile* de cette exèdre

8

9

faisait croire, dans le sens d'un trompe-l'œil, à un mur en *opus reticulatum* (une technique abandonnée depuis le IIe siècle, qui devait donc être ressentie comme le retour à une méthode antique) et en briques. Une ruse spéciale est l'imitation de fenêtres murées. La particularité de l'*opus sectile* est qu'il imite un revêtement en marbre détruit et restauré. A cette fin, de grands orthostates en marbre ont été brisés exprès avant d'être mis en place et on été recollés comme *opus sectile*. Le regard des hôtes se dirigeait de l'exèdre sur les parois latérales de la salle rectangulaire décorées de combats d'animaux (**fig. 9**).

Selon l'avis, unanime il s'y trouvait une représentation du Christ[22]. Dans un champ rectangulaire vertical, de couleur porphyre, on reconnaît le buste d'un homme portant barbe, bronzé par le soleil, vêtu d'une tunique, faisant mine de parler et auréolé de blanc (**fig. 10**). En contraste avec les scènes de combats d'animaux qui trahissent une main expérimentée, et en contraste aussi avec les ornements au dessin très fin, la représentation du personnage est maladroite. Pour une représentation du Christ, la position marginale n'est pas conforme du tout. Tous les portraits du Christ du IVe et du Ve siècles occupent le centre de l'espace. Jamais le Christ n'a été représenté incidemment dans le cadre d'un programme tout à fait profane. Il n'est donc guère possible d'interpréter ce portrait comme étant celui du Christ. Il pourrait plutôt s'agir d'un philosophe ou d'un professeur[23].

Le programme iconographique de la paroi comprend aussi deux lions, qui déchirent d'inoffensifs chevaux tout petits, qui sont montrés non pas mourants, mais bien vivants et la tête dressée. Cette scène, bien que représentée à plusieurs reprises dans les angles de sarcophages à relief, ne signifie pas nécessairement que la mort fût un sujet de réflexion dans cette salle à incrustations. On a simplement repris un motif particulièrement en vogue pour le transférer d'un domaine étroitement délimité dans un autre cadre, qu'on ne voulait pas surcharger de thèmes. Il n'y a pas la moindre raison d'interpréter comme chrétienne la représentation de poissons, de calices, de colombes ou d'escargots dans une volute de feuillage. La reconstruction d'un trône, comme le propose Becatti, avec une prétendue croix gravée, mais dont la branche horizontale n'a jamais été trouvée, est peu convaincante. Tous les motifs de cet *opus sectile* trouvent sans autre leur place dans l'iconographie conventionnelle non religieuse de l'Antiquité tardive.

L'interprétation la plus convaincante de l'Edifice à *opus sectile* est celle d'un siège suburbain d'un collège de la fin du IVe siècle. Sur la base de monnaies trouvées sur place, on peut fixer le début de la construction dans les années 384-385, l'écroulement en 392.

Si, parmi, les propriétaires d'immeubles, il devait se trouver des chrétiens, ils n'ont pas témoigné de leur foi par la peinture pariétale. Ceci ne vaut pas que pour Ostie.

L'aménagement et le décor des maisons et des villas romaines ne permet que rarement de conclure d'une façon précise sur la croyance religieuse de leurs habitants. Quant à la supposition de Meiggs[24], selon laquelle le christianisme se serait répandu à

10 Edifice à *opus sectile*, détail du décor en *opus sectile* (voir fig. 9), buste de philosophe (photo B. Brenk).

11 Basilique de Pianabella (d'après Paroli).

Ostie au IVe siècle surtout parmi les pauvres, elle non plus n'a aucun fondement. Au contraire, la basilique constantinienne, trouvée récemment près de la Porta Laurentina, et surtout la basilique funéraire proche de Pianabella appartiennent à un genre d'architecture monumentale représentative, qui est impensable sans le support d'une classe aisée convertie au christianisme.

Le *Liber pontificalis* nomme même expressément un personnage de cette classe supérieure qui, avec l'empereur Constantin, a fait un don à la basilique nouvellement érigée à Ostie[25]. Il s'agit d'un certain Gallicanus qui offrit trois objets liturgiques (une couronne, un calice et un seau à eau bénite) ainsi que quatre terrains au rendement très considérable de 869 *solidi* d'or. H. Grégoire a proposé de l'identifier au consul Flavius Gallicanus de l'an 330[26]. Le consul de l'année suivante était du reste le chrétien bien connu Junius Bassus. Nous sommes donc à l'époque où des représentants de la haute aristocratie s'orientaient vers le christianisme.

Le *Liber pontificalis* témoigne que Constantin fit édifier une basilique qu'il consacra aux apôtres Pierre et Paul ainsi qu'à saint Jean Baptiste. Cette dédicace paraît surprenante, car il est

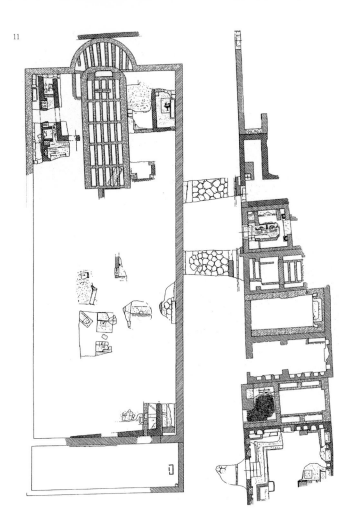

11

concevable que dans le contexte d'une basilique importante avec plusieurs prêtres, diacres, ostiaires etc.

L'utilisation de méthodes de prospection géophysiques a permis à M. Heinzelmann d'identifier avec certitude cette basilique de Constantin connue jusqu'alors seulement par les sources écrites[27].

En ce qui concerne la christianisation d'Ostie, un fait surprenant est la découverte d'une autre basilique à 300 m endehors de la Porta Laurentina, au lieu dit Pianabella, utilisée uniquement pour des funérailles (**figs 11-12**)[28]. Les deux basiliques, celle *extra muros* de Pianabella et celle *intra muros* de Constantin, indiquent clairement la présence, dans l'Ostie du IVe siècle, d'une communauté chrétienne considérable.

La basilique funéraire de Pianabella est, avec ses 43,30 m de longueur et 16,20 m de largeur, l'édifice le plus monumental à l'extérieur des murs d'Ostie. Il s'agit d'une salle non divisée, avec une abside en hémicycle du côté occidental. La construction d'une salle unique au lieu d'une basilique à trois nefs, bien plus onéreuse, signifie que les ressources financières du fondateur étaient limitées. Ceci frappe particulièrement quand on pense aux basiliques funéraires de la ville de Rome : Saint-Pierre, Saint-Paul, Saint-Laurent, la Basilique des Apôtres à la Via Appia et la basilique près de Sainte-Constance à la Via Nomentana, toutes des fondations impériales qui ont nécessité une dépense bien plus importante.

L'intérêt particulier de la basilique de Pianabella réside dans le fait qu'elle a été érigée sur une nécropole romaine s'étendant des deux côtés d'une allée tombale large de 3,20 m. Le flanc nord de la basilique borde la rue qui avait été pavée au IIIe siècle. A l'époque de la construction de l'église, la rue n'était plus carrossable ; les grands pavés polygonaux étaient en partie arrachés et des débris recouvraient la rue. La fouille a permis de constater que certaines parties de la nécropole païenne étaient encore utilisées lors de la construction de l'église à la fin du IVe siècle. La plupart des mausolées construits en *opus reticulatum* et en *tufelli* datent des Ier et IIe siècles. Au IIIe siècle, l'occupation de la nécropole était surtout le fait de simples tombeaux. Les mausolées situés sur le terrain du narthex et de l'*atrium* de la basilique étaient encore utilisés au IVe siècle, comme le prouvent les monnaies trouvées surtout dans les mausolées situés sous l'*atrium*.

De tous ces mausolées, c'est le n° 1, à columbarium, qui mérite particulièrement notre attention. Il a été utilisé du Ier au IVe siècle. Une urne en marbre porte la représentation de la chasse au sanglier calydon. Dans un sarcophage d'enfant, avec la représentation d'Amour et Psyché, se trouvait une monnaie d'Antonin le Pieux. Au centre du mausolée, on a récupéré plusieurs monnaies en bronze de l'époque de Constantin ainsi que des verres et des lampes italiques et gauloises du Bas-Empire. Un disque en plomb portant le monogramme *chi-rhô* est particulièrement intéressant. Malheureusement, il n'a pas été trouvé *in situ*, de sorte qu'il n'est pas certain que le mausolée n° 1 ait été utilisé aussi par des chrétiens ; cette possibilité reste toutefois ouverte. Comme la basilique recouvre plusieurs mausolées, il est permis de conclure

probable qu'aucune relique de ces saints n'avait pu être apportée à Ostie à l'époque de Constantin. Au IVe siècle, à Rome, la coutume de partage et de translation de reliques n'existait pas encore. Il s'agit donc d'une basilique dédicacée à la mémoire des saints Pierre, Paul et Jean Baptiste. Les indications que fournit le *Liber pontificalis* sur l'aménagement liturgique de cette basilique sont remarquables, parce qu'elles nous donnent une idée de sa grandeur et de son importance. Il est question de trente candélabres d'argent (*fara cantara argentea*), qui ne sont imaginables que pour un édifice relativement grand. La mention d'une patène (*patenam argenteam chrismalem singularem*) et d'un bassin baptismal en argent (*pelvem ex argento ad baptismum*) laisse supposer l'existence d'un baptistère. Comme le baptême est administré par l'évêque, la basilique devait être l'église épiscopale (cathédrale) d'Ostie. Les revenus des domaines de cette basilique s'élevaient à 1118 *solidi* d'or par année. Une pareille somme découle de la magnificence de l'empereur, mais n'est

12 Basilique de Pianabella : tombes sous le sol de l'église, IVᵉ-XIᵉ siècles (photo B. Brenk).

13 Eglise de Sainte-Aurea, inscription sur une colonne du IVᵉ siècle (photo B. Brenk).

que, à la fin du IVᵉ siècle, la plupart des propriétaires des mausolées encore utilisés s'étaient convertis au christianisme. Plus tard, un système unique en son genre, comportant 100 tombes (*formae*) situées l'une sur l'autre et l'une à côté de l'autre dans le sol de la basilique, offrait aux propriétaires chrétiens des mausolées et à leur parenté la possibilité d'ensevelir leurs morts (**fig. 12**). Comme l'église est construite *ex novo* en *opus listatum* (bien qu'en réutilisant les briques) et que des murs n'ont été réemployés que pour l'*atrium* et le narthex, on ne peut pas parler de réutilisation d'un ancien immeuble. Il dut y avoir une raison importante pour édifier la basilique sur un terrain portant des mausolées païens. La situation ressemble à celle de l'ancienne basilique de Saint-Pierre. Malheureusement, le nom du saint vénéré dans cette basilique funéraire reste inconnu. A l'entrée de l'abside se trouve un tombeau orienté nord/sud, tandis que toutes les autres *formae* sont orientées est/ouest. En plus, ce tombeau est recouvert de stuc à l'intérieur et flanqué des deux côtés d'un socle de pilastres. Selon toute vraisemblance, il s'agit ici du tombeau central du saint ou du martyr, surtout qu'on y ajouta plus tard deux blocs rectangulaires ornés de croix peintes, entre lesquels se trouvait éventuellement un dépôt de reliques[29].

Les 100 tombeaux souterrains aménagés sur quatre étages sont entourés d'un mur de 65 cm d'épaisseur. Cent privilégiés attendaient donc la résurrection à Pianabella, étroitement groupés autour de leur saint. Comme une monnaie des années 367-375 a été recueillie dans le mortier d'un mur, il est vraisemblable que la basilique a été érigée durant le dernier quart du IVᵉ siècle. Il est intéressant de noter que les tombeaux furent utilisés jusqu'au IXᵉ siècle. L'utilisation prolongée des tombeaux, depuis l'époque chrétienne précoce jusqu'au temps carolingiens, montre qu'un saint ou un martyr de la plus haute importance pour Ostie était révéré en ce lieu, où le culte était sous la responsabilité de l'évêque d'Ostie.

D'autres basiliques funéraires d'Ostie sont connues d'après les sources littéraires. L'église actuelle de Sainte-Aurea est une construction du XVᵉ siècle[30]. Son côté étroit touche une rue d'époque romaine, et juste à côté de l'église-halle, une fouille a découvert des *arcosolia*, des *formae* et des tombeaux en briques. De la basilique paléochrétienne supposée sous Sainte-Aurea, seule l'abside a été repérée. Une note dans le *Liber pontificalis* selon laquelle le pape Serge Iᵉʳ (687-701) aurait fait réparer le toit de la basilique *sanctae Aureae in Hostis*, prouve que, comme à Pianabella, l'église funéraire située *extra muros* était restée un centre de culte important jusqu'au Moyen Age[31].

Le seul objet trouvé sous l'église actuelle est une colonne portant l'inscription S.AUR, que Meiggs ne date pas plus tard que le Vᵉ siècle (**fig. 13**)[32]. Une trouvaille sensationnelle fut celle d'une inscription du Vᵉ siècle dans un cortile près de Sainte-Aurea, qui nous informe que le consul de l'année 408, Anicius Auchenius Bassus, fit faire une inscription commémorative en l'honneur de Monique, la mère de saint Augustin, décédée en 388 à Ostie. Celle-ci semble avoir été ensevelie dans la petite église de Sainte-Aurea[33].

Bien qu'un tiers environ de l'Ostie antique soit encore sous terre, la cartographie à l'aide du magnétographe au caesium montre qu'il n'y a plus eu de grandes constructions après le IVᵉ siècle.

Nous ignorons si l'invasion des Goths en 410 a causé ou accéléré le déclin d'Ostie. En tous cas, Ostie perd de plus en plus sa signification à partir du Vᵉ siècle. La ville portuaire de Portus a dépassé Ostie en importance[34]. Aux VIᵉ et VIIᵉ siècles, les chrétiens d'Ostie ne bâtirent plus que de petites chapelles, mais le site était encore habité jusqu'à l'époque carolingienne, éventuellement même jusqu'au XIᵉ siècle.

trad. Claude Descœudres

Notes

[1] A un autre cercle de problèmes appartient la question de la christianisation des images, de l'iconographie, des métaphores figuratives et des formes de représentation. Cette question n'est que brièvement abordée ici, uniquement à propos de la Domus des Tigriniani.

[2] P.-A. Février, *MEFR* 70, 1958, pp. 295-330; Meiggs, *Ostia*, pp. 388-403, 518-531; G. Becatti, *SdO* I: *Topografia generale*, 1953, pp. 155-163, fig. 35.

[3] Voir ci-dessous, pp. 278-283.

[4] *Living and Working with the Gods. Studies in Evidence for Private Religion and its Material Environment in the City of Ostia (100-500 AD)*, 1994, p. 38.

[5] H. Bloch, «The Pagan Revival in the West at the End of the Fourth Century», dans: A. Momigliano (dir.), *The Conflict between Paganism and Christianity in the Fourth Century*, 1963, p. 205.

[6] Voir ci-dessus, pp. 249 avec n. 9.

[7] G. Becatti, *SdO* IV: *Mosaici e pavimenti marmorei*, 1961, p. 183, pls 199-200, 227; G. Calza, «Nuove testimonianze del cristianesimo a Ostia», *RendPontAcc* 25/26, 1951, pp. 126-129, fig. 3; Meiggs, *Ostia*, p. 400; M. Floriani Squarciapino, «Considerazioni su Ostia cristiana», *Studi romani* 27, 1979, p. 22; G. Becatti, «Case ostiensi del tardo impero», *BdA* 33, 1948, pp. 102-128, 197-224.

[8] Voir l'étude fondamentale de J. Engemann dans: *RAC* VII, 1969, pp. 959-1097 s.v. Fisch.

[9] Becatti, *SdO* I, p.160; *id.*, *SdO* II: *I mitrei*, 1954, pp. 29-38, 139; *id.*, *SdO* IV: *Mosaici e pavimenti marmorei*, 1961, pp. 31-32; Calza *loc. cit.*; Meiggs, *Ostia*, p. 397; Février, *art. cit.* (n. 2) p. 311 (avec plan). Voir aussi ci-dessus, p. 165 [n.d.r.].

[10] Pour une bonne illustration des pilastres, voir G. Calza, *RendPontAcc* 37, 1964/65, pp. 239-242, figs 50-50a.

[11] *NSc* 1910, pp. 134-139.

[12] «Un arco in onore di Caracalla ad Ostia», *RendiLinc* 26, 1971, pp. 481-523.

[13] «Ostia nella tarda antichità e nell'alto medioevo», dans: L. Paroli et P. Delogu (dir.), *La storia economica di Roma nell'alto Medioevo alla luce die recenti scavi archeologici. Atti del Seminario*, 1993, pp. 168-169.

[14] Par exemple, G. Calza, «Una basilica di età costantiniana scoperta ad Ostia», *RendPontAcc* 18, 1940, pp. 63-88; *id.*, «Ancora sulla basilica cristiana di Ostia», *RendPontAccad* 18, 1942, pp. 135-148.

[15] Par ex., Février, *art. cit.* (n. 2), p. 310; Meiggs, *Ostia*, pp. 397-399; A. von Gerkan, «Die christliche Anlage in Ostia», *Römische Quartalschrift* 47, 1939, p. 15.

[16] «Alcuni appunti sulla 'Basilica Christiana' (III.1.4) di Ostia Antica», *MededRom* 42, 1980 pp. 94-95.

[17] Février, *art. cit.* (n. 2), p. 307; Meiggs, *Ostia*, p. 398 avec pl. 37b; M. Burzachechi, «L'iscrizione cristiana della 'basilica' di Ostia», *RendPontAcc* 30/31, 1957/59, pp. 177-187; *id.*, «Nuove osservazioni sull'epigrafia cristiana della 'basilica' di Ostia», *RQS* 59, 1964, pp. 103-105; H. I. Marrou, «L'inscription des quatre fleuves du Paradis dans la basilique d'Ostie», *BabtFr* 1966, pp. 160-165.

[18] Voir la récente étude de cette maison par B. Brenk et P. Pensabene, «Christliche Basilika oder christliche 'Domus der Tigriniani'?», *Boreas* 21/22, 1998/99, pp. 271-299.

[19] Dans *SdO* VI: *Edificio con opus sectile fuori Porta Marina*, 1969, p. 65.

[20] Pour lequel on consultera, en dernier lieu, l'article splendidement illustré de F. Guidobaldi, «La lussuosa aula presso Porta Marina a Ostia», dans: S. Ensoli – E. La Rocca (dir.), *Aurea Roma. Dalla città pagana alla città cristiana*, 2000, pp. 251-262.

[21] «A Critical Review», *AJA* 75, 1971, pp. 319-324; voir aussi F. W. Deichmann, *Byzant. Zeitschrift* 62, 1969, p. 471; H. Stern, *Art Bulletin* 55, 1973, pp. 285-287; K. Parlasca, *Gnomon* 47, 1975, pp. 318-320; B. Bollmann, *Römische Vereinshäuser. Untersuchungen zu den Scholae der römischen Berufs-, Kult- und Augustalen-Kollegien in Italien*, 1998, pp. 441-443.

[22] Dans ce sens aussi Stern, *art. cit.*, pp. 286-287; R. Warland, «Das Brustbild Christi. Studien zur spätantiken und frühbyzantinischen Bildgeschichte», *RQS* Suppl. 41, 1986, pp. 195-196 fig. 26.

[23] P. Zanker, *Die Maske des Sokrates. Das Bild des Intellektuellen in der antiken Kunst*, 1995, pp. 297-298 fig.172.

[24] *Ostia*, p. 401.

[25] I 183-184 Duchesne.

[26] Voir D. D. Bundy, «The Acts of Saint Gallicanus: A Study of Structural Relations», *Byzantion* 57, 1987, pp. 12-31.

[27] Voir ci-dessous, p. 278.

[28] A. Morandi, «Scavi nella tenuta di Pianabella di Ostia antica, 1976/77: Gli edifici sepolcrali», *MemPontAcc* 14, 1982, pp. 57-74; R. Giordani, «La basilica cristiana», *ibid.*, pp. 77-87; St. Coccia–L. Paroli, «La basilica di Pianabella di Ostia antica nelle sue relazioni con il passaggio tra tardo antico ed alto medioevale», *Archeologia Laziale* 10/2, 1990, pp. 177-181; Paroli, *art. cit.* (n. 13), pp. 154-161.

[29] Voir ci-dessous, catalogue n° XV. 6.

[30] S. Episcopo, «Saggi di scavo presso S. Aurea ad Ostia», *Archeologia Laziale* 3, 1980, pp. 228-232.

[31] *Liber Pontificalis* I 376 Duchesne; Février, *art. cit.* (n. 2), pp. 298-299; Meiggs, *Ostia*, pp. 90-391, 518-520.

[32] *Ostia*, pp. 390-391 fig. 17.

[33] Voir ci-dessous, catalogue n° XV. 3.

[34] P. Testini, *La basilica di S. Ippolito. Ricerche archeologiche nell'Isola Sacra*, 1975, pp. 43-132; *id.*, «Indagini nell'area di S. Ippolito all'isola sacra (1975-1977). L'iscrizione del vescovo Heraclida», *RendPontAcc* 51-52, 1978-1980 (1982), pp. 23-46; *id.*, «Damaso e il santuario di S.Ippolito a Porto», dans: *Saecularia Damasiana. Studi di antichità cristiana* 39, 1986, pp. 291-303; V. Saxer, «Note di agiografia critica: Porto, l'Isola Sacra e Ippolito a proposito di studi recenti», dans: *Miscellanea A. P. Frutaz*, 1978, pp. 97-122.

La synagogue d'Ostie[*]

Maria Floriani Squarciapino

La découverte, il y a environ quarante ans, de la synagogue de l'Ostie antique a représenté un événement exceptionnel, car il s'agissait de la plus ancienne synagogue connue par des ruines monumentales et en tout cas de l'une des mieux conservées. De plus, la synagogue donnait la preuve définitive de l'existence à Ostie d'une florissante communauté hébraïque, dont on soupçonnait l'existence sans en avoir la preuve (**fig. 1**). Dès le pre-

mier moment, la datation des vestiges monumentaux était sûre, au moins pour ce qui concerne la dernière phase de l'édifice. Des sondages, effectués par la suite, mirent en lumière les différentes époques de l'édification et spécialement la forme et les dimensions de la construction originale.

Avant de décrire l'édifice dans sa dernière phase, il est bon de mettre en évidence quelques points fondamentaux : la synagogue,

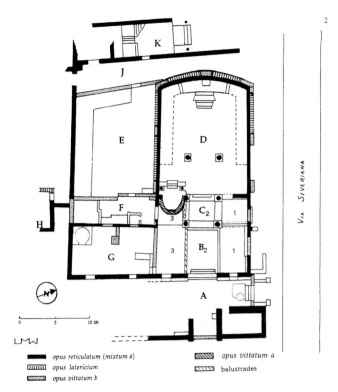

▬▬	*opus reticulatum (mixtum a)*
▥	*opus latericium*
▦	*opus vittatum b*
▨	*opus vittatum a*
▧	balustrades

1   Synagogue, vue générale.

2   Synagogue d'Ostie, plan (d'après *HarvTheolRev* 1997).

3   Détail du pavement en *opus sectile* de la salle D.

édifiée sur un terrain vierge près de la mer[1], s'oriente vers l'est-sud-est, c'est-à-dire vers Jérusalem. Il est aussi bon de souligner qu'elle ne résulte pas d'une transformation d'édifices antérieurs, comme c'est parfois le cas, mais obéit à un plan spécifique adapté à la fonction qu'elle devait remplir.

L'édifice s'élevait entre l'ancien littoral et une route parallèle (la Via Severiana), sur laquelle donnait l'entrée flanquée de petits pilastres (**fig. 2**). De cette entrée, on descendait par deux marches dans un vestibule rectangulaire (A), allongé (23,60 x 3,80 m), sur un côté duquel s'alignaient de petites pièces, aujourd'hui presque totalement détruites. Sur l'autre côté, s'ouvraient les trois portes de la synagogue elle-même et les deux portes d'une pièce (G) dans laquelle on conservait un four à pain (peut-être pour cuire le pain azyme), une table avec un plateau de marbre et une série d'amphores en partie enfoncées dans le sol et en partie couchées, qui servaient à contenir le vin, l'huile ou d'autres denrées. Près de l'entrée, dans le vestibule, se trouvait un puits en marbre strigilé, dans une zone au sol pavé de plaques de marbre de récupération. Appuyés contre la façade de la synagogue et contre les parois du vestibule se trouvaient des bancs de faible hauteur en maçonnerie revêtue d'un enduit grossier peint en rouge.

La salle de prière (B-D) était une pièce rectangulaire (24,90 × 12,50 m), divisée dans le sens de la longueur. La division est mise en évidence par la différence de niveau et le type de pavement : mosaïques dans la section antérieure plus basse (B), *opus sectile*, dans la section intérieure surélevée (D).

Au point de division, quatre colonnes de marbre à chapiteaux corinthiens formaient une sorte de propylée (C) donnant accès à la zone la plus cachée. Les trous retrouvés dans le fût des colonnes démontrent qu'il existait entre elles des clôtures de bois ou de bronze ou en tous cas des délimitations[2].

Tout de suite après les trois entrées qui s'ouvraient sur le vestibule, la salle était divisée par de petits murets (qui conservent des traces de peinture avec plantes) en trois sections que l'on peut appeler «nefs» (B 1-3) : dans la «nef» centrale, on descendait de la porte principale par deux marches ; c'était l'unique entrée dans la salle, puisqu'en effet la porte de droite donnait sur un bassin pour ablutions, peu profond (à peine 0,15 m) revêtu de ciment alors que celle de gauche ouvrait sur une espèce de couloir surélevé, pavé de mosaïques blanches et bloqué au fond par l'édicule de la Torah.

De la partie antérieure centrale, passant entre quatre colonnes, on entrait dans la partie la plus cachée de la salle, pavée de dalles de marbre polychromes disposées suivant un simple motif géométrique (**fig. 3**), aujourd'hui bouleversé par d'anciennes restaurations maladroites.

A gauche, lorsque l'on entre, encastrée entre le mur et les deux colonnes situées de ce même côté, se trouve la structure la plus surprenante de la synagogue ostienne : l'édicule en

4. Edicule de la Torah.

5. Reconstitution graphique de l'édicule de la Torah (dessin de l'auteur).

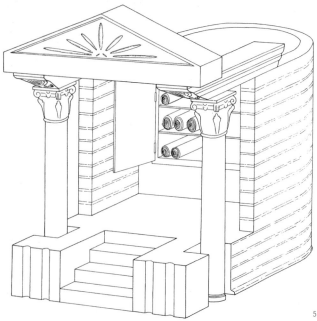

5

maçonnerie dans lequel étaient conservés les rouleaux de la Loi ou l'arche qui les contenait (**figs 4-5**).

L'édicule comporte un podium à quatre marches et deux colonnes à chapiteaux composites. Sur les faces des deux architraves, qui prennent la forme de consoles soutenant le fronton, sont sculptés la *menorah* (candélabre à sept branches) sertie de pierres précieuses, entre le *lubab* (rameau de palme), l'*etrogh* (cèdre) et le *shofar* (corne de bélier)[3], symboles hébraïques bien connus que l'on retrouve dans la décoration des synagogues de la Palestine et de la Diaspora. Les reliefs étaient dorés.

Une telle structure n'est pas reconnaissable dans les restes monumentaux, même s'il est probable qu'un édicule de cette forme fût le *simma*, auquel faisait allusion Isakis, «curateur de la très sainte synagogue», dans la mosaïque du pavement qui rappelle les ornements qu'il fit réaliser à ses frais dans la synagogue de Sidé[4]. Je rappelle que le *sigma* grec à l'époque romaine avait une forme similaire au C latin. Ceci expliquerait le nom donné à une construction du type de celle d'Ostie.

Des édicules à plan rectangulaire, que l'on suppose être destinés à contenir l'arche de la Loi, ont été retrouvés dans la synagogue de Sardes: il est plutôt étonnant qu'ils soient tous deux adossés à la paroi de l'entrée dans la salle de prière[5]. Un édicule très semblable à ceux de Sardes fut découvert dans la synagogue de Horvat Shema[6]. A Ostie, l'édicule et le plan semi-circulaire bloquaient une des issues de la partie la plus interne de la synagogue, la véritable salle de réunion: le long de la paroi du fond, en arc de cercle, s'adosse un podium bas, accessible par des marches, sur lequel on a reconnu un pupitre (le *bimah*) qui servait à lire la Loi. Il n'existe aucune trace de sièges, qui devaient donc être amovibles.

Il ne semble pas qu'il y eut une subdivision en nefs, même si l'on a trouvé deux autres colonnes de marbre blanc de forme et de hauteur inférieures à celles du propylée; peut-être étaient-elles situées de part et d'autre du *bimah*. Je ne pense donc pas qu'il ait existé une tribune, ou peut-être était-elle située dans la section surélevée de la partie antérieure de la salle.

La salle était éclairée par de hautes fenêtres, dont l'une, obstruée par de massifs contreforts construits au IVe siècle, est encore visible dans la paroi[7].

De la partie antérieure gauche de cette salle, on passe dans la chambre contenant le four, alors qu'un petit couloir donne accès à une grande salle contiguë à la salle principale, qui a presque les mêmes dimensions que la partie la plus intérieure (E). Orné au sol d'une mosaïque blanche et noire, elle conserve, au moins le long de deux des parois, des traces de longs bancs en maçonnerie (largeur 2,05 m), ce qui fait penser qu'elle a pu servir à l'enseignement de la Loi, ou bien comme logement pour les pèlerins de passage. L'existence de ces salles est documentée par les restes de diverses synagogues et on y fait également allusion dans l'inscription de Théodotus à propos de la synagogue de Jérusalem, au Ier siècle ap. J.-C[8].

Ainsi se présentait la synagogue agrandie et restaurée au début du IVe siècle, comme le démontre par ailleurs une monnaie de Maxence, découverte dans le conglomérat du mur qui sépare la pièce G de la salle B. A cette époque, les murs périmétraux furent probablement doublés par une paroi de briques et renforcés par de hauts pylônes, et le vestibule A ainsi que la salle E furent ajoutés. Quant à l'édicule de la Torah, il fut, sinon introduit après coup, certainement agrandi et embelli.

L'étude des maçonneries ainsi que les fouilles exécutées en profondeur ont démontré que l'édifice original fut construit en réticulé de moellons de tuf interrompu à intervalles réguliers de 1,70 m par trois rangées de briques. Ce premier édifice comprenait toute la salle de réunion (B-D), la pièce G et probablement le couloir F, alors qu'à la place de la grande salle E, il y avait des bassins et autres aménagements adossés au mur de la salle D.

La synagogue primitive avait un sol en terre battue que l'on a retrouvé dans toutes les pièces dans lesquelles des sondages en profondeur ont été effectués. Notons aussi que sous le puits du vestibule tardif, on a trouvé un autre puits en réticulé, revêtu extérieurement d'enduit rouge, auquel s'adosse une vasque quadrangulaire, elle aussi revêtue d'enduit rouge à l'extérieur et blanc à l'intérieur. Cette vasque devait remplir la même fonction que celle assumée, dans la synagogue tardive, par le bassin encore en place dans la partie antérieure de la synagogue. Ce bassin fut éliminé lorsque fut construit le vestibule, posé le dallage en marbre et que le puits en marbre strigilé fut réalisé au-dessus du puits en réticulé.

La pièce G occupait toute la «nef gauche» de la partie intérieure de la salle de réunion et l'on a pu observer, grâce aux traces conservées le long des parois et sur le sol de terre battue, que celle-ci était bordée sur trois côtés par de grands bancs pareils à ceux de la pièce E ajoutée plus tard[9].

L'édicule de la Torah était entièrement construit en *opus vittatum*, c'est-à-dire en rangées de briques alternant avec des assises de moellons de tuf. Il s'adossait à l'une des colonnes de gauche, englobant une partie du fût et de la base (**fig. 4**). Comme nous l'avons déjà mentionné, deux colonnes en marbre, à base et à chapiteau composites aussi en marbre, se dressent devant les piles de l'édicule[10]. Quatre marches conduisaient au podium pavé en *opus sectile*. Sa face était ornée de petites niches trapézoïdales revêtues de marbre.

Il semble certain que l'estrade de l'édicule a été agrandie dans un second temps, car les deux petites colonnes sont partiellement englobées dans le podium. Le type de maçonnerie (*opus vittatum*) et le style des deux reliefs sur les consoles du fronton suggèrent une datation aux alentours de 300. Toutefois, une inscription sur une dalle réutilisée dans le pavement du vestibule nous oblige à reconsidérer la question. L'inscription[11], dont la première ligne est en latin, est en grands caractères. On peut y lire PRO SALUTE AUG(USTI), ce qui signifie «à la santé d'Auguste», alors que la suite en grec dit: «Mindis Faustos fonda et fit édifier de ses propres deniers et déposa l'arche de la sainte Loi». J'ai pensé, vu les dimensions plutôt réduites de la plaque, que l'inscription ne se référait pas à la construction de la synagogue (qui, par ailleurs, n'est pas citée), mais plutôt à l'édification de l'édicule de la Torah. Si l'inscription était fixée sur l'estrade de l'édicule, il était inutile de mentionner l'ouvrage bien visible, alors qu'il est spécifié que le donateur avait également offert (ou donné ou placé) l'arche de la sainte Loi, laquelle sans aucun doute n'était pas exposée à la vue, mais cachée par les rideaux qui fermaient l'édicule lui-même (comme on peut l'observer dans les représentations d'édicules sur les mosaïques, dans la peinture ou sur des verres dorés).

La disparition presque totale de la dernière ligne ne permet pas de savoir si Mindis Faustos assumait une charge particulière au sein de la communauté hébraïque d'Ostie. Signalons cependant que le nom du donateur, comme par ailleurs la dernière ligne, sont gravés sur un arasement et en caractères légèrement différents, ce qui prouve clairement que le nom qui nous est parvenu a été substitué à celui du donateur original. Peut-être peut-on attribuer à Mindis Faustos l'agrandissement de l'estrade

6   Détail de la mosaïque de l'époque de Trajan, avec rosette au centre.

de l'édicule et sa décoration en marbres polychromes, alors que la construction primitive serait le don d'un autre bienfaiteur, peut-être de la même famille. Pour l'heure, nous n'avons pas assez de données pour le savoir, mais il est sûr que l'inscription revêt une énorme importance, car non seulement elle fait précisément référence à la synagogue, ou plutôt à une partie essentielle de celle-ci, mais témoigne, pour la communauté d'Ostie, de l'usage de dédier la synagogue ou d'y faire des vœux, pour la santé de l'empereur[12]. L'inscription, de par la paléographie des caractères, date de l'époque de Marc Aurèle et de Commode. Par ailleurs, il existe à Ostie des pilastres en *opus vittatum* dans des édifices d'époque antonine, ce qui conduit à situer à cette période la construction de l'édicule. En revanche, la maçonnerie réticulée avec moellons de tuf et rangées de briques très espacées peut correspondre à la fin du Iᵉʳ siècle ap. J.-C., soit à l'époque de Trajan. Les quatre colonnes que l'on situe à cette époque par le style des chapiteaux, sont contemporaines de la première construction.

Comme le prouvent les mosaïques, la réutilisation de certains murs ainsi que la diversité des sols superposés en plusieurs endroits, la synagogue vécut, pendant sa longue histoire, des phases intermédiaires qui ne concernent que certaines parties. Par exemple, la mosaïque quadrangulaire, qui comporte en son centre une rosette, et qui est située devant une porte latérale, sur le côté droit de la salle, est de l'époque de Trajan, puisque dans son soubassement on a découvert une monnaie de cet empereur (**fig. 6**). Au contraire, la mosaïque qui entoure le bas-

sin à ablutions, dans la partie antérieure de la salle, doit être du IVᵉ siècle, comme le montre, entre autres, la représentation de deux symboles : un calice et un objet rond qui pourrait être un pain ou encore une couronne.

Nous pouvons donc affirmer que la décoration de la synagogue, telle qu'elle est conservée, outre sa simplicité, est très orthodoxe en ce sens qu'elle contenait seulement des symboles religieux excluant complètement la figure humaine. Je rappellerai, pour ce qui concerne la décoration, que l'on a découvert de pauvres fragments en stuc blanc appartenant à un lion en très fort relief ou en ronde-bosse, ce qui rappelle non seulement les lions qui presque toujours flanquaient les représentations de l'arche de la Loi, mais aussi les sculptures découvertes dans certaines synagogues de Galilée[13].

Avant d'exposer les ultimes conclusions sur la synagogue d'Ostie, je dois signaler une construction tournant le dos à l'édifice (séparée de celui-ci par une espèce de couloir : J), mais qui, à une certaine époque, lui fut rattachée par un mur sur lequel s'ouvrait l'entrée de ce couloir. L'édifice (K) en forme de rectangle allongé était constitué par une série de pièces ne communiquant pas entre elles. Un vestibule pavé de mosaïques, comprenant deux petites colonnes dont une seule est conservée, précédait une salle d'entrée dont le fond comportait une niche semi-circulaire. Ses parois latérales, à niches rectangulaires, comportaient deux entrées.

De la paroi du fond partait un escalier dont il reste encore deux paliers : l'un de trois et l'autre de quatre marches. Suivait une autre salle divisée par un mur, qui en faisait deux pièces, communicant par des portes ouvertes sur les parois latérales. Celles-ci furent ensuite murées, peut-être quand la salle fut transformée en citerne. Une autre citerne était installée dans l'ultime pièce, qui comportait un nymphée recouvert d'un enduit blanc, avec niche centrale flanquée de deux petits escaliers sur lesquels devait ruisseler l'eau. La présence des escaliers démontre l'existence d'un étage supérieur. Cependant, il me semble que cet édifice, plutôt que de servir comme habitation, était un réservoir d'eau qui devait suppléer au puits du vestibule, pour les exigences du lieu.

Ayant rapidement décrit ses vestiges architecturaux, examinons maintenant comment la synagogue d'Ostie peut s'intégrer dans le développement des synagogues de Palestine et de la Diaspora. Des trois types de synagogues connus : le type Galilée, le type «broadhouse» et le type basilique chrétienne[14], l'édifice d'Ostie a quelque chose en commun avec tous les trois, sans correspondre exactement à l'un de ces types. L'orientation vers Jérusalem du frontispice à trois portes correspond au type Galilée, mais il n'existe pas de division de l'espace en «nefs».

L'édicule de la Torah, placé de manière à bloquer l'une des issues dans la partie la plus interne de la salle, peut faire penser à une position similaire de l'arche, toujours dans le type Galilée, mais ne permet aucune comparaison précise avec un édifice connu.

Ainsi, la tribune, présente dans tous les types de synagogues, est placée (si mon hypothèse est exacte) dans la partie gauche surélevée, à l'extérieur de la salle. Il manque les grands bancs le long des parois. On trouve le local destiné à l'enseignement de la Loi (et peut-être l'autel) dans la synagogue la plus ancienne, mais il n'est identique à aucun autre trouvé ailleurs.

Je pourrais suggérer que par son implantation générale la synagogue rappelle certains édifices d'Ostie, sièges de collèges : évidemment, l'architecte s'est inspiré de la forme la plus usuelle de ces édifices, où se réunissait des groupes unis par des intérêts communs, pour débattre d'affaires sous la protection de la divinité tutélaire ou encore pour des réunions conviviales.

Je souligne un dernier point : la synagogue prouve sans aucun doute l'existence d'une communauté hébraïque nombreuse et florissante qui, à la fin du Ier siècle ap. J.-C., a pu édifier un monument comme celui découvert et continuer à l'agrandir et à l'embellir, jusqu'à sa reconstruction partielle au début du IVe siècle.

Nous avons des indications sur cette communauté par trois inscriptions : celle de Caius Iulius Iustus, découverte en 1906[15] à Castelporziano, celle dont nous avons déjà parlé, située dans la synagogue même, et la troisième, de Plotius Fortunatus, provenant des alentours de Pianabella ou de Procoio, qui s'étend au sud de l'antique cité d'Ostie où se trouvent ses nécropoles[16].

Il n'est sans doute pas nécessaire de s'étendre davantage. Redisons simplement que la synagogue d'Ostie, originale par son plan et sa longue existence (plus de trois siècles) a bien le droit d'être considérée comme l'un des vestiges les plus intéressants des communautés hébraïques en Italie et peut-être même de la Diaspora.

trad. Lola Sasson et Manuela Wullschleger

Notes

* La bibliographie sur la synagogue d'Ostie est très riche. Comme il serait trop long de la reporter ici, je cite seulement deux articles récents dans lesquels, outre une intéressante discussion sur les divers problèmes concernant l'édifice, on trouve toute la bibliographie antérieure : L. M. White, « Synagogue and Society in Imperial Ostia : Archaeological and Epigraphic Evidence », *HarvTheolRev* 90, 1997, pp. 23-58, n. 16 ; A. Runesson, « The Oldest Original Synagogue Building in the Diaspora : A Response to L. M. White », *HarvTheolRev* 92, 1999, pp. 409-433 (avec lequel je suis d'accord, à peu de points près).

1 L'unique note dans le Talmud concernant l'emplacement des synagogues spécifie qu'elles devraient être construites sur la partie la plus haute de la ville. Evidemment, une telle situation n'était ni conciliable ni possible en dehors de la Palestine et nous constatons que dans la Diaspora la plupart des synagogues étaient situées près de la mer ou à proximité d'un cours d'eau (tel est le cas des synagogues de Délos, d'Egine et de Milet).
   La coutume devait presque être devenue une règle, si, comme le rappelle Flavius Josèphe (*Ant.* XIV 10 : 23, par. 258), le peuple d'Halicarnasse décida de permettre aux Juifs habitant dans la cité d'observer leurs lois et de construire la synagogue près de la mer « comme était leur coutume ». Et saint Paul, se trouvant à Philippe et voulant se rendre à la synagogue, la chercha hors des portes de la ville, près du fleuve (*Actes*, XIV : 13).

2 L'existence de barrières dans les synagogues est confirmée par l'inscription de la synagogue de Smyrne dans laquelle sont justement évoquées les balustrades qui séparaient les sièges des anciens de ceux destinés à la communauté : J.-B. Frey, *Corpus Inscriptionum Iudaicarum*, 1952, 739 (cité ensuite comme Frey, *C.I.I.*).

3 Voir ci-dessous, catalogue n° XV. 1.

4 E. R. Goodenough, *Jewish Symbols in the Greco-Roman Period*, II : *The Archaeological Evidence from the Diaspora*, 1953, pp. 81-82 ; Frey, *C.I.I.* II, 781.

5 A. Seager, « The Synagogue at Sardis », dans : L. I. Lévine (dir.), *Ancient Synagogues revealed*, 1981, pp. 178-184, avec fig. à la p. 181.

6 H. Shanks, *Judaism in Stone*, 1979, pp. 99-102.

7 Je rappelle que tant les colonnes que certaines parties latérales des murs furent découvertes abattues. Les attaches de sécurité rencontrées sur les bases des colonnes et sur la maçonnerie ont permis de les relever dans l'exacte position d'origine. Ceci a permis de confirmer que les parois d'origine étaient réticulées, avec une maçonnerie en tuf et trois rangées de briques distantes de 1,70 m l'une de l'autre.

8 Frey, *C.I.I.* II, 1404.

9 Le fait que cette pièce eut initialement des proportions différentes est démontré par le mur de séparation sur lequel s'ouvre l'entrée de la synagogue : il est construit en *opus vittatum* alors que les murs d'origine étaient en réticulé, même s'ils furent rebâtis en briques.

10 Le podium devant l'abside englobait les deux petites colonnes, puisque celle de droite restait partiellement cachée dans une espèce de petit puits alors que celle de gauche était visible par toute l'assistance, du moins latéralement, car enrobée dans la maçonnerie de l'estrade.

11 M. Floriani Squarciapino, « La sinagoga di Ostia : Seconda campagna di scavo », dans : *Actes du IVe Congrès International d'Archéologie Chrétienne, Ravenne, 1962*, 1965, pp. 314-315 ; *ead.*, « Plotius Fortunatus archisynagogus », dans : *Rassegna mensile di Israel*, XXXVI, n°s 7-8-9, 1970 (*Scritti in onore di Attilio Milano*), pp. 184-185.

12 Les dédicaces pour la santé du souverain sont connues depuis le temps des Ptolémées en Egypte (Frey, *C.I.I.* II, 1432-1434, 1440-1441-1442-1443-1444) et se poursuivirent même à l'époque romaine comme le démontre la notice de Philon selon laquelle des boucliers, des colonnes et des couronnes dorées étaient dédiés aux empereurs dans les synagogues. Voir encore l'inscription de Kasyoun avec une dédicace des Juifs à Septime Sévère et à sa famille (Frey, *C.I.I.* II, 972) ou celle de Intercisa avec la dédicace *Deo Aeterno pro salute* d'Alexandre Sévère et de Julia Mamea de la part de Cosmius de la *Sinagoga Iudaeorum*. F. Fülep, « New Remarks on the Question of the Jewish Synagogue at Intercisa », *Acta archaeologica Academiae Scientiarum Hungaricae*, 18, 1966, pp. 93-98.

13 Par exemple à Chorazim et à Capharnaüm.

14 Les synagoges de type Galilée ont une salle rectangulaire avec des colonnes sur les côtés latéraux et sur celui du fond. En face, le côté orienté vers Jérusalem a trois portes ; on trouve des bancs le long des parois, une galerie réservée aux femmes au-dessus des colonnes et une enceinte pour l'arche de la Loi adossée à la paroi frontale. Ce type est une dérivation directe de la basilique romaine. Le type *broadhouse*, orienté suivant l'axe mineur de l'aula rectangulaire, tourne vers Jérusalem une des parois longues dans laquelle se trouve la niche pour l'arche de la Loi. L'entrée peut se trouver sur l'une des parois les plus courtes ou sur la paroi longue opposée à celle de la Loi. L'entrée est sur l'une des parois courtes ou sur la paroi longue opposée à celle orientée. Dans le type basilique chrétienne l'axe de la construction est à nouveau l'axe majeur, orienté vers Jérusalem ; il ne fait cependant pas face aux entrées, mais au côté du fond avec l'abside. Généralement la synagogue, divisée en trois nefs, est précédée par un narthex et souvent même par un atrium. On trouve des tribunes et de longs bancs le long des parois.

15 E. Ghislanzoni, *NSc* 1906, p. 407 ; Frey, *C.I.I.* II, 533.

16 Voir mon article cité à la n. 11, pp. 183-191.

L'église épiscopale d'Ostie[*]

Franz Alto Bauer et Michael Heinzelmann

La campagne de prospection géophysique menée en 1996 par l'Institut archéologique allemand de Rome dans le cadre d'un projet de recherche urbanistique a révélé un surprenant complexe religieux, du début de l'ère chrétienne. Situé au sud de la région 5, près de l'enceinte, il fut mis au jour dans une partie du territoire d'Ostie qui n'a pas encore été fouillée [voir le plan général en fin de volume][1]. Son emplacement a immédiatement fait supposer qu'il s'agit de l'église épiscopale de l'époque constantinienne, relatée par les sources littéraires. Plusieurs sondages stratigraphiques effectués en 1998 et en 1999 ont confirmé la datation ainsi que l'identification du complexe. Des découvertes importantes faites au cours de ces sondages, nous renseignent sur la situation du lieu avant l'établissement de l'église, sur son développement au cours des siècles, jusqu'à sa destruction finale au début du Moyen Age.

Sources littéraires

Dans la biographie du pape Sylvestre dans le *Liber Pontificalis* on peut lire la mention suivante[2]: «En ce temps, l'empereur Constantin fit construire près de la ville d'Ostie, le port de Rome, une basilique aux saints apôtres Pierre et Paul et à saint Jean-Baptiste, à laquelle il fit les dons suivants.»

Puis, suit une liste de dons, d'instruments liturgiques, mais aussi de divers biens, maisons comme domaines agricoles, la plupart dans la région d'Ostie et de Portus. Leurs bénéfices devaient servir à l'entretien de la basilique. De plus, un certain Gallicanus, selon le *Liber Pontificalis*, finança diverses installations et propriétés rurales, complétant ainsi les dons impériaux. Il s'agit très probablement de l'église destinée à l'évêque d'Ostie. Le *Liber Pontificalis* mentionne aussi parmi les objets liturgiques

une *pelvis ex argento ad baptismum* pesant 10 livres, c'est-à-dire un bassin en argent servant au baptême. En outre, l'église était dédiée non seulement aux princes des apôtres, mais aussi à saint Jean-Baptiste – indice évident que l'évêque accomplissait ici le baptême.

La cathédrale constantinienne d'Ostie est encore connue par une autre source. Elle est mentionnée dans les *Actes* de saint Gallicanus, le Gallicanus nommé comme co-donateur dans la *Vita Silvestris*[3]. Flavius Gallicanus endossa en 330 le consulat et devait, d'après la légende, s'être établi à Ostie avant de se retirer chez Julien l'Apostat en Egypte. Là, il subit le martyre en tant qu'ermite sous le même empereur. Lorsqu'il était à Ostie, il fonda une église, reportée dans les *Acta S. Gallicani* et décrite ainsi[4]: «Il fit en tant que premier dans la ville d'Ostie ériger une église et la dédia au service des clercs. Saint Levit Laurentius lui apparut, ordonnant d'élever à son nom une église près de la porte appelée jusqu'à ce jour Laurentia». Ce passage est révélateur à plusieurs points de vue. D'une part, et à l'inverse du *Liber Pontificalis*, l'accent est reporté sur la personne de Gallicanus. Dans la *Vita Silvestri*, il n'est mentionné qu'en qualité de donateur secondaire de biens immobiliers, tandis que, dans sa propre légende, il apparaît comme seul fondateur de l'église. D'autre part, cette partie du texte est importante, car elle fournit une donnée topographique: l'édifice se trouvait près de la porte nommée Laurentia, c'est-à-dire à proximité d'une porte de la ville donnant sur la route de Laurentum.

Localisation et identification

Jusqu'à ce jour, toutes les recherches ont échoué quant à la localisation et l'identification de l'église parmi les monuments

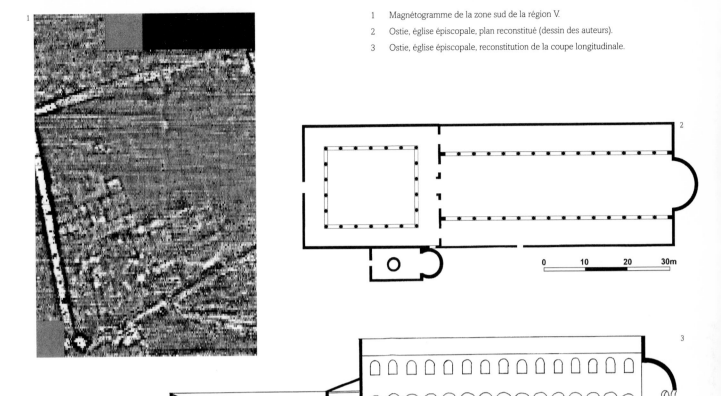

connus. Seuls les résultats de la prospection géophysique de 1996 en fournirent l'évidence[5]. Le magnétogramme montre visiblement, au sud-est de la ville, une basilique à trois nefs avec atrium à l'avant, ainsi que les fondations d'une ancienne *insula* sous l'église (**fig. 1**). Cette église, bien plus grande que toutes celles connues à Ostie, ne peut être identifiée qu'avec celle fondée par l'empereur Constantin et par Gallicanus. De même, les données topographiques des *Actes* de saint Gallicanus confirment la position de la basilique à proximité d'une des portes méridionales de la ville, par laquelle on pouvait quitter Ostie en direction de Laurentum.

Le but des fouilles effectuées en 1998 et 1999 consistait à définir le plan de l'église, ainsi qu'à comprendre son rapport avec l'édifice précédent. Tenant compte de l'affaissement du terrain que l'on note clairement entre la Via del Sabazeo et l'enceinte de la ville, ce n'est que sur le côté sud et dans le secteur de l'atrium que l'on pouvait s'attendre à trouver des restes du bâtiment encore relativement bien conservés. Le soupçon que l'élévation des murs de l'église avait survécu à peu d'endroits se

vérifia dès le début des fouilles. En effet, c'est uniquement dans les sondages au sud du mur extérieur et du mur de soutènement que le sol originel et quelques assises de l'élévation des murs ont été repérés. Le niveau auquel se situaient tous les autres sondages correspond à celui des fondations du bâtiment.

Plan et structure

Le plan et les dimensions de l'édifice à trois nefs peuvent être reconstitués comme suit (**figs 2** et **3**). Les dimensions externes du *naos* de l'église, incluant l'abside, sont de 51,45 m de long pour 23,30 m de large. L'extension nord-sud de l'atrium correspond à celle de l'église. En examinant de près les vues aériennes, on constate que l'atrium était légèrement oblong. La largeur de

4   Sondage 4, vue générale: base de colonne et restes du pavement de la mosaïque post-constantinienne.

la nef centrale mesure 11,40 m (à l'intérieur), celle des nefs latérales 4,80 m; leur longueur est de 45,35 m. L'abside est légèrement resserrée, son diamètre atteint 8,80 m. Le mur frontal de l'abside devait donc mesurer de chaque côté 1,30 m.

Les informations les plus importantes sur la structure de l'église proviennent du sondage 4 et concernent la hauteur du mur de soutènement sud (**fig. 4**). Comme attendu, on trouve en ce point le mur de fond ouest du *naos* et la naissance du mur de soutènement sud. En outre, une base de colonne est conservée *in situ* dans l'alignement d'un des murs de refend (long de 0,85 m). Il est donc possible de déterminer le type de soutien, l'espace entre les colonnes et le nombre de celles-ci, 14 de chaque côté. Les quelques points de repère ne permettent pas une reconstitution de l'église plus précise. On peut cependant définir son plan comme appartenant au schéma basilical courant. Elle était érigée sur deux niveaux, puisque les fondations du mur de soutien sont nettement plus fortes que celles des murs externes (0,70 m contre 0,45 m). Cette différence est due au poids supplémentaire de la tribune munie de hautes fenêtres et de la charpente principale. L'édifice devait, selon toute vraisemblance, atteindre en sa nef centrale au moins 14 m de haut.

Dans le sondage 8, l'emplacement en mortier du seuil de la porte principale a été retrouvé, mesurant 3 m de long. Deux colonnes ou pilastres devaient encadrer l'entrée, flanquée de deux estrades en briques, longues de 50 cm.

Edifice précédent et construction de l'église

En considérant le magnétogramme et les vues aériennes à disposition, l'édifice précédent donne l'impression de s'emboîter dans la partie ouest de l'église. Celle-ci a la même orientation que l'*insula* sous-jacente, et son atrium semble se confondre avec la cour intérieure de celle-ci. Les sondages de la Via del Sabazeo, du mur ouest du *naos* et du mur externe sud de l'église ont révélé chacun des murs de l'édifice précédent et démontrent que l'*insula* du IIe siècle fut détruite avant la fondation de l'église. Le terrain fut aplani sur une grande surface et l'on construisit par-dessus les fondations de cette dernière. Le mur ouest de l'église se trouve simplement sur une partie de la cour est de l'*insula*, où quelques piliers de briques furent laissés au niveau du sol de l'église, c'est-à-dire 1,20 m plus haut, et inclus dans les nouvelles fondations.

Même l'aile ouest de l'ancienne *insula*, entre la cour de l'atrium et la Via del Sabazeo, était déjà détruite lors de la construction de l'église, comme le démontre le magnétogramme. Les murs de fondation sont encore conservés. On les a aplanis au niveau de la rue et recouverts d'un revêtement de dalles. Sur le sommet du mur arasé se trouve aujourd'hui une fine couche de mortier, qui a gardé les traces des dalles. On avait prévu, semble-t-il, une petite place, faisant suite à la rue et donnant sur l'atrium de l'église.

Datation

Un matériel céramique suffisant provient des fondations et des couches d'aplanissement de l'église. Il fut mis au jour dans plusieurs sondages et permet de dater le bâtiment. Après étude de la céramique, A. Martin la date en majeure partie du IIIe siècle. Seules quelques pièces datent du IVe au VIe siècle. Il s'agit de récipients dont la production commence déjà au début du IVe siècle. La céramique confirme donc la datation de l'église à l'époque de Constantin. Quelques pièces de monnaie donnent une datation du sol plus tardive, témoignant d'une deuxième phase d'utilisation à la fin du IVe siècle. A cette époque, l'intérieur de l'église subit déjà de grandes rénovations.

5   Sondage 7, abside du baptistère.

Baptistère

On reconnaît sur le magnétogramme (**fig. 1**), malgré le manque de netteté, un petit édifice annexe sur le côté sud de l'atrium. Comme le sondage 7 le démontre, il s'agit bien d'un baptistère composé d'une salle principale rectangulaire avec fonts baptismaux et abside à l'est (**fig. 5**). Cette dernière est couverte d'une fausse voûte massive, construite de couches horizontales de briques bipédales. Cette voûte de briques repose sur un mur en blocs de tuf un peu plus grand qu'un demi-cercle. Le mur de l'atrium forme la limite nord de l'église, tandis qu'un édifice plus ancien au sud en fixe la limite méridionale. La fonction de ce complexe est évidente. Dans l'axe de la pièce principale, large de 6,60 m, se trouvait une piscine ronde, recouverte de marbre à l'origine, dans laquelle gisait un fragment de calotte. Cette coupole devait correspondre à une partie du *ciborium* au-dessus du bassin. Non seulement le lieu de trouvaille indique que la voûte se trouvait immédiatement au-dessus de la piscine, mais le fragment même nous donne un diamètre correspondant à celui du bassin. Une colonne trouvée à côté de celui-ci ainsi que les fragments d'une base en marbre, laissent supposer que quatre colonnes au moins supportaient cette coupole autour du bassin[6].

Il s'avère néanmoins certain que le baptistère n'était pas compris dans le plan originel de l'église, car l'accès sud au narthex fut ajouté lors de la construction de l'abside. En outre, le baptistère fut érigé postérieurement dans un espace libre entre l'atrium de l'église et un autre édifice au sud de celle-ci. Sur la base de comparaisons typologiques, le baptistère d'Ostie peut être daté au Ve siècle[7].

Inhumations dans l'église et l'atrium

Dans l'angle formé par le mur de fond ouest et le mur de refend au sud de l'église, deux sarcophages ont été trouvés l'un à côté de l'autre. Déposés au Ve siècle, ils sont encastrés dans le sol de la deuxième phase d'utilisation. D'autres sarcophages, tous réutilisés, furent mis au jour dans l'atrium, immédiatement devant l'entrée principale de l'église. Les couvercles de sarcophages, détruits au cours des pillages successifs, semblent avoir servi de dalles pour le sol de l'atrium. Malheureusement, toutes les inhumations concernées furent victimes de pillages récents.

Phases de construction et d'occupation tardives, destruction de l'église

Les restes d'un pavement rénové furent trouvés dans le sondage 4 (**fig. 4**). Il s'agit d'une mosaïque noire et blanche, purement ornementale et constituée dans sa partie conservée d'une suite de motifs (cercles, écailles et losanges). Ce revêtement de sol se situe à environ 20 cm au-dessus du niveau original, comme dans le cas du seuil en travertin de l'entrée sud, conservé *in situ* (sondage 3). Il ne fut mis en place que dans la deuxième phase d'utilisation. Des pièces de monnaie datent le deuxième sol de l'église de la fin du IVe siècle. Quant au premier pavement constantinien, on ignore quelle était son apparence.

Les remaniements plus tardifs sont attestés dans la zone de l'abside. Une couche de remblai déposée ultérieurement près de celle-ci peut être datée grâce à la céramique au début du VIIe siècle et semble être en relation avec la complète rénovation de l'abside, qui réutilise les anciennes fondations constantiniennes.

A cette époque, les parties ouest de l'église étaient apparemment déjà abandonnées. A l'intérieur de l'atrium nord (sondage 6), des traces d'un habitat modeste avec des foyers du Ve et VIe siècle ont été repérées. En outre, on a pu dégager dans le sondage 3, des restes d'une maison à fosse adossée au mur extérieur de la nef latérale méridionale. Son toit, dont on a retrouvé les tuiles, s'appuyait contre le mur de l'église. Monnaies et poteries, récupérées parmi les tuiles du toit effondré, suggèrent une datation de la maison vers 600.

Les traces d'habitats de la fin du Ve au VIIe siècle permettent, malgré leur disparité, de saisir le développement d'Ostie dans sa phase de transition, de l'Antiquité tardive au début du Moyen Age. Jusqu'à présent, nos connaissances concernant cette période reposaient sur très peu de données[8]. Les renseignements supplémentaires qu'ont fourni nos travaux montrent que la ville ne fut pas complètement abandonnée après la crise radicale du Ve siècle, mais qu'elle resta habitée au moins jusqu'au VIIe siècle, même si l'occupation modeste ne concernait que des zones isolées. Il semblerait que l'ancienne structure de la ville aurait disparu pour faire place à une agglomération plus dispersée, comprenant de grands espaces libres.

Bien que l'église, comme nous l'avons vu, ait subi encore au début du Moyen Age d'importantes transformations, elle ne semble plus avoir été en fonction à la période carolingienne. Dans le sondage 4, on découvrit des parties substantielles du mur sud, effondrées à l'intérieur de l'église. Le pavement de mosaïque qui se trouvait en dessous, et qui avait déjà été réparé auparavant, semble avoir été arraché dans sa plus grande partie. Même les restes du revêtement du mur original sous les murs effondrés encore *in situ* n'étaient plus conservés, qu'il s'agisse d'un simple enduit mural ou d'incrustations de marbre. Le bâtiment semble avoir été abandonné et systématiquement pillé avant que les derniers murs s'effondrent. La céramique trouvée sur place fixe l'horizon de destruction de l'église vers la fin du VIIIe ou au début du IXe siècle.

Cette date correspond à la tradition historique. Dans les années 827-844 le pape Grégoire IV fit ériger, après la destruction de l'agglomération par les Sarrasins, le bourg nommé d'après son nom Grégoriopolis, un peu plus à l'est. Celui-ci devait servir de bastion contre diverses attaques par mer[9]. La construction du nouveau bourg donne une explication possible au pillage systématique et à la récupération de matériaux dans les ruines voisines de l'ancienne église épiscopale d'Ostie.

trad. Laetitia Phialon

Notes

*   La réalisation de ce projet de fouilles fut rendue possible par le soutien amical de la Soprintendenza Archeologica d'Ostie. Nous tenons à remercier spécialement Mme Anna Gallina Zevi. Le projet est financé par la fondation Fritz Thyssen.
Toutes les illustrations sont des auteurs.

1   Voir jusqu'à présent: M. Heinzelmann *et al.*, *RM* 104, 1997, pp. 537 *sqq.*; *id.*, *RM* 105, 1998, p. 425; F. A. Bauer – M. Heinzelmann, *RM* 106, 1999, p. 289; *id.*, *JRA* 12, 1999, pp. 342 *sqq.*; *id.*, *RM* 107, 2000 (sous presse).
2   L. Duchesne, *Le Liber Pontificalis. Texte, introduction et commentaire*, I (1886), pp. 135-138: «*Eodem tempore fecit Constantinus Augustus basilicam in civitate Hostia, iuxta portum urbis Romae, beatorum apostolorum Petri et Pauli et Iohannis Baptistae, ubi et dona obtulit haec [...]*» Traduction d'après R. Davis, *The Book of Pontiffs* (Liber Pontificalis) (1989), p. 24.
3   *Acta Sanctorum, June*, vol. VII, pp. 33 *sq.*; P-A. Février, «Ostie et Porto à la fin de l'Antiquité. Topographie et vie sociale», *MEFRA* 70, 1958, pp. 300 *sqq.*
4   *Acta Sanctorum, June*, vol. VII, p. 34 §7: «*Hic primus in ostiensi urbe extruxit ecclesiam et dedicavit officia clericorum. Huic se sanctus levita Laurentius revelavit, adhortans eum, ut in eius nomine ecclesiam fabricaret in porta, quae nunc usque Laurentia nuncupatur.*»
5   M. Heinzelmann *et al.*, *RM* 104, 1997, pp. 537-548.
6   Voir S. Ristow, *Frühchristliche Baptisterien*, JbAC Suppl. 27 (1998), p. 33.
7   Voir *ibid.*, n°s 177, 192, 193, 195, 216, 387, 388, 541, 542, 543 et 544.
8   Voir le résumé de L. Paroli, «Ostia nella tarda antichità e nell'alto medioevo», dans: L. Paroli – P. Delogu (dir.), *La storia economica di Roma nell'alto Medioevo alla luce dei recenti scavi archeologici* (1993), pp. 153 *sqq.*
9   *Lib. Pont.* II, 8121-826. Voir aussi *Lib. Pont.* II, 1648-13.

Epigraphie chrétienne : notes et observations

Danilo Mazzoleni

Introduction

Sans aucun doute, l'épigraphie chrétienne d'Ostie et de *Portus* constitue un ensemble de grande importance, qui s'est encore enrichi au cours des trente dernières années, suite aux nombreuses découvertes advenues dans les deux localités. Dans l'attente d'une étude systématique, qui puisse prendre en compte tous les témoignages connus et les analyser de façon complète, nous avons voulu proposer ici une série de considérations et d'observations, fondées surtout sur les trouvailles les plus récentes, mais aussi sur la partie la plus significative du matériel déjà connu[1]. Sans prétendre à l'exhaustivité, nous entendons mettre en évidence au moins quelques éléments dignes d'attention dans les formulaires de ces deux groupes d'inscriptions.

Ostie

Pour Ostie, le groupe le plus important est celui qui se trouve publié dans le volume XIV du *CIL*[2]. Quant aux découvertes plus récentes, les travaux les plus significatifs remontent à 1991, lorsque furent publiées, avec un commentaire très bref, 35 inscriptions chrétiennes de diverses provenances[3]. Certaines d'entre elles montraient de clairs indices d'appartenance à l'époque préconstantinienne, comme la stèle mutilée avec une ancre incisée de *M. Aur(elius* [...])[4]. Ces découvertes récentes confirment ce qu'écrivait A. Ferrua à propos de la chronologie des inscriptions d'Ostie dans un article sur les inscriptions chrétiennes du IIIe siècle : «Dans les environs de Rome, seuls Ostie et *Portus* sont des centres où l'on puisse raisonnablement chercher des inscriptions préconstantiniennes»,

même s'il ajoutait, prudemment, «on ne pourrait jurer sur l'âge de chacune». D'autre part, il considère même les stèles grecques publiées dans *IG* XIV[5] comme certainement préconstantiniennes, «à cause de la présence de la clause archaïque très connue», ἐν κυρίῳ χαίρειν «le salut dans le Seigneur»[6].

A la fin du IIIe siècle, ou aux premières décennies du IVe, remontent aussi quelques sarcophages avec inscriptions[7]. En revanche, les exemples de dates consulaires attestées à Ostie ne sont pas nombreux, et on le regrette car elles auraient constitué, comme toujours, des points de référence précis pour la chronologie des autres. Parmi les découvertes les plus récentes, un texte incisé sur une stèle opisthographe, provenant de Saint-Aurée, nous renvoie à 372[8], un second à 391[9], tandis que, parmi les exemples déjà connus on peut rappeler une stèle de 384[10] et une intéressante dédicace d'un *prepositus (!) mediastinorum de moneta oficina (!) prima*, un employé de l'atelier monétaire d'Ostie, qui fut actif seulement entre 309 et 313[11], ce qui implique une datation dans ce bref laps de temps[12]. Dans ce cas, il s'agit de la plus ancienne inscription chrétienne datée d'Ostie que nous connaissons.

En ce qui concerne l'onomastique chrétienne, une recherche réalisée il y a vingt-cinq ans a révélé que, sur plus de cent noms documentés, un fort pourcentage (à savoir 35 %) étaient d'origine non latine[13]. En parcourant rapidement les éléments nominaux récurrents des textes chrétiens, on peut remarquer que l'anthroponyme *Virginius* est attesté sur une stèle provenant de la Via degli Augustali[14] ; il est souvent utilisé aussi comme appellatif commun, dans le sens de «mari qui a épousé une vierge»[15]. L'élément nominal est très rare, voire unique, comme c'est le cas de *Mandrasius* (écrit *Mandraslus*)[16]. Parmi les chrétiens, le nom *Lisistratus*[17] n'est également pas commun, et il faut signaler, en outre, un *Traianus*[18], pour lequel on retrouve un exemple significatif dans une dédicace romaine de Saint-Valentin[19]. Parmi les noms mythologiques, couramment adoptés même par les fidèles, on peut citer un *Septimius Hermes*[20], une *Artemidora*[21], une *Aphrodisia*[22].

Quant aux *cognomina* typiquement chrétiens, on trouve, provenant de la zone de la basilique chrétienne ainsi nommée, la stèle fragmentaire d'un *Quodvult[deus]*, anthroponyme plutôt commun d'origine africaine, avec l'expression *[hic dor]mit*[23], localement très diffusée, dont on parlera ensuite.

Toujours au sujet de l'onomastique, l'usage, dans au moins trois cas, des *tria nomina*[24] – dont deux sont atypiques – et même d'un rare polyonyme[25], dénotent un certain conservatisme. En parallèle, selon une pratique plutôt commune, on utilise également quelques surnoms, comme dans l'inscription de *[Ti]gris si[ve] Gen[e]rosa*[26] ou dans celle de *Callidromus signo Leucadi*[27]. On a supposé que ces *signa* indiquaient chez les chrétiens de nouveaux noms, qui leur étaient donnés au moment du baptême. Cependant, l'épigraphie n'offre généralement aucun support convaincant à une telle hypothèse. Dans de très rares cas seulement, ces appellatifs ont une signification symbolique spécifique ou sont liés, de par leur étymologie, à la sphère religieuse et dogmatique[28].

En parcourant encore les textes ostiens, on remarque que, dans une stèle latine, l'expression [οὐδε]ῖς ἀθάνατος («personne n'est immortel»), empruntée au formulaire païen, revient en grec. Dans d'autre cas, elle peut être précédée par un verbe à l'impératif, avec une invitation à se résigner au bon vouloir du destin (θάρσει, εὐψύχει), et qui est parfois qualifiée par l'ajout typiquement chrétien «en ce monde»[29]. Particulièrement répandue en Orient (Palestine, Egypte), et sporadiquement ailleurs, on la retrouve aussi à Rome[30].

Comme nous l'avons remarqué, l'expression *hic dormit* est aussi assez commune en territoire ostien, avec l'éventuel ajout de *in pace*, qui commença à être utilisée à l'époque préconstantinienne[31], pour répéter le concept selon lequel mourir signifie, pour les chrétiens, dormir en attente de la résurrection. On retrouve par, exemple, *hic dorm[it]* dans un texte mutilé et dans deux autres entiers, publiés en 1991[32], avec un complément, dans l'un des cas, l'expression *in pace*. A ce propos, nous pouvons également rappeler trois stèles fragmentaires retrouvées dans les fouilles de Pianabella, tandis que dans deux autres la locution est le fruit d'un supplément, même si ce n'est qu'une probabilité[33]. Quoi qu'il en soit, bien d'autres exemples furent publiés déjà dans le volume XIV du *CIL*[34]. Au vu de la fréquence des attestations, il semble que l'on puisse parler d'une particularité de l'épigraphie ostienne, même si l'expression *hic dormit* est diffusée de la même façon ailleurs, en particulier dans la région côtière et à l'intérieur des terres du Latium, au IVe siècle[35], tandis qu'elle est très rare à Rome. On peut considérer comme une variante, par ailleurs fort peu usitée même si conceptuellement proche, la dédicace *dormitione* (pour *dormitioni*), suivie par le génitif du nom de la défunte[36].

Un autre vœu déjà fréquent à l'époque préconstantinienne apparaît dans une inscription mutilée de Pianabella, publiée en 1991[37]: *refr[igeret spiritus? t]uus in Domi[no]*. Quant à l'expression *si Deus permiserit*, avec certaines variantes, comme *cum* (ou *quando*) *Deus voluerit, cum Deus permiserit*, signe de soumission à la volonté divine[38], elle est inusitée à Rome, mais employée

plus d'une fois à Ostie. Il faut aussi remarquer l'unique attestation de *migravit ad Dominum*, pour signifier le trépas[39]. En revanche, deux stèles présentent l'intitulé aux dieux mânes[40], comme on le trouve dans un groupe constitué d'inscriptions chrétiennes de diverses localités; une persistance probablement liée à l'indication d'une sépulture protégée par la loi contre d'éventuelles aliénations et autres actes sacrilèges[41]. Toujours en ce qui concerne les formulaires, on retrouve sur une dédicace grecque d'une fidèle morte à vingt-huit ans, publiée en 1996, l'expression [ἐ]νθάδε [κο]ιμᾶτε («ici repose»), à la place du plus commun [ἐ]νθάδε κεῖται («ci-gît»).

Si l'on en vient aux métiers attestés dans les inscriptions chrétiennes d'Ostie, on constate qu'ils ne sont pas fréquents, malgré ce que l'on pourrait attendre dans un centre aussi actif économiquement; outre l'ouvrier de la monnaie locale, déjà mentionné, on peut signaler, parmi les découvertes les plus récentes, un probable *arge[ntarius]*, à savoir un banquier, changeur de devises[42], tandis que, parmi celles déjà publiées dans le *CIL* XIV, on connaissait un *vicarius dispensatoris*, soit un «vice-caissier»[43], un *ex dispensator*[44] et un affranchi impérial, qui était l'aide du procureur *summi choragii*, à savoir le responsable abritant le mobilier des théâtres, au service de l'empereur[45]. En revanche, les attestations de personnalités du clergé sont rares. Parmi celles-ci, on peut citer seulement un évêque, *Bellator*, dont on parlera par la suite, et un prêtre[46].

A Ostie, la plus importante aire sépulcrale paléochrétienne se situait dans la zone sud-est de la périphérie, entre les voies Ostienne et Laurentine, où se dressait l'église Saint-Laurent avec un hospice annexe pour les pèlerins et la petite église San Ercolano, d'où proviennent la plupart des inscriptions et des sarcophages paléochrétiens d'Ostie. Il s'agit de 21 textes qui remontent au IVe siècle; découverts entre 1824 et 1825, ils furent publiés dans le *CIL* XIV[47]. L'un d'entre eux mentionne la construction d'un édifice dédié à Dieu et aux saints par *Anicius Auchenius Bassus* et *Tyrrenia Honorata*[48]. On a émis l'hypothèse qu'il s'agit de l'église San Ercolano[49].

En revenant récemment sur cette inscription, S. Orlandi remarquait que les auteurs de cette «intervention évergétique de nature imprécisée», furent, outre les conjoints que l'on vient de citer, leurs propres fils, même s'ils ne sont pas explicitement mentionnés[50]. Auchenius Bassus fut, entre autre, gouverneur de la Campanie et accéda à la charge la plus élevée entre 382 et 383, lorsqu'il revêtit la préfecture urbaine, qu'il dut abandonner immédiatement après, suite à des accusations portées contre lui.

Comme le remarque A. Marinucci[51], la seule inscription publiée provenant d'un édifice de culte, à part celle de sainte Monique découverte dans la zone de l'église de Saint-Aurée et l'architrave de la prétendue basilique chrétienne, est celle de *Quiriacus* du supposé Oratoire chrétien près du Théâtre que certains proposent d'identifier avec la prétendue église de Saint-Cyriaque sur le Decumanus Maximus[52]. Elle a été mise en relation avec le martyr Cyriaque, évêque mis à mort, selon la tradition, durant une persécution (peu probable) en 283, mais

dans ce cas non plus, nous ne possédons aucun indice probant pour soutenir une telle hypothèse, pourtant séduisante[53].

Hors de la Porta Laurentina se situe la basilique du cimetière de Pianabella, qui a aussi livré des pièces épigraphiques significatives; il s'agit d'une sorte de salle cultuelle érigée sur un cimetière communautaire chrétien préexistant, qui s'était à son tour installé sur une zone païenne abandonnée[54].

Les campagnes de fouilles menées entre 1981 et 1989 ne sont pas encore entièrement publiées, mais une partie des inscriptions, souvent très lacunaires, a été présentée il y a quelques années par D. Nuzzo[55]. Parmi celles-ci, on signalera un poème fragmentaire composé en l'honneur d'un défunt, où se trouvait une probable référence à la dédicace de la basilique, datée de 420 ou de 446 par une indication consulaire malheureusement incomplète[56]. Dans cette épitaphe, pour indiquer le trépas, survenu le 4 novembre, on utilise le verbe *ire*: *ibit p(ridie) non(as) [Nov(embres)]*, mais la déposition se déroulera le jour après la mort, à savoir le 5 novembre, comme il est explicitement indiqué. Cette spécification n'est pas fréquente, puisqu'il est connu que l'on préférait enterrer le défunt le jour même du décès. On regrettera que l'état du texte ne permette pas de le reconstituer entièrement.

Une autre zone sépulcrale utilisée par les chrétiens se trouvait hors de la Porta Ostiense, sur la route du même nom. C'est là que furent ensevelies la martyre *Chryse* (Aurea dans la traduction latine) et Monica, mère d'Augustin[57]. Heureusement, un fragment de son poème sépulcral nous est parvenu, attribué à un certain Bassus, retenu comme le consul de l'an 408 par un manuscrit médiéval[58]. L'épitaphe, conservé à l'intérieur de l'église actuelle, se développe sur six lignes. On pourrait la traduire de la manière suivante[59]: «Ici, ta très chaste mère laissa ses cendres / Augustin, nouvelle lumière à tes mérites; / toi, qui, prêtre fidèle au divin message de paix, / instruis avec la vie les peuples [qui te sont] confiés / l'immense gloire pour vos œuvres vous couronne / la très vertueuse mère plus heureuse pour le fils». C'est précisément dans cette zone funéraire que fut retrouvée, en novembre 1981, dans une pile de marbres, l'inscription *Chrys[e] hic dorm[it]*, que l'on pense appartenir à la martyre, avec une formule plutôt commune à Ostie[60]. En considérant l'essentiel du texte et l'absence de tout appellatif ou indice cultuel, il n'est cependant pas exclu qu'il puisse s'agir d'une fidèle homonyme, morte entre la fin du IIIe et les premières décennies du IVe siècle.

Portus

Après la parution du volume XIV du *CIL*, le groupe le plus important d'inscriptions chrétiennes de *Portus* fut publié en 1952 dans le recueil de H. Thylander[61], 80 d'entre elles provenant pour la plupart de la zone à droite du canal de Trajan (plus de soixante) et, en moindre quantité, de celle à gauche (moins d'une vingtaine).

En ce qui concerne le territoire que les sources tardives appellent Isola Sacra, de nombreux témoignages épigraphiques nouveaux et intéressants furent mis au jour par les fouilles menées dans la zone de la basilique Saint-Hippolyte, entre 1971 et 1979[62].

Par la suite, en 1984, G. Sacco publia les inscriptions grecques de *Portus*, parmi lesquelles figurent 17 chrétiennes[63]. Dans les cinquante dernières années, donc, moins de cent cinquante textes chrétiens du territoire de *Portus*, en grande majorité funéraires, ont été publiés (une partie desquels sont cependant des textes réduits et des fragments exigus). Par ailleurs, dans certains cas, des doutes subsistent encore sur la nature même des stèles[64].

Il paraît utile de reprendre ici quelques considérations sur les découvertes épigraphiques de la zone de Saint-Hippolyte, dans le contexte plus ample des inscriptions chrétiennes de *Portus*. En premier lieu, nous avons la confirmation que, dans ce cas aussi, les épitaphes (21) prévalent nettement, tandis qu'une douzaine de stèles sont dédicatoires ou votives; le latin domine de façon écrasante, et deux seules dédicaces lacunaires sont en langue grecque.

Quelques inscriptions sont décidément dignes d'être remarquées, comme deux fragments sans jonction en belles lettres damasiennes, qui attesteraient une intervention du pontife dans le culte des martyrs dans ce sanctuaire, certainement parmi les plus vénérés de la périphérie romaine[65]. Une inscription opisthographe (partiellement mutilée) en caractères semiphilocaliens est très intéressante. Elle rappelle, des travaux accomplis

2   Petit titre d'authentification retrouvé dans le sarcophage de saint Hippolyte (photo F. Mapelli).

3   Inscription funéraire d'un militaire, qui exerçait aussi l'activité d'orfèvre, de la zone du sanctuaire de Saint-Hippolyte (photo SAO D 2217).

par un évêque local, Eraclidas, contemporain ou de peu postérieur au pape Damasus (366-384), qui pourrait avoir construit le *martyrium* dédié à Hippolyte[66]; on parle en effet d'une basilique érigée en l'honneur du «bienheureux martyr Hippolyte» (**fig. 1**). On retrouve le nom de ce même prélat dans un trésor, publié par G. B. de Rossi en 1871, probablement relatif au sanctuaire de *Portus*[67].

Une stèle recomposée de plusieurs fragments revêt une importance particulière: elle réutilisait un texte profane précédent[68], se référant à des travaux importants effectués dans le sanctuaire par un certain Sabinus (ou Sabinianus), inconnu ailleurs, probablement au cours du VIe siècle, pour réparer les débats causés par le long conflit entre Byzantins et Ostrogoths, en agrandissant – d'après ce que l'on peut comprendre – une salle précédente. Les noms des martyrs Taurinus et Erculanus, peut-être vénérés dans le même site où gisait Hippolyte, y sont également cités. Cette inscription s'ajoute aux autres concernant des martyrs déjà connues dans les environs, parmi lesquelles on peut rappeler celle, votive, de deux fidèles, dévoués «à Dieu tout-puissant et à Son (Fils) Christ et aux saints martyrs Taurinus et Erculanus»[69], ou encore la stèle commémorative des travaux exécutés par l'évêque Donat, en honneur d'Eutrope, Bonose et Zosime, rattachant l'édifice de culte au sépulcre vénéré[70]. Dans le cadre de la même typologie, on connaît ensuite un quatrième poème dédié à cette dernière martyre[71].

Un fragment épigraphique ultérieur, provenant des fouilles du sanctuaire de Saint-Hippolyte et peut-être datable du IXe siècle[72],

devait contenir une liste de reliques de saints, tandis qu'une inscription fragmentaire, presque contemporaine, contient une référence aux travaux voulus par l'évêque Stéphane, à l'époque du pape Léon III (795-816)[73]. Ce même prélat est rappelé sur une inscription de la stèle du ciboire, retrouvée dans cette même fouille et sur une seconde stèle, aujourd'hui au Musée Pio Cristiano du Vatican, que l'on croyait provenir du xénodoque de Pammachius (les vestiges ont été plus vraisemblablement identifiés avec l'église des Saints Pierre et Paul, toujours à *Portus*[74]).

Ce sont bien ces témoignages éloquents qui démontrent que l'œuvre de l'évêque Stéphane, inconnu des autres sources, devait avoir été importante et localisée dans le territoire de *Portus*.

La découverte peut-être la plus surprenante des fouilles de Saint-Hippolyte consiste dans le petit titre d'authentification, inséré, avec le côté inscrit tourné vers l'intérieur, dans un sarcophage contenant probablement une partie des reliques du martyr de *Portus*[75], qui déclare que c'est bien là le lieu où repose saint Hippolyte (**fig. 2**). La petite stèle a été différemment datée, soit au IXe, soit au XIIe siècle[76], mais dans, le premier cas, elle serait directement liée au transport partiel des dépouilles dans l'église de Saint-Jean Calibite à l'époque de Formose, évêque, puis pape à partir de 891.

En passant en revue l'onomastique des chrétiens de *Portus*, on ne retrouve pas d'appellatifs singuliers ou inusités, mais les noms utilisés rentrent généralement dans la pratique courante: ainsi, certains sont de dérivation mythologique (*Epaphroditus*[77] *Saturnina*[78], Σεραπιοδῶρος[79], *Heliodora*[80], *Herculanus*[81], l'un des martyrs locaux), quelques autres sont particuliers aux fidèles par leur étymologie (*Adeodatus*[82], *Anas[tasius]*[83], *Marturia*[84], *Quodvultdeus*[85]).

Quant aux inscriptions de *Portus* avec date consulaire, on n'en compte que peu, outre celle déjà mentionnée: l'une renvoie à un consulat de Gratien, compris entre 364 et 378[86], une seconde à 366[87], une troisième à 386[88], une quatrième entre 394 et 422[89], une autre à 408[90], une autre encore à 480, ou à 541 et aux années suivantes, rappelant un certain Basile[91], une dernière à 491[92]. Aucun exemple ne se réfère donc à une époque antérieure à la seconde moitié du IVe siècle.

Parmi les autres épitaphes, pour la plupart très mutilées, la dédicace d'un soldat qui exerçait aussi l'activité d'orfèvre (**fig. 3**)[93] nous paraît singulière: c'est le seul cas d'un métier cité dans les textes chrétiens mis au jour dans la fouille de Saint-Hippolyte et, plus généralement, dans le territoire de *Portus*, avec celui d'un *magistrianus*, un *agens in rebus*, qui, en réalité, faisait partie d'un corps militarisé au service de l'empereur[94]. Par ailleurs, une stèle déjà connue contenait la mention de deux militaires, Adeodatus, centurion de la septième cohorte et l'un de ses camarades d'armée, qui servait dans la seconde cohorte[95]; une autre rappelait le *miles* Fabius Crispinus[96].

Si l'on trace un bilan, bien que provisoire, de l'épigraphie chrétienne de *Portus*, surtout funéraire, on a la nette impression d'un développement dans une époque plutôt avancée, comme le prouverait la présence d'expressions comme *hic requiescit* (avec ou sans *in pace*)[97], qui entrent habituellement dans les formulaires surtout à partir du Ve siècle; d'autres éléments nous orienteraient plutôt vers une chronologie plus haute, comme l'expression *hic dormit,* avec ou sans l'ajout *in pace*[98], que l'on retrouve à *Portus* comme à Ostie. Par ailleurs, cette dernière locution, si commune dans le formulaire chrétien, apparaît seule dans sept cas[99], une fois dans la variante *in pace Dom(ini)*[100], une fois en grec, dans le vœu moins commun «paix à lui»[101]. On estime que ce dernier est un indice pour l'époque préconstantinienne[102].

Dès la première moitié du IVe siècle apparaît le vœu *vivas in Deo,* ou *in Domino,* qui est attesté sept fois dans ses variantes[103] et dans un cas en grec[104]. Enfin, en règle générale, on ne retrouve pas beaucoup de vulgarismes ou d'erreurs de lapicides, ce qui arrive plus fréquemment à l'époque plus tardive: parmi ceux-ci, on peut citer *pache* pour *pace*[105], *vibas* et *vibant* pour *vivas* et *vivant*[106], une forme corrompue (ou mal comprise par le lapicide) très singulière *(besenti),* à la place de *vixit*[107].

trad. Laurent Chrzanovski

Notes

[1] Certaines caractéristiques des inscriptions d'Ostie et de *Portus* ont déjà été soulignées par G. Calza, «Nuove testimonianze del cristianesimo ad Ostia», *RendPontAcc* 25-26, 1949-1951, pp. 135-138. La plupart des textes furent publiés dans le *CIL* XIV et furent, en partie, repris par Diehl dans les *ILCV* et par le *DACL* fasc. 140-141, cc. 42-53 s. v. Ostie.

[2] En particulier, n°s 1875-1936.

[3] A. Marinucci, «Ostia. Iscrizioni cristiane inedite o parzialmente edite», *RACrist* 67/1, 1991, pp. 75-113.

[4] *Ibid.*, pp. 78-79.

[5] *IG* XIV 947-950.

[6] A. Ferrua, «L'epigrafia cristiana prima di Costantino», dans: *Atti del IX Congresso Internazionale di Archeologia Cristiana, Roma, 1975,* vol. I (1978), pp. 597-598.

[7] G. Wilpert, *I sarcofagi cristiani antichi,* I/III (1929-1936), pl. 255,5 et p. 347, fig. 216; F. W. Deichmann – H. Brandenburg – G. Bovini, *Repertorium der christlich-antiken Sarkophage,* I: *Rom und Ostia* (1967), n[os] art. 70, 78, 130 (protoconstantinien), 992, 1031 (= *CIL* XIV 1905, 1963, *ILCV* 3087, 2585B).

[8] Marinucci, *art. cit.*, n° 23 B, pp. 101-102.

[9] *Ibid.*, n° 26, pp. 104-105.

[10] *CIL* XIV 1880.

[11] Voir ci-dessus, pp. 137-140.

[12] *CIL* XIV 1878.

[13] A. Licordari, «Considerazioni sull'onomastica ostiense», dans: *L'ononomastique latine – Colloques internationaux du CNRS, Paris 1975,* 1977, p. 240.

[14] Marinucci, *art. cit.*, n° 11, pp. 89-90.

[15] J. Janssens, *Vita e morte del cristiano negli epitaffi di Roma anteriori al secolo VII* (1983), pp. 107-112.

[16] Marinucci, *art. cit.*, n° 18, pp. 96-97.

[17] *Ibid.*

[18] *Ibid.*, n° 20, p. 98.

[19] *ICUR* X 27364.

[20] Marinucci, *art. cit.*, n° 25, pp. 103-104.

[21] *CIL* XIV 1886.

[22] *CIL* XIV 1885.

[23] Marinucci, *art. cit.*, n° 3, pp. 80-82.

[24] *CIL* XIV 1901 (Marcus Curtius Victorinus), 1919 (Marcus Salinator Martialis), 1923 (Valerius Cocillus Macus).

[25] *CIL* XIV 1908 (Lucius Iulius Euresius Filetus).

[26] Marinucci, *art. cit.*, n° 10, pp. 88-89.

[27] *CIL* XIV 1877.

[28] Sur cet argument, voir en dernier lieu I. Kajanto, «Roman Nomenclature during the Late Empire», dans: I. Di Stefano Manzella (dir.), *Le iscrizioni dei cristiani in Vaticano.* «Inscriptiones Sanctae Sedis», II (1997), p. 105.

[29] Marinucci, *art. cit.*, n° 11, pp. 89-90.

[30] *ICUR* VI 15755; IX, 26153.

[31] Voir, par exemple, Marinucci, *art. cit.*, n[os] 12, 14, 17, 18, 20, 22, 25, 27, 30 et 34, pp. 90-92, 94-100, 103, 106-109 et 112-113.

[32] *Ibid.*, n[os] 8, 9, 10, pp. 86-89.

[33] D. Nuzzo, «Impiego e reimpiego di materiale epigrafico nella basilica cristiana di Pianabella (Ostia)», *VetChrist,* 33/1, 1996, p. 97; *ead.*, «Le iscrizioni», dans: L. Paroli (dir.), *La basilica cristiana di Pianabella, SdO* XII (1999), p. 84, pl. 5.

[34] Voir par exemple *CIL* XIV 1879, 1880, 1883/84, 1886, 1887, 1888, 1889, 1890, 1891, 1892, 1892, 1895, 1897, 1902, 1903, 1904, 1907, 1908, 1909, 1910, 1912, 1913, 1914, 1915, 1916, 1917, 1918, 1920, 1921, 1922, 1923, 1924, 1927, 1928, 1929, 1930, 1931 et 1932.

[35] V. Fiocchi Nicolai, *Ager Capenas: Inscriptiones Christianae Italiae, regio VII,* fasc. IV (1986), p. 21.

[36] *CIL* XIV 1926.

[37] Marinucci, *art. cit.*, n° 7, pp. 85-86.

[38] *CIL* XIV 1883, 1885, 1893, 1900, 1913, 1915.

[39] *CIL* XIV 1889.

[40] *CIL* XIV 1908; Marinucci, *art. cit.*, n° 18, pp. 95-97.

[41] Voir, en dernier, M. L. Caldelli, «Nota su 'D(is) M(anibus)' e 'D(is) M(anibus) s(acrum)' nelle iscrizioni tardo-imperiali di Roma», dans: Di Stefano Manzella (dir.), *op. cit.* (n. 28), pp. 185-187.

[42] Marinucci, *art. cit.*, n° 12, pp. 90-91.

[43] *CIL* XIV 1876. Sur les *dispensatores* voir E. De Ruggiero (dir.), *Dizionario Epigrafico di Antichità Romane* II/3 (1922), pp. 1920-1923, s. v. *dispensator* (Vuli).

44 *CIL* XIV 1877.

45 De Ruggiero (dir), *op. cit.*, II/1, p. 219, s. v. *choragium* (Weinberger).

46 *CIL* XIV 1879.

47 L. Paschetto, *Ostia colonia romana, DissPontAcc*, s. II, 10 (1912), pp. 482-483.

48 *CIL* XIV 1875.

49 V. Fiocchi Nicolai, «Evergetismo ecclesiastico e laico nelle iscrizioni paleocristiane del Lazio», dans: *Historiam pictura refert. Miscellanea in onore del p. A. Recio Veganzones* (1994), pp. 244-245.

50 «Dedica votiva posta dal senatore Anicius Auchenius Bassus e dalla moglie Turrenia Honorata assieme con i figli», dans: I. Di Stefano Manzella, (dir.), *op. cit.* (n. 28), n⁰ˢ 3, 5, 6, pp. 271-272.

51 *Art. cit.*, p. 75, n. 2.

52 *CIL* XIV 5232.

53 Voir ci-dessus, p. 264.

54 *Ibid.* [n.d.r.].

55 Nuzzo, *art. cit.* (n. 33: 1996), n⁰ 32, pp. 85-114; *ead.*, *art. cit.* (n. 33: 1999), pp. 33-115 pls. 1-86.

56 *Ibid.*, p. 95, resp. pp. 80-1, pl. 53.

57 U. M. Fasola – V. Fiocchi Nicolai, «Le necropoli durante la formazione della città cristiana», dans: *Actes du XIᵉ Congrès International d'Archéologie Chrétienne (Lyon, Vienne, Grenoble, Genève et Aoste, 1986)*, (1989), pp. 1160-1161, n. 38.

58 G. B. de Rossi, *Inscriptiones Christianae Urbis Romae septimo saeculo antiquiores*, II (1888), p. 252, n⁰ XXII.

59 U. Broccoli, *Ostia paleocristiana* (1984), p. 35.

60 *Ibid.*, p. 37.

61 *Les inscriptions du port d'Ostie* (1952). Une partie de ces inscriptions avaient déjà été présentée dans le *CIL* XIV.

62 D. Mazzoleni, *I reperti epigrafici, Ricerche nell'area di S.Ippolito all'Isola Sacra a cura dell'Istituto di Archeologia Cristiana dell'Università di Roma «La Sapienza»*, I (1983).

63 *Iscrizioni greche d'Italia. I: Portus*, 1984, n⁰ˢ 67-83.

64 Voir, par exemple, la dédicace de Valerius Veturius, originaire d'Afrique, au formulaire absolument neutre: C. Ricci, «Epitaffio di Valerius Veturius, colonicus nato in Africa», dans: Di Stefano Manzella (dir.), *op. cit.* (n. 33), n⁰ˢ 3, 12, 19, p. 348.

65 Voir ci-dessous, catalogue, n⁰ XV.9.

66 P. Testini, «Indagini nell'area di S. Ippolito all'Isola Sacra. L'iscrizione del vescovo Heraclida», *RendPontAcc* 51-52, 1978-1979, pp. 35-46; *id.*, «Damaso e il santuario di S. Ippolito a Roma», dans: *Saecularia Damasiana* (1986), pp. 291-303; L. Pani Ermini, «Il territorio laziale portuense dopo il IV secolo alla luce degli scavi all'Isola Sacra», dans: *Archeologia Laziale 2*, 1979, pp. 243-249.

67 «Epigrafe d'un sacro donario in lettere d'argento sopra la tabella di bronzo», *BACr*, s. II, 2, 1871, pp. 65-70.

68 Mazzoleni, *op. cit.* n⁰ 232, pp. 129-131.

69 Thylander, *op. cit.* (n. 61), B249.

70 Ibid., B234.

71 *Ibid.*, B235. Un seul fragment en est conservé.

72 Mazzoleni, *op. cit.*, n⁰ 244, p. 137.

73 *Ibid.*, n⁰ 246, pp. 138-139.

74 G. B. de Rossi, «I monumenti cristiani di Portus», *BACr*, 4, 1866, p. 102; O. Marucchi, *I monumenti del Museo Cristiano Pio Lateranense*, 1910, pl. IV,3.

75 Mazzoleni, *op. cit.*, p. 135, n⁰ 242; voir ci-dessous, catalogue, n⁰ XV.11.

76 A. Ferrua, «Recensione a *Ricerche archeologiche nell'Isola Sacra*: M. L. Veloccia Rinaldi, *Il pons Matidiae*; P. Testini, *La basilica di S. Ippolito all'Isola Sacra, Roma 1975*», *RACrist* 51, 1975, p. 357.

77 Thylander, *op. cit.*, A284.

78 *Ibid.*, B248.

79 Sacco, *op. cit.* (n. 63), n⁰ 78.

80 Thylander, *op. cit.*, B231.

81 *Ibid.*, B249.

82 *Ibid.*, B236.

83 *Ibid.*, B226. Cet anthroponyme, par ailleurs, se retrouve aussi dans un contexte judaïque, dans une inscription de la catacombe de Villa Torlonia, publiée par U. M. Fasola, «Le due catacombe ebraiche di Villa Torlonia», *RACrist* 52, 1976, pp. 36-37.

84 Thylander, *op. cit.*, B249.

85 *Ibid.*, B240. Ce nom est communément considéré comme étant d'origine africaine.

86 *Ibid.*, A347.

87 *Ibid.*, B240.

88 *Ibid.*, B236.

89 Sacco, *op. cit.*, n. 62, n⁰ 75.

90 Thylander, *op. cit.*, B244.

91 *Ibid.*, B273.

92 *Ibid.*, B272.

93 Mazzoleni, *op. cit.*, n⁰ 278, pp. 157-158.

94 Sacco, *op. cit.*, n⁰ 75.

95 Thylander, *op. cit.*, B256. L'inscription est datée de 386.

96 *Ibid.*, B236.

97 *Ibid.*, B265, B272.

98 *Ibid.*, B227, B228, B229, B238, B246, B248, B284.

99 *Ibid.*, A285, B224, B225, B242, B243, B244, B285.

100 *Ibid.*, B241.

101 *Ibid.*, A284; Sacco, *op. cit.*, n. 74. Le reste de l'inscription est en latin.

102 Ferrua, *art. cit.* (n. 6), p. 597.

103 Thylander, *op. cit.*, B231, B232, B233, B247, B250, B255, B256.

104 Sacco, *op. cit.*, n⁰ 69.

105 Thylander, *op. cit.*, B244.

106 *Ibid.*, B232, B233, B231.

107 *Ibid.*, B244.

La sculpture

Ostie : la décoration sculpturale

Patrizio Pensabene

L'histoire de la sculpture à Ostie doit encore être écrite et devra se fonder, d'une part, sur un catalogue complet des sculptures conservées à Ostie même et, d'autre part, sur un catalogue des sculptures conservées ailleurs, dans les Musées du Vatican, le Musée National et plusieurs autres musées et collections, en Italie comme à l'étranger. A ce jour, seuls les portraits ont été publiés systématiquement (*Scavi di Ostia* V et IX).

En attendant qu'une reconstitution complète des contextes et des provenances ainsi que la définition des caractéristiques et de la chronologie des ateliers de sculpteurs puissent être réalisées, nous ne pouvons que faire brièvement le point de la situation, en tenant compte de la disposition architecturale et urbanistique des sculptures qui étaient en premier lieu conçues pour la décoration des espaces publics et privés[1]. Nous procéderons en suivant les différentes étapes de l'évolution historique, architectonique et urbanistique de la ville, en y insérant au fur et à mesure les données relatives à la sculpture ostienne.

A partir de l'époque républicaine tardive, et pendant toute l'époque julio-claudienne, Ostie est le port de Rome, mais elle n'est pas le lieu de déchargement des marchandises en provenance des ports extérieurs à l'Italie, qui arrivaient plutôt à Pouzzoles. Pendant cette période, du moins, les productions agricoles des fermes du territoire, propriétés de citoyens de la colonie, jouaient un rôle économique important pour la ville[2]. L'aire sacrée républicaine, située près de Via della Foce, comprenant les trois temples d'Hercule, de Portunus (dit le Temple de l'autel circulaire) et d'Asclépios (dit le Temple tétrastyle), était alors le sanctuaire qui attirait la majorité des offrandes votives, en comparaison avec le forum républicain qui était encore peu développé. Lors des fouilles du Temple tétrastyle, on a retrouvé un buste colossal d'Esculape, une œuvre grecque datant de 100 av. J.-C. environ (voir p. 16, fig. 6)[3].

Trois bases de statues en travertin portant des inscriptions grecques, datables au IIe-Ier siècle av. J.-C., ont été remployées à l'époque d'Auguste dans le secteur en face du Temple de l'autel circulaire. Les épigraphes se rapportent à trois statues, probablement des originaux grecs provenant d'un butin de guerre

1   Relief, milieu du Ier siècle av. J.-C. : Thésée et Ariane. Musée Ostie, inv. 125.

et dédiés dans ce sanctuaire[4]. Les statues représentaient un Antisthène, œuvre de Phiromaque ; une Charitès, par Phradmon, et un Platon (auteur dramatique), par Lisidès, sculpteur inconnu jusqu'à aujourd'hui mais probablement originaire de l'Attique[5].

De cette même zone provient la statue de Cartilius Poplicola [voir ci-dessus, p. 156, fig. 2], représenté dans sa nudité héroïque,

datée de 30 av. J.-C. environ et attribuée à un atelier néo-attique[6], ainsi qu'un relief d'époque césarienne portant la représentation de Thésée et Ariane (**fig. 1**)[7].

Il est évident que dans ces sanctuaires étaient déposés les dons votifs des personnages les plus en vue de la ville républicaine[8], qui, de retour de l'Orient, remerciaient de cette façon la divinité pour leurs succès militaires (ou économiques), en amenant des sculptures originales comme offrandes votives ou en commandant des œuvres d'un haut niveau artistique à des sculpteurs grecs[9]. Le caractère oraculaire du culte et le lien avec les exploits guerriers sont illustrés sur le relief de l'*haruspex* C. Fulvius Salvis, œuvre d'un atelier ostien, qui a été daté entre 80 et 65 av. J.-C. (**fig. 2**)[10]. On y a représenté la découverte en mer d'une statue d'Hercule et le dieu en personne tirant une *sors* d'un coffret, tandis qu'une Victoire semble voler en direction d'un autre personnage qu'il est aujourd'hui impossible d'identifier.

Dans la Via della Foce toute proche on a trouvé quatre autres œuvres que l'on peut attribuer à un même contexte de production. Il s'agit d'un relief fragmentaire représentant un vieux Silène, de production néo-attique[11], d'une tête d'Hercule, copie d'une œuvre du style sévère[12], d'une tête d'Hygie[13] et d'une petite statue de Vénus du type Landolina, datable du Ier siècle av. J.-C.[14]. A cette série, on pourrait aussi attribuer deux portraits retrouvés lors des fouilles effectuées au XVIIIe siècle: la «tête Posonby», représentant une reine orientale, ramenée peut-être lors de la campagne pontique de Lucullus de 75 av. J.-C.[15], et le «prince hellénistique» (peut-être Mithridate), attribué à un atelier pergaménien du IIe-Ier siècle av. J.-C., qui est maintenant conservé à la Villa Aldobrandini de Frascati[16]. Il semble donc qu'il y ait eu

des œuvres d'ateliers d'un haut niveau artistique parmi les sculptures déposées dans ces sanctuaires républicains, comprenant d'un côté les œuvres grecques pillées et de l'autre des œuvres commandées à des artistes néo-attiques, inspirées de modèles classiques. Les ateliers ostiens, qui à cette époque produisaient des portraits et des reliefs funéraires, ne semblent pas être très actifs dans ce contexte; font exception un portrait viril datable de 40 av. J.-C. environ (**fig. 3**)[17] et le relief votif de Fulvius Salvis.

A l'époque d'Auguste, on voit se développer l'aire clôturée, destinée aux édifices publics, avec la construction, par le préteur urbain Caninius, du Théâtre et du portique *post scaenam*. Parallèlement s'est diffusé le culte public des Lares des différentes régions de la ville, comme l'atteste un autel circulaire en marbre de Luni qui décorait la fontaine publique d'une place[18]. Il doit être attribué à un atelier néo-attique et est orné de représentations d'Hercule et des *Lares familiares* et *agrestes*[19].

Le développement urbain se poursuit à l'époque de Tibère avec la construction, dans le Forum, d'un temple en marbre dédié à Rome et Auguste en face des temples républicains. Les sculptures acrotériales du temple sont d'un grand niveau artistique. On reconnaît au moins une Victoire[20] et la statue de culte du temple, la déesse Roma. Cette dernière était représentée en Amazone, les pieds posés sur le globe terrestre, le bras droit soulevé portant une lance et peut-être une Victoire posée sur sa main gauche[21].

L'érection du temple atteste aussi l'introduction du culte impérial à Ostie et de ses charges sacerdotales (le *flamen Augusti*, les *Augustales*), ce qui impliquait l'offrande de statues et d'inscriptions[22]. Deux portraits de princes julio-claudiens, mis au jour lors des fouilles des XVIIIe et XIXe siècles[23], un portrait

2 Relief de l'*haruspex* C. Fulvius Salvis, 80-65 av. J.-C.
Musée Ostie, inv. 157.

3 Portrait viril, env. 40 av. J.-C.. Musée Ostie,
inv. 450 (photo SAO, neg. R 2548/2)

4 Portrait d'Auguste, époque julio-claudienne.
Musée Ostie, inv. 18.

d'Auguste (**fig. 4**) et un portrait masculin d'époque augustéenne, tous les deux provenant de la Via dei Vigili[24], ainsi qu'un portrait féminin de la même époque trouvé dans la Caupona du Paon[25], sont représentatifs de ce type de sculpture.

La statue acéphale d'un magistrat (*togatus*), retrouvée dans la Via delle Corporazioni, présente des caractéristiques de l'époque tibérienne et peut être attribuée à un atelier urbain proche de celui qui a sculpté l'Auguste de la Via Labicana[26].

Suite à la construction du nouveau port de Claude[27], Ostie devient un lieu spécialisé dans les services portuaires. Une série d'interventions architectoniques a été alors effectuée dans la ville, parmi lesquelles la construction des thermes qui ont précédé ceux dits de Neptune et ceux de l'édifice précédant la Caserne des Vigiles. Le niveau de sol a subi ensuite un rehaussement général en raison de l'élévation de la nappe phréatique consécutive au comblement des étangs ostiens.

Une réfection générale de la Porta Romana a eu lieu à la fin du Ier siècle de notre ère, peut-être encore sous le règne de Domitien ou au début de celui de Trajan[28], dans le but intentionnel de revenir à l'état originel[29]. A cette occasion, le monument, revêtu de marbre, a pris l'apparence d'un arc monumental d'entrée de la ville[30] et a été orné de statues de Minerve ailée sur l'attique (divinité chère à Domitien)[31], placées des deux côtés de l'inscription, reposant sur des avant-corps en saillie de part et d'autre de la porte [voir ci-dessus, p. 58, fig. 1].

L'époque flavienne voit une certaine diffusion des reliefs à sujets religieux: il semble que, s'il n'était plus possible de montrer les Ostiens puissants dans leurs exploits guerriers, on pouvait les montrer en train de vivre les cérémonies étatiques de Rome et d'Ostie, dans le cadre d'une récupération consciente des traditions religieuses et familiales.Ceci est mis en évidence par un relief fragmentaire retrouvé près de la Porta Romana montrant un bout de palme et un licteur[32], ainsi que par deux reliefs datables entre la fin du Ier et le début du IIe siècle ap. J.-C., provenant tous les deux de l'aire des Quatre Petits Temples républicains. Sur le premier, un magistrat âgé, voilé, est en train de faire un sacrifice sur un autel [voir ci-dessus, p. 252, fig. 6][33]. Sur le second, on a représenté un sacrifice public, avec des *camilli* et des licteurs: un personnage portant une coiffure de l'époque de Domitien en est l'acteur, même si le style du relief a semblé dater de l'époque de Trajan[34]. Ces reliefs, que l'on doit attribuer à un bon atelier local, ont été mis en relation avec des monuments financés par la *gens Egrilia*, l'une des plus influentes à Ostie[35]: en effet, un fragment d'architrave portant le nom de A. Egrilius Rufus provient de cette même zone[36].

L'aménagement du port de Trajan provoque une croissance urbaine rapide d'Ostie, avec le développement d'une intense activité de construction dans le domaine de l'habitation. La composition sociale de la ville est maintenant caractérisée par une classe moyenne occupée essentiellement à des activités liées à l'arrivée et à la comptabilité des marchandises ainsi qu'aux constructions navales ou de bâtiments. En revanche, la présence d'une classe aisée est nettement moins forte, ses membres s'étant probablement déplacés à Rome.

L'autre phénomène important de l'époque est l'intégration dans la ville d'ensembles monumentaux grandioses, toujours dans le cadre d'un projet plus vaste qui inclut aussi des édifices à but utilitaire. Le Capitole et le nouveau Forum transforment

5   *Clipeus* avec le portrait d'un homme âgé, fin du Ier siècle ap. J.-C. Musée Ostie, inv. 56.

6   *Clipeus* avec le portrait d'un jeune homme, vers 100 ap. J.-C. Musée Ostie, inv. 57.

7   Statue de Sabine en Cérès, après 136 ap. J.-C. Musée Ostie, inv. 25.

radicalement le centre urbain. La Basilique est construite entre le Forum à l'est et une nouvelle place entourée de portiques à l'Ouest – qu'il faut identifier comme le *chalcidicum*[37] – sur laquelle on a ensuite érigé le Temple Rond. Les Thermes de Neptune, bien que remplaçant et agrandissant un édifice thermal précédent, d'époque flavienne, ont été insérés dans un projet unitaire, de même que la Caserne des Vigiles.

Les Thermes situés près de la Porta Marina, également dits de la Marciana, se dressent en dehors des murs de la ville, dans un secteur qui connaît son moment de plus grand développement à l'époque d'Hadrien[38]. C'est à cette époque que l'on construit le Forum de la Porta Marina, les *horrea* adjacents et des immeubles d'habitation, dont l'un, doté d'un portique sur piliers en briques, est long de 120 mètres. Ils ont modifié la fonction de la zone qui semblait auparavant caractérisée par la seule présence du sanctuaire de la Bona Dea, de quelques monuments funéraires et, plus à l'ouest, de la synagogue. Les dimensions de cet édifice thermal, ainsi que la qualité de ses pavements en marbre et de son décor sculptural[39], nous amènent à considérer comme probable qu'il s'agit d'une commande impériale. En outre, Gavin Hamilton mentionne la découverte d'une grande inscription dans laquelle apparaissait le nom de Trajan[40]. Comme R. Meiggs le faisait remarquer, la statue de Marciana et surtout celle de Sabine, indiqueraient peut-être que la construction se serait prolongée même au-delà du règne d'Hadrien, ce qui du reste est confirmé par les estampilles des briques[41] datant de la fin du règne de cet empereur.

Les Thermes du Mithra constituaient un établissement d'importance mineure. Ils étaient reliés aux Horrea des Mensores et étaient situés sur un axe de circulation important qui reliait Ostie à l'embouchure du Tibre. Ils ont probablement été construits par des privés et devaient être fréquentés par les travailleurs du port fluvial, auquel on accédait rapidement par la Via della Foce, et certainement aussi par les *mensores* des *horrea* voisins. On y a retrouvé deux *clipei* avec portraits[42]: le premier, qui porte l'image d'un personnage âgé, est daté à la fin

du Ier siècle (**fig. 5**). Sur le deuxième, daté des environs de 100 ap. J.-C., un personnage plus jeune est représenté (**fig. 6**).

A la décoration sculpturale de ces petits thermes, il faut ajouter une statue féminine de style archaïsant ainsi qu'une statue d'Héphaïstos, retrouvées à l'intérieur des fours de chauffage[43]. Du moment que la datation de la première phase des thermes, en *opus mixtum*, se situe vers 125 ap. J.-C. sur la base des briques estampillées[44], les portraits doivent être interprétés comme des portraits de famille déjà existants, commandés sous le règne de Trajan, mais disposés dans les thermes à l'époque d'Hadrien lors de la fondation de l'édifice, peut-être dans le but de commémorer des membres de la famille de celui qui en avait assuré le financement. La présence d'*imagines clipeatae* à l'intérieur d'édifices publics n'est que rarement attestée: dans les bibliothèques on disposait des portraits d'hommes de culture, mais ce ne semble pas être le cas ici. La situation des Thermes du Mithra peut plutôt être confrontée à celle de la *Stoà Basiliké* de Théra, de l'époque des Antonins, qui était ornée de six *imagines clipeatae*, représentant probablement la personne qui en avait financé la construction et des membres de sa famille[45].

Il a été établi que la Basilique et la Curie, toutes deux dotées de façades hexastyles (mais de forme et dimensions différentes), faisaient partie d'un même programme de construction[46] qui remonte aux dernières années de l'époque flavienne et aux premières années du règne de Trajan. Ceci est confirmé par les briques estampillées (cf. l'inscription *L. Sextilius Rufus* qui apparaît sur les estampilles de la Curie) et par les éléments architectoniques en marbre de l'élévation qui y sont encore visibles. Il faudrait donc revoir la datation de G. Becatti à l'époque des Antonins, qui se fonde sur une notice dans les *fasti Ostienses*[47]. La décoration de la Basilique comportait une balustrade à relief, disposée probablement sur le deuxième ordre et ornée de scènes relatant l'histoire de Rome: de la louve avec les jumeaux, en passant par le rapt des Sabines et les oies du Capitole, jusqu'à la construction d'une ville[48]. Le style de ces reliefs ne trouve

7

cependant pas de parallèles parmi les œuvres du classicisme inspirées de la production urbaine de l'époque des Antonins. Les figures, au contraire, sont rendues de façon plutôt mécanique et fade, ce qui permettrait de les rattacher à des ateliers ostiens, peut-être actifs dans le domaine des reliefs funéraires et plus proches de l'époque de Trajan que du milieu du IIe siècle. De plus, les sujets des reliefs peuvent être confrontés à ceux, toujours relatifs à la fondation de Rome, de l'autel situé dans le *postscenium* du Théâtre (en particulier celui avec la louve et les jumeaux) et datables, par leur style, autour de 100 ap. J.-C.

Plusieurs têtes colossales actuellement exposées dans la Salle à plan en croix grecque des Musées du Vatican ont été attribuées par Meiggs à la décoration de la Basilique[49]. Elles représentent Trajan, Hadrien et Antonin le Pieux, et semblent indiquer que la décoration sculptée de la basilique, érigée à l'époque de Trajan, n'a été complétée que sous le règne d'Antonin le Pieux, en employant des ateliers de sculpteurs probablement ostiens et moins liés au classicisme. On peut également y ajouter, puisqu'ils ont été trouvés dans le même secteur, un buste de Matidia, provenant d'une zone située entre le Temple Rond et la Basilique (lui aussi conservé aux Musées du Vatican)[50], une tête colossale de Trajan, qu'il faut rattacher à une statue cuirassée[51], et une tête colossale de Domitia Lucilla[52].

La colonie d'Ostie se définit elle-même comme *conservata et aucta omni indulgentia et liberalitate* de la part de l'empereur Hadrien (*CIL* VI 972), qui y remplit le poste honorifique de *duovir* à deux reprises, peut-être dans le but d'intervenir de plein droit dans la restructuration de la ville. C'est avec Hadrien que nous avons une mention épigraphique explicite d'une intervention impériale directe à Ostie : le financement de deux millions de sesterces alloué pour une reconstruction des Thermes de Neptune. La somme fut ensuite augmentée par Antonin le Pieux, dans sa première année de règne, pour compléter l'œuvre et également sa décoration architecturale (*CIL* XIV, 98, cf. HA, *Ant*, VIII 2.3).

Les Thermes de Neptune sont situés dans la partie orientale d'Ostie, le long du côté nord du Decumanus[53]. Les fouilles réalisées entre 1964 et 1972, ont permis la découverte d'un établissement plus ancien, datant de l'époque de Domitien[54]. Les pièces thermales étaient disposées autour de deux salles de circulation ornées de sols en mosaïque : la salle d'Amphitrite et la salle de Neptune. Dans la salle dite de Scylla, aménagée comme *frigidarium*, on a retrouvé de nombreuses sculptures : un portrait de Plotine[55], des portraits de l'époque des Antonins et des Sévères[56], un jeune athlète[57], la base d'une statue dédiée à T. Petronius Priscus *procurator Augusti ferrariorum et annonae Ostiensis*[58]. Les branches ouest et sud du péristyle de la palestre permettaient l'accès à une série de pièces voûtées, parmi lesquelles était située, au centre du côté ouest, une large exèdre destinée au culte impérial. On y a retrouvé une statue de Sabine (**fig. 7**) (il y avait éventuellement aussi la place pour celle d'Hadrien[59]), œuvre de sculpteurs de la métropole ou d'un niveau équivalent[60].

Le pavement de la salle était en dalles de marbre. Des sculptures en marbre qui ornaient la palestre[61], il nous reste la dédicace d'une statue à l'empereur Commode de la part d'un certain Marius Primitivus, prêtre de Vulcain[62], une statue féminine dans le schéma de la Petite Herculanéenne[63], probablement le produit d'un atelier local, ainsi que deux petites statues de Silène et de Vénus[64]. On a également retrouvé des fragments de frises en marbre et terre cuite ornés de scènes d'athlètes ou de combat[65], des margelles de puits et une horloge solaire en bronze et travertin[66]. Un portrait féminin identifié comme Faustine Mineure jeune[67] provient de l'entrée, alors qu'un portrait à la chevelure crépue, peut-être celui d'un africain[68], a été retrouvé à l'extérieur de l'édifice. En outre, une tête masculine[69], dans laquelle on a reconnu l'œuvre d'un artiste grec du Ier siècle av. J.-C., provient d'un emplacement non précisé dans les thermes.

Le Capitole a été reconstruit intégralement à l'époque d'Hadrien comme un temple sur un haut podium, à cella unique et dont les parois en briques étaient revêtues de marbre. Il nous reste divers fragments du décor architectonique, semblables à ceux de la Villa d'Hadrien, en marbre de Luni et de Proconnèse, en plus des différents marbres colorés[70]. Outre les statues des divinités capitolines, placées à l'intérieur ou sur le pronaos, il y avait certainement des statues en l'honneur de l'empereur, situées dans les niches qui s'ouvrent sur chacun des côtés de la cella ; comme l'atteste une base de statue conservée à l'intérieur de la cella et portant une dédicace à Hadrien[71]. Il n'est pas possible de recomposer la disposition de la décoration sculpturale du Forum ou du Capitole,

8   9   10

mais il est probable que le manque de découvertes récentes dans cette zone est dû au pillage des périodes récentes, plus qu'à une pénurie de statues dans la zone centrale de la ville impériale.

Le nymphée à exèdre, qui fermait le Forum du côté sud, peut être rattaché au programme d'urbanisme de l'empereur Hadrien. Il était revêtu de marbre et décoré d'édicules et statues[72], dont il ne nous reste qu'une copie de la Vénus de Cnide[73].

Le programme de l'époque des Antonins à Ostie est moins ambitieux que celui des décennies précédentes et il semble caractérisé par un nombre limité de nouveaux édifices publics et par des réfections de constructions préexistantes. La présence d'un *Templum Divorum* de l'époque d'Antonin le Pieux, dédié au culte impérial, a été restituée par H. Bloch : on y vénérait Trajan et Hadrien divinisés[74]. L'inscription devait être placée sur le devant d'un long podium sur lequel avaient été érigées les statues de cinq empereurs, chacune à l'emplacement de son nom. Pour l'instant, un grand temple du IIe siècle, affecté expressément au culte impérial, n'a pas été identifié, mais son existence semble confirmée par l'attestation fréquente de *flamines* de divers empereurs : *flamen divi Titi, divi Hadriani, divi Severi, flamen divorum*[75].

Une pièce souterraine des Thermes du Mithra a été, à l'époque d'Antonin le Pieux, adaptée pour accueillir un *mithreum* : selon Calza et Becatti, le groupe de Mithra tuant le taureau remonterait à cette époque (**fig. 8**)[76].

La période des Antonins est caractérisée également par la transformation et la réorganisation des *Augustales*, qui, entre 140 et 150 ap. J.-C., deviennent un *ordo sexvirum Augustalium* avec des membres à vie. Leur siège se déplace sur le Decumanus Maximus, près du Théâtre. Il était orné de plusieurs statues, dont une Artémis acéphale, copie de l'époque des Antonins[77]. Deux statues, les pieds nus et les mains voilées, représentent des prêtres impériaux et sont datables à l'époque de Trajan ou de Hadrien. Elles ont probablement été transférées du siège précédent[78], avec une statue de Sabine en Vénus *Genetrix* (**fig. 9**), datable de l'époque de Trajan et postérieure à la restauration du temple situé dans le Forum de César à Rome[79].

Une tête chauve du type du « prêtre d'Isis », datable du Ier siècle av. J.-C.[80], pourrait, elle aussi, provenir du siège originel des *Augustales*[81]. L'édifice a continué à être utilisé au IIIe siècle (comme l'atteste un buste qui peut être placé autour de 250 ap. J.-C.[82]) et a été encore restauré par Maxence au IVe siècle. Une statue-portrait de cet empereur (**fig. 10**), ainsi qu'une statue féminine correspondant au schéma de la *Pudicitia*[83] et une statue d'un certain Livius, qui avait exercé la charge honoraire de *sevirus*[84], y ont été retrouvées.

Un autre siège de collège à avoir été reconstruit est la Schola du Trajan, datée selon les briques estampillées entre 145 et 155 environ[85] et caractérisée par une entrée à abside monumentale.

8   Groupe de Mithra tuant le taureau, époque d'Antonin le Pieux. Musée Ostie, inv. 149.

9   Statue de Sabine en Vénus Genetrix, époque de Trajan. Musée Ostie, inv. 24.

10   Statue de l'empereur Maxence, IVᵉ siècle ap. J.-C. Musée Ostie, inv. 51.

11   Statue cuirassée de l'empereur Trajan, époque hadrienne. Musée Ostie, inv. 23.

12   Portrait de princesse, époque des Antonins. Musée Ostie, inv. 52.

Cet édifice devait être le siège d'une corporation très riche, comme l'atteste la décoration en marbre: il s'agit peut-être de celui des *fabri navales*, car leur temple collégial se dresse juste en face[86]. Une statue cuirassée de Trajan, peut-être transférée du siège précédent de la corporation, a été retrouvée dans un état fragmentaire, murée dans le souterrain de l'édifice. La tête était en marbre grec, alors que le corps est en marbre italique (**fig. 11**). Sur la cuirasse sont sculptées des Victoires tauroctones, un motif que l'on retrouve non seulement sur la frise des Thermes du Forum, mais aussi dans le Forum de Trajan à Rome. Selon d'aucuns, il pourrait s'agir d'une copie de la statue qui se dressait sur la Colonne de Trajan[87].

La construction des Thermes du Forum[88] remonte à l'époque d'Antonin et est due à l'intervention du préfet du prétoire M. Gavius Maximus, personnage influent de la cour d'Antonin le Pieux[89] et qui, par sa position, devait avoir facilement accès aux marbres et aux ateliers impériaux. On peut attribuer à cette première phase la tête d'un jeune satyre qui rappelle les centaures de la Villa d'Hadrien[90]; un portrait de princesse de l'époque des Antonins (**fig. 12**), trouvé à l'intérieur d'un mur d'époque tardive[91]; une *imago clipeata* retrouvée dans la pièce à colonnes de la palestre, à situer entre 130 et 140 ap. J.-C.[92]. Deux couples de statues d'Asclépios et d'Hygie[93] et une Fortuna[94] de l'époque d'Antonin provenaient des niches du *frigidarium*.

Les statues classicisantes d'Asclépios et d'Hygie étaient un ornement habituel des thermes: des exemplaires de dimensions plus petites se trouvaient aussi dans les Thermes des Sept Sages, établissement qui peut être daté de l'époque de Trajan-Hadrien dans sa première phase de construction[95], tandis que la déesse Fortuna est souvent présente à Ostie.

Le sanctuaire de la Magna Mater a connu une phase très importante à partir de 130 ap. J.-C.[96], lorsque C. Cartilius Euplus (de la famille ostienne, bien connue, des Cartilii) a dédié à Attis une série de sculptures: un Attis allongé, un Attis/Dionysos, un Attis/Apollon; ainsi que trois exemplaires de Vénus *Genetrix*, une petite statue de Mars, un taureau et un pin[97]. De cette période, on date les deux statues de Pan utilisées comme Télamons devant le *sacellum* d'Attis, de façon très semblable à un sanctuaire analogue de Cybèle à Cyzique[98]. A ce cycle, on doit rattacher deux têtes colossales d'Hadrien et de Trajan et l'autre d'Antinoüs représenté en Attis[99].

L'époque des Sévères, ouverte à des influences d'Asie-Mineure et de Syrie, se caractérise à Ostie par une certaine dégradation dans la technique de construction (utilisation plus accentuée de matériaux de remploi) et par l'abandon progressif de certains secteurs de l'habitat, tels que plusieurs entrepôts, comme en témoigne la Maison des Dolia qui, bien que restructurée une dernière fois à l'époque des Sévères, fut abandonnée

13

14

dans la dernière moitié du IIIe siècle[100]. Dans ce contexte s'insère l'architecture du Temple Rond, doté d'une cella circulaire et surélevée, précédée d'une grande cour[101] : il s'agit d'une forme dérivée du monde oriental, choisie évidemment en l'honneur de la nouvelle dynastie[102]. Meiggs a envisagé[103] la possibilité que le temple pût avoir été largement financé et construit selon des directives impériales, ce que semble confirmer la découverte de deux têtes colossales près du temple en 1874, représentant l'une Alexandre Sévère [voir p. 258, fig. 17][104] et l'autre Gordien III [voir p. 258, fig. 18][105], ainsi que la base d'une grande statue de Tranquillina, femme de Gordien III[106], alors qu'une statue colossale d'Orbiana, femme répudiée (frappée de la *damnatio memoriae*) d'Alexandre Sévère, a été retrouvée insérée en remploi dans le dallage de la route, devant le Théâtre (**fig. 13**). Elle provenait probablement, elle aussi, du temple. Puisqu'il y avait sept niches utilisables dans la cella circulaire, il est probable que quatre d'entre elles au moins étaient occupées par de telles statues colossales. On peut émettre l'hypothèse que le temple était dédié au culte impérial, peut-être de la *gens Severiana*, avec l'adjonction progressive de statues des Gordiens après 235 ap. J.-C.

La période des Sévères voit cependant aussi d'autres interventions dans l'urbanisme qui dénotent la continuité des rapports étroits entre la ville et l'administration impériale : c'est le cas de la Caserne des Vigiles, qui remonte à la planification de la zone à l'époque d'Hadrien. Sur le côté arrière de la cour, on agrandit une salle pour la consacrer au culte impérial et la dédier à Septime Sévère, qui est célébré comme le *restitutor castrorum Ostiensium* sur la base qu'on y a retrouvée[107]. La salle s'ouvrait sur le côté ouest de la cour et était placée dans l'axe de l'entrée principale depuis laquelle elle était visible. Sur la paroi du fond, il y a un large banc (haut de 1,30 m et dont les côtés mesurent 15,6 m × 8,40 m) sur lequel reposaient les plinthes des statues impériales (de droite à gauche : Antonin le Pieux, Lucius Verus, Septime Sévère, Marc Aurèle et encore Marc Aurèle, alors qu'il n'était pas encore empereur). Le banc était revêtu de dalles en marbre dont il nous reste celles du niveau supérieur et le socle mouluré droit, sur lequel, à l'origine, s'appuyaient les dalles verticales.

Le Théâtre fut agrandi et reconstruit sous Commode et Septime Sévère qui, avec ses fils, le dédia en 196, suite à une intervention impériale directe[108], comme l'indique l'inscription provenant très probablement de la *scaenae frons*[109]. Puisqu'il ne fut pas possible d'ouvrir de grandes niches se terminant en absides en correspondance des portes, le mur antérieur était resté rectiligne et l'effet scénographique ne fut pas confié à des colonnes détachées de la paroi, mais à des piliers, colonnes ou demi-colonnes en marbre, toujours adossées au mur de fond de la scène[110]. La décoration sculpturale à cette époque comprenait probablement un cycle de nymphes, comme le suggère l'Ino-Leucothéa retrouvée dans l'*hyposcenium* (**fig. 14**)[111]. D'autres sculptures furent retrouvées dans les *tabernae* aménagées dans la *cavea* du Théâtre ou sur le *decumanus*, près du Théâtre : parmi elles, il faut mentionner la tête colossale de Trajan (p. 306, fig. 9)[112] et une

15 16

13 Portrait colossal d'Orbiana, époque sévérienne. Musée Ostie, inv. 26.

14 Statue d'Ino-Leucothéa, époque sévérienne. Musée Ostie, inv. 110.

15 Tête colossale féminine, milieu du IIe siècle ap. J.-C. Musée Ostie, inv. 53.

16 Portrait d'un philosophe, identifié comme Plotin, milieu du IIIe siècle. Musée Ostie, inv. 1386 (photo F. Mapelli).

autre tête colossale féminine (**fig. 15**), datée du milieu du IIe siècle ap. J.-C.[113]. Parmi les sculptures retrouvées dans les *tabernae*, plusieurs semblent provenir d'ateliers de marbriers, d'où proviennent également des portraits privés, peut-être pris dans les nécropoles voisines pour être restaurés ou retravaillés[114].

Au IVe siècle, Ostie cède à Portus le contrôle des trafics portuaires. En conséquence, les grands immeubles d'habitation et une partie des édifices publics sont abandonnés ou transformés en *domus* destinées à une seule famille. A ceci s'ajoute la diffusion de la religion chrétienne et l'abandon partiel d'un grand nombre de temples païens : l'Iséum de Portus fut le dernier édifice païen de la zone à être restauré aux frais de l'Etat, durant le IVe siècle ap. J.-C.[115]. Les quelques nouvelles statues furent érigées dans les zones encore fréquentées : tout d'abord on continue à dédier des statues à des personnages publics dans le Forum[116], où l'on transfère aussi des statues depuis des secteurs désormais en ruine[117], et où Vincentius Ragonius Celsus se charge de l'érection d'une statue de la déesse Roma aux frais de la colonie. Elle fait partie d'une série de représentations de l'*aeternitas* de la ville, par opposition à la nouvelle capitale, Constantinople[118]. Ragonius Celsus lui-même se fit ériger une statue en magistrat dans la palestre des Thermes du Forum, dont il avait dirigé la restauration vers 400 ap. J.-C.[119]

A l'époque romaine tardive, les rues et les places d'Ostie sont toujours davantage occupées par des nymphées, des exèdres, des façades décoratives (par exemple la façade de la Porta Marina, tournée en direction de la mer), qui apparaissent suite à la réduction considérable du trafic commercial[120]. Les statues, souvent des sculptures plus anciennes remployées, représentaient une partie importante de cette décoration

urbaine. Le remploi de statues classicisantes est évident dans quelques nymphées d'époque tardive : par exemple le nymphée des Erotès, avec des copies du Ier siècle ap. J.-C. de l'« Eros qui met la corde à son arc» de Lysippe ; la niche centrale était peut-être occupée par une statue de Vénus[121].

Plusieurs sièges de corporations d'artisans ou de commerçants sont abandonnés au courant de cette période, mais en revanche d'autres sièges d'associations, à fin religieuse ou philosophique, apparaissent, dont probablement l'Aula du Groupe de Mars et Vénus. Il s'agit d'une salle qui se termine en abside, dotée de trois niches, qui fut utilisée peut-être en partie comme un nymphée. Dans son abside fut retrouvé un groupe représentant Faustine Mineure et Marc Aurèle, sous l'apparence de Mars et de Vénus[122]. La Domus du Philosophe fut probablement le siège d'une association néo-platonicienne. On y a retrouvé trois copies du portrait d'un philosophe du milieu du IIIe siècle, identifié comme Plotin (**fig. 16**)[123].

On peut observer un ensemble sculptural du IVe siècle bien conservé dans la Domus de la Fortune de l'Annone. Elle doit son nom à une statue du IVe siècle retrouvée dans la maison même et qui représente la personnification d'Ostie (couronne munie de tours, corne d'abondance)[124]. La statue d'Artémis (**fig. 17**), restaurée dans l'Antiquité, a été considérée comme un exemple du sens de récupération d'objets anciens qui caractérisait la société ostienne de cette époque[125].

Parmi les nombreuses autres statues retrouvées dans cette *domus*, on peut mentionner une Athéna acéphale vêtue d'un péplum, une tête féminine de style archaïsant, une copie de l'Aphrodite de Doidalsès, une copie en dimensions réduites de l'Aphrodite de Cnide, un portrait féminin de l'époque des

17   Statue d'Artémis, restaurée dans l'Antiquité. Musée Ostie, inv. 84.

implique une identification avec le pouvoir augustéen, comme l'atteste le Temple de Rome et Auguste avec sa décoration sculpturale. L'atelier qui travailla au temple de cette époque montre une exécution proche du classicisme augustéen, qui se manifeste aussi dans la décoration architecturale. Cette tendance se poursuit jusqu'à l'époque des Flaviens (rappelons, par exemple, la décoration de la Porta Romana), même si, sur quelques reliefs à caractère sacré, on recommence à souligner l'image publique de certains grands personnages ostiens, en relation avec les traditions religieuses de la ville.

C'est surtout dès la période de Trajan et sous le règne d'Hadrien, parallèlement à la grande expansion de la construction publique, que la sculpture assume un caractère de propagande, en relation avec le culte impérial, comme en témoigne le grand nombre de statues colossales et de portraits impériaux. La sculpture se trouve en effet reliée aux commandes impériales (Thermes de la Porta Marina, Thermes de Neptune) ou à des personnages importants d'Ostie qui avaient organisé la mise en œuvre du programme de construction d'Hadrien. D'une part, on remarque la présence de quelques sculpteurs d'un haut niveau artistique, surtout pour des portraits impériaux, tels ceux de Trajan et de Plotine[128]. En plus des statues impériales, on note aussi la diffusion de statues classicisantes dans la décoration d'édifices, surtout des thermes, selon une tendance à l'intellectualisation qui s'était déjà affirmée à partir du Ier siècle ap. J.-C. Il s'agit alors, généralement, de copies produites par des ateliers locaux, qui sont capables de façonner des œuvres d'une certaine qualité (par exemple les statues d'Hygie et de Fortuna des Thermes du Forum). Il existait encore une production de grande qualité pour les portraits privés, se situant surtout dans un contexte funéraire ou domestique. Des statues-portraits érigées sur les lieux publics, il ne reste souvent que les bases avec l'inscription dédicatoire. D'autre part, des ateliers d'un niveau artistique inférieur se consacraient aux reliefs qui illustraient les métiers des défunts, relatifs à la classe moyenne et toujours provenant de contextes funéraires.

A l'époque des Antonins, on voit encore se multiplier les images publiques des empereurs ou des membres de la famille impériale, dans des contextes publics (thermes ou nymphées). Les portraits de personnages locaux en milieu public se limitent à des statues honorifiques situées sur les places ou dans les sièges des collèges, qui constituent les commanditaires les plus importants de telles statues.

A l'époque des Sévères, on assiste à une diminution du nombre de statues, bien que la nature des commandes restent semblables. Ce n'est qu'en plein IIIe et au IVe siècle que l'on remarque un changement décisif, caractérisé par la forte réduction des statues honorifiques et la pratique du remploi pour la décoration sculpturale des rares nouveaux monuments publics. Les statues des empereurs perdent leur caractère colossal, alors que, dans les *domus*, s'imposent les sculptures d'inspiration classique selon une tendance qui privilégie une vision rétrospective et la récupération de pièces antiques.

trad. Fabia Curti

Antonins, un buste d'homme âgé, dont les traits rappellent l'empereur Dèce, un buste de jeune homme de l'époque de Gallien et une petite statue d'Héra dans une niche du jardin[126].

On peut conclure ce bref résumé de la sculpture ostienne en soulignant les rapports entre ateliers de sculpteurs et commanditaires. A l'époque tardo-républicaine, c'étaient les dons dans les sanctuaires qui créaient l'image des commanditaires, qui y dédiaient habituellement le butin de guerre de leurs conquêtes en Orient ou commandaient des œuvres à des artistes néo-attiques[127]. A l'époque augustéenne et julio-claudienne, l'auto-représentation des classes dominantes dans les villes

Notes

[1] Cf. Meiggs, *Ostia*, p. 431.

[2] Cf. D. Whittaker, «The Politics of Power: The Cities of Italy», dans: *L'Italie d'Auguste à Dioclétien, Actes du Colloque Rome 1992*, 1994, p. 130.

[3] Catalogue n° V. 2.

[4] F. Zevi, «Iscrizioni con firme di artisti greci», RendPontAcc 42, 1969-1970, pp. 110-116.

[5] Catalogue n° V. 4.

[6] Catalogue n° V. 3.

[7] Calza – Squarciapino, p. 40.

[8] F. Zevi, dans: *Museo Ostiense: nuove immissioni*, 1971, p. 11.

[9] On a mis en doute que Cartilius Poplicola ait jamais connu de succès militaires, même si son mausolée est décoré par des scènes de guerre et par un rostre de bateau de guerre, du fait que, selon les inscriptions, il n'aurait revêtu que des postes locaux: G. Calza, dans: *SdO* III, p. 205. Cependant, H. Bloch, *ibid.*, p. 215, souligne la présence d'une longue lacune (30 caractères) dans l'inscription du mausolée qui pourrait avoir contenu la référence aux victoires du personnage. En outre, on a récemment émis l'hypothèse que les succès de Cartilius auraient été plutôt d'ordre économique: les statues «achilléennes» sont souvent liées à des marchands italiques et les offrandes au sanctuaire ostien d'Hercule peuvent être vues également comme des remerciements pour des succès économiques, sur le modèle d'autres sanctuaires du Latium du IIe-Ier siècle av. J.-C.: B. Morovich, «Cartilius P... e la costruzione del Serapeo ostiense», RendIstLomb 125, 1991, pp. 183-200. Voir aussi ci-dessus, p. 156.

[10] Catalogue, n° XIV.1.

[11] A. Adriani, *Divagazioni intorno a una coppa paesistica di Alessandria*, 1959, p. 36; Calza – Squarciapino, p. 41.

[12] G. Lippold, dans: *Antike Plastik W. Amelung zum 60. Geburtstag*, 1928, pp. 127 sq.; Calza – Squarciapino, p. 32.

[13] E. Lauffray, BMusBeyrouth 4, 1940, p. 27, pl. IV; Calza – Squarciapino, p. 33.

[14] A. Giuliano, ArchCl 5, 1953, pp. 211 sqq.; Calza – Squarciapino, p. 43.

[15] Calza, *SdO* V, n° 5.

[16] Calza, *SdO* V, n° 12.

[17] B. Schweitzer, *Die Bildniskunst der römischen Republik*, 1948, p. 90 fig. 127. Une copie du même portrait se trouve dans les Jardins du Quirinal: Calza – Squarciapino, p. 61.

[18] M. A. Ricciardi *et al.*, *La civiltà dell'acqua in Ostia antica*, II, 1996, p. 15.

[19] M. Floriani Squarciapino, «L'ara dei Lari a Ostia», ArchCl 4, 1952, pp. 204-208.

[20] H. Hänlein-Schäfer, *Veneratio Augusti*, 1985, p. 133.

[21] G. Calza, dans: *Capitolium*, 1929, p. 440; F. Calza – E. Nash, *Ostia*, 1959, pl. 45, fig. B55. A propos du temple, cf. *SdO* I. *Topografia*, 1953, p. 115, et pl. IX. A propos de la statue de Roma, cf. aussi Hänlein-Schäfer, *op. cit.*, p. 85.

[22] Meiggs, *Ostia*, pp. 353-354.

[23] *SdO* V, n°s 29 et 43.

[24] *Ibid.*, n° 31 et 32.

[25] *Ibid.*, n° 38. La coiffure est une variante de celle d'Octavie, mais la datation semble devoir être située entre Claude et Néron d'après H. von Heintze, dans: *Helbig*^{4}, n° 3108. Quant à la Caupona du Paon, qui semble avoir été fréquentée par une clientèle choisie, voir Meiggs, *Ostia*, p. 430.

[26] Calza, *SdO* V, n° 169.

[27] Cf. C. Pavolini, *La vita quotidiana a Ostia*, 1986, p. 18, et R. Mar, «La formazione dello spazio urbano nella città di Ostia», RM 98, 1991, pp. 101 sq.

[28] G. Becatti, SdO I, p. 128.

[29] F. Zevi, «Costruttori eccellenti per le mura di Ostia: Cicerone, Clodio et l'iscrizione della Porta Romana», RIA 19-20, 1996-1997, pp. 61-112.

[30] D. Vaglieri, NSc 1910, p. 67: «La vecchia struttura in tufo è stata opportunamente rivestita da una nuova decorazione architettonica, con basamento in travertino e, in elevato, un ricco apparato di marmo lunense».

[31] G. Becatti, dans: SdO I, p. 128.

[32] N. Degrassi, BCom 67, 1939, pp. 61 sq.; Calza – Squarciapino, p. 67.

[33] Calza, SdO V, n° 71; Calza – Squarciapino, p. 64.

[34] R. Calza, SdO V, n° 66; Calza – Squarciapino, p. 66; *Helbig*^{4}, n° 3111 (Simon) pour une datation à l'époque de Trajan.

[35] Voir ci-dessus, p. 158.

[36] G. Ricci, BdA 31, 1938, p. 568 sq.; H. Bloch, NSc 1955, p. 256 sq.; Calza – Squarciapino, p. 64.

[37] P. Pensabene, dans: A. Gallina Zevi – A. Claridge (dir.), *'Roman Ostia' Revisited*, 1996, p. 209.

[38] Voir ci-dessus, p. 163.

[39] Voir ci-dessous, pp. 303-307.

[40] Meiggs, *Ostia*, pp. 407, 408.

[41] Selon C. Pavolini, *Quaderni di archeologia etrusca italica* 4, 1980, p. 118, les briques estampillées présentes dans l'édifice sont de l'époque d'Hadrien, et, plus précisément, des années 134-138 ap. J.-C.: il faut donc revoir la datation à l'époque d'Antonin le Pieux proposée par Becatti pour ces thermes (*SdO* I pp. 146 sq.). En ce qui concerne les femmes et les rapports politiques avec la cour de Trajan et d'Hadrien, cf. A. Carandini, «Anno 112», ArchCl 18, 1966, et M. Wegner, *Hadrian, Plotina, Marciana, Matidia, Sabina*, 1956.

[42] Calza – Squarciapino, pp. 64 et 65 = Calza, *SdO* V, n°s 72-73; les *clipei* ont été retrouvés dans la partie souterraine des thermes.

[43] Calza – Squarciapino, pp. 40 et 30.

[44] Bloch, *SdO* I, p. 219.

[45] R. Winkes, *Clipeata Imago*, 1969, p. 63; à propos des Thermes du Mithra, il est d'avis qu'il s'agirait de personnages publics, puisqu'ils sont exposés dans un édifice public; cf. pp. 65 sq. à propos des bibliothèques, et p. 71 pour le cas de Théra.

[46] Voir *SdO* I p. 123, pour les raisons qui ont poussé Becatti à parler d'un complexe de construction unitaire faisant partie d'un seul plan d'aménagement.

[47] *Ibid.*; la basilique financée par le *duovir* ostien M. Iulius Severus en 152 pourrait cependant ne pas être celle adjacente au Forum, mais une autre, actuellement inconnue.

[48] M. Floriani Squarciapino, «Un nuovo frammento del fregio della basilica di Ostia: la lupa con i gemelli», dans: *Etudes pour L. Breglia. BollNum*, Suppl. au n° 4, 1987, vol. II, pp. 119-126; pour les autres fragments, cf.: Calza – Squarciapino, p. 69; G. Becatti, BCom 71, 1943-1945, pp. 31-46.

[49] Meiggs, *Ostia*, p. 106: n^{os} inv. 575, 581, 595 = Calza, *SdO* V, n°s 120; 79; 137. Cependant, *SdO* V, n° 137 (inv. 595) provient de Tor Boacciana (zone du Palais Impérial, d'où proviennent d'autres sculptures de grande qualité), tandis qu'une autre tête d'Antonin le Pieux peut plus probablement être attribuée au contexte de la Basilique: *SdO* V, n° 139 = inv. 702 (Chiaramonti), dont la provenance indiquée est un secteur à l'ouest du Capitole, peut-être entre la Basilique et le Temple Rond, et qu'on pense pouvoir attribuer à des artisans locaux, tout comme les autres portraits qui forment cet ensemble. Meiggs ajoute également une tête de Marc Aurèle jeune (inv. 583) qui a cependant été retrouvée avec un buste de Didius Julianus sur le Cardo Maximus, derrière ce que l'on appelait à l'époque «Temple de Vulcain», c'est-à-dire le Capitole.

[50] Calza, *SdO* V, n° 93 (= Mus. Vat., inv. 585), du début de l'époque d'Hadrien.

[51] *Ibid.*, n° 87: la statue mesurait plus de quatre mètres.

[52] *Ibid.*, n° 149.

[53] Voir ci-dessus, pp. 162-163.

[54] F. Zevi, FA 18-19, 1963-1964, n° 7429.

[55] H. Manderscheid, *Die Skulpturenausstattung der kaiserzeitlichen Thermenanlagen*, 1981, n° 89; Calza, *SdO* V, n° 90: 102 ap. J.-C.

[56] Manderscheid, *op. cit.*, n° 94 (= Museo Nazionale Romano [MNR], inv. 209 = Calza, *SdO* V, n° 161), de l'époque des Antonins; Manderscheid, n°s 95-96 (= NSc 1888, p. 739 a-b); ces derniers correspondent peut-être à deux portraits au MNR, inv. 334 (= Calza, *SdO* IX, n° 87, datable au milieu du IIIe siècle), et inv. 336 (= Calza, *SdO* IX, n° 49, avec *paludamentum*, des années 185-195 ap. J-C). En outre, un portrait juvénile de Septime Sévère (Calza, *SdO* IX, n° 54 = MNR, inv. 345), et une tête masculine ceinte d'une bande, datable de l'époque des Flaviens ou de Trajan (Manderscheid, n° 93 = MNR, inv. 350 = Calza, *SdO* V, n° 70).

[57] Manderscheid, *op. cit.*, n° 98.

[58] *Ibid.*, n° 92; à propos de toutes ces découvertes, cf. NSc 1888, p. 739.

[59] Une tête colossale barbue provenant du péristyle pourrait être attribuée à la décoration de cette salle: L. Paschetto, *Ostia, Colonia Romana*. AttiPontAcc 8/2, 1912, p. 272; Meiggs, *Ostia*, p. 411 n. 1; Manderscheid, *op. cit.*, n° 88, qui doute cependant (p. 37) que la salle puisse avoir été destinée au culte impérial (comme par exemple l'exèdre des thermes de Vedius à Ephèse), suggérant que l'on y aurait seulement honoré le bienfaiteur des Thermes. Toutefois, les titres de mérite que la colonie d'Ostie avait attribués à Hadrien, pourraient faire penser à un culte de cet empereur instauré peu après sa mort.

[60] Calza – Squarciapino, p. 56; Calza, *SdO* V, n° 127; Manderscheid, *op. cit.*, n° 90.

[61] NSc 1909, pp. 172 sqq., Manderscheid, *op. cit.*, p. 78 (il faut relever qu'une partie des Thermes, à l'époque de l'Antiquité tardive ou du haut Moyen Age, a été utilisée comme zone de sépulture, comme l'atteste la découverte d'une caisse en dalles de marbre et de nombreux fragments de sarcophages remployés: NSc 1909, p. 199).

62 Paschetto, *op. cit.*, p. 273.

63 Calza, *SdO* V, n° 188 (de la palestre) = Manderscheid, *op. cit.*, n°. 97 (selon *NSc*, 1888, d'une niche du *frigidarium*), actuellement exposée dans la salle W de la palestre.

64 Manderscheid, *op. cit.*, n°ˢ 84 et 85.

65 *NSc* 1909, pp. 173 et 178.

66 Calza – Squarciapino, p. 17, inv. 1447.

67 Manderscheid, *op. cit.*, n° 91 (MNR, inv. 121535).

68 Calza, *SdO* V, n° 69: 95-100 ap. J.-C. (MNR): la présence du *balteus* l'identifie comme un militaire.

69 Calza, *SdO* V, n° 23.

70 Cf. Guattani, dans: *Monumenti inediti per l'anno 1805*, pp. cv-cxi, cité par Meiggs, *Ostia*, p. 73 n. 1; P. Pensabene – M. Bruno, «Calcolo volumetrico delle lastre di rivestimento per la definizione della committenza: due casi ostiensi», dans: *AISCOM, Atti V Colloquio, Roma 1997*, 1998, pp. 296-299.

71 *CIL* XIV 94.

72 M. A. Ricciardi – V. S. Scrinari, *La civiltà dell'acqua ad Ostia antica II*, 1996, n° 20 (IV iii 5).

73 En marbre pentélique avec la base en marbre de Proconnèse: P. Pensabene – M. Bruno, dans: Ricciardi – Scrinari, *op. cit.*, p. 292.

74 H. Bloch, *NSc*, 1953, p. 249, n. 16; Meiggs, *Ostia*, 378.

75 Bloch, *NSc*, 1953, pp. 248, 297, nn. 16, 63; Meiggs, *Ostia*, 378 n. 11; F. Zevi, *MEFRA*, 88, 1976, pp. 612 *sqq.*

76 Catalogue, n° XIV.13 [avec une datation légèrement plus haute; n.d.r].

77 Calza – Squarciapino, p. 35; *Helbig*⁴, n° 3027.

78 Calza, *SdO* V, no. 175; une des statues avait été dédiée par un affranchi d'un des prêtres: Meiggs, *Ostia*, p. 433. Dans l'édifice, on a également retrouvé la statue d'une nymphe, qui cependant ne semble pas pertinente.

79 Catalogue, n° XII.15.

80 Catalogue, n° V. 5.

81 Les statues ont été retrouvées entassées, dans l'attente d'être transformées en chaux: Calza, *NSc* 1941, pp. 216 *sq.*

82 Calza, *SdO* IX, n° 88; le même personnage était représenté dans les Thermes de Neptune: Calza, *SdO* IX, n° 87.

83 Calza – Squarciapino, p. 48; R. Calza, *BCom* 1946-1949, p. 84 *sq.*

84 Catalogue n° XII.16.

85 G. Becatti, *SdO* I p. 146; voir aussi ci-dessus, p. 76.

86 *CIL* XIV 4551.

87 Calza, *SdO* V, n° 86.

88 Voir ci-dessus, pp. 161-162..

89 H. Bloch, «The Name of the Baths near the Forum at Ostia», dans: *Studies D. M. Robinson*, II, 1953, pp. 412-418; Meiggs, *Ostia*, p. 415. La ville d'Ostie avait dédié à Gavius Maximus une statue dont il reste une partie de l'inscription dédicatoire, qui témoigne du fait que ce personnage avait obtenu des titres honorifiques à Ostie.

90 Calza – Squarciapino, p. 38; P. Cicerchia – A. Marinucci, *SdO* IX. *Le terme del Foro o di Gavio Massimo*, 1992, n° A9; Manderscheid, *op. cit.*, n° 75.

91 Calza – Squarciapino, p. 50, on y enregistre la ressemblance avec le Marc Aurèle de la Salle à croix grecque des Musées du Vatican, lui aussi provenant d'Ostie. On a pensé pouvoir identifier la jeune femme avec Domitia Lucilla: Calza, *SdO* V, n° 148; cf. Cicerchia – Marinucci, *op. cit.*, n° A2.

92 Calza – Squarciapino, p. 68; Calza, *SdO* V, n° 134; Cicerchia – Marinucci, n° A26. Selon H. von Heintze, le portrait daterait cependant de l'époque des Sévères (*Helbig*⁴, n° 3115).

93 Asclépios: Manderscheid, *op. cit.*, n°ˢ 71 et 72; Hygie: Manderscheid., n°ˢ 73 et 74 (= *SdO* XI, A3 et A4).

94 Cicerchia – Marinucci, *op. cit.*, n° A20; Calza – Squarciapino, p. 39.

95 Calza – Squarciapino, p. 38: Hygie au Musée d'Ostie, Asclépios aux Musées du Vatican; Meiggs, *Ostia*, p. 419.

96 Voir ci-dessus, p. 256.

97 R. Calza, «Sculture rinvenute nel santuario», *MemPonAcc* 6, 1946, p. 207.

98 *Ibid.*, p. 208.

99 Calza, *SdO* V, n° 83 (= Musée du Lateran, n° 121 = Jardins du Quirinal, n° 129 = MNR, inv. 341).

100 L. Paroli, «Ostia alla fine del mondo antico», dans: Gallina Zevi – Claridge (dir.), *op. cit.* (n. 37), p. 225.

101 Il rappelle directement par la forme circulaire de la cella et les parois internes articulées en niches, non seulement le Panthéon à Rome, mais également le Temple de Zeus – Asclépios de l'*Asclépieion* de Pergame: O. Ziegenhaus – G. De Luca, *Das Asklepieion*, I, *AvP* XI 1, 1968; *Das Asklepieion*, II, *AvP* XI 2, 1975.

102 C. C. Briggs, «The Pantheon of Ostia», dans: *MemAmAc* 8, 1930, pp. 161-169. Voir aussi ci-dessus, p. 254 *sqq.*, les observations de K. Rieger.

103 Meiggs, *Ostia*, p. 81.

104 Calza, *SdO* IX, n° 82.

105 Calza, *SdO* IX, n° 84 (= *Cat. MNR* I 1, p. 310, n. 186; I 9, p. 360, n. R273).

106 *CIL* XIV, Suppl.4399.

107 *CIL* XIV, Suppl. 4387, 4388: l'édifice a alors été orné de *crustae* en marbre, de piliers, de mosaïques, de statues de Septime Sévère et de Caracalla dont les bases, portant l'inscription *restitutor castrorum Ostiensium*, sont conservées.

108 G. Calza, *Il teatro romano di Ostia*, 1927; P. Pensabene, dans: P. Ciancio Rossetto – G. Pisani Sartorio (dir.), *Teatri greci e romani, alle origini del linguaggio rappresentato*, 1994, pp. 534-536.

109 Il faut ainsi comprendre le terme *dedicaverunt* qui termine l'inscription et dont le sujet sont les empereurs: *CIL* XIV 114; également *CIL* XIV 115, qui parle de la réfection de l'ornementation; étant donné son lieu de découverte près du Théâtre, il se peut qu'elle doive être attribuée à des interventions des mêmes empereurs.

110 Sur la découverte de fragments architectoniques de la scène: D. Vaglieri, *NSc* 1910, p. 172.

111 Calza – Squarciapino, p. 31: type dit de la «Vénus Marine», dont on connaît plusieurs répliques à Ostie.

112 Catalogue n° XII.12.

113 Calza, *SdO* V, n° 155.

114 Becatti, dans: *SdO* I p. 161.

115 A. Chastagnol, «La restauration du temple d'Isis au *Portus Romae* sous le règne de Gratien», dans: *Hommages à M. Renard*, Latomus 103, 1969, II, pp. 135-144.

116 Voir, par exemple, *CIL* XIV Suppl. 4455.

117 Meiggs, *Ostia*, p. 432; *CIL* XIV Suppl. 4721.

118 Becatti, *op. cit.* p. 161; *CIL* XIV Suppl. 4716; J. Toynbee, «Rome and Constantinopolis», *JRS* 37, 1947, pp. 135-144.

119 Cicerchia – Marinucci, n° A22; cf. G. Becatti, *BdA* 33, 1948, p. 216, alors que Calza – Squarciapino, p. 81 et Manderscheid, *op. cit.*, n° 79, identifient la statue avec Q. Aurelius Simmacus.

120 Becatti, dans: *SdO* I p. 160.

121 Calza – Squarciapino, p. 30; M. A. Ricciardi – V. S. Scrinari, II, *op. cit.*, p. 225, n° 19.

122 MNR, inv. 108522. Selon Calza, *SdO* IX, n° 16, il s'agissait de Lucilla et Pompeianus; selon H. Von Heintze, *Helbig*⁴, n° 2132, de Commode et Crispina. Pour l'interprétation de l'édifice comme une *schola*, voir Becatti, *SdO* I, p. 156; Hermansen, *op. cit.*, pp. 78-79.

123 Calza – Squarciapino, p. 79; H. P. L'Orange, dans: *Atti VII Congr. Int. Arch. Class.*, p. 475 *sq.*; sur la structure architectonique, cf. Hermansen, *op. cit.*, p. 77.

124 Meiggs, *Ostia*, p. 433; cf. Hermansen, *op. cit.*, p. 77.

125 Calza – Squarciapino, p. 36; Ricciardi – Scrinari II, *op. cit.*, 1966, p. 234, n° 27.

126 Calza – Squarciapino, pp. 34, 40-42, 46, 52, 70 et 78.

127 Cf. aussi la signature d'Athanodoros, artiste rhodien, sur une base de marbre noir: *NSc* 1880, p. 478, n 16; Meiggs, *Ostia*, p. 434, n. 7.

128 Voir catalogue n°ˢ XII.12-13.

Le portrait de Plotine à Genève et la décoration statuaire des Thermes de la Porta Marina[*]

Claudia Valeri

1   Le *frigidarium* des Thermes de la Porta Marina.

Plusieurs kilomètres séparent aujourd'hui les Thermes de la Porta Marina de la côte, mais dans l'Antiquité, ce grand complexe splendide se dressait sur le bord du littoral d'Ostie et contribuait à enrichir, à proximité du port, une scénographie maritime déjà très élaborée[1]. Les ruines imposantes de ce complexe thermal, qui font l'objet de ce court exposé, se dressent à l'extérieur des murs d'enceinte, un peu au sud de la Porta Marina, par laquelle passait le Decumanus Maximus qui se dirigeait vers la côte. Le lien avec la mer transparaît dans l'ancienne dénomination du complexe, *thermae maritimae*. On a retrouvé une inscription du IVe siècle ap. J.-C. qui en rappelle la restauration exécutée par l'empereur Valens[2].

On a longtemps attribué la construction des thermes aux années de la fin du règne d'Antonin le Pieux[3], mais R. Meiggs a reconnu qu'ils appartenaient à l'époque de Trajan[4]. Des fouilles et des restaurations récentes ont permis de vérifier les diffé-

rentes phases de construction de ce complexe. La première date de l'époque de Trajan[5], mais l'édification ne se termina pas avant le règne d'Hadrien[6], comme le montre l'analyse des estampilles et des techniques murales ainsi que le programme de décoration[7].

Les ruines de la grande abside du *frigidarium* (**fig. 1**) furent initialement considérées, par erreur, comme étant celles de la Porta Marina. Leur visibilité causa sans doute un pillage que l'on ne peut vérifier pour ce qui est des temps plus anciens. Les premières enquêtes connues remontent à la deuxième moitié du XVIIIe siècle lorsque le peintre écossais Gavin Hamilton opéra des fouilles (à partir de 1774) autorisées par le pape Pie VI dans le but de récupérer les sculptures[8].

D'autres fouilles, pour lesquelles nous n'avons pas de documents, furent effectuées à la demande du cardinal Bartolomeo Pacca, par Pietro Campana (1831-1835) qui travailla près de la

2   La Vénus de Townley (photo British Museum).

3   Statue représentant la Muse Thalie (photo British Museum).

4   Petite statue de Vénus pudique (photo British Museum).

plage[9]. Par la suite, le complexe fut partiellement étudié entre 1922 et 1928 (à cette dernière date remonte la découverte du portrait de Marciana qui donna aux thermes leur second nom, puisqu'ils sont aussi connus comme Thermes de la Marciana), tandis que les grandes fouilles exécutées entre 1938 et 1942, à l'occasion de l'Exposition universelle, eurent le mérite de compléter le déblaiement de l'édifice, sans pour autant parvenir à fournir une documentation adéquate[10]. Tout récemment par contre, le complexe a fait l'objet d'une campagne de restauration[11].

Les notices des anciennes fouilles et les découvertes récentes permettent de reconstituer partiellement le décor sculptural du complexe. Les œuvres découvertes par Gavin Hamilton sont aujourd'hui en partie dispersées et en partie conservées dans les musées de Londres et de Cassel. Les fouilles effectuées par le peintre écossais dans la zone de l'ancien littoral ont probablement concerné les Thermes de la Porta Marina aussi bien que les Thermes Maritimes[12]. Il se peut que le décor originel de ce dernier comprenait les statues de la Collection Townley : la célèbre Vénus (**fig. 2**)[13], identifiée comme la réplique de l'Aphrodite Phryné de Delphes de Praxitèle des années 360-350 av J.-C., une statue représentant la Muse Thalie (**fig. 3**)[14] et une petite Vénus pudique (**fig. 4**)[15]. En revanche, les œuvres suivantes faisaient probablement partie de la décoration des Thermes de la Porte Marina : une statue du type de l'Héra Borghèse représentant Hygie (**fig. 5**)[16] et un torse d'Aphrodite (**fig. 6**) en marbre insulaire, qui appartiendrait à une statue du type de la Vénus Capitoline, retrouvée en 1971 et conservée à

Ostie[17]. Toutes ces sculptures peuvent être datées de la première partie du IIe siècle, probablement de l'époque d'Hadrien. Du reste, on peut avec certitude dater de l'époque d'Hadrien la statue qui représente Antinoüs en qualité de *Vertumnus*[18].

En outre, la décoration statuaire des Thermes de la Porta Marina comprenait une statue d'Asclépios retrouvée également pendant les fouilles du XVIIIe siècle, mais aujourd'hui perdue[19]. Elle accompagnait vraisemblablement la statue d'Hygie conservée à Cassel. Une réplique du discobole de Myron, découverte toujours par Hamilton et restaurée par la suite en Diomède pour être exposée dans la collection de Lansdowne House[20], faisait aussi partie de la décoration.

Selon les habitudes de la capitale, les portraits représentaient exclusivement des empereurs ou des membres de la famille impériale. Dans un fragment de tête de moyenne qualité, nous reconnaissons l'empereur Trajan, du type dit des décennales[21]. Sa sœur Marciana était représentée par une statue dont nous ne conservons que la tête (**fig. 7**)[22]. Celle-ci est probablement posthume et doit donc dater d'après 112 ap. J.-C.[23]

Des Thermes de la Porta Marina, provient certainement aussi un portrait très fragmentaire de l'empereur Hadrien, réplique du

5   Statue représentant Hygie, Cassel Sk 6 (photo Staatliche Museen Kassel).

6   Torse d'Aphrodite, Ostie, inv. 29781 (photo SAO, neg. C1725).

7   Portrait de Marciana, Ostie, inv. 20.

type de «Baies», créé dans un atelier officiel aux alentours de 130 ap. J.-C. et diffusé presque exclusivement en Italie[24].

Moins sûre, mais vraisemblable, est la provenance d'un portrait dont on ne conserve que la partie inférieure et qu'on a retenu être l'effigie d'Antonin le Pieux[25]. Nous savons que pendant les fouilles de Campana, on retrouva «à proximité de la plage une série d'objets de plus ou moins grande valeur» parmi lesquels un portrait de Plotine «avec une partie de buste semi-colossal d'une excellente facture» et «une tête de jeune faune» qu'on n'a plus retrouvée par la suite[26].

Plotine, par contre, a longtemps été identifiée avec un portrait conservé à la Glyptothèque de Copenhague, alors qu'il s'agit clairement d'une Sabine[27]. Selon les recherches conduites par F. Marini sur les fouilles du Cardinal Pacca à Ostie[28], la Plotine dont Campana parle pourrait être reconnue dans un beau portrait qui se trouve au Musée d'art et d'histoire de Genève[29].

La tête de Genève (**fig. 8**), en marbre grec, est caractérisée par une coiffure typique de l'époque de Trajan et spécifique de l'iconographie de Plotine avec laquelle, en effet, elle a été habituellement identifiée. La seule opinion en désaccord est celle de Raissa Calza qui reconnaîtrait plutôt dans cette tête

une femme de la famille Ulpia et plus particulièrement Matidia. Toutefois, l'iconographie de Matidia est très incertaine, fondée seulement sur quelques monnaies de l'époque d'Hadrien qui la font ressembler à sa mère, Marciana[30]. Ainsi, il n'y a pas de raisons suffisantes pour mettre en doute l'identification du portrait de Genève comme Plotine. Il pourrait être attribué à la phase hadrienne du complexe thermal. On a d'ailleurs fait remarquer une certaine ressemblance entre le portrait genevois et le célèbre portrait de Trajan retrouvé dans «l'arrière-boutique de la troisième taverne autour du théâtre» à Ostie (**fig. 9**)[31]. Il est en fait possible d'attribuer les deux portraits à un seul sculpteur. Nous retrouvons la même surface extrêmement lisse, la même douceur des visages, la même idéalisation des traits avec les orbites profondes des yeux et les lèvres légèrement entrouvertes[32].

Plus douteuse se révèle par contre l'attribution aux Thermes de la Porta Marina de quatre sculptures en ronde-bosse, en marbre grec à gros grains, qui représentent certains des travaux d'Hercule[33]. La partie frontale et le dos inachevé de chaque sculpture suggèrent leur position à l'intérieur de niches et, en les comparant avec des sarcophages asiatiques décorés du même sujet, nous pouvons proposer une datation entre la fin du IIe siècle et les premières années du IIIe siècle ap. J.-C.[34].

Les statues découvertes dans ce complexe thermal semblent représenter son décor original achevé vraisemblablement sous Hadrien. Le groupe des sculptures idéalisées semblait assez homogène, alors que la série de portraits se rapporte aux

personnages clé de la famille Ulpia (Trajan, Marciana et Plotine), auxquels se rattachent leurs successeurs Hadrien et Antonin le Pieux. La tête du Musée de Genève suggère qu'une statue de la divine Plotine a été rajoutée après 121, l'année de sa mort.

Il était d'usage pour tout nouvel empereur d'honorer son prédécesseur et son épouse: Hadrien était particulièrement débiteur envers les femmes de la famille Ulpia et davantage encore envers Plotine[35]. Cette dernière lui ayant rendu tous genres de faveurs en organisant son mariage avec Sabine, nièce de la bien aimée sœur de Trajan, puis en guidant son *cursus honorum*, enfin veillant avec soin au moment délicat de la succession. Hadrien, honora toujours les femmes de la famille impériale à travers lesquelles s'affirmait son droit à la succession; il n'est pas dû au hasard que les portraits posthumes de Plotine et de Matidia soient si nombreux[36].

La présence exclusive de portraits de la famille impériale, la qualité des sculptures idéalisées, toutes plus grandes que nature, et la découverte d'une statue d'Antinoüs justifient la présomption d'une commande officielle pour ce complexe thermal.

trad. Jean-Paul Descœudres et Lola Sasson

8   Portrait de Plotine, MAH, inv. 19479 (photo D. Perrottet).

9   Portrait de Trajan, Ostie, inv. 17.

Notes

*   Cet exposé fait partie d'un projet de recherches encore inachevé et qui a pour objet la décoration statuaire des thermes d'Ostie. Un premier rapport a paru dans *RIASA* ser. III, 21, 1998, pp. 19-59, un second, dans les Actes du congrès *Ostia e Porto sotto il dominio di Roma: i rapporti fra il centro e il porto*, Roma 1999, est sous presse. Ces recherches ont été favorisées par la disponibilité de Madame Anna Gallina Zevi et par la cordialité de Madame Elizabeth Jane Shepherd. Un remerciement spécial au professeur Fausto Zevi pour ses précieuses suggestions.

1   Pour une analyse du littoral romain, voir N. Purcell, «Alla scoperta di una costa residenziale romana: il *litus Laurentinum* e l'archeologia dell'*otium*», dans: M. G. Lauro (dir.), *Castelporziano, III. Campagne di scavo e restauro 1987-1991* (1998), pp. 11-32.

2   *CIL* XIV 137. Dans l'inscription, découverte en 1776 au cours des fouilles de Gavin Hamilton et actuellement conservée au Musée du Capitole, Valens est associé à ses neveux, Gratien et Valentinien II. Les restaurations peuvent donc être datées aux années 375-378 ap. J.-C.

3   Voir G. Calza *et al.*, *SdO* I, *Topografia generale*, 1953, pp. 146-147, 152, 227.

4   *Ostia*, pp. 407-409. Ce souvenir de la notice de Gavin Hamilton, qui se réfère à une inscription *very elegant of the time of Trajan*, retrouvée dans le complexe des Thermes de Porta Marina, est attribué à C. Albacini: voir A. M. Smith, «Gavin Hamiltons letters to Charles Townley», *GHS* 21, 1901, p. 314.

5   H. Manderscheid, *Die Skulpturenausstattung der kaiserzeitlichen Thermenanlagen*, 1981, p. 79; C. Pavolini, *Ostia*, 1983, p. 173; I. Nielsen, Thermae et balnea. *The Architecture and Cultural History of Roman Public Baths*, 1993, II, p. 5, n° C 25. Au dessous de la structure actuelle, on a retrouvé des vestiges attribués au Iᵉʳ siècle ap. J.-C. concernant des fontaines ou des nymphées, cf.: M. A. Ricciardi – V. Santa Maria Scrinari, *La civiltà dell'acqua in Ostia antica*, 1996, pp. 175-176.

6   V. Mannucci, «Restauro di un complesso archeologico: le Terme di Porta Marina a Ostia», *Archeologia Laziale* 3, 1980, pp. 129-132.

7   Voir aussi ci-dessus, p. 294.

8   Voir C. Pietrangeli, *Scavi e scoperte di antichità sotto il pontificato di Pio VI*, 1943 et ci-dessus, p. 44.

9   Voir ci-dessus, pp. 51-52.

10   Voir ci-dessus, pp. 61-62.

11   M. Floriani Squarciapino, «Le Terme di Porta Marina», *FA*, 1969-1970, n° 8343; Mannucci, *art. cit.*

12   Le complexe, encore mal connu, des Thermes Maritimes s'élevait sur le littoral, enjambant l'enceinte républicaine. En raison de la technique de construction de ses murs et d'un tuyau en plomb portant l'inscription SEVERI ALEXANDRI AUG (voir C. Brunn, *ZPE* 122, 1998, p. 272 n. 43), on a longtemps cru que ces thermes avaient été fondés par Sévère Alexandre. En réalité, le complexe remonte à l'époque d'Hadrien; autour de 210, il fut restauré (aile occidentale) et aggrandi (aile orientale): voir M. C. Veloccia Rinaldi, *FA* 1969/70, no. 8342; Pavolini, *op. cit.* (n. 5), p. 162.

13   A. H. Smith, *A Catalogue of Sculpture in the Department of Greek and Roman Antiquities in the British Museum*, 1904, III, p. 28, n° 1574 (abrégé dorénavant comme Smith, *BMC*); *LIMC* II (1984), p. 65, n° 546 s.v. Aphrodite (Delivvorias); B. F. Cook, *The Townley Marbles*, 1985, p. 22, fig. 22. L. Todisco, *Scultura del IV secolo: maestri e scuole di statuaria tra classicità ed ellenismo*, 1993, n° 117.

14   Smith, *BMC*, p. 71, n° 1685; *LIMC* VII (1994), p. 1019, n° 54 s.v. Musae, (Lancha); Cook, *op. cit.*, p. 22, fig. 21.

15   Smith, *BMC*, n° 1577; Cook, *op. cit.*, p. 20, fig. 19.

16   M. Bieber, *Skulpturen und Bronzen in Kassel*, 1915, pp. 29-31, n° 48; P. Zancani Montuoro, «Repliche romane di una statua fidiaca», *BCom* 61, 1933, p. 46, n° 12; *LIMC* V (1990), pp. 558-559, n° 40, s.v. Hygieia (Croissant); H. Sobel, *Hygieia. Die Göttin der Gesundheit*, 1990, p. 99, n° 7, pl. 10b. La tête de l'Hygie de Cassel, qui n'appartient pas à la statue, peut être comparée à celle d'une Vénus Marine découverte dans le Théâtre d'Ostie (*NSc* 1911, p. 324, fig. 5) et à celle d'une Junon, elle aussi provenant d'Ostie, conservée aujourd'hui au Musée Chiaramonti: voir W. Amelung, *Die Skulpturen des Vaticanischen Museums, I*, 1903, p. 663, n° 534, pl. 70; B. Andreae (dir.), *Museo Chiaramonti*, 1995, I, pl. 360, n° 534.

17   Inv. 29781; Floriani Squarciapino, *art. cit.* (n. 11), n° 8343.

18   L'œuvre, trouvée par Gavin Hamilton, a fait partie de la collection de Marbury Hall, laquelle a été dispersée depuis: voir A. Michaelis, *Ancient Marbles in Great Britain*, 1882, pp. 509-510, n° 20; R. Calza, *SdO* V,1, *I ritratti*.

19   *Ritratti greci e romani fino al 160 d.C.*, 1964, pp. 82-83, n° 131; H. Meyer, *Antinoos*, 1991, pp. 91-93, n. 28, n° I.71, pl. 82: 2-4.

20   Pietrangeli, *op. cit.* (n. 8), p. 114.

21   C. C. Vermeule, *Greek Sculpture and Roman Taste*, 1977, fig. 46.

22   Catalogue n° XII.11. Voir en dernier lieu au sujet des portraits de Trajan *EAA* Suppl. 2, 1997, pp. 816-818, s.v. Traiano (Fittschen); G. Traversari, «Il ritratto aulico e privato in età traianea», dans: G. Arbore Popescu (dir.), *Traiano. Ai confini dell'impero*, 1998, pp. 163-165.

23   Inv. 20. La tête a été retrouvée en 1928 à l'intérieur du complexe thermal de Porta Marina; voir Calza, *op. cit.* (n. 18), p. 61, n° 92, pl. 54; Helbig⁴, n° 3084; R. Calza – M. Floriani Squarciapino, *Museo Ostiense*, 1972, p. 57, n° 16; Manderscheid, *op. cit.*, p. 79, n° 100, pl. 21; M. Bonanno Aravantinos, «Un ritratto femminile inedito già nell'Antiquarium di S. Maria Capua Vetere», *RendPontAcc* 61, 1988-1989, p. 301, n° A3. A propos de la déification de Marciana, voir E. J. Bickerman, «Diva Augusta Marciana», *AJPh* 95, 1974, pp. 362-376, et pour un point de vue différent, L. Vidman, *Fasti Ostienses. Edendos illustrandos restituendos curavit*, 1982², p. 107.

24   Le 29 août de l'année 112 ap. J.-C. est indiqué dans les *fasti ostienses* comme le jour de la mort de Marciana: voir *NSc* 1932, p. 198; Vidman, *op. cit.*, pp. 48 et 107, fr. J, lignes 39-40; B. Bargagli – C. Grosso, *I Fasti Ostienses. Documento della storia di Ostia*, 1997, p. 38, figs 10-11.

25   Inv. 440. Calza, *op. cit.*, p. 74, n° 118, pl. 69; C. Evers, *Les portraits d'Hadrien. Typologie et ateliers*, 1994, p. 143, n° 79; K. Fittschen-P. Zanker, *Katalog der römischen Porträts in den Capitolinischen Museen und den anderen kommunalen Sammlungen der Stadt Rom*, I, 1985, p. 52, n° 9.

26   Inv. 433. Voir Calza, *op. cit.*, n° 138, p. 87, pl. 82.

27   L. Paschetto, *Ostia colonia romana. Storia e monumenti*, 1912, p. 533, n° 318. Le portrait de la Ny Carsberg Glyptotek à Copenhague inv. 774 proviendrait, selon R. Calza, d'Ostie, mais une recherche effectuée dans les archives du musée par M. Moltesen, que je remercie de cette information, a révélé que l'œuvre avait été acquise à Rome en 1888 par l'intermédiaire de W. Helbig. Pour le portrait, voir F. Poulsen, *Catalogue of Ancient Sculpture in the Ny Carlsberg Glyptotek*, 1951, pp. 470-471, n° 675; M. Wegner, *Hadrian, Plotina, Marciana, Matidia, Sabina*, 1956, pp. 130-131, pl. 41b-42; Calza, *op. cit.* (n. 18), p. 78, n° 125, pls 73-74; A. Carandini, *Vibia Sabina. Funzione politica, iconografica e il problema del classicismo adrianeo*, 1969, pp. 145-147, figs 52-53; Manderscheid, *op. cit.*, p. 79, n° 101, pl. 21; Bonanno-Aravantinos, *art. cit.* (n. 22), p. 302, n° B4; F. Johansen, *Catalogue of Roman Portraits. Ny Carlsberg Glyptotek*, II, Copenhagen 1995, pp. 116-117, n° 43.

28   Voir ci-dessus, pp. 51-52.

29   Catalogue n° XII.13.

30   Quant aux traits physiognomiques, le portrait du Musée d'art et d'histoire à Genève rappelle la tête de Matidia déifiée, découverte en 1878 sur l'Esquilin, qui est conservée aujourd'hui au Palais des Conservateurs (inv. n° 889): voir Fittschen-Zanker, *op. cit.* III, pp. 9-10, n° 8, pl. 10.

31   Catalogue, n° XII.12.

32   Voir F. Duthoy, «Un chef-d'œuvre du sculpteur Fonseca à Genève», *Genava* 39, 1991, pp. 43-53, où l'auteur cherche à attribuer une série de portraits provenant d'Ostie et de Rome au même sculpteur.

33   Dans une lettre adressée à Lord Townsed, Gavin Hamilton écrit que [...] *little more of consequence was found at Porta Marina* [...] *so we proceeded to another ruin on the sea shore* [...] *A bath was first discovered* [...] *four of the Labours of Hercules were found at some little distance from this place.*

34   B. Palma, «Un gruppo ostiense dei Musei Vaticani: le fatiche di Eracle», *RendPontAcc* 51-52, 1978-1980, pp. 137-156.

35   H. Temporini, *Die Frauen am Hofe Trajans. Ein Beitrag zur Stellung der Augustae im Principat*, 1978; M. T. Boatwright, «Imperial Women of the Early Second Century a.C.», *AJPh* 112, 1991, pp. 513-540.

36   La source la plus claire au sujet de la bienveillance de Plotine à l'égard d'Hadrien est l'*Historia Augusta* (*Vita Hadriani*, IV), qui laisse sous-entendre qu'il existait des relations plus intimes entre les deux. Hadrien a fait dédier une basilique à Nîmes après la mort de Plotine (*Vita Hadriani*, XII) et aurait composé des hymnes funéraires pour elle. La bibliographie à ce sujet est vaste; voir, en dernier lieu, *LTUR* II, 1995, pp. 354-355, s.v. Forum Traiani (Packer). Hadrien avait aussi eu l'intention, entre 119 et 121 ap. J.-C., d'ériger un temple dédié à Matidia déifiée dans le Champ de Mars: voir *LTUR* III, 1996, p. 233, s.v. Templum Matidiae (De Caprariis); *CIL* XV, 7248, probablement en rapport avec la basilique construite en honneur de Matidia et de sa mère, Marciana, et duquel il ne reste plus aucune trace.

Sarcophages et plaques de fermeture pour niches funéraires

Nadia Agnoli

1   Fragment de sarcophage. Ostie, provenant de Pianabella (photo Malter).

Le nombre considérable de sarcophages en marbre restitués par les nécropoles d'Ostie et de Portus s'inscrit dans un cadre chronologique qui s'étend des débuts du IIe siècle ap. J.-C. jusqu'à la fin du IVe siècle, avec peu d'exceptions antérieures ou postérieures[1]. La décoration des sarcophages reprend généralement des types bien établis à Rome ; néanmoins, dans plusieurs cas, il est possible d'identifier une imagerie particulière ainsi que des caractéristiques techniques et stylistiques qui confirment une activité intense et précoce dans les ateliers de sculpture funéraire à Ostie. Les études récentes ont permis d'approfondir cette problématique et d'étendre la discussion, fondée sur de nouveaux exemplaires attribuables à la production locale, sujet sur lequel certains chercheurs s'étaient déjà prononcés par le passé. De prudentes allusions à une origine ostienne se trouvent dans l'étude de R. Turcan[2] sur les sarcophages à thème dionysiaque et celle de V. Tusa[3] sur les sarcophages romains en Sicile. Plus déterminée est la position de G. Pesce[4], qui souligne l'étroite relation entre quelques sarcophages trouvés dans les nécropoles de Sardaigne et ceux d'Ostie, et retient comme probable une importation d'Ostie. Par la suite, R. Calza sélectionna, dans son étude sur les portraits d'Ostie, quelques sarcophages strigilés portant des images en médaillon, qu'elle attribua à des ateliers locaux[5]. Enfin plus récemment, l'hypothèse d'une production ostienne distincte de celle de Rome a été reprise et amplement démontrée par H. Herdejürgen, pour les sarcophages à guirlandes[6].

La découverte de quelques fragments de sarcophages inachevés peut confirmer l'activité productrice de ces ateliers[7]. Dans la zone de Pianabella, où s'étendait une des nécropole d'Ostie, a été découvert un fragment appartenant à la partie supérieure d'un couvercle de sarcophage qui montre un stade de travail clairement incomplet ; sur le relief à peine ébauché, on distingue la figure d'un Amour qui chevauche un animal marin[8]. Un second fragment appartient au côté gauche d'un

2

grand sarcophage (**fig. 1**)[9]. Le sculpteur a laissé incomplet non seulement la figure, probablement celle d'un pêcheur, mais aussi le profil même du coffre, dont les bords ne sont pas encore achevés. Le troisième exemplaire appartient à la partie gauche d'un sarcophage à coffre rectangulaire[10]. La face est délimitée par un pilastre reposant sur une base moulurée à l'intérieur d'un champ rabaissé, le reste de la superficie étant lisse ; sur le côté, la figure d'un griffon est à peine incisée. Le schéma décoratif du sarcophage correspond aux exemplaires strigilés, avec des éléments architectoniques aux extrémités du coffre. La face attendait donc d'être complétée avec les strigilatures. Un cas analogue est représenté par un autre fragment sur lequel a déjà été exécuté le motif central constitué du disque avec les cornes d'abondance placées en-dessous[11]. Sur les côtés sont à peine tracées les lignes qui délimitent le champ et qui l'auraient séparé par des strigilatures non encore exécutées.

Les deux derniers cas sont particulièrement intéressants en raison de leur inachèvement qui révèle des signes clairs de division de travail et de spécialisations de la main-d'œuvre dans la fabrication des sarcophages, confirmant l'existence de tailleurs de pierre spécialisés dans l'exécution des portraits ou des autres motifs décoratifs. Un autre indice significatif est constitué par la provenance de ces exemplaires, tous récupérés dans la zone de Pianabella-Procoio, ou dans la nécropole méridionale d'Ostie. Les considérations relatives au transport des œuvres en marbre, dont précisément les sarcophages, les plaques de fermeture de niches funéraires, les autels, rendent bien probable l'hypothèse selon laquelle l'élaboration de ces produits avait lieu en dehors du centre urbain, le long des routes sortant de la ville, et donc à proximité des nécropoles auxquelles ils étaient destinés[12]. Ces mêmes observations, confortées par la découverte dans cette zone des exemplaires cités, pourraient suggérer la localisation

3

2 Sarcophage de Malia Titia. Ostie, inv. 1391.

3 Sarcophage de Malia Titia, détail : côté latéral droit.

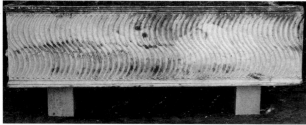

4   Sarcophage strigilé, Ostie, inv. 16670 (photo SAO, neg. R 647/3-4).

5   Sarcophage strigilé, Ostie, inv. 16670, détail: côté gauche (photo M. Letizia).

6   Sarcophage avec scènes de l'Iliade, Ostie inv. 43504 (photo M. Letizia).

d'un atelier et d'un groupe d'ateliers dans la zone méridionale de la ville, pour desservir, outre la nécropole de Pianabella, celle de la Via Ostiense et de la Via Laurentina. En effet, même si on ne peut pas exclure la possibilité que l'on ait parfois utilisé dans les nécropoles des sarcophages dont la décoration n'était pas terminée, ces fragments sont à un stade d'élaboration qui prévoyait certainement des finitions ultérieures. Les données fournies par ces exemples viennent s'ajouter aux arguments de caractère technique et stylistique, sur la base desquels il est possible de reconnaître la spécificité des sarcophages d'Ostie. En examinant les principaux témoignages de cette production ostienne, il sera opportun de suivre un critère chronologique à l'intérieur duquel seront illustrées les différentes typologies décoratives.

Les exemplaires les plus anciens sont attribuables à la période d'Hadrien, lorsque, entre 130 et 140, débute à Ostie la production de sarcophages à guirlandes, qui continuera sans interruption jusqu'à l'époque antonine. Le sarcophage de Malia Titia est placé au début de la série (figs 2-3)[13]. L'exécution raffinée du relief montre les caractéristiques du style de l'époque d'Hadrien. Néanmoins, le choix et la composition de certains éléments de la décoration, dont la lutte des coqs, les dauphins sur le tympan du couvercle, les protomés des guirlandes avec, en-dessous, les félins accroupis, révèlent une dépendance directe des urnes et des autels funéraires, sur lesquels ces mêmes motifs avaient été largement expérimentés. On ne trouve pas de comparaison avec des sarcophages contemporains fabriqués à Rome, mais une étroite relation peut être établie avec deux autres exemplaires d'Ostie qui, bien qu'appartenant à différentes typologies décoratives, peuvent être attribués à un unique atelier local. Un petit coffre, décoré sur la face par deux couples de félins s'affrontant[14], montre dans la décoration des animaux le même langage stylistique que la protomé des guirlandes sur le flanc gauche du sarcophage de Malia Titia. Un autre parallèle peut être établi avec les félins représentés sur les côtés d'un coffre dont la

face est décorée par des strigilatures continues (figs 4-5)[15]. Les caractéristiques iconographiques et la sensibilité plastique distinguent ces animaux des félins stéréotypés qui décorent si fréquemment les flancs des sarcophages, pour la plupart strigilés. En comparant les figures latérales de ce sarcophage avec les griffons de la frise de la basilique Ulpia, Calza propose de le dater au début du IIe siècle[16]. Sa datation paraît peut-être un peu haute, et on préféra placer l'œuvre entre 120 et 130 ap. J.-C., ce qui en fait le représentant le plus ancien du groupe des sarcophages strigilés. L'unique parallèle possible est constitué par un exemplaire remployé dans la crypte de la cathédrale de Palerme[17]. Le coffre est décoré sur la face par des strigilatures continues qui, comme sur le sarcophage d'Ostie, sont rythmées au sommet par un motif en forme de goutte ; outre ce détail décoratif particulier, les deux exemples ont en commun le rendu des félins qui, dans les deux cas, posent une patte sur une tête de bélier.

L'époque antonine est particulièrement riche en exemplaires attribuables à la production locale. En ce qui concerne la riche série de sarcophages à guirlandes, plusieurs attributions sont possibles, en raison du nombre élevé d'exemplaires trouvés à Ostie[18]. De la nécropole d'Isola Sacra provient un sarcophage *bisoma*, c'est-à-dire pour deux corps[19], qui, par la facture des guirlandes et des Gorgones, est proche d'un sarcophage conservé dans l'église Saint-Simplicius à Olbia[20]. Cet exemple confirme l'hypothèse de l'exportation en Sardaigne des produits des ateliers d'Ostie, à laquelle on a fait allusion plus haut. En effet, outre les caractéristiques décrites, le masque en acrotère sur le couvercle de l'exemplaire sarde revient constamment sur d'autres sarcophages d'Ostie[21].

C'est à l'époque antonine encore qu'appartiennent la plupart des meilleurs exemplaires à scènes mythologiques, où les artistes font preuve d'une grande maîtrise technique enrichie et d'une remarquable originalité dans le traitement des thèmes complexes. La nécropole de Pianabella a restitué deux des plus

6

beaux témoignages, l'un illustrant des scènes de l'*Iliade*, et en particulier le mythe d'Achille (**fig. 6**), l'autre une centauromachie[22]. Le premier n'a pas de parallèle parmi les sarcophages de Rome illustrant le mythe d'Achille[23]; il n'est pas non plus possible de trouver une référence directe parmi les exemplaires attiques, même si ce sont eux qui offrent le plus de ressemblances pour la composition des scènes individuelles. En particulier, l'épisode de l'armement d'Achille se retrouve de façon identique sur un exemplaire de Ioannina[24] et, pour la scène des lamentations du héros suite à la mort de Patrocle, d'autres analogies peuvent être observées sur les exemplaires d'Adana, de Beyrouth (décor des petits côtés), et sur le sarcophage des Catacombes de Prétextat à Rome[25]. Ces observations ont amené G. Koch à considérer l'exemplaire d'Ostie comme une copie d'un sarcophage attique[26], alors que L. Giuliani souligne les analogies étroites avec les représentations des *Tables Iliaques*[27]. Même la datation du sarcophage, attribué à l'an 160 ap. J.-C., est controversée, car on ne trouve des parallèles ni parmi les sarcophages de Rome, ni parmi les exemplaires attiques avec le même thème. Ces derniers, en effet, sur la base de l'actuelle répartition chronologique, seraient postérieurs au sarcophage d'Ostie. Malgré la complexité des problèmes posés par l'exemplaire en question, la proposition d'en attribuer l'exécution à un atelier local[28] semble la plus probable. Naturellement une telle hypothèse présuppose l'existence à Ostie d'un sarcophage attique importé et utilisé comme source iconographique; le résultat est un produit qui, au-delà du thème traité, propose des particularités techniques et stylistiques qu'on retrouve parmi les sarcophages de production locale[29].

Durant l'époque sévérienne et durant tout le IIIe siècle, la typologie la plus répandue est celle des sarcophages strigilés. Cette décoration est adoptée par les ateliers d'Ostie dans toutes ses variantes iconographiques. Pour certains exemplaires, qui présentent au centre les images des défunts en médaillon (*imago clipeata*), Calza proposait l'attribution à des ateliers locaux; il est

évident en effet, que tous ces portraits sont caractérisés par un vérisme qui rend l'image naturelle, éloignée de toute complaisance formelle. Enfin, les sarcophages de type strigilé sont attestés jusqu'à une époque tardive, et certains des sujets utilisés pour décorer les champs figurés ont été adoptés par l'iconographie chrétienne, comme c'est le cas, par exemple, pour les scènes de lecture et pour la figure d'Orphée parmi les animaux[30].

Outre les nombreux sarcophages, les nécropoles d'Ostie et de Portus ont restitué un nombre considérable de plaques de marbre employées pour la fermeture des niches funéraires (*loculi*); la décoration de ces objets, produits par des ateliers locaux, démontre une spécificité très nette dans les choix décoratifs et dans le langage stylistique. Les plaques imitent le devant d'un sarcophage, reproduisant en général la syntaxe décorative des modèles les plus répandus. Dans certains cas, pour rendre l'imitation plus efficace, la partie supérieure de la plaque imite le couvercle d'un sarcophage avec son rebord; de cette façon, la plaque, murée dans la niche funéraire, devait paraître, au premier coup d'œil, comme un véritable coffre muni d'un couvercle[31]. Quelquefois, la ressemblance avec la face principale d'un sarcophage est telle que, surtout dans les cas où il s'agit de fragments, pour différencier une plaque d'un sarcophage, il faut en observer l'arrière et, si les bords sont conservés, vérifier la présence de joints avec la base et les flancs du coffre. Le type de traitement du marbre peut aussi être un indice utile; le plus souvent, il est seulement dégrossi, par rapport à l'intérieur d'un sarcophage travaillé plus finement, ou alors il est travaillé à la gradine ou au pic; dans tous les cas, on préférait laisser brute la superficie pour qu'elle adhère mieux au mortier. La mise en œuvre de la plaque prévoyait aussi l'emploi d'agrafes métalliques, comme il est établi par les trous présents sur les pièces. Ce procédé, déjà constaté par M. Gütschow pour les dalles de fermeture de niches funéraires du Musée des Catacombes de Prétextat[32], est attesté encore par une série de plaques d'Ostie, appartenant probablement à

des niches funéraires, dont l'arrière est lisse. Un autre indice est fourni par l'épaisseur des plaques. Celle-ci, en général inférieure à celle de la face du sarcophage, est en moyenne comprise entre 4 et 7 cm, mais, dans les cas extrêmes, elle varie entre 3,5 et 11 à 12 cm[33]. La hauteur des plaques est, en général, de 40 à 80 cm, qu'elle dépasse rarement; la longueur atteint dans un seul cas 240 cm, mais, la plupart du temps, elle reste en dessous des deux mètres ou ne les dépasse que de peu.

La partie antérieure de la dalle présente aussi des éléments caractéristiques qui la distinguent de la face d'un sarcophage. Le cas le plus évident est celui où le rebord du couvercle est esquissé. Celui-ci présente, parfois, des acrotères bien distincts, le plus souvent en forme de palmettes, de masques de théâtre ou de têtes[34]. Sur d'autres, le couvercle simulé est délimité par un simple rectangle sans acrotère[35]. Sur un exemplaire de l'Isola Sacra avec scène de banquet[36], le couvercle présente une forme étroite et allongée; la hauteur du rebord est comprise dans le bord plat qui entoure la dalle sur tous les côtés, et une tablette à anse, restée sans inscription (anépigraphe), occupe tout le champ jusqu'au point d'attache du masque acrotère. Une étroite affinité se devine avec le couvercle d'un sarcophage à guirlandes, provenant lui aussi de l'Isola Sacra attribuable au même atelier[37]. Les éléments caractéristiques qui unissent les deux pièces sont la hauteur réduite du rebord et les dimensions de la tablette, également étroite et longue, fermée par le même masque acrotérial.

La zone décorée de la plaque peut être bordée d'une bande plus ou moins ample sans élément décoratif, quelquefois plus large sur les côtés courts[38], d'autres fois de même largeur sur tous les côtés[39]; sur le bord lisse on peut suivre la moulure qui comprend le champ décoratif. Enfin, sur quelques plaques[40], la bande de contour n'est pas terminée; cet état d'exécution laisse supposer qu'une fois la plaque mise en place, le bord était stuqué, devenant donc invisible.

Les caractéristiques examinées jusque-là ne se présentent pas de façon constante; certaines peuvent être expliquées par

la distinction de deux types de plaques, celles qui devaient fermer le tombeau creusé dans la paroi (le *loculus*), et celles qui étaient placées dans les niches funéraires voûtées, les *arcosolia*. Dans ce second cas, nous avons affaire à une sorte de coffre constitué de parties distinctes unies entre elles : le sol et la paroi de fond de la niche, les deux dalles latérales, la dalle frontale décorée et une dalle de couverture. La photo de fouille de deux exemplaires trouvés *in situ* dans la nécropole de Portus, respectivement dans les tombes 72[41] et 11[42], montrent clairement ce type d'arrangement. On a pu noter que les plaques ainsi utilisées ont en général une épaisseur plus grande et présentent sur le bord supérieur les encoches pour la dalle de couverture. Outre ces exemples *in situ*, on peut supposer la même utilisation pour une plaque découverte hors contexte dans la zone de Pianabella, un des rares exemples connus jusqu'ici qu'on puisse attribuer à une déposition d'enfant (**figs 7-8**)[43]. La décoration consiste en deux champs strigilés, délimités aux extrémités par des pilastres à chapiteaux composites, et encadrant un panneau central qui contient un médaillon. Sous ce dernier deux cornes d'abondance s'entrecroisent, alors que les angles supérieurs sont occupés chacun par une rosette, élément décoratif qui, sur les exemplaires d'Ostie, revient constamment pour remplir l'espace entre le cercle et la corniche rectiligne du panneau. La particularité de cette plaque, appartenant à un type amplement documenté à Ostie et à Portus, réside dans le petit cadre latéral décoré par un flambeau placé verticalement le long de la tranche (**fig. 8**).

L'ensemble des exemplaires étudiés a révélé un répertoire iconographique très semblable à celui des sarcophages, dont s'inspirent les plaques. Pour fournir un panorama le plus représentatif possible des thèmes rencontrés, quelques exemples de chaque type ont été sélectionnés dans l'aperçu qui suit.

Le groupe le plus nombreux est celui des plaques strigilées, qui présentent dans la plupart des cas un couvercle simulé, avec le rebord décoré le plus souvent de motifs marins[44]. L'élément

Nadia Agnoli · Sarcophages et plaques de fermeture pour niches funéraires

9

7 Plaque strigilée provenant de Pianabella, tombe d'enfant. Ostie, inv. 18625 (photo M. Letizia).

8 Même plaque que fig. 8, détail: tranche décorée d'un flambeau (photo M. Letizia).

9 Plaque fragmentaire, avec famille au banquet. Ostie, inv. 47824 (photo Malter).

architectonique, en forme de pilastre ou de colonne à fût lisse[45], cannelé[46] ou torsadé[47], rythme fréquemment la décoration strigilée des plaques. Dans un seul cas, le motif architectonique est remplacé par un pilier hermaïque de Mercure[48]; un parallèle pour cette variante insolite se trouve sur un sarcophage de la cathédrale de Cagliari[49]. Le portrait du défunt apparaît fréquemment aussi sur les plaques sur lesquelles des Victoires ou des Amours, en vol ou sur pied, soutiennent le médaillon ou la tablette à inscription[50].

Les fragments avec des Amours portant des guirlandes ne manquent pas[51]; certains sont de haute qualité, comme le démontre l'exemplaire de la nécropole de Pianabella avec des guirlandes de laurier et des cadres occupés seulement par les extrémités des rubans (taeniae).

Du même contexte provient une autre plaque (**fig. 9**)[52], malheureusement fragmentaire, sur laquelle, à l'emplacement du cadre, on trouve une scène de banquet comprise dans une corniche à moulure. Les trois personnages étendus sur le lit (kline) sont à interpréter comme une famille, où le fils, représenté dans la nudité héroïque, est, selon toute probabilité, le défunt. La scène de banquet comme motif décoratif du cadre est un cas isolé dans le répertoire des sarcophages romains à guirlandes. Le parallèle le plus proche pour cette plaque se trouve dans les exemplaires à scène de banquet de l'Isola Sacra, eux aussi d'époque antonine; cependant, dans l'exemplaire à guirlandes, l'examen des portraits met en évidence la succession de générations familiales à travers les trois personnages[53]. La coiffure de la dame se réfère claire-

ment au type de la Faustina la Jeune daté de 151-152[54], en accord avec le portrait du mari, alors que, dans le portrait du fils, on sent déjà une référence aux images du jeune Lucius Verus[55]. A propos de générations, on doit citer le sarcophage de *C. Iunius Euhodos* et de *Metilia Acte*, trouvé à Ostie et conservé dans les Musées du Vatican. Daté de 160-170[56], il est donc de peu postérieur à la plaque en question. Sur les visages des personnages représentés sur la *kline*, on retrouve le même goût pour le vérisme et le réalisme typique de l'art du portrait à Ostie. Les portraits des époux présentent des caractéristiques analogues sur la plaque ornée d'une scène de *dextrarum iunctio* et provenant de l'Isola Sacra[57]; l'exemplaire, qui remonte à l'époque tardo-antonine, entre 180 et 190, conserve la même expression intense et concentrée des visages.

Le matériel étudié jusqu'ici ne rend pas compte de toute la variété de cette catégorie de monuments, mais ce résumé permet déjà de définir les limites chronologiques de sa diffusion à son apogée, c'est-à-dire le début de l'époque antonine et le IIIe siècle. Cependant, il ne manque pas d'exemplaires plus tardifs, dont on citera la dalle strigilée avec la figure du Bon Pasteur et le pseudo-couvercle décoré d'animaux marins, tous deux provenant d'Ostie et conservés au Musée Pio Cristiano, ainsi qu'une plaque strigilée décorée d'une orante et de l'épisode de Jonas sur le rebord, qui provient probablement de Portus et qui se trouve aujourd'hui au Musée Torlonia[58].

trad. Jean-Paul Descœudres et Chistophe Goumand

Notes

[1] Parmi les quelques exemples remontant au Ier siècle ap. J.-C., on rappelle l'exemplaire à décoration géométrique provenant de la nécropole de Pianabella: N. Agnoli, «I sarcofagi e le lastre di chiusura di loculo», dans: L. Paroli (dir.), *SdO XII/1. La basilica cristiana di Pianabella*, 1999, p. 245, B 75.

[2] *Les sarcophages romains à représentations dionysiaques*, 1966, pp. 128 sqq., 134, 163, 201 sq., 323 sqq.

[3] *I sarcofagi romani in Sicilia*, 1957, p. 16.

[4] *Sarcofagi romani di Sardegna*, 1957, pp. 12 sqq.

[5] R. Calza, *SdO IX. I ritratti II*, 1978, pp. 57-59, n°s 72-75, pls 56-57.

[6] «Girlandensarkophage aus Ostia», dans: *Roman Funerary Monuments in the J. Paul Getty Museum, 1, Occasionnal Papers of Antiquities* 6, 1990, pp. 95-114; ead., *Stadtrömische und italische Girlandensarkophage, ASR VI/2.1*, 1996, pp. 67-71. Certains chercheurs, bien que reconnaissant l'activité d'ateliers locaux, laissent ouvert le problème des attributions, dans l'attente de la publication des nombreux sarcophages d'Ostie encore inédits; G. Koch – H. Sichtermann, *Römische Sarkophage*, 1982, pp. 277 sq.; G. Koch, *Sarkophage der römischen Kaiserzeit*, 1993, pp. 123 sq.

[7] Voir N. Agnoli, «Officine ostiensi di scultura funeraria», dans: *Atti Colloquiuo Ostia e Portus sotto il dominio di Roma – i rapporti fra il centro e il porto, Rome 1999* (sous presse).

[8] Ostie, inv. 31849, dimensions: 30 × 26 × 4,2 cm.

[9] Agnoli, *art. cit.* (n. 1), p. 243 sq., B 71; dimensions: 90 × 35 × 22 cm.

[10] Collection Aldobrandini AS 114; retrouvé dans la propriété Aldobrandini à Procoio; 56 × 48 × 27 cm.

[11] Agnoli, *art. cit.*, p. 228, B 25; dimensions: 30 × 70 × 8 cm.

[12] Voir D. Manacorda, *Un'officina lapidaria sulla Via Appia*, 1980, pp. 93 sqq.; D. Boschung, *Antike Grabaltäre aus den Nekropolen Roms*, 1987, pp. 42 sqq.

[13] Catalogue n° XVI.1.

[14] Ostie, inv. 1156.

[15] Ostie, inv. 16670; Agnoli, *art. cit.* B 46.

[16] *NSc* 1972, p. 487.

[17] Tusa, *op. cit.*, p. 121, pls LXIX-LXXI, figs 125-126.

[18] Voir Herdejürgen, *op. cit.* (n. 6), aussi pour les exemplaires d'Ostie conservés dans d'autres collections (en particulier *ASR* VI, 2.1, p. 69).

[19] *Ibid.*, pp. 60, 69, 72, 140, n° 108, pls 87.2, 89.2; il existe un clair parallèle entre la décoration du flanc de cet exemplaire et celle d'un fragment avec la représentation d'une guirlande de laurier et d'une tête de silène (sans numéro d'inventaire, emmuré sur une base proche de l'entrée du musée): *ibid.* p. 136, n° 95, pl. 89.1.

[20] *Ibid.*, pp. 63, 69 sq., n° 108, pls 87.4, 92.8 (vers 180 ap. J.-C.).

[21] Herdejürgen, *ASR* VI, 2.1, p. 138, n° 102, pls 87.3, 92.7.

[22] Agnoli, *art. cit.* (n. 1), pp. 219 sqq., B 8 et 9.

[23] Pour une interprétation différente de l'épisode mythologique, voir H. Froning, *GGA* 238, 1986, pp. 211 sqq.

[24] S. Rogge, *Die attischen Sarkophage*, 1995, *ASR* IX, 1, p. 129, n° 12, pl. 20.

[25] *Ibid.*, n°s 1, 7, 23, pl. 17, 18, 70.

[26] *Op. cit.* (n. 6), p. 24 sq.

[27] *Jahrbuch der Berliner Museen* 25, 1983, pp. 29-33.

[28] Rogge, *op. cit.*, p. 72.

[29] Herdejürgen, *ASR* VI, 2.1, pp. 69 sq.

[30] A ce sujet, voir R. Calza, «Le sculture e la probabile zona cristiana di Ostia e Porto», *RendPontAcc* 37, 1964-1965, pp. 182 sq.; Agnoli, *art. cit.* (n. 1), pp. 225 sq., B 19.

[31] Pour la définition de ce type de travail, voir Koch-Sichtermann, *op. cit.* (n. 6), pp. 82 sq.; Koch 1993, *op. cit.*, pp. 23 sq. Un des plus anciens exemples est la plaque avec la représentation de Kléobis et Biton à Venise: L. Sperti, *Rilievi greci e romani del Museo Archeologico di Venezia*, 1988, pp. 142-151. Pour les exemplaires plus tardifs, voir W. Weber, *Die Darstellungen einer Wagenfahrt auf römischen Sarkophagdeckeln und Loculusplatten des 3. und 4. Jhs. n.Chr.*, 1978.

[32] «Das Museum der Prätextat-Katakombe», *MemPontAcc* 4, 1938, p. 207 sq., fig. 40, 1-8. Mise à part la dalle de Elia Afanasia des catacombes de Prétexte, *ibid.*, pp. 187 sqq., rappelons d'autres exemples de plaques de niche funéraire provenant de catacombes, dont la plaque de Procla de la catacombe de Via Anapo à Rome, qui conserve encore des traces de polychromie antique: U. Lange – R. Sörries, «Die Procla-Platte. Eine polychrome Loculusverschlussplatte aus der anonymen Katakombe an der via Anapo in Rom», *AW* 1990-1991, pp. 45-46. Dans les sépultures chrétiennes des catacombes, il est aussi fréquent de réutiliser les faces ou les rebords des couvercles des sarcophages païens pour la fermeture des niches funéraires, voir H. Brandenburg, *AA* 1980, pp. 277-278.

[33] On a pu noter que les plaques plus épaisses sont en général celles qui présentent des motifs figuratifs plus complexes; par exemple la plaque en provenance de l'Isola Sacra, conservée au Musée National Romain (voir R. Amedick, *Vita privata auf Sarkophagen*, 1991, p. 150, n° 176, pls 1.1, 3.1, 4.3), mesure 10 cm d'épaisseur, alors que les exemplaires strigilés présentent des épaisseurs minimes, certains ne mesurant que 3.5 cm.

[34] Inv. 676, trouvée près de la Porta Romana: Amedick, *op. cit.*, p. 138, n° 100, pl. 26.2 (avec bibl.).

[35] Inv. 31844, trouvé dans la zone de la nécropole de Pianabella: Agnoli, *art. cit.* (n. 1), p. 257, B 113.

[36] Inv. 1836, trouvé en 1959 dans la nécropole d'Isola Sacra: Amedick, *op. cit.*, p. 137, n° 92, pl. 2, 4.4 (avec bibl.).

[37] Cfr. Herdejürgen, *ASR* VI,2.1, pp. 137 sq., n° 102, pl. 87.3; 92.7 et n. 687.

[38] Inv. 126, trouvée dans la nécropole d'Isola Sacra: P. Kranz, *Die Jahreszeiten-Sarkophage, ASR* V 4, 1984, p. 196, n° 41, pls 26.2, 28.2, 29.2, 31.6 (avec bibl.).

[39] Voir la dalle inv. 1338, trouvée dans la nécropole d'Isola Sacra, tombe 72: Herdejürgen, *ASR* VI, 2.1, p. 138, n° 103, pl. 91,2.3 (avec bibl.).

[40] Inv. 1887, provenant probablement de l'Isola Sacra, jadis conservée à l'évêché de Portus: L. Agnoli dans: *Symposium 125 Jahre Sarkophag-Corpus, Marburg 1995*, 1998, p. 133, pl. 66.7.

[41] Inv. 1338, cp. ci-dessus, n. 38.

[42] Inv. 1333, trouvée *in situ* dans la nécropole d'Isola Sacra, tombe 11: Amedick, *op. cit.*, p. 136, n° 84, pls 3.2, 4.1,2. (avec bibl.).

[43] Trouvée dans la zone de la nécropole de Pianabella en 1970: Agnoli, *art. cit.* (n. 1), p. 253, B 100.

[44] Inv. 1626, provenant probablement de la nécropole de l'Isola Sacra: Agnoli 1998, *op. cit.*, p. 133, pl. 6,4.

[45] Inv. 1876, lieu de trouvaille inconnu: *ibid.*, p. 133, pl. 66,8.

[46] Inv. 37871, trouvée dans les fouilles de la basilique paléochrétienne de Pianabella: Agnoli, *art. cit.* (n. 1), p. 254, B 103.

[47] Inv. 1887, Agnoli, *art. cit.* (n. 40), p. 133, pl. 66,7.

[48] Inv. 653, trouvée près des Thermes du Forum: Agnoli, *art. cit.*, p. 133, pl. 69,4.

[49] Pesce, *op. cit* (n. 4), pp. 74 sqq., n° 31, fig. 67.

[50] Inv. 1052, trouvée près du Forum en 1945: *AE* 1988, n° 177: Agnoli, *art. cit.*, p. 134, pl. 70: 2-3.

[51] Inv. 35564, 36178, 48887, provenant des fouilles de la nécropole paléochrétienne de Pianabella: Agnoli, *art. cit.* (n. 1), p. 251, B 98.

[52] Inv. 47824, provenant des fouilles de la nécropole paléochrétienne de Pianabella: Agnoli, *art. cit.*, p. 251, B 99.

[53] A ce propos, voir E. Volpi, «Rilievi funerari urbani con busti ritratto», *AnnPerugia* 24, 1986-87, p. 277. Parmi les exemplaires d'Ostie, voir la dalle sépulcrale de Q. Lollius Liberalis, où apparaît le couple d'époux avec le jeune fils défunt, mais dans une syntaxe décorative complètement différente: R. Calza, *SdO* V/1. *Ritratti I*, 1964, p. 85, n° 135, pl. LXXX; F. Sinn, *Vatikanische Museen. Museo Gregoriano Profano ex Lateranense. Die Grabdenkmäler, I. Reliefs, Altäre, Urnen*, 1991, pp. 42 sq., n°s 17, 19, pp. 42 sq., n° 17, figs 46-48.

[54] K. Fittschen, *Die Bildnistypen der Faustina Minor und die fecunditas Augustae*, 1982, pp. 49 sq., n° 4, pl. 17, 2-4.

[55] En particulier, voir le type III de Marc Aurèle et le type principal (*Haupttypus*) de Lucius Verus: K. Fittschen – P. Zanker, *Katalog der römischen Porträts in den Capitolinischen Museen und den anderen kommunalen Sammlungen der Stadt Rom*, I, 1985, pp. 70 sq., n° 75; p. 79, n° 73, pls 84-85.

[56] K. Fittschen, «Über Sarkophage mit Porträts verschiedener Personen», *MarbWPr* 1984, pp. 141 sqq., figs 38-39.

[57] Trouvée dans la tombe 72: Herdejürgen, *ASR* VI, 2.1, p. 138, n° 103, pl. 91,2-3 (avec bibl.).

[58] Ces exemplaires, sur lesquels ont été reconnus des éléments de l'iconographie chrétienne, ont été pris en considération dans F. W. Deichmann – G. Bovini – H. Brandenburg, *Repertorium der christlich-antiken Sarkophage. I. Rom und Ostia*, 1967, p. 65, n° 72, pl. 22; p. 379, n° 914, pl. 144. D'autres exemplaires d'Ostie se trouvent au Musée du Latran: G. Wilpert, *I sarcofagi cristiani antichi*, I, 1929, p. 93, pl. LXXVIII, 2; p. 101, pl. LXXXVII, 1 (de Portus). Pour les exemplaires plus tardifs à thèmes chrétiens, voir en outre: B. Brenk, «Ein Scheinsarkophag im Metropolitan Museum in New-York», dans: *Kolloquium über spätantike und frühmittelalterliche Skulptur*, II, 1970, 1971, pp. 43-53, pls 36-40; P. H. F. Jakobs, «Das sogenannte Psamatia-Reliefs aus Berlin und die Beziehungen zu dem konstantinopoler Scheinsarkophag», *IstMitt* 37, 1987, pp. 201-217, pls 56-60; A. Effenberger, «Das Berliner Mosesrelief-Fragment einer Scheinsarkophag-Front», dans: G. Koch (dir.), *Grabeskunst der römischen Kaiserzeit*, 1993, pp. 237-259.

La peinture et les mosaïques

La mosaïque à Ostie et Portus

Massimiliano David

Ostie

La découverte de mosaïques n'est certainement pas un fait exceptionnel à Ostie. Les mosaïques sont employées pour les pavements dans les maisons aussi bien que dans les édifices publics, dans les espaces intérieurs comme à l'air libre, dans les locaux importants mais aussi modestes et peu visibles[1]. Giovanni Becatti a dédié une œuvre fondamentale a l'étude de ces pavements[2]. Si, au moment de sa publication, cette « summa » parut exhaustive et, par son ampleur, elle a même, en quelque mesure, freiné le développement des recherches, aujourd'hui nous sommes frappés avant tout par son caractère sélectif[3]. Davantage recueil que corpus, l'œuvre est en effet tournée exclusivement vers les pavements en mosaïque. Les pavements en briques et à dalles de marbre, les *signina*, sont presque totalement délaissés, comme le sont aussi les mosaïques monochromes ou dépourvues de motifs décoratifs significatifs. De plus, l'illustration du volume, organisée par types et sujets, empêche de voir le rapport entre les différentes mosaïques et les pièces qu'elles décorent[4].

Dans l'image qu'en donne Becatti, le patrimoine pavimental d'Ostie et de Portus couvre un arc chronologique très vaste, du IIe siècle av. J.-C. au Ve siècle ap. J.-C., mais la majeure partie de la documentation concerne le IIe et le IIIe siècle ap. J.-C. Malheureusement, la chronologie des pavements (jusqu'alors jamais fouillés stratigraphiquement) s'appuie sur des critères s'avérant souvent fragiles, comme le style, la technique de construction des murs, la topographie, etc. C'est ainsi que la reconstruction de l'évolution historique de la mosaïque ostienne dépend essentiellement de la datation des mosaïques d'une douzaine de complexes thermaux publics. Aucun pavement n'est daté sur la base de matériel archéologique retrouvé dans les couches de préparation ou sous-jacent aux mosaïques[5].

Pour Becatti, la mosaïque noire et blanche débute à l'époque de Sylla avec des *crustae* de marbre, ou avec des décorations géométriques et un répertoire de motifs limité, comprenant, entre autres, la tresse, le petit échiquier, la rosette aux pétales géométriques à feuilles d'olivier et en forme de cœur et la pelte. Les fonds en tapis avec points épars s'unissent dans les pièces les plus importantes aux fonds avec des partitions plus complexes, en période augustéenne, à panneaux carrés, à hexagones avec losanges, à *cancellum*, ce dernier motif étant ravivé par une sobre polychromie[6].

C'est à l'époque augustéenne (en particulier entre 23 et 15 av. J.-C.) que devrait appartenir la mosaïque de la *cella* du plus occidental des Quatre Petits Temples. Elle a pour seul ornement la longue inscription dédicatoire comportant les noms des *duoviri* C. Cartilius Poplicola et C. Fabius, ainsi que cinq autres noms, dont ceux de quatre affranchis qui ont dirigé l'ouvrage. Il est possible que l'inscription mentionnait explicitement le [*pavimen*]*tum*[7]. L'exemple semble annoncer l'engouement manifesté à l'époque impériale par les Ostiens pour les pavements « parlants »[8].

1   Mosaïque noire et blanche au-dessous de la Via dei Vigili (photo de l'auteur).

2   Maison d'Apulée, deux mosaïques superposées (photo de l'auteur).

3   Thermes des Cisiarii : mosaïque du *frigidarium* C (photo de l'auteur).

Le silence de la documentation pendant la première moitié du Ier siècle ap. J.-C., est attribué par Becatti à l'intense activité édilitaire de l'époque suivante, qui a effacé en grande partie les constructions de cette période[9]. L'attention de G. Calza, et, avec elle aussi, celle de Becatti, fut spécialement retenue par la mosaïque noire et blanche découverte sous la Via dei Vigili (**fig. 1**)[10]. Celle-ci est attribuée à l'époque de Claude, considérée depuis toujours comme une phase cruciale de l'histoire d'Ostie : sur le panneau central sont représentés quatre dauphins ; autour d'eux, le tapis est organisé en un réseau de carrés où sont figurées des panoplies, les personnifications de quatre provinces (Espagne, Sicile, Egypte, Afrique) et des Quatre Vents. Il faudrait ici souligner le caractère de propagande de ce thème iconographique (nullement inférieur en intensité à celui d'un véritable monument honorifique), qui semble faire allusion à la puissance des armes de Rome en Méditerranée (plutôt qu'au commerce avec les provinces)[11].

Ce pavement est habituellement considéré comme faisant partie de la série des «mosaïques thermales», qui forment la base du système chronologique de Becatti[12].

Naturellement, Becatti ne put insérer dans son catalogue les mosaïques noires et blanches – retrouvées seulement récemment – de la première phase des Thermes de Capanna Murata[13] et des Thermes du Nageur, un complexe – fouillé stratigraphiquement et publié de façon exemplaire[14] – inauguré entre 89 et 90 ap. J.-C. Il s'agit de pavements qui présentent des figures appartenant à ce que l'on appelle le *silhouette style*, tel que J. R. Clarke l'a défini, typique du Ier siècle ap. J.-C.[15].

La Domus Foudroyée, érigée immédiatement au dehors de la Porta Marina proche de la mer, montre les mosaïques les plus représentatives de la seconde moitié du Ier siècle ap. J.-C. : aux thèmes décoratifs de tradition augustéenne viennent s'ajouter des motifs secondaires comme les cercles entrelacés ou des motifs linéaires (la tresse à deux brins, par exemple). Dans cette phase, la mosaïque semble trouver de nouvelles sources d'inspiration, s'il est vrai, par exemple, que les motifs à entrelacs sont des traductions en mosaïque d'ornements de tapis[16].

Les mosaïstes romains choisissent des motifs adaptés à la fonction des pièces : des natures mortes, fleurs et fruits, ou éléments dionysiaques dans les *triclinia*, le chien dans les vestibules, des motifs marins dans les thermes, des scènes de jeux athlétiques dans les palestres, des scènes de sacrifice et des scènes mythologiques dans les temples, symboliques dans les *mithrea*, des cratères dans les *popinae* et les *cauponae*, des enseignes publicitaires dans les tavernes, des scènes réalistes dans les sièges collégiaux, mythologiques et allégoriques dans les tombes. Cette fusion harmonieuse d'*utilitas* et de *decor* est l'un des aspects les plus significatifs et originaux de l'art de la mosaïque romaine[17].

A la période de Trajan appartiennent les mosaïques des Maisons-types et de la Maison des Auriges, mais aussi les nombreux pavements de la Maison d'Apulée (par ailleurs comparables avec ceux des Marchés de Trajan à Rome)[18]. Cette *domus* démontre une vitalité constructive si considérable qu'elle entraîna le renouveau fréquent des surfaces de pavement (**fig. 2**)[19].

Dans un arc de plus de soixante ans (117-180 ap. J.-C.), entre Hadrien et Marc Aurèle, la production de mosaïques semble atteindre son intensité maximale, et les ateliers locaux rejoignent les plus hauts niveaux de spécialisation. Les maîtres ostiens présentent à leurs commanditaires des catalogues, toujours plus riches, de motifs géométriques, mais aussi de thèmes végétaux et figurés.

Le complexe du Palais Impérial se distingue par la qualité et la quantité de la documentation[20], mais ce sont surtout les

4   Thermes du Neptune : mosaïque représentant le dieu
     de la mer (photo de l'auteur).

5   Thermes du Forum : mosaïque avec représentation
     d'un centaure (photo de l'auteur).

exceptionnelles mosaïques noires et blanches d'importants complexes thermaux comme ceux des Cisiarii et des Sept Sages qui s'imposent à notre attention, présentant d'extraordinaires scènes de genre. La mosaïque du *frigidarium* C des Thermes des Cisiarii est aussi intéressante que vivante (**fig. 3**). Par deux fois, le thème de l'enceinte défensive avec portes et tours y est répété[21]. Au centre, l'enceinte interne est soutenue à ses angles par quatre Télamons qui se dressent en diagonale comme les pendentifs d'une voûte ; dans le champ se développent des scènes qui décrivent la vie des charretiers (le voyage, la halte et la conduite des bêtes, avec leurs noms respectifs), mais, en même temps que ces scènes de vie quotidienne « terrestre », l'on évoque le monde marin imaginaire (des divinités avec leurs acolytes et des dauphins), sujet qui semble être particulièrement apprécié à Ostie dans le cadre des thermes.

Attribués à l'an 125 ap. J.-C., les Thermes du Mithra n'offrent qu'une seule mosaïque digne d'attention. Conservée en assez petite partie, elle illustre la scène homérique d'Ulysse et les Sirènes. Appartenant probablement aussi à l'époque hadrienne, les Thermes des Sept Sages[22] disposaient d'un grand *frigidarium* circulaire, couvert à l'origine par une coupole. Sur la mosaïque du pavement, de 11 mètres de diamètre, de nombreuses figures de chasseurs et de leurs victimes se meuvent entre des volutes qui surgissent de quatre touffes d'acanthe[23]. Le pavement appartient à la première phase des thermes, mais il fut successivement soumis à de nombreux et délicats travaux de réparation[24].

L'apogée de la production de mosaïques à Ostie est habituellement reconnu dans la mosaïque de Neptune[25] des thermes du même nom[26], le chef-d'œuvre de la série et l'aboutissement de toute une évolution et transformation de motifs traditionnels (**fig. 4**)[27]. L'auteur de ce pavement a été considéré comme un

artiste remarquable, pour le sens de la ligne et du détail comparable aux peintres de vases attiques à figures noires[28]. La main de ce mosaïste se manifesterait tout d'abord dans les Thermes de Buticosus (115 ap. J.-C.)[29], tandis que l'œuvre d'un collaborateur serait peut-être reconnaissable dans une mosaïque de la Place des Corporations[30].

Dans les Thermes du Forum[31], construits à la fin de l'époque antonine, certains fragments des pavements du *sudatorium* présentent une scène nilotique, un genre longtemps apprécié par le public romain et représenté aussi dans les Maisons à Jardins, dans les Thermes de Neptune et, tout naturellement, dans le Sérapeum[32]. Toutefois, la figure la mieux connue est certainement l'énigmatique centaure sagittaire (**fig. 5**).

Becatti soutient qu'un véritable tournant dans le goût se manifesterait dès l'époque de Commode : en effet, dans les mosaïques qui décorent les édifices thermaux, le répertoire marin traditionnel, exploité au mieux par le « Maître du Neptune », perdure, mais le style se transforme en une vision plus incisive et contrastée, tandis que la qualité plus modeste des mosaïstes conduit à un dessin plus rigide et moins élégant[33]. C'est précisément à l'époque séparant Commode de Septime Sévère que Becatti, avec une certaine légèreté interprétative (ponctuellement démentie par les fouilles stratigraphiques), attribue presque tous – 50 sur 56 au total – les pavements de la Place des Corporations[34], un complexe des plus dynamiques et sujet à de continuelles transformations par l'initiative publique et privée dans un arc de trois siècles, entre l'époque augustéenne et le IIIe siècle ap. J.-C. [voir, par exemple, ci-dessus, p. 25, fig. 6 et p. 126, fig. 7][35].

Les traits caractéristiques d'un autre atelier furent reconnus par Becatti dans les mosaïques des premières décennies du IIIe siècle ap. J.-C. des Thermes Maritimes et de l'Immeuble du chien Monnus, animal domestique protagoniste d'une sin-

6   Thermes Maritimes: mosaïque avec athlètes et prix sur une table
     (photo de l'auteur).

7   Les deux boxeurs Alexander et Helix dans la Caupona dite d'Alexander
     (photo de l'auteur).

8   La mosaïque du *triclinium* de la Schola du Trajan (photo de l'auteur).

gulière « invasion « du champ iconographique (il s'agit en effet d'une mosaïque à thème marin)[36]. La solidité de toute hypothèse à propos des ateliers[37] est facilement minée par un scepticisme nécessaire envers l'application de la méthode de Morelli en archéologie. Les ateliers ostiens ne semblent pas avoir eu l'habitude de contremarquer leurs produits, et nous paraissent presque toutes non seulement anonymes, mais aussi difficilement discernables entre elles[38]. La trace d'un travail interrompu des *tessellarii* fut observée dans la fouille de la Caupona du Paon, où fut retrouvé un énorme tas de tesselles détachées noires et blanches d'environ 2 cm de côté[39]. Il ne faut cependant pas oublier que des sacs de tesselles transportés par deux ouvriers semblent représentés sur un exceptionnel relief du Musée d'Ostie, où apparaît l'une des phases préparatoires du travail des «ateliers»: deux ouvriers, chacun muni du typique petit marteau biconvexe à deux lames, coupent les tesselles sur l'enclume et, dans leur dos, un contremaître dirige les opérations[40].

La grande mosaïque des Thermes Maritimes (210 ap. J.-C.) est célèbre pour ses petits amours en guise d'athlètes luttant au son de la *tuba*[41]; au-dessous, on observe une table chargée de prix et flanquée par des vainqueurs qui brandissent des rameaux de palme (**fig. 6**)[42]. Les scènes paraissent situées dans un espace clos illuminé par un grand candélabre. Le long des côtés de la mosaïque courent de robustes spirales d'acanthe, tandis qu'au sommet, dans un espace semi-circulaire, apparaît la figure à demi couchée d'une divinité (Hercule ?), assistée par de petits amours voletant. Malheureusement, il ne subsiste de cette mosaïque qu'une portion de la zone septentrionale. Des athlètes, ou plus précisément des boxeurs connus (Helix et Alexander), sont aussi représentés dans la Caupona d'Alexandre qui date de la même époque (**fig. 7**)[43].

C'est précisément à l'époque de Septime Sévère qu'est assigné le pavement du *triclinium* de la Schola du Trajan, comme l'assure la disposition structurale de la pièce, mais aussi la forme caractéristique en U e T encastrés (**fig. 8**)[44]. Le dispositif géométrique soigné est en réalité délimité avec de légers rinceaux qui ont quelque peu l'air d'arabesques du style «fleuri» de l'époque d'Hadrien et des Antonins (il suffit de penser à l'Immeuble de Bacchus et Ariane)[45].

Quant à la mosaïque représentant une scène de sacrifice de la Caserne des Vigiles, elle appartient à l'époque sévérienne, comme l'ont démontré F. Zevi et I. Pohl[46], plutôt qu'hadrienne, comme l'avait pensé, par exemple, J. Carcopino[47]. La Salle des Mensores est l'espace officiel d'un grand entrepôt de blé et, sur le pavement, se reflète précisément l'acte qui s'y déroulait, à savoir la mesure officielle du blé dans le boisseau (**fig. 9**)[48]. Le complexe devrait remonter à l'époque trajane, mais le pavement de la salle fut refait probablement autour de 235 ap. J.-C.

C'est au milieu du IIIe siècle ap. J.-C. que l'on peut dater la mosaïque qui décore le Mithreum de Felicissimus[49] et qui assume une fonction sacrée et rituelle: les sept degrés de l'initiation au culte y sont en effet symboliquement représentés

[voir ci-dessus, p. 259, fig. 20]. Le revêtement en mosaïque préparé par les *tessellarii* se limite exclusivement au pavement, tandis que dans le plus ancien Mithreum des Sept Portes[50], la mosaïque couvre aussi les flancs des bancs, sans que l'implication de *musivarii* fût obligatoirement nécessaire. L'activité de ces derniers a laissé une trace sur les parois d'un passage des Thermes des Sept Sages[51] et dans une niche du Palais Impérial (l'édicule dit de Sylvain)[52].

Durant la seconde moitié du IIIe siècle, le rythme des constructions à Ostie ralentit et l'activité des *tessellarii* aussi semble diminuer. C'est à cette période que remonterait la Domus aux Méduses[53], dont le propriétaire superstitieux avait voulu décorer avec de méduses menaçantes aussi bien le pavement de la salle à manger que sa chambre à coucher. Les Thermes du Philosophe appartiennent aussi à cette période, elles qui montrent seulement des pavements à décoration géométrique[54]. Sur l'un de ces pavements[55], nous observons l'utilisation combinée de petites lastres de marbre et de tesselles, procédé qui est attesté ailleurs à Ostie (notamment dans la Domus aux Colonnes, dans la Domus du Prothyron et la Domus Foudroyée ainsi que dans le Sérapeum).

Comme nous l'avons vu, la mosaïque noire et blanche prédomine à Ostie jusqu'au IIIe siècle ap. J.-C. Un changement du goût avec une propension pour les couleurs se remarque dans les édifices à partir du début du IVe siècle ap. J.-C. et, à cette période, des mosaïques polychromes ou noires et blanches alternent dans les mêmes édifices.

C'est à nouveau dans un édifice thermal identifié le long de la Via Severiana et mis en lumière par M. Floriani Squarciapino[56] que nous voyons en action des maîtres encore sensibles à la tradition du noir et blanc[57], mais aussi déjà les penchants pour la polychromie, comme sur la mosaïque ornée d'athlètes, qu'on peut aisément rapprocher de celle des Grands Thermes d'Aquilée[58]. En plein IVe siècle, la production se régénère donc avec la prépondérance du goût pour la mosaïque polychrome.

9   Salle des Mensores, mosaïque de pavement, avec représentation de la mesure officielle du blé (photo de l'auteur).

10   Maison des Dioscures : détail de la mosaïque du «triomphe d'Aphrodite» (photo de l'auteur).

Les ateliers sont désormais au service de riches propriétaires, pour la plupart non chrétiens[59], qui construisent de grandes résidences urbaines avec de vastes pièces de représentation.

Parmi les grandes maisons de l'Antiquité tardive[60], la Maison des Dioscures, avec le fameux «triomphe de Vénus», figure au premier plan; ici nous avons affaire à un nouveau langage de la mosaïque, qui transpose la forme picturale et plastique en des modes linéaires et dessinés, scinde la couleur en unités chromatiques détachées, donnant une valeur autonome à chacune des tesselle, fractionne la fusion picturale de tons en *tarsia* colorée, rend géométrique le détail et désorganise la forme (**fig. 10**)[61]. La maison fut attribuée à C. Caeionius Rufus Volusianus Lampadius. La mosaïque de la Vénus est accompagnée par l'inscription *Plura faciatis meliora dedicetis*, une sorte d'adage nobiliaire. La mosaïque fut récemment soumise à un examen scrupuleux de la part de F. Ghedini, qui a étudié à fond les aspects thématiques, iconographiques, de composition et même de contour, et en a reconnu les éléments de continuité de la tradition locale[62].

11 Isola Sacra, tombe 86 : détail de la mosaïque avec barque de Charon (photo de l'auteur).

Portus

Si, à Ostie, la majeure partie de la documentation concerne l'habitat à l'intérieur des murailles et que le pourcentage limité des témoignages de mosaïques extra-urbaines proviennent du Trastévère ostien, de la périphérie méridionale[63] et de la nécropole de Pianabella[64], à Portus[65] les trouvailles de pavements à mosaïque à l'intérieur de la ville n'apparaissent pas aussi significatives et nombreuses que celles de la nécropole de l'Isola Sacra. Les pavements à mosaïque sont extrêmement fréquents dans les tombes monumentales de la nécropole, surtout dans celles qui appartiennent aux phases datables entre l'époque de Trajan et celle des Antonins. Il s'agit surtout de pavements en mosaïques noires et blanches, puisque la pratique la plus commune d'organisation et d'utilisation des tombes de l'Isola Sacra durant le IIᵉ siècle prévoit des réfections même partielles des pavements en mosaïque, chaque fois que des sépultures étaient pratiquées dans les *formae* situées sous le pavement : en conséquence, les mosaïques se présentent généralement avec un rendu simple, et sont d'habitude réalisées avec des tesselles noires et blanches, tandis que les témoignages de mosaïques polychromes dans la nécropole sont plus rares, certaines étant même complétées par une inscription[66].

Les études approfondies de Calza[67], de Becatti et, plus récemment, de I. Baldassarre[68] et de I. Bragantini[69] permettent de faire confiance à des chronologies plus sûres, même s'il apparaît impossible de restituer le contexte de certains pavements fouillés par Calza et déposés par la suite. La majeure partie de la documentation semble concerner le IIᵉ siècle, avec des mosaïques géométriques, végétales et figurées. C'est dans cette même nécropole que fut retrouvée la très belle mosaïque de la tombe 43 avec le phare, les deux navires et l'inscription en grec

Ode Pausilypos, considérée normalement comme l'expression de la paix des sens procurée par la mort [voir ci-dessous, p. 389, fig. 9]. En réalité, les thèmes iconographiques que l'on trouve dans un contexte funéraire ne sont pas toujours allégoriques et ne font pas toujours allusion à la vie d'outre-tombe ; de même, ils ne sont pas sujets à une interprétation univoque : il suffit de penser au mythe de Séléné et d'Endymion dans la tombe 87 (140 ap J.-C.), à la représentation de Vénus dans la tombe 75[70], aux Muses dans la tombe 80 ou à la scène nilotique dans la tombe 16. L'image de l'au-delà est effleurée dans le très beau pavement en mosaïques noires et blanches de la «Tombe de la Moisson», où est représenté le mythe d'Alceste accompagnée hors du monde des morts par Héraclès qui la rend à son mari Admète [voir ci-dessous, p. 389, fig. 10]. La mosaïque de la tombe 86 revêt un intérêt spécial, avec la représentation de la barque de Charon qui transporte une défunte (120 ap. J.-C.). L'«effet de nuit» est pour ainsi dire obtenu par la délinéation inhabituelle des figures en blanc sur fond noir (**fig. 11**). A Portus aussi, comme à Ostie, des mosaïques à inscription sont attestées : nous y trouvons des mentions des mandants ou des défunts (*Antonia Achaice* dans la tombe 50 et *Titus Iulius Argius* dans la tombe 54), mais aussi des inscriptions rituelles, comme dans le cas de la tombe 42 où l'on lit : *in paimento sarcophaga n(umero) (quattuor) in longo*.

Notes

1. M. Floriani Squarciapino, «Nuovi mosaici ostiensi», *RendPontAcc* 58, 1985-1986, p. 87.

2. G. Becatti, *SdO* IV. *Mosaici e pavimenti marmorei*, 1961 (dorénavant abr. Becatti).

3. Sur les traces du modèle de Becatti naquit en 1967 l'ambitieuse et monumentale série des *Mosaici antichi in Italia*. Cf. M. L. Morricone Matini, *Roma: reg. X (Palatium), Mosaici antichi in Italia. Regione I*, 1967.

4. Seules la Domus aux Méduses, la Maison d'Amour et Psyché, l'Insula aux Voûtes peintes, la Maison des Dioscures, l'Insula aux Murs jaunes, l'Insula du Graffito, la Maison des Muses, la Maison des Colonnes, et la Domus des Poissons sont illustrées de façon assez exhaustive avec planches et vues générales.

5. Becatti se désintéresse des chronologies relatives entre les pavements. A Ostie, en effet, diverses superpositions sont attestées.

6. Becatti, p. 265.

7. *Ibid.*, n° 140. Ce n'est pas le seul cas d'inscription dédicatoire dans un édifice sacré (cf. la mosaïque presque contemporaine n° 392 du sanctuaire de Bona Dea).

8. Pour les mosaïques à inscriptions, voir, p. ex.: J. Russell, *The Mosaic Inscriptions of Anemurium*, 1987; A. Daviault – J. Lancha – L. A. Lopez Palomo, *Un mosaico con inscripciones. Puente Genil (Cordoba)*, 1987; J. Gomez Pallares, «Nombres de artistas en inscripciones musivas latinas e ibericas de Hispania», *Epigraphica* 53, 1991, pp. 59-96; J. P. Caillet, *L'Evergétisme monumental chrétien en Italie et à ses marges d'après l'épigraphie des pavements de mosaïque (IVᵉ-VIIᵉ s.)* (Collection de l'Ecole française de Rome, 175), 1993; J. Gomez Pallares, «El dossier de los 'Carmina Latina Epigraphica' sobre mosaico del Norte de Africa (con especial atenciòn a la Tripolitania, Bizacena y Africa Proconsular)», dans: M. Khanoussi – P. Ruggeri – C. Vismara (dir), *L'Africa romana. Atti dell'XI convegno di studio* (Pubblicazioni del Dipartimento di storia dell'Università degli studi di Sassari, 28), 1996, pp. 183-222; J. Gomez Pallares, *Edicion y comentario de las inscripciones sobre mosaico de Hispania. Inscripciones no cristianas* (Studia archaeologica, 87), 1997.

9. Les édifices privés de cette période restés intacts dans les nouveaux quartiers du IIᵉ siècle ap. J.-C. sont plutôt rares, surtout s'ils conservent encore leurs mosaïques (cf. Becatti, p. 269).

10. G. Calza, «Rappresentanze di provincie e di venti in un mosaico di Ostia», *BCom* 40, 1912, pp. 103-112; Becatti, n° 68.

11. Pour des exemples de mosaïques avec représentations d'armes romaines, cf. G. Riccioni, «Mosaici pavimentali di Rimini del I e II secolo d. C. con motivi figurati (scavi 1956-1965)», dans: *III Colloquio internazionale sul mosaico antico*, 1984, pp. 19-34.

12. Becatti, p. 5.

13. A. Pellegrino – P. Olivanti – F. Panariti, «Mosaico di una terma extraurbana di Ostia», dans: *Atti del II Colloquio dell'Associazione italiana per lo studio e la conservazione del mosaico*, 1995, pp. 517-524; ID., «Ricerche archeologiche nel 'Trastevere' ostiense», dans: *Archeologia laziale* XII/2, 1995, pp. 393-400.

14. aavv., *Ostia I. Le terme del nuotatore, scavo dell'ambiente IV*. (Studi miscellanei, 13), 1968; aavv., *Ostia II. Le terme del nuotatore, scavo dell'ambiente IV* (Studi miscellanei, 16), 1970; A. Carandini – E. Fabbricotti – B. Palma, *Ostia III/1-2. Le Terme del nuotatore. Scavo degli ambienti III, VI, VII. Scavo dell'ambiente V e di un saggio nell'area SO* (Studi miscellanei, 21), 1973; A. Carandini – C. Panella, *Ostia, IV. Le Terme del nuotatore. Scavo dell'ambiente 16 e dell'area 25* (Studi miscellanei, 23), 1977.

15. *Roman Black-and-white Figural Mosaics*, 1979.

16. Cf. Becatti, n° 192.

17. G. Becatti, «Alcune caratteristiche del mosaico bianco-nero in Italia», dans: *La Mosaïque gréco-romaine. Actes du colloque international, Paris 1963*, 1965, p. 22.

18. L. Ungaro – G. L. Ponti – M. Vitti, «Le pavimentazioni del Foro di Augusto, del Foro e dei mercati di Traiano alla luce dei recenti restauri», dans: A. Paribeni (dir.), *Atti del 7° colloquio dell'Associazione italiana per lo studio e la conservazione del mosaico*, 2001, pp. 565-573.

19. Cf. Becatti, n°ˢ 141, 151-153.

20. La plupart des mosaïques du Palais Impérial ont été retrouvée au XIXᵉ siècle: les mosaïques sont maintenant conservées aux Musées du Vatican. V. Scrinari, «Ostia antica. Il cosiddetto Palazzo imperiale. Decorazioni musive», dans: *Archeologia laziale* IX, 1988, pp. 185-194; J. M. Spurza, «Redefining the 'Palazzo Imperiale' at Ostia», *AJA* 94, 1990, pp. 305 *sq.*; K. E. Werner, *Die Sammlung antiker Mosaiken in den Vatikanischen Museen*,

1998, pp. 314-332; J. Spurza, «The Building History of the Palazzo Imperiale at Ostia: evolution of an Insula on the Banks of the Tiber River», *MededRom* 58, 1999, pp. 129-142. La récente campagne de fouilles et de restaurations conduite dans la Maison de Diane a permis de mettre en évidence la complexité de son histoire édilitaire [voir ci-dessus, pp. 230-239].

21. L'encadrement en forme de remparts est présent aussi bien dans la plus ancienne que dans la plus récente mosaïque de Capanna Murata.

22. T. L. Heres, «La storia edilizia delle Terme dei Sette Sapienti (III, X, 2) ad Ostia antica. Uno studio preliminare», *MededRom* 51-52, 1992-1993, pp. 76-113. A propos de l'îlot entier, cf. S. T. A. M. Mols, «Decorazione e uso dello spazio a Ostia. Il caso dell'Insula III, x (Caseggiato del Serapide, Terme dei Sette Sapienti e Caseggiato degli Aurighi)», *MededRom* 58, 1999, pp. 247-386.

23. Les chasseurs dérivent probablement de deux seuls cartons, habilement variés.

24. M. David, «Aspetti e problemi della produzione pavimentale in Sicilia occidentale. I restauri antichi», dans: *Atti delle Terze giornate internazionali di studi sull'area elima., Pisa – Gibellina 1997*, 2000, pp. 357-367; M. David – A. Pellegrino, «Le botteghe dei pavimentari di fronte al problema del restauro dei mosaici. L'esempio di Ostia», dans: *VIII Colloque international de la mosaïque antique, Lausanne, 1997* (en cours d'impression).

25. G. Calza, «Il mosaico di Nettuno delle terme Ostiensi», *BdA* 6, 1912, pp. 199-204; Becatti, n° 70. Sur la fortune du thème iconographique du char de Neptune cf. J. R. Clarke, «Neptune and his quadriga: the diffusion of a motif in the black-and-white mosaics of Italy», dans: *VI Coloquio internacional sobre mosaico antiguo Palencia-Merida*, 1990, pp. 309-316.

26. Cf. F. Zevi – A. Granelli, «Le Terme di Nettuno: stratigrafia e fasi edilizie pre-adrianee», *MededRom* 58, 1999, pp. 80-82.

27. Becatti, p. 310.

28. Becatti, pp. 315 et 316.

29. Dans la seconde phase des Thermes de Capanna Murata, sûrement postérieure à Domitien – et probablement de pleine époque trajane – on retrouve le même carton utilisé dans les Thermes de Buticosus (Becatti, n° 52) avec Triton centauriforme et Néréide.

30. Becatti, n° 129. Becatti, *loc. cit.* (n. 17) trouve une trace du maître du Neptune en dehors d'Ostie également, à Risaro.

31. P. Cicerchia – A. Marinucci, *SdO* XI. *Le terme del Foro o di Gavio Massimo*, 1992 [voir aussi ci-dessus, pp. 161 et 163].

32. Becatti, n°ˢ 213, 74 et 289; R. MAR, «El Serapeum Ostiense y la urbanistica de la ciudad. Una approximacion a su estudio», *BA* 13-15, 1992, pp. 31-51.

33. Becatti, p. 339.

34. C'est sur les mosaïques de la Place des Corporations que l'on trouve le témoignage le plus vivant de la présence à Ostie des représentants d'une quantité de sociétés d'armateurs (*naviculari*), d'entreprises spécialisées dans les marchandises les plus diverses, d'associations commerciales (*negotiantes*) appartenant à des villes comme Alexandrie, Sabratha, Carthage, Syllectum, Cagliari, Porto Torres, Narbonne ou à des régions lointaines comme la *Mauretania Caesariensis* ou à une même branche du métier (comme les *navicularii lignarii*). Ainsi, le rendu de l'image de cette réalité bigarrée en ressort encore meilleur qu'il ne le serait par une description littéraire: outre les poissons, les dauphins et les autres animaux marins, l'on trouve le phare et bien souvent le boisseau (*modius*), véritable emblème du commerce des céréales. Cf. C. Pavolini, *La vita quotidiana a Ostia*, 1986, pp. 83 *sq.*

35. M. Carta – I. Pohl – F. Zevi, *Ostia (Roma). 1) La Taberna dell'invidioso; 2) Piazzale delle corporazioni, portico ovest. Saggi sotto i mosaici*, NSc 32, 1987.

36. En parallèle, on peut rappeler, en ce qui concerne l'attention portée à la vie quotidienne, l'insertion de l'employé des thermes Epictetus Buticosus, peut-être un masseur fameux, au sein d'une mosaïque mythologique marine (cf. Becatti, n° 51).

37. J. R. Clarke, «Mosaic workshops at Pompeii and Ostia antica», dans: *Fifth international colloquium on ancient mosaics*, I, 1994, pp. 89-102.

38. M. Donderer, *Die Mosaizisten der Antike und ihre wirtschaftliche und soziale Stellung. Eine Quellenstudie*, 1989. A Ostie, le nom de Proclus/Proklos écrit en latin et en grec dans les deux mosaïques des débits de vin près de la Caserne des Vigiles fut interprété comme celui d'un mosaïste (Becatti, n°ˢ 78-79; *EAA* VI, 1965, p. 484 s.v. «Proklos»).

39. Cf. Becatti, p. 176.

40. Ostie, Mus. inv. 132. Voir G. Zimmer, *Römische Berufsdarstellungen* (Archäologische Forschungen, 12), 1982, n. 81 et ci-dessous, catalogue, n° VIII.5.

41. Becatti, n° 210.

42. Le tableau des prix apparaît aussi sur la mosaïque du IIIᵉ siècle des Thermes de la Porta Marina.

[43] C. P. Jones, «The Pancratiasts Helix and Alexander on an Ostian mosaic», *JRA* 11, 1998, pp. 293-298.

[44] Becatti, n° 379. Cf. M. David, «La successione dei livelli pavimentali nel perimetro della Schola del Traiano (IV, v, 15)», *MededRom* 58, 1999, pp. 66-70.

[45] Becatti, n° 293.

[46] *Ostia. Saggi di scavo* (*NSc* Suppl. 1), 1970.

[47] «La mosaïque de la Caserne des vigiles à Ostie», *MEFR* 27, 1907, pp. 227-241.

[48] P. Jouanique, «A propos de la mosaïque de l'Aula des Mensores à Ostie», *REL* 47, 1969, pp. 418-423.

[49] Cf. G. Becatti, *SdO* II. *I Mitrei*, 1954, pp. 105-112 ; Becatti, n° 428.

[50] Becatti, *SdO* II, pp. 93-99 ; Becatti, n° 378.

[51] Cf. Becatti, n° 310.

[52] Cf. Becatti, n° 269.

[53] Becatti, pl. CCXX.

[54] Becatti, pp. 211-213. Sur l'Insula des Thermes du Philosophe cf. J. Boersma, *Amoenissima civitas. Block V, 2 at Ostia : description and analysis of its visible remains* (*Scrinium* 1), 1985.

[55] Becatti, n° 407.

[56] Floriani Squarciapino, *art. cit.* (n. 1).

[57] Sur la mosaïque du *frigidarium* des figures noires sont insérées dans un cadre géométrique de couleur.

[58] P. Lopreato, «Le Grandi terme di Aquileia. I mosaici del frigidarium», dans *La Mosaïque gréco-romaine, IV. Actes du colloque international, Trêves 1984*, 1993, pp. 87-99.

[59] La recherche de ces dernières années est en train de démentir progressivement l'idée que les archéologues se sont faite d'Ostie comme une ville peu perméable au Christianisme [voir F. A. Bauer – M. Heinzelmann, ci-dessus, pp. 278-282]. A propos de la production des pavements, la critique a reconnu presque exclusivement en filigrane de petites traces et indices de la présence chrétienne (comme des monogrammes et des symboles) – en particulier dans les Thermes de Neptune, dans la Place des Corporations et dans la Maison des Dioscures : cf. Becatti, n°s 21, 73, 101 ; M. G. Lauro, «Un mosaico ostiense. Problemi di restauro e di interpretazione», dans : *Archeologia laziale* III, 1980, pp. 133-136. Dans la Domus des Poissons figurent des éléments qui, à mon avis, ne sont pas directement rattachables à

[60] l'appartenance des propriétaires-mandants à la communauté chrétienne : à l'entrée l'on trouve un vase en verre avec un poisson, tandis que deux autres se meuvent librement à l'extérieur [voir à ce propos ci-dessus, p. 263 avec fig. 1].

Cf. R. Tìone, «Le *domus* tardoantiche : nuovi elementi per l'interpretazione dell'edilizia abitativa attraverso la lettura stratigrafica degli elevati», *MededRom* 58, 1999, pp. 191-207.

[61] Cf. Becatti, p. 361.

[62] «Il mosaico con «Trionfo di Venere» della Domus dei Dioscuri ad Ostia «, dans : *Atti del II colloquio dell'Associazione italiana per lo studio e la conservazione del mosaico*, 1995, pp. 301-310.

[63] Nous rappellerons la découverte, dans cette partie du faubourg, faite par Floriani Squarciapino, de la Synagogue, avec de nombreux pavements en mosaïque. Cf. J. Blomquist *et al.*, *The Synagogue of Ancient Ostia and the Jews of Rome. Interdisciplinary Studies*, 1999 [voir aussi ci-dessus, pp. 272-277].

[64] A. Morandi, «Scavi nella tenuta di Pianabella di Ostia antica, 1976-1977. Gli edifici sepolcrali», *Atti della Pontificia accademia romana di archeologia. Memorie* 14, 1982, pp. 57-75 ; A. Pellegrino, *Le necropoli pagane di Ostia e Porto* (*Itinerari ostiensi*, 5), 1984 ; ID. (dir.), *Dalle necropoli di Ostia. Riti ed usi funerari*, Ostia, 1998 ; A. Carbonara *et al.*, «Mosaici dalla necropoli di Pianabella (Ostia antica)», dans : F. Guidobaldi – A. Paribeni (dir.), *Atti del 6° colloquio dell'Associazione italiana per lo studio e la conservazione del mosaico*, 2000, pp. 233-238.

[65] V. Mannucci – P. Verduchi, «Portus: nuove acquisizioni», dans : *Archeologia laziale*, XIII//2, 1995, pp. 375-382.

[66] Cf. I. Bragantini, «Mosaico policromo con iscrizione di «consecratio» da una tomba dell'Isola Sacra», *JRA* 10, 1997, pp. 271-278.

[67] *La necropoli del Porto di Roma all'Isola sacra*, 1940.

[68] Voir ci-dessous, pp. 385-392.

[69] I. Bragantini, «La decorazione a mosaico nelle tombe di età imperiale. L'esempio della necropoli dell'Isola Sacra», dans : R. Farioli Campanati (dir.), *Atti del 1° colloquio dell'Associazione italiana per lo studio e la conservazione del mosaico, Ravenna 1993*, 1994, pp. 53-74.

[70] Selon Becatti, l'auteur de cette mosaïque serait le même que celui de la n° 203 de la Domus Foudroyée d'Ostie.

La peinture à Ostie

Stephan T. A. M. Mols

Dans la peinture pariétale de l'époque romaine, le décor investit entièrement la surface des parois et des plafonds. C'est la raison pour laquelle ces décors ne peuvent pas vraiment être assimilés à ce que l'on appelle en général des «tableaux», qui n'occupent qu'une portion du mur. Cependant, des compositions distinctes, comparables, dans une certaine mesure, à nos tableaux et souvent également entourées comme eux d'un cadre, étaient parfois intégrées à une composition plus vaste recouvrant la paroi ou le plafond. Il existait sûrement des tableaux mobiles, qui étaient accrochés ou posés sur des chevalets : les sources écrites en font régulièrement mention. Toutefois, aucun d'entre eux n'a subsisté, ce qui est d'autant plus regrettable qu'ils étaient probablement d'une qualité supérieure aux peintures qui nous sont parvenues.

Le résumé de l'histoire de la peinture à Ostie présenté ici se résumera donc à un compte rendu des décors de paroi et de plafond, et des éventuels éléments figuratifs qu'ils comportent. Mais avant de centrer le discours sur Ostie, il nous semble opportun de donner une description générale de la peinture de l'époque romaine, en examinant, dans l'ordre, les parois, les plafonds, puis une série de caractéristiques générales communes aux peintures apposées sur ces divers supports.

Les parois, souvent divisées horizontalement en deux à quatre parties, comportent presque toujours une partie principale et une partie supérieure. Dans de nombreux cas, un socle est placé sous la partie principale ; une bande supplémentaire est parfois insérée entre les deux, ou au-dessus de la partie principale. Ce découpage de la paroi en plusieurs parties rappelle fréquemment les subdivisions architecturales. Les diverses manières dont les artistes ont structuré la surface peinte ont donné lieu à la définition de véritables «systèmes» dans la peinture pariétale, souvent fondés sur l'imitation d'éléments et de motifs inspirés de l'architecture : plaques de marbre ou décor à panneaux paratactiques, qui peuvent être séparés par des éléments architecturaux comme les *aediculae*, sortes de structures à colonnes soutenant un entablement, qui ressemblent fort à un temple. Les systèmes appelés «façades d'apparat», qui incluaient parfois un «tableau», sont plus complexes. Les compositions libres et les procédés itératifs sont plus rares.

Les plafonds carrés, polygonaux ou circulaires présentent en majorité des schémas développant des compositions symétriques à partir du centre. Dans le cas de surfaces rectangulaires, le dispositif montre un carré central flanqué de deux bandes latérales, ou bien une composition oblongue. Ces dernières ne seront que brièvement évoquées dans cet article.

Un examen détaillé des peintures pariétales d'Ostie révèle l'utilisation de techniques diverses dans leur réalisation. Tout d'abord, de nombreuses peintures présentent une fine couche d'enduit appliquée sur un crépi de mortier. L'enduit contient de la poudre de chaux, voire de la poudre de marbre dans le cas de décors précieux. Le décor était exécuté sur cette couche, généralement lorsque la chaux était encore humide ; mais les exemples de travaux manifestement réalisés alors que la chaux était déjà partiellement, ou complètement, sèche ne sont pas rares à Ostie. Dans de nombreux cas, cette technique empêcha une bonne adhérence et entraîna la perte de toute la couche superficielle, ou d'une grande part de celle-ci, de sorte qu'il est impossible de connaître avec précision l'aspect qu'avait la peinture au moment de son exécution.

Pompéi constitue notre principale source de renseignements sur une autre méthode de peindre, utilisée surtout pour les inscriptions sur les murs externes des édifices. Il s'agit d'un mélange de tempera et de lait de chaux appliqué en fine couche directement sur le fond, par exemple sur les briques ou sur un enduit de plâtre préexistant[1]. Là aussi, la couche supérieure n'adhérait pas de manière adéquate, de sorte que l'état de conservation est aujourd'hui presque toujours fragmentaire. Cependant, un œil exercé peut déceler à Ostie en de très nombreux endroits des traces de ce type de décor.

Ostie et les « Styles pompéiens »

Il y a peu, on considérait encore que l'histoire de la peinture pariétale à Ostie avait débuté là où s'arrêtait celle de Pompéi, c'est-à-dire vers la fin du Ier siècle ap. J.-C., voire plus tard, au cours du IIe siècle. Le cadre chronologique des décorations pariétales d'Ostie publié par C. C. van Essen en 1958 illustre ce point de vue : il propose un développement qui ne commence qu'à l'époque d'Hadrien, sans référence aucune à la période précédente[2]. Dans la première édition de son *Roman Ostia* (1960), R. Meiggs tempère ces arguments en observant avec raison que pour l'heure il ne reste rien ou presque des édifices – et, par conséquent, de leurs décors –, antérieurs au IIe siècle ap. J.-C[3]. En fait, la majeure partie des peintures pariétales qui nous sont parvenues date du IIe siècle ap. J.-C. et d'époques plus tardives. Toutefois, les fouilles de ces dernières années, qui atteignent des couches plus basses que celles des débuts du IIe siècle ap. J.-C, livrent, de plus en plus souvent des restes de fresques datant de périodes antérieures.

La subdivision de la peinture pompéienne en quatre styles, proposée par A. Mau en 1882[4], sert encore de référence pour l'étude des décors pariétaux et de plafonds peints à Pompéi et ailleurs, pour toute la période s'étendant de la fin du IIe siècle av. J.-C. à la fin du Ier siècle après J.-C. Bien que les vestiges d'époque ancienne soient clairsemés à Ostie, ces quatre styles, ou périodes, y sont tous représentés. La comparaison avec les vestiges provenant de Pompéi et de Rome permet de conclure que l'évolution de la peinture ostienne s'est déroulée de manière très semblable à celle que nous observons ailleurs dans l'Empire.

Les fouilles récemment effectuées par l'Université de Reading dans l'Insula de Jupiter et Ganymède ont mis au jour de tels vestiges. Il s'agit de fragments d'enduit en relief, imitant, en général de façon réaliste, une paroi en appareil rectangulaire construite de diverses variétés de marbre, tel qu'il est typique de la période allant du IIIe à la fin du IIe siècle av. J.-C. et que l'on désigne habituellement comme Premier Style. Les exemples, quoique fragmentaires, du Deuxième Style ne manquent pas non plus. Ce style, qui date environ de 80 à 15 av. J.-C. est aussi appelé « architectural », car les architectures peintes y sont fréquentes. Il en va de même du Troisième Style (vers 15 av. J.-C. – 45 ap. J.-C.), où abondent les éléments ornementaux et qui transforme les architectures de la période précédente en motifs décoratifs plats. Parmi les fragments d'enduit peint mis au jour lors des fouilles effectuées dans la Schola du Trajan, plusieurs sont attribuables au Deuxième Style[5]. En revanche, les fragments provenant de la Domus des Poissons représentent un bon échantillon du Troisième Style[6].

Les surfaces à décor plus large encore *in situ* ne peuvent être attribuées qu'au Quatrième Style, qui se termine bien sûr dans les sites campaniens avec l'éruption du Vésuve en 79 ap. J.-C., mais qui resta en vogue ailleurs encore pendant un cer-

1   Ostie, Thermes des Sept Sages (III x 2), fragment de peinture *in situ* photographié au cours des fouilles menées durant les années 1930 (SAO, neg. 1892).

tain temps. Les peintures du Quatrième Style, d'une part recourent toujours au schéma ornemental du Troisième Style, mais reprennent, d'autre part, la composante saillante des éléments architecturaux. Toutefois ces éléments, par leurs formes souvent fantastiques, font moins référence à la réalité que les exemples du Deuxième Style.

Plusieurs peintures d'Ostie sont attribuables au Quatrième Style. Cependant, dans la plupart des cas, il est impossible de les situer plus précisément, entre autres parce que le développement du Quatrième Style après 79 ap. J.-C. est encore mal connu. Il manque à ce jour des vestiges de comparaison pour cette période, datables et provenant d'Ostie.

Je me limiterai ici à prendre en considération deux exemples picturaux exécutés sans l'ombre d'un doute durant la période du Quatrième Style, que les chercheurs peinent pourtant à situer plus précisément. Le premier exemple se trouve dans l'Insula V ii 2[7] et présente un décor des plus simples : des panneaux à carrés rouges se détachant sur un fond blanc. Les panneaux sont délimités par une « bordure de tapis », motif typique du Quatrième Style. Le second exemple est un fragment découvert il y peu de temps lors des fouilles menées par l'Institut archéologique allemand de Rome, dans ce qui a vraisemblablement dû être une *domus* aux confins sud de la ville. Diverses caractéristiques indiquent qu'il s'agit d'un fragment de décor du Quatrième Style, mais aucun autre site n'a livré de vestiges directement comparables, pas même Pompéi. Outre l'hypothèse que nous avons affaire à une expression locale, éloignée des exemples pompéiens, il est également possible qu'il s'agisse d'un fragment des dernières décennies du Ier siècle ou du début du IIe siècle ap. J.-C., période pour laquelle les exemples datables connus font cruellement défaut. Des vestiges semblables à celui-ci sont apparus au cours des récentes fouilles menées par la Surintendance d'Ostie (Alfredo Marinucci) et l'Université d'Augsbourg (Valentin Kockel) dans la zone du Macellum.

Une peinture à grandes figures dans les Thermes des Sept Sages, découverte lors des fouilles effectuées dans la seconde moitié des années 1930 et seulement partiellement conservée aujourd'hui, fournit un exemple de scènes figuratives remontant aux règnes des empereurs Flaviens ou à celui de Trajan. La photographie prise lors de la découverte montre un paysan conduisant deux bœufs, et une petite embarcation transportant un ou plusieurs passagers (**fig. 1**)[8]. Bien que son rapport avec les exemples pompéiens soit manifeste, il n'est pas possible de dater cette peinture avec certitude en fonction de seules caractéristiques stylistiques. Quelques panneaux à décor provenant de la Maison de Diane peuvent également être attribués à la même période. Comme nous l'avons dit plus haut, la plupart des peintures d'Ostie dont on conserve une trace est plus tardive que les exemples pompéiens. Des vestiges de plus grande dimension n'ont été conservés qu'à partir du règne d'Hadrien, lorsque, à la faveur d'une flambée de constructions dans la ville, les parois de nombreuses demeures privées furent ornées. En comparaison de nos connaissances sur Pompéi, celles sur les décors romains des plafonds et des parois des IIe et IIIe siècles ap. J.-C. sont extrêmement limitées[9].

La peinture d'Ostie des IIe et IIIe siècles

La peinture pariétale de la période précédente est caractérisée par une remarquable variété quant aux schémas, à l'utilisation de la couleur ainsi qu'aux motifs figuratifs et ornementaux. Cette hétérogénéité demeure, somme toute, caractéristique des peintures du IIe siècle et même d'une partie du IIIe siècle ap. J.-C. L'absence d'impulsions réellement novatrices dans la peinture postérieure au Ier siècle est une des raisons principales pour laquelle elle a souvent été méprisée.

Dès la fin du Ier siècle ap. J.-C., la composition des peintures présente toujours des motifs tirés du répertoire traditionnel des quatre styles pompéiens[10]. Il existe cependant des centres de gravité au sein de périodes clairement délimitées. C'est pourquoi il est possible de parler d'éclectisme intentionnel[11]. Pour définir brièvement la peinture d'Ostie des IIe et IIIe siècles, nous pouvons utiliser les termes de B. M. Felletti Maj qui repère une « tendance vers une plus grande simplicité »[12]. Cette tendance concerne surtout les motifs architecturaux peints qui finissent par être totalement abstraits par rapport à la réalité, utilisant un dispositif décoratif qui n'est désormais plus qu'ornemental. Pour R. Ling, cette évolution vient du fait que l'intérêt s'est déplacé des parois vers le sol[13]; toutefois, la question est plus complexe à nos yeux. Dans le cas de la peinture d'Ostie des IIe et IIIe siècles, il serait hasardeux de parler d'un nouveau « style » succédant au Quatrième[14]. Le trait caractéristique de la peinture de cette époque est son éclectisme, qualité qui est précisément en contradiction avec la formation d'un nouveau style.

Si l'on veut apprécier cette évolution, il importe d'établir avec la plus grande précision possible le moment de la réalisation de peintures spécifiques. Cependant, nous ne pouvons nous servir que dans une moindre mesure de la comparaison avec des exemples provenant d'autres sites : le patrimoine pictural d'Ostie est peut-être le *corpus* le plus riche provenant d'un seul site dont nous disposons pour cette période. En ce qui concerne les IIe et IIIe siècles, le nombre d'œuvres est même supérieur à celui livré par Rome. A l'heure actuelle, seule une infime partie de ces vestiges a fait l'objet de monographies[15]. Par ailleurs, dans les synthèses élaborées jusqu'à ce jour sur les décors pariétaux d'Ostie, et plus généralement sur la peinture postérieure à l'éruption du Vésuve en 79 ap. J.-C., l'évaluation se fonde dans la majorité des cas sur une analyse typologique[16].

Outre l'analyse typologique, d'autres critères de datation ont été adoptés, notamment l'observation de la technique de construction et les estampilles de briques. Ce procédé n'est pas toujours infaillible, comme en témoigne l'usage erroné que fait F. Wirth de l'épaisseur des briques comme critère de datation des peintures. Toutefois, l'idée de se fonder sur l'architecture pour obtenir des indications chronologiques présente un intérêt non négligeable et nous y reviendrons.

Ces premières tentatives ont été suivies par l'analyse du dispositif ornemental de certains édifices autonomes, ce qui donna lieu à la publication d'une série de travaux monographiques ou d'articles plus approfondis, parmi lesquels il faut signaler avant tout les trois volumes de la collection *Monumenti della pittura antica scoperti in Italia* (abr. comme *MonPitt*), où sont publiés les décors picturaux de l'Insula aux Voûtes peintes, de celle des Murs jaunes, de celle des Muses et de la Caupona du Paon[17].

Dans son ouvrage *The Decoration of Walls, Ceilings, and Floors in Italy in the Second and Third Centuries A .D.* (1981), H. Joyce a formulé une typologie détaillée des divers systèmes repérés dans la peinture post-pompéienne, en y intégrant aussi de nombreuses œuvres d'Ostie. Un grand nombre de ses datations me paraissent quelque peu tardives, mais la systématique proposée s'avère d'une grande utilité dans la définition d'un cadre de la peinture des IIe et IIIe siècles valant pour Ostie et d'autres sites en Italie. Enfin, un groupe d'études récentes examinant soit

2   Ostie, Insula des Muses (III ix 22), chambre IX, paroi est (photo de l'auteur).

un type spécifique de décor pictural[18], soit un ou plusieurs complexes de bâtiments, est d'un grand intérêt[19].

Suivre la voie tracée par les monographies qui analysent en détail les dispositifs picturaux de complexes de bâtiments spécifiques constitue, à notre avis, le meilleur moyen d'acquérir une vraie connaissance du phénomène de la peinture d'Ostie. L'étude de S. Falzone sur les peintures de la Maison de Diane et l'analyse consacrée par le soussigné aux décors pariétaux de l'Insula III x d'Ostia Antica, qui comprend la Maison des Auriges, celui de Sérapis et les Thermes des Sept Sages, en constituent les premières étapes[20]. Ces recherches conjuguent la chronologie relative aux décors avec l'analyse architecturale, de façon à faire ressortir plus lisiblement la succession des divers systèmes décoratifs, en ayant parfois recours à des comparaisons stylistiques avec des vestiges d'une autre provenance datés avec certitude[21]. En outre, elles prennent en compte un autre aspect important, l'évaluation de la qualité du stuc et des peintures[22].

Les estampilles de briques constituent un point de départ dans l'analyse architecturale, car elles fournissent un *terminus post quem*. Quant aux graffitis, ils comportent de temps en temps l'indication d'une année spécifique et déterminent ainsi un *terminus ante quem*. Citons comme exemples un graffiti de la Maison des Auriges qui porte les noms des deux consuls de l'année 150 ap. J.-C., et un autre de l'Insula de Jupiter et Ganymède sur lequel se lit le mois de *Commodus*, dénomination que nous savons n'avoir été en usage qu'en 190 et 191 ap. J.-C. Parfois les inscriptions liées d'une manière ou d'une autre à la construction ou à la restructuration d'un édifice déterminent un *terminus post quem*, comme par exemple les *fistulae aquariae*[23],

et parfois même un *terminus ante quem*, comme dans le cas d'une estampille de brique dans un mur reposant sur un mur préexistant qui conserve encore ses peintures *in situ*. Dans le meilleur des cas, la combinaison de ce type de données externes peut déterminer des limites antérieures et postérieures pour la datation d'une peinture. L'étape suivante consisterait à utiliser de telles datations comme références pour dater des décors similaires sur d'autres sites. Avec ce genre de comparaisons, effectuées sur la base de critères formels internes, une certaine prudence est de mise. D'autre part, cette façon de procéder permet certainement une meilleure connaissance du phénomène des commandes, des modalités de travail des ateliers et du rapport entre le décor et le milieu.

Dans la synthèse qui suit sur la peinture d'Ostie des IIe et IIIe siècles, nous avons pris le parti de présenter quelques exemples caractéristiques. L'état actuel des connaissances sur les vestiges, ainsi que l'incertitude quant à la datation exacte de nombreux exemplaires, ne permettent pas encore, à nos yeux, la compréhension de tous les systèmes existants au cours d'une seule période. Comme nous l'avons déjà mentionné, il faudrait pour cela disposer d'autres études détaillées sur des complexes de constructions autonomes.

Les plus anciennes peintures dont Ostie conserve encore des exemples *in situ* remontent au règne d'Hadrien, comme celles qui se trouvent dans l'Insula des Muses. Deux dispositifs y dominent, sur fond coloré et sur fond blanc. Dans la pièce X, le dispositif coloré rappelle beaucoup le Quatrième Style : au-dessus d'un soubassement à dominante rouge, la partie principale présente un panneau central rouge dans lequel s'inscrit un « tableau », puis des panneaux latéraux jaunes, séparés par un motif de portes et fenêtres ouvertes, certaines en raccourci, ménageant l'apparition de figures humaines. Le décor est exécuté avec une grande richesse de détails, et comprend notamment des colonnes, des candélabres et des bandes ornementales élaborées[24].

Dans la pièce IX, le décor de la partie principale et de la zone supérieure se compose de panneaux sur fond blanc, séparés par des pilastres jaunes surmontés de candélabres (**fig. 2**). Il ne subsiste que le bord supérieur noir du socle. Des figures flottantes liées au cercle du dieu Dionysos occupent les panneaux de la partie principale, côtoyant des éléments architecturaux ornés de délicates guirlandes. Dans la paroi illustrée ici, Dionysos occupe la place centrale, entouré de Ménades dans chaque panneau latéral. Dans le cadre central de la partie supérieure, une mandorle posée à la verticale renferme une figure féminine ailée sur fond rouge ; l'ensemble est entouré de fins candélabres et de panneaux rectangulaires disposés verticalement. Au centre des panneaux latéraux apparaît un *pinax* et, au-dessus, une figure debout. Dans ce registre également, l'ornementation est incroyablement riche et comporte, entre autres, de délicates guirlandes. Ce type de décor présente des affinités notables avec les peintures sur fond blanc du Quatrième Style connues à Pompéi. On observe toutefois que l'illusionnisme est moins poussé dans les peintures d'Ostie que dans les exemples du Ier siècle. En outre,

3 Ostie, Thermes des Sept Sages (III x 2), peinture montrant des sages, parois sud et ouest (photo de l'auteur).

4 Ostie, Maison des Auriges (III x 1), chambre XXVIII, paroi sud avec vignette centrale, représentant des cavaliers et un cerf (photo de l'auteur).

la minutie de l'exécution génère une froideur teintée de neutralité tandis que le recours à un si grand nombre de couleurs altère l'équilibre de l'ensemble. C'est avec raison que de telles œuvres ont été considérées comme une production s'inscrivant dans la tradition du Quatrième Style comportant l'adjonction d'éléments stylistiques de la période augustéenne[25]. Tant les unes que les autres révèlent un même raffinement du dispositif ornemental et la minutie d'exécution qui caractérisent également divers exemples de la Villa d'Hadrien à Tivoli.

Tout autre est la situation des compositions libres de la même époque, comme par exemple la représentation de quatre des sept sages de l'Antiquité, qui orne les parois d'une petite pièce dans les Thermes des Sept Sages (**fig. 3**), ou celle des poissons qui décorait en son temps les parois du bain avoisinant et dont il ne reste aujourd'hui plus grand chose[26]. Des exemples précurseurs de ce dernier genre sont aussi connus, entre autres à Pompéi.

Il ressort donc des exemples cités qu'un certain nombre de peintures d'Ostie de la période hadrienne montrent encore des analogies si fortes avec les œuvres du Quatrième Style qu'il faudrait peut-être songer à en placer la fin à l'époque d'Hadrien.

Les schémas qui caractérisent la période post-hadrienne jusqu'au début du IIIe siècle recoupent par de nombreux aspects ceux de l'époque précédente; de nouvelles impulsions manquent. La tendance générale va vers une simplification et une stylisation des systèmes, dont le lien avec le modèle architectural s'avère de plus en plus ténu, même s'il est toujours présent en substance. A ce stade, l'«architecture» n'était probablement plus perçue comme telle par de nombreux peintres, ni même

par les spectateurs contemporains. On pourrait peut-être parler d'un processus d'abstraction, également observable à cette époque dans d'autres expressions de l'artisanat romain. Durant tout le IIe siècle, et encore au début du IIIe siècle ap. J.-C., existait en outre la différence entre parois polychromes et parois à prédominance de panneaux blancs.

Les lignes «torses» et les notables imprécisions que l'on peut observer dans bon nombre des peintures exécutées à partir de la période antonine sont sujettes à discussion. Selon certains auteurs, il s'agit d'effets voulus[27]. Meiggs, en revanche, pense que le phénomène est plutôt dû à l'extrême rapidité d'exécution des œuvres[28]. C'était l'effet d'ensemble qui comptait plutôt que le détail.

Dans les peintures plus précieuses et de meilleure qualité de la période antonine, on note une tendance à la simplification: l'image est plus apaisée qu'auparavant[29]. Les raccourcis se font plus rares tandis que les architectures et les éventuelles figures se détachent devant des parois dépourvues d'ouvertures. Dans les exemples polychromes, les couleurs sont en général plutôt intenses et sombres, avec du rouge et du jaune-jaune ocre comme fond dominant dans les aplats; pour les cadres et les surfaces de dimensions moindres, d'autres couleurs sont utilisées. La «Chambre des Muses» dans l'Insula des Muses, qui a reçu une datation trop haute par le passé, offre un bon exemple de cette évolution[30].

Voyons en outre des schémas composés de champs blancs, et quelquefois jaunes, divisés en larges bandes sombres, parfois avec une ornementation plutôt riche qui rappelle encore les parois à fond blanc de l'époque hadrienne, mais dont l'aspect

5   Ostie, Maison de Jupiter et Ganymède (I iv 2), tablinum 27, paroi du fond (est).

6   Comme fig. 5, détail : tableau mythologique. Léda, Ganymède et Jupiter.

7   Ostie, Caupona du Paon (IV ii 6), chambre XIV, paroi nord (photo de l'auteur).

beaucoup plus «négligé» est probablement dû à une exécution rapide. Le décor de la paroi sud de la salle 28 de la Maison des Auriges en offre un exemple (**fig. 4**). La composition est à nouveau animée, car les panneaux du décor ne suivent pas la répartition traditionnelle en trois zones superposées, mais présentent des dimensions diverses et sont répartis sur le mur selon des motifs d'apparence complexe, comme dans la pièce principale de la Maison de Jupiter et Ganymède (**fig. 5**; voir aussi ci-dessous, p. 335, fig. 1). Aux couleurs principales, rouge et jaune, s'ajoutent ici le brun et le noir. Quoiqu'il en soit, les systèmes demeurent symétriques dans la majorité des cas.

On remarque qu'à partir de la période antonine les véritables «tableaux» au centre des décors à panneaux se font très rares : la scène de Jupiter et Ganymède dans la demeure homonyme en est l'un des rares exemples existants aujourd'hui (**fig. 6**). Le «tableau» ressemble beaucoup à une fenêtre encadrée d'une sorte de coulisse architecturale esquissée, incapable désormais de créer un effet de profondeur. Il existe aussi à cette époque de petits tableaux et des natures mortes, mais leurs cadres ne sont souvent exécutés qu'à moitié, comme dans le cas du cavalier et du cerf de la Maison des Auriges (**fig. 4**). Enfin, des figures indépendantes, qui paraissent presque suspendues dans les airs, sont toujours présentes dans les panneaux. Un changement important doit être signalé : ces figures ne sont presque jamais situées au milieu du panneau, mais toujours décentrées quelque peu au-dessus ou au-dessous. Parfois elles dépassent même le cadre du panneau.

A côté d'exemples élaborés, les décors plus simples ne manquent pas ; ils sont conçus pour les espaces secondaires des pièces. La palette de ces peintures se réduit souvent aux seules couleurs rouge, jaune et vert, apposées entre les panneaux sur fond blanc[31]. Les scènes figuratives sur les panneaux sont fort simples et présentent en particulier des animaux (aigles, hirondelles, dauphins et langoustes), des bêtes fantastiques (griffons), des masques théâtraux et même quelquefois de la vaisselle suspendue à une corde[32]. Au cours des dernières décennies du IIe siècle, la stylisation toujours croissante de ce type de décoration atténue progressivement le lien avec les modèles réels respectifs. Les systèmes linéaires s'imposent pour constituer finalement le décor pariétal par excellence, appelé aussi «style des catacombes», qui connut une grande vogue au IIIe et au début du IVe siècle. A Ostie, il est présent par exemple dans la pièce XIV de la Caupona du Paon (**fig. 7**). F. Bisconti note «un appauvrissement progressif des structures portantes du système architectural, au point que les fantastiques scénographies théâtrales, si prisées dans l'ornementation des demeures des époques néronienne et flavienne, se réduisent à de fins pavillons aériens qui rappellent, par leur invention et leur fantaisie, le Quatrième Style pompéien, mais seulement en tant que faible et lointaine réminiscence»[33].

Parmi ces deux types de décors figure celui à parois monochromes jaunes et à éléments architecturaux plutôt aplatis dans une dominante chromatique brune et rouge, comme c'est le cas dans la pièce 33 de l'Insula de Jupiter et Ganymède [voir ci-dessous, p. 335, fig. 2].

8   Ostie, Thermes des Sept Sages (III x 2), *frigidarium*, peinture montrant Vénus Anadyomène (photo de l'auteur).

9   Ostie, Insula aux Voûtes peintes (III v 1), pièce V, paroi ouest : scène érotique (photo de l'auteur).

10 Ostie, Insula aux Fenêtres trilobées (III iii 1), peinture en style linéaire (photo de l'auteur).

Un décor de l'Immeuble de l'Aigle, tout à fait étranger aux systèmes illustrés jusqu'ici, propose un motif fortement répétitif au-dessus du socle en faux marbre : des cercles entrelacés de couleurs rouge, vert et gris-bleu. Cette peinture représente à Ostie et pour l'Empire tardif un cas exceptionnel, qui s'inscrit toutefois dans une tradition spécifique[34].

Diverses parois de l'Insula aux Murs jaunes remontant à la première époque sévérienne, sont ornées de champs rouges, jaunes et verts alternant avec un décor de panneaux. Outre les décors décrits, des schémas traditionnels refont leur apparition à l'époque sévérienne, présentant une *aedicula* dans la partie principale, avec une figure flottante au centre, ou une façade d'apparat. L'illusion spatiale revient, et la gamme chromatique s'enrichit à nouveau, même si une prédilection pour les teintes sombres se fait nettement sentir. Les décors de la Caupona du Paon datent vraisemblablement du IIIe siècle. Au-dessus d'un socle bas qui n'imite qu'un seul type de marbre, la zone principale et le registre supérieur sont subdivisés en panneaux qui ne sont presque jamais alignés, et encore moins symétriques. Les fonds sont en majorité colorés, mais les combinaisons de fonds colorés et de fonds blancs ne manquent pas, prenant modèle sur deux systèmes d'époque antonienne. Dans ce type de décor, la zone médiane peut être placée au-dessus d'un socle d'une hauteur surprenante, atteignant jusqu'à deux mètres, où, sur un fond souvent rouge-brun, sont grossièrement peints des plantes et du mobilier de jardin, comme dans bon nombre d'édifices thermaux (par ex. les Thermes des Sept Sages)[35].

Outre les systèmes mentionnés ici, il existe quelques exemples de compositions libres datant de cette époque, comme les peintures de Vénus Anadyomène et de Vénus Marine dans les Thermes des Sept Sages (**fig. 8**). Les décors du Sacellum du Silvain, qui présentent diverses modifications exécutées au lait de chaux, ont été datés de 215, voire plus tard[36]. Deux peintures érotiques de l'Insula aux Voûtes peintes rappelant les décors pompéiens datent aussi de cette période (**fig. 9**)[37].

Il est difficile de se prononcer sur le développement de la peinture à Ostie au IIIe siècle, vu l'absence d'exemples clairement datables. Cette absence serait due à la technique employée : il semble en effet que les décors étaient souvent exécutés sur lait de chaux, qui se trouve aujourd'hui en mauvais état de conservation, comme dans le cas susmentionné du Sacellum de Silvain. Meiggs estime que l'utilisation du lait de chaux est un signe caractéristique de déclin dans le niveau de vie des classes moyennes au cours du IIIe siècle[38]. Quant au type de peintures, il est probable que nombre d'entre elles se rattachaient aux systèmes linéaires précédemment évoqués. La datation proposée par Van Essen pour les décors de ce type dans l'Insula aux Fenêtres trilobées, sous le règne de Gallien, est certainement trop tardive (**fig. 10**)[39]. On trouve également des scènes figuratives, comme la scène du tribunal découverte dans l'Immeuble d'Hercule[40].

Dans les *domus* plus richement décorées, on revient dès le IIIe siècle au décor à revêtement de marbre, du moins sur la partie inférieure des murs. En même temps, l'imitation de ce

matériau fait sa réapparition dans les décors peints. Leurs schémas décoratifs rappellent ceux du Quatrième Style, encore que les motifs géométriques reproduisant l'*opus sectile* sont plus grands et grossiers et l'imitation des divers types de marbre moins réaliste qu'elle ne l'avait été au Ier siècle. On trouve un bon exemple de ce type de décor dans l'Insula aux Murs jaunes (**fig. 11**), qui comprend l'insertion de *peltae* (boucliers d'Amazones) et de losanges dans la reproduction d'une incrustation de marbre dans la pièce VIII. Rares sont, en revanche, les informations concernant le décor au-dessus de cette zone. Dans certains cas, il est possible d'affirmer qu'il était peint et qu'il comprenait des scènes à grandes figures, comme dans la Domus du Nymphée, où sont représentées des figures immobiles et d'autres en mouvement, mais dont seule la partie inférieure est conservée[41].

Le rapport avec le contexte

Si nous examinons maintenant le rapport entre les peintures pariétales et la fonction des espaces à Ostie, il est manifeste que dans certains complexes thermaux, soit des édifices d'usage plus ou moins public, il existe un rapport entre les décors et l'utilisation des espaces. C'est le cas des représentations de Vénus et d'une Néréide dans les Thermes du Phare, ou de Vénus Anadyomène et de Vénus Marine dans les Thermes des Sept Sages (**fig. 8**), toutes deux vraisemblablement exécutées au cours des premières décennies du IIIe siècle ap. J.-C. Le deux

11 Ostie, Insula aux Murs jaunes (III ix 12), pièce VIII, paroi sud, imitation peinte d'un *opus sectile* (photo de l'auteur).

peintures se rattachent à une longue tradition, connue par de nombreux exemples pompéiens, notamment dans les thermes suburbains. En ce qui concerne les habitations, il est beaucoup plus difficile d'établir une relation entre décor peint et fonction des espaces. Peut-être parce que les propriétaires des immeubles commanditaient les décors sans tenir compte des fonctions spécifiques des diverses pièces. A cet égard, les locataires avaient la plus grande liberté de choix, puisque les peintures permettaient une utilisation multifonctionnelle des espaces d'un appartement. Le fait que, dans certains immeubles, divers appartements présentent un décor très semblable est une indication de cette pratique : il suffit de penser aux Maisons à Jardins, dont fait partie la Maison des Hiérodules[42]. Parfois, cependant, il existe réellement un lien entre l'utilisation de l'espace et le décor, comme c'est le cas dans l'Insula aux Voûtes peintes, où les petites pièces sont rendues très lumineuses par les parois claires, tandis que dans les salles de représentation plus grandes, munies d'un plus grand nombre de fenêtres, dominent le rouge et le jaune, parfois aussi le brun et le noir[43].

Dans la peinture funéraire, les scènes figurées se rattachent à un répertoire de thèmes mythologiques standard. Certains de ces thèmes font allusion à la mort elle-même, d'autres, de caractère dionysiaque, évoquent plutôt la renaissance. Du point de vue des systèmes appliqués et des couleurs utilisées, la peinture funéraire d'Ostie reprend les schémas examinés ici, qui furent en vogue à différents moments de l'histoire de la ville.

trad. Jean-Paul Descœudres et Elisabeth Fischer

Notes

1   Pour le crépissage, voir l'un des premiers comptes rendus de la peinture d'Ostie: G. Calza, «Gli scavi recenti nell'abitato di Ostia», *MonAnt*, 26, 1920-1921, p. 276; voir par ailleurs S. T. A. M. Mols, «Decorazione e uso delle spazio a Ostia. Il caso dell'Insula III x (Caseggiato del Serapide, Terme dei Sette Sapienti e Caseggiato degli Aurighi)», *MededRom* 58, 1999, surtout les pp. 251-254 et 368.

2   C. C. Van Essen, «Studio cronologico sulle pitture parietali di Ostia», *BCom*, 76, 1956-1958, 154–181.

3   *Ostia*, pp. 436-437.

4   *Geschichte der decorativen Wandmalerei in Pompeji*, 1882, *passim*.

5   Catalogue, n° II.1.

6   Les vestiges provenant de cette demeure ont été présentés lors du 1er Colloque international sur Ostia Antica (novembre 1999) par S. Falzone, qui en prépare la publication.

7   Ce fragment se trouve sur le côté ouest de la paroi occidentale de la salle la plus orientale.

8   Pour cette peinture, voir aussi Mols 1999, *op. cit.*, pp. 299-302.

9   Voir L. Reekmans, «Peintures murales du IIe siècle après J.-C. à Alba Fucens», dans: *Antidorum W. Peremans Sexagenario ab Alumnis Oblatum. Studia Hellenistica* 16, 1968, p. 201.

10 Cet argument, qui n'est certes pas nouveau, fut déjà avancé par F. Fornari, «La pittura decorativa di Ostia», *Studi Romani* 1, 1913, pp. 305-318, par H. Krieger, «Dekorative Wandgemälde aus dem II. Jahrhundert nach Christus», *RM* 34, 1919, p. 43, et par Calza, *art. cit.*, p. 407.

11 Voir à ce propos: Fornari, *art. cit.*, p. 311; J. De Wit, *Spätrömische Bildnismalerei*, 1938, p. 17; Reekmans, *art. cit.*, p. 214. Selon A. Linfert, *Römische Wandmalereien der nordwestlichen Provinzen*, 1975, p. 13, le phénomène débute déjà avec le Quatrième Style: «Die Systeme der älteren Stile sind Repertoire geworden. Ganz nach Wunsch und Geschmack können sie angewandt werden, wie dies auch in den wenigen Beispielen von Malerei des 2. Jahrhunderts noch zu sehen ist». R. Thomas, *Die Dekorationssysteme der römischen Wandmalerei von augustäischer bis in trajanische Zeit*, 1995, p. 324, parle d'un pluralisme des formes, déterminé par le caractère éclectique de l'art romain.

12 «Problemi cronologici e stilistici della pittura ostiense», dans: *Colloqui del Sodalizio*, ser. 2, 1996-1968, p. 38.

13 *Roman Painting*, 1991, p. 175.

14 De nombreuses thèses ont été émises à ce sujet, comme celle de Krieger, *art. cit.*, pp. 51-52, qui identifie un «Cinquième Style» à l'époque hadrienne et un «Sixième Style» sévérien.

15 Voir C. Pavolini, *La vita quotidiana a Ostia*, 1986, p. 183. Seule une partie des vestiges mis au jour durant les campagnes de fouilles menées entre 1935 et 1942 environ a été publiée sous forme de monographie: B. M. Felletti Maj, *Le pitture delle Case delle Volte Dipinte e delle Pareti Gialle*, MonPitt III, *Ostia* I/II, 1961; B. M. Felletti Maj et P. Moreno, *Le pitture della Casa delle Muse*, Monumenti della Pittura Antica scoperti in Italia, III, *Ostia* III, 1968; C. Gasparri, *Le pitture della Caupona del Pavone*, MonPitt III, *Ostia* IV, 1970; M. L. Veloccia Rinaldi, «Nuove pitture ostiensi: La Casa delle Ierodule», *RendPontAcc* 43, 1970-1971, pp. 165-185.

16 Mentionnons, outre les ouvrages déjà cités de Fornari, Krieger, Calza, Van Essen, Felletti Maj et de Ling, l'étude de F. Wirth, «Römische Wandmalerei vom Untergang Pompejis bis Hadrian», *RM*, 44, 1934, pp. 91-166 (précédant les grands dégagements des années 1938-1942), ainsi que celles de M. Borda, *La pittura romana*, 1958, pp. 90-115, de R. Meiggs, *Roman Ostia*, 1973, pp. 436-446, de H. Mielsch, «Funde und Forschungen zur Wandmalerei der Prinzipatszeit von 1945 bis 1975, mit einem Nachtrag 1980», *ANRW*, 12.2, 1981, pp. 157-264.

17 Voir n. 15.

18 Voir C. Liedtke, *Weisse Greifenwände. Zwei Leihgaben von Wandmalereien des 2. Jahrhunderts n. Chr. aus Ostia in Berlin*, 1995, sur les parois à griffons.

19 Voir S. Falzone et A. Pellegrino, «Nuove testimonianze di pittura ostiense» dans: D. Scagliarini Corlaita (dir.), *I temi figurativi nella pittura parietale antica (IV sec. a. C.-IV sec. d. C.)*. Atti del VI Convegno internazionale sulla pittura parietale antica, 1996, sur l'Immeuble de Thémistocle, notamment pp. 203-205; S. Falzone, «Alcune riflessioni sulla decorazione pittorica della Casa di Diana», *MededRom*, 58, 1999, 149-163; S. T. A. M. Mols, «I Sette Sapienti ad Ostia Antica», dans: Scagliarini Corlaita (dir.), *op. cit.*, pp. 89-96; *id.*, «Pittura parietale ad Ostia nel suo contesto: il Caseggiato del Serapide», *OCNUS*, 5, 1997, pp. 173-180; *id.*, *art. cit.* (n. 1); *id.*, «La vita privata attraverso lo studio delle decorazioni parietali», *MededRom*, 58, 1999, pp. 165-173 (sur l'Immeuble de Sérapis et celui des Auriges). Trois contributions récentes étudient le développement de la peinture romaine post-pompéienne tout en examinant les vestiges d'Ostie: Mielsch *art. cit.* (n. 16), surtout pp. 213-218 pour Ostie, Ling, *loc. cit.* (n. 13) et E. M. Moorman, «La pittura romana fra costruzione architettonica e arte figurativa», dans: A. Donati (dir.), *Romana Pictura. La pittura romana dalle origini all'eta bizantina*, 1998. L'ouvrage de R. Chevallier, *Ostie antique, ville et port*, 1986, aux pp. 214-220, présente avant tout une synthèse des écrits précédents sur le sujet. Enfin, un certain nombre de peintures font l'objet d'une analyse chez J. R. Clarke, *The Houses of Roman Italy 100 B. C.-A.D. 250. Ritual. Space and Decoration*, 1991, pp. 266-361, qui s'attache non seulement à l'iconographie des représentations dans les diverses salles, mais aussi au rapport entre sols et parois. Le chercheur prend en considération avant tout des ensembles et favorise une approche contextuelle. Il faut cependant relever qu'il utilise en partie des datations erronées.

20 Voir note précédente.

21 Mols, *art. cit.* (n. 1). Voir Mielsch, *art. cit.*, pp. 220-222.

22 Voir Felletti Maj, *art. cit.* (n. 12), p. 28, qui propose les critères suivants dans la détermination d'une chronologie des décors pariétaux: 1) architecture; 2) succession des couches; 3) qualité du stuc et des peintures. L. Reekmans, «La chronologie de la peinture paléo-chrétienne», *RAC*, 39, 1973, pp. 271-291, présente une synthèse des idées relatives aux peintures des catacombes et propose, pp. 281-282, une méthode basée sur: a) topographie des catacombes; b) architecture/structure; c) syntaxe du système décoratif; d) iconographie; e) style (entre autres le développement de motifs purement ornementaux); f) critères externes pour la datation. Voir aussi Mielsch, *loc. cit.*

23 Voir ci-dessus, pp. 108-113.

24 Pour une description détaillée, voir Felletti Maj et Moreno, *op. cit.* (n. 15), pp. 38-39, et pour un commentaire, Mielsch, *art. cit.*, p. 214.

25 *Ibid.*, p. 224.

26 Voir Mols dans: Scagliarini Corlaita (dir.), *op. cit.*, pp. 89-96 et *id.*, *art. cit.* (n. 1), pp. 302-305.

27 Voir par exemple Fornari, *art. cit.* (n. 10), pp. 306-307.

28 *Ostia*, p. 438.

29 Voir Mielsch, *art. cit.*, pp. 224-225.

30 *Ibid.*, p. 214, et par opposition Felletti Maj et Moreno 1967, *op. cit.* (n. 15).

31 Voir Mielsch, *art. cit.*, p. 226. Il n'y a pas de raison de dater ces décors du IIIe siècle comme le propose Van Essen, *art. cit.* (n. 2), p. 177, qui les date à l'époque de Gallien.

32 Voir l'article de C. Liedtke à propos de ce type de décor, ci-dessous, pp. 340-345.

33 «La pittura paleocristiana», dans: Donati (dir.), *op. cit.* (n. 19), p. 36.

34 Lara Laken prépare une étude sur ce type de décor.

35 P. Baccini Leotardi, *Pitture con decorazioni vegetali dalle terme*, MonPitt III, *Ostia* V, 1978, a consacré une monographie au sujet. Pour des observations critiques, voir Mols, *art. cit.* (n. 1), notamment pp. 283-285.

36 Voir E. M. Moorman, «Mural Paintings in the Sacello del Silvano», dans: J. Th. Bakker (dir.), *Living and Working with the Gods. Studies of Evidence for Private Religion and its Material Environment in the City of Ostia (100-500 A. D.)*, 1994, pp. 262-272.

37 Voir J. R. Clarke, *Looking at Lovemaking. Constructions of Sexuality in Roman Art 100 B. C. – A. D. 250*, 1998, pp. 265-274; l'auteur considère ces tableaux comme un indice de luxe.

38 *Ostia*, p. 444.

39 Van Essen, *art. cit.* (n. 2), p. 177.

40 Voir R. Bianchi Bandinelli, *Roma. La fine dell'arte romana*, 1970, pp. 95-96 et ci-dessous, catalogue, n° XII.5.

41 Voir G. Becatti, «Case Ostiensi del tardo impero II», *BdA* 33, 1948, pp. 197-224.

42 La datation de 130-140 ap. J.-C. proposée par Veloccia Rinaldi, *art. cit.* (n. 15), pp. 165-185, semble trop haute et nous partageons donc la critique avancée par Mielsch, *art. cit.*, p. 208, à cet égard. Une datation vers 150 ap. J.-C. semble plus vraisemblable.

43 Voir aussi à ce propos ci-dessous, p. 337 et Mielsch, *art. cit.*, p. 215.

Les projets décoratifs des maisons ostiennes : hiérarchie des espaces et schémas picturaux

Stella Falzone

Introduction

Une des pistes les plus profitables pour l'étude du décor parié-tal des maisons antiques consiste sans doute dans la recherche de la relation entre les différentes peintures et la fonction des pièces où elles se trouvent. Pour cela, on part de l'idée que, dans la majorité des maisons ostiennes, ainsi qu'à Pompéi et à Herculanum, il y avait une hiérarchie des espaces d'habitation et, par conséquent, une différenciation dans les schémas déco-ratifs employés[1].

Dans les pages qui suivent, nous essayerons de mettre en évidence quelques exemples d'édifices ostiens ornés de pein-tures, en nous concentrant sur les plus connus, bien qu'ils ne soient que partiellement publiés[2]. Nous analyserons donc le rap-port entre les décorations et les phases de construction, en par-ticulier les cas où les décors correspondent à des mutations manifestes dans l'organisation interne des maisons et consti-tuent donc de véritables renouvellements, dans lesquels nous pouvons détecter des projets unitaires[3]. Cette tentative trouve son origine dans les considérations stylistiques en marge des différentes décorations des complexes, qui constituent une sorte de vérification si l'on établit une relation entre les différentes modifications internes. Par contre, nous devons considérer que, dans les maisons ostiennes, une nouvelle décoration des parois, suite à un simple changement de goût, était plutôt rare. Elle dépendait plutôt de raisons purement économiques, de telle sorte qu'aux époques plus récentes, dans le même complexe, nous observons souvent la coexistence de plusieurs phases décoratives successives[4].

Quelques exemples de projets décoratifs dans les maisons ostiennes

Nous allons commencer ce bref examen par la Maison de Diane[5]. Nous rappelons que l'analyse des phases de construc-tion observées au cours des recherches récentes a permis de situer à la fin du règne des Antonins la nouvelle définition pla-nimétrique d'une série de pièces qui occupent le secteur orien-tal de la cour intérieure (sur le plan p. 231, fig. 2 : n°s 22-26), et la réfection correspondante des voûtes d'arêtes et de quelques murs de ces pièces. Or, la séquence relative entre les décors de certaines salles nous permet de préciser indirectement leur cadre stylistique. De cette façon, nous pouvons dater avec une presque certitude les décorations à architectures et panneaux colorés, qui revêtent les nouvelles parois des *cubicula*. Pour ces décorations [voir ci-dessus, pp. 240-242], l'analogie avec les socles peints de la pièce principale de l'Insula au Plafond peint, qui peuvent être attribués à l'époque de Commode, pourrait fournir une confirmation chronologique importante. Un paral-lèle ultérieur, de la fin de l'époque des Antonins, est constitué par les peintures à fond blanc de l'Immeuble IV ii 5, qui ne sem-blent pas pouvoir être datées avant le début du règne de Marc Aurèle[6]. La connexion entre tous ces éléments stylistiques pré-sents dans la décoration de l'édifice, là où n'existe pas un lien évident avec les différentes phases architecturales, nous amène à attribuer tous les décors à une seule phase, qui se situe dans les dernières décennies du IIe siècle. De cette façon, en utilisant les données tirées des changements architecturaux, l'exemple de ce complexe permet d'établir la coexistence de plusieurs schémas décoratifs à la fin de l'époque des Antonins.

Si nous analysons l'ensemble du décor pariétal de l'Insula de Jupiter et Ganymède [voir le plan à la p. 342, fig. 4 : 4] nous remar-quons des répétitions significatives. G. Calza, immédiatement après la fouille, affirmait qu'à l'exception des plus récents, en

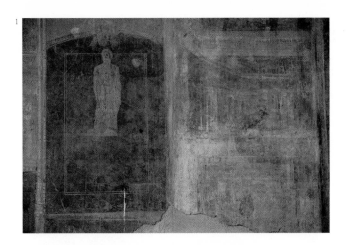

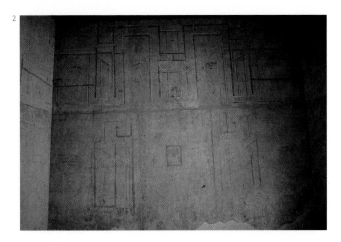

1   Insula de Jupiter et Ganymède. Tablinum (27), paroi nord : détail.

2   Insula de Jupiter et Ganymède. Pièce 33, paroi occidentale.

3   Insula au Plafond peint, pièce 1 (photo C. Liedtke).

blanc, tous les enduits conservés peuvent être attribués à une seule phase[7]. Malgré les opinions divergentes exprimées par la suite, il ne semble pas y avoir d'éléments stylistiques qui pourraient réfuter cette hypothèse d'un projet décoratif unitaire. Au contraire, ici aussi les diverses transformations structurales peuvent être mises en rapport avec la nouvelle décoration de l'édifice. On observe une nette différenciation entre les salles d'apparat (le *tablinum* 27 et le probable *triclinium* 25), ornées d'un système architectural qui délimite des panneaux colorés [voir ci-dessus, p. 330, figs 5-6 et **fig. 1**], et les pièces de circulation ou de caractère privé, décorées selon des schémas « modulaires à édicules », qui montrent, d'une part, la variété de combinaisons des éléments (par exemple en rapport à la longueur des parois ou à la couleur des fonds), et, de l'autre, la recherche de solutions figuratives originales (en particulier dans la pièce 33 : **fig. 2**)[8]. La présence du célèbre graffito de l'époque de Commode dans le corridor[9] permet de dater approximativement le projet décoratif[10].

Une situation analogue est présente dans la Maison de Bacchus Enfant [voir le plan à la p. 342], qui montre des décorations pariétales très semblables par leur composition et leur exécution, au point que Calza avait supposé qu'un seul atelier avait dû travailler dans les deux immeubles[11]. Ici de nouveau, la majorité des décorations conservées apparaît reliée aux transformations architecturales (création de parois de séparation, fermeture de passages), dans lesquelles on peut reconnaître un seul projet de réaménagement. On y remarque la même distinction entre les salles principales (*tablinum* 20 et *triclinium* 13 [XIII]), où on adopte un schéma à architectures et panneaux, avec une reprise évidente d'éléments de la tradition précédente (en particulier de l'époque d'Hadrien), et les pièces de circulation et celles à fonction privée, où l'on emploie des schémas de composition plus simples (avec des édicules ou des panneaux).

Un autre exemple de redécoration en relation avec des transformations est constitué par l'Insula au Plafond peint [voir le plan à la p. 342], où nous observons une différence marquée entre les peintures de la pièce 1, ornée d'un schéma architectural (**fig. 3**), et celles de la pièce 4 (**fig. 4**), et peut-être aussi de la pièce 3, qui présente un schéma à édicules[12]. Dans ce cas, les revêtements du deuxième groupe sont ceux qu'il faut associer aux modifications, puisqu'ils recouvrent les nouvelles structures, alors qu'il n'y a pas d'indications certaines à ce propos pour la pièce 1. Toutefois, l'analogie stylistique des peintures de cette dernière pièce permet de les attribuer à la même phase de décoration, probablement à situer toujours dans les dernières décennies du IIe siècle. Dans ce complexe, en effet, se vérifie encore la présence simultanée de schémas décoratifs différents. On aurait donc, d'un côté, une pièce plus intime, la numéro 1, qui avait sûrement un caractère privé (un *cubiculum*), à décor architectural. A l'opposé, la pièce numéro 4, avec ses décorations sur fond jaune, lumineuses, et ses plus grandes dimensions, suggère une utilisation différente (salle à manger, *tablinum* ?).

Dans l'Insula aux Voûtes peintes, le *tablinum* II et le *triclinium* XII sont disposés de part et d'autre du vestibule I, le long

4   Insula au plafond peint, pièce 4 (détail) (photo de l'auteur)
5   Immeuble d'Annius, pièce 8 : paroi ouest (photo de l'auteur).

de la façade de l'édifice, alors que les salles privées et les pièces de circulation s'alignent dans la partie interne du complexe. Dans ce cas également, on observe, du moins pour l'époque des Antonins, une différence nette entre les schémas adoptés dans les pièces d'apparat (y compris dans l'*oecus* XI), ornées de partitions colorées ou d'architectures, et le schéma à édicules sur fond blanc des *cubicula* V et VI[13].

Un exemple clair d'unité, du point de vue du projet, est constitué par la décoration des deux appartements qui forment l'Immeuble dit d'Annius (voir le plan à la p. 342). Les deux appartements (et vraisemblablement aussi les *tabernae* 9 et 10) présentent un schéma de décoration unique, conservé de façon variable sur toutes les parois et organisé en édicules alternant avec des panneaux, ornés de motifs essentiellement végétaux. Dans ce cas, on remarque que le schéma unique a été adapté selon les exigences, par exemple, en fonction des dimensions des parois, de la présence de niches ou de renfoncements, en obtenant parfois des décors asymétriques (**fig. 5**). Il est significatif, du reste, qu'on ne remarque aucune différence entre les pièces à l'intérieur des différents appartements, mais, comme cela a été dit, qu'on constate une distinction plus importante entre les parois plus longues, où l'on trouve un nombre plus élevé d'éléments «modulaires» (parfois des édicules de forme légèrement différente), et les parois courtes (qui présentent en général un seule édicule).

La situation des Immeubles du Thémistocle et du Soleil apparaît analogue. Le premier montre un nombre considérable de pièces ornées, qui font surtout partie des appartements de l'aile orientale (**fig. 6**). Dans toutes ces pièces, on a pu observer un lien entre les enduits peints et les transformations générales du complexe, qui mènent à la création d'appartements, peut-être en relation, en ce qui concerne leurs proprétaires, avec le Temple du Collège, tout proche, érigé à l'époque de Commode[14]. Dans ce cas également, on remarque la présence d'un seul schéma modulaire à édicules et panneaux qui se répète sur toutes les parois, avec des variations dues aux dimensions de celles-ci et à la présence de motifs décoratifs accessoires (ce qu'on observe également dans l'Immeuble d'Annius), et qui est donc adapté selon les exigences différentes, sans démontrer une fantaisie particulière. Une exception est constituée par la légère variation dans le type des édicules utilisés dans les deux registres décoratifs (là où ils sont conservés), de sorte que les édicules du registre supérieur se présentent plus schématiques et indiquent une progressive linéarisation de l'élément même (**fig. 7**).

L'Immeuble du Soleil montre la présence de décorations sur fond blanc qui peuvent se référer à des transformations internes des différentes pièces, liées à la création de petites sous-pièces à l'aide de fines cloisons. Les décorations elles-mêmes s'articulent selon un schéma répétitif d'édicules et panneaux, très semblable à celui de l'édifice précédent, où les éléments sont disposés selon les dimensions des nouvelles sous-pièces (comme l'indiquent les traces des cloisons). Une différence, petite mais significative, par rapport à l'Immeuble du Thémistocle, concerne l'adoption du type d'édicule plus stylisé, présent aussi dans les décorations de ce complexe, mais sur toute la hauteur des parois. Cela ne semble pas être le signe d'une distance chronologique entre celle-ci et les autres décorations, puisque nous voyons à l'intérieur de toutes les pièces le même type de transformations, que nous pouvons attribuer à un seul projet de construction.

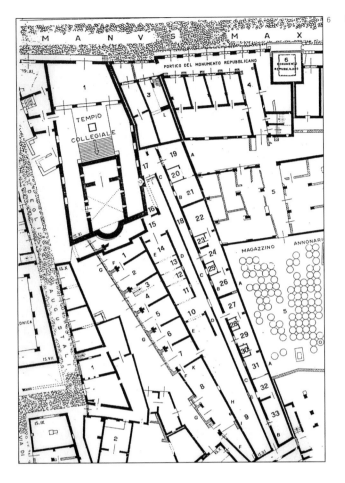

6 Plan de l'Immeuble du Thémistocle (dessin de l'auteur, d'après *SdO* I pl. 9).

7 Immeuble du Thémistocle, pièce 21 (photo SAO, neg. B1403).

Hiérarchie spatiale et différenciation des schémas décoratifs

De nos précédentes observations ressort clairement que la décoration des salles principales (d'apparat?) se distingue de celle des salles secondaires (en général des pièces de circulation, mais parfois aussi des pièces privées, des *cubicula*)[15]. Il est important de se demander si cette distinction répond à des motivations de nature économique ou à un choix esthétique. Il a en effet été remarqué que, même dans les maisons ostiennes à plusieurs étages et partagées en appartements indépendants, appelées par convention *insulae* ou immeubles[16], on a maintenu une hiérarchie spatiale, selon laquelle l'ensemble des décors indiquait clairement l'importance des différentes pièces[17].

Sur la base des exemples cités, nous pouvons donc déduire qu'à une éventuelle distinction d'importance (et de fonction) entre les pièces correspond en général une différenciation des schémas décoratifs utilisés. Nous avons en effet pu constater que dans les salles que nous avons définies comme salles « d'apparat », la position particulière à l'intérieur de la maison était en quelque sorte accentuée par les décorations, où nous pouvons observer les mutations du goût dans le temps. A ce propos, on a observé que les scènes mythologiques sont peu nombreuses[18]. Outre les appartements de l'Insula aux Peintures déjà mentionnés, nous trouvons des représentations de caractère mythologique dans l'Insula des Muses (non seulement dans la pièce V où sont représentés les Muses et Apollon, mais également dans les pièces IX et X)[19], et dans l'Insula d'Hercule Enfant[20]. Si, dans le cas de l'Insula des Muses (en particulier dans la pièce V), l'élément mythologique apparaît parfaitement intégré à l'intérieur du schéma général des parois, dans le cas des *insulae* de Jupiter et Ganymède et de Bacchus Enfant, la volonté de faire ressortir le tableau mythologique par l'intermédiaire d'une disposition centrale, est évidente ; même si la fragmentation de la paroi en de nombreux panneaux colorés, animés de figures, rend une vision globale plus difficile[21].

Conclusion

En guise de brève conclusion, on pourrait dire que dans les habitations ostiennes examinées, dont les décorations peuvent être situées entre la fin du IIe et la première moitié du IIIe siècle ap. J.-C., apparaît évidente, d'une part, la volonté de différencier les espaces internes mêmes par la décoration picturale et, d'autre part, la standardisation générale des schémas adoptés selon le type de pièce. Cela est particulièrement évident dans le cas des décorations des pièces dites secondaires (principalement à fond jaune et blanc) ou dans les salles dites principales. Nous pouvons émettre l'hypothèse que, lorsqu'il s'agissait de décorer une maison, des schémas décoratifs de complexité croissante et donc de coût différent étaient à la disposition des commanditaires. Ces schémas étaient adaptés selon les dimensions des maisons et les possibilités économiques des propriétaires. Les ateliers avaient à disposition plusieurs modèles, ou cartons (comme nous le démontre la répétition de motifs pratiquement identiques dans des édifices différents), et travaillaient en utilisant des schémas différents (à partitions colorées, à édicules et panneaux géométriques, avec de simples partitions sur fond monochrome), qui reflètent un goût des commanditaires assez uniforme, probablement en relation avec l'appartenance à une classe sociale particulière (classe moyenne). Toutefois, cette standardisation générale (accentuée également par le recours probable à des ateliers qui, bien que dans le cadre du style de l'époque, manifestent des caractères locaux évidents) nous permet d'apprécier ces cas (spécialement dans les pièces de représentation) où l'on remarque une volonté de différenciation qualitative ; on pense à l'emploi de la scène mythologique dans une position privilégiée, ou, du moins, à la présence de la figure humaine dans des poses différentes (divinités, philosophes, offrants, etc.), qui apparaissent généralement dans les *tablina*. Cette distinction ne peut refléter autre chose qu'une volonté de la part des commanditaires d'afficher leur bien-être[22].

trad. Fabia Curti

Notes

1. De nombreuses études se sont intéressées au rapport existant entre le choix des décors et la destination des espaces d'habitation dans les villes vésuviennes. Outre les contributions de Strocka 1975, on rappelle en particulier Scagliarini Corlaita 1974-1976, surtout aux pp. 17 *sqq.* (en ce qui concerne l'identification des deux paramètres constitués par le code iconographique des peintures et le caractère statique ou dynamique des pièces qu'elles ornent). Il faut aussi mentionner les nombreuses contributions rassemblées dans Moorman 1993 (qui analysent des exemples spécifiques, pour la plupart de la région vésuvienne).

2. Il s'agit de la synthèse d'un travail plus vaste (qui paraîtra prochainement) sur les maisons ostiennes, où sont préservées des peintures que l'on peut dater entre la fin du IIe et la moitié du IIIe siècle ap. J.-C.
On notera les abréviations suivantes :
Calza, G. 1913
« Ostia. Scavi nella necropoli. Scoperta di creta fullonica. Case di Via delle Corporazioni. Scavo del teatro e nell'area innanzi ai 4 tempietti », *NSc* 1913, pp. 71-81
Calza, G. 1920
« Gli scavi recenti nell'abitato di Ostia », *MonAnt* 26, 1920, pp. 321-430
Clarke, J. R. 1991
The Houses of Roman Italy 100 B.C-A.D.250. Ritual, Space and Decoration
DeLaine, J. 2000
« High Status *insula* Apartments in Early Imperial Ostia – a Reading », *MededRom* 58, 1999 (2000), pp. 175-187
Felletti Maj, B. M. 1961
Le pitture delle Case delle Volte Dipinte e delle Pareti Gialle (MonPitt III, *Ostia* I-II)
Felletti Maj, B. M.-Moreno, P. 1967
Le pitture della Casa delle Muse (MonPitt III, *Ostia* III)
Fornari, F. 1913
« La pittura decorativa di Ostia », *Studi Romani* 1, pp. 305-318
Joyce, H. 1981
The Decoration of Walls, Ceilings and Floors in Italy in the Second and Third Centuries A.D.
Liedtke, C. 1995
Weiße Greifenwände. Zwei Leihgaben von Wandmalereien des 2. Jahrhunderts n. Chr. aus Ostia in Berlin
Ling, R. 1991
Roman Painting
Moormann, E. M. (dir.) 1993
Functional and Spatial Analysis of Wall Painting, Atti del V Convegno Internazionale sulla Pittura parietale antica, BABesch Suppl. 3
Paschetto, L. 1912
Ostia colonia romana. Storia e monumenti
Scagliarini Corlaita, D. 1974-1976
« Spazio e decorazione nella pittura pompeiana », *Palladio*, n. s., 23-25, pp. 3-44
Strocka, V. M. 1975
« Pompejanische Nebenzimmer », dans : Andreae, B. – Kyrieleis, H. (dir.), *Neue Forschungen in Pompeji*, pp. 101-106
Strocka, V. M. 1984
Häuser in Pompeji, I: Casa del Principe di Napoli (VI 15, 7.8)
Van Buren, A. W. 1923
« Graffiti at Ostia », *CIR* 37, 163
Zevi, F. 1991
« La città sannitica – L'edilizia privata e la Casa del Fauno », dans : Zevi, F. (dir.), *Pompei*, I, pp. 47-74.

3. Il faut toutefois souligner que cette reconnaissance, fondée principalement sur l'observation des changements dans la construction des habitations et sur les liens évidents avec les décors de celles-ci, représente, en de nombreuses occurrences, une hypothèse de travail qu'il faudra ensuite vérifier par une étude plus systématique des différents édifices, surtout dans les cas où, suite à des empêchements divers (absence de documentation, nouvel enfouissement, restaurations, etc.), la lecture des surfaces des murs recouverts de fresques présente des difficultés. En ce qui concerne le problème de la chronologie des peintures ostiennes, on renvoie à la contribution de S. Mols, ci-dessus, pp. 325-333.

4. A ce propos, les cas des *insulae* aux Voûtes peintes, aux Murs jaunes et des Muses semblent particulièrement significatifs : Felletti Maj 1961 ; Felletti

Maj-Moreno 1967. On rappelle, par contre, qu'à une époque antérieure, à Pompéi, le maintien et la restauration des décors plus anciens (surtout attribuables au Premier Style) était un signe de la volonté de perpétuer le *status* des anciens propriétaires (nous pensons, par exemple, à la Maison du Faune: cf. Zevi 1991, p. 71 *sqq.*).

[5] Voir ci-dessus, pp. 240-244.

[6] Voir Liedtke 1995, en particulier pp. 17-39.

[7] Calza 1920, coll. 343 *sqq.*

[8] Cf. Joyce 1981, pp. 26 *sqq.*

[9] Van Buren 1923, pp. 163-164.

[10] A ce propos, cf. aussi Clarke 1991, pp. 320-339.

[11] Calza 1920, coll. 402. En réalité, le chercheur faisait allusion à toutes les peintures de l'*insula* iv de la *Regio* I, qui comprend aussi l'Insula aux Peintures et dont il ne reste plus que de maigres traces. Pour une description de ces décors: Paschetto 1912, pp. 425-426; Fornari 1913, pp. 306-308, pls XXIX-XXX.

[12] Voir Clarke 1991, p. 320.

[13] Pour le plan de l'*insula* et l'analyse des décorations de ces pièces, voir Felletti Maj 1961, pp. 31 *sqq.*

[14] Zevi 1971, p. 472 *sqq.* En ce qui concerne cet édifice, qui a fait l'objet de fouilles récentes et de restaurations, cf. S. Falzone, «Gli affreschi del caseggiato del Temistocle», dans: D. Scagliarini Corlaita (dir.), *I temi figurativi nella pittura parietale antica (IV sec. a.C.–IV sec. d.C.), Atti del VI Convegno Intern. sulla pittura parietale antica, Bologna 1997* (1998), pp. 203-205 (avec bibliographie antérieure).

[15] Pour les peintures des pièces secondaires, voir ci-dessous, pp. 340-345.

[16] Voir ci-dessus, pp. 199-201.

[17] Cf. Clarke 1991, pp. 26-27.

[18] Voir, par exemple, Ling 1991, p. 182.

[19] Felletti Maj – Moreno 1967, pp. 35-45, pls IX-XV.

[20] Calza 1913, pp. 73-79.

[21] L'abondance de raccourcis architectoniques et de figures dans les panneaux des parois du *tablinum* de l'Insula de Jupiter et Ganymède (ci-dessus, p. 330, figs 5-6 et ici **fig. 1**), qu'il s'agisse de divinités, philosophes ou personnages attribuables de façon générale au milieu dionysiaque, suggère un espace illusoire et fait allusion à un idéal de jeunesse éternelle et de vie insouciante, ce qui se traduit par des images fragmentées et incohérentes, dans lesquelles l'attention se concentre sur le seul élément central. Par rapport à la visibilité des peintures (et en particulier du tableau mythologique) en relation avec le parcours intérieur de la maison, nous renvoyons à l'analyse subtile dans: De Laine 2000, p. 180 *sqq.*

[22] Il faut cependant se demander, à ce propos, qui profitait d'un tel luxe En d'autres termes, si nous gardons à l'esprit la nouvelle réalité sociale et économique en pleine époque impériale (par rapport à celle de la fin de la République, par exemple, qui se traduit dans les termes architecturaux de la *domus* pompéienne avec les espaces préposés au rite de la *salutatio* du *dominus*), l'observation des maisons ostiennes analysées (et, en particulier, de la disposition planimétrique des pièces dites d'apparat) nous suggère l'idée d'une visibilité moindre depuis l'extérieur et donc d'une destination privée du luxe intérieur, réservé aux habitants de la maison et à des hôtes sélectionnés (sur ces considérations, voir aussi F. Zevi, *MededRom* 58, 1999 (2000), pp. 188-189).

Le décor des pièces secondaires à Ostie

Claudia Liedtke

Introduction

Dès le IIᵉ siècle ap. J.-C., on observe une forte différenciation entre les peintures pariétales à fond monochrome et celles à fond polychrome. Cette différenciation n'apparaissait pas aussi clairement dans les décors de la fin de la République et des débuts de l'Empire. Il est intéressant de constater que cette distinction dans la manière de traiter le fond d'une peinture pariétale se retrouve dans les décors de pièces différentes, ce qui signifie que les deux formes de décor ne sont pas interchangeables, mais qu'elles sont adaptées à la fonction et à l'importance de chaque pièce. Ainsi les pièces secondaires, comme les *cubicula* (chambres à coucher), les couloirs et les pièces à fonction économique, sont décorées de peintures plus modestes que les salles de séjour ou les salles à manger. L'étude présentée ici se fonde sur la prémisse que les différences entre les formes décoratives utilisées dans les pièces principales et celles des pièces secondaires se manifestent avant tout dans la façon de traiter le fond. En effet, les pièces secondaires sont exclusivement ornées de peintures à fond monochrome, alors que les pièces principales de la même époque ont un décor à fond polychrome. Il convient de souligner que cette distinction monochrome/polychrome ne s'applique qu'au fond de la peinture, puisque les peintures à fond monochrome peuvent comporter des figures polychromes.

On connaît à Ostie un grand nombre de décors de pièces secondaires dont la plupart remontent à l'époque antonine. Ils présentent une palette limitée au rouge, au blanc, au jaune et au vert. Les couleurs les plus souvent utilisées pour le fond d'une peinture sont le jaune et le blanc. Le rouge n'est que rarement utilisé, et, à ma connaissance, le vert comme couleur de fond d'une peinture pariétale n'est pas attesté en Italie. On distingue en outre à l'époque antonine trois types de décor. Ceux-ci ne sont jamais, que ce soit dans des habitations, dans des thermes

1   Musée Ostie, fragment de peinture pariétale provenant de l'Immeuble V ii 5 (photo SAO Neg. B 1304).

2   Maison des Auriges, décor pariétal *in situ* (photo I. Geske).

3   Insula aux fenêtres trilobées, décor pariétal *in situ* (photo de l'auteur).

ou dans des tavernes, liés à la fonction spécifique d'une pièce. Les trois exemples suivants permettront de les présenter de manière claire et rapide.

Les fragments à fond blanc de l'immeuble V ii 5, exposés aujourd'hui au Musée d'Ostie, proviennent d'un décor dit à édicules (fig. 1). Ce décor est caractérisé par des architectures légères (édicules) peintes en rouge et en jaune qui encadrent les champs réservés aux images. Les édicules sont représentés de manière fortement simplifiée : leur toit plat est surmonté de cadres ornementaux rectangulaires dont la base est arrondie. Les champs sont bordés de rouge et comportent des vignettes représentant des griffons ailés et des cygnes.

Un second groupe comprend les décors à cadres. On voit sur l'exemple provenant de la Maison des Auriges (fig. 2) que, dans cette variante, la paroi est subdivisée en grands champs par de larges cadres verticaux ou horizontaux. En l'occurrence, les cadres

sont rouges et les champs blancs, et ceux-ci contiennent de fines bordures ainsi que de délicats candélabres floraux et des guirlandes. Le champ central est orné d'une vignette représentant une petite scène figurée avec un cavalier et une biche.

Le troisième groupe comprend les décors à champs. Il s'agit de la forme de décoration la plus simple, comme on peut le voir sur les peintures de l'Insula aux Fenêtres trilobées (**fig. 3**). La surface de la paroi est subdivisée en simples champs encadrés de jaune entre lesquels interviennent des lisènes rouges. Ici aussi les champs sont ornés de vignettes, mais celles-ci ne peuvent plus être lues de manière certaine.

Il est clair que le niveau qualitatif de ces trois formes de décor varie sensiblement. Les décors à cadres surtout, avec leur exécution en filigrane, sont bien supérieurs aux autres. Assurément, il existe une hiérarchie au sein du groupe des peintures pariétales monochromes, qui signifie que les pièces secondaires étaient aussi différenciées entre elles.

Les décors de pièces secondaires dans l'architecture domestique d'Ostie

Dans l'architecture domestique de la période concernée, les peintures monochromes pouvaient être utilisées soit conjointement avec des peintures polychromes – elles remplissent alors la fonction classique de décor de pièces secondaires – soit comme seule forme de décor. Dans ce cas, elles remplissent à la fois la fonction de décor de pièces secondaires et celle de décor de pièces principales.

Le but des réflexions qui vont suivre est de définir les distinctions hiérarchiques fondées sur des critères de qualité au sein du groupe des décors de pièces secondaires. Ces distinctions démontreront que le choix d'un tel décor n'est pas uniquement dicté par des critères esthétiques, mais qu'il est avant tout influencé par l'environnement social du commanditaire. C'est pourquoi le caractère et la taille des bâtiments, qui sont sans importance pour une classification chronologique ou stylistique des peintures, jouent un rôle déterminant dans cette enquête. Un autre élément qui permet de mieux comprendre les décors de pièces secondaires est la valeur qu'on leur attribuait dans l'Antiquité. Il s'agit moins ici de la qualité «artistique» d'une peinture, qui se reflète souvent dans son exécution soignée ou hâtive, que de la valeur attribuée à cette peinture par rapport à une autre, valeur que le commanditaire semble avoir jugée tout à fait appropriée à la décoration de la pièce. Ainsi, une peinture de qualité artistique moindre aura pu sembler de grande valeur à celui qui habite les pièces qu'elle décore.

Il faut commencer par considérer les différents complexes architecturaux d'où proviennent les peintures pariétales, puisque c'est sur cette seule base qu'on réunira les indications nécessaires concernant les dimensions et la fonction des pièces. Cette manière de procéder implique que seules des peintures provenant de complexes équivalents peuvent être comparées entre elles. En effet, les exigences du propriétaire d'une grande *domus* s'écartent complètement de celles de l'habitant d'un petit appartement. Le terme de décor de pièces secondaires, dans son acception usuelle, pourrait donc se révéler trompeur. En effet, le couloir d'un palais et le couloir d'une maison modeste, bien que remplissant tous deux la même fonction subalterne, ne pourront pas être comparés entre eux en ce qui concerne les peintures.

J'aimerais maintenant présenter une série d'appartements que l'on peut juger équivalents et qui appartiennent à un type répandu à Ostie. Les appartements se trouvent au rez-de-chaussée de maisons à plusieurs étages (*insulae*)[1] et présentent un plan largement identique, dit «à *medianum*»[2].

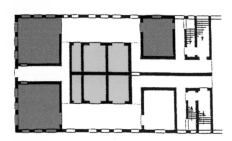

décoration à fond blanc

décoration à fond rouge et/ou jaune

décoration polychrome

4

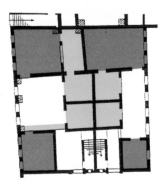

1. Maison à jardin (III IX)

2. Insula aux Murs jaunes (III IX 12)
Insula du Graffito (III IX 21)

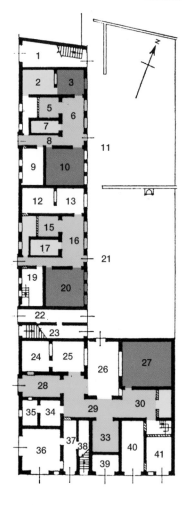

3. en haut: au plafond peint (II VI 6)
en bas: Immeuble d'Hercule (II VI 3)

4. Insula de Jupiter et Ganymède (I IV 2)
Insula de Bacchus Enfant (I IV 3)
Insula aux Peintures (I IV 4)

4. Immeuble d'Annius (III XIV 4)

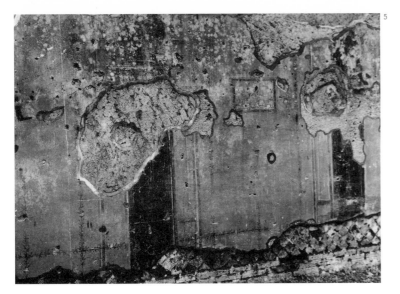

Dans presque tous les appartements des Maisons à Jardins (fig. 4: n° 1) sont conservés des restes du décor peint, qui démontrent que non seulement le plan des maisons suivait un modèle unitaire, mais que la décoration des pièces était aussi standardisée. Les petites pièces qui donnent sur le *medianum*, présentent un décor à cadres à fond jaune, qui ornait à l'origine aussi la troisième petite pièce. La paroi est divisée en cadres verticaux rouges qui sont surmontés d'un cadre horizontal. Les cadres verticaux sont flanqués de chaque côté de fines architectures rouges et blanches. Des guirlandes de fleurs fortement tendues et des candélabres floraux bordent les champs encadrés. Au centre de chaque champ s'élève un autre candélabre floral. Dans le champ central de chaque paroi, il semble qu'il y ait eu un petit tableau représentant un paysage (fig. 5). Dans aucune maison, le décor du *medianum* même est conservé, cependant on distingue encore quelques fragments de stuc à fond rouge. L'importance des deux pièces qui se trouvent aux extrémités du *medianum*, déjà mise en évidence par leurs dimensions et leur riche équipement en fenêtres, est encore soulignée par le décor polychrome.

Le plan de l'Insula aux Murs jaunes (fig. 4: n° 2) recoupe dans les grandes lignes celui des Maisons à Jardins, si ce n'est que son *medianum* a été transformé en cour intérieure sur laquelle s'ouvrent du côté nord et du côté sud deux grandes pièces largement pourvues de fenêtres qui donnent sur la cour intérieure des Maisons à Jardins. Le même plan est repris dans un plus petit format dans l'Insula du Graffito, qui est accolée au côté est de l'Insula aux Murs jaunes. Malgré quelques légères différences, le modèle d'habitation proposé par ces deux appartements ne s'écarte pas de celui des Maisons à Jardins. Seule l'Insula aux Murs jaunes a conservé ses peintures pariétales. Comme dans les Maisons à Jardins, les peintures soulignent

4   Immeubles d'appartements à *medianum*, plans.

5   Maison à Jardin (III ix), peinture pariétale *in situ* dans une pièce secondaire, avec petit tableau représentant un paysage (photo SAO, neg. 1941).

6   Insula aux Murs jaunes, décor pariétal *in situ* (photo I. Geske).

la fonction de chaque pièce. Ainsi la cour était ornée d'un décor à édicules à fond rouge qui n'a pas survécu, mais qui devait correspondre aux peintures à fond rouge du *medianum* des Maisons à Jardins[3]. Les pièces secondaires, qui donnent sur la cour, sont ornées d'un décor à édicules à fond jaune (fig. 6), qui correspond du point de vue de la qualité au décor à cadres des Maisons à Jardins. Le décor à fond jaune est divisé en deux parties. La partie inférieure se compose d'édicules se dressant devant des pilastres rouges et de champs bordés de guirlandes de fleurs, au centre desquels figurent des paysages miniatures. Dans les pièces principales, les décors remontant à la période antonine n'existent plus, mais ceux de l'époque sévérienne présentent un fond polychrome, ce qui suggère que déjà les peintures antonines appartenaient à ce type.

Des observations analogues peuvent être formulées à propos de deux autres appartements situés entre la Via delle Corporazioni et la Via della Fontana. L'Immeuble d'Hercule et l'Insula au Plafond peint (fig. 4: n° 3) présentent le même plan, mais orienté de manière inversée. Le plan, tel qu'il est aujourd'hui conservé, remonte à une phase de transformation. Dans l'Insula au Plafond peint, le décor de l'exèdre est bien conservé (voir p. 335, fig. 3), alors qu'on n'a plus aucune trace du décor de l'exèdre de l'Immeuble d'Hercule. En tant que pièce principale, il est néanmoins très vraisemblable qu'elle a été également ornée d'une peinture polychrome. Les deux *cubicula* de

7   Insula au Plafond peint, décor pariétal *in situ* (photo de l'auteur).

8   Immeuble d'Hercule, décor pariétal aujourd'hui disparu
     (photo SAO, neg. A831).

l'Insula au Plafond peint étaient ornés d'un décor à édicules à fond jaune (**fig. 7**), divisé en deux parties horizontales. Dans la partie inférieure alternent des édicules et des champs encadrés de fines lignes blanches qui comportent des paysages miniatures ou des vignettes. Dans la partie supérieure, les édicules sont remplacés par des panneaux rectangulaires à deux étages, à bordures rouges.

D'après les indications de D. Vaglieri[4], un décor à cadres à fond jaune et blanc (**fig. 8**), que l'on ne connaît plus que par des photographies, proviendrait des *cubicula* correspondants de l'Immeuble d'Hercule. On voit que les peintures ont été grossièrement piquetées avant que la couche de stuc de la troisième phase de décoration n'ait été appliquée. Les parois sont divisées en champs alternés jaunes et blancs, délimités par de larges cadres rouges. Des architectures de chaque côté des cadres, des guirlandes et des paysages miniatures à l'intérieur des champs complètent le décor.

Conclusions

Les brèves descriptions des peintures pariétales données ci-dessus montrent clairement que les appartements du type à *medianum* de la période antonine présentent non seulement un plan très semblable, mais aussi une décoration intérieure qui respecte des critères de qualité uniformes. Ceci est d'autant plus frappant que cette standardisation ne se cantonne pas uniquement à des complexes particuliers, comme les Maisons à Jardins ou l'Insula aux Peintures, mais qu'elle réapparaît de la même manière dans tous les bâtiments de ce type. Ce phénomène ne s'explique pas par les choix du commanditaire ou d'un locataire particulier, mais par une standardisation assez largement répandue, dont l'apparition a été conditionnée par différents facteurs qu'il nous faut maintenant étudier d'un peu plus près.

Les seules dimensions des appartements, ainsi que l'agencement des pièces et le fait qu'ils disposent tous d'un premier étage, suffisent à établir qu'il s'agissait d'appartements répondant à de hautes exigences. Cette impression est confirmée par le choix des décors. Chaque appartement dispose au rez-de-chaussée de peintures à fond polychromes (caractéristiques des pièces principales) et de peintures monochromes, à fond rouge et/ou jaune, dans les pièces secondaires. Les décors à fond blanc apparaissent plus rarement et uniquement dans de grands appartements comme ceux de l'Insula aux Peintures. Généralement, ce ne sont que de toutes petites pièces qui reçoivent un décor à fond blanc, comme par exemple celle qui se trouve au bout du couloir dans l'Insula de Jupiter et Ganymède. C'est là, à mon avis, un indice que le choix de la couleur de fond et du décor ne dépend pas des moyens financiers du commanditaire – puisqu'un décor à fond jaune ou rouge aurait été tout aussi abordable qu'un décor à fond blanc pour de petites pièces comme celles-ci – mais au contraire sert à préciser clairement la position hiérarchique de chaque pièce au sein de la maison. On comprend ainsi que les petits appartements à *media-num* ne possèdent pas de décor à fond blanc au rez-de-chaussée parce qu'ils ne sont pas pourvu de petites pièces supplémentaires. Cela signifie aussi que les appartements avec de nombreuses pièces secondaires exigeaient une différenciation par la couleur, différenciation qui n'avait pas lieu d'être, si le nombre des pièces était moins élevé.

Mais l'uniformité des décors n'est de loin pas limitée au choix des couleurs de fond. Elle surprend, car elle ne semble laisser place à aucune préférence individuelle de la part de ceux qui habitent les appartements, et, au contraire, elle paraît avoir été imposée par un modèle préétabli correspondant au style de l'époque. On observe ainsi, par exemple, que les couloirs ou les *mediana* – pour autant que l'état de conservation des peintures pariétales le permette – sont ornés d'un décor à édicules à fond rouge et jaune ou à fond exclusivement rouge. Les autres pièces secondaires, comme les *cubicula*, reçoivent un décor correspondant à leur importance, qui peut consister en un décor à édicules à fond jaune ou en un décor à cadres à fond jaune, sans qu'on puisse établir une hiérarchie entre ces deux formes de décor.

La standardisation des décors intérieurs, qui peut aller, dans certains complexes, comme par exemple dans les Maisons à Jardins, jusqu'à une décoration rigoureusement identique partout, permet d'affirmer que les peintures pariétales n'étaient pas commandées par les locataires une fois qu'ils avaient emménagé, mais qu'elles faisaient partie de l'aménagement de l'appartement dès le début. Il est très probable que les habitants des appartements à *medianum* faisaient partie d'une des classes sociales les plus aisées d'Ostie. Il est très intéressant de voir que l'aisance financière ne s'exprimait pas au moyen de choix individuels et personnels quant à l'agencement de l'appartement, mais qu'on se contentait apparemment, pour marquer son appartenance à une certaine classe sociale, d'habiter des appartements équipés selon un modèle spécifique.

Certains appartements d'Ostie laissent supposer qu'un tel « équipement de base » n'était pas seulement courant dans les appartements d'un niveau de confort assez élevé, mais aussi dans les appartements destinés à la classe moyenne. L'exemple le plus frappant est donné par les deux appartements au plan identique de l'Immeuble d'Annius (**fig. 4**: n° 5), qui sont le résultat de transformations. Ils présentent un décor à édicules à fond blanc identique (voir p. 336, fig. 5), ce qui permet de conclure qu'ils ont été peints sur commande du propriétaire, afin d'être loués déjà entièrement décorés, suivant le modèle qui a été décrit plus haut. Ce qu'il y a de tout à fait frappant dans ce cas, c'est qu'on a renoncé aussi bien aux décors de pièces principales qu'aux décors de pièces secondaires à fond rouge ou jaune. Il est vrai que ces appartements composés de deux pièces et d'un long couloir ne possèdent pas de pièce principale classique, dans laquelle on s'attendrait à voir un décor polychrome. Cependant, un décor à fond jaune, tel qu'on le trouve dans l'Insula au Plafond peint dans deux pièces disposées de manière semblable, serait tout à fait imaginable, bien que les pièces aient une surface un peu plus petite. On peut se demander ce qui aurait pu empêcher un propriétaire de décorer son appartement, même exigu, de peintures de qualité supérieure. La seule réponse possible est un manque de moyens financiers. Si elle s'applique à la mise en œuvre d'un décor polychrome, il n'est pas certain que l'in-

vestissement financier pour un décor à fond jaune ait été à ce point plus important que pour un fond blanc qu'il constitue une raison sérieuse d'y renoncer. En comparant ces appartements à d'autres qui présentent le même genre de décorations, comme par exemple ceux de l'Immeuble du Thémistocle, il apparaît beaucoup plus vraisemblable que les appartements qui ne présentent qu'un décor à fond blanc aient été eux aussi décorés en relation avec une classe bien définie de locataires. Ces appartements offrent une plus petite surface que les appartements à *medianum* et présentent un plan irrégulier. Le décor à fond exclusivement blanc souligne le niveau de confort moindre de ces appartements, déjà dicté par leur construction, et les range dans une certaine catégorie. Ainsi, parmi les appartements à louer au rez-de-chaussée, les appartements à *medianum* sont les plus confortables et ceux de la Maison d'Annius les moins. Entre ces deux extrêmes, on peut supposer une gamme assez large de niveaux de confort. Celui-ci ne doit désormais plus être mesuré en tenant compte seulement du plan et de la surface des appartements, mais en prenant toujours en considération les peintures pariétales, qui, comme il a été montré, fournissent par leur composition et leur qualité d'importantes indications.

trad. Anne-Emmanuelle Koehli

Notes

[1] Sur l'habitat à Rome et à Ostie, voir J. Carcopino, *La vie quotidienne à Rome à l'apogée de l'Empire* (1939); C. Pavolini, *La vita quotidiana a Ostia* (1991) pp. 167 *sqq.*; K.-W. Weber, *Alltag im Alten Rom. Ein Lexikon* (1995); H. Blanck, *Einführung in das Privatleben der Griechen und Römer* (1996), pp. 33 *sqq.*

[2] G. Hermansen, *Phoenix* 24, 1970, pp. 342 *sqq.*; G. Hermansen, *Ostia, Aspects of Roman City Life* (1982), pp. 21 *sqq.*, 47 *sqq.*; B. W. Frier, *JRS* 67, 1977, pp. 28 *sqq.*; B. W. Frier, *Landlords and Tenants in Imperial Rome* (1980), pp. 17 *sqq.* Voir aussi ci-dessus, pp. 199-211, 221-229.

[3] B. M. Felletti Maj, *Le pitture delle Case delle Volte Dipinte e delle Pareti Gialle, MonPitt* III, *Ostia* I/II (1961), p. 43.

[4] *NSc* 1919, pp. 73 *sqq.*, 121 *sqq.*

Les peintures de la Maison des Hiérodules

Stella Falzone et Angelo Pellegrino,
avec la collaboration d'Evelyne Broillet-Ramjoué

La Maison des Hiérodules (III ix 6), dont le nom (moderne) fait allusion aux représentations de hiérodules dans son décor peint, constitue un des enrichissements les plus significatifs pour la connaissance de la peinture romaine du milieu de l'époque impériale. M. L. Veloccia Rinaldi, qui l'a mit au jour à la fin des années 1960, veilla, une fois la fouille terminée, à effectuer les premières interventions nécessaires sur les fresques avec la récupération d'une grande partie des fragments d'enduit des plafonds et la dépose des peintures pariétales. Cependant, lorsqu'elle cessa ses activités à Ostie pour assumer la direction de la Surintendance archéologique du Latium, les travaux de restauration furent interrompus. Ceci a inévitablement provoqué la dégradation du complexe qui, pendant toutes ces années, n'a pas pu être admiré par les touristes ou les visiteurs de la zone archéologique, restant aussi quasiment inconnu des archéologues et des spécialistes de la peinture antique. Ce n'est que tout récemment que la Surintendance archéologique d'Ostie, avec l'aide de financements ordinaires et de sponsors (parmi lesquels le Musée d'art et d'histoire et la Société académique de Genève), a pu lancer un important programme ayant pour objectif la réfection globale de l'édifice et la restauration non seulement des peintures, mais aussi des sols en mosaïque et des structures en maçonnerie. Jusqu'à maintenant, on a restauré les fresques des parois et du plafond, ainsi que le pavement en mosaïque du «salon» situé dans la partie méridionale de l'édifice. Les peintures et la mosaïque, en originaux et sous la forme de reproductions photographiques à l'échelle réelle, sont présentées intégralement dans l'exposition genevoise.

La Maison des Hiérodules fait partie du complexe résidentiel des Maisons à Jardins dont l'implantation doit être mise en relation avec un plan d'urbanisme de l'époque d'Hadrien. Ce quartier était caractérisé par la présence d'édifices disposés de façon à former le périmètre d'une zone interne aménagée en jardins, dans laquelle s'inséraient d'autres blocs d'habitations. Cette solution planimétrique déterminait un rapport direct entre les espaces intérieurs des habitations et le jardin, qui était mis

en valeur par la présence de nombreuses fenêtres et ouvertures entre les pièces. Dans la Maison des Hiérodules (**fig. 1**), en effet, le projet prévoyait une disposition des locaux centrée sur une grande salle de circulation pourvue de nombreuses fenêtres (n° 5), sur laquelle s'ouvrait directement une salle à colonnes (n° 6) et d'autres salles (parmi lesquelles la n° 4). Les autres pièces étaient reliées par des couloirs qui menaient à la même salle n° 5. Le plan, caractéristique, se présente comme une étape intermédiaire entre celui des plus anciennes et modestes Maisons-types de l'époque de Trajan, et celui des Insulae du Graffito et aux Murs jaunes.

L'habitation devait se développer sur deux étages, comme l'indique la présence d'un escalier interne, bien que, ne connaissant pas la hauteur des plafonds des pièces majeures, nous ne

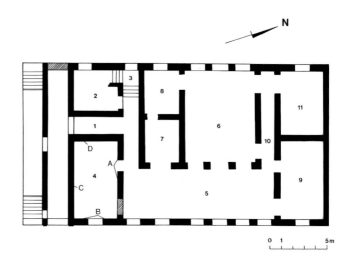

1   Maison des Hiérodules, plan avec situation des parois peintes de la salle 4 (EBR, d'après M.-A. Ricciardi).

sachions pas si le deuxième étage ne concernait que les pièces secondaires. On peut même supposer l'existence d'un troisième étage avec mezzanine, comme cela a été proposé dans la restitution graphique de tout le complexe des Maisons à Jardins, réalisée par l'architecte Italo Gismondi et reprise partiellement par M. A. Ricciardi.

La maison, fonctionnelle et élégante, doit être mise en relation avec une classe moyenne aisée, du reste bien représentée à Ostie, constituée par exemple d'employés, de commerçants et d'entrepreneurs. L'unité de construction du bâtiment, réalisé en *opus mixtum*, avec la façade donnant sur le jardin en *opus testaceum*, est soulignée par l'homogénéité stylistique et chronologique des décors. Les parois de toutes les pièces, recouvertes de fresques, et les plafonds peints (retrouvés à l'état d'écroulement juste au-dessus des pavements et pouvant, en grande partie, être reconstitués) appartiennent à une seule phase décorative, caractérisée par une vision organique de l'articulation des espaces à décorer et, en même temps, par une surprenante variété des solutions adoptées. La polychromie des parois et des plafonds (amplifiée par la présence de pavements en mosaïques blanches et noires à motifs géométriques) est soulignée par les contrastes des fonds jaunes et rouges animés par des éléments variés, exécutés dans une vaste gamme de couleurs avec des clairs-obscurs savants. Les plafonds les plus élaborés montrent une grande vigueur chromatique, par la présence de partitions géométriques colorées de forme variable (généralement encadrées par des lignes blanches), bordées de cadres de couleurs différentes à motifs végétaux.

Les pièces qui montrent une décoration plus complexe sont la salle rectangulaire n° 4 et le *tablinum* n° 6. Les parois sont ornées de fresques dont les architectures définissent un schéma tripartite (la partie centrale de la paroi est mise en évidence et les deux parties latérales sont disposées symétriquement). Le fond est partagé en compartiments jaunes et rouges, sur lesquels se détachent des éléments architectoniques, des figures et autres motifs. On remarque aussi une disposition symétrique des partitions et des différents éléments sur les parois opposées des pièces. En particulier dans la pièce n° 4, nous avons un socle à partitions jaunes et rouges, sur lequel s'élèvent des colonnes doubles et cannelées en vert-blanc qui reposent sur des consoles et constituent la façade architectonique du premier plan, au-delà de laquelle s'ouvre le fond polychrome partagé en compartiments aux couleurs vives alternées (**fig. 2**). Alors que les compartiments de la zone inférieure de la paroi sont caractérisés par la présence d'éléments du répertoire (dauphins, instruments de musique, etc.), ceux de la partie centrale sont animés par des figures masculines nues et par des figures féminines drapées qui s'élèvent dans les airs en dansant. Sur le fond se détachent de fins éléments architectoniques (portiques, balustrades), presque bidimensionnels, et des guirlandes suspendues. Le mouvement est également suggéré par la présence d'une colombe en vol, disposée en diagonale, à l'intérieur du panneau central d'une des parois et qui donne l'impression

d'entrer dans la pièce en déchirant le fond. Toutes les figures et les éléments accessoires de la décoration sont exécutés en couleurs claires, avec des ombres.

Le plafond de la même pièce (partiellement reconstitué) semble montrer sur les quatre côtés des éléments carrés avec un angle concave, reliés par un cadre double à contour supérieur ondulé, sur lequel sont posés des couples de chevaux cabrés symétriques et, au centre, une figure féminine (une hiérodule ?) debout. Aux angles, de façon à suggérer les diagonales, correspondent des candélabres végétaux avec volutes et un panier de fleurs (**fig. 3**). Au centre du plafond est inséré un tondo, probablement occupé par une figure féminine.

Récemment, une équipe d'étudiants dirigés par J.-P. Descœudres a effectué un nettoyage du sol en mosaïque de la pièce, lequel semble être contemporain de la première phase de l'édifice (**fig. 4**). Au moment de la découverte, cette mosaïque fut partiellement examinée et aussitôt recouverte pour en assurer la préservation. Le nettoyage a permis de reconnaître le motif décoratif, constitué de doubles haches noires disposées de façon à délimiter des espaces blancs, circulaires et en forme d'étoiles. Ce motif est documenté à Ostie dans un *cubiculum* de la Domus d'Amour et Psyché[1].

Par comparaison avec la pièce que l'on vient de décrire, la décoration du *tablinum* n° 6 se distingue par la grande variété de ses coloris (en particulier ceux des figures et des motifs accessoires). Les parois, plus longues que celles de la pièce précédente, montrent une forte ressemblance dans l'organisation de la décoration, avec une tripartition horizontale et verticale (**fig. 5**). Les mêmes colonnes doubles cannelées sont présentes, alors que le fond est constitué d'un socle jaune et rouge avec des buissons, de panneaux alternés dans les mêmes couleurs avec différents motifs (parmi lesquels des hippocampes, des pots de fleurs, des têtes de jeunes garçons avec cornes d'abondance, des *oscilla*) et de panneaux plus grands (qui remplacent la zone centrale de la paroi), où l'on trouve représentées des figures masculines et féminines dansantes (semblables à celles de la pièce n° 4), encadrées par des architectures. Les colonnes qui marquent le passage à la pièce n° 5 adjacente, sont également peintes en rouge avec des éléments végétaux. Le plafond du *tablinum* (lui aussi partiellement reconstitué) présente une composition encore plus complexe que celle du plafond précédent. Pour donner mouvement et profondeur à une couverture plate, le dessin semble imiter la présence d'une voûte d'arête, avec des lunettes le long des parois, des ornements en forme de plumes aux angles, et le panneau central carré. Le tout est réalisé au moyen de cadres en couleurs brillantes, richement décorés (**fig. 6**). Le décor apparaît ainsi organisé, d'une part, selon un schéma diagonal obtenu par la présence de cadres sinueux, axé sur quatre satyres placés sur des cornes d'abondance dans les angles du motif central. Au-dessous de ceux-ci, on a disposé symétriquement un coquillage et, dans la partie inférieure, un élément végétal en forme de cœur et des figures féminines (hiérodules ou Muses ?) accompagnées de lionnes ou de chimères (**fig. 7**). On remarque

2   Maison des Hiérodules: pièce 4, paroi méridionale (C) (photo et montage digital Lorenzo De Masi, Rome).

aussi, d'autre part, une disposition en croix, axée sur l'élément central, qui concerne les panneaux décorés de fleurs, disposés de part et d'autre de celui-ci, et les panneaux situés au centre de ce qu'on pourrait définir comme des lunettes (toujours dans l'axe central de la composition). Ces lunettes sont ornées d'édicules, dans lesquels repose un masque théâtral, et sont surmontées par une tenture. Dans l'espace intérieur de l'édicule, on trouve des couples de personnages qu'il faut probablement rattacher au monde dionysiaque. Le caractère animé du schéma de composition est accentué par la réalisation des partitions en couleurs contrastées, alors que les figures sont généralement rendues en couleurs pâles et estompées.

Le schéma du sol en mosaïque a été conçu selon des critères optiques semblables (**fig. 5**). Il est constitué par des rangées diagonales de feuilles lancéolées qui délimitent des espaces rhomboïdaux, au centre desquels se trouvent plusieurs éléments décoratifs: svastikas, fleurs stylisées, motifs en forme de sablier[2]. Ce schéma est connu à Ostie dans un pavement de l'Immeuble de l'Aigle (où il est présent sous une forme simplifiée, sans motifs de remplissage)[3].

Les décorations des autres pièces du complexe nous montrent des solutions parfois plus simples, mais toujours de très bonne qualité, en relation avec la fonction même des espaces. La pièce n° 5, de forme allongée, présente une décoration sur fond jaune sur laquelle se détachent des édicules rouges avec des partitions en vert et blanc. Les panneaux entre les édicules

montrent de frêles architectures blanches, des guirlandes, des fleurs et des motifs centraux en vert et en brun (oiseaux, fleurs, etc.). Nous retrouvons ce même schéma dans les deux couloirs qui mènent à la pièce elle-même et dont celui qui se trouve le plus près de l'entrée de la maison, conserve, dans les panneaux en jaune, un dauphin traité de façon vivante et une tête de Méduse. La pièce n° 7, contiguë, semble avoir été décorée des mêmes architectures sur fond jaune avec des édicules en rouge et différents motifs, même si le voile d'incrustation toujours présent sur les parois ne permet pas une lecture plus précise des peintures. Le plafond, dont le décor peut aussi être partiellement reconstitué grâce aux fragments retrouvés au sol, présente un schéma caractérisé par des éléments disposés en diagonale, semblable en partie à celui du *tablinum* et axé sur un motif central à base carrée avec cadre à ligne mixte : la com-

position apparaît plus mouvementée, à cause de la présence de bandes et de lignes de différentes couleurs qui convergent vers le centre, parmi lesquelles certaines sont rectilignes et d'autres circulaires. Les champs ainsi obtenus sont ornés de guirlandes, d'*oscilla*, de dauphins. Seul le panneau central présente un buste féminin.

Le schéma décoratif des parois de la pièce voisine (n° 8) – aujourd'hui déposées et non visibles – paraît, sur la base du relevé exécuté après la fouille, être constitué d'une façade architectonique centrale avec une guirlande suspendue, qui s'élargit pour former des avant-corps de chaque côté. De part et d'autre de ces architectures sont disposés des panneaux. Comme les panneaux centraux, ils contiennent différents motifs, dont des bustes féminins. Un autre buste féminin apparaît sur le plafond, placé dans un hexagone aplati et entouré de nombreuses bandes

colorées. Toute la composition s'articule autour d'un cadre de forme ogivale (qui referme le panneau central), partagé en compartiments décorés de différents motifs et de guirlandes. A l'extérieur de ce cadre, les quatre angles du plafond sont ornés de champs carrés où se trouvent des *oscilla*.

Des peintures pariétales de la pièce n° 9 ne survivent que les parties inférieures, constituées d'un socle rouge, au-dessus duquel subsistent des compartiments jaunes, séparés par des édicules rouges aux contours vert-brun. On remarque aussi de fines lignes blanches qui suggèrent la présence de frêles éléments architectoniques, comme dans la pièce n° 5 et dans les couloirs contigus (ainsi que, probablement, dans la pièce n° 7). Le plafond de la pièce, partiellement reconstitué, semble montrer le partage de la surface rectangulaire d'origine en deux carrés symétriques, portant un motif central, entouré de cadres en forme de losanges aux bords arrondis. Le motif est encadré par des guirlandes. D'autres cadres rectilignes et circulaires partagent l'espace restant en champs géométriques symétriques de forme variable, décorés de fleurs et de motifs centraux. Aux angles des deux partitions carrées du plafond sont disposés des compartiments rectangulaires.

3   Maison des Hiérodules : pièce 4, fragment du plafond (photo et montage digital Lorenzo De Masi, Rome).

4   Maison des Hiérodules : pièce 4, mosaïque (photo et montage digital Lorenzo De Masi, Rome).

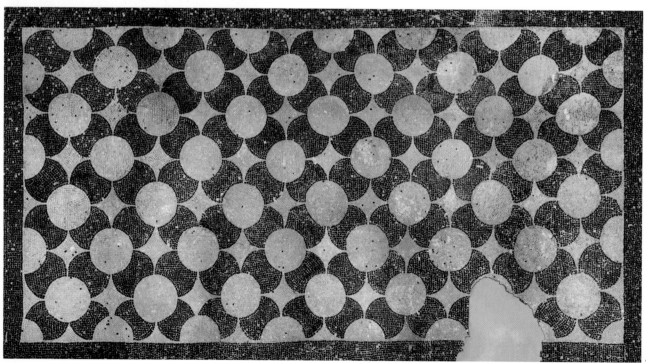

5   Maison des Hiérodules : vue du *tablinum* (6).

L'ensemble montre une surprenante unité de conception et d'exécution du décor pictural. La variété d'emploi des motifs particuliers selon les différentes solutions adoptées paraît caractéristique : édicules, panneaux, motifs différents (souvent répétés plusieurs fois) ornent les parois et les plafonds. En ce qui concerne ces derniers, nous sommes frappés par la grande fantaisie avec laquelle ont été subdivisées les surfaces plates, par le recours à des schémas en croix, en diagonale, à bandes concentriques, dont le caractère animé est souligné par le rapprochement de différentes couleurs. Malgré la très grande qualité générale de toutes les décorations préservées, on constate une différence entre les peintures des pièces principales n°s 4 et 6 et celles des autres pièces. Cette différence est accentuée par un schéma architectonique plus complexe sur les parois (avec des doubles colonnes au premier plan et des figures humaines dans les panneaux), et par des plafonds avec des groupes de figures et des motifs très articulés. A l'opposé, dans les autres pièces, nous trouvons un système architectonique simplifié (parfois à peine esquissé) et des motifs plus modestes, parmi lesquels, à la place des figures entières, des bustes féminins.

Les schémas décoratifs complexes et l'exécution des motifs particuliers (parmi lesquels nombreux sont ceux qui dérivent du Quatrième Style pompéien) sont l'indice d'un atelier de haut niveau, probablement actif dans plusieurs édifices du quartier résidentiel. Les thèmes employés, caractérisés par de nombreuses références au monde dionysiaque, laissent supposer une relation entre le commanditaire et le monde du théâtre ou un milieu dionysiaque provincial, même si les décorations paraissent représenter davantage des scènes de genre, reliées à l'exaltation en milieu domestique des plaisirs de la vie.

Pour la construction de l'édifice, on a proposé une datation entre 130 et 140 ap. J.-C., appuyée aussi sur l'analyse de tout le complexe architectonique et des briques estampillées[4]. Toutefois, il est encore prématuré de vouloir définir un cadre chronologique précis, vu que les travaux de nettoyage et les recherches concernant les supports des enduits ne sont pas terminés. Dans son rapport préliminaire, Veloccia suggérait des parallèles avec d'autres maisons peintes d'Ostie, mais aussi avec les fresques de l'hypogée de Clodius Hermes, situé sous la basilique Saint-Sébastien à Rome, et avec celles de la tombe des Nasoni et celles de la Villa Negroni[5]. Les rapports avec la peinture ostienne sont démontrés par les décors de l'Insula aux Voûtes peintes et de l'Insula des Muses. Eux aussi se caractérisent en grande partie par ce goût typique de présenter des figures isolées, debout ou flottantes, sur des fonds de couleur rouge foncé et flanquées de frêles architectures. Dans le premier cas, il faut rappeler les peintures de la pièce XII[6], dans le deuxième, celles des pièces V, IX et XI[7]. Cependant, les fonds de couleur unie des parois de la Maison des Hiérodules, enrichis d'éléments décoratifs et architectoniques, ne semblent pas être de simples panneaux colorés et se distinguent par un schéma de composition plus articulé et élégant. Nous trouvons un schéma et un style semblables dans les fresques d'une maison de la Via Merulana à Rome, où des figures en vol sont aussi présentes, elles aussi en relation avec le monde dionysiaque[8]. Dans ces dernières peintures, les sujets figurés se détachent sur des fonds rouges dans des compartiments délimités par des édicules à doubles colonnes sur les côtés, mais la partition architectonique est plus accentuée. D'autres points de comparaison avec le cycle pictural de la Via Merulana sont l'alternance des couleurs rouge et jaune et le

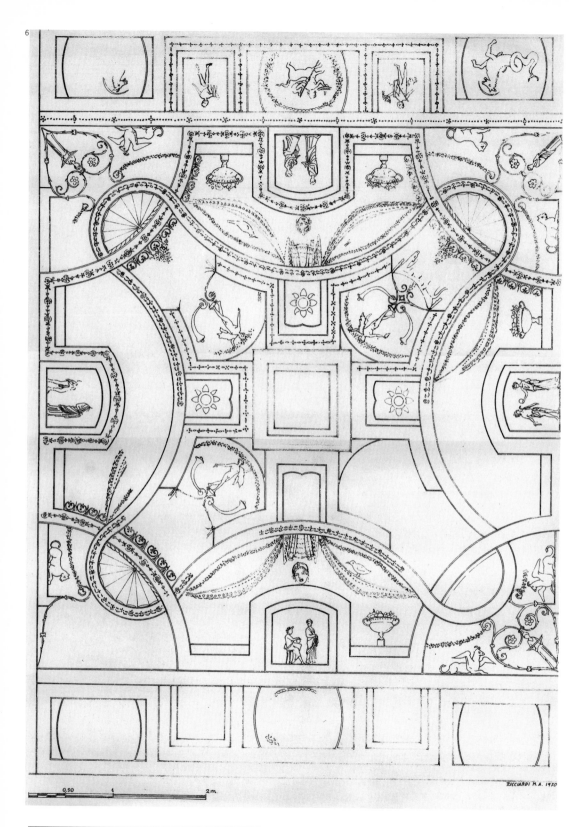

6

RICCIARDI M.A. 1970

0,50   1   2m.

6 Maison des Hiérodules : reconstitution graphique du plafond du *tablinum* (6), (M. A. Ricciardi).

7 Maison des Hiérodules, *tablinum* (6) : détail du décor peint du plafond.

boïdale ou circulaire. En particulier, comme nous l'avons déjà vu, le plafond de la pièce n° 4 (dans un premier temps recomposé par Veloccia en collaboration avec Ricciardi et maintenant exposé après une récente restauration) se caractérise par un schéma en diagonale avec un carré aux bords concaves et aux extrémités arrondies, dont le centre est occupé par un élément circulaire. Les axes diagonaux sont décorés de candélabres végétaux, se terminant en doubles volutes avec des cornes d'abondance qui soutiennent des vases remplis de fruits. Les mêmes axes sont délimités par des guirlandes à développement semi-circulaire qui, à leur tour, constituent la limite supérieure de sortes d'exèdres, au centre desquelles se trouve une figure féminine drapée, flanquée de chevaux marins, disposés face à face. Les quatre côtés du plafond présentent une large bande de séparation, scandée de carrés dont un côté est concave, et sont séparés par le motif à exèdre bordé de panneaux rectangulaires mineurs, contenant des éléments circulaires posés sur un petit support (miroirs ?).

Le plafond du *tablinum* a été publié par Veloccia, qui l'attribue à la fin de l'époque d'Hadrien sur la base des résultats de la recherche archéologique qu'elle a menée et des parallèles stylistiques avec d'autres peintures d'Ostie et de Rome[15]. Comme on l'a vu, l'organisation de la décoration selon des lignes diagonales apparaît évidente, même si la présence d'éléments décoratifs curvilignes, comme des segments de cercles, la présence de coquillages, de voiles tendues, de rinceaux et guirlandes et d'édicules, en limite quelque peu l'effet et en assouplit le schéma. Ce goût décoratif est documenté, bien que rarement, au cours de la première époque impériale déjà. A Pompéi, en effet, il est présent dans les peintures de Troisième Style dans les maisons de Casca Longo[16] et de Fabius Rufus[17], et également dans celle de Iulius Polybius[18]. Parmi les plafonds du Quatrième Style, il faut rappeler ceux de la Maison des Noces d'Argent à Pompéi[19], alors qu'une voûte de la Maison des Amants présente aussi les quatre édicules au centre des quatre côtés du motif central[20]. A Herculanum, on peut signaler un *cubiculum* de la Maison du Salon Noir[21] dont le plafond, du Troisième Style, est semblable à celui d'Ostie par la présence du carré central aux côtés concaves et aux extrémités arrondies, et un autre *cubiculum* dans la Maison des Cerfs[22] (Quatrième Style). Il faut mentionner aussi quelques décorations de la Domus Aurea, bien qu'elles soient rendues dans un schéma de base très simplifié, constitué seulement de lignes qui se croisent au centre sans l'insertion d'autres éléments[23].

Les compositions selon des lignes diagonales deviennent plus fréquentes à partir de l'époque d'Hadrien et des Antonins[24] et on trouvera les parallèles les plus pertinents pour le complexe des Hiérodules parmi les plafonds de cette période. On remarque des analogies étroites avec le plafond de la maison de « Vigna Guidi », située sous les Thermes de Caracalla, qui a été daté de 130-160 ap. J.-C. et qui présente un décor extrêmement élégant, qui se caractérise par la présence de cercles aux angles, de coquillages et d'édicules[25].

répertoire décoratif composé non seulement de figures en vol, comme il a été souligné, mais aussi de monstres marins, vases entre buissons, dauphins, etc.[9]. Un autre parallèle concernant l'utilisation d'un schéma architectonique caractérisé par des colonnes doubles, séparant des panneaux colorés avec figures et guirlandes, peut être reconnu dans la pièce E9 de la *domus* découverte dans la zone de la Piazza dei Cinquecento à Rome et dont les décorations sont à dater de la fin du IIe siècle ap. J.-C.[10].

Des considérations analogues sont valables aussi pour le complexe de peintures situé près de Saint-Christogonus, qui se caractérise par la prédominance de panneaux à fond blanc et qui est daté par M. De Vos des derniers vingt ans du IIe siècle ap. J.-C.[11] et par H. Joyce de la période hadriano-antonine[12]. On trouve un schéma architectonique assez semblable dans les fresques de la maison située sous les Thermes de Caracalla, soit des colonnes qui partagent les parois en trois zones, remplies de tableaux blancs avec des sujets figurés au centre[13]. Des détails décoratifs présents dans la *domus* de la Via Amba Aradan, bien que le style soit substantiellement différent[14], offre d'autres analogies.

En ce qui concerne les plafonds, il faut signaler la prééminence des schémas en diagonale, obtenus par la combinaison savante d'éléments curvilignes et rectilignes, et qui prévoient au centre un panneau figuré de forme variable, carrée, rhom-

Le plafond de la tombe des Nasoni présente un schéma comparable, mais le motif central est segmenté en forme de polygone aux lignes courbes sur les côtés[26].

Même s'il s'agit d'une voûte, nous ne pouvons pas ignorer la fresque de l'hypogée de Caivano, qui présente le même style et qui a été datée, dans sa première publication due à O. Elia, de la fin du Ier siècle ap. J.-C.[27]. F. Wirth la date des années 130-160 ap. J.-C.[28] et Borda de la fin de l'époque d'Hadrien[29]. Des considérations analogues sont valables pour la voûte d'une tombe de la nécropole vaticane publiée par H. Mielsch[30].

Les plafonds de la Maison aux Salles souterraines de Bolsena présentent, quant à eux, des analogies avec ceux de la Maison des Hiérodules, non pas en ce qui concerne le schéma général, mais par rapport au rendu stylistique des détails décoratifs et au goût pour l'insertion de figures d'animaux autour de la scène centrale[31].

Parmi les exemples de l'époque impériale moyenne, il faut rappeler aussi le plafond de la *domus* du Serraglio Albrizzi à Este, récemment recomposé et qui, en partie, peut être rapproché de celui du *tablinum* de la Maison des Hiérodules. Il est en effet caractérisé par une partition moins interrompue, car les éléments curvilignes sont présents, sous forme de cercles, uniquement le long des lignes diagonales[32]. Ce plafond est plus proche du schéma de la voûte surbaissée d'une pièce des Thermes Maritimes d'Ostie, encore inédite[33], où le dessin selon des axes diagonaux est plus évident.

(trad. Evelyne Broillet-Ramjoué et Fabia Curti)

La salle 4: premières conclusions

Comme il a été mentionné plus haut, la salle 4 a tout particulièrement bénéficié de la réfection dont a fait l'objet l'ensemble de la Maison des Hiérodules en vue de l'actuelle exposition. Elle a été intégralement restaurée afin d'être présentée au public genevois dans les meilleures conditions. Le présent exposé a pour but de mettre en évidence les premiers résultats d'une étude pluridisciplinaire, qui s'est avant tout concentrée sur les aspects décoratifs, techniques et physico-chimiques de ces fresques[34].

La pièce, rectangulaire (3,80 m sur 6,40 m) et servant probablement de pièce d'apparat, possède sans nul doute, après le *tablinum* (6), le programme pictural le plus riche de cette «maison à jardin». La décoration peinte a conservé ses registres inférieur et médian. Une zone supérieure devait encore couronner l'ensemble, dans une proportion qui pourrait en tout cas valoir celle de la partie basse (environ 65 cm de haut), voire plus, comme en témoignent le prolongement des colonnettes du premier plan ainsi que le changement de couleur des fonds au-dessus de la bordure supérieure du registre principal. La hauteur totale pourrait ainsi dépasser les 3 m.

La majorité des parois permet de comprendre et d'analyser le projet pictural de la pièce (**fig. 1**). La première (C) présente le programme décoratif le plus élaboré auquel répond partiellement[35], mais assez rigoureusement, celui du mur opposé (A).

La troisième (D) illustre une variante moins développée du même système décoratif, ses figures volantes se différenciant toutefois singulièrement de celles des longues parois. Quant à la dernière élévation (B), au centre de laquelle s'ouvre une baie qui donne sur les jardins, les vestiges estompés et évanescents de sa plinthe sont encore en place, ne dévoilant malheureusement plus grand-chose de l'ornementation originale.

Les deux revêtements muraux les plus complets (C et A) s'organisent selon un schéma tripartite symétrique, basé sur une

8   Relevé graphique de la paroi C (M.-A. Ricciardi).

SEZIONE C-C'

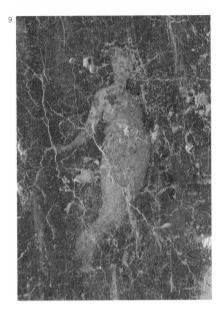

9   Panneau 2 de la paroi A.
10   Panneau 4 de la paroi C.
11   Miroir du panneau 3 de la paroi A .

succession de 5 panneaux, 4 panneaux brun «lie-de-vin» entourant un panneau central à fond rouge (**fig. 2** et **8**). Ces grands compartiments, larges de plus de 1,10 m, sont séparés les uns des autres par de doubles colonnes allongées vert clair, représentées en légère perspective centrée et reposant sur d'étroits piédestaux à couronnement évasé, constituant pour ainsi dire le premier plan de la représentation peinte. Au second plan, des pilastres monochromes rouges et un encadrement central jaune accentuent encore la scansion des colonnes tout en ménageant des échappées au centre de chaque panneau. Cet arrière-plan est agrémenté d'édicules jaune-rose clair, à simple architrave ou à fronton triangulaire, parfois représentés de façon illusionniste et ornés d'une patère sommitale, de perles ou de denticules stylisés, le tout accompagné de guirlandes de feuilles et de fleurs en feston et de tableautins crème sans motif conservé. Il est, enfin, complété par des figures volantes, féminines (**fig. 9**) ou masculines, qui alternent, sur le mur C, avec des masques théâtraux juchés sur des colonnettes tronquées, torsadée (**fig. 10**) ou à fût lisse, et, sur la paroi A, avec des miroirs (**fig. 11**)[36].

Les représentations figurées, roses et bordeaux, apparaissent symétriquement aux extrémités et au centre des deux parois étudiées. Les panneaux centraux accueillent des figures féminines, vues de face. Celles-ci sont vêtues d'un chiton dont les pans s'agitent au vent, et d'un manteau maintenu à la taille par leur main gauche. Leur bras droit s'écarte de leur buste d'un geste large et leur jambe droite est à peine avancée, imprimant à tout le corps un élan délicat et élégant.

Deux des 4 panneaux des extrémités conservent encore des personnages masculins (**fig. 12**)[37], nus et couronnés. Ils portent dans leur bras gauche replié sur leur poitrine, un *pedum* ainsi qu'une chlamyde, soulevée par le vent, et ils tiennent dans leur main droite, légèrement abaissée, une syrinx. La position de leurs jambes, celle de gauche légèrement surélevée faisant arquer tout le haut du corps, évoque un joyeux pas de danse. Tant les attributs représentés que l'attitude générale de leur silhouette autorisent de reconnaître ici des satyres dansants. De fait, leur seule présence implique l'identification quasi naturelle des figures féminines à des ménades, apparaissant très fréquemment en leur compagnie. Les deux types de représentations sont traitées, d'une paroi à l'autre, à l'identique parfaite, indiquant par là qu'un modèle commun était sans doute à l'origine de leur exécution, et ce, même si une petite variation d'échelle, passant de 43 à 38 cm, peut être constatée d'un exemple à l'autre (**figs 13** et **14**).

Deux séries de *graffiti* ont, en outre, été encore observées sur le panneau 2 de la paroi A (**fig. 15**), leur interprétation et leur transcription devant encore faire l'objet d'une recherche plus poussée.

L'ensemble de la partie médiane est entouré enfin de bandeaux verts ou «lie-de-vin», parachevant ainsi le champ principal de la peinture. La zone inférieure consiste en divers compartiments monochromes rouges, à décrochement et à bandeaux linéaires ou arrondis, de différentes teintes. Agrémentée de monstres marins et de fleurs d'eau involutées, elle s'élève au-dessus d'une plinthe jaune, ou «lie-de-vin» au centre, à touffes de feuillage vert foncé.

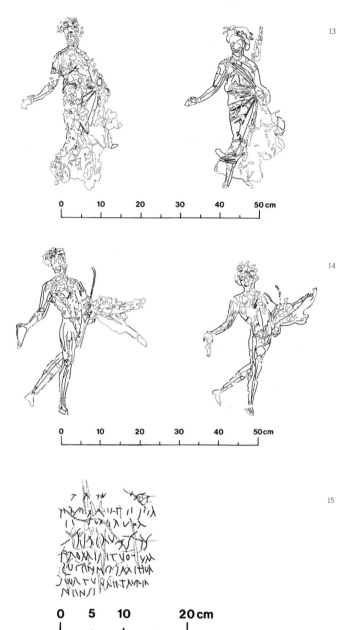

12

Quant à la paroi D (**fig. 16**), plus étroite et constituée de trois panneaux, son originalité réside, on l'a dit, dans ses représentations figurées, le canevas décoratif de base restant en tout point comparable à celui des élévations décrites plus haut[38]. Le panneau du milieu, tout d'abord, abrite une grande colombe rose pâle (**fig. 17**). L'oiseau déploie largement ses ailes et survole une grande coupe de fruits, imitant une vaisselle d'apparat en or ou en bronze, à anses recourbées. Le récipient repose sur un petit piédestal à base trapue. La vivacité du mouvement ainsi que l'intensité expressive du ramier offrent un spectacle saisissant qui mérite d'être relevé.

Les deux figures féminines couronnées qui occupent les panneaux latéraux sont représentées de trois quarts et se font face. Donnant toutes deux l'impression de flotter sur le fond « lie-de-vin » de la composition, elles portent chiton et manteau et présentent chacune une phiale. L'une a rabattu son bras libre contre son buste, resserrant son manteau autour d'elle (**fig. 18**) tandis

12   Satyre du panneau 1 de la paroi A.

13   Comparaison des ménades. A gauche celle de la paroi A; à droite, celle de la paroi C (EBR).

14   Comparaison des satyres. A gauche, celui de la paroi A; à droite, celui de la paroi C (EBR).

15   Relevé de la première série de *graffiti*, panneau 2 de la paroi A (EBR).

16   Etat de conservation actuel de la paroi D (EBR, sur la base d'un relevé grandeur nature, réalisé avec la collaboration de V. Provenzale).

17   Colombe et coupe de fruits de la paroi D.

18   Figure du panneau 1 de la paroi D.

16

17   18

19   Dauphin de la zone intérieure, panneau 3 de la paroi D.

20   Macrophotographie: tête de la figure du panneau 2 de la paroi A. On voit, en transparence, le fond rouge-orangé apparaître sous les teintes rose-blanc du personnage.

que la seconde maintient le sien en arrière, laissant presque son manteau s'échapper au vent. Du fait qu'elles étaient porteuses de coupes de libation, ces femmes ont été identifiées, ainsi que celles représentées sur les élévations et le plafond du *tablinum* tout proche (6), à des servantes de temple, des hiérodules.

A noter, enfin, le traitement pictural des dauphins jaunes de la zone basse (**fig. 19**), simplifiés et résumés à l'extrême au moyen de quelques coups de pinceau, les nageoires dorsales et codales, à peine esquissées, ajoutant à l'effet de mouvement et d'énergie déjà évoqué plus haut. Cette paroi se distingue, de par son souffle, des longues parois, soumises vraisemblablement à un programme décoratif plus rigoureux. Plus libre et plus vivante, elle reste, pour nous, l'élévation la plus évocatrice de la pièce étudiée ici.

Pour clore ce chapitre descriptif, il est intéressant de remarquer que, si les parties inférieures pourraient éventuellement évoquer la sphère maritime, le vocabulaire décoratif mis en évidence sur le registre principal des longues parois, avec ses satyres, ses ménades et ses masques de tragédie, fait résolument référence au monde dionysiaque, voire à celui du théâtre.

Serait-ce une indication sur les goûts ou les pratiques du propriétaire des lieux, probable commanditaire de ces fresques ? Il est encore trop tôt pour l'affirmer, d'autant que les figures de la paroi D ne paraissent pas devoir être directement liées au thiase bacchique. Seule une étude approfondie sur l'ensemble de la résidence pourra apporter des éléments de réponse plus concluants afin d'assurer les hypothèses formulées ici, qui doivent être encore considérées comme préliminaires.

L'observation précautionneuse de la paroi D a permis de constater deux types de tracés préparatoires, apparaissant de façon aléatoire et ponctuelle sous les motifs des doubles colonnes du premier plan et près de la bordure verticale brun

«lie-de-vin» sur le panneau gauche (1) de la paroi. Ces points de repère verticaux, observés sur 6 à 12 cm de longueur, consistent, pour la plupart, en des incisions larges d'environ 3 mm ou, plus rarement, comme par exemple sous la colombe centrale, en des traits de peinture, rouges ou noirs, épais d'environ 5 mm. Tous les pigments semblent avoir été systématiquement imprégnés dans le mortier du support, les couleurs de fond ayant bénéficié d'un lissage particulièrement soigné, alors que le reste des décors conserve encore les traces d'un brossage rapide, probablement réalisé dans un dernier temps. Une limite de journée de travail horizontale est, en outre, à remarquer en bordure supérieure du registre médian[39]. Elle apporte la preuve irréfutable de l'existence d'une zone supérieure développée, malheureusement disparue.

Les premiers résultats[40] des observations, réalisées au moyen de macrophotographies, de reprise de fluorescence par lumière ultraviolette et ceux des analyses effectuées par fluorescence de rayons X (XRF) entreprises sur la pellicule picturale et sur les pigments de ces peintures, mettent en évidence trois points. Le premier, décelé par la lumière ultraviolette, permet d'affirmer que nous sommes bien en présence ici de fresques, réalisées dans les règles de l'art, et ce, du fait qu'aucun liant organique n'ait pu être décelé dans les pigments analysés. Le deuxième, obtenu par fluorescence des rayons X, fait ressortir que la majorité des pigments consiste en des terres naturelles, sauf en ce qui concerne les fonds rouges, provenant d'un mélange d'ocre rouge et de *minium* (Pb_3O_4), dont le nom connu est *sandyx* ou *syricum*, utilisé assez couramment par ailleurs à Ostie, et, en ce qui concerne les figures volantes ou les cadres blancs, réalisés avec du blanc *sangiovanni*, ou blanc de plomb, qui est par contre plus rarement décelé ou identifié (**fig. 20**). A l'instar des conclusions d'ordre décoratif, ces résultats sont à considérer avec toute la prudence nécessaire, les investigations se poursuivant encore à l'heure actuelle.

EBR

Notes

[1] G. Becatti, *SdO* IV. *I mosaici e i pavimenti marmorei*, 1961, p. 28, n° 46, pl. 1; datée de la fin du IIIe – première moitié du IVe siècle ap. J-C.

[2] Dans ce cas également, le nettoyage récent de la pièce a permis de distinguer des motifs particuliers.

[3] Becatti, *op. cit.*, p. 194, n° 370, pl. 40 (daté du milieu du IIIe siècle ap. J.-C.).

[4] M. L. Veloccia Rinaldi, «Nuove pitture ostiensi: la Casa delle Ierodule», *RendPontAcc* 42-43, 1970-1971, p. 168.

[5] *Ibid.*, pp. 183-185.

[6] B. M. Felletti Maj, *Le pitture delle Case delle Volte Dipinte e delle Pareti Gialle* (*MonPitt* III, *Ostia* I-II), 1961, pls 7-8.

[7] B. M. Felletti Maj – P. Moreno, *Le pitture della Casa delle Muse* (*MonPitt* III, *Ostia* III), 1967, pls 10.1, 11.2, 15.2.

[8] M. De Vos, «Due monumenti di pittura postpompeiana a Roma», *BCom* 81, 1968, pp. 149 *sqq.*

[9] A propos des analogies des décorations picturales des deux complexes, voir *ibid.*, pp. 164-165.

[10] R. Paris, «La stanza E9», dans: M. Barbera – R. Paris (dir.), *Antiche stanze. Un quartiere di Roma imperiale nella zona di Termini* (catalogue d'exposition), 1996, pp. 96-98, pls 2-3.

[11] *Art. cit.*, pp. 165 *sqq.*

[12] *The Decoration of the Walls, Ceilings and Floors in Italy in the Second and Third Centuries A.D.*, 1980, p. 48.

[13] H. Mielsch, «Verlorene römische Wandmalerei», *RM* 82, 1975, p. 121, pl. 18; Joyce, *op. cit.*, p. 48, fig. 46.

[14] V. Scrinari Santamaria, *Dalle «Aedes Laterani» alla Domus Faustae* (*MontAntCrist*, II, sér. XI), 1991, pp. 84-86, figs 97-98: la fresque est datée de la moitié du Ier siècle ap. J.-C. De Vos (*art. cit.*, p. 170, n. 119) croit y déceler des liens avec l'Insula aux Murs jaunes et propose par conséquent une datation à l'époque des Antonins.

[15] Veloccia, *art. cit.*, pp. 183-184.

[16] A. Barbet, *La peinture romaine*, 1985, p. 150, fig. 98.

[17] *Ibid.*, p. 154, fig. 100.

[18] *Ibid.*, p. 158, fig. 108.

[19] *Ibid.*, p. 226, fig. 162.

[20] *Ibid.*, p. 233, fig. 168.

[21] *Ibid.*, p. 172, figs 124-125.

[22] *Ibid.*, p. 225, fig. 160 *sq.*

[23] F. Wirth, *Römische Wandmalerei*, 1934, pp. 40-41, figs 9-10.

[24] Sur cette question, voir Barbet, *op. cit.*, p. 175; F. Ghedini – E. Baggio Bernadoni, «Il soffitto affrescato della *domus* romana del Serraglio Albrizzi di Este: proposta di recostruzione», *Quaderni di Archeologia del Veneto* 4, 1988, pp. 293 *sqq.*

[25] I. Jacopi, «Soffitto dipinto nella casa romana di 'Vigna Guidi' sotto le terme di Caracalla», *RM* 79, 1972, pp. 89 *sqq.*

[26] Wirth, *op. cit.*, p. 120, fig. 57; pour le schéma, voir R. P. Hink, *Catalogue of the Greek, Etruscan and Roman Paintings and Mosaics in the British Museum*, 1933, p. 49, fig. 58.

[27] «L'ipogeo di Cavano», *MonAnt* 34, 1931, p. 421 (surtout la planche en couleurs n° 8).

[28] *Op. cit.*, pp. 87-88, fig. 43.

[29] *La pittura romana*, 1958, p. 98.

[30] «Hadrianische Malereien der Vatikaner Nekropole 'ad circum'», *RendPontAcc* 46, 1973-1974, pp. 82 *sqq.*

[31] A. Barbet, *La Maison aux salles souterraines: décors. Fouilles de l'Ecole française de Rome, Poggio Mascino*, 1985, p. 190, pls 35–36.

[32] Ghedini – Baggio Bernardoni, *art. cit.*, p. 286, fig. 11.

[33] Sont encore en cours les travaux de restauration, ainsi que la recomposition des fragments d'enduit peint d'une pièce des thermes qui, à première vue, pourraient être datés entre la deuxième moitié du IIe siècle ap. J.-C. et l'époque des Sévères. Cependant, seul l'achèvement des restaurations pourra fournir des éléments plus probants pour la chronologie. La pièce fait partie d'un secteur des thermes découvert par M. L. Veloccia: pour une synthèse de la fouille, cf. *ead.*, *FA* 24-25, 1970-1971, n° 8342.

[34] Organisée par J.-P. Descœudres, cette étude a pu être réalisée grâce au soutien financier de la Société académique de Genève, que nous tenons, ici, à remercier chaleureusement pour sa générosité. Ce projet prévoyait le relevé précis de la petite paroi (D) ainsi que ceux de toutes les figures volantes et d'une série de *graffiti* de la pièce 4, le tout réalisé sur nappe plastique et en grandeur nature, par la soussignée et V. Provenzale, archéologue, Lausanne. Il se proposait aussi d'engager les premières investigations autour

des pigments principaux utilisés dans les peintures de cette pièce. Ces analyses ont été effectuées par M. Cardinali, M. B. De Ruggieri et C. Falcucci, EMMEBICI, Rome. Les travaux de restauration ont été confiés à M. Tranchida, responsable de RES, restaurateur, Rome.

[35] Cette élévation comprenait, à l'origine, deux portes, s'ouvrant toutes deux sur le *tablinum* et qui s'adaptaient plus ou moins régulièrement à la décoration peinte. L'ouverture de droite ayant été obturée et condamnée dans un second temps, elle ne paraît pas, pour autant qu'on puisse en juger, avoir reçu de revêtement complémentaire ultérieur.

[36] En fait, un seul exemple de miroir est conservé. De par sa position, ce motif correspond à celui de la colonnette à masque théâtral de l'élévation d'en face (C), rompant en cela la symétrie de l'ensemble de la peinture. Toutefois, cet équilibre semble avoir été respecté en ce qui concerne les figures volantes. Ce hiatus peut s'expliquer simplement. En effet, si la première porte du mur A coïncide, par symétrie, au panneau orné du masque de théâtre de la paroi C, la seconde en est décalée. Le panneau restant, qui aurait dû recevoir le second motif de «la colonnette au masque», s'en retrouve singulièrement réduit au point qu'il fut probablement impossible de le réaliser à cet endroit-là. Un décor plus petit a donc été préféré. Il est, de plus, intéressant de noter que l'artiste a choisi, pour pallier le motif initialement prévu, un miroir. Il ne peut pas s'agir ici d'un simple hasard.

[37] Ne subsistent, en effet, que celui du panneau 1 de la paroi A et celui du panneau 5 de la paroi C.

[38] A remarquer l'absence du tableautin, en haut à gauche, sur le panneau 1. Les restaurateurs confirment le fait qu'il n'y avait plus, à cet endroit, de pigment pouvant appartenir à ce motif. Rien n'empêche pourtant de penser qu'il pouvait y en avoir un qui aurait, par la suite, disparu, la couleur blanc-crème du fond s'écaillant très facilement et ayant pu finalement s'effacer.

[39] Aussi observée sur la paroi A par les macrophotographies effectuées en lumière rasante, cf. Rapport EMMEBICI, 28 septembre 2000.

[40] Nous présentons ici un résumé du rapport préliminaire rédigé par EMMEBICI, mentionné à la note précédente.

Rapport de restauration sur les fresques de la salle 4 de la Maison des Hiérodules
Marcello Tranchida, RES

Etat de conservation
Au cours des années 1970, les fresques ont été détachées de leur paroi d'origine et déposées sur des panneaux de polyuréthane expansé, laminés de plastique et de fibre de verre. Durant cette première intervention, seul un nettoyage sommaire de la surface picturale a été effectué, accompagné de structures provisoires en plâtre consolidant le support. Les peintures furent, ensuite, replacées contre leur élévation originelle dans l'attente d'une ultime phase de travaux de conservation.

Les supports des fresques présentaient, après presque trente ans, les dégâts suivants, principalement causés par l'infiltration d'eau pluviale au travers de la toiture:

1) le mortier de restauration s'était, à de nombreux endroits, clairement désolidarisé des panneaux, du fait de la disparition des polymères utilisés (probablement des résines de polyester);

2) l'enduit de base, l'*intonaco* (précédemment aminci à environ 3mm) s'était, par endroit et sur de petites zones, détaché du mortier de restauration;

3) le support de polyuréthane expansé du plafond présentait des renflements et avait perdu de sa cohésion.

Les enduits peints, protégés par une couche relativement épaisse de Paraloïd B72 et isolés de l'extérieur du fait de leur application sur des panneaux, ne semblaient pas avoir subi d'importants dommages. Toutefois, leur exposition quasi directe au rayonnement solaire ou les variations de température qu'ils avaient dû supporter, ont probablement altéré les couleurs observées au moment de leur découverte. D'autre part, et en plus des larges griffures constatées sur toute la surface picturale, résultant soit de la ruine des structures maçonnées soit de l'enfouissement et du contact avec l'acidité du terrain, des micro-organismes biodégradables (champignons et algues) ont été observés, surtout dans les parties basses du revêtement peint. Enfin, la pellicule picturale était recouverte de couches de diverses épaisseurs d'incrustations calcaires (pouvant atteindre presque 2mm), qui n'avaient pu être traitées de façon efficace lors des premières opérations de nettoyage.

Intervention de restauration
Après un dépoussiérage général de la surface (avant et arrière), une désinfection au Preventol dilué dans de l'eau déionisée à 1,5%, fut effectuée, en deux temps et à dix jours d'intervalle.

La pellicule picturale a été débarrassée de l'ancienne couche de Paraloïd B72 au moyen de solvants organiques. Quant aux incrustations calcaires, elles ont pu être enlevées mécaniquement à l'aide de micro-trépans, de fraises à ultrasons et de bistouris. Des résines spéciales ont enfin été employées pour un ultime nettoyage chimique de l'ensemble.

Les lacunes de l'*intonaco* sur les panneaux ont été comblées, quand cela était possible, avec des injections de résine acrylique en émulsion mélangée à du mortier hydraulique liquide. Cependant, lorsque le dommage était trop étendu, les anciens supports ont dû être substitués par de nouveaux en Aereolam. Pour ce faire, les peintures ont du être protégées avec des bandes de gaze imprégnées de Paraloïd B72 dans une solution à 20%. Les enduits, reposant sur des supports en bois et couchés face contre terre, ont été détachés de leur ancien panneau appliqué sur le mortier de restauration en Cadorite existant. Ensuite, l'*intonaco* a été consolidé par des imprégnations de résine acrylique en émulsion et mis à niveau au moyen d'un mortier composé de poudre de marbre et de chaux hydraulique Lafarge. Après l'application de la couche de restauration, les nouveaux panneaux en Aereolam ont pu y être encollés avec de la résine époxyde.

Enfin, les bandes de gaze ayant été enlevées, les restaurations en plâtre ont pu être réalisées, de couleur neutre pour celles qui sont en-dessous du niveau de l'*intonaco* et en blanc pour celles qui sont au niveau de l'*intonaco*. A cette opération fit suite la réintégration chromatique à l'aquarelle: par des voiles de couleurs afin de rééquilibrer les altérations esthétiques dues aux nombreuses égratignures de la pellicule picturale et au moyen de la technique du «tratteggio» sur les petites lacunes de l'enduit qui ont été réalisées en plâtre au niveau de celui-ci.

Pour terminer, des toiles de renforcement en aluminium ont été appliquées à l'arrière de chaque panneau.

trad. EBR

Sectilia pavimenta de Ostie

Federico Guidobaldi

1 2

Pour présenter une brève synthèse de la production de *sectilia pavimenta* (pavements en marqueterie de marbre et/ou d'autres pierres) à Ostie, nous avons choisi de suivre l'ordre chronologique, ce qui nous permet d'utiliser les analyses déjà proposées par G. Becatti et d'examiner le rapport entre la typologie ostienne et celle de Pompéi et d'Herculanum et, pour la période postérieure à 79 ap. J.-C., avec ceux de Rome et de sa région[1].

A Ostie, aucun exemple des *sectilia* les plus anciens, à petites pierres de trois couleurs placées de façon à former des cubes en perspective, a survécu[2], et rares sont encore les pavements, toujours en pierre autre que le marbre, mais composés selon un dessin différent, que l'on sait être typique de l'époque entre Sylla et César[3]. Il nous est parvenu un seul exemple à hexagones de *palombino*, bordés de listels d'ardoise, dans une des petites maisons républicaines (connues sous le nom de *casette repubblicane*), où l'on a aussi trouvé un exemple à triangles simples[4].

C'est à l'époque d'Auguste qu'apparaissent les *sectilia* composés exclusivement de marbres: on les rencontre d'abord à Rome, dans le Temple de la Concorde ainsi que dans le Temple de Mars Ultor, dans le Forum d'Auguste et encore dans la

1   Mithreum de la Porta Romana, pavement en *opus sectile* remployé, mais d'époque augustéenne à l'origine (photo de l'auteur).

2   Maison d'Apulée, pavement en *opus sectile* d'époque flavienne recouvert par une mosaïque du IIe siècle (photo de l'auteur).

Basilique Emilia. Toutefois, ce n'est que plus tard et graduellement que ce type de décor est adopté dans la maison privée. En effet, jusqu'à l'époque julio-claudiénne, le marbre sera associé à d'autres matériaux (les calcaires, l'ardoise, etc.)[5].

Parmi les *sectilia* ostien qui, selon Becatti, datent de l'époque augustéenne, un seul, celui de la *domus* dite du Portique en Tuf, entre dans cette typologie, avec des carreaux de 22 cm de *bardiglio* et *palombino*[6]. D'autres exemples, mais de remplois, pourraient remonter à cette époque, comme celui dans le Mithreum de la Porta Romana. D'ardoise et de différents marbres, il présente un décor réticulaire selon le schéma dit Q2 (carré avec autre carré inscrit en diagonale: voir **fig. 1**) et peut, dans sa forme originale, être comparé à des pavements augustéens de Rome et d'Herculanum[7]. Tous les autres exemples considérés comme augustéens par Becatti sont entièrement de marbre et nous préférons donc les dater à une période plus tardive. Nous pensons notamment aux *sectilia* découverts sous le Vicolo di Dioniso et dans la *domus* sous le Portique en Tuf. Le premier a été recouvert à l'époque d'Hadrien, le deuxième à celle de Trajan, et tous les deux sont comparables aux pavements de la *domus* dite du Relief de Téléphos à Herculanum, ce qui suggère une datation à la période julio-claudiéenne, ou même au début de la période flavienne[8]. A cette époque, qui jusqu'à présent semblait être très mal documentée à Ostie, nous attribuons aussi bien le *sectile* sous la mosaïque de la Maison d'Apulée (**fig. 2**)[9], qui, par son module assez petit (30 cm) et de son dessin plutôt simple (schéma Q et Q2) est comparable aux exemples pompéiens du début du Quatrième Style[10], que le pavement de l'Immeuble de l'Aigle[11], assez simple et composé de différents marbres, aux carreaux de 30 cm de longueur.

De l'époque flavienne, ou à peine plus tard, nous pouvons dater l'exemple à module carré de 30 cm avec croix de Malte, qui encadre un simple *emblema* géométrique à peltes, remployé dans la Domus des Poissons[12]. Le *sectile* entièrement de marbre trouvé dans une des tavernes à portiques est lui aussi antérieur au IIe siècle. Il présente une composition à grands Q3 encadrés par des listels à réticulé carré, avec une corniche très élaborée[13]. On placera à peine plus tard les sept *sectilia* plus ou moins fragmentaires découverts dans l'Immeuble à Viridarium[14]. Il s'agit de pavements à «module carré» (**fig. 3**) ou «carré-réticulaire» de 30 cm, qui pourraient bien remonter à la seconde moitié du Ier siècle, tant en raison de la variété des motifs géométriques que par leur emploi varié des marbres, parmi lesquels on notera le *broccatello* qui, par ailleurs, peut laisser supposer des interventions plus tardives[15].

Dans l'ensemble, Ostie ne présente pas une grande production de *sectilia* entre cette période et celle des Antonins, ce qui s'explique par son caractère commerciale qui ne sollicite guère l'établissement, à cette époque, de riches *domus* privées. Toutefois, le développement monumental de la ville conduit à la réalisation de pavements de marbre à grand module. On peut attribuer à Domitien et à Trajan la construction de la basilique et de la *Curia*, décorées par deux *sectilia*: le premier à schéma rectangulaire – réticulaire en *bardiglio* et *giallo antico* – le second (**fig. 4**), encore inédit, en *portasanta* et *giallo antico* à schéma isodome bordé de listels[16]. On peut par ailleurs dater de l'époque d'Hadrien le *sectile* du Capitole, aujourd'hui totalement disparu, mais dont on conserve des dessins et des descriptions anciens. Ils nous indiquent un *sectile* de grand module inscrit dans un réticulé orthogonal de carreaux contenant des losanges ou de carreaux placés en diagonale[17].

En même temps, toutefois, le secteur du logement privé préférera la production de pavements en mosaïques ou d'autres types plus communs. Cette situation se maintient pendant tout le IIIe siècle. Nous ne conservons, pour cette époque, que de très rares exemples de *sectilia*. Nous en rappelons les trois plus importants. Tout d'abord, celui, d'époque sévérienne, à l'entrée de la Schola du Trajan, à grand dessin isodome, bordé par de très larges bandes[18]. Puis, dans la Domus de la Fortune de

l'Annone, le *sectile* à module carré-réticulaire classique (Q/R/Q: **fig. 5**)[19]. Finalement, celui du *pronaos* du Temple Rond[20], ainsi que, éventuellement, des exemples (ou quelques restaurations) de l'Immeuble à Viridarium[21].

C'est seulement à la fin du IIIe siècle, ou plutôt dès le siècle suivant, que les *sectilia pavimenta* reviennent en force, à cause de la construction de nombreuses maisons aristocratiques. On observe des formes assez variées, obtenues soit par remploi de pavements antérieurs, soit par créations originales qui se placent au même niveau, ou presque, que ceux de Rome[22]. Dans la première catégorie, on peut distinguer:

(1) le groupe qui réutilise de manière sommaire quelques pavements anciens, comme on le voit dans les cas de la *domus* IV iii 4, de la Domus du Prothyron[23] et, au moins en partie, de la Synagogue[24].

(2) le groupe qui intègre, avec beaucoup plus de finesse et d'attention, le *sectile* de remploi avec des matériaux nouveaux, comme le démontrent les exemples à module carré portant surtout des motifs Q3 ou Q3p, souvent de dimensions différentes, de la Domus de la Via degli Augustali, de la *domus* IV iii 4 (dans une autre pièce que celle que nous venons de mentionner), de la Domus aux Colonnes, et encore des *sacella* des Thermes du Forum, et de Mars et Venus (**fig. 6**)[25].

La seconde catégorie est celle qui utilise, bien qu'avec des dessins très simples, des matériaux totalement nouveaux et finement accordés, comme dans les *domus* du Temple Rond, des Colonnes, du Nymphée, d'Amour et Psyché (**fig. 7**)[26], ainsi que dans la *domus* IV iv 7[27], et dans l'Edifice à *opus sectile*[28].

Dans tous ces cas, on voit des motifs simples, mais réalisés de manière très efficace (Q3; Q3p), des pavements à bordures de listels, comme dans la *domus* IV iv 7, et des schémas géométriques parfois insolites, comme celui, en réticulé, de l'exèdre de l'Edifice à *opus sectile* ou encore comme les autres à dessin plus complexe de la Domus d'Amour et Psyché et de la grande aula de l'Edifice à *opus sectile* [voir ci-dessus, pp. 267-268, figs 9-10].

Un autre type inconnu à Rome, mais attesté dans d'autres région de l'Empire vient s'ajouter à cette liste[29]. Il s'agit d'*emblemata* isolés à insérer dans des contextes différents. Ce sont des produits assez fins et réalisés selon un schéma unitaire, c'est-à-dire à panneau fermé à l'intérieur d'un carreau souvent muni d'une corniche[30]. On pourrait les désigner comme «*emblemata* à plusieurs listels» pour le nombre de fins listels présents, qui, alternant à deux, trois ou plus, parvient à souligner le motif du décor interne. Cette caractéristique était déjà présente dans le répertoire des *sectilia* de l'époque d'Hadrien[31], mais elle est maintenant réinterprétée pour composer des cadres isolés à placer au centre ou en position symétrique à l'intérieur d'un pavement en *sectile* modulaire homogène et de format mineur (rapport 1 à 2). Parmi d'autres, nous citons les exemples du mithrée Aldobrandini[32], et ceux des *domus* d'Amour et Psyché (au nombre de cinq), de la Via degli Augustali et du Nymphée (**fig. 8**)[33], où neuf *emblemata* s'intègrent à un dessin assez complexe.

3 Immeuble à Viridarium, pavement en *opus sectile*, deuxième moitié du Ier siècle
   ap. J.-C. (photo de l'auteur).

4 Curia, pavement en *opus sectile*, fin Ier ou début IIe siècle ap. J.-C. (photo de l'auteur).

5 Domus de la Fortune de l'Annone, *opus sectile* du IIIe siècle (photo de l'auteur).

6 *Sacellum* dit de Mars et Vénus, vue générale d'une des deux salles
   (photo de l'auteur).

7 Maison d'Amour et Psyché, pavement de la salle d'apparat (photo de l'auteur).

8 Maison du Nymphée, *emblema* dans le pavement de la salle d'apparat
   (photo Folchitto).

Cette production d'importation nous prouve le haut niveau
acquis par Ostie comme ville résidentielle, alors qu'elle était en
train de perdre son rôle de port de Rome au IVe siècle, comme
le démontre le cas de l'Edifice à *opus sectile*. Le fait que cette
maison ne sera jamais achevée, nous indique toutefois aussi
que cette dernière période florissante de la ville ne devait pas
durer au-delà de la fin du IVe siècle.

trad. Jacques Chamay et Giuseppe De Spirito

Notes

[1] L'analyse de G. Becatti, *SdO* IV. *Mosaici e pavimenti marmorei*, 1961 (doré-navant abr. Becatti, *Mosaici*) est encore aujourd'hui fort utile pour tracer l'his-toire des pavements en marbre d'Ostie. Pour une mise à jour des questions topographiques et chronologiques cf. C. Pavolini, *Ostia* (*Guide Archeologiche Laterza*), 1983 ; et *id.*, «L'edilizia commerciale e l'edilizia abitativa nel contesto di Ostia tardoantica», dans : A. Giardina (dir.), *Società romana e impero tar-doantico, II. Roma : politica, economia, paesaggio urbano*, 1986, pp. 239-297 et 460-474, qui considère aussi le travail de T. L. Heres, *Paries*, 1982. On ren-voie à F. Guidobaldi, «Pavimenti in *opus sectile* di Roma e dell'area romana : proposte di classificazione e criteri di datazione», dans : P. Pensabene (dir.), *Marmi Antichi. Problemi d'impiego, di restauro e d'identificazione*, 1985, pp. 171-233 [= Guidobaldi, *Classificazione*], pour la terminologie. Pour les *sectilia* de Pompéi, Herculanum et Stabies, voir F. Guidobaldi – F. Olevano, «*Sectilia pavimenta* dell'area vesuviana», dans : P. Pensabene (dir.), *Marmi antichi, II. Cave e tecnica di lavorazione, provenienze e distribuzione*, 1998, pp. 223-240 [= Guidobaldi – Olevano]. Pour un essai de comparaison entre le décor des maisons et les facteurs socio-historiques et économiques de Rome et d'Ostie, voir S. Lind Hansen, «The embellishment of Late-antique *domus* in Ostia and Rome», dans : S. Isager – B. Poulsen (dir.), *Patron and Pavements in Late Antiquity* (*Halicarnassian Studies* 2), 1997, pp. 111-124.

[2] Cette composition hexagonale à trois losanges de couleurs différentes consti-tue le premier type de *sectilia pavimenta* (vers 100 av. J.-C.) Il se maintient jusqu'au début de l'époque augustéenne, et on en trouve encore, ici et là, des imitations, souvent en marbre, ou des remplois, jusqu'au IVe siècle.

[3] Ces *sectilia*, bien documentés dans la région du Vésuve et à Rome, sont composés selon des schémas très simples, comme des échiquiers de car-reaux, losanges et triangles (équilatéraux ou rectangulaires), et des compo-sitions dans lesquelles le dessin est mis en évidence par des listels de bordure («*sectilia à listels*»), faits de carreaux, losanges et rectangles (ces derniers disposés aussi de manière irrégulière comme dans l'appareil isodome).

[4] Becatti, *Mosaici*, nos 27 et 28, pp. 20 et 21. Cependant, la présence du marbre nous incite à considérer ce dernier fragment comme le résultat d'une res-tauration plus tardive.

[5] Cette chronologie est justifiée par F. Guidobaldi, »*Sectilia pavimenta* : la pro-duzione più antica in materiali non marmorei o misti», dans : *Atti del I Colloquio AISCOM, Ravenna 1993*, 1994, pp. 451-471.

[6] Becatti, *Mosaici*, n° 390, p. 205.

[7] Des comparaisons sont possibles avec d'autres exemples de l'époque augus-téenne, tels que ceux de l'Auditorium de Mécène à Rome et de la Maison du Squelette à Herculanum. Le pavement, mis au jour en 1919, mais actuel-lement recouvert, figure dans le plan de l'intérieur du mithrée publié par Becatti, qui le date du IIIe siècle : G. Becatti, *SdO* II. *I Mitrei*,1954, pp. 45-46, fig. 9 et pl. 26,1. Une inspection du pavement a permis d'établir la pré-sence de matériaux autre que du marbre qui, jusqu'à présent, n'avait pas été remarqué. Il serait souhaitable qu'on procède à une restauration du *sectile* afin de permettre son analyse scientifique.

[8] Pour Ostie : Becatti, *Mosaici*, nos 368 et 388 ; pour Herculanum : Guidobaldi – Olevano, p. 236, pl. 13,4-5 et p. 237, pl. 14,6.

[9] Voir Becatti, *Mosaici*, p. 90 (datation erronée à l'époque de Trajan).

[10] Cf. Guidobaldi – Olevano, *passim*.

[11] Voir Becatti, *Mosaici*, p. 194 (datation erronée au IIIe siècle).

[12] Becatti, *Mosaici*, n° 339, p. 183, qui le date du IVe siècle.

[13] Q3 correspond à un simple carreau, où vient s'inscrire un autre carreau placé en diagonale. A son tour, ce dernier contient un autre carreau, tou-jours en diagonale. Becatti, n° 1, p. 11, le date de la fin du Ier siècle av. J.-C., bien qu'il s'agit d'un pavement entièrement en marbre.

[14] Becatti, *Mosaici*, pp. 187-189, nos 351-353 et 355-358, qui les date entre l'époque augustéenne et le IIIe siècle. Ces pavements, publiés sans illus-trations photographiques, sont aujourd'hui très détériorés. Leur importance pour la compréhension des *sectilia* de la ville mériterait qu'ils soient res-taurés.

[15] Il s'agit de carreaux simples (Q x Q) ou de réticules simples (Q/R/Q), mais aussi de Q2, Q3, Q3p, Q4p, Qkd, Q2SQ et Q/R/Qt.

[16] Becatti ne les a guère traités. Ils sont toutefois cités dans Guidobaldi, *Classificazione*, pp. 176 et 207, pl. 12,6.

[17] L. Paschetto, *Ostia, colonia romana. Storia e monumenti*, 1912, pp. 357-365, fig. 100 (Guattani).

[18] Becatti *Mosaici*, p. 199 ; Guidobaldi, *Classificazione*, pl.I,6.

[19] Becatti *Mosaici*, p. 213.

[20] Inédit.

[21] Voir ci-dessus, n. 14.

[22] Becatti, *Mosaici*, respectivement pp. 27, 213, 102-103, 230, date générique-ment au IIIe et IVe siècle certains *sectilia* qui nous semblent appartenir uni-quement au IVe siècle. Il s'agit de ceux de la Domus d'Amour et Psyché, de la Domus du Nymphée, et de la Domus de la Via degli Augustali.

[23] Becatti, *Mosaici*, respectivement n° 342, p. 184-185 et n° 402, p. 211.

[24] Voir ci-dessus, p. 275.

[25] Becatti, *Mosaici*, respectivement n° 429, pp. 230-231 ; n° 343, p. 185 ; n° 334, p.181 ; n° 38, p. 24, et Guidobaldi, *Classificazione*, fig. 217, pl. 17,1.

[26] Becatti, *Mosaici*, respectivement n° 409, pp. 217-218 ; n° 32, p. 22 ; n° 331, p. 180 ; n° 188, p. 103 ; nos 47 et 49, pp. 28 et 29. On peut y ajouter le *sectile* du pronaos du Temple Rond (voir ci-dessus, n. 20).

[27] F. Guidobaldi, «Una *domus* tardoantica inedita di Ostia e i suoi pavimenti», dans : *Atti del II Colloquio AISCOM, Roma 1994*, 1995, pp. 525-540.

[28] Voir ci-dessus, pp. 267-268.

[29] Elle est présente en Espagne, sur la côte africaine, en Palestine, en Asie Mineure, mais aussi en Grèce et en Sicile. Nous pouvons fixer un centre de production dans la Méditerranée orientale (probablement la Cyrénaïque). Bien qu'il soit possible que de nouvelles découvertes puissent l'attester aussi à Rome, il est évident qu'elle se fixa à Ostie à cause du caractère com-mercial de cette ville et de la présence du port. Pour l'Espagne, voir E. Perez Olmedo, *Revestemientos de opus sectile en la peninsula ibérica* (*Studia Archeologica, Univ. Valladolid*, 84), 1996, n° 112, pp. 156-161 et pls 34-36. Pour les autres régions : F. Guidobaldi – A. Guglia Guidobaldi, *Pavimenti marmorei di Roma dal IV al IX secolo* (*Studi di Antichità Cristiana*, XXXVI), 1983, pp. 56-57 ; Guidobaldi, *Classificazione*, p. 218.

[30] En attendant la parution d'une étude à ce sujet que je suis en train de pré-parer, on trouvera quelques observations préliminaires dans Guidobaldi, *Classificazione*, p. 218, où les *poliemblemata* sont considérés des regroupements de plusieurs panneaux dans un seul contexte.

[31] Cfr. F. Guidobaldi *et al.*, *Sectilia pavimenta di Villa Adriana* (*Mosaici Antichi in Italia, Serie Monografica*), 1994, *passim*.

[32] Becatti, *op. cit.* (n. 7) pp. 39-43.

[33] Becatti *Mosaici*, respectivement n° 49, p. 29 ; n° 429, pp. 230-231 ; n° 189, pp. 103-104.

Le monde des morts

Le culte des morts et les rites funéraires dans le monde romain[*]

Angelo Pellegrino

Introduction : sources littéraires et évidence archéologique

La conviction de l'existence d'une vie dans l'au-delà était fortement enracinée dans le monde romain ; par conséquent la mort n'était pas considérée comme la fin et la dissolution de l'être. Cette croyance, profondément ancrée mais conçue d'une manière assez confuse, n'était fondée ni sur des dogmes religieux ni sur des bases philosophiques, du moins jusqu'à l'époque impériale. On estimait de toute façon, surtout dans l'opinion courante, que les âmes des morts, une fois libérées du corps, devenaient des esprits divins (*Manes*) et continuaient une sorte d'existence sous terre, à l'intérieur du tombeau. Celui-ci prenait souvent, non par hasard, l'aspect extérieur d'une maison, suivant une coutume ancienne remontant à la période étrusque. La demeure de l'âme était donc contiguë à sa sépulture et c'est là, qu'avec piété, elle était entretenue par les proches qui apportaient régulièrement des offrandes de nourriture et de boissons. D'autres croyances plus raffinées, et de source certainement littéraire ou philosophique, localisaient dans le monde de l'Hadès et des Champs Elysées, dans le ciel et dans les Iles Bienheureuses outre-océan, le siège de l'au-delà. On pensait néanmoins que les âmes des morts erraient de par le monde terrestre comme des esprits malheureux, jusqu'au moment où on donnait au défunt une sépulture digne, condition indispensable pour assurer sa paix éternelle.

On comprend donc que la mort entraînât le déroulement de cérémonies funèbres compliquées, parfois solennelles, et auxquelles on attribuait une très grande importance. Au moment du décès, la première action du rituel consistait à donner le dernier baiser au défunt (Suétone, *Aug.* 99 ; Sénèque, *Consol. ad Marciam* 3), comme si l'on voulait saisir le dernier soupir car, selon une croyance répandue, l'âme quittait le corps à travers la bouche. Ensuite on fermait les yeux du défunt et avait lieu

la *conclamatio*, qui consistait à répéter trois fois à haute voix son nom en signe d'ultime salut (Ovide, *Trist.* III 3 : 43).

A ce moment commençait l'*unctura* : le corps était lavé et enduit d'huile parfumée, dans le but d'éviter une décomposition trop rapide (Lucien, *De Luctu* 11) ; le corps était ensuite revêtu de vêtements simples ou officiels (par exemple la *toga praetexta*) si le mort avait été un personnage public. Ensuite, on déposait dans sa bouche une pièce de monnaie dite « l'obole de Charon », récompense attribuée au nocher des Enfers qui faisait passer avec sa barque les âmes dans l'au-delà. Cet usage, déjà documenté à l'époque archaïque et non seulement dans la culture grecque, nous est rapporté plus clairement par la tradition littéraire (Juvénal, *Sat.* III 267 ; Properce V 11 : 7 ; Apulée, *Met.* VI 18) que par les témoignages archéologiques qui, pour ce qui concerne les nécropoles d'Ostie, ne sont pas fréquents (voir ci-dessous).

Le dernier rituel avant les obsèques était l'exposition du corps sur un grand lit dans l'atrium de la maison, les pieds dirigés vers l'entrée, pendant une période allant de trois à sept jours suivant l'importance de la famille. Puis se déroulaient les obsèques. Le défunt était transporté sur un lit funèbre, une *kline*, posé sur un corbillard *(feretum)*, hissé à son tour sur les épaules de quatre à huit personnes, membres de la famille ou amis du défunt. Prenaient part aux obsèques les trompettistes (*tubicines*), les flûtistes (*tibicines*) et les pleureuses (*praeficae*) (v. Nonnius Marcellus LXVI 27 ; Varron, *De lingua lat.* VII 70 ; P. Festus, s. v. *naenia*). Ces dernières, dûment payées, étaient chargées de pleurer et d'entonner, en l'honneur du défunt, les chants appelés nénies (*naenia*). Le cortège funèbre parvenait ensuite sur le lieu de la sépulture toujours situé en dehors de la ville, le long des principales voies extérieures. Cette règle, déjà codifiée par la loi des XII Tables (X 1 : *Hominem mortuum in urbe ne sepelito neve urito* – le mort ne doit jamais être enterré ou incinéré à l'intérieur de la ville), probablement relative à des précautions sanitaires et d'hygiène, fut toujours observée sauf à de rares exceptions, pour les obsèques de personnages très importants.

Nous apprenons par Pline l'Ancien (*Hist. Nat.* VII 187) que le plus ancien rite funéraire à Rome était l'inhumation et que c'est seulement plus tard (IIe siècle av. J.-C.), quand les Romains prirent conscience que les corps des morts, dans les guerres lointaines, étaient déterrés, qu'on adopta l'incinération. Dans le même texte, il précise que beaucoup de familles, comme la *gens Cornelia*, conservèrent les rites anciens et que personne dans ce milieu ne fut incinéré avant le dictateur Sylla (voir aussi Cicéron, *De leg.* II 22). Les données archéologiques confirment, de manière générale, les informations fournies par les sources littéraires. En effet, à Rome et dans le Latium, l'inhumation se pratique déjà dès la deuxième phase de l'Age du fer (la phase connue comme Latium IIA), et des exemples sont connus, dans la zone d'Ostie, à Ficana et à Castel di Decima.

Il est probable que la pratique de l'incinération, de rigueur au début de l'Age du fer avant d'être réservée aux adultes masculins, se généralisa à nouveau à partir du IIe siècle av. J.-C. Si elle avait été, à l'origine, l'expression d'une idéologie funéraire par laquelle on entendait célébrer le mort tel un héros, son usage fut ensuite choisi pour des raisons pratiques et économiques telles que l'avantage de pouvoir occuper un espace réduit par un nombre d'urnes funéraires toujours plus grand. Néanmoins, l'inhumation était considérée comme seul moyen valable de sépulture, d'où la nécessité de conférer à l'incinération une légitimité du point de vue juridique et religieux. Il fut donc décidé qu'en cas d'incinération, on devait pratiquer également un enterrement symbolique qui consistait à jeter un peu de terre sur une partie d'os, en général un doigt amputé du cadavre, avant sa combustion sur le bûcher: c'est le rite qu'on appelle de l'*os resectum* et qui est cité par Cicéron (*De leg.* II 55), Varron (*De lingua lat.* V 23) et Festus (p. 148).

Les chercheurs ont pu constater l'application de ce rite en retrouvant, en 1732, dans les urnes de la Via Appia à San Cesareo, un os dans chacune d'entre elles avec l'indication du nom du défunt et de la date de sa mort sur les parois externes. Il s'agissait peut-être de personnes décédées dans des pays lointains et dont on avait renvoyé un os dans leur patrie pour l'enterrement rituel. Pour ce qui concerne le territoire d'Ostie, on signale que, dans un columbarium de Pianabella récemment fouillé (campagne de 1998), on a retrouvé une urne avec un seul os, mais sans inscription à l'extérieur. Il est difficile de dire s'il s'agit ici d'un autre cas d'*os resectum* similaire à ceux des petits vases de San Cesareo.

Beaucoup plus difficiles à interpréter sont la sépulture 105 de la nécropole de la Via Ostiense à Acilia et la sépulture de l'édifice de Pianabella: toutes les deux étaient intactes, mais, au-dessus du squelette des défunts, on a retrouvé des os humains excédentaires, respectivement une partie de bassin et un fémur avec une clavicule. Il est évident que ces dépôts étaient intentionnels et que les os étrangers à la personne inhumée avaient été prélevés sur un autre corps, mais on ne comprend ni la logique ni la signification de ce procédé.

L'inhumation et l'incinération sont le reflet, au moins par leur origine, de deux conceptions différentes de la vie dans l'au-delà. Dans le premier cas, le corps du défunt retourne au sein de la terre de laquelle il est sorti et où il prolonge une sorte d'existence physique. Dans le deuxième cas, ce n'est que l'ombre du défunt qui survit et, par le rituel du feu, elle se détache du corps pour retourner au ciel d'où elle était descendue. Une telle croyance découlait des doctrines stoïciennes et néo-pythagoriciennes qui avaient pénétré à Rome à la suite des rapports avec la Grande Grèce, même si elle se limitait aux milieux cultivés et aristocratiques (des réflexions dans le domaine littéraire se trouvent chez Tibulle (III 5-6, 55-58) et chez Servius (*Ad Aen.* III 68; IV 654).

Quoi qu'il en soit, dans la pratique réelle des rituels, il n'est pas évident que l'ensevelissement ou l'incinération du corps aient eu une signification précise dans le contexte de l'idéologie funéraire. Par ailleurs, même en se limitant aux seuls exemples des nécropoles de l'Isola Sacra et de la Via Ostiense, entre la moitié du Ier siècle ap. J.-C. et la première moitié du siècle suivant, les deux rites étaient souvent pratiqués simultanément dans les mêmes nécropoles et dans les mêmes sépultures (voire souvent au sein d'une même famille). Il est donc probable que l'un des deux rites fut dicté par des exigences d'ordre pratique, comme l'espace à disposition, les traditions familiales ou les préférences personnelles.

En tout cas, entre la fin de l'époque républicaine et les premières décennies de l'ère chrétienne, l'incinération était si souvent pratiquée que quand, vers le milieu du Ier siècle ap. J.-C., l'inhumation recommença à s'affirmer, celle-ci fut considérée comme un phénomène étranger à la tradition funéraire romaine, issu des pays grecs orientaux. A la «réintroduction» du rite d'inhumation au cours de l'époque impériale, contribuèrent peut-être plusieurs raisons telles que l'apparition de cultes mystiques, plus encore que le christianisme qui ne s'affirma que plus tard. Suivant ces doctrines, présentes dans les cultes de Mithra, d'Isis et de Cybèle, on croyait en principe à la résurrection physique du corps, par comparaison avec les fruits de la terre qui se dessèchent et meurent puis refleurissent au printemps, en plein accord par ailleurs avec les traditions dionysiaques. Il ne faut pas exclure non plus un changement graduel des goûts et de la sensibilité, l'usage du bûcher pouvant sembler trop violent et peu respectueux du corps humain. Les deux rites furent pratiqués simultanément jusqu'à la moitié de l'époque impériale avec une certaine dominance de l'incinération en Italie centrale et surtout du Nord. Ce n'est qu'à partir du IIe et jusqu'au début du IIIe siècle ap. J.-C. que l'inhumation s'affirma définitivement.

L'incinération qui se pratiquait en mettant le feu à un tas de bois dit *rogus* ou *pyra* pouvait s'effectuer de deux manières. Dans le premier cas, le corps était brûlé dans la fosse même où il devait être enterré: le terme de *bustum* indiquait alors aussi bien le lieu où s'élevait le bûcher que la tombe dans laquelle se conservaient les cendres (Festus, *De verbor. signif.* 32, s. v. *bustum*).

Placé dans un cercueil, étendu sur un brancard ou sur un lit funèbre plus élaboré, le défunt était déposé sur le bûcher avec, à ses côtés, des objets personnels (armes, vêtements, vases, etc.) ainsi que des offrandes telles que des aliments, du pain, des parfums. Après que le bûcher se fut entièrement consumé, on recueillait les os calcinés dans un drap de lin, opération appelée *ossilegium* (Tibulle I 3 : 5 ; III 2 : 9). Les cendres étaient enfin déposées dans une urne en terre cuite, en verre ou en marbre, que l'on plaçait directement en terre, dans l'enceinte d'une nécropole funéraire, ou que l'on protégeait par une petite construction en maçonnerie de forme cylindrique ou parallélépipédique, ou encore que l'on plaçait sous un monument funéraire de petite ou de grande dimension. Souvent l'urne cinéraire était déposée dans la niche d'un columbarium, ornée de rosettes, fleurs typiques de la symbolique funéraire qui faisait allusion au perpétuel printemps de la vie dans l'au-delà (voir Ausone, *Epist.* XXXI). Après la mise en place de l'urne, les niches pouvaient être complètement murées, comme dans le cas de la tombe 17 de la nécropole de Porta Romana à Ostie, ou seulement fermées par une petite plaque de marbre gravée, de forme semi-elliptique avec les noms du défunt.

Dans la nécropole de Pianabella, on a répertorié des cas isolés d'urnes normalement posées à l'intérieur des niches des columbariums, mais scellées au bord par une mince couche de chaux : cependant, leur contenu était constitué non par les cendres du défunt, comme on aurait pu s'y attendre, mais par du sable fin qui remplissait complètement l'urne. Dans ce cas, il est probable que les urnes cinéraires avaient été préparées sans pour autant jamais être utilisées en tant que telles. La présence de sable fin jusqu'au bord de l'urne s'explique par la nécessité de créer un appui sur lequel poser la couche de chaux qui la scellait.

Bien plus simple était, cela va sans dire, l'application du rite d'inhumation. Le corps du défunt pouvait être installé de la manière suivante : dans une simple fosse en terre, sans aucun type de recouvrement ; dans un cercueil de bois, éventuellement doublé de plaques de plomb ; dans un sarcophage entièrement fait de plomb ; dans un sarcophage en terre cuite (*fictilia sola*, Pline, *Hist. Nat.* XXXV 12) ; dans un sarcophage de marbre avec ou sans décoration ; à l'intérieur de deux demi-amphores superposée. En général, les sarcophages de marbre, de bronze et aussi de terre cuite étaient placés dans des monuments funéraires, alors que les sépultures plus humbles pouvaient se trouver directement dans la terre, en dehors des nécropoles.

Rites funéraires à Ostie

Tout ce qui a été dit jusqu'ici sur les rites de l'inhumation et de l'incinération se trouve confirmé par les fouilles récentes effectuées dans les nécropoles du territoire d'Ostie. Dans celle de la Via Ostiense à Acilia, qui couvre une période comprise entre la fin du Ier siècle av. J.-C. et l'époque flavienne, on a constaté, après une étude détaillée de 223 sépultures, que le nombre d'incinérations et d'inhumations était presque égal. Ceci n'est pas tellement surprenant, mais on remarquera toutefois que le rite d'inhumation s'établit déjà depuis le début de l'époque impériale. La comparaison avec Pompéi est significative par le fait que les nécropoles n'ont livré que des tombes à incinération (à l'exception des tombes d'enfants). Il n'est peut-être pas exclu que ce phénomène, aujourd'hui reconnu aussi à Rome, ait été favorisé par la présence dans cette région d'individus originaires de la Grèce orientale, comme l'attestent les inscriptions funéraires découvertes dans les fouilles.

Ces données sembleraient aussi contraster avec les résultats révélés par les fouilles faites à proximité de la petite nécropole rurale de Malafede, postérieure d'environ un siècle. Ici, l'incinération, contrairement à ce qui se passe au milieu de l'ère impériale, l'emporte nettement. Le phénomène pourrait s'expliquer par la présence d'un groupe social au sein duquel l'élément indigène et local (modestes groupes de paysans) était prédominant. Pour le moment, il est préférable de ne fournir aucune explication, jusqu'au recensement global des tombes appartenant au monde rural de la campagne romaine.

Dans la nécropole de Malafede, on a trouvé aussi trois *busta*, à savoir des crémations sur place. Il s'agit des seules attestations de ce rite en territoire ostien (un autre exemple est connu à l'Isola Sacra). Evidemment, ce rite particulier était adopté par les classes sociales modestes et nécessitait des espaces plus importants. C'est peut-être la raison pour laquelle il se trouve plus fréquemment près des habitations rurales plutôt que le long des routes principales. Là, les nécropoles suburbaines se caractérisent par une occupation intensive des superficies disponibles et par la présence d'une composante sociale différente.

Pour ce qui concerne la nécropole de Pianabella (qui a fait l'objet de fouilles d'urgence plutôt que de travaux programmés), les données à notre disposition sont fragmentaires et se réfèrent à des ensembles funéraires hétérogènes, très éloignés les uns des autres et même pas totalement excavés. Au premier abord, il semble cependant que l'inhumation, déjà au cours du IIe siècle ap. J.-C., était pratiquée fréquemment et même plus souvent que l'incinération.

A l'intérieur du tombeau, le long du corps du défunt ou, en cas d'incinération, à côté ou dans de l'urne, on déposait un mobilier funéraire composé soit d'objets personnels (fibules, anneaux, miroirs), soit d'objets artisanaux en céramique, en verre ou en métal, qui avaient une signification rituelle et symbolique. Le mobilier funéraire des tombes romaines n'est généralement pas riche et il est rare qu'il contienne des ornements personnels en matières précieuses telles que l'or, l'argent ou les gemmes, et ceci, indépendamment du niveau social du défunt. En l'occurrence, le rappel de son importance était marqué par l'ostentation monumentale extérieure de la sépulture et par le contenu des épitaphes commémoratives. L'usage de ne point déposer d'objets précieux à l'intérieur de la tombe était très ancien et remontait aux premiers temps de la République, lorsque dès le Ve siècle av. J.-C., on avait cherché à mettre un frein au luxe excessif des cérémonies funèbres. Il est évident que les tombes des nécropoles examinées sur place, qui couvrent la période allant du Ier au IIIe siècle ap. J.-C., présentent un mobilier funéraire constitué d'objets de valeur moindre.

Il faut cependant signaler quelques exceptions : deux tombes de fillettes à Pianabella, dont chacune contenait une paire de boucles d'oreilles, et une autre tombe, de fillette également, dans la nécropole de la Via Ostiense à Acilia, un collier en pâte de verre.

Ces ornements ne sont ni particulièrement élaborés, ni précieux, mais ils se distinguent dans le panorama uniforme des tombes «pauvres» du territoire d'Ostie. Il est probable que les bijoux et le collier n'étaient pas un signe extérieur de luxe, mais représentaient une compensation symbolique pour deux jeunes filles qui n'avaient pas eu la chance de devenir femmes. De tels cas, d'ailleurs, ne sont pas rares et se rencontrent un peu partout.

Une autre exception sont les fragments d'appliques en os travaillé, destinées à la décoration des lits funéraires brûlés sur le bûcher et retrouvés autour ou à l'intérieur de l'urne cinéraire. Il est clair que ceux-ci ne peuvent pas être considérés comme des éléments du mobilier funéraire, mais il faut les signaler pour leur niveau artistique et pour leur fonction de mise en évidence du rang et de l'importance sociale du défunt [voir ci-dessous, catalogue, n°s XVI.18.2 ; 20, 22, 26].

Parmi les objets de valeur symbolique, on trouve surtout la lampe qui, avec sa lumière propre, avait pour tâche d'accompagner le défunt outre-tombe et d'illuminer sa nouvelle vie. Un sens différent pourrait être attribué à la lampe, lorsqu'elle est trouvée renversée dans la tombe, comme une évidente allusion au caractère irrémédiable de la mort : un intéressant parallèle entre la lampe et la vie de l'homme a été établi par Plutarque (*Quaest. Rom.* LXXV), comparant l'extinction de la flamme avec la mort de l'être humain. De nombreux fragments de lampe se trouvent aussi en dehors des sépultures, tant était grande leur importance à l'occasion des cérémonies post-funèbres et des anniversaires que l'on célébrait en l'honneur du défunt.

En examinant les découvertes du territoire ostien, on remarque que les lampes sont assez rares dans les sépultures de la première période de l'Empire, mais les quelques exemplaires découverts contiennent des éléments intéressants. L'un d'eux, trouvé à Pianabella, était posé sur une urne de columbarium de la fin du IIe siècle ap. J.-C.

D'autres objets typiques du mobilier funéraire sont les vases à parfum en céramique ou en verre. Ils ont été découverts en grande quantité dans les sépultures de la Via Ostiense de la première période impériale. Nous pouvons relever à ce propos deux cas plutôt singuliers. Dans l'édifice 26, presque la moitié du sol était occupée par une trentaine de vases à parfums en terre cuite qui recouvraient exactement l'espace équivalent à la couche inférieure, où se trouvaient cinq urnes en terre cuite [voir catalogue, n° XVI.16]. De toute évidence, après le rituel au cours duquel on avait utilisé les vases (pour asperger de parfums les urnes et le tombeau), ceux-ci avaient été placés avec beaucoup de soin au-dessus de la déposition ; il est clair qu'on avait prévu que le sol de la tombe, désormais recouvert d'objets fragiles et sacrés, n'aurait plus jamais été foulé par un pied humain.

Très peu répandus sont les vases en forme de cloche avec trois groupes de petits trous le long des parois, qu'on peut imaginer être des encensoirs. On en a trouvé une certaine quantité à Pianabella dans les sépultures du Haut et du Moyen Empire (aire B, édifice 6A, sépultures 3-5, 7-8 et 9) et le long de la Via Ostiense dans une tombe bouleversée (édifice 10) qui contenait le fourreau, en bronze décoré, d'un *gladius*. Etant donné qu'on n'a jamais retrouvé dans les mobiliers funéraires de coupes ou de petites assiettes sur lesquelles auraient pu être posés ces petits vases, on peut imaginer qu'ils étaient utilisés seuls, peut-être renversés par terre, là où étaient brûlés les parfums.

Ces petits vases ont été découverts presque exclusivement à Ostie et à Rome, villes où l'on sait que vivaient de nombreuses communautés d'origine orientale. Avec de telles présomptions, on peut se demander si l'usage de ces objets n'est pas à mettre en relation avec les rites grecs orientaux pour lesquels on utilisait beaucoup de baumes et de parfums.

Parmi les objets plus singuliers des mobiliers funéraires, il y a aussi de petits vases aux parois très fines et des porcelets en terre cuite décorés de perles en pâte de verre colorée [voir ci-dessous, catalogue, n° XVI.39] Les chercheurs en ont souligné le caractère sacré, en les reliant au culte d'Hercule, dont on connaît l'importance à Ostie ainsi que son caractère funéraire. Ces objets ont été retrouvés à Pianabella (aire B, édifice 7) et dans des tombes proches de la nécropole de la Via Laurentina, mais aussi à Rome, sur la Via Flaminia : on pourrait les considérer comme des offrandes d'objets sacrés, un viatique pour le voyage dans l'au-delà qui aurait aidé le défunt par son aspect sacré et propitiatoire.

Moins claire est la signification des petites terres cuites peintes trouvées à Pianabella [voir ci-dessous, catalogue, n°s XVI.37.2 ; 35, 1-2, 4), dans les sépultures individuelles, aussi bien à l'intérieur qu'à l'extérieur (mais toujours dans le périmètre du tombeau). Il est probable qu'elles devaient en avoir plus d'une : la figure féminine assise représentait peut-être la divinité qui protégeait l'âme du défunt et les masques avaient peut-être le même sens que ceux en marbre, représentés sur les sarcophages et les urnes. Les figures grotesques sont plus difficiles à interpréter mais il n'est pas exclu qu'elles aient eu des fonctions apotropaïques. Le type de terre cuite le plus rare représente un aurige et fait certainement allusion à la gloire que le défunt allait trouver dans l'au-delà.

Certaines sépultures de l'époque républicaine tardive, dans la nécropole de Pianabella, ont livré de vrais services d'assiettes de petite dimension (4 cm de diamètre), en principe votifs, mais dont on ne connaît pas la signification rituelle : certes, on pourrait les mettre en relation avec la sacralité du sépulcre, siège des âmes des défunts, qui étaient considérées comme des esprits divins, mais il n'est pas exclu qu'ils aient eu également une fonction pratique.

Parmi les objets particuliers trouvés dans les tombes, il y a aussi des céramiques intentionnellement brisées et déposées en fragments à l'intérieur ou à l'extérieur de la sépulture. Le rite, connu depuis l'époque protohistorique, prévoyait que l'on brisât les vases utilisés pour l'ultime libation en l'honneur du défunt, car, ne devant plus servir à d'autres usages, ils étaient en quelque sorte anéantis après leur ultime utilisation. Sur le territoire d'Ostie cette coutume est attestée à Malafede (tombe 5) et à Pianabella (aire B, édifice 6A, sépulture 8) : dans ce dernier cas, le rite est particulièrement évident car on a retrouvé une moitié d'encensoir à l'intérieur de la sépulture et l'autre moitié à l'extérieur.

Quelques tombeaux de la Via Ostiense et à Malafede, surtout ceux où l'on avait pratiqué des incinérations, contenaient chacun un clou qui, n'ayant aucune fonction pratique, devait avoir une signification purement rituelle [voir ci-dessous, catalogue, n° XVI.9,2]. Il s'agit du «clou magique» auquel les Anciens attribuaient des propriétés bénéfiques, comme celle de protéger la tombe des mauvais esprits. Son usage est documenté jusqu'à l'époque chrétienne et au Moyen-Age. La signification purement symbolique de ces objets est démontrée d'une manière générale par la présence dans les tombes de clous en verre, qui ne pouvaient être d'aucune utilité en dehors du contexte funéraire, ou encore en métal, avec des formules magiques gravées sur la tige.

Dans la bouche du défunt, on déposait parfois une monnaie, interprétée comme étant l'obole à Charon (voir ci-dessus), mais le pourcentage de tombes dans la nécropole de la Via Ostiense contenant des monnaies est très faible (5 %), et il en est de même à Malafede et dans la nécropole de l'Isola Sacra. Les mêmes considérations valent aussi pour Pianabella. Ici, cependant, on doit signaler la sépulture 4 de l'édifice 6 de l'aire B, contenant 19 monnaies de l'époque de Valérien I et de Gallien [voir ci-dessous, catalogue, n° XVI.32], trouvées sur la poitrine du défunt (peut-être dans une petite bourse) et qui indiquaient son niveau social. Rappelons cependant que, dans d'autres nécropoles de l'Italie centrale et du Nord (Voghenza, Angera, etc.), le pourcentage des monnaies est plus élevé. En conclusion, on peut penser, du moins si l'on se réfère au site d'Ostie, que la monnaie dans la bouche du défunt correspondait bien à une offrande à Charon. Par les autres formes de déposition de monnaies (dans la main, sur la poitrine, sur les flancs, etc.), assez fréquentes, on entendait seulement indiquer symboliquement la fortune et le statut social du défunt.

Certains mobiliers funéraires ostiens contenaient des objets vraiment étranges et singuliers : des carapaces de tortues [voir ci-dessous, catalogue, n°s XVI.34,3-7]. Celles-ci ont été retrouvées dans deux urnes cinéraires de la Via Ostiense (édifice 5, sépultures 3 et 4) et dans les tombes 1 et 7 de l'édifice 6A à Pianabella où, déjà en 1976-1977, lors d'une campagne de fouilles, on en avait trouvé un premier exemplaire. En tout, on en a trouvé huit. Evidemment, on doit attribuer une signification symbolique à ce type particulier d'objets. Relevons que la tortue était l'animal sacré d'Hermès/Mercure, divinité psychopompe, et, en vertu de son dos arrondi (qui rappelait la voûte céleste), elle était l'un des symboles du cosmos, comme on l'apprend par l'hymne homérique à Hermès (24 sqq.). Sa forme rappelait aussi l'entrée d'un antre et suggérait donc la porte des Enfers.

En outre, nous apprenons par Cassius Bassus Scolasticus, auteur du IXᵉ siècle qui a laissé des écrits sur l'agriculture, que les tortues avaient des pouvoirs magiques et bénéfiques comme celui de protéger les champs des intempéries (Geoponica I 14 : 8). Une confirmation indirecte de ces pouvoirs apparaît dans une lettre apocryphe du philosophe Cratès (Epist. Graec. P. 215, 17 Hercher), qui vécut entre le IVᵉ et le IIIᵉ siècle av. J.-C. Il y fait allusion aux pouvoirs bénéfiques contre les maladies infantiles des carapaces de grosses tortues utilisées comme berceaux. Par ailleurs, dans les familles des empereurs, on avait l'habitude de laver les enfants dans des bassins constitués par des carapaces de tortues, qui étaient supposées leur porter bonheur ; cet usage est rapporté par Clodius Albinus (Hist. Aug., Alb. 5). Enfin, par Pline l'Ancien (Hist. Nat. XXXVII 155), nous apprenons que l'œil de la tortue avait des vertus magiques pour prédire l'avenir et arrêter les tempêtes. Tout ceci explique la présence de petites tortues en terre cuite dans les tombes grecques, spécialement celles du VIᵉ au IVᵉ siècle av. J.-C. Les carapaces véritables sont par contre beaucoup plus rares et n'ont été retrouvées que dans des ensembles funéraires de la Grande Grèce et de la Sicile du IVᵉ siècle av. J.-C.

En conclusion, les huit carapaces de tortues trouvées sur le territoire d'Ostie restent jusqu'à ce jour les seuls témoins d'un rite que l'on mettra peut-être en rapport avec la forte composante d'origine gréco-orientale dans le groupe social concerné : ce n'est pas par hasard que quasiment toutes les inscriptions funéraires des nécropoles de la Via Ostiense et de Pianabella se réfèrent à des affranchis portant des noms grécisants.

Nous terminons ce survol en mentionnant les restes calcinés de pommes de pins qui ont été trouvés dans la tombe 100 de la nécropole de la Via Ostiense à Acilia. Le pin étant un arbre à feuilles persistantes, le rite de brûler ce fruit devait symboliser l'immortalité.

trad. Lola Sasson et Manuela Wullschleger

Note

*   Ce texte est extrait de mon introduction au volume *Dalle necropoli di Ostia.*
Riti ed usi funerari (cat. de l'exposition à Ostia Antica, 1998-1999), publié en
1999, auquel je renvoie pour une bibliographie plus détaillée. Certaines données de caractère général ont été tirées du livre de J. M. Toynbee, *Death*
and Burial in the Roman World (1971). Pour les problèmes particuliers, on
consultera aussi A. Van Doorsealer, *Les nécropoles d'époque romaine en Gaule*
septentrionale (1967), *Nécropoles à incinération du Haut Empire. Table Ronde*
de Lyon, 1986 (1987) et *Incinérations et inhumations dans l'Occident romain aux*
trois premiers siècles de notre ère. IVe Congr. Arch. Gaule Méridionale, Toulouse
1987 (1991).

Pour diverses réflexions, voir *Des Lichtes beraubt. Totenehrung in der römi-*
schen Gräberstrasse von Mainz-Weisenau (cat. de l'exposition Frankfort,
Augsbourg, Linz et Cassel, 1995) et *Pompei oltre la vita. Nuove testimonianze*
dalle necropoli (cat. de l'exposition Boscoreale, 1998).

Pour les lits funéraires, voir en dernier lieu C. Bianchi, *Cremona in età*
romana. I letti funerari in osso dalle necropoli S. Lorenzo (2000).

Pour le rite de l'*os resectum*, il faut signaler l'important rapport à propos
d'une récente découverte à Herculanum, par U. Pappalardo, « Nuove testimonianze su Marco Novio Balbo », *RM* 104, 1997, pp. 417 *sqq.*

A propos de l'importance des tortues dans les croyances religieuses, philosophiques et scientifiques des Grecs et des Romains, l'étude de S. Settis
est fondamentale : *ΧΕΛΩΝΕ, saggio sull'Aphrodite Urania* (1966) ; voir aussi
le récent ouvrage de M. Pagano et E. Renna, *Tartaruga e corallo. Due pre-*
ziosi materiali ornamentali dell'antichità (1999).

Quant aux nécropoles de l'Italie du centre et du Nord, seules les suivantes
ont à ce jour été publiées intégralement :

F. Berti, « La necropoli romana di Voghenza », dans : *Voghenza. Una necro-*
poli romana nel territorio ferrarese (1985), pp. 77 *sqq.* ;

F. Filippi (dir.), *Alba Pompeia. Archeologia della città dalla fondazione alla*
tarda antichità. QuadAPiem, Monografie 6 (1997) ;

M. V. Floriani Squarciapino (dir.), *SdO* III : *Le necropoli repubblicane ed augus-*
tee (1958) ;

L. Mercando, « La necropoli romana di Portorecanati », *NSc* 1974, pp. 139
sqq. ;

G. Parmeggiani, « Voghenza, necropoli : analisi di alcuni aspetti del rituale
funerario », dans : *Voghenza. Una necropoli romana nel territorio ferrarese* (1985),
pp. 203 *sqq.* ;

L. Passi Pichter (dir.), *Sub ascia. Una necropoli romana a Nave* (1987) ;

G. Sena Chiesa, *Angera Romana, Scavi nella necropoli 1970-79* (1985).

Les nécropoles d'Ostie : topographie, développement, architecture, structure sociale

Michael Heinzelmann

Pour plusieurs raisons, les nécropoles d'Ostie occupent une place éminente dans la recherche du système sépulcral romain et dans différentes questions concernant l'histoire sociale et la mentalité de la population. Pour commencer, elles se trouvent être, mis à part les rues tombales de Pompéi et les secteurs de nécropole fouillés récemment à Pouzzoles, parmi les mieux conservées d'Italie. Ensuite, le fait qu'elles ont été utilisées très longtemps, du IIe siècle av. J.-C. jusqu'au IIIe siècle ap. J.-C. au moins, nous offre la chance unique de pouvoir analyser sur une longue durée différents processus de développement concernant l'architecture tombale, les coutumes d'ensevelissement et la structure sociale des nécropoles. Dû au caractère de grande ville qu'avait Ostie ainsi qu'aux différentes connections avec Rome, les nécropoles de la ville maritime reflètent assez exactement les rues tombales de la ville de Rome ; elles nous permettent ainsi de reconstruire la situation de la capitale, qui est beaucoup moins bien documentée.[1]

Topographie suburbaine et étendue globale des nécropoles (fig. 1)

De l'ensemble des rues tombales de la ville d'Ostie, seuls trois petits segments partiels sont accessibles, ceci en contraste avec celles de Portus sur l'Isola Sacra [voir ci-dessous, pp. 385-392]. Il s'agit de la nécropole située devant la Porta Romana, le long de la Via Ostiense qui conduisait à Rome, de la nécropole s'étendant le long de la Via Laurentina, la route principale menant vers le sud, nommée aussi « Tombes des Claudii », et de celle des environs de la dite Basilique de Pianabella, dans une rue perpendiculaire à la Via Laurentina qui conduisait autrefois à la mer. Ces trois zones ne sont toutefois que des échantillons,

dus au hasard, des nécropoles de la ville, qui étaient autrefois beaucoup plus étendues et dont les dimensions originales ainsi que la situation topographique ont été déterminées à partir de vues aériennes et d'observations sur le terrain. Les notes, malheureusement peu abondantes, prises lors des différentes campagnes de fouilles du XIXe siècle sont une source d'informations supplémentaire et importante. Ces fouilles semblent avoir touché d'amples parties des nécropoles entières, mais ont été oubliées par la suite. Le nombre extraordinaire de sarcophages, d'inscriptions tombales et d'autre matériel sépulcral que l'on y découvrait en avait fait la source principale de l'enrichissement de la collection papale et du marché romain d'antiquités.

Dans toute l'antiquité gréco-romaine, c'était la coutume de placer les nécropoles le long des routes en dehors des murs de ville. A Ostie, la situation topographique particulière donna lieu à une exception inhabituelle. La ville et son environnement immédiat étaient non seulement délimités distinctement au nord par le Tibre et à l'ouest par la côte méditerranéenne, qui était autrefois beaucoup plus près de la ville, mais, à 800 m environ à l'est de la ville, se trouvait une grande zone marécageuse (*stagnum ostiense*) reliée à la mer à quelques kilomètres au sud de la ville par un canal et complètement asséché aujourd'hui. En fait, Ostie se trouvait en quelque manière sur une île, isolée de tous les côtés ; il ne lui restait qu'un bout de terrain cultivable de 2 km de largeur et 3,5 km de longueur, la plaine d'alluvions nommée aujourd'hui Pianabella. Comme la route pour Rome, la Via Ostiense, traversait la zone marécageuse sur une digue surélevée et ne pouvait donc pas être bordée de constructions, les nécropoles commencèrent à s'étendre, à partir du Ier siècle av. J.-C. déjà, au sud en direction de Pianabella. Un système de rues à angles droits, tracé probablement à l'époque augustéenne dans le cadre d'une nouvelle répartition du terrain agricole, y formait un point de cristallisation. Tandis qu'à Rome, les nécropoles suivaient les grandes routes dans toutes les directions, la plupart des tombes d'Ostie étaient concentrées autour de ce système de rues, bien qu'il ne se soit agi souvent que de chemins

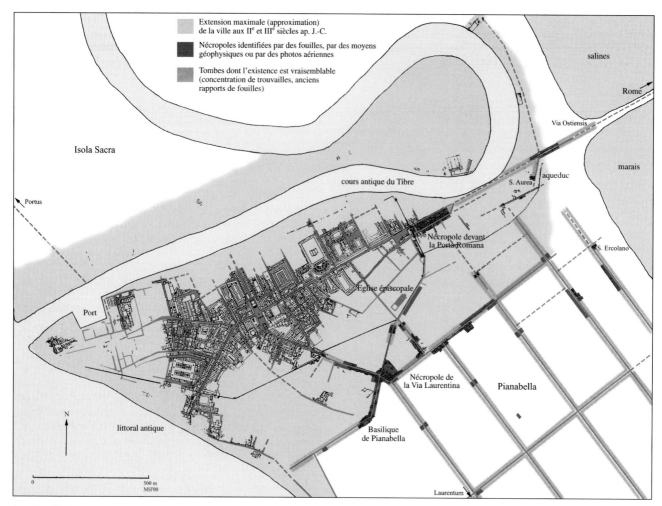

Légende:

Extension maximale (approximation)
de la ville aux IIe et IIIe siècles ap. J.-C.

Nécropoles identifiées par des fouilles, par des moyens
géophysiques ou par des photos aériennes

Tombes dont l'existence est vraisemblable
(concentration de trouvailles, anciens
rapports de fouilles)

Isola Sacra

salines

Romé

Via Ostiensis

marais

Portus

cours antique du Tibre

S. Aurea   aqueduc

Nécropole devant
la Porta Romana

S. Ercolano

Eglise épiscopale

Port

Nécropole de
la Via Laurentina

Pianabella

N

littoral antique

Basilique
de Pianabella

0   500 m
MH'00

Laurentum

1   Plan d'Ostie et environs avec nécropoles.

secondaires; une situation insatisfaisante du point de vue romain qui ne s'explique que par le manque de place. L'explosion démographique du début du IIe siècle ap. J.-C., suivie d'une brusque pénurie de place dans les nécropoles, et le fait que la construction urbaine commença à cette époque à s'étendre au-delà des murs de la ville, conduisirent à un second phénomène qui ne s'observe qu'à Ostie d'une façon aussi marquée: dans beaucoup de zones des nécropoles, on observe, à partir du IIe siècle, la destruction quasi-totale des tombeaux remontant à la fin de la République et au début de l'Empire. Ils sont remplacés, à un niveau supérieur, par de nouvelles sépultures. Ainsi se formèrent plusieurs larges rues surélevées, qui sont en partie encore reconnaissables à Pianabella. Le phénomène de la destruction radicale d'anciens tombeaux et le remplacement par de nouvelles constructions pourrait donc refléter simplement le développement de la ville où, au IIe siècle, suite au besoin accru

de surface d'habitation, les anciens bâtiments privés durent céder à de nouvelles constructions. Etant donné le caractère sacré des tombeaux, il faut toutefois chercher une autre explication. Peut-être le point décisif n'était-il pas tant le manque de place qu'une modification profonde de la structure sociale de la ville pendant la phase d'expansion, menant à l'extinction ou à l'émigration de plusieurs familles anciennes et à l'abandon de leurs tombeaux. Dans les nécropoles de la ville de Rome et de celles de Pouzzoles, une concentration semblable eut lieu pendant l'Empire, sauf que là, les anciens tombeaux ne furent pas détruits, mais modifiés par des reconstructions internes. Ceci s'observe aussi à Ostie dans quelques tombeaux familiaux du début de l'Empire, dont les propriétaires restèrent apparemment sur place. La majorité des tombes, toutefois, sont détruites et les terrains repris par des personnes dont les noms, selon les inscriptions funéraires des nouvelles constructions, ne sont pas attestés auparavant à Ostie. Les nécropoles prouvent donc indirectement à quel point la révolution sociale du IIe siècle à Ostie fut radicale [cf. toutefois les observations de H. Mouritsen à ce sujet, ci-dessus, pp. 30-35; n.d.r.].

Les nécropoles de la Porta Romana et de la Via Laurentina: histoire de la construction, types de tombeaux, coutumes funéraires

Les deux plus grands secteurs de nécropoles encore accessibles aujourd'hui sont les rues tombales devant la Porta Romana et le long de la Via Laurentina. Ils ont été fouillés, du moins partiellement, pendant le XIXe siècle par C .L. Visconti, fouilles qui furent agrandies et laissées visibles par D. Vaglieri et G. Calza dans leurs grandes campagnes des premières décennies du XXe siècle [voir ci-dessus, p. 57]. L'histoire de leur construction et le développement des types de tombeaux représentés ici peuvent être divisés en quatre phases. Il faut toutefois observer que la situation pendant les différentes périodes, ainsi que les phases de transitions étaient beaucoup plus complexes et diverses que ce que nous décrivons ici.

Les nécropoles de l'époque Républicaine tardive

Un assez grand groupe de tombes simples, datées d'environ 150 av. J.-C. à la fin du Ier siècle av. J.-C., correspondent à la phase d'utilisation la plus ancienne des nécropoles d'Ostie. Ces tombes furent trouvées exclusivement devant la Porta Romana (fig. 2)[2]. La localisation des tombes précédentes, à partir de la fondation du *castrum* autour de 300 av. J.-C., est incertaine; elles se trouvaient probablement sous la ville impériale entre la porte orientale du *castrum* et la Porta Romana. Ce groupe de tombes à incinération consiste simplement en des urnes d'argile enfoncées à même la terre ou dans de petits puits revêtus de briques ou de bois. Une autre caractéristique est un mobilier funéraire relativement riche, dont la quantité et la qualité offrent un large aperçu sur le rang social des personnes ensevelies. Ceci est particulièrement vrai pour les restes du *lectus funebris* trouvés particulièrement souvent dans ce groupe des tombes: sur ce lit, la dépouille mortelle était transportée dans le cortège funèbre et on le brûlait avec le corps. Ainsi, on part de l'ensevelissement

simple sans lit ni mobilier funéraire en passant par les tombes avec lit funéraire sans décoration et quelques autres objets, pour arriver aux tombes à mobilier particulièrement riche qui pouvaient présenter des *klinai* funéraires décorées d'appliques sculptées d'une somptuosité variable [voir ci-dessous, catalogue, n°s XVI.18.2; 20, 22, 26]. Malgré la différence sociale bien apparente parmi les personnes enterrées à cette époque, aucune des tombes ne présentait une forme architectonique qui aurait rendu visible le statut social du défunt, et cela d'une façon durable même après son enterrement. En plus, la disposition arbitraire de ces tombes précoces dans la nécropole ne semble pas tenir compte de la proximité de la rue ni des relations familiales[3]. Il paraît donc que la tombe en elle-même avait très peu d'importance, quant à une possible volonté de reconnaissance publique; en cas de décès, la grandeur de la dépense pour l'exécution des rites funèbres était la seule possibilité de représentation, un acte unique de démonstration publique. Les coutumes funéraires pratiquées à cette époque à Ostie montrent une liaison étroite avec celles de Rome[4]. A cause des normes sociales républicaines strictes, qui ne permettaient pas à un individu de se distinguer de la communauté au moyen de son tombeau, l'accent était mis de plus en plus sur la mise en scène des festivités funèbres, dont la description par Polybe (VI 35) nous donne une image impressionnante[5].

Un changement profond eut lieu dans les nécropoles ostiennes pendant la seconde phase, marquée par l'apparition de tombeaux monumentaux (figs 2, 4). Elle commence pendant l'époque de Sylla, culmine aux époques césarienne et augustéenne et se prolonge jusqu'au milieu du Ier siècle ap. J.-C. Ce phénomène s'observe particulièrement bien dans la nécropole de la Via Ostiense. Les positions préférées étaient celles qui attiraient le mieux l'attention publique: les portes de l'enceinte de ville construite au milieu du Ier siècle av. J.-C.[6], les carrefours[7] ou des emplacements bien visibles sans constructions avoisinantes (VL A14).

Malgré les destructions, on observe parmi les constructions tombales un spectre typologique relativement large, qui se retrouve dans les nécropoles de Rome et d'autres villes d'Italie. On y voit des tombes-autels[8], des tombes à plan circulaire (PR A3a), des édicules à plusieurs étages[9] ainsi que de grandes enceintes tombales avec façade monumentale (fig. 6)[10].

Comme dans la plupart des nécropoles italiennes orientées vers Rome, à la fin de la République, on observe à Ostie aussi le phénomène bien connu consistant à présenter au passant les différents tombeaux ou leurs propriétaires d'une manière particulièrement impressionnante, par leur emplacement, par le déploiement de formes architecturales grandioses, par le choix de formes architecturales spécialement significatives et de la combinaison spectaculaire de différents styles, par l'utilisation de matériaux précieux ou d'une riche décoration iconographique ou épigraphique. L'intention, qui se manifeste dans la manière dont l'extérieur des tombes est présenté, vise – très unilatéralement semblerait-il – une apparence représentative, ce qui

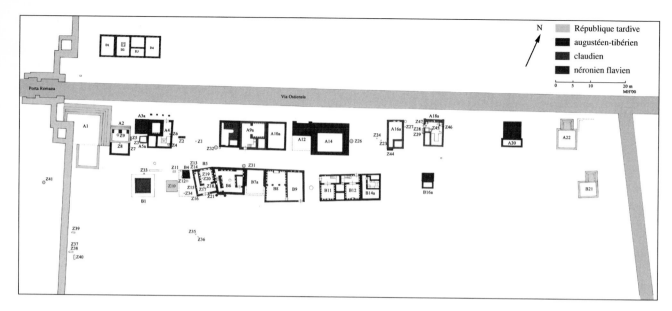

2 Nécropole devant la Porta Romana: phase de la République tardive et du début de l'époque impériale.

3 Nécropole devant la Porta Romana: phase du IIe au IVe siècles ap. J.-C.

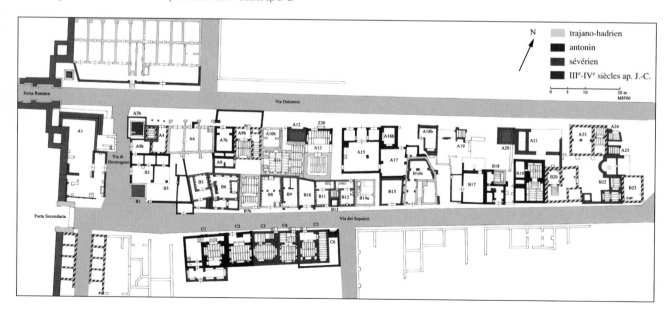

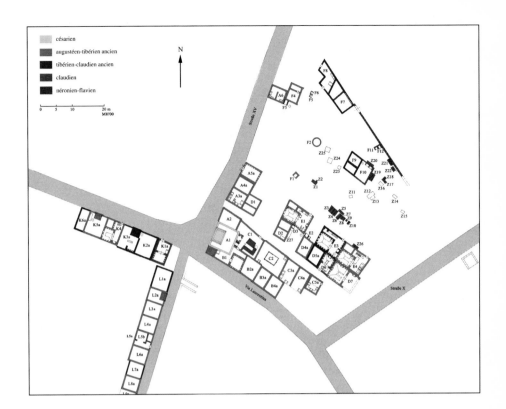

4   Nécropole de la Via Laurentina:
     phase de la République tardive
     et du début de l'époque impériale.

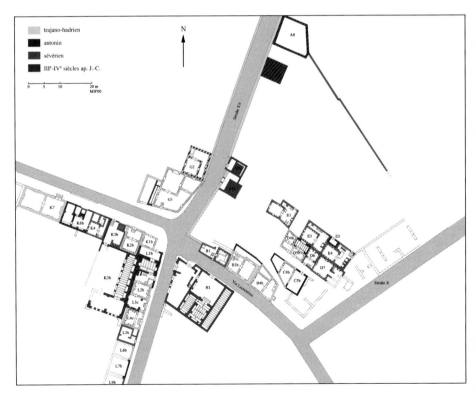

5   Nécropole de la Via Laurentina:
     phase du IIe au IVe siècles ap. J.-C.

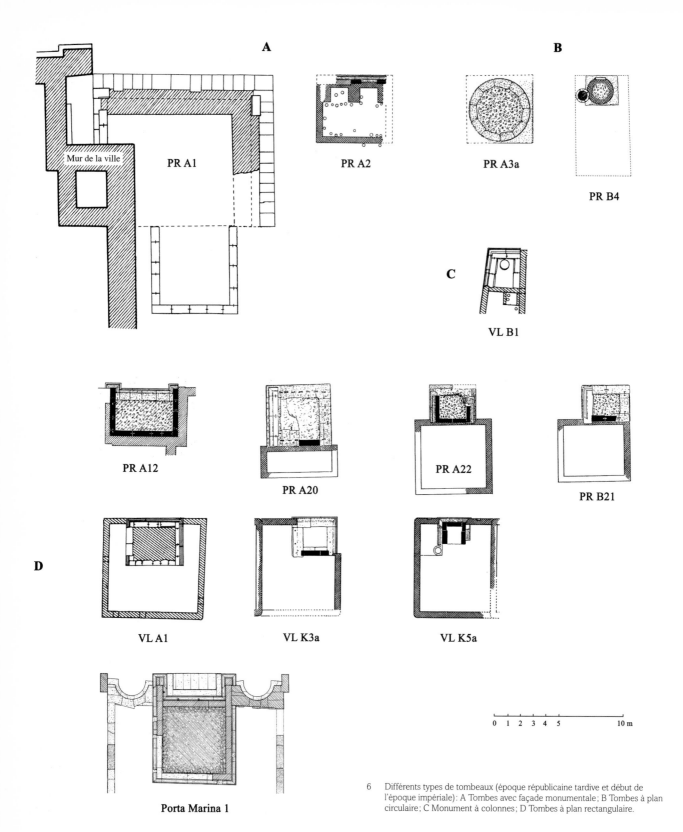

A

Mur de la ville

PR A1

PR A2

PR A3a

B

PR B4

C

VL B1

PR A12

PR A20

PR A22

PR B21

D

VL A1

VL K3a

VL K5a

Porta Marina 1

0 1 2 3 4 5   10 m

6   Différents types de tombeaux (époque républicaine tardive et début de l'époque impériale): A Tombes avec façade monumentale; B Tombes à plan circulaire; C Monument à colonnes; D Tombes à plan rectangulaire.

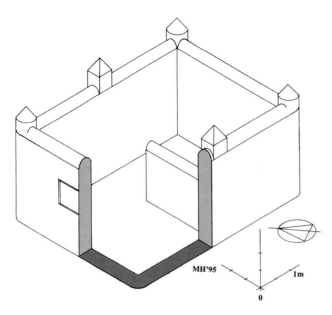

7   Reconstitution isométrique du tombeau à enceinte VL A6.

contraste nettement avec le traitement des ensevelissements eux-mêmes. En effet, les urnes étaient généralement enterrées à l'intérieur d'un simple enclos muré, à l'arrière du monument funéraire. On ne semble pas avoir voulu les identifier de manière permanente, par le moyen d'inscriptions, et les défunts de la *familia* ne sont apparemment pas placés selon un ordre particulier, hiérarchique ou autre. Outre les obsèques, le soin individuel des défunts ne semble donc pas avoir joué un rôle important.

Rien de certain ne peut être dit sur le statut social des propriétaires des tombes, car la tradition épigraphique de cette période est très lacunaire. Il semblerait toutefois qu'il s'agissait principalement de membres de la classe supérieure établie depuis longtemps à Ostie, tandis qu'à partir de l'époque augustéenne, certains affranchis riches font leur apparition en qualité de commanditaires de tombeaux importants[11].

En conclusion, retenons que les nécropoles d'Ostie étaient marquées à partir du deuxième quart du Ier siècle av. J.-C. par une fonction fondamentalement nouvelle du tombeau. Il devient l'instrument d'une mise en scène personnelle d'une efficacité publique durable, souvent même avant la mort du propriétaire. Cette utilisation du tombeau comme moyen de communication social se manifeste aussi dans une large mesure à Rome à la fin du IIe et le début du Ier siècle av. J.-C., et peut être observé dans plusieurs autres villes italiennes dans le courant du Ier siècle. Comme une des causes principales de cette évolution, on doit admettre la polarisation croissante de la société romaine au cours de la crise politique de la République tardive et une tendance à la radicalisation menant, d'une part, à l'abandon progressif des normes traditionnelles, d'autre part, à une situation de concurrence et à un besoin croissant de se mettre en vue[12].

Début de l'époque impériale

Tandis que les nécropoles ostiennes se développaient conformément à celles d'autres villes italiennes pendant la fin de la République, Ostie joua un rôle spécial dans le processus des changements qui débutèrent dès l'époque augustéenne. Etroitement lié aux nécropoles de la ville de Rome, ce développement ne se retrouve pas, ou seulement en plus faible mesure, dans les autres villes d'Italie (**figs 2, 4**).

D'abord, on remarque une augmentation de la construction dans tous les secteurs des nécropoles, qui s'étendent maintenant aussi le long de plusieurs routes moins fréquentées au sud et à l'est de la ville[13]. Dans les nécropoles situées à proximité de la ville, devant la Porta Romana et à la Via Laurentina, plusieurs tombes furent construites en peu de temps à l'époque d'Auguste, sur plusieurs rangs de profondeur, malgré la mise à disposition de grands lots de terrains situés à proximité des routes[14].

En outre, on est frappé par le fait que tous les monuments funéraires créés à partir de ce moment sont construits selon les mêmes modules[15]. Il semble donc que le «boom» du bâtiment à partir de l'époque augustéenne ait conduit à une vague de spéculation foncière concernant les lots de terrains le long des routes, du moins ceux qui étaient situés à proximité de la ville, et à une parcellisation systématique des terrains de construction. De plus, les propriétaires n'étaient plus disposés à payer n'importe quel prix, ou capables de le faire, pour une position particulièrement proéminente de leur tombe. Ceci avait pour cause non seulement des raisons économiques, mais aussi un changement de rapports entre les propriétaires des tombes et le public, comme le montre le développement typologique des tombeaux de cette époque, qui semble s'être effectué en deux étapes chronologiquement distinctes. Pendant la première phase, au début du règne d'Auguste, on voit apparaître brusquement un grand nombre de tombeaux à enceinte rectangulaire[16]. Ils comportent un simple mur d'enceinte en *opus reticulatum*, haut de 2 m environ, couronné dans certain cas par des ornements dans les angles, et n'ont souvent comme décoration frontale qu'une grande plaque avec inscription (**fig. 7**). L'intérieur, accessible seulement au moyen d'une échelle en bois, n'était en général pas structuré; les urnes étaient simplement enterrées le long des murs, comme dans les enceintes des grands monuments isolés.

Selon les inscriptions, les personnes enterrées dans ces tombes étaient presque exclusivement des affranchis, de simples artisans qui n'avaient jamais rempli de fonctions publiques[17]. La plupart d'entre eux semblent avoir été des immigrants, provenant principalement de Rome, ce qui expliquerait la coïncidence de ce type de tombes à Rome et à Ostie[18]. Ces tombes à enceinte sont accompagnées de deux changements de structure importants: selon les inscriptions, plusieurs tombes ont été

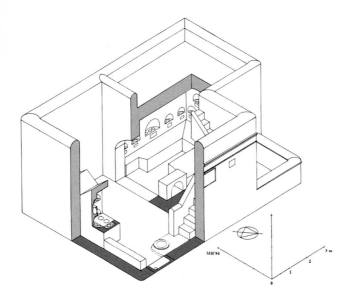

8   Reconstitution isométrique du columbarium VL E5.

construites par des groupes plus ou moins grands de propriétaires à droits égaux[19]; en outre, on trouve pour la première fois des rangées de tombes construites collectivement[20]. Ces deux phénomènes ne s'expliquent que par le renoncement à la création d'un tombeau individuel exprimant la personnalité du propriétaire, comme c'était le cas pour les monuments individuels.

Cette forme de tombe à enceinte fut très vite abandonnée. Après une génération déjà, elle fut remplacée petit à petit par un type de tombe totalement nouveau: les columbariums. Après les exemples expérimentaux qui apparaissent déjà au début de l'époque augustéenne dans la nécropole de la Via Laurentina[21], on trouve à partir de l'époque augustéenne tardive et sous Tibère un type de columbarium pleinement développé, dont le succès particulier se manifeste par de nombreuses constructions nouvelles et par la modernisation de tombes à enceinte préexistantes[22]. Ces columbariums réunissent en un seul complexe une antichambre ouverte, une salle sépulcrale à plafond voûté, ainsi qu'un petit four crématoire (*ustrina* ou *ustrinum*) situé à l'extérieur (**fig. 8**). A l'intérieur de la chambre sépulcrale, les parois extérieures étaient occupées par un nombre variable de niches pour les urnes et par des *triclinia* en maçonnerie, qui étaient souvent orientés vers un édicule funéraire placé bien en vue dans l'antichambre. En règle générale, un foyer en maçonnerie et un puits faisaient partie de l'établissement. Les toits de presque tous les columbariums de ce type sont pourvus d'une terrasse destinée aux banquets estivaux.

Ainsi, pour tous les rites funéraires, de la crémation du cadavre jusqu'au banquet funéraire, toutes les installations étaient présentes dans un seul édifice. Une décoration interne, souvent luxueuse, comportant des fresques, des stucs et des pavements en mosaïque, souligne l'importance de l'aspect intérieur, en net contraste avec l'aspect extérieur normalement sobre. Ainsi, la plupart des columbariums de cette époque étaient entourés de hauts murs en *opus reticulatum*, qui ne permettaient pas de deviner la structure interne du tombeau; mis à part l'*ustrinum* situé à l'extérieur, les columbariums ne se distinguaient des tombes à enceinte de la phase précédente que par leur grandeur et leur hauteur.

L'importance du banquet (*convivium*), telle qu'elle se manifeste dans l'agencement de la tombe (présence de *triclinia*, d'une toiture aménagée en terrasse, d'un foyer et d'un puits), montre que le monument funéraire assume un tout nouveau rôle: celui d'un lieu d'interaction sociale.

Alors que les tombeaux de l'époque républicaine s'adressent à un large public, le cadre social se limite dorénavant à la famille (*familia*). Ce changement d'orientation et de fonction semble aussi se refléter dans la structure des offrandes funéraires[23]. En effet, on remarque une nette diminution des objets qui étaient autrefois en rapport avec la préparation du corps et la crémation, comme par exemple les lits funèbres richement décorés[24]. Un autre indice est donné par les crémations dans les petits *ustrina* situés à l'arrière des tombeaux, qui ne convenaient pas à une mise en scène pour le grand public. Bien que les sépultures principales continuent à être accompagnées d'un grand nombre d'objets, on trouve maintenant plus régulièrement dans toutes les tombes, même les pauvres, au moins quelques objets, comme des flacons à parfum en verre, des coquilles, des lampes à huile ou des monnaies[25]. On croit pouvoir constater une distribution plus égale du mobilier funéraire parmi les membres de la *familia*.

A la suite de l'affermissement des structures sociales à partir du début de l'Empire, soit dans le sein de la *familia*, soit dans d'autres formes de communauté funéraire, les tombes deviennent plus accessibles. Tandis qu'autrefois les simples tombes étaient anonymes et rapidement introuvables, elles restaient maintenant identifiables et accessibles dans les columbariums. Il est remarquable que, dans la majorité des columbariums, les urnes n'étaient fermées qu'avec un simple couvercle qui pouvait être enlevé facilement et non pas, comme on a pu l'observer dans certains cas, scellées avec du mortier ou murées. Ceci n'est pas un hasard: comme les restes mortels étaient ainsi exposés continuellement au danger de la profanation, le fait de pouvoir ôter facilement le couvercle est un indice d'une fonction rituelle réelle, en forme, par exemple, de libation offertes régulièrement. En fait, les inhumations simples, du type *a cassone* ou *a cappucina*, sont presque toutes munies, à partir de la période impériale, de tuyaux pour libations. Il faut donc admettre l'importance croissante des soins individuels portés aux défunts par la parenté, qui se rassemblait régulièrement soit dans les columbariums, soit auprès de la tombe d'un pauvre; c'est un indice supplémentaire de l'augmentation du sens communautaire dans les *familiae* ou dans les associations funéraires, et du sentiment d'attachement allant au-delà de la mort.

Avec les columbariums du début de l'époque impériale, la tombe perd sa fonction de moyen de communication qu'elle avait acquise dans la société extrêmement compétitive de la République tardive pour devenir un lieu de communication sociale. La raison de ce changement doit être cherchée dans la révolution politique et sociale fondamentale qui eut lieu au début de l'époque impériale et qui supprima la fonction de certains lieux de communication traditionnels d'époque républicaine, en particulier celle du forum[26]. Il semblerait donc qu'on puisse saisir dans ces changements fondamentaux de l'architecture funéraire, ainsi que dans l'évolution concomitante de l'architecture résidentielle, les effets d'une reconstitution de la communauté quant à son espace social et ses relations mutuelles, pour répondre aux nouvelles données politiques.

Haut et Bas-Empire

A la suite d'une importante augmentation de la population d'Ostie après la construction du port de Trajan, le IIe siècle vit aussi la forte croissance de la construction dans tous les secteurs des nécropoles (**figs 3, 5**). La pénurie de place se fit surtout sentir devant la Porta Romana, où l'espace déjà limité par les constructions existantes fut encore davantage réduit par l'expansion d'immeubles utilitaires et d'habitations[27]. En compensation, certains domaines d'usage public furent mis à disposition, comme par exemple un chemin pédestre entre deux rangées de tombes. D'autre part, par la construction d'une nouvelle porte de ville et d'une nouvelle route parallèle à l'ancienne, un nouveau terrain à bâtir fut délimité, qui fut occupé en peu de temps par les monuments funéraires les plus coûteux de cette nécropole[28]. Apparemment, le terrain disponible ne suffit pas, de sorte qu'à partir du début du IIe siècle ap. J.-C., on commença à détruire les anciennes tombes pour en bâtir de nouvelles par-dessus[29]. Selon les inscriptions, ceci semble avoir été favorisé par un processus de changement sociologique de la population. Alors que plusieurs anciennes familles ostiennes ne se retrouvent plus au IIe siècle, un large cercle de personnes fraîchement immigrées dominent d'abord la vie économique, puis la vie sociale de la ville[30]. Ainsi, la majorité des monuments funéraires luxueux du IIe siècle situés devant la Porta Romana ont été érigés par des affranchis nouvellement installés, qui avaient fait fortune dans le commerce ostien et dont des descendants occupèrent des charges officielles une génération plus tard déjà[31].

Quant à la typologie des tombeaux, on reconnaît à nouveau une forte dépendance par rapport aux nécropoles de la ville de Rome. Les constructions les plus simples ont la forme de maisonnettes, comme on en voit en grand nombre dans la nécropole de l'Isola Sacra [voir ci-dessous, p. 386, fig. 2][32]. Elles

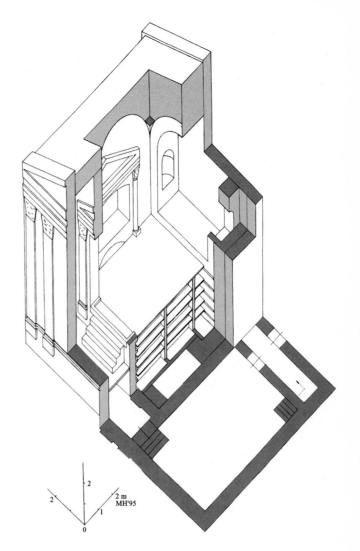

9   Reconstitution isométrique du temple funéraire PR C1.

présentent une façade simple en briques, avec fronton triangulaire, tandis qu'à l'intérieur, elles continuent la tradition des columbariums du début de l'Empire, avec des rangées de *loculi* occupant les parois. Avec le retour à l'inhumation, vers le milieu du IIe siècle, les *loculi* furent remplacés progressivement par des niches cintrées (*arcosolia*) et des niches pour les sarcophages; mais fondamentalement, la structure intérieure de ces tombes resta inchangée.

A la même époque, plusieurs tombeaux apparaissent devant la Porta Romana qui présentent une taille et un luxe de décoration bien plus considérable et qui reprennent des éléments de l'architecture sacrée, comme le soubassement en forme de podium et une façade structurée par des pilastres ou des colonnes (**figs 3, 9**)[33]. Ce type de tombeau, qui apparaît d'abord

dans les nécropoles de Rome, fut utilisé à Ostie tout spécialement par la couche de population à ambition sociale que nous
venons de mentionner[34].

Dès la fin du IIe siècle ap. J.-C., les tombeaux recommencent
à commémorer des personnages individuels, et nous observons
à nouveau la création de monuments funéraires coûteux comme
à l'époque républicaine[35]. L'aménagement intérieur des tombeaux change, lui aussi. On observe en général une augmentation du luxe dans les décorations; mais, d'autre part, les éléments
de l'aménagement si typiques pour le début de l'Empire et témoignant d'une utilisation intense, comme les *triclinia* et les foyers,
disparaissent. Dans les tombes riches, tout spécialement dans
les tombes en forme de temple, le décor intérieur renvoie davantage au propriétaire, qui se réserve, ainsi qu'à ses proches parents,
la pièce centrale richement décorée, reléguant les autres
membres de la famille dans un sous-sol à peine visible[36]. Cette
nette différentiation sociale se marque également par l'utilisation
croissante de sarcophages en marbre dans la chambre sépulcrale principale, tandis que les morts moins importants de la
familia sont enveloppés dans un drap mortuaire et enterrés dans
une des nombreuses tombes en puits au sous-sol du tombeau.
Conformément à ce développement, la majorité de ces inhumations simples reste sans mobilier funéraire, sauf une pièce de
monnaie occasionnelle, ceci en contraste avec les enterrements
en urnes comparables par leur pauvreté du début de l'Empire.

L'absence des objets nécessaires aux banquets, l'agencement différencié de l'espace du tombeau ainsi que le fait de
réserver de plus en plus la décoration de celui-ci au propriétaire et à ses plus proches parents, tout ceci montre que la *familia*, dont la présence avait été un élément constituant de
l'architecture tombale du début de l'Empire, perd de son importance comme groupe de référence social[37].

A partir du IIIe siècle, l'activité du bâtiment décline nettement, parallèlement au développement urbanistique et démographique général d'Ostie. La construction de nouveaux
tombeaux devient rare (PR C6). Les tombeaux existants ont
certainement continué à être utilisés, mais notre documentation ne suffit pas pour l'affirmer. Avec la christianisation, de nouveaux centres d'ensevelissement se formèrent à l'intérieur et
autour des églises funéraires érigées au-dessus des tombes de
martyrs à la périphérie de la ville (Sainte-Aurea, Saint-Ercolano,
basilique de Pianabella), mais on trouva des sarcophages et des
inscriptions paléochrétiens également dans quelques anciennes
tombes familiales à d'autres endroits des nécropoles. A partir
du Ve siècle, on rencontre des sépultures chrétiennes aussi à
l'intérieur de la ville, plus précisément dans le complexe constantinien de l'église épiscopale au sud de la *regio V* [voir ci-dessus,
p. 281]. Comme il s'agit essentiellement de sarcophages réutilisés des IIe et IIIe siècles, il faut admettre que de grandes parties des anciennes nécropoles avaient été abandonnées et les
tombeaux livrés au pillage.

Les inscriptions funéraires : formes de propriété, structure sociale, grandeur des tombes

En tout, environ 320 *tituli* funéraires ont été retrouvés dans les
nécropoles d'Ostie, la plupart d'entre eux dans la région de
Pianabella. Il s'agit d'inscriptions qui indiquaient à l'extérieur
des tombes le nom du propriétaire, mais qui donnaient aussi
d'éventuelles indications sur l'héritage et sur la grandeur de l'enceinte funéraire. Bien que le contexte original ne soit connu que
pour une cinquantaine de ces *tituli*, ils offrent dans l'ensemble
une bonne base pour des recherches statistiques. Pour des raisons méthodologiques, la majorité de ces inscriptions ne peut
être classée qu'en deux groupes (Ier siècle avant-Ier siècle ap.
J.-C. et IIe-IIIe siècles ap. J.-C.).

En ce qui concerne les conditions de propriété, qui étaient
réglées très exactement par le droit romain, on peut distinguer trois formes principales :

1) Tombeaux érigés par une seule personne; groupe le plus
   important (66,5 %).

2) Tombeaux pour couples; constructions appartenant à des
   époux (17,4 %).

3) Tombeaux collectifs construits par un groupe d'individus à
   droits égaux (16,1 %). Ces communautés funéraires se composent presque toujours d'un nombre variable d'affranchis
   du même patron.

En tenant compte du développement dans le temps, on observe
que les tombeaux collectifs était particulièrement répandus au
début de l'Empire sous forme de simple tombe à enceinte ou de
columbarium. Apparemment, la classe des affranchis peu fortunés avait ainsi la possibilité de réaliser leur propre tombeau
comme les autres membres de la famille. Cette forme de propriété perd complètement son importance aux IIe et IIIe siècles
en faveur des tombes individuelles. Les affranchis sans grands
moyens se font construire des tombes personnelles, mais beaucoup plus petites. La perte d'importance de la communauté
sépulcrale, comme nous l'avons décrite plus haut, se fait sentir.

Contrairement à l'opinion défendue autrefois par la
recherche, nous ne connaissons aucun cas où une société funéraire se présenterait comme commanditaire ou comme propriétaire d'une tombe, bien que, particulièrement à Ostie, à
l'époque du Haut-Empire, on observe un haut niveau d'organisation de la société sous forme de collèges professionnels;
l'existence de *collegia funeratica* est donc très vraisemblable.
Apparemment, ceux-ci se concentraient davantage sur l'achat
d'un lieu de sépulture dans un édifice funéraire existant ou s'occupaient de l'enterrement, si nécessaire sous forme d'une simple
inhumation. Ces *collegia* fonctionnaient donc comme une sorte
d'assurance et garantissait une prise en charge en cas de décès.

Un cinquième (22,5 %) des tombes fut érigé par des femmes, ce qui démontre la situation économiquement indépendante de celles-ci dans la société romaine. La proportion des affranchis parmi les propriétaires de tombeaux est surprenante : avec 60 % environ, ils sont plus nombreux que les personnes nées libres. A la fin de la République, les inscriptions funéraires d'affranchis étaient encore très rares ; apparemment, à cette époque, la construction d'un grand monument funéraire était principalement le privilège des notables de la ville, nés libres. A partir de l'époque augustéenne, soudainement, beaucoup d'affranchis apparaissent, comme individus, comme couples ou comme propriétaires collectifs, de sorte que le nombre de leurs inscriptions funéraires dépasse bientôt celui des personnes nées libres. Au début de l'Empire, la majorité de ces inscriptions proviennent des nécropoles moins estimées au sud de la ville, tandis que la route sépulcrale devant la Porta Romana continuait à être dominée par les personnes nées libres. Ce n'est qu'au IIe siècle ap. J.-C. qu'un équilibre s'établit entre les différentes nécropoles, de sorte que désormais, on ne peut plus constater de préférence sociale quant au choix de l'emplacement des tombes.

Sur environ 160 des *tituli*, on trouve des indications sur la grandeur du tombeau, qui donnent en pieds la dimension frontale et la profondeur. Lors de l'installation d'un tombeau, la propriété foncière était un facteur de coût important qui nous permet de juger de la fortune économique du propriétaire. Les dimensions vont de 2 pieds pour un petit édicule jusqu'à des installations de luxe mesurant 290 pieds de large et couvrant une surface de 2,42 *iugera*[38] [environ 6000 m^2, n.d.t] ; la majorité des tombeaux avaient une largeur frontale entre 10 et 30 pieds, correspondant à une surface de 300 à 700 pieds carrés.

Au IIe-IIIe siècle, la proportion des tombeaux de grandeur moyenne diminue en faveur de tombes plus petites. Ce développement correspond vraisemblablement à la dissolution des structures sociales du début de l'Empire, ce qui permettait à beaucoup d'individus moins fortunés de se manifester comme propriétaires.

En comparant la grandeur des tombes ostiennes, attestée par les *tituli*, avec celle des tombes de la ville de Rome, il apparaît que les tombes de la capitale étaient en moyenne nettement plus petites. La majorité des inscriptions indique une largeur frontale de 10 à 15 pieds et une surface de 100 à 200 pieds carrés[39]. En revanche, la grandeur des tombeaux d'Ostie correspond à celle qu'on observe dans d'autres régions d'Italie[40]. Ces différences sont-elles dues au prix des terrains bien plus élevé dans la capitale ou les habitants de la ville commerçante d'Ostie étaient-ils plus riches ? La question reste ouverte[41].

trad. Claude Descœudres

Notes

[1] Les observations présentées dans cet article sont fondées sur une étude globale des nécropoles situées devant la Porta Romana, respectivement sur le Via Laurentina : M. Heinzelmann, *Die Nekropolen von Ostia. Untersuchungen zu den Gräberstraßen vor der Porta Romana und an der Via Laurentina* (2000). La numérotation des tombes utilisée ici correspond à celle de ce travail. Toutes les illustrations sont de l'auteur.

[2] Pour la suite, voir surtout : *SdO* III, pp. 11 *sqq.*, tombes A-N ; D. Vaglieri, *NSc* 1910, pp. 551 *sq.* ; *id.*, *NSc* 1911, pp. 83, 447 *sqq.* ; *id.*, *NSc* 1912, pp. 95 *sqq.*, 238 *sqq.* ; *id.*, *NSc* 1913, pp. 46 *sq.*, 71 *sq.*, 392. Pour d'autres tombes non publiées, voir les *Giornali di Scavo* (*GdS*, conservés à la Surintendance archéologique d'Ostie) : *GdS* 1910, pp. 228 *sqq.* ; *GdS* 1911, p. 271 ; *GdS* 1912, pp. 40 *sqq.* – Voir aussi : D. Boschung dans : H. v. Hesberg – P. Zanker (dir.), *Römische Gräberstrassen.*, *Kolloquium München 1985* (1987), pp 111 *sqq.* ; C. Letta, *MonAnt* 52, 1984, pp. 97 *sqq.*, n°s 34, 38 ; pp. 105 *sqq.*, n°s 108-113 ; p. 108, n°s 128-136. M. Heinzelmann, « Überlegungen zur Entwicklung der Nekropolen Ostias von der späten Republik bis in severische Zeit », dans : S. Marchegay *et al.* (dir.), *Nécropoles et pouvoir, Colloque Lyon 1995* (1998), pp. 141 *sqq.* ; Heinzelmann, *op. cit.*, pp. 49 *sq.*

[3] Ainsi, plusieurs inhumations simples se trouvèrent assez proches de la rue (voir par exemple *SdO* III, pp. 11 *sqq.*, tombes A, B, D, E), tandis que certaines tombes particulièrement riches en étaient nettement distantes (*SdO* III, pp. 14 *sq.*, tombe F).

[4] Le rapport étroit avec les pratiques funéraires de la ville de Rome est aussi démontré par l'usage de lits funéraires richement décorés dès le milieu du IIe siècle avant J.-C. qui semble être apparu à Rome peu de temps auparavant sous l'influence hellénistique orientale ; voir Letta, *art. cit.*, pp. 92 *sqq.* ; E. Talamo, *BCom* 92, 1987-1988, pp. 17 *sqq.*, et surtout pp. 94 *sqq.* ; S. Faust, *Fulcra*, *RM* Suppl. 30 (1989), pp. 144 *sqq.*

[5] Voir à ce propos : J. M. C. Toynbee, *Death and Burial in the Roman World* (1971), pp. 43 *sqq.* ; H. v. Hesberg, *Römische Grabbauten* (1992), p. 20.

[6] Cf. les tombes PR A1, A2, A3a, A4 et le mausolée devant la Porta Marina (*SdO* III, pp. 169 *sqq.*).

[7] PR A22, B21 ; VL A1.

[8] PR A4 ?, PR A16a ? ; VL K5a, L2a.

[9] PR A12, B1 ; VL A1 ; tombe de Cartilius Poplicola devant la Porta Marina (cf. *SdO* III, pp. 169 *sqq.*).

[10] PR A1, A2, A14.

[11] La preuve n'existe que pour la tombe de Cartilius Poplicola, *duumvir* à maintes reprises, devant la Porta Marina : voir ci-dessus, pp. 156-157.

[12] Cf. à ce propos les articles récents de portée générale : v. Hesberg – Zanker (dir.), *op. cit.*, pp. 9 *sqq.* ; v. Hesberg, *op. cit.* (n. 5), pp. 22 *sqq.*, surtout pp. 26 *sqq.* ; P. Zanker, *Augustus und die Macht der Bilder* (1990), pp. 21 *sqq.*

[13] Cf. M. Heinzelmann, « Beobachtungen zur suburbanen Topographie Ostias », *RM* 105, 1998, pp. 186 *sqq.*

[14] Devant la Porta Romana, par exemple, les tombes PR B11/B12, B14a, B16a occupèrent une rangée à l'arrière, bien qu'à cette époque, le terrain des constructions postérieures PR A6 (époque d'Hadrien) et A15 (époque antonine précoce) fût encore vierge.

[15] Les mesures principales sont : 15 x 20, 20 x 25 et 30 x 25 pieds ; voir à ce propos Boschung, *art. cit.* (n. 2), p. 118 avec fig. 21, dont les indications en pieds sont en partie erronées (par exemple VL K2a, K3a, K5a : 20 x 25 pieds). En plus, on trouve des mesures frontales de 14 (VL L7a) et 16 pieds (VL L6a, L8a).

[16] Dans la nécropole de la Via Laurentina : VL A2, A3a/A4a, A6, B2a, B3a, B4a, C1, C2, C3a/C4a, D1, D2, D4a, D5A, F4, F7, F8, F9, F10, K2a, K4 (1re phase), K6a, L1a, L3a-L6a, L7a, L8a, L9a. Devant la Porta Romana : PR A7a (1re phase).

[17] Voir à ce propos Boschung, *art. cit.*, pp. 115 *sqq.* et fig. 20.

[18] Selon une recherche onomato-prosopographique (Heinzelmann, *op. cit.* [n. 1], pp. 102 *sqq.*) sur les inscriptions conservées, les propriétaires des tombes à enceinte suivantes étaient vraisemblablement des immigrants : PR B14a ; VL A3a, B3a, C2, C3a/C4a, F7, K4, L6a, L8a, L9a.

[19] Cf. par exemple les tombes VL K4 (1re phase), B3a, B4a, C3a/C4a, D5a.

[20] Cf. entre autres VL A3a/4a, C3a/C4a. Les inscriptions de cette dernière tombe jumelle montrent aussi qu'entre les parties engagées dans ce projet collectif, il n'y avait pas de liens familiaux ou patronaux.

[21] VL A5a, B1.

[22] Cf. VL E1, E3, E4,K1a, K4 (2e phase), D6, D7, PR A7a (2e phase), A9a, B5, B8/B9, B11/B12. Cf. aussi M. Floriani Squarciapino, *NSc* 1961, pp. 145 *sqq.*

23 Cf. M. Heinzelmann, «Grabarchitektur, Totenkult und Sozialstruktur – Zur Rolle der *familia*», dans: M. Heinzelmann *et al.* (dir.), *Römischer Bestattungsbrauch und Beigabensitten in Rom, Norditalien und den Nordwestprovinzen von der späten Republik bis in die Kaiserzeit, Colloque Rome 1998* (2000); Heinzelmann, *op. cit.* (n. 1), pp. 97 *sqq.*

24 Talamo, *art. cit.* (n. 4), p. 83; Letta, *art. cit.* (n. 2), pp. 92 *sqq.*

25 Cf. par exemple l'état d'un columbarium d'Ostie bien documenté: M. Floriani Squarciapino, *NSc* 1961, pp. 145 *sqq.*; M. Heinzelmann. «Die Nekropolen von Ostia: Zur Entwicklung der Beigabensitten vom 2. Jh. v. Chr. bis in die frühe Kaiserzeit», dans: F. Fasold *et al.* (dir.), *Bestattungssitte und kulturelle Identität, Kolloquium Xanten 1995* (1998), pp. 46 *sq.*

26 Cf. à ce propos P. Zanker, *Pompeji* (1987), pp. 41 *sqq.*; P. Gros – M. Torelli, *Storia dell'urbanistica* (1988), p. 231; P. Zanker, *Forum Romanum* (1972), *passim*; *id.*, *op. cit.* (n. 12), pp. 148 *sqq.*

27 Bâtiments utilitaires non-sépulcraux: PR A5a (taverne), A6 (tavernes avec appartements à l'étage), A15 (*stabulum*), A17, B2 (*hospitium*?), B3, B9, B10 (taverne), B17 (*stabulum*?). Deux grandes *insulae* avec magasins et appartements furent construits à partir de l'époque de Trajan du côté nord de la Via Ostiense sur les tombes D1-D4.

28 PR C1-C6. Cf. à ce propos C. L. Visconti, *AdI* 39, 1857, pp. 281 *sqq.*, tombes 11-16.

29 Tombes détruites ou réutilisées comme infrastructure d'une nouvelle construction funéraire:PR A2, A3a, A7a, A9a. A14, A16a, B4, B7a, B14a, B16a, B21; VL A3a/A4a, A5a, B2a, B3a, B4a, C3a/C4a, C5a, D4a, D5a, K1a, K2a, K3a, K5a, K6a,L1a, L2a, L3a-L6a, L7A, L8a, L9a.

30 Cf. à ce propos Meiggs, *Ostia*, pp. 196 *sqq.*; en ce qui concerne les tombeaux, le changement de propriétaire est assuré par une inscription, dans le cas de PR B14a/b.

31 Ainsi, entre autres, les tombeaux PR A3b, B7b, C1, C2, C3, C4.

32 PR A10b, A16b, B14b, B18; VL C4b, D4b, D5b, K1b, K2b, L4c. En ce qui concerne les constructions de ce type, sensiblement mieux conservées sur l'Isola Sacra, voir par exemple les tombes n°s 13-15 (G. Calza, *La necropoli del porto di Roma nell'Isola Sacra* [1940] p. 51, fig. 12) et n°s 77-81 (*ibid.*, p. 58, fig. 16).

33 PR A7b, A9b, A13, A23, B19, B20, B22, C1, C2, C3, C4, C5.

34 Cf. par exemple les édifices PR C1-C5 (Visconti, *art. cit.*, pp. 281 *sqq.*, n°s 12-16). Concernant les temples funéraires de la ville de Rome, voir, entre autres: H. Kammerer-Grothaus, *RM* 81, 1974, pp. 131 *sqq.*; H. Wrede, *Consecratio in formam deorum* (1981), pp. 79 *sqq.*

35 PR A3b, C6; VL A4b, A5b.

36 Cf. par exemple les tombes PR C1-C5. Dans la tombe d'époque sévérienne PR C3, la séparation entre le cercle intime de la famille et les affranchis est même documentée par l'inscription tombale (*CIL* XIV 166).

37 Cf. aussi Heinzelmann, *art. cit.* (n. 23) et *id.*, *op. cit.* (n. 1), pp. 75 *sqq.*

38 Cf. Heinzelmann, *art. cit.* (n. 13), pp. 204 *sqq.*, rue VII; *CIL* XIV 396.

39 Cf. W. Eck, dans: v. Hesberg – Zanker (dir.), *op. cit.* (n. 2), pp. 61 *sqq.*, pp. 63 *sq.*, n. 12 et app. I.

40 Cf. *ibid.*, p. 83, app. II.

41 *Ibid.*, p. 64 avec n. 15.

La nécropole de l'Isola Sacra

Ida Baldassarre

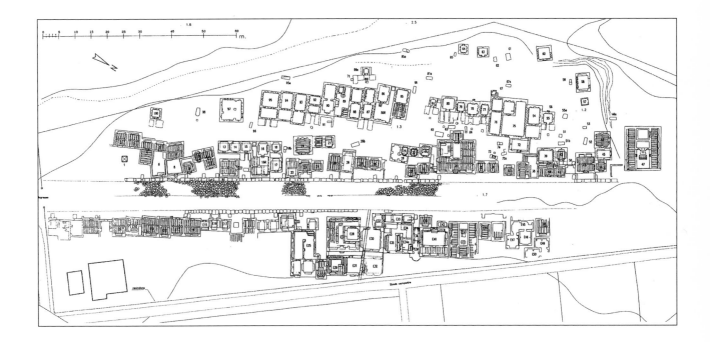

1   Plan de la nécropole de l'Isola Sacra.

La nécropole fut découverte par hasard durant les travaux de bonification hydraulique et agricole sur le territoire de l'Isola Sacra, puis mise au jour entre 1925 et 1940 par G. Calza[1]. La zone, située au nord d'Ostie, était considérablement moins étendue dans l'Antiquité, puisque la ligne côtière se trouvait alors quatre kilomètres plus en retrait. Délimitée au sud et à l'est par le dernier méandre du Tibre, elle fut transformée en île par le creusement de la fosse de Trajan, canal artificiel entre le fleuve et la mer, mis en fonction pour le port de Trajan et traversé par un pont.

On ne trouve aucune documentation sur l'existence d'une nécropole dans cette zone, excepté quelques trouvailles spo-radiques de la seconde moitié du XIXe siècle[2]. La fouille de Calza permit de retrouver la centaine de tombes monumentales dis-posées le long du bord ouest d'une route antique, qui sont encore visibles aujourd'hui dans le secteur clôturé et public de la nécropole (**fig. 1**); mais un ensemble de cent tombes sup-plémentaires, situées plus au nord, en direction de Portus, furent réensevelies, à cause probablement de leur mauvais état de conservation[3]. Pour la même raison, on n'approfondit pas la fouille sur le flanc est de la route, où toutefois les affleurements

et les structures vérifiables préfigurent une situation analogue à celle du bord ouest, rendue encore plus claire à présent par des sondages récents[4].

Dans les dernières décennies, en outre, la nécropole a été soumise à une série d'enquêtes et de recherches poussées, aussi bien à l'intérieur des structures déjà mises au jour qu'à l'extérieur, dans les espaces laissés libres entre les tombes ; ces recherches ont considérablement enrichi nos connaissances sur l'appartenance sociale des gens qui fréquentaient la nécropole, sur la chronologie relative des tombes et, en outre, ont permis de mettre au jour environ 600 sépultures non monumentales inconnues (tombes à capucine, à fosse simple, en amphores) réparties sur toute la surface, considérée libre jusqu'alors, située autour des tombes à chambre[5]. Les conditions initiales de la découverte et de la fouille, malgré leur caractère hâtif, et les interventions ultérieures plus réfléchies ont ainsi restitué, en fin de compte, un complexe très important pour son état de conservation (**fig. 2**), son extension chronologique (fin du Ier-début du IVe siècle ap. J.-C.), pour la variété et la richesse des informations qu'il peut offrir ; tout ceci malgré une limitation précise : en effet, le secteur qui reste disponible pour les recherches ne constitue qu'une partie, la plus éloignée de Portus, de l'extension d'origine de la nécropole, laquelle devait border toute la route qui, partant de Portus au nord, rejoignait Ostie ; il manque donc la documentation de la phase plus ancienne de la nécropole, qui se développa en même temps que la ville portuaire.

La route, construite en fonction du port de Claude et sans réaménagements ultérieurs, longeait l'ancienne ligne côtière, surélevée par rapport au plan ondulé des dunes ; sa datation dans la seconde moitié du Ier siècle est assurée par des trouvailles archéologiques[6].

Les tombes modestes et à caisson, surtout dans la phase initiale, occupèrent très vite les bords de la route[7] ; la nécropole cependant connut un développement intense au IIe siècle, simultanément au développement du port, et durant toute la première moitié du IIIe siècle : au IIe siècle en s'organisant

2   Nécropole de l'Isola Sacra, vue d'ensemble.
3   Façade de la tombe 87.

graduellement sur une deuxième ligne, en retrait par rapport à celle donnant directement sur la route, mais toujours avec celle-ci comme référence ; au IIIe siècle, l'ensablement inexorable caractérisant cette zone amena à la réoccupation de l'alignement des tombes plus anciennes, avec un rehaussement du niveau de pavement permettant de recouvrir les premières sépultures, dont seuls des sondages en profondeur ont pu révéler l'existence ; en ce qui concerne la seconde moitié du IIIe siècle et le début du IVe siècle, on a des témoignages de fréquentation, de réadaptations et de réutilisations, mais aucune trace d'interventions constructives nouvelles.

La route, un axe au trafic important, constitue donc le point de référence constant qui détermine et conditionne l'occupation des espaces selon le principe de la plus grande visibilité possible (**fig. 2**).

Cette caractéristique, que la nécropole de l'Isola Sacra partage avec la majorité des nécropoles romaines, dès l'époque républicaine, et qui se conserve inchangée jusqu'à la fin de l'époque médio-impériale, est aussi le témoin d'une attitude mentale particulière du monde romain, qui n'isole pas la cité des morts dans un espace culturellement défini, mais récupère la tombe dans le jeu des relations sociales et du vécu. Le monument funéraire est entièrement projeté en direction de la collectivité, en une sorte d'héroïsation qui confie à la mémoire des vivants la garantie de l'éternité.

Cette logique confère une valeur particulière aux façades des tombes, construites comme de petites chambres, à l'origine isolées les unes des autres, comme si elles voulaient proposer à l'attention des passants leur individualité, témoin d'un rapport précis entre le commanditaire et l'exécuteur (**fig. 3**)[8]. Réalisées en général en briques peintes en rouge, ces façades sobres, mais soignées, se ressemblent et se distinguent en même temps par de petits détails décoratifs, qui soulignent surtout l'inscription; celle-ci trône au centre, au-dessus de l'entrée, flanquée symétriquement de petites fenêtres, qui la mettent en évidence, et souvent encadrée d'éléments décoratifs: en brique et pierre ponce pour les tombes plus anciennes, en briques taillées par la suite[9]. Dans ces épigraphes, on souligne de manière très significative la propriété et les dimensions de la tombe, qui, avec la formule *libertis libertabusque posterisque eorum* («aux affranchis et affranchies et à leurs descendants»), semble vouloir projeter l'existence du groupe familial dans une dimension d'éternité. Les reliefs en terre cuite avec représentations de métiers qui encadrent souvent les épigraphes[10], à la fois commentaire et complément des inscriptions, ainsi que spécification supplémentaire du statut social du propriétaire de la tombe, ont parfaitement leur place dans ce panorama célébratif particulier, qui confie à la présentation synthétique de son identité le message positif d'une vie bien vécue[11]. De la même manière, dans d'autres sphères sociales, c'est le *cursus honorum* qui définit et consigne à la mémoire de la postérité la vie de l'homme politique ou du militaire.

Du point de vue formel, les reliefs de métiers se situent dans le courant dit «plébéien», où l'ignorance voulue des principes d'une composition spatiale correcte, avec la masse au premier plan de tous les éléments de la scène représentée, est dictée par le désir d'expliquer et d'illustrer, plutôt que par une incapacité artisanale, qui est d'ailleurs démentie par la présence de décorateurs habiles ayant œuvré à l'intérieur des mêmes tombes.

On peut prendre comme exemple le relief avec l'échoppe du forgeron, provenant de la tombe 29, où tous les outils représentés, dans l'intention de documenter une production spécifique, sont étalés sur le même plan où se trouve figuré l'artisan devant la table de travail[12].

On pourrait rattacher à cette exigence de représentativité publique aussi la présence fréquente de lits (*klinai*) accolés aux façades, de chaque côté des portes d'entrée[13]. Ils étaient destinés aux repas funèbres que l'on consommait durant les journées de célébration des défunts (*rosalia*), mais le fait de les placer à l'extérieur de la tombe, où devait se dérouler la cérémonie, dénote plus une volonté d'ostentation qu'elle ne documente l'adhésion intime à un authentique culte des morts.

La recherche de visibilité depuis la route et l'inscription d'appartenance caractérisent aussi les tombes à caisson plus modestes, reproduction réduite des tombes à chambre, même si elles sont privées de toute possibilité d'accès à l'intérieur (fig. 4)[14]. Elles abritaient des inhumations comme des incinérations; elles sont couvertes d'une voûte ou d'un toit à double pente, enduites de rouge à l'extérieur et, bien qu'elles ne puissent servir qu'à une sépulture, voire deux au maximum, elles renouvellent emphatiquement dans leur épigraphe la dédicace aux *libertis libertabusque posterisque eorum*.

Dans les tombes à chambre, l'aménagement intérieur est conditionné par l'adoption du rite de l'incinération ou de l'inhumation: tous deux sont représentés dans la société romaine et dans cette nécropole en particulier, même si, dans les tombes

monumentales tout au moins, on constate le passage graduel de la prédominance de l'incinération à une période de cohabitation des deux rites au long du IIe siècle, jusqu'à la prédominance de l'inhumation au IIIe siècle.

L'organisation décorative des parois s'adapte au rite choisi: à l'incinération, on destinait une série d'édicules et de petites niches pour les urnes cinéraires, distribuées selon des principes de symétrie mettant en évidence l'élément central, édicule ou niche, avec une richesse de solutions rappelant les décors théâtraux (*scaenae frontes*) et les nymphées. Les édicules et les niches, rectangulaires ou semi-circulaires, couronnées par un arc ou un tympan triangulaire, jouent sur l'alternance de ces formes géométriques, soulignées de ressauts recouverts de stuc à l'origine (figs 5-6)[15]. Sur certaines parois, l'ensemble de niches et d'édicules est à son tour inséré dans une abside qui multiplie le jeu des renfoncements et des saillies avec un effet plastique franchement baroque, qui caractérise les tombes de l'époque antonine (fig. 6), plus mouvementées que les tombes de l'époque de Trajan et d'Hadrien, lesquelles présentent pourtant le même schéma de composition (fig. 5)[16].

A l'inhumation, on destinait des niches voûtées ou *arcosolia*, qui mettent en évidence la caisse en maçonnerie de l'inhumé; les *arcosolia* sont distribués sur un ou plusieurs registres, dans la partie inférieure des parois, quand on prévoyait encore le rite double; ils occupent par contre toute la surface des parois dans les cas où l'inhumation est prédominante. Les *arcosolia* se conforment aussi à la syntaxe générale de la tombe en suivant toujours le principe de la symétrie.

Mais la hiérarchie des éléments architectoniques n'est pas l'expression d'une hiérarchie des fonctions, car les défunts du noyau familial, à l'intérieur des tombes, ne sont presque jamais individualisés par des inscriptions, ni distingués par du matériel funéraire particulier qui – à part les lampes – fait presque complètement défaut dans la nécropole; il est évident qu'ils font tous partie intégrante du noyau familial signalé dans l'inscription externe, la *familia urbana*, fondée non pas sur des liens affectifs, mais comprise comme unité productive. De même, les structures fonctionnelles spécifiques à la sépulture – urnes et *arcosolia* – sont difficilement utilisables sans endommager l'appareil décoratif; les urnes cinéraires, en effet, étaient murées dans les niches avant même leur utilisation probable et les *arcosolia* comme leur décor étaient brisés et endommagés au moment de l'ensevelissement. De plus, l'usage de l'inhumation dans les formes prévues sous les pavements, généralement décorés de mosaïques, suppose la rupture répétée et la réfection de ces mêmes pavements.

La tombe, donc, dans sa conception première, semble proposer et privilégier un modèle scénographique et décoratif qui paraît même parfois sans relation et difficilement conciliable avec sa fonction de conteneur des dépouilles du défunt: comme si le monument, par la volonté de son premier propriétaire, réalisait un projet plus idéologique que fonctionnel, subordonné au besoin de confier sa propre survie au souvenir des vivants auxquels on remet sa propre image construite. Il s'agit bien évidemment de

4 Tombe 95 (époque d'Hadrien), extérieur.

5 Tombe 95, intérieur.

6 Tombe 92 (époque antonine), intérieur.

7 Tombe 11, intérieur.

8 Tombe 93, intérieur.

9   Tombe 43, mosaïque sur le seuil.

10 Tombe de la Moisson, mosaïque du sol (d'après *BA* 1990, fig. 45).

la réception par les classes moyennes d'un modèle culturel aristocratique, bien documentée dans le monde romain et personnifiée de manière satyrique dans le *Trimalcion* de Pétrone.

D'autre part, les sources littéraires aussi nous renseignent sur le désintérêt des Romains de la République et de l'époque médio-impériale pour la question de l'immortalité de l'âme et, en général, pour celle de l'au-delà: ce qui intéresse les Anciens, c'est le statut de l'homme vivant, et «les cérémonies du deuil […] visent avant tout […] la remise en place des choses par une définition radicale et sans équivoque du vivant par opposition au mort»[17]. Si l'on accepte la réalité de cette attitude, les données archéologiques de l'Isola Sacra deviennent plus claires et plus compréhensibles. Dans ce contexte, c'est la tombe, bien plus que la maison, qui est le lieu privilégié où se manifestent les réalités sociales et se révèlent les référents idéologiques. La composition sociale des usagers de cette nécropole, au cours de plus de deux siècles, nous est heureusement documentée, dans ses grandes lignes, aussi par les centres urbains avec lesquels elle était en relation (Ostie et Portus): il s'agit d'une classe moyenne homogène.

Un autre aspect, apparu à la suite des recherches récentes, contribue à l'approfondissement de notre connaissance de cette société: les 600 sépultures, environ, retrouvées lors des investigations menées à l'extérieur des tombes à chambre – sépultures à capucine, en cercueil de bois, en amphore. Ces tombes ne renferment pas beaucoup de matériel funéraire, elles non plus, et elles ne comportent, en plus, aucun signe à l'extérieur capable de rendre une identification possible, excepté les *tubuli* et cols d'amphore servant aux libations. Elles témoignent d'une stratification sociale notable qui s'est formée graduellement et que l'étude des seules tombes monumentales avait ignorée[18].

La décoration peinte et stuquée devait se trouver dans toutes les tombes monumentales, même si, pour sa plus grande partie, elle n'a pas été conservée. Evidemment, le système décoratif est conditionné par l'organisation en édicules et niches des parois, et souligné par des éléments de stuc (**fig. 7**). Fleurs,

grappes, oiseaux sont distribués en général dans les espaces résultants sur fond blanc ou jaune, isolés ou reliés par des guirlandes. Dans les édicules les plus grands se trouvent les représentations figurées, normalement des figures isolées, parfois aussi en relief stuqué. Les niches plus petites, elles, comportent généralement une décoration de fleurs dispersées, faisant allusion à la cérémonie funèbre des *rosalia*. Il semble que le décor s'inspire de principes ornementaux pas très différents de ceux qu'on trouve dans les maisons contemporaines. Les éléments décoratifs à signification funéraire sont plutôt rares: Parques [voir ci-dessous, catalogue, n° XVI.3], Muses, figures dionysiaques [voir ci-dessous, catalogue, n° XVI.6]; encore plus rares sont les motifs mythologiques[19], comme pour confirmer nos observations à propos du désintérêt des Romains pour des références spécifiquement funéraires (**fig. 8**).

La décoration des *arcosolia* suit aussi cette tendance ornementale, utilisant le plus grand espace à disposition pour représenter des petites scènes de chasse [voir ci-dessous, catalogue, n° XVI.8], des Amours jouant [voir ci-dessous, catalogue, n° XVI.7], des natures mortes, tout le répertoire figuratif qui remplissait les espaces libres dans la décoration des maisons[20]. Stylistiquement, l'exécution n'est jamais d'une qualité exceptionnelle, mais elle montre une capacité avancée à composer des motifs connus, outre une habileté notable à atteindre des effets d'une particulière immédiateté.

Dès la fin du IIe siècle, on trouve pourtant des éléments nouveaux importants, principalement dans les tombes monumentales. Celles-ci ne sont plus des constructions isolées, mais édifiées en blocs de trois ou quatre, elles sont beaucoup plus fonctionnelles et utilisables à l'intérieur, sans qu'il soit nécessaire de détruire l'apparat décoratif premier[21]; elles révèlent le relâchement d'une incidence précise des exigences privées et personnelles du commanditaire et l'acceptation d'un édifice funéraire standard. Tout ceci semble justifier l'hypothèse d'un changement idéologique profond: la mort semble être entrée peu à peu dans l'expérience individuelle et on voit apparaître des préoccupations quant au sort final du défunt, pour son voyage vers le «lieu de paix», comme cela est dit dans l'inscription de la mosaïque se trouvant à l'entrée de la tombe 43, datée de la première moitié du IIIe siècle (**fig. 9**).

Il vaut la peine de relever, en particulier, la Tombe dite de la Moisson, sur le côté est de la route et (datée de la seconde moitié du IIe siècle), et la restructuration subie au début du IVe siècle par une des pièces de la tombe 34[22]. Dans la première, le décor en mosaïque du sol illustre le mythe d'Alceste ramenée des Enfers (**fig. 10**), jouxtant une série de tableaux représentant les phases de la culture du blé, rappel évident, comme les plaques en terre cuite des métiers, de l'activité du propriétaire. La référence à l'au-delà, évoquée dans la mosaïque d'Alceste, fait allusion à de nouvelles exigences qui ont modifié la simple volonté d'autoreprésentation, exprimée dans les mosaïques avec la culture du blé.

Dans la tombe 34, lors d'une phase de remploi datable au début du IVe siècle ap. J.-C., on creusa, à l'intérieur de l'enceinte, une pièce souterraine accessible par un escalier à sept marches; dans cet espace souterrain étaient conservés trois sarcophages décorés, installés sous le niveau du pavement et aménagés de sorte à ne laisser dépasser du sol que le couvercle: la pièce souterraine, tout comme les sarcophages décorés mais invisibles, ne cherchent plus un rapport avec le monde des vivants; ils ne constituent plus un prétexte pour la célébration de soi-même ou de son groupe, mais ils sont le témoin d'une société qui a désormais intériorisé le concept de la mort.

Les remplois sporadiques, et à un niveau plus élevé par rapport à celui du sol, de certaines constructions funéraires[23], attestent de l'ensablement rapide de la nécropole et, par conséquent, de son abandon déjà au cours du IVe siècle, en faveur d'un autre lieu de sépulture le long de la Via Portuensis, ce qui confirme aussi l'importance accrue de cette voie de circulation.

trad. Patrizia Birchler Emery

Notes

[1] Cf. G. Calza, *La necropoli del Porto di Roma nell'Isola Sacra*, 1940.

[2] Dans une zone non identifiée le long du fleuve, on trouva au XIXe siècle des inscriptions et des peintures, qui furent déposées aux Musées du Vatican ou elles se trouvent à présent.

[3] Cf. Calza, *op. cit.*, pp. 369 *sqq.*

[4] Les travaux récents de nettoyage et de restauration ont mis au jour sur ce côté de la route une tombe remarquable de la fin de l'époque antonine – dite de la Moisson – à double chambre et portique antérieur, au sol recouvert de mosaïque (voir *aavv.*, «Sepolture e riti nella necropoli dell'Isola Sacra», *BA* 5-6, 1990, pp. 49 *sqq.*), ainsi que des structures: voir ci-dessous, pp. 391-392.

[5] L'examen du matériel provenant de ces dernières recherches est encore en cours, mais il est évident qu'il fournira des données entièrement nouvelles sur un aspect inédit de la nécropole – les tombes sans nom et sans marqueur – qui compléteront nos connaissances sur les usagers de cette nécropole.

[6] Le sondage effectué dans la route n'a pas permis de retrouver de la céramique, mais une monnaie de Galba (de 68-69 ap. J.-C.), outre l'orientation coordonnée en direction de la route des tombes plus anciennes se trouvant sur les deux côtés, confirme cette chronologie.

[7] Il s'agit de tombes qu'on ne voit pas, car elles sont recouvertes par les plus récentes.

[8] Les constructions qui occupent à présent les espaces entre les tombes, mais qui se sont succédées dans le temps, donnent l'impression qu'il s'agit de blocs de construction contemporains.

[9] Cf. tombes 87 et 97, pour les décorations en brique et pierre ponce: I. Baldassare *et al.*, *Necropoli di Porto. Isola Sacra. Guida archeologica* (1998), pp. 71 et 45 (désormais abrégé comme *Necropoli*); toutes les autres tombes ont un décor en brique sculptée.

[10] Voir catalogue n°s VIII.6, 8, 13-14.

[11] Cf. tombes 29, 30, 100: *Necropoli*, pp. 137, 142, 42.

[12] Catalogue n° VIII.8.

[13] Cf. tombes 77-80, 87, 92, 95: *Necropoli*, pp. 82-87, 71, 57, 48.

[14] Cf. tombes 51, 52, 61, 62, 82, 95: *Necropoli*, pp. 109, 110, 99, 95, 48.

[15] Cf. tombes 19, 87, 93: *Necropoli*, pp. 166, 71, 54.

[16] Cf. tombe 95, de l'époque d'Hadrien, et tombe 92, de l'époque antonine: *Necropoli*, pp. 48 et 57.

[17] J. Scheid, «*Contraria facere*: Renversements et déplacements dans les rites funéraires», *AIONArchSt* 1984, p. 118.

[18] Cf. l'article cité à la note 4.

[19] Cf. par exemple les tombes 30 (catalogue, n° XVI.5), 77 (catalogue, n° XVI.4), 80, 87, 90, 93: *Necropoli*, pp. 87, 82, 71, 60, 54.

[20] Cf. les tombes 19 et 34 (première phase): *Necropoli*, pp. 166, 128.

[21] Cf. par exemple les tombes 2-9: *Necropoli*, pp. 193-195; le pavement de marbre ou en plaques de calcaire de ces dernières tombes peut aussi être soulevé facilement pour accéder aux fosses destinées à l'inhumation, les *formae*, qui se trouvent au-dessous.

[22] Pour la Tombe de la Moisson, cf. l'article cité à la note 4; pour la tombe 34, *Necropoli*, p. 128.

[23] Cf. deuxième phase de la tombe 97: *Necropoli*, p. 45.

La nécropole de Portus à l'Isola Sacra :
la fouille récente sur le côté oriental de la route antique

Paola Germoni

1   Isola Sacra, fouille récente sur
    le côté est de la route antique :
    vue aérienne (photo de l'auteur).

2   Côté oriental de l'édifice E27,
    avec escalier donnant accès à
    l'étage supérieur, vue du sud
    (photo de l'auteur).

Dans le secteur méridional du vaste cimetière de Portus, correspondant au noyau le mieux connu de la nécropole, les recherches archéologiques réalisées de juillet 1998 à septembre 1999 se sont concentrées sur le bord oriental de la route antique, au nord de la Tombe de la Moisson, où des structures affleurant à la surface et des cartes des années 1930 attestent la continuité de l'occupation (**fig. 1**)[1]. L'exigence de devoir reconstituer une vision dimensionnelle et volumétrique correcte de la distribution des édifices le long des deux côtés de la route, l'opportunité de vérifier la limite orientale de l'occupation – qui s'est avérée plus étendue que le territoire domanial –, et la nécessité de définir des parcours pour le réseau de drainage qui soient compatibles avec les restes archéologiques, ont été à la base des choix méthodologiques de recherche, qui ont privilégié la fouille extensive. L'opération a permis de mettre au jour deux alignements de tombes. Le premier – donnant sur la route – construit densément, le deuxième – où l'on a reconnu une vaste surface destinée aux « sépultures pauvres » – avec moins d'édifices [voir le plan ci-dessus, p. 385, fig. 1].

L'analyse des rapports entre les différents espaces confirme l'importance de l'axe routier surélevé vers lequel convergent tous les ensembles, hormis le groupe E49-E50, qui s'ouvre vers le nord, probablement sur une ruelle secondaire E-O.

Les tombes, d'abord isolées (E30, E40, E45, E46, E 48), forment avec les adjonctions successives la première façade sur la route ; viennent ensuite les édifices le long d'une seconde ligne de façade, située en arrière et dont l'extension est limitée (E29, E31, E32), et les empiétements (E37, E39, E42), qui dans un cas englobent le revêtement routier (E33). Les derniers épisodes de construction (E44, E44a) bouchent les espaces résiduels du premier alignement. Les édifices, à chambre simple (E30, E40) et avec enceinte contemporaine (E45-E46) ou successive (E28-E27, E35-E34), sont très mal conservés en élévation, mais des escaliers et d'autres indices (écroulements, pilastres, colonnes) font supposer l'existence d'un étage (**fig. 2**).

Pour la définition chronologique des phases de construction, nous proposons le milieu du IIe siècle ap. J.-C. comme *terminus post quem*, une date fournie par des briques estampillées

3 Côté nord de l'édifice E34: *kline* réutilisée pour une inhumation; vue du sud (photo de l'auteur).

retrouvées dans certaines parties des structures d'origine des édifices les plus anciens (E29, E30, E34, E40). L'analyse préliminaire du matériel n'a fourni que peu d'indications à ce propos, d'une part à cause d'une stratigraphie peu fiable dans un contexte amplement perturbé à l'époque moderne et, d'autre part, à cause de la longue durée de vie (IIe-IVe siècle ap. J.-C.) des céramiques les plus attestées.

Les tombes conservés au-dessus de la surface du sol furent aménagées pour le rite mixte (E27, E28, E30, E34, E35, E45, E46, E49); l'inhumation prévaut dans les phases plus tardives, avec des transformations dans des édifices existant et de nouvelles constructions en fonction de l'inhumation exclusive (E43, E44, E44a).

Les transformations liées à la prédominance progressive de l'inhumation semblent déterminer des solutions architectoniques monumentales. Dans le cas de E40, l'insertion successive d'un complexe unitaire de fosses à inhumation (*formae*) dans le fond amena à la bipartition de l'espace interne au moyen de trois colonnes en briques, partiellement conservées; la cour centrale, dont les côtés comportent des *arcosolia*, est ainsi subdivisée en deux zones: la première, située juste devant l'entrée, la deuxième, au fond, mise en valeur par un portique à deux arcades et ogive centrale probable, attestée par un écroulement structuré en place.

La diffusion généralisée de l'inhumation, avec des transformations qui comportent des adossements et des avancements, est bien documentée dans l'enceinte E27, aménagée à l'origine pour le rite mixte. La paroi occidentale présente d'évidentes traces de l'ordre inférieur des niches, oblitéré par l'adossement d'une structure longitudinale formée de cinq *formae* hors sol avec un mur de périmètre externe revêtu de plaques de marbre. Sur le côté méridional, le pavement original avec des mosaïques figurées est recouvert d'un ensemble de *formae* analogue au précédent, mais de plus grandes dimensions, dont la paroi périmétrale externe conserve le revêtement pictural imitant des panneaux de marbre; au centre, enfin, deux *formae* obstruent

l'espace entre les trois pilastres en brique qui soutenaient le toit en terrasse, dont l'écroulement a scellé une situation déjà fortement perturbée dans l'Antiquité. Même des structures ayant une fonction rituelle précise, comme les lits (*klinai*), présents dans l'enceinte E34, ont été réutilisées pour y insérer des inhumations (fig. 3). Un exemple significatif de l'organisation des espaces en fonction de l'inhumation est le complexe monumental E43, qui propose à nouveau, vu le nombre élevé de sépultures prévues, la présence d'associations ou collèges funéraires. Le mauvais état de conservation des élévations a permis cependant la lecture de la distribution planimétrique des espaces: la chambre à l'est est englobée dans une vaste enceinte qui rejoint la façade routière; au centre, dans un espace rectangulaire, un puits, une fontaine et une citerne sont distribués axialement. Le long des parois marquant le périmètre de la chambre et de l'enceinte sont disposés des *arcosolia*, tandis que des *formae* orientées N-S occupent tout l'espace sous les pavements.

Caractérisé par une vaste surface libre de toute construction, le deuxième alignement présente un bloc de tombes (E29, E31, E32) construites avec des fondations et des murs de périmètre communs, qui dessinent un lot de terrain rectangulaire. Les petits côtés du lot s'appuient respectivement à la paroi méridionale de E27 et à la paroi septentrionale de E30. L'espace intérieur est divisé en un corridor longitudinal à l'ouest et trois chambres à l'est. De ces trois pièces, toutes destinées à l'inhumation, seule E29 montre une définition architectonique, avec des parois scandées d'*arcosolia*, un pavement de mosaïque à motifs floraux et un podium maçonné destiné peut-être à soutenir un sarcophage en marbre de dimensions considérables. La situation est différente dans E31-E32, où, malgré les dégâts apportés par des interventions modernes, on constate que les pièces ne comportaient aucune structuration interne (inachevées?) et étaient utilisées exclusivement comme des «enceintes» à la surface destinée aux sépultures simples. Ces sépultures en pleine terre, surmontées de parois d'amphores, à capucine ou à semi-capucine, ainsi que plus rarement, en sarcophage de terre cuite, découvertes aussi dans le corridor, étaient disposées dans des fosses de manière irrégulière et sur plusieurs niveaux.

Dans l'état actuel de la recherche, la datation suggérée par le matériel, surtout des amphores de production africaine ou égéenne, est le IIe-IVe siècle ap. J.-C.; une datation plus précise est attendue de l'étude du matériel lié au rituel funéraire: brûle-parfums, assiettes miniatures, lampes, céramique fine et monnaies.

trad. Patrizia Birchler Emery

Note

[1] Voir P. Germoni, «Valorizzazione dell'area archeologica dell'Isola Sacra», dans: *Archeologia e Giubileo. Interventi a Roma e nel Lazio nel piano del grande giubileo del 2000*, I (2000), pp. 383-385.

catalogue

I: HISTOIRE DES FOUILLES

I.1 *Utriusque portus Ostiae delineatio*, de Joan Blaeu

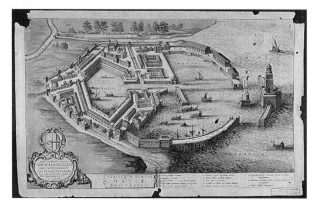

Incision sur cuivre; coloriage à la main
37,6 x 60,5 cm
Ostie, Archivio Disegni; inv. 12033

En cartouche, sous des armoiries, à gauche, en bas: *Ampliss.mo Prudentiss.mo Domino / Cornelio Witzen, / urbis Amstelaedamensis / consuli ac senatori, / Nuper in supremo rei maritimae Concilio / ibidem Delegato, Tabulam hanc D.D. / J. Blaeu.*

A côté, dans un autre cartouche: *Utriusque portus Ostiae delineatio*; à droite du cartouche: didascalie numérotée; sur le revers, titre (imprimé):

Utriusque Ostiae portus, Horatii Tigrini De Mariis, descriptio.

La vue en perspective dessinée par Blaeu est parmi les œuvres les plus tardives d'une série de vues reconstituées des ruines de l'antique port de Rome. La source est à reconnaître dans l'ouvrage de Pirro Ligorio de 1554, auquel succède la vue en perspective d'Etienne Du Perac de 1575.

J. Blaeu (Amsterdam 1596-1673), issu d'une importante famille de cartographes hollandais, est célèbre pour son *Grooten Atlas*, ou *Grand Atlas*, la plus grande et la plus complète compilation de cartes universelles gravées, publié à partir de 1662.

Environ 1633

Inédit. Pour une version légèrement différente, voir LUGLI-FILIBECK 1935, pp. 48-49; LUGLI 1947-1949, p. 202; TESTAGUZZA 1970, pl. aux pp. 42-43; MANNUCCI-VER-DUCHI 1996, pp. 18-19.

E.J.S.

I.2 Plan topographique de tous les édifices ostiens, de P. Holl

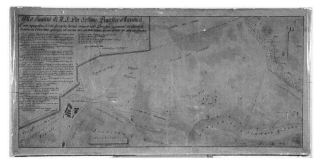

Encre de chine sur papier
65 x 137 cm
Ostie, Archivio Disegni; inv. 71

En haut, à gauche: *Alla Santità di N.S. Pio Settimo Pontefice Massimo / Pianta topografica di tutti gli edifici ostiensi rinvenuti nelle Pontificie scavazioni di Antichità / Incominciate l'anno 1803 e proseguite nel corrente 1804, con l'indicazione ancora di tutti gli altri siti adiacenti.*

En bas, échelle en cannes romaines (1 canne = 223,4 cm) et signature, *Pietro Holl disegnava 1804.*

Sous l'en-tête: trois timbres à encre bleue, *Ministero Pubblica Istruzione / Direzione delle Antichità e Belle arti* et note manuscrite en encre marron: *Comperato dal sig. P. Pieri in / marzo 1891, proveniente dal ma / teriale scientifico della eredità Pietro / Ercole Visconti dalla quale per / venne al do Pietro Pieri. Direzione Generale Antichità Belle (…) Pietro Holl Luigi Mazzarini (…).* Des timbres bleus comme les précédents aux quatre angles.

Après les fouilles de la seconde moitié du XVIIᵉ siècle, conduites avec intensité par des marchands d'antiquités anglais, Ostie devient l'objet d'une attention particulière et directe de l'administration pontificale. En 1801, Giuseppe Petrini est nommé Directeur des Carrières gouvernementales d'Ostie; avec l'édit du 21 août de la même année, Pie VII (1800-1823) révoque toutes les licences de fouilles jusqu'alors délivrées. Entre 1802 et 1804, Petrini concentre les fouilles dans l'aire entourant le Capitole. De ces opérations, il ne reste aucune documentation écrite, à l'exception du plan de P. Holl.

Pietro Holl (env. 1780 - env. 1855), architecte gouvernemental, est surtout connu pour avoir construit, en 1826, la façade de style néo-classique du Théâtre Argentina, à Rome.

1804

PASCHETTO 1912, pp. 228, 505; *Topografia*, pp. 55-58, fig. 9.

E.J.S.

I.3 Relevé topographique d'Ostie depuis un ballon captif

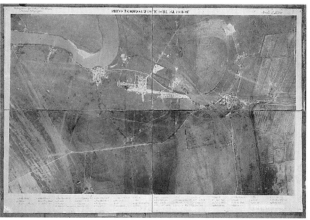

Photomosaïque imprimée à la gélatine, collée sur toile; échelle 1:2500
67,3 x 111 cm (support en carton 77,3 x 116 cm)
Ostie, Archivio Fotografico; inv. P 1

Les premières photographies aériennes italiennes pour le relevé des zones archéologiques ont été effectuées par la Section photographique de la Brigade des Spécialistes du Génie. Elles furent prises avec un ballon au Forum Romanum, pour le compte de Giacomo Boni, en juin 1899. Suivirent, en 1910, les prises de vue de Pompéi. Dans les mois de mai et juillet 1911, sur la demande de Dante Vaglieri, directeur des fouilles d'Ostie, la Section Photographique en exécuta le relevé. En octobre de la même année fut photographiée aussi l'aire du Port et de Fiumicino.

La photo est célèbre parce qu'elle montre particulièrement bien l'avancement progressif du littoral, avec les lignes côtières se succédant l'une derrière l'autre (en bas à gauche). On remarque aussi clairement le tracé en méandre du lit (enfoui) du Tibre, dit le Fleuve Mort, qui s'était créé à la suite de l'alluvion de 1557.

1911

Topografia, p. 61, fig. 15; ALVISI 1989, p. 24, fig. 7.

E.J.S.

I.4 *Le scienze e le arti sotto il pontificato di Pio IX*

Rome, Tipografia delle Belle Arti, 1860. Epître aux lecteurs de P. Pietri
Dessins et gravures sur cuivre de P. Cacchiatelli et G. Cleter
46 x 32 cm
Ostie, Biblioteca degli Scavi; inv. 127

L'ouvrage *Le scienze e le arti sotto il pontificato di Pio IX*, publié en fascicules entre 1860 et 1865, avait pour but d'illustrer les monuments antiques de Rome et de son territoire qui avaient fait l'objet d'une attention particulière de la part de la Direction des fouilles pontificales. Dans le volume conservé à Ostie, acquis par Dante Vaglieri en 1912, sont réunis (à une seule exception près) les fascicules se rapportant à Ostie. Selon le goût de l'époque, les vues correspondent davantage aux rêveries romantiques qu'à une documentation scientifique rigoureuse. Néanmoins, elles témoignent de l'étendue des ruines qui étaient encore inexplorées, à l'exception de quelques monuments très célèbres et reproduits à plusieurs reprises, comme le mithreo du dit Palais Impérial, la *gran cella con vettine* (ou *grande cella a dolia*), le Capitole, etc. Les activités de l'administration papale sont effectivement attestées par le texte et les images relatifs au Casone del Sale, transformé en Musée Ostien à l'instigation du Pape Mastai, et aux mosaïques alors découvertes.

1860-1865

E.J.S.

II: LES FOUILLES GENEVOISES À LA SCHOLA DEL TRAIANO

II.1 Enduits peints et stucs

Fresque appliquée sur une fine couche de stuc et une strate de chaux avec un peu de pouzzolane et des inclusions.
Sondage dans le péristyle de la *domus* républicaine, 1998
Ostie, Depositi; inv. 57222 (série de fragments peints recomposés), 57188-57196 (fragments peints individuels), 57197-57199 (trois fragments de stuc)

Les fragments proviennent du remplissage d'une salle (A1) qui donnait sur le côté septentrional du péristyle de la *domus* située sous les structures de la *Schola del Traiano*: voir ci-dessus, pp. 75-76.

Certains de ces fragments revêtent une importance particulière puisqu'ils représentent à ce jour les seuls témoignages de IIe style à Ostie. A ce sujet, il faut signaler une série (inv. 57222), de laquelle on a reconstitué une partie de la décoration, caractérisée par la présence d'éléments architectoniques saillants. Elle s'avère construite, à partir du haut, par une bande de couleur rose, une autre foncée, une ligne blanche, une petite étagère sur fond ocre, une rangée de perles et astragales, une large bande rose, une série d'étagères avec perspective oblique reposant sur des pilastres rouge délimitant des cadres de couleur rose occupés par des bucranes verts. Elle peut être datée aux alentours du milieu du Ier s. av. J.-C.

D'autres fragments (inv. 57190-57196) présentent une décoration imitant les structures à caissons des plafonds, avec alternance des couleurs rose, ocre et bleu. Il faut encore signaler le fragment inv. 57189, sur lequel est figuré un oiseau sur fond vert clair «en tacheté» typique du IVe style.

Les deux fragments de stuc représentaient le revêtement de la base d'une colonne et deux corniches formant un angle avec kymation ionique.

Cf. pour le motif de l'étagère, les fresques de la Villa des Mystères (BARBET 1985, p. 38, fig. 21; *La peinture* 1993, pls 120-21), d'Oplontis (BARBET 1985, p. 60, fig 29; *La pittura* 1991, pl. 154), de Boscoreale (BARBET 1985, pp. 54-55, fig. 27), de la Maison des Noces d'Argent à Pompéi (BARBET 1985, p. 121, fig. 76; *Pompei* III, p. 758 ss.), et de la Maison de Cérès à Pompéi (*Pompei* II, p. 221). Le motif du bucrane est présent dans les peintures de la villa de Boscoreale (BARBET 1985, pp. 54-55, fig. 27). L'oiseau rendu «en tacheté» se retrouve à Pompéi dans la Maison des Chapiteaux Colorés (*Pompei* VI, pp. 1055-56) et dans celle des Peintres (*Pompei* II, p. 820). L'imitation dans les plafonds peints des structures à caissons se retrouve dans la Maison Samnite d'Herculanum (BARBET 1985, pp. 88-91 et, plus génériquement, pp. 77 ss.).

Milieu du Ier s. av. J.-C.- Ier s. ap. J.-C.

A.P.

II.2 Mosaïque

Adapté sur support en nid d'abeille
25 x 79 cm
Même provenance que les fragments précédents
Ostie, Depositi; inv. 57214

Le fragment faisait partie d'un pavement dont on a récupéré d'autres pièces. La décoration originale, basée sur un motif à inversion chromatique, présentait une combinaison de triangles blancs sur fond noir délimitant un espace central à l'intérieur duquel s'inscrit une fleur stylisée avec quatre pétales blancs.

Probablement seconde moitié du Ier s. av. J.-C.
DAVID 1999, p. 69, fig. 2.

A.P.

II.3-4 Briques bipédales avec estampille

Terre cuite de couleur jaune
18 x 16 x 3,5 cm et 17 x 12,5 x 3,5 cm
Pour les deux pièces: signum 9 cm; orbicule 3 cm; lettres 1-0,9 cm; lignes 1; 2,2 cm
Fragmentaires
Sondage dans les pièces au nord du péristyle de la *domus* républicaine, 1998
Ostie, Depositi; inv. 57203, 57204

Estampilles: a) *Ex[pr(aedis)] Flavi Apri op(us) dol(iare) a Tontio Felic(e) et Vibia Procla.*
b) *Ex pr(aedis) F[lavi Apri o]p(us) dol(iare) a Tontio Felic(e) et Vibia Pr[oc]la.*

Flavius Aper, propriétaire des *figlinae Fabianae, Publianae* e *Tonneianae*, est peut-être identifiable avec le consul de 176 ap. J.-C.

Cf. *CIL* XV 1147. Pour l'identification du consul, voir STEINBY 1974-75, p. 77; SETÄLÄ 1977, pp. 113 ss. Pour les *officinatores* Tontius Felix e Vibia Procla, voir HELEN 1975, pp. 112, 115, 149.

IIe s. ap. J.-C.

A.P.

III: LES ORIGINES

III.1. Urne cinéraire en forme de cabane

Argile (impasto) et tôle de bronze
Haut. 32,5 cm; diam. max. de la base 32,5 cm
Intact
Origine inconnue
Genève, Musée d'art et d'histoire;
Dépôt permanent

Modèle de cabane circulaire, avec toit à double pente muni de deux ouvertures aveugles. Les six poutres de la charpente se croisent au sommet, ornées de deux rangées de protomés d'oiseaux antithétiques. La porte rectangulaire, qui est mobile, présente une boucle pour le passage d'une barre de fermeture. L'urne appartient aux premières phases de la culture latiale.

L'art des peuples italiques, p. 100, n° 9 (Chamay), avec bibliographie antérieure.

VIIIe s. av. J.-C.

J.C.

III.2 Maquette d'une cabane de Ficana (début de l'Age du fer)

Bois, paille et plâtre
Env. 30 x 38 cm (échelle 1:20)
Rome, Institut norvégien

Reconstitution de la cabane C, datée de la première phase de Ficana (seconde moitié du VIIIe siècle av. J.-C.), mesurant 6 sur 7,6 m. La reconstitution de la cabane se fonde sur les traces de trous de poteaux internes et les fossés de fondations, mis en évidence lors des fouilles, ainsi que sur les urnes cinéraires en forme de cabane (voir ci-dessus, n° III.1).

La cabane possédait quatre poteaux internes (diam. 38 cm), enfoncés dans des trous de 94-100 cm de diamètre et de 50 à 63 cm de profondeur. Les poteaux en bois de chêne (*Quercus ilex*), peut-être bifurqués, soutenaient la charpente de couverture, composée de poutres horizontales de section rectangulaire, sur lesquelles reposaient les chevrons du toit en chaume. Les murs, construits indépendamment de la couverture, étaient en clayonnage, composé de perches (diam. 6-12 cm) verticales, insérées dans un fossé (prof. 25 cm) à intervalles réguliers d'env. 40-60 cm.

Sur la maquette, l'entrée de la cabane a été placée sur le côté court oriental. Cependant, des études plus récentes suggèrent qu'en réalité elle se situait sur le long côté nord.

Le site de Ficana, localisé sur la colline du Monte Cugno, occupait un point stratégique, contrôlant la vallée du Tibre et les voies qui reliaient les villes côtières du Latium aux villes d'Etrurie. En tant que site acropolier, il contrôlait également les salines au sud du Tibre. Selon les sources anciennes, Ficana a été conquise par le quatrième roi de Rome, Ancus Marcius (660-616 BC), peu avant la fondation d'Ostie par le même roi (voir ci-dessus, pp. 3-9).

Les fouilles de Monte Cugno, entreprises par les instituts nordiques de Rome en collaboration avec la Surintendance d'Ostie entre 1975 et 1983, ont permis de mettre au

jour un village remontant au milieu du VIIIe siècle av. J.-C. environ, fortifié par une levée de terre (*agger*), avec des maisons construites en pierres et munies de toitures en tuile. Le site semble avoir été définitivement abandonné au IIe siècle av. J.-C.

Cabane C: BRANDT 1996, pp. 21-74, voir en particulier pp. 45-47.
Ficana: QUILICI GIGLI 1971; *Ficana* 1981; FISCHER-HANSEN *et al.* 1990.

J.R.B.

III.3 Mobilier de la tombe 3 de la nécropole de Castel di Decima

Tombe à fosse avec déposition féminine, pourvue d'une couverture en tuf, orientée est-ouest.

Long. 275 cm; larg. env. 120 cm. La présence d'un cloison en bois est hypothétique. Date de la fouille: 15 novembre 1971.

ZEVI-BEDINI 1973, pp. 40-41; *CLP* 1976, cat. 85, pp. 273-276 (Zevi).

670-660 av. J.-C.

1-2. Fibules «à sangsue» (*a sanguisuga*)

Bronze
Long. respective: 2,5 et 2,5 cm
Fragmentaire
Ostie, Sezione Protostorica; inv. 30121 et 30123

L'arc est orné d'incisions transversales au centre et de motifs triangulaires à chaque extrémité.

Les fibules de ce type ont connu une grande diffusion dans toute l'Italie centrale pendant toute la période orientalisante (BIETTI SESTIERI 1992, pp. 368 s., type 38 kk, pl. 37).

CLP 1976, cat. 85 n°s 1, 3.

F.M.

3. Fibule «à sangsue» (*a sanguisuga*)

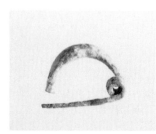

Bronze
Long. 2,4 cm
Manquent l'étrier et une partie de l'ardillon
Ostie, Sezione Protostorica; inv. 30122

Fibule «à sangsue» avec ressort à deux enroulements; ornée d'incisions sur l'arc avec faisceaux de lignes horizontales aux deux extrémités et fine marque médiane longitudinale.

Voir n°s 1-2 (BIETTI SESTIERI 1992, pp. 368 s., type 38 ll, pl. 37).

CLP 1976, cat. 85 n° 2.

F.M.

4. Fibule *a navicella*

Bronze
Long. 5 cm
Manquent le ressort, l'ardillon et l'étrier.
Trace de restauration antique à l'extrémité de l'arc.
Ostie, Sezione Protostorica; inv. 30118

Fibule *a navicella* à long étrier. Arc décoré d'incisions avec motifs d'arêtes de poisson et trois faisceaux de lignes incisées transversales, au centre et aux extrémités.

Fibule très répandue dans les sites principaux de l'Italie tyrrhénienne, en particulier durant la première moitié du VIIe siècle (BIETTI SESTIERI 1992, pp. 367 ss., type 38 jj, pl. 37).
CLP 1976, cat. 85 n° 4.

V.N.

5. Fibule *a navicella*

Bronze
Long. 7,1 cm
Manquent l'étrier et une partie de l'ardillon
Ostie, Sezione Protostorica; inv. 31234

Ressort à deux enroulements. Décor incisé avec deux lignes médianes qui s'entrecroisent avec des lignes longitudinales, déterminant trois petites zones remplies de zigzags et de flèches; aux extrémités, lignes parallèles transversales.

Voir n° 4.
CLP 1976, cat. 85 n° 5.

V.N.

6. Disque d'ambre

Long. 1,4 cm; diam. env. 1 cm
Reconstitué de deux fragments
Ostie, Sezione Protostorica; inv. 30120
Disque perforé, appartenant au décor de l'arc d'une fibule non conservée.

Les fibules avec arc revêtu de disques d'ambre sont caractéristiques des mobiliers du Latium d'une certaine qualité déjà à partir du IXe siècle et pendant toute la période orientalisante. L'arc est ordinairement décoré de plusieurs disques, souvent en alternance avec des éléments en os (BIETTI SESTIERI 1992, p. 372, type 39 f, pl. 38).
CLP 1976, cat. 85 n° 6.

F.M.

7. Fragments d'anneau de suspension

Bronze
Larg. 2,7 cm
Plusieurs fragments, partiellement reconstitués
Ostie, Sezione Protostorica; inv. 30124

Anneau fait d'un ruban large et aplati. La décoration lisible consiste en faisceaux de lignes incisées qui forment des triangles avec des cercles concentriques doubles et des points au centre.

Ces anneaux de suspension constituent un des traits communs de l'habillement féminin; notamment dans le Latium à partir de la IIIe phase, avec des exemplaires de petites dimensions et de section rhomboïdale, atteignant à la IVe période des dimensions considérables (jusqu'à environ 42 cm) tandis que la section s'aplatit. Elles étaient fixées au milieu de l'habit par de grosses fibules (BIETTI SESTIERI 1992, pp. 383 s., type 45 k, pl. 40).
CLP 1976, cat. 85 n° 7.

F.M.

8. Embout de quenouille

Fer
Long. conservée 7 cm;
diam. max. 1,7 cm
Reconstitué de deux fragments, surface très corrodée
Ostie, Sezione Protostorica; inv. 30125

Embout cylindrique rétréci à l'une des extrémités, creuse, avec traces de bois à l'intérieur. La pointe devait constituer l'extrémité d'une grande quenouille en bois, objet qui, avec le fuseau, caractérise le rôle féminin de «fileuse» (BARTOLONI 1989, p. 43).
CLP 1976, cat. 85 n° 8.

V.N.

9. Fusaïole bitronconique

Argile
Haut. 2,4 cm; larg. 2,8 cm
Entière, avec de légères fissures
Ostie, Sezione Protostorica; inv. 30117
Base arrondie.

Avec la quenouille n° 8, cette fusaïole indique qu'il s'agit bien d'une tombe féminine (BIETTI SESTIERI 1992, pp. 313 ss., type 33 d var. I, pl. 26).
CLP 1976, cat. 85 n° 9.

F.M.

10. Urne stamnoïde

Argile dépurée
Haut. 18,4 cm;
diam. embouchure 11,7 cm;
diam. pied 6,8 cm
Reconstituée de nombreux fragments, quelques lacunes
Ostie, Sezione Protostorica; inv. 30109

Bord plat s'épaississant vers l'extérieur, lèvre évasée, corps ovoïde, pied discoïdal, anse à bâtonnet placée obliquement sur l'épaule. Ventre et épaule recouvertes d'un vernis rouge-brun avec des motifs à bandes horizontales parallèles, pied et anse entièrement vernis. De chaque côté, près de l'anse, deux hérons s'avancent vers la droite.

Les urnes à décoration peinte et hérons sont particulièrement diffusées dans le second quart du VIIe siècle (LEACH 1987, p. 86, n° 230 et p. 111, type 1a). L'exemple présenté ici est probablement une importation d'Etrurie méridionale (Véies: VIGHI 1935, p. 49, n° 26, pl. I, 3; pour Cerveteri: MARTELLI 1987, p. 255).
CLP 1976, cat. 85 n° 11.

F.M.

11. Œnochoé ovoïde

Argile dépurée
Haut. 32,6 cm;
diam. ouverture 10,6/7,1 cm;
diam. pied 8,5 cm
Ostie, Sezione Protostorica; inv. 30108

Lèvre trilobée, col cylindrique légèrement épaissi au niveau de l'épaule, corps ovoïde, pied discoïdal, anse verticale à double bâtonnets, placée au bord et sur l'épaule. Décor vernissé brun avec des triangles en éventail, bandes de lignes parallèles sur l'épaule, qui sont partiellement recouvertes d'une série de triangles pendant de la base du col. Sur celui-ci, trois lignes parallèles horizontales, une ligne ondulée. Lèvre, anse et pied entièrement vernis.

Cette oenochoé appartient à une catégorie de céramique imitant des modèles du protocorinthien moyen, largement attestée en Italie tyrrhénienne dans la première moitié du VIIe siècle. De notables affinités avec la production de Cumes rendent probable une importation de cette région (GIEROW 1964-1966, II, p. 142, fig. 82, n° 3; I, p. 300, fig. 89.1; D'AGOSTINO 1968, type 17, fig. 16; SOMMELLA 1972, p. 63; *Naissance de Rome* 1977, cat. 621).

CLP 1976, cat. 85 n° 10.

V.N.

12. Cruche à une anse

Argile dépurée
Haut. à l'embouchure 13,1 cm;
diam. embouchure 6,8 cm;
diam. fond 5,2 cm
Reconstituée à partir de nombreux fragments; petites lacunes sur le bord et la panse
Ostie, Sezione Protostorica; inv. 30110

Bord aminci, corps cylindriquo-ovoïde, fond plat, anse verticale en ruban épais, dépassant l'embouchure et fixée sur le bord et la panse.

Type caractéristique de la région latiale, avec rare diffusion au-delà du Tibre, dans des contextes antérieurs à la moitié du VIIe siècle. Ce type est commun à Decima tant en impasto qu'en argile dépurée (cf. GJERSTAD 1956, pp. 125 ss., fig. 126, n° 7 et pp. 234 ss., fig. 211, n° 2; DI GENNARO 1988, p. 120, fig. 3).

CLP 1976, cat. 85 n° 12.

F.M.

13. Amphore à spirales incisées

Impasto brun
Haut.10,5 cm; diam. bord 5,4 cm; diam. fond 3,7 cm
Reconstituée à partir de nombreux fragments, diverses lacunes comblées
Ostie, Sezione Protostorica; inv. 30103

Lèvre évasée, haut col tronconique légèrement concave, corps globulaire, fond plat profilé; anse en ruban placée sur le bord et l'épaule, décorée de séries de quatres lignes incisées verticales. Décoration incisée sur la panse avec double spirales et motifs en «W» dans la zone en-dessous de l'anse.

L'amphore, proche du type B défini par Colonna, a une forme intermédiaire entre les type Ic et Id de la classification de Beijer, attestés à partir de la première moitié du VIIe siècle av. J.-C. (COLONNA 1970, pp. 637 ss.; BEIJER 1978, pp. 7 ss.).

CLP 1976, cat. 85 n° 13.

V.N.

14. Amphore avec anses en fausse spirale

Impasto brun
Haut. 23 cm; diam. bord 12,5 cm;
diam. fond 6,5 cm
Reconstituée de nombreux fragments, amples lacunes complétées
Ostie, Sezione Protostorica; inv. 30105

Lèvre évasée, col cylindrique, corps lenticulaire, pied discoïdal; anse à fausse spirale fixée sur le bord et à la moitié de l'épaule, décorée de deux apophyses latérales à l'attache supérieure. Décoration en incision sur le col avec des motifs en méandre continu rempli de points estampés, délimitée en bas et en haut par des séries de cercles concentriques aussi estampés, qui retournent sur l'épaule en alternance avec des sillons verticaux et des bossages. A l'attache inférieure de chacune des anses des empreintes circulaires surmontées de sillons en demi-cercle.

Classe typique et caractéristique de la culture orientalisante du Latium, avec une très faible diffusion dans les régions limitrophes. Les dimensions et la complexité de la décoration permettent de considérer l'amphore comme l'un des plus remarquables exemplaires du type et de la dater du second quart du VIIe siècle (GIEROW 1964-1966, II, p. 162, fig. 95, 1; BIETTI SESTIERI 1992, pp. 240 ss., type 7 bb, pl. 15; BEDINI 1992, cat. 81, p. 88; CARAFA 1995, pp. 73 ss., type 175).

CLP 1976, cat. 85 n° 17.

V.N.

15. Œnochoé chypro-phénicienne

Impasto brun
Haut. à l'anse 27,2 cm;
diam. pied 6,3 cm
Reconstituée à partir de nombreux fragments, diverses lacunes comblées
Ostie, Sezione Protostorica; inv. 30106

Lèvre trilobée, col concave, épaule arrondie, panse rétrécie, pied discoïdal, anse en ruban qui dépasse l'embouchure, fixée sur l'épaule dans sa partie inférieure et reliée par un bâtonnet dans la partie supérieure. Décoration incisée, en haut sur le col avec lignes horizontales et série de triangles pendant; en bas, motifs en arches croisées à double lignes, délimitéss en haut par une ligne horizontale; sur l'épaule incision en zigzags.

L'oenochoé appartient à une classe très répandue dans le Latium et en Etrurie dans la première moitié du VIIe siècle et dont les prototypes ont été reconnus dans des exemplaires métalliques d'origine chypro-phénicienne (BIETTI SESTIERI 1992, Type 95 b, pp. 324 s., pl. 29; CARAFA 1995, pp. 73 ss., type 172).

CLP 1976, cat. 85 n° 14.

F.M.

16. Tasse

Impasto brun
Haut. à l'embouchure 4,5 cm;
diam. embouchure 8,7 cm;
diam. base 4 cm
Reconstituée à partir de nombreux fragments
Ostie, Sezione Protostorica; inv. 30104

Tasse à vasque basse; bord arrondi, lèvre en collerette, vasque tronconique carénée, fond plat, anse verticale en ruban qui dépasse l'embouchure, fixée sur le bord et sur l'arête. Décoration plastique sur la carène avec un petit bossage situé à l'opposé de l'anse.

Il s'agit d'un type répandu dans toute l'Italie tyrrhénienne à partir du dernier quart du VIIIe siècle et pendant toute la période orientalisante (BIETTI SESTIERI 1992, Type 20 u-20 v, pp. 278 ss., pl. 22).

CLP 1976, cat. 85 n° 17.

F.M.

17. Coupe hémisphérique à pied

Impasto brun
Haut. env. 4,3 cm;
diam. embouchure 11,8 cm
Reconstituée à partir de plusieurs fragments avec lacunes comblées
Ostie, Sezione Protostorica; inv. 30107

Lèvre à bord légèrement oblique, avec deux trous de suspension, vasque hémisphérique, dépourvue de son pied, qui pouvait être élevé et en trompette. Décoration incisée sur la lèvre avec des cercles concentriques près de l'embouchure et des motifs en zigzags.

Type répandu dans le milieu latial, étrusque et falisque, à partir du dernier quart du VIIIᵉ siècle, en impasto brun épais, de forme trappue et avec lèvre à peine marquée; à partir du début du VIIᵉ siècle, commence à se répandre un type en impasto fin (*sottile*) au décor incisé, avec une forme plus élancée et une lèvre à rebord (*CLP* 1976, cat. 102 n° 17, p. 305, pl. LXXX n° 17; BIETTI SESTIERI 1992, p. 344, type 104a, pl. 31; BEDINI 1992, cat. 109, p. 92; CARAFA 1995, pp. 43 ss., type 93).

CLP 1976, cat. 85 n° 15.

V.N.

18. Urne biconique

Impasto rouge-brun
Haut. environ 35 cm;
diam. bord 18,8 cm
Reconstituée de plusieurs fragments; diverses lacunes comblées
Ostie, Sezione Protostorica; inv. 30116

Bord arrondi, lèvre évasée, épaule tronconique, panse arrrondie, fond plat, anse à bâtonnet horizontal fixée obliquement au niveau du plus grand diamètre.

L'urne biconique n'est pas rare à Decima ni dans le reste du Latium durant tout le VIIᵉ siècle (GIEROW 1964-1966, II, fig. 125, n° 2; I, fig. 81, n° 1; CARAFA 1995, pp. 94 ss., type 193).

CLP 1976, cat. 85 n° 21.

V.N.

19. Tasse - cratère

Impasto rouge-brun
Haut. à l'embouchure 21 cm;
diam. embouchure 27,6 cm;
diam. fond 10,6 cm
Reconstituée de nombreux fragments avec diverses lacunes comblées
Ostie, Sezione Protostorica; inv. 30112

Bord plat, lèvre évasée, épaule et vasque arrondies, fond plat légèrement profilé. Une anse verticale, en ruban surmontant l'embouchure, fixée sur le bord et sur la panse et rattachée à l'épaule par un tenon plat; concave au sommet et ornée d'un petit bossage; l'autre horizontale à bâtonnet, fixée obliquement sur l'épaule. Au niveau du plus grand diamètre une série de deux petits bossages sur chaque côté, à espacement régulier.

La tasse-cratère, attestée exclusivement dans le mobilier féminin et presque toujours associée à un «holmos», est un type qui ne se trouve qu'au Latium; un important centre de production a été localisé à Decima (ZEVI 1977, pp. 264 ss.). Notre exemplaire, par la présence de bossages et la profondeur de la vasque, pourrait être daté du second quart du VIIᵉ siècle (BEDINI 1985, p. 59).

CLP 1976, cat. 85 n° 22.

F.M.

20. Urne globulaire côtelée

Impasto rouge
Haut. 27 cm;
diam. embouchure 18,1 cm;
diam. fond 9,9 cm
Fragmentaire, restaurée et complétée
Ostie, Sezione Protostorica; inv. 30115

Bord arrondi, lèvre évasée, corps globulaire, fond plat à peine profilé. Décoration plastique sur l'épaule avec côtes verticales et sur le bord avec trois sillons concentriques.

Appartient à une classe largement diffusée dans le Latium à partir du second quart du VIIᵉ siècle, avec côtes plus rares et pronconcées dans les premiers exemplaires, plus élancées et plates, alternant avec des estampilles, dans les plus récents (BIETTI SESTIERI 1992, p. 321, type 92 g, pl. 27).

CLP 1976, cat. 85 n° 23.

F.M.

21-22. Calices carénés à pied

Impasto rouge
Haut. 12,8 cm; diam. vasque 18,3 cm; diam. conservé pied 7,5 cm
Les deux calices sont reconstitués à partir de nombreux fragments; diverses lacunes comblées pour l'un, partie de la vasque, du bord et pied perdus pour l'autre.
Haut. conservé 10,5 cm; diam. embouchure 19,8 cm; diam. pied 11,4 cm.
Ostie, Sezione Protostorica; inv. 30113 - 30114

Bord arrondi, lèvre évasée, vasque carénée, haut pied en trompette. Décoration plastique sur la lèvre avec quatre sillons horizontaux.

Les calices de cette forme sont très répandus dans le Latium et en Etrurie (aussi en impasto brun) à partir de la fin du VIIIᵉ siècle et jusqu'à la moitié du VIIᵉ siècle, quand le type au pied haut commence à être progressivement remplacé par les exemplaires à pied avec anneau (BEDINI 1985, fig. 15, 1; BIETTI SESTIERI 1992, p. 345, type 105 d, pl. 31; CARAFA 1995, p. 120, type 279).

CLP 1976, cat. 85 nᵒˢ 21, 19.

V.N.

23. Plat caréné à pied

Impasto rouge
Haut. 10,6 cm;
diam. embouchure 24,3 cm;
diam. pied 10,7 cm
Reconstitué de nombreux fragments, lacunes
Ostie, Sezione Protostorica; inv. 30111

Bord arrondi, lèvre à bord avec deux trous de suspension, vasque carénée légèrement arrondie, haut pied en trompette. Décoration plastique sur la lèvre avec quatre sillons parallèles.

Forme répandue durant tout le VIIᵉ siècle, surtout dans la région latiale, avec de nombreux exemplaires à Decima (GIEROW 1964, p. 172, fig. 100, n° 1; GIEROW 1966, p. 278; DI GENNARO 1988, fig. 3, p. 119).

CLP 1976, cat. 85 n° 20.

V.N.

III.4 Mobilier d'une tombe de la nécropole des Monti di S. Paolo

Péliké et petite urne

Péliké: argile rosée dépurée, vernis noir dilué avec décoration
surpeinte de couleur blanc-ocre
Haut. 7,6 cm; diam. embouchure 5,4 cm; diam. pied 5,8 cm
Urne: argile rougeâtre
Haut. 9,8 cm; diam. embouchure 10,5 cm
Acilia, Monti di S. Paolo (1991)
Ostie, Depositi; inv. 52178, 52179

Les deux vases constituent le mobilier d'une tombe appartenant à un cimetière de l'époque républicaine découvert à Acilia, entre la via Ostiense et le Monte Cugno, site de l'ancienne Ficana (voir ci-dessus, n° III.2). La petite nécropole appartenait à la première occupation agricole de la campagne ostienne, suite à l'établissement de la colonie d'Ostie, au IVᵉ siècle av. J.-C.

La décoration de la péliké présente sur un côté un cheval, dont la patte antérieure droite et la patte postérieure gauche sont levées. Sur l'autre côté, une figure masculine debout, avec manteau et deux lances, tient de la main droite la bride du cheval.

La forme de la péliké, le dessin précis et soigné des figures, ainsi que le sujet sont caractéristiques de la production céramique de l'atelier du groupe de Sokra.

IVᵉ s. av. J.-C.

PELLEGRINO 1993, pp. 142-143; PELLEGRINO 1997, pp. 197 ss.

A.P.

III.5-9 Terres cuites architectoniques

III.5. Plaque de sima

Haut. 27,5 cm; larg. 24,5 cm; ép. 3 cm
Fragmentaire; restes de polychromie
Castrum
Ostie, Antiquarium; inv. 3382

Une partie d'une décoration à volutes en spirales est conservée; la plaque est terminée en haut par une corniche à bandes rouges et bleues.

Vᵉ-IVᵉ s. av. J.-C.

ANDRÉN 1940, p. 369, n° 3; *Topografia*, p. 75; MINGAZZINI 1947/49, pp. 77-79; CALZA-SQUARCIAPINO 1962, p. 88, fig. 49; ANDRÉN 1980, p. 97 et n. à p. 99, pl. XXXV, c.

P.O.

III.6. Fragment de corniche

Haut. 10,5 cm; larg. 10 cm; ép. 5 cm
Fragmentaire; restes de polychromie
Castrum
Ostie, Antiquarium; inv. 3305

Une partie de la tresse rouge et noire sur fond blanc est conservée.
Fin VIᵉ - début Vᵉ s. av. J.-C.

ANDRÉN 1940, p. 369, n° 5; MINGAZZINI 1947/48, pp. 77-79, fig. 2 a-b; *Topografia*, p. 75, pl. XXII; CALZA-FLORIANI SQUARCIAPINO 1962, p. 88, fig. 49; HELBIG IV, n° 3167 (Dohrn); ANDRÉN 1980, pp. 97-99, pl. XXXVI, a; BARTOLONI 1986, p. 110, fig. 7.

Voir aussi ci-dessus, p. 4, fig. 2 avec n. 13.

P.O.

III.7. Antéfixe à tête féminine

Haut. 17,5 cm; larg. 14 cm
Intacte; restes de polychromie
Castrum
Ostia, Antiquarium; inv. 3383

Tête de Ménade avec couronne de rosettes, le visage lourd, le menton et les mâchoires pleines, les yeux allongés et légèrement obliques, le nez aussi large que la bouche et les lèvres saillantes par rapport au menton plat. Les cheveux sont disposés en touffes mouvementées et ondulées autour du visage et du cou, ce dernier est massif et orné d'un collier.

Époque de la République moyenne

ANDRÉN 1940, p. 369, n° 2, pls 113, 401; MINGAZZINI 1947/48, pp. 77-80, fig. 5; *Topografia*, p. 75, pl. XXII; CALZA-FLORIANI SQUARCIAPINO 1962, p. 88, fig. 49; HELBIG IV, n° 3167 (Dohrn); ANDRÉN 1980, pp. 94-96, pl. XXXV, c.

P.O.

III.8. Antéfixe à tête de Silène

Haut. 19 cm; larg. 15 cm
Intacte; restes de polychromie
Castrum
Ostie, Antiquarium; inv. 3381

Tête de Silène qui présente, à peine visibles, les cheveux en de très courtes mèches sur le front, ceints par une bande avec motif décoratif central et crêpé en d'épais sillons plus accentués en correspondance avec les arcades sourcillaires. Les yeux sont en amande, avec pupille légèrement incisée; le nez triangulaire, les joues lisses et la petite bouche fermée encadrée par une barbe drue à mèches longues avec extrémités spiraliformes disposées symétriquement. La tête du Silène est couronnée par des grappes et des rosettes.

Époque de la République moyenne

ANDRÉN 1940, p. 369, n° 1, pls 113, 400; MINGAZZINI 1947/48, pp. 77-80, fig. 4; *Topografia*, p. 75, pl. XXII; CALZA-FLORIANI SQUARCIAPINO 1962, p. 88, fig. 49; HELBIG IV, n° 3167 (Dohrn); ANDRÉN 1980, pp. 94-96, pl. XXXV, d.

P.O.

III.9. Antéfixe à tête de Silène

Haut. 12 cm; larg. 14,8 cm; ép. 4 cm
Fragmentaire; restes de polychromie
Temple de l'Ara Rotonda (1970)
Ostie, Antiquarium; inv. 18833

Une partie du visage du Silène est conservée, avec de grands yeux à la pupille légèrement incisée, le front traversé par un bandeau et une partie d'une couronne végétale avec pampres et rosettes.

Époque de la République moyenne

ZEVI 1971, p. 29; ANDRÉN 1980, n. à p. 99.

P.O.

III.10-25 Fragments de céramique provenant pour la plupart du *castrum*

III.10. Cratère en cloche, céramique à figures rouges attique

6,6 x 11,5 cm
Fragment de bord et départ de panse
Ostie, Scavi
Ostie, Antiquarium; inv. 16300

Lèvre évasée. Le décor du bord se compose d'une branche d'olivier. Sur la paroi, il reste la tête et une partie de l'aile d'un personnage dont les cheveux sont coupés court et tourné vers la droite – probablement Eros en vol; devant la figure se trouve un élément circulaire (une couronne?). Traces probables de rehaut blanc, ajouté sur le visage d'Eros.

Première moitié du IVe s. av. J.-C.

ZEVI 1973 (b), p. 345, n° 497; ADEMBRI 1996, p. 56, n° 21, fig. 21.

O.P.

III.11. Cratère en cloche, céramique à figures rouges attique

6,3 x 9,7 cm
Fragment de paroi
Castrum
Ostie, Antiquarium; inv. 16533

Paroi légèrement convexe. La représentation consiste en une scène de banquet: sont visibles les bouts des doigts de la main gauche et les jambes enveloppées dans un *himation* d'un personnage masculin, étendu vers la gauche sur une kliné et appuyé avec son coude sur un coussin. En outre, également couvertes par un manteau, sont conservées les jambes d'un personnage féminin, assis sur la kliné.

Première moitié du IVe s. av. J.-C.

Topografia, p. 75, pl. XXIII; J. D. BEAZLEY, *apud* MEIGGS 1960, p. 471, n. A (rapproche le fragment au Peintre du Thyrse noir); ZEVI 1973 (b), pp. 344-345, n° 496a; ADEMBRI 1996, p. 40, fig. 1.

O.P.

III.12. Kylix, céramique à figures rouges attique

8,9 x 6,1 cm
Fragment de fond
Castrum
Ostie, Antiquarium; inv. 16530

Profil légèrement concave. A l'intérieur, entre un méandre interrompu par une case en échiquier, avec un point dans chaque espace réservé, reste du décor figuré, avec peut-être le bras d'une ménade assise et tournée vers la droite, contre laquelle est posé un tympanon. A l'extérieur, palmettes et rinceaux, appartenant à l'origine au décor de la zone de l'anse.

Env. 375-350 av. J.-C.

Topografia, p. 75 pl. XXIII; J. D. BEAZLEY, *apud* MEIGGS 1960, p. 471, n. A; ZEVI 1973 (b), p. 346, n° 499a; ADEMBRI 1996, pp. 43-44, n° 6, fig. 6.

O.P.

III.13. Lékanis, céramique à figures rouges (attique ou production de l'Italie centrale?)

4,0 x 5,8 cm
Fragment de bord
Castrum
Ostie, Antiquarium; inv. 16556

Lèvre muni d'un rebord pour apposer le couvercle. La paroi, légèrement bombée, est caractérisée par la présence d'une bosse. Le décor consiste en lignes parallèles horizontales sur la panse et une ligne oblique sur la protubérance; deux rangées de traits irréguliers encadrent une rosette avec un point central.

IVe s. av. J.-C.

Topografia, p. 75, pl. XXIII; J. D. BEAZLEY, *apud* MEIGGS 1960, p. 471, n. A; ZEVI 1973 (b), p. 354; ADEMBRI 1996, p. 45, n° 8, fig. 8.

O.P.

III.14. Phiale, céramique à figures rouges étrusque, production de Caere

14,5 x 6,2 cm
Fragment de fond
Castrum
Ostie, Antiquarium; inv. 5558

Le décor consiste, sur la surface interne, en deux paires de têtes, alternativement masculines et féminines, disposées en rayon. De la paire la mieux conservée, la tête masculine porte une *taenia*, tandis que sur la tête féminine, les cheveux sont retenus par un filet (*sakkos*); elle porte de surcroît des boucles d'oreille. Rinceaux dans les espaces entre les têtes qui se font face. Sur la surface externe, trois filets concentriques délimitent une bande réticulée, avec des points sur les intersections. Rehauts blancs pour la *taenia* et les rinceaux à l'intérieur, ainsi que sur la zone réticulée à l'extérieur.

Seconde moitié du IVe s. av. J.-C.

Topografia, p. 75, pl. XXIII; ZEVI 1973 (b), p. 349-350, n° 505a; DEL CHIARO 1975, pp. 50-51; ADEMBRI 1996, pp. 48-49, n° 12, fig. 12; GILOTTA 1997, p. 95, fig. 23.

O.P.

III.15. Couvercle de lékanis, céramique à figures rouges étrusque

3,2 x 16,6 cm
Fragment de bord de couvercle
Castrum
Ostie, Antiquarium; inv. 16290

Bord légèrement rentrant, à profil convexe, avec paroi droite. Le décor consiste, sur la paroi, en un personnage féminin, dont il ne reste que les jambes, vêtu d'un chiton, assis vers la droite au-dessus d'un rehaussement de terrain avec des allusions à la végétation. Devant ce personnage, restes d'un élément qui n'est plus identifiable. Sur le bord, ligne horizontale; en-dessous, postes. Attribué au Peintre cérétain de la Villa Giulia.

Troisième quart du IVe s. av. J.-C.

Topografia, p. 75, pl. XXIII; ZEVI 1973 (b), pp. 350-351, n° 507; ADEMBRI 1996, pp. 47-48, n° 11, fig. 11.

O.P.

III.16. Kylix, céramique surpeinte falisque

3,50 x 14,10 cm
Fragment de bord
Ostie, Scavi (1950)
Ostie, Antiquarium; inv. 4667

Lèvre oblique et distincte, avec profil légèrement concave vers l'extérieur. Paroi de la vasque tronconique, avec un anneau plastique au-dessus de l'attache du pied. Vernis noir à l'extérieur. A l'intérieur, sur vernis noir, motifs surpeints en blanc: sur la lèvre, des feuilles alternant avec des cercles; dans le tondo, entourés de deux cercles concentriques, deux personnages, peut-être représentés en train de danser (ménades? Dionysos et une ménade?). Attribué au Groupe de Sokra.

Première moitié du IVᵉ s. av. J.-C.

FLORIANI SQUARCIAPINO 1950, p. 96, n° 5, fig. 2, b; ZEVI 1973 (b), p. 352, n° 510; PIANU 1978, p. 166, n° 67; JOLIVET 1985, p. 59 et n. 40 («œnochoé»).

O.P.

III.17. Kylix, céramique surpeinte (étrusque?)

4.0 x 11,5 cm
Fragment de bord, de vasque et de pied
Forum (1923)
Ostie, Antiquarium; inv. 5790

Lèvre évasée, distincte à l'extérieur; la vasque est tronconique, la base annulaire. La coupe est entièrement vernie en noir. Le décor à l'intérieur (surpeint en blanc) se compose, entre un double cercle, d'une étoile à quatre rayons avec un point central et d'une rosette en points dans chaque quadrants.

Fin du IVᵉ-début du IIIᵉ s. av. J.-C.

ZEVI 1973 (b), p. 353, n° 512; ADEMBRI 1996, p. 54, n° 19, fig. 19.

O.P.

III.18. Kylix, céramique à figures rouges falisque

5.0 x 10,3 cm
Fragments de fond et de pied
Forum (1923)
Ostie, Antiquarium; inv. 5559a-b

Fond à profil légèrement convexe, pied à tige. Sur la surface interne, Europe sur le taureau. La représentation est bordée par un méandre interrompu par une croix oblique. Sur la surface externe, palmette tronquée et renversée, avec une volute, appartenant au décor sous l'anse. Sous le pied, cercle noir sur fond réservé.

Appartient peut-être au même vase que le fragment suivant.

370-360 av. J.-C.

Topografia, p. 75, pl. XXIII; ZEVI 1973 (b), pp. 356-357, n° 517a; ADEMBRI 1996, pp. 51-53, n° 15, fig. 15.

O.P.

III.19. Kylix, céramique à figures rouges falisque

5,2 x 9,8 cm
Fragment de bord
Castrum
Ostia, Antiquarium; inv. 16288

Bord vertical, paroi convexe. Le décor à l'intérieur consiste en un bord de médaillon tronqué, avec un méandre interrompu par une case contenant une croix oblique. A l'extérieur, une ménade vue de trois-quarts et tournée vers la droite, avec un thyrse qu'elle tient verticalement de sa main droite, son bras droit tendu en avant. Le personnage dont les cheveux sont retenus par une *taenia*, est vêtu d'un chiton sans manches, décoré de croix, et porte un pendentif autour du cou. Sur la gauche, se trouve une palmette oblique qui appartient au décor de la zone sous l'anse.

Ce fragment appartient peut-être au même vase que le fragment précédent.

Env. 370-360 av. J.-C.

Topografia, p. 75, pl. XXIII; ZEVI 1973 (b), pp. 356-357, n° 517c; ADEMBRI 1996, pp. 51-53, n° 16, fig. 16.

O.P.

III.20. Cratère en cloche (?), céramique à figures rouges falisque

5,3 x 5,6 cm
Fragment de paroi
Castrum
Ostie, Antiquarium; inv. 16295

Paroi légèrement convexe. Le décor consiste en un jeune homme nu, dont il ne reste que l'abdomen, les cuisses et les genoux, assis vers la gauche, avec le bras tendu en avant en direction d'un personnage féminin, dont il ne reste plus qu'une main. Au-desssus du personnage assis, il y a une aile appartenant à un oiseau qui se dirige vers la droite. Il s'agit probablement d'Apollon sur un cygne. Rehauts blancs sur la main du jeune homme et sur les plumes de l'oiseau. Traces du dessin préparatoire sur les jambes du jeune homme.

Env. 350-330 av. J.-C.

Topografia, p. 75, pl. XXIII; ZEVI 1973, p. 346, n° 498; JOLIVET 1985, p. 58; ADEMBRI 1996, pp. 45-46, n° 9, fig. 9.

O.P.

III.21. Skyphos, céramique surpeinte falisque

3,5 x 6,3 cm
Fragment de bord
Castrum
Ostie, Antiquarium; inv. 16551

Le décor consiste en motifs surpeints ocres, dont il ne reste plus que la tête et une partie du corps d'une chouette, avec le bec et un cercle dans les yeux réservés. Sur la droite, il y a un rameau d'olivier vertical, partiellement conservé, dont les feuilles sont bordées de points disposés en triangle.

Seconde moitié du IVᵉ s. av. J.-C.

Topografia, p. 75, pl. XXIII; ZEVI 1973 (b), p. 348, n° 502; ADEMBRI 1996, pp. 50-51, n° 14, fig. 14.

O.P.

III.22. Couvercle, céramique surpeinte falisque (?)

2,6 x 8,3 cm
Fragment de bord et de paroi
Zone du Capitolium
Ostie, Antiquarium; inv. 5834

Fragment de couvercle, dont la paroi est tronconique, à profil légèrement conca-ve, et le bord est vertical, légèrement rentrant. La surface interne est réservée. Sur la surface externe, entre lignes horizontales blanches, disques oranges alternant avec des barres verticales blanches.

Seconde moitié du IVe s. av. J.-C

VAGLIERI 1913, p. 306, fig. 9; ZEVI 1973 (b), pp. 352-353, n° 511; ADEMBRI 1996, pp. 60-61, n° 26, fig. 26.

O.P.

III.23. Skyphos, céramique surpeinte (production du Latium?)

9,0 x 10,0 cm
Fragment de bord
Nécropole de la via Ostiense, tombe 16, déposition K (1912)
Ostie, Antiquarium; inv. 5787

Lèvre légèrement concave. De la décora-tion surpeinte subsistent une palmette dont le cœur contient un cercle, et, à côté, une feuille verticale à gauche de la palmette.

Fin IVe-début du IIIe s. av. J.-C.

VAGLIERI 1912, p. 274, fig. 2; FLORIANI SQUARCIAPINO 1958, p. 17; JOLIVET 1980, p. 717; JOLIVET 1985, p. 60, n° 50; VISMARA 1985, p. 271, n° 265; BRUNI 1992, p. 96, n. 82.

O.P.

III.24. Vase de forme ouverte (cratère en cloche ou skyphos?), céramique dite de Gnathia (?)

5,2 x 9,8 cm
Fragment de bord
Ostie, Scavi
Ostie, Antiquarium; inv. 16532

Bord oblique, avec lèvre évasée. Sur la sur-face externe, *kymation* incisé, avec des détails internes surpeints en blanc, rouge et violet, délimités par des lignes horizon-tales incisées. Au-dessous sont visibles des traces de motifs rectilinéaires en rehauts blancs.

Env. 340-330 av. J.-C.

ZEVI 1973 (b), p. 351, n° 509; ADEMBRI 1996, pp. 61-62, n° 28, fig. 28.

O.P.

III.25. Lékanis, céramique à vernis noir, surpeinte (production du Latium?)

4.0 x 8,5 cm
Fragment de bord et de panse, avec une anse
Castrum
Ostie, Antiquarium; inv. 16561

Lèvre solide, légèrement rentrante, avec rebord pour apposer le couvercle. La panse est légèrement carénée, l'anse en ruban presque horizontale. Le décor se compose, à la hauteur de l'anse, de motifs surpeints en blanc et ocre et de feuilles tournées vers la gauche, avec des doubles points intercalés.

Seconde moitié du IVe s. av. J.-C.

Inédit

O.P.

IV: URBANISME

IV.1 *Forma urbis*

Marbre de Carrare
15,0 x 18,0 x 9,0 cm
Abrasé et martelé sur toute la surface
Nécropole de Portus, tombe 106, de Julia Procula. Remployé comme base du buste d'Hippocrate (Ostie, Museo Ostiense inv. 98).
Ostie, Antiquarium; inv. 191

Fragment d'un plan gravé se rapportant à des édifices que l'on peut identifier comme des entrepôts ou, du moins, des édifices à caractère commercial. L'indication de l'épaisseur des murs et la numérotation des pièces (ou l'indication des mesures) sug-gèrent que le type de plan auquel le fragment ostien peut être attribué correspond, par rapport aux plans de Rome, plutôt à celui représenté par la plaque de la via Anicia, plutôt qu'à celui de la *Forma Urbis* sévérienne, où les édifices sont délimités par une seule incision.

Epoque impériale.

BECATTI 1945/46, p. 130; *Pianta Marmorea*, p. 208, pl. Q 48; CALZA-SQUARCIAPINO 1962, p. 18. Pour la plaque de la via Anicia, voir TUCCI 1994.

P.O.

IV.2 Le port de Claude: sesterce de l'an 64

Copie de Giovanni Cavino (1499-1570)
Bronze d'art
22,313 g; diam. 35,2/34,5 mm, axe des coins env. 180°
Musée de l'Hospice du Grand Saint-Bernard

Avers: NERO CLAVDIVS CAESAR AVG GER P M TR P IMP P P; tête laurée à droite.

Revers: AVGVSTI (en haut) POR OST entre les lettres S C (en bas); vue à vol d'oi-seau du port d'Ostie: en haut, au centre, le phare surmonté de la statue de Neptune à gauche, tenant le sceptre; en bas, personnification du Tibre à gauche, couché tenant le gouvernail, un dauphin s'enroulant sur son bras droit. Le long du bord gauche une digue surmontée d'un porche qui se termine par un édifice et un autel; le long du bord droit, une jetée. Au centre, sept navires de formes et de dimensions diverses.

Inédit (pour l'original, un sesterce frappé en 64 par Néron, voir SUTHERLAND-CARSON 1984[2], n°s 162. 181).

Voir ci-dessus, p. 24, fig. 1.

M.Ca.

IV.3 Relief de Portus

Moulage: Rome, Museo della Civiltà Romana, inv. MCR 3931.
Original: marbre
Larg. 124 cm; haut. 75 cm
Ostie, Porto di Traiano («Palazzo Imperiale»), 1863-1864
Rome, Museo Torlonia

Le relief présente deux navires de trans-port, pratiquement identiques: celui de gauche est en train d'entrer au port, tandis que l'autre est arrimé à un anneau du quai.

Début du IIIe s. ap. J.-C.

VISCONTI 1883, n° 430, pl. 110; GUGLIELMOTTI 1882, pp. 1 ss.; SCHREIBER 1896, pp. 97-99, fig. 6; REINACH 1909, p. 344, 4; MOLL 1929, p. 24, pl. B-IV, 92; LEH-MANN-HARTLEBEN 1923, p. 235, pl. 2; LUGLI-FILIBECK 1935, pp. 16, 37, pl. I; FASCIATO 1947, pp. 65-81; CALZA 1978, p. 47, n° 59, pl. 46; CASSON 1965, figs 144, 146; BASCH 1987, pp. 463-467, figs 1038-1044; GASPARRI 1980, pp. 205-206, n. 430; SCRINARI 1989, pp. 59-61; *MCR*, p. 221, n° 18b.

A propos de l'inscription V[oto] L[ibero]: STUHLFAUTH 1938, pp. 143 ss.; pour la louve et les jumeaux, voir CURTIUS 1933, p. 200; pour les navires, voir POMEY 1978, pp. 20-29 et POMEY 1997, p. 82; PEKÁRY 1999, p. 290 (Rom-M56).

Voir ci-dessus, p. 25, fig. 7.

G.B.

V: LA FIN DE LA RÉPUBLIQUE

V.1 Stèle funéraire grecque

Marbre de Paros
Fragment plus grand à gauche: haut. 27 cm; long. 29,5 cm.
Fragment supérieur à gauche: haut. 15,5 cm; long. 9,5 cm.
Fragment en bas à droite: haut. 16 cm; long. 15,5 cm; ép. 3-4 cm.
Fragmentaire
Via della Foce
Ostie, Museo Ostiense; inv. 1102

La stèle est partiellement recomposée de trois fragments, dont deux sont jointifs. Une figure féminine est assise sur un tabouret aux pieds façonnés au tour; le bras droit est posé sur ses genoux, soulevant de sa main gauche un alabastre. Debout devant la femme se tient un autre personnage féminin, dont il ne reste plus que l'extrémité inférieure du chiton (?), les sandales et un petit oiseau perché à ses pieds. Les vêtements des deux figures forment des plis très épais et finement délimités. Entre les deux femmes, un unguentarium est accroché à la paroi, ainsi qu'un petit pan d'étoffe qui pourrait appartenir à un drapé suspendu sur le fond, comme celui qui apparaît sur une stèle similaire provenant des alentours d'Éphèse. Ce dernier exemple constitue le parallèle le plus proche pour le relief ostien et en confirme l'origine ionico-asiatique. Attribuable aux années précédant immédiatement la moitié du Ve s. av. J.-C., elle pourrait avoir été apportée dans la cité par un passionné d'art grec, participant à cet esprit collectionneur qui inspira la culture romaine à la fin de l'époque républicaine.

460/450 av. J.-C.

CALZA-SQUARCIAPINO 1962, pp. 30 s.; RICHTER 1961, p. 55, fig. 173; ZANKER 1966, p. 18, n. 32; HELBIG IV, n° 3016 (Zanker); HILLER 1975, pp. 118 s., n° 60; ZEVI 1976, p. 61; STROCKA 1978, pp. 147, 154 ss., figs 2-3.

N.A.

V.2 Statue d'Asclépios

Moulage
Original: marbre de Paros
Haut. max. 106 cm; haut. tête 43 cm
Conservé jusque sous le nombril; manquent les bras et la portion postérieure du buste.
Aire sacrée du Temple d'Hercule: aux pieds des gradins du temple tétrastyle (1938)
Ostie, Museo Ostiense; inv. 114

Des grands trous à section rectangulaire témoignent que la statue était travaillée en plusieurs morceaux comme c'est le cas également pour la calotte crânienne. Les parties nues étaient rendues en marbre, tandis que l'*himation* devait être réalisé en bronze.

Dans le visage tourné vers le haut et incliné vers la gauche, encadré par une chevelure agitée serrée et par une barbe volumineuse, on reconnaît l'effigie d'Asclépios. Le dieu devait être représenté assis et vêtu de l'*himation* qui, enveloppant le torse et le dos, couvrait les jambes jusqu'aux chevilles. Le bras gauche, probablement soulevé, tenait

un sceptre, alors que celui de droite était tendu en avant vers le bas. Dans cette puissante sculpture, on a reconnu la statue de culte du temple tétrastyle d'Ostie, érigé vers la fin du IIe s. av. J.-C.

Le front proéminent et plissé, les profondes orbites et la bouche entrouverte confèrent un fort *pathos* au visage du dieu, dans lequel les rappels au style de Scopas sont évidents. La sculpture, bien qu'elle présente dans l'organisation générale de la figure une certaine ressemblance avec le fameux torse d'Asclépios retrouvé au Pirée, doit quand même se placer dans un horizon chronologique plus récent. Nous sommes dans un moment successif aux expérimentations de l'école pergaménienne, qui ressortent dans la torsion de la tête, dans l'intensité dramatique du clair-obscur et dans le traitement expressif des surfaces. Malgré tout, l'empreinte classique est forte, comme le relève le parallèle avec la plus ancienne tête d'Anytos du sanctuaire de Despoina près de Lykosoura, œuvre de Damophon de Messène. Notre sculpture peut être considérée comme la création d'un atelier néo-attique actif entre la fin du IIe s. et les débuts du Ier s. av. J.-C. à Rome et dans quelques centres du Latium. D'aucuns ont remarqué les affinités entre l'Asclépios ostien et les acrolithes de l'époque républicaine, qui devaient orner quelques lieux de culte, comme le temple B de Largo Argentina à Rome ou, mieux encore, le Sanctuaire de Diane à Némi.

Fin du IIe s. av. J.-C.

CALZA-SQUARCIAPINO 1962, p. 36, n° 7, fig. 19; HELBIG IV, n° 3032 (Zanker); ZEVI 1976, pp. 60-61, figs 21-25; MARTIN 1987, pp. 171-174, pls 25-26; COARELLI 1996, p. 74, figs 22-24. Voir ci-dessus, p. 16, fig. 6.

C.V.

V.3 Statue de C. Cartilius Poplicola

Moulage
Original: marbre de Paros
Haut. max. 195 cm; haut. base 48 cm
La statue est privée de tête, le bras droit et la main gauche manquent aussi, ainsi qu'une partie d'un pied gauche.
Aire sacrée du Temple d'Hercule: la statue a été retrouvée devant les gradins du temple (1938).
Ostie, Museo Ostiense; inv. 121

La statue représente un homme nu, debout sur la jambe droite, le pied gauche appuyé sur un soutien cylindrique. Le torse s'incline fortement en avant en position de repos; le bras gauche, posé sur la cuisse correspondante, est enveloppé dans une ample chlamyde frangée qui retombe le long de la jambe gauche, la tête devait être tournée vers la droite. Sur le tronc de soutien est incisée la dédicace:

C(aius) Cartilius C(ai) f(ilius) / duo viru tertio / Poplicolae

On remarquera que le mot *tertio* a été écrit sur le mot *iterum*, après que celui-ci a été effacé, ce qui signifie que la statue fut dédiée durant le second duumvirat de Cartilius et que son *cursus honorum* fut mis à jour postérieurement. En outre, Cartilius ne semble pas encore avoir reçu le *cognomen* «Poplicolae» au moment de la dédicace de la statue, puisque celui-ci a été ajouté par une main différente et décliné faussement au datif au lieu d'être au nominatif.

C. Cartilius Poplicola obtint l'honneur exceptionnel de pouvoir élever, dans un des principaux temples de la cité, une statue qui le représente dans la nudité héroïque, avec le geste caractéristique du *dominus* (pour le rôle capital que Cartilius devait revêtir dans la ville d'Ostie durant la période critique du second triumvirat jusqu'à la complète ascension au pouvoir d'Octave, voir ci-dessus, p. 18 et pp. 156-159).

Le type iconographique adopté s'inspire de la statue connue sous le nom de *Sandalenbinder*. Dans une célèbre épigramme le poète byzantin Christodoros (*Antologia Palatina* II 297-302) évoque quelques chefs-d'œuvre grecs transportés à Constantinople et exposés dans le Gymnase de Zeuxippe. Il nomme parmi eux un Hermès qui lace avec la main droite sa haute sandale, prêt à partir sur l'ordre de Zeus. L'auteur de cette création n'est pas cité, mais il a été communément identifié avec Lysippe.

Le motif de la jambe soulevée et appuyée sur un rocher a une longue tradition iconographique, liée initialement à la représentation du guerrier qui s'arme. Ce schéma, avec ses multiples variantes, a été largement diffusé à l'époque romaine, comme l'attestent la numismatique et plusieurs statues-portraits, surtout d'époque tardo-républicaine. Un parallèle ponctuel peut être fait entre notre sculpture et une statue du

Iᵉʳ siècle av. J.-C., plus grande que nature, retrouvée dans le théâtre de Cassino. Elle représente un homme d'un certain âge, dans la nudité héroïque, qui pose sa jambe gauche sur un rocher. Il croise les mains par devant et tourne la tête vers la droite.

Iᵉʳ s. av. J.-C.

BLOCH 1958, pp. 209-219; CALZA 1958, pp. 221-228, pls 54-57; CALZA-SQUAR-CIAPINO 1962, p. 35, n° 2, fig. 18; HELBIG IV, n° 3028 (v. Steuben); PICARD 1976, pp. 121-129; ZEVI 1976, pp. 56-60; COARELLI 1995, pp. 271-274; SHEPHERD 1995, p. 408, n° 6.19.3. Voir ci-dessus, p. 156, fig. 2.

C.V.

V.4 Socle de statue au nom du sculpteur Lysiclès

Travertin
Haut. 25 cm; long. 85 cm; prof. 16 cm
Le bloc se présente en entier, mais dans quelques endroits la porosité de la pierre rend moins claire la lecture des inscriptions.
Aire sacrée du Temple d'Hercule (1965)
Ostie, Museo Ostiense; inv. 11664

ΠΛΑΤΩΝ Ο ΤΗΣ ΑΡΧΑΙΑΣ
ΚΩΜΩΔΙΑΣ ΠΟΙΗΤΗΣ.
ΛΥΣΙΚΛΗΣ ΕΠΟΙΕΙ

Deux autres inscriptions, trouvées avec celle-ci, ont un *ductus* identique et semblent avoir été incisées par la même main. L'une mentionne le sculpteur fameux Phradmon d'Argos, auteur du portrait de Charite, pythie delphique, l'autre le célèbre Phyromachos, qui exécuta le portrait du philosophe Antisthène. Au Iᵉʳ s. av. J.-C., l'aire sacrée entourant le sanctuaire d'Hercule a donc été enrichie, par un important donateur, d'au moins trois statues en bronzes originales, œuvres d'artistes grecs. Les trois blocs, sorte de didascalie, ont probablement servi de bases pour les statues lors de leur mise en place à Ostie, avec la fonction d'expliquer le sujet de l'œuvre et son auteur.

L'inscription exposée ici accompagnait le portrait de l'Athénien Platon, dramaturge de l'ancienne comédie et contemporain d'Aristophane, réalisé par le sculpteur Lysiclès. On peut imaginer que l'activité de cet artiste, dont nous ne possédons pas d'autres mentions, s'est déroulée à Athènes, où était probablement exposée la statue en bronze de Platon, avant que celle-ci ne soit transportée à Ostie.

Les trois blocs inscrits, tous en travertin, semblent avoir été remplacés par des bases en marbre à l'époque augustéenne et furent remployés devant le pronaos du Temple de l'Autel Rond.

Iᵉʳ s. av. J.-C.

ZEVI 1969, pp. 110-116, fig. 19; RICHTER 1971, pp. 434-435; ZEVI 1971, pp. 11-14, pl. I; HELBIG IV, n° 3388 (Zevi); GUARDUCCI 1974, pp. 421-423; LAZZARINI 1996, p. 246.

C.V.

V.5 Portrait républicain

Marbre blanc à grains moyens, voire petits: de Paros (?)
Haut. max. 33 cm; haut. visage 23 cm
Il manque une grande partie du nez; quelques ébréchures dans la zone orbitale gauche.
Collège des Augustales (1939)
Ostie, Antiquarium; inv. 71

La tête a été travaillée à part et insérée probablement dans une statue de *togatus*. Le visage est celui d'un homme âgé, aux traits rudes et marqués par l'âge. Des rides sillonnent le front, pendant que la peau s'affaisse sous les pommettes et forme de profonds plis à la base du nez et aux commissures des lèvres, larges et serrées. Les yeux sont petits, entre des paupières lourdes. Le réalisme que dégage le portrait est plutôt calme, sans complaisances descriptives, toute la force expressive se concentrant dans la zone de la bouche. De telles caractéristiques, communes à une riche série de portraits romains tardo-républicains, situent le portrait dans le troisième quart du Iᵉʳ siècle av. J.-C.

Iᵉʳ s. av. J.-C.

DE CHIRICO 1941, pp. 238-239, figs 13-14; CALZA-SQUARCIAPINO 1962, pp. 60-61, n° 1; CALZA 1964, pp. 26-27, n° 22, pl. 14; HELBIG IV, n° 3094 (v. Heintze).

C.V.

VI: NAVIGATION

VI.1 Mosaïque avec scène portuaire

Copie: Rome, Museo della Civiltà Romana; inv. MCR 983
Haut. 186 cm; larg. 200 cm
Rome, Quirinal (Via Nazionale, 1878)
Original: Rome, Musei Capitolini, Antiquarium Comunale

Un navire de transport, dont il ne reste que la moitié de la poupe, est représenté devant un phare. La complexité de la composition et la richesse de la décoration sont à souligner.

IIIᵉ s. ap. J.-C.

MOLL 1929, Xa 11; STUART JONES 1968-69, pl. 107; CASSON 1971, fig. 154; HELBIG IV, p. 442, n° 996; BASCH 1987, p. 462, fig. 1030; POMEY 1997, p. 84; PEKÁRY 1999, pp. 278-279 (Rom-M22).

G.B.

VI.2 Sarcophage avec scène de navigation et de taverne

Marbre blanc
Haut. 62 cm; long. 140 cm; prof. 33 cm
Isola Sacra, nécropole de Portus, tombe 90
Fiumicino, Museo delle Navi; inv. 1340

La décoration frontale s'articule en deux scènes distinctes. A gauche est représenté le retour au port d'une embarcation à voile tirée par une barque plus petite conduite à la rame vers le phare. Dans la partie de droite, est décrit l'intérieur d'une taverne. La césure entre les deux scènes est constituée par la porte de l'auberge, décorée d'un dauphin. A gauche est représentée une huche contenant des vases et des verres rangés sur des rayons. De là s'avance une femme qui, un verre en main, se dirige vers la table où siègent deux clients, un homme et une femme. Le premier est déjà en train de boire, tandis que la seconde tend la main pour recevoir le verre de la femme décrite précédemment. Tout à droite, un arbre termine le champ figuratif.

Le sarcophage, dans son emplacement d'origine, était encastré à l'intérieur d'un *loculus*, où seul la face restait visible. Le style de la représentation est très réaliste, reflétant la vie quotidienne d'une cité portuaire. La coiffure des deux femmes s'inspire des portraits post-sévériens, bien qu'aucun des visages révèle l'intention d'une caractérisation physionomique. Les thèmes traités trouvent de nombreux parallèles dans l'art

funéraire ostien, souvent inspiré de scènes de la vie réelle, qui suggèrent cependant une interprétation symbolique. La scène du retour au port se lit comme la métaphore de la mort et du voyage vers un lieu tranquille et sûr; quant à la scène de l'auberge, on peut la comparer aux nombreuses représentations de banquet.

Dernier quart du IIIᵉ s. ap. J.-C.

CALZA 1931, pp. 531 s., fig. 15; CALZA 1940, pp. 203 ss., 351, fig. 107; KOCH-SICH-TERMANN 1982, pp. 122, 125, 278, fig. 132; AMEDICK 1991, pp. 55, 57, 72, 110, 112, n° 97, pls 49, 1-2; 109,1; PEKÁRY 1999, p. 914 (I-025).

N.A.

VI.3 Sarcophage avec scène de navigation

Moulage: Rome, Museo della Civiltà Romana, inv. MCR 955
Original: marbre
Haut. 52 cm; larg. 54 cm; long. 178 cm
Ostie
Copenhague, Ny Carlsberg Glyptotek; inv. 1299

Trois navires marchands, différents par leur coque et par leur voile, se succèdent sur le devant du sarcophage. Deux sont dirigés vers la droite, un vers la gauche. Chacun a pour équipage un pilote et deux matelots, tous nus. La scène est encadrée à droite par un phare à trois étages, à gauche par un bâtiment surmonté d'un balcon où se tiennent deux personnes en tunique qui avancent leurs bras vers les bateaux. Un troisième personnage se tient au-dessous, dans un renfoncement (peut-être l'entrée de l'édifice). Il porte un plateau chargé de fruits. Les traits de son visage semblent être de caractère négroïde. Un quatrième personnage s'avance sur le petit côté du sarcophage, une corbeille en main.

Dans les flots agités, on remarque des dauphins bondissants et, au centre, un homme, dont le torse seulement est visible. Il tend la main gauche en direction des navigateurs. Ce geste a été interprété comme un appel à l'aide et la scène considérée comme la représentation d'une noyade. Mais, vu que la scène paraît se passer à proximité du port, voire à l'intérieur de celui-ci, on peut se demander s'il ne s'agit pas plutôt d'une manœuvre dans laquelle intervient un plongeur, un *urinator*.

IIIᵉ s. ap. J.-C.

Voir *Aurea Roma*, p. 480, n° 99 pour la bibliographie, à laquelle on peut ajouter: MOLL 1929, B, IIIb, 135; POMEY 1978, pp. 20-29; POMEY 1997, p. 85; STUBBE ØSTER-GAARD 1997, pp. 80-101; PEKÁRY 1999, pp. 44-45 (DK-7).

J.C./J.P.D.

VI.4 Relief avec chaloupe de remorquage

Terre cuite
Haut. 40 cm; long. 57,5 cm
Intact
Isola Sacra, nécropole de Portus; tombe 78, de Ti. Claudius Eutychus et Claudia Memnonis
Ostie, Antiquarium; inv. 14261

Bateau avec proue élancée et surélevée, mais privée d'ornements, du type utilisé pour les manœuvres dans le port. La proue porte un mât sans voiles. A la poupe, le timonier, qui tient solidement en main le timon, a devant lui les rameurs, représentés presque deux fois plus grands que lui.

Début du IIᵉ s. ap. J.-C.

CALZA 1931, p. 539, fig. 22; CALZA 1935, p. 419, fig. 10; CALZA 1940, p. 254, fig. 153; FLORIANI SQUARCIAPINO 1956/58, pp. 189-190, pl. III.2; ZIMMER 1982, pp. 208-209, n° 156; PEKÁRY 1999, p. 196 (I-O38).

P.O.

VI.5 Relief avec navire *caudicaria*

Terre cuite
Haut. 42 cm; long. 44 cm
Intact
Isola Sacra, nécropole de Portus, tombe
de Calpurnia Ptolomais et de
L. Calpurnius Ianuarius (1928)
Ostie, Antiquarium; inv. 2769

Petite embarcation avec mât et gouvernail, représentée vide, les voiles amenées et la proue tournée vers la droite. Il s'agit peut-être d'une allusion à la profession du défunt (commerçant, ou propriétaire de barques de pêche); d'autres ont voulu lire dans le bateau avec les voiles amenées, donc encore présent dans le port, le symbole de la mort comme l'embarcadère sûr dans la tempête de l'existence.

Début du IIe s. ap. J.-C.

FLORIANI-SQUARCIAPINO 1956/58, pp. 193-194, pl. VI.1; HELBIG IV, n° 3004 (Simon); ZIMMER 1982, pp. 209-210, n° 158; PEKÁRY 1999, p. 196 (I-O33).

P.O.

VI.6 Cippe avec navire *caudicaria*

Moulage: Fiumicino, Museo delle Navi, inv. C 5
Original: marbre
Haut. 100 cm; larg. 56 cm
Rome, Lungotevere, près de l'Ospizio di S. Maria in Cappella (1886)
Rome, Museo Nazionale Romano; inv. 106

Le moulage, mesurant 37 x 46 cm, présente la partie supérieure du côté droit d'un cippe qui présente deux inscriptions, l'une sur la face et l'autre sur le côté gauche. L'inscription la plus récente, celle de la face principale, est datable entre 337 et 350 ap. J.-C. et dédiée à l'empereur Constant par Avianus Aurelius Symmachus, *praefectus annonae*.

Cette fonction permet de mettre en relation l'inscription avec le relief du navire sur le côté droit, dont est tiré le moulage. La scène représentée sur le relief est le halage des marchandises depuis le port fluvial jusqu'aux ports fluviaux de la capitale, à l'aide d'une embarcation de type *navis caudicaria*. La coque du navire est représentée de profil sur des ondes stylisées. Le mât est sans voile, mais doté de barreaux permettant de régler le câble de halage, depuis la rive du Tibre. Dans la soute est représentée une cargaison d'amphores. Sur la proue se trouve un marin, sur la poupe, le timonier. Pour l'embarcation et le halage, voir CASSON 1965, p. 37, pl. III, 1; LE GALL 1953, pp. 228-230, pl. XXXI, 2; SCRINARI 1989, p. 60; PEKÁRY 1999, p. 280 (Rom-M24); BOETTO 2000, pp. 101-102 et ci-dessus, p. 126.

IIIe et IVe s. ap. J.-C.

FIORELLI 1886, p. 362; HELBIG III, n° 2427 (Zosel); CIL VI, 36954; MNR I,2, pp. 325-327, n° 32 (Manodori).

G.B.

VI.7 Modèle (1:10) du navire *Fiumicino 1*

Bois
Haut. 144 cm (du mât 115 cm); long. 174 cm; larg. 58 cm

L'épave *Fiumicino 1* fut découverte en 1959 lors de travaux pour la construction de l'aéroport de Rome (voir ci-dessus, pp. 121 ss.). Elle est préservée sur 14 m de longueur et sur 4,50 m de largeur; le flanc droit sur 1,45 m de hauteur. Les vestiges correspondent au fond de carène du navire d'origine, dont les superstructures ont disparu. Néanmoins, les formes du

fond de carène sont assez bien conservées avec la fermeture de la coque sur le brion d'étrave et la courbure des flancs. L'ensemble correspond à un navire à fond plat. Le bordé, simple, est assemblé par tenons et mortaises et la membrure est constituée de varangues alternées avec des demi-couples. Une carlingue, reliée par des broches en fer à la membrure et à la quille, conserve l'emplacement du mât.

Les nombreux systèmes de réparation rapide et la forme de la coque font de *Fiumicino 1* un exemple d'embarcation fluviale et portuaire identifiable avec un type naval bien connu à travers les sources littéraires et l'iconographie, la *navis caudicaria* (voir ci-dessus, pp. 125-126).

Le modèle ici exposé, construit au Museum für antike Schiffahrt de Mayence, permet de visualiser une forme inédite de coque de navire. En particulier, la proue est élancée et aplatie pour faciliter le rapprochement avec la berge du fleuve ainsi que le halage. Le mât est placé vers l'avant, sans vergue ni voile. Il est muni de marchepieds triangulaires et d'un système de manœuvres très simplifié. A la poupe on trouve une petite cabine et des rames-gouvernails latérales.

G.B.

VI.8 Jas d'ancre

Plomb
Long. 170 cm; caisse: haut. 20 cm; long. 20 cm; larg. 30 cm
Bonne conservation
Provenance inconnue (peut-être la sèche près de Tor Paterno, Ostie)
Fiumicino, Museo delle Navi; inv. 37804

Barre transversale (jas) d'une ancre. La partie évidée servait au passage de la verge en bois. Sur les côtés, deux inscriptions en relief: IOVIS (peut-être le nom du navire) sur l'un, le numéro IV (le numéro d'ordre de l'arsenal, nécessaire pour identifier l'outil ou pour l'emploi à bord), sur l'autre.

Fin de l'époque républicaine

GIANFROTTA 1980, p. 110, fig. 21, n. 37; SCRINARI 1989, pp. 88-89.

G.B.

VI.9 Inscription

Marbre
Long. 34; haut. 27 cm
Partiellement recomposée de deux fragments; manque la partie supérieure arrière
Du Decumanus, entre la via dei Molini et le Forum (1913)
Ostie, Lapidario; inv. 11210

L(ucius) Caelius L(ucii) f(ilius) A[rn(ensi tribu)] / Aprilis Valerian[us] / curator navium Kartha[g(iniensium)] et Arellia Eleuthera eius / fecerunt sibi et / li(bertis) libert(abus) posterisq(ue) eorum.

Il s'agit d'une inscription funéraire dans laquelle sont nommés L. Caelius Aprilis Valerianus et Arellia Eleuthera qui firent construire cette sépulture, pour eux-mêmes et leurs descendants.

L. Caelius, originaire de Carthage (comme on peut le déduire de la mention de la tribu *Arnensis*), fut *curator navium Karthaginiensium*, c'est-à-dire représentant des *navicularii Karthaginienses* d'Ostie. Pourtant, de cette charge, on peut donner aussi une interprétation différente, en rapportant ces *curatores* à certaines associations professionnelles (par ex. le *corpus curatorum navium marinarum* ou le *corpus curatorum navium annalium*, etc.) qui géraient la manutention des navires mis à leur disposition en concession par les armateurs.

IIe s. ap. J.-C.

VAGLIERI 1913, p. 353, n° 3; CIL XIV Suppl. 4626; cf. MEIGGS, *Ostia*, pp. 288-289; DE SALVO 1992, pp. 276 ss.

A.P.

VI.10 Cippe avec inscription

Marbre
Haut. 19 cm; long. 23-25,8 cm;
prof. 11,2-13,5 cm
Intact
«Basilique» (1951)
Ostie, Lapidario; inv. 7906

Imp(eratori) Caes(ari) M(arco) Anto/nino Gordiano/Pio Felici Aug(usto)/corp(us) tr(aiectus) Lucul(li).

Il s'agit d'une dédicace à l'empereur Gordien III (238-244) de la part de la corporation de *Traiectus Luculli*. Cette corporation était constituée de bateliers à qui un privé, Lucullus, avait loué l'espace pour l'accostage des embarcations. Le lieu de découverte de ce petit cippe, soit le bâtiment dénommé Basilica, sis sur le Decumanus presqu'en face de l'Insula des Triclinia, permet d'identifier l'édifice comme siège de l'association (*schola*), avec une salle à abside, subdivisée en trois nefs par des pilastres en briques.

IIᵉ s. ap. J.-C.

PELLEGRINO 1986, p. 301; LICORDARI 1987, p. 153; cf. PAVOLINI 1983, p. 108; PAVOLINI 1986, p. 138.

A.P.

VII: COMMERCE

VII.1 Fresque avec le navire *Isis Geminiana*

Haut. 47 cm, larg. 94 cm
Nécropole de la via Laurentina, columbarium 31 (1865-1866)
Rome, Musei Vaticani, jadis Museo Profano della Biblioteca Apostolica Vaticana, inv. 79638

La fresque décorait l'intérieur d'un columbarium de la seconde moitié du Iᵉʳ s. ap. J.-C. ou du début du IIᵉ s. Au moment de la fouille, il était recouvert d'un crépi. Dans la même tombe se trouvait aussi une fresque avec Mercure et une seconde avec une scène de banquet, cette dernière, déposée aussi, est également conservée au Museo Profano.

Une *caudicaria* y est représentée, navire de charge de petite taille du type utilisé pour ravitailler Rome en remontant le Tibre. La scène représente le chargement des denrées: le timonier, qu'une inscription peinte identifie comme *Farnaces/magister*, se tient à la poupe sur le gaillard d'arrière; devant lui se trouve un personnage vêtu d'un manteau brun avec un rameau dans la main gauche. Au centre, un porteur est en train de déverser le blé d'un sac, sur lequel est peint le mot *res*, c'est-à-dire la marchandise, dans un boisseau surveillé par *Abascantus* qui se tient en face de lui. Un autre personnage, assis à la proue à côté d'un second boisseau, donne des ordres de la main droite à deux compagnons qui sont en train de monter sur la passerelle, chargés chacun d'un sac. Sur le second boisseau est peint *feci*.

Le nom du navire, indiqué sur la poupe, est *Isis Gi/minia/na*, il s'agit donc d'une embarcation qui porte le nom de la déesse Isis, et, pour la distinguer des autres du même nom, le propriétaire y a ajouté un adjectif qui dérive évidemment de son propre nom, *Geminus*.

La composition par juxtaposition des figures et le trait simplifié, mais essentiel, induisent à dater la fresque de la première moitié du IIIᵉ s. ap. J.-C.

1ʳᵉ moitié du IIIᵉ s. ap. J.-C.

CIL XIV 2028; NOGARA 1907, pp. 65, 67 n° 6, pp. 71-72, fig. 4, pl. 46; PASCHETTO 1912, pp. 213-214, 470-472; FLORIANI SQUARCIAPINO 1958, pp. 125-127 (au sujet du columbarium); MALAISE 1972, p. 87, n° 120; BASCH 1987, p. 468, fig. 1048; HÖCKMANN 1994, p. 427, fig. 2; PEKÁRY 1999, p. 400 (Vat. 32).

P.L.

VII.2 Relief des *tabularii*

Moulage: Rome, Museo della Civiltà Romana, inv. MCR 3666
Original: marbre
Haut. 35 cm; larg. 48 cm
Intact
Ostie
Rome, Museo Torlonia

Trois fonctionnaires (*tabularii*) derrière un banc, enregistrent les amphores débarquées et donnent un reçu aux débardeurs. L'embarcation, dont on voit seulement une extrémité, présente une proue concave (taille-mer) décorée d'une *stolos* à boucle; le mât de proue (*artemon*), à voile carrée, est légèrement incliné.

Fin IIᵉ-début IIIᵉ s. ap. J.-C.

VISCONTI 1884-1885, n° 428; REINACH 1909, 345,3; MOLL 1929, B IV 94; CASSON 1971, fig. 174; BASCH 1987, p. 464, fig. 1037; POMEY 1997, p. 119; PEKÁRY 1999, p. 290 (Rom-M55).

G.B.

VII.3-4 Figurines de porteurs

Terres cuites moulées
Haut. 13 cm
Intacts
Ostie, Scavi
Ostie, Antiquarium; inv. 3261 et 3262

Les deux terres cuites représentent chacune un porteur avec jambes légèrement écartées et pliées par l'effort. Il porte sur les épaules un sac dont il tient le sommet avec la main droite, tandis qu'avec la gauche il en soutient le fond; il est vêtu d'une petite tunique à courtes manches, serrée par une large bande à rainures horizontales qui va de sous la poitrine au bassin. Il porte des sandales lacées aux chevilles. On ne distingue pas les traits du visage; sur la tête repose un couvre-chef qui laisse entrevoir une chevelure épaisse. L'arrière est lisse.

Iᵉʳ-IIᵉ s. ap. J.-C.

CALZA SQUARCIAPINO 1962, p. 89; PAVOLINI 1986, p. 97, fig. 43. Cf. *Terrecotte votive*, pp. 151-152, pl. 57.

P.O.

VII.5-7 Tessères

A Ostie et dans sa périphérie, on a trouvé des tessères et des jetons en grand nombre. Les tessères en plomb présentées ici ne proviennent pas de contextes particuliers et peuvent être datées de l'époque romaine. L'examen typologique peut permettre, au moins dans le cas des représentations du boisseau avec épis de blé, de rapporter les productions de tessères en plomb à un contexte «frumentaire», cette attribution étant toutefois incertaine également en ce qui concerne les productions en cuivre (cf. MUNZI 1997, p. 589). En effet, le champ des recherches sur la destination de l'usage des tessères et des jetons de plomb est vaste, même en ce qui concerne leur encadrement juridique. A ce propos, il faut observer que la découverte sur le territoire ostien d'un nombre considérable de matrices de marbre pour la fusion d'objets en forme de monnaies (cf. ci-dessous, nᵒˢ VII.8-9, *TUR-Sylloge*, p. 399, nᵒˢ 3594-3598), ainsi que de scories et résidus de plomb, les *coduli* (voir ci-dessous, n° VII.10) oblige à reconsidérer l'hypothèse, au cas par cas, de productions à caractère privé (MITCHINER 1984, p. 95: OVERBECK 1995, pp. 5-7, 15).

VII.5. Plomb; diam. 1,7 cm
Via della Foce (1955)
Ostie, Antiquarium; inv. 5348
Av.: Couronne de branches de palme
Rev.: Palme
Cf.: ROSTOWTZEW-PROU, p. 191, n°s 207 - 208; *TUR-Sylloge*, p. 374, n° 3286.

VII.6. Plomb; diam. 1,7 cm
Ostie, Antiquarium; inv. 3075
Av.: C // XII.
Rev: *Fortuna* debout à dr.
Cf.: SCHOLZ, p. 117 n° 1866, pl. IV.

VII.7. Plomb; diam. 1,6 cm
Fullonica de la via dei Vigili (1964)
Ostie, Antiquarium; inv. 15357
Av.: Boisseau avec trois épis
Rev.: Les Trois Grâces
Cf. *TUR-Sylloge*, p. 48, n° 358; *TUR-Tabulae* III, n° 57; MLASOWSKY, p. 48, n° 50.

E.S.

VII.8-9 Matrices pour tessères

Palombino (calcaire)
17,8 x 17,8 cm
D'un atelier sur le côté E du Cardo Maximus, en face des Thermes du Phare (1940)
Ostie, Antiquarium; inv. 5920 a-b

Matrices de forme octogonale, à deux valves, pour la fabrication de tessères de plomb. Sur chaque valve (extérieurement brutes), on observe un petit canal central et cinq petits canaux par côté, communiquant avec 11 creux de forme circulaire, dont l'intérieur est incisé: P (cf. *TUR-Sylloge*, n°s 2793, 3238, 3468, 3476, 3522).

Epoque impériale
Cf.: DE RUGGIERO 1878, pp. 217-218, n°s 1-9; *TUR-Sylloge*, p. 399, n°s 3594 -3598.

E.S.

VII.10 *Coduli* de fusion

Plomb
Long. 12-13 cm
Six *coduli*, chacun pour la fusion de 11 tessères de plomb
Ostie, Antiquarium; inv. 15732 a-f

Epoque impériale
Inédits

E.S.

VII.11-12 Estampilles avec prise en anneau (*signacula*)

La fonction de la classe d'objets à laquelle appartiennent les deux exemplaires exposés ici et que l'on regroupe sous le nom de *signacula*, reste incertaine. Il a été suggéré qu'ils puissent avoir servi pour marquer des étoffes ou des objets de cuir: *CIL* X, p. 915; DOLLFUS 1967, pp. 130-132.

VII.11. Plaque encadrée

Bronze
Haut. 2,3 cm; larg. 5,7 cm; ép. 0,6 cm
Via dei Molini
Ostie, Antiquarium; inv. 4172

La lecture du texte ne laisse aucune place au doute: l. 1: III (surligné) *Tert(---)*; l. 2: *P(---) A(---) B(---)*. A propos des signes de ponctuation en forme de feuille qui séparent les lettres de la l. 2, cf. DOLLFUS 1967, pp. 133 n° 3, 136 n° 11, 137 n° 22, 144 n° 42). En revanche, son interprétation reste incertaine.

Date incertaine
CALZA 1914, p. 71; *CIL* XIV, 5314,1; PAVOLINI 1986, p. 192 et fig. 76.

M.F.

VII.12. Plaque encadrée

Bronze
Haut. 2,2 cm; larg. 5,8 cm; ép. 0,6 cm
Via dei Molini
Ostie, Antiquarium; inv. 4173

La lecture du texte, dont les lettres ont une orientation sinistrorsum (l. 1: MVAERT; l. 2: IXAIMGI), ainsi que son interprétation restent incertaines.

Date incertaine
CALZA 1914, p. 71; *CIL* XIV, 5314,2; PAVOLINI 1986, p. 192 et fig. 76.

M.F.

VII.13-17 Amphores de transport

VII.13. Dressel 1 B

Haut. 118 cm
Ostie, Antiquarium; inv. 16125

Ce type d'amphore vinaire est répandu dans tout l'Empire et même au-delà des ses frontières. Sa popularité reflète le succès qu'a connu le système d'exploitation agricole en Italie centrale à l'époque républicaine, fondé sur une main-d'œuvre qui était composée en large partie d'esclaves.

Ier s. av. J.-C.
PEACOCK-WILLIAMS 1986, pp. 89-90; SCIALLANO-SIBELLA 1991, p. 33.

A.M.

VII.14. Dressel 2-4 d'Italie

Haut. 102 cm
Ostie, Antiquarium; inv. 33556

Ce type d'amphores succède à Dressel 1 aussi bien dans les ateliers italiques que sur les marchés internationaux.

Fin du Ier s. av.-milieu du Ier s. ap. J-C.
PEACOCK-WILLIAMS 1986, pp. 105-106; SCIALLANO-SIBELLA 1991, p. 99.

A.M.

VII.15. Africaine II D

Haut. 110 cm
Ostie, Antiquarium; inv. 15508

A partir du IIIe siècle, les amphores africaines (conteneurs d'huile et aussi de sauces et conserves de poissons), parmi lesquelles l'Africaine II D est l'une des plus fréquentes, dominent le marché ostien.
Fin du IIIe-début du Ve s.

PEACOCK-WILLIAMS 1986, pp. 202-203; SCIALLANO-SIBELLA 1991, p. 81.

A.M.

VII.16. Kapitän II

Haut. 76 cm
Ostie, Antiquarium; inv. 15590

Au courant du IIIe et du IVe siècle, ce conteneur apparaît assez fréquemment sur le marché d'Ostie, sans doute comme l'amphore orientale qui a le plus grand succès à cette époque. Elle servait probablement au transport du vin.
Fin du IIe s. - IVe s.

PEACOCK-WILLIAMS 1986, pp. 193-195; SCIALLANO-SIBELLA 1991, p. 99.

A.M.

VII.17. Spathéion de forme Keay XXVI

Haut. 84 cm
Ostie, Antiquarium; inv. 15454

Dans l'Antiquité tardive, les produits africains transportés en amphores continuent à dominer le marché ostien, même si les produits orientaux et de l'Italie méridionale gagnent en importance.
IVe-VIe/VIIe s.

PEACOCK-WILLIAMS 1986, pp. 202-203; SCIALLANO-SIBELLA 1991, p. 84.

A.M.

VII.18-29 Céramique sigillée

VII.18. *Modiolus* de forme *Consp.* R 3

Sigillée italique à reliefs
Diam. à l'embouchure 20,5 cm
Ostie, Antiquarium; inv. 5205

Décor qui consiste de danseuses et d'éléments végétaux, parmi lequel se trouve le timbre du potier: T'IGRAN. La sigillée italique décorée à reliefs, constitue la partie la plus fine de la production des ateliers italiques, mais elle n'est pas fréquente dans les contextes de fouille.
Milieu de l'époque augustéenne - époque tibérienne
Conspectus, pp. 170-171.

A.M.

VII.19. Assiette de forme *Consp.* 4.4

Sigillée italique
Diam. à l'embouchure 14 cm
Aula de Mars et de Vénus
Ostie, Antiquarium; inv. 14257

Avec décor de spirales appliqué et timbre de potier à l'intérieur: CHRESV / RASINI.

La sigillée italique domine le marché en céramique fine d'Ostie et en général d'Italie entre la deuxième moitié du Ier siècle av. J.-C. et la première moitié du IIe siècle ap. J.-C., c'est-à-dire longtemps après qu'elle ait perdu son marché d'exportation au nord des Alpes.
Milieu de l'époque augustéenne
Conspectus, pp. 58-59.

A.M.

VII.20. Coupe de forme Dragendorff 37

Sigillée de Gaule méridionale
Diam. à l'embouchure 24 cm
Ostie, Antiquarium; inv. 16607

Le décor en panneaux comprend des animaux et des motifs végétaux. A l'époque flavienne, cette forme remplace la coupe carénée Dragendorff 29 comme forme typique de la vaisselle décorée à relief. L'importation de la sigillée de Gaule méridionale, qui avait gagné une position sur le marché ostien à l'époque claudienne, est à ce moment en déclin à Ostie.
Epoque flavienne
WEBSTER 1996, pp. 47-48.

A.M.

VII.21. Assiette de forme Dragendorff 18

Sigillée de Gaule méridionale, marbrée
Diam. à l'embouchure 14 cm
Ostie, Antiquarium; inv. 4837

Timbre de potier à l'intérieur: CALVF[-], mal imprimé (inconnu dans les répertoires, mais à lier au Calvus de la Graufesenque).

La vaisselle marbrée, attestée beaucoup plus fréquemment en Italie centrale qu'ailleurs (plus même qu'en son lieu de production à la Graufesenque), doit avoir été produite surtout pour ce marché. La marbrisation, connue aussi sur les vases décorés, est utilisée en particulier sur la vaisselle lisse afin de la différencier de la vaisselle italique lisse semblable et de la rendre plus compétitive.
Milieu du Ier s.

WEBSTER 1996, pp. 32-35; OSWALD 1931, p. 55; POLAK 2000, pp. 190-195.

A.M.

VII.22. Coupe de forme Dragendorff 37

Sigillée hispanique
Diam. à l'embouchure 26 cm
Ostie, Antiquarium; inv. 14370

Le décor en panneaux représente des animaux et des motifs géométriques. Cette forme, une adaptation au bord épais de la forme connue en Gaule, est caractéristique de la sigillée hispanique. Ostie est l'un des rares sites hors de la péninsule ibérique et du Maroc où cette sigillée est attestée.
Fin du Ier- début du IIe s.
MEZQUIRIZ 1985, pp. 169-170.

A.M.

VII.23. Coupe de forme Dragendorff 29

Sigillée italique tardive
Diam. à l'embouchure 29 cm
Ostie, Antiquarium; inv. 12456

Timbre de potier à l'intérieur: L. RA]SIN PIS[AN.

Le décor réparti en deux zones consiste en arcades et motifs figurés. A la fin du Ier siècle et pendant la première moitié du IIe, les ateliers italiques produisent un nouveau genre de sigillée décorée: des grandes coupes au décor peu soigné. La sigillée italique tardive décorée est assez répandue en Italie centrale (davantage que la sigillée italique décorée classique), mais elle n'est pas fréquente au-dehors de la péninsule.

Env. 80-150 ap. J.-C.
MEDRI 1992.

A.M.

VII.24. Bol de forme Hayes 74A

Sigillée orientale B
Diam. à l'embouchure 12 cm
Ostie, Antiquarium; inv. 16634

Timbre aniconique (rosette?) à l'intérieur, sur le fond.

Il s'agit d'un vase caractéristique de la deuxième phase de cette sigillée, dont la production a été localisée dans la vallée du Méandre en Asie Mineure. La sigillée orientale B arrive à satisfaire un pourcentage considérable, quoique toujours minoritaire, de la demande de la céramique fine à Ostie, entre le dernier quart du Ier et le premier du IIe siècle.

Env. 70/75-120 ap. J.-C.
HAYES 1985, p. 68.

A.M.

VII.25. Coupe de forme Hayes 50

Sigillée orientale A
Diam. à l'embouchure 8 cm
Ostie, Antiquarium; inv. 15890

X en graffito à l'intérieur du pied. Autour du pied, on observe les empreintes de doigts laissées par l'immersion du vase dans l'argile liquide pour la couche de revêtement.

La coupe Hayes 50 est parmi les formes fréquentes de cette sigillée. La sigillée orientale A provient de la région d'Antioche. Elle apparaît à Ostie au long du Ier siècle, un peu plus souvent vers le dernier quart, sans jouer jamais un rôle considérable.

60/70-100 ap. J.-C.
HAYES 1985, pp. 36-37.

A.M.

VII.26. Coupe de forme Hayes 9A

Sigillée africaine A
Diam. à l'embouchure 16 cm
Ostie, Antiquarium; inv. 16627

Pendant la première moitié du IIe siècle, la sigillée africaine A, dont cette forme est l'une des plus fréquentes, gagne la totalité du marché de la céramique fine à Ostie.

100-160 ap. J.-C., et probablement plus tard
Atlante I, p. 27.

A.M.

VII.27. Assiette de forme Hayes 67

Sigillée africaine D
Diam. à l'embouchure 31 cm
Ostie, Antiquarium; inv. 16070

Décor estampillé de style Hayes A(ii) à l'intérieur.

Il s'agit d'une forme et d'un décor très typiques de la production D de la sigillée africaine. Cette production, qui commence à partir de la période constantinienne, prend la relève de la sigillée africaine C en dominant le marché en céramique fine d'Ostie.

Env. 360-420 ap. J.-C.
Atlante I, pp. 88-89.

A.M.

VII.28. Plateau de forme Hayes 56

Sigillée africaine C
Long. conservée 21 cm
Ostie, Antiquarium; inv. 4669

Décor à reliefs sur le bord, avec motifs de poissons, oiseaux et autres sujets marins.

La sigillée africaine C, dont il y a des exemplaires lisses et d'autres décorés à reliefs appliqués comme celui-ci, est la deuxième en ordre chronologique des productions africaines à dominer le marché ostien, entre les productions A et D.

Env. 360-420 ap. J.-C.
Atlante I, pp. 160-161.

A.M.

VII.29. Bol à reliefs

Sigillée corinthienne
Diam. à l'embouchure 7 cm
Ostie, Antiquarium; inv. 5667

Décor en frise à éléments figurés et végétaux.

Les bols corinthiens décorés à reliefs se répandent très largement, de la mer Noire jusqu'à la Péninsule Ibérique, même s'ils ne sont jamais très fréquents.

Milieu du IIe- IIIe s.
Atlante I, pp. 255-256.

A.M.

VII.30-31 Vases plastiques

VII.30. Vieillard et enfant

Argile
Haut. 13 cm
Fragmentaire
«Nymphée» à l'ouest du Théâtre (1913)
Ostie, Antiquarium; inv. 3278

Personnage masculin assis sur un siège avec un haut dossier, vêtu d'une tunique longue. Il a les traits du visage fortement caricaturés. Il tient sur ses genoux un enfant qui lui suce un doigt de la main droite. Sur la base, estampille de C(aius) *Iun(ius) Bit(us)* (*CIL* XV, 6089), connu à Ostie comme fabriquant de lampes et de tirelires.

IIIe s. ap. J.-C.
PAVOLINI 1978, p. 31.

P.O.

VII.31. Vieille femme ivre

Argile
Haut. 15,5 cm
Fragmentaire
Ostie, Scavi
Ostie, Antiquarium; inv. 3514

Personnage féminin assis sur un siège dont le dossier est courbé, qui serre contre lui une amphore de vin. La femme, que l'on peut identifier comme une vieille sur la base des traits caricaturés, est habillée d'un large vêtement drapé avec un châle croisé sur la poitrine.

IIIe s. ap. J.-C.
PAVOLINI 1978, p. 31.

P.O.

VII.32-41 Fragments de marbres d'époque impériale

VII.32. Porphyre rouge (Porfido rosso – *Lapis Porphyrites*)

Long. 20 cm; larg. 15,5 cm;
ép. 1,6 - 2,2 cm
Ostie, Depositi; inv. 57228.1

Plaque fragmentaire en porphyre rouge. Ce marbre, trouvé sur le Mons Porphyrites dans le désert oriental égyptien, fut introduit à Rome à partir de la période augustéenne. Employé pour les fûts de colonnes, les sarcophages impériaux, les vasques et *labra*, les statues et les plaques décoratives pariétales et des pavements, il est rarement attesté à Ostie excepté dans quelques maisons tardo-antiques, comme par exemple la Domus d'Amour et Psyché. L'emploi du porphyre rouge est au contraire très fréquent dans les fameux décors en *opus sectile* de la Domus fuori Porta Marina, dans laquelle on relève cependant un remploi de plaques juxtaposées et modifiées pour la nouvelle décoration en marbre.

VII.33. Jaune antique (Giallo antico – *Marmor Numidicum*)

Long. 15,8 cm; larg. 8 cm; ép. 2,5 cm
Ostie, Depositi; inv. 57228.5

Le fragment conserve sur un de ses côtés quelques cannelures, séparées par un listel, d'un fût de pilastre dont la surface postérieure lisse d'origine a été remployée comme plaque de pavement. Cet usage est assez diffusé dans la décoration en marbre de la période tardo-antique, dans laquelle on remploie fréquemment des fragments de marbre de l'époque précédente. Le jaune antique était extrait dans les carrières impériales de *Simitthus* en Numidie et fut l'un des premiers marbres à être importé à Rome à partir du Ier siècle av. J.-C., où il était employé principalement pour les fûts de colonnes, plaques de revêtement et parfois pour les statues. A Ostie, on note l'emploi du jaune antique à l'époque hadrienne dans la décoration du pavement du Capitole et du *frigidarium* des Thermes du Forum, tandis que l'*Historia Augusta* (*Tacitus* X 5) mentionne un acte d'évergétisme en faveur de la ville d'Ostie de la part de l'empereur M. Claudius Tacitus (275-276) qui donna cent colonnes en marbre numidien, hautes de 23 pieds.

VII.34. Marbre griotte vert (Cipollino mandolato verde)

Long. 34,4 cm; larg. 15,3 cm; ép. 1,6 cm
Ostie, Depositi; inv. 57228.9

Ce marbre, provenant des environs de Couflens et de Campan dans les Pyrénées françaises, est très rarement attesté en-dehors de la région de provenance avant le IIIe siècle après J.-C. A Rome, il a été trouvé à la Villa di Settebassi sur la via Tuscolana et dans les fouilles du Théâtre de Marcellus, tandis qu'à Ostie est encore conservée *in situ* une grande plaque de décor pariétal dans le *caldarium* du complexe thermal du dit Palais Impérial. A cette décoration de marbre, qui date probablement de l'époque tardive, pourrait appartenir aussi la plaque pariétale présentée ici. D'autres fragments ont été repérés dans le mortier de base de la décoration pariétale du petit nymphée à niche semi-circulaire du grand *tablinum* de la Domus d'Amour et Psyché.

VII.35. Serpentine (Serpentino – *Marmor Lacedaemonium*)

Long. 11,8 cm; larg. 9,2 cm; ép. 3 cm
Ostie, Depositi; inv. 57228.2

Carreau rhomboïdal fragmentaire en serpentine. Cette pierre d'origine volcanique était extraite près du village de Krokeés à environ 25 km au sud de Sparte dans le Péloponnèse. Déjà exploitée sporadiquement à l'époque mycénienne, elle est de nouveau employée dès l'époque augustéenne, surtout pour les plaques et les carreaux de pavement. Cependant, son emploi est aussi attesté pour des petits fûts de colonnes torsadés (Rome, Baptistère du Latran) ou lisses (Ostie, Depositi) et quelques petits chapiteaux composites (Rome, Sainte-Sabine). Cela rappelle enfin l'utilisation extraordinaire de la serpentine pour quelques-unes des statues de barbares prisonniers qu'il faut probablement mettre en rapport avec la décoration du Forum de Trajan.

VII.36. Marbre africain (Africano – *Marmor Luculleum*)

Long. 17 cm; larg. 13 cm; ép. 2,4 cm
Ostie, Depositi; inv. 57228.3

Plaque fragmentaire de marbre africain de la variété brèche rose (breccia rosa), l'ancien *Marmor Luculleum*, employé à Rome depuis le Ier siècle av. J.-C.
Les carrières situées près de l'antique cité de Teos, sur la côte d'Asie Mineure, à environ 45 km au sud-ouest de Smyrne, produisaient en outre une variété brèche verte et une grise. A Ostie, on note l'emploi d'un bloc parallélépipédique de dimensions remarquables pour le seuil d'accès à la cella du Capitole, tandis que la colonne carrelée de marbre africain gris, trouvée avec d'autres blocs dégrossis (de carrières) récupérés dans la *Fossa Traiana*, présente un intérêt particulier.

VII.37. Albâtre

Haut. 12 cm; larg. 8,8 cm; ép. 1,2 - 2,2 cm
Ostie, Depositi; inv. 57228.7

Fragment d'un grand vase à profil très ouvert en albâtre égyptien. Le bord présente sur la partie supérieure un petit cercle lissé, tandis que l'épaisseur de la paroi s'amenuise vers le bas. On remarque le soin du travail et la taille précise de l'albâtre de manière à obtenir avec les veines un effet de bandes parallèles horizontales, qui devaient à l'origine souligner la forme du vase. L'albâtre égyptien était particulièrement recherché et apprécié à l'époque romaine pour la production des vases, petits bassins, *labra*, pyxides et *alabastra*. En tirant parti de la transparence de la pierre, on en soulignait la grande valeur et la beauté.

VII. 38. Marbre phrygien (Pavonazzetto – *Marmor Phrygium*)

Long. 17,5 cm ; larg. 11,5 cm ; ép. 1,2 cm
Ostie, Depositi ; inv. 57228.4

Ce marbre provenait des carrières de *Docimium* en Phrygie et fut introduit à Rome à partir du Ier siècle av. J.-C., utilisé soit pour les fûts de colonnes, soit pour les plaques décoratives et les statues, parmi lesquelles les fameux Daces provenant du Forum de Trajan et remployés dans l'attique de l'Arc de triomphe de Constantin. A Ostie, des fûts de colonnes cannelés, dont deux sont encore partiellement conservés, furent utilisés à l'époque d'Hadrien dans la façade du Capitole. Pour les plaques de pavement de la grande aula du *frigidarium* des Thermes du Forum, du marbre phrygien a été utilisé avec du vert antique, de la brèche de Scyros et du jaune antique.

VII.39. Brèche nuageuse rose (Breccia nuvolata rosa)

Long. 10,4 cm ; larg. 7,4 cm ; ép. 2,2 cm
Ostie, Depositi ; inv. 57228.8

La brèche nuageuse rose ainsi que la variété jaune proviennent probablement d'Algérie. Elles sont répandues en Afrique du Nord, à Leptis Magna et à Carthage, et à partir du IIIe siècle aussi dans la péninsule italienne, où on en a retrouvé à Piazza Armerina, à Rome et à Ostie. Elles sont principalement employées pour les plaques pariétales, de pavement et les petits fûts de colonnes. A Ostie, une plaque d'excellente qualité est toujours présente dans le pavement d'une salle entre le *frigidarium* et le *caldarium* des Thermes du Forum appartenant à la restructuration de l'édifice durant le IVe siècle. Il est fréquent aussi dans les pavements de marbre des résidences patriciennes d'époque tardive, par exemple la Domus d'Amour et de Psyché, la Domus de la via degli Augustali et celle de la via della Caupona.

VII.40. Albâtre (Alabastro cotognino – *Lapis Onyx*)

Long. 26,6 cm ; larg. 23,9 cm ;
ép. 3,8-4,1 cm
Ostie, Depositi ; inv. 57228.6

L'introduction de cet albâtre égyptien remonte au milieu du Ier siècle av. J.-C. Il était employé pour les fûts de colonnes de différentes dimensions et des plaques de revêtement, comme celle d'excellente qualité qui est présentée ici ; moins fréquent était l'utilisation de l'albâtre cotognino dans la statuaire. Les carrières étaient dispersées dans la partie centrale de la vallée du Nil et avaient déjà été exploitées à l'époque prédynastique. Les blocs de carrière d'albâtre égyptien, à présent déposés près de l'Antiquarium, ont été découverts sur les côtés de la *Fossa Traiana* et dans le lit étroit du canal. L'un d'entre eux porte la date consulaire de 146 ap. J.-C., tandis que d'autres présentent une cavité circulaire prévue pour recevoir les sceaux de plomb qui en attestent la propriété impériale.

VII.41. Sélénite (Selenite)

Long. 9,7 cm ; larg. 8,3 cm ; ép. 1,6 cm
Ostie, Depositi ; inv. 57228.10

La sélénite, ou albâtre plâtreux, permettait, par sa consistance tendre et compacte, d'obtenir de minces plaques translucides, incolores ou blanches, à aspect vitreux. La transparence de cette pierre était telle qu'elle permettait de fabriquer des vitres, mais on ne peut pas exclure une utilisation pour les plaques de revêtement pariétal à l'intérieur des constructions, à l'abri des agents atmosphériques qui l'auraient altérée, compte tenu de la solubilité de cet albâtre à l'eau. La sélénite provient peut-être des montagnes de la Tolfa (Latium septentrional) ou de Toscane.

M.B.

VII.42-48 Estampilles pour le marbre

Groupe de 7 estampilles de plomb, de forme circulaire, figurées et inscrites (le R/ est toujours brut), dont cinq datables de l'époque antonine (n°s 44-48) et deux d'époque peut-être plus ancienne (n°s 42-43 : Trajan?). Ces dernières furent trouvées *in situ* sur deux petits blocs bruts de marbre africain (inv. 19884, 181 x 70 x 77 cm ; inv. 19988, 136 x 50 x 37 cm) avec la datation consulaire d'Augurinus (132 ap. J.-C.), découverts en 1969 dans la zone de l'évêché de Portus (BACCINI LEOTARDI 1979, p. 41). D'un bloc de marbre africain (inv. 36781, 143 x 105 x 80 cm) provient également l'une des estampilles datées du principat d'Antonin le Pieux (inv. 37647, n° 48). Les quatre autres (n°s 45-47) sont des découvertes sporadiques de la *Fossa Traiana* (BACCINI LEOTARDI 1989, pp. 111-114).

Cette classe d'objets a été interprétée comme faisant partie d'un système de marques de contrôle du commerce du marbre. Le nombre relativement élevé des découvertes du canal de Fiumicino (22 estampilles), à mettre en rapport avec la présence de blocs de marbre sur le fond du même canal, est lié à la localisation de vastes dépôts de marbres de carrière sur la rive gauche (PENSABENE 1984, pp. 321-322 ; PENSABENE - BRUNO 1996).

L'examen des poinçons a seulement permis d'établir des parallèles iconographiques généraux avec les portraits impériaux utilisés pour les types monétaires, et, encore moins pour les données épigraphiques (BACCINI LEOTARDI 1989, p. 114). Ces estampilles offrent un vaste champ de recherches quant au contexte économique, productif et commercial, ainsi que juridique.

IIe s. ap. J.-C.

VII.42. Plomb ; diam. 3 cm

Fiumicino, Museo delle Navi ; inv. 19984 a

Av. : Légende illisible. Victoire (?) à g. avec couronne.

Cf. pour le type : GARRUCCI 1847, pl. III, n° 12 (Trajan) ; ROSTOVTZEW-PROU, p. 159, n° 6.

Avant 132 ap. J.-C.

BACCINI LEOTARDI 1979, p. 13, n° 8, pls III, 3 et IV, 2.

VII.43. Plomb ; diam. 3,4 cm

Fiumicino, Museo delle Navi ; inv. 19988 a

Même type que le précédent.

Avant 132 ap. J.-C.

BACCINI LEOTARDI 1979, p. 13, n° 9 ; pl. III, 4.

VII.44. Plomb ; diam. 3,4 cm

Fiumicino, Museo delle Navi ; inv. 37642

Av. : AVG DOMINORUM N Bustes confrontés de Marc Aurèle et de Lucius Vérus, en-dessous : étoile.

Cf. : ROSTOVTZEW-PROU 1900, p. 15, n° 1.

Epoque antonine

BACCINI LEOTARDI 1989, pp. 113-114, pl. CXXXII b.

VII.45. Plomb; diam. 4,4 cm

Fiumicino, Museo delle Navi; inv. 37643

Av.: Bustes confrontés de Marc Aurèle et de Lucius Vérus, en-dessous: étoile; bord perlé.

Cf.: GARRUCCI 1847, pl. IV, n° 3.

Epoque antonine

BACCINI LEOTARDI 1989, p. 114, pl. CXXXIII b.

VII.46. Plomb; diam. 3,5 cm

Fiumicino, Museo delle Navi; inv. 37645

Av.: IMP . ANT AVG . N (rétrograde) Buste d'Antonin le Pieux, couronné de laurier et barbu, à g.

Epoque antonine

BACCINI LEOTARDI 1989, p. 112, pl. CXXX b.

VII.47. Plomb; diam. 3 cm

Fiumicino, Museo delle Navi; inv. 37646

Av.: IMP . ANT AVG . N (rétrograde) Buste d'Antonin le Pieux, couronné de laurier et barbu, à g; sous le col: étoile.

Epoque antonine

BACCINI LEOTARDI 1989, p. 112, pl. CXXX a.

VII.48. Plomb; diam. 3,6 cm

Fiumicino, Museo delle Navi; inv. 37647

Av.: IMP . ANTONI * NVS AVG . P.P Buste d'Antonin le Pieux, couronné de laurier et barbu, à dr.

Epoque antonine

BACCINI LEOTARDI 1989, pp. 21-22, n° 16, p. 111, pl. CXXVIII b.

E.S.

VII.49. Inscription du *praepositus camellorum*

Moulage
Original: marbre blanc
Haut. 29 cm; larg. 36 cm; ép. 6 cm
Bord supérieur endommagé; côté postérieur brut
Nécropole de la via Laurentina
Ostie, Lapidario; inv. 7029

Dis Manibus. / T. Flavi (hedera) Aug(usti) lib(erti) (hedera). / Stephani. / praeposito. camellorum.

L'inscription, découverte dans les années 1930 dans la zone de la nécropole laurentine, n'est pas attribuable à une sépulture précise, même s'il est probable qu'elle ait été insérée dans le mur d'une tombe. Elle se réfère à un certain T. Flavius Stephanus, affranchi de la *gens Flavia*. La mention du *praepositus camellorum* dans le texte, en plus de la représentation des deux chameaux incisés à côté d'un éléphant sur le bord inférieur de l'inscription, a engendré, par sa particularité, une série d'hypothèses en ce qui concerne la charge revêtue par le per-

sonnage, qui pouvait avoir des fonctions militaires ou encore être préposé aux caravanes et à des activités liées, en Afrique même, aux chameaux (de l'organisation des caravanes à l'achat et l'élevage des chameaux). La présence de l'éléphant incisé entre les deux chameaux a aussi renvoyé les chercheurs vers d'autres interprétations, de sorte que les tâches de T. Flavius Stephanus pourraient s'être déroulées à l'intérieur de *l'ager Laurens* d'Ostie, où les sources et d'autres inscriptions documentent l'existence d'un lieu de rassemblement d'animaux exotiques, presque une sorte de jardin zoologique. Ici, les fonctions de l'affranchi pouvaient être celles d'un subalterne du *procurator Laurento ad elephantos*. Dans ce cas, la sépulture du personnage le long de la via Laurentina, dans le cimetière du même nom, s'accorderait avec la proximité des lieux où il aurait accompli ses activités lorsqu'il était en vie.

Fin du Ier-début du IIe s. ap. J.-C.

BLOCH 1953, p. 276, n° 37, fig. 28; KOLENDO 1969, p. 297, fig. 1 (avec bibl. précédente); P. SABBATINI TUMOLESI, dans: FORA 1996, p. 29, n° 1, pl. III,2; M. FORA, dans: FONTEMAGGI-PIOLANTI 1999, pp. 140-141, n° 27; M. BEDELLO TATA, dans: *Aurea Roma*, p. 476, n° 92.

M.B.T.

VIII: VIE QUOTIDIENNE

VIII.1 Relief représentant une taverne

Marbre de Proconnèse
48 cm x 21 cm
Fragmentaire
Isola Sacra, nécropole de Portus
Ostie, Antiquarium; inv. 135

Le relief représente une femme qui tient dans sa main gauche un objet (peut-être un verre) et indique de sa main droite une table à laquelle sont assis deux personnages, dont l'un semble en train de boire. A l'extrémité droite du relief, où l'on peut imaginer la porte de l'établissement, un quatrième personnage est saisi au moment de son entrée dans la taverne. Il est encore incertain s'il s'agissait du rebord d'un couvercle de sarcophage ou d'une dalle de fermeture d'un loculus.

Seconde moitié du IIIe s. ap. J.-C.

CALZA-SQUARCIAPINO 1962, p. 21, n° 10; AMEDICK 1991, p. 137, n° 87, pl. 109,2.
P.O.

VIII.2 Collier d'esclave

Bronze
Haut. 2 cm; long. 20,5 cm
Taverne sur la via di Diana
Ostie, Antiquarium; inv. 4158

L'inscription pointillée sur la plaque *tene me ne fugia(m), fugio* (retiens-moi afin que je ne fuie pas; je suis en train de fuir) permet d'insérer l'objet dans la typologie particulière des colliers qui étaient soudés au cou des esclaves fugitifs. Ce type de punition se répandit à l'époque post-constantinienne à la place des stigmates douloureux par lesquels on signalait les esclaves qui avaient tenté de fuir. On remarque dans la formule la répétition du verbe *fugio*, qui semble refléter l'empressement du propriétaire de communiquer le fait que l'esclave est un fugitif.

Epoque post-constantinienne

PARIBENI 1916, pp. 418-419 (= *AE* 1917-1918, 115); *CIL* XIV, 5315; SOTGIU 1973-74, p. 691, n° 32; PAVOLINI 1978, p. 40, pl. XX, fig. 2; PANI 1984, p. 115; PAVOLINI 1986, p. 40; THURMOND 1994, p. 470, n° 15.
M.F.

VIII.3 Relief représentant des outils de maçons

45 x 60 cm
Fragmentaire
Via dei Balconi
Ostie, Antiquarium; inv. 48421

Le relief présente un véritable répertoire des outils de maçon. On distingue, de gauche à droite, une règle, un compas, un marteau de maçon, une truelle à pointe, un ciseau, une hache et une seconde truelle à bout carré.

Datation incertaine
PAVOLINI 1986, p. 65, fig. 23.
P.O.

VIII.4 Relief servant d'enseigne pour une boutique de lampes

Marbre blanc cristallin
Fragmentaire
Larg. 46,5 cm; haut. 34 cm; ép. 7,5 cm
Cardo Maximus
Ostie, Antiquarium; inv. 1349

Fragment de plaque de marbre, encadrée d'un listel plat et d'une doucine renversée. Au centre du panneau se trouvent

quatre lampes à anse plastique (à l'origine il devait y en avoir huit), disposées en cercle. Les anses en forme de croissant de lune sont tangentes, avec un rebord circulaire qui les relie entre elles, de telle sorte qu'elles donnent l'impression que le relief représente une lampe à plusieurs mèches (*polylychnon*). Cette hypothèse est renforcée par le fait que des petits listels relient les lampes à la hauteur de l'épaule. Il faut toutefois relever que ce type de *polylychnon* n'est pas attesté ailleurs, tandis que les lampes simples à anse en demi-lune (type Bailey D) sont largement représentées jusqu'à la fin de l'époque de Trajan.

Fin Ier- début IIe s. avant J.-C.

CALZA-SQUARCIAPINO 1962, p. 22, n° 15.
M.C.

VIII.5 Relief représentant des tailleurs de pierres

Marbre de Luni (Carrare)
44,5 x 48 cm
Fragmentaire
Ostie, Antiquarium; inv. 132

Relief funéraire. Deux hommes sont représentés assis, réduisant à coups de marteau des rochers en des blocs de plus petites dimensions: il s'agit peut-être de la taille des tesselles de mosaïque. Deux autres personnages, au second plan, transportent un bloc sur leurs épaules, tandis qu'un cinquième homme semble vouloir montrer un instrument ou indiquer aux ouvriers l'endroit où décharger les blocs. Dans le registre inférieur, est représenté Hypnos, le dieu ailé du sommeil.

IIIe s. ap. J.-C. (?).

CALZA 1935, p. 421, fig. 14; CALZA-SQUARCIAPINO 1962, p. 21, n° 11; KAMPEN 1981, p. 141, n° 7; ZIMMER 1982, p. 158, n° 81; AMEDICK 1991, p. 137, n° 89, pl. 115,3.
P.O.

VIII.6 Relief représentant des marbriers (?)

Marbre de Luni (Carrare)
42 x 64 cm
Fragmentaire
Isola Sacra, nécropole de Portus (1925-1930)
Ostie, Antiquarium; inv. 138

Deux hommes, l'un vêtu d'une courte tunique, l'autre au torse nu, sont représentés en train de manœuvrer un instrument de grande dimension pour tailler la pierre, aujourd'hui en partie perdu. Au centre, sous la table de travail, on peut voir une enclume, une amphore et d'autres objets; à droite de l'homme au torse nu, une seconde enclume à terre et, suspendus au mur, un tamis et un instrument pour couper (?).

Fin du Ier s. ap. J.-C. (époque tardo-flavienne)

CALZA 1940, p. 256; CALZA-SQUARCIAPINO 1962, p. 21, n° 14; ZIMMER 1982, pp. 140-141, n° 58.
P.O.

VIII.7 Relief avec un cordonnier et un cordier

Moulage: Rome, Museo della Civiltà Romana, inv. MCR 3439
Haut. 51 cm; long. 70 cm; ép. 11 cm
Original: marbre grec
180 x 50 x 56 cm
Fragmentaire
Environs du Casone del Sale (1877)
Rome, Museo Nazionale Romano; inv. 184

Il s'agit d'un moulage de la face d'un sarcophage qui, d'après l'inscription grecque de la *tabula ansata*, a dû appartenir à T. Flavius Trophimas, auquel il fut offert par L. Atilius Atemas et par Claudia Apphias.

Les deux personnages représentés sont probablement les deux amis, en train d'exercer leurs fonctions. A gauche un cordonnier, vêtu d'une tunique avec manches et un manteau, assis sur un tabouret devant un meuble à deux battants, sur lequel sont posées deux paires de chaussures; à droite une figure masculine déchaussée et vêtue d'une tunique sans manches (*exomis*) tient dans sa main droite une quenouille, tandis qu'avec la gauche il s'appuie sur des cordages enroulés et suspendus.

Début du IIe s. ap. J.-C. (époque de Trajan)

FIORELLI 1877, pp. 313-314; PARIBENI 1932, p. 154, n° 364; CALZA-NASH 1959, p. 76, fig. 106; *MNR* I,2, pp. 148-150 (Dayan, Musso, Lombardi); KAMPEN 1981, p. 144, n° 53, fig. 53; ZIMMER 1982, pp. 30, 132, n° 47; AMEDICK 1991, p. 149, n° 173, pl. 117,1-3.

P.O.

VIII.8 Relief représentant une boutique de forgeron

Terre cuite
40,5 x 41,5 cm
Intact
Isola Sacra, nécropole de Portus, enceinte de la tombe 29 de Verria Zosime et Verrius Euhelpistus
Ostie, Antiquarium; inv. 14260

Figure masculine barbue, debout de profil, en face d'une table de travail constituée d'une meule de moulin fermée par une dalle, en train de forger une pioche. Il est vêtu d'une tunique et d'un tablier, rappelant le personnage principal du relief suivant (inv. 14259). Peut-être s'agit-il de la même personne, représentée dans deux divers moments de son activité. Mais il se peut que les reliefs n'aient pas la fonction de représenter le défunt, mais simplement de faire allusion à sa profession: il s'agit en effet d'un forgeron au travail dans sa boutique.

160-180 ap. J.-C.

CALZA 1931, p. 537, fig. 17; CALZA 1935, p. 415, fig. 4; CALZA 1940, pp. 252-253, fig. 151; FLORIANI SQUARCIAPINO 1956/58, pp. 187-188, pl. II.2; ZIMMER 1982, p. 183, n° 117.

P.O.

VIII.9 Relief représentant une boutique de rémouleur

Terre cuite
41,5 x 40,5 cm
Intact
Même provenance que le précédent
Ostie, Antiquarium; inv. 14259

L'intérieur de la boutique est figuré en deux registres superposés. Les objets proposés à la vente sont bien en évidence, tandis que les deux personnages demeurent au second plan par rapport à la grande quantité des outils qui recouvrent tout le fond de la plaque. En haut à droite, un homme, vêtu d'une tunique longue et protégé par un lourd tablier (en cuir?), est en train d'aiguiser ou de nettoyer un objet sur une peau d'animal étendue sur le banc. Il est aussi difficile d'interpréter l'action du petit homme barbu assis en bas sur un tabouret placé devant une sorte de petite table. Il est possible qu'il s'agisse de la même personne, représentée dans deux moments différents de son activité.

160-180 ap. J.-C.

CALZA 1931, pp. 536-537, fig. 20; CALZA 1935, p. 414, fig. 3; CALZA 1940, pp. 251-252, fig. 150; FLORIANI SQUARCIAPINO 1956/58, pp. 186-187, pl. II.1; ZIMMER 1982, pp. 184-185, n° 119.

P.O.

VIII.10 Relief représentant une marchande de volaille

Marbre de Proconnèse
21 x 54 cm
Intact
Via della Foce, salles des Thermes de la Trinacrie donnant sur la route (1939)
Ostie, Antiquarium; inv. 134

Une femme, debout derrière un banc constitué de cages qui contiennent poulets et lapins, est représentée en train de servir un client en puisant dans l'un des deux paniers remplis de fruits placés devant elle. A gauche du client, deux hommes conversent entre eux, et l'un d'eux tient dans sa main un animal qu'il vient peut-être d'acheter. Sur le banc, à droite, on observe un gros panier et deux singes, et sur le fond un escargot aux dimensions bien plus grandes que la réalité; d'une potence à gauche pendent des poulets. La femme au banc est en position centrale et couvre partiellement une figure debout derrière elle.

Seconde moitié du IIe s. ap. J.-C.

CALZA-SQUARCIAPINO 1962, p. 20, n° 8; CALZA 1978, pp. 39-40, n° 48, pl. XXX; KAMPEN 1981, pp. 52-59; p. 139, n° 3, fig. 28; ZIMMER 1982, pp. 220-221, n° 180.

P.O.

VIII.11 Relief représentant une marchande de légumes

Marbre de Luni (Carrare)
43 x 35 cm
Intact
Ostie, Antiquarium; inv. 198

Une femme est représentée debout derrière une table, posée sur deux tréteaux, sur laquelle est exposée une variété de légumes difficilement identifiables. Aux côtés de la femme, des étalages avec des paniers remplis d'autres légumes. Un autre grand panier, peut-être pour les ordures, est visible sous la table.

Première moitié du IIIe s. ap. J.-C.

CALZA-SQUARCIAPINO 1962, p. 21, n° 12; KAMPEN 1981, pp. 59-64, 139, n° 4, figs 40-41; ZIMMER 1982, pp. 222-223, n° 182.

P.O.

VIII.12 Relief représentant un boucher

Marbre de Proconnèse
22 x 131 cm
Fragmentaire
Thermes du Forum
Ostie, Antiquarium; inv. 133

Un homme est représenté debout devant un banc de travail, en train de couper un jambon avec un hachoir qu'il tient dans sa main droite levée. A côté du banc se trouve un récipient destiné aux déchets. Sur le fond, à gauche de l'homme, on observe une balance pendue à une barre, et à droite, des morceaux de viande suspendus à des crochets. Des deux extrémités de la plaque, trois cochons s'avancent (deux de la gauche, un de la droite), comme s'ils entraient dans la boutique. Entre les figures, il y a une inscription: *D(is) M(anibus)*.

Début du IIe s. ap. J.-C.

CALZA 1935, pp. 420-421, fig. 15; CALZA-NASH 1959, p. 74, pl. 102; CALZA-SQUARCIAPINO 1962, p. 20, n° 7; KAMPEN 1982, p. 141, n° 8, fig. 43; ZIMMER 1982, pp. 95-96, n° 4.

P.O.

VIII.13 Relief représentant un chirurgien

Terre cuite avec traces de couleur
25,5 x 58 cm
Fragmentaire
Isola Sacra, nécropole de Portus, tombe
100 de Scribonia Attice et M. Ulpius
Amerimnus
Ostie, Antiquarium; inv. 5204

A gauche, un médecin, assis sur un tabouret bas, est en train de soigner la jambe droite d'un homme, assis en face de lui, qui tient le pied posé dans une bassine. La moitié droite du relief est occupée par une trousse chirurgicale ouverte, surdimensionnée, dans laquelle sont exposés les instruments du métier.

Environ 140 ap. J.-C.

CALZA 1931, pp. 535-536, fig. 19; CALZA 1935, p. 415, fig. 2; CALZA 1940, pp. 250-251, fig. 149; FLORIANI SQUARCIAPINO 1956/58, pp. 184-186, pl. I.2; HELBIG IV, n° 3004 (Simon); KAMPEN 1981, p. 143, n° 16, fig. 59.

P.O.

VIII.14 Relief représentant une sage-femme

Terre cuite avec traces de couleur
28 x 41,5 cm
Fragmentaire
Même provenance que le précédent
Ostie, Antiquarium; inv. 5203

Le relief représente une scène d'accouchement. La sage-femme est représentée à droite, assise sur un tabouret bas, avec ses mains placées entre les jambes de sa patiente pour aider le bébé à naître; la femme en couche, nue et assise sur un haut siège à poignées (conforme à ceux utilisés pour les accouchements décrits dans les traités de médecine antique), est assistée par une femme debout derrière elle, qui la tient fermement sous les épaules. Les trois femmes ont toutes le visage tourné vers le spectateur. Le relief, qui n'est pas moulé, ne présente pas d'adjonctions de détails.

Environ 140 ap. J.-C.

CALZA 1931, pp. 534-535, fig. 18; CALZA 1935, p. 415, fig. 1; CALZA 1940, pp. 248-249, fig. 148; FLORIANI SQUARCIAPINO 1956/58, pp. 183-184, pl. I.1; HELBIG IV, n° 3004 (Simon); KAMPEN 1981, pp. 69-72, 140, fig. 58.

P.O.

VIII.15 Spatule

Bronze
Long. 17,2 cm
Ostie, Antiquarium; inv. 4259

Spatule en forme de feuille légèrement concave, striée sur la partie inférieure. Longue tige de section circulaire avec terminaison en forme d'olive (sonde).

Datation incertaine

CALZA-SQUARCIAPINO 1962, p. 94; PAVOLINI 1991, fig. 92.

G.G.

VIII.16 Sonde en forme de spatule (*spathomele*)

Bronze
Long. 15,6 cm; larg. max. 1,3 cm
Ostie, Antiquarium; inv. 4260

Lame à langue légèrement concave et avec léger bourrelet central sur la surface inférieure; tige fondue ensemble qui se restreint à proximité de la terminaison façonnée en «olive» (sonde).

Datation incertaine

Inédite

G.G.

VIII.17 Sonde en forme de spatule (*spathomele*)

Bronze
Long. 16,5 cm; larg. max. 1,2 cm
Ostie, Antiquarium; inv. 4261

Tige de section cylindrique se développant à partir d'une extrémité en un noyau allongé, spatule plate à feuille lancéolée.

Datation incertaine

CALZA-SQUARCIAPINO 1962, p. 94; PAVOLINI 1991, fig. 92.

G.G.

VIII.18 Sonde

Bronze
Long. 15,2 cm; diam. 1,6 cm
Ostie, Antiquarium; inv. 4257

Instrument chirurgical constitué d'une petite spatule ronde (*ligula*) et d'une tige de section circulaire avec terminaison en pointe. Ce type de sonde pouvait être utilisé comme *auriscalpium* ou *oricularium specillum*.

Datation incertaine

PAVOLINI 1991, fig. 92.

G.G.

VIII.19 Tenaille

Bronze
Long. 22,5 cm; ouverture max. 6,2 cm
Ostie, Antiquarium; inv. 4235

Instrument chirurgical en forme de tenaille avec mors à bord dentelé qui présentent deux trous dans la partie inférieure; les manches, dont l'un est brisé, sont décorés de rainures et anneaux moulurés. Ce type d'instrument était employé pour des opérations dentaires.

Datation incertaine

CALZA-SQUARCIAPINO 1962, p. 94; PAVOLINI 1991, fig. 92.

G.G.

VIII.20 Pincette

Bronze
Long. 11,5 cm
Ostie, Antiquarium; inv. 4245

Pincette en bronze constituée d'une prise à pommeau moulure, de laquelle partent les deux branches rectangulaires avec épaule en escalier et extrémités inférieures repliées vers l'intérieur avec bords rectilignes. L'usage de ce type de pincette est attesté dans la cosmétique, la pharmacologie et la chirurgie.

Datation incertaine

PAVOLINI 1991, fig. 92.

G.G.

VIII.21 Balance dite romaine avec poids

Bronze
Long. 21,5 cm
Ostie, Antiquarium; inv. 4087

Balance avec crochets pour suspendre la marchandise à peser. Deux crochets, non conservés, étaient reliés au fléau par l'intermédiaire de chaînettes de maille; un troisième crochet soutient l'*aequipondium*, poids mobile en forme de gland décoré par de fines striures dans sa partie supérieure.

Datation incertaine

PAVOLINI 1991, fig. 49.

G.G.

VIII.22 Balance dite romaine

Bronze
Long. 11 cm
Ostie, Antiquarium; inv. 4221

La partie du fléau conservée est marquée par des inscriptions indiquant les valeurs pondérales (on peut lire les lettres X et V); deux crochets pour la suspension de la marchandise et la partie initiale des chaînettes servant à attacher un autre crochet ou un plateau. A l'extrémité du bras se trouve aussi le crochet de suspension de la balance.

Datation incertaine

CALZA-SQUARCIAPINO 1962, p. 93; PAVOLINI 1991, fig. 49.

G.G.

VIII.23 Bras de balance

Bronze
Long. 34 cm
Entre la via del Sabazeo et le Decumanus
Ostie, Antiquarium; inv. 4222

Fléau de balance de section cylindrique, aux extrémités de laquelle se trouvent deux petits anneaux desquels pendent un double crochet; dans la partie supérieure, au centre, on observe un anneau pour la suspension. La partie gauche du fléau porte quelques incisions équidistantes indiquant les sous-multiples de l'unité pondérale.

Datation incertaine

CALZA-SQUARCIAPINO 1962, p. 93; PAVOLINI 1982, fig. 50.

G.G.

VIII.24 Poids de balance

Plomb
Haut. 9,2 cm; 371 gr.
Sanctuaire de Bona Dea
Ostie, Antiquarium; inv. 5951

Poids en forme d'amphore; à leur sommet se trouve un anneau pour la suspension.

Datation incertaine

PAVOLINI 1982, fig. 51; PAVOLINI 1991, fig. 49.

G.G.

VIII.25 Poids de balance

Plomb
Haut. 8,3 cm; 344 gr.
Ostie, Antiquarium; inv. 4742

Comme le précédent.

G.G.

VIII.26 Poids de balance

Plomb
Haut. 4 cm; diam. max. 5 cm; 338 gr.
Ostie, Antiquarium; inv. 14247

Poids de forme hémisphérique avec prise supérieure en forme de disque plat, traversée par un trou de suspension.

Datation incertaine

Inédit

G.G.

VIII.27 Poids de balance

Bronze
Haut. 1,3 cm; diam. base 1,4 cm; 10 gr.
Ostie, Antiquarium; Inv. 4079

De forme hémisphérique, il présente sur le sommet un pommeau de section cylindrique avec trou pour la suspension.

Datation incertaine

Inédit

G.G.

VIII.28 Poids de balance

Bronze
Haut. 2,5 cm; diam. 1,4 cm; 27 gr.
Ostie, Antiquarium; inv. 4578

Poids de forme sphérique avec prise supérieure plate et trouée pour la suspension. Il correspond à une once environ.

Datation incertaine

Inédit

G.G.

VIII.29 Poids de balance dite romaine

Bronze
Haut. 2,5 cm; 25 gr.
Ostie, Antiquarium; inv. 4078

Poids de forme sphérique terminant en cylindre aux extrémités: celle supérieure est dotée d'un trou de suspension. Il correspond à une once environ.

Datation incertaine

Inédit

G.G.

VIII.30 Poids de balance

Bronze
Haut. 5 cm; diam. base 2,2 cm; 80 gr.
Ostie, Antiquarium; inv. 4577

Poids de forme sphérique, dépourvu d'une calotte dans sa partie inférieure; sur la partie supérieure, une prise plate munie d'un trou pour la suspension. Il correspond à un quart de livre.

Datation incertaine

Inédit

G.G.

VIII.31 Poids

Bronze
Haut. 1,7 cm; diam. 1,9 cm
Ostie, Antiquarium; inv. 15782

Poids de forme sphérique écrasé aux extrémités, portant sur la surface les signes incisés X R.

Datation incertaine

Inédit

G.G.

VIII.32 Poids avec inscription

Marbre
Haut. 7 cm; diam. max. supérieur
16 cm; diam. max. inférieur 11 cm;
circonférence 48 cm
Près du cippe marquant la frontière vers
le Tibre
Ostie, Antiquarium; inv. 32202

Poids de forme sphérique, aplati aux
extrémités; il présente sur le côté supé-
rieur deux attaches de fer et, au milieu de ceux-ci, le signe incisé X correspondant à
dix livres. Au-dessus et au-dessous du signe de valeur se trouve une inscription
exact(um) ad Artic(uleianum) concernant la réforme du système pondéral, instaurée
par Articuleius en 47 ap. J.-C.

Datation incertaine

PAVOLINI 1991, p. 114, fig. 48.

G.G.

VIII.33 Poids

Néphrite
Haut. 10 cm; diam. 13 cm
Ostie, Antiquarium; inv. 33226

Poids de forme sphérique, aplati aux
extrémités. Sur la partie supérieure, on
peut lire le signe X correspondant à dix
livres, tracé en poinçonnage peu profond.

Datation incertaine

Inédit

G.G.

VIII. 34 Poids avec inscription

Bronze, damasquinage en argent
Diam. de base 5,4 cm; haut. 4,5 cm;
1,600 kg
Thermes des Sept Sages (1936)
Ostie, Antiquarium; inv. 3591

Poids en bronze de forme tronconique correspondant à cinq livres romaines. Sur le
corps, une inscription est damasquinée en argent, disposée sur quatre lignes et mentionnant Rutilius Lupus, préfet de l'annone, auquel était délégué le contrôle des poids.

*Imp(erator) Caesar Nerva Traianus Aug(ustus)/Germ(anicus) Dacic(us) Pont(ifex) Maximus trib
(unicia) potes(tate)/consul V p(ondera) fecit exacta cura M(arci) Rutili Lupi prae(fecti)/annonae.*

En outre, l'inscription contient la titulature impériale de Trajan, qui permet de dater le poids.

103-111 ap. J.-C.

BLOCH 1938, p. 185; PAVOLINI 1982, pp. 31-32, fig. 49; PAVOLINI 1991, p. 114.

G.G.

VIII.35 Unité de mesure (*regula*)

Bronze
Long. 29,9 cm
Ostie, Antiquarium; inv. 4264

Règle de bronze graduée, d'une longueur
correspondant environ à un pied romain.
La barre présente sur un côté une subdivision en seizièmes, rendue par quatre traits équi-
distants, chacun équivalent à une palme et contremarqué par une lettre en relief. L'autre
côté porte une subdivision en douzièmes, marquée par huit incisions verticales dont la
hauteur équivaut à celle de la barre, qui mettent en évidence trois sextants et quatre
onces, à leur tour subdivisés en demi-onces par des incisions de hauteur inférieure.

Datation incertaine

CALZA-SQUARCIAPINO 1962, p. 94.

G.G.

VIII.36 Poids pour fil à plomb (*perpendiculum*)

Bronze et plomb
Haut. 5,3 cm; diam. sup. 2,8 cm
Ostie, Antiquarium; inv. 4072

Perpendiculum en bronze de forme
conique, intérieur en plomb, la partie
supérieure est plate et porte au centre un
petit pommeau avec trou de suspension.

Datation incertaine

PAVOLINI 1982, fig. 2; PAVOLINI 1991, fig. 21.

G.G.

IX: DISTRIBUTION DE L'EAU

IX.1 *Fistula* avec soupape centrale

Plomb
Diam. intérieur des deux parties du
tube, de chaque côté de la valve: 14,5
et 17,5 cm
Citerne sous la palestre des Thermes
de Neptune
Ostie, Antiquarium; inv. 192

Une des deux parties de la *fistula* soudées à la soupape centrale est dotée d'un trou
pour une canalisation mineure (diam. 3,5 cm) et porte une inscription en relief: *[Clau]di
[C]ae(sari) Aug(usti) Ti(berius) Claudius Aegialus fe(cit)*. Le *plumbarius* serait identifiable
avec *Aegialus*, un riche et influent affranchi impérial du temps de Néron, mentionné par
Tacite (*Hist.* I, 37). La présence du nom de Claude, outre les grandes dimensions du
tube, permettent d'émettre l'hypothèse que la *fistula* appartenait à une conduite qui
alimentait un complexe construit par cet empereur (les thermes de la via dei Vigili?).

Milieu du Ier s. ap. J.-C.

VAGLIERI 1911, pp. 451-452, fig. 3; BRUUN 1998, pp. 265-272. Ci-dessus, p. 109.

R.G.N.

IX.2 Soupape hydraulique

Bronze (clef) et plomb (tuyaux)
Haut. 14,5 cm; diam. bouchon inférieur
6,2 cm; diam. tubes 2,4-4,5 cm; long.
totale 23,7 cm
Insula de Bacchus et Ariane (1958)
Ostie, Antiquarium; inv. 5511

La soupape de bronze (appelée aussi clef
d'eau) est constituée de trois parties: le
corps cylindrique avec les deux embranchements latéraux, auxquels sont soudés les
tubes de plomb; le boisseau, un cylindre percé, dont le diamètre est légèrement inférieur, qui s'insère d'en haut dans le corps et qui peut tourner, faisant levier grâce à
une barre placée sur l'étroite ouverture de son sommet, déterminant ainsi le passage ou le blocage du flux de l'eau. Enfin, un clapet qui obturait le corps à la base.

La soupape a été retrouvée encore reliée à la *fistula* de plomb qu'elle réglait.

Époque impériale

Inédite

E.J.S.

IX.3 Soupape

Bronze et plomb
Long. 55 cm; haut. soupape 13,5 cm
Ostie, Scavi (1948)
Ostie, Depositi; inv. 39989

Clef en bronze entre deux tubes en plomb.

Époque impériale

RICCIARDI-SCRINARI 1996, II, p. 246, n. 15.

R.G.N.

IX.4 Relief avec représentation de conduites d'eau

Marbre
Haut. 15 cm; long. 55 cm; ép. 7 cm
Fragmentaire
Ostie (1958-1962)
Ostie, Depositi; inv. 53534

Le relief est bordé, en haut et en bas, par un listel. Dans le champ principal est représenté un système de distribution d'eau. On distingue au centre une soupape et sur les côtés, soudés à elle, trois couples de tubes de petite dimension qui s'enfilent dans trois conduites de grandes dimensions, représentées à l'extrémité du relief et qui sont liées entre elles par des éléments verticaux. Les tuyaux de petites dimensions avaient peut-être la fonction de régler la pression de l'eau et de distribuer la quantité voulue.

Époque impériale

RICCIARDI-SCRINARI 1996, II, p. 269, fig. 463.

R.G.N.

IX.5 Divinité fluviale

Marbre blanc à gros cristaux, de Paros
Haut. 67 cm; larg. 120 cm; prof. 26 cm
A part l'avant bras droit, qui manque, quelques ébréchures et une légère corrosion de la superficie du visage, l'état de conservation est bon.
Cour de l'Insula de Bacchus et Ariane, adjacent au Sérapeum (1939)
Ostie, Museo Ostiense; inv. 81

La sculpture, plus petite que nature et utilisée comme ornement de fontaine, représente un personnage masculin barbu étendu sur un terrain rocailleux. La jambe gauche est repliée sous la droite et un manteau, enroulé autour du bras gauche, couvre la partie inférieure de la figure, de l'aine jusqu'aux chevilles. Le bras gauche, appuyé sur une urne renversée, tient une corne d'abondance, tandis que la main droite était soulevée et soutenait un pan du voile qui lui ceignait la tête. La petite statue représente une divinité fluviale, sujet usuel pour la décoration des fontaines. Par le motif de la tête voilée et du pan soulevé, on peut penser à une dérivation du prototype du Nil alexandrin.

Première moitié du IIe s. ap. J.-C.

CALZA-SQUARCIAPINO 1962, p. 59, n° 20; HELBIG IV, n° 3089 (Simon); KAPOSSY 1969, p. 25; RICCIARDI-SCRINARI 1996, II, pp. 128-129, fig. 121.

C.V.

IX.6 Nymphe

Marbre de Luni (Carrare)
Haut. 44 cm; long. 100 cm
Il manque les pieds et l'avant-bras droit.
La zone du visage est très ruinée et toute la superficie apparaît très corrodée.
Sacellum des Augustales, de la fontaine dans la cour (1939)
Ostie, Antiquarium; inv. 1106

La statue, plus petite que nature, représente une nymphe étendue sur un terrain rocailleux. Elle est partiellement couverte par une draperie. La figure s'appuie avec le bras gauche sur une urne renversée, d'où coule de l'eau, sa tête est inclinée sur son épaule gauche. Son bras droit est appuyé sur son épaule gauche. Le schéma iconographique s'inspire de celui de l'Ariane endormie. Il a été fréquemment utilisé pour orner des fontaines.

Seconde moitié du IIe s. ap. J.-C.

DE CHIRICO 1941, pp. 245-246, fig. 19; RICCIARDI-SCRINARI 1996, II, p. 177, n° 322.
C.V.

X: THERMES

X.1 Strigile

Bronze
Long. 19,5 cm
Ostie, Antiquarium; inv. 4472

Strigile formé d'une étroite cuiller (*ligula*) et d'un manche (*capulus*), constitué de deux lamelles parallèles soudées aux extrémités. La lamelle inférieure présente une décoration géométrique.

Datation incertaine

CALZA-SQUARCIAPINO 1962, p. 94; PAVOLINI 1991, fig. 91.

G.G.

X.2 Strigile

Bronze
Long. 25,5 cm
Ostie, Antiquarium; inv. 4473

Strigile constitué par une ample cuiller (*ligula*) courbe, dont les bords sont rectilignes et le manche (*capulus*) est soudé avec trou elliptique de suspension placé près de l'extrémité. Sur la partie inférieure du manche, se trouve une décoration géométrique incisée.

Datation incertaine

CALZA-SQUARCIAPINO 1962, p. 94; PAVOLINI 1991, fig. 91.

G.G.

X.3 Unguentarium

Bronze
Haut. 7,8 cm; diam. 6,5 cm
Sanctuaire de Silvanus
Ostie, Depositi; inv. 3575

Ampulla olearia dont la panse globulaire est décorée de trois groupes de cercles concentriques en relief, entre lesquels sont gravés des disques à point central en relief. Le col porte deux anneaux latéraux, dans lesquels était fixée, à l'origine, une chaînette dont il reste encore quelques chaînons.

Ces vases contenaient des onguents parfumés et étaient utilisés au bain ou après les exercices de palestre, souvent associés à des strigiles et d'autres objets destinés aux soins corporels, attaché à une petite chaîne pour faciliter le transport.

Datation incertaine

CALZA 1915 (a), p. 252, n° 5, fig. 11; PAVOLINI 1986, p. 220, fig. 91.

I.T.

X.4 Unguentarium

Bronze, en fonte
Haut. 8,5 cm; diam. 6 cm
Ostie (1951)
Ostie, Depositi; inv. 4696

Ampulla olearia de forme sphéroïdale, avec un col tronconique et pied circulaire. Sur la base du col se trouvent deux petits anneaux (dont l'un n'est pas conservé), qui permettaient de fixer une chaîne pour suspendre l'objet. La décoration incisée consiste en une série de lignes sur le col et en quatre cercles concentriques, séparés par un motif curviligne, sur la panse.

Datation incertaine

Inédit

I.T.

X.5 Attirail pour le bain (poignée)

Bronze, fil retordu
(a) Diam. de l'anneau 4 cm; long. des
chaînes 11 cm; 3,8 cm; 6,6 cm
(b) Long. 14,7 cm
Fragmentaire
Ostie, Depositi; inv. 15689

(a) Anneau en fil de bronze, dont les extrémités contractées ont été recourbées sur
elles-mêmes et liées. De l'anneau pendent
trois fragments de chaînettes à maillons
serrés. A l'une des chaînettes est suspendue la moitié d'un anneau en fer.
(b) Chaîne dont les mailles sont semblables aux trois chaînettes précédentes.
Il s'agit d'un système servant à suspendre de petits vases pour le bain, connu également grâce au mobilier lié au bain retrouvé à Pompéi (cf. *Il bronzo dei Romani*, p. 122, fig. 68).

Datation incertaine

Inédit

I.T.

X.6 Peigne

Os
Larg. 4 cm
Fragmentaire
Ostie, Antiquarium; inv. 5707

Peigne à cheveux à double rangée de
dents, plus épais d'un côté.

Datation incertaine

Inédit

E.J.S.

X.7 Peigne

Bois
Long. 4,5 cm; larg. 5,3 cm; ép. max.
0,3 cm
Ostie, ancien cours du Tibre, lieu-dit
Fiume Morto (1962)
Ostie, Antiquarium; inv. 57167

Comme le précédent.

E.J.S.

X.12 Epingles

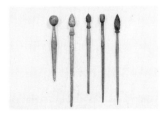

X.8. Os
Long. 10,2 cm
Intacte
Ostie, Antiquarium; inv. 5229

Epingle à cheveux, avec tige de section rectangulaire et tête en forme de pomme de
pin allongée.

IIe-IIIe s. ap. J.-C.

Inédite

X.9. Os
Long. 9,1 cm
Intacte
Ostie, Antiquarium; inv. 5230

Epingle à cheveux, avec tige de section circulaire, avec une extrémité façonnée en
petits disques empilés, surmontée d'une tête de forme sphérique décorée avec des
incisions obliques.

Datation incertaine

Inédite

X.10. Os
Long. 10,5 cm
Lacunaire
Ostie, Antiquarium; inv. 5276

Epingle à cheveux, avec tige de section circulaire et tête en forme de pomme de pin
allongée.

IIe-IIIe s. ap. J.-C.

Inédite

X.11. Os
Long. 7,5 cm
Lacunaire
Ostie, Antiquarium; inv. 5286

Epingle à cheveux, avec tige de section circulaire et tête de forme sphéroïdale.

IIe-IIIe s. ap. J.-C.

Inédite

X.12. Os
Long. 10 cm
Intacte
Entrepôts devant la Domus du Tympan (1949-1950)
Ostie, Antiquarium; inv. 17083

Epingle à cheveux, avec tige de section circulaire et tête oblongue.

Datation incertaine

Inédite

E.J.S.

X.13 Miroir

Bronze
Haut. 24 cm diam. max. 12,5 cm
Ponte Galeria, lieu dit Quartaccio;
tombe à capucine (1998)
Ostie, Depositi; inv. 57220

Miroir circulaire avec face réfléchissante
légèrement concave. Le dos est faible-
ment convexe avec bord relevé et marqué par de courtes incisions. La soie qui
s'enfilait dans le manche est plate, de section rectangulaire, et présente des bords
légèrement relevés sur la face antérieure; l'arrière du miroir est lisse. La datation est suggérée par le reste du mobilier.

IIIe-IIe s. av. J.-C.

M. L. VIVARELLI, dans PETRIAGGI
1997, p. 207, n° 30, pl. 284, 30.

G.G.

X.14 Sandale (*solea*)

Bois
Long. 20,5 cm; larg. 6,5 cm; épaisseur max. 2,1 cm
Ostie, ancien cours du Tibre, lieu-dit Fiume Morto (1962)
Ostie, Antiquarium; inv. 57164

Sandale du type dit «entre-doigts». Seule la partie en bois de la semelle est conservée, dépourvue du rembourrage et des lacets.

Datation incertaine

Inédit

E.J.S.

X.15 Sandale (*solea*)

Bois
Long. 19,5 cm; larg. 5,1 cm; ép. max. 2,2 cm
Ostie, ancien cours du Tibre, lieu-dit Fiume Morto (1962)
Ostie, Antiquarium; inv. 57221

Comme la précédente.

E.J.S.

X.16 Tête de pugiliste

Marbre blanc à gros grains: de Paros ou de Thasos
Haut. 30 cm
Tête fracturée à la moitié du cou; nez très fragmentaire; ébréchures à la lèvre, le menton et l'arcade sourcilière droite; superficie fortement corrodée et patine d'origine presque complètement disparue.
Thermes du Forum, pièce au sud de la palestre (1940)
Ostie, Antiquarium; inv. 89

La tête, légèrement inclinée vers la droite, représente un jeune pugiliste, comme l'indiquent les oreilles tuméfiées. Le visage ovale et les yeux enfoncés, légèrement allongés font davantage penser à un éphèbe qu'à un athlète. Le front est haut et large, entouré de courtes boucles en escargots qui forment une petite frange au centre, la bouche est petite et charnue, le menton rond et prononcé. Il n'est pas facile de comprendre quel a été le modèle; le délicat modelé des chairs est praxitélien, les cavités orbitales prononcées sont d'influence scopasique, tandis que l'inclinaison de la tête, avec la forme légèrement triangulaire du visage et l'asymétrie des yeux, qui témoignent d'une œuvre originale non frontale, sont caractéristiques de Lysippe. Les traits principaux remontent donc aux créations du IVe s. av. J.-C. et une certaine affinité peut se révéler, lorsque l'on regarde la composition du visage, avec la tête d'Agias du monument de Daochos II à Delphes, dédié entre 336 et 332 av. J.-C., ainsi qu'avec celle de l'Hermès lysippéen, représenté en train de lacer sa sandale. L'état de corrosion de la surface ne permet pas une appréciation stylistique précise. Des traces laissées par le trépan sont visibles dans les angles des lèvres et dans les sillons de séparation de quelques boucles sur le front.

Fin Ier-début IIe s. ap. J.-C.

CICERCHIA-MARINUCCI 1992, p. 155, n° A 27, fig. 86.

C.V.

X.17 Tête d'Athéna

Marbre blanc à moyen-gros grains: de Paros
Haut. max. 45 cm; haut. visage 18 cm
Tête fracturée frontalement en-dessous de la mandibule, mais revers conservé presque intégralement; égratignures sur le nez et les lèvres; partie supérieure du casque perdue; surface très corrodée et patine d'origine perdue; les petits trous visibles sur le casque font penser à un ajout des paragnatides.
Thermes du Forum, corridor de service des fours (1928)
Ostie, Museo Ostiense; inv. 111

La tête, légèrement inclinée en avant, faisait partie d'une statue plus grande que nature représentant Athéna. Le visage de la déesse, qui porte un casque corinthien, est caractérisé par un ovale adouci par des traits jeunes, pendant que les cheveux ondulés avec une raie au milieu se regonflent sur les tempes, se réunissant en une queue volumineuse sur la nuque. Le type iconographique fait référence à la statue d'Athéna de Velletri, actuellement conservée au Musée du Louvre, dont le prototype peut être identifié avec un bronze attique de l'école de Phidias. L'hypothèse plus généralement admise est celle qui l'attribue à Crésilas (435-430 av. J.-C.), mais l'hypothèse a été également émise que l'archétype est la statue de culte de l'Héphaistéion d'Athènes, exécutée par Alcamène entre 421 et 415 av. J.-C.

IIe s. ap. J.-C.

CALZA-SQUARCIAPINO 1962, p. 30, n° 1; HELBIG IV, n° 3013 (v. Steuben); HARRISON 1977, p. 177, n° 13; *LIMC* II, s.v. Athena/Minerva, p. 1085, n° 146b (Canciani); CICERCHIA-MARINUCCI 1992, p. 149, n° A 10.

C.V.

XI: THÉÂTRE

XI.1 Oscillum en forme de bouclier

Marbre de Proconnèse
Haut. 23 cm; larg. 38 cm; ép. 3 cm
Intact
Thermes du Forum, palestre (1940)
Ostie, Antiquarium; inv. 178

Oscillum en forme de bouclier (*pelta*), avec paires de masques de théâtre sur un côté et un seul masque sur l'autre; protomés d'aigle aux extrémités.

Fin du Ier s. ap. J.-C.

CALZA-SQUARCIAPINO 1962, p. 11, n° 7.

P.O.

XI.2 *Oscillum* en forme de visage d'enfant

Terre cuite
Haut. 18 cm, larg. 17 cm
Intact, avec quelques légères abrasions sur les joues
Ostie, d'une sépulture près du cimetière moderne de S. Ercolano (1919)
Ostie, Antiquarium; inv. 3520

Le visage est potelé, avec des fossettes aux joues, de grands yeux à la pupille percée, un petit nez avec des narines également percées. Les cheveux encadrent le front; des mèches y descendent au centre avec une boucle nouée. La chevelure est maintenue sur le sommet de la tête par une couronne tressée avec bandeau. L'identification comme *oscillum* est possible grâce à la présence de deux trous de suspension.

Epoque impériale

CALZA 1919, p. 71, fig. 1; CALZA-SQUARCIAPINO 1962, p. 90; PAVOLINI 1978, p. 31, pl. IX.

P.O.

XI.3 Tête d'acteur portant son masque

Marbre de Luni (Carrare)
Haut. max. 27,5 cm; larg. 23,5 cm; haut. visage seulement 19 cm
Reconstitution à partir de plusieurs fragments; le nez, qui avait été rajouté, manque; petites ébréchures; patine d'origine en partie disparue; revers creusé avec traces évidentes de ciseau.
Nécropole de l'Isola Sacra (1938)
Ostie, Antiquarium; inv. 94

Un visage, sur lequel on peut voir clairement les yeux et la bouche avec les lèvres ouvertes en train de parler, est en grande partie couvert par un masque de jeune homme de la comédie. L'œuvre, d'après sa provenance, devait probablement faire partie du décor de la tombe d'un acteur.

IIᵉ s. ap. J.-C.

Inédite

C.V.

XI.4 Moule avec Ulysse et les sirènes

Terre cuite
Haut. 15 cm; larg. 13 cm
Fragmentaire
Decumanus, en face de l'aire des Quatre Petits Temples
Ostie, Antiquarium; inv. 3770

Sur la partie gauche conservée du moule, est représentée une sirène debout sur un rocher, qui joue de la lyre pour attirer Ulysse, attaché au mât du navire. Celui-ci est conservé dans sa partie postérieure (sont visibles le timonier et un rameur).

La photo montre le moulage en positif.

IIIᵉ s. ap. J.-C.

VAGLIERI 1913, p. 174, fig. 4; FLORIANI SQUARCIAPINO 1954, p. 87, pl. XVIII,5.

P.O.

XI 5 Moule avec scène de combat

Terre cuite
Haut. 10,5 cm; larg. 20 cm
Intact
Insula des Dolia (1906)
Ostie, Antiquarium; inv. 3771

La scène se déroule devant les murs d'une ville. Deux guerriers combattants sont reconnaissables, séparés par un personnage masculin et un personnage féminin. On a voulu reconnaître dans cette composition le combat entre Etéocle et Polynice, séparés par Œdipe et Jocaste. Le cycle thébain était peut-être complété par une autre valve de moule qui s'assemblait avec celle-là, représentant Œdipe et le Sphinx.

La photo montre le moulage en positif.

IIIᵉ s. ap. J.-C.

PASQUI 1906, p. 37, fig. 9a; FLORIANI SQUARCIAPINO 1954, p. 87, pl. XVIII,4.

P.O.

XI.6 Moule avec scène de théâtre

Terre cuite
Haut. 10 cm; larg. 16 cm
Intact
Insula des Dolia (1906)
Ostie, Antiquarium; inv. 3533

A droite, une femme avec masque tragique et haut *onkos*, étendue sur une kliné avec sa tête appuyée sur sa main gauche, tandis que de sa main droite, qui tombe le long du corps, elle tient une guirlande. Au pied de la kliné, un personnage masculin avec un masque comique est assis, son menton posé dans sa main gauche et une couronne tenue dans sa main droite. Il pourrait s'agir d'une parodie d'une scène tragique, peut-être du *Protésilas et Laodamie*.

La photo montre le moulage en positif.

IIIᵉ s. ap. J.-C.

PASQUI 1906, p. 368, fig. 11; FLORIANI SQUARCIAPINO 1954, pp. 84-85, pl. XVIII,1.

P.O.

XI.7 Moule avec scène de théâtre

Terre cuite
Haut. 13 cm; larg. 17,5 cm
Intact
Insula des Dolia (1906)
Ostie, Antiquarium; inv. 3532

Des trois personnages représentés, le premier à gauche est une figure féminine avec un masque tragique et un haut *onkos*. Agenouillée, elle pleure en s'essuyant les yeux avec un pan de son *himation*. Au centre, une seconde figure féminine, portant également un masque tragique à *onkos*, et vêtue d'une longue tunique et d'un *himation* à franges, tend la main droite, tandis que la gauche est placée le long de son corps. A droite, se tient un personnage masculin chauve et pansu, avec un masque sans *onkos*. Vêtu d'une longue tunique collante, il semble vouloir s'étrangler avec une longue écharpe qui s'enroule autour de son cou. On a voulu reconnaître dans cette représentation une scène de la tragédie d'Euripide *Iphigénie en Aulide*.

La photo montre le moulage en positif.

IIIᵉ s. ap. J.-C.

PASQUI 1906, p. 368, fig. 10; FLORIANI SQUARCIAPINO 1954, pp. 85-86, pl. XVIII,3; HELBIG IV, n° 3148 (Dohrn).

P.O.

XI.8 Moule avec aurige vainqueur

Terre cuite
Haut. 12,8 cm; larg. 20 cm
Fragmentaire
Insula des Dolia (1906)
Ostie, Antiquarium; inv. 3530

Un aurige victorieux est représenté de face, sur un char tiré par dix chevaux, à côté d'une borne (*meta*). L'aurige, qui porte un casque et une tunique tenue par une ceinture, soulève de sa main droite une couronne et de sa main gauche un rameau de palme. Les chevaux sont divisés en deux groupes et tournés dans des directions opposées, à l'exception des deux du centre. Au-dessus des chevaux, se trouve un élément trapézoïdal portant le numéro XXX et un élément de forme cylindrique.

La photo montre le moulage en positif.

IIIᵉ s. ap. J.-C.

PASQUI 1906, p. 361, fig. 2; FLORIANI SQUARCIAPINO 1954, pp. 88-89, n° 9, pl. XIX,1a; HELBIG IV, n° 3148 (Dohrn).

P.O.

XI.9 Moule avec scène de combat d'un rétiaire contre un ours

Terre cuite
Haut. 11 cm; larg. 17 cm
Intact
Insula des Dolia (1906)
Ostie, Antiquarium; inv. 3531

Le gladiateur agenouillé a la tête et le cou protégés par un casque, le thorax par une tunique de cuir, bras et jambes par des brassards et des protège-tibias. Il est représenté en train de donner un coup d'épée dans le poitrail d'un ours, se protégeant avec le bouclier rectangulaire. L'animal, debout sur les pattes postérieures, a saisi avec les pattes de devant le bouclier de l'adversaire.

La photo montre le moulage en positif.

IIIᵉ s. ap. J.-C.

PASQUI 1906, pp. 362-363, fig. 4; FLORIANI SQUARCIAPINO 1954, p. 89, n° 11, pl. XIX,3; HELBIG IV, n° 3148 (Dohrn).

P.O.

XI.10 Moule avec scène de combats entre animaux

Terre cuite
Haut. 11,5 cm; larg. 18 cm
Intact
Insula des Dolia (1906)
Ostie, Antiquarium; inv. 3714

Scène de combat entre une girafe et un léopard (à gauche) et entre un éléphant et un léopard (à droite). Ils sont accompagnés par trois léopards en positions variées qui remplissent les espaces libres.

IIIᵉ s. ap. J.-C.

PASQUI 1906, p. 363, fig. 5a; FLORIANI SQUARCIAPINO 1954, p. 91, pl. XX,2; HELBIG IV, n° 3148 (Dohrn).

P.O.

XI.11 Moule avec sanglier en course

Terre cuite
Haut. 11,5 cm; larg. 20,5 cm
Intact
Ostie, Antiquarium; inv. 3764

L'animal est représenté en course vers la gauche. Les crins sont figurés par de petits traits horizontaux; en bas, entre les pattes du sanglier, on remarque une végétation très stylisée.

La photo montre le moulage en positif.

IIIᵉ s. ap. J.-C.

FLORIANI SQUARCIAPINO 1954, p. 93, pl. XXI,2; HELBIG IV, n° 3148 (Dohrn).

P.O.

XI.12 Moule avec lionne qui allaite ses petits

Terre cuite
Haut. 13,5 cm; larg. 14 cm
Intact
Insula des Dolia (1906)
Ostie, Antiquarium; inv. 3758

Une lionne accroupie allaite deux lionceaux. Le pelage de la lionne est rendu par une série de touffes ondulées, marquées par deux hachures distinctes et parallèles.

IIIᵉ s. ap. J.-C.

PASQUI 1906, p. 365; FLORIANI SQUARCIAPINO 1954, pp. 92-93, pl. XX,6; HELBIG IV, n° 3148 (Dohrn).

P.O.

XII: FORUM

XII.1 Plaque J des *fasti ostienses*

Moulage: Rome, Museo della Civiltà Romana; inv. MCR 1366
Original: marbre
Haut. 147 cm; larg. 58 cm; ép. 4 cm
Domus du Temple Rond (1932)
Ostie, Lapidario; inv. 11840

Les *fasti ostienses* comptent parmi les documents épigraphiques les plus importants retrouvés à Ostie. Ils ont été rédigés entre la seconde moitié du Iᵉʳ siècle ap. J.-C. et au moins jusqu'à 175 ap. J.-C. (voir ci-dessus, p. 143).

Il s'agit de *fasti annales*, soit la liste annuelle des consuls ordinaires et suffètes de la ville de Rome, ainsi que des *duoviri* de la colonie d'Ostie, complétée par les principaux événements de l'année: la nature même du document suggère comme lieu d'exposition originel le Forum d'Ostie, au cœur de la vie municipale, bien que les données archéologiques ne nous fournissent pas de preuves certaines sur leur lieu d'exposition.

Le monument était composé de plusieurs plaques qui, sur la base de l'édition de L. Vidman, ont été désignées de A à T. Deux séries de plaques se distinguent: les plus anciennes (A-F) sont plus grandes que les autres et possèdent les dimensions de 205 x 70 cm (A-D) et 220 x 70 cm (F et peut-être E). Elles sont exposées sur deux colonnes. Les autres plaques, plus petites (G-T), dont les dimensions sont 150 x 70 cm, sont disposées sur une seule colonne.

La plaque J, conservée presque intégralement, concerne les années 108 à 113 ap. J.-C. et reporte les magistrats urbains et municipaux. Outre les divers *munera* offerts par l'empereur aux citoyens, témoignant de la générosité du souverain, le texte de cette plaque mentionne l'inauguration des Thermes de Trajan, le 22 juin de l'année 108 ap. J.-C., et de l'*Aqua Traiana*, dix jours plus tard. Pour l'année 112 ap. J.-C., est mentionnée la dédicace du Forum de Trajan et de la Basilique Ulpia. Pour la même année, les *fasti* rappellent la mort de Marciana, la sœur de Trajan, et la divination en *Augusta* de la petite-fille de l'empereur, Matidia. En ce qui concerne la ville d'Ostie, l'inscription signale, toujours en 112, la restauration du *aedes Volcani*. Durant l'année suivante, les *fasti* enregistrent entre autres la dédicace du temple de Vénus sur le Forum de César, restauré par l'empereur et la colonne de Trajan. Dans la marge inférieure à droite, on lit une lettre isolée «E» qui, selon Vidman, servait à indiquer l'ordre de la disposition des plaques sur la paroi de l'édifice où ils étaient affichés.

108-113 ap. J.-C.

VIDMAN 1982, pp. 16-17, 103-108, pls X-XIII; FORA 1996, pp. 38-42; BARGAGLI-GROSSO 1997, pp. 36-38, figs 10-11.

B.B./C.G.

XII.2 Inscription de P. Lucilius Gamala «iunior»

Moulage
Original: marbre
58,5 x 20,2 x 14,3; haut. lettres 3,2-0,8
Rome, Musei Vaticani; Galleria Lapidaria; inv. 6841

Petit pilastre en forme de parallélépipède appartenant à un herme. Partiellement lacunaire dans la partie supérieure et mutilé dans la partie inférieure. Le morceau fut extrait il y a quelques années et l'on a pu vérifier que le sommet portait une grosse cavité rectangulaire conchoïde et le plan d'appui un trou rectangulaire, tandis que deux petits trous se trouvent sur les faces latérales en correspondance avec les lignes 2-3. Le champ inscrit présente, de la ligne 12 à la fin, une vaste aire incisée, qui épargne seulement une marge large de 2 cm. Cette intervention, se rapportant à une substitution ou mieux, à une correction d'une partie du texte, occupe entièrement aussi bien la portion arasée que la marge épargnée.

CIL XIV 376; VISCONTI 1857; MOMMSEN 1877; HOMOLLE 1877; CARCOPINO 1911; GROSSO 1959; CÉBEILLAC 1973; ZEVI 1973(a); PETRACCIA LUCERNONI 1988; MENNELLA 1991; MENNELLA 1995; voir aussi ci-dessus, pp. 144, fig. 1 et 152 Appendice n° 5.

G.F.

XII.3 Volet de diptyque

Ivoire
Long. 23,5 cm; larg. 11 cm; ép. 0,3 cm
Intact
Environs du Casone del Sale (1910)
Ostie, Antiquarium; inv. 4362

La plaque présente sur le côté droit deux paires de trous pour l'enlacement avec le second volet, perdu. La face interne est creusée de façon à créer une large surface rectangulaire à cirer, sur laquelle on pouvait écrire avec le stylet. La face externe, avec un décor à incision, représente l'Empire (461-465 ap. J.-C.), revêtu de la tunique et de la toge, sous un baldaquin en forme de coquille. En haut, le nom du dédicataire est incisé, C. L. SEVERO PATRONO. En bas, aux côtés de la figure, le nom probable du donateur, MODES[TUS].

Avant 461 ap. J.-C.

VAGLIERI 1910, pp. 111-112, fig. 14; *CIL* XIV Suppl. 5307; VOLBACH 1916, p. 33; DELBRUECK 1929, n° 65 a, 256; CALZA-SQUARCIAPINO 1962, p. 99; HELBIG IV, n° 3166 (Dohrn).

E.J.S.

XII.4 Fresque représentant une scène de tribunal

Fragment de fresque déposé
Haut. 80 cm; larg. 80 cm
Insula d'Hercule
Ostie, Antiquarium; inv. 10098a

Sur le fond blanc, encadrée de bandes rouges, la scène (dont il manque les extrémités sur trois côtés) conserve sur la droite le juge, assis sur un haut podium en jaune-ocre, avec la main droite levée, face auquel sont représentées deux figures féminines debout (de fines lignes vertes appartiennent peut-être au dessin préparatoire d'une troisième figure); on peut entrevoir un autre personnage dans le dos du juge. La figure la mieux conservée montre un long vêtement avec manteau, réalisés en rouge; une autre porte un long vêtement clair et tient peut-être un volatile dans la main droite. Un panier avec fruits et légumes est peint aux pieds des deux personnages.

Première moitié du IIIᵉ s. ap. J.-C.

CALZA-SQUARCIAPINO 1962, pp. 105-106, n° 6.

S.F.

XII.5 Fresque représentant une scène de tribunal

Fragment de fresque déposé
Haut. 80 cm;
larg. 114 cm
Insula d'Hercule
Ostie, Antiquarium;
inv. 10099 a

Une autre scène, provenant du même bâtiment que le fragment précédent, toujours sur fond blanc et bordée d'une bande rouge, montre la figure d'un juge sur la gauche, assis sur une haute tribune. En face, sont conservés deux personnages masculins, avec de

longs vêtements et un manteau, représentés avec le bras levé dans une attitude agitée; à leurs pieds, en position centrale, on voit une amphore cassée. Toutes les figures, en analogie avec la scène précédente, sont rendues par de rapides coups de pinceau en rouge, rose et jaune-ocre, avec des mises en lumière en blanc.

Première moitié du IIIᵉ s. ap. J-C.

VAN ESSEN 1956-58, p. 177; CALZA-SQUARCIAPINO 1962, p. 105 n° 5, fig. 59.

S.F.

XII.6 Figurine d'un personnage en toge

Terre cuite
Haut. 16 cm
Intact
Ostie, Scavi
Ostie, Antiquarium; inv. 3507.

Figure masculine debout avec le bras droit le long du corps et le gauche plié, tenant un *volumen* dans sa main. Il endosse une tunique et une riche toge drapée. Le visage est rond avec des traits accentués, les cheveux sont ramenés en frange sur le front chauve.

Iᵉʳ-IIᵉ s. ap. J.-C.

CALZA-SQUARCIAPINO 1962, p. 90.

P.O.

XII.7 Figurine d'un barbare

Terre cuite
Haut. 15 cm
Intact
Decumanus, endroit non précisé (1938)
Ostie, Antiquarium; inv. 3510

Figure masculine vêtue d'une tunique à manches et d'un manteau à frange qui, épinglé sur l'épaule droite, lui descend sur les épaules et couvre toute la partie gauche du corps; les plis des vêtements sont incisés. Les bras sont croisés à la hauteur du ventre et presque complètement couverts par le manteau. Le visage présente des traits à peine marqués et est caractérisé par une barbiche pointue. Les cheveux, longs sur les épaules, sont maintenus sur le sommet de la tête par une bande.

Iᵉʳ-IIᵉ s. ap. J.-C. (?).

CALZA-SQUARCIAPINO 1962, p. 90.

P.O.

XII.8 Figurine d'une matrone

Terre cuite
Haut. 16 cm
Intact
Ostie, Scavi
Ostie, Antiquarium; inv. 3511

Figure féminine debout sur petite base moulurée, vêtue d'une tunique courte à manches avec long retroussement jusqu'aux genoux et un manteau épinglé sur l'épaule gauche. La tunique est maintenue à la hauteur de la taille par une ceinture à franges et décorée d'un motif incisé avec des lignes ondulées et des points. Le visage, légèrement tourné à droite avec le regard dirigé vers le haut, est rond avec des traits peu marqués et caractérisé par de grands yeux avec des pupilles incisées. Les cheveux sont coiffés en bandes ondulées qui descendent presque jusqu'aux épaules, maintenues sur la nuque par un chignon. Le bras droit est détendu le long du flanc, tandis que le gauche est plié à la hauteur de la poitrine et tient un attribut dans la main.

IIᵉ-IIIᵉ s. ap. J.-C. (?).

CALZA-SQUARCIAPINO 1962, p. 89.

P.O.

XII.9 Lampe

Argile
Haut. 7,38 cm; long. 16 cm; larg. 12,58 cm
Ostie, Antiquarium; inv. 2751

Lampe à huile à bec rond (type Bailey O V). Sur le disque de la lampe est représentée la Triade Capitoline. Jupiter, de face, est assis au centre, avec un drapé sur les jambes et un *himation* qui retombe de son épaule gauche. Il a une auréole incisée autour de la tête et tient dans sa main gauche une longue lance. Minerve est assise à sa droite. La déesse porte un léger chiton et a un manteau drapé autour de ses jambes. Elle porte sur la tête un casque à panache et tient de sa main droite une lance, tandis que la gauche est appuyée à un bouclier représenté de profil. A la gauche de Jupiter, Junon est assise sur un coffre, complètement habillée et la tête voilée. Dans sa main gauche, elle tient une corne d'abondance. L'épaule de la lampe est décorée d'une rangée d'oves.

Fin du Ier s. ap. J.-C.

Inédit

M.C.

XII.10 Portrait d'un jeune prince julio-claudien

Moulage: Rome, Museo della Civiltà Romana, inv. MCR 231
Original: marbre blanc à grain fin
Haut. 24 cm; haut. avec buste moderne 52 cm

La tête antique est fracturée à la hauteur du cou et a été complétée par un buste moderne. Ont été restaurés l'oreille droite, une partie de l'oreille gauche, la pointe du nez ainsi qu'une fente dans la calotte crânienne à gauche. Toute la surface est extrêmement polie, suite aux interventions modernes.

Ostie, zone de Tor Boacciana (1800-1802)
Rome, Musei Vaticani, Museo Pio Clementino, Sala Busti; inv. 714

La tête, légèrement tournée vers la gauche, représente un jeune homme au nez aquilin. Le visage triangulaire, les oreilles sortantes, les yeux allongés, la bouche sinueuse avec la lèvre inférieure légèrement en retrait et le menton un peu fuyant permettent d'identifier un jeune prince julio-claudien. Autrefois, ce portrait a été identifié comme le jeune Octave. Cependant, le motif de la mèche «en tenaille» sur le front caractérise le type statuaire principal d'Auguste, dont le prototype est la célèbre statue de la Villa de Livie à Prima Porta. Malgré la ressemblance indiscutable avec certains portraits généralement considérés comme représentant Auguste, il est difficile de placer cette œuvre à l'époque du deuxième triumvirat. Les recherches les plus récentes attribuent à juste titre le portrait de Tor Boacciana à un des fils de Julia et Agrippa, Gaius César (20 av. J.-C. - 4 ap. J.-C.) ou Lucius César (17 av. J.-C.-2 ap. J.-C.), tous deux adoptés par Auguste en 17 av. J.-C.

Dans le passé, l'authenticité de ce portrait a plusieurs fois été mise en doute, à cause de la surface polie qui confère au portrait un caractère très raffiné, presque académique et que l'on peut imputer aux interventions modernes. La perte de la superficie originale rend toutefois la datation du portrait difficile, qui peut être placé entre la fin du siècle av. J.-C. et les premières années du Ier siècle ap. J.-C.

Fin Ier s. av.-moitié du Ier s. ap. J.-C.

AMELUNG II, pp. 474-475, n° 273, pl. 63; HELBIG I, n° 157 (v. Heintze); FITTSCHEN 1977, p. 40, n° 25; CALZA 1978, pp. 29-31, n° 29, pl. 17; MASSNER 1982, p. 54, n° 279; POLLINI 1987, p. 96, n° 5, pl. 7; HOFTER 1988, pp. 329-330, n° 176; BOSCHUNG 1993, p. 72, n° 333; CESARANO 1993, p. 75, figs 2-3; BIGNAMINI 1996, pp. 369-370, n° 41.1; SPINOLA 1999, pp. 137-138, n° 123, fig. 22.

C.V.

XII.11 Portrait de Trajan

Marbre blanc avec cristaux à grains moyens-gros: de Paros
Haut. 25 cm
La tête a perdu une grande partie de la portion frontale; le revers n'est pas fini, avec les cheveux rendus par des incisions courbes ce qui induit à retenir que le portrait a appartenu à une statue placée dans une niche.
Thermes de la Porta Marina (1922)
Ostie, Antiquarium; inv. 442

Le portrait, appartenant à une statue de dimensions plus grandes que nature, est très endommagé, mais révèle une certaine sensibilité plastique. On y reconnaît généralement une réplique de l'effigie officielle, créée après les Decennali et correspondant à l'iconographie des monnaies frappées après 108 ap. J.-C. Ce type est caractérisé par un retour au goût de tradition classico-hellénistique. En effet, la dureté de l'expression du portrait, avec la bouche serrée et les rides profondes qui partent de la racine du nez, est modérée par une certaine souplesse dans le rendu des plans. Récemment, on a émis l'hypothèse que ce type statuaire, amplement diffusé, était davantage à mettre en relation avec le second triomphe sur les Daces, célébré en 107 ap. J.-C. L'élément distinctif du type se caractérise dans le rendu de la courte frange sur le front.

108-110 ap. J.-C.

GROSS 1940, p. 85, n° 27, pl. 21a; CALZA 1964, p. 55, n° 82, pl. 47; CALZA 1978, p. 83, n° 109, pl. 75; MANDERSCHEID 1981, p. 79, n° 99, pl. 20. Voir ci-dessus, pp. 303-307.

C.V.

XII.12 Portrait de Trajan

Marbre de couleur livide avec cristaux à petits grains
Haut. 50 cm
La tête, conservée un peu en-dessous du menton, est privée d'une partie du nez mais hormis quelques ébréchures, il est en très bon état de conservation.
De l'arrière boutique de la troisième *taberna* du Théâtre (1913)
Ostie, Museo Ostiense; inv. 17

Dans ce splendide portrait, il faut reconnaître une image posthume de l'empereur Trajan. La tête devait faire partie d'une statue colossale de l'empereur, exposée dans un lieu public de la cité. Malgré les traits idéalisés du portrait, nous reconnaissons quelques caractéristiques distinctives de l'iconographie: la courte frange sur le front proéminent, les petits yeux, mais au regard pénétrant, la longue bouche aux lèvres assez fines. L'expression énergique disparaît dans l'équilibre harmonieux des traits, encadrés par le jeu modéré du clair-obscur créé par les trous du trépan qui divisent les boucles sur le front. Le raffinement nuancé des plans, le traitement extrêmement léger de la superficie et le classicisme qui imprègne le portrait, font penser à la création d'un atelier de formation hellénique actif à l'époque d'Hadrien.

Epoque d'Hadrien

GROSS 1940, p. 132, n° 74, pls 33-35; CALZA-SQUARCIAPINO 1962, pp. 57-58, n° 17; CALZA 1964, pp. 59-60, n° 89, pls 52-53; HELBIG IV, n° 3085 (v. Heintze); DUTHOY 1991, p. 43, n° 4. Voir ci-dessus, p. 306, fig. 9.

C.V.

XII.13 Portrait de Plotine MAH

Marbre blanc
Haut. 61,5 cm (du visage 57 cm);
larg. 25 cm
Etat de conservation exceptionnel, bien
que l'extrémité du nez et les pavillons
des oreilles soient cassés. Coup à la
pommette droite. Aux XIXᵉ siècle, la
pièce avait été placée dans un buste
moderne en marbre et l'arrière de la
tête complété, aussi en marbre, par une
calotte rapportée et une longue natte,
faite d'après le portrait du Capitole
(adjonctions enlevées en vue de la
publication de 1989).
Probablement des Thermes de la Porta
Marina
Genève, Musée d'art et d'histoire; inv. 19479 (acquise en 1954 de la collection Trau)

Tête colossale de femme préparée pour être insérée dans un buste ou une statue faite à part. Le visage, majestueux, s'inscrit dans un ovale allongé. Le front est un peu bombé, les sourcils incisés se froncent légèrement, conférant au personnage une certaine gravité. Le nez est assez large. Les yeux sont grands ouverts, sous une lourde paupière. La bouche, entrouverte et ondulée, s'abaisse aux commissures des lèvres. Les joues, aux pommettes hautes, sont remplies, mais affaissées. Le menton, plutôt petit et saillant, trahit un caractère énergique. Deux plis traversent le cou empâté, qui laisse pourtant visible le creux entre les clavicules. La coiffure est imposante: des mèches souples, qui sortent d'un nœud, forment un fronton arrondi au-dessus du front; celui-ci est bordé par un bandeau de boucles plates qui descend devant chaque oreille. La partie des cheveux coiffés vers l'arrière est disposée en tresses minces qui se réunissaient en un point maintenant disparu.

L'identité de la figure a été reconnue depuis longtemps: il s'agit de Pompéia Plotina. Née probablement à Nîmes, vers 68 ap. J.-C., elle épousa Trajan alors qu'elle était encore presque une enfant. L'union fut exemplaire et, en 100, Pline le Jeune célébra Plotine comme un modèle d'épouse de l'ancien temps (*Panégyrique de Trajan* 83,5). Elle mourut entourée de respect à la fin de l'année 121, probablement, et fut divinisée par Hadrien devenu depuis quelques années, grâce à elle notamment, le successeur de son époux.

Epoque d'Hadrien

CHAMAY-MAYER 1989, pp. 15-16, pls 29-30 (avec bibliographie antérieure); DUTHOY 1991, pp. 43-53, figs 1-7. Voir ci-dessus, p. 306, fig. 8.

J.C.

XII.14 Portrait d'Hadrien

Marbre grec à cristaux moyens-gros: de Paros (?)
Haut. max. 54 cm;
haut. tête 37 cm
L'état de conservation est presque parfait, excepté quelques petites égratignures.
Four à chaux de l'Insula du Sérapis (1937)
Ostie, Museo Ostiense; inv. 32

La splendide tête a été retrouvée en compagnie d'un portrait de Trajan de dimensions égales, ainsi que de divers fragments de jambes et de bras et devait faire partie d'une statue colossale. Le portrait constitue un unicum dans le répertoire iconographique d'Hadrien. Les traits caractéristiques de l'empereur se reconnaissent toutefois facilement: le visage ovale et allongé, entouré par une chevelure de type *coma in gradus* de tendance archaïsante, les yeux relativement grands en amandes, le long nez droit, le menton court et rond. Le portrait reproduit peut-être la réplique d'un bronze exécuté à l'imitation des créations de l'art grec de la première moitié du Vᵉ s. av. J.-C. Comme on le déduit du style général et du traitement de la barbe avec ses boucles riches et minutieuses, le jeune Hadrien est représenté à la manière d'un stratège grec.

IIᵉ s. ap. J.-C.

CALZA-SQUARCIAPINO 1962, p. 55, n° 11; CALZA 1964, pp. 73-74, n° 117, pl. 68; HELBIG IV, n° 3079 (v. Heintze); HERRMANN 1990, pp. 83-84, figs 15a-b; DUTHOY 1991, p. 46, n° 14; EVERS 1994, pp. 78-79, n° 78, fig. 14.

C.V.

XII.15 Statue de Sabine en Vénus Génétrix

Marbre pentélique
Haut. 180 cm; haut. tête 23 cm
Il manque le bras droit, travaillé à part, et l'avant-bras gauche; le bout du nez est ébréché.
Collège des Augustales (1941)
Ostie, Museo Ostiense; inv. 24

La statue représente la jeune impératrice Sabine. Fille de Matidia, petite-fille de l'empereur Trajan, Sabine naquit autour de 85 ap. J.-C. et épousa très jeune, en 100 ap. J.-C., le futur empereur Hadrien. A cause de son caractère trop rigide et ombrageux, elle fut peu aimée de son mari qui, malgré cela, lui fit ériger de nombreuses statues largement répandues dans l'empire. La ville d'Ostie en a restitué un grand nombre, dont celle-ci qui représente la future impératrice encore jeune. Le portrait a été daté avant 117 ap. J.-C. par le type de la coiffure caractéristique de l'époque de Trajan (six tours de tresses superposées qui découvrent les oreilles et entourent le visage comme un haut diadème) et par les traits qui caractérisent un visage encore plein de jeunesse. La future impératrice est représentée en guise de Vénus Génétrix, selon le type statuaire de l'Aphrodite de Fréjus, dont l'original est habituellement attribué à Kallimachos et daté dans le dernier quart du Vᵉ s. av. J.-C. Le contraste entre la spontanéité et la fraîcheur plastique du portrait et l'interprétation réductrice du modèle est frappante. Tout en conservant le schéma de l'original, la sculpture ostienne est loin de l'archétype raffiné de Kallimachos à cause de la rigidité de l'*himation* qui tombe le long des côtés, et de la profondeur des plis verticaux du chiton qui remplacent le drapé mouillé réalisé, dans les répliques meilleures, à travers un système de lignes courbes disposées élégamment sur l'abdomen et sur les cuisses.

Epoque de Trajan

DE CHIRICO 1941, pp. 230-233, figs 8-9; WEGNER 1956, p. 127; CALZA-SQUARCIAPINO 1962, pp. 56-57, n° 14; CALZA 1964, pp. 77-78, n° 124, pl. 72; CARANDINI 1969, pp. 134-136, figs 22-23; HELBIG IV, n° 3082 (v. Heintze); MIKOCKI 1995, p. 199, n° 336, pl. 31; *LIMC* VIII, s.v. Venus, p. 197, n° 6 (Schmidt). Ci-dessus, p. 296, fig. 9.

C.V.

XII.16 Statue de sevir augustal

Marbre grisâtre à petits cristaux: de Luni (Carrare)
Haut. 178 cm; long. base 59 cm; larg. base 35,5 cm
La statue est acéphale. Il manque la main gauche et presque tous les doigts de la main droite; une ample ébréchure dans la zone gauche du buste. Des fractures se remarquent aussi sur la base.
Sacellum des Augustales (1940)
Ostie, Antiquarium; inv. 1146

La sculpture représente un personnage masculin, un *togatus*, en appui sur sa jambe gauche, la droite légèrement fléchie. Un *scrinium* rectangulaire est posé à côté de sa jambe gauche et sur une base rectangulaire, à l'intérieur d'une simple corniche, on lit l'inscription suivante:

A(ulo) Livio Chryseroti seviro aug(ustali) quinq(uennali) / Agathangelus lib(ertus) sevir aug(ustalis) / quinquenn(alis) patrono dignissimo.

Il s'agit donc d'une statue honorifique de sevir augustal, dédiée par son affranchi, également sevir. Le personnage porte la toge avec *umbus* et *sinus*, plutôt rare au IIIᵉ s. ap. J.-C., époque à laquelle on doit faire remonter la sculpture, mais en usage jusqu'à une époque avancée dans les collèges des augustales. La sculpture, peu développée en profondeur, est caractérisée par un travail dur et schématique qui trahit un artisan local peu habile.

IIIᵉ s. ap. J.-C.

DE CHIRICO 1941, p. 216, fig. 1.

C.V.

XIII: VIE PRIVÉE

XIII.1 Poinçon pour estampiller les briques

Plomb
7,5 cm
Nymphée devant les Quatre Petits Temples
Ostie, Depositi; inv. 3944

Poinçon circulaire avec lettres en relief: au centre: HERA//CLI (rétrograde), au-dessus: [.], au-dessous: [.] dans un cercle; autour: M.IVLI.HERMODORI (rétrograde).

Datation incertaine
VAGLIERI 1913, p. 140, fig. 22; *CIL* XIV 5314, 3.

E.S.

XIII.2 Verre plat (de fenêtre)

Verre moulé
(a) 13,5 x 13 x 1 cm; (b) 13,5 x 11 x 0,5 cm; (c) 8,5 x 6,5 x 0,3 cm
Fragmentaire
Ostie, Procoio di Pianabella (1962)
Ostie, Antiquarium; inv. 13040

Les trois fragments de verre, probablement retravaillés et réemployés, fermaient une petite ouverture quadrangulaire sur le couvercle d'un sarcophage retrouvé dans la propriété Aldobrandini à Procoio di Pianabella, dans les environs d'Ostie. Le sarcophage, datable des premières décennies du Iᵉʳ s. ap. J.-C. et dont la décoration reflète des tendances néo-pythagoriciennes, a vraisemblablement été réutilisé et c'est alors que fut ouverte dans le couvercle une petite fenêtre vitrée.

En ce qui concerne l'utilisation du verre comme vitre, elle est fréquemment attestée dans l'empire romain, déjà au Iᵉʳ s. ap. J.-C., lorsque la diffusion de la technique du soufflage, qui remplaçait, par économie et rapidité, celle du coulage au moyen de moules, contribua à l'utilisation du verre non seulement dans l'architecture, mais aussi dans la fabrication d'ustensiles.

Epoque impériale
AGNOLI 1999, p. 245.

F.D.A.

XIII.3 Clef

Plomb
Long. 15,3 cm; larg. max. 5,5 cm
Ostie, Antiquarium; inv. 4538

Manche de section semi-circulaire, plat dans sa surface inférieure et convexe dans la supérieure; panneton rectangulaire avec six trous de forme circulaire disposés par paires.

Datation incertaine
Inédite

G.G.

XIII.4 Clef

Plomb
Long. 16 cm; larg. max. 5,7 cm
Ostie, Antiquarium; inv. 4539

Manche de section semi-circulaire, plat dans sa surface inférieure et convexe dans la supérieure; panneton rectangulaire avec un trou central cruciforme et quatre trous circulaires disposés aux côtés du premier.

Datation incertaine
Inédite

G.G.

XIII.5 La décoration de la salle 4 de l'Insula des Hiérodules

Voir ci-dessus, pp. 346-360.

XIII.6 Groupe d'Amour et Psyché

Marbre de Luni (Carrare)
Haut. 54 cm
Il manque les pieds d'Amour et la portion médiane des jambes drapées de Psyché.
Domus d'Amour et Psyché (1938)
Ostie, Museo Ostiense; inv. 180

La petite sculpture, avec plinthe moulurée, est une des nombreuses répliques du groupe d'Amour et Psyché, création qui remonte probablement à l'époque hellénistique. Le groupe jouissait d'une grande popularité à l'époque romaine, car il offrait une des images les plus élégantes de la mythologie galante et on pouvait le reproduire facilement en petit format. L'intérêt de la pièce ostienne se trouve dans les caractéristiques stylistiques typiques de la sculpture tardo-antique: les mains grandes et plates, la rigidité du drapé et l'immobile calligraphie des coiffures. L'habileté du sculpteur se concentre sur la réalisation des têtes, la douceur des visages à la surface polie, entourés de boucles gonflées. La fonction décorative de l'œuvre est claire: elle faisait partie du mobilier d'une des maisons tardo-antique les plus significatives d'Ostie.

IVᵉ s. ap. J.-C.
CALZA-SQUARCIAPINO, p. 42, n° 17, fig. 26; HELBIG IV, n° 3054 (v. Steuben); *LIMC* VII, s.v. Psyche, p. 580, n° 141b (Icard Gianolio).

C.V.

XIII.7 Support en forme d'herme

Bronze, damasquinage en argent
Haut. 76 cm
Cour à l'arrière de la *fullonica* sur le Cardo Maximus (I xii 3)
Ostie, Antiquarium; inv. 3949

Support constitué d'un petit pilastre de section rectangulaire rétréci vers le bas, auquel est adossé un herme féminin décoré dans sa partie antérieure de motifs damasquinés en argent (ondes, tresses de lierre, couronne avec *taeniae*). Les deux éléments reposent sur une base rectangulaire avec pieds en goutte et les deux côtés courts moulurés. Sur le petit pilastre se dresse un élément cruciforme avec bras pliés à angle droit sur lequel était posé l'objet soutenu.

IIᵉ s. ap. J.-C.
CALZA-SQUARCIAPINO 1962, pp. 96-97, fig. 51.

G.G.

XIII.8 Pied de porte-lampe

Bronze
Haut. 15 cm; larg. base 13 x 15 cm
D'une *taberna* sur le côté nord du
Decumanus à Porta Marina
Ostie, Antiquarium; inv. 4145

Ce porte-lampe consiste en une base
quadrangulaire posée sur de petits pieds
en patte de lion, sur laquelle se dresse le
fût du chandelier, campaniforme dans sa
partie inférieure et en calice dans la supé-
rieure, marqué par deux profondes rainures horizontales à environ deux tiers de la
hauteur. Au-dessus du fût, un disque orné de cercles concentriques recevait la lampe.

Epoque impériale

PAVOLINI 1978, fig. 51, CALZA-SQUARCIAPINO 1962, p. 96.

G.G.

XIII.9 Pied de meuble

Bronze bruni; damasquinage en argent
et cuivre
Haut. 5 cm; larg. 11,2 cm; prof. 5,5 cm
Ostie, Antiquarium; inv. 15791

Pied de meuble avec trou central pour
enfiler le montant; côté externe décoré en
damasquinage avec feston et fleur à quatre
pétales. A l'arrière, le pied est ouvert pour
recevoir la barre transversale. Deux côtés opposés façonnés en tore et tuyau.

Datation incertaine

Inédit

E.J.S.

XIII.10 Pied de meuble

Bois
Haut. 4 cm; larg. 6,3 cm; prof. 5 cm
Ostie, ancien cours du Tibre, lieu-dit
Fiume Morto (1962)
Ostie, Antiquarium; inv. 57172

Pied de meuble avec trou central pour
enfiler le montant; trou quadrangulaire
latéral pour l'insertion d'une barre transversale. Sur les deux côtés opposés, profil mouluré.

Datation incertaine

Inédit

E.J.S.

XIII.11 Élément de meuble avec spirales

Bronze
Long. max. 38 cm; haut. max. 14,5 cm
Via del Sabazeo
Ostie, Antiquarium; inv. 15668

Barre pleine, de section quadrangulaire,
supportant des volutes -cinq sont conser-
vées- naissant de feuilles lancéolées.

Un tabouret d'Herculanum montre le même genre de barre entre les pieds (*Il bronzo
dei Romani*, p. 141, fig. 87).

Iᵉʳ-IIᵉ s. ap. J.-C.

VAGLIERI 1909, p. 48, fig. 1.

G.G.

XIII.12 Applique: Pan

Ivoire
Haut. 14,3 cm
Lacunaire
Maisons à jardins (1938)
Ostie, Antiquarium; inv. 4314

Applique pour décoration de meuble,
représentant Pan avec le *pedum* (bâton
arqué) dans la main droite et la syrinx
dans la main gauche, portée sur la poitrine. Le dieu est représenté, comme
d'habitude, avec les cheveux décoiffés et
les oreilles de chèvre, des jambes poilues
et le pied bifurqué.

Datation incertaine

CALZA-SQUARCIAPINO 1962, p. 98; HELBIG IV, n° 3165 (Dohrn).

E.J.S.

XIII.13 Paroi de coffret: Néréide

Ivoire
Haut. 16 cm; larg. 10,5 cm; épaisseur
1 cm
Fragmentaire
Synagogue (1962)
Ostie, Antiquarium; inv.12508

Deux languettes rectangulaires au bas de
la plaque servaient au montage, ainsi que
deux petits trous pour l'insertion de petits
clous. La face postérieure est lisse; l'antérieure représente une partie d'un cortège marin. Une Néréide, vue de dos, est
assise sur un hippocampe, dont ne restent que la tête et la queue; de sa main
gauche tendue, elle tenait probablement
son manteau voletant. Dans l'espace entre la Néréide et la tête du cheval marin, un
petit Amour.

IIIᵉ s. ap. J.-C.

Inédit

E.J.S.

XIII.14 Pièce de fixation de l'anse mobile d'une situle: Dionysos

Bronze. Paroi (perdue) martelée; anse
avec protome en fonte pleine.
Damasquinage en argent.
Larg. de l'anse 54 cm; haut. de la protome 19 cm; haut. totale 28 cm; larg.
12 cm; prof. 11 cm; diam. bord 42 cm
Moulin à l'est du Cardo Maximus
(1940)
Ostie, Depositi; inv. 3950-3951

Anse mobile d'une situle en bronze, insérée dans deux anneaux latéraux. L'un des
deux anneaux conserve encore la splendide protome de Bacchus qui permettait
la fixation de l'anneau au vase. L'anse est
courbe et ses deux extrémités sont
repliées vers le haut. Au sommet se trouve un élément à trou central, et deux groupes
de deux spirales symétriques laissent deux espaces lisses. De part et d'autre de cet
élément central, se développe le décor symétrique de l'anse. Il consiste en (de haut en
bas) godrons parallèles, petites feuilles aux pointes recourbées vers l'extérieur, motif
floral en relief (sur la partie inférieure de l'anse). Les anneaux dans lesquels s'insère
l'anse sont fixés par une plaque décorée d'un méandre incisé. Le même motif se
retrouve sur le bord de la situle, alternant avec des carrés en échiquier.

La protome représente un visage masculin, avec une grande barbe, une couronne de
lierre, de feuilles et de grappes sur le crâne et un bandeau sur le front. La sérénité et
la régularité des traits qui ne sont pas grotesques, permettent d'identifier le person-

nage comme étant Dionysos, dont le type barbu remonte à l'époque archaïque et fut repris par l'art praxitélien (et post-praxitélien): voir, par exemple, le «Sardanapale».

Le masque ostien n'est toutefois pas un *unicum* et ce type de Bacchus ou Silène est très répandu, géographiquement et chronologiquement, réalisé dans des matériaux très divers. Il est possible que le prototype, certainement d'époque hellénistique, ne provienne pas de la grande statuaire, mais d'une situle en bronze ou en métal précieux, conservée dans un sanctuaire célèbre.

Cette pièce a été retrouvée, avec un lot d'autres bronzes, dans une cour qui n'est probablement pas son lieu d'exposition originel. Etant donné la beauté de l'objet, il ne s'agit certainement pas d'un récipient d'usage commun, mais plutôt d'un ustensile appartenant à un édifice public ou à un temple.

Fin du Iᵉʳ-début du IIᵉ s. ap. J.-C.

FLORIANI SQUARCIAPINO 1949, pp. 139-144; CALZA-SQUARCIAPINO 1962, p. 94, n° 52; HELBIG IV, n° 3160 (Dohrn); BAUDOIN-LIOU-LONG 1994, pp. 73-76, fig. 61.

I.T.

XIII.15 Pièce de fixation de l'anse d'une cruche: Scylla

Bronze, fonte pleine; incrustations d'argent
Haut. 9,2 cm
Conservation imparfaite, patine noirâtre
Ostie (selon le collectionneur); jadis collection Walther Fol (offerte à la ville de Genève en 1871)
Genève, Musée d'art et d'histoire; inv. MF 1207.

Applique concave, prolongée en haut par un élément tubulaire, constituant la fixation inférieure de l'anse verticale d'une cruche (oenochoe). Elle est ornée d'un mascaron en haut-relief. Les protomés de chiens menaçants à la base du cou, au-dessous desquels deux dauphins mordent dans un coquillage placé entre eux, indiquent qu'il s'agit bien du visage de Scylla et non de Méduse. Ses oreilles sont en forme de coquilles, et on remarque aussi deux poissons dans sa chevelure ébouriffée. Ses sourcils broussailleux et les écailles sur les joues confèrent au visage un aspect sauvage et effrayant, renforcé par l'expression mauvaise et hallucinée des yeux fixes. Selon C. Dunant, l'œuvre peut être attribuée à un atelier d'Italie méridionale, actif dans la seconde moitié du Iᵉʳ siècle ap. J.-C.

2ᵉ moitié Iᵉʳ s. ap. J.-C.

FOL 1874, p. 261, n° 1297; DEONNA 1912; DUNANT 1967; *Bestiaire*, p. 206, n° 135 (Chamay).

J.C.

XIII.16 Gobelet tronconique

Verre soufflé transparent et incolore
Haut. 8,5 cm; diam. 8,3 cm
Ostie, Antiquarium; inv. 5173

Bord légèrement évasé avec extrémité coupée, souligné inférieurement par une ligne incisée; corps tronconique, fond légèrement concave.

L'exemplaire appartient à une forme produite entre l'époque flavienne et l'époque antonine, qui porte parfois des décorations prestigieuses: taillée en facettes (cf. par exemple *Vetri dei Cesari*, n° 104), à incisions (OLIVER 1984, fig. 12), peinte (CLAIRMONT 1977, pl. I, n° 25) ou en intaille (comme l'extraordinaire verre de Begram avec la représentation du phare d'Alexandrie). La pièce ostienne appartient à une variété moins élaborée (cf. BIAGGIO SIMONA 1990, pp. 108-112, fig. 49, n° 139.1.019), qui présente de simples lignes incisées; la qualité du verre aussi est de niveau moyen.

Époque flavienne ou antonine

PAVOLINI 1978, p. 37.

G.D.T.

XIII.17 Gobelet avec dépressions

Verre soufflé transparent et incolore
Haut. 7 cm; diam. bord 7 cm
Ostie, Antiquarium; inv. 5172

Bord légèrement replié vers l'intérieur, avec extrémité coupée, souligné par deux légères incisions; corps tronconique, avec profondes dépressions; pied bas à anneau.

La série des verres et des coupes avec décoration à dépressions est l'une des plus diffusées entre le Iᵉʳ et le IVᵉ siècle, aussi bien dans la zone occidentale que dans la partie orientale de l'Empire. L'exemplaire ostien a des parallèles dans des verres datés généralement entre le IIᵉ et le IIIᵉ siècle (ROFFIA 1993, p. 90, n° 85, avec indications supplémentaires).

IIᵉ-IIIᵉ s. ap. J.-C.

PAVOLINI 1978, p. 37.

G.D.T.

XIII.18 Gobelet en calice

Verre soufflé transparent et incolore
Haut. 12,5 cm; diam. bord 9 cm
Ostie, Antiquarium; inv. 5171

Bord évasé au profil arrondi; corps campaniforme; tige cylindrique haute et pleine; pied à disque tronconique, au bord arrondi.

La forme du verre en calice, «fossile caractéristique» des productions tardoclassiques et haut-médiévales, amplement attestée aussi parmi les trouvailles des Thermes du Nageur (*Ostia* I, figs 192, 194; *Ostia* II, fig. 206), est généralement considérée comme antérieur au milieu du Vᵉ siècle (SAGUÌ 1993; STERNINI 1995), mais les données des stratigraphies de Gortyne (Crète) indiquent une présence précoce déjà dans des contextes de la seconde moitié du IVᵉ s. (DE MATTEIS-DE TOMMASO en cours d'impression), circonstance qui rend plausible l'hypothèse qu'il s'agisse d'une invention des régions orientales (de Constantinople?). Pour un ample répertoire des types attestés, voir STERNINI 1997, pp. 249-253, pl. LI: cf. en particulier n° 100, pl. LI.11, daté au VIIᵉ s.

Probablement Vᵉ-VIᵉ s.

PAVOLINI 1978, p. 37.

G.D.T.

XIII.19 Petite amphore

Argile compacte, bien dépurée, de couleur noisette claire
Haut. 17,7 cm; diam. bord 8,3 cm; diam. max. panse 11 cm; diam. fond 4,9 cm
Intacte
Ostie, Antiquarium; inv. 17763

Panse ovoïde et allongée, sans épaule marquée. L'embouchure présente un profil convexe avec une lèvre qui se rétrécit fortement à l'intérieur et se termine en ressaut interne. Anse en bande fixée sur le bord, avec deux cannelures sur la surface externe et une sur la surface interne. La base est annulaire et arrondie sur le profil externe.

Milieu du Iᵉʳ-première moitié du IIᵉ s. ap. J.-C.

PAVOLINI 2000, p. 203, cat. 100, fig. 50. Ci-dessus, p. 215, fig. 5.

C.M.C.

XIII.20 Coupe

Argile. La superficie est rose très clair; sur la surface interne et externe une grande partie de l'engobe rouge est conservée.
Haut. 7,9 cm; diam. bord 11,3 cm; diam. fond 3,9 cm
Intacte
Via Portuense, près de Portus; tombe «à cappuccine» (1969)
Ostie, Antiquarium; inv. 17811

Vasque profonde, presque hémisphérique. Le bord est fortement incurvé vers l'intérieur et marqué par une moulure sur la liaison du bord et de la vasque. Le fond est doté d'un pied droit et d'un base légèrement concave. Le décor consiste en sillons peu profonds et réguliers.

Epoque sévérienne

PAVOLINI 2000, pp. 182-183, cat. 86, fig. 44. Ci-dessus, p. 214, fig. 3.

C.M.C.

XIII.21 Cruche

Argile compacte, moyennement dépurée, de couleur rouge avec des petites inclusions noires; la surface est de couleur blanc sale (certainement dû à la cuisson).
Haut. 21,7 cm; diam. bord 6,6 cm; diam. max. panse 13,5 cm; diam. fond 5,1 cm
Il manque une partie du bord.
Nécropole de la via Laurentina: tombe des Claudii, puits de la tombe 33 (1955)
Ostie, Antiquarium; inv. 17839

Cruche dont la panse est ovoïde, sans épaule marquée. La liaison entre la panse et le col est marquée par un cordon. Le col tend vers une forme cylindrique. Le bord est incurvé vers l'extérieur, avec un profil externe rectiligne. L'anse est de section ronde, implantée sur le bord de la cruche. La base est cintrée, avec un pied distinct, tubulaire, dont le fond est plat. La partie supérieure de la panse, en dessous du cordon, est décorée d'un motif incisé à la pointe, consistant en une rangée de groupes de petits traits horizontaux et une série de lignes horizontales, striées.

V^e-VIe s. ap. J.-C.

PAVOLINI 2000, pp. 136-137, cat. 60, fig. 35; Ci-dessus, p. 218, fig. 12.

C.M.C.

XIII.22 Cruche trilobée

Argile. Patine externe vitrifiée, de couleur noirâtre, dont la surface est très micacée
Haut. 19,8 cm; long. bord env. 6,6 cm; diam. max. panse 16,7 cm; diam. fond 5,8 cm
Intacte
Ostie, Antiquarium; inv. 18151

Cruche dont l'embouchure est nettement séparée de la panse. Le col est en forme de cône renversé, avec les parois presque droites et le bord trilobé, fortement incurvé vers l'extérieur. L'anse est de section rectangulaire et dépasse considérablement l'embouchure. La panse est très globulaire, sans épaule distincte. La base est concave, avec un pied légèrement évasé.

Fin Ier s. ap. J.-C.-IVe s. ap. J.-C.

COLETTI-PAVOLINI 1996, pp. 398-400, fig. 3, n° 3; PAVOLINI 2000, p. 156, cat. 64, fig. 37. Ci-dessus, p. 216, figs 7-8.

C.M.C

XIII.23 Pelle

Bronze, feuille
Long. 24 cm; larg. 17,5 cm; manche long. 13 cm
Incomplète
Ostie, Depositi; inv. 3630

Petite pelle elliptique, dont le bord n'est conservé que sur la partie arrière, où il rejoint le manche. Celui-ci se termine par un petit disque plat avec un trou central de suspension. Sur le fond de la pelle, trois rangées de trois trous chacun, circulaires dans la rangée centrale, avec une extension triangulaire dans les deux autres.

La fonction de l'objet est inconnue.

Datation incertaine

Inédite

I.T.

XIII.24 Fourchette

Bronze
Long. 15 cm
Ostie, Antiquarium; inv. 4224

Fourchette à deux pointes avec manche de section circulaire, ornée de profondes rainures et d'anneaux en relief. Terminaison en pommeau.

Datation incertaine

Inédite

G.G.

XIII.25 Cuiller

Bronze
Long. 15,5 cm; larg. 4 cm
Ostie, Antiquarium; inv. 4463

Cuiller de bronze avec *ligula* de forme ovale, légèrement concave, et manche de section rectangulaire dans la partie inférieure et circulaire dans la supérieure terminant en pommeau.

Datation incertaine

Inédite

G.G.

XIII.26 Couteau

Fer
Long. 29 cm; larg. max. 4,3 cm
Ostie, Antiquarium; inv. 4618

Couteau avec lame à large côte dont le bord extérieur est dentelé. Poignée en forme de croix; le manche n'est pas conservé.

Datation incertaine

Inédit

G.G.

XIII.27 Manche de couteau

Ivoire
Haut. 5,7 cm
Lacunaire
Ostie, Antiquarium; inv. 4632

Manche de couteau à lame rentrante, en forme de gladiateur debout, torse nu, vêtu d'un pagne avec haut ceinturon. Casque à calotte, avec cimier, dont la visière est abaissée. Dans la main droite, le gladiateur tient l'épée, avec la gauche, le bouclier. La jambe gauche est protégée par une jambière de cuir renforcée de métal.

Le long du dos, fissure verticale pour loger la lame.

IIe s. ap. J.-C.

CALZA-SQUARCIAPINO 1962, p. 98; SHEPHERD 1999, p. 140 n° 30.

E.J.S.

XIII.28 Manche de couteau

Os
Haut. 8,3 cm
Intact
Ostie, Antiquarium; inv. 4303

Manche de couteau à lame rentrante, en forme de gladiateur debout, torse nu, vêtu d'un pagne. Casque à calotte qui couvre la nuque et visière baissée. De la main droite, il brandit l'épée, de la gauche, il tient le bouclier rectangulaire, décoré d'incisions, qui couvre tout son corps. La jambe droite, en retrait, a un bandage de protection; la gauche est protégée par une jambière de cuir, renforcée de métal.

La figure est posée sur une base cylindrique évasée; l'emmanchement est encore entouré par la gaine de bronze qui retenait la lame de fer, en partie conservée dans la fissure verticale.

IIe s. ap. J.-C.

CALZA-SQUARCIAPINO 1962, p. 98; SHEPHERD 1999, pp. 140-141, n° 31.

E.J.S.

XIII.29 Manche de couteau

Os
Haut. 8,3 cm
Lacunaire
Ostie, Antiquarium; inv. 4302

Manche de couteau à lame rentrante, en forme de gladiateur debout, avec grand casque à trois panaches et visière baissée. De la main droite, il tient le bouclier rectangulaire, qui couvre tout le buste. La jambe gauche est protégée par une jambière de cuir, renforcée de métal.

La figure est placée sur une base cylindrique évasée. Le long du dos, fissure verticale pour loger la lame.

IIe s. ap. J.-C.

CALZA-SQUARCIAPINO 1962, p. 98; SHEPHERD 1999, p. 141 n° 32.

E.J.S.

XIII.30 Statuette d'un Lar

Bronze, fonte en creux pour le corps, pleine pour les jambes, travaillées séparément et rapportées
Sur la base, damasquinage en argent
Haut. 16 cm; larg. 16 cm; base: haut. 6,7 cm; long. 10 cm; larg. 9,7 cm
Trou rectangulaire entre les jambes. Les attributs sont perdus.
Boulangerie de la via dei Molini (1915)
Ostie, Antiquarium; inv. 3535

Le *Lar familiaris* est représenté debout, en train d'avancer vers la droite. Il est

imberbe, avec les cheveux frisés. Il tend son bras droit en avant lequel devait, à l'origine, porter une patère, tandis que son bras gauche, abaissé, devait tenir une corne d'abondance (*cornucopia*). Le jeune homme porte une large tunique *angusticlava*, qui s'arrête à la hauteur des genoux, moulant les cuisses et formant des plis amples sur l'arrière. Autour de sa taille, il porte une sorte d'écharpe qui retient un petit manteau formant un pli (*sinus*) sur sa poitrine et, sur son dos, alors que le rabas (*kolpos*) entre les cuisses n'est pas conservé. Le Lar porte les bottines hautes (*embades*), décorées d'une tête de panthère. La statuette repose sur une grande base carrée à quatre pieds, décorée de feuilles de laurier damasquinées en argent.

Faisant partie du laraire de la boulangerie de la via dei Molini, le petit bronze, de très haute qualité, voisinait les statuettes d'Hercule enfant (inv. 3538, cat. n° XIV.5), de Mercure (inv. 3540, cat. n° XIV.7) et le buste de Jupiter (inv. 3552, cat. n° XIV.3).

Epoque julio-claudienne

CALZA 1915a, p. 254, n° 16, fig. 16; CALZA 1915b, p. 171, fig. 44; CALZA-SQUARCIAPINO 1962, p. 102; HELBIG IV, n° 3168 (Simon).

M.E.M.

XIV: CULTES TRADITIONNELS ET ORIENTAUX

XIV.1 Relief votif dédié à Hercule

Calcaire
Haut. 71 cm; long. 141 cm; ép. 10 cm
Le relief est en excellent état, sauf que la partie gauche a disparu, de toute évidence sciée lors du remploi de la plaque. En outre, l'angle supérieur droit et le coin inférieur gauche manquent.
Temple d'Hercule (1938)
Ostie, Museo Ostiense; inv. 157

Le relief, dédié à Hercule par le prêtre *Caius Fulvius Salvis*, narre, en trois scènes distinctes, un événement miraculeux, la consultation de l'oracle et l'issue positive de la prédiction. La première scène, à droite, décrit la pêche d'une statue d'Hercule encore empêtrée dans un filet, tiré par six pêcheurs, en compagnie d'un dauphin, de deux poissons et d'un coffret (*capsa*); la divinité est représentée en arme et vêtue d'une cuirasse, selon un type iconographique très rare qui remonte au début du Ve s. av. J.-C. Au centre du relief, Hercule est représenté en train de livrer à un *camillus*, un objet tiré de la *capsa*, qui vient d'être repêchée avec la statue. Il reste des traces suffisantes de l'inscription incisée sur l'objet pour en reconstituer son sens, «les sorts d'Hercule». Au-dessus, on remarque une tablette à écrire ouverte, qui comportait très probablement une inscription peinte. La dernière scène, à gauche, représente un personnage en toge, tourné vers la gauche. Il tend le sort à une figure, perdue, qui était sans doute celle du consultant. Il était accompagné d'un petit personnage (un esclave?), dont il ne reste que la tête à la hauteur de la cuisse du prêtre, et c'est vers lui que se dirige une petite figure ailée – sans doute une victoire – qui volette au-dessus de l'épaule droite du prêtre. La présence de cette victoire indique que la réponse positive de la part de la divinité au sujet de l'issue de l'entreprise militaire pour laquelle l'oracle se fit interroger.

Dans l'espace restant entre les figures et la corniche supérieure du relief court l'inscription: *C(aius) Fulvius Salvis haruspex d(onum) d(edit)*.

Les épisodes sont décrits avec une grande efficacité narrative qui parfois déroge aux normes de la perspective, en faveur d'une communication plus immédiate, mais non sans citations néo-attiques, qui relativisent le style «populaire» de l'œuvre. Le relief illustre les pouvoirs oraculaires du dieu, ainsi que son aspect guerrier et suggère que c'est dans l'aire du Temple d'Hercule qu'il faut situer la zone militaire de la ville.

70/65 av. J.-C.

BECATTI 1939; BECATTI 1942; HELBIG IV, n° 3103 (Simon); ZEVI 1976, p. 54; ARENA 1977, p. 20; *LIMC* IV, p. 734, n° 18; p. 805, n° 1399 (Boardman); GALLINA 1993. Voir aussi ci-dessus, p. 292, fig. 2.

N.A.

XIV.2 Statuette de Vulcain

Marbre pentélique
Haut. 104 cm
Il manque le bras gauche, la main droite et le bout du pied droit
Pièce souterraine des Thermes du Mithra (1938)
Ostie, Museo Ostiense; inv. 152

Le dieu, en appui sur la jambe droite, la gauche légèrement écartée, est vêtu d'une courte tunique (*exomis*), typique des artisans. Il a les cheveux frisés et porte le bonnet conique en feutre caractéristique des petites gens, le *pileus*. L'exécution de l'œuvre n'est pas très soignée, mais on peut reconnaître le modèle auquel il se réfère, à savoir la statue de culte de l'Héphaistéion d'Athènes, un groupe en bronze réalisé par Alcamène entre 421 et 415 av. J.-C. qui comportait aussi la figure d'Athéna. Le culte de Vulcain revêt un rôle central à Ostie. C'est en effet à son prêtre, le *pontifex Vulcani et aedium sacrarum* qu'appartenait le contrôle des temples de la ville. Toutefois, le temple de Vulcain n'a pas encore été retrouvé, et cette petite statue est une des rarissimes attestations sculpturales retrouvées à Ostie.

IIe s. ap. J.-C.

CALZA-SQUARCIAPINO 1962, p. 30, n° 3, fig. 12; HELBIG IV, n° 3014 (v. Steuben); *LIMC* VIII, s.v. Vulcanus, p. 284, n° 1 (Simon).

C.V.

XIV.3 Buste de Jupiter

Bronze fonte en demi-creux
Haut. 7,2 cm; larg. 6,2 cm
Boulangerie de la via dei Molini (1915)
Ostie, Antiquarium; inv. 3552

La tête du dieu est ceinte d'une couronne de branches de chêne, lesquelles descendent sur les épaules. La chevelure, avec légère *anastolè* sur le front, s'ordonne en mèches distinctes sur le devant, pendant que sous la couronne, rendue par de légères incisions, elle adhère à la calotte crânienne. La barbe est ordonnée en rangées de boucles qui couvrent les joues et descendent jusqu'au menton. Les traits du visage sont dilatés, les petits yeux ont la pupille forée. Le torse est nu, avec la *chlaina* posée sur l'épaule gauche. Il penche légèrement en avant à cause d'une mauvaise fusion.

Le prototype de ce Jupiter est à rechercher dans le Zeus Brontaios de Léocharès, grande statue en bronze créée à Olympie dans le second quart du IVe siècle av. J.-C. puis transportée à Rome par Auguste, qui la choisit comme image de culte pour le temple de Jupiter Tonnant. Le buste lui-même présente les formes classicisantes caractéristiques de l'époque d'Hadrien. Il devait être fixé à une base et faisait probablement partie du laraire de la boulangerie de la via dei Molini (voir ci-dessous, n°s XIV.5 et 7 et ci-dessus, n° XIII.30)

1re moitié du IIe s. ap. J.-C.

CALZA 1915, p. 253, n° 9; CALZA-SQUARCIAPINO 1962, p. 102.

M.E.M.

XIV.4 Buste de Minerve

Bronze en fonte pleine
Haut. 6,4 cm; larg. 2,5 cm; prof. 3,5 cm
Conservation médiocre, la crête du casque est endommagée.
Caserma dei Vigili (1912)
Ostie, Antiquarium; inv. 3547

La déesse porte un casque corinthien, dont s'échappent deux mèches de cheveux, qui forment un chignon dans sa nuque. Son visage a des traits fins, son cou est mince et allongé et son buste semble être recouvert d'une égide, sans *gorgoneion*. Les yeux devaient à l'origine être incrustés dans un autre métal, peut-être de l'argent.

La position du casque, l'inclinaison de la tête et le traitement des cheveux indiquent que le prototype de ce petit bronze est l'Athéna de Velletri, copie d'un original attribué à Crésilas et datée vers 430 av. J.-C.

Cette pièce peut être interprétée comme une applique qui pouvait être fixée sur un coffre-fort en métal, servant à protéger les biens d'une famille, ou sur un coffret en bois pour la toilette féminine. Son style classicisant et les formes élongées permettent de la dater vers le milieu du IIe siècle ap. J.-C.

Milieu du IIe s. ap. J.-C.

VAGLIERI 1912, p. 51.

M.E.M.

XIV.5 Hercule enfant

Bronze en fonte pleine
Haut. 10 cm; larg. 4 cm; ép. 2 cm
Il manque la massue
Laraire de la boulangerie de la via dei Molini (1915)
Ostie, Antiquarium; inv. 3538

Le jeune héros, représenté nu, se tient debout appuyé sur sa jambe gauche, la droite étant légèrement pliée et avancée. Son bras droit est abaissé et tenait la massue, tandis que sa main gauche est tendue en avant et porte les pommes des Hespérides. Il est revêtu d'une peau de lion (*léonté*), dont la crinière lui couvre la tête et les épaules, et s'enroule autour de son bras gauche d'où elle pend.

Malgré le fait que le corps charnu et le visage potelé caractérisent le personnage comme un enfant, les formes robustes expriment la vigueur masculine du héros.

Cette figurine peut se rattacher au type statuaire de l'Hercule Enfant des Musées Capitolins, qui était probablement une statue de culte à l'époque impériale, exposée sur l'Aventin. Le contexte dans lequel ce petit bronze a été retrouvé, soit le laraire privé du propriétaire de la boulangerie de la via dei Molini, permet de l'interpréter comme une statuette de culte (voir aussi ci-dessus, nᵒˢ XIII.30 et XIV.3, et ci-dessous, nᵒ XIV.7).

Deuxième moitié du IIᵉ s. ap. J.-C.

CALZA 1915a, p. 255, fig. 18a, nᵒ 18; CALZA 1915b, p. 169, pl. XI, nᵒ 1.

M.E.M.

XIV.6 Hercule banquetant

Bronze en fonte pleine
Haut. 3,9 cm; long. 6,2 cm; larg. 2,2 cm
Conservation médiocre, surface usée
Ostie, Scavi
Ostie, Antiquarium; inv. 3590

La figurine, posée sur une base très fine, représente le héros allongé sur son flanc gauche, avec sa jambe droite croisée sur la gauche. Son avant-bras gauche est recouvert de la *léonté* et de sa main, il tient une coupe, tandis que dans sa main droite, il tient sa massue, qui repose sur sa cuisse. Sa tête, couronnée et barbue, est inclinée en arrière vers la gauche. Les traits du visage sont confus, étant donné l'usure du bronze. Les représentations d'Hercule en symposiaste tendent à mettre en évidence les rapports du héros divinisé avec Dionysos. Le type, qui apparaît pour la première fois sur les stèles attiques de la fin du IVᵉ siècle av. J.-C., est très répandu durant l'époque impériale et apparaît souvent dans un contexte funéraire, comme symbole de félicité immortelle.

Epoque impériale

Inédit

M.E.M.

XIV.7 Mercure

Bronze, en fonte pleine
Haut. 6,8 cm; larg. 3 cm; ép. 1 cm
Bonne conservation
Laraire de la boulangerie de la via dei Molini (1915)
Ostie, Antiquarium; inv. 3540

Le dieu est représenté debout, vêtu d'une chlamyde, de bottes hautes et du pétase ailé. Il tend ses deux bras en avant. Dans sa main droite, il tient une bourse (*marsupium*) et, dans sa gauche, dont le poing est fermé, il devait tenir le caducée, attribut caractéristique du dieu. Les traits du visage sont à peine indiqués et les cheveux sont rendus par des incisions fines et parallèles sur le front et la nuque.

D'après la pondération du corps, le prototype de cette figurine de Mercure, du type «à chlamyde en triangle», remonte à un Hermès d'inspiration polyclétéenne.

Trouvée dans le laraire de la boulangerie de la via dei Molini, cette statuette, de qualité moyenne et à caractère populaire, peut être interprétée comme une statuette de culte (voir aussi ci-dessus, nᵒˢ XIII.30, XIV.3 et 5).

Epoque impériale

CALZA 1915a, p. 255, fig. 17 *b*, nᵒ 17.

M.E.M.

XIV.8 Silvain

Terre cuite
Haut. 17,5 cm
Intact
Synagogue (1962)
Ostie, Antiquarium; inv. 12541

Un personnage masculin, avec la jambe gauche légèrement avancée, porte une tunique courte retroussée à la hauteur de la taille. Dans la main droite, il tient un récipient à haut pied circulaire, dans la gauche une patère. Sur le dos, il porte un panier d'osier semi-cylindrique, soutenu par une lanière qui ceint la poitrine et les épaules. Le visage est juvénile, le nez court, la bouche entrouverte, l'iris des yeux incisé.

Iᵉʳ-IIᵉ s. ap. J.-C.

Inédite

P.O.

XIV.9 Lampe

Argile
Haut. 4,38 cm; long. 8,48 cm; larg. 7,34 cm
Provenance exacte inconnue
Ostie, Antiquarium; inv. 2766

Lampe à bec probablement rond (type Bailey P I). Le disque est décoré des bustes des Dioscures placés de face, les visages légèrement tournés à gauche. Sur la tête, ils portent le *pileus* surmonté de l'étoile. Sur la base, estampille presque illisible est peut-être à identifier avec la marque L FABRIC MAS.

2ᵉ moitié du IIᵉ s. ap. J.-C.

Inédite

M.C.

XIV.10 Antéfixe avec Cybèle sur un navire

Terre cuite
Haut. 23,5 cm; larg. 16 cm
Intacte
Place des Corporations (1912)
Ostie, Antiquarium; inv. 3423

Le champ de l'antéfixe, de forme ogivale, est occupé par un navire aux voiles amenées qui transporte la statue de Cybèle assise sur un trône entre deux lions, encadrée par les haubans qui descendent du mât du navire. La déesse, représentée de face, porte une couronne et a les cheveux partagés au centre et réunis sur la nuque; elle est vêtue d'un chiton à manches courtes, avec plis sur la poitrine, et un himation qui s'enroule autour des jambes. Les lions, assis aux extrémités du navire, sont représentés de profil et semblent lécher les mains de la déesse. L'antéfixe faisait partie d'un ensemble décoratif qui évoquait l'arrivée à Ostie de la statue de la Magna Mater, telle qu'on la connaît par la longue narration d'Ovide (*Fast.* IV, 133-372).

1ʳᵉ moitié du Iᵉʳ s. ap. J.-C.

VAGLIERI 1912, p. 437; CALZA-SQUARCIAPINO 1962, p. 92; HELBIG IV, nᵒ 3158 (Dohrn); VERMASEREN 1977, pp. 136-137, pl. CCLXIX; *LIMC* VIII, s.v. Kybele, p. 748, nᵒ 5a (Simon). Cf. *MNR* III,1, pp. 311-312, type 235,2; pl. CXLIV, 971.

P.O.

XIV.11 Sérapis trônant

Marbre de Luni (Carrare)
Haut. 28 cm; larg. 14 cm; long. 15 cm
L'état de conservation est presque parfait, il manque seulement le bras gauche et la partie droite du dossier du trône; petites ébréchures affectant le sommet du *modius*.
Boutique du marchand de légumes de la via della Foce (1939)
Ostie, Antiquarium; inv. 1125

La statuette se dresse sur une base semicirculaire soigneusement moulurée et représente Sérapis assis sur un trône à haut dossier. Le dieu est facilement reconnaissable au haut *modius* qui orne sa tête et au type de coiffure avec les trois boucles qui descendent sur le front; il est vêtu d'une longue tunique à manches courtes adhérant au buste et d'un manteau qui lui enveloppe les jambes et s'enroule autour de l'épaule gauche. Les pieds, chaussés de sandales, reposent sur un escabeau. Le bras gauche devait tenir un sceptre en métal, pendant que le bras droit est tendu en avant pour caresser la triple tête de Cerbère, au cou duquel s'entortille un serpent. La statuette ostienne reproduit les caractéristiques du gigantesque simulacre créé pour le Serapeum d'Alexandrie et, malgré les petites dimensions et quelques négligences surtout dans le rendu de Cerbère, elle n'est pas sans élégance, surtout dans le travail du côté gauche. Par le rendu fortement coloré de la coiffure et de la barbe, profondément travaillés au trépan et par la présence des pupilles incisées, nous pouvons la dater vers la fin du IIᵉ s. ap. J.-C.

Fin du IIᵉ s. ap. J.-C.

CALZA-SQUARCIAPINO 1962, p. 45, n. 2; HELBIG IV, n° 3034 (v. Steuben); *LIMC* VI, s.v. Kerberos, p. 30, n° 77 (Woodford-Spier); *LIMC* VII, s.v. Sarapis, p. 669, n° 11 (Clerc-Leclant).

C.V.

XIV.12 Lampe en forme de bateau

Argile
Haut. 11,9 cm; long. 34 cm; larg. 14,8 cm
Intacte
Alentours des Thermes de Neptune
Ostie, Antiquarium; inv. 3218

Lampe en forme de bateau avec cinq becs de chaque côté. L'extrémité de la poupe, aujourd'hui fracturée, comportait probablement le bec principal tandis que la proue est recourbée. Le pont est divisé en trois parties par deux bandes rainurées sur lesquelles se branchent les prises de suspension. Dans la zone centrale, une statue d'Isis est située entre deux petites colonnes torsadées à chapiteau corinthien. La déesse, debout, est placée sur une base profilée. Elle porte une longue tunique et un manteau attaché sur la poitrine avec le caractéristique nœud isiaque. Dans sa main droite, elle tient un sistre, dans sa gauche, un serpent. A la proue, dans un petit édicule, apparaît le buste barbu de Sérapis, avec tête de profil et *modius* sur la tête. Du côté opposé, dans un édicule semblable, on remarque le buste d'Harpocrate, avec croissant lunaire et fleur de lotus sur la tête, qui porte l'index droit à ses lèvres en signe de silence, tout en tenant une corne d'abondance de sa main gauche.

Iᵉʳ s. ap. J.-C.

HELBIG IV, n° 3149 (Parlasca); PAVOLINI 1978, p. 35, pl. XII, fig. 2; *Iside*, p. 280, n° IV 320 (Compostella).

M.C.

XIV.13 Groupe de Mithra tauroctone

Moulage
Original: marbre pentélique
Haut. 170 cm; long. 193 cm;
larg. 72 cm
L'état de conservation globale du groupe est bon. Du taureau manquent: la partie extrême des pattes postérieures avec une portion de la base, la partie médiane des pattes antérieures, une partie de la queue et des oreilles, travaillées à part. Le dieu a le nez égratigné, et il manque en outre: une partie de la calotte crânienne, deux doigts de la main droite, l'étui du poignard, le bonnet et la lame du couteau, probablement en métal. Au moment de la découverte le groupe était privé de la tête et du bras droit de Mithra et de la tête du taureau. Les trois fragments furent retrouvés quelques jours après la statue dans le caniveau du *mithraeum*.
Mithraeum des Thermes du Mithra (1939)
Ostie, Museo Ostiense; inv. 149

La sculpture représente Mithra au moment qui précède l'égorgement du taureau. Le dieu est vêtu d'une courte tunique (*exomis*) qui laisse l'épaule droite découverte. Son genou droit est appuyé sur la croupe du taureau écrasé à terre, sa main gauche a saisi la tête de l'animal, tandis que sa main droite brandit le poignard prêt à accomplir le sacrifice.

Sur le poitrail du taureau on lit, sur trois lignes, la signature du sculpteur athénien Kriton, ΚΡΙΤΩΝ ΑΘΗΝΑΙΟΣ ΕΠΟΙΕΙ, qui permet de placer l'œuvre parmi les productions néo-attiques. Sur la chronologie de l'œuvre, des hypothèses diverses existent. Alors que Becatti proposait une datation entre 160 et 170 ap. J.-C., on a tendance aujourd'hui à remonter la chronologie du Mithra d'Ostie et de l'attribuer à l'époque hellénistique. Il est certain que la sculpture ne fut pas exécutée exprès pour le *mithraeum* qui l'a gardée jusqu'à nos jours, comme le montre l'insertion du groupe dans une nouvelle base. Notre Kriton révèle de l'habileté dans le rendu du modelé anatomique et dans le traitement naturaliste du drapé, et la composition du groupe est marquée par une certaine vigueur. L'usage du trépan est modéré. Tenant compte, d'autre part, de l'expression atone et presque privée de vie de Mithra, on préfère pencher pour une création néo-attique, datable au début de l'époque impériale ou, de toute façon, pas au-delà du Iᵉʳ s. ap. J.-C.

Iᵉʳ s. ap. J.-C.

BECATTI 1954, pp. 32-38; CAMPBELL 1954, p. 46, n° 57; BECATTI 1957, pp. 1-6; CALZA-SQUARCIAPINO 1962, p. 26, n° 30, fig. 8; HELBIG IV, n° 3012 (Simon); DUTHOY-FREL 1993, pp. 89-91; CAIN-DRAEGER 1994, p. 816, figs 10-11; *LIMC* VI, s.v. Mithras, p. 596, n° 98 (Vollkommer). Voir aussi ci-dessus, p. 296, fig. 8.

C.V.

XIV.14-15 Paire de statuettes de *Cautes* et *Cautopates* sur bases inscrites

Moulages

XIV.14. Cautes

Original en marbre blanc
Haut. 43 cm
Base: 23 x 17 cm; haut. 45 cm

XIV.15. Cautopates

Original en marbre blanc
Haut. 43 cm
Base: 23,5 x 18 cm; haut. 45 cm

Mithraeum du dit Palais
Impérial (1860-61)
Rome, Musei Vaticani: Museo
Gregoriano Profano ex
Lateranense: inv. 10741a/b
(Cautes avec base), 10744 a/b
(Cautopates avec base).

Les deux dadophores (porteurs de flambeau) sont représentés debout, les jambes croisées, vêtus d'un costume phrygien avec la tunique serrée à la taille, les pantalons collants (*bracae*) et le caractéristique bonnet. Ils apparaissent régulièrement à côté de Mithra en tenant chacun un flambeau: celui de Cautes est incliné vers le haut, celui de Cautopates vers le bas, ce qui - dans le contexte solaire de ce culte - constitue un symbolisme assez clair, qui les associe respectivement à la lumière et aux ténèbres ou au soleil et à la lune.

Les statuettes sont placées sur deux bases inscrites et décorées. Sur la face de chacune, la même inscription est répétée: *C(aius) Caelius / Ermeros ant/istes huius lo/ci fecit sua / pec(unia)*. Dans celle-ci, on rappelle que le dédicant *Ermeros*, préposé au lieu de culte, fit réaliser à ses frais les statuettes. Sur le côté gauche de la base du Cautes est ajoutée la datation consulaire de la dédicace: *Positi (die) XV (ante) k(alendas) / febra-rias / Q(uinto) Iunio Rus/tico / L(ucio) Plaut[io] Aquilin[o] / co[(n)s(ulibus)]*. Au dessus de l'inscription, l'image des deux personnages est répétée en relief. Sur les côtés des deux bases sont figurés en relief l'urcéus et la patère, instruments liturgiques habituels au cours des sacrifices.

18 janvier 162 ap. J.-C.

CIL XIV 58, 59; BECATTI 1954, pp. 54, pl. XXXV.1-2; BENNDORF-SCHÖNE 1867, p. 359, n°s 502-504; VERMASEREN 1956, p. 126, n° 254 (statuettes), p. 127, n° 255 (inscriptions), fig. 76 a/b; *LIMC* VI, s.v. Mithras, pp. 583-626, n°s 500, 529, 607, 639 (Vollkommer).

P.L.

XIV.16 Arimanius

Moulage
Original: marbre blanc avec traces de couleur rouge
Haut. 165 cm
Intact, exception faite d'un petit tron-çon du serpent sur l'arrière, à la hauteur des épaules
Découvert en 1798 par Robert Fagan dans un mithrée dans la zone de la Tor Boacciana; acheté pour les Musées du Vaticans en 1804.
Rome, Musei Vaticani (jadis Museo Profano della Biblioteca Apostolica); inv. 7899

La sculpture a été façonnée d'un bloc remployé, comme l'indiquent les restes d'une corniche sur la partie postérieure de la base. Elle représente une figure humaine nue, à tête de lion et avec quatre petites ailes - deux à partir des épaules et deux sous les coudes. Un serpent entoure le corps en six spirales, sa tête surmonte celle du lion.

L'image est chargée de symboles: les ailes sont décorées d'un cygne et d'éléments végé-taux qui sont généralement interprétés comme faisant allusion aux quatre saisons; dans

les mains, on observe deux clefs et la gauche tient en plus un long sceptre. Ce dernier élément, avec l'éclair que l'on voit sur le sternum, fait allusion à la royauté de Jupiter. Sur le soutien à droite de la figure, on trouve la tenaille et le marteau de Vulcain. Le petit pilastre à gauche de la figure porte le caducée et le coq de Mercure, avec une pomme de pin, symbole de fécondité et de renaissance. Au dessus, on lit l'inscription qui rappelle la dédicace de la part de Gaius Valerius Heracles, qui avait le grade de *pater* dans la hiérarchie du culte de Mithra, et des deux prêtres Gaius Valerius Vitalis et Gaius Valerius Nicomedis, frères du premier. La dédicace est datée du 11 août 190.

L'identité du personnage représenté, une divinité mineure étroitement liée au culte de Mithra, est assez débattue. L'unique élément permettant de l'identifier est une stèle découverte à York, en Angleterre, représentant le même personnage (VERMASEREN 1956, n° 833-834). Malgré quelques divergences dans l'interprétation, on doit lire sur la stèle le nom du dieu *Arimanius*, qui revient aussi dans au moins quatre autres inscrip-tions et doit être identifié avec le personnage en question (BIANCHI 1975; GORDON in HINNELS 1975; ZÜNTZ 1991; *LIMC* VIII, s.v. Areimanios, pp. 527-528 [Dennert]).

Le nom dérive évidemment du dieu personnifiant l'au-delà et le mal, Ahriman, enne-mi du dieu de la lumière Ahura Mazda. Mais on connaît mal sa position et sa fonc-tion dans la théologie mithraïque, qui ne lui attribuait probablement pas le même rôle, mais qui - même en le considérant comme une divinité négative - le subordonnait vraisemblablement à Mithra.

11 août 190 ap. J-C

CIL XIV, 65; PASCHETTO 1912, pp. 496-497, n° 59; BECATTI 1954, pp. 119-120, pl. XXXVI.1; VERMASEREN 1956, pp. 143-144, n°s 312-313, fig. 85; FLORIANI SQUARCIAPINO 1962, pp. 55-56; *LIMC* I, s.v. Aion, pp. 405-406, n° 30 (Le Glay); BUONOCORE 1987, pp. 15-17, n° 2, figs 2-3; BIGNAMINI 1996, pp. 360-361, n° 16; LIVERANI 2000, p. 196, n° 20. Voir aussi ci-dessus, p. 45.

P.L.

XV: OSTIE TARDO-ANTIQUE

XV.1 Linteau avec éléments symboliques

Marbre italique
Haut. 0,33 cm; long. 185 cm; larg. 48 cm
Synagogue, côté sud
Ostie, Scavi; inv. 1883a

La console constitue la partie terminale d'une des deux architraves reposant sur les deux colonnes à chapiteaux compo-sites qui précédaient l'abside semi-circu-laire de l'*aròn* dans lequel se garde la *Torah*. Sur la console est sculpté, en bas-relief, le chandelier à sept branches (*menorah*), dressé sur trois petits pieds et orné d'incisions rectangulaires et rhom-boïdales, imitant probablement des incrustations en gemmes. A droite de la *menorah* se trouve le *chofar* (soit la corne de bélier qui rappelle le jour de la victoire sur Jéricho, lorsque la cité s'effondra au son des cornes), à gauche l'*ethrog* (soit le fruit appelé cedrat, qui symbolise la croissance et la fécondité de la divine Sagesse et des Justes) et le *lubab* (un petit bouquet de quatre espèces végétales utilisées lors de la fête du *sukkot*). Ces éléments décoratifs, outre leur fonction ornementale, ont une signification symbolique en rapport avec les thèmes religieux du monde juif, destinés à exalter l'assistance favorable de Yahvé sur son peuple.

Les architraves-consoles portent sur la face externe une simple corniche plate. L'ensemble des reliefs, très sommaires, semble suggérer une date tardive, au IIIe ou au début du IVe s. ap. J.-C. Les architraves sont taillées de blocs plus anciens. On remarque également des traces de dorures ainsi que des restes du mordant utilisé pour les fixer.

IIIe-IVe s. ap. J.-C.

FLORIANI SQUARCIAPINO 1961 (b), pp. 326-337; ZEVI 1972, pp. 3-17; FINE-DELLA PERGOLA 1995, pp. 42-57, 109, n. 18; RUTGERS 1996, pp. 84-88, pl. XVII,a-b, cat. n° 16. Voir aussi ci-dessus, pp. 272-277.

F.P.

XV.2 Petit pilastre avec *chrismon*

Marbre de Luni (Carrare)
Haut. 132 cm; larg. 20 cm; prof. 15 cm
Fracturé au bord inférieur droit; légères
abrasions sur toute la surface
Oratorium des Thermes du Mithra
(1940)
Ostie, Antiquarium; inv. 1280

Cette pièce, avec une autre analogue, faisait partie du mobilier du dénommé «oratorium chrétien» établi après le IVe siècle
à l'intérieur du complexe thermal de la via
della Foce. L'appartenance à un édifice
chrétien est déterminée par la décoration
qui occupe la partie supérieure, constituée du monogramme du Christ inscrit
dans un cercle et flanqué des deux lettres
apocalyptiques (alpha et oméga), faisant
clairement allusion à Jésus-Christ, début
et fin de toutes choses. Les petits pilastres
présentent sur les deux côtés une rain-
re, destinée probablement au logement
d'un panneau (*pluteus*) de clôture.

Ve s. ap. J.-C.

CALZA 1949-1950, pp. 133-134; PANI ERMINI 1978, p. 91, n° 10; BROCCOLI 1984,
pp. 52-53, figs 24-25.

P.O.

XV.3 Epitaphe de sainte Monique

Marbre blanc
Haut. 57 cm; long. 61,5 cm; ép.2-4 cm
Trois fragments jointifs, lacune à droite
et sur la partie inférieure du bloc
Borgo di Ostia, du jardin annexé à la
basilique (1945)
Ostia Antica, Basilique de Sainte-Aurea,
chapelle de Sainte-Monique; inv. 10732

Les fragments, découverts par hasard en
1945 et servant de couverture à un sar-
cophage en terre cuite, faisaient partie du *epitaphius Monnicae*, dédié par *Anicius
Auchenius Bassus*, consul en 408 ap. J.-C. à la mère de Saint Augustin. Son texte, connu
dès le XVIIe siècle, nous est parvenu à travers une douzaine de manuscrits médié-
vaux, dont le plus ancien remonte au VIIIe siècle ap. J.-C.:

*Hic posuit cine<res genitrix castissima prolis,>/Augustine, tu<i altera lux meriti,>/qui
servans pa<cis caelestia iura sacerdos>/commissos po<pulos moribus instituis.>/Gloria
vos m<aior gestorum laude coronat>/virtutum ma<ter felicior subole>*

Ici déposa ses cendres la très chaste mère de son fils, Augustin, toi dont elle fut
comme la seconde lumière éclairant ta sainte vie, toi le prêtre, gardien des lois
célestes de la paix, qui conduits les gens confiés à tes soins par tes mœurs exemplaires. Une gloire plus grande que la réputation produite par les hauts faits d'armes
ceint vos fronts, la gloire qui jaillit de l'exercice des vertus, la mère apportant le plus
grand bonheur à sa progéniture. trad. M.Ca

Sont restées conservées les premières lignes des six vers qui composent les trois distiques élégiaques de l'inscription, avec des lettres d'une hauteur régulière de 4,5 cm,
gravées sur le côté d'un sarcophage en marbre.

Le lieu de trouvaille de cette inscription, soit un ensemble funéraire établi dans la banlieue d'Ostie, à l'endroit même où sera érigée plus tard la Basilique de Sainte-Aurea,
et le fait que les *Confessions* de Saint Augustin rapportent que sa mère est décédée
suite à une maladie près d'«Ostia Tiberiana» (387 ap. J.-C.), rendent possible l'identification du site comme le lieu réel de la sépulture de Sainte Monique.

Ve s. ap. J.-C.

CASAMASSA 1952-54, pp. 271-273, figs 1-2; BROCCOLI 1984, pp. 34-35, fig. 6. Voir
ci-dessus, p. 286, fig. 2.

P.G.

XV.4 *Mensa* (petit autel)

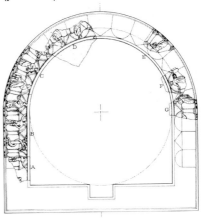

Marbre pentélique
Inv. 595a: haut. 22,5 cm, long. 28 cm;
inv. 595b: haut. 11,5 cm, long. 17 cm;
inv. 595c: haut. 13 cm, long. 16 cm;
inv. 595d: haut. 16,5 cm, long. 13 cm.
Palazzo Antonelli, fr. A: haut. 10,5 cm,
long. 13,5 cm; fr. B: haut. 12,5 cm,
long. 30 cm; fr. C: haut. 12,5 cm,
long. 23,5 cm
Alentours de la via della Foce (1939)
Ostie, Antiquarium; inv. 595a-d; Rome,
Palazzo Antonelli (fragments A-C)

Les sept fragments appartiennent à une table d'autel (*mensa*) en marbre du type utilisé
dans le rituel liturgique chrétien. Les fragments ostiens sont à placer, un immédiatement à la droite du Christ (595a), dans le secteur gauche de la console, et les trois autres
dans le secteur droit (595b-d), figurent eux tous dans le secteur gauche. L'ensemble des fragments et la confrontation
avec des tables analogues permettent de reconstruire le profil de l'objet, de forme demi-
ovale avec un haut bord historié et le fond légèrement concave; la *mensa* devait mesurer en entier 114 cm de haut, 115 cm de large et 2-4 cm d'épaisseur. Le motif figuré qui
court le long de la face de contour reproduit un schéma décoratif déjà documenté sur la
face de quelques sarcophages paléochrétiens, où, à l'intérieur de niches alternativement à arc cintré et à tympan, figurent les apôtres ou d'autres motifs du répertoire iconographique chrétien. Les personnages de la table ostienne portent quelquefois des
barbes, mais sont toujours enveloppés dans un manteau et tiennent tous un *volumen*
comme attribut. Leur identification avec les douze apôtres reste la plus probable. Selon
L. Pani Ermini, les personnages devaient être disposés symétriquement aux côtés du
Christ, qui lui est situé dans l'arcade centrale, comme d'habitude dans le schéma iconographique de la *traditio legis:* le Christ remet la Loi dans les mains voilées de Paul
(fragment ostien 595a) et, à travers lui, à toute la communauté chrétienne représentée
par les apôtres. La scène de contenu biblique illustre la chute d'Adam et Eve (Palazzo
Antonelli, A-B). Elle termine la séquence des arcades du secteur de gauche. Enfin, dans
le point d'attache avec le côté horizontal de la table se trouvent quelques restes de la
décoration (Palazzo Antonelli, A), qui semblent appartenir à la queue d'un poisson et
suggèrent, donc, la présence de l'épisode de Jonas, comme il est documenté sur la
console de Solin (l'ancienne Salona), qui constitue le parallèle le plus proche pour
l'exemple ostien. L'intéressante particularité de cette dernière consiste dans la scène
de *traditio legis*, dans laquelle celui qui reçoit le texte de la Loi est l'apôtre Paul, un
schéma iconographique documenté seulement par très peu de monuments, tous de
production orientale, où apparaît la prééminence de l'apôtre Paul par rapport à Pierre.
Sur la base des parallèles typologiques et iconographiques, on peut proposer pour la
console une datation entre la fin du IVe et les débuts du Ve s. ap. J.-C., pendant que reste
incertain le lieu de production de l'ouvrage. Les caractéristiques du relief et le choix
iconographique, en effet, font penser à un atelier artistique oriental, en particulier
constantinopolitain, mais il n'est pas possible d'établir si la console a été importée ou s'il
s'agit plutôt d'un travail réalisé à Ostie par un artisan de formation orientale.

IVe-Ve s. ap. J.-C.

CALZA 1949-1950, p. 133-134; CALZA 1964-1965, pp. 242-247, fig. 51, disegno A; PANI
ERMINI 1978, pp. 89-117; BROCCOLI 1984, p. 54; CHALKIA 1991, p. 147 n° 7a-b.

N.A.

XV.5 *Mensa* (petit autel)

Marbre
Bonne conservation
Haut. 32 cm; long. 79,5 cm; ép. 2-5,5 cm
Via della Foce
Ostie, Antiquarium; inv. 617

Le fragment conservé représente un segment de bord curviligne, appartenant à une *mensa* de type «à alvéoles», utilisée dans le rituel liturgique chrétien (sur la fonction de la table, voir DE ANGELIS D'OSSAT 1974). Le décor est bordé à l'extérieur par une file de perles et se compose sur la partie inférieure d'un motif en corde. Sur la partie supérieure, se suivent une série de lobes semi-circulaires en haut relief. Les espaces réservés entre l'arc des alvéoles sont décorés de créatures marines: de gauche à droite, se distinguent une seiche, une sole, un dauphin, un espadon, ou mieux un poisson marteau, et enfin un *nautilus*. L'exemplaire ostien, bien qu'appartenant à la typologie des tables à alvéoles (BRUSIN 1961), se distingue par la décoration de son bord, généralement manquante dans ce type et caractéristique des tables à bord historié, dont l'iconographie est toutefois d'avantage liée à des thèmes chrétiens.

VI⁰ s. ap. J.-C.

CALZA 1949-1950, p. 134; CALZA 1964-1965, pp. 247-249, fig. 23 (disegno B); PANI ERMINI 1978, p. 92 ss., fig. 2; BROCCOLI 1984, p. 54, fig. 26; CHALKIA 1991, p. 222, fig. 66.

N.A.

XV.6 Croix gemmée peinte

Tuf avec enduit peint
Haut. 80 cm, larg. 35 cm, ép. 43 cm
Complet
Basilique de Pianabella (1976)
Ostie, Depositi; inv. 47769

Croix gemmée, avec extrémités des quatre bras se terminant en «larme». Un de deux exemplaires découverts en 1976 dans la basilique funéraire de Pianabella (l'autre a été retrouvé en fragments, avec seulement le montant vertical entier). Les pièces, occupant chacune l'une des faces d'un bloc rectangulaire de tuf, étaient peintes à *fresco* et à *secco* en ocre jaune avec des lignes de contours dans un autre ton. Les bras sont ornés de grappes de petites «perles» rondes, et d'autres gemmes plus grandes. Des traces de lignes colorées dans les espaces situés sous les transversaux font penser à la présence de motifs végétaux.

Des sillons verticaux sur les côtés des blocs suggèrent qu'ils servaient de support pour les piliers d'un chancel, et des trous au sommet étaient peut-être destinés à la fixation d'une structure supérieure, en bois ou en métal, ou pour des cierges. Le chancel semble avoir été détruit à l'époque de l'abandon du site (XI⁰ s.?), et les piliers furent délibérément enterrés avec d'autres éléments de l'église, peut-être au cours d'un rituel de déconsécration. Ils furent ainsi découverts déjà séparés de leur contexte, et cela laisse ouverte la question concernant l'étendue du chancel, sa datation et sa fonction précise. On peut toutefois supposer que le chancel ait été conçu pour définir une enceinte pour des ensevelissements privilégiés, ou pour fonctionner comme une barrière entre la nef et le chœur, la croix constituait une image des plus appropriées pour sa décoration.

Hormis l'abside paléochrétienne de Sainte-Pudentienne, les représentations romaines de croix gemmée se concentrent entre le VII⁰ et le IX⁰ s.: cf. la mosaïque de Saint-Etienne-le-Ronde, et celles peintes à Sainte-Marie-Antiqua, Saint-Chrysogone, Saint-Martin-aux-Monts (WILPERT), et Saint-Laurent-hors-les-murailles (MUÑOZ), ainsi que l'icône *Acheropita* du «Sancta Sanctorum» au Latran (WILPERT). Les pièces de Pianabella se distinguent toutefois de ces exemples par les motifs végétaux occupant les quadrants inférieurs sous le bras transversal. Dans ce sens, on peut suggérer le parallèle avec le chancel de Sainte-Sabine (*Corpus*), puisque c'est probablement un écran de ce type qui sert de modèle à sa contrepartie en tuf à Ostie. Une croix ainsi réalisée constituait une alternative meilleure marché au marbre, et cela facilitait aussi la représentation des joyaux.

Entre 650 et 850

WILPERT 1917, pls 165, 200.1; 176.2; 207.3; 139; MUÑOZ 1944, pl. 89; *Corpus*, n⁰ˢ 235-8; GIORDANI 1982; COCCIA - PAROLI 1990; PAROLI 1993.

J.O.

XV.7 Couvercle de sarcophage

Marbre de Luni (Carrare)
Haut. 30 cm; long. 210 cm; prof. 97 cm
Probablement de la nécropole de l'Isola Sacra (jadis conservé à l'évêché de Portus)
Ostie, Antiquarium; inv. 1531

Le couvercle est en forme de toit recouvert de tuiles plates et des tuiles imbriquées; les acrotères postérieurs sont en forme de demi-palmettes. Sur le réhaussement frontal, aux côtés de la *tabella inscriptionis*, anépigraphe, sont illustrées les scènes relatives à la vie du défunt. A gauche est représentée l'entrée triomphale dans la ville du magistrat, qui se tient assis à côté d'un autre personnage, sur un char tiré par quatre chevaux. La quadrige est conduit par un cocher qui brandit le fouet et se trouve précédé d'un cavalier et de deux autres personnages à pied. A droite de la tablette, le même magistrat siège devant six personnages; derrière lui un licteur tient le faisceau à deux verges. Un *carpentum* funèbre, richement orné et tiré par deux chevaux, termine la représentation. Sur chacun des côtés du couvercle, une figure masculine à demi couchée repose entre des fleurs; à côté est posée une hache. A la décoration du rehaussement est confiée la narration de quelques épisodes de la vie du défunt, choisis pour mettre en relief ses fonctions de magistrat. La représentation, concentrée en quelques scènes animées, dans un langage simple et efficace, se conclut par des funérailles solennelles, dignes du rang du personnage. Le couvercle ostien s'insère donc dans le groupe des sarcophages et plaques de fermeture de *loculus* avec représentation de transport sur un char, dont la diffusion se concentre entre le III⁰ et le IV⁰ ap. J.-C. Parmi les parallèles les plus proches on se souviendra de l'exemplaire de S. Lorenzo à Rome, qui est proche du couvercle ostien par la syntaxe des scènes et par le langage figuratif, mais s'en distingue par la présence des éléphants qui tirent le char à la place des chevaux (KOCH-SICHTERMANN 1982, p. 115, fig. 131).

350-375 ap. J.-C.

WILPERT 1925, pp. 68 s., pl. IV.2; WEBER 1978, p. 68, pls 19-20; CHRISTE 1978; SOLIN-BRANDENBURG 1980, p. 284; KOCH-SICHTERMANN 1982, p. 115, fig. 130; CHRISTE 1983.

N.A.

XV.8 Fragments de ciboire

Marbre blanc
Haut. 80 cm, larg. 147,5 cm, ép. 9 cm
Portus
Rome, Musei Vaticani; inv. 31338 (ex 36)

Deux fragments provenant de l'arc d'un édicule surmontant un autel (*ciborium*). Il est décoré à entrelacs enfermés dans une corniche plate et par des rosettes entre deux fleurs de lys. Ce ciboire aurait été découvert dans la fouille d'une basilique, que De Rossi identifiait avec le *xenodochium* donné en 398 par le sénateur Pammachius.

Sa couronne «linéaire» est typique de l'époque carolingienne, et on la retrouve identique sur un autre ciboire découvert au même endroit et que P. Testini et L. Pani Ermini considèrent comme un produit du même atelier local. Selon cette dernière, formes et structures des deux ciboires devaient être identiques.

On y remarque la «signature» de l'évêque Etienne de Portus, qui dédia ce monument alors que Léon III était pape (795-816):

(signum crucis) salbo [sc. salvo] beatissimo d(omi)n(o) n(ostro) leone tertii papae [sc. tertio papa] stephanus indignus episc(opus) fecit [signe de la croix].

Etienne est identique à celui qui signa les actes du synode romain de 826 (*Concilia aevi Karolini*). Il est aussi mentionné sur le ciboire découvert à Saint-Hippolyte à l'Isola Sacra et sur une autre inscription provenant toujours du même endroit.

795-816

DE ROSSI 1866 (a) et (b); *Concilia aevi Karolini*, 561; SILVAGNI 1943, I, pl. XV.1; GRAY 1948, p. 110 n° 89, pl. XVIII.2; FÉVRIER 1958; PANI ERMINI 1974; PANI ERMINI 1976; MAZZOLENI 1983, pp. 25, 138-139 n° 246, pl. LXII; COCCIA 1993.

G.F.

XV.9 Dalle avec inscription damasienne

Marbre
Fragment a) haut. 64,5 cm, larg. 35,5 cm, ép. 3,5 cm; fragment b) haut. 55 cm, larg. 29,5 cm, ép. 3,5 cm.
Fragmentaire et lacunaire
Isola Sacra, Basilique de Saint-Hippolyte
Ostie, Depositi; inv. 32837 a-b

Récupérés lors du démontage du reliquaire mineur situé sous le sarcophage déposé au pied de l'autel de la basilique de Saint-Hippolyte, les deux fragments, même s'ils ne joignent pas, proviennent d'une seule dalle, dont on conserve la partie supérieure (a) et l'extrémité inférieure (b).

Les caractères permettent d'attribuer l'inscription au calligraphe *Furius Dionisius Filocalus*, actif durant le pontificat du pape Damasus (366-384 ap. J.-C.), qui, outre promouvoir des œuvres d'aménagement et de décoration dans de nombreux sanctuaires des martyrs, fut aussi poète.

Le texte, extrêmement lacunaire et non retranscrit sur des codices, doit néanmoins être considéré comme un témoignage des interventions du pontife dans le lieu de culte avant 386 ap. J.-C.

366-384 ap. J.-C.

MAZZOLENI 1983, p. 136, n°s 243 a,b, pl. LX.

P.G.

XV.10 Dalle (de chancel?)

Marbre de Proconnèse (ou de Thasos)
95 x 84 cm; ép. 3 cm
Partiellement recomposée à partir de nombreux fragments
Isola Sacra, Basilique de Saint-Hippolyte (1982)
Ostie, Depositi; inv. 40582

De forme presque carrée, la dalle n'est gravée que sur une seule face. Une ample corniche moulurée renferme un schéma à quatre carrés concentriques sur la pointe, dont les extrémités sont enrichies de petits éléments ovoïdes. Au centre se détache une croix latine aux extrémités légèrement pattées. De ses bras horizontaux pendent deux éléments tubulaires qui se terminent en deux petites sphères.

Chaque angle est occupé par deux triangles concentriques moulurés, à l'intérieur desquels a été inséré un simple motif de décoration végétale. Ce schéma décoratif, fondé sur les carrés et les losanges concentriques avec des moulures complexes, est parmi les plus répandus du répertoire de la sculpture architecturale et liturgique byzantine, surtout dans la première moitié du VIe s., pour l'ornement de clôtures, des parapets, des bases, des ambons. Elle peut se présenter sous la forme de plusieurs variantes.

Parmi les nombreuses comparaisons, on peut signaler en premier lieu les plaques des galeries de la Sainte-Sophie de Constantinople de l'âge de Justinien, mais aussi les dalles de la Fatih Camii de Tirilye-Zeytin Bagi (sur le côté méridional de la mer de Marmara), appartenant à un contexte de sculptures de la même époque. Malgré l'affinité évidente avec les sculptures produites dans les ateliers de la capitale byzantine, la dalle de Saint-Hippolyte révèle, d'un point de vue stylistique et au niveau de l'exécution, une grande distance par rapport aux modèles dont elle s'inspire, ce qui suggère qu'elle est l'œuvre d'un atelier non spécialisé. Le problème de la référence spécifique du modèle reste cependant ouvert, étant donné que ni à Ostie et ses alentours, ni à Rome, des réalisations liées à cette typologie particulière n'ont été jusqu'ici découvertes. En effet, la plaque de Saint-Hippolyte ne peut être associée, ni par sa typologie, ni par son style, à cet ensemble des marbres provenant de Constantinople qui caractérisent l'équipement liturgique de Rome durant la première moitié du VIe s. et qui trouvent à Saint-Clément leur expression la plus complète et la plus représentative.

Ve-VIe s

MANGO-SÝEVCENKO 1973; EPISCOPO 1982; BROCCOLI 1984, p. 62, fig. 38; GUIDOBALDI *et al.* 1992; BARSANTI-GUIGLIA GUIDOBALDI 1996; ÖTÜKEN 1996; BARSANTI 1998; FLAMINIO 1998.

A.G.G.

XV.11 Inscription de saint Hippolyte

Marbre
Haut. 31 cm, larg. 29 cm, ép. 2-2,5 cm
Lésion au centre
Isola Sacra, Basilique de Saint-Hippolyte
Ostie, Depositi; inv. 32838

L'inscription, précédée par une petite croix peut-être de type grec, s'étend sur quatre lignes de hauteur inégale avec des lettres irrégulières (haut. 2,3 cm, 5,8 cm) hâtivement incisées. Le texte, *Hic requi / escit bea / tus Ypoli / tus mar(tyr)* («Ci-gît le martyr Hippolyte») remplit la fonction d'authentification des reliques contenues dans le sarcophage, à l'intérieur duquel étaient déposées une lamelle de bronze et une autre d'argile, de même que les restes de cinq individus et deux écuelles. La datation oscille entre le IXe et le XIIe s., la maîtrise dans l'exécution des lettres suggérant plutôt le XIIe. D'autre part, l'aménagement des reliques du martyr à l'intérieur du sarcophage d'époque romaine, déposé sous l'autel du sanctuaire de Portus, pourrait être en rapport avec le tranfert d'une partie de celles-ci auprès de l'église de San Giovanni Calabita sur l'Isola Tiberina, voulu par le pape Formose durant la dernière décennie du IXe siècle.

IXe-XIIe s. ap. J.-C.

MAZZOLENI 1983, p. 135, n° 242, pl. LIX. Ci-dessus, p. 286, fig. 2.

P.G.

XVI: MONDE FUNÉRAIRE

XVI.1 Sarcophage à guirlandes de Malia Titia

Marbre de Luni (Carrare)
Haut. 60 cm; long. 227 cm; prof. 78 cm.
Couvercle: haut. 23 cm; long. 226 cm;
prof. 73 cm
Dragoncello (1950)
Ostie, Museo Ostiense; inv. 1391

La caisse, de forme rectangulaire et décorée sur trois côtés, est bordée en haut et en bas par un listel plat saillant; sous le bord supérieur court un *kymation* lesbique et l'inscription relative à la défunte:

Malia M(arci) F(ilia) Titia vixit ann(is) / XXIIII m(ensibus) V die(bus) XIII.

Devant, trois Amours, debout sur une petite base, soutiennent deux guirlandes. Elles sont composées de fruits, disposés symétriquement autour d'une fleur centrale. Dans les arcs délimités par chaque guirlande est représenté un combat de coqs. La scène à gauche décrit le début de l'épreuve: un des deux coqs pose la patte sur une couronne à bandelettes, pendant que l'autre se prépare à l'attaque. Derrière les animaux, un Amour excite un coq, un autre annonce au son de la trompette le début du combat. La scène de droite montre l'épilogue du combat: le coq victorieux, à côté d'un grand rameau de palme, tourne la tête fièrement, alors que le coq déconfit succombe en baissant la tête. Sur le fond sont représentés les propriétaires des animaux et l'arbitre qui pose la main sur l'épaule du patron du coq vaincu; l'homme, tristement, tient la tête entre les mains. Les côtés de la caisse sont décorés de festons de lauriers, suspendus respectivement à une protome léonine et à une tête de chèvre, sous lesquelles on reconnaît une panthère; les lunettes des guirlandes comprennent chacune un *gorgoneion*.

Le couvercle est en forme de toit avec antéfixes à palmette et acrotères angulaires, configurés sur l'avant en forme de tête coiffée d'un bonnet phrygien, sur le revers d'une semi-palmette. Sur les côtés courts du couvercle, dans le fronton, un couple de dauphins affrontés de part et d'autre d'un trident. A la base du couvercle se développe une frise de spirales avec rosette inscrite dans la volute.

La décoration raffinée de la caisse montre les traits caractéristiques du style d'Hadrien et révèle dans le choix et dans l'organisation des éléments ornementaux une dépendance étroite des urnes cinéraires en marbre. La réalisation de ce sarcophage, pour lequel on ne connaît pas de parallèles contemporains dans la production de Rome, a été attribuée à un atelier local et se situe au début de la série des sarcophages à guirlandes de production ostienne, qui se poursuivra jusqu'à une date avancée de l'époque antonine.

130/140 ap. J.-C.

CALZA 1954, pp. 107-113, figs 1-3; ANDREAE 1963, pp. 23 s.; TURCAN 1966, p. 135, n. 9; HONROTH 1971, pp. 54 s., 88, n° 102; HIMMELMANN 1974, p. 143, pl. 3; KOCH-SICHTERMANN 1982, pp. 67, 224 ss., 230, 232, 265, n°s 28, 278; HERDEJÜRGEN 1990, pp. 95-97, fig. 1 a-c; HERDEJÜRGEN 1996, pp. 109-110, n° 50, pls 52.1-2,5-6, 53.1, 55.1-2. Ci-dessus, p. 309, figs 2-3.

N.A.

XVI.2 Autel funéraire d'Aulus Egrilius Magnus

Marbre de Luni (Carrare)
Haut. 114 cm; larg. 61 cm; prof. 45 cm;
haut. figure 50 cm
Malgré la surface corrodée à quelques endroits, l'état de conservation général est relativement bon.
D'une tombe dans les environs d'Ostie (1922)
Ostie, Museo Ostiense; inv. 1375

L'autel parallélipède est couronné par un tympan, sculpté à part, composé de deux volutes décorées de rosettes, avec au-dessous des palmettes et des fleurs de lotus. Le revers est lisse, sur les côtés sont représentés une cruche et une patère. Sur la face de l'autel, un haut-relief représente le défunt debout sur une petite base, où on lit:

*Dis Manibus / A(ulo) Egrilio A(uli) f(ilio)
Pal(atina tribu) Magno vix(it) / ann(os)
quinque meses novem dies novem*

Il s'agit d'Aulus Egrilius Magnus, fils d'Aulus, mort à l'âge de cinq ans. L'enfant est représenté debout, la jambe gauche fléchie, vêtu de la toge prétexte; à son côté se tient une petite chèvre, dont il serre les cornes avec la main droite. Aulus Egrilius est né libre, et de ce fait, il porte la toge, mais il descend d'un affranchi de la *gens* Egrilia, comme le confirme l'appartenance à la tribu Palatina. Le très jeune défunt, à l'expression douce et mélancolique, est caractérisé par une coiffure en vogue durant l'époque néronienne. La présence de la chèvre a été symboliquement interprétée comme une allusion aux mystères orphiques, au divin enfant Zagreus, hypostasie de Dionysos, qui, dévoré par les Titans, renaît à la vie.

Troisième quart du Iᵉʳ s. ap. J.-C.

CALZA 1927, p. 406, n° 76; *CIL* XIV, 4899; CALZA 1964, p. 64, n° 109, pl. 63; GERCKE 1968, pp. 25-26, n° R21; HELBIG IV, n° 2997 (Simon); KLEINER 1987, pp. 114-116, n° 12, pl. IX,1-3.

C.V.

PEINTURE FUNÉRAIRES DE LA NÉCROPOLE DE PORTUS À L'ISOLA SACRA

XVI.3 Niches peintes de la tombe 11

Les trois figures féminines, représentées individuellement dans les niches centrales de la tombe, constituent un thème décoratif à caractère mythologique: les Parques, transposition dans le monde culturel romain des Moires grecques, divinités qui «filent» le destin de l'homme en tant que dispensatrices du bien et du mal et donc aussi de la mort. Souvent présentes sur les sarcophages et les reliefs, elles sont rarement choisies comme sujet pictural: un parallèle direct est possible, dans le cadre de la même nécropole, avec les figures de la tombe 16, aujourd'hui conservées dans les dépôts ostiens.

Dans l'ensemble, les figures sont rendues par des coups de pinceau rapides et denses, qui compensent, avec des effets de clair-obscur, la maigre habilité technique de l'exécution. Plutôt plate et sans relief, l'exécution manifeste toutefois une certaine spontanéité, surtout dans la tentative de diversifier les expressions.

1. Atropos

Enduit peint
Haut. 60 cm; long. 57 cm
Peinture déposée et remontée sur support. Fragmentaire sur les côtés.
Surface picturale très abrasée.
Centre du registre supérieur de la paroi gauche
Ostie, Museo Ostiense; inv. 10807

Sur le champ à fond neutre, délimité par une bande vert-bleu clair, est représentée de face une jeune femme, sur un piédestal partiellement lisible. Elle porte un chiton bleu clair aux reflets violacés et tourne la tête, à chevelure rouge, vers la gauche; les bras écartés du corps tiennent les extrémités d'un *volumen*, ce qui permet d'identifier la femme avec Atropos (l'Inflexible). Le rendu de la figure est classique et le schéma statuaire est renforcé par de délicats effets de clair-obscur qui soulignent l'anatomie de la figure.

135-140 ap. J.-C.

2. Lachesis

Enduit peint
Haut. 57 cm; long. 59 cm
Peinture déposée et remontée sur support. Surface picturale légèrement abrasée.
Centre du registre supérieur de la paroi du fond
Ostie, Museo Ostiense; inv. 10809

Sur le champ à fond neutre, délimité par une fine ligne marron et par une large bande vert-bleu clair, est représentée de face une jeune femme sur un piédestal. Elle porte un chiton rouge foncé avec un manteau vert qui, de l'épaule gauche, descend et couvre la main gauche. La main droite, écartée du corps et légèrement levée soutient une balance, attribut de Lachesis (la Destinée). Le rendu et le schéma sont semblables à la précédente.

135-140 ap. J.-C.

3. Clotho

Enduit peint
Haut. 57 cm; long. 59 cm
Peinture déposée et remontée sur support
Centre du registre supérieur de la paroi droite
Ostie, Museo Ostiense; inv. 10810

Sur le champ, délimité par une fine ligne marron et par une bande vert-bleu clair, est représentée de face une jeune femme sur un piédestal. Elle porte un chiton gris et un manteau, replié sur les flancs, de couleur rouge foncé. La main droite, légèrement écartée du corps, soutient le fuseau, d'où sort un fil aboutissant dans la quenouille tenue dans la main gauche levée. Le fuseau et la quenouille permettent l'identification de la figure avec Clotho (la Fileuse). Dans ce cas aussi, le rendu classique et le schéma statuaire sont maintenus.

135-140 ap. J.-C.
LIMC VI, s.v. Moirai, p. 643 (De Angeli); BALDASSARRE 1996, p. 187, fig. 68.

P.G.

XVI.4 Niche peinte avec avec les Trois Grâces

Enduit peint
Haut. 65 cm; larg. 59 cm
Peinture déposée et remontée sur support. Fragmentaire le long des bords supérieur et inférieur. Lésions de la surface picturale, intégrations.
Tombe 77, du registre supérieur de la paroi du fond
Ostie, Museo Ostiense; inv. 10033

Sur le fond jaune, défini par une bande vert-bleu clair, la scène, de tradition hellénistique, décrit la danse en rond de trois figures féminines nues, aux corps rosés, les Grâces, transposition des Charites grecques. Celle du centre, mise en valeur par les tons plus foncés des contours, tourne le dos au spectateur et, en soulevant les bras, pose ses mains sur les épaules des deux figures qui la flanquent, rendues elles de face, avec une flexion contrebalancée des jambes. Des coups de pinceau de couleur rouge-brun suggèrent les détails anatomiques des corps clairs, sans expressions individuelles et sans relief plastique. L'évanescence de la ligne du sol et le schématisme de la composition ne contribuent pas à rendre le sens du mouvement, typique de la représentation.

Milieu du IIe s. ap. J.-C.

BORDA 1958, pp. 287-289 (avec fig.); *LIMC* III, p. 204, s.v. Gratiae (Sichtermann); BALDASSARRE 1996, p. 88, fig. 36.

P.G.

XVI.5 Niche peinte avec Mars et Vénus

Enduit peint
Haut. 86 cm; larg. 65 cm
Peinture déposée et remontée sur support. Fragmentaire latéralement. En haut, partie de la décoration en stuc qui décorait la voûte. Modestes intégrations.
Tombe 30, du centre du registre supérieur de la paroi droite
Ostie, Museo Ostiense; inv. 10119

Dans le champ figuré, délimité par une bande de couleur rouge-brun, la scène, tirée du répertoire pictural grec, est transposée dans une galerie à arcades définie par un parapet en bois qui s'ouvre sur le ciel bleu et représente le moment des adieux entre Vénus et Mars. La déesse, assise sur un trône de bois richement travaillé, avec un vêtement jaune et un manteau rouge sur ses jambes, présente des traits individuels dans le visage. La chevelure, de couleur rouge, est coiffée selon le type de Faustine Mineure (épouse de Marc Aurèle), avec raie centrale et deux bandeaux encadrant le visage. La main droite est posée sur le grand bouclier, vu en raccourci, qui constitue l'élément central de la composition. Du côté opposé, Mars est représenté de face, nu, avec le *feretrum* sur les épaules, la cuirasse à ses pieds et les bras levés dans le geste d'enfiler le casque sur sa tête brune et frisée. Le corps masculin, idéalisé et au rendu statuaire, est juvénile et élancé, la peau de couleur rouge-brun conservant de faibles reflets métalliques.

La composition, qui révèle des recherches d'espace et de couleurs, est particulièrement significative pour le choix, dans le cadre funéraire, d'un thème qui se réfère à la séparation définitive des époux ou amants.

160-170 ap. J.-C.

BORDA 1958, p. 287; CALZA-SQUARCIAPINO 1962, pp. 116-117, fig. 58; HELBIG IV, n° 3181 (Andreae); BALDASSARRE 1996, p. 145.

P.G.

XVI. 6-7 *Arcosolia* peints de la Tombe 26

XVI.6. Scène dionysiaque

Enduit peint
Haut. 72 cm; long. 226 cm
Peinture déposée et remontée sur support; fragmentaire le long des bords; surface picturale très lacunaire.
De la paroi droite
Ostie, Museo Ostiense; inv. 10805a

Sur le fond clair, une large bande de couleur verte délimite en bas le cadre d'une scène à cinq figures: au centre, l'herme de Dionysos, barbu, avec chevelure volumineuse et couronne végétale schématique; vers lui convergent une panthère et un bouc adulte. A l'extrémité gauche de la représentation, le masque de Silène, avec couronne de pampres suspendue à un arbre aux branches stylisées; à droite, un masque de satyre, derrière lequel on distingue un bâton recourbé (*pedum*). Les animaux, rendus de façon réaliste, sont représentés en mouvement; la panthère se dirige vers la gauche et, avec une torsion du buste, plie son long cou et sa petite tête vers l'herme, vers lequel s'avance aussi le bouc. Les masques aux couleurs sombres ont les yeux écarquillés et la bouche grand ouverte.

Cette représentation, qui n'a pas de parallèle précis, peut être interprétée comme un «paysage sacré avec cortège dionysiaque», auquel font allusion tous les éléments de la scène distribués de façon équilibré dans l'espace concave de l'*arcosolium*.

La panthère, dont Dionysos assume parfois l'aspect, le bouc adulte, destiné au sacrifice rituel, le Silène et le Satyre renvoient au *thiasus* (cortège avec danses) célébré en l'honneur du dieu qui, capable de se métamorphoser en animal, est étroitement lié aux mondes du *symposium* et de l'au-delà.

Fin du IIe - début du IIIe s. ap. J.-C.

BALDASSARRE 1996, p. 150.

P.G.

XVI.7. Amour et canards

Enduit peint
Haut. 84 cm; long. 159 cm
Peinture déposée et remontée sur support; fragmentaire le long des bords supérieur et inférieur. Surface picturale lacunaire dans la partie basse. Intégrations.
De la paroi gauche
Ostie, Museo Ostiense; inv. 10125

Le champ figuré de couleur neutre est délimité par une bande rouge-brun, plus épaisse le long du bord inférieur. La scène représente un paysage aquatique caractérisé par le miroir d'eau d'où émergent des touffes vertes de plantes de marais et des rochers. Les éléments naturels qui apparaissent sur le fond, les petits volatils et les plantes témoignent d'un certain sens de la perspective.

Sur un rocher, au centre de cette composition, on voit un Amour jouant avec un canard qui, ailes déployées, le poursuit à fleur d'eau; à droite, deux canards paisibles, dont le mou-

vement lent est suggéré par les pattes visibles en transparence, présentent un plumage peint de façon réaliste. Aux extrémités, deux autres canards sont au repos sur les rochers, le cou et la tête tournés vers l'arrière. L'image des Amours, assez répandue dans les représentations artistiques des milieux gréco-hellénistique et romain, et le cadre marécageux (que l'on retrouve dans les tombes 34 et 43 de la même nécropole) assument, dans ce cas, une valeur symbolique générique, faisant allusion à un «lieu de béatitude» non défini.

Début du IIIe s. ap. J.-C.

CALZA - SQUARCIAPINO 1962, p. 120, fig. 50; HELBIG IV, n° 3181 (Andreae); BALDASSARRE 1996, pp. 149-150, fig. 60.

P.G.

XVI.8 *Arcosolium* peint avec scène de chasse au lion

Enduit peint
Haut. 102 cm; long. 50 cm
Peinture déposée et remontée sur support; fragmentaire le long des bords
Tombe 43, de la paroi gauche
Ostie, Museo Ostiense; inv. 10091

Sur le fond neutre, une large bande de couleur vert clair constitue la ligne de sol pour une scène de chasse au lion, assez fréquente sur les sarcophages et en peinture, aussi dans le cadre de la même nécropole. Le fauve, dont le corps massif et musclé est rendu par des coups de pinceau de couleur plus sombre, avec un certain effet de clair-obscur, se dirige, par bonds, vers la gauche où il reste la partie postérieure d'un quadrupède en course. A droite, deux figures masculines, vêtues d'une courte tunique de couleur rouge-brun et de hautes chaussures pour protéger les jambes, courent vers la gauche, en s'abritant derrière de grands boucliers ovales, à la poursuite de la bête sauvage.

Fin du IIe - début du IIIe s. ap. J.-C.

CALZA-SQUARCIAPINO 1962, p. 118, avec attribution erronée à la tombe 24; BALDASSARRE 1996, p. 114.

P.G.

LA NÉCROPOLE DE FRALANA, PRÈS D'ACILIA

La nécropole de Fralana, près d'Acilia, comprend 30 sépultures (21 à inhumation et 9 à incinération) que l'on peut assigner au IIe s. ap. J.-C., avec de sporadiques attestations dans les époques successives. Au cours des investigations, son extension a été seulement partiellement délimitée, mais il est probable qu'elle s'est poursuivie en direction du nord, où probablement existait un tracé routier de liaison avec la villa ou les villas des alentours.

XVI.9 Mobilier provenant de la sépulture XXII

Sépulture à inhumation, couverte de trois tuiles planes posées à plat et calées par des tuiles creuses et d'autres tuiles planes. Elle est datable de la seconde moitié du IIe s. ap. J.-C. Le clou et la monnaie ont été découverts à l'intérieur de la cruche.

1. Cruche

Argile
Haut. 9,5 cm; diam. fond 3,2 cm
Le bord manque
Ostie, Depositi; inv. 54559

Céramique à parois fines. Corps ovoïde sur petit fond plat distinct; anse en baguette implantée sur le col et sur l'épaule, au-dessus du point d'expansion maximale. L'absence du bord ne permet pas d'attribuer avec certitude cette cruche à un type particulier. De par son profil, elle est toutefois proche du type *Atlante* 1/117, bien attesté à Ostie, où il apparaît à l'époque flavienne pour s'affirmer dans le courant du IIᵉ s. ap. J.-C.

Fin IIᵉ-première moitié IIIᵉ s. ap. J.-C. (?)

S. FALZONE-P. OLIVANTI dans *Necropoli di Ostia* 1999, p. 36, fig. 16. Cf.: *Atlante* II, p. 271, pl. LXXXV, 6.

---

2. Clou

Fer
Long. 7,5 cm
Entier
Ostie, Depositi; inv. 54569

A tête circulaire. Un clou de fer (ou de verre) à l'intérieur de quelques sépultures a été interprété en clef rituelle et purement symbolique. L'objet était en effet destiné à protéger la tombe des mauvais esprits. A cette interprétation on pourrait ajouter une autre, en considérant le clou comme un symbole du destin de l'homme qui est irrémédiablement fixé.

S. FALZONE-P. OLIVANTI dans *Necropoli di Ostia* 1999, p. 36. Cf.: A. PELLEGRINO dans *Necropoli di Ostia* 1999, pp. 20-21 et ci-dessus, p. 371.

---

3. Monnaie (as)

AE
25 mm
Ostie, Depositi; inv. 54554

D\ AVRELIVS CAESAR AVG PII F COS
Tête de Marc Aurèle imberbe, de profil à d.; R\ PIETAS AVG verge, oenochoé, lituus; en exergue: SC
RIC III, p. 79, pl. IV, n° 75

140-144 ap. J.-C.

S. FALZONE-P. OLIVANTI dans *Necropoli di Ostia* 1999, p. 36, figs 17-18.

P.O.

LA NÉCROPOLE DE LA VIA OSTIENSE À ACILIA

L'aire de la nécropole correspond au XII mille de l'antique tracé de la via Ostiense, qui en ce point traversait la colline de Dragoncello, zone intensément exploitée du point de vue agricole, comme en témoignent les nombreuses fermes du milieu de la période républicaine, et les propriétés rurales de grandes dimensions de la fin du Iᵉʳ s. av. J.-C.

Le long du tracé routier, sur un tronçon d'environ 400 m, étaient disposés sur les deux côtés des monuments funéraires individuels de diverses dimensions et de grandes enceintes collectives pour des sépultures à incinération et à inhumation.

L'arc chronologique de fréquentation de la nécropole se déploie du début de l'époque augustéenne jusqu'à la période hadrienne, attestant notamment l'utilisation de la nécropole par une classe d'affranchis d'origine gréco-orientale qui devaient être nombreux à travailler dans les villas rustiques de la campagne ostienne à partir du IIᵉ s. av. J.-C.

Pour les rites funéraires pratiqués dans cette nécropole, voir ci-dessus, pp. 367-371.

A part le lit funéraire n° 26 et la *tabella defixionis* n° 27, tous les objets exposés dans cette section proviennent des fouilles effectuées entre 1994 et 1999.

XVI.10 Urne cinéraire provenant de l'édifice 8, sépulture 164

Marbre de Proconnèse
Urne: haut. 31 cm; diam. 31,8 cm; couvercle: haut. 12 cm; diam. 23,2 cm
Urne intacte, partie du bord du couvercle et poignée manquant.
Ostie, Depositi; inv. 54701 (urne) et 54702 (couvercle)

Urne cinéraire de forme ovoïde, à bord distinct, anses latérales situées à la hauteur du bord qui se développent en se rétrécissant à la moitié du corps, pied tronconique. Couvercle de forme tronconique.

Iᵉʳ s. av. J.-C.-Iᵉʳ s. ap. J.-C.

F. PANARITI dans *Necropoli di Ostia* 1999, p. 46, fig. 5. Cf. *MNR* I/2, 1981, p. 148, n° 43 (Taglietti).

F.P.

XVI.11 Urne cinéraire de l'édifice 9a, sépulture 125

Argile grossière. Revêtement interne en plomb
Haut. 26,8 cm; diam. 28 cm
Lacunes sur le bord et sur le corps
Ostie, Depositi; inv. 54711

Urne cinéraire en terre cuite à l'extérieur et revêtue de plomb à l'intérieur, dans laquelle sont déposées les cendres du défunt. Elle était fermée par un couvercle, dont le pommeau a été enlevé et remplacé par un petit cylindre de plomb pour les libations.

Iᵉʳ s. ap. J.-C.

C. RUBINO dans *Necropoli di Ostia* 1999, p. 59.

C.R.

XVI.12 Amphore provenant de l'édifice 16, sépulture 26

Argile
Haut. 26 cm; diam. 17,5 cm
Panse manquante
Ostie, Depositi; inv. 54712

Amphore à haute lèvre très inclinée vers l'extérieur, anses avec large cannelure centrale, placées sous la lèvre et se développant jusqu'à l'attache du col. Forme Haltern 70.

L'amphore était posée comme couvercle d'une urne cinéraire en terre cuite et fonctionnait aussi bien comme marqueur que comme dispositif pour les libations.

Iᵉʳ s. av. J.-C.- Iᵉʳ s. ap. J.-C.

C. RUBINO dans *Necropoli di Ostia* 1999, pp. 48-49, fig. 6. Cf. PEACOCK-WILLIAMS 1986, pp. 115-116.

C.R.

XVI.13 Mobilier provenant de l'édifice 16, sépulture 27

---

1. Amphore

Argile avec inclusions volcaniques
Haut. 46 cm; diam. 33 cm
La partie supérieure manque.
Ostie, Depositi; inv. 54675

Le corps présente une ouverture profilée de 15 cm de largeur (fermée, au moment de la découverte, par un fragment de tuile). La forme du corps et de la pointe suggère qu'il s'agit d'une amphore du type Dressel I.

L'amphore couvrait l'urne à incinération n° 2, et la pointe faisait figure de marqueur.

Milieu du IIᵉ s.-fin du Iᵉʳ s. av. J.-C.

C. RUBINO dans *Necropoli di Ostia* 1999, p. 49, fig. 8.

C.R.

---

2. Urne cinéraire

Argile grossière
Haut. 26,5 cm; diam. 23,5 cm
Intacte
Ostie, Depositi; inv. 54676

Urne cinéraire façonnée au tour, à corps ovoïde et bord évasé, de profil triangulaire. Gorge pas très accentuée sous la lèvre, fond plat.

Couverte par la partie inférieure de l'amphore n° 1.

Milieu du Ier s. ap. J.-C.

C. RUBINO dans *Necropoli di Ostia* 1999, p. 49, fig. 7. Cf. VEGAS 1973, p. 93, fig. 32.

C.R.

XVI.14 Couvercle d'urne provenant de l'édifice 20

Marbre de Proconnèse
Haut. 9 cm; larg. 33,5 cm
Intact
Ostie, Depositi; inv. 54708

De forme semi-elliptique avec toit de type particulier: à pignon devant, à croupe derrière, avec le faîte ascendant vers l'arrière. Le fronton, flanqué de deux acrotères décorées de palmettes, présente un panier de fruits renversé vers la droite auquel fait face un lapin (lièvre?) recroquevillé, qui mange les fruits. Le long des côtés, on remarque des rainures utilisées pour le coulage du métal servant à la fermeture.

Le motif représenté se réfère aux symboles de l'immortalité liés au culte de Dionysos.

IIe s. ap. J.-C.

C. RUBINO in *Necropoli di Ostia* 1999, p. 60, fig. 23. Cf. BIANCHI-BONANNO 1991, p. 12, n° 10, fig. 24; p. 19.

C.R.

XVI.15 Mobilier provenant de l'édifice 21, sépulture 128

Sépulture à inhumation d'un adulte, enseveli dans une fosse de terre sans couverture, avec un mobilier composé de divers objets alignés le long du corps.

1. Petite cruche (*boccalino*)

Argile
Restaurée, lacunes comblées
Haut. 9,5 cm; diam 7,3 cm
Ostie, Depositi; inv. 54704

Petite cruche à parois mince; bord évasée, anse cannelée, fixée sous le bord et sur la partie médiane du corps; fond plat.

Ier-IIe s. ap. J.-C.

C. RUBINO dans *Necropoli di Ostia* 1999, p. 51, fig. 11. Cf. *Atlante* II, p. 271, pl. LXXXVI, 6.

2. Petite amphore

Argile
Haut. 16 cm; diam. 8,5 cm
Restaurée, le bord et le col manquent
Ostie, Depositi; inv. 54706

Petite amphore aux parois minces; corps ovoïde à fond plat distinct du corps. Anses avec nervure supérieure. La décoration commence au début de l'attache de l'anse et s'étend sur tout le corps, se déroulant sur quatre registres, alternant bandes lisses et bandes imprimées à la roulette.

Ier s. ap. J.-C.

C. RUBINO dans *Necropoli di Ostia* 1999, pp. 51-52, figs 11-12. Cf. CARANDINI 1977, p. 28, pl. XIX; *Atlante* II, p. 317, pl. CII.

3. Plat

Sigillée italique
Haut. 4,5 cm; diam. 17 cm
Reconstituée et restaurée
Ostie, Depositi; inv. 54705

Bord distinct, paroi arrondie, pied à anneau évasé et arrête arrondie. A l'extérieur, immédiatement sous le bord, une décoration à *appliques* avec des paires de volutes. Sur le fond est estampillé CAMURI.

La production de cette forme commence sous le principat de Claude et se poursuit jusqu'en 79 ap. J.-C.

L'estampille en *planta pedis* est attestée entre l'époque de Néron et celle des Flaviens.

Ier s. ap. J.-C.

C. RUBINO dans *Necropoli di Ostia* 1999, p. 52, fig. 13. Cf. *Atlante* II, pl. LX, 10, p. 200; *Conspectus*, p. 88, t. 19; RIZZO 1998, pp. 799 ss. Pour l'estampille voir OXÉ-COMFORT 1968, pp. 129-134, n° 397.

4. Couvercle

Argile
Haut. 4 cm; diam. 13,5 cm
Restauré; manque une partie du bord
Ostie, Depositi; inv. 54703

Poignée cylindrique avec traces de combustion sur le bord arrondi et retourné vers le haut.

Ier s. ap. J.-C.

C. RUBINO dans *Necropoli di Ostia* 1999, p. 52

5. Lampe

Argile
Haut. 2,5 cm; diam. 7,4 cm
Restaurée; lacunes en partie comblées
Ostie, Depositi; inv. 54683

Lampe avec épaule oblique décorée par un filet d'oves; sur le disque, une rosette avec des pétales radiants. Le disque est séparé de l'épaule par un motif rayonnant interrompu par le trou d'aération. Bec rond avec traces évidentes de combustion, qui s'étendent jusqu'au-dessous.

Forme Bailey type O.

Ier s. ap. J.-C.

C. RUBINO dans *Necropoli di Ostia* 1999, p. 52, fig. 13. Cf. BAILEY 1980, p. 295, pl. 56.

6. Lampe

Argile
Haut. 2 cm; diam. 7,5 cm
Restaurée, manque une partie du bec
Ostie, Depositi; inv. 54684

Lampe à épaule oblique. Disque caractérisé par deux nervures qui forment trois sillons bien en évidence. Sur le disque rabaissé, il ne reste que des traces indéfinissables de la décoration. Le bec présente deux traits curvilignes qui le façonnent. Font plat délimité par un sillon circulaire. Traces de combustion sur le bec.

Forme Bailey type O.

Fin Ier s. ap. J.-C.

C. RUBINO dans *Necropoli di Ostia* 1999, p. 52, fig. 13. Cf. BAILEY 1980, pp. 295 ss., pl. 57.

C.R.

XVI.16 Unguentaria provenant de l'édifice 26

Argile, trace de couleur
Haut. min. 4,5 cm; haut. max. 11 cm
Intacts
Ostie, Depositi; inv. 54655-54668

Bord arrondi, col cylindrique allongé, corps ovoïde et fond plat; colorés par immersion de couleur orange, marron, jaune ocre, noir (inv. 54688 est de forme miniature). Ces flacons sont attribuables à la forme Haltern 31, fréquemment attestée dans le contexte funéraire.

Découverts à l'intérieur d'une tombe, ces récipients ne peuvent pas être attribués à une seule sépulture. Ils ont été placés de façon à couvrir toute la surface au-dessus des dépositions de l'édifice. La grande quantité de ces objets – environ 30 pièces – reflète le rôle important que devait jouer le parfum dans le rite funéraire de cette sépulture.

Ier s. av. J.-C.- Ier s. ap. J.-C.

C. RUBINO dans *Necropoli di Ostia* 1999, pp. 53-54, fig. 15. Cf. *Ostia* II, p. 178, pl. XIV, 191-193; CAMILLI 1999: vases à parfum piriformes, forme C, pp. 118-124, pl. 35.

C.R.

XVI.17 Mobilier provenant de l'édifice 27, sépulture 100

Déposés dans une structure de briques, les ossements brûlés se trouvaient à l'intérieur d'un ouvrage en maçonnerie, constitué de quatre petits piliers surmontés d'une tuile trouée. Le mobilier était déposé dans les angles de la structure en briques, sur une couche de terrain brûlé, dans lequel on a retrouvé des restes de pommes de pin et de pignons carbonisés.

1-3. Plats-encensoirs

Argile
Haut. 9,5-10 cm; diam. 15,5-16 cm
Restaurés
Ostie, Depositi; inv. 54678-54680

Encensoirs en forme de petits plats sur un haut pied tronconique, avec base moulurée en anneau. Bord arrondi, évasé et distingué par un sillon à l'intérieur. Traces de combustion sur le bord et sur les plats.

Ier s. ap. J.-C.

F. PANARITI dans *Necropoli di Ostia* 1999, p. 55, fig. 16. Cf. *Ostia* II, pp. 99-101, pl. XXVI, 467; VEGAS 1973, p. 154, type 64, fig. 58.

4. Lampe

Argile
Haut. 3 cm; diam. 7,2 cm
Restaurée; lacunes sur le disque
Ostie, Depositi; inv. 54681

Epaule convexe avec petit bec arrondi, délimité par des rainures. Anse percée avec rainure à l'extérieur. Sur le disque, cerné par un double sillon, est représenté un personnage masculin drapé, de profil à droite, en train de jouer des cymbales. Sur le pied est marqué MOPPI-ZOS, entouré d'un sillon.

Les produits de cet atelier ont été retrouvés dans presque toutes les provinces de l'empire et ils sont largement documentés en Italie centrale et méridionale.

Forme Bailey, type B.

Fin Ier-première moitié IIe s. ap. J.-C.

F. PANARITI dans *Necropoli di Ostia* 1999, p. 56, fig. 18. Cf. BAILEY 1980, p. 326, pls 66-69; *CIL* XV, 6595.

5. Lampe

Argile
Haut, 2,9 cm; diam. 7,2 cm
Restaurée; le fond manque
Ostie, Depositi; inv. 54682

Epaule convexe avec petit bec arrondi, délimité par des rainures. Anse percée avec rainure externe. Sur le disque, cerné par un sillon, est représenté un joueur de *tibia* tourné vers la droite. Le pied est marqué d'une estampille illisible. Traces de combustion. Forme Bailey, type P.

Fin Ier-première moitié IIe s. ap. J.-C.

F. PANARITI dans *Necropoli di Ostia* 1999, p. 56, fig. 17. Cf. BAILEY 1980, p. 326, pls 66-69.

6. Restes végétaux

Restes carbonisés de pommes de pin et de pignons
Ostie, Depositi

Les analyses archéobotaniques effectuées sur les sédiments contenus dans la sépulture 100 ont permis d'identifier de nombreux restes de coquilles, de graines entières et d'écailles appartenant à une pomme de *Pineus pinea L.* (pin à pignons, fam. *Pineaceae*). La pomme de pin, de dimension moyenne, a été complètement carbonisée.

La véritable diffusion spontanée du *Pinus pinea L.* dans le passé est encore controversée. Les découvertes sporadiques de macrorestes végétaux appartenant à ce *taxon* sont toujours liées à des activités anthropiques, en relation avec les échanges commerciaux, les habitudes alimentaires ou les aspects rituels.

A partir des informations obtenues au moyen des analyses archéobotaniques, on peut déduire que la pomme de pin carbonisée trouvée dans cette tombe avait une valeur rituelle (offrande votive et/ou combustion de la dépouille mortelle avec des essences végétales parfumées). Cette découverte apporte de nouveaux éléments pour évaluer les voies de diffusion et d'utilisation de *Pineus pinea L.* par l'homme.

A. CELANT dans *Necropoli di Ostia* 1999, pp. 56-57.

F.P.

XVI.18 Mobilier provenant de la sépulture 137

1. Urne cinéraire

Argile grossière
Haut. 34 cm; diam. 28 cm
Reconstituée et restaurée à partir de plusieurs fragments
Ostie, Depositi; inv. 54713 a (urne avec revêtement interne), 54713 b (couvercle)

Corps ovoïde, bord évasé, col distinct sans épaule, base plate. L'urne, fermée par un couvercle, présentait un revêtement interne en plomb, à l'intérieur duquel se trouvaient les cendres du défunt. Le bord de l'urne en plomb, également évasé, est façonné irrégulièrement; le fond est tronconique. Le mobilier, déposé en-dehors de l'urne, mais à l'intérieur d'une structure cylindrique en maçonnerie, était constitué en grande partie de fragments d'os sculptés appartenant à un lit funéraire, de petits clous et charnières en bronze et d'une monnaie.

Fin Ier s. av. J.-C. - Ier s. ap. J.-C.

C. RUBINO dans *Necropoli di Ostia* 1999, p. 61, fig. 25.

C.R.

2. Lit funéraire

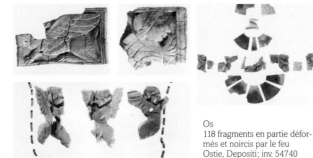

Os
118 fragments en partie déformés et noircis par le feu
Ostie, Depositi; inv. 54740

Les fragments faisaient partie de la décoration du châssis en bois d'un lit funéraire. Il est connu que les lits de ce type, après avoir été utilisés au cours de la cérémonie funèbre, pour l'exposition rituelle du défunt dans la maison et pour le transport durant les funérailles, étaient déposés sur le bûcher où la forte chaleur en provoquait la décomposition et la déformation.

Ces fragments ont été retrouvés au-dessus d'une urne cinéraire. Un patient travail de restauration a permis de les recomposer en partie, permettant ainsi à présenter une première tentative de reconstitution du pied, du châssis et du *fulcrum*.

Pied: 1) pointe fragmentée constituée d'os tubulaires; 2) anneau inférieur du cylindre lisse; 3) cylindre avec trophées tenus par de petits Amours; 4) anneau supérieur du cylindre avec sillons verticaux le long du bord et cadres à réticulé; 5-6) double bobine; 7) anneau inférieur du tore lisse; 8) partie médiane lisse du tore; 9) anneau supérieur du tore avec décoration végétale; 10) élément cylindrique lisse qui présente une contracture dans la partie centrale où se trouve un double listel; 11) cylindre figuré mouluré dans la partie inférieure avec de petits Amours; 12) cylindre figuré avec personnage féminin ailé (Niké) qui tient un objet ou un animal mal défini (cygne?); 13) élément évasé (chapiteau) avec petits Amours.

Châssis: 1) plaquette d'angle avec quatre fragments d'une figure qui tient un objet entre les mains; 2) bande avec *kymation*; 3) bande avec plaquette à listel lisse; 4) trois fragments de plaques avec représentations de sphinx.

Fulcrum: 11 fragments avec décorations linéaires ou végétales le long des bords, et médaillon avec visage humain.

La reconstitution proposée est hypothétique, surtout si l'on considère la définition des bords du *fulcrum*. Les thèmes figurés, comme les petits Amours dans le cortège bachique, symbole de la vie heureuse dans l'au-delà, ou le sphinx, le monstre féroce, image conventionnelle de la mort, ont une claire signification funéraire. La décoration peut être confrontée avec un groupe de lits (de Vindonissa, de l'Esquilin à Rome, d'Ostie, de S. Vittore di Cingoli, etc.) que de récentes études tendent à considérer de production alexandrine ou, du moins, réalisés par des maîtres égyptiens travaillant en Italie. On a distingué aussi un second groupe d'exemplaires, diffusés surtout en Italie centrale (Marches, Abruzzes, Ombrie), produits dans des ateliers locaux et caractérisés par un niveau stylistique plus modeste. Certains chercheurs pensent que les exemplaires du premier groupe seraient des imitations de lits d'ivoire, et que ceux du second groupe dériveraient de modèles en bronze. Toutefois, la réalité de la production était plus variée et articulée, et il existait probablement aussi une troisième série de niveau stylistique moins élevé, dans laquelle se combinaient aussi bien les éléments de la culture figurative hellénistique, que ceux plus clairement d'origine locale (comme le montrent, par exemple, les lits de Cucuron et Acquasparta).

Fin Ier s. av. J.-C.-début Ier s. ap. J.-C.

Informations préliminaires dans C. RUBINO in *Necropoli di Ostia* 1999, pp. 61-62.

Cf. Premier groupe: pour le lit de l'Esquilin, TALAMO 1987-88; de Cambridge, VERMEULE 1989, pp. 274 ss.; d'Ostie (fouilles Vaglieri), VAGLIERI 1912, pp. 95-99, FLORIANI SQUARCIAPINO 1958, pp. 14-15 (tombe F); de S. Vittore di Cingoli, MERCANDO 1974, pp. 120-122; d'Aoste, MOLLO MEZZENA 1992; de Vindonissa, HOLLIGER-HOLLIGER WIESMAN 1993, pp. 27-37; de Cologne, ECKINGER 1929, p. 252, fig. 7 et NIESSEN 1911, pl. CXXXXVI. Deuxième groupe: pour le lit d'Amplero, LETTA 1984, pp. 75-82 (lit 1); d'Aielli, LETTA 1984, p. 103, n°s 86-87 et NICHOLLS 1979, pp. 21-22; de Chicago, LETTA 1984, p. 105, n°s 105-106 (d'Orvieto); de New York, RICHTER 1966, figs 520, 533; de sites non précisés des Abruzzes, CARAVALE 1994, pp. 39 ss.; de Fossa et Bazzano, D'ERCOLE-CAIROLI 1998, p. 21; de Cremona, BIANCHI 2000, pp. 19 ss. Troisième groupe: pour l'exemple de Cucuron, BÉAL 1991, p. 310; de Acquasparta, MONACCHI 1990-1991, pp. 139-140.

A.P.

XVI.19 Urne cinéraire provenant de la sépulture 160

Argile grossière avec revêtement externe en plomb
Haut. 35 cm; diam. 30 cm
Intacte
Ostie, Depositi; inv. 54699

Urne en terre cuite revêtue à l'extérieur d'une urne en plomb. Corps ovoïde rétréci vers le bas; fond plat. La fermeture en plomb, modelée sur le couvercle en terre cuite, présente des lacunes.

Ier s. ap. J.-C.

F. PANARITI dans *Necropoli di Ostia* 1999, pp. 59-60, fig. 22.

F.P.

XVI.20 Lit funéraire provenant de la sépulture 284

Os
135 fragments en partie noircis et déformés par le feu
Ostie, Depositi; inv. 57183

Il n'est pas possible de reconstituer les fragments en une séquence figurative et décorative. On a repéré des fragments de garnitures en forme de ferrets, des cylindres figurés, des anneaux, des bobines, des figures féminines debout, des anneaux avec rainures parallèles, une Victoire et trois autres figures féminines, des bucranes (?) et des boucliers. Du châssis, on a pu aussi proposer une bande avec listel, un *kymation* et quatre plaques avec sphinx.

Fin Ier s. av. J.-C.-début Ier s. ap. J.-C.

Cf.: VAGLIERI 1912, pp. 95-99, VERMEULE 1989, pp. 274-278; MOLLO MEZZENA 1992; HOLLIGER-HOLLIGER WIESMAN 1993, pp. 27-37; MONACCHI 1990-1991, pp. 111-119. Voir ci-dessus, n° XVI.18,2.

A.P.

XVI.21 Urne funéraire provenant de la sépulture 297

Travertin
Urne: haut. 28,5 cm; diam. 30 cm
Couvercle: haut. 10 cm; diam. 30 cm
Intacte
Ostia, Depositi; inv. 52718 (urne) et 52719 (couvercle)

Urne tronconique contenant encore les cendres du défunt. Elle est complétée par un couvercle de forme conique avec sommet plat percé d'un trou.

Ier s. av. J.-C.-Ier s. ap. J.-C.

Inédite

F.P.

XVI.22 Lit funéraire provenant de l'unité stratigraphique (US) 547

Os
96 fragments en partie noircis et déformés par le feu
Ostie, Depositi; inv. 57184

On a repéré des fragments de garnitures en forme de ferrets, des éléments de barbe et chevelure de quatre visages (la tête placée en haut à gauche est d'une qualité remarquable), des lièvres, des Amours et des éléments végétaux.

Fin Ier s. av. J.-C.-début Ier s. ap. J.-C.

Cf. VAGLIERI 1911, pp. 83 et 448-449; VERMEULE 1989, pp. 278-281, pl. 56; MONACCHI 1990-1991, p. 134; LETTA 1984, pp. 75-76; BIANCHI 2000, pp. 82, 66-67. Voir ci-dessus, n° XVI.18,2.

A.P.

XVI.23 Lot de vases piriformes de la via Ostiense

Le groupe des nombreux petits vases définis comme piriformes, a été trouvé le long du côté oriental de la via Ostiense, sur la couche de dépositions à inhumation. Cette forme particulière de céramique, que l'on rencontre dans divers contextes à Ostie, est rare en milieu funéraire. On peut supposer que l'utilisation de ces vases correspondait à celle, rituelle, des *unguentaria* découverts dans l'édifice 26 de la nécropole (voir ci-dessus, n° XVI.16).

1-3. Petits vases piriformes

Argile jaune ocre
Haut. 9-10 cm; diam. 5,5-6,5 cm
Deux intacts, un avec bord manquant
Ostie, Depositi; inv. 54670, 54671, 54674

Col cylindrique et corps évasé, pied cylindrique. On note trois petites abrasions circulaires et des signes évidents du travail au tour. Cette classe de petits vases est de production tyrrhénienne.

Ier-IIe s. ap. J.-C.

F. PANARITI dans *Necropoli di Ostia* 1999, p. 58, fig. 20. Cf. pour la diffusion en contextes funéraires: EGIDI 1983 (utilisé avec un dé inséré à l'intérieur); TARTARA 1986-1987, p. 73, fig. 31, n° 88 (cités comme *amphoriskoi*); PAVOLINI 1980, pp. 1009-1013; PAVOLINI 2000, pp. 375-378.

F.P.

4. Petit vase piriforme

Argile jaune ocre
Haut. 12,5 cm; diam. 4 cm
Lacunes, bord manquant
Ostie, Depositi; inv. 54672

Col cylindrique, corps allongé et renflé vers le bas, pointe cylindrique. On note quatre petites abrasions circulaires sur le corps. Attribuable au type Pavolini 15/a (PAVOLINI 1980, p. 1002).

Ier-IIe s. ap. J.-C.

F. PANARITI dans *Necropoli di Ostia* 1999, p. 58, fig. 20. Cf. pour la diffusion en contextes funéraires: EGIDI 1983 (utilisé avec un dé inséré à l'intérieur); TARTARA 1986-1987, p. 73, fig, 31, n° 88 (cités comme *amphoriskoi*); PAVOLINI 2000, pp. 375-378.

5. Petit vase piriforme

Argile de couleur noisette
Haut. 10 cm; diam. 3,7 cm
Intact
Ostie, Depositi; inv. 54673

Bord nettement distinct du corps, légèrement renflé vers le bas, col fin et corps piriforme. On note quatre abrasions sur le corps. Attribuable au type Pavolini 16/a. Appartient probablement à classe de production non italique. Une datation récente situe la forme avant la fin du IIe s. ap. J.-C.

Ier-IIe s. ap. J.-C.

F. PANARITI dans *Necropoli di Ostia* 1999, p. 58, fig. 20. Cf. PAVOLINI 1980, p. 1003, type 16/a; *Ostia* II, p. 99, pl. XXVI, 461; *Ostia* III, p. 234, pl. LV, 463; ZEVI-CALZA 1972, pp. 404-431; VEGAS 1973, type 61, p. 147, fig. 56. Cf. pour la diffusion en contextes funéraires: EGIDI 1983 (utilisé avec un dé inséré à l'intérieur); TARTARA 1986-1987, p. 73, fig. 31, n° 88 (cités comme *amphoriskoi*); PAVOLINI 2000, pp. 375-378.

F.P.

XVI.24 Inscription de la via Ostiense

Marbre de Proconnèse
Haut. 26 cm; larg. 24 cm; ép. 3,9 cm
Lacunes sur les côtés droit et gauche
Le long du côté est de la via Ostiense
Ostie, Depositi; inv. 54720

Fragment d'inscription avec lettres d'une hauteur moyenne de 2,2 cm; le texte se développe sur 5 lignes avec des signes de ponctuation:

[–] a L(ucii) l(iberta) Cleop[atra]
[–]ia C(aiae) l(iberta) Psi[che]
[–S]cribonius l[–]
[–]iae l(iberta) Daph[ne]
[in fronte] p(edes) XX in ag(ro) [–]

L'intérêt du texte consiste dans la présence du *cognomen* Cleopatra, d'origine grecque, attesté à Rome, mais peu à Ostie.

Ier s. ap. J.-C.

A. PELLEGRINO dans *Necropoli di Ostia* 1999, p. 58, fig. 21. Cf. pour la présence du *cognomen* Cleopatra à Rome: SOLIN 1982, p. 373; *CIL* XIV, 5051.

A.P.

XVI.25 Stèle de la via Ostiense

Travertin
Haut. 76 cm; larg. 40 cm; haut. des lettres 5 cm
Intacte
Acilia, via Ostiense (1994-1999)
Ostie, Depositi; inv. 54707

Stèle funéraire avec partie supérieure arrondie.

Lucceia L(uci) l(iberta) Rufa / L(ucius)
Lucceius (mulieris) l(ibertus) / Mena

Le *cognomen* Mena, d'origine grecque, est attesté à Rome et à Ostie, dans un seul texte épigraphique sous la forme de *Menas*.

Fin IIe s. ap. J.-C.

A. PELLEGRINO dans *Necropoli di Ostia* 1999, pp. 60-61, fig. 24. Cf. SOLIN 1982, p. 373; *CIL* XIV, 5051.

A.P.

XVI.26 Lit funéraire provenant des fouilles de 1912

Os
9 fragments en partie déformés par le feu
Haut.: 4,8 cm; 2,4 cm; 2,4 cm; 5 cm; 3,2 cm; 3,5 cm; 3,4 cm; 3,2 cm; 2,3 cm
Ostie, Antiquarium; inv. 4332; 4338; 4339; 4333; 4340; 4341; 5227; 5322; 5325

Il n'est pas possible de reconstituer les appliques dans une séquence unitaire. On distingue toutefois: du pied, trois fragments de cylindre avec des Amours et deux figures féminines (celle drapée représente une nymphe); du châssis, deux Amours et un griffon; du *fulcrum*, une plaquette avec un sphinx. Datés auparavant entre la seconde moitié du IIe s. av. J.-C. et le début du siècle suivant, les comparaisons avec les lits de l'Esquilin et les exemplaires décrits ci-dessus permettent de dater ces fragments à l'époque augustéenne.

Fin Ier s. av. J.-C.-début Ier s. ap. J.-C.

P. LENZI dans *Necropoli di Ostia* 1999, pp. 64-66. Cf. VAGLIERI 1912, pp. 95-99, FLORIANI SQUARCIAPINO 1958, pp. 15-16 (tombe F). Voir ci-dessus, n° XVI.18,2.

A.P.

XVI.27 *Tabella defixionis*

Plomb
Haut. 11 cm; larg. 23,5 cm; ép. 0,2 cm
Lacunaire
Nécropole de la via Ostiense près de la Porta Romana, tombe 11 (1954)
Ostie, Antiquarium; inv. 17044

Retrouvée enroulée, la *tabella* est cassée en plusieurs fragments jointifs. Elle est incisée des deux côtés. Le texte de la face interne, continuation de celui incisé sur la face externe, est disposé sur trois colonnes. A la formule de consécration aux dieux infernaux succède une liste des personnes maudites dans laquelle on observe une majorité de noms féminins. On peut en déduire que la *defixio* a une connotation de sortilège à caractère amoureux, prononcé par une femme à l'encontre de ses rivales.

Epoque impériale

SOLIN 1968, pp. 3-22 (= *AE* 1995, 247); ZEVI 1971, p. 31.

M.F.

LA NÉCROPOLE DE PIANABELLA

La nécropole de Pianabella s'étend dans la zone au sud-est d'Ostie et constitue l'un des complexes funéraires les plus étendus de la ville. Les édifices étaient disposés le long de rues orthogonales souvent pavées, situées au sommet des ondulations naturelles des dunes côtières. L'utilisation de cette aire comme nécropole couvre un arc chronologique d'au moins quatre siècles (Ier-IVe s. ap. J.-C.), survivant jusqu'à l'époque du haut Moyen Âge lorsque sera construite la basilique chrétienne. Les deux secteurs sondés dans les dernières années permettent de reconstituer non seulement l'aspect structurel de la nécropole, mais aussi l'aspect social en connexion avec le culte des morts. On observe, en effet, une forte présence gréco-orientale dans la population ostienne (voir ci-dessus, pp. 367-371).

XVI.28 Mobilier provenant de l'édifice 1 B

1. Lampe

Argile beige
Haut. 2,3 cm; diam. du disque 5,3 cm
US 72 (1996)
Ostie, Depositi; inv. 54649

Lampe monolychne de forme miniature avec épaule convexe et séparée du disque, sans décoration, par une rainure; au centre du disque un trou d'aération; bec rond.

Ier s. av. J.-C.-Ier s. ap. J.-C.

A. CARBONARA dans *Necropoli di Ostia* 1999, p. 79, n° 17, fig. 8.

A.C.

2-4. Petits bols tronconiques

Argile
Lèvre indistincte et bord arrondi, parois obliques, pied distinct.

2. Haut. 4 cm; diam. lèvre 8,1 cm
US 72 (1996)
Ostie, Depositi; inv. 54618

3. Haut. 3,3 cm; diam. lèvre 8,9 cm
Recomposé, une partie de la lèvre et de la vasque manquent
US 51 (1996)
Ostie, Depositi; inv. 54632

4. Haut. 2,4 cm; diam. lèvre 7,3 cm
US 51 (1996)
Ostie, Depositi; inv. 54626
Ier s. av. J.-C.-Ier s. ap. J.-C.

A. CARBONARA dans *Necropoli di Ostia* 1999, p. 80, n°s 18, 23, 30, fig. 8. Cf.: *Ostia* III, 2, p. 266, pl. LXIV, 581; FLORIANI SQUARCIAPINO 1961(a), pp. 156-158.

A.C.

XVI.29 Mobilier provenant de l'édifice 4, sépulture 1

1. Tube pour libation

Argile rose
Haut. 38 cm; diam. 12 cm
Fouilles 1996
Ostie, Depositi; inv. 54642

Tube à section circulaire, en connexion avec l'urne cinéraire n° 2.

Ier s. ap. J.-C.

A. CARBONARA dans *Necropoli di Ostia* 1999, p. 83, n° 41.

A.C.

2. Urne cinéraire

Argile grossière
Haut. 25,5 cm; diam. lèvre 20 cm
Une partie du bord et de la paroi manquent
Fouilles 1996
Ostie, Depositi; inv. 54643

Urne cinéraire, façonnée au tour, de forme cylindro-ovoïde, lèvre plate recourbée vers l'extérieur, parois avec rayonnages parallèles le long de la surface, fond plat très étroit.

Conserve encore à l'intérieur les os carbonisés du défunt. En connexion avec le tube pour les libations n° 2.

Ier s. ap. J.-C.

A. CARBONARA dans *Necropoli di Ostia* 1999, p. 83, n° 42. Cf. ZEVI-CALZA 1972, p. 467, fig. 47.

A.C.

XVI.30 Mobilier provenant de l'édifice 4, sépulture 4

1. Amphore

Argile beige
Haut. max. 54 cm; diam. bord 9 cm
Le fond manque
Fouilles 1996
Ostie, Depositi; inv. 54645

Amphore, avec corps tronconique et anse à double boudin, identifiable avec la forme Schöne-Mau XXXV=*Ostia* III, fig. 371. A l'intérieur se trouvait un unguentarium en verre (inv. 54646).

Fin Ier-milieu IIe s. ap. J.-C.

A. CARBONARA dans *Necropoli di Ostia* 1999, p. 83, n° 44. Cf.: *Ostia* III, 2, pp. 478-481 et p. 632, fig. 42, pl. XLVI, 371.

A.C.

2. Unguentarium

Verre vert clair avec reflets argentés
Haut. 12,5 cm; diam. bord 2,5 cm
Fouilles 1996
Ostie, Depositi; inv. 54646

Unguentarium à ventre campaniforme, bord taillé irrégulièrement et arrondi, long col cylindrique caractérisé par un léger étranglement à la base, fond plat, similaire à la forme Isings 28b. Trouvé à l'intérieur de l'amphore n° 1.

Milieu I⁰ᵉʳ-IIᵉ s. ap. J.-C.

A. CARBONARA dans *Necropoli di Ostia* 1999, p. 83, n° 45. Cf. ROFFIA 1993, p. 123, n°ˢ 238-239 et figs pp. 131 et 24.

A.C.

XVI.31 Mosaïque représentant Dionysos provenant de l'édifice 6

Tesselles blanches et noires de 0,5 x 0,5 cm
260 x 326 cm
Lacunes
Fouilles 1997
Ostie, Depositi; inv. 54733

Figure masculine assise frontalement sur une panthère tournée vers la droite, les deux pattes antérieures soulevées au-dessus du terrain, rendu par deux lignes noires. L'homme a la tête ceinte d'une couronne de feuilles; les traits du visage ne sont pas particulièrement virils et rappellent, au contraire, ceux d'une femme. Le vêtement, qui enveloppe ses jambes tendues, se gonfle en arc sur la tête. La main gauche est posée sur la croupe de la panthère, la droite tendue tient le thyrse. Les particularités anatomiques et les détails du visage des deux figures sont rendues efficacement par de fines lignes de tesselles blanches. Le champ figuré (1,84 x1,80 m) est délimité par une bande noire plutôt épaisse et par une tresse formée de trois rubans sur fond noir. A droite est représenté un motif à spirales et volutes sur fond blanc, qui se séparent, quatre par côté, à partir d'une touffe centrale stylisée avec tige à trois feuilles. Les volutes se terminent, alternativement, avec des rosettes à quatre feuilles trilobées et à corolle stylisée. Au centre, de chaque côté, il y a un cratère godronné.

La figure sur la panthère est à identifier sans aucun doute avec Dionysos, même si cette iconographie n'est pas très commune; dans la peinture le type est présent sur une fresque de la Casa del Frutteto à Pompéi, tandis que, dans la représentation sur mosaïque, il faut mentionner l'*emblema* de la Maison des Masques à Délos et quelques exemples de l'époque impériale (Lyon, Londres, Gloucester). Le schéma de composition avec rinceaux est typique du goût décoratif des pavements de mosaïques d'époque hadrienne et antonine à Ostie et à Rome.

IIᵉ s. ap. J.-C.

A. PELLEGRINO dans *Necropoli di Ostia* 1999, pp. 88-89, n° 52, fig. 18; R. ZACCAGNINI dans AA. VV. 2000, pp. 235-236, fig. 4. Cf. CHAMONARD 1933, pp. 11-16; *Pompei*, II, p. 118, n° 144. Pour le schéma des vrilles v. BLAKE 1936, p. 87, fig. 39; BECATTI 1961, p. 149, n° 287, pp. 154-155, n° 293. Pour les attestations du motif sur les mosaïques de l'époque impériale, v. STERN 1967, pp. 45-47, pl. XXXI (Lyon); SMITH 1984, p. 360, fig. 1 (London); p. 362, fig. 4 (Gloucester).

A.P.

XVI. 32 Mobilier provenant de l'édifice 6, sépulture 4

Déposition d'inhumé dans une *forma* avec lit en morceaux de tuiles et de terre cuite. Les 19 monnaies du mobilier étaient presque toutes posées sur le thorax du défunt. Elle peut être datée d'après 268 ap. J.-C.

Fouilles 1997.

R. ZACCAGNINI, dans *Necropoli di Ostia* 1999, pp. 89-90, n°ˢ 54-72.

1-2: Atelier monétaire de Rome, 255-256

1. MI; 4,2 gr.; 22 mm.; c. m.
Ostie, Medagliere; inv. 54546
D/ IMP CP LIC VALERIANVS AVG Buste radié et drapé à droite
R/ FIDES MILITVM *Fides* se tient à gauche avec deux insignes
RIC V, 1, p. 45, n° 89; *Cunetio*, n° 441; *Wareham*, p. 225, n° 253

2. MI; 2 gr.; 23,5 mm.; c. m.
Ostie, Medagliere; inv. 54551
D/ IMP CP LIC VALERIANVS PF AVG Buste radié et drapé à droite
R/ FIDES MILITVM *Fides* se tient à gauche avec deux insignes
RIC V, 1, p. 46, n° 90; *Cunetio*, n° 471; *La Venera*, p. 21, n° 10

3: Atelier monétaire de Milan, 258

3. MI; 2,5 gr.; 21 mm.; c. m.
Ostie, Medagliere; inv. 54547
D/ IMP VALERIANVS AVG Buste radié et drapé à droite
R/ SECVRIT PERPET *Securitas* se tient de face, avec lance, il s'appuie à droite sur colonne
RIC V, 1, p. 57, n° 256; *Cunetio*, n° 747; *Wareham*, p. 228, n° 300

4-5: Atelier monétaire de Milan, 259-260

4. MI; 1,5 gr.; 21,5 mm.; c. m.
Ostie, Medagliere; inv. 54540
D/ Buste radié et drapé à droite
R/ Taureau à gauche sur ligne d'exergue
RIC V, 1, p. 95, n°ˢ 349-350

5. MI; 2,8 gr.; 21 mm.; c. m.
Ostie, Medagliere; inv. 54548
D/ IMP GALLIENVS AVG Buste radié à droite
R/ VICTORIA AVGG Victoire se tenant de face, avec diadème, entre deux boucliers
RIC V, 1, p. 99, n° 405; *Cunetio*, n° 752; *Wareham*, p. 228, n° 302

6-11: Atelier monétaire de Rome, cinquième série, 266

6. MI; 1,9 gr.; 18,51 mm.; c. m.
Ostie, Medagliere; inv. 54545
D/ GALLIE[NV]S AVG Buste radié à droite
R/ [A]ETER[NITAS AVG], dans le champ, à gauche: [Γ] *Sol* debout à gauche avec le globe
RIC V, 1, p. 144, n° 160; *Cunetio*, n° 1169; *La Venera*, p. 43, n°ˢ 1430-1628

7. MI; 2,4 gr.; 19 mm.; c. m.
Ostie, Medagliere; inv. 54533
D/ IMP. GALLIENVS AVG Buste radié à droite
R/ VBERITAS AVG *Uberitas* se tient à gauche avec panier et corne d'abondance
RIC V, 1, p. 156, n° 287; *Cunetio*, n° 1199; *Wareham*, p. 229, n° 326

8. MI; 2,5 gr.; 18 mm.; c. m.
Ostie, Medagliere; inv. 54549
D/]ALL[Buste radié à droite
R/ VBERITAS AVG *Uberitas* se tient à gauche avec panier et corne d'abondance
RIC V, 1, p. 156, n° 287; *Cunetio*, n°ˢ 1198-1199, 1200-1211; *Wareham*, p. 229, n° 326

9. MI; 1,8 gr.; 18 mm.; c. m.
Ostie, Medagliere; inv. 54534
D/ IMP. GALLIENVS AVG Buste radié à droite
R/ SEC[VRIT] P[ERPET], dans le champ, à droite: H, *Securitas* se tient de face, avec lance; il s'appuie à droite sur une colonne
RIC V, 1, p. 155, n° 280; *Cunetio*, n°ˢ 1246-1247; *La Venera*, p. 49, n°ˢ 2605-2747

10. MI; 1,4 gr.; 19 mm.; c. m.
Ostie, Medagliere; inv. 54541
D/ GALLIENVS AVG Buste radié à droite

R/ SECVRIT P[ERPET], dans le champ, à droite: H, *Securitas* se tient de face, avec lance; il s'appuie à droite sur une colonne
RIC V, 1, p. 155, n° 280; *Cunetio*, n°s 1246-1247; *La Venera*, p. 49, n°s 2605-2747

11. MI; 3,4 gr.; 19,5 mm.; c. m.
Ostie, Medagliere; inv. 54542
D/ [GALL]IENVS AVG Buste radié à droite
R/ [VICTORIA] AET, dans le champ, à gauche: Z Victoire à gauche avec couronne et palmes
RIC V, 1, p. 157, n° 297; *Cunetio*, n° 1238; *La Venera*, p. 48, n°s 2512-2590

12: Atelier monétaire de Milan, septième série, 266-267

12. MI; 2,7 gr.; 19,5 mm.; c. m.
Ostie, Medagliere; inv. 54550
D/ IMP GALL[IENVS] [Tête radiée à droite
R/ en exergue: MS *Fortuna* se tient à gauche avec le panier et la corne d'abondance.
RIC V, 1, p. 173, n° 483; *Cunetio*, n°s 1734-1735; *La Venera*, p. 69, n°s 5292-5300

13: Atelier monétaire de Siscia, cinquième série, 268

13. MI; 2,1 gr.; 19 mm.; c. m.
Ostie, Medagliere; inv. 54543
D/ GALLIE[NV]S AVG Tête radiée à droite
R/ FORTUNA REDVX, dans le champ, à droite: S, *Fortuna* se tient à gauche avec le panier et la corne d'abondance
RIC V, 1, p. 181, n° 572; ALFÖLDI 1931, n° 37; *Cunetio*, p. 38; *La Venera*, p. 75, n°s 5669-5671

14: Non classifiable, 253-268

14. MI; 2,9 gr.; 22 mm.; c. m.
Ostie, Medagliere; inv. 54544
D/ [GALL]IENVS AVG Buste radié à droite
R/ Illisible

15-18: Non classifiables, IIIe siècle

15. MI; 2,7 gr.; 21 mm.; c. c.
Ostie, Medagliere; inv. 54535
D/] AVG Buste radié à droite
R/]VD[, dans le champ, à gauche: [.] Figure debout à droite

16. MI; 2,6 gr.; 21 mm.; c. c.
Ostie, Medagliere; inv. 54536
D/].[ ]N[Buste radié à droite
R/ FORTUNA[. *Fortuna* se tient à gauche avec le panier et la corne d'abondance

17. MI; 3,2 gr.; 21,5 mm.; c. c.
Ostie, Medagliere; inv. 54537
D/] AVG Buste radié à droite
R/ AEQVITAS AVG *Aequitas* se tient à gauche avec la balance et la corne d'abondance

18. MI; 1,7 gr.; 18 mm.; c. c.
Ostie, Medagliere; inv. 54539
D/ Buste radié à droite
R/ Illisible

19: Non classifiable, Ier-IIIe s. ap. J.-C.

19. AE; 3,2 gr.; 20 mm.; c. c.
Ostie, Medagliere; inv. 54538
D/ Buste à droite
R/ Illisible

E.S.

XVI.33 Dalle sépulcrale provenant de l'édifice 6A

Marbre de Proconnèse
Haut. 31,7 cm; larg. 47,5 cm; haut. lettres 2,8 cm
Légèrement lacunaire dans les angles, recomposée à partir de trois fragments opisthographes; lignes guide avec traces de la terre rouge (*rubrica*) utilisée pour rehausser les lettres.
Edifice 6A (1997)
Ostie, Depositi; inv. 54610

Dalle sépulcrale inscrite, décorée dans la partie inférieure de trois Amours occupés au jeu des trois balles; la dalle devait être insérée dans une maçonnerie, puisque la partie périmétrale est seulement ébauchée. L'inscription sur le revers fut abandonnée à cause d'une erreur du lapicide, qui a sauté une syllabe.

Salinator Eutuches / Salinatori Aelea con/iugi et Salinatori Eutu/cheti et Leoni et Seve/ro filibus posuit se vivo.

Sur le verso: *Salitor Eutuch.*

Les personnages cités ont tous des *cognomina* d'origine grecque assez commune, parmi lesquels on signalera la singularité de *Aelaea* (1.2), connue précédemment à Ostie sous la forme de *Aelia* dans une seule attestation. Toutefois, l'intérêt principal de la dalle consiste dans la représentation figurée; à ce propos, on se demande si les balles (*pila*) doivent être interprétées comme le *follis*, récipient sphérique rempli d'air, utilisé, à cause de sa légèreté, par les enfants et les personnes âgées, ou bien comme le *trigon* ou la *pila trigonalis*, utilisée dans un jeu dans lequel trois joueurs, disposés en triangle, s'échangeaient frénétiquement et sans préavis. Evidemment, il s'agit d'une référence aux plaisirs et délices de l'au-delà.

Fin IIer - première moitié du IIIe s. ap. J.-C.

A. PELLEGRINO dans *Necropoli di Ostia* 1999, pp. 90-91, n° 73, fig. 19. Cf. DAREMBERG-SAGLIO, s.v. *pila*, pp. 476-477 (Lafage).

A.P.

XVI.34 Mobilier provenant de l'édifice 6 A, sépulture 7

1. Vase campaniforme brûle-parfum

Argile
Haut. 8,6 cm; diam. bord 10,4 cm
Reconstitué à partir de plusieurs fragments
Fouilles 1997
Ostie, Depositi; inv. 54577

Pied bas et discoïdal, bord vertical légèrement évasé décoré de rayons parallèles. Sur la paroi, on remarque trois groupes de trois trous, disposés irrégulièrement en triangle. Des traces de combustion sont évidentes aussi bien à l'intérieur qu'à l'extérieur du vase.

IIe s. ap. J.-C.

R. ZACCAGNINI dans *Necropoli di Ostia* 1999, p. 92, n° 77, fig. 20. Cf. FLORIANI SQUARCIAPINO 1961a, pp. 157-158, fig. 14; ZEVI-CALZA 1972, p. 479, figs 52 et 66; TARTARA 1986-1987, p. 73, n°s 77-78 et p. 87, n°s 373-375; PAVOLINI 2000, pp. 249-250.

R.Z.

2. Monnaie (quadrant) anonyme

AE; gr. 2; mm. 13; c. m.
Ostie, Medagliere; inv. 54530

D/Buste de Vénus drapée et diadémée à droite
R/S-C colombe debout à gauche

120-150 ap. J.-C.

Cf.: *RIC* II, p. 218, n° 25; pour la chronologie cf.: *Locarno*, p. 9, p. 60 n°s 53-55; WEIGEL 1998, pp. 18-19
Necropoli di Ostia 1999, p. 92, n° 78.

E.S.

3-7. Carapaces de tortue

Ostie, Depositi; inv. 54735, 54736, 54737, 54738, 54739

A l'intérieur de la déposition multiple de cinq inhumés, privés de connexions anatomiques, dans une *forma* en maçonnerie couverte de briques bipédales, cinq carapaces de tortues de différente grandeur.

Sur le problème des tortues voir A. PELLEGRINO dans *Necropoli di Ostia* 1999, pp. 22-23 et ci-dessus, p. 371.

R.Z.

XVI.35 Mobilier provenant de l'édifice 7

1.Figurine de quadrige

Terre cuite; argile de couleur noisette, traces d'engobe blanc.
Réalisé au moule, avec matrice bivalve, cavité interne
Haut. 12 cm; larg. 13,6 cm
Fouilles 1997
Ostie, Depositi; inv. 54579

Quadrige avançant vers la gauche, avec aurige debout sur le char. L'homme est voilé et barbu, ses traits sont rendus plutôt grossièrement; il porte un bustier sur une courte tunique. Dans la main droite, il tient une couronne de laurier, et dans la gauche une branche de palme. Les deux roues du char sont représentées, avec la postérieure placée à l'arrière sur un registre plus bas. Les traits des chevaux sont soignés; l'arrière est lisse si ce n'est dans la représentation de la crinière des chevaux, de la cuirasse de l'aurige et de la roue; des traces à peine évidentes d'une inscription incisée C.N [–]NI. La composition rappelle celle des scènes de courses de chars dans le cirque sur les plaques dites Campana. La victoire de l'aurige dans le cirque évoque, d'un point de vue eschatologique, celle de la vie sur la mort; de plus, le motif du tour continu pourrait être interprété comme symbole d'éternité et d'immortalité.

Ier-IIe s. ap. J.-C.

R. ZACCAGNINI dans *Necropoli di Ostia* 1999, pp. 94-95, n° 84, fig. 25. Cf. ROHDEN-WINNEFELD 1911, p. 282, pl. LXXXV; CUMONT 1942, p. 398, n° 4; YACOUB 1982, pp. 110-111; LADJIMI SEBAI-ENNAIFER 1990, p. 171, fig. 10; SCHAUENBURG 1995, pp. 43-48.

R.Z.

2. Figurine de matrone assise

Terre cuite; argile beige, traces de couleur jaune sur les cheveux
Réalisée au moule, avec matrice bivalve, évidée intérieurement
Haut. 12,7 cm; larg. 4,5 cm
Fouilles 1997
Ostie, Depositi; inv. 54580

Figure féminine assise sur un trône; la main droite tient un *flabellum*, la gauche est étendue le long du corps. La tête est voilée, mais s'échappent les cheveux divisés par une raie centrale et réunis en chignon sur la nuque. Les traits sont rendus grossièrement. La longue robe descend jusqu'aux pieds, terminée par une frange; les bords sont soulignés par un ourlet avec une ligne brisée en zigzag. Le trône est rendu par quelques lignes essentielles, aussi sur le revers.

Epoque antonine

R. ZACCAGNINI dans *Necropoli di Ostia* 1999, p. 95, n° 85, fig. 26. Cf. BESQUES 1992, pp. 164-165; E471; KERSAUSON 1996.

R.Z.

3. Petite cruche avec pâte de verre

Argile et pâte de verre
Dimensions max. 5,9 x 6,4 cm
Partie du bord et de la paroi, reconstituée de deux fragments; trois autres fragments non-jointifs
Fouilles 1997
Ostie, Depositi; inv. 54606

Petit vase à parois minces, de forme fermée, décoré à la barbotine: sous le bord, lignes minces qui renferment des points et des insertions de pâte vitrée; au-dessous d'une file continue de points en relief, il y a une décoration à motifs végétaux, composée de globules de pâte de verre desquels s'élancent des tiges avec feuilles en forme de coeur. Les formes de ce genre sont déjà attestées à Ostie, aussi bien dans des contextes funéraires que dans l'habitat.

Ier s. ap. J.-C.

R. ZACCAGNINI dans *Necropoli di Ostia* 1999, pp. 95-97, n° 87, fig. 28. Cf. MESSINEO 1991-92, pp. 119 ss.; MESSINEO 1999, pp. 115-119.

R.Z.

4. Figurine de matrone

Terre cuite; argile de couleur noisette, traces de couleur rouge et jaune
Réalisée au moule, avec matrice bivalve, évidée intérieurement
Haut. 8,7 cm; larg. 6 cm
Il ne reste que la partie supérieure.
Fouilles 1997
Ostie, Depositi; inv. 54583

Terre cuite représentant deux personnages. Sont conservés le visage d'une figure féminine à la haute chevelure avec raie centrale, peinte en jaune, et, à gauche et légèrement plus bas, le *polos* d'un second personnage, peint en rouge.

Fin Ier-début IIe s. ap. J.-C.

R. ZACCAGNINI dans *Necropoli di Ostia* 1999, p. 97, n° 89, fig. 29. Cf. BESQUES 1972, p. 294; E220, pl. 365; *MNR* I, 9, 1987, 1, n°s 157-161 (Amadio).

R.Z.

XVI.36 Mobilier provenant de l'édifice 8

1. Dalle sépulcrale

Marbre de Luni (Carrare)
Haut. 18 cm; larg. 23 cm
Recomposée à partir de deux fragments, avec une lacune dans l'angle supérieur droit
Pièce a (1998)
Ostie, Depositi; inv. 54650

Inscription sépulcrale incisée sur une plaquette qui s'insérait dans l'espace approprié crée sous la niche contenant l'urne funéraire. Lettres légèrement pointues, lignes guide visibles.

Caninia [–]/ Calpurn[–]/ meti coniu[gi]/ suo benemeren/ti qui vixit me/cv anis XVIII.

IIIe s. ap. J.-C.

A. PELLEGRINO dans *Necropoli di Ostia* 1999, pp. 101-102, n° 118.

A.P.

2. Figurine de *togatus*

Terre cuite; argile beige
Réalisée au moule, avec matrice bival-
ve, creuse intérieurement
Haut. 9,7 cm; larg. 6,1 cm
Conservée seulement jusqu'au buste
Pièce c (1998)
Ostie, Depositi; inv. 54605

Figurine de *togatus*. Visage aux traits très
accusés, presque grotesques, marqué par
des profondes rides sur le front; la toge
est rendue par des détails soignés. Le
revers est particulièrement lisse, mais pré-
sente les traces d'une inscription peinte avec un vernis noir sur double registre, mentionnant probablement le propriétaire: L. ANT[–] / C [–]. Il peut s'agir d'un petit herme
ou d'un *crepitaculum*.

Ier-IIe s. ap. J.-C.

R. ZACCAGNINI dans *Necropoli di Ostia* 1999, p. 102, n° 119, fig. 35. Cf. FREMERS-
DORF 1928, pl. 54; MESSINEO 1991-1992, pp. 119-131.

R.Z.

PROVENANCES DIVERSES

XVI.37 Mobilier provenant du columbarium 1 («des Popilii»)

1. Urne cinéraire

Marbre de Luni (Carrare)
Haut. 45 cm (du couvercle 17 cm), long. 49 cm; larg. 41,5 cm
Seconde niche du côté ouest (1976-1977)
Ostie, Antiquarium; inv. 36420

Urne cinéraire à caisse parallélépipède; avant délimité en bas et en haut par un listel
simple et décoré sur les côtés de protomes d'Ammon aux angles, des cornes desquels
pend une guirlande de feuilles de laurier, liée par des rubans. En haut, au-dessus de
la guirlande et dans une corniche délimitée par une ligne ondulée et par un *kymation*
lesbique:

*D(is) M(anibus) / L(uci) Licini Probi / veterani / P(ublius) Aelius Pacatus et / L(ucius)
Sertorius Pollio / heredes amico / benemerenti fecerunt*

Le défunt a accompli le service militaire et, avant d'être congédié, a reçu la charge
de *beneficiarius*. L'inscription est mal mise en page, avec des lettres de modules diverses
et la dernière ligne inscrite sur la corniche. *Tabula* épigraphique flanquée de deux
rameaux de palme.
Les parties latérales sont délimitées sur les côtés supérieurs et extérieurs par une corniche à bordure; sur le côté inférieur par un listel lisse et décoré de deux sarments,
unis par un ruban, qui forment un motif à peltes opposées; les volutes sont remplies
de rosettes. Paroi de derrière lisse. Couvercle à double pente, avec corniche de base
décorée d'un double cordon; sur l'avant, un *gorgoneion* entre deux fleurs de lotus.
Masques tragiques angulaires sur l'avant, bonnets phrygiens sur le revers, unis par un
motif de tresses. On observe les rainures pour les crampons qui verrouillaient le couvercle et la caisse.

IIe s. ap. J.-C.

MORANDI 1982, p. 64, figs 19-20; BIANCHI-BONANNO 1991, pp. 2-4, n° 3, figs 6-
8; R. ZACCAGNINI dans *Necropoli di Ostia* 1999, pp. 86-87, n° 49, fig. 14; BONAN-
NO 1999, pp. 306-308, C11; pour l'inscription NUZZO 1999, p. 57, A 65, pl. 21.

R.Z.

2. Figurine féminine

Argile beige; traces de couleur jaune
sur les cheveux et rose sur la peau
Réalisée au moule, avec une matrice
bivalve, évidée intérieurement
Haut. 17,5 cm; larg. 7,1 cm
Ostie, Depositi; inv. 54652

Figure féminine debout, nue, de corps
plutôt trapu, sur un piédestal bas. Les
cheveux, rendus par de petites ondulations avec raie centrale, sont rassemblés
dans un chignon au niveau de la nuque.
Le corps est rendu avec quelques lignes
essentielles; sur les bras, pliés et appuyés sur le bassin, sont représentés deux armil-
les spiraliformes au-dessus du coude.

Ier-IIe s. ap. J.-C.

R. ZACCAGNINI dans *Necropoli di Ostia* 1999, p. 87, n° 50, fig. 15. Cf. MORANDI
1982, p. 62, figs 11-12.

R.Z.

XVI.38 Figurine de *togatus* du columbarium B

Terre cuite; argile jaunâtre avec traces
de couleur rougeâtre et blanche
Réalisée au moule, avec matrice bival-
ve, évidée intérieurement
Haut. 12 cm
Nécropole entre via Calza et via dei
Romagnoli, Columbarium B, dans une
urne cinéraire (1958)
Ostie, Antiquarium; inv. 5888

Debout, en appui sur la jambe gauche,
elle tient un *volumen* dans la main gauche,
pendant que le bras droit est plié et que
la main tient le bord de la toge. La tête, légèrement inclinée sur l'épaule droite, a des
traits grossiers et sommaires: front bas, sur lequel tombe une frange de cheveux, des
yeux grands ouverts, gros nez. L'homme est vêtu d'une tunique courte, couverte partiellement de la toge au drapé assez pauvre, et il porte de hautes chaussures. La partie postérieure est également travaillée. Dans le même columbarium, déposée sur un
sarcophage de jeune homme, a été retrouvée une figurine en tous points similaire.

Ier s. ap. J.-C.

FLORIANI SQUARCIAPINO 1961a, p. 155, fig. 11 et p. 166, fig. 21; R. ZACCAGNINI
dans *Necropoli di Ostia* 1999, p. 99, n° 113; fig. 32.

R.Z.

XVI.39 Figurine de porcelet

Terre cuite; argile beige
Réalisé au moule, creuse intérieure-
ment
Queue et museau légèrement ébréchés
Haut. 5,5 cm; long. 10 cm
Vico di Dioniso (1949)
Ostie, Antiquarium; inv. 4649

Les yeux sont incisés avec deux cercles
concentriques, queue et pattes ajoutées.
Le long du dos, une bande peinte et incisée en hachure pour indiquer les poils. Le
long des flancs est présente une curieuse décoration de rameaux peints disposés en
écailles de poissons, chacun terminant dans un cercle décoré de pâte de verre bleu
clair ou blanche.

Ier s. av. J.-C. (?)

FLORIANI SQUARCIAPINO 1950, pp. 91-92; R. ZACCAGNINI dans *Necropoli di
Ostia* 1999, p. 99, n° 111. Cf. MESSINEO 1999, p. 117. Voir aussi ci-dessus, p. 370.

R.Z.

Bibliographie

Les titres des périodiques et des séries sont abrégés selon la convention établie par l'Institut archéologique allemand (voir, par exemple, *Archäologischer Anzeiger* 1997, pp. 611-628, ou la banque de données bibliographiques DYABOLA).

AA.VV. 2000
A. Carbonara *et al.*, «Mosaici dalla necropoli di Pianabella (Ostia Antica)», dans: *Atti del VI Colloquio AISCOM* (Venezia 20-23 gennaio 1999), pp. 233-238

ADEMBRI 1996
B. Adembri, «Le ceramiche figurate più antiche di Ostia», dans: Gallina Zevi – Claridge 1996, pp. 39-67

AGNOLI 1999
N. Agnoli, «I sarcofagi e le lastre di chiusura di loculo», dans: PAROLI 1999, pp. 203-268, pls 87-120

ALFÖLDI 1931
A. Alföldi, *Siscia. Vorarbeiten zu einem Corpus der in Siscia geprägen Römermünzen. Heft I: Die Prägungen des Gallienus*

ALVISI 1989
G. Alvisi, *La fotografia aerea nell'indagine archeologica*

AMEDICK 1991
R. Amedick, *Die Sarkophage mit Darstellungen aus dem Menschenleben. Vita Privata*, ASR I,4

AMELUNG II
W. Amelung, *Die Sculpturen des Vaticanischen Museums* (1908)

ANDREAE 1963
B. Andreae, *Studien zur römischen Grabkunst*, RM Erg. Heft 9

ANDRÉN 1940
A. Andrén, *Architectural Terracottas from Etrusco-Italic Temples*

ANDRÉN 1980
A. Andrén, «Un gruppo di antefisse fittili etrusco-laziali e la questione dell'esistenza di un abitato ostiense anteriore alla colonia romana», *StEtr* 40, pp. 93-99, pls XXXIV-XXXVI

ARENA 1977
S. Arena, *Ostia repubblicana. Itinerari Ostiensi*, I

L'art des peuples
L'art des peuples italiques, catalogue de l'exposition à Genève, 1994

Atlante I
AA.VV., *Atlante delle forme ceramiche I. Ceramica fine romana nel bacino mediterraneo (Medio e Tardo Impero)*, EAA (1981)

Atlante II
AA.VV., *Atlante delle forme ceramiche II. Ceramica fine romana nel bacino mediterraneo (Tardo ellenismo e Primo Impero)*, EAA (1985)

Aurea Roma
S. Ensoli – E. La Rocca (dir.), *Aurea Roma. Dalla città pagana alla città cristiana*, catalogue de l'exposition à Rome, 2000

BACCINI LEOTARDI 1979
P. Baccini Leotardi, *Marmi di cava rinvenuti a Ostia e considerazioni sul commercio dei marmi in età romana. SdO* X

BACCINI LEOTARDI 1989
P. Baccini Leotardi, *Nuove testimonianze sul commercio dei marmi in età imperiale*

BALDASSARRE 1996
I. Baldassarre *et al.*, *La necropoli di Porto*

BARBET 1985
A. Barbet, *La peinture romaine*

BARGAGLI – GROSSO 1997
B. Bargagli – C. Grosso, *I Fasti Ostienses, documento della storia di Ostia, Itinerari Ostiensi*, VIII

BARSANTI 1998
C. Barsanti, «Un inedito pluteo costantinopolitano a Jesi», dans: Domum tuam dilexi. *Miscellanea in onore di Aldo Nestori* (*Studi di Antichità Cristiana*, 53), pp. 23-48

BARSANTI – GUIGLIA GUIDOBALDI 1996
C. Barsanti – A. Guiglia Guidobaldi, «Premessa ad un catalogo della scultura della Santa Sofia di Costantinopoli», dans: *Bisanzio e l'Occidente: arte, archeologia, storia. Studi in onore di Fernanda de' Maffei*, pp. 79-104

BARTOLONI 1986
G. Bartoloni, *I Latini e il Tevere*, dans: «Il Tevere e le altre vie d'acqua del Lazio antico», *QuadAEI* 12,2 (*Archeologia Laziale* VII,2), pp. 98-110

BARTOLONI 1989
G. Bartoloni, «Marriage, sale and gift. A proposito di alcuni corredi femminili dalle necropoli populoniesi della prima età del ferro», dans: RALLO 1989, pp. 35-54

BASCH 1987
L. Basch, *Le musée imaginaire de la marine antique*

BAUDOIN – LIOU-LONG 1994
C. Baudoin *et al.*, *Une cargaison de bronzes hellénistiques: L'épave «Fourmigue C» à Golfe-Juan* (*Archaeonautica*, 12)

BAYLEY 1980
D. M. Bailey, *A Catalogue of the lamps in the British Museum*, II

BÉAL 1991
J. Béal, «Le mausolée de Cucuron (Vaucluse), 2ᵉ partie. Le lit funéraire à décor d'os de la tombe n. 1», *Gallia* 48, pp. 285-317

BECATTI 1939
G. Becatti, «Il culto di Ercole a Ostia ed un nuovo rilievo votivo», *BCom* 67, pp. 37-60

BECATTI 1942
G. Becatti, «Nuovo documento del culto di Ercole ad Ostia», *BCom* 70, pp. 115-125

BECATTI 1945/46
G. Becatti, «Il ritratto di Ippocrate», *RendPontAc* 21, pp. 123-141

BECATTI 1954
G. Becatti, *I Mitrei. SdO* II

BECATTI 1957
G. Becatti, «Una copia Giustiniani del Mitra di Kriton», *BdA* 42, pp. 1-6

BECATTI 1961
G. Becatti, *Mosaici e pavimenti marmorei. SdO* IV

BEDINI 1985
A. Bedini, «Tre corredi protostorici dal Torrino. Osservazioni sull'affermarsi e la funzione delle aristocrazie terriere nell'VIII sec. a. C. nel Lazio», *QuadAEI* 11 (*Archeologia Laziale* VII), pp. 44-64

BEDINI 1992
A. Bedini, «L'insediamento della Laurentina Acqua Acetosa», dans: *Roma 1000 anni di civiltà,* catalogue de l'exposition à Montréal, 1992, pp. 83-96

BEIJER 1978
A. Beijer, «Proposta per una suddivisione delle anfore a spirali», *MededRom* 40, pp. 7-21

BENNDORF – SCHÖNE 1867
O. Benndorf – R. Schöne, *Die antiken Bildwerke des Lateranensischen Museums*

BESQUES 1992
S. Besques, *Catalogue raisonné des figurines et reliefs en terre-cuite grecs, étrusques et romains,* IV, 2

Bestiaire
Animaux d'art et d'histoire. Bestiaire des collections genevoises, catalogue de l'exposition à Genève, 2000

BIAGGIO SIMONA 1991
S. Biaggio Simona, *I vetri romani provenienti dalle terre dell'attuale Canton Ticino*

BIANCHI 2000
C. Bianchi, *Cremona in età romana. I letti funerari in osso dalla necropoli di S. Lorenzo*

BIANCHI – BONANNO 1991
L. Bianchi – M. Bonanno Aravantinos, «Una tradizione di scultura funeraria microasiatica a Ostia», *BA* 8, pp. 1-32

BIANCHI 1975
U. Bianchi, «Mithraism and Gnosticism», dans: HINNELS 1975, pp. 457-465

BIETTI SESTIERI 1992
A. M. Bietti Sestieri (dir.), *La necropoli laziale di Osteria dell'Osa*

BIGNAMINI 1996
I. Bignamini, «I marmi Fagan in Vaticano», *BMonMusPont* 16, pp. 331-394

BLAKE 1936
M. E. Blake, «Roman Mosaics of the Second Century in Italy», *MemAmAc* 13, pp. 67-214

BLOCH 1938
H. Bloch, «I bolli laterizi e la storia edilizia romana», *BCom* 66, pp. 61-221

BLOCH 1953
H. Bloch, «Ostia. Iscrizioni rinvenute tra il 1930 ed il 1939», *NSc,* pp. 239-306

BLOCH 1958
H. Bloch, «C. Cartilius Poplicola», dans: FLORIANI SQUARCIAPINO 1958, pp. 209-219

BOETTO 2000
G. Boetto, «New technological and historical observations on the Fiumicino 1 wreck from Portus Claudius (Fiumicino, Rome)», dans: J. Litwin (dir.), *Down the River into the Sea* (*ISBSA* 8), pp. 99-102

BONANNO 1999
M. Bonanno Aravantinos, «Le are e le urne cinerarie», dans: PAROLI 1999, pp. 303-316, pls 121-129

BORDA 1958
M. Borda, *La pittura romana*

BOSCHUNG 1993
D. Boschung, *Die Bildnisse des Augustus*

BRANDT 1996
J. R. Brandt, *Scavi di Ficana,* II/1. *Il periodo protostorico e arcaico. Le zone di scavo 3b-c*

BROCCOLI 1984
U. Broccoli, *Ostia paleocristiana, Itinerari Ostiensi,* VI

Il bronzo dei Romani
L. Pirzio Biroli Stefanelli (dir.), *Il bronzo dei Romani. Arredo e suppellettile* (1990)

BRUNI 1992
S. Bruni, «Le ceramiche con decorazione sovradipinta», dans: A. Romualdi (dir.), *Populonia in età ellenistica. I materiali dalle necropoli. Atti del seminario* (Firenze, 30 giugno 1986), pp. 58-109

BRUSIN 1961
G. Brusin, *Due nuovi sacelli cristiani di Aquileia*

BRUUN 1998
Ch. Bruun, «Ti. Claudius Aegialus e l'acquedotto di Ostia», *ZPE* 122, pp. 265-272

BUONOCORE 1987
M. Buonocore, *Musei della Biblioteca Apostolica Vaticana, Inventari e studi 2, Le iscrizioni latine e greche I*

CAIN – DRAEGER 1994
H. U. Cain – O. Draeger, «Die sogenannten neuattischen Werkstätten», dans: *Das Wrack. Der antike Schiffsfund von Mahdia,* II, pp. 809-829

CALZA 1914
G. Calza, «Ostia. Continuazione dello scavo sul decumano. Scoperta di nuove *scholae* nel portico dietro il teatro», *NSc,* pp. 69-74

CALZA 1915(a)
G. Calza, «Ostia. Sterri nell'edificio delle Pistrine, e presso la casa di Diana. Statuette di bronzo e oggetti vari rinvenuti in un santuario dedicato a Silvano», *NSc,* pp. 242-257

CALZA 1915(b)
G. Calza, «Expression of Art in a Roman commercial city: Ostia», *JRS* 5, pp. 165-172

CALZA 1919
G. Calza, «Ostia. Scoperta di due piccole tombe presso il cimitero di S. Ercolano. Miscellanea epigrafica», *NSc,* pp. 70-80

CALZA 1927
G. Calza, «Ostia. Rinvenimenti epigrafici», *NSc*, pp. 379-430

CALZA 1931
G. Calza, «Isola Sacra. La necropoli del 'Portus Romae' », *NSc*,
pp. 510-542

CALZA 1935
G. Calza, «Arti e mestieri in Ostia Antica», *Capitolium* 11, pp. 413-423

CALZA 1940
G. Calza, *La necropoli di Porto di Roma nell'Isola Sacra*

CALZA 1949/1950
G. Calza, «Nuove testimonianze del culto cristiano ad Ostia»,
RendPontAc s. III, 25–26, pp. 123-138

CALZA 1954
R. Calza, «Un nuovo sarcofago ostiense», *BdA* 39, pp. 107-113

CALZA 1958
R. Calza, «La statua-ritratto di C. Cartilio Poplicola», dans:
FLORIANI SQUARCIAPINO 1958, pp. 221-228

CALZA 1964
R. Calza, *I ritratti greci e romani fino al 160 circa d. C. SdO* V

CALZA 1964/1965
R. Calza, «Le sculture e la probabile zona cristiana di Ostia e Porto»,
RendPontAc 37, pp. 155-257

CALZA 1978
R. Calza, *I ritratti romani dal 160 circa alla metà del III secolo d. C. SdO* IX

CALZA – NASH 1959
R. Calza – E. Nash, *Ostia*

CALZA – SQUARCIAPINO 1962
R. Calza – M. Floriani Squarciapino, *Museo Ostiense*

CAMILLI 1999
A. Camilli, *Ampullae. Balsamari ceramici di età ellenistica e romana*

CAMPBELL 1954
L. Campbell, «Typology of Mithraic Tauroctonos», *Berytus* 11, pp. 1-60

CARAFA 1995
P. Carafa, *Officine ceramiche di età regia*

CARANDINI 1969
A. Carandini, *Vibia Sabina. Funzione politica, iconografia e il problema
del classicismo adrianeo*

CARANDINI 1977
A. Carandini, «La ceramica a pareti sottili di Pompei e del Museo
Nazionale di Napoli», dans: AA.VV., *L'instrumentum domesticum di
Ercolano e Pompei*, pp. 25-31

CARAVALE 1994
A. Caravale, *Museo Nazionale Romano VI,1. Avori e ossi*

CARCOPINO 1911
J. Carcopino, «Les Inscriptions Gamaliennes», *MEFRA* 31, pp. 143-
230

CASAMASSA 1952/1954
A. Casamassa, «Ritrovamento di parte dell'elogio di S. Monica»,
RendPontAc 27, pp. 271-273

CASSON 1959
L. Casson, *The Ancient Mariners*

CASSON 1965
L. Casson, «Harbour and River Boats of Ancient Rome», *JRS* 55,
pp. 31-39

CASSON 1971
L. Casson, *Ship and Seamanship in the Ancient World*

CÉBEILLAC 1973
M. Cébeillac, «Octavia, épouse de Gamala, et la Bona Dea»,
MEFRA 85, pp. 517-553

CESARANO 1993
A. L. Cesarano, «Un ritratto di un *princeps iuventutis* in basalto del
Museo Nazionale Romano», *XeniaAnt* 2, pp. 71-86

CHALKIA 1991
E. Chalkia, *Le mense paleocristiane*

CHAMAY – MAIER 1989
J. Chamay – J-L. Maier, *Sculptures en pierre du Musée de Genève*, I:
Art romain

CHAMONARD 1933
J. Chamonard, *Les mosaïques de la Maison des Masques, Délos* 14

CHRISTE 1978
Y. Christe, «A propos de la thêca. Quelques exemples du IVe siècle»,
MusHelv 35, pp. 335-340

CHRISTE 1983
Y. Christe, «Les chars à bœufs des rois fainéants», *MusHelv* 40,
pp. 111-118

CIANFRIGLIA *et al.* 1986/1987
L. Cianfriglia *et al.*, «Roma, via Portuense angolo via G. Belluzzo.
Indagine su alcuni resti di monumenti sepolcrali», *NSc*, pp. 37-154

CICERCHIA – MARINUCCI 1992
P. Cicerchia – A. Marinucci, *Le Terme del Foro o di Gavio Massimo.
SdO* XI

CLAIRMONT 1977
C. W. Clairmont, *Catalogue of Ancient and Islamic Glass, Benaki Museum*

CLP 1976
AA.VV., *Civiltà del Lazio primitivo*, catalogue de l'exposition à
Rome, 1976

COARELLI 1994
F. Coarelli, «Saturnino, Ostia e l'annona», dans: *Le ravitaillement en
blé de Rome*, Actes du colloque international Naples, 1991 (*Coll. Ecole
Française de Rome*, 196), pp. 35-46

COARELLI 1995
F. Coarelli, «Il ritratto di Varrone: un tentativo di paradigma indizia-
rio», dans: Splendida Civitas Nostra. *Studi archeologici in onore di
Antonio Frova* (*Studi e ricerche sulla Gallia Cisalpina*, 8), pp. 269-280

COARELLI 1996
F. Coarelli, *Revixit Ars*, pp. 15-84

COCCIA 1993
S. Coccia, «Il *Portus Romae* fra tarda antichità ed alto medioevo»,
dans: PAROLI – DELOGU 1993, p. 182

COCCIA – PAROLI 1990
S. Coccia – L. Paroli, «La basilica di Pianabella di Ostia Antica nelle
sue relazioni con il paesaggio fra tardo antico ed alto medioevo»,
QuadAEI 21 (*Archeologia Laziale* 10/2), pp. 177-181

COLETTI – PAVOLINI 1996
C. M. Coletti – C. Pavolini, «Ceramica comune da Ostia», dans: *Les
céramiques communes de Campanie et de Narbonnaise (Ier siècle av. J.-C. –
IIe siècle ap. J.-C.). La vaisselle de cuisine et de table*, Actes des Journées
d'étude, Naples 1994, pp. 391-419

COLONNA 1970
G. Colonna, «Una nuova iscrizione etrusca del VII secolo a. C. e
appunti sull'epigrafia ceretana dell'epoca», *MEFRA* 82, pp. 637-672

Concilia aevi Karolini
MGH, Leges, sectio III, Concilia 2,2. Concilia aevi Karolini, ed. A.
Werminghoff (Lipsiae 1908)

Conspectus
E. Ettlinger (dir.), *Conspectus Formarum Terrae Sigillatae Italico Modo Confectae, Materialen zur Römisch-Germanischen Keramik Heft* 10 (1990)

Corpus
Corpus della scultura altomedievale VII. 4 (1974), n°s 235-238

CUMONT 1942
F. Cumont, *Recherches sur le symbolisme funéraire des Romains*

Cunetio
E. Besley – R. Bland, *The Cunetio Treasure : Roman Coinage of the Third Century A.D.* (1983)

CURTIUS 1933
L. Curtius, «Ikonographische Beiträge zum Porträt der römischen Republik und der julisch-claudischen Familie», *RM* 48, p. 200

D'AGOSTINO 1968
B. D'Agostino, «Pontecagnano. Tombe orientalizzanti in contrada S. Antonio», *NSc*, pp. 75-204

DE ANGELIS D'OSSAT 1974
G. De Angelis D'Ossat, «Mobilità e funzioni delle mense paleocristiane a 'sigma'. La comunione dei laici», dans: *Atti del III Convegno Nazionale di Archeologia Cristiana*, pp. 31-47

D'ERCOLE – CAIROLI 1998
V. D'Ercole – R. Cairoli, *Archeologia in Abruzzo*

DAVID 1999
M. David, «La successione dei livelli pavimentali nel perimetro della Schola del Traiano (IV v 15)», *MededRom* 58, pp. 66-70

DE CHIRICO 1941
R. De Chirico, «Ostia. Sculture provenienti dall'edificio degli Augustali», *NSc*, pp. 216-246

DEL CHIARO 1975
M. A. Del Chiaro, «A Caeretan red-figured phiale», *ArchCl* 27, pp. 50-51

DELBRUECK 1929
R. Delbrueck, *Die Consulardiptychen und verwandte Denkmäler*

DE MATTEIS – DE TOMMASO
C. De Matteis – G. De Tommaso, *Vetro.* (*Gortina,* V), sous presse

DEONNA 1912
W. Deonna, « Bronzes du Musée de Genève », *RA*, pp. 32-40

DE ROSSI 1866(a)
G. B. De Rossi, «I monumenti cristiani di Porto», *BACr* 4/3, pp. 50-51

DE ROSSI 1866(b)
G. B. De Rossi, «Lo Xenodochio di Pammachio in Porto», *BACr* 4/6, pp. 99-100

DE RUGGIERO 1878
E. De Ruggiero, *Museo Kircheriano*, I

DE SALVO 1992
L. De Salvo, *Economia privata e pubblici servizi nell'impero romano. I corpora naviculariorum*

DI GENNARO 1988
F. Di Gennaro, «Primi risultati degli scavi nella necropoli di Crustumerium. Tre complessi funerari della fase IV A», *QuadAEI* 16 (*Archeologia Laziale* 9), pp. 113-123

DOLLFUS 1967
M.-A. Dollfus, «Les cachets de bronze romains», *Bulletin Archéologique du Comité des Travaux Historiques*, n.s. 3, pp. 117-161

DUNANT 1967
C. Dunant, « Une applique de bronze en relief du Musée de Genève », dans: *Festschrift Karl Schefold*, pp. 110-114

DUTHOY 1991
F. Duthoy, «Un chef-d'œuvre du sculpteur Fonseca à Genève», *Genava* 39, pp. 43-53

DUTHOY FREL 1993
F. Duthoy Frel, «Modèles et sculpteurs à l'époque romaine», *XeniaAnt* 2, pp. 87-94

ECKINGER 1929
T. Eckinger, «Knochenschnitzereien aus Gräbern von Vindonissa», *AnzSchwAlt* 31

EGIDI 1983
P. Egidi, «Due bossoli per il gioco dei dadi da una tomba romana presso Bevagna», *ArchCl* 35, pp. 283-286

EPISCOPO 1982
S. Episcopo, «I rilievi altomedioevali dell'area di S. Ippolito all'Isola Sacra. Problemi di stile e di cronologia», dans: *Atti del V Congresso Nazionale di Archeologia Cristiana*, II, pp. 539-549

EVERS 1994
C. Evers, *Les portraits d'Hadrien. Typologie et ateliers*

FASCIATO 1947
M. Fasciato, «*Ad quadrigam fori vinarii*. Autour du port au vin d'Ostie», *MEFRA* 59, pp. 65-81.

FÉVRIER 1958
P. A. Février, «Ostie et Porto à la fin de l'antiquité», *MArchHist* 70, pp. 316-317

Ficana 1981
Ficana. Una pietra miliare sulla strada per Roma, catalogue de l'exposition à Rome, 1981

FINE – DELLA PERGOLA 1995
S. Fine – M. Della Pergola, *The Jewish Presence in Ancient Rome*

FIORELLI 1877
G. Fiorelli, «Roma. Via Ostiense», *NSc*, pp. 313-314 (R. Lanciani)

FIORELLI 1886
G. Fiorelli, «*Roma*», *NSc*, pp. 361-407

FISCHER-HANSEN et al. 1990
T. Fischer-Hansen et al., *Scavi di Ficana*, I. *Topografia generale*

FITTSCHEN 1977
K. Fittschen, *Katalog der antiken Skulpturen in Schloss Erbach*

FITTSCHEN – ZANKER 1983
K. Fittschen – P. Zanker, *Katalog der römischen Porträts in den Capitolischen Museen und den anderen kommunalen Sammlungen der Stadt Rom*, III

FLAMINIO 1998
R. Flaminio, «Frammenti di sculture bizantine nel monastero di S. Giorgio Maggiore a Venezia», *Venezia Arti* 12, pp. 5-16

FLORIANI SQUARCIAPINO 1949
M. Floriani Squarciapino, « Maschera dionisiaca da Ostia », *BdA*, pp. 139-144

FLORIANI SQUARCIAPINO 1950
M. Floriani Squarciapino, «Ostia. Recenti trovamenti», *NSc*, pp. 91-101

FLORIANI SQUARCIAPINO 1954
M. Floriani Squarciapino, «Forme Ostiensi», *ArchCl* 6, pp. 83-99

FLORIANI SQUARCIAPINO 1956/58
M. Floriani Squarciapino, «Piccolo corpus dei mattoni scolpiti ostiensi», *BCom* 76, pp. 183-204

FLORIANI SQUARCIAPINO 1958
M. Floriani Squarciapino (dir.), *Le necropoli repubblicane ed augustee. SdO* III

FLORIANI SQUARCIAPINO 1961(a)
M. Floriani Squarciapino, «Ostia. Scoperte in occasione dei lavori stradali tra la via Guido Calza e via dei Romagnoli», *NSc*, pp. 145-177

FLORIANI SQUARCIAPINO 1961(b)
M. Floriani Squarciapino, «La sinagoga di Ostia», *BdA* 46, pp. 326-337

FLORIANI SQUARCIAPINO 1962
M. Floriani Squarciapino, *Il culti orientali a Ostia*, EPRO 3

FOL 1874.
W. Fol, *Catalogue du Musée Fol*, I

FORA 1996
M. Fora, *Epigrafia anfiteatrale dell'Occidente Romano, IV. Regio Italiae I: Latium*

FONTEMAGGI – PIOLANTI 1999
A. Fontemaggi – O. Piolanti (dir.), *Alla scoperta dell'anfiteatro romano. Un luogo di spettacolo tra archeologia e storia*

FREMERSDORF 1928
F. Fremersdorf, *Die Denkmäker des römischen Köln*, I

GALLINA 1993
A. Gallina, dans: AA.VV., *Le immagini della memoria «Il tesoro ritrovato»*, catalogue de l'exposition à Rome, 1993, p. 30

GALLINA ZEVI – CLARIDGE 1996
A. Gallina Zevi – A. Claridge (dir.), *'Roman Ostia' Revisited*

GARRUCCI 1847
R. Garrucci, *I piombi antichi raccolti dal Cardinale Altieri*

GASPARRI 1980
C. Gasparri, «Materiali per servire allo studio del museo Torlonia di scultura antica», *MemLinc* 24, pp. 205 ss.

GERCKE 1968
W. Gercke, *Untersuchungen zum römischen Kinderporträt*

GIANFROTTA 1980
P. A. Gianfrotta, «Ancore romane. Nuovi materiali per lo studio dei traffici marittimi», dans: J. H. D'Arms – E. C. Kopff (dir.), *The Seaborne Commerce of Ancient Rome. Studies in Archaeology and History* (MemAmAc 36), pp. 103-116

GIEROW 1964/1966
P. G. Gierow, *The Iron Age Culture of Latium*, I-II

GILOTTA 1997
F. Gilotta, «Alto-adriatica / etrusca. Note di ceramografia tra Tirreno e Adriatico», *Prospettiva* 87-88, pp. 91-99

GIORDANI 1982
R. Giordani, «Scavi nella tenuta di Pianabella di Ostia Antica – 1976/1977. La Basilica Cristiana», *MemPontAc* ser. III, 14, pp. 77-87

GJERSTAD 1956
E. Gjerstad, *Early Rome, II. The Tombs*

GRAY 1948
N. Gray, «The Paleography of Latin Inscriptions in the Eighth, Ninth and Tenth Centuries in Italy», *BSR* 16, pp. 107 ss.

GROSS 1940
W. H. Gross, *Bildnisse Traians*

GROSSO 1959
F. Grosso, «Nuova epigrafe ostiense dei Gamala», dans: *Atti del III Congresso internazionale di epigrafia greca e latina, Roma 4-8 settembre 1957*, pp. 133-142

GUARDUCCI 1974
M. Guarducci, *Epigrafia greca*, III

GUGLIELMOTTI 1883
A. Guglielmotti, «Delle due navi romane scolpite sul bassorilievo portuense del principe Torlonia», *DissPontAc*, s. II, I, pp. 1 ss.

GUIDOBALDI et al. 1992
F. Guidobaldi *et al.*, *San Clemente. La scultura del VI secolo (San Clemente Miscellany IV, 2)*

HARRISON 1977
E. B. Harrison, «Alkamenes' Sculpture for the Hephaisteion,. I: The Cult Statues», *AJA* 81, pp. 137-178

HAYES 1985
J. W. Hayes, «Sigillate orientali», dans: *Atlante* II, pp. 1-96

HELBIG
Führer durch die öffentlichen Sammlungen klassischer Altertümer in Rom, I-IV (4ᵉ éd., 1963–1972)

HELEN 1975
T. Helen, *Organization of Roman Brick Production in the First and Second Centuries A. D. An Interpretation of Roman Brick Stamps* (*Annales Scientiarum Fennicae, Dissertationes Humanarum Litterarum*)

HERDEJÜRGEN 1990
H. Herdejürgen, «Girlandensarkophage aus Ostia», dans: *Roman Funerary Monuments in the J. Paul Getty Museum, 1. Occasional Papers on Antiquities* 6, pp. 95-114

HERDEJÜRGEN 1996
H. Herdejürgen, *Stadtrömische und italische Girlandensarkophage. ASR* VI,2/1

HERRMANN 1990
J. J. Herrmann, «Thasos and the marble trade: evidence from American Museums», dans: *Marble. Art-historical and Scientific Perspectives on Ancient Sculpture. Colloquium J. Paul Getty Museum, 1988*

HILLER 1975
H. Hiller, *Ionische Grabreliefs der ersten Hälfte des 5. Jhs. v. Chr., IstMitt Beih. 12*

HIMMELMANN 1974
N. Himmelmann, «Sarcofagi romani a rilievo», *AnnPisa* 4, pp. 139-177

HINNELS 1975
J. R. Hinnels (dir.), *Mithraic Studies. Proceedings of the First International Congress of Mithraic Studies*

HÖCKMANN 1994
O. Höckmann, «Bemerkungen zur Caudicaria/Codicaria», *AKorrBl* 24, pp. 425-439

HOFTER 1988
M. Hofter, «Porträts», dans: *Kaiser Augustus und die verlorene Republik*, catalogue de l'exposition à Berlin, 1988, pp. 291-343

HOLLIGER – HOLLIGER WIESMAN 1993
C. Holliger – C. Holliger Wiesman, «Vier Totenbetten mit Knochenschnitzereien aus Vindonissa», *Gesellschaft pro Vindonissa. Jahresbericht*, pp. 21-37

Homo faber
Homo faber. *Natura, scienza e tecnica nell'antica Pompei*, catalogue de l'exposition à Naples, Museo Archeologico Nazionale, 1999

HOMOLLE 1877
Th. Homolle, «Sur quelques inscriptions d'Ostie», *RA* 34, pp. 234-252, 301-315.

HONROTH 1971
M. Honroth, *Stadtrömische Girlanden*

Iside
E. Arslan (dir), *Iside. Il mito, il mistero, la magia*, catalogue de l'exposition à Milan, 1997

JOLIVET 1980
V. Jolivet, «Exportations étrusques tardives (IVᵉ-IIIᵉ siècles) en Méditerranée occidentale», *MEFRA* 92, pp. 681-724

JOLIVET 1985
V. Jolivet, «La céramique étrusque des IVᵉ-IIIᵉ siècles à Rome», dans: M. Cristofani (dir.), *Contributi alla ceramica etrusca tardo classica*, pp. 55-66

KAMPEN 1981
N. Kampen, *Image and Status. Roman working women in Ostia*

KAPOSSY 1969
B. Kapossy, *Brunnenfiguren der hellenistischen und römischen Zeit*

KERSAUSON 1996
K. de Kersauson, *Catalogue des portraits romains,* II, *Musée du Louvre*

KLEINER 1987
D. E. E. Kleiner, *Roman Imperial Funerary Altars with Portraits*

KOCH – SICHTERMANN 1982
G. Koch – H. Sichtermann, *Römische Sarkophage*

KOLENDO 1969
J. Kolendo, «Epigraphie et archéologie. Le *praepositus camellorum* dans une inscription d'Ostie», *Klio* 51, pp. 287-298

La peinture 1993
AA.VV., *La peinture de Pompéi*

La pittura 1991
AA.VV., *La pittura di Pompei. Testimonianze dell'arte romana nella zona sepolta dal Vesuvio*

La Venera
J. B. Giard (dir.), *Ripostiglio della Venera. Nuovo catalogo illustrato,* I, *Gordiano III – Quintillo* (1995)

LADJIMI SEBAI – ENNAIFER 1990
L. Ladjimi Sebai – M. Ennaifer, «Le goût du cirque en Afrique», dans: *Cirques et courses de chars,* pp. 155 ss.

LAZZARINI 1996
M. L. Lazzarini, «L'incremento del patrimonio epigrafico greco ostiense dopo '*Roman Ostia*'», dans: GALLINA ZEVI – CLARIDGE 1996, pp. 243-247

LE GALL 1953
J. Le Gall, *Le Tibre. Fleuve de Rome dans l'Antiquité*

LEACH 1987
S. S. Leach, *Subgeometric Pottery from Southern Etruria*

LEHMANN-HARTLEBEN 1923
K. Lehmann-Hartleben, *Die antiken Hafenanlagen des Mittelmeers*

LETTA 1984
C. Letta, «Due letti funerari in osso nel centro italico-romano della valle d'Amplero (Abruzzo)», *MonAnt* (ser. misc. III,3), pp. 67-115

LICORDARI 1987
A. Licordari, «I *lenuncularii traiectus Luculli*», *Miscellanea Greca e Romana* 12, pp. 149-161

LIVERANI 2000
P. Liverani, dans: *Pietro e Paolo. La storia, il culto, la memoria,* catalogue de l'exposition à Rome, 2000, p. 196, n° 20

Locarno
R. Martini – N. Vismara, «Quadranti anonimi imperiali del Gabinetto Numismatico di Locarno», *Annotazioni Numismatiche,* Suppl. VI, anno 6, serie I, suppl. 20, 1995, pp. 1-24

LUGLI – FILIBECK 1935
G. Lugli – G. Filibeck, *Il Porto di Roma imperiale e l'agro portuense*

LUGLI 1947/49
G. Lugli, «Una pianta inedita del Porto ostiense disegnata da Pirro Ligorio e l'iconografia della città di Porto nel secolo XVI», *RendPontAc* 23–24, pp. 187-207

MALAISE 1972
M. Malaise, *Inventaire préliminaire des documents égyptiens découverts en Italie,* EPRO 21

MANDERSCHEID 1981
H. Manderscheid, *Die Skulpturenausstattung der kaiserzeitlichen Thermenanlagen*

MANGO – SŸEVCENKO 1973
C. Mango – I. Sÿevcenko, «Some Churches and Monasteries on the Southern Shore of the Sea of Marmara», *Dumbarton Oaks Papers* 27, p. 238

MANNUCCI – VERDUCHI 1996
V. Mannucci – P. Verduchi, «Il porto imperiale di Roma: le vicende storiche», dans: V. Mannucci (dir.), *Il parco archeologico naturalistico del Porto di Traiano. Metodo e progetto,* pp. 15-28

MARABINI 1973
M. T. Marabini Moevs, *The Roman thin-walled pottery from Cosa, MemAmAc* 32

MARTELLI 1987
M. Martelli (dir.), *La ceramica degli Etruschi*

MARTIN 1987
H. G. Martin, *Römische Tempelkultbilder*

MASSNER 1982
A. K. Massner, *Bildnisangleichung. Untersuchungen zur Entstehungs-und Wirkungsgeschichte der Augustusporträts (43 v. Chr.-68 n. Chr.)*

MAZZOLENI 1983
D. Mazzoleni, *I reperti epigrafici. Ricerche nell'area di Sant'Ippolito all'Isola Sacra a cura dell'Istituto di Archeologia Cristiana dell'Università di Roma «La Sapienza»,* I

MEDRI 1992
M. Medri, *Terra sigillata tardo italica decorata*

MEIGGS 1960
R. Meiggs, *Roman Ostia*

MEIGGS, *Ostia*
R. Meiggs, *Roman Ostia* (2ᵉ éd., 1973)

MENNELLA 1991
G. Mennella, «I *Lucilii Gamalae* di Ostia in età antonina», *Quaderni Catanesi di Cultura Classica e Medievale* 3, pp. 159-174.

MENNELLA 1995
G. Mennella, «I fasti del *collegium Volkani* di Ostia e un nuovo frammento da Marina di Camerota, Tra Lazio e Campania. Ricerche di Storia e di Topografia antica», *Quaderni del Dipartimento di Scienze dell'Antichità dell'Università degli Studi di Salerno* 16, pp. 95-101.

MERCANDO 1974
L. Mercando, «S. Vittore di Cingoli (Macerata). Rinvenimento di tombe romane a cremazione», *NSc,* pp. 103-123

MESSINEO 1991/1992
G. Messineo, «Puerilia Crepitacula?», *RStPomp* 5, pp. 119-132

MESSINEO 1999
G. Messineo, «Dalle necropoli del suburbio settentrionale di Roma», dans: *Necropoli di Ostia* 1999, pp. 110-125

MEZQUIRIZ 1985
M. A. Mezquiriz, «Terra sigillata ispanica», dans: *Atlante* II, pp. 99-174

MIKOCKI 1995
T. Mikocki, Sub Specie Deae. *Les impératrices et princesses romaines assimilées à des déesses,* RdA, Suppl. 14

MINGAZZINI 1947/1948
P. Mingazzini, «Esisteva un abitato ostiense anteriore alla colonia romana?», *RendPontAc* 23-24, pp. 75-83

MITCHINER 1984
M. Mitchiner, «Rome: Imperial Portrait Tesserae from the City of Rome and Imperial Tax Tokens from the Province of Egypt», *NumChron* 144, pp. 95-114

MLASOWSKY 1991
A. Mlasowsky, *Die antiken Tesseren im Kestner-Museum Hannover*

MCR
AA.VV., *Museo della Civiltà Romana. Catalogo* (1982)

MNR
AA.VV., *Museo Nazionale Romano*

MOLL 1929
F. Moll, *Das Schiff in der bildenden Kunst vom Altertum bis zum Ausgang des Mittelalters*

MOLLO MEZZENA 1992
R. Mollo Mezzena, «Un letto funerario della necropoli orientale di Augusta Praetoria (Aosta)», dans: *Bellezza e lusso. Immagini e documenti dei piaceri della vita*, catalogue de l'exposition à Aoste, 1992, pp. 158-169

MOMMSEN 1877
Th. Mommsen, «*Tituli ostienses* P. Lucilii Gamalae», *Ephemeris Epigraphica* 3, pp. 319-331 (= *Gesammelte Schriften*, VIII [1913], pp. 329 ss.)

MONACCHI 1990/1991
D. Monacchi, «Acquasparta (Terni). Loc. Crocifisso. Scavo di un'area funeraria romana nel territorio carsulano con rinvenimento di letti d'osso», *NSc*, pp. 87-149

MORANDI 1982
A. Morandi, «Scavi nella tenuta di Pianabella di Ostia Antica – 1976/1977. Gli edifici sepolcrali», *MemPontAc* 14, pp. 57-75

MUÑOZ 1944
A. Muñoz, *La Basilica di S. Lorenzo fuori le mura*

MUNZI 1997
M. Munzi, «Quadranti anonimi e gettoni «frumentari» dalle tombe di Leptis Magna», *Annotazioni Numismatiche* 26, 7, ser. II, pp. 589-592

Naissance de Rome 1977
AA.VV., *Naissance de Rome*, catalogue de l'exposition à Paris, 1977

Necropoli di Ostia 1999
A. Pellegrino (dir.), *Dalle necropoli di Ostia. Riti ed usi funerari*, catalogue de l'exposition à Ostia Antica

NICHOLLS 1979
R. V. Nicholls, «A Roman Couch in Cambridge», *Archaeologia* 106, pp. 1-32

NIESSEN 1911
C. A. Niessen, *Beschreibung römischer Altertümer*

NOGARA 1907
B. Nogara, *Le Nozze Aldobrandini e i paesaggi con scene dell'Odissea e le altre pitture murali antiche conservate nella Biblioteca Vaticana e nei Musei Pontifici*

NUZZO 1999
D. Nuzzo, «Le iscrizioni», dans: PAROLI 1999, pp. 33-115

ÖTÜKEN 1996
Y. Ötüken, *Forschungen im nordwestlichen Kleinasien: antike und byzantinische Denkmäler in der Provinz Bursa* (*IstMitt*, Suppl. 41), pp. 101 ss.

OLIVER 1984
A. Oliver Jr., «Early Faceted Glass», *JGS* 26, pp. 35-58

Ostia I
AA.VV. *Ostia I. Le Terme del Nuotatore. Scavo dell'ambiente IV*, *StMisc* 13, 1968

Ostia II
AA.VV., *Ostia II. Le Terme del Nuotatore. Scavo dell'ambiente I*, *StMisc* 16, 1971

Ostia III
AA.VV., *Ostia III. Le Terme del Nuotatore. Scavo degli ambienti III, VI, VII. Scavo dell'ambiente V e di un saggio nell'area SO*, *StMisc* 21, 1973

Ostia IV
AA.VV., *Ostia IV. Le Terme del Nuotatore. Scavo dell'ambiente XVI e dell'area XXV*, *StMisc* 23, 1977

OSWALD 1931
F. Oswald, *Index of Potters' Stamps on Terra Sigillata «Samian Ware»*

OVERBECK 1995
M. Overbeck, *Römische Bleimarken in der Staatlichen Münzsammlungen München. Eine Quelle zur Sozial- und Wirtschaftgeschichte Roms*

OXÉ – COMFORT 1968
A. Oxé – H. Comfort, *Corpus Vasorum Arretinorum. A Catalogue of the Signatures, Shapes and Chronology of Italian Sigillata*

PANI 1984
G. G. Pani, «Note sul formulario dei testi epigrafici relativi ai «servi fugitivi» (collari, placche e contrassegni)», *Vetera Christianorum* 21, pp. 113-127

PANI ERMINI 1974
L. Pani Ermini, «Note sulla decorazione dei cibori a Roma nell'Alto Medioevo», *BA* 69, p. 115

PANI ERMINI 1976
L. Pani Ermini, «Il ciborio della basilica di S. Ippolito all'Isola Sacra», dans: *Roma e l'età carolingia*, pp. 339-340, 343, n° 7

PANI ERMINI 1978
L. Pani Ermini, «Una mensa paleocristiana con bordo istoriato», *RIA* 1, pp. 89-117

PARIBENI 1916
R. Paribeni, «Ostia. Scavo dell'isola ad est dell'area sacra del tempio di Vulcano», *NSc*, pp. 399-428

PARIBENI 1932
R. Paribeni, *Le Terme di Diocleziano e il Museo Nazionale Romano*

PAROLI 1993
L. Paroli, «Ostia nella tarda antichità e nell'alto medioevo», dans: PAROLI – DELOGU 1993, pp. 153–175

PAROLI – DELOGU 1993
L. Paroli – P. Delogu (dir.), *La storia economica di Roma nell'alto medioevo alla luce dei recenti scavi archeologici*

PAROLI 1999
L. Paroli (dir.), *La basilica cristiana di Pianabella*, I. *SdO* XII

PASCHETTO 1912
L. Paschetto, *Ostia colonia romana. Storia e monumenti* (*DissPontAc* X. 2)

PASQUI 1906
A. Pasqui, «Ostia. Nuove scoperte presso il Casone», *NSc*, pp. 357-373

PAVOLINI 1978
C. Pavolini, *Ostia. Vita quotidiana I. Itinerari Ostiensi*, III

PAVOLINI 1980
C. Pavolini, «Appunti sui vasetti ovoidi e piriformi di Ostia», *MEFRA* 92, pp. 933-1020

PAVOLINI 1982
C. Pavolini, *Ostia. Vita quotidiana II. Itinerari Ostiensi*, IV

PAVOLINI 1983
C. Pavolini, *Ostia*

PAVOLINI 1986
C. Pavolini, *La vita quotidiana ad Ostia*

PAVOLINI 1991
C. Pavolini, *La vita quotidiana ad Ostia* (2ᵉ éd.)

PAVOLINI 2000
C. Pavolini, *La ceramica comune. Le forme in argilla depurata dall'Antiquarium. SdO* XIII

PEACOCK – WILLIAMS 1986
D. P. S. Peacock – D. F. Williams, *Amphorae and the Roman Economy. An introductory guide*

PEKÁRY 1999
T. Pekáry, *Repertorium der hellenistischen und römischen Schiffsdarstellungen, Boreas* 8

PELLEGRINO 1986
M. G. Lauro – A. Pellegrino, «Materiali archeologici ostiensi», dans: *Tevere, un'antica via per il Mediterraneo*, catalogue de l'exposition à Rome, 1986, pp. 300-302

PELLEGRINO 1993
A. Pellegrino *et al.*, «Scavo di un edificio rustico e di un sepolcreto di età repubblicana ad Acilia», *QuadAEI* 21 (*Archeologia Laziale* 10/2), pp. 141-148

PELLEGRINO 1997
A. Pellegrino, «La ceramica della prima età ellenistica nel territorio ostiense. L'insediamento di M. S. Paolo (Acilia)», dans: Δ'Επιστημονική Συνάντηση για την Ελληνιστική Κεραμική, pp. 194-201

PENSABENE 1984
P. Pensabene, *Le vie del marmo. I blocchi di cava di Roma e di Ostia: il fenomeno del marmo nella Roma Antica. Itinerari Ostiensi*, VII

PENSABENE – BRUNO 1998
P. Pensabene – M. Bruno, «Aggiornamenti, nuove acquisizioni e riordino dei marmi di cava del Canale di Fiumicino», dans: P. Pensabene (dir.), *Marmi Antichi II. Cave e tecnica di lavorazione, provenienze e distribuzione, Studi Miscellanei* 31, pp. 1-22

PETRACCIA LUCERNONI 1988
M. F. Petraccia Lucernoni, *I questori municipali dell'Italia antica*

PETRIAGGI 1997
R. Petriaggi, *Scavi a Ponte Galeria: acquisizione sull'occupazione della zona costiera dell'agro romano in età repubblicana*, dans: Δ'Επιστημονική Συνάντηση για την Ελληνιστική Κεραμικη, pp. 202-209

Pianta Marmorea
G. Carettoni *et al.*, *La pianta marmorea di Roma antica* (1960)

PIANU 1978
G. Pianu, «Due fabbriche etrusche di vasi sovradipinti: il Gruppo Sokra e il Gruppo del Fantasma», *MEFRA* 90, pp. 161-195

PICARD 1976
G. Ch. Picard, «La statue du temple d'Hercule à Ostie», dans: *Essays in Archaeology and the Humanities. In memoriam Otto J. Brendel*, pp. 121-129

POLAK 2000
M. Polak, «South Gaulish Terra Sigillata with Potters' Stamps from Vechten», *Rei Cretariae Romanae Fautorum Acta*, Suppl. 9

POLLINI 1987
J. Pollini, *The Portraiture of Gaius and Lucius Caesar*

POMEY 1978
P. Pomey, «Les navires de commerce romains», *Les Dossiers de l'Archéologie* 29, pp. 20-29

POMEY 1997
P. POMEY (dir.), *La navigation dans l'Antiquité*

Pompei
Pompei. Pitture e mosaici I-X (1990-1999)

QUILICI GIGLI, S. 1971
S. Quilici Gigli, «Nota topografica su Ficana», *ArchCl* 23, pp. 26-36

RALLO 1989
A. Rallo (dir.), *Le donne in Etruria*

REINACH 1909
S. Reinach, *Répertoire des reliefs grecs et romains*, III

RIC
H. Mattingly – E. A. Sydenham (dir.), *The Roman Imperial Coinage*, I-X (1923-1994)

RICCIARDI – SCRINARI 1996
M. A. Ricciardi – V. Santa Maria Scrinari, *La civiltà dell'acqua in Ostia Antica*, I-II

RICHTER 1961
G. M. A. Richter, *The Archaic Gravestones of Attica*

RICHTER 1966
G. M. A. Richter, *The Furniture of the Greeks, Etruscans and Romans*

RICHTER 1971
G. M. A. Richter, «New Signatures of Greek Sculptors», *AJA* 75, pp. 433-434

RIZZO 1998
G. Rizzo, «*Samia etiam nunc in esculentis laudatur* (Pl. *N.H.* XXXV, 160-161). I vasi 'Aretini' a Roma», *MEFRA* 110-112, pp. 799-848

ROFFIA 1993
E. Roffia, *I vetri antichi delle civiche raccolte archeologiche di Milano*

ROHDEN – WINNEFELD 1911
H. von Rohden – H. Winnefeld, *Architektonische römische Tonreliefs der Kaiserzeit*, I-II

ROSTOVTZEW – PROU 1900
M. Rostovtzew – M. Prou, *Catalogue des plombs de l'Antiquité, du Moyen Age et des temps modernes conservés au Département des Médailles de la Bibliothèque Nationale, Paris*

RUTGERS 1996
L. V. Rutgers, «Diaspora Synagogues. Synagogue Archaeology in the Greco-Roman World», dans: S. Fine (dir.), *Sacred Realm. The emergence of the sinagogue in the ancient world*, pp. 67-95

SAGUÌ 1993
L. Saguì, «Produzioni vetrarie a Roma tra tardo-antico e alto medioevo», dans: PAROLI – DELOGU 1993, pp. 113-136

SCHAUENBURG 1995
K. Schauenburg, *Die stadtrömischen Eroten-Sarkophage*, IV: *Zirkusrennen und verwandte Darstellungen*

SCHOLZ 1893
J. Scholz, «Römische Bleitesserae», *NumZ*, pp. 5-122

SCHREIBER 1896
Th. Schreiber, «Die hellenistischen Reliefbilder und augustäische Kunst», *JdI* 11, pp. 97-99

SCIALLANO – SIBELLA 1991
M. Sciallano – P. Sibella, *Amphores. Comment les identifier?*

SCRINARI 1989
V. Santa Maria Scrinari, *Guida al Museo delle Navi nel porto di Claudio a Fiumicino*

SETÄLÄ 1977
P. Setälä, *Private Domini in Roman Brick Stamps of the Empire. A Historical and Prosopographical Study of the Landowners in the Districts of Rome*

Settefinestre 1985
A. Carandini (dir.), *Settefinestre. Una villa schiavistica nell'Etruria romana*, I-III

SHEPHERD 1995
E. J. Shepherd, dans: *Lisippo. L'arte e la fortuna*, catalogue de l'exposition à Rome, 1995, p. 408

SHEPHERD 1999
E. J. Shepherd, «Manici di coltello a serramanico raffiguranti gladiatori», dans: FONTEMAGGI – PIOLANTI 1999, pp. 140-142

SILVAGNI 1943
A. Silvagni, *Monumenta epigraphica christiana, saeculo XIII antiquiora quae in Italiae finibus exstant*

SMITH 1984
D. J. Smith, «Roman mosaics in Britain: a synthesis», dans: *Atti del III Colloquio Internazionale sul Mosaico Antico*, pp. 357-380

SOLIN 1968
H. Solin, «Eine neue Fluchtafel aus Ostia», *Commentationes Humanarum Litterarum* 42,3, pp. 3-30

SOLIN 1982
H. Solin, *Die griechischen Personennamen in Rom*

SOLIN – BRANDENBURG 1980
H. Solin – H. Brandenburg, «Paganer Fruchtbarkeitsritus oder Martyriumdarstellung? Zum Grabrelief der Elia Afanacia im Museum der Prätextat-Katakombe zu Rom», *AA*, pp. 271-284

SOMMELLA 1972
P. Sommella, «Heroon di Enea a Lavinium. Recenti scavi a Pratica di Mare», *RendPontAc* 44, 1973/1974, pp. 48-74

SOTGIU 1973/1974
G. Sotgiu, «Un collare di schiavo rinvenuto in Sardegna», *ArchCl* 25-26, pp. 688-697

SPINOLA 1999
G. Spinola, *Il Museo Pio Clementino, II. Guide Cataloghi dei Musei Vaticani 4*

STEINBY 1974/1975
M. Steinby, «La cronologia delle *figlinae doliari* urbane dalla fine dell'età repubblicana fino all'inizio del III sec. d. C.», *BCom* 84, pp. 7-132

STERN 1967
H. Stern, *Recueil général des mosaiques de la Gaule (Lyonnaise), Gallia*, suppl. 10

STERNINI 1995
M. Sternini, «Il vetro in Italia tra V e IX secolo», dans: *Le verre de l'antiquité tardive et du haut Moyen Age. Typologie – Chronologie – Diffusion*, pp. 243-289

STERNINI 1997
M. Sternini, *Vetrii, Gortina II. Pretorio. I materiali degli scavi Colini 1970-1977*

STEVAN TOBY 1974
A. Stevan Toby, *IntJNautA*, 3/2, 1974, pp. 205-211

STUBBE ØSTERGAARD 1997
J. Stubbe Østergaard, «Navigare necesse est! – en romersk sarkofag med skibsfart», *MeddelGlypt* 53, pp. 80-101

STROCKA 1979
V. M. Strocka, «Variante, Wiederholung und Serie in der griechischen Bildhauerei», *JdI* 94, pp. 143-173

STUART JONES 1968/1969
H. Stuart Jones, *A Catalogue of the Ancient Sculpture preserved in the Municipal Collections of Rome*

STUHLFAUTH 1938
G. Stuhlfauth, «Der Leuchtturm von Ostia», *RM* 53, 1938, pp. 139-163

SUTHERLAND 1973
C. H. V. Sutherland, *The Roman Imperial Coinage*, VI

TALAMO 1987/1988
E. Talamo, «Un letto funerario da una tomba dell'Esquilino», *BCom* 92, pp. 17-102

TARTARA 1986-1987
P. Tartara, «Ceramica (Tomba A, Tomba B, Tomba C)», dans: CIANFRIGLIA *et al.*, 1986-1987, pp. 69-90

Terrecotte votive
P. Pensabene – M. A. Rizzo – M. Roghi – E. Talamo, «Terrecotte votive dal Tevere», *StMisc* 25, 1980

TESTINI 1971/1972
P. Testini, «Nuovi sondaggi nell'area di S. Ippolito all'Isola Sacra», *RendPontAc* 44, pp. 228-233

TESTINI 1986
P. Testini, «Damaso e il santuario di S. Ippolito a Porto», dans: *Saecularia Damasiana. Atti del Convegno Internazionale per il XVI centenario della morte di Papa Damaso I, 1984*, pp. 298-299

TESTAGUZZA 1970
O. Testaguzza, *Portus. Illustrazione dei porti di Claudio e Traiano e della città di Porto a Fiumicino*

THURMOND 1994
D. L. Thurmond, «Some Roman Slave Collars in *CIL*», *Athenaeum* 82, pp. 459-493.

Topografia
G. Calza – G. Becatti, *Topografia generale. SdO* I

TUCCI 1994
P. L. Tucci, «Il tempio dei Castores in *Circo Flaminio*: la lastra di via Anicia», dans: L. Nista (dir.), Castores. *L'immagine dei Dioscuri a Roma*, catalogue de l'exposition à Rome, 1994, pp. 123-128.

TUR-Sylloge
M. Rostowtzew, *Tesserarum Urbis Romae et Suburbi plumbearum Sylloge* (1903)

TUR-Tabulae
M. Rostowtzew, *Tesserarum Urbis Romae et Suburbi, Tabulae I-XII* (1903)

TURCAN 1966
R. Turcan, *Les sarcophages romains à représentations dionysiaques*

TURCAN 1987
R. Turcan, *Nigra Moneta*

VAGLIERI 1909
D. Vaglieri, «Ostia. Scavi presso gli avanzi delle Terme», *NSc*, pp. 46-48

VAGLIERI 1910
D. Vaglieri, «Ostia. Sterri nell'area delle tombe, sulla via principale e intorno al teatro,» *NSc*, pp. 93-114

VAGLIERI 1911
D. Vaglieri, «Ricerche nell'area delle tombe e scoperte varie di antichità», *NSc*, pp. 81-94; «Tombe di età repubblicana. Scavi nella via e nella caserma dei Vigili, nelle terme, presso il mitreo e dietro il Piccolo Mercato», *ibid*. pp. 447-454

VAGLIERI 1912
D. Vaglieri, «Ostia. Scavo fuori della Porta, nella Caserma dei Vigili e dietro il Piccolo Mercato. Scoperte varie», *NSc*, pp. 48-52; «Ostia. Tomba repubblicana», *ibid*., pp. 95-101; «Ostia. Ricerche nell'area delle tombe. Sterro a nord della Caserma dei Vigili. Scoperta di

nuove *scholae*. Scavo presso il tempio di Vulcano», *ibid.*, pp. 273-276;
«Ricerche nell'area delle tombe. Scavo di una stanza con dipinti in
via della Fontana. Scoperta di nuove *scholae* di navicellarii. Sterro del
piazzale dietro il Teatro. Ricerche nel sottosuolo dei Quattro
Tempietti. Pianta dello scavo presso il Piccolo Mercato. Scoperte
varie», *ibid.* pp. 433-442.

VAGLIERI 1913
D. Vaglieri, «Ostia. Scavi e ricerche nel Decumano, in via delle
Corporazioni, nel portico dietro il Teatro, nel Teatro, ad ovest di
questo, nel piazzale innanzi ai Quattro Tempietti, nella via ad ovest
del Piccolo Mercato», *NSc*, pp. 121-141; «Ostia. Scavi sul
Decumano, nel teatro, nell'area dei Quattro Tempietti, ad ovest della
Piscina. Via Tecta», *ibid.* pp. 174-184; «Ostia. Via delle Corporazioni,
teatro, decumano. Scoperta di taberne repubblicane sotto l'area del
tempio di Vulcano. Mura repubblicane. Scoperte varie», *ibid.*
pp. 295-307; «Ostia. Scoperte nel teatro e sul Decumano», *ibid.* pp.
351-355

VAN ESSEN 1956/1958
C. C. Van Essen, «Studio cronologico sulle pitture parietali di Ostia»,
BCom 76, pp. 155-181

VERMASEREN 1956
M. J. Vermaseren, *Corpus Inscriptionum et Monumentorum Religionis
Mithriacae*, I

VERMASEREN 1977
M. J. Vermaseren, *Corpus Cultus Cybelae Attidisque*. III: *Italia-Latium*
(*EPRO* 50)

VERMEULE 1989
E. Vermeule, «Carved bones from Corinth», dans: *Essays in Ancient
Civilization presented to Helene Kantor* (*Studies in Ancient Oriental
Civilization* 47), pp. 271-286

VEGAS 1973
M. Vegas, *Ceramica comun romana del Mediterraneo occidental*

VIDMAN 1982
L. Vidman, *Fasti Ostienses. Edendos illustrandos restituendos curavit*

VIGHI 1935
R. Vighi, «Veio. Scavi nella necropoli degli alunni dell'anno 1927-
1928, del Corso di Topografia dell'Italia Antica della R. Università di
Roma», *NSc*, pp. 39-68

VISCONTI 1857
C. L. Visconti, «Le escavazioni ostiensi dall'anno 1855 al 1858», *AdI*
1857, pp. 325-335.

VISCONTI 1884/1885
C. L. Visconti, *I monumenti del Museo Torlonia riprodotti con la fototipia*

VISMARA 1985
N. Vismara, «Ceramiche ellenistiche sovradipinte: il Gruppo Ferrara
T 585», *Studi Classici e Orientali* 35, pp. 239-281

VOLBACH 1916
W. F. Volbach, *Elfenbeinarbeiten der Spätantike und des frühen Mittelalters*

Wareham
C. Cheesman – R. Bland, «Wareham, Dorset: 150 denari, 1411
radiates and 8 bronze coins to AD 271 and 34 radiates to AD 282»,
dans: R. Bland – J. Orna-Ornsten (dir.), *Coin Hoards from Roman
Britain*, X (1997), pp. 212-240

WEBER 1978
W. Weber, *Die Darstellungen einer Wagenfahrt auf römischen
Sarkophagdeckeln und Loculusplatten des 3. und 4. Jhs. n. Chr.*

WEBSTER 1996
P. Webster, *Roman Samian Pottery in Britain*

WEGNER 1956
M. Wegner, *Hadrian, Plotina, Marciana, Matidia, Sabina*

WEIGEL 1998
R. D. Weigel, «The anonymus quadrantes reconsidered», *Annotazioni
Numismatiche*, Suppl. XI, anno 8, serie II, suppl. n° 29, pp. 1-24

WILPERT 1917
J. Wilpert, *Die römischen Mosaiken und Malereien der kirchlichen Bauten
vom IV. bis XIII. Jahrhundert*

WILPERT 1925
G. Wilpert, «L'ultimo viaggio nell'arte sepolcrale classico-romana»,
RendPontAc 3, pp. 61-72

YACOUB 1982
M. Yacoub, *Le Musée du Bardo*

ZANKER 1966
P. Zanker, «Eine Eigenart ausserattischer Reliefs», *AntK* 9, pp. 16-20

ZEVI 1969
F. Zevi, «Tre iscrizioni con firme di artisti greci», *RendPontAc* 42,
pp. 110-116

ZEVI 1971
F. Zevi, *Museo Ostiense. Nuove immissioni*

ZEVI 1972
F. Zevi, *La sinagoga di Ostia* (*Rassegna mensile di Israel, Adàr Nissàn*)

ZEVI 1973(a)
F. Zevi, «P. Lucilio Gamala Senior e i Quattro Tempietti di Ostia»,
MEFRA 85, pp. 555-581.

ZEVI 1973(b)
F. Zevi, dans: *Roma Mediorepubblicana. Aspetti culturali di Roma e del
Lazio nei secoli IV e III a. C.*, catalogue de l'exposition à Rome, 1973,
pp. 343-367, fiches n°s 494-523

ZEVI 1976
F. Zevi, «Monumenti e aspetti culturali di Ostia repubblicana», dans:
P. Zanker (dir.), *Hellenismus in Mittelitalien, AbhGöttingen* 97, pp. 52-83

ZEVI 1977
F. Zevi, «Alcuni aspetti della necropoli di Castel di Decima», *PP* 32,
pp. 241-273

ZEVI – CALZA 1972
F. Zevi – R. Calza, «Ostia. Sepolcro romano in località Pianabella»,
NSc, pp. 432-487

ZEVI – BEDINI 1973
F. Zevi – A. Bedini, «La necropoli arcaica di Castel di Decima»,
StEtr 41, pp. 27-44

ZIMMER 1982
G. Zimmer, *Römische Berufsdarstellungen*

ZÜNTZ 1991
G. Züntz, ΑΙΩΝ *im Römerreich. Die archäologischen Zeugnisse.
AbhHeidelberg* 1991/3

OSTIA
port et porte de la Rome antique

sous la direction de
Jean-Paul Descœudres

assisté par
Manuela Wullschleger

avec la collaboration de
Jacques Chamay
et de
Giuseppe De Spirito (période tardo-antique) et Paola Olivanti (catalogue)

TABLE DES MATIÈRES